WBGU

Wissenschaftlicher Beirat der Bundesregierung
Globale Umweltveränderungen

# Landwende im Anthropozän:

## Von der Konkurrenz zur Integration

# Mitglieder des WBGU

**Prof. Dr. Karen Pittel (Vorsitzende)**
Direktorin des Zentrums für Energie, Klima und Ressourcen des ifo Instituts, Leibniz-Institut für Wirtschaftsforschung und Professorin für Volkswirtschaftslehre, insbesondere Energie, Klima und erschöpfbare natürliche Ressourcen an der Ludwig-Maximilians-Universität München.

**Prof. Dr. Sabine Schlacke (Vorsitzende)**
Professorin für Öffentliches Recht und Geschäftsführende Direktorin des Instituts für Umwelt- und Planungsrecht an der Westfälischen Wilhelms-Universität Münster.

**Prof. Dr. Markus Fischer**
Professor für Pflanzenökologie am Institut für Pflanzenwissenschaften und Direktor des Botanischen Gartens der Universität Bern. Beiratsmitglied seit April 2020.

**Prof. Dr. Martina Fromhold-Eisebith**
Leiterin des Lehrstuhls für Wirtschaftsgeographie an der RWTH Aachen.

**Prof. Dr. Ulrike Grote**
Direktorin des Instituts für Umweltökonomik und Welthandel der Gottfried Wilhelm Leibniz Universität Hannover und Senior Fellow am Zentrum für Entwicklungsforschung (ZEF), Bonn.

**Prof. Dr. Ellen Matthies**
Professorin für Umweltpsychologie an der Otto-von-Guericke-Universität Magdeburg.

**Prof. Dr. Dirk Messner**
Direktor des Instituts für Umwelt und menschliche Sicherheit der Universität der Vereinten Nationen (UNU-EHS) und Co-Direktor des Centre for Advanced Studies on Global Cooperation Research, Universität Duisburg-Essen. Beiratsmitglied bis Dezember 2019.

**Prof. Dr. Dr. h.c. Hans Joachim Schellnhuber**
Direktor Emeritus des Potsdam-Instituts für Klimafolgenforschung (PIK).

**Prof. Dr.-Ing. Ina Schieferdecker**
Leiterin des Fraunhofer-Instituts für Offene Kommunikationssysteme (FOKUS) in Berlin, Professorin für Quality Engineering von offenen verteilten Systemen an der TU Berlin und Direktorin des Weizenbaum-Instituts für die vernetzte Gesellschaft. Beiratsmitglied bis September 2019.

**Prof. Dr. Uwe Schneidewind**
Präsident und wissenschaftlicher Geschäftsführer am Wuppertal Institut für Klima, Umwelt, Energie gGmbH und Professor für Innovationsmanagement und Nachhaltigkeit („Sustainable Transition Management") an der Bergischen Universität Wuppertal. Beiratsmitglied bis Februar 2020.

WBGU

Wissenschaftlicher Beirat der Bundesregierung
Globale Umweltveränderungen

# Landwende im Anthropozän: Von der Konkurrenz zur Integration

**Wissenschaftlicher Beirat der Bundesregierung Globale Umweltveränderungen (WBGU)**
Geschäftsstelle
Luisenstraße 46
10117 Berlin
Tel.: 030 2639480
Email: wbgu@wbgu.de
www.wbgu.de

Redaktionsschluss: 18.09.2020

*Zur sprachlichen Gleichbehandlung:* Als Mittel der sprachlichen Darstellung aller sozialen Geschlechter und Geschlechtsidentitäten wird in diesem Gutachten bei allen Bezeichnungen, die auf Personen bezogen sind, die Sternchenform (z.B. Leser*innen) verwendet.

*Zitierweise für diese Publikation:* WBGU – Wissenschaftlicher Beirat der Bundesregierung Globale Umweltveränderungen (2020): Landwende im Anthropozän: Von der Konkurrenz zur Integration. Berlin: WBGU.

**Leitautor*innen:** Markus Fischer, Martina Fromhold-Eisebith, Ulrike Grote, Ellen Matthies, Dirk Messner, Karen Pittel, Hans Joachim Schellnhuber, Ina Schieferdecker, Sabine Schlacke, Uwe Schneidewind

**Mitautor*innen:** Robyn Blake-Rath, Marcel J. Dorsch, Fabian Fahl, Marian Feist, Juliana Gaertner, Jonas Geschke, Maja Göpel, Hans Haake, Ulrike Jürschik, Karen Krause, Carsten Loose, Reinhard Messerschmidt, Susanne Neubert, Johannes Pfeiffer, Benno Pilardeaux, Astrid Schulz, Jan Siegmeier, Nora Wegener

Bibliographische Information der Deutschen Bibliothek
Die Deutsche Bibliothek verzeichnet diese Publikation in der Deutschen Nationalbibliografie; detaillierte bibliografische Daten sind im Internet über http://dnb.ddb.de abrufbar.

ISBN 978-3-946830-05-4



Das diesem Bericht zu Grunde liegende F&E-Vorhaben wurde im Auftrag des Bundesministeriums für Bildung und Forschung und des Bundesministeriums für Umwelt, Naturschutz und nukleare Sicherheit unter dem Förderkennzeichen 01RI0708A4 durchgeführt. Die Verantwortung für den Inhalt liegt bei den Autor*innen.

Gestaltung: Wernerwerke GbR, Berlin
Titelbild: Robert Clark, New York
Konzeption und Gestaltung der Kapiteleinstiegsillustrationen: Ellery Studio, Berlin und WBGU

Herstellung: WBGU
Satz: WBGU
Druck und Bindung: Ruksaldruck, Berlin

MIX
Papier aus verantwortungsvollen Quellen
FSC® C104247

# Mitarbeiter*innen des Beirats

### Wissenschaftlicher Stab der Geschäftsstelle

Prof. Dr. Maja Göpel
(Generalsekretärin)

Dr. Carsten Loose
(Stellvertretender Generalsekretär)

Marcel J. Dorsch, M.A. Dipl.-Päd. (Univ.)

Dr. Reinhard Messerschmidt (bis September 2020)

Dr. Susanne Neubert

Dr. Benno Pilardeaux
(Medien- und Öffentlichkeitsarbeit)

Dr. Astrid Schulz

Dr. Jan Siegmeier

### Verlagsmanagement, Administration und Assistenz in der Geschäftsstelle

Viola Märtin, Dipl.-Kulturarbeiterin (FH)
(Sekretariat, Veranstaltungsmanagement)

Mario Rinn, B.Sc.
(Systemadministration, Grafik)

Martina Schneider-Kremer, M.A.
(Verlagsmanagement)

### Studentische Hilfskräfte in der Geschäftsstelle

Tom Selje

Paul Strikker (bis Juli 2020)

### Wissenschaftliche Mitarbeiter*innen der Mitglieder des WBGU

Robyn Blake-Rath, M.A.
(Leibniz Universität Hannover)

Fabian Fahl, M.Sc.
(Geographisches Institut der RWTH Aachen;
seit Januar 2020)

Dr. Marian Feist
(United Nations University, Bonn; bis Januar 2020)

Juliana Gaertner, M.Phil.
(Potsdam-Institut für Klimafolgenforschung – PIK)

Jonas Geschke, M.Sc.
(Institut für Pflanzenwissenschaften, Bern;
seit Mai 2020)

Hans Haake, Dipl.-Oec.
(Wuppertal Institut für Klima, Umwelt, Energie;
bis März 2020)

Ulrike Jürschik, Dipl.-Jur.
(Institut für Umwelt- und Planungsrecht – IUP,
Münster)

Karen Krause, M.Sc.
(Institut für Psychologie – IPSY, Magdeburg)

Dr. Johannes Pfeiffer
(ifo Institut, Zentrum für Energie, Klima und
erschöpfbare Ressourcen, München)

Nora Wegener, M.A.
(Fraunhofer-Institut für Offene Kommunikationssysteme FOKUS, Berlin; bis September 2019)

# Danksagung

Der Beirat dankt für die folgende wissenschaftliche Expertise, die auf der WBGU-Website verfügbar ist:

- Jun.-Prof. Dr. Cathrin Zengerling, LL.M. (Albert-Ludwigs-Universität Freiburg): Stärkung von Klimaschutz und Entwicklung durch internationales Handelsrecht, 2020.

Wertvolle Anregungen erhielt der Beirat während seiner Intensivtagungen und seiner regulären Sitzungen durch folgende Expert*innenanhörungen:

- Am 19. September 2019 hatte der Beirat Gelegenheit zum Austausch mit Dr. Alexander Popp (Potsdam-Institut für Klimafolgenforschung), der über die wesentlichen Ergebnisse des jüngsten IPCC-Sonderberichts zu Klima und Landnutzung, informierte, den er als Leitautor unterstützt hat.
- Am 17. Oktober 2019 informierte sich der Beirat in einer Anhörung mit Dr. Margret Engelhard (Bundesamt für Naturschutz) über den aktuellen Stand der modernen Gentechnik und ihrer Regulierung.
- Am 15. November 2019 berichtete Dr. Harald Ginzky (Umweltbundesamt) über seine Überlegungen zum Thema Land/Soil Governance vor dem Hintergrund seiner Erfahrungen der UNCCD-Verhandlungen.
- Am 18. Dezember 2019 berichteten Dr. Christiane Paulus und Inka Gnittke (BMU) über den aktuellen Stand der Biodiversitätskonvention (CBD).
- Am 23. Januar 2020 fanden Expert*innenanhörungen mit Jun.-Prof. Dr. Cathrin Zengerling (Albert-Ludwigs-Universität Freiburg) und Prof. Dr. Joachim von Braun (Zentrum für Entwicklungsforschung – ZEF, Universität Bonn und Bioökonomierat) statt. Frau Zengerling gab einen Überblick über die Ansätze und Möglichkeiten, Umwelt- und Klimaschutzaspekte in der WTO, in Investitionsschutzabkommen sowie in regionalen Freihandelsabkommen zu berücksichtigen. Herr von Braun stellte die Arbeiten und das Verständnis des Bioökonomierats vor.

Auf gemeinsamen Sitzungen mit dem Interministeriellen Ausschuss zur Begleitung des WBGU (IMA) fanden am 14. November 2019 und am 11. Mai 2020 unter der Leitung von Dr. Karsten Sach (BMU) und Volker Rieke (BMBF) lebhafte Diskussionen zum entstehenden WBGU-Hauptgutachten statt.

Danken möchte der Beirat auch jenen Personen, die dem Beirat durch Gespräche, Kommentare, Beiträge, Peer Reviews, Beratung oder Recherche wertvolle Dienste erwiesen haben:

Dr. Hannes Böttcher und Judith Reise (Öko-Institut e.V.); Dr. Heinrich Bovensmann (Universität Bremen, Institut für Umweltphysik); Christopher Bren d'Amour (Deutsche Gesellschaft für Internationale Zusammenarbeit GmbH); Prof. Dr. Sabine Fuss und Sebastian Kraus (Mercator Research Institute on Global Commons and Climate Change); Prof. Dr. Dr. Sabine Gabrysch, Prof. Dr. Hermann Lotze-Campen, Prof. Dr. Wolfgang Lucht, Aylin Mengi und Merle Quade (Potsdam-Institut für Klimafolgenforschung); Dr. Kim Grützmacher (Wildlife Conservation Society); Dr. Christoph Häuser (Stellvertretender Generaldirektor, Museum für Naturkunde Berlin); Jannis Hülsen (Universität der Künste Berlin); Dr. Horst Korn (Internationale Naturschutzakademie, Bundesamt für Naturschutz); Prof. em. Dr. Wolfgang Lücke (Hightech Forum); Prof. Dr. Simeon Max (ETH Zürich); Dr. Carsten Neßhöver (Umweltbundesamt); Tony Rinaudo (World Vision); Trevor Sandwith (Direktor des Global Protected Areas Programme, International Union for Conservation of Nature); Dr. Axel Paulsch (Institut für Biodiversität – Netzwerk e.V.); Stig Tanzmann (Brot für die Welt – Evangelisches Werk für Diakonie und Entwicklung e. V.); Erwin Thoma (Thoma-Holz GmbH).

# Inhaltsverzeichnis

# Kästen

# Tabellen

# Abbildungen

# Akronyme

| | |
|---|---|
| AbL | Arbeitsgemeinschaft bäuerliche Landwirtschaft |
| ABS | Access and Benefit Sharing (CBD)<br>*Zugang zu genetischen Ressourcen und gerechter Vorteilsausgleich* |
| ACCTS | Agreement on Climate Change, Trade and Sustainability<br>*Plurilaterale Initiative (Neuseeland, Fidschi, Costa Rica, Norwegen und Island)* |
| ADI | Ausländische Direktinvestitionen |
| AEUV | Vertrag über die Arbeitsweise der Europäischen Union |
| BauGB | Baugesetzbuch |
| BECCS | Bioenergy with Carbon Capture and Storage<br>*Bioenergie mit $CO_2$-Abscheidung und -Speicherung* |
| BMBF | Bundesministerium für Bildung und Forschung |
| BMEL | Bundesministerium für Ernährung und Landwirtschaft |
| BMU | Bundesministerium für Umwelt, Naturschutz und nukleare Sicherheit |
| BMZ | Bundesministerium für wirtschaftliche Zusammenarbeit und Entwicklung |
| BNatSchG | Bundesnaturschutzgesetz |
| BZfE | Bundeszentrum für Ernährung |
| C40 | Cities Climate Leadership Group<br>*Gruppe von 96 Städten, die ein Zwölftel der Weltbevölkerung und ein Viertel der Weltwirtschaft repräsentiert* |
| CBD | Convention on Biological Diversity<br>*Biodiversitätskonvention, auch: Übereinkommen über die biologische Vielfalt* |
| CBOs | Community-Based Organizations |
| CCS | Carbon Capture and Storage<br>*$CO_2$-Abscheidung und -Speicherung* |
| CCU | Carbon Capture and Utilization<br>*$CO_2$-Abscheidung und Verwendung* |
| CGIAR | Consultative Group on International Agricultural Research<br>*Beratungsgruppe für Internationale Agrarforschung* |
| CITES | Convention on International Trade in Endangered Species of Wild Fauna and Flora<br>*Übereinkommen über den internationalen Handel mit gefährdeten frei lebenden Tieren und Pflanzen (auch Washingtoner Artenschutzabkommen)* |
| $CO_2$ | Kohlendioxid |
| COP | Conference of the Parties<br>*Vertragsstaatenkonferenz* |
| CRISPR | Clustered Regularly Interspaced Short Palindromic Repeats<br>*Abschnitte sich wiederholender DNA* |
| CS | Citizen Science<br>*Bürgerwissenschaft* |
| CSA | Climate Smart Agriculture (FAO)<br>*Klimasmarte Landwirtschaft* |
| CWR | Crop Wild Relatives<br>*Wild wachsende Verwandte von Kulturpflanzen* |

| | |
|---|---|
| DAC | Direct Air Capture<br>*Herausfiltern von $CO_2$ aus der Umgebungsluft* |
| DACCS | Direct Air Capture with Carbon Storage<br>*Herausfiltern von $CO_2$ aus der Umgebungsluft und dessen langfristige Speicherung* |
| DGE | Deutsche Gesellschaft für Ernährung |
| ECOSOC | Economic and Social Council (UN)<br>*Wirtschafts- und Sozialrat der Vereinten Nationen* |
| EEA | European Environment Agency<br>*Europäische Umweltagentur* |
| EID | Emerging Infectious Diseases<br>*Neu auftretende Infektionskrankheiten* |
| EPAs | Economic Partnership Agreements<br>*Sondervereinbarungen für arme Entwicklungsländer (AKP-Staaten)* |
| EU | Europäische Union |
| EZ | Entwicklungszusammenarbeit |
| FAO | Food and Agriculture Organization of the United Nations<br>*Ernährungs- und Landwirtschaftsorganisation der Vereinten Nationen* |
| FBDG | Food Based Dietary Guideline<br>*Ernährungsrichtlinie auf Lebensmittelbasis* |
| FSC | Forest Stewardship Council<br>*Zertifizierungssystem für Waldwirtschaft* |
| F&E | Forschung und Entwicklung |
| G7 | Gruppe der Sieben (Deutschland, Frankreich, Italien, Japan, Kanada, Vereinigtes Königreich, Vereinigte Staaten) |
| G20 | Gruppe der Zwanzig (Industrieländer der G7, Schwellenländer der O-5, EU) |
| GAP | Gemeinsame Agrarpolitik (EU) |
| GEF | Global Environmental Facility<br>*Globale Umweltfazilität* |
| GIZ | Deutsche Gesellschaft für Internationale Zusammenarbeit |
| GLII | Global Land Indicators Initiative<br>*Globales indikatorengestütztes Monitoring zu Land-Governance-Themen* |
| GLADA | Global Assessment of Land Degradation and Improvement (ISRIC)<br>*Globale Untersuchung der Landdegradation* |
| GLASOD | Global Assessment of Soil Degradation (FAO)<br>*Globale Untersuchung der menschlich verursachten Bodenverschlechterung* |
| GLF | Global Landscapes Forum<br>*Multi-Stakeholder-Forum zur Förderung des Landschaftsansatzes* |
| GLO | Global Land Outlook (Publikation der UNCCD) |
| GLTN | Global Land Tool Network |
| GPFLR | Global Partnership on Forest and Landscape Restoration<br>*Plattform für Wald- und Landschaftsrestaurierung* |
| Gt | Gigatonnen |
| IAMs | Integrated Assessment Models<br>*Modelle zur integrierten Bewertung bzw. Folgenabschätzung* |
| IAASTD | International Assessment of Agricultural Knowledge, Science and Technology for Development<br>*Weltagrarbericht* |
| ICCAs | Indigenous Peoples' and Communitiy Conserved Territories and Areas<br>*Indigene und gemeindenahe Gebiete* |
| IPBES | Intergovernmental Science-Policy Platform on Biodiversity and Ecosystem Services (UNEP, UNESCO, FAO und UNDP)<br>*Zwischenstaatliches Gremium zur wissenschaftlichen Politikberatung zu den Themen biologische Vielfalt und Ökosystemleistungen (auch Weltbiodiversitätsrat)* |

| | |
|---|---|
| IPCC | Intergovernmental Panel on Climate Change (WMO, UNEP)<br>*Zwischenstaatlicher Ausschuss für Klimaänderungen (auch Weltklimarat)* |
| IPLCs | Indigenous Peoples and Local Communities<br>*Indigene Völker und lokale Gemeinschaften* |
| ISP | Input Subsidy Program<br>*Input-Subventions-Programme (SSA)* |
| ISRIC | International Soil Reference and Information Centre |
| ITPGRFA | International Treaty on Plant Genetic Resources for Food and Agriculture<br>*Internationaler Vertrag über pflanzengenetische Ressourcen für Ernährung und Landwirtschaft* |
| ITPS | Intergovernmental Technical Panel on Soils |
| IUCN | International Union for Conservation of Nature<br>*Weltnaturschutzunion* |
| JLG | Joint Liaison Group (Rio-Konventionen) |
| KfW | Kreditanstalt für Wiederaufbau |
| KMU | Kleine und mittelgroße Unternehmen |
| LDCs | Least Developed Countries<br>*Am wenigsten entwickelte Länder* |
| LDN | Land Degradation Neutrality (SDGs) |
| LULUCF | Land Use, Land Use Change and Forestry<br>*Landnutzung, Landnutzungsänderungen und Forstwirtschaft* |
| MAB | Man and the Biosphere Programme (UNESCO) |
| NCDs | Non Communicable Diseases<br>*Nicht übertragbare Krankheiten* |
| NCP | Nature's Contributions to People<br>*Beiträge der Natur für den Menschen* |
| NRO | Nichtregierungsorganisationen |
| N4C | Natural Pathways to Climate Mitigation |
| O-5 | Outreach-Staaten (Volksrepublik China, Indien, Südafrika, Brasilien, Mexiko) |
| OECD | Organisation for Economic Co-operation and Development<br>*Organisation für Wirtschaftliche Zusammenarbeit und Entwicklung* |
| PADDD | Protected Area Downgrading, Downsizing, and Degazettement<br>*Abschwächung, Verkleinerung oder Aberkennung des Schutzstatus von Schutzgebieten* |
| PES | Payments for Ecosystem Services<br>*Zahlungen für Ökosystemleistungen* |
| PHD | Planetary Health Diet<br>*Speiseplan für eine gesunde und nachhaltige Ernährung* |
| PIC-Konvention | Konvention zu Prior Informed Consent (UN); auch „Rotterdamer Konvention"<br>*Völkerrechtlicher Vertrag zur Chemikaliensicherheit im internationalen Handel mit Gefahrstoffen* |
| POP-Konvention | Stockholmer Übereinkommen über persistente organische Schadstoffe; auch „Stockholm-Konvention" |
| PV | Photovoltaik |
| Ramsar-Konvention | Übereinkommen über Feuchtgebiete, insbesondere als Lebensraum für Wasser- und Watvögel (UNESCO) |
| REDD+ | Reducing Emissions from Deforestation and Forest Degradation (UNFCCC)<br>*Verringerung von Emissionen aus Entwaldung und Waldschädigung* |
| ROG | Raumordnungsgesetz |
| SADC | Southern African Development Community<br>*Entwicklungsgemeinschaft des südlichen Afrika* |
| SDGs | Sustainable Development Goals (UN)<br>*Ziele nachhaltiger Entwicklung* |

| | |
|---|---|
| SRU | Sachverständigenrat für Umweltfragen |
| SSA | Subsahara-Afrika |
| SUP | Strategische Umweltprüfung |
| t | Tonne |
| THG | Treibhausgase |
| UN | United Nations<br>*Vereinte Nationen* |
| UNCCD | United Nations Convention to Combat Desertification<br>*Übereinkommen der Vereinten Nationen zur Bekämpfung der Wüstenbildung* |
| UNCED | United Nations Conference on Environment and Development<br>*Konferenz der Vereinten Nationen über Umwelt und Entwicklung, auch: „Rio-Konferenz"* |
| UNDP | United Nations Development Programme<br>*Entwicklungsprogramm der Vereinten Nationen* |
| UNEP | United Nations Environment Programme<br>*Umweltprogramm der Vereinten Nationen* |
| UNESCO | United Nations Educational, Scientific and Cultural Organization<br>*Organisation der Vereinten Nationen für Erziehung, Wissenschaft und Kultur* |
| UNFCCC | United Nations Framework Convention on Climate Change<br>*Rahmenübereinkommen der Vereinten Nationen über Klimaänderungen (auch Klimarahmenkonvention)* |
| UNGA | General Assembly of the United Nations<br>*Generalversammlung der Vereinten Nationen* |
| UN Habitat | United Nations Human Settlements Programme; auch „Weltsiedlungsgipfel"<br>*Programm der Vereinten Nationen für menschliche Siedlungen* |
| UVP | Umweltverträglichkeitsprüfung |
| VN | Vereinte Nationen |
| WBGU | Wissenschaftlicher Beirat der Bundesregierung Globale Umweltveränderungen |
| WBCSD | World Business Council for Sustainable Development<br>*Weltwirtschaftsrat für Nachhaltige Entwicklung* |
| WCMC | World Conservation Monitoring Centre (UNEP)<br>*Weltüberwachungszentrum für Naturschutz* |
| WDPA | World Database of Protected Areas (UNEP-WCMC)<br>*Weltdatenbank über geschützte Gebiete* |
| WHC | World Heritage Convention (UNESCO)<br>*Welterbekonvention* |
| WHO | World Health Organization<br>*Weltgesundheitsorganisation* |
| WOCAT | World Overview of Conservation Approaches and Technologies<br>*Globales Netzwerk von Landmanagement-Spezialisten* |
| WRI | World Resources Institute |
| WTO | World Trade Organization<br>*Welthandelsorganisation* |
| WWF | World Wide Fund For Nature |

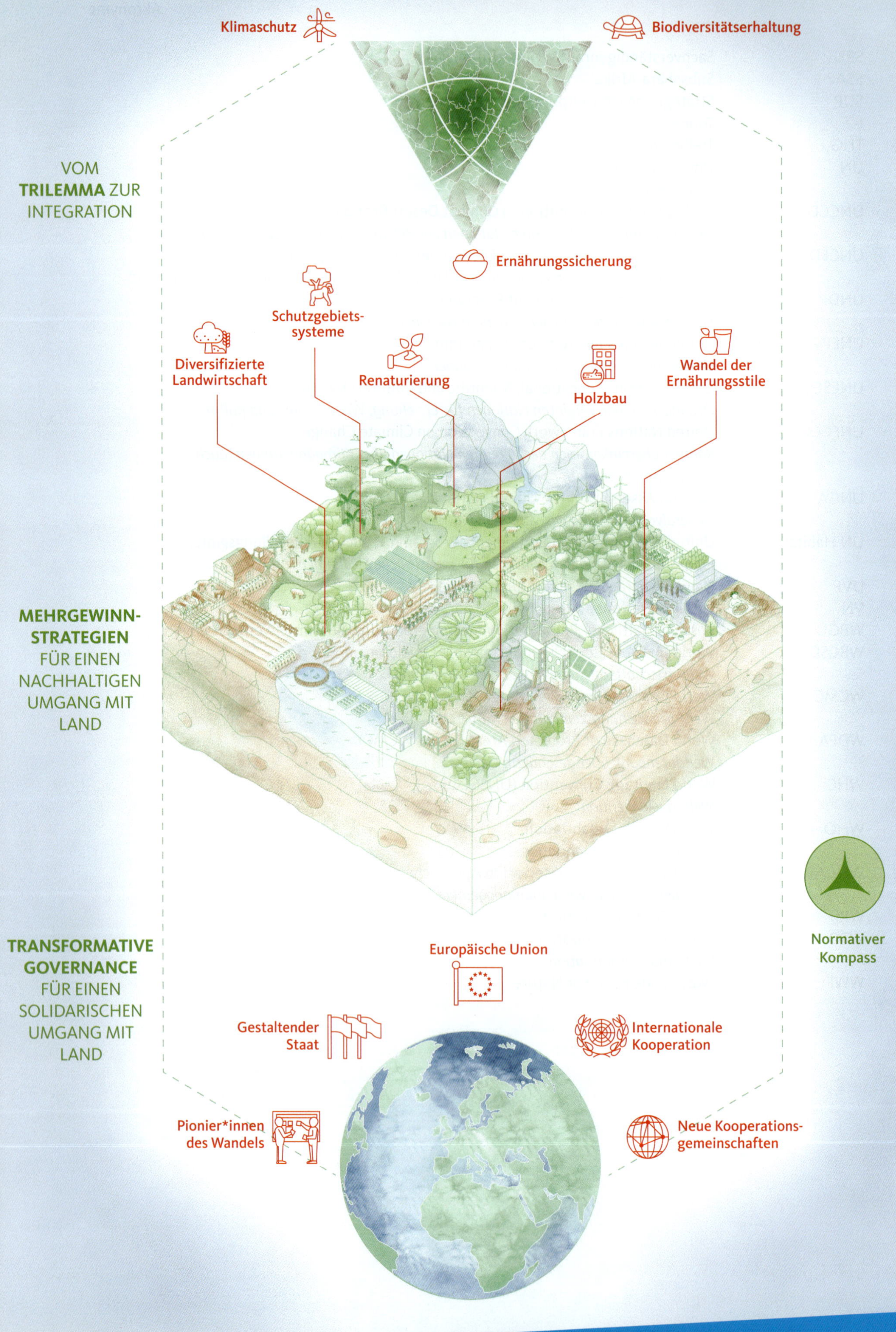

Klimaschutz
Biodiversitätserhaltung
Ernährungssicherung
VOM TRILEMMA ZUR INTEGRATION
Schutzgebiets-systeme
Diversifizierte Landwirtschaft
Renaturierung
Holzbau
Wandel der Ernährungsstile
MEHRGEWINN-STRATEGIEN FÜR EINEN NACHHALTIGEN UMGANG MIT LAND
TRANSFORMATIVE GOVERNANCE FÜR EINEN SOLIDARISCHEN UMGANG MIT LAND
Europäische Union
Gestaltender Staat
Internationale Kooperation
Pionier*innen des Wandels
Neue Kooperations-gemeinschaften
Normativer Kompass

# Zusammenfassung

Nur wenn sich unser Umgang mit Land grundlegend ändert, können die Klimaschutzziele erreicht, der dramatische Verlust der biologischen Vielfalt abgewendet und das globale Ernährungssystem nachhaltig gestaltet werden. Der WBGU schlägt fünf exemplarische Mehrgewinnstrategien vor, um Konkurrenzen zwischen Nutzungsansprüchen zu überwinden. Diese sollten durch fünf Governance-Strategien vorangetrieben werden, darunter insbesondere die Setzung geeigneter Rahmenbedingungen, eine Neuorientierung der EU-Politik und die Errichtung von Gemeinschaften gleichgesinnter Staaten.

Die Antwort auf die Frage, wo die internationale Nachhaltigkeitspolitik Anfang der 2020er Jahre steht, fällt ernüchternd aus. Die vorliegende Bestandsaufnahme offenbart dringende Handlungsbedarfe für einen neuen Umgang mit Land in vielen Ressorts (u. a. Umwelt, Bildung und Forschung, Landwirtschaft, Entwicklungszusammenarbeit):

- Die Klimaschutzziele des Pariser Übereinkommens scheinen nur noch erreichbar, wenn, ergänzend zur Dekarbonisierung der Weltwirtschaft, Landflächen verstärkt genutzt werden, um der Atmosphäre Kohlendioxid ($CO_2$) zu entziehen. Dies ist aber nicht nur mit Chancen, sondern auch mit erheblichen Risiken verbunden.
- Das globale Ernährungssystem ist in einer Krise. Für ein Viertel der Menschheit ist die Ernährungssicherung gefährdet, ein weiteres Viertel leidet an gesundheitsschädlichem Über- oder Fehlkonsum. Gleichzeitig bedrohen die Umweltschäden und andere externe Effekte der industriellen Landwirtschaft die natürlichen Lebensgrundlagen, trotz aller historischen Anstrengungen von der „Grünen Revolution" der 1960er und 70er Jahre bis zur Gemeinsamen Agrarpolitik der Europäischen Union (EU).
- Die Biodiversität erlebt weltweit ein dramatisches, durch den Menschen verursachtes Massenaussterben, das im Ausmaß mit den großen erdgeschichtlichen Aussterbeereignissen verglichen wird. Damit nimmt auch die Kapazität der Ökosysteme erheblich ab, zu Klimaregulierung und Ernährungssicherung beizutragen.

All dies geschieht in einer Situation, in der sich der Multilateralismus in einer tiefgreifenden Krise befindet und die Covid-19-Pandemie die Lage zusätzlich erschwert. Die Präsidentin der Europäischen Kommission Dr. Ursula von der Leyen hat es in ihrer Rede zur Lage der EU vor dem Europäischen Parlament am 16. September 2020 auf den Punkt gebracht: „Es gibt keinen dringenderen Grund für rasches Handeln als die Zukunft unseres gefährdeten Planeten."

Die vielfältigen Ansprüche an Land für Klimaschutz, Ernährungssicherung und Erhaltung biologischer Vielfalt treten heute bereits in Konkurrenz zueinander, während sich Landdegradation auf alle drei Aspekte kurz- oder langfristig negativ auswirkt. Der WBGU bezeichnet dies als „Trilemma der Landnutzung", weil es auf den ersten Blick scheint, als könne jeweils eine dieser Herausforderungen nur auf Kosten der anderen beiden bewältigt werden. Dieses Gutachten zeigt exemplarisch, wie durch Kombinationen von Schutz und multiplen Nutzungen in der Landschaft Mehrgewinne erzielt werden können, so dass Konkurrenzen überwunden werden. Insofern sind die 2021 geplanten Vertragsstaatenkonferenzen der Klimarahmenkonvention (UNFCCC), des Pariser Übereinkommens und der Biodiversitätskonvention (CBD) sowie die anstehende

UN-Dekade zur Wiederherstellung von Ökosystemen zentrale Foren, um international einen nachhaltigen Umgang mit Land entscheidend voranzubringen. Die erforderliche Landwende wird allerdings nicht allein durch den Wandel bestehender völkerrechtlicher Instrumente und Foren gelingen. Die Initiative privater Akteure, Unternehmen und gesellschaftlicher Gruppen ebenso wie Maßnahmen auf staatlicher und supranationaler Ebene müssen hinzukommen. Zudem sollten sich Koalitionen gleichgesinnter Staaten in Kooperationsgemeinschaften zusammenschließen, um die globale Landwende voranzutreiben.

## Eine globale Landwende zur Nachhaltigkeit ist dringend notwendig

Land ist das „biologisch produktive terrestrische System, das den Boden, den Pflanzenbestand, andere Teile der belebten Umwelt sowie die ökologischen und hydrologischen Vorgänge umfasst, die innerhalb des Systems ablaufen" (Definition aus der Desertifikationskonvention, UNCCD, Art 1e). Mit dem vorliegenden Gutachten präsentiert der WBGU Optionen für die politische Gestaltung eines nachhaltigen Umgangs mit Land. Er entwickelt exemplarisch transformative, weil skalierbare und als „Game Changer" geeignete landbezogene Mehrgewinnstrategien für den Schutz und die Renaturierung von Ökosystemen, für Landwirtschaft, Ernährung und Bioökonomie. Darüber hinaus werden effektive Governance-Instrumente vorgeschlagen, die Pionier*innen des Wandels ebenso einbeziehen wie den gestaltenden Staat, die EU, internationale Institutionen (darunter die UNFCCC, CBD und UNCCD) und neue, staatenübergreifende Kooperationsgemeinschaften.

Land ist ein globales Gemeingut: Die Menschheit muss Gestaltungsverantwortung für das Land übernehmen, um Klimaschutz, Biodiversitätserhaltung und Ernährungssicherung zu ermöglichen, und diese national umsetzen sowie international durchsetzen. Im Zentrum sollte stehen, die Zerstörung der terrestrischen Ökosysteme zu beenden und massiv in ihre Erhaltung und Renaturierung zu investieren. Ein weltweit nachhaltiger Umgang mit Land ist Voraussetzung für die Einhaltung planetarischer Leitplanken und die Erfüllung der UN-Nachhaltigkeitsziele (SDGs). Die wesentlichen, vom WBGU im Gutachten dargelegten Strategien und Governance-Erfordernisse können durch die Begriffe *systemisch*, *synergistisch* und *solidarisch* charakterisiert werden.

### Systemische Zusammenhänge als Schlüssel für globale Nachhaltigkeit

Vielfältige Wechselwirkungen prägen das Zusammenspiel von Landnutzung und Landdegradation mit dem Klimawandel bzw. Treibhausgasemissionen und -senken, dem Verlust und der Degradation von Ökosystemen und Biodiversität, der Ausbeutung biogener Ressourcen sowie des zunehmend kritischen Ernährungssystems. Der fragmentierte und nicht nachhaltige Umgang mit Land führt zu multiplen Schutz- und Nutzungskonflikten sowie Konkurrenzen auf Landflächen. Der WBGU drängt deshalb auf einen systemisch begründeten, nachhaltigen Umgang mit Land, der ein wichtiger Schlüssel zur Großen Transformation zur Nachhaltigkeit ist. Ökosysteme und ihre vielfältigen Leistungen gehören als essenzielle Grundlagen menschlichen Lebens und Wirtschaftens ins Zentrum der Aufmerksamkeit, wobei auch Fernwirkungen etwa von Stoffkreisläufen oder dem Welthandel mit Agrargütern auf Landnutzungsänderungen und -degradation einzubeziehen sind.

### Synergistisches Zusammenwirken: Von der Konkurrenz zur Integration

Der WBGU arbeitet in ausgewählten Themenfeldern (Renaturierung, Ökosystemschutz, Landwirtschaft, Ernährung, Bioökonomie) fünf exemplarische *Mehrgewinnstrategien* für Schutz und Nutzung von Landflächen heraus, die zu vielfältigen Synergien und insgesamt zu einem nachhaltigen Umgang mit Land beitragen. Vielfach führt die Fokussierung auf monofunktionale Flächennutzungen zu Schutz- und Nutzungskonkurrenzen. Ein nachhaltiger Umgang mit Land, der Klimaschutz, Biodiversitätserhaltung und Ernährungssicherung gleichzeitig ermöglicht, erfordert Multifunktionalität und Synergien auf Flächen und in der Landschaft. Nur so können insgesamt Mehrgewinne erzielt und das Trilemma von Klimaschutz, Biodiversitätserhaltung und Ernährungssicherung überwunden werden. Deshalb empfiehlt der WBGU Mehrgewinnstrategien für einen nachhaltigen Umgang mit Land, die mehrere Ziele in ein und derselben Landschaft kombinieren und umsetzen. So sind zugleich die Ausweitung und Aufwertung der Schutzgebietssysteme (global auf 30% der Erdoberfläche) und eine beschleunigte Renaturierung von Flächen, eine Diversifizierung der Landwirtschaft in verschiedenen Teilen der Welt und Veränderungen der Ernährungsstile in den Blick zu nehmen. Beim Holzbau können Klimaschutz, nachhaltige Biomasseproduktion und ein verantwortungsvoll begrenzter Einsatz biogener Ressourcen kombiniert werden.

### Solidarische Verantwortungsübernahme
Multilaterale Gestaltungsansätze sind unverzichtbar, um übergreifende Strategien für die Landwende auf allen Governance-Ebenen von lokal, national, europäisch bis international umzusetzen. Land erfordert als globales Gemeingut die Verantwortungsübernahme durch Akteure auf allen Ebenen. Die derzeit in Bezug auf Land noch zu wenig koordiniert agierenden internationalen Institutionen, wie beispielsweise die drei Rio-Konventionen UNFCCC, CBD und UNCCD, benötigen mehr solidarische Kooperation, themenübergreifende wissenschaftliche Unterstützung und bessere Einbindung von Akteuren. Um noch rechtzeitig die Große Transformation zur Nachhaltigkeit voranzutreiben, sollten zudem neue multilaterale Allianzen geschmiedet werden. Diese sollten vor allem Staaten mit besonders hoher Verantwortung für globale Ressourcenverbräuche zusammenführen.

### Konzept des integrierten Landschaftsansatzes
Die mit dem Dreiklang systemisch, synergistisch und solidarisch zusammengefassten Strategieansätze für einen nachhaltigen Umgang mit Land müssen auf der Landfläche konkret umgesetzt werden. Dazu bietet das Konzept des integrierten Landschaftsansatzes Orientierung. Die Landschaft eignet sich als Governance-Rahmen, denn sie ist klein genug, um Entscheidungsprozesse noch handhabbar zu halten, aber groß genug, um den verschiedenen Interessen der zivilgesellschaftlichen, privaten und öffentlichen Akteure gerecht werden zu können. Landschaft wird dabei verstanden als durch spezifische geografische, naturräumliche, ökologische und historische Gemeinsamkeiten und Wirkungsgefüge charakterisierte Fläche, die sie von anderen Flächen unterscheiden. Der diesem Gutachten zugrundeliegende integrierte Landschaftsansatz zeichnet sich durch folgende Charakteristika aus:

- *Multifunktionalität und Mehrgewinne:* Der normative Kompass des WBGU und die Identifikation von Synergien in der Landnutzung zur Überwindung des Trilemmas bieten Grundlagen für die Identifikation eines gemeinsamen Zielsystems der verschiedenen Akteure, für die Stärkung der Multifunktionalität in der Landschaft sowie für die Entwicklung langfristig tragfähiger Lösungen. Durch den multifunktionalen Einsatz geeigneter Landflächen und durch die Kombination verschiedener Flächen sollen Mehrgewinne erzeugt werden (z.B. Ackerflächen auch als Ort vielfältiger Agrobiodiversität oder Weideflächen auch als Kohlenstoffsenke).
- *Partizipation und Reziprozität der Akteure:* Die unterschiedliche Interessen repräsentierenden zivilgesellschaftlichen, privaten und öffentlichen Akteure sollten nicht nur identifiziert und gefragt, sondern vor allem an der Entscheidungsfindung für den Umgang mit Land beteiligt werden. Dazu eignet sich die Institutionalisierung in Form regelmäßig tagender und langfristig ausgerichteter Multistakeholder-Foren, die sich auch an den SDGs und anderen international vereinbarten Zielen orientieren sollten.
- *Gemeinsamer Monitoring- und Bewertungsrahmen:* Dies ist eine wesentliche Voraussetzung, um die Aushandlungsprozesse auf eine gemeinsame Faktenbasis zu stellen. Die lokalen Akteure sollten im Sinne transdisziplinärer Ansätze ermutigt und ertüchtigt werden, ihr jeweils unterschiedliches Wissen beizutragen, um gemeinsames Lernen zu erleichtern.
- *Adaptives Management:* Prozesse in Landschaften bzw. mit Auswirkung auf Landschaften sind dynamisch und häufig nichtlinear. Um diesen potenziell unvorhersehbaren und disruptiven Dynamiken gerecht zu werden (z.B. Klima- oder Wirtschaftskrisen), hat sich adaptives Management bewährt.

## Fünf Mehrgewinnstrategien für einen nachhaltigen Umgang mit Land

Um zu zeigen, wie das Trilemma der Landnutzung überwunden werden kann, stellt der WBGU fünf exemplarische Mehrgewinnstrategien vor. Diese betreffen die Themenfelder Renaturierung, Ökosystemschutz, Landwirtschaft, Ernährung und Bioökonomie.

### 1. Renaturierung: Landbasierte $CO_2$-Entfernung synergistisch gestalten

Maßnahmen zur Entfernung von $CO_2$ aus der Atmosphäre sind kein Ersatz für die massive Reduktion von $CO_2$-Emissionen mit dem Ziel, die Emissionen auf Null zu bringen. Zur Erreichung der Pariser Klimaschutzziele sind zusätzliche Maßnahmen zur $CO_2$-Entfernung aus der Atmosphäre allerdings kaum vermeidbar, obwohl sie je nach Methode, Umfang und Effektivität der Umsetzung mit erheblichen Unsicherheiten und Risiken verbunden sind und potenziell den Druck auf Land erhöhen können. Bei der Festlegung klimapolitischer Ziele sowie der Gestaltung von Zeitplänen und Anrechnungsstrukturen sollte deshalb klar zwischen der Vermeidung von $CO_2$-Emissionen und der Entfernung von $CO_2$ aus der Atmosphäre unterschieden werden. Netto-Emissionsziele oder Klimaneutralitätsziele sollten, wenn überhaupt, nur unter expliziter Angabe der unterstellten jeweiligen Beiträge von $CO_2$-Vermeidung und -Entfernung formuliert werden, da andernfalls die Erreichung der Klimaziele gefährdet sein kann. Die nachhaltig realisierbaren Potenziale der einzelnen Ansätze zur $CO_2$-Entfernung aus der Atmosphäre sollten lokal, national sowie international ausgelotet und entsprechend in klimapolitischen Strategien, Anrechnungs- und Anreizstrukturen verankert werden.

Die frühzeitige und ambitionierte Reduktion globaler $CO_2$-Emissionen erlaubt es, risikoreiche, großskalige Anwendungen der $CO_2$-Entfernung zu umgehen und auf solche Ansätze zu fokussieren, die zwar nur begrenzte Potenziale der $CO_2$-Entfernung, aber erhebliche Mehrgewinne für biologische Vielfalt und Ernährungssicherung bieten. Ein vielversprechender Ansatz zur $CO_2$-Entfernung aus der Atmosphäre ist die Renaturierung degradierter Landökosysteme, die als Mehrgewinnstrategie angesichts der anstehenden UN-Dekade zur Wiederherstellung von Ökosystemen zugleich besonders hohe politische Anschlussfähigkeit hat. Die Wiedervernässung und Renaturierung von Mooren hat hohes Potenzial, sehr spezielle biologische Lebensgemeinschaften zu erhalten und nachhaltig $CO_2$ zu speichern. Eine standortgerechte Wiederaufforstung entwaldeter Flächen bietet nachhaltige Potenziale zur $CO_2$-Entfernung und eröffnet darüber hinaus die Möglichkeit, durch die Etablierung oder Errichtung von Agroforstsystemen zu lokalen Wirtschaftszweigen oder direkt zur menschlichen Ernährung beizutragen. Die Aufforstung bisher nicht bewaldeter Landflächen sollte im Einzelfall kritisch geprüft werden. Der WBGU empfiehlt, das im Rahmen der Bonn Challenge gesteckte Ziel der Renaturierung von 350 Mio. ha weltweiter terrestrischer Ökosysteme bis 2030 (entspricht etwa 2% der terrestrischen Erdoberfläche) nicht nur zu erreichen, sondern deutlich zu erweitern, wobei die Wiederherstellung biodiverser und standortgerechter Wälder im Vordergrund stehen sollte. Zudem sollten nicht nur Wiederaufforstung, sondern auch die Renaturierung von Feuchtgebieten (Wiedervernässung) und Graslandschaften (Senkung des Weidedrucks) adressiert werden.

Der WBGU empfiehlt, die vielfältigen möglichen Mehrgewinne der Renaturierung degradierter Flächen frühzeitig und großflächig zu nutzen. Zudem sollte nationale und internationale Forschung zu den Kosten, der Umsetzbarkeit, der Permanenz und dem weltweiten Flächenpotenzial für eine Ökosystemrenaturierung verstärkt werden. Darüber hinaus sollten für die Finanzierung von Renaturierungsmaßnahmen Zahlungssysteme für die Schaffung und Erhaltung von Ökosystemleistungen entwickelt werden, die nicht nur mit Blick auf die mögliche $CO_2$-Entfernung, sondern generell im Hinblick auf Ökosystemleistungen mit Gemeingutcharakter wesentlich konsequenter und systematischer als bislang umgesetzt werden sollten.

## 2. Schutzgebietssysteme ausweiten und aufwerten

Effektive, vernetzte Schutzgebietssysteme bilden das Rückgrat des Ökosystemschutzes und sind eine entscheidende Voraussetzung dafür, die globale Biodiversitätskrise zu entschärfen und grundlegende Ökosystemleistungen aufrechtzuerhalten. So kommt das Verhindern einer weiteren Degradation und Zerstörung der Ökosysteme auch dem Klimaschutz zugute, indem $CO_2$-Emissionen vermieden werden und natürliche Kohlenstoffspeicher erhalten bleiben. Der Wert und die Bewahrung der von indigenen Völkern und lokalen Gemeinschaften (Indigenous Peoples and Local Communities, IPLCs) bewohnten Ökosysteme ist hierfür von zentraler Bedeutung, da diese Ökosysteme zu einem Großteil noch unberührt von intensiven Bewirtschaftungsformen sind.

Schutzgebietssysteme zeichnen sich dadurch aus, dass dort effektiver Ökosystem- und Biodiversitätsschutz die prioritäre Zielsetzung ist. In Schutzgebieten, die mittels einer Zonierung, also einer Aufteilung in Bereiche unterschiedlicher Kombinationen von Schutzformen, eine Koexistenz von wertvoller Natur und mit dem Biodiversitätsschutz vereinbarer menschlicher Aktivitäten zulassen, können zudem Mehrgewinne für die Ernährungssicherung realisiert werden, etwa indem nachhaltige Nutzungsformen in Teilbereichen zugelassen werden oder sogar Voraussetzung für die Biodiversitätserhaltung sind.

Der WBGU empfiehlt eine Ausweitung terrestrischer Schutzgebietssysteme auf 30% der globalen Landfläche unter konsequenter Anwendung international vereinbarter Qualitätskriterien als eines der Post-2020-Ziele der CBD. Die internationalen Verhandlungen dürfen allerdings nicht auf Flächenziele reduziert werden, sondern bestehende Aichi-Qualitätskriterien für Schutzgebiete sollten beibehalten und Compliance-Regelungen verschärft werden. In Rahmen eines integrierten Landschaftsansatzes sollte eine bessere Vernetzung der Schutzgebiete untereinander, mit renaturierten Flächen und mit der umliegenden Landfläche gefördert werden. Neben den prioritären Schutzzielen sollten auch die anderen Dimensionen des Trilemmas bedacht, auf mögliche Synergien überprüft und im Landschaftskontext stärker in die Managementpläne von Schutzgebieten integriert werden. Industrieländer sollten ihre Finanzkraft stärker und, wo möglich mit privater Finanzierung kombiniert, für die Ausweitung und Aufwertung von Schutzgebietssystemen zu Hause und in Entwicklungsländern nutzen. Um die wertvolle Schutzwirkung der von IPLCs bewohnten Gebiete zu sichern, sollten traditionelle Rechte und traditionelles Wissen der IPLCs nicht nur auf der UN-Ebene, sondern auch in den nationalen Kontexten formal anerkannt werden.

### 3. Landwirtschaftssysteme diversifizieren

Die Landwirtschaft prägt Landschaft und den Umgang mit Land in weiten Teilen der Welt. Sie ist Grundlage der Ernährungssicherung, gefährdet jedoch sowohl in Form der industriellen Landwirtschaft als auch in Form der Subsistenzlandwirtschaft den Klimaschutz und die Biodiversität und degradiert die Böden. Daher empfiehlt der WBGU, die bislang weitgehend monofunktional auf Produktion ausgerichteten Landwirtschaftssysteme in Richtung ökologisch intensiver multifunktionaler Systeme wie z. B. Agroforstwirtschaft zu transformieren und dabei Menschen, agrarökologische Praktiken und die Erbringung von Ökosystemleistungen ins Zentrum zu stellen. Für die Bundesregierung sollte ein Schwerpunkt auf der erforderlichen Transformation der EU-Landwirtschaftspolitik liegen.

Für die EU-Agrarpolitik empfiehlt der WBGU eine Abkehr von der industriellen Landwirtschaft durch ihre umfassende Ökologisierung. Agrarsubventionen sollten immer an ökologische Verbesserungen geknüpft werden, die möglichst auf multifunktionale Produktionssysteme setzen. Flächenbasierte Direktzahlungen sollten in Zahlungen für Ökosystemleistungen umgewandelt werden. Agrarumwelt- und Klimamaßnahmen mit besonders positiven Effekten für die Erhaltung der biologischen Vielfalt („dunkelgrüne Maßnahmen"), sollten trotz des höheren Verwaltungsaufwands weiterentwickelt und die Umsetzung der geplanten nationalen Strategiepläne ab 2021 seitens der EU kontrolliert werden. Im Sinne einer Kreislaufwirtschaft sollten der Pflanzenbau mit der Tierhaltung verknüpft, Nährstoffkreisläufe geschlossen sowie steigende Nährstoffeffizienz und verbessertes Nährstoffrecycling (besonders von Phosphor, aber auch von Stickstoff und weiteren Nährstoffen) angestrebt werden. Gleichzeitig sollten die Schaffung von Kohlenstoffsenken und der Schutz natürlicher Kohlenstoffspeicher stärker verfolgt werden. Für eine Landwende zur Nachhaltigkeit ist die Beteiligung und Beratung vielfältiger Akteure essenziell. Aus- und Weiterbildungsprogramme sollten über diversifizierte landwirtschaftliche Produktionssysteme und agrarökologische Praktiken informieren, die Ziele und Vorgaben der Agrarumweltprogramme besser erklären und zur Teilnahme animieren. Diese Agrarwende ist ohne Fortentwicklung und Implementierung der Digitalisierung in der Landwirtschaft nicht möglich. Entwicklung und Implementierung technischer Innovationen für die Nachhaltigkeit, z. B. der Präzisionslandwirtschaft, sollten sorgfältig erwogen und gefördert werden, sofern sie sich nicht ausschließlich an großskaligen Systemen und großflächiger Landwirtschaft orientieren und sofern sie zur erwünschten Ökologisierung und Multifunktionalität beitragen. Mittelfristig sollte die Gemeinsame Agrarpolitik der EU (GAP) in einem umfassenderen System aufgehen, das auch die Ökosystem- und Biodiversitätserhaltung sowie die Erbringung von Ökosystemleistungen jenseits von Agrarflächen fördert.

Subsahara-Afrika benötigt eine nachhaltige Produktivitätssteigerung der Subsistenzlandwirtschaft, um langfristig die Bodenqualität zu erhalten. Hierfür sollten nicht nur Materialien, sondern auch der zusätzlich erforderliche Arbeitseinsatz temporär finanziell unterstützt werden, damit Landwirt*innen und Viehhirt*innen bereit sind, den Mehraufwand während der mehrjährigen Anpassungsphase, die zur Wiederherstellung der Böden notwendig ist, auch ohne Erträge zu übernehmen. Ackerbäuer*innen und Viehhirt*innen sollten im Sinne eines Komanagements der Landnutzung in semiariden Regionen durch Fachleute mit der Umsetzung eines integrierten Landschaftsansatzes vertraut gemacht und gefördert werden.

Eine globale Agrarwende kann nach Überzeugung des WBGU nur gelingen, wenn sie durch eine stärkere Ausrichtung des internationalen Handels an Nachhaltigkeitskriterien unterstützt wird. Zertifizierungsprogramme (z. B. Fairtrade, Bio-Siegel, FSC) und geschützte Herkunftszeichen sollten im Design und in der Implementierung verbessert und gegebenenfalls neu entwickelt werden (z. B. Klimasiegel für Agrarprodukte), um Nachhaltigkeit zu befördern. In regionalen Handelsabkommen sollte proaktiv die Entwicklung von Richtlinien für freiwillige Ökolabel aus dem geplanten Agreement on Climate Change, Trade and Sustainability übernommen werden. Außerdem sollte Nachhaltigkeit im Handel über ein Lieferkettenmanagement gefördert werden, gegebenenfalls über Lieferkettengesetze auf europäischer Ebene. Schließlich sollte die Resilienz gegenüber Schocks und Nahrungskrisen gestärkt werden: Nur wenige Nettoexportländer versorgen eine große Anzahl von Nettoimportländern, und die meisten Entwicklungsländer, speziell in Subsahara-Afrika, sind von Nahrungsmittelimporten abhängig. Die Resilienz – d. h. die Kapazität, robust gegenüber Schocks, Klimawandel und Nahrungskrisen zu sein – sollte über diversifizierte Landwirtschaftssysteme (insbesondere „klimasmarte" Maßnahmen), einen neuen Fonds im Rahmen des Economic Partnership Agreements, z. B. für die Förderung der Produktivität in der Landwirtschaft in Subsahara-Afrika, und durch Aid-for-Trade-Maßnahmen für nachhaltige Produkte gesteigert werden.

### 4. Ernährungsstile transformieren: Verantwortungsübernahme auf Nachfrageseite ermöglichen und stärken

Die Dysfunktionalität des globalen Ernährungssystems ist ein wesentlicher Treiber des Trilemmas der Landnutzung. Vor allem die tierproduktlastigen Ernährungsstile der Industrieländer und der wachsenden Mittelschichten in Schwellen- und Entwicklungsländern verstärken landbezogene Probleme für den Klima- und Biodiversitätsschutz und erschweren eine nachhaltige Ernährungssicherung. Ein vielversprechendes Potenzial, diese Problemlage zu entschärfen, liegt in der Veränderung von Ernährungsstilen. In Europa ist bereits ein entsprechender Wertewandel hin zu einem verringerten Fleischkonsum zu verzeichnen.

Es bedarf nach Überzeugung des WBGU dringend einer Transformation des globalen Ernährungssystems und der weltweiten Ernährungsstile. Beides muss gleichermaßen auf die Gesundheit der Menschen und die Erhaltung von Ökosystemleistungen ausgerichtet werden. Wesentlich sind vor allem Impulse zur Veränderung des Verbraucherverhaltens in Richtung eines reduzierten Konsums tierischer Produkte. Die erforderliche Transformation der Ernährungsstile kann durch konsequente Veränderung der Rahmenbedingungen, nachhaltigkeitsorientierte Normsetzung und Schaffung entsprechender Anreize für die Wirtschaft und Konsument*innen entscheidend befördert werden. Bestandteile einer solchen Transformation sind – neben der bereits genannten EU-GAP-Reform und einer entsprechenden Gestaltung der Entwicklungszusammenarbeit – eine Informations- und Bildungsoffensive sowie eine konsequente Umsetzung von Ernährungsleitlinien, die mit der Planetary Health Diet (PHD) konform sind. Die PHD enthält als Leitgedanken, dass ein Anteil täglicher Mahlzeiten durch eine verringerte Menge an Tierprodukten, insbesondere an rotem und verarbeitetem Fleisch, gestaltet wird. Dies sollte von entsprechenden Institutionen (für Deutschland z.B. das Bundeszentrum für Ernährung) als Grundsatz neuer Ernährungsleitlinien verankert und auch seitens der Bundesregierung nach außen empfohlen werden. Wegen der besonderen Vorbildfunktion sollten auf der PHD-Ernährungsleitlinie beruhende Speisen in öffentlichen Gemeinschaftsverpflegungen oder Pausenverpflegungen, z.B. von Tagungen öffentlicher Träger, angeboten werden. Darüber hinaus könnte ein Zertifikat „Nachhaltiges Lebensmittelangebot" für den Einzelhandel eingeführt werden, das gewährleistet, dass das Angebot den Grundlagen der PHD entspricht und Nahrungsmittel mit gut aufgearbeiteten Informationen über Umweltexternalitäten angeboten werden.

Außerdem ist es nach Überzeugung des WBGU dringend erforderlich, Rahmenbedingungen zu setzen, damit die durch Ökosysteme erbrachten Leistungen sowie die Kosten ihrer Degradation möglichst vollständig in die Preise für Nahrungsmittel einfließen. So sollten bisher vernachlässigte externe Kosten aus Klimawandel und Umweltzerstörung systematisch über Forschung erfasst und durch angemessene Maßnahmen internalisiert werden (Zertifizierungen, Besteuerung, finanzielle Förderung). Dabei sollten soziale Härten resultierender Preissteigerungen beobachtet und gegebenenfalls abgefedert werden.

Schließlich sollte die Bundesregierung den Handel als Motor zur Erreichung einer nachhaltigen und gesunden Ernährung nutzen. Bei internationalen Handels- und Investitionsvereinbarungen sollten Auswirkungen auf die Ernährung von Bevölkerungen Berücksichtigung finden. Die vom Ausschuss für Welternährungssicherheit entwickelten Grundsätze für verantwortungsvolle Investitionen im Agrar- und Ernährungssystem stärken die Ernährungssicherung und das Recht auf adäquate Nahrung und sollten konsequent umgesetzt werden. Dies gilt insbesondere für regionale und bilaterale Handelsabkommen, die einen besonders starken Schutz der Investoren beinhalten.

### 5. Bioökonomie verantwortungsvoll gestalten und dabei Holzbau fördern

Die stoffliche oder energetische Nutzung von Biomasse im Sinne der Bioökonomie bietet vielfältige Optionen, emissionsintensive Prozesse und fossile Rohstoffe zu ersetzen. Dabei verstärkt der steigende Landbedarf für die Biomassegewinnung jedoch Konkurrenzen zu Ernährungssicherung und Biodiversitätserhaltung. Um eine auf nachhaltige Landnutzung gestützte Bioökonomie zu gestalten, ist deshalb ein begrenzender Rahmen für die Nutzung von Biomasse und eine Priorisierung nach Einsatzarten erforderlich. Im Zuge einer hierarchisierten Biomassenutzung sollte, unter Berücksichtigung der Erhaltung von Biodiversität und natürlicher Kohlenstoffspeicher, die Priorität zunächst auf Ernährung und dann erst auf stofflichen und einzelnen energetischen Anwendungen liegen. Dabei sollten solche Anwendungen bevorzugt werden, bei denen Kohlenstoff gespeichert wird oder für die es keine anderen, nicht auf fossilen Energien beruhenden Alternativen gibt. Dazu sollten Verbrauchsreduktionsziele definiert und parallel zum Ausbau stofflicher Biomassenutzungen die Nachhaltigkeitsanforderungen an deren Produktion verstärkt und ausgedehnt sowie nicht biobasierte Klimaschutzstrategien verfolgt werden. Die stoffliche und energetische Nutzung von Nebenprodukten aus der Agrar- und Forstwirtschaft kann besonders in Entwicklungs- und Schwellenländern auch zu wirtschaftlich nachhaltiger Entwicklung und Ernährungssicherung beitragen.

Der WBGU empfiehlt eine Stärkung des Bauens mit Holz. Holz aus standortgerechter, nachhaltiger Waldwirtschaft bietet effektive Möglichkeiten, langfristig Kohlenstoff zu speichern. Speziell zur Förderung des Holzbaus empfiehlt der WBGU, mit internationalen Partnern eine weltweite „Mission nachhaltiges Bauen" auszurufen. Diese Mission sollte die Entwicklung und großskalige Umsetzung nachhaltiger (Holz-)Bauweisen strategisch an eine nachhaltige Rohstoffversorgung koppeln, dabei staatliche Akteure sowie Wirtschaft, Wissenschaft und Zivilgesellschaft einbinden und globale Strategien zu nachhaltigen Rohstoffen und Baustoffnutzung entwickeln. Dabei kommt es insbesondere darauf an, Umweltkosten einzupreisen (z.B. $CO_2$-Preise in den Bereichen Zement und Stahl, Umweltauflagen für Sand), um nachhaltiges Bauen relativ zum konventionellen Bauen attraktiver zu gestalten sowie Anreize zu Materialeffizienz und Wiederverwendung zu setzen. Um alle Wertschöpfungsstufen des nachhaltigen Bauens weltweit und auch im ländlichen Raum zu etablieren, muss das nötige Wissen verbreitet werden (etwa zu Materialien, Bauweisen, Normen und Zertifizierungen sowie Kreislaufoptionen). Ingenieurs- und duale Ausbildungsgänge sowie Fortbildungen zum nachhaltigen Bauen sollten in größerer Zahl, praxisnah, günstig und nicht nur von Branchenverbänden angeboten werden.

Industrieländer sollten ihren rechtlichen Rahmen anpassen (etwa bauliche Vorschriften), und diesbezügliche Hemmnisse abbauen sowie Kreislaufwirtschaft und nachhaltiges öffentliches Bauen fördern. Dementsprechend unterstützt der WBGU den Ansatz der Präsidentin der Europäischen Kommission Dr. von der Leyen, dies im Rahmen des European Green Deal anzustreben und zur Unterstützung dieses ambitionierten Vorhabens ein „neues europäisches Bauhaus" zu schaffen.

In Entwicklungs- und Schwellenländern sollte der Aufbau einer regionalen, nachhaltigen Baustoff- und Bauwirtschaft gefördert werden: Vor allem Länder mit hohem Zubaubedarf oder nachhaltigem Ressourcenpotenzial sollten bei der Produktion nachhaltiger Baumaterialien sowie bei Planung, Bau, Erhaltung und Wiederverwendung regional angepasster nachhaltiger Gebäude unterstützt werden. Ein Beispiel sind Kooperationen lokaler Land- und Forstwirte mit Bauunternehmen und F&E-Einrichtungen, verknüpft mit lokalen Investitions- und internationalen Handelsprogrammen.

## Fünf Governance-Strategien für einen solidarischen Umgang mit Land

Landökosysteme und ihre Leistungen sind als globale Gemeingüter auf die breite und solidarische Verantwortungsübernahme durch alle Akteure angewiesen. Die Mehrgewinnstrategien bieten Ansatzpunkte für wichtige Veränderungen, doch eine globale Landwende ist eine transformative Herausforderung, die weit über einzelne Mehrgewinnstrategien hinausgeht. Wichtig ist die Schaffung geeigneter Rahmenbedingungen und Anreizsysteme durch Governance auf allen Ebenen – der lokalen, nationalen, europäischen, inter- und transnationalen Ebene.

### 1. Pionier*innen des Wandels unterstützen

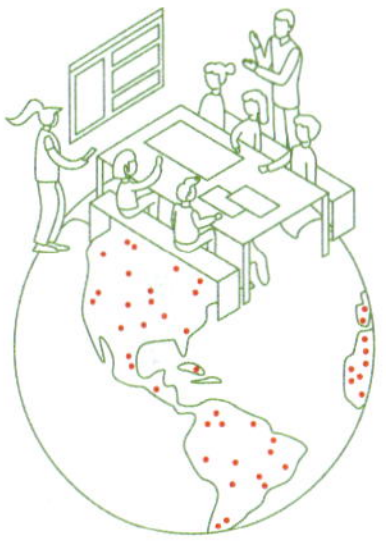

Solidarische Konsumstile, die sensibel für die Knappheit der Landressourcen sind, verbreiten sich immer mehr. Mittlerweile gibt es zahlreiche Beispiele für Pionier*innen des Wandels, die neue landbasierte Schutz- und Nutzungspraktiken erproben. So stellen Landbesitzer*innen ihr Land dem Ökosystemschutz bzw. einer nachhaltigeren Nutzung zur Verfügung oder erproben selbst Renaturierung und alternative Anbaumethoden; Konsument*innen greifen auf vielfältige Möglichkeiten zurück, Nahrungsmittel selbst anzubauen und fragen nachhaltige Alternativen beim Kauf von Holzprodukten nach. Um solche Pionier*innenaktivitäten und solidarischen Konsum in der Breite zu fördern, sollten Vernetzung und Sichtbarkeit unterstützt sowie finanzielle Ressourcen bereitgestellt werden.

### 2. Staatliche Rahmenbedingungen für den solidarischen Umgang mit Land gestalten

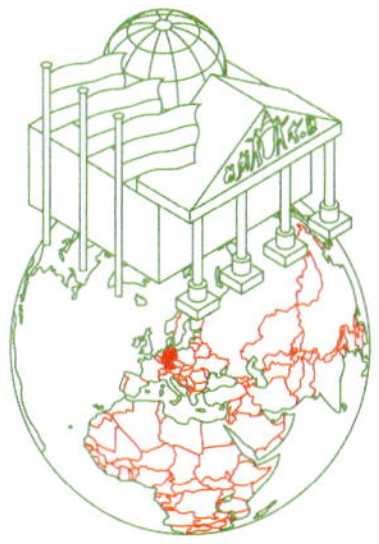

Die Herausforderung für Staaten besteht darin, ein konsistentes System unterschiedlicher Instrumente (z.B. Preisanreize, freiwillige und verpflichtende Nachhaltigkeitsstandards, raumbezogene Pläne, Subventionen) zu entwickeln, um eine Landwende nicht nur für Pionier*innen des Wandels, sondern für die gesamte Gesellschaft zu unterstützen und Blockaden abzubauen. Staaten sollten dafür sorgen, dass sowohl jene, die Land nutzen, als auch jene, die auf Landflächen erzeugte Produkte konsumieren, die negativen Auswirkungen ihres Handelns auf Ökosysteme berücksichtigen und dass ihre positiven Beiträge zu Schutz oder Renaturierung von Ökosystemen und ihren Leistungen gesellschaftlich honoriert werden. Aufbauend auf einer Vielzahl partieller, sektoraler Regelungen ist daher ein bezüglich Flächen, (sektoraler) Biomassenutzungen und Akteuren möglichst umfassendes System aufeinander abgestimmter Instrumente notwendig, insbesondere wenn die Nachfrage nach neuen Land- und Biomassenutzungen stark ansteigt, z.B. durch höhere $CO_2$-Preise. Dies kann durch eine Verknüpfung etwa von nachhaltigen Rohstoffstrategien, Standards und Zertifizierungen, Förderung von Kreislauf- und Kaskadennutzungen, finanzielle Anreize sowie durch auf Nachhaltigkeit ausgerichtete Forschung und Entwicklung gelingen.

Besondere Herausforderungen für das Handeln des gestaltenden Staats liegen darüber hinaus in der Durchsetzung der inländischen Anforderungen an den Umgang mit Land auch auf internationaler Ebene (z.B. über Freihandelsabkommen oder Grenzausgleichssteuern), um Verlagerungen nicht nachhaltiger Verhaltensweisen und damit anderswo verursachte (indirekte) Landnutzungsänderungen zu unterbinden, sowie in der Identifikation und Abfederung von Verteilungswirkungen des staatlichen Handelns und einer Landwende insgesamt. Insbesondere sollten Indikatoren und Monitoring zum nachhaltigen Umgang mit Land und Biomasse weiterentwickelt werden. Ausgewählte bestehende Instrumente für Produktion und Handel, von freiwilligen Zertifizierungen über finanzielle Anreize bis hin zu Auflagen oder Schutzgebietsausweisungen (z.B. zwecks Natur- oder Grundwasserschutz) oder Verboten (z.B. von Pestiziden), sollten im Sinne eines nachhaltigen Umgangs mit Land verbessert und durchgesetzt werden. Schließlich ist es erforderlich, aus den partiellen, sektoralen Lenkungsansätzen ein konsistentes System zu entwickeln.

Der integrierte Landschaftsansatz sollte in Deutschland in erster Linie durch bestehende Planungsinstrumente – wie etwa die Raumordnung, die durch ihren überfachlichen und überörtlichen Ansatz besonders geeignet erscheint – rechtlich und planerisch umgesetzt werden. Insbesondere die Möglichkeit zur Planung und Ausweisung multifunktionaler Flächennutzungen durch das Planungsrecht sollte als Leitbild und -konzept in nationales Planungs- bzw. Raumordnungsrecht und Planungsaktivitäten integriert werden.

### 3. Die Landwende in der Europäischen Union erproben

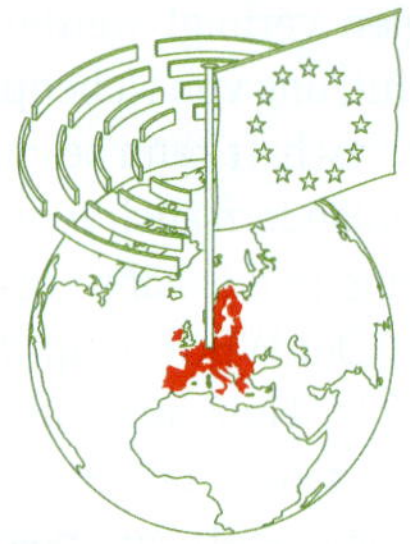

Die EU ist als territorial zu großen Teilen zusammenhängende Rechts- und Wertegemeinschaft besonders geeignet, um eine Landwende auf großer Fläche zu erproben. In diesem Sinne kann der European Green Deal genutzt werden, um neben der Klimaneutralität bis 2050 auch eine Landwende zur Nachhaltigkeit voranzutreiben. Besondere internationale Verantwortung trägt sie auch aufgrund der hohen Nachfrage nach Land außerhalb der EU, der sie vor allem auch mit ihrer Handelspolitik Rechnung tragen kann. Schlüsselpolitik für eine europäische Landwende ist die Gemeinsame Agrarpolitik der EU (GAP). Innerhalb der EU werden nicht nur Gelder für die Ökologisierung der Landwirtschaft benötigt, sondern auch für nachhaltige Forstwirtschaft, zum Auf- und Ausbau von Schutzgebietssystemen, zur Renaturierung von Ökosystemen und gegebenenfalls zum Ausbau weiterer landbasierter Ansätze der $CO_2$-Entfernung sowie für weitere Ziele, die Auswirkungen auf Qualität, Schutz und Nutzung von Landflächen haben. Um einheitliche Rahmen- und Finanzierungsbedingungen für all diese Landnutzungs- und Schutzkonzepte zu etablieren, sollte die GAP zukünftig zu einer Gemeinsamen Ökosystempolitik (GÖP) entwickelt werden. Die EU sollte darüber hinaus für die Reduktion des Ressourcenverbrauchs analog zur Klimapolitik quantifizierte Ziele setzen und die Kreislaufwirtschaft daran ausrichten. Ein Teilziel sollte dabei die Biomassenutzung begrenzen. Nachhaltigkeitsstandards, wie sie schon für die Förderung von Bioenergie und Biokraftstoffen gelten, sollten auf weitere Biomassenutzungen ausgedehnt werden.

Als zentral erachtet es der WBGU, dass die EU ihre Außenhandelspolitik für eine globale Landwende einsetzt. Die EU sollte den nachhaltigen Umgang mit Land zum zentralen Gegenstand der Verhandlungen zukünftiger und der Reform bestehender Handelsabkommen machen. Sie sollte zudem ihr handelspolitisches Gewicht nutzen, um den Schutz globaler Gemeingüter stärker in den Regelungen der Welthandelsorganisation zu verankern und Entwicklung und Produktion nachhaltiger Güter und Dienstleistungen durch Abbau von Handelshemmnissen für diese fördern. Unilaterale Maßnahmen an ihren Außengrenzen sollten im Einklang mit den Zielen der EU-Umweltpolitik weiterverfolgt und ausgelotet werden.

### 4. Internationale Kooperation und Koordination landfokussiert stärken

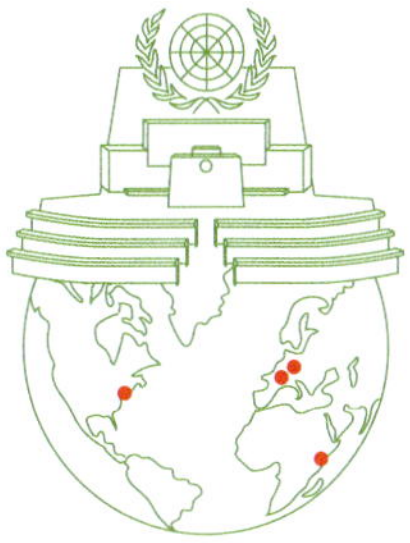

Zahlreiche internationale Organisationen, Institutionen und völkerrechtliche Konventionen arbeiten an der globalen Landwende mit. Der WBGU fokussiert hier auf die Zusammenarbeit der Rio-Konventionen, wissenschaftliche Sachstandsberichte zur Landnutzung sowie auf Potenziale einer zunehmend „glokalen“ Verschränkung.

Der WBGU empfiehlt, für das Jahr 2025 einen „Global Land Summit“ als gemeinsame Vertragsstaatenkonferenz aller drei Rio-Konventionen einzuberufen. So kann für die globale Landwende erstmalig große Aufmerksamkeit erzeugt und es können viele Ressourcen bereitgestellt werden, um eine gemeinsame Vision für den zukunftsfähigen Umgang mit Land zu entwickeln. Unterstützt werden sollte diese Zusammenarbeit durch eine Aufwertung der Joint Liaison Group als Bindeglied zwischen den drei Konventionen. Nicht zuletzt sollte der Post-2020-Rahmen der CBD entschlossen ausgestaltet und umgesetzt werden.

Das Synthesepotenzial der globalen wissenschaftlichen Sachstandsberichte sollte übergreifend genutzt und auch lokale Lösungen und Prozesswissen für die Umsetzung auf der Landschaftsebene wissenschaftlich geprüft und aufbereitet werden. Regionale Forschungs- und Kompetenzzentren sollten ausgebaut werden, um regionale Ansätze für einen nachhaltigen Umgang mit Land zu erforschen und praxisnah zu erproben. Zur effektiven Bearbeitung globaler Umweltveränderungen sollten indigene und lokale Positionen in internationalen Foren nicht nur sichtbarer werden, sondern indigene Völker und lokale Gemeinschaften sollten in ihrer Rolle als Wissensträger, Transformationsakteure und vor Ort Betroffene konsequent gestärkt und besser integriert werden.

### 5. Neue Kooperationsgemeinschaften für die globale Landwende gründen

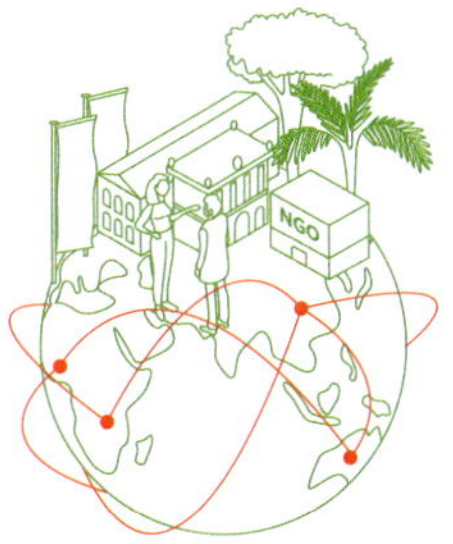


Bestehende Foren für eine globale Landwende sind unverzichtbar. Um zügige Fortschritte zu ermöglichen sollten sie gestärkt und zusätzlich neue Formen der Zusammenarbeit eingerichtet werden. Deshalb empfiehlt der WBGU die Errichtung neuer Kooperationsgemeinschaften durch gleichgesinnte Staaten und subnationale Regionen.

Das erste Modell, das der WBGU entwickelt und vorschlägt, sind *regionale Gemeinschaften*, die auf eine grenzüberschreitende Umsetzung integrierter Landschaftsansätze zielen. Um grenzüberschreitende Flächennutzungen etwa in Form der aufgezeigten Mehrgewinnstrategien zu ermöglichen, sollten Regionen als Nachbarn institutionell stärker zusammenarbeiten. Regionale Gemeinschaften subnationaler Regionen können etwa regionale Kreislaufwirtschaft und Wertschöpfungsketten etablieren, bestehende Biosphärenreservate zu Vorreitern integrativer Landschaftsräume weiterentwickeln oder regionale Innovationshubs für nachhaltige Anbaumethoden gründen.

Das zweite Modell des WBGU setzt auf eine Verantwortungsübernahme durch Staaten, die sich zu einer weltumspannenden *supranationalen Gemeinschaft für eine globale Landwende* zusammenschließen. Der Zweck dieser Gemeinschaften ist es, solche Staaten zu vereinen, die gemeinsam einen nachhaltigen Umgang mit Land verfolgen wollen und dafür gemeinsame Werte und Regelungen, etwa gemeinsame Produktionsstandards vereinbaren. Mitgliedstaaten dieser Gemeinschaften können über verschiedene Weltregionen verteilt sein. Ihre Wirkkraft entfalten sie, indem sie nach dem Vorbild der EU auf die Gemeinschaft spezifische Hoheitsbefugnisse übertragen, die von Organen der Gemeinschaft gegenüber den Mitgliedstaaten durchgesetzt werden können. Solche supranationalen Gemeinschaften können Vorreiterallianzen für nachhaltigen Weltagrarhandel bilden, transparente und nachhaltige Lieferketten gemeinsam realisieren und einen Green Deal global effektiv voranbringen.

Das dritte Modell des WBGU sind *globale Bewahrungsgemeinschaften* für wertvolle Ökosysteme. Diese Bewahrungsgemeinschaften von Staaten und weiteren – auch privaten – Akteuren schließen sich mit dem Ziel zusammen, wertvolle Ökosysteme in Drittstaaten, die auch Mitglieder der Bewahrungsgemeinschaft sein sollten, zu erhalten und wiederherzustellen. Die Bewahrungsgemeinschaft kann solche Gebiete z.B. gemeinsam pachten, damit aus der oft passiven Rolle bloßer „Geberländer“ heraustreten und inklusiv mit anderen Akteuren vor Ort gemeinsam Verantwortung übernehmen.

## Die globale Landwende engagiert einleiten

Das vorliegende Gutachten zeigt Optionen, Landnutzungskonkurrenzen zwischen Klimaschutz, Biodiversitätserhaltung und Ernährungssicherung zu entschärfen, um so das Trilemma der Landnutzung zu überwinden. Dafür ist eine grundsätzliche Änderung unseres Umgangs mit Land notwendig. Eine Kombination der vorgestellten exemplarischen Mehrgewinnstrategien und ihre Umsetzung im Rahmen eines integrierten Landschaftsansatzes sollen den Weg weisen. Fast 30 Jahre nach dem Erdgipfel von Rio de Janeiro verfügt die Weltgemeinschaft zwar über ein Institutionengerüst, das diese Probleme adressiert. Aber angesichts der Krise des Multilateralismus ist das engagierte und rasche Handeln gleichgesinnter Staaten wichtiger denn je zuvor. Für die dringend notwendige globale Landwende zur Nachhaltigkeit braucht es politischen Willen, Kreativität und Mut. Es braucht Pionier*innen, die neue Wege testen und beschreiten, Staaten, die Rahmenbedingungen setzen, notwendige Maßnahmen durchsetzen und miteinander kooperieren sowie Mechanismen eines gerechten Ausgleichs zwischen Akteuren. Eine förderliche EU-Politik und eine stärkere Landorientierung in der internationalen Zusammenarbeit sowie neue Gemeinschaften gleichgesinnter Staaten können dies vorantreiben. Das Gutachten möchte nachdrücklich dafür werben, die globale Landwende zu einer politischen Priorität zu machen.

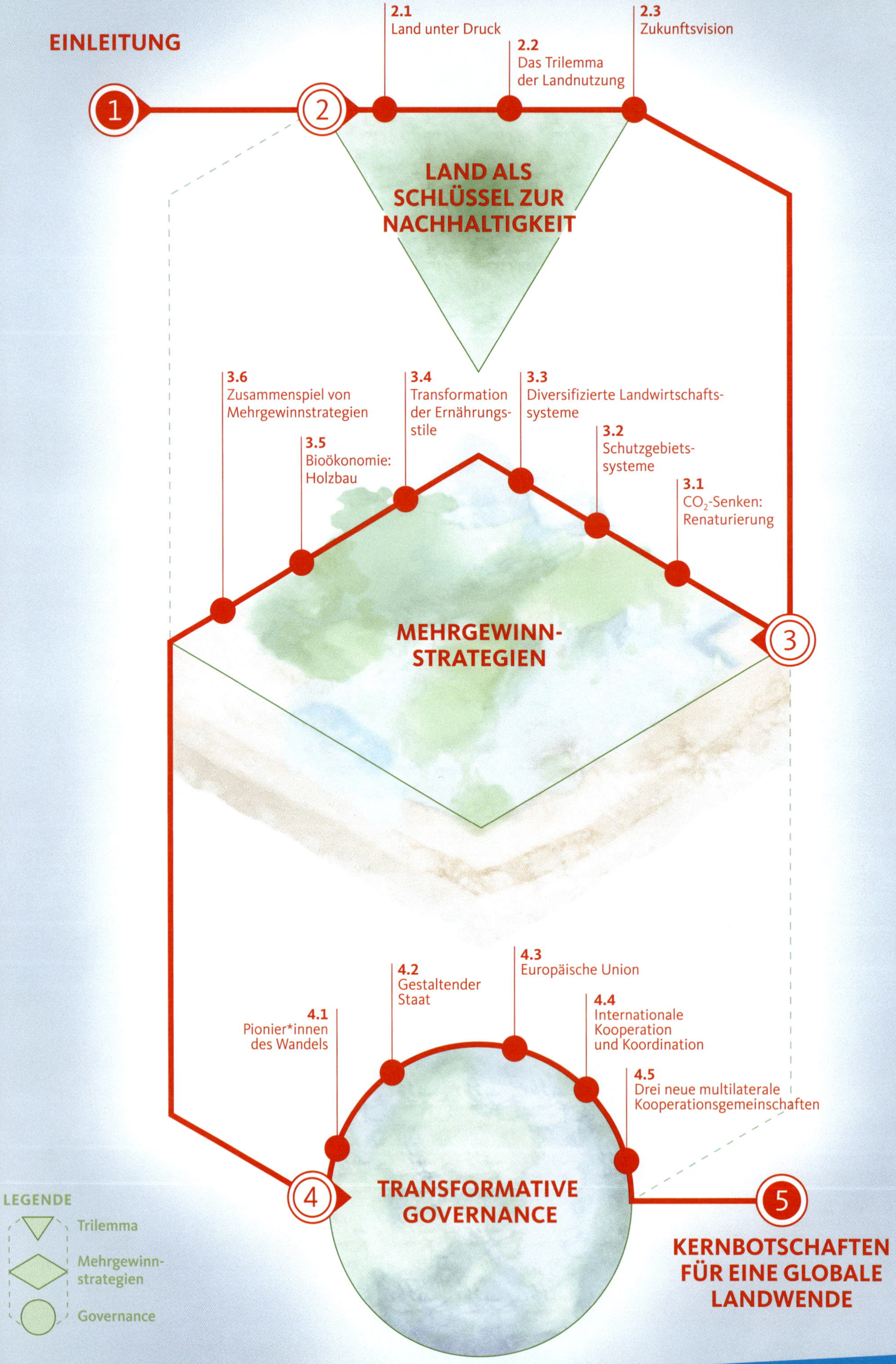
EINLEITUNG
1
2
2.1
Land unter Druck
2.2
Das Trilemma der Landnutzung
2.3
Zukunftsvision
LAND ALS SCHLÜSSEL ZUR NACHHALTIGKEIT
3.6
Zusammenspiel von Mehrgewinnstrategien
3.5
Bioökonomie: Holzbau
3.4
Transformation der Ernährungsstile
3.3
Diversifizierte Landwirtschaftssysteme
3.2
Schutzgebietssysteme
3.1
$CO_2$-Senken: Renaturierung
3
MEHRGEWINN-STRATEGIEN
4.1
Pionier*innen des Wandels
4.2
Gestaltender Staat
4.3
Europäische Union
4.4
Internationale Kooperation und Koordination
4.5
Drei neue multilaterale Kooperationsgemeinschaften
4
TRANSFORMATIVE GOVERNANCE
5
KERNBOTSCHAFTEN FÜR EINE GLOBALE LANDWENDE
LEGENDE
Trilemma
Mehrgewinnstrategien
Governance

# Einleitung 1

Land ist Lebensgrundlage des Menschen. Mit fortschreitendem Klimawandel, dem durch den Menschen verursachten Massenaussterben biologischer Vielfalt und einem vielfach dysfunktionalen Ernährungssystem erleben wir drei aufeinandertreffende globale Krisen, die unmittelbar mit unserem Umgang mit Land verknüpft sind. In den letzten Jahren hat Landnutzung deshalb in der internationalen Umwelt-, Entwicklungs- und Nachhaltigkeitspolitik an Bedeutung gewonnen. Das Land und seine biologisch produktiven Ökosysteme stehen unter Druck wie nie zuvor. Umgang mit Land bedeutet nicht nur Landnutzung, sondern auch Ökosystemschutz und -renaturierung. Hier setzt das vorliegende Gutachten an:

- Welche Strategien für den Umgang mit terrestrischen Ökosystemen bieten sich an, um bestehende Nutzungskonkurrenzen zu entschärfen und gleichzeitig Klimaschutz, Biodiversitätserhaltung und Ernährungssicherung zu gewährleisten?
- Wie kann ein transformativer Wandel hin zu einer nachhaltigen Landnutzung befördert werden, und welche Akteure müssen aktiviert und beteiligt werden?
- Welche Herausforderungen ergeben sich daraus für die Forschung und für die Rolle Deutschlands in der globalen Umwelt- und Entwicklungspolitik?

### Umgang mit Land als wesentlicher Schlüssel für Klimaschutz, Erhaltung der Biodiversität und Ernährungssicherung

Die Art und Weise, wie der Mensch derzeit weltweit mit Land umgeht, z.B. Landwirtschaft betreibt und sich ernährt, Wälder bewirtschaftet oder rodet sowie Infrastrukturen und Städte errichtet, hat weitreichende, meist negative ökologische Auswirkungen: Landökosysteme und Böden werden in großer Geschwindigkeit degradiert und zerstört. Menschliche Aktivitäten sorgen überdies für einen bislang nie dagewesenen Verlust an biologischer Vielfalt. Durch die vielfache Übernutzung natürlicher Ressourcen werden grundlegende Leistungen terrestrischer Ökosysteme beeinträchtigt und damit auch die natürlichen Lebensgrundlagen des Menschen gefährdet (IPBES, 2018a, 2019b; IPCC, 2019b; SCBD, 2020; Independent Group of Scientists, 2019; UNCCD, 2017b).

Mit den IPCC-Sonderberichten über 1,5 °C sowie über Klimawandel und Landsysteme (IPCC, 2018, 2019b) sowie dem international vereinbarten Ziel, die globale Erderwärmung auf deutlich unterhalb von 2 °C zu begrenzen, ist unter anderem die Notwendigkeit in den Fokus von Politik und Forschung geraten, der Atmosphäre Kohlendioxid ($CO_2$) zu entziehen. Landökosysteme werden in diesem Zusammenhang als wesentliche Option diskutiert. Intakte Landökosysteme sind zudem Voraussetzung dafür, weltweit eine ausreichende und hochwertige Ernährung aller Menschen sicherstellen zu können (IPCC, 2019b).

Auch neuartige Krankheiten wie Covid-19, die von Tieren auf Menschen übertragen werden, stehen im Zusammenhang mit Landökosystemen. Ihr Auftreten und ihre Verbreitung werden durch die Zerstörung und Fragmentierung natürlicher Ökosysteme, die intensive Nutztierhaltung und den Wildtierhandel gefördert.

### Es besteht akuter Handlungsbedarf

Bereits im Jahr 1992 hat die internationale Staatengemeinschaft auf der UN-Konferenz über Umwelt und Entwicklung in Rio de Janeiro mit der Vereinbarung der Klimarahmenkonvention, der Biodiversitätskonvention und der Desertifikationskonvention bedeutende Verhandlungsprozesse für nachhaltige Entwicklung angelegt. Ziele dieser drei Rio-Konventionen sind, eine gefährliche Klimaerwärmung zu vermeiden, die biologische Vielfalt zu schützen und nachhaltig und gerecht zu nutzen sowie Landdegradation zu bekämpfen.

Fast 30 Jahre später fordern gesellschaftliche Bewegungen wie Fridays For Future und Extinction Rebellion eine entschlossenere Umsetzung von Klima-, Biodiversitäts- und Umweltschutzmaßnahmen. Gleichzeitig befindet sich der Multilateralismus in einer Krise; die Umsetzung der Ziele der Rio-Konventionen verläuft schwerfällig. Den aktuellsten Meilenstein der Umwelt- und Entwicklungspolitik stellen die im Jahr 2015 beschlossenen 17 UN-Nachhaltigkeitsziele dar, die bis zum Jahr 2030 erreicht werden sollen. Ob sie eine ausreichende Wirkung entfalten werden, ist offen (Zeng et al., 2020). Trotz aller laufenden Politikprozesse mit Landbezug hat die internationale Staatengemeinschaft den Umgang mit Land bisher noch nicht hinreichend als übergreifende Herausforderung und Handlungsschwerpunkt in den Blick genommen. Der im Jahr 2021 in China geplante Biodiversitätsgipfel und die ebenfalls 2021 beginnende UN-Dekade zur Wiederherstellung degradierter Ökosysteme könnten hier eine Trendwende einläuten.

Dieses Gutachten entwickelt Optionen für einen Umgang mit Land und seinen natürlichen Ressourcen, die bestehende Nutzungskonkurrenzen entschärfen helfen, und identifiziert Herausforderungen für die Forschung.

### Ein Überblick über das Gutachten

- *Das Trilemma der Landnutzung:* In Kapitel 2 „Land als Schlüssel zur Nachhaltigkeit: ein systemischer Blick" werden die miteinander verwobenen und sich gegenseitig verstärkenden globalen Krisen des Klimas, der Biodiversität und des Ernährungssystems als Ausgangspunkt beschrieben. Aufgrund ihrer unterschiedlichen und konkurrierenden Anforderungen an die globale Landnutzung erscheinen sie als „Trilemma der Landnutzung". Um dieses Trilemma zu überwinden ist es notwendig, Nutzungskonkurrenzen zu entschärfen sowie die Degradation von Land zu beenden bzw. rückgängig zu machen. Vor diesem Hintergrund skizziert der WBGU seine Vision für eine Transformation hin zu einem nachhaltigen Umgang mit Land.
- *Mehrgewinnstrategien für einen nachhaltigen Umgang mit Land:* Für die Überwindung des Trilemmas entwickelt der WBGU in Kapitel 3 exemplarische „Mehrgewinnstrategien für einen nachhaltigen Umgang mit Land". Mehrgewinnstrategien sind Strategien, die auf multiple Begleitnutzen abzielen. So kann erstens eine Renaturierung degradierter Ökosysteme mehr bewirken als nur $CO_2$ aus der Atmosphäre entfernen. Zweitens können vernetzte Schutzgebietssysteme mit partizipativem Management Biodiversität und Ökosystemleistungen erhalten sowie eine nachhaltige Lebensgrundlage schaffen und sichern helfen. Drittens unterstützen diversifizierte Landwirtschaftssysteme und fairer, nachhaltiger Handel Ernährungssicherung, Klimaschutz und Biodiversitätserhaltung. Viertens kann ein Wandel weg von Ernährungsstilen mit einem hohen Anteil an Tierprodukten auch zur Überwindung des Trilemmas der Landnutzung beitragen. Fünftens kann Holzbau als Teil einer verantwortungsvollen Bioökonomie einen Beitrag nicht nur zum Klimaschutz, sondern auch zu anderen Herausforderungen nachhaltiger Entwicklung leisten.
- *Governance für Mehrgewinne statt Konkurrenz:* Um der dringend notwendigen Transformation unseres Umgangs mit Land den Weg zu ebnen, müssen die Mehrgewinnstrategien effektiv umgesetzt werden. Politische Gestaltung und die Einbindung vielfältiger Akteure auf allen Ebenen sind hierfür zentrale Gelingensbedingungen. In Kapitel 4 „Transformative Governance für einen solidarischen Umgang mit Land" wird darauf eingegangen, wie (1) Pioniere des Wandels Verantwortung übernehmen, wie (2) ein gestaltender Staat und (3) insbesondere die Europäische Union Rahmenbedingungen für die Umsetzung von Mehrgewinnstrategien schaffen, wie (4) bestehende internationale Kooperationen gestärkt werden können und wie (5) die Errichtung neuer multilateraler Kooperationsgemeinschaften gleichgesinnter Staaten die Landwende zur Nachhaltigkeit vorantreiben können.
- *Kernbotschaften und Empfehlungen:* Das Gutachten schließt in Kapitel 5 mit „Kernbotschaften für eine globale Landwende", die die wesentlichen Aussagen des Gutachtens zusammenfassen. Die Handlungs- und Forschungsempfehlungen zu den einzelnen Mehrgewinnstrategien und zur Governance werden jeweils am Ende der Unterkapitel in den Kapitel 3 und 4 präsentiert sowie im Abschnitt „Überblick über die Empfehlungen" gebündelt aufgeführt.

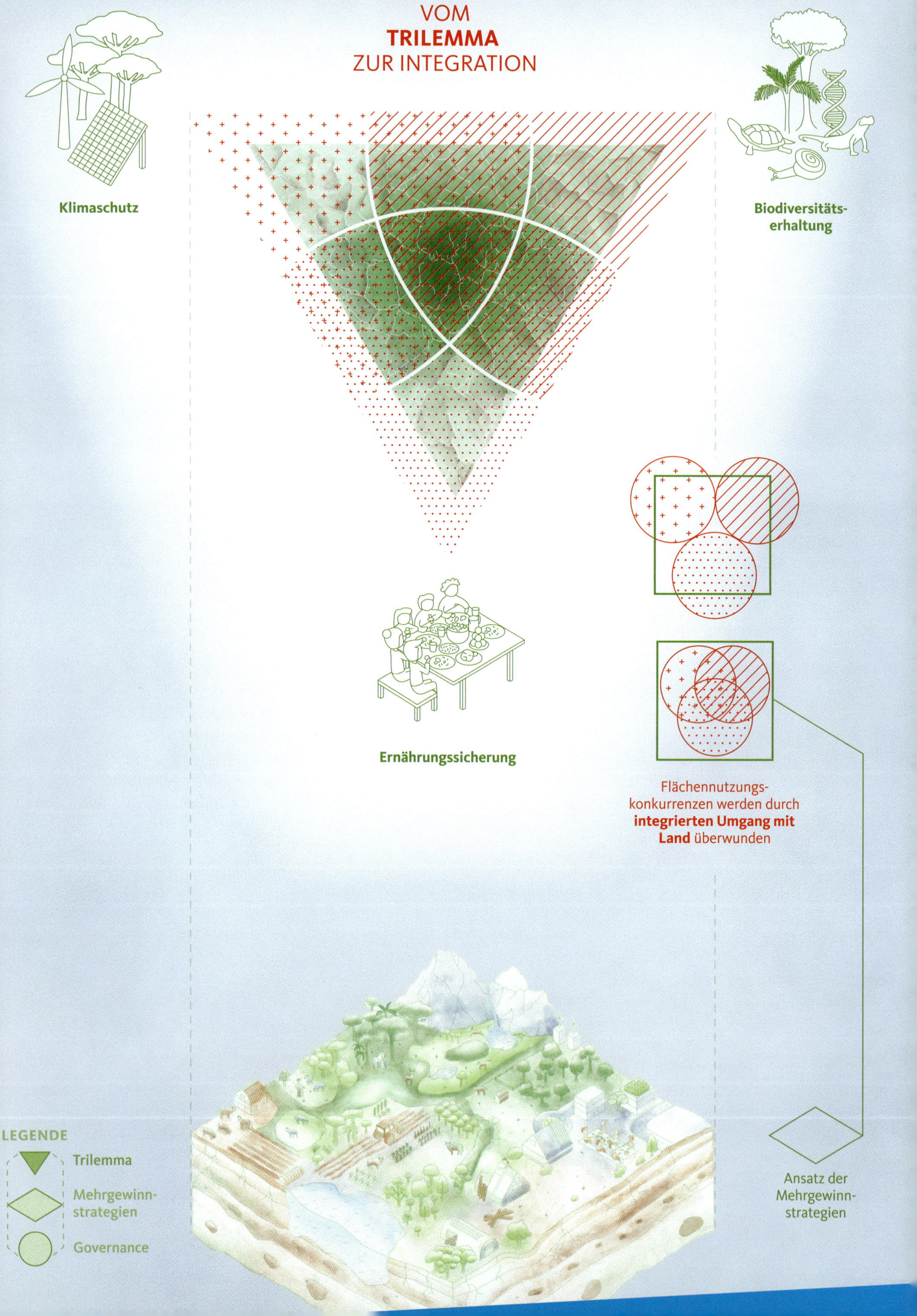
VOM
TRILEMMA
ZUR INTEGRATION
Klimaschutz
Biodiversitäts-
erhaltung
Ernährungssicherung
Flächennutzungs-
konkurrenzen werden durch
integrierten Umgang mit
Land überwunden
LEGENDE
Trilemma
Mehrgewinn-
strategien
Governance
Ansatz der
Mehrgewinn-
strategien

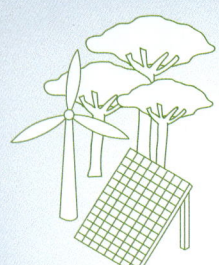

# Land als Schlüssel zur Nachhaltigkeit – ein systemischer Blick

# 2

Unser Umgang mit Land muss dringend transformiert werden, um eine nachhaltige Zukunft zu ermöglichen. Neben der Klimakrise erleben wir heute eine Krise des Ernährungssystems und eine Biodiversitätskrise, die alle mit unserem zerstörerischen Umgang mit Landökosystemen zusammenhängen. Der WBGU stellt seine normative Grundlage und seine Zukunftsvision eines systemischen, synergistischen und solidarischen Umgangs mit Land vor.

Land stellt mehr dar als nur die Fläche, auf der wir leben. Nach der Definition des Übereinkommens der Vereinten Nationen zur Bekämpfung der Desertifikation (UNCCD) ist Land das „produktive terrestrische System, das den Boden, den Pflanzenbestand, andere Teile der belebten Umwelt sowie die ökologischen und hydrologischen Vorgänge umfasst, die innerhalb des Systems ablaufen" (UNCCD, Art 1e). Landökosysteme erbringen dem Menschen eine enorme Vielfalt wertvoller materieller, regulierender und nicht materieller Leistungen (IPBES, 2018b-e, 2019a; Kap. 2.2.3), deren geschätzter jährlicher monetärer Wert in der Größenordnung des globalen BIP liegt (IPCC, 2019b:7; Kasten 4.2-4). Besitz von Land, Zugang zu Land und Umgang mit Land sind somit Schlüsselaspekte der Bekämpfung von Armut und Hunger sowie der Geschlechtergerechtigkeit. Explizites Ziel in den UN-Nachhaltigkeitszielen (Sustainable Development Goals, SDGs) 14 und 15 sind der Schutz des Meeres durch vom Land kommende Verschmutzung sowie der Schutz von Land und Landökosystemen selbst. Darüber hinaus besteht auch in allen anderen SDGs ein mittelbarer Bezug zum Umgang mit Land.

Der Mensch hat die terrestrische Biosphäre bereits fundamental umgestaltet (Ellis, 2011; Abb. 2-1, 2-2). Während um 1700 der überwiegende Teil der Landfläche noch weitgehend naturbelassen war, können heute nur noch rund 23 % der weltweiten Landfläche als Wildnis ausgewiesen werden (Watson et al., 2016b; IPBES, 2018a; Abb. 2-2c). Unter der Annahme, dass auch Ökosysteme mit einem gewissen Grad an Umgestaltung unter weitgehend natürlichen Bedingungen noch ein hohes Maß an biologischer Vielfalt aufweisen können, hat eine aktuelle Studie rund 37 % der weltweiten Landfläche als naturnah errechnet (Gosling et al., 2020). Wie globale Sachstandsberichte aus den letzten Jahren eindrücklich zeigen, ist der Mensch im Begriff, diese natürliche Lebensgrundlage zunehmend zu zerstören, auch bedingt durch die weltweit steigende Nachfrage nach Land und terrestrischen Ökosystemleistungen (IPBES, 2018a; IPCC, 2019a; UNCCD, 2017b). Landökosysteme stehen zunehmend unter Druck und sind von Übernutzung, Degradation und negativen Klimaauswirkungen betroffen (Kap. 2.1). Die Notwendigkeit, diese Trends zu durchbrechen, erhält zunehmend gesellschaftliche und politische Aufmerksamkeit. Maßnahmen zum Schutz und zur nachhaltigen Nutzung natürlicher Ökosysteme sowie zur Wiederherstellung degradierter Ökosysteme, die gleichzeitig zur Bewältigung gesellschaftlicher Herausforderungen wie dem Klimawandel oder der Ernährungs- und Wasserversorgungssicherheit beitragen und das menschliche Wohlergehen fördern, werden derzeit unter dem Begriff „nature-based solutions" diskutiert (Cohen-Shacham et al., 2016).

Auch die Covid-19-Pandemie hat den Blick auf die Zerstörung der Ökosysteme und den menschlichen Umgang mit Land gelenkt. Covid-19 ist das jüngste Beispiel einer langen Reihe von Zoonosen, d.h. von Krankheiten, die von Tieren auf den Menschen übertragen wurden. Deren Auftreten wird u.a. durch Jagd auf und Handel mit Wildtieren sowie durch Habitatzerstörung begünstigt (WWF International, 2020b; Johnson et al., 2020; Karesh et al., 2012; Kasten 2.2-2).

Im Folgenden werden zunächst Status und

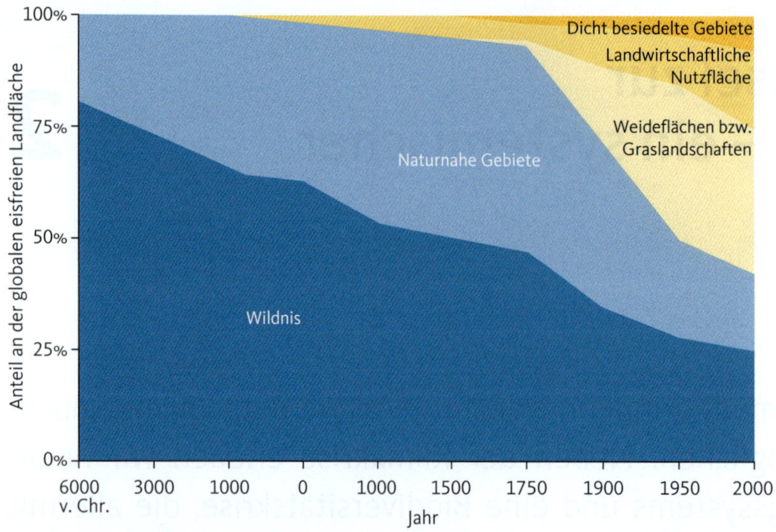


**Abbildung 2-1**
Umgestaltung der eisfreien Landoberfläche durch den Menschen in den letzten 8.000 Jahren.
Quelle: UNCCD, 2017b

Veränderungsdynamiken der Landökosysteme dargestellt (Kap. 2.1) und in den Kontext zentraler Herausforderungen der Nachhaltigkeit gestellt (Kap. 2.2), bevor in Kapitel 2.3 die normative Basis des WBGU und eine übergreifende Vision für einen nachhaltigen Umgang mit Land vorgestellt werden. Marine Ökosysteme werden in diesem Gutachten nicht behandelt; sie standen im Fokus des Hauptgutachtens „Menschheitserbe Meer" (WBGU, 2013).

## 2.1 Landressourcen unter Druck: Nutzungskonkurrenzen, Übernutzung, Degradation

Der Druck auf die Landökosysteme durch Übernutzung und Nutzungskonkurrenzen war noch nie so groß wie heute (UNCCD, 2017b; Olsson et al., 2019). „Landökosysteme sind der terrestrische Teil der Biosphäre, der die natürlichen Ressourcen (Boden, oberflächennahe Luft, Vegetation und andere Biota sowie Wasser), die ökologischen Prozesse, die Topografie sowie die menschlichen Siedlungen und die Infrastruktur umfasst, die in diesem System wirken" (FAO, 2007; UNCCD, 1994 zitiert in van Diemen, 2019:816). Typische natürliche Landökosysteme sind temperierte Laub- und Nadelwälder, tropische Regenwälder, Graslandschaften (z.B. Savannen und Steppen), Tundra, Taiga und Wüsten, Flusslandschaften und Feuchtgebiete. Bewirtschaftete Landökosysteme sind Flächen, die ackerbaulich, forst- oder weidewirtschaftlich genutzt werden.

Ein beträchtlicher Teil der bewirtschafteten und natürlichen Landökosysteme ist bereits geschädigt und durch den Klimawandel und den Verlust biologischer Vielfalt weiter gefährdet. Dieser Trend ist insbesondere angesichts der gestiegenen Nachfrage vor allem nach tierischen Produkten alarmierend (UNCCD, 2017b: 11; Kasten 2.1-1).

Der Prozess der vom Menschen verursachten (anthropogenen) Landdegradation umfasst die langfristige Verschlechterung des Zustands terrestrischer Ökosysteme: Dies wiederum beeinträchtigt die biologische Produktivität, die ökologische Integrität und Biodiversität und damit auch den Nutzen für den Menschen (van Diemen, 2019). Angesichts der wertvollen Leistungen, die terrestrische Ökosysteme zur Erhaltung der natürlichen Lebensgrundlagen und dem Wohlergehen der Menschheit erbringen (Abb. 2.1-1; Kap. 2.2.3), ist das äußerst besorgniserregend.

### 2.1.1 Ausmaß und Trends der Degradation terrestrischer Ökosysteme

Rund ein Viertel der eisfreien Landfläche ist von menschengemachter Degradation betroffen (IPCC, 2019b). Ein Blick auf die Verluste fruchtbarer Böden gibt einen Hinweis auf die Dynamik der Landdegradation: Es wird geschätzt, dass die Bodenerosion auf landwirtschaftlichen Feldern derzeit 10- bis 20-mal (keine Bodenbearbeitung) bis mehr als 100-mal (konventionelle Bodenbearbeitung) höher ist als die Bodenbildungsrate. Gegenwärtig beeinträchtigt die Degradation der Landoberfläche der Erde durch menschliche Aktivitäten das Wohlergehen von mindestens 3,2 Mrd. Menschen. Mit diesen Degradationsprozessen eng verbunden sind die Fragmentierung und der Verlust von Habitaten, gleichzeitig ein zentraler Faktor der Biodiversitätskrise (Kap. 2.2.3).

Die Forschung ist sich einig, dass Landdegradation ein schwerwiegendes globales Problem darstellt (Olsson

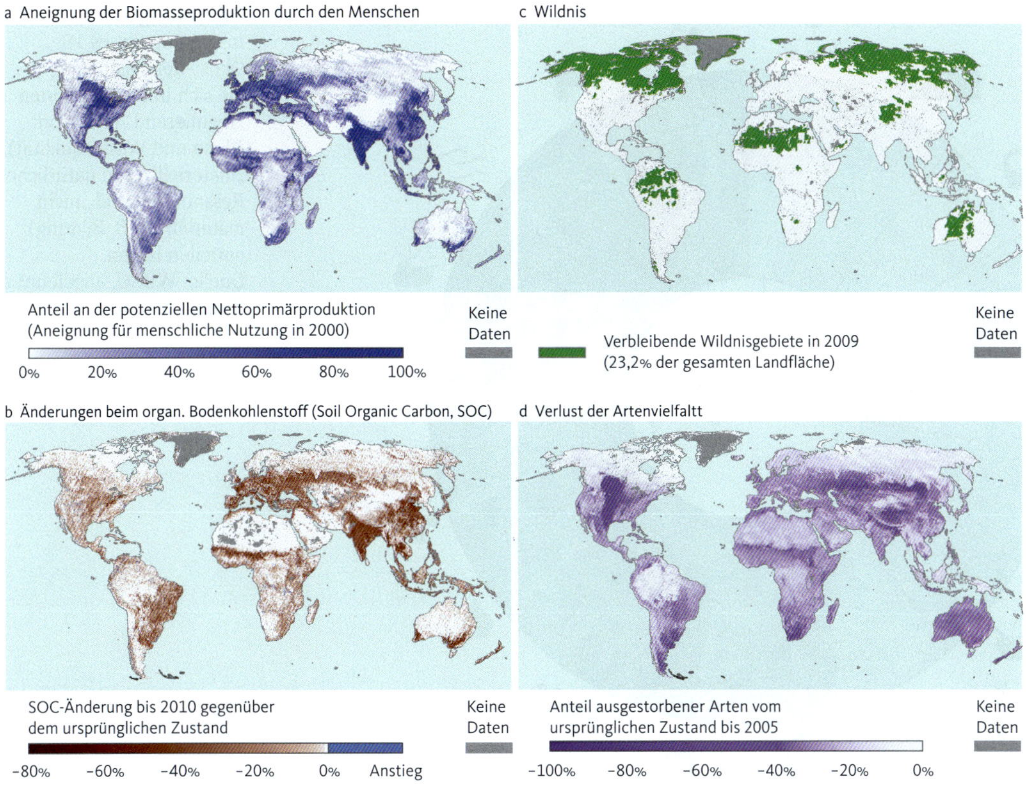


**Abbildung 2-2**
Auswirkungen menschlicher Aktivitäten auf die Landoberflächen.
Quelle: IPBES, 2018a: XXXIII

et al., 2019: 365). Allerdings gibt es bis heute kein unumstrittenes Maß, das den Umfang und die Dynamik der Degradation terrestrischer Ökosysteme zuverlässig abbildet. Zudem werden Land- und Bodendegradation oft synonym verwendet (Gomiero, 2016: 24). Das hat konzeptionelle (wie wird Landdegradation definiert?) und methodische Gründe (wie wird Landdegradation gemessen?): Zu Beginn der 1990er Jahre wurden Degradationsprozesse überwiegend mit Blick auf Bodendegradation bemessen, d.h. mit Fokus auf die oberste Verwitterungsschicht der Erdkruste (z.B. Oldeman et al., 1990; WBGU, 1994). Im Vergleich zu Bodendegradation ist der Begriff Landdegradation umfassender und schließt die Degradation aller terrestrischen Ökosysteme ein (IPBES, 2018a: 662). Besonders unter dem Eindruck des Millennium Ecosystem Assessment von 2005 verlagerte sich der Blick auf die Veränderung von Ökosystemleistungen. Weder das Global Assessment of Soil Degradation (GLASOD) von 1990, noch das Global Assessment of Land Degradation and Improvement (GLADA) von 2008 haben ein umfassendes, quantitatives und eindeutiges Bild der globalen Landdegradation erbracht (IPBES, 2018a: 536).

Neuere Studien bemessen Landdegradation als Verlust der Nettoprimärproduktion, oft unter Verwendung von Satellitendaten (Jackson und Prince, 2016). Eine Möglichkeit der Abschätzung von Degradationstrends in einer Region ist die Beobachtung der Dynamik der Primärproduktion von Land. Nettoprimärproduktion beschreibt die Menge an Kohlenstoff, die Ökosysteme durch Photosynthese akkumulieren, abzüglich des Kohlenstoffs, der durch die Pflanzenatmung wieder abgegeben wird. Eine Studie des Joint Research Centre der Europäischen Kommission kommt zu dem Ergebnis, dass zwischen 1999 und 2013 etwa 20% der bewachsenen Landoberfläche der Erde anhaltend abnehmende Trends bei der Produktivität von Land zeigten (Cherlet et al., 2018). Dies deutet auf eine anhaltende Boden- bzw. Landdegradation hin. Die im Rahmen dieser Langzeitstudie beobachteten Veränderungen auf Anbauflächen, Weideflächen und Grasland sowie Waldlandschaften ergab nach Kontinenten differenziert eine abnehmende Produktivität oder instabile Produktivität insbesondere in Australien und Ozeanien (auf 37% der Fläche), in Südamerika (auf 27% der Fläche) und in Afrika (auf 22% der Fläche). In Asien waren 14% der terrestrischen Ökosysteme, in Europa 12% und Nordamerika 18% von einer abnehmenden oder instabilen Produktivität betroffen. Cherlet et al. (2018: 114) bezeichnen es als „alarmierend, dass 20% der weltweiten Anbauflächen eine abnehmende oder gestresste Landproduktivität aufweisen, vor allem wenn man

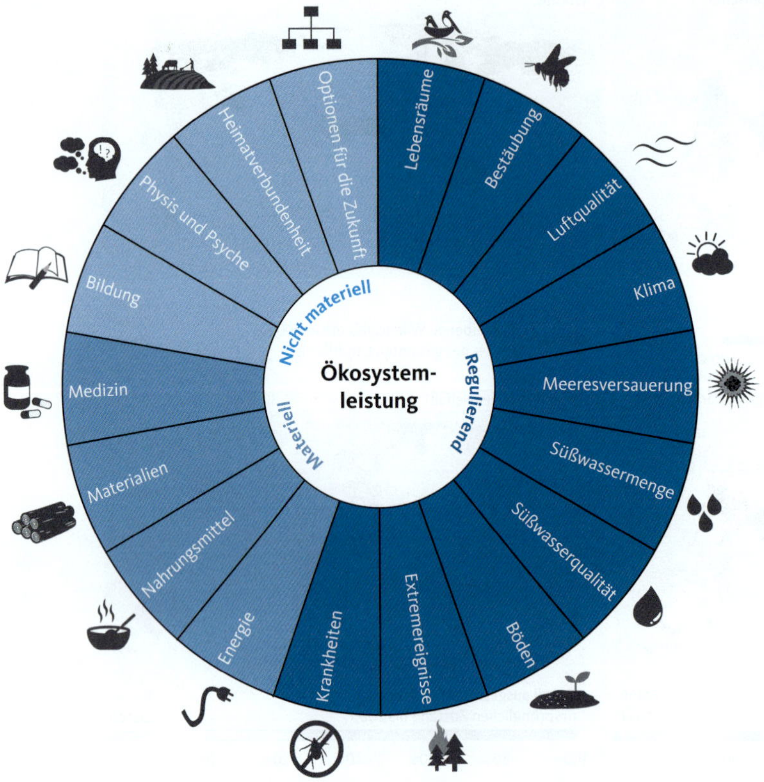


**Abbildung 2.1-1**
Insgesamt gibt es 18 Ökosystemleistungen, die sich in die Kategorien „regulierend" (z. B. von Klima und Wasserqualität), „materiell" (von natürlichen Ressourcen) und „nicht materiell" (z. B. Bildung) einteilen lassen.
Quelle: WBGU, angelehnt an IPBES, 2019a

bedenkt, dass immense Anstrengungen unternommen und Ressourcen eingesetzt werden, um die Produktivität von Acker- und Dauerkulturen zu erhalten und zu steigern, sowie die Tatsache, dass es klare Grenzen für die Ausdehnung der Anbauflächen gibt". Insgesamt variieren die Ansätze und Methoden zur Erfassung der globalen Landdegradation; sie reichen von Expertenschätzungen, Beobachtungen und Messungen vor Ort, Nutzung von Fernerkundungsdaten bis hin zu Simulationsmodellen.

Die dritte Ausgabe des World Atlas of Desertification der EU-Kommission, unter Beteiligung der UNCCD, versucht vor dem Hintergrund der verschiedenen Methoden die unterschiedlichen Facetten von Degradation als „Konvergenz von Indizien" (convergence of evidence) darzustellen (Cherlet et al., 2018: 143). Dafür wurden 14 Indizien (z. B. Entwaldung, Wassermangel, abnehmende Landproduktivität, Viehbestand, Bevölkerungsdichte) ausgewählt, die in ihrem Zusammenspiel auf Degradationsprozesse hinweisen. Für die weitere Auswertung mit dem Ziel, kritische Bereiche der Boden- oder Landdegradation zu identifizieren, ist eine Analyse des Zusammenspiels der verschiedenen Indizien unter Verwendung zusätzlicher (regionalspezifischer) Informationen erforderlich (UNCCD, 2017b: 53). Die Kernaussage lautet, dass es sich bei der Boden- und Landdegradation um ein vielschichtiges globales Phänomen mit deutlichen Unterschieden zwischen Regionen und zwischen den wichtigsten Landbedeckungs- und Landnutzungssystemen handelt, das nicht durch einen oder einige wenige Indikatoren erfasst werden kann. Auch der 2017 erstmals veröffentlichte Global Land Outlook (GLO; UNCCD, 2017b), dessen nächste Ausgabe für 2021 geplant ist, verfolgt den Ansatz der „Konvergenz von Indizien". Dieser Ansatz umfasst die Zusammenschau von Daten zu Landbedeckung und Landnutzung sowie biophysikalische und sozioökonomische Faktoren, die im Zusammenhang mit Landdegradation relevant sind.

### 2.1.2
### Treiber von Landdegradation und Folgen

Die wichtigsten direkten Treiber für die Degradation terrestrischer Ökosysteme (auch Landdegradation) sind die Umwandlung natürlicher bzw. naturnaher Vegetation in Acker- und Weideland, nicht nachhaltige land- und forstwirtschaftliche Praktiken, der Klimawandel sowie in einigen Regionen die Extraktion von Rohstoffen sowie Infrastrukturentwicklung und die Ausdehnung von Städten (IPBES, 2018a: XX). Siedlungen nehmen zwar nur rund 5% der terrestrischen Erdoberfläche ein, befinden sich häufig aber in besonders fruchtbaren Gebieten (UNCCD, 2017b: 42). Die nicht nachhaltige Bewirtschaftung von Acker- und Weideland (Kap. 3.3) ist derzeit der größte direkte Treiber von Landdegradation (IPBES, 2018a).

Zwischen 1963 und 2005 nahm die weltweite Anbaufläche für Nahrungsmittel um etwa 270 Mio. ha zu. In diesem Zeitraum wurden 26% dieser Expansion auf Ernährungsumstellungen und 74% auf das Bevölkerungswachstum zurückgeführt (Kastner et al., 2012, zitiert in IPBES, 2018a: 150). Ein Beispiel für massive Bodenerosion, ausgelöst durch nicht nachhaltige Bodenbewirtschaftung, ist das Dust-Bowl-Ereignis in den USA und Kanada Mitte der 1930er Jahre (Worster, 1987). Durch großflächige Urbarmachung von Prärielandschaften der Great Plains vor allem für den Weizenanbau und verstärkt durch eine jahrelange Dürre kam es zu Bodenerosion (tiefwurzelndes Präriegras hatte die Böden zuvor geschützt) und verheerenden Sandstürmen. Ernten wurden vernichtet und zahlreiche Farmen wurden mit Sand eingeweht. Viele Bauern mussten ihr Land verlassen. Als Reaktion wurde wenige Jahre später der US Soil Conservation Service gegründet (heute Natural Resources Conservation Service).

Die Grüne Revolution, die seit den 1960er Jahren wesentliche Erfolge in der Produktionssteigerung bei Reis, Weizen und Mais erzielen konnte, trug gleichzeitig wesentlich zur Landdegradation bei. Beispiele dieser Degradationsprozesse sind Grundwasserspiegelabsenkung in Folge von Bewässerung, Versalzung durch Fehler bei der Bewässerung, Bodenerosion durch fehlerhafte Bodenbearbeitung und Aussetzen des unbedeckten Bodens gegenüber Wettereinflüssen, der Anbau von Mais in Reinkultur, die Kontamination der Umwelt durch hohen Düngemittel- und Gülleeinsatz (Überdüngung) sowie der hohe Pestizideinsatz und die Verarmung der Arten- und Sortenvielfalt durch Ausbreitung von Monokulturen. Boden- und Landdegradation werden auch durch „Soil Mining“ erzeugt, d.h. den Anbau von Kulturpflanzen ohne adäquaten Ersatz der durch die Kulturpflanzen entzogenen Nährstoffe (Unterdüngung, wie es in ressourcenarmen Subsistenzbetrieben der Fall ist). Mit der Ausweitung industrieller Landwirtschaft ging auch die funktionale Entflechtung von Kulturlandschaften einher. Ein bekanntes Beispiel dafür ist die Flurbereinigung in der BRD ab 1954 oder die Zusammenlegung landwirtschaftlicher Flächen im Zuge der Gründung landwirtschaftlicher Produktionsgenossenschaften in den 1950er Jahren in der DDR. Diese Flurbereinigungen, bei denen die Landschaft an den Einsatz von Maschinen angepasst wurde, indem Hecken und Streuobstwiesen gerodet, Ackerrandstreifen vernichtet oder Gewässerläufe kanalisiert wurden, fördern den Verlust biologischer Vielfalt sowie Bodendegradation durch Wind- und Wassererosion. Insgesamt führte die Schaffung großflächiger landwirtschaftlicher Einheiten zu einem Verlust historischer Kulturlandschaften bzw. deren Monotonisierung. Dies ist ein weltweit beobachtbares, aber in seiner Ausprägung variierendes Muster der Umgestaltung von Landschaften.

Wesentliche Treiber von Walddegradation und Waldverlust (Kasten 2.1-1) sind Landnutzungsänderungen (etwa für Landwirtschaft, inkl. Brandrodung oder Besiedlung) sowie Holzgewinnung zum Einsatz als Bau- und Brennstoff. 55% der globalen Holzernte gehen allein in die Nutzung von Brennholz und Holzkohle zum Kochen und Heizen – dies betrifft 2,8 Mrd. Menschen (Bailis et al., 2015), vor allem auf dem afrikanischen Kontinent.

Schließlich ist die Degradation terrestrischer Ökosysteme gleichermaßen Treiber und Folge von Klimaänderungen (IPBES, 2018a: XIII). Die Auswirkungen fast aller direkten Ursachen der Landdegradation werden durch den Klimawandel noch verschärft. Dazu gehören u.a. die beschleunigte Bodenerosion auf degradierten Flächen infolge extremer Wetterereignisse, ein erhöhtes Risiko von Waldbränden und Veränderungen in der Verbreitung invasiver Arten, Schadinsekten und Krankheitserregern. Beispiele sind u.a. die Kornkammern Asiens, etwa der Reisbau im Indus- und Gangesdelta (Versalzung; Patel, 2011), der Reisbau im Mekongdelta (Meeresspiegelanstieg; Bindoff et al., 2007) oder verstärkte Dürren in den Reisanbaugebieten im Norden Chinas (Lin et al., 2013).

Der Klimawandel kann die Möglichkeiten der Bekämpfung von Landdegradation einschränken, wie etwa Renaturierungsmaßnahmen oder die Erhaltung von Schutzgebieten. Perspektivisch drohen Klimaänderungen im 21. Jahrhundert zu einer immer wichtigeren Triebkraft der Bodendegradation zu werden (IPBES: 2018a: XLII). Die Degradation terrestrischer Ökosysteme trägt auch zum Klimawandel bei, da bei Rodung von Wäldern, Trockenlegung von Mooren oder der Übernutzung von Weideflächen große Mengen an Kohlenstoff in die Atmosphäre freigesetzt werden (Abb. 2.1-2).

### 2.1.3 Land Degradation Neutrality als Ziel internationaler Nachhaltigkeitspolitik

Die Bekämpfung von Landdegradation sowie das Thema nachhaltige Landnutzung sind insbesondere in der UNCCD verankert. Mit der Aufnahme des Ziels der Land Degradation Neutrality (LDN) in den Katalog der SDGs wurde 2015 vereinbart, bis 2030 eine „land degradation-neutral world“ zu erreichen (SDG 15 und 15.3). Bei die-

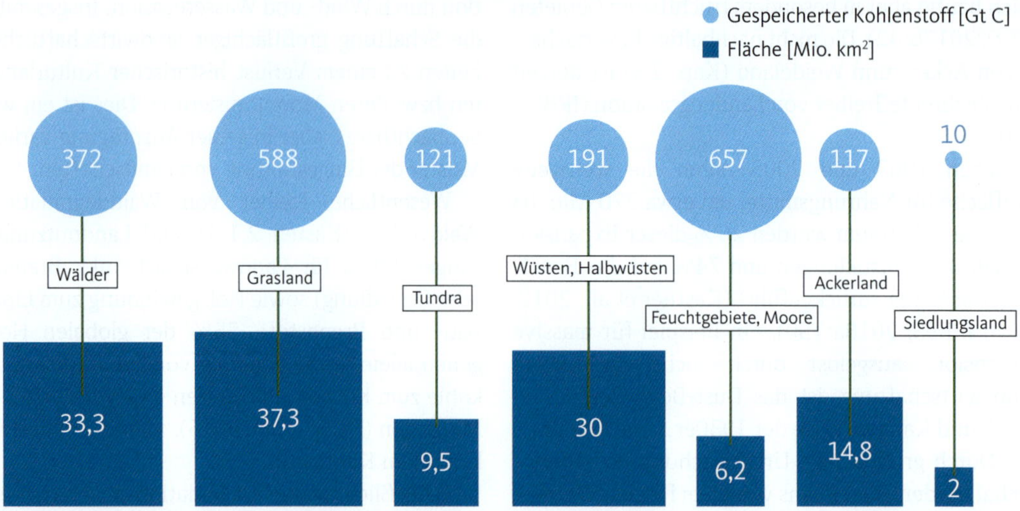


**Abbildung 2.1-2**
Speicherung von Kohlenstoff in terrestrischen Ökosystemen.
Quelle: Bodenatlas, 2015; Bartz/Stockmar, CC BY-SA 3.0

sem Ziel geht es darum, Landdegradation im Zuge wirtschaftlicher Entwicklung an anderer Stelle wieder auszugleichen (etwa durch Renaturierung), so dass insgesamt keine Degradation mehr stattfindet und der Nettoeffekt bezogen auf Landdegradation Null beträgt (Wunder et al., 2018b). Land Degradation Neutrality „ist ein Zustand, in dem die Menge und Qualität der Landressourcen, die zur Unterstützung der Ökosystemfunktionen und -dienstleistungen und zur Verbesserung der Ernährungssicherung notwendig sind, innerhalb bestimmter zeitlicher und räumlicher Skalen und Ökosysteme stabil bleiben oder zunehmen" (UNCCD, 2015; eigene Übersetzung). Ziele von Land Degradation Neutrality sind (Cherlet et al., 2018: 237):

- die Erhaltung oder die Verbesserung der Ökosystemleistungen;
- die Erhaltung und die Verbesserung der Produktivität von Land, um die Ernährungssicherung zu verbessern;
- die Erhöhung der Resilienz terrestrischer Ökosysteme, etwa gegenüber Naturkatastrophen;
- die Suche nach Synergien mit anderen Umweltzielen;
- die Stärkung einer verantwortungsvollen Governance von Landbesitz.

Diese Ziele sind auch im Strategischen Rahmenwerk 2018–2030 der UNCCD festgelegt (UNCCD, 2017a). Zusammengefasst sind Schutz, nachhaltige Nutzung und Renaturierung von Landökosystemen eine Voraussetzung, um Biodiversität und Klima zu schützen und ein nachhaltiges Ernährungssystem aufzubauen. Der Handlungsdruck ist im Anthropozän größer als je zuvor in der Menschheitsgeschichte.

## 2.2 Das Trilemma der Landnutzung

Der WBGU stellt drei globale Krisen ins Zentrum seiner Analysen zum Umgang mit Land: die Klimakrise (Kap. 2.2.1), die Krise des Ernährungssystems (Kap. 2.2.2) und die Biodiversitätskrise (Kap. 2.2.3). Die derzeitige Zerstörung, Degradation und Fragmentierung terrestrischer Ökosysteme beschleunigt den anthropogenen Klimawandel, treibt den Verlust von Biodiversität an und beeinträchtigt die Ernährungssicherung. Alle drei Krisen hängen jeweils auf ihre Weise mit der Nutzung von Landfläche oder terrestrischer Biomasse zusammen und wirken ihrerseits zurück auf die globale Landnutzung und die Landökosysteme.

Der Versuch, diese Krisen abzumildern, kann den Druck auf das Land weiter erhöhen und Konkurrenzen befördern: Mit den für den Klimaschutz zunehmend diskutierten „negativen Emissionen", d. h. Maßnahmen zur Entfernung von $CO_2$ aus der Atmosphäre, kommt ein neuer potenter „Nachfrager" nach Leistungen der Landökosysteme und Flächen hinzu. Der Schutz der Biodiversität ist ohne ein ausgeweitetes und aufgewertetes Schutzgebietssystem, umfassende Renaturierung und eine nachhaltige Nutzung bewirtschafteter Flächen nicht möglich. Die Ernährung einer wachsenden Weltbevölkerung geht bis heute mit der stetigen Zunahme flächenintensiver Ernährungsstile einher. Als Folge wird vor zunehmenden globalen Landnutzungskonkurrenzen gewarnt (Smith, 2018). Der WBGU bezeichnet die potenziellen Konkurrenzen dieser drei Dimensionen im vorliegenden Gutachten als „Trilemma der Landnut-

**Kasten 2.1-1**

## Entwaldung: Status und Trends

Die globale Entwaldung setzt sich fort, aber mit verminderter Geschwindigkeit. Von 1990 bis 2020 sind weltweit schätzungsweise 420 Mio. ha Wald verloren gegangen. Von 2015 bis 2020 wurde die jährliche Entwaldungsrate auf 10 Mio. ha geschätzt, gegenüber 12 Mio. ha in den Jahren 2010 bis 2015 (FAO, 2020h; Abb. 2.1-3). Vor allem tropische Wälder sind betroffen. Bei einem interkontinentalen Vergleich der Situation während der letzten Dekade ergibt sich folgendes Bild (FAO, 2020h):

- Afrika hatte im Zeitraum 2010 bis 2020 mit 3,9 Mio. ha die im interkontinentalen Vergleich höchste jährliche Netto-Waldverlustrate. Hauptgrund ist die Flächenumwandlung von Wald in Äcker, aber auch die Produktion von Holzkohle aufgrund des Fehlens anderer Brennstoffe.
- Südamerika hatte in den Jahren 2010 bis 2020 einen jährlichen Nettowaldverlust von 2,6 Mio. ha, wobei die Verlustrate erheblich zurückging und heute etwa die Hälfte der Rate von 2000 bis 2010 beträgt. In den letzten Jahren hat sich allerdings die Entwaldung in Brasilien wieder erheblich beschleunigt.
- Asien hatte den höchsten Nettogewinn an Waldfläche im Zeitraum 2010 bis 2020.
- Ozeanien verzeichnete in den Jahrzehnten 1990 bis 2000 und 2000 bis 2010 Nettoverluste an Waldfläche.

Als wahrscheinliche künftige Brennpunkte der globalen Entwaldung gelten Amazonien, das Kongo-Becken, Teile Ostafrikas, Sumatra, Borneo, Neuguinea, Teile Südostasiens sowie der Osten Australiens (Abb. 2.1-4).

**Abbildung 2.1-3**
Jährliche Rate von Entwaldung und Waldzunahme.
Quelle: FAO, 2020g

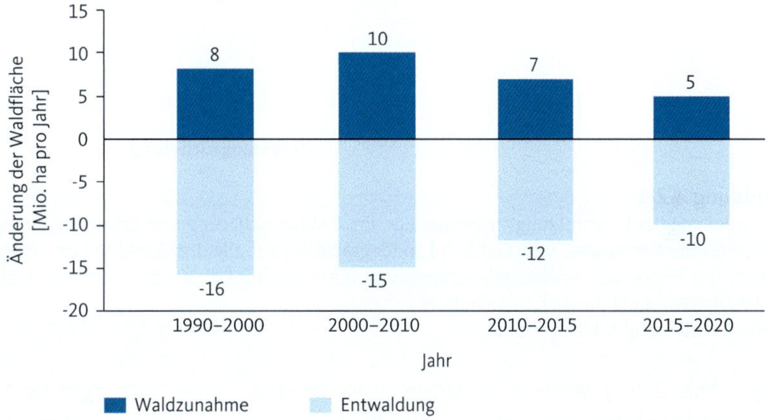


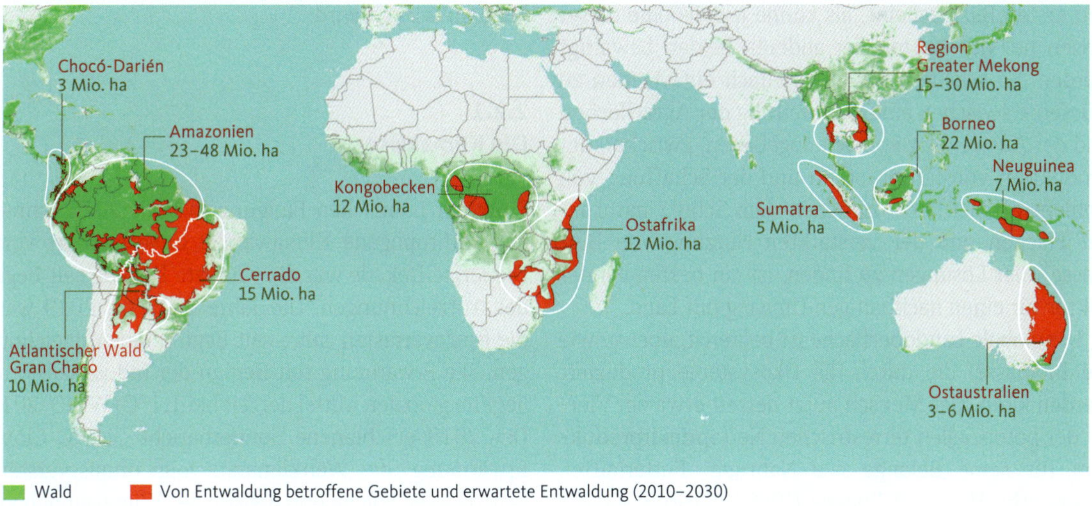


**Abbildung 2.1-4**
Erwartete Brennpunkte der globalen Entwaldung bis 2030.
Quelle: IPBES, 2018a: 285; ©Text und Grafik: 2015 WWF

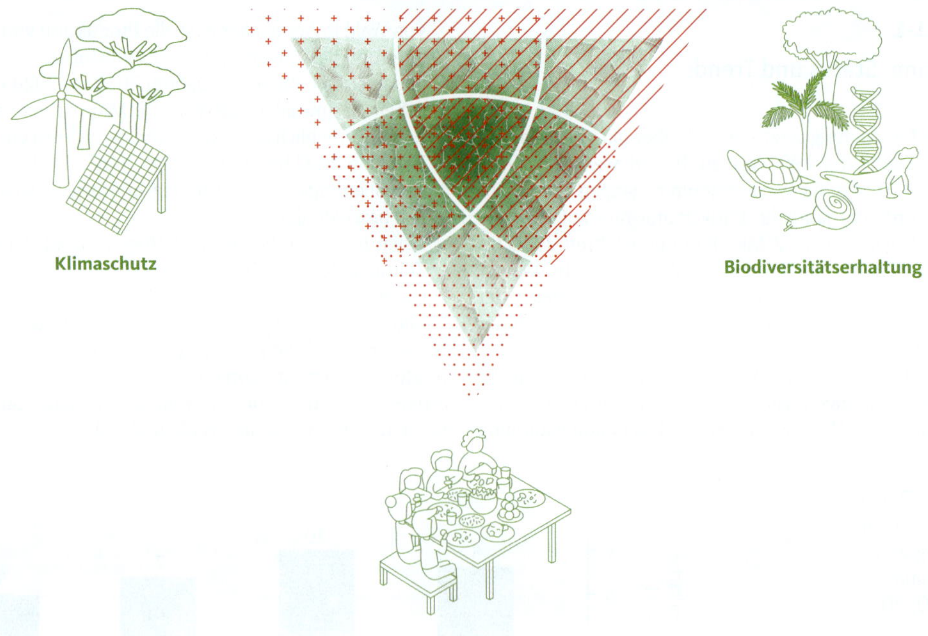


**Abbildung 2.2-1**
Das „Trilemma der Landnutzung“: Klimaschutz, Ernährungssicherung und Erhaltung biologischer Vielfalt treten heute bereits in Konkurrenz zueinander, während sich Landdegradation auf alle drei Aspekte kurz- oder langfristig negativ auswirkt. Die Umkehr der Trends der zunehmenden Zerstörung terrestrischer Ökosysteme und der Landdegradation ist daher ein *sine qua non* für die Überwindung dieser Konkurrenzen.
Quelle: WBGU, Grafik Ellery Studio

zung“ (Abb. 2.2-1). Weitere Nachfrage, etwa für Siedlungs- und Verkehrsfläche oder aus der Bioökonomie, verschärft diese Konkurrenzen.

Der WBGU wählt den Begriff „Trilemma“ weil es auf den ersten Blick scheint, als könne jeweils eine dieser Krisen nur auf Kosten der anderen beiden bewältigt werden. So scheinen wir uns vielfach entscheiden zu müssen – zwischen einer Ausweitung der Agrarflächen und der Ausweitung von Schutzgebieten, zwischen der Produktion von Futtermitteln und der Schaffung von Kohlenstoffspeichern, zwischen dem Schutz naturnaher Flächen und der verstärkten Nutzung von Biomasse. Hier Lösungen zu finden, ist ein bestimmender Faktor für einen nachhaltigen Umgang mit Land.

Die globale Landoberfläche ist begrenzt, ebenso wie die Biomasse, die durch die Ökosysteme produziert werden kann. Der Mensch nutzt derzeit etwa ein Viertel der potenziellen terrestrischen Nettoprimärproduktion für seine Belange wie Nahrung, Futtermittel, Faserstoffe, Holz und Energie (IPCC, 2019b: 5; Krausmann et al., 2013). Eine unbegrenzte Expansion der Nutzung ist ganz offensichtlich nicht möglich, es muss also darum gehen, die verschiedenen wachsenden Ansprüche miteinander in Einklang zu bringen und, wo nötig, zu priorisieren. Dies beinhaltet auch, dass die Treiber dieser Nutzungsansprüche in den Blick genommen werden müssen, um Möglichkeiten der Reduktion von Nutzungen sichtbar zu machen.

Die folgenden Abschnitte beleuchten zunächst die drei Krisen und ihre systemische Verknüpfung, bevor in Kapitel 2.3 eine positive Vision für den Umgang mit Land entwickelt wird.

## 2.2.1 Die Klimakrise

Trotz der politischen Einigung in Paris 2015 schreitet der anthropogene Klimawandel unvermindert voran. Die letzte Dekade war die wärmste Dekade seit Beginn der Aufzeichnungen. Die Jahre 2015 bis 2019 waren die fünf wärmsten Jahre seit Beginn der Aufzeichnungen. Die Erwärmung seit Beginn der Industrialisierung liegt im globalen Mittel derzeit bei 1,1 °C (WMO, 2019). Der 2018 erschienene Sonderbericht „1,5 °C Globale Erwärmung“ des Weltklimarats zeigt unmissverständlich, dass die Folgen und Risiken des Klimawandels zwischen 1,5 °C und 2 °C bereits deutlich zunehmen und bei einem darüber hinaus gehenden Temperaturanstieg weiter stark steigen (IPCC, 2018). Dabei kann es zum Überschreiten sogenannter Kipppunkte kommen, jenseits derer deutliche Systemänderungen auftreten, die auch bei einer Absenkung der Temperatur nicht mehr reversibel wären – z. B. das Abschmelzen des grönlän-

**Kasten 2.2-1**

### $CO_2$ und die anderen Treibhausgase

Treibhausgase verhalten sich sehr unterschiedlich – sie haben eine verschieden lange Lebensdauer in der Atmosphäre und wirken sich unterschiedlich auf den Strahlungstransport in der Atmosphäre aus, d.h. ihr Beitrag zur Klimaerwärmung unterscheidet sich. Anders als $CO_2$ werden Lachgas ($N_2O$) und Methan ($CH_4$) in der Atmosphäre chemisch abgebaut: $N_2O$ wird durch UV-Strahlung in der Stratosphäre aufgespalten und hat eine atmosphärische Lebensdauer von 114 Jahren, $CH_4$ reagiert in der Troposphäre mit dem OH-Radikal und hat eine atmosphärische Lebensdauer von nur 12 Jahren. Dennoch werden die Gase oft in einer einheitlichen Maßeinheit präsentiert: den $CO_2$-Äquivalenten. Dafür vergleicht man für andere Treibhausgase die mittlere Strahlungswirkung (d.h. ihren Beitrag zur Erwärmung) über einen festgelegten Zeitraum mit derjenigen von $CO_2$. Im Kyoto-Protokoll der UNFCCC wurde dafür ein Zeitraum von 100 Jahren festgelegt, was aber keine wissenschaftliche Begründung hat, sondern auf politischer Ebene ausgehandelt wurde (Victor et al., 2014). Insbesondere für kurzlebige Treibhausgase wie Methan, das gar nicht 100 Jahre lang in der Atmosphäre verbleibt, kann dies allerdings zu erheblichen Fehlschlüssen führen. Für den Klimaschutz ist es nämlich keinesfalls unerheblich, welche Treibhausgase oder klimawirksamen Stoffe reduziert werden. Während die Reduktion kurzlebigerer Treibhausgase wie $CH_4$ oder Aerosole vor allem kurzfristig auf das Klima wirkt, wird die langfristige Temperaturentwicklung von den Emissionen langlebiger Gase dominiert. Die relative Bedeutung von Maßnahmen zur Reduktion klimawirksamer Stoffe für den globalen Klimaschutz hängt damit letztlich von dem Ziel ab, das verfolgt wird. So argumentieren Bowerman et al. (2013), dass in Bezug auf die 2°C-Leitplanke die Reduktion kurzlebiger Treibhausgase erst zu einem Zeitpunkt von hoher Bedeutung ist, an dem die Emissionen der langlebigen Treibhausgase bereits fallen: So lange die $CO_2$-Emissionen steigen, bewirkt die Emissionsreduktion kurzlebiger Gase nur die Verschiebung des Zeitpunkts, an dem die Leitplanke überschritten wird; wenn die $CO_2$-Emissionen bereits fallen, kann durch die Reduktion kurzlebiger Gase die Peak-Temperatur abgesenkt werden. Eine sofortige Reduktion der Emissionen kurzlebiger klimawirksamer Gase könnte daher zwar durch eine Abschwächung der kurzfristigen Erwärmung das Zeitfenster für adaptive Maßnahmen vergrößern, nicht aber das Zeitfenster für die notwendigen Reduktionen von $CO_2$ verlängern (Bowerman et al., 2013).

Diese Unterschiede sind z.B. auch für Maßnahmen wie die Renaturierung von Mooren von Bedeutung: Während eine Wiedervernässung die erheblichen $CO_2$-Emissionen trockengelegter Moore stoppen kann, entstehen im Gegenzug klimawirksame Methanemissionen. Günther et al. (2020) zeigen, dass dieser negative Effekt aufgrund der kurzen Lebensdauer von $CH_4$ weniger relevant ist als der positive Effekt des Stopps der $CO_2$-Emissionen: Kontinuierliche $CH_4$-Emissionen erreichen ein Fließgleichgewicht (steady state), bei dem gleich viel $CH_4$ abgebaut wird wie in die Atmosphäre eingetragen wird. Während kontinuierliche $CH_4$-Emissionen daher mit einer Klimastabilisierung vereinbar sind, ist dies bei kontinuierlichen $CO_2$-Emissionen nicht der Fall, da sich das $CO_2$ immer weiter in der Atmosphäre anreichert.

dischen Eisschilds (Lenton et al., 2019). Eine Studie (Steffen et al., 2018) deutet zudem darauf hin, dass auch ein Schwellenwert existieren könnte, jenseits dessen durch biogeophysikalische Rückkopplungsmechanismen ein stark beschleunigter Temperaturanstieg ausgelöst werden könnte („Hothouse Earth").

Änderungen unseres Umgangs mit Land sind in Bezug auf den Klimawandel aus drei Gründen notwendig:

1. Die derzeitige Landnutzung sowie Landnutzungsänderungen verursachen Treibhausgasemissionen, die sinken müssen, um den Klimawandel aufzuhalten;
2. Land kann (anders als etwa die Stahlindustrie) nicht nur Emissionen reduzieren, sondern der Atmosphäre Kohlendioxid ($CO_2$) entziehen. Es kann eine bedeutende, wenn auch nicht immer dauerhafte Senke für $CO_2$ sein;
3. Auch wenn die globale Erwärmung auf ein geringes Maß begrenzt werden kann, erfordern die massiven Auswirkungen des verbleibenden Klimawandels eine Anpassung der Landnutzung. Eine Veränderung der Landnutzung bzw. des Umgangs mit Land kann außerdem Resilienz gegenüber Klimafolgen stärken.

Land- und Forstwirtschaft sowie andere Landnutzungsaktivitäten verursachten zwischen 2007 und 2016 insgesamt 13% der anthropogenen $CO_2$-Emissionen, 44% der anthropogenen Emissionen von Methan ($CH_4$) sowie 81% der anthropogenen Emissionen von Lachgas ($N_2O$) (IPCC, 2019b:8). Obwohl die verschiedenen Treibhausgase sich in der Atmosphäre sehr unterschiedlich verhalten, werden sie häufig über $CO_2$-Äquivalente zusammengefasst, die sich auf die durchschnittliche Strahlungswirkung über einen 100-Jahres-Zeitraum beziehen (Kasten 2.2-1). In dieser Betrachtungsweise waren Land- und Forstwirtschaft sowie andere Landnutzungen zwischen 2007 und 2016 für insgesamt 23% der anthropogenen Treibhausgasemissionen verantwortlich (IPCC, 2019a:18), wobei in diesem Wert die $CO_2$-Emissionen, die durch den Verlust von Bodenkohlenstoff auf Ackerflächen entstehen, nicht berücksichtigt sind (IPCC, 2019a:151).

$CO_2$ spielt eine Sonderrolle, da es sich nicht chemisch in der Atmosphäre abbaut. Etwa die Hälfte des durch die Menschen in die Atmosphäre abgegebenen $CO_2$ wird durch die unten beschriebenen Prozesse am unteren Rand der Atmosphäre unmittelbar vom Ozean und der Biosphäre aufgenommen; mittelfristig nimmt der Ozean noch weiteres $CO_2$ auf, bis eine Sättigung eintritt. Etwa 20–35% verbleiben allerdings auch langfristig, d.h. über viele Jahrhunderte hinaus, in der Atmosphäre und wer-

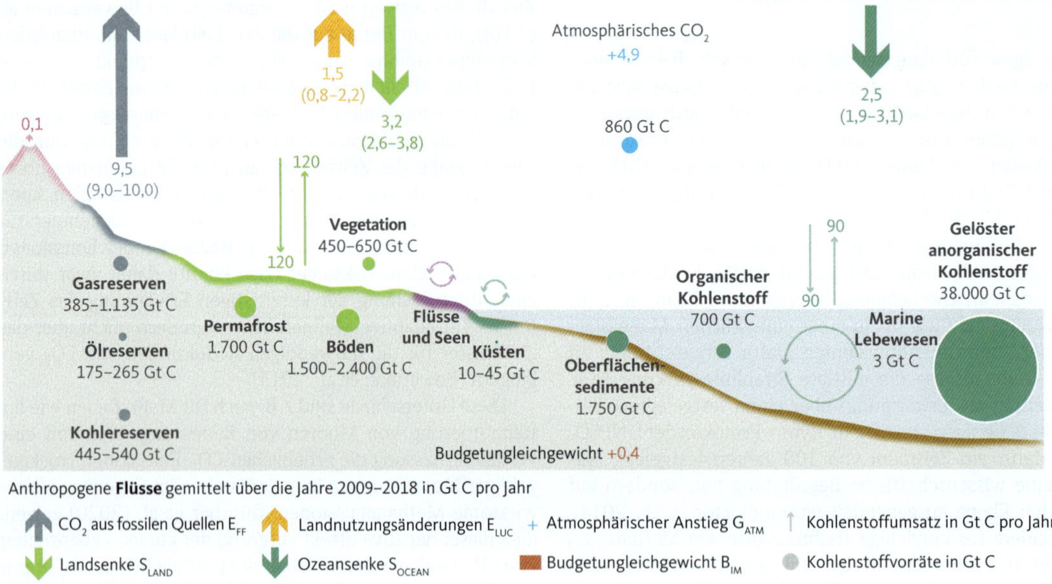


**Abbildung 2.2-2**
Schematische Darstellung des globalen Kohlenstoffkreislaufs und seiner Störung durch menschliche Aktivitäten, gemittelt über den Zeitraum 2009–2018. Die Störung wird durch die breiten Pfeile gekennzeichnet: diese betreffen zum einen die Emissionen durch menschliche Aktivitäten wie die Nutzung fossiler Energieträger und Entwaldung, zum anderen die verstärkte Aufnahme von $CO_2$ durch den Ozean und die Vegetation. Die anthropogene Störung erfolgt vor dem Hintergrund eines vom Menschen unabhängigen aktiven Kohlenstoffzyklus, der durch die schmalen Pfeile gekennzeichnet ist. Genaue Hintergründe über die Ermittlung dieser Zahlen finden sich bei Friedlingstein et al. (2019). Zu beachten ist, dass die Flüsse hier mit der Einheit Gt C (Mrd. t Kohlenstoff) angegeben sind – für die Umrechnung in Gt $CO_2$ (Mrd. t. $CO_2$) sind die Zahlen mit 3,66 zu multiplizieren.
Quelle: Abbildung aus Friedlingstein et al., 2019 (CC BY 4.0)

den erst auf Zeitskalen von mehreren Jahrtausenden langsam durch Gesteinsverwitterung, d.h. der chemischen Reaktion von $CO_2$ mit Mineralien, weiter abgebaut (Archer et al., 2009). Darin unterscheidet sich $CO_2$ von $CH_4$ und $N_2O$, die eine begrenzte Lebensdauer in der Atmosphäre haben (Kasten 2.2-1). Anthropogene Emissionen letzterer müssen daher, anders als diejenigen von $CO_2$, nicht vollständig auf Null abgesenkt werden, um den Klimawandel aufzuhalten. Die Absenkung dieser Emissionen kann allerdings einen wichtigen und schnell wirksamen Beitrag zum Klimaschutz leisten und sollte daher unbedingt angestrebt werden. Darüber hinaus gibt es noch vielfältige Interaktionen zwischen dem Umgang mit Land und dem lokalen Klima, etwa über Emissionen von Aerosolen, Änderungen der Reflexionsfähigkeit (Albedo) der Landflächen oder des regionalen Wasserkreislaufs durch Landnutzungsänderungen (IPCC, 2019a).

Abbildung 2.2-2 gibt einen Überblick über die anthropogene Störung des globalen Kohlenstoffkreislaufs. Um den Klimawandel aufzuhalten ist es notwendig, die anthropogenen $CO_2$-Emissionen netto auf Null zu bringen (Rogelj et al., 2018: 108). Das Ausmaß der zukünftigen Erwärmung hängt zu einem erheblichen Teil von der kumulierten Gesamtmenge der anthropogenen $CO_2$-Emissionen ab, so dass häufig ein Gesamtbudget an zukünftig noch möglichen $CO_2$-Emissionen benannt wird, das noch zur Verfügung steht, wenn ein bestimmtes Temperaturziel eingehalten werden soll. So beziffert etwa der IPCC das ab Anfang 2018 noch zur Verfügung stehende Budget, das eine Begrenzung des Klimawandels auf 1,5 °C mit einer Wahrscheinlichkeit von 50 % erlaubt, auf 580 Gt $CO_2$ (IPCC, 2018: 14). Bei derzeitigen jährlichen Emissionen von ca. 42 Gt $CO_2$ (Friedlingstein et al., 2019) dürfte dieses Budget mittlerweile auf weniger als 500 Gt $CO_2$ geschrumpft sein. Die genauen Budgets unterliegen allerdings verschiedenen, auch methodischen Unsicherheiten. Der ganz überwiegende Teil (86 %) der anthropogenen $CO_2$-Emissionen entstammt der noch immer steigenden Nutzung fossiler Energieträger und der Zementherstellung, während die $CO_2$-Emissionen aus Landnutzungsänderungen (zumeist die Umwandlung von Naturflächen in Agrarflächen) absolut gesehen zwar nicht nennenswert gesunken sind, mittlerweile aber nur noch einen Anteil von ca. 14 % haben (Abb. 2.2-3).

Die wesentlichen Prozesse, die $CO_2$ großskalig aus der Atmosphäre entfernen können, sind erstens die Lösung

**Abbildung 2.2-3**
Anthropogene $CO_2$-Emissionen im Zeitverlauf.
Quelle: GCP, 2019

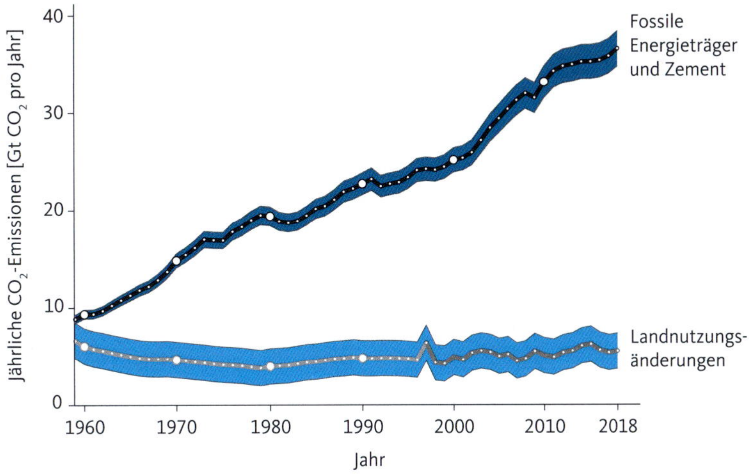


von $CO_2$ in den Ozeanen sowie zweitens die Photosynthese, d.h. die Fähigkeit von Pflanzen, mit Hilfe von Sonnenlicht $CO_2$ aufzuspalten und den enthaltenen Kohlenstoff in Biomasse umzuwandeln. Ozean und Land wirken so als „natürliche Senken", die gegenwärtig 23% (Ozean) bzw. 29% (Land) der anthropogenen $CO_2$-Emissionen aufnehmen. Nur 45% unserer Emissionen verbleiben unmittelbar in der Atmosphäre (Mittelwerte für den Zeitraum 2009–2018; Friedlingstein et al., 2019; Abb. 2.2-2). Auch wenn diese Senken oft als „natürlich" angesehen werden, sind sie letztlich durch menschliches Handeln entstanden: Ozean und Land nehmen nur deshalb kontinuierlich $CO_2$ aus der Atmosphäre auf, weil der Mensch einen Anstieg der $CO_2$-Konzentration in der Atmosphäre verursacht hat und die Systeme daher nicht im Gleichgewicht sind. Es wird erwartet, dass sich die Senkenfunktion abschwächt, sobald sich die atmosphärische $CO_2$-Konzentration stabilisiert oder absinkt (z.B. indem $CO_2$ aus der Atmosphäre entfernt wird), und Land und Ozean schließlich zu $CO_2$-Quellen werden (Hoegh-Guldberg et al., 2018:219). Bei fortschreitenden $CO_2$-Emissionen könnten negative Klimaauswirkungen wie Dürren und Hitzewellen den Senkeneffekt der terrestrischen Biosphäre zunichte machen und zur Freisetzung von $CO_2$ führen (Peñuelas et al., 2017). Die Senkenwirkung ist also fragil und nicht langfristig verlässlich (Keenan und Williams, 2018).

Klimaschutzpfade mit dem Ziel einer Begrenzung des Klimawandels auf 1,5°C, die im Rahmen des IPCC analysiert wurden, beinhalten überwiegend, dass das berechnete $CO_2$-Budget zunächst überschritten wird und der Atmosphäre im Anschluss wieder $CO_2$ entzogen wird. Dies bedeutet, dass über die oben beschriebenen „natürlichen" Senken hinaus noch zusätzliche Senken geschaffen werden müssen, sogenannte „negative Emissionen" (Minx et al., 2018). Solche Methoden zur Entfernung von $CO_2$ aus der Atmosphäre werden in den Szenarien zudem herangezogen, um Emissionen aus schwierig zu dekarbonisierenden Sektoren auszugleichen (Rogelj et al., 2018). Auch Szenarien, die auf eine Begrenzung des Klimawandels auf 2°C zielen, greifen vielfach auf $CO_2$-Entfernung zurück (Kap. 3.1).

Die Schaffung großskaliger negativer Emissionen ist allerdings hoch umstritten (Field und Mach, 2017). Als Möglichkeiten werden u.a. großskalige Aufforstung und die Nutzung von Bioenergie in Kombination mit Kohlendioxidabscheidung und -speicherung (BECCS) diskutiert, die ihrerseits erhebliche Nachhaltigkeitsprobleme verursachen können und den Druck auf die globale Landnutzung erhöhen (Kap. 3.1). Der IPCC bezeichnet eine Strategie, die sich auf zukünftige $CO_2$-Entfernung aus der Atmosphäre verlässt, zudem selbst als hoch riskant in Bezug auf die Erreichung der Ziele (Rogelj et al., 2018:96). Es ist also mehr als deutlich, dass die schnelle Absenkung der $CO_2$-Emissionen aus der Nutzung fossiler Energieträger unabdingbar ist, wenn die Klimaziele der Weltgemeinschaft eingehalten werden sollen. Dennoch wird der Umgang mit Land einen erheblichen Einfluss darauf haben, wie gut die Klimakrise bewältigt werden kann – dies hat auch der jüngste Sonderbericht des IPCC zu Klimawandel und Land deutlich gemacht (IPCC, 2019a).

Selbst wenn es gelingt, den Klimawandel wie in Paris vereinbart zu begrenzen, sind zudem Politiken und Strategien zur Anpassung an die Auswirkungen des Klimawandels notwendig. Über Land steigt die Temperatur schneller als über dem Ozean; hier ist bereits eine Erwärmung von mehr als 1,5°C erreicht (IPCC, 2019b:5). Die Auswirkungen sind bereits heute häufigere, intensivere und länger andauernde Hitzewellen weltweit. In vielen Regionen kommt es zu häufigeren und stärkeren Dürren, und weltweit hat die Intensität von Starkregenereignissen zugenommen (IPCC, 2019b: 9). Die Erwärmung hat bereits zu einer Verschiebung der Klimazonen geführt, was sich u.a. auch auf die Verbreitungsgebiete von Pflanzen und Tieren ausgewirkt hat (IPCC, 2019b: 6). Die Risiken, z.B. durch Wasserknappheit in Trockengebieten, Schäden durch Flächenbrände, Degradation von Permafrost und Instabilitäten der Nahrungsmittelversorgung nehmen mit steigenden Temperaturen zu. Es wird damit gerechnet, dass die negativen ökonomischen Auswirkungen eines nicht nachhaltigen Landmanagements durch den Klimawandel ebenfalls weiter verstärkt werden (IPCC, 2019a: 17).

Klimaschutz, Anpassung an den Klimawandel und nachhaltige Landnutzung sind also eng verwoben. Effektiver Klimaschutz ist einerseits eine entscheidende Voraussetzung, um eine zukunftsfähige Landnutzung zu ermöglichen, denn die Auswirkungen des Klimawandels erhöhen auch den Druck auf die produktiven Landflächen (durch Extremwetterereignisse, Waldbrände, veränderte Niederschlagsmuster, Verschiebung von Klimazonen mit z.B. tauenden Permafrostböden). Andererseits setzen ambitionierte Klimaschutzszenarien, wie oben beschrieben, vielfach auf eine zukünftige großskalige Umnutzung von Landflächen für die Aufnahme und Speicherung von $CO_2$ aus der Atmosphäre, was seinerseits eine nachhaltige Landnutzung gefährden kann. Insbesondere Maßnahmen, die auf eine Begrenzung der Klimaerwärmung auf 1,5 °C zielen, müssen daher im Kontext einer umfassenden Nachhaltigkeitstransformation, die den Umgang mit Land umfasst, beurteilt werden.

Die Klimakrise und der Umgang mit ihr haben zudem weitreichende Folgen für die Biodiversitätskrise und die Krise des Ernährungssystems. Die Reduktion der $CO_2$-Emissionen aus Landnutzungsänderungen (vor allem Entwaldung) kann große Synergien mit der Erhaltung von Biodiversität (Kap. 2.2.3) aufweisen. Maßnahmen zur Entfernung von $CO_2$ aus der Atmosphäre hingegen können – abhängig davon, welche der oben genannten Möglichkeiten dafür verfolgt werden – sowohl positiv als auch negativ mit der Biodiversitätskrise (Kap. 2.2.3) interagieren. Die Schaffung solcher Senken sollte daher differenziert betrachtet werden. Dies wird in Kapitel 3.1 vertieft dargestellt. Möglichkeiten der Minderung von $CH_4$- und $N_2O$-Emissionen stehen in engem Zusammenhang mit landwirtschaftlichen Praktiken und Ernährungsstilen und werden in den Kapiteln 3.3 und 3.4 diskutiert. Sie müssen in jedem Fall in Interaktion mit der Krise des Ernährungssystems (Kap. 2.2.2) betrachtet werden.

Die Klimaauswirkungen sind ein zusätzlicher Stressor im Rahmen der Krisen der Biodiversität sowie des Ernährungssystems, der sich mit fortschreitendem Klimawandel verstärken wird. Beispielsweise verschieben sich in mittleren Breiten die Klimazonen, an die die Ökosysteme angepasst sind, in Richtung der Pole, während in tropischen Regionen neuartige Klimabedingungen entstehen können (IPCC, 2019a). Viele landbezogene Möglichkeiten der Anpassung an den Klimawandel können jedoch auch gleichzeitig zur Bekämpfung von Landdegradation bzw. zur Ernährungssicherung beitragen. Manche Reaktionen auf den Klimawandel haben im Gegenzug wieder Rückwirkungen auf den Klimawandel. Beispielsweise zeigen Hannah et al. (2020), dass durch die Verschiebung der Klimazonen neue Flächen für den Anbau verschiedener Feldfrüchte wie Kaffee und Wein genutzt werden könnten, deren Erschließung erhebliche Mengen an $CO_2$ freisetzen würde. Es ist also wichtig, auch die Anpassung der Landnutzung an den Klimawandel selbst klimafreundlich zu gestalten.

### 2.2.2 Die Krise des Ernährungssystems

Das globale Ernährungssystem, also das Zusammenspiel von Produktion, Weiterverarbeitung, Handel und Konsum von Nahrungsmitteln, zeigt weltweit unterschiedliche Ausprägungen und kulturelle Verankerungen. Insgesamt kann das Ernährungssystem als krisenhaft bezeichnet werden: Längst nicht für alle Menschen ist eine ausreichende und gesunde Ernährung gewährleistet, während gleichzeitig die Nahrungsmittelproduktion erhebliche negative Umwelt- und Klimawirkungen hat (Willett et al., 2019).

Ein Viertel der Menschheit leidet an strukturellem Mangel, ein weiteres Viertel an strukturellem, gesundheitsschädlichem Überkonsum, so dass für die Hälfte der Menschheit ihre Ernährung nicht als Grundlage für ein aktives und gesundes Leben angesehen werden kann (IPCC, 2019a: 446). Dabei ist das drängendste Problem die Unterernährung: SDG 2 hat zum Ziel, den Hunger bis 2030 weltweit zu beenden. Der Anteil chronisch hungernder Menschen an der Weltbevölkerung nahm viele Jahre ab, stagniert aber seit 2015. Die absolute Zahl ist sogar seit 2015 von um fast 60 Mio. auf jetzt 690 Mio. Menschen gestiegen (FAO, 2020j). Noch wesentlich mehr Menschen leiden an Unterernährung im weiteren Sinne, dem so genannten „versteckten Hunger", der durch einen Mangel an Proteinen oder Mikronährstoffen, d.h. Vitaminen, Mineralstoffen und Spurenelementen, gekennzeichnet ist. Die FAO spricht von 1,3 Mrd. Menschen bzw. 17,2 % der Weltbevölkerung, die von moderater Ernährungsunsicherheit betroffen sind, d.h. keinen regelmäßigen Zugang zu ausreichend Essen mit genügend (Mikro-)Nährstoffen haben. Dies ist mit verschiedenen Gesundheitsproblememen verbunden und betrifft überwiegend Menschen aus Ländern mit niedrigem bis mittlerem Einkommen, aber auch ca. 8 % der Menschen in Europa und Nordamerika (FAO, 2019d: xvii). Insgesamt sind damit etwa 2 Mrd. Menschen bzw. mehr als ein Viertel der Menschheit von moderater bis schwerer Ernährungsunsicherheit betroffen (FAO, 2019d).

Die aktuelle Covid-19-Pandemie verschärft die Situation noch: Es wird davon ausgegangen, dass die Pandemie sich verheerend auf die Existenzgrundlagen und die Ernährungssicherung vieler Menschen auswirken wird, insbesondere für vulnerable Gruppen und jene, die im informellen Sektor innerhalb und außerhalb der Landwirtschaft arbeiten, und dass eine globale Rezession die weltweiten Lebensmittelversorgungsketten massiv stören wird (FSIN, 2020a: 3). Zum Zeitpunkt der Erstellung dieses Gutachtens ist das gesamte Ausmaß, insbesondere auch global, allerdings noch nicht absehbar (Kasten 3.3-2).

Theoretisch würde die derzeit produzierte Menge an Nahrungsmitteln zumindest in Bezug auf die Kalorien für alle Menschen mehr als ausreichen: Der IPCC gibt unter Verweis auf FAOSTAT (2018) und Hiç et al. (2016) die derzeit global verfügbare Menge an Nahrungsmitteln mit 2.884 kcal pro Person und Tag an (IPCC, 2019a: 445). Allerdings werden nach Analysen von KC et al. (2018) in Bezug auf eine gesunde Ernährung insgesamt zu wenig Obst, Gemüse und zu wenig Proteine produziert, dagegen zu viel Zucker, Öl und Getreide (KC et al., 2018).

Weltweit steigt die Verfügbarkeit günstiger „commodity crops", d. h. solcher Feldfrüchte, die gut lagerbar, transportierbar und handelbar sind – und damit einhergehend der Konsum von Nahrungsmitteln mit hoher Energiedichte (IPCC, 2019a: 446). In der Folge sind, parallel zum weiter bestehenden Problem der Unterernährung, Übergewicht und Adipositas weltweit auf dem Vormarsch und betreffen mittlerweile mehr als 2 Mrd. Menschen; kein Kontinent ist von diesem Trend ausgenommen, vor allem Schulkinder und Erwachsene sind betroffen (FAO, 2019d). Selbst dieser vermeintliche Überfluss ist in Teilen sogar eine Folge von Mangel: Vor allem in Ländern mit hohem Einkommen kann armutsbedingte Ernährungsunsicherheit, die sich in einem mangelnden Zugang zu (mikro-)nährstoffreichen, d. h. hochwertigen Nahrungsmitteln äußert, Fettleibigkeit begünstigen (IPCC, 2019a: 446).

Das Ernährungssystem bietet also längst nicht allen Menschen eine gute Grundlage. Gleichzeitig ist die heutige Nahrungsmittelproduktion extrem ressourcenintensiv. Die derzeitigen Agrarpraktiken haben vielfache negative globale bis lokale Umwelteffekte (Campbell et al., 2017). Gerten et al. (2020) etwa zeigen, dass ca. die Hälfte der heutigen Agrarproduktion darauf beruht, planetarische Belastungsgrenzen zu überschreiten. Produktion und Ausbringung von Düngemitteln wirken sich massiv auf die globalen Kreisläufe von Stickstoff und Phosphor aus (Willet et al., 2019: 465). Im Zuge der Industrialisierung der Landwirtschaft hat der globale Stickstoffzyklus durch die anthropogene Fixierung von Luftstickstoff für die Herstellung von Mineraldüngemitteln die stärksten Änderungen seit 2,5 Mrd. Jahren erfahren, deren Auswirkungen u. a. eine Eutrophierung (Überdüngung) von Binnengewässern und Küstenzonen ist (Canfield et al., 2010). Die moderne Landwirtschaft greift zudem stark auf die begrenzten Vorkommen von Rohphosphat zurück (Blackwell et al., 2019), dessen Nutzung ebenfalls zu einer Überdüngung beiträgt (Kap. 3.3). Die mit der Agrarproduktion verbundenen Treibhausgasemissionen sind zwischen 1961 und 2016 von 3,1 Gt $CO_2$eq pro Jahr auf 5,8 Gt $CO_2$eq pro Jahr gestiegen, überwiegend durch die Zunahme der Tierproduktion, den vermehrten Düngemitteleinsatz und die Ausdehnung des Reisanbaus (IPCC, 2019a: 445). Dies betrifft überwiegend die Treibhausgase Methan und $N_2O$, deren Lebensdauer in der Atmosphäre kürzer ist als diejenige von $CO_2$ (Kasten 2.2-1). Die Expansion von Ackerflächen sowie nicht nachhaltigen Agrarpraktiken sind allerdings auch wichtige Treiber der Landdegradation (Kap. 2.1). Hierbei wird in der Regel $CO_2$ aus der Vegetation oder aus dem Boden freigesetzt und befördert den Klimawandel (Sanderman et al., 2017), zudem beschleunigt die Flächenumwandlung den Verlust von Biodiversität (Kap. 2.2.3). Auch der Einsatz von Pestiziden ist ein wichtiger Treiber für den Verlust von Biodiversität und Ökosystemleistungen (Brühl und Zaller, 2019; Dudley et al., 2017; Beketov et al., 2013; Geiger et al., 2010).

Die „Lancet Commission on Obesity" (Swinburn et al., 2019) beschreibt einen systemischen Zusammenhang zwischen den Problemen der Über- und Unterernährung sowie den mit der industrialisierten Landwirtschaft verbundenen Umweltproblemen: Das Ernährungssystem wurde immer weiter industrialisiert und globalisiert und wird mittlerweile von wenigen großen Akteuren dominiert, die von so genannten Skaleneffekten profitieren und lange Lieferketten – über mehrere Wertschöpfungsstufen hinweg und z. T. global – aufrechterhalten und beherrschen können. Es produziert zwar mengenmäßig ausreichend Nahrung, allerdings mit einem Schwerpunkt auf energiereichen, lagerfähigen Nahrungsmitteln und unter Vernachlässigung (mikro-)nährstoffreicher Nahrungsmittel. In vielen Regionen sind Obst, Gemüse und Tierprodukte teuer oder nicht erhältlich, und hochverarbeitete Nahrungsmittel treiben den Trend zu Fettleibigkeit weiter an (Swinburn et al., 2019: 806). Die gegenwärtige Marktkonzentration, etwa bei Saatgut, befördert dabei zudem eine Monotonisierung von Landschaften und den Verlust von Biodiversität (Folke et al., 2019).

Zukünftig sind neben dem Bevölkerungswachstum, das zu einer steigenden Nachfrage nach Nahrungsmitteln führt, auch zunehmende Einflüsse des Klimawandels zu erwarten, die die Nahrungsmittelproduktion beeinträchtigen. Die nachhaltige Sicherung ausreichender und gesunder Ernährung für alle Menschen ist daher eine zentrale Herausforderung der Zukunft und eine wichtige Randbedingung unseres Umgangs mit dem Land (Gerten et al., 2020; Willett et al., 2019). Dabei darf die Landwirtschaft aber nicht allein darauf ausgerichtet bleiben, möglichst große Mengen an Nahrungsmitteln zu produzieren. Ziel sollte vielmehr sein, eine Vielfalt mikronährstoffreicher Nahrungsmittel in ausreichender Menge zu produzieren, und dabei die Ernährungssysteme so auszurichten, dass sie auch die Biodiversität befördern anstatt auf wenige Ernteprodukte zu fokussieren.

In Bezug auf das Trilemma ist die Frage der zukünftigen Flächenumwandlung naturnaher Landökosysteme für die Nahrungsmittelproduktion von hoher Bedeutung: Sowohl der Klimawandel als auch der Verlust von Biodiversität und Ökosystemleistungen werden direkt durch Flächenumwandlung befeuert. Aber auch die Qualität von Agrarpraktiken ist zentral: Tierbesatzdichten auf Grasland und Bodenbearbeitungs- und Düngepraktiken auf Ackerflächen bestimmen über die Freisetzung von $CO_2$ aus Bodenkohlenstoff und $N_2O$; Wiederkäuer und Reisanbau emittieren Methan. Entscheidungen über den Einsatz von Pestiziden oder die Größe und Homogenität der Bewirtschaftung von Ackerflächen wirken sich direkt auf die Biodiversität aus. Hinzu kommen Aspekte wie Energieeinsatz, Emissionen und Freisetzung toxischer Stoffe bei der Verarbeitung und dem Transport von Nahrungsmitteln, die in diesem Gutachten nicht vertieft behandelt werden. Schließlich haben Ernährungsstile Rückwirkungen auf Produktion, Verarbeitung und Transport. Auswirkungen auf die Gesamtmenge der zu produzierenden Nahrung haben zudem Verluste, Ineffizienzen und Verschwendung: Alexander et al. (2017) zeigen, dass im gegenwärtigen Ernährungssystem nur 38% der geernteten Energiemenge und 28% der geernteten Proteinmenge in Form von notwendigem Nahrungsmittelkonsum genutzt werden, wenn man die Verluste durch Lebensmittelverschwendung, die trophischen Verluste durch die Tierproduktion sowie die gegenüber dem Nahrungsbedarf zuviel konsumierte Nahrung (Überkonsum) berücksichtigt.

Eine Transformation unseres Ernährungssystems, von Produktionssystemen bis hin zu Ernährungsstilen, ist Voraussetzung dafür, für eine bis 2050 auf mehr als 9 Mrd. Menschen anwachsende Weltbevölkerung eine verlässliche und gesunde Ernährung zu sichern, und dabei die Herausforderungen des anthropogenen Klimawandels (Kap. 2.2.1), des Verlusts von Biodiversität und Ökosystemleistungen (Kap. 2.2.3) sowie zentraler Aspekte der UN-Nachhaltigkeitsziele wie Gesundheit und Armutsbekämpfung zu meistern (FOLU, 2019; Willett et al., 2019). Dafür ist eine integrierende Sichtweise notwendig, die die Dimensionen des Trilemmas strategisch verbindet und auf Synergien abzielt.

### 2.2.3
### Die Biodiversitätskrise

Biodiversität, d.h. die biologische Vielfalt von Genen, Arten und Ökosystemen (CBD 1992, Art. 2), verteilt sich sehr ungleich über die Erde (Abb. 2.2-4a). Am höchsten ist die Biodiversität in den Tropen und rund um den Äquator, den so genannten Biodiversitätshotspots (Abb. 2.2-4b; Myers et al., 2000; Kleidon und Mooney, 2008). In den mittleren Breiten dagegen ist die biologische Vielfalt deutlich geringer (Gaston, 2000; Platnick, 2007), aber keinesfalls weniger wichtig.

Die Vielfalt der terrestrischen (oder Land-)Ökosysteme lässt sich anhand ihrer Aufteilung in 14 Biome bzw. 846 Ökoregionen darstellen, innerhalb derer sich aufgrund des jeweils vorherrschenden Klimas spezifische biologische Gemeinschaften gebildet haben (Abb. 2.2-4c; Dinerstein et al., 2017; Olson et al., 2001). Bei aquatischen Ökosystemen wird zwischen marinen (Salzwasser-) und limnischen (Süßwasser-) Ökosystemen unterschieden, wobei letztere als Binnengewässer in terrestrischen Ökosystemen integriert zu finden sind, z.B. als Seen und Flüsse.

Derzeit sind rund 1,5 Mio. Arten beschrieben (Costello et al., 2013). Schätzungen zur Gesamtzahl an Arten weltweit sind nur grob. Auf Grundlage taxonomischer Einschätzung reichen diese von 3 bis 100 Mio. (May, 2010), systematische Berechnungen sprechen von rund 8,7 Mio. (Mora et al., 2011) und rund 5 ± 3 Mio. Arten (Costello et al., 2013). Mit rund 82,5% stellen Pflanzen den Großteil der globalen Biomasse. Tiere machen nur rund 0,4% der globalen Biomasse aus, aufgeteilt in rund 29% Fische sowie 46% marin und 24% terrestrisch lebende Tiere. Von der tierischen Gesamtbiomasse sind rund 42% Gliederfüßer (z.B. Insekten), 4% Nutztiere, 2,5% Menschen und nur 0,3% wildlebende Säugetiere (Bar-On et al., 2018; Abb. 2.2-5).

#### Die Ökosystemleistungen

Für den Menschen und sein Wohlergehen hat die Biodiversität einen immensen Wert, welcher sich vor allem in den Ökosystemleistungen begründet (Costanza et al., 2017). Diese sind von Ökosystemen, die selbst Teil der

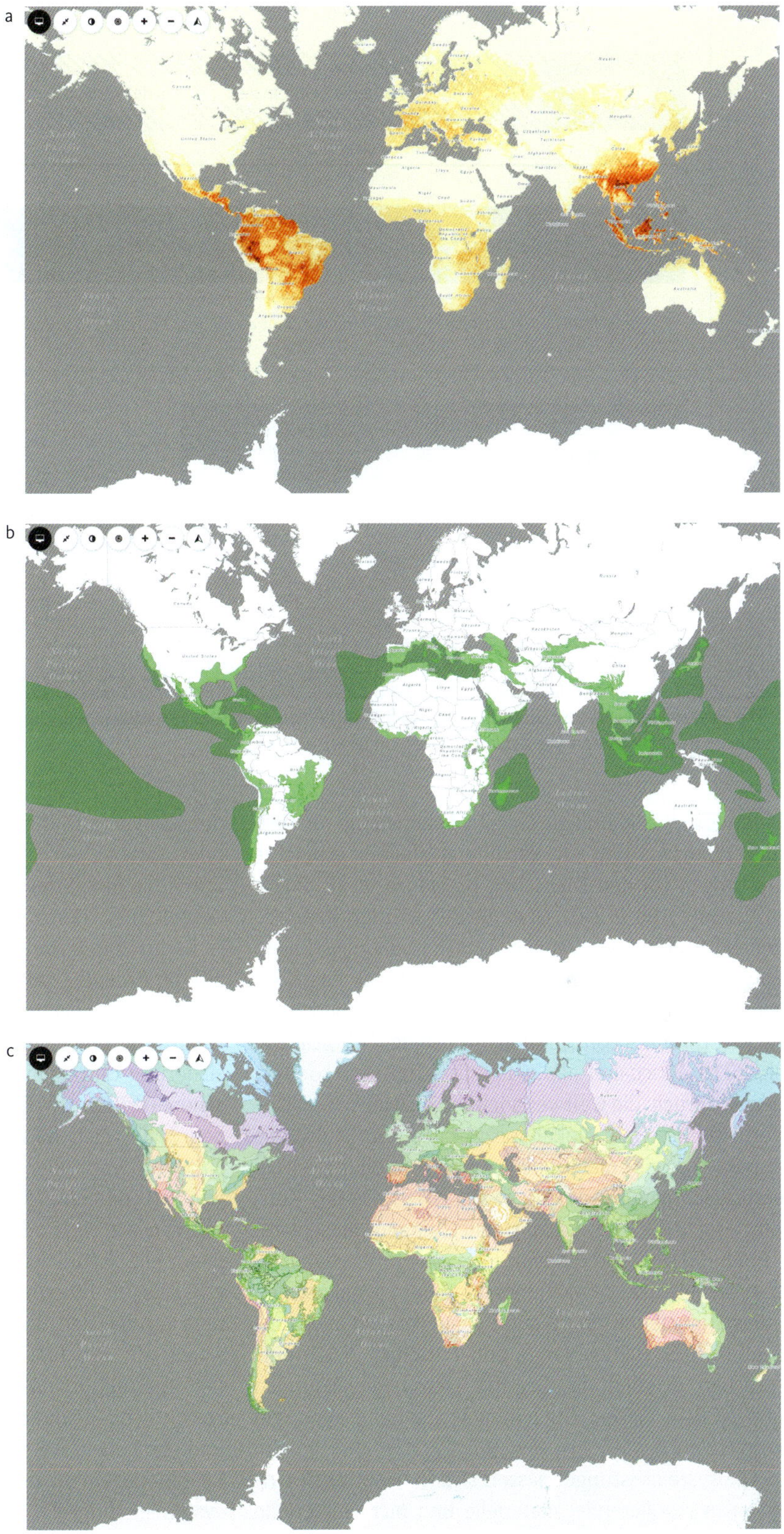

**Abbildung 2.2-4**
Globale Perspektiven auf die biologische Vielfalt.
a) Artenvielfalt der Säugetiere, Amphibien und Vögel – je stärker der Rotton desto höher die Artenzahl (IUCN, 2017);
b) Biodiversitäts-Hotspots – in Grün (Hoffman et al., 2016);
c) Terrestrische Ökoregionen – jeder Farbton stellt eine von insgesamt 846 Ökoregionen dar (Dinerstein et al., 2017, siehe auch ecoregions2017.appspot.com für eine interaktive Karte der Ökoregionen und Biome).

Für eine bessere Vergleichbarkeit sind die Karten mit MapX.org dargestellt (Lacroix et al., 2019).

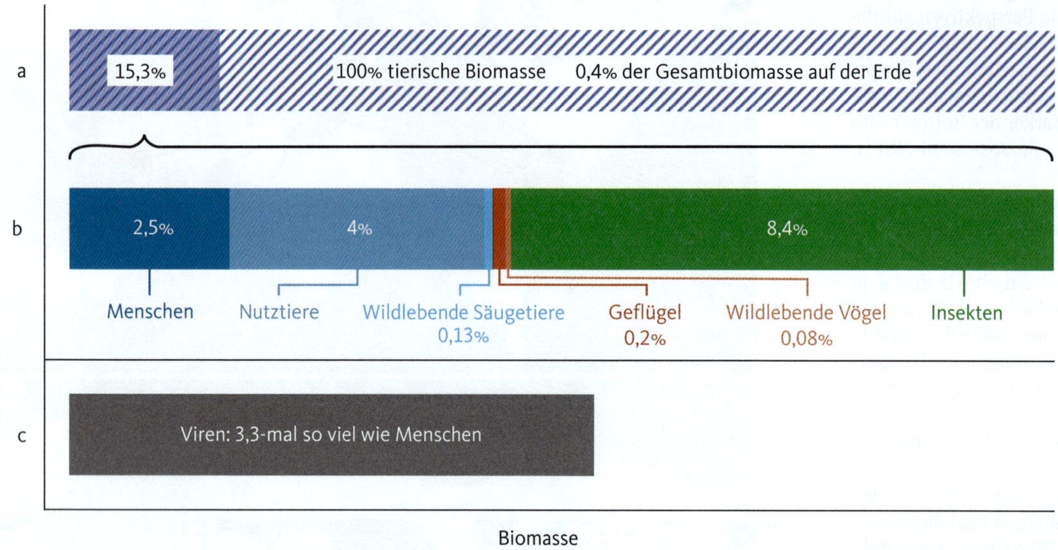


**Abbildung 2.2-5**
Biomasseverteilung ausgewählter Artgruppen.
a) Tiere machen 0,4% der Gesamtbiomasse auf der Erde aus. 15,31% davon sind als terrestrische Taxa in b) weiter differenziert. An Land wildlebende Säugetiere und Vögel machen zusammen nur 0,21% der gesamten globalen tierischen Biomasse aus, Nutztiere und Geflügel im Vergleich dazu 4,2%. Die Biomasse von Nutztieren ist 31-mal so viel wie die von wildlebenden Säugetieren.
c) Die Gesamtbiomasse von Viren beträgt das 3,3-fache der Biomasse von Menschen. Die Werte sind gerundet.
Quelle: WBGU, basierend auf Zahlen aus Bar-On et al., 2018

Biodiversität sind und gleichzeitig Lebensraum für Tier- und Pflanzenarten zur Verfügung stellen, erbrachte Leistungen für den Menschen (Costanza et al., 2017; MA, 2005; Abb. 2.2-6). Über die Zeit wurden verschiedene Klassifikationssysteme von Ökosystemleistungen vorgeschlagen (Costanza et al., 2017) sowie das Konzept der „Beiträge der Natur für den Menschen“ entwickelt (nature's contributions to people, NCP; Díaz et al., 2018, Pascual et al., 2017). Dies hat insbesondere den Anspruch, die weltweit vielfältigen Mensch-Natur-Verhältnisse (z.B. lokal-spezifische und kulturelle Aspekte sowie menschliche Wertvorstellungen) zu berücksichtigen (Kadykalo et al., 2019). Da das Konzept der NCP die Ökosystemleistungen einschließt (IPBES, 2018d) und die einzelnen Kategorien von NCP dem derzeitigen Entwicklungsstand der „gemeinsamen internationalen Klassifikation der Ökosystemleistungen“ (CICES; Haines-Young und Potschin, 2018) entsprechen, werden die Begriffe Ökosystemleistungen und NCP in diesem Gutachten weitgehend synonym verwendet.

Ökosystemleistungen lassen sich konzeptionell einteilen in regulierende, materielle und nicht materielle Leistungen (Tab. 2.2-1). Regulierende Ökosystemleistungen sind natürliche Prozesse, ohne die kein Ökosystem funktionieren würde, wie z.B. die Reinigung von Wasser (etwa durch Wälder oder direkt in Gewässern lebende Mikroorganismen), die globale Regulierung des Klimas (z.B. durch $CO_2$-Speicherung durch Bäume oder Moore), der Schutz vor Naturkatastrophen (z.B. durch die Stabilisierung von Berghängen durch Bäume oder Küsten durch Mangroven) und die Bestäubung (z.B. durch Insekten). Sie sind die Basis unseres Lebens auf der Erde; die natürliche Bestäubungsleistung ist ein wesentlicher Faktor der landwirtschaftlichen Nahrungsmittelproduktion und weltweiten Ernährungssicherung und damit von großem Wert für den Menschen (IPBES, 2016). Das menschliche Wohlergehen begründet sich darüber hinaus insbesondere in der Nutzung wertvoller materieller Ökosystemleistungen, wie z.B. der von Wasser, Nahrungsmitteln und Ressourcen wie Holz oder Futter- und Düngemittel. Nicht materielle, häufig kulturelle Ökosystemleistungen, die z.B. unserer Erholung, Wissenschaft und Bildung dienen, runden den Wert der Biodiversität für den Menschen ab. Die biologische Vielfalt und die von ihr bereitgestellten Ökosystemleistungen sind somit wesentliche Grundlage für die menschliche Existenz und das Leben, wie wir es kennen. In Bezug auf Land, Landmanagement und die vom Land erbrachten Ökosystemleistungen können dabei komplexe Interessenkonflikte zwischen Menschen auftreten. Das Konzept der NCP, so argumentieren Ellis et al. (2019), kann dabei helfen, entgegengesetzte Interessen zu überwinden. Es bietet Ansätze, die Bedeutung sozialer Beziehungen in Landmanagementsystemen zu ent-

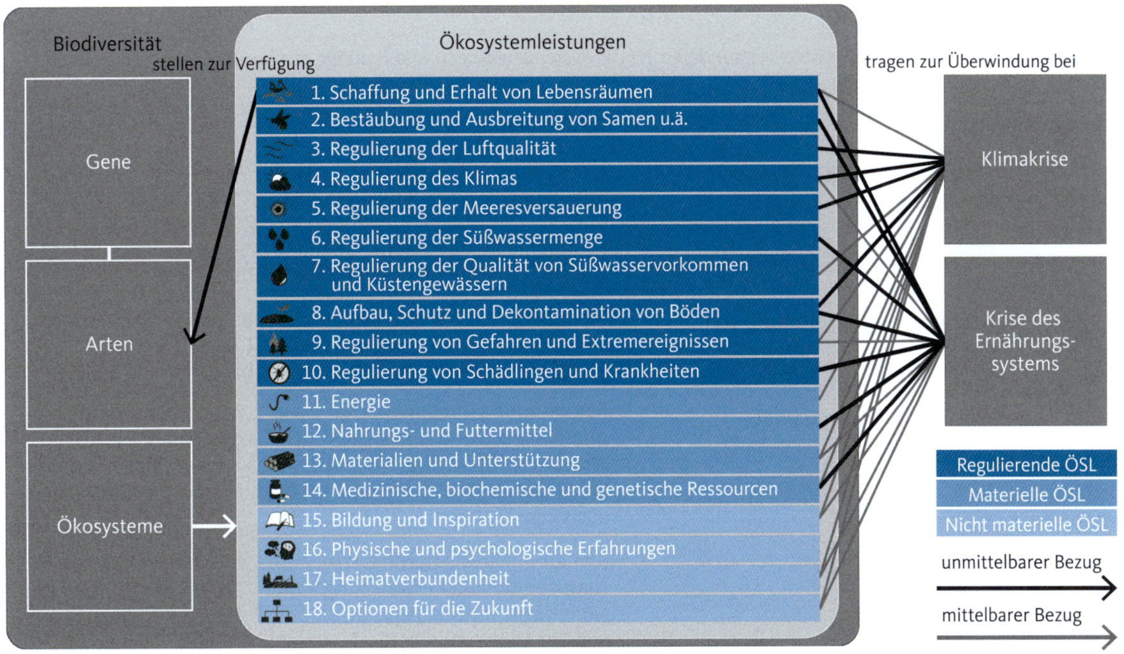


**Abbildung 2.2-6**
Zusammenhang von Biodiversität und Ökosystemleistungen sowie Beiträge der Ökosystemleistungen zur Überwindung des Trilemmas der Landnutzung. Biodiversität, oder auch biologische Vielfalt, besteht aus der Vielfalt innerhalb (d.h. von Genen) und zwischen Arten, sowie von Ökosystemen (CBD 1992, Art. 2). Letztere stellen 18 Ökosystemleistungen (ÖSL) zur Verfügung, die in Tabelle 2.2-1 beschrieben sind. Mit der Zurverfügungstellung von Lebensräumen trägt der Ökosystemschutz direkt zum Artenschutz bei. Während einerseits die anthropogene Nachfrage nach materiellen Ökosystemleistungen grundlegend zur Biodiversitätskrise beiträgt, tragen andererseits nahezu alle Ökosystemleistungen unmittel- und mittelbar zur Überwindung der Klimakrise und der Krise des Ernährungssystems bei.
Quelle: WBGU; Icons von IPBES (2019b)

flechten, individuelle wie gemeinschaftliche Dimensionen des Wohlergehens mit dem Land zu verbinden sowie verschiedene, auch gegensätzliche Perspektiven gleichermaßen zu berücksichtigen (Ellis et al., 2019; ESPA, 2018). So können Entscheidungsprozesse im Kontext des Landmanagements besser verstanden und Konflikte verschiedener Interessengruppen und Machtverhältnisse auf Basis sozialer Gerechtigkeit besser vermittelt werden, so dass zunehmend komplexere soziale Herausforderungen gelöst werden können. Dies gilt insbesondere für Situationen des Landmanagements unter weniger gut funktionierenden Steuerungsmechanismen (Ellis et al., 2019).

Biodiversität leistet einen entscheidenden Beitrag zur Erreichung gleich mehrerer SDGs und damit zu nachhaltiger Entwicklung (Blicharska et al., 2019). Abgesehen von möglichen Zielkonflikten zwischen einzelnen Ökosystemleistungen trägt mehr als die Hälfte aller Ökosystemleistungen unmittelbar zur Überwindung der Klimakrise oder der Krise des Ernährungssystems bei (Abb. 2.2-6).

### Der Wert der Biodiversität

Neben ihrem intrinsischen Wert (Pearson, 2016) existieren eine Reihe von Ansätzen, Biodiversität monetär zu bewerten, die allerdings mit großen Herausforderungen verbunden und nicht unumstritten sind (Deutscher Bundestag, 2015; Kasten 4.2-1). Dies trifft insbesondere, aber nicht ausschließlich, auf die Bewertung von Ökosystemleistungen zu, die nicht über Märkte bewertet werden (non-market valuation). Als Beispiel sei auf den impliziten Nutzen von Biodiversität bzw. die Kosten ihres Verlusts, z.B. dem von Nahrungsmitteln, verwiesen. Der Wert der Biodiversität ist somit pluralistisch (Zafra-Calvo et al., 2020; Pascual et al., 2017; Spangenberg und Settele, 2016) und abhängig von der Beziehung eines Menschen zu der ihn umgebenden Biodiversität und der von ihm genutzten Ökosystemleistungen (Schröter et al., 2020).

### Der weltweite Verlust biologischer Vielfalt

Derzeit erlebt die Welt eine Biodiversitätskrise (Pimm et al., 1995; Vitousek et al., 1997; Newbold et al., 2015; IPBES, 2019a). Diese zeichnet sich vor allem durch den weltweiten Verlust von Arten (Abb. 2.2-7) und Ökosystemen aus und hat weitreichende, auch den Men-

**Tabelle 2.2-1**
Beschreibung der in diesem Gutachten verwendeten 18 Ökosystemleistungen und Beiträge der Natur für den Menschen. Quelle: IPBES, 2019b; Diaz et al., 2018

| | Ökosystemleistung | Beschreibung |
|---|---|---|
| | 1. Schaffung und Erhaltung von Lebensräumen | Die Bildung und fortgesetzte Produktion von Ökosystemen und ökologischen Rahmenbedingungen, die für Lebewesen und den Menschen notwendig oder günstig sind, z. B. Nist- und Paarungsplätze für Tiere, Rast- und Überwinterungsgebiete für wandernde Tiere oder Anbauflächen für Pflanzen |
| | 2. Bestäubung und Ausbreitung von Samen u. ä. | Bewegung von Pollen zwischen Blumen und Pflanzen durch Tiere, sowie Verbreitung von Samen, Larven oder Sporen von für den Menschen nützlichen oder schädlichen Organismen |
| | 3. Regulierung der Luftqualität | Regulierung atmosphärischer Gase, z. B. Kohlendioxid ($CO_2$), und Aerosole und Allergene durch ökosystemare Prozesse, z. B. durch Filtrierung, Fixierung, Abbau oder Einlagerung von Schadstoffen, die sich direkt auf die menschliche Gesundheit auswirken können |
| | 4. Regulierung des Klimas | Klimaregulierung durch Ökosysteme, einschließlich Regulierung der globalen Erwärmung, durch z. B. Wirkungen auf Emissionen von Treibhausgasen, biophysikalische Rückkopplungen von der Vegetation in die Atmosphäre, Wolkenbildung und Regulierung von biogenen flüchtigen organischen Verbindungen und Aerosolen durch Pflanzen |
| **Regulierend** | 5. Regulierung der Meeresversauerung | Regulierung der atmosphärischen $CO_2$-Konzentrationen und damit des pH-Wertes des Meerwassers durch photosynthetische Organismen an Land und im Wasser |
| | 6. Regulierung der Süßwassermenge | Ökosystemare Regulierung der Menge, des Ortes und des Zeitpunkts des Flusses von Oberflächen- und Grundwasser, das z. B. als Lebensraum, Schutz vor Überschwemmungen oder Versalzung wirkt, oder als Trinkwasser, zur Bewässerung oder für Wasserkraft genutzt werden kann |
| | 7. Regulierung der Qualität von Süßwasservorkommen und Küstengewässern | Regulierung und Filtrierung von Partikeln, Krankheitserregern, überschüssigen Nährstoffen und anderen Chemikalien durch Ökosysteme und in ihnen lebende Organismen, z. B. als Trink- oder Badewasser |
| | 8. Aufbau, Schutz und Dekontamination von Böden | Bildung und langfristige Erhaltung von Böden und Bodenstrukturen einschließlich Sedimentrückhaltung und Erosionsschutz sowie Erhaltung der Bodenfruchtbarkeit und Abbau oder Lagerung von Schadstoffen |
| | 9. Regulierung von Gefahren und Extremereignissen | Regulierung der Auswirkungen und Häufigkeit von Gefahren durch Ökosysteme, verursacht von z. B. Überschwemmungen, Stürmen, Hitzewellen, Bränden, Tsunamis, Lawinen und Erdrutschen |
| | 10. Regulierung von Schädlingen und Krankheiten | Regulierung von Schädlingen, Parasiten, Krankheitserregern, Raubtieren und sonstigen potenziell schädlichen Organismen durch Ökosysteme oder andere Organismen |
| | 11. Energie | Produktion von Brennstoffen auf Biomassebasis, z. B. Biokraftstoffpflanzen, tierische Abfälle, Brennholz und landwirtschaftliche Rückstände, die zu Reststoffpellets verarbeitet werden können |
| **Materiell** | 12. Nahrungs- und Futtermittel | Produktion von Nahrungsmitteln aus wildlebenden, bewirtschafteten oder domestizierten Organismen an Land und im Meer sowie Produktion von Futtermitteln, z. B. Fisch, Fleisch, Milchprodukte, Feld- und Waldfrüchte, Pilze oder Honig |
| | 13. Materialien und Unterstützung | Herstellung von Materialien, die aus Organismen in kultivierten oder natürlichen Ökosystemen gewonnen werden, z. B. für Bau, Papier oder Bekleidung und Verwendung von Organismen für z. B. Dekoration, Transport, Schutz oder als Haustier |

| | | |
|---|---|---|
| | 14. Medizinische, biochemische und genetische Ressourcen | Herstellung von aus Organismen gewonnenen Materialien für medizinische, tierärztliche oder pharmakologische Zwecke sowie Produktion von genetischen Informationen, z. B. für die Tier- und Pflanzenzucht oder Biotechnologie |
| **Nicht materiell** | 15. Bildung und Inspiration | Möglichkeiten für die Entwicklung von Fähigkeiten durch Bildung, Wissenserwerb und Inspiration für Kunst und technologisches Design durch z. B. Biomimikry oder Bionik |
| | 16. Physische und psychologische Erfahrungen | Möglichkeiten für körperlich und psychisch förderliche Aktivitäten, z. B. zur Heilung, Entspannung, Erholung, Freizeit und für ästhetischen Genuss |
| | 17. Heimatverbundenheit | Grundlage für religiöse, spirituelle und soziale Erfahrungen des Zusammenlebens, z. B. das Gefühl von Zugehörigkeit, Verwurzelung oder Verbundenheit, sowie Grundlage für Erzählungen und Mythen, Rituale und Feste |
| | 18. Optionen für die Zukunft | Fähigkeit von Ökosystemen, Lebensräumen, Arten oder Genotypen, menschliche Optionen aufrechtzuerhalten, um eine zukünftig gute Lebensqualität zu unterstützen, z. B. durch ökosystemare Widerstandsfähigkeit gegenüber Umweltveränderungen und Möglichkeiten von Neuentdeckungen in der Natur, z. B. von medizinisch nutzbaren Arten und genetischen Informationen oder nachhaltigen Mitteln zur Schädlingsbekämpfung |

**Abbildung 2.2-7**
Seit dem 16. Jahrhundert steigt die Aussterberate der Arten ununterbrochen an. Quelle: IPBES, 2019a; Übersetzung nach UFZ

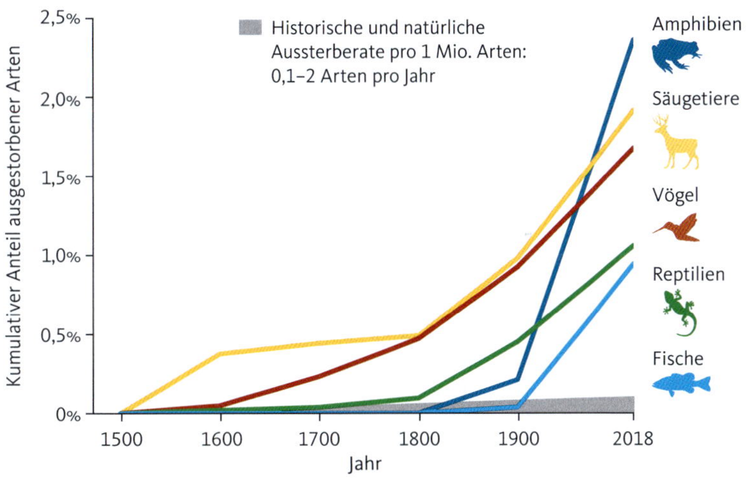

**Kasten 2.2-2**

## Die Covid-19-Pandemie: eine weitere Zoonose

Der aktuelle Global Risk Report führt infektiöse Krankheiten als eine große gesellschaftliche Gefahr auf WEF (2019). Die Covid-19-Pandemie verdeutlicht die Gefahr neuer infektiöser Krankheiten. UNEP (2020) schätzt, dass die Kosten der Covid-19-Pandemie insgesamt bis zu 9.000 Mrd. US-$ betragen könnten.

Der Ursprung der Covid-19-Pandemie ist nach aktuellem Stand nicht eindeutig identifizierbar. Häufig wird ein Wet Market (traditioneller chinesischer Markt für lebendige und kürzlich geschlachtete Tiere) als Ausbruchsort der Pandemie vermutet (Lu et al., 2020). Allerdings existieren frühe Covid-19-Fälle, welche keine epidemiologischen Verbindung zu diesem Markt aufweisen (Huang et al., 2020; Forster et al., 2020). Daher gibt es verschiedene Theorien, woher das SARS-CoV-2 Virus (welches Covid-19 auslöst) stammt. Eine Entstehung im Labor wird ausgeschlossen, und es wird davon ausgegangen, dass SARS-CoV-2 einen Ursprung innerhalb des Tierreiches hat (Andersen et al., 2020; Latinne et al., 2020). Als wahrscheinlichster Vorfahre dieses Virus gilt ein Fledermaus-Corona-Virus, welches zu 96% mit SARS-CoV-2 übereinstimmt. Covid-19 ist demnach mit großer Wahrscheinlichkeit eine Zoonose, d.h. eine Krankheit, die von einem Tier auf den Menschen und andersherum übertragen werden kann, aber ursprünglich von einem Tier stammt (Calisher et al., 2020).

Die Covid-19-Pandemie ist ein Beispiel für global steigende Vorkommen von Emerging Infectious Diseases (EIDs) (Jones et al., 2008; Smith et al., 2014a), von denen mehr als 60% Zoonosen sind. Mehr als 70% davon stammen von Wildtieren, zudem steigt die Häufigkeit der Ausbrüche, die von Wildtieren stammen (Karesh et al., 2012; Jones et al., 2008). Bekannte zoonotische Viren, sind z.B. HIV, Ebolavirus, MERS-CoV, SARS-CoV, H5N8 Influenzavirus („Vogelgrippe"). Die steigende Prävalenz von Zoonosen, die von Wildtieren stammen, kann durch verschiedene menschliche Einflüsse erklärt werden, die in erster Linie mit einem steigenden Kontakt zwischen Menschen und Wildtieren zu tun haben, u.a. Landnutzungsveränderungen, Urbanisierung, wachsende Mobilität, Waldrodung, Fragmentierung der Lebensräume, Klimawandel sowie das globale Ernährungssystem und der Wildtierhandel bzw. -konsum (Cascio et al., 2011; Jones et al., 2013; Allen et al., 2017; Rohr et al., 2019; FAO, 2020f; UNEP, 2020; Huong et al., 2020; Walzer, 2020).

Global veränderte klimatische Bedingungen beeinflussen beispielsweise die lokale und globale Artenzusammensetzung und könnten so auch auf die Verbreitung von Pathogenen einwirken. Außerdem kann das Auftauen der Permafrostböden Pathogene freisetzen. Ein weiterer Effekt der Klimakrise ist die Gefährdung der Nahrungsmittelproduktion in Subsahara Afrika (SSA), die durch die Auswirkungen der Covid-19-Pandemie zu einer dramatischen Hungerkrisen führen und damit den Konsum von Buschfleisch befördern kann (Kasten 3.3-1). SSA ist eine Region, in der Buschfleisch bereits vor dieser Krise als Nahrungs- oder Einkommensgrundlage diente (Nielsen et al., 2018).

Für die Entstehung von Zoonosen ist eine räumliche Überschneidung von Virus und neuem Wirt notwendig. Menschliches Vordringen in biodiversitätsreiche Gebiete und Landnutzungsänderungen, insbesondere die damit zusammenhängende Entwaldung, sowie Nutztierhaltung fördern den Kontakt zwischen Pathogenen, ihren Wirten und neuen potenziellen Wirten (Dobson et al., 2020). Durch den vermehrten Kontakt entsteht ein größeres Risiko für einen Sprung eines Pathogenes auf eine neue Wirtpopulation (Murray und Daszak, 2013). Ein solcher Sprung kann vereinfacht auf die drei Schnittstellen Wildtier-Mensch, Nutztier-Mensch und Wildtier-Nutztier-Mensch reduziert werden.

Die Wildtier-Mensch-Schnittstelle wird massiv durch die Ökosystemzerstörung und den Habitatverlust vergrößert. Dort, wo Menschen in Habitate vordringen, entstehen neue Kontaktstellen. Es entsteht auch ein leichterer Zugang (z.B. über Straßen), über den einfacher gejagt und gewildert werden kann. Durch Habitatzerstörung werden zudem Wildtierpopulationen (z.B. Fledermäuse) gezwungen umzusiedeln. Die Neuansiedlung kann dann in der Nähe von Dörfern stattfinden, was die Wahrscheinlichkeit des Kontaktes mit Menschen und ihren Nutztieren erhöht. Dies zeigt sich in der Zunahme gemeinsamer Viren zwischen Menschen und von Habitatverlust bedrohten Tierarten. Hinzu kommt, dass auf zerstörten Flächen vor allem Generalisten (Tiere mit hoher Anpassungsfähigkeit an verschiedenen Lebensräume) überleben, welche ebenfalls häufiger im Kontakt mit Menschen stehen und viele gemeinsame (zoonotische) Viren aufweisen (Johnson et al., 2020). Die globale Nachfrage nach Buschfleisch führt zu einer erhöhten Prävalenz der Wildtier-Mensch-Schnittstelle (Dobson et al., 2020) wobei der Konsum speziell in Schwellen- und Entwicklungsländern besonders hoch ist (Kasten 3.2-3). Ebola ist z.B. durch den Verzehr von Buschfleisch auf den Menschen übergesprungen (Kock et al., 2020).

Die Nutzung neu gerodeter Flächen für die Nutztierhaltung erhöht den Kontakt von Nutztieren mit Wildtieren und verstärkt die Infektionsgefahr über die Wildtier-Nutztier-Mensch-Schnittstelle. Nicht nur die Jagd nach, sondern auch die Haltung von Wildtieren ist in den vergangenen 60 Jahren gestiegen (UNEP, 2020). Auch dadurch entstehen neue Kontaktmöglichkeiten für vorher in Wildtieren lebende Viren. Zum Beispiel ist das MERS-Corona-Virus von Dromedaren auf den Menschen übergesprungen; ursprünglich stammt es wahrscheinlich von Fledermäusen (Gruber, 2017; Anthony et al., 2017). SARS-CoV wurde ebenfalls von Fledermäusen auf einen Zwischenwirt (Schleichkatzen und möglicherweise Marderhunde) übertragen, bevor dieser auf einem Wet-Market in der Guangdong Provinz auf den Menschen übersprang (Wang und Eaton, 2007; Gruber, 2017). China hat als Konsequenz der Covid-19-Pandemie 20.000 Wildtierfarmen und -märkte verboten (Li et al., 2020).

Aufgrund intensiver Nutztierhaltung leben häufig viele genetisch ähnliche Tiere auf kleinem Raum. Da die Kontaktrate der Nutztier-Mensch Schnittstelle besonders hoch ist und Nutztiere die meisten gemeinsamen Viren mit Menschen teilen, begünstigt intensive Nutztierhaltung die Entstehung von Zoonosen (Johnson et al., 2020). Die intensivierte Nutztierhaltung bietet oft optimale Bedingungen für die Übertragung und Ausbreitung von Pathogenen (Liverani et al., 2013) und steht somit häufig im Zusammenhang mit Zoonosen (Rohr et al., 2019; UNEP, 2020). Dies zeigt sich auch in der Entstehung der Vogel- und Schweinegrippe (Kasten 3.4-2).

Die anhaltende Ökosystemzerstörung führt zu einer Fragmentierung von Ökosystemen. Mit dem „coevolution effect" wird ein Zusammenhang zwischen der steigenden Fragmentierung von Habitaten und der erhöhten Prävalenz von Zoonosen vermutet (Zohdy et al., 2019). Diese Hypothese baut auf drei Bedingungen auf:

1. Eine Abnahme der Habitatkonnektivität erhöht die Isolation und damit die genetische Vielfalt der Wirtspopulation und entsprechend auch die der Parasiten, was zu genetischen Divergenzen zwischen den Habitatfragmenten führt.

2. Diese örtliche Separierung ermöglicht es den Wirten, Parasiten und Pathogenen sich auf unterschiedlichen Pfaden zu entwickeln. Diese auf Fragmentebene lebenden Einheiten werden als Koevolutionsmotoren bezeichnet. Sie beschleunigen die genetische Divergenz innerhalb der Habitatfragmente und führen so, verglichen mit einem zusammenhängenden Habitat, zu einer größeren genetischen Vielfalt der Pathogene in der Landschaft.
3. An den Grenzen der fragmentierten Habitate lebende Brückenvektoren (z.B. Mücken) bringen diverse Pathogene in menschliche Gemeinden und erhöhen die Wahrscheinlichkeit von auftretenden Krankheiten.

SARS-CoV-2 sowie früher aufgetretene Zoonosen (z.B. Ebola und HIV) sind mit großer Wahrscheinlichkeit innerhalb des Wildtierreiches entstanden (Alexander et al., 2015; Leroy et al., 2005; Sharp und Hahn, 2011). Aufgrund der hohen Bedeutung der natürlichen Systeme für die menschliche Gesundheit ist ein holistischer Gesundheitsansatz im Sinne von „planetarer Gesundheit" (UN ESCAP, 2020) zu empfehlen. Als konkrete Maßnahmen, um Ausbrüchen von Zoonosen vorzubeugen und künftige Pandemien zu verhindern wurden Investitionen zur Prävention tropischer Entwaldung sowie eine Begrenzung des Wildtierhandels sowie verbessertes Monitoring einschließlich von Frühwarnsystemen für Ausbrüche vorgeschlagen (Dobson et al., 2020). Auch Huong et al. (2020) plädieren zur Minimierung von Übersprungsrisiken und Sicherung von Viehbeständen für vorsorgende Maßnahmen (Begrenzung von Tötung, kommerzieller Zucht, Transport, Handel, Lagerung, Verarbeitung und Konsum wildlebender Tiere) bei gleichzeitigem Ausbau der Kapazitäten zur frühzeitigen Erkennung der Verbreitung von Viren sowie besserer Information für verändertes menschliches Verhalten.

schen betreffende Auswirkungen. Keines der von der CBD ausgerufenen Aichi-Ziele zum Schutz der Biodiversität (Kap. 3.2.2) wurde zur Gänze erreicht (CBD, 2020).

Der Verlust biologischer Vielfalt hat direkte Wechselwirkungen mit dem Klima (z.B. durch eine steigende Frequenz und Intensität von Stürmen und Hochwassern, z.B. durch unzureichenden Pflanzenbewuchs, Seddon et al., 2019; Ferrario et al., 2014) und der Ernährung von Menschen (z.B. durch Heuschreckenplagen und auch dadurch geringere Ernteerträge in Afrika; Humphrey et al., 2019). Nicht zuletzt wirkt sich die Biodiversitätskrise auf unser menschliches Wohlergehen und unsere Gesundheit aus (z.B. durch die erhöhte Wahrscheinlichkeit des Auftretens neuartiger Krankheiten bis hin zu Pandemien wie Covid-19; Afelt et al., 2018; Kästen 2.2-2, 3.3-1) aus. Durch den zunehmenden Verlust der regulierenden Leistungen der Biodiversität befinden sich auch die von ihr erbrachten Ökosystemleistungen in einer Krise (IPBES, 2019a; Abb. 2.2-8).

### Das erste anthropogene Massenaussterben der Biodiversität

Mit der Biodiversitätskrise erleben wir gegenwärtig einen nie dagewesenen anthropogenen Verlust biologischer Vielfalt über alle biologischen und räumlichen Skalen hinweg. Dieser ist mit den großen Aussterbeereignissen in der Erdgeschichte vergleichbar (Ceballos et al., 2017; Barnosky et al., 2011). Der Verlust genetischer Vielfalt wirkt sich massiv auf den Bedarf an und die Komplexität von Schutzbemühungen zur Artenerhaltung aus (z.B. des Spitzmaulnashorns; Moodley et al., 2017). Auch ist er eine Gefahr für die nachhaltige und langfristige Ernährungssicherung (Dempewolf et al., 2010; Esquinas-Alcázar, 2005).

Die Aussterberate der Arten wird heute 100 bis 1.000 mal höher als in der vormenschlichen Zeit eingeschätzt und beschleunigt sich weiter (Pimm et al., 2014; De Vos et al.; 2015, Ceballos et al., 2015). Innerhalb der nächsten Jahrzehnte sind rund 1 Mio. Arten vom Aussterben bedroht (IPBES, 2019a). Das planetare Netz der Ökosysteme ist als Ganzes vom tiefgreifenden und schwer vorhersehbaren globalen Wandel betroffen (Barnosky et al., 2012). Die Hälfte der artenreichsten Gebiete der Erde haben inzwischen 90% ihrer Vegetation verloren (Sloan et al., 2014). Alle Biome und Ökoregionen, sowohl terrestrische als auch limnische, sind vom Biodiversitätsverlust betroffen (Hoekstra et al., 2004; Handa et al., 2014). Die Degradation von Ökosystemen führte zu einer erheblichen Verkleinerung von Verbreitungsgebieten von Wildtierpopulationen (Dirzo et al., 2014; Ceballos et al., 2017) – um 60% in den letzten 40 Jahren (WWF International, 2018). Auch in Deutschland wurde ein massives Insektensterben von bis zu 75% der Insektenbiomasse festgestellt (Hallmann et al., 2017; Seibold et al., 2019). Aber nicht nur bei den Insekten, sondern auch bei anderen Tiergruppen wie z.B. Brutvögeln oder Fledermäusen, sowie Ökosystemen in Deutschland wurde ein unzureichender bis schlechter Zustand der Natur festgestellt (Leopoldina et al., 2018; Leopoldina, 2020; BMU, 2020b). Während der globale Biodiversitätsverlust und damit einhergehend ein drohender Komplettverlust einzelner Ökosystemleistungen irreversibel sind (Loreau et al., 2006; MA, 2005), lassen sich die weltweit stattfindende Degradation von Ökosystemen und die Verkleinerung von Artpopulationen bis hin zum Aussterben von Arten durch Renaturierung (Kap. 3.1) und Naturschutzmaßnahmen (Kap. 3.2) begrenzen und teilweise rückgängig machen.

### Die Treiber des Biodiversitätsverlusts

Neben der nicht nachhaltigen Nutzung bis hin zur direkten Ausbeutung von Organismen durch z.B. Fischerei

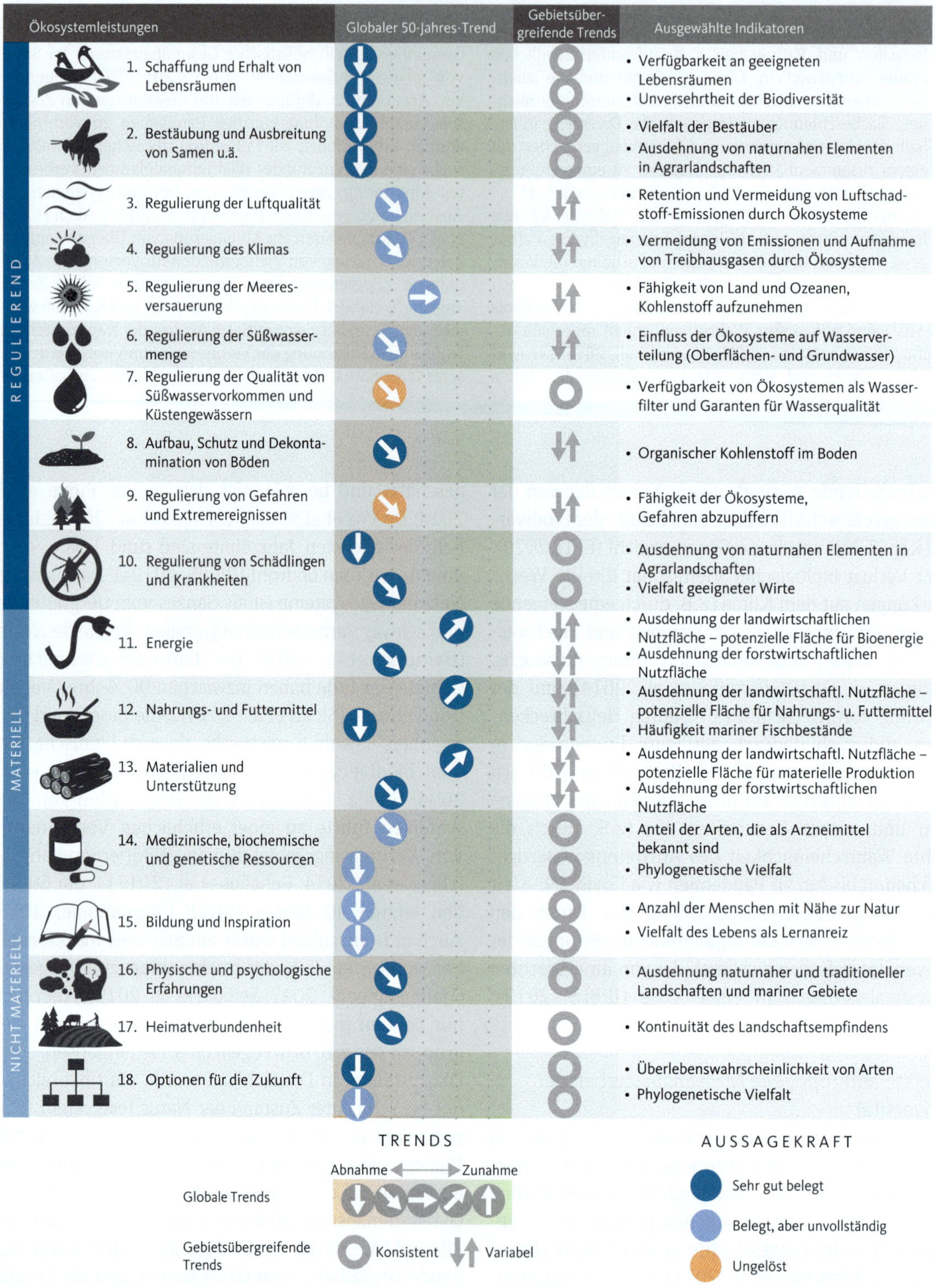
Ökosystemleistungen
Globaler 50-Jahres-Trend
Gebietsübergreifende Trends
Ausgewählte Indikatoren
REGULIEREND
1. Schaffung und Erhalt von Lebensräumen
• Verfügbarkeit an geeigneten Lebensräumen
• Unversehrtheit der Biodiversität
2. Bestäubung und Ausbreitung von Samen u.ä.
• Vielfalt der Bestäuber
• Ausdehnung von naturnahen Elementen in Agrarlandschaften
3. Regulierung der Luftqualität
• Retention und Vermeidung von Luftschadstoff-Emissionen durch Ökosysteme
4. Regulierung des Klimas
• Vermeidung von Emissionen und Aufnahme von Treibhausgasen durch Ökosysteme
5. Regulierung der Meeresversauerung
• Fähigkeit von Land und Ozeanen, Kohlenstoff aufzunehmen
6. Regulierung der Süßwassermenge
• Einfluss der Ökosysteme auf Wasserverteilung (Oberflächen- und Grundwasser)
7. Regulierung der Qualität von Süßwasservorkommen und Küstengewässern
• Verfügbarkeit von Ökosystemen als Wasserfilter und Garanten für Wasserqualität
8. Aufbau, Schutz und Dekontamination von Böden
• Organischer Kohlenstoff im Boden
9. Regulierung von Gefahren und Extremereignissen
• Fähigkeit der Ökosysteme, Gefahren abzupuffern
10. Regulierung von Schädlingen und Krankheiten
• Ausdehnung von naturnahen Elementen in Agrarlandschaften
• Vielfalt geeigneter Wirte
MATERIELL
11. Energie
• Ausdehnung der landwirtschaftlichen Nutzfläche – potenzielle Fläche für Bioenergie
• Ausdehnung der forstwirtschaftlichen Nutzfläche
12. Nahrungs- und Futtermittel
• Ausdehnung der landwirtschaftl. Nutzfläche – potenzielle Fläche für Nahrungs- u. Futtermittel
• Häufigkeit mariner Fischbestände
13. Materialien und Unterstützung
• Ausdehnung der landwirtschaftl. Nutzfläche – potenzielle Fläche für materielle Produktion
• Ausdehnung der forstwirtschaftlichen Nutzfläche
14. Medizinische, biochemische und genetische Ressourcen
• Anteil der Arten, die als Arzneimittel bekannt sind
• Phylogenetische Vielfalt
NICHT MATERIELL
15. Bildung und Inspiration
• Anzahl der Menschen mit Nähe zur Natur
• Vielfalt des Lebens als Lernanreiz
16. Physische und psychologische Erfahrungen
• Ausdehnung naturnaher und traditioneller Landschaften und mariner Gebiete
17. Heimatverbundenheit
• Kontinuität des Landschaftsempfindens
18. Optionen für die Zukunft
• Überlebenswahrscheinlichkeit von Arten
• Phylogenetische Vielfalt
TRENDS
Abnahme
Zunahme
Globale Trends
Gebietsübergreifende Trends
Konsistent
Variabel
AUSSAGEKRAFT
Sehr gut belegt
Belegt, aber unvollständig
Ungelöst

**Abbildung 2.2-8**

Natur und Ökosysteme erbringen dem Menschen zahlreiche Nutzen, die in 18 Ökosystemleistungen zusammengefasst sind. Die Bereitstellung einzelner Leistungen unterliegt unterschiedlichen Trends, wobei nur die materiellen Leistungen, also die Zurverfügungstellung von Energie, Nahrungs- und Futtermitteln sowie Materialien und Unterstützung zunehmende Trends aufweisen. Während die Regulierung der Meeresversauerung, d.h. die $CO_2$-Sequestrierung durch Organismen an Land und im Wasser, stabil ist (während gleichzeitig der anthropogene Kohlenstoffeintrag steigt), sind die Trends aller übrigen Leistungen, z.B. der Schaffung und des Erhalts von Lebensräumen, der Regulierung des Klimas sowie die Regulierung von Schädlingen und Krankheiten negativ.

Quelle: IPBES 2019a; Übersetzung nach UFZ

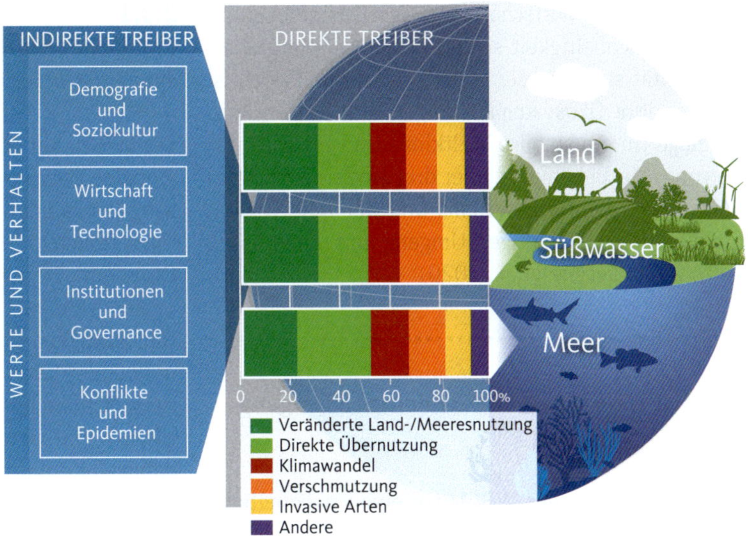


**Abbildung 2.2-9**
Die Treiber des Biodiversitätsverlusts. Der Umgang mit Land und die direkte Nutzung von Ressourcen machen rund 50% des Anteils der direkten Treiber des Biodiversitätsverlusts aus.
Quelle: IPBES, 2019a; Übersetzung nach UFZ

(Worm, 2016), Jagd und Wilderei (Ripple et al., 2019; Chase et al., 2016) oder illegale Holznutzung (Brancalion et al., 2018) hat IPBES folgende wesentliche, direkte Treiber des Biodiversitätsverlusts identifiziert: Veränderungen in der Land- und Meeresnutzung, Klimawandel, Umweltverschmutzung und die Invasion gebietsfremder Arten (Abb. 2.2-9; IPBES, 2019a). Großflächige Veränderungen der Landnutzung zugunsten von Landwirtschaft, Bergbau und dem Aufbau von Infrastruktur, z.B. Straßen und Gebäuden, führen zu einem massiven Verlust natürlicher Ökosysteme und zu einer Fragmentierung von Habitaten sowie zum Schwund von Populationen bis hin zum Aussterben von Arten (IPBES, 2019b; Marques et al., 2019). Allein der anthropogene Klimawandel könnte das Aussterben eines Sechstels der Arten bedeuten (Urban, 2015). Die weltweit stattfindende Umweltverschmutzung umfasst Luft-, Wasser- und Bodenverschmutzung, wobei die Verschmutzung durch Plastik ein Kernproblem darstellt (IPBES 2019b; Geyer et al., 2017). Die zunehmende Verbreitung nicht heimischer Arten, die zur Verdrängung heimischer Arten führt, ist eine weitere wichtige Ursache der Biodiversitätskrise (Linders et al., 2019).

Ein fördernder Faktor dieser Treiber des Biodiversitätsverlusts ist die Globalisierung (Dîaz et al., 2019). Internationaler Handel und seine Auswirkungen (Lenzen et al., 2012), demographische und wirtschaftliche Entwicklung sowie die damit einhergehenden Produktions- und Konsummuster verändern die Lebensweise der Menschen (Diaz et al., 2019; Wilting et al., 2017) und haben Fernwirkungen (Lenschow et al., 2016), die als indirekte Treiber zur Biodiversitätskrise beitragen. Nicht zuletzt durch globale technologische Entwicklungen und wirtschaftliche wie politische Steuerungssysteme nimmt der Mensch indirekt Einfluss auf den Zustand der Biodiversität, indem z.B. Kosten und insbesondere Externalitäten des Biodiversitätsverlusts in Produktionsabläufen noch zu wenig bis gar nicht internalisiert, d.h. bisher kaum berücksichtigt und ausgeglichen werden (IPBES, 2019a; Kap. 4.2.1).

Das individuelle Handeln des Menschen hat einen vielfältigen, meist indirekten und kaum sichtbaren Einfluss auf die Biodiversität. Aggregiert sich der Einfluss des Menschen durch gleiche oder zumindest ähnliche Handlung vieler, wird insbesondere die steigende Nachfrage nach materiellen Ökosystemleistungen durch eine Übernutzung der natürlichen Ressourcen spürbar. Der vermeintlich positive Trend in der Nachfrage nach materiellen Ökosystemleistungen wirkt sich jedoch negativ auf insbesondere die ökologisch regulierenden Ökosystemleistungen aus. Durch eine Verschlechterung bis hin zum Verlust der Resilienz vieler Ökosysteme, d.h. ihrer Widerstandsfähigkeit gegen ökologische Störungen wie z.B. durch Stürme und Überschwemmungen, werden die Krisen des Trilemmas der Landnutzung befördert. Die Ökosystemleistungen und der menschliche Umgang mit terrestrischen Ökosystemen stehen somit im Zentrum des Trilemmas. Gleichzeitig bedeutet dies, dass Renaturierung degradierter Ökosysteme (Kap. 3.1) und systemische Ansätze des Ökosystemschutzes (Kap. 3.2), die insbesondere die regulierenden Ökosystemleistungen stabilisieren und stärken, dazu beitragen können, das Trilemma zu entschärfen. Dabei gilt zu beachten, dass grundsätzlich alle Ökosysteme schützenswert sind, egal ob reich oder arm an biologischer Vielfalt (z.B. mit besonders einzigartigen biologischen Lebensgemeinschaften).

Der Mensch muss sein Handeln und die Art und Weise, mit der Natur umzugehen, radikal ändern. Dafür muss die Politik entsprechende Rahmenbedingungen schaffen und für Wirtschaft und Gesellschaft Anreize für mehr Nachhaltigkeit setzen (Kap. 4). Die globale Biodiversität steht massiv unter Druck – und doch ist sie durch ihre Ökosystemleistungen eine wesentliche Grundlage für ein stabiles Weltklima und Ernährungssicherung. Zur Bekämpfung der drei großen Krisen des Klimas, des Ernährungssystems und der Biodiversität ist ein neuer, nachhaltiger Umgang mit Land nötig (SCBD, 2020; Leclère et al., 2020).

## 2.3 Zukunftsvision für einen nachhaltigen Umgang mit Land

Die Zukunftsvision des WBGU für einen nachhaltigen Umgang mit Land und terrestrischen Ökosystemen orientiert sich an den in der Agenda 2030 international vereinbarten SDGs, den Zielen des Übereinkommens von Paris sowie den Zielen der CBD und der UNCCD. Auch der normative Kompass des WBGU orientiert sich an diesen Zielen (WBGU, 2016a; 2019b; Kasten 2.3-1), die den Menschen in den Mittelpunkt stellen.

Ein nachhaltiger Umgang mit Land betrifft die unmittelbare Lebensumwelt der Menschen. Nicht nur die Erhaltung der Lebensgrundlagen (darunter die Versorgung mit Nahrungsmitteln und sauberem Trinkwasser oder die Reinhaltung der Luft und Erhaltung der Bodenfruchtbarkeit), sondern auch Teilhabe (u.a. Zugang zu Land und Ökosystemleistungen) und Eigenart (biokulturelle Vielfalt) sind vielfach bereits heute schon nicht gewährleistet und werden zunehmend durch die Übernutzung und Zerstörung von Landökosystemen bedroht. Wie die vorhergehenden Kapitel zeigen, ist die Umkehr der Trends der Ökosystemzerstörung und der Landdegradation ein *sine qua non* für den Weg in eine nachhaltige Zukunft, wie sie sich die Weltgemeinschaft zum Ziel gesetzt hat.

Die Nutzung terrestrischer Ökosysteme, vor allem in der Land- und Forstwirtschaft, muss grundlegend in Richtung Nachhaltigkeit umgelenkt werden. Der Umgang mit Land kann nur dann nachhaltig sein, wenn er (1) lokal die Bedürfnisse und Würde der dort lebenden Menschen und der nachfolgenden Generationen, (2) deren Kultur und Vielfalt respektiert und (3) planetarische Leitplanken und Ziele zur Erhaltung der natürlichen Lebensgrundlagen berücksichtigt sowie vor diesem Hintergrund Landökosysteme und ihre Leistungen wertschätzt, erhält und wiederherstellt. Dazu ist es wichtig, die Multifunktionalität von Landschaften im Blick zu haben. Diese Perspektive ermöglicht es auch, vermeintliche Gegensätze zwischen Natur und Nutzung für alle Menschen zu überwinden.

### 2.3.1 Ein nachhaltiger Umgang mit Land: systemisch, synergistisch, solidarisch

Der WBGU hat 2011 den Umgang mit Land – neben der globalen Energiewende und einer nachhaltigen Gestaltung der rapiden Urbanisierung – als wichtiges Transformationsfeld identifiziert (WBGU, 2011:317ff.). Ohne eine Transformation unseres Umgangs mit Land – eine globale Landwende – werden die vielfältigen Nachhaltigkeitsziele nicht erreichbar sein. Dabei ist es notwendig, die Ziele – allen voran Ernährungssicherung, Klimaschutz und die Erhaltung von biologischer Vielfalt und Ökosystemleistungen – nicht isoliert und damit in Konkurrenz zueinander zu verfolgen, sondern ihre synergetische Verknüpfung zu suchen. Strategien zur Erreichung dieser Nachhaltigkeitsziele können in der Summe nur erfolgreich sein, wenn sie *a priori* auf die Erreichung mehrerer Ziele angelegt sind und die Rückwirkungen auf andere Ziele nicht ignorieren. Solche Mehrgewinnstrategien sollten auf allen Gestaltungsebenen angestrebt werden – von der globalen über die nationale bis zur regionalen und lokalen Ebene.

Die Vision des WBGU lässt sich auf diesem Hintergrund mit drei Attributen zusammenfassen: Ein nachhaltiger Umgang mit Land erfordert erstens einen *systemischen* Blick: Die Wechselwirkungen zwischen verschiedenen Nutzungsansprüchen und biophysikalischen Parametern sind immens, und ihre Reichweite kann erheblich sein. Systemische Zusammenhänge reichen von der lokalen bis zur globalen Ebene und erfordern eine sektorübergreifende Betrachtungsweise. Zweitens sind die Probleme unseres Umgangs mit Land nur *synergistisch* zu lösen. Um Flächenkonkurrenzen zu überwinden und Übernutzung zu vermeiden, muss die Multifunktionalität von Landökosystemen ins Zentrum gestellt werden (Abb. 2.3-1). Es kann nicht darum gehen, verschiedene Nutzungs- und Schutzinteressen isoliert voneinander zu verfolgen, sondern es sollte ein konstruktives Miteinander angestrebt werden. Drittens kann eine globale Landwende nur *solidarisch* erfolgen. Alle Akteure stehen in der Verantwortung, wobei Potenziale und Leistungsfähigkeit ungleich verteilt sind. Ein nachhaltiger Umgang mit Land erfordert zugleich eine gerechte Verteilung von Lasten und Nutzen. Ein besonderes Augenmerk sollte dabei auf Gendergerechtigkeit gelegt werden (Kasten 2.3-2).

Die Vision eines systemischen, synergistischen und solidarischen Umgangs mit Land lässt sich mit Hilfe von drei strategischen Perspektiven konkretisieren: der Integration von Schutz und Nutzung auf der Landschaftsebene, der Beachtung und Gestaltung von Fernwirkungen sowie der Verantwortungsübernahme auf allen Ebenen. Diese werden im Folgenden ausgeführt.

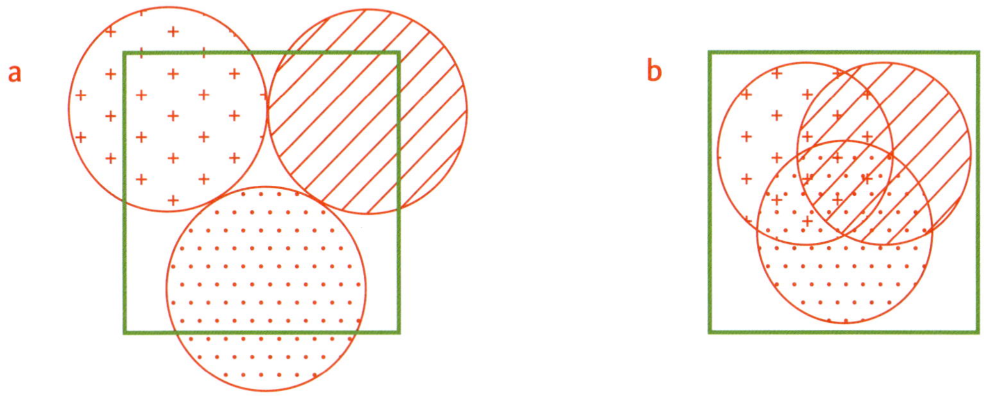


**Abbildung 2.3-1**
Schematische Repräsentation des Potenzials von Synergien: a) die Flächennutzungsansprüche für Klimaschutz, Ernährungssicherung und Erhaltung der Biodiversität überschreiten die nachhaltig verfügbare globale Fläche, wenn die verschiedenen Funktionsansprüche auf separaten Arealen verwirklicht werden. b) Ein integrierter Umgang mit Land, der die multiplen Ziele zusammendenkt und, wo möglich, auf ein und derselben Fläche realisiert, kann alle drei Ziele langfristig sichern.
Quelle: WBGU, Grafik Ellery Studio

### Governance, Planung und Nutzung auf der Ebene von Landschaften

Um auf der lokalen Ebene die Vision des systemischen, synergistischen und solidarischen Umgangs mit Land umzusetzen, bietet sich ein integrierter Landschaftsansatz an (Kasten 2.3-3). Landschaft wird vom IPBES (2018a) als ein räumlich heterogenes Mosaik interagierender Landökosysteme und koexistierender Nutzungen beschrieben.

Der Landschaftsansatz ist ein Gestaltungskonzept, das ökologische, raumplanerische und auf Governance ausgerichtete Aspekte umfasst. Im Kern geht es um die Vereinbarung konkurrierender Landnutzungsformen sowie der Interessen und teils kulturell geprägten Werte von Stakeholdern im ökologischen und kulturellen Kontext der Landschaft. Eine integrierte Landschaftsplanung, die Teil des Landschaftsansatzes ist, kann die Ansprüche der verschiedenen Landnutzungen und Schutzerfordernisse in einem gemeinsamen Gestaltungsprozess und an die lokalen Verhältnisse angepasst zusammenführen und das skizzierte Trilemma (Kap. 2.2) im Sinne nachhaltiger Nutzung moderieren (Kap. 3.6).

Es geht also darum, Landnutzungskonflikten nicht im Sinne lokaler Flächenkonkurrenzen zu begegnen, was vielfach zur Ausweitung der gesamten Nutzfläche führt, sondern in der Landschaft einen qualitativ besseren Umgang mit Landflächen im Sinne aller zu verfolgen. Im Kontext der Landschaft können Beiträge zur Bewältigung globaler Herausforderungen integriert werden (Kremen und Merenlender, 2018). Beispiele sind der Klimaschutz und die Erhöhung der Resilienz der terrestrischen Ökosysteme (einschließlich der stark genutzten land- und forstwirtschaftlichen Ökosysteme) gegenüber den Auswirkungen des Klimawandels, z.B. einer Zunahme von Extremereignissen oder veränderten Niederschlagsmustern. In diesem Sinn greift der WBGU das Konzept eines integrierten Landschaftsansatzes als Bestandteil seiner Vision auf.

### Beachtung und Gestaltung regionaler und globaler Fernwirkungen

Ein Landschaftsansatz kann allerdings nicht alle Herausforderungen lösen, da jede Landschaft auch von Wechselwirkungen über weite Strecken beeinflusst wird – etwa über den Austausch von Energie, Materie oder Information teils im globalen Maßstab. Die systemische Betrachtung muss daher weit über den lokalen Rahmen hinausgehen und erfordert auch hier synergistische Strategien in solidarischer Ausgestaltung. Im Anthropozän sind z.B. viele ökosystemare Stoffkreisläufe und Energieflüsse aufgebrochen und verändert worden, beispielsweise Nährstoffkreisläufe wie die von Phosphor und Stickstoff, die mittlerweile auch durch weltweite Handelsströme und durch die anthropogene Stickstofffixierung (Haber-Bosch-Verfahren) bestimmt werden. Außerdem führt der internationale Handel zu einer Entkopplung ökosystemarer Bezüge, wenn z.B. aus Lateinamerika große Mengen proteinreichen Tierfutters nach Europa importiert werden, was dort zu Ökosystemzerstörung und hier zu Entsorgungsproblemen der Massentierhaltung beiträgt, mit entsprechender Belastung aquatischer Ökosysteme und des Grundwassers. Dabei kann Handel Ökosysteme im Prinzip auch entlasten, wenn beispielsweise wasserintensive Produkte aus wasserreichen in trockene Regionen importiert werden (virtuelles Wasser). Die Herausforderung ist, diesen „zivilisatorischen Stoffwechsel" (der neben weltweiten Handelsströmen u.a. gekennzeichnet

### Kasten 2.3-1

## Der normative Kompass des WBGU

Eine Orientierungshilfe für die notwendige Transformation unseres Umgang mit Land kann der normative Kompass geben, den der WBGU in seinen letzten Gutachten vorgestellt hat (WBGU, 2016a, 2019b). Neben der Erhaltung der natürlichen Lebensgrundlagen und der gesellschaftlichen Teilhabe aller Menschen enthält der Kompass die Dimension der „Eigenart", mit der u.a. die Bedeutung der soziokulturellen Diversität (die mit biologischer Diversität vielfach verknüpft ist) als Zieldimension sowie als Ressource der Transformation zur Nachhaltigkeit betont wird. Zentrale Referenz für alle Dimensionen sind die Achtung und der Schutz der Menschenwürde.

#### Erhaltung natürlicher Lebensgrundlagen

Diese Dimension umfasst zum einen die Beachtung planetarischer Leitplanken, zum anderen die Vermeidung lokaler Umweltprobleme. Das vom WBGU seit 1994 entwickelte Konzept der planetarischen Leitplanken bezeichnet „quantitative Schadensgrenzen, deren Überschreitung heute oder in Zukunft intolerable Folgen mit sich brächte, so dass auch großer Nutzen in anderen Bereichen diese Schäden nicht ausgleichen könnte" (WBGU, 2011:34). Der WBGU hat globale Leitplanken zunächst für den anthropogenen Klimawandel (WBGU, 1995, 1997) und später auch für andere globale Umweltveränderungen quantifiziert, wie z.B. Bodendegradation (WBGU, 2005), den Verlust biologischer Vielfalt (WBGU, 2000) oder die Ozeanversauerung (WBGU, 2006). Das Konzept wurde von Rockström et al. (2009a, b) und Steffen et al. (2015) bei der Formulierung der „planetary boundaries" aufgegriffen und findet sich auch zunehmend in politischen Zielsetzungen. Der WBGU bezieht sich in diesem Gutachten auf folgende sechs Leitplanken (WBGU, 2014):

1. *Klimawandel auf höchstens 2 °C begrenzen.* Diese Leitplanke findet sich mittlerweile in sogar ambitionierterer Form im Übereinkommen von Paris, mit dem Ziel, dass „der Anstieg der durchschnittlichen Erdtemperatur deutlich unter 2 °C über dem vorindustriellen Niveau gehalten wird und Anstrengungen unternommen werden, um den Temperaturanstieg auf 1,5 °C über dem vorindustriellen Niveau zu begrenzen" (UNFCCC, 2015).
2. *Ozeanversauerung auf 0,2 pH-Einheiten begrenzen.* Die Nachhaltigkeitsziele der Vereinten Nationen (Sustainable Development Goals, SDGs; UNGA, 2015) beinhalten das Ziel, die Auswirkungen der Ozeanversauerung zu minimieren (SDG 14.3), ohne hier jedoch quantitative Vorgaben zu machen. Auch wenn die Ozeanversauerung im Übereinkommen von Paris nicht explizit genannt wird, dürfte aber eine Begrenzung des Klimawandels auf unter 2 °C, sofern sie primär über eine entsprechende Reduktion der $CO_2$-Emissionen erfolgt, gleichzeitig zur Einhaltung dieser Leitplanke führen. Allerdings könnten einige der klimapolitisch diskutierten Optionen, der Atmosphäre $CO_2$ zu entziehen, auch zu einer Verschärfung der Ozeanversauerung führen. Dazu gehören BECCS (Bioenergie unter Abscheidung und Speicherung des entstehenden $CO_2$; Kasten 3.5-3), sofern das $CO_2$ im Meeresboden gespeichert wird und es hier zu Leckagen kommt, oder auch die Ozeandüngung, d.h. die gezielte Einbringung von Nährstoffen (z.B. Eisen) in den Ozean mit dem Ziel, über eine Algenblüte eine verstärkte $CO_2$-Aufnahme zu forcieren (IPCC, 2019c:542). Auch eine Temperaturstabilisierung, die auf dem Management der solaren Einstrahlung (Solar Radiation Management, SRM) beruht, würde die Ozeanversauerung nicht begrenzen.
3. *Verlust von biologischer Vielfalt und Ökosystemleistungen stoppen.* Dieses Ziel ist in den SGDs (SDG 15.5) und in der Biodiversitätskonvention (Convention on Biological Diversity, CBD) verankert. Bereits der erste strategische Plan der CBD enthielt das Ziel, den Verlust biologischer Vielfalt zu stoppen (CBD, 2002). Der zweite, aktuelle strategische Plan bekräftigt dieses Ziel (CBD, 2010a; Kap. 3.2.2) und nennt „das Leben in Harmonie mit der Natur" als Vision, wozu bis 2050 Wertschätzung, Schutz, Restaurierung und weise Nutzung der biologischen Vielfalt sowie Aufrechterhaltung der Ökosystemleistungen erreicht werden sollen. Der WBGU interpretiert die Beschlüsse so, dass laut CBD bis 2050 zumindest die anthropogenen Treiber des weiteren Verlusts biologischer Vielfalt gestoppt sein müssen.
4. *Land- und Bodendegradation stoppen.* In den SDGs ist das Ziel enthalten, bis 2030 eine „land degradation-neutral world" anzustreben (SDG 15.3; Kap. 2.1.3).
5. *Gefährdung durch langlebige Schadstoffe begrenzen.* Die SDGs enthalten das Ziel, bis 2030 die Todesfälle und Krankheiten durch schädliche Stoffe sowie Wasser- und Bodenkontamination signifikant zu reduzieren (SDG 3.9). In Bezug auf die Landnutzung sind vor allem langlebige Pestizide zu nennen, mit denen sich u.a. die Stockholm-Konvention befasst, sowie Quecksilber, das von der Minamata-Konvention geregelt wird.
6. *Verlust von Phosphor stoppen.* Die globale Nahrungsmittelproduktion hängt in hohem Maße von der Nutzung begrenzt vorhandenen Rohphosphats ab, das weltweit auf wenige Lagerstätten konzentriert ist (Blackwell et al., 2019). Einige SDGs beziehen sich indirekt auf ein besseres Nährstoffmanagement. Es fehlt jedoch an strategischen Ansätzen, die schädlichen Auswirkungen der Überdüngung und Eutrophierung und die Rohstoffproblematik integriert in den Blick nehmen (Kanter und Brownlie, 2019).

Neben der Beachtung der Leitplanken geht es um die Vermeidung lokaler und regionaler Umweltprobleme: Hier stehen u.a. der nachhaltige Umgang mit den Wasserressourcen, der Ökosystemschutz und die Vermeidung lokaler und regionaler Umweltverschmutzung, etwa durch Eutrophierung (Überdüngung) oder Pestizide (Kap. 3.3), im Zentrum.

#### Teilhabe

Zu den Zielen der Transformation zur Nachhaltigkeit zählt auch die Realisierung der Teilhabe aller Menschen, die auch Leitmotiv vieler SDGs ist. „Ohne Teilhabe sind weder gutes Leben noch nachhaltige Entwicklung möglich" (WBGU, 2016a:147). Teilhabe umfasst für den WBGU zum einen die substanzielle Teilhabe, d.h. unter anderem einen angemessenen Zugang zu Land bzw. terrestrischen Ökosystemleistungen, beispielsweise zu ausreichender und gesunder Nahrung, sauberem Trinkwasser und einer gesunden, schadstofffreien Umwelt. Viele Aspekte der substanziellen Teilhabe sind also eng mit der Erhaltung natürlicher Lebensgrundlagen verknüpft. Zum anderen geht es um ökonomische und politische Teilhabe. Menschen müssen die Gelegenheit bekommen, „in ein Wirtschaftssystem integriert zu sein und über Zugang zu formalen und informellen Märkten (...) zu verfügen." (WBGU, 2016a:150). Zudem müssen sie sich aktiv an der Gestaltung der Gesellschaft und ihres Lebensumfelds beteiligen können (politische Teilhabe). Dies kann in Bezug auf Land etwa im

Rahmen eines Landschaftsansatzes geschehen, der umfangreiche Möglichkeiten der Beteiligung vorsieht (Kasten 2.3-3).

**Eigenart**
Mit der dritten Dimension des normativen Kompasses, der „Eigenart" betont der WBGU die hohe Bedeutung kultureller und biologischer Vielfalt für Resilienz und Lebensqualität. Zum einen geht es darum, den Wert von Diversität anzuerkennen. Ähnlich wie Städte besitzen auch Landschaften bzw. Kulturlandschaften und ihre Nutzungen emotional und physisch erfahrbare Besonderheiten und unverwechselbare Eigenarten, mit denen Menschen sich verbunden fühlen, und die vielfach einen wichtigen Teil der Kultur darstellen. Sie stehen in enger Beziehung mit kulturellen Eigenheiten wie z.B. landwirtschaftlichen Praktiken (Kap. 3.3), Ernährungsstilen (Kap. 3.4) oder Materialnutzungen, etwa zum Bauen (Kap. 3.5). Diese Eigenarten gilt es zu erhalten und weiterzuentwickeln. Hier besteht auch ein Zusammenhang zur politischen Teilhabe, indem Menschen Gestaltungsautonomie für ihre unmittelbare physische Umgebung zugebilligt wird. Zum anderen sieht der WBGU auch die biokulturelle Vielfalt als eine Ressource für die Transformation zur Nachhaltigkeit und als Basis für Resilienz gegenüber zukünftigen Veränderungen und Schocks. Hier geht es darum, einen Pool an Ideen, Beispielen und alternativen Lebensmöglichkeiten zu erhalten und zu schaffen, um positive Veränderungen gestalten und auf veränderte Rahmenbedingungen, etwa durch den Klimawandel, reagieren zu können.

**Würde**
Die Würde der Menschen ist zentraler Bezugspunkt des normativen Kompasses. Ihr starker Bezug zu Land lässt sich an den SDGs erahnen: gleich die ersten beiden Ziele, die Überwindung von Armut und Hunger, die gleichzeitig auch Basis eines würdevollen Lebens sind, umfassen ganz explizit den gesicherten Besitz und die Kontrolle über Land und natürliche Ressourcen sowie die nachhaltige Bewirtschaftung von Agrarland. Essenzieller Bestandteil eines würdevollen Lebens ist auch eine intakte natürliche Umwelt mit ihren Ökosystemleistungen. Diese ist Voraussetzung für wirtschaftliche Prosperität, Eigenart einer Landschaft und kulturelle Identität.

ist durch die starke Nutzung mineralischer Ressourcen, Mineraldünger, neuen Chemikalien und neuen Möglichkeiten der Energiekonversion wie Windenergie und Photovoltaik) und die ökosystemaren Produkte und Leistungen zu einem funktionierenden Ganzen zu integrieren.

Insgesamt kann es dabei nicht das Ziel sein, den Weg zurück zu einem früheren, vermeintlich besseren „Urzustand" zu suchen. Vielmehr geht es darum, den menschlichen Einfluss sinnvoll auszugestalten, auch im Hinblick auf eine veränderte, nachhaltigere Zukunft. Gleichzeitig muss dieser Einfluss, und damit auch die Menge der für den menschlichen Gebrauch entnommenen Biomasse in der Summe begrenzt bleiben, da ansonsten die Einhaltung von Entwicklungszielen und planetarischen Leitplanken gefährdet ist. Diese Herausforderungen erfordern eine weitreichende Verständigung über die Landschaftsebene hinaus, d.h. auch überregionale und internationale strategische Kooperation.

### Ökosysteme und ihre Leistungen als globale Gemeingüter anerkennen

Zur Erreichung einer Transformation des Umgangs mit Land muss also mehr individuelle, lokale, nationale bis globale Gestaltungsverantwortung übernommen und integriert werden. Alle Menschen sind in systemischer Weise auf das Fortbestehen der terrestrischen Ökosysteme angewiesen, und die Auswirkungen ihrer Zerstörung und Degradation machen nicht vor Grenzen halt. In diesem Sinne sollten Landökosysteme und zahlreiche ihrer Leistungen als globale Gemeingüter angesehen werden, deren Schutz, Renaturierung und nachhaltige Nutzung einer Verantwortungsübernahme auf allen Ebenen bedarf (Willemen et al., 2020; Creutzig, 2017). Integrierte Strategien der solidarischen Verantwortungsübernahme betreffen die internationale Staatengemeinschaft ebenso wie die international agierende Nahrungsmittel- und Agrarindustrie, die Holzindustrie, die kleinbäuerliche Landwirtschaft oder Konsument*innen, Forschungs- und Bildungseinrichtungen sowie Nichtregierungsorganisationen. Die strategisch integrierte Verantwortungsübernahme für intakte Ökosysteme und multifunktionale Landflächen muss die Erbringung von vielfältigen Ökosystemleistungen und den gerechten Zugang zu ihnen auf synergistische Weise sicherstellen. Sie eröffnet damit die Chance, das vom WBGU identifizierte Trilemma zu überwinden.

## 2.3.2 Die Transformation zu einem nachhaltigen Umgang mit Land gestalten

Der Druck auf die Landökosysteme und die damit verbundene Gefährdung der Ökosystemleistungen für Mensch und Natur war noch nie so groß wie heute. Aktuelle Berichte internationaler Institutionen zeigen ein klares Bild der Lage und identifizieren zugleich auch wichtige Handlungsmöglichkeiten (SCBD, 2020; IPCC, 2019a; IPBES, 2018a–e, 2019a; Independent Group of Scientists appointed by the Secretary-General, 2019; FAO, 2018a, i; UNCCD, 2017b). Die Berichte beinhalten Empfehlungen für verbesserte Praktiken in der Land- und Forstwirtschaft, Praktiken für Renaturierung und Schutz von Ökosystemen sowie für eine umweltscho-

**Kasten 2.3-2**

## Gendergerechtigkeit im Trilemma der Landnutzung

Die Lösungsansätze des WBGU, um das Trilemma der Landnutzung zwischen Klimaschutz, Biodiversitätserhaltung und Ernährungssicherheit zu überwinden, betreffen auch die komplexe, interdependente Thematik der Gendergerechtigkeit. Frauen* zählen zur größten diskriminierten Gruppe. Gleichzeitig sind sie als vielfältige Akteur*innen des Wandels ein zentraler Schlüssel für den Erfolg der Großen Transformation zur Nachhaltigkeit (Röhr et al., 2018). In diesem Sinne hat sich die internationale Staatengemeinschaft mit Ziel 5 der Agenda 2030 verpflichtet, in der nächsten Dekade alle genderspezifischen Ungleichheiten zu überwinden, und hat Gendergerechtigkeit als Querschnittsthema für das Erreichen der nachhaltigen Entwicklungsziele anerkannt. Faktoren, die zur Benachteiligung von Frauen* führen, sind dabei nicht alleinstehend. Das Stichwort Intersektionalität (Collins und Bilge, 2016) betont, dass genderbasierte Diskriminierung mit Aspekten wie Einkommen, Bildung, Alter, geographischer Lage und Rassismus interagiert. Hierdurch entsteht mitunter Mehrfachdiskriminierung und eine Konzentration von Mangel und Ausgrenzung entlang so unterschiedlicher Entwicklungsziele wie Hunger beenden, menschenwürdige Arbeit (auch im Agrarsektor) und günstige, saubere Energie (UN Women, 2019).

Mit Blick auf diese Herausforderung der Agenda 2030 verdeutlicht der Sachstandsbericht von UN Women (UN Women, 2019), dass nur einzelne Indikatoren für Gendergerechtigkeit positive Trends aufweisen; insgesamt bleibe die Situation jedoch „alarmierend". Fortschritte bei den strukturellen Grundursachen der Diskriminierung blieben aus, so etwa beim Abbau „legaler Diskriminierung, diskriminierender sozialer Normen, geringer Entscheidungsmacht von Frauen in Sachen sexueller und reproduktiver Gesundheit und unvollständiger politischer Partizipation" (UN Women, 2019:10). Um den Erfolg der Landwende im Anthropozän in einem stark von genderbasierter Diskriminierung geprägten Bereich zu sichern und zu verhindern, dass transformative Maßnahmen genderbasierte Diskriminierung fortsetzen oder sogar verstärken, muss ein gendersensibler Blick auf den Status quo geworfen und die zukünftige Landwende Gendergerechtigkeit als Wegbereiter und Ziel der Großen Transformation integrieren (Röhr et al., 2018).

So argumentiert der IPCC (Shukla et al., 2019), dass ein gender-inklusiver Ansatz nachhaltiges Landmanagement beflügeln würde: Frauen* spielten global eine zentrale Rolle im Wandel hin zur nachhaltigen Landwirtschaft und in ländlichen Ökonomien, was jedoch durch diskriminierende Gesetze, Normen und soziale Strukturen eingeschränkt wird. „Die Anerkennung der Landrechte von Frauen und das Einbeziehen von Frauen in landnutzungsrelevante Entscheidungen würden die Landdegeneration mindern und die Einführung von integrierten Ansätzen zur Vermeidung und Anpassung an den Klimawandel erleichtern." (Shukla et al., 2019:58). Derzeit zeigen jedoch alle gängige Indikatoren, dass Frauen* gegenüber Männern* in jeglicher Hinsicht bei Rechten auf Agrarland signifikant benachteiligt werden, das heißt bei Eigentum, Management, Transfer und ökonomischen Rechten (FAO, 2018f). Zudem sind sie vulnerabler gegenüber den Folgen des Klimawandels, da sie oft geringere soziale und ökonomische Ressourcen aufweisen (Shukla et al., 2019).

Auch der Biodiversitätsrat betont die „Interdependenz von Gender, Biodiversitätsschutz und dem nachhaltigen Nutzen von Ressourcen" (IPBES, 2018a). Frauen* spielten etwa eine zentrale Rolle in Land- und Forstwirtschaft, Fischerei und Tourismus, Wassermanagement und Naturschutz, was die Notwendigkeit für ihre effektive Beteiligung an Entscheidungsprozessen unterstreiche (FAO, 2011b). Auch seien sie besonders von Naturzerstörung betroffen, da negative Auswirkungen disproportional auf Menschen in vulnerablen Situationen fallen, also insbesondere auf Frauen*, indigene Völker und lokale Gemeinschaften. Regierungen sollten deshalb das Mainstreaming von Genderaspekten vorantreiben, etwa in der Politik (z.B. durch Gendermainstreaming in nationalen Biodiversitätsstrategien) oder auf Organisationsebene (z.B. durch Antidiskriminierungstraining für Führungspersonen und gendersensible Budgetplanung). Die enge Beziehung zwischen der Natur und SDG 5 der Agenda 2030 zu fassen sei jedoch besonders schwierig, da der derzeitige Fokus und die Formulierung des SDG 5 versäumt, diese Wechselwirkung anzuerkennen und zu bemessen (IPBES, 2018a).

Ernährungssicherung hängt als Komponente des Trilemmas ebenfalls stark mit Gendergerechtigkeit zusammen. Trotz wichtiger kontextspezifischer Unterschiede spielen Frauen* weltweit in Produktion, Distribution und Zubereitung von Nahrungsmitteln eine zentrale Rolle für die Ernährungssicherung (FAO et al., 2019d). Dennoch sind sie auf jedem Kontinent mehr als Männer* von Ernährungsunsicherheit betroffen (FAO, 2018f). Zudem ist im Kontext der Globalisierung des Agrarsektors und der Abwanderung primär von Männern* eine prekäre „Feminisierung des landwirtschaftlichen Sektors" zu beobachten, insbesondere in vulnerablen Bereichen der Subsistenzlandwirtschaft und agroindustrieller Arbeitsplätze mit niedrigstem Lohnniveau (Radel et al., 2012). Genderinklusive Ansätze für nachhaltiges Landmanagement können damit auch die Ernährungssicherung auf Haushalts- und Regionsebene stärken. Der IPCC unterstreicht hier die Schlüsselrolle des Querschnittsthemas Gendergerechtigkeit für das Trilemma: „Die überwältigende Präsenz von Frauen in vielen landbasierten Aktivitäten [...] bietet Chancen gendersensible Politiken zu verbreiten, Genderbarrieren zu überwinden, Gendergerechtigkeit zu fördern und nachhaltiges Landmanagement und Ernährungssicherheit zu steigern." (Shukla et al., 2019:70)

Mehr Gendergerechtigkeit kann also Synergien zwischen Ernährungssicherung, Klima- und Biodiversitätsschutz fördern und nicht zuletzt die Menschenrechte von Frauen* und Genderminderheiten stärken. Um dieses Potenzial zu heben, müssten insbesondere zwei Aspekte berücksichtigt werden. Erstens mangelt es national wie global an wissenschaftlicher Erhebung, niedrigschwelliger Verbreitung und politischer Anwendung von disaggregierten Daten zum Nexusbereich von Gender- und Umweltthemen, die bestimmte genderbezogene Forschung, Auswertung und Maßnahmen erst ermöglichen (UNEP und IUCN, 2018). Dieser Missstand spiegelt sich auch bei den Indikatoren der umweltbezogenen Ziele nachhaltiger Entwicklung wider (SDGs 12–15), wo lediglich im Klimaschutzbereich ein einziger genderspezifischer Indikator vorgesehen ist (UN Women, 2019). Differenzierte Daten sind unabdingbar, um die Lebensumstände aller Geschlechter realistisch und kontextspezifisch einzuordnen und um Barrieren, Zwänge und Transformationsmöglichkeiten etwa mit Bezug auf das sozioökologische Management natürlicher Ressourcen zu verstehen (UNEP und IUCN, 2018). Kontinuierliche Datenerhebungen sind auch deshalb notwendig, da insbesondere Klimafolgen und Migration tradierte Genderrollen dynamisch verändern (Meinzen-Dick et al., 2014). Lösungsorientiert haben UNEP und IUCN Empfehlungen für differenzierte Gender-Umwelt-Indikatoren erarbeitet, die Strategien nationaler Entscheidungsträger*innen unterstützen sollen (UNEP und IUCN, 2018). Neue Indikatoren sollten jedoch neben Frauen* auch andere diskriminierte Gendergruppen berücksichtigen und mindestens eine dritte Kategorie zulassen (WBGU, 2019b). Ohne gendersensible Informationen „bleiben Umweltanalysen inadäquat und partiell und es wird fast unmöglich Bezugswerte zu etablieren, Fortschritte zu prüfen und Resultate zu messen" (UNEP, 2016).

Ein zweiter zentraler Aspekt für eine Genderwende im Umgang mit Land ist die häufig verengte bzw. verkürzte Zuspitzung des Themas Gendergerechtigkeit auf „Frauen" und im Landnutzungskontext auf die „Frau als Subsistenzbäuerin im ländlichen Raum des globalen Südens" (Röhr et al., 2018). Gendergerechtigkeit wird mitunter als karikiertes bzw. depolitisiertes „Abhakthema" behandelt (Bock, 2015:731) und die Relevanz des Themas in Industriestaaten wissenschaftlich und politisch unterbelichtet (Sellers, 2016). Dabei dominieren auch in Deutschland ungleiche Grundbesitzverteilung von Agrarflächen (mit nur 8,5% Frauen*anteil fast als Schlusslicht Europas; FAO, 2018f) und politische Unterrepräsentierung (der Frauen*anteil im Parlament ist mit knapp über 30% rückläufig). Zudem zeigt sich eine Retraditionalisierung von Genderrollen im Kontext von Klimafolgen wie Überflutungen (UNEP, 2016) oder auch der Covid-19-Pandemie (Kohlrausch und Zucco, 2020). Letztendlich werden mit dem engen Fokus auf Frauen* die der Diskriminierung zugrunde liegenden kulturellen Normen, ökonomischen, politischen und legalen Strukturen zu wenig berücksichtigt (Röhr et al., 2018). Ohne ein revidiertes Verständnis von Gender als sozial-konstituierte, intersektional-verschränkte und wandelbare Machtbeziehung (Kronsell, 2017) drohen sogenannte Differenzansätze (Frau vs. Mann) traditionelle Rollenzuschreibungen in Wissenschaft und Praxis zu festigen und hierarchische Genderordnungen zu reproduzieren (Röhr et al., 2018). Verbunden mit fehlender gendersensibler Datenerhebung in einer Gesellschaft, die Frauen* tendenziell als Abweichung von einer implizit männlichen Norm versteht (Androzentrismus), ergibt sich in Forschung, Technikentwicklung und politischer Gestaltung eine weitverbreitete Begünstigung von Männern* auf Kosten von Frauen* (Criado-Perez, 2019) und anderen diskriminierten Gendergruppen.

Um die Landwende gendergerecht und erfolgreich zu gestalten, ist ein stärkerer Fokus auf strukturelle Machtunterschiede und Treiber von Genderungerechtigkeit wichtig (Resurrección, 2013). Dabei sollten in Nachhaltigkeitswissenschaften mitunter verbreitete Stereotype nicht perpetuiert werden, die etwa die Frau „naturgemäß" als körperlicher und umweltverbundener stilisieren (Hofmeister et al., 2013). Sozialwissenschaftliche Ansätze können hierzu einen wichtigen Beitrag leisten und sollten vermehrt gefördert werden (Röhr et al., 2018), etwa die feministische politische Ökonomie, die erkundet, inwiefern Gender – intersektional verschränkt mit anderen Machtdimensionen wie Rassismus oder ökonomischer Ungleichheit – den Umgang mit natürlichen Ressourcen und Ökosystemen beeinflusst (Bauhardt und Harcourt, 2019; Harcourt und Nelson, 2015). Konkret sind auf internationaler wie bundesdeutscher Ebene gendergerechte ökonomische und politische Teilhabe notwendig. Sie ließen sich durch gendersensible Sozialpolitik sowie genderparitätische politische und ökonomische Repräsentanz fördern (Röhr et al., 2018). Dies sollte ebenfalls für Positionen und Ämter der Bundesregierung gelten, welche deren Umgang mit Land im Kontext globaler Umweltveränderungen prägen – etwa in Bundesministerien und Beiräten.

nende Raumplanung. Auch Maßnahmen entlang von Wertschöpfungsketten werden genannt. Darüber hinaus werden verschiedene Politikinstrumente präsentiert (gesetzliche über ökonomische bis soziale und normbasierte; Tab. SPM 4 in IPBES, 2018b). Insbesondere die in den Berichten genannten Governance-Empfehlungen verdienen für die Schaffung nachhaltiger Rahmenbedingungen Beachtung. Allerdings erscheinen die derzeitige Umsetzung und Wirksamkeit der Empfehlungen noch begrenzt. Ein entscheidender Punkt wird sein, diese einzelnen Maßnahmen in der Umsetzung an lokale und nationale Bedingungen anzupassen und synergistisch zu orchestrieren.

Konsens der zitierten Berichte ist, dass die empfohlenen Maßnahmen ihre größte Wirksamkeit bei sektorübergreifender, polyzentrischer, inklusiver und partizipatorischer Umsetzung entfalten können. Aus Sicht des WBGU geht es um nicht weniger als eine Transformation unseres Umgangs mit Land. Dabei ist die Richtung vorgegeben: Das internationale anerkannte Zielbild nachhaltiger Entwicklung hat sich seit der Rio-Konferenz 1992 und zuletzt 2015 in der Agenda 2030 mit ihren 17 SDGs klar herausgebildet. In den multilateralen Übereinkommen hat sich die Weltgemeinschaft dafür bereits konkrete Ziele gesetzt, Aktionsprogramme entwickelt, Finanzierungsmechanismen eingerichtet und politisches Handeln durch wissenschaftliche Sachstandsberichte unterfüttert. Es gibt somit bereits viele kreative Vorschläge, wie ein veränderter Umgang mit Land gestaltet werden und damit auch zur Überwindung der Klima-, Biodiversitäts- und Ernährungskrise beitragen kann. Allerdings gibt es verschiedene Herausforderungen in der Umsetzung, die es zu überwinden gilt (Phang et al., 2020). Zu nennen wären hier z.B. die Krise des Multilateralismus und populistische Autokratien, sowie häufig schlichtweg fehlender politischer Wille für eine effektive Umsetzung.

Aufbauend auf dem international verhandelten Zielsystem und anknüpfend an aktuelle globale Initiativen und Verhandlungsprozesse möchte dieses Gutachten ein Beitrag zur Rahmung und besseren Integration nachhaltiger Landnutzungsansätze in die Umsetzung dieser Ziele leisten. Die Transformation zu einem nachhaltigen Umgang mit Land erfordert politischen Willen, Kreativität und Mut. Sie erfordert Pionier*innen, die neue Wege testen und beschreiten, starke Multi-

**Kasten 2.3-3**

## Der integrierte Landschaftsansatz

Für den nachhaltigen Umgang mit Land spielt die räumliche Ebene der Landschaft eine besonders wichtige Rolle. Hier kollidieren gesellschaftliche Interessen, hier koexistieren Nutzungen und entstehen Landnutzungskonflikte, hier findet die konkrete Umsetzung von Entscheidungen statt, die lokal oder auf größerer Skala getroffen werden. Landschaften sind geprägt durch spezifische geografische, naturräumliche, ökologische und historische Gemeinsamkeiten und Wirkungsgefüge, die sie von anderen Landschaften unterscheiden (Kerkmann, 2017:73). Landschaften weisen eine räumlich heterogene Vielfalt interagierender Landökosysteme und koexistierender Nutzungen auf (IPBES, 2018a). Sie erfüllen zentrale Funktionen für Mensch und Natur, denn sie sind Quelle für Nahrung, Wasser und Rohstoffe. Die Landschaft eignet sich als Governance-Rahmen, da sie die Menschen räumlich und kulturell verbindet. Dieser Rahmen ist klein genug, um Entscheidungsprozesse noch handhabbar zu halten, aber groß genug, um den verschiedenen Interessen der zivilgesellschaftlichen, privaten und öffentlichen Akteure gerecht werden zu können (IPBES, 2018a:12). Landschaften bieten zudem Siedlungsraum und Lebensunterhalt für Menschen, erfüllen kulturelle, ästhetische und Erholungsbedürfnisse und sichern biologische Vielfalt und Ökosystemleistungen (IPBES, 2019a).

Zum Begriff „Landschaftsansatz“ wurden in der Forschung verschiedene Inhalte und Interpretationen entwickelt (Reviews in Arts et al., 2017; Reed et al., 2015, 2016). Als Gemeinsamkeit lässt sich feststellen, dass Landschaftsansätze durch Aushandlungsprozesse Lösungen für widerstreitende Interessen beim Umgang mit Land entwickeln. Sie bieten eine Arena für die Verteilung und das Management von Land, um soziale, wirtschaftliche und ökologische Ziele in Gebieten zu vereinbaren, in denen Land- und Forstwirtschaft, Wasserversorgung, Armutsbekämpfung bzw. regionale Entwicklung sowie Infrastruktur (Energie, Bergbau, Verkehr, Städte) und andere Landnutzungen mit Umwelt- und Biodiversitätszielen konkurrieren (Sayer et al., 2013). In ähnlicher Weise charakterisieren Reed et al. (2020) „integrierte Landschaftsansätze“ als Governance-Strategien, um multiple und konfligierende Ansprüche an Land sowie die Bedürfnisse von Menschen und Umwelt miteinander zu integrieren, um dadurch einen nachhaltigeren, sozial gerechteren und multifunktionellen Umgang mit Land zu etablieren. In einer Landschaft sollen Nutzungen so gestaltet und Ökosysteme so geschützt werden, dass die Bereitstellung von Gütern und Dienstleistungen langfristig sichergestellt wird, ohne die biologische Vielfalt und Ökosystemleistungen zu gefährden, bei möglichst guter Anpassung an den und Resilienz gegenüber dem Klimawandel (Kremen und Merenlender, 2018). Auch der IPBES hat diese Interpretation aufgegriffen und empfiehlt integrierte Landschaftsansätze für die Renaturierung und für die Vermeidung von Landdegradation (IPBES, 2018a:4, 12ff.).

Der WBGU nutzt den „integrierten Landschaftsansatz“ in diesem Gutachten als wesentlichen Bestandteil seiner Vision für die Wende hin zu einem nachhaltigen Umgang mit Land, denn er bietet eine wichtige Grundlage zur Überwindung des Trilemmas der Landnutzung. Integration ist dabei auf zwei Ebenen gemeint: Einerseits sollen die naturräumlichen und ökologischen Verknüpfungen im Zusammenhang betrachtet und – wo möglich – verschiedene Nutzungen auf einer Fläche integriert werden, andererseits sollen die unterschiedlichen Ansprüche und die damit verbundenen Interessen der relevanten Akteure besser miteinander vereinbart werden. Aus Sicht des WBGU zeichnet sich der integrierte Landschaftsansatz durch folgende Charakteristika aus:

- *Multifunktionalität und Mehrgewinne:* Der normative Kompass des WBGU und die Idee, Synergien im Umgang mit Land zur Überwindung des Trilemmas zu nutzen, bieten Grundlagen für die Identifikation eines gemeinsamen Zielsystems der verschiedenen Akteure, für die Stärkung der Multifunktionalität der gesamten Landschaft sowie für die Entwicklung langfristig tragfähiger Lösungen; ganz im Sinn der in Kapitel 3 vorgestellten Mehrgewinnstrategien. Durch den multifunktionalen Einsatz geeigneter Landflächen und durch die Kombination verschiedener Flächen sollen Mehrgewinne erzeugt werden (z.B. Ackerflächen auch als Ort vielfältiger Agrobiodiversität und Weideflächen auch als Kohlenstoffsenke).
- *Partizipation der Akteure:* Die unterschiedliche Interessen repräsentierenden, zivilgesellschaftlichen, privaten und öffentlichen Akteure sollten nicht nur identifiziert und informiert, sondern vor allem an der Entscheidungsfindung für den Umgang mit Land beteiligt werden. Dazu eignet sich die Institutionalisierung in Form von regelmäßig tagenden und langfristig ausgerichteten Multistakeholder-Plattformen. Diese sollen die für den besonderen Zuschnitt der Landschaft wesentlichen Akteure zusammenbringen und dafür transparente Prozesse bieten, die Rechte und Verantwortlichkeiten der Akteure benennen und integrieren, sowie die Akteure ertüchtigen, Wissens- und Machtungleichgewichte abzubauen.
- *Gemeinsamer Monitoring- und Bewertungsrahmen:* Dies ist eine wesentliche Voraussetzung, um Aushandlungsprozesse zum Umgang mit Land auf eine gemeinsame Faktenbasis zu stellen. Die lokalen Akteure, unter ihnen insbesondere die indigenen Völker, sollten im Sinn transdisziplinärer Ansätze ermutigt und ertüchtigt werden, ihr jeweils unterschiedliches, oft traditionelles Wissen beizutragen, um gemeinsames Lernen zu erleichtern.
- *Adaptives Management:* Prozesse in bzw. mit Auswirkung auf Landschaften sind dynamisch und häufig nichtlinear. Um diesen potenziell unvorhersehbaren und disruptiven Dynamiken gerecht zu werden (z.B. Klima- oder Wirtschaftskrisen), hat sich adaptives Management bewährt (Holling, 1978). Damit werden die im Monitoring- und Bewertungsrahmen gemeinsam festgestellten Veränderungen genutzt, um Synergien neu zu justieren und das Management entsprechend anzupassen. Das Lernen aus den Ergebnissen des veränderten Managements dient dann iterativ als Input für die weitere Entscheidungsfindung.

Das in diesem Sinn verstandene Konzept des integrierten Landschaftsansatzes kann bei der Bewältigung komplexer Probleme und der Überwindung von Konkurrenzen im Umgang mit Land wertvolle Hilfe leisten, aber sicherlich nicht in allen Fällen einvernehmliche Lösungen erzielen (Sayer et al., 2017). In der Anwendung des integrierten Landschaftsansatzes, auch in tropischen Ländern, kann mit den teils tiefgreifenden Interessenkonflikten besser umgegangen werden, wenn geeignete staatliche Rahmenbedingungen mit polyzentrischer Governance-Struktur (Kap. 4.2; Reed et al., 2017) sowie angemessene und langfristig verlässliche Finanzierung vorliegen (Sayer et al., 2015; Berghöfer et al., 2017). Zu den wichtigen konkreten Instrumenten für die Umsetzung des integrierten Landschaftsansatzes gehören die Raum- und Landschaftsplanung (Kap. 4.2.3).

Akteurs-Partnerschaften, Staaten, die Rahmenbedingungen setzen und notwendige Maßnahmen durchsetzen sowie Mechanismen eines gerechten Ausgleichs zwischen Gewinnern und Verlierern. In diesem Sinne hat der WBGU eine solche Transformation als gesellschaftlichen Suchprozess beschrieben (WBGU, 2011). Der WBGU fokussiert im vorliegenden Gutachten auf die drei oben beschriebenen Krisen: die Klimakrise, die Krise des Ernährungssystems und die Biodiversitätskrise, deren Überwindung jeweils potenziell hohe zusätzliche Landnutzungsansprüche begründen. Diese Ansprüche entstehen etwa durch die Schaffung landbasierter $CO_2$-Senken, die Produktion von Nahrungsmitteln für eine wachsende Weltbevölkerung mit zunehmend flächenintensiven Ernährungsstilen, und die Ausweitung von Schutzgebieten und biodiversitätsfreundlich genutzten Gebieten zur Erhaltung der Biodiversität. Der von diesen Krisen ausgehende Druck auf die bereits von Übernutzung und Degradation betroffenen globalen Landflächen, das „Trilemma der Landnutzung" (Kap. 2.2), ist der Ausgangspunkt für eine Reihe von Mehrgewinnstrategien, die der WBGU im folgenden Kapitel 3 vorschlägt, um die globale Landwende voranzutreiben. Ziel dieser Strategien ist, die durch das Trilemma der Landnutzung begründeten Konkurrenzen zu überwinden, den Nutzungsdruck zu mindern und einen nachhaltigen Umgang mit Land zu ermöglichen. Andere Nutzungsansprüche werden, wenn relevant, mitbetrachtet, stehen aber nicht im Zentrum der Analysen. In diesem Sinne sind die Mehrgewinnstrategien als exemplarisch zu betrachten. Kapitel 4 zeigt darauf aufbauend die Handlungsmöglichkeiten von individuellen Akteuren und nationalen wie internationalen Institutionen und entwirft neue Strukturen der Governance für einen nachhaltigen Umgang mit Land.

**3.1**
Durch **Renaturierung** kann landbasierte $CO_2$-Entfernung synergistisch gestaltet werden.

**3.2**
Aufwertung von **Schutzgebietssystemen** und ihre Ausweitung auf 30% der Landfläche verhindert Zerstörung von Ökosystemen.

**3.3**
Eine diversifizierte, ökologisch intensive **Landwirtschaft** weltweit sichert Ernährung, schützt Klima, ermöglicht Resilienz und erhält Biodiversität.

**3.4**
Tierproduktarme **Ernährungsstile** sind ein wichtiger Hebel zur Überwindung des Trilemmas.

**3.5**
Nachhaltige **Bioökonomie** braucht begrenzenden Rahmen und priorisiert stoffliche Nutzungskreisläufe, z. B. Holzbau.

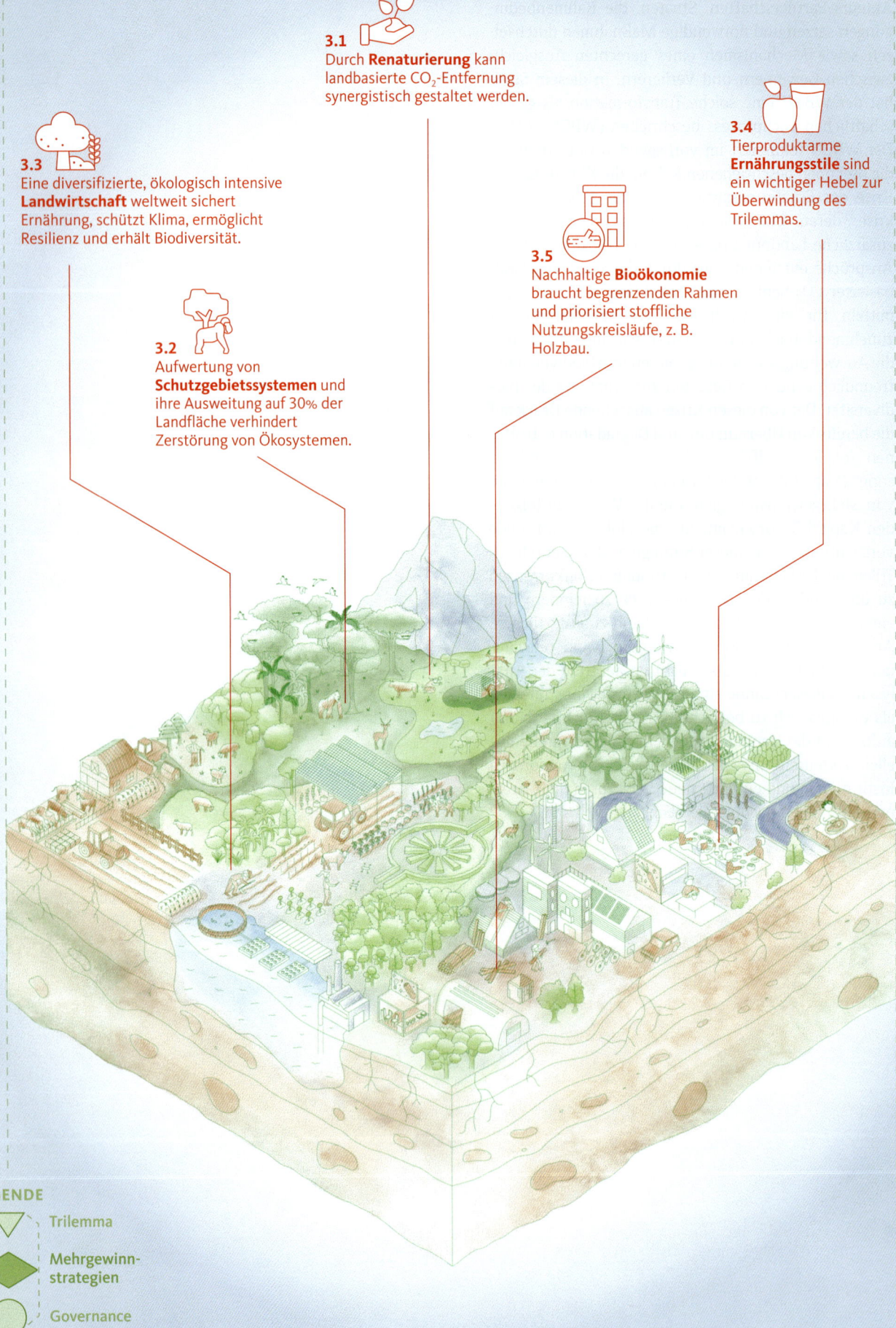

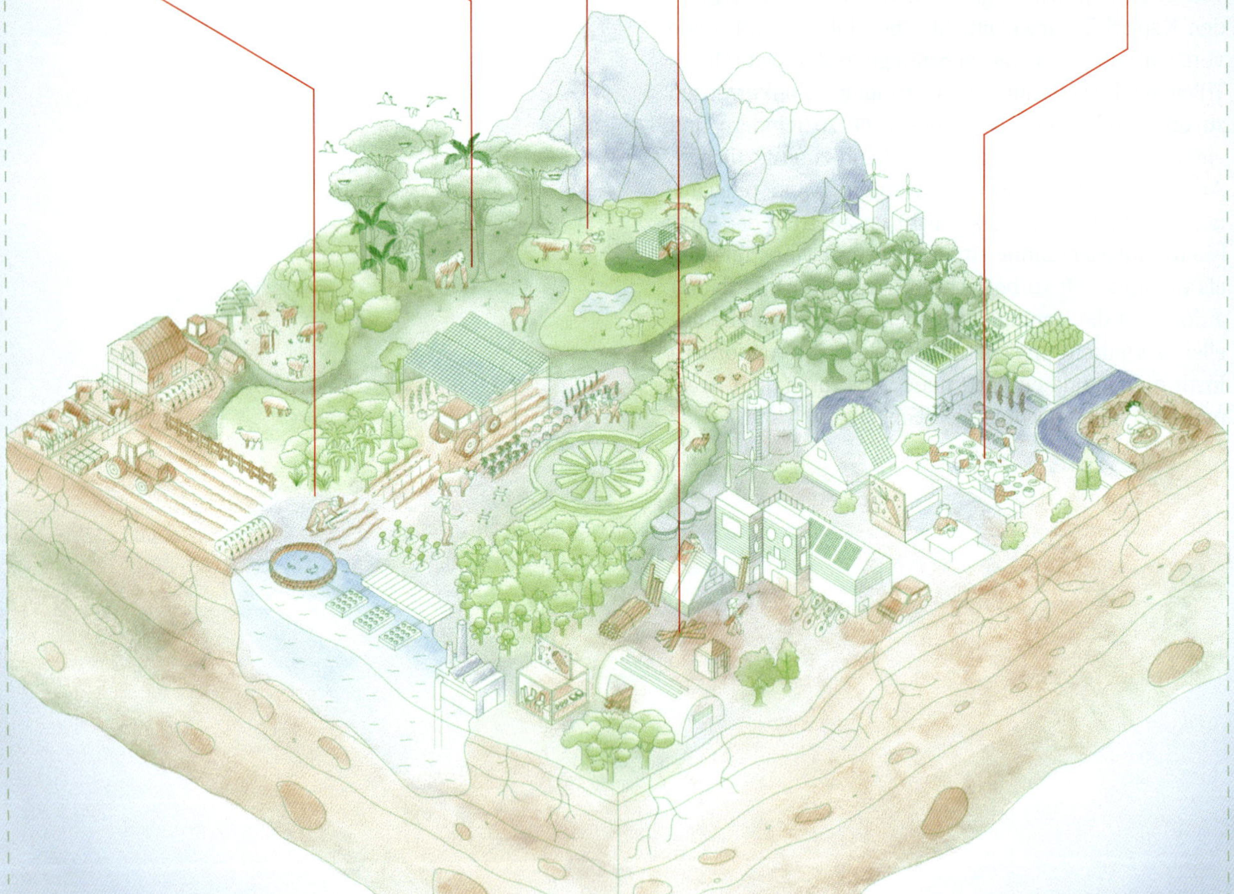

**LEGENDE**

- Trilemma
- Mehrgewinnstrategien
- Governance

# Mehrgewinnstrategien für einen nachhaltigen Umgang mit Land

# 3

**Die Transformation des Umgangs mit Land in Richtung Nachhaltigkeit kann nur gelingen, wenn systemische Zusammenhänge beachtet und genutzt werden. Strategien um Land für Klimaschutz einzusetzen, Biodiversität zu erhalten sowie Ernährungssicherung für eine wachsende globale Bevölkerung zu gewährleisten sollten daher aufeinander abgestimmt werden. Insbesondere muss es darum gehen, Synergien zu finden, um Landnutzungskonkurrenzen und damit den Nutzungsdruck zu mindern.**

Der WBGU identifiziert in diesem Sinne exemplarische Mehrgewinnstrategien mit transformativem Potenzial, die veranschaulichen sollen, dass sich das Trilemma der Landnutzung innovativ und hoffnungsorientiert überwinden lässt und unterschiedliche Interessen im Idealfall ausbalanciert werden können. Diese betreffen die Themenfelder Renaturierung, Ökosystemschutz, Landwirtschaft, Ernährung und Bioökonomie.

Zum einen geht es um direkt flächenbezogene Strategien:

- *Renaturierung – Landbasierte $CO_2$-Entfernung synergistisch gestalten:* Synergien lassen sich erzielen, indem degradierte Flächen weltweit renaturiert werden. Besonders die Wiederaufforstung ehemaliger Waldlandschaften gilt als wichtige Klimaschutzstrategie, aber auch die Renaturierung von Mooren und Graslandökosystemen kann durch die Aufnahme von $CO_2$ aus der Atmosphäre erheblich zum Klimaschutz beitragen. Renaturierung kann gleichzeitig auf den betroffenen Flächen biologische Vielfalt und Ökosystemleistungen wiederherstellen und dadurch auch eine nachhaltige Nahrungsproduktion ermöglichen. Daher stellt der WBGU in Kapitel 3.1 die Renaturierung degradierter Ökosysteme als Mehrgewinnstrategie vor.
- *Schutzgebietssysteme ausweiten und aufwerten:* Zudem gilt es, den weiteren Verlust und die Degradation naturnaher terrestrischer Ökosysteme zu verhindern. Ökosystemschutz ist nicht nur ein Gewinn für die Erhaltung biologischer Vielfalt, sondern bietet darüber hinaus zusätzlichen Nutzen und wichtige qualitative Potenziale auch für Klimaschutz und Ernährung („Triple-Win“): Biologische Vielfalt, genetische Ressourcen und Ökosystemleistungen sind Voraussetzung für die landwirtschaftlichen Systeme und damit für die Ernährungssicherung. Intakte, natürliche Ökosysteme stellen zudem für indigene Völker und die Bevölkerung in ländlichen Gebieten in Entwicklungs- und Schwellenländern Nahrungsmittel, sauberes Wasser, Faserstoffe und Holz zur Verfügung und tragen zu ihrer Ernährungssicherung und -souveränität sowie ihrer kulturellen Identität bei. Daher schlägt der WBGU in Kapitel 3.2 die Ausweitung und Aufwertung der Schutzgebietssysteme als Mehrgewinnstrategie vor.
- *Landwirtschaftssysteme diversifizieren:* Ein weiterer strategischer Ansatz ist die Diversifizierung der Landwirtschaft hin zu ökologisch intensiven, multifunktionalen und nachhaltigen Landwirtschaftssystemen. Landwirtschaftliche Böden können bei richtiger Bewirtschaftung erhebliche Mengen an $CO_2$ sequestrieren, während gleichzeitig das industriell geprägte Landwirtschaftssystem in der EU ökologisch ausgerichtet und die Wirtschaftsweise ressourcenarmer Betriebe in Subsahara-Afrika nachhaltig intensiviert werden. In Kapitel 3.3 schlägt der WBGU entsprechende diversifizierte Landwirtschaftssysteme vor.

Zum anderen kommen Strategien hinzu, die die Nachfrage nach Biomasse in Form von Nahrungsmitteln oder für die stoffliche oder energetische Nutzung betreffen und sich damit indirekt auf den Umgang mit Land auswirken:

- *Die Transformation der tierproduktlastigen Ernährungsstile in den Industrieländern vorantreiben:* Ernährungsstile haben einen erheblichen Einfluss auf die Landnutzung. Insbesondere ist der Konsum von Tierprodukten aus Massentierhaltung ein Treiber der Umwandlung naturnaher Flächen zu Agrarflächen in teils weit von den Konsument*innen entfernten Gebieten. Veränderte Ernährungsstile wirken sich auf die Nutzung von Acker- und Grasflächen und ihre Bewirtschaftung aus, mit erheblichen Konsequenzen für Treibhausgasemissionen, $CO_2$-Senken und Landnutzungsänderungen, die ihrerseits die Biodiversität beeinträchtigen können. In Kapitel 3.4 werden Möglichkeiten der Förderung nachhaltiger Ernährungsstile als Mehrgewinnstrategie erläutert.
- *Bioökonomie verantwortungsvoll gestalten und dabei Holzbau fördern:* Außerdem wird die nachhaltige wirtschaftliche Nutzung von Biomasse in den Fokus genommen, die nicht der Ernährung dient. Hier gibt es Potenziale, biobasierte Produkte vor allem in stofflichen Anwendungen für den Klimaschutz zu nutzen, während gleichzeitig eine zu hohe bzw. wachsende Nachfrage nach diesen Rohstoffen die Ernährungssicherung und die Erhaltung der Biodiversität unterminieren könnte. In Kapitel 3.5 schlägt der WBGU daher einen geeigneten Rahmen für die Bioökonomie vor und führt nachhaltiges Bauen mit Holz exemplarisch als Mehrgewinnstrategie aus.

Kapitel 3.6 wirft abschließend einen übergreifenden Blick auf das Zusammenspiel und die Umsetzung der Mehrgewinnstrategien.

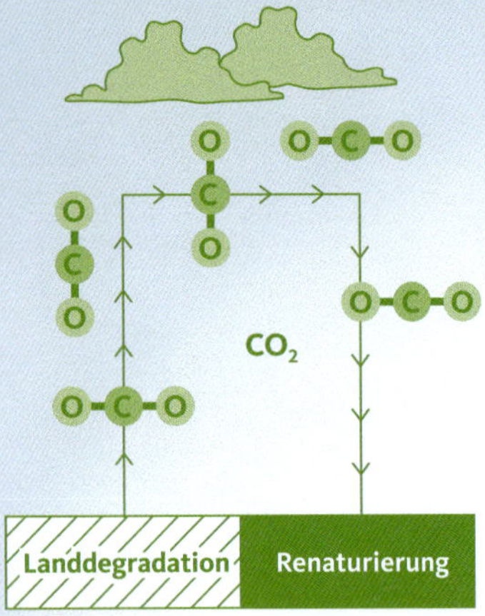


Während bei der Degradation von Flächen $CO_2$ freigesetzt wird, können durch Renaturierung erhebliche Mengen von **$CO_2$ aus der Atmosphäre entfernt** werden.

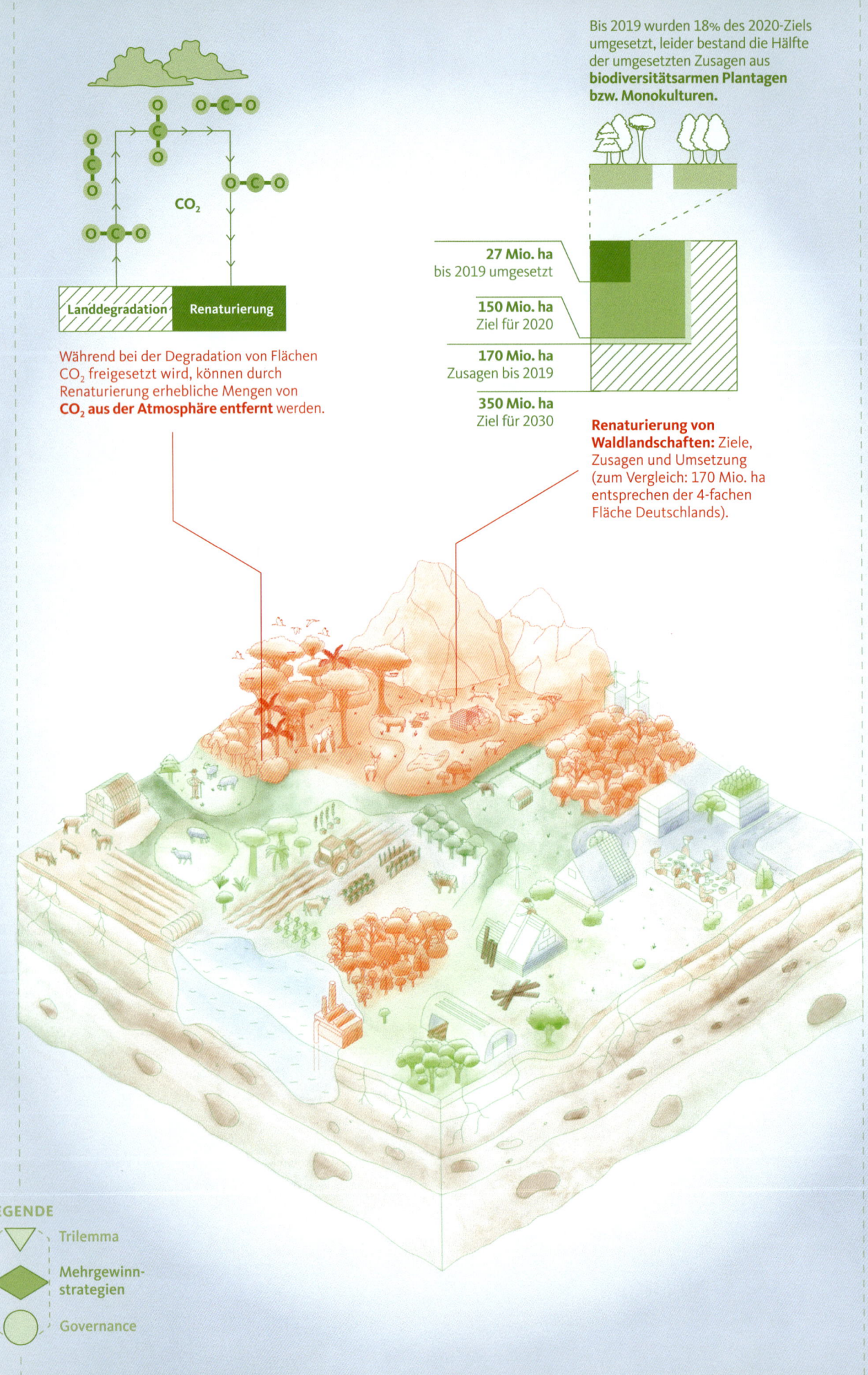

Bis 2019 wurden 18% des 2020-Ziels umgesetzt, leider bestand die Hälfte der umgesetzten Zusagen aus **biodiversitätsarmen Plantagen bzw. Monokulturen.**

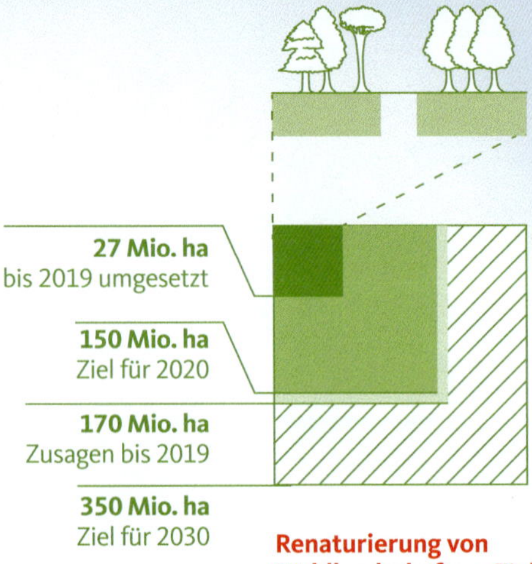


**Renaturierung von Waldlandschaften:** Ziele, Zusagen und Umsetzung (zum Vergleich: 170 Mio. ha entsprechen der 4-fachen Fläche Deutschlands).

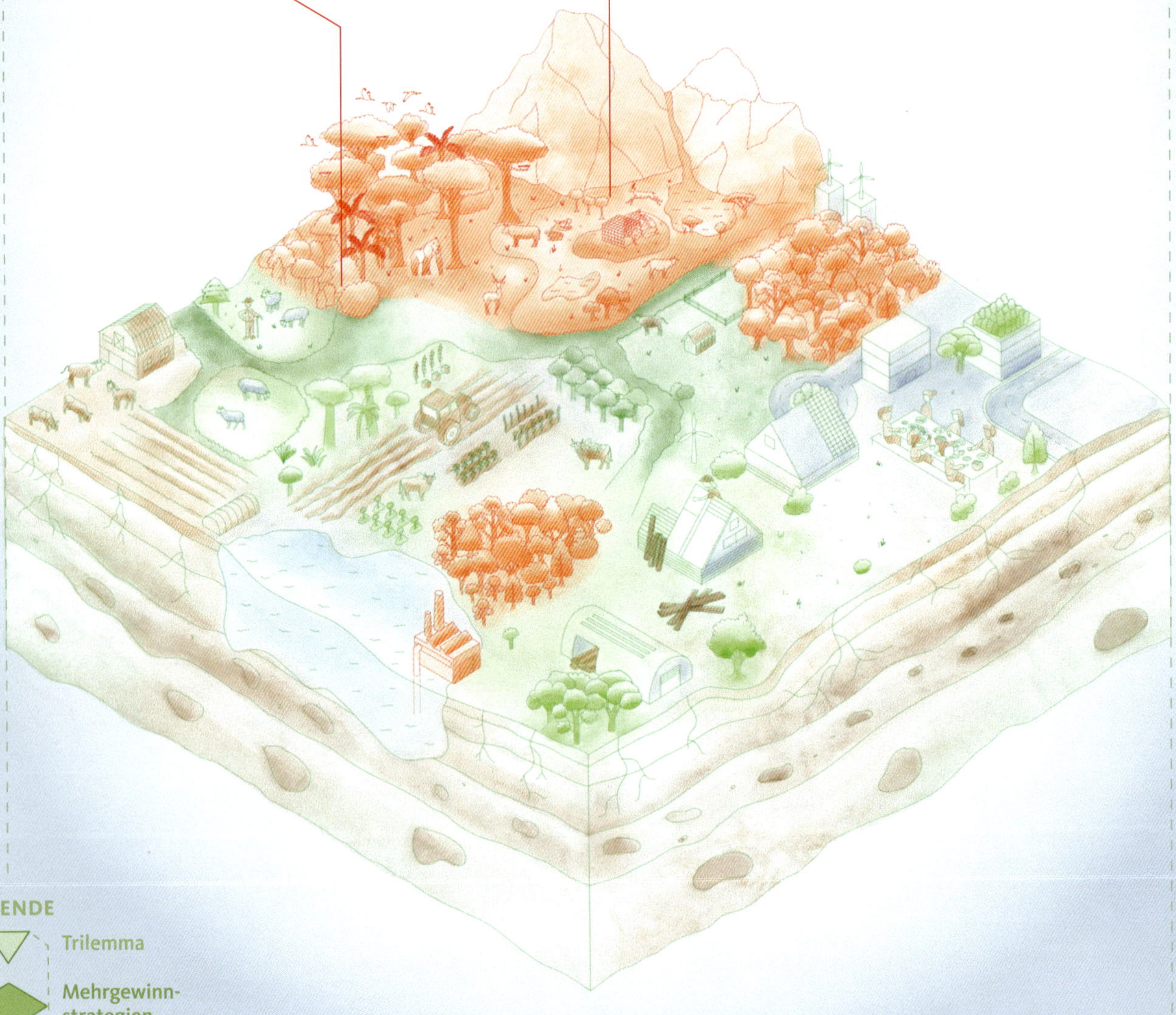

**LEGENDE**

- Trilemma
- Mehrgewinnstrategien
- Governance

## 3.1
## Renaturierung: Landbasierte $CO_2$-Entfernung synergistisch gestalten

Methoden zur Entfernung von $CO_2$ aus der Atmosphäre sind kein Ersatz für die massive Reduktion von $CO_2$-Emissionen mit dem Ziel, die Emissionen auf Null zu bringen. Zur Erreichung der Pariser Klimaschutzziele sind solche Maßnahmen allerdings kaum vermeidbar, obwohl sie je nach Methode, Umfang und Umsetzung mit erheblichen Unsicherheiten verbunden sind und potenziell den Druck auf Land erhöhen. Der WBGU empfiehlt, Forschung zu Kosten, Umsetzbarkeit, Permanenz und Flächenpotenzial zu verstärken und die vielfältigen Mehrgewinne risikoarmer ökosystembasierter Ansätze wie die Renaturierung degradierter Flächen frühzeitig zu nutzen.

Die bisherige Verschleppung der Dekarbonisierung der Weltwirtschaft, die zu fortgesetzt steigenden globalen $CO_2$-Emissionen führt, verringert zunehmend die Wahrscheinlichkeit, die Klimaschutzziele des Pariser Übereinkommens allein durch Vermeidung zukünftiger Treibhausgasemissionen erreichen zu können. Eine spätere, dauerhafte Entfernung von $CO_2$ aus der Atmosphäre wird wahrscheinlich notwendig sein. In diesem Zusammenhang werden die verschiedenen Möglichkeiten zur Entfernung von $CO_2$ aus der Atmosphäre weltweit immer intensiver diskutiert. Einen Überblick über diese Diskussion, die verschiedenen Methoden zur $CO_2$-Entfernung, ihren Entwicklungsstand, mögliche Potenziale, aber auch die mit ihrem Einsatz verbundenen Risiken für landbasierte Ökosysteme und weitergehenden Begleitwirkungen, bietet Kapitel 3.1.1. Darauf zu vertrauen, dass zukünftig $CO_2$ in großem Umfang der Atmosphäre wieder entnommen werden kann, ist aus Klimaschutzsicht eine risikoreiche Strategie. Vielen Methoden der $CO_2$-Entfernung mangelt es gegenwärtig noch an technischer Reife. Auch ist die Klimaschutzwirkung der $CO_2$-Entfernung generell unsicher. Zudem sind viele Ansätze landbasiert, insbesondere die gegenwärtig besonders im Fokus stehenden wie Aufforstung oder BECCS. Sie begründen so neue Nutzungsansprüche an Land bzw. landbasierte Ökosysteme und drohen bei entsprechend umfangreicher Anwendung in erhebliche Nutzungskonflikte um Landflächen und Ökosysteme im Sinne des in Kapitel 2 ausgeführten Trilemmas der Landnutzung zu führen. Entsprechende sozioökonomische Risiken und negative ökologische Wirkungen, insbesondere auf Wälder, Graslandschaften, Feuchtgebiete oder agrarisch genutzte Flächen wären die Folge.

Vor diesem Hintergrund entwickelt Kapitel 3.1.2 Grundsätze für einen nachhaltigen strategischen Umgang mit den Möglichkeiten zur $CO_2$-Entfernung in der Klimapolitik, um den vielfältigen Risiken zu begegnen und sie zu minimieren. Klimapolitische Strategien sollten zum einen auf eine konsequente, frühzeitige Vermeidung von Emissionen setzen, um eine zukünftig notwendige $CO_2$-Entfernung so weit wie möglich zu begrenzen. Zum anderen sollten sie stärker auf naturnahe, ökosystembasierte Methoden der $CO_2$-Entfernung fokussieren, die nicht nur $CO_2$ binden, sondern insbesondere vielfältige Mehrgewinne und Synergien zur Abmilderung des Trilemmas der Landnutzung versprechen.

In Kapitel 3.1.3 geht der WBGU vertieft auf die Renaturierung degradierter terrestrischer Ökosysteme wie Wälder, Grasland oder Feuchtgebiete als eine solche ökosystembasierte Option der $CO_2$-Entfernung ein. Diese stellt eine erprobte, risikoarme und kostengünstige Option zur $CO_2$-Entfernung aus der Atmosphäre dar. Renaturierung verspricht Mehrgewinne im Sinne des Trilemmas der Landnutzung und darüber hinaus, ihr Potenzial zur $CO_2$-Entfernung aus der Atmosphäre ist bezüglich der Menge und der Permanenz der Speicherung jedoch begrenzt. Gleichzeitig steht Renaturierung derzeit weit oben auf der internationalen politischen Agenda, wie die anstehende UN-Dekade zur Renaturierung von Ökosystemen zeigt. Der WBGU ist daher davon überzeugt, dass Renaturierung angesichts des derzeitigen politischen Rückenwinds ein erfolgversprechender Baustein der internationalen Klima- und Nachhaltigkeitspolitik werden sollte.

### 3.1.1
### $CO_2$-Senken: Ausgangssituation

Der wissenschaftliche Kenntnisstand zu den verheerenden Folgen ungebremsten Klimawandels für Menschen und terrestrische Ökosysteme wurde in den letzten Jahren durch Berichte des Weltklimarats und des Weltbiodiversitätsrats weiter geschärft (IPCC, 2018, 2019a, c; IPBES, 2018a, 2019a). Dennoch erreichten auch im Jahr 2019 die globalen $CO_2$-Emissionen ein Rekordhoch (Peters et al., 2020; Friedlingstein et al., 2019; Jackson et al., 2019). Auch die notwendige Verschärfung der nationalen Klimaschutzzusagen unter dem Pariser Übereinkommen schien bereits vor der Covid-19-Pandemie in weiter Ferne. Dabei hat die internationale Staatengemeinschaft im Pariser Übereinkommen 2015 beschlossen, die Klimaerwärmung auf deutlich unter 2°C zu begrenzen und möglichst Maßnahmen in Hinblick auf eine Begrenzung auf 1,5°C zu ergreifen. Sollen diese Ziele erreicht werden, stehen nur noch begrenzte Budgets von wenigen Hundert Gt $CO_2$ für die Emission von $CO_2$ im Verlauf des 21. Jahrhunderts zur Verfügung. Im Jahr 2018 beliefen sich diese Budgets laut IPCC für eine Begrenzung der Klimaerwärmung auf 1,5°C auf 420 Gt $CO_2$ (für eine Wahrscheinlichkeit von 66%, das klimapolitische Ziel zu erreichen), bzw. auf 580 Gt $CO_2$ (50% Wahrscheinlichkeit). Für eine Begrenzung auf 2°C werden 1.170 Gt $CO_2$ (66%) bzw. 1.500 Gt $CO_2$ (50%) genannt (IPCC, 2018:108). Zu beachten ist, dass diese Budgets aufgrund der Emissionen der letzten Jahre heute noch kleiner sein dürften, jedoch beträchtlicher Unsicherheit unterliegen, etwa wegen möglicher, nicht exakt vorhersehbarer Rückwirkungen im Erdsystem oder der Auswirkungen der Emission anderer Treibhausgase als $CO_2$. Dennoch genügt allein ein Blick auf die Größenordnungen dieser Budgets im Vergleich zu den jährlichen Emissionen von heute ca. 42 Gt $CO_2$ (Kap. 2.2.1), um die klimapolitische Herausforderung zu verdeutlichen. Dies gilt umso mehr, als kurzfristig starken Reduktionen der Emissionen unstrittig vielfältige sozioökonomische Pfadabhängigkeiten und Anpassungsnotwendigkeiten sowie Verteilungsherausforderungen mit entsprechenden politischen Widerständen entgegenstehen.

Der mögliche Entzug von $CO_2$ aus der Atmosphäre weckt manche Hoffnungen, diese zunehmende Diskrepanz zwischen ambitionierten bzw. sogar verschärften klimapolitischen Zielen und den ausbleibenden Klimaschutzfortschritten auflösen zu können. Diese Möglichkeit und die verschiedenen Ansätze zur $CO_2$ Entfernung werden bereits seit Anfang der 1990er Jahren wissenschaftlich diskutiert (Minx et al., 2017). Mit ihrer zunehmend prominenten Rolle in den Berichten des Weltklimarats seit dessen viertem Sachstandbericht 2007 rückten sie auch immer stärker in das Bewusstsein der breiteren Öffentlichkeit. Der folgende Überblick über den Entwicklungsstand der wesentlichen Methoden zur $CO_2$-Entfernung und den mit ihrem Einsatz verbundenen Risiken sowohl in Bezug auf den Klimaschutz als auch in Bezug auf Konflikte im Sinne des Trilemmas der Landnutzung (Kap. 2.2) zeigt jedoch deutlich, dass sie keinen Anlass zur Reduktion des klimapolitischen Handlungsdrucks geben können und sollten. Dennoch ist ihre weitere Entwicklung und das frühzeitige Ausloten nachhaltiger Potenziale zur $CO_2$-Entfernung aus der Atmosphäre aus Gründen der Vorsorge gegen die Risiken des Klimawandels angezeigt.

#### 3.1.1.1
#### $CO_2$-Entfernung aus der Atmosphäre: Konzept und Definition

Methoden zur Entfernung von $CO_2$ aus der Atmosphäre umfassen grundsätzlich zwei Schritte: (1) die Aufnahme von $CO_2$ aus der Atmosphäre, entweder über das (gezielte bzw. beschleunigte) Wachstum von Biomasse, über natürliche anorganische Reaktionen oder durch technische Verfahren sowie (2) die Speicherung des Kohlenstoffs entweder in Ökosystemen, in terrestrischer und mariner Biomasse oder in mineralischen Verbindungen bzw. gasförmig als $CO_2$ in geologischen Formationen (The Royal Society, 2018: 20f.). Eine einheitliche bzw. anerkannte Kategorisierung der unterschiedlichen Verfahren existiert nicht. So können etwa Verfahren nach der Form der Speicherung des Kohlenstoffs oder terrestrische von marinen Verfahren unterschieden werden (Minx et al., 2018). Letztere, d.h. Verfahren zur Einbringung von $CO_2$ in den Ozean, werden im Folgenden nicht eingehender betrachtet, zumal sie nicht mit völkerrechtlichen Vereinbarungen kompatibel sind (WBGU, 2013: 41). Grob lassen sich in Anlehnung an Field und Mach (2017) (1) ökosystembasierte Verfahren zur Anreicherung von Kohlenstoff in Ökosystemen, etwa durch Renaturierung oder nachhaltigere Bewirtschaftung, (2) biologisch-technische Verfahren, die natürliche Prozesse bzw. Biomasse nutzen und mit weitergehenden technischen Lösungen kombinieren sowie (3) rein technische Lösungen unterscheiden.

Ökosystembasierte (zum Teil auch biologisch-technische) Methoden zur $CO_2$-Entfernung nutzen oder verstärken letztlich bereits im natürlichen Kohlenstoffkreislauf (Kap 2.2.1) ablaufende Prozesse wie Photosynthese (Rickels et al., 2019: 150), sollten vom natürlichen Kohlenstoffkreislauf jedoch klar abgegrenzt werden. Ozeane und die terrestrische Biosphäre nehmen bereits heute unmittelbar über die Hälfte der anthropogenen $CO_2$-Emissionen auf, so dass nur ca. 45% der Emissionen in der Atmosphäre verbleiben; langfristig nimmt der Ozean sogar einen noch höheren Anteil der Emissionen auf (Kap. 2.1.1; Friedlingstein et al., 2019). Demgegenüber ist die Entfernung von $CO_2$ aus der Atmosphäre die bewusste menschliche Anstrengung, der Atmosphäre über den natürlichen Kohlenstoffkreislauf hinaus $CO_2$ zu entziehen (Minx et al., 2018). Die Entfernung von $CO_2$ aus der Atmosphäre (engl. carbon dioxide removal, CDR) wird vielfach auch als „negative Emissionen" und entsprechende Technologien oder Ansätze als „negative emission technologies" (NET) bezeichnet, da die durch Menschen initiierte Entfernung von $CO_2$ aus der Atmosphäre als das Gegenteil einer Emission angesehen werden kann. Dabei können Missverständnisse entstehen, z.B. bei der Unterscheidung negativer Emissionen, die etwa

Residualemissionen ausgleichen, von systemweiten „netto" negativen Emissionen, die sich erst ergeben, wenn der Atmosphäre über einen Betrachtungszeitraum, beispielsweise eines Jahres, insgesamt mehr $CO_2$ entzogen wird, als $CO_2$ emittiert wird. Die Bezeichnung von Emissionen als „negativ" kann zudem missverständlich auf eine Wertung statt auf ihre Wirkung in der Emissionsbilanz bezogen werden. Um solche Unklarheiten und Missverständnisse zu vermeiden, spricht der WBGU im Folgenden von Methoden der Entfernung von $CO_2$ aus der Atmosphäre oder knapp von $CO_2$-Entfernung.

Methoden zur Entfernung von $CO_2$ sollten zudem klar von Ansätzen des solaren Strahlungsmanagements (SRM) unterschieden werden. Letztere adressieren weder die $CO_2$-Konzentration in der Atmosphäre als eigentliche Ursache des Klimawandels, noch sind sie geeignet, über die Treibhauswirkung hinausreichende Effekte der Anreicherung von $CO_2$ in der Atmosphäre zu vermeiden, wie die Versauerung der Ozeane. SRM-Ansätze besitzen wesentlich höhere Unsicherheiten und Risiken bei der Anwendung, andere Zeitskalen der (Klima-)Wirkungen und andere Governance-Anforderungen (Minx et al., 2018; Bellamy und Geden, 2019). Der WBGU lehnt deshalb den Einsatz von SRM grundsätzlich ab (WBGU, 2016a).

### 3.1.1.2
### Landbasierte Ansätze zur $CO_2$-Entfernung: Technologien, Potenziale und Begleitwirkungen

Derzeit wird ein breites Portfolio von Ansätzen diskutiert, um der Atmosphäre $CO_2$ zu entziehen. Diese unterscheiden sich in ihrer technischen Reife, ihren Kosten und Potenzialen. Sie haben zudem unterschiedliche, über den Klimaschutz hinausreichende ökologische bzw. sozioökonomische Wirkungen, sowohl in positiver als auch negativer Hinsicht. Diese werden in der Literatur vielfach als Neben- oder Begleitwirkungen bezeichnet und betreffen, soweit sie auf neue Ansprüche an Land und landbasierte Ökosysteme zurückgehen, auch im Kern die Konflikte, die in Kap. 2 als Trilemma der Landnutzung zusammengefasst werden. Unterschiede zwischen den verschiedenen Ansätzen der $CO_2$-Entfernung ergeben sich schließlich mit Blick auf die Verlässlichkeit und Langfristigkeit der erzielten Kohlenstoffspeicherung und damit der langfristigen Klimaschutzwirkung. Vertiefte Darstellungen der unterschiedlichen Ansätze finden sich in verschiedenen aktuellen Überblicksstudien (Fuss et al., 2018; National Academies of Sciences, Engineering, and Medicine, 2019). Im Folgenden werden die zentralen landbasierten Ansätze mit ihren wesentlichsten Merkmalen vorgestellt und eingeordnet. Ergänzend fasst Tabelle 3.1-1 den wissenschaftlichen Sachstand aus der detaillierten Überblicksstudie von Fuss et al. (2018) zusammen. Die dortigen Angaben zu Potenzialen zeichnen teils ein pessimistischeres Bild als neuere Abschätzungen, wie sie etwa im IPCC-Bericht zu Klima und Land (Smith et al., 2019b) im Überblick angeführt und auch in den folgenden Ausführungen teils aufgegriffen werden. Im Gegensatz zu den Potenzialangaben in Tabelle 3.1-1 ist bei diesen Abschätzungen allerdings nicht immer klar, inwieweit sozioökonomische Randbedingungen und sonstige Erwägungen nachhaltiger Entwicklung Berücksichtigung fanden.

#### Methoden der $CO_2$-Entfernung im Überblick

*Aufforstung* unbewaldeter Flächen und *Wiederaufforstung* abgeholzter Waldflächen sind zentrale und derzeit intensiv diskutierte ökosystembasierte Ansätze. Atmosphärisches $CO_2$ wird dabei über das Wachstum von Bäumen gebunden und in Form von Biomasse im Baumbestand oder Holzprodukten (Kap. 3.5.3) gespeichert. Die Unterscheidung zwischen Aufforstung und Wiederaufforstung ist dabei fließend und teils abhängig davon, welche Zeithorizonte zugrunde gelegt werden (Kap. 3.1.3.2). In Tabelle 3.1-1 werden Aufforstung und Wiederaufforstung aus diesem Grund aggregiert ausgewiesen. Grundsätzlich bietet die (Wieder-) Aufforstung substanzielle Potenziale zur $CO_2$-Entfernung, wobei sich in der Literatur große Spannbreiten zeigen: Nach Angaben des IPCC liegen die Potenziale von Aufforstung im Bereich von 0,5–8,9 Gt $CO_2$ pro Jahr und von Wiederaufforstung bei 1,5–10,1 Gt $CO_2$ pro Jahr (Smith et al., 2019b:585). Ähnlich große Bandbreiten weist auch Tabelle 3.1-1 aus. Neben der Aufforstung kann die Umstellung forstwirtschaftlicher Praktiken, d.h. ein *verbessertes Waldmanagement*, zu einer erhöhten Kohlenstoffbindung in Wäldern und im Waldböden beitragen. Auch hier zeigen sich mit 0,4–2,1 Gt $CO_2$ pro Jahr (Smith et al., 2019b:585) oder 1,1–9,2 Gt $CO_2$ pro Jahr (National Academies of Sciences, Engineering, and Medicine, 2019:110) erhebliche Spannbreiten in den Potenzialabschätzungen.

Die Wiederaufforstung, soweit sie nicht in Form von Monokulturen umgesetzt wird, sowie teils auch das verbesserte Waldmanagement fallen unter die *Renaturierung von Ökosystemen*. Renaturierung zielt auf die Wiederherstellung von Ökosystemleistungen (Kap. 2) und umfasst als einen ihrer Mehrwerte eine höhere Bindung von Kohlenstoff in der Biosphäre. Neben der waldbezogenen Renaturierung verspricht beispielsweise auch die Renaturierung von Feuchtgebieten, verteilt auf alle Klimazonen, relevante globale Sequestrierungspotenziale von ca. 1,7 Gt $CO_2$eq pro Jahr (Süßwasser: 0,82 Gt $CO_2$eq pro Jahr; Küstenfeuchtgebiete: 0,84 Gt $CO_2$ eq pro Jahr; Smith et al., 2019a:261). Die Renaturierung von Ökosystemen als Strategie eines nachhaltigen Umgangs mit Land wird in Kapitel 3.1.3 eingehender betrachtet.

Die *Bodenkohlenstoffsequestrierung* nutzt eine Reihe unterschiedlicher Praktiken der Landnutzung wie angepasste Erntezyklen, Wassermanagement oder Nährstoffmanagement bzw. generell die Umstellung landwirtschaftlicher Methoden, um den Kohlenstoffgehalt im Boden zu erhöhen und so der Atmosphäre $CO_2$ zu entziehen (Kap. 3.3.2.5). Entsprechende Praktiken können auf unterschiedlichen Landflächen wie Weideland, Ackerland oder auch Waldflächen Anwendung finden. Ihre Potenziale gibt etwa der IPCC mit einer weiten Bandbreite von 0,4–8,64 Gt $CO_2$ pro Jahr (Jia et al., 2019: 192) an, wobei sich in der Literatur teils noch höhere Potenzialabschätzungen finden (Tab. 3.1-1). Die Bodenkohlenstoffsequestrierung trägt dabei nicht nur zur Bindung von $CO_2$ aus der Atmosphäre im Boden bei, sondern verbessert die Bodenqualität und -gesundheit insgesamt, d.h. etwa den Nährstoffreichtum des Bodens und dessen Anfälligkeit gegen Erosion (Smith et al., 2019a: 264).

Zu den am häufigsten diskutierten biologisch-technischen Ansätzen zählen BECCS, die Einbringung von Biokohle in den Boden sowie die beschleunigte Gesteinsverwitterung. *BECCS bzw. Bioenergie mit CCS* (Kasten 3.5-3) nutzt technische Verfahren, um aus den Emissionen, die bei der energetischen Nutzung von Biomasse zur Wärme- bzw. Elektrizitätsgewinnung freigesetzt werden, $CO_2$ abzuscheiden und in geologischen Formationen einzuspeichern (engl. carbon dioxide capture and storage, CCS). Die (technischen) Potenzialabschätzungen zu BECCS reichen in Extremfällen etwa bis zu 85 Gt $CO_2$ pro Jahr (Tab. 3.1-1), reduzieren sich bei Berücksichtigung von Zielen nachhaltiger Entwicklung jedoch erheblich. Der IPCC nennt als realistischere Größenordnung 0,4 bis ca. 12 Gt $CO_2$ pro Jahr (Jia et al., 2019: 193), Fuss et al. (2018) begrenzen die nachhaltigen Potenziale von BECCS noch stärker auf eine Obergrenze von etwa 5 Gt $CO_2$ pro Jahr (Tab. 3.1-1). *Biokohle* entsteht neben Bio-Öl und gasförmigen Nebenprodukten aus der Pyrolyse von Biomasse, d.h. aus der nahezu sauerstofffreien Erhitzung und Degradation von Biomasse (Smith et al., 2019a). Der in der Biomasse gebundene Kohlenstoff wird dabei nicht freigesetzt, sondern im Wesentlichen komprimiert in der Biokohle gebunden. Durch die Einbringung in Böden kann deren Bodenkohlenstoffgehalt gesteigert und damit $CO_2$ aus der Atmosphäre im Boden gebunden werden. Die in der Literatur insgesamt ausgewiesenen Potenziale für Biokohle-Sequestrierung bewegen sich im Bereich von 0,03–6,6 Gt $CO_{2eq}$ pro Jahr (Smith et al., 2019b: 586). Fuss et al., 2018 sehen bis zu 4 Gt $CO_2$ pro Jahr Sequestrierung als nachhaltig realisierbar an (Tab. 3.1-1).

Die *beschleunigte Gesteinsverwitterung* zielt darauf ab, die natürlichen, aber sehr langsamen Prozesse der Gesteinsverwitterung und die dabei auftretenden (bio-)chemischen Reaktionen zwischen Atmosphäre und Gesteinsoberflächen, über die $CO_2$ aus der Luft gebunden wird, zu beschleunigen. Durch gezielte Zerkleinerung des Gesteins wird die reaktive Oberfläche und damit die $CO_2$-Bindung erhöht. Dieses Vorgehen verspricht nach Angaben des IPCC Potenziale von ca. 0,5–4 Gt $CO_2$ pro Jahr (Jia et al., 2019: 193). Die Ausbringung des Gesteinspulvers auf Böden kann zugleich die Bodenqualität und damit etwa die Produktivität landwirtschaftlicher Flächen erhöhen oder zur Wiederherstellung degradierter Böden beitragen (Fuss et al., 2018).

Schließlich besteht als rein technisches Verfahren die Möglichkeit der *direkten Sequestrierung von $CO_2$ aus der Luft* (direct air capture and storage, „DACCS"). Dabei wird $CO_2$ mit Hilfe technischer Filter aus der Atmosphäre gewonnen, transportiert und schließlich in geologischen Formationen eingespeichert – entweder in gasförmigem Zustand oder in langfristig mineralisierter Form, d.h. durch Bindung im Gestein, bei Einlagerung in entsprechend reaktionsfähigen Gesteinsschichten (Climeworks, 2020). Die Filterung von $CO_2$ aus der Luft erfolgt dabei über chemische Sorptionsmittel, im Wesentlichen entweder über flüssige chemische Lösungen oder über spezielle Luftfilter mit chemischer Bindungswirkung. Bei beiden Verfahren ist im Nachgang der Einsatz von (Wärme-)Energie erforderlich, um das $CO_2$ aus den chemischen Bindungsmitteln und damit in Reinform zu gewinnen (IEA, 2020). Der Weg über flüssige chemische Lösungen gilt als technisch ausgereifter, erfordert allerdings deutlich höhere Temperaturen mit entsprechend höherem Energieeinsatz und eignet sich weniger für modulare, kleinere Anlagen (Gambhir und Tavoni, 2019; Realmonte et al., 2019). Die Herausforderung liegt grundsätzlich weniger in der chemischen Filterung, die in $CO_2$-intensiven Abgasen bereits seit längerem angewandt wird. Herausfordernd gestaltet sich vielmehr das Design von Anlagen, die trotz der im Vergleich geringen Konzentration von $CO_2$ in der Luft größere Mengen von $CO_2$ aus der Luft unter vertretbarem Aufwand entfernen können. Technische Potenzialgrenzen von DACCS ergeben sich durch die begrenzte Verfügbarkeit geeigneter geologischer Speicherstätten. Limitierende Faktoren stellen zudem offene Fragen bezüglich weiterer technischer Entwicklungsfortschritte zur Kostensenkung, bezüglich geeigneter Standorte in Abhängigkeit von Infrastrukturen zum Transport von $CO_2$ oder auch bezüglich der begrenzten Kapazitäten zur Herstellung der chemischen Bindungsmittel dar. Vor diesem Hintergrund gilt insbesondere die Skalierbarkeit von DACCS als begrenzt (Realmonte et al., 2019; Gambhir und Tavoni, 2019; Bui et al., 2018). Dies erklärt auch die deutlich höheren Potenziale, die Fuss et al. (2018) gegen Ende des 21. Jahrhunderts im Vergleich zum Jahr 2050 erwarten (Tab. 3.1-1).

### Entwicklungsstand und Permanenz der Klimaschutzwirkung

Ökosystembasierte Ansätze wie die Bodenkohlenstoffsequestrierung, die (Wieder-)Aufforstung und die Renaturierung landbasierter Ökosysteme generell zählen zu den ausgereifteren Verfahren. Sie beruhen auf bekannten Prozessen und Methoden und sind damit ohne hohe technologische Anforderungen vielfach bereits heute umsetzbar. Zudem gelten sie als eher kostengünstige Ansätze mit Potenzial für hohe positive ökologische und soziale Mehrgewinne über den Klimaschutz hinaus (Field und March 2017; Griscom et al., 2017; Smith et al., 2019a), die zumindest zu keiner Verschärfung der Nutzungskonflikte im Sinne des Trilemmas der Landnutzung (Kap. 2.2) beitragen. Allerdings weisen gerade diese ökosystembasierten Ansätze wie beschrieben tendenziell eher geringere jährliche Sequestrierungspotenziale auf. Zu beachten ist auch, dass die Kohlenstoffaufnahme in der Biosphäre dadurch begrenzt ist, dass bei vielen Ökosystemen eine Sättigung eintritt (Fuss et al., 2018). Zudem besteht bei den ökosystembasierten Ansätzen in der Regel ein erhöhtes Risiko der Wiederfreisetzung des gespeicherten Kohlenstoffs, etwa durch die Degradation oder Zerstörung der betreffenden Ökosysteme. Bei der Kohlenstoffanreicherung in landwirtschaftlichen Böden müssen etwa in der Regel die zugrundeliegenden Praktiken der nachhaltigen Landnutzung auch nach einer möglichen Sättigung aufrechterhalten werden, wenn der Kohlenstoff längerfristig gebunden bleiben soll. Ökosystembasierte Ansätze stellen damit hohe Anforderungen an zukünftige und langfristig stabile Institutionen und politische Verhältnisse (Minx et al., 2018:17). Die Kohlenstoffspeicherung in der Biosphäre, d.h. in Wäldern oder auch Böden, ist dabei nicht nur anfällig gegenüber menschlichen, sondern auch gegenüber natürlichen Einflüssen wie etwa Bränden, Extremwetterereignissen oder auch steigenden Umgebungstemperaturen und damit auch gegenüber den Folgen fortschreitenden Klimawandels (Jia et al., 2019:191).

Biologisch-technische Verfahren, die natürliche Prozesse nutzen und mit technischen Lösungen kombinieren, z.B. BECCS und die Einbringung von Pflanzenkohle (Biokohle) in die Böden, befinden sich demgegenüber in einem früheren Entwicklungsstadium. In der Regel steht ihre großtechnische Anwendung und Erprobung noch aus, wenngleich die technischen Komponenten von Methoden wie BECCS weitgehend bekannt sind (Bui et al., 2018). Fehlende (klima-)politische Rahmenbedingungen tragen jedoch dazu bei, dass bislang beispielsweise bei BECCS nur einzelne Demonstrationsanlagen in Betrieb genommen wurden (Smith et al., 2019b:575).

Noch größere Unsicherheiten und Entwicklungsbedarf bestehen tendenziell bei der direkten, rein technischen Abscheidung von $CO_2$ aus der Atmosphäre (Direct Air Capture, DAC). Derzeit werden 15 eher kleine Anlagen weltweit betrieben, die ca. 9.000 t $CO_2$ jährlich aus der Luft filtern, überwiegend jedoch nicht zur dauerhaften Entfernung aus der Atmosphäre, sondern zur Weiternutzung etwa in der Industrie (IEA, 2020).

Teils spiegeln sich diese Unsicherheiten über die technische Verfügbarkeit der jeweiligen Methoden in den Bandbreiten der Kosten- und Potenzialabschätzungen in Tabelle 3.1-1 wider. Teils sind diese Bandbreiten aber auch darauf zurückzuführen, dass hinter Methoden wie BECCS und DACCS im Detail verschiedene technische Verfahren stehen oder Risiken der Anwendung der Methoden von Studien unterschiedlich gewichtet werden.

Mit Blick auf die Permanenz und Resilienz der Speicherung von $CO_2$ und damit die erzielte Klimawirkung des jeweiligen biologisch-technischen oder technischen Verfahrens ist die Art der Speicherung relevant. Die Erhöhung des Bodenkohlenstoffgehalts über die Ausbringung von Biokohle unterliegt denselben Anfälligkeiten gegenüber externen Einflüssen, auf die bereits bei den ökosystembasierten Ansätzen hingewiesen wurde. Die Speicherung von $CO_2$ in geologischen Formationen, wie sie bei BECCS oder DACCS angewandt wird, gilt demgegenüber tendenziell als längerfristig resilienterer Ansatz der Speicherung mit grundsätzlich großen Speicherpotenzialen (Tab. 3.1-1; Minx et al., 2018:17; Bui et al., 2018:1111ff.). Gleichwohl hängen die Permanenz und Verlässlichkeit auch der geologischen $CO_2$-Speicherung sowohl von der konkreten geologischen Situation als auch vom Management ab (Alcalde et al., 2018). Gerade bei der großvolumigen Speicherung von $CO_2$ im Boden sollten dabei hohe Anforderungen an die Verlässlichkeit des Speichers gestellt werden, da in diesem Fall ein schleichendes Entweichen auch geringer Anteile des gespeicherten $CO_2$ erhebliche Klimarisiken birgt (WBGU, 2006:82). In Bezug auf die Nutzung geologischer Speicher bzw. deren Umsetzbarkeit bestehen zudem, zumindest in manchen Ländern wie etwa auch Deutschland, Fragen der gesellschaftlichen Akzeptanz (IPCC, 2018:326).

### Begleitwirkungen und Konflikte im Sinn des Trilemmas der Landnutzung

Zweifel, dass die Entfernung von $CO_2$ aus der Atmosphäre zukünftig tatsächlich in substanziellem Umfang realisierbar sein wird, ergeben sich nicht nur aufgrund der bislang noch fehlenden technischen Reife vieler

Ansätze. Vielmehr sind viele Ansätze mit Begleitwirkungen verbunden, die insgesamt Risiken für eine nachhaltige Entwicklung bergen. Landbasierte Ansätze begründen dabei neue Nutzungsansprüche an Land und seine Ökosysteme und drohen darüber Konflikte zu den Zielen des Biodiversitätserhalts oder der Ernährungssicherung im Sinne des Trilemmas der Landnutzung (Kap. 2) hervorzurufen und zu verschärfen. Zu beachten ist aber auch, dass einige Ansätze zur $CO_2$-Entfernung aus der Atmosphäre positive Begleitwirkungen zusätzlich zu ihrem Beitrag zum Klimaschutz erzielen und teils auch zu einer Abmilderung von Landnutzungskonflikten beitragen können.

Negative Begleitwirkungen bzw. generelle Risiken für nachhaltige Entwicklung drohen grundsätzlich bei vielen Methoden zur $CO_2$-Entfernung (Tab. 3.1-1; Smith et al., 2019a:275f., 2019b). Sie können die Klimawirksamkeit der $CO_2$-Entfernung mindern sowie ökologische oder sozioökonomische Tradeoffs bzw. Konflikte hervorrufen. Dies gilt im Grundsatz zudem sowohl für ökosystembasierte als auch für die stärker technologiebasierten Ansätze. Bei BECCS, Aufforstung oder auch Biokohle, soweit dafür eigens Biomasse angepflanzt wird, entsteht ein hoher Flächenbedarf (Smith et al., 2016), durch den sie unmittelbar Konflikte im Sinne des Trilemmas hervorrufen können. Es wird geschätzt, dass für die jährliche Sequestrierung nur einer Tonne Kohlenstoff durch (Wieder-)Aufforstung ca. 0,0029 $km^2$ Waldfläche benötigt würden bzw. die kumulierte Entfernung von etwa 100 Gt C aus der Atmosphäre im Verlauf des 21. Jahrhunderts ca. 13 Mio. $km^2$ erfordern würde (Jia et al., 2019:191). Dabei kann sich der Flächenbedarf nach geographischer bzw. klimatischer Lage stark unterscheiden. Schätzungen der Landintensität von BECCS liegen bei 31–58 Mio. ha je Gt $CO_2$ pro Jahr (Roe et al., 2019:821), wobei auch in diesem Fall der genaue Bedarf sehr vom Einzelfall (verwendete Biomasse, Bioenergietechnologie usw.) abhängt.

Für die Klimawirksamkeit dieser Ansätze ist auch relevant, welche Flächen genau für die Bepflanzung mit Bäumen oder sonstigen Energiepflanzen genutzt werden, d.h. ob für Aufforstung oder BECCS kohlenstoffreiche Böden oder Ökosysteme umgewidmet und damit letztlich degradiert werden. Auch die Freisetzung von Treibhausgasen bzw. $CO_2$ auf nicht unmittelbar betroffenen Landflächen über Verdrängungs- bzw. Anpassungseffekte (indirekte Landnutzungsänderungen) ist in diesem Zusammenhang zu berücksichtigen (Fuss et al., 2018). Ein weiterer relevanter Faktor für die Klimawirksamkeit von BECCS und aufgeforsteten Wäldern ist die Änderung der Oberflächen-Albedo, d.h. des Rückstrahlvermögens der Landoberfläche. Gerade in hohen Breitengraden droht eine derart starke Abnahme des Rückstrahlvermögens, dass die erzielte Temperaturstabilisierung durch $CO_2$-Entfernung durch die höhere Speicherung solarer Strahlungsenergie in der Oberfläche gefährdet wird (Fuss et al., 2018).

Die durch den hohen Flächenbedarf der landbasierten Ansätze möglichen Nutzungskonkurrenzen können im Sinne des Trilemmas der Landnutzung und darüber hinaus – insbesondere bezogen auf Schutz der Biodiversität, Ernährungssicherheit oder auch traditionelle Bioenergienutzung – erhebliche Auswirkungen auf die Erreichung internationaler Nachhaltigkeitsziele haben (IPBES, 2018:451). Gerade die Konkurrenz zur Nahrungsmittelproduktion kann über steigende Nahrungsmittelpreise erhebliche Verteilungswirkungen zur Folge haben und damit ohnehin wirtschaftlich benachteiligte Bevölkerungsgruppen oder Länder treffen (Roe et al., 2019; Fuss et al., 2018). Probleme für die Ernährungssicherung und den Schutz der Biodiversität können darüber hinaus aus dem hohen Wasserverbrauch neu aufgeforsteter Wälder oder des Anbaus von Bioenergiepflanzen für BECCS folgen. Gleiches gilt für den Einsatz von Düngemitteln für schnelleres Biomassewachstum, wiederum etwa im Zusammenhang mit BECCS (Roe et al., 2019). Bei der beschleunigten Gesteinsverwitterung wirft etwa der hohe Energiebedarf der Gesteinszerkleinerung Fragen nach ihrer nachhaltigen Realisierbarkeit auf (Smith et al., 2019a:272). Unsicherheit besteht auch hier im Hinblick auf die tatsächlich erzielbare $CO_2$-Bindung und die mögliche Sättigung, aber auch hinsichtlich möglicher Belastungen von Wassersystemen und der Freisetzung von Schwermetallen (Tab. 3.1-1; Beerling et al., 2020).

DACCS hat ebenfalls einen hohen Energiebedarf, als rein technisches Verfahren nach allgemeiner Einschätzung und heutigem Kenntnisstand aber deutlich geringere Auswirkungen auf Land und seine Ökosysteme. Eine Herausforderung liegt im nachhaltigen Umgang mit den teils giftigen Komponenten der chemischen Bindemittel, deren Wiederverwendung und sicheren Verwahrung. Auch wenn der Landbedarf für DACCS selbst eher beschränkt erscheint, kann der durch Ausbau von DACCS induzierte hohe Energieverbrauch neuen Druck auf Land und landbasierte Ökosysteme auslösen, da zur Deckung des Energieverbrauchs klimafreundliche erneuerbare Energien benötigt werden (Gambhir und Tavoni, 2019). Insgesamt besteht für eine genauere Einschätzung möglicher Implikationen von DACCS auf die nachhaltige Entwicklung noch erheblicher Forschungsbedarf (Fuss et al., 2018; Gambhir und Tavoni, 2019). Dabei sollten möglichst systemische Zusammenhänge beachtet und die Prozessketten möglichst ganzheitlich betrachtet werden.

Den Risiken und möglichen negativen Begleitwirkungen stehen positive Effekte und Synergien mit ökologischen oder wirtschaftlichen Zielen gegenüber (Tab. 3.1-1). Die Anreicherung von Kohlenstoff im Boden, sei es durch Änderungen im Umgang mit den betreffenden Landflächen oder durch Einarbeitung von Biokohle oder verbesserte Waldbewirtschaftung (Kasten 3.1-4), trägt zusätzlich zum Nährstoffgehalt und generell zur Bodenqualität bei (Smith et al., 2019a). Ähnliche Effekte auf die Bodenqualität können sich mit dem Ausbringen von Gesteinspulver im Zuge der beschleunigten Gesteinsverwitterung ergeben. Auch die (Wieder-)Aufforstung ist mit vielfältigen positiven Nebeneffekten verbunden, sofern sie dem Kontext angepasst und nicht über Monokulturen umgesetzt wird (Smith et al., 2019a: 259f.): Sie hilft, regionale Wasserhaushalte zu stabilisieren, die Wasserqualität zu steigern und trägt zur Verbesserung des lokalen Klimas bei. (Wieder-)Aufforstung kann der (lokalen) Biodiversität zugutekommen, schützt vor der Erosion von Böden und trägt zum Nährstoffhaushalt von Böden bei. Aufgeforstete Wälder bieten lokal neue Quellen für Nahrungs- und Futtermittel und eröffnen auch neue Möglichkeiten zur Sicherung des Lebensunterhalts. Schließlich liefert (Wieder-)Aufforstung mit Holz auch einen vielfach einsetzbaren Produktionsfaktor, der als Grundstoff und Baumaterial klimaschädlichere Materialien ersetzen kann (Kap. 3.5.3). BECCS wiederum entfernt nicht nur $CO_2$ aus der Atmosphäre, sondern erzeugt zugleich (klimaverträglich) Energie. BECCS eröffnet zudem ebenfalls neue Einkommensmöglichkeiten im ländlichen Raum, von denen auch kleinbäuerliche Betriebe profitieren können, wenngleich dies – wie so viele der hier genannten positiven Wirkungen – nicht gesichert ist (Fuss et al., 2018: 13).

In der Gegenüberstellung von Risiken und Synergien sowie negativer und positiver Begleitwirkungen gilt insbesondere bei einzelnen ökosystembasierten Methoden zur Entfernung von $CO_2$ aus der Atmosphäre wie der Bodenkohlenstoffsequestrierung oder der Renaturierung von Feuchtgebieten und Wäldern, dass die positiven Begleiteffekte deutlich überwiegen bzw. insgesamt kaum negative Implikationen bekannt sind (Smith et al., 2019a: 276). Im Fall der Renaturierung von Ökosystemen stehen die positiven Begleitwirkungen und Potenziale, Konflikte im Sinne des Trilemmas der Landnutzung abzumildern, angesichts der eher beschränkten Potenziale zur Entfernung von $CO_2$ tendenziell sogar im Vordergrund. Als Strategie mit multiplen Mehrgewinnen wird die Renaturierung in Kap. 3.1.3 vertiefter betrachtet. Bei den übrigen Methoden der $CO_2$-Entfernung hängt das Verhältnis von positiven zu negativen Nebenwirkungen und damit auch die Frage, inwieweit sie Landnutzungskonflikte herrufen oder verschärfen können, vielfach ganz wesentlich von der Skalierung und Umsetzung der jeweiligen Methode zur $CO_2$-Entfernung ab (Smith et al., 2019a).

Diese über den Klimaschutz hinausreichenden ökologischen und gesellschaftlichen Implikationen fließen, je nach Studie und Ansatz, in die Potenzialabschätzungen zu einzelnen Methoden und Technologien ein. Dies gilt insbesondere auch für die in Tabelle 3.1-1 gezeigten Abschätzungen nachhaltig erzielbarer Potenziale. Die Berücksichtigung von Risiken im Sinne des Trilemmas und sonstiger Begleitwirkungen führt beispielsweise im Fall der (Wieder-)Aufforstung zu deutlichen Einschränkungen des unter Nachhaltigkeitserwägungen realisierbaren Potenzials gegenüber manchem Extremszenario (Kasten 3.1-1). Weitere Aspekte, die in die Abschätzung (nachhaltig) realisierbarer Potenziale einfließen, sind die Kosten der jeweiligen Methode und die Möglichkeiten, wie schnell der jeweilige Ansatz im Zeitverlauf ausgebaut werden kann. Die Angabe des Zeitpunkts wie in Tabelle 3.1-1, für den bestimmte jährliche Sequestrierungspotenziale erwartet werden, ist deshalb relevant. Eine Rolle spielen dabei in vielen Fällen die noch notwendigen, technologischen Entwicklungsfortschritte, bei DACCS beispielsweise Produktionskapazitäten der chemischen Industrie (Realmonte et al., 2019) oder im Fall der (Wieder-)Aufforstung, dass das Wachstum von Wäldern Zeit beansprucht und Bäume je nach Alter unterschiedlich viel $CO_2$ einspeichern können (Kap. 3.1.3.2).

Gleichwohl bestehen insgesamt deutliche Wissensdefizite zu Risiken über drohende Landnutzungskonflikte, Begleitwirkungen, sinnvollen Begrenzungen und damit der Bestimmung nachhaltiger Nutzungspotenziale der verschiedenen Methoden zur $CO_2$-Entfernung. Die Bestimmung nachhaltiger Nutzungspotenziale ist nicht zuletzt deshalb eine Herausforderung, weil sie konkurrierende Ansprüche an Land und landbasierte Ökosysteme berücksichtigen muss, die stark von wesentlich allgemeineren bzw. über den Bereich der Landnutzung hinausreichenden sozioökonomischen Entwicklungen abhängen, z.B. der Entwicklung von Mobilitätsverhalten oder Ernährungsgewohnheiten (Hurlbert et al., 2019: 687).

Im Zusammenhang mit den realisierbaren Potenzialen der $CO_2$-Entfernung können auch technische Entwicklungspfade eine Rolle spielen, die weitere Nachfrage nach $CO_2$ erzeugen, das der Atmosphäre entzogen wurde, ohne dass diese zu einer längerfristigen Entfernung von $CO_2$ aus der Atmosphäre führt. Um den Transportsektor klimaneutral zu gestalten wird etwa der Einsatz synthetischer kohlenstoffbasierter Kraftstoffe (Kohlenwasserstoffe) diskutiert (The Royal Society, 2019). Hierbei wird neben Wasserstoff, der mit erneuerbaren Energien erzeugt wird, $CO_2$ eingesetzt, das z.B. aus der direkten, technischen Abscheidung von $CO_2$ aus der Atmosphäre (direct air capture, „DAC“) oder aus

**Tabelle 3.1-1**
Exemplarischer Überblick über verschiedene Methoden zur $CO_2$-Entfernung mit Landbezug basierend auf Fuss et al. (2018). Angaben zu Potenzialen und Kosten entsprechen den Einschätzungen der Autoren der Überblicksstudie, die Angaben in eckigen Klammern spiegeln die volle Bandbreite der Abschätzungen der dort ausgewerteten Literatur wider. Neuere Abschätzungen, wie sie etwa von Smith et al. (2019b) ausgewiesen und teils im Text aufgegriffen werden, gehen teils von noch größeren Potenzialen aus. Inwieweit sozioökonomische Randbedingungen und Nachhaltigkeitskriterien bei diesen Abschätzungen jedoch in gleicher Weise wie bei Fuss et al. (2018) Berücksichtigung finden, ist nicht immer nachvollziehbar.

| Methode der $CO_2$-Entfernung | Jährliche Potenziale [Gt $CO_2$/Jahr] | Kosten [US-$ 2011/ t $CO_2$] | Landnutzungsimplikationen sowie Begleitwirkungen | Permanenz, Saturierung, Upscaling usw. |
|---|---|---|---|---|
| **BECCS (Bioenergy with Carbon Capture and Storage)** | 0,5–5<br>[1–85]<br>(in 2050) | 100–200<br>[15–400] | Positiv<br>› Wirtschaftliche Entwicklungsmöglichkeiten durch Technologietransfers und Integration in Biomasseproduktion (Verteilungswirkungen aber uneindeutig)<br>Negativ<br>› Klimaeffekte: Albedoveränderungen durch Biomasseanbau, (in)direkte THG-Emissionen durch induzierte Landnutzungsänderungen<br>› Landnutzungskonflikte und mögliche Verschärfung des Trilemmas der Landnutzung: Gefährdung von Ernährungssicherheit (Preisanstiege), Abholzung und Degradation von Wäldern, Biodiversitätsverluste<br>› Mögliche Gesundheitseinflüsse<br>› Boden- und (Grund-)Wasserbelastung bei vermehrtem Düngereinsatz | › Potenziell hohe Permanenz der geologischen Speicherung<br>› Geologische Lagerstätten begrenzt, aber global ausreichend auch für 1,5 °C-Szenarien<br>› Begrenzende Faktoren insbesondere Biomasse und Land: Bioenergiepotenzial in Literatur 60–1.548 EJ pro Jahr (wobei 1 EJ Bioenergie ca. 0,02–0,05 Gt $CO_2$ negativen Emissionen entspricht)<br>› Upscaling: Aufbau Infrastruktur für C-Transport und -Einspeicherung |
| **DACCS (Direct Air Carbon Capture and Storage)** | 0,5-5<br>[10–40 in 2100] | 100–300<br>[25–1.000] | Positiv<br>› Teilweise Verbesserung Indoor-Luftqualität (je nach Verfahren)<br>› Nur eingeschränkte direkte Landnutzungskonflikte<br>Negativ<br>› Mögliche Probleme mit Abfallstoffen und Restmaterialien<br>› Unwissen/-sicherheit bei Umwelteffekten<br>› (Gewisser) Flächenbedarf<br>› Hoher Energiebedarf (unter Umständen verbunden mit Emissionen) | › Potenziell hohe Permanenz bei geeigneter geologischer Speicherung; geologische Speicherkapazitäten ausreichend (vgl. BECCS)<br>› Upscaling gebremst durch hohe Fix- und Energiekosten für Sequestrierungsprozesse und Kosten für C-Transport und Speicherung; primär abhängig von technischem Fortschritt bzw. Lernen, nicht von biophysikalischen Faktoren<br>› Gegenwärtig kaum bzw. nicht erprobt |
| **Aufforstung und Wiederaufforstung (typischerweise Zeitraum zur Unterscheidung von Aufforstung gegenüber Wiederaufforstung: 50 Jahre)** | 0,5–3,6<br>[0,5–7 für 2050; 0,54–12 für 2100] | 5–50<br>[0–240] | Positiv<br>› Beschäftigungsimpulse (allerdings Niedriglohnbereich und in der Regel saisonal);<br>› Lokaler Lebensunterhalt<br>› Förderung Biodiversität bei Nutzung heimischer und diversifizierter Baumsorten (auch zu Lasten der $CO_2$-Speicherung)<br>› Anstieg Kohlenstoffgehalt im Boden<br>› Förderung Nährstoffreichtum im Boden und Verbesserung Wasserzyklen<br>Negativ<br>› Landnutzungskonflikte, insbesondere mit Ernährungssektor (weniger Agrarexporte, Anstieg Lebensmittelpreise)<br>› Biodiversitätsverluste (bei Monokulturen)<br>› Emissionen aus direkten und indirekten Landnutzungsänderungen;<br>› Albedoveränderung (Nettoeffekte abhängig von Klimazone) | › Sättigung der Speicherfähigkeit von Wäldern innerhalb von Dekaden; limitierender Faktor des Gesamtpotenzials gerade langfristig Verfügbarkeit geeigneter Landflächen<br>› Anfälligkeit gegenüber menschlichen und natürlichen Einflüssen, d.h. langfristiges Management nötig, auch nach Abschluss der Speicherung<br>› Kritisch für Klimawirkung: energetische versus stoffliche Holznutzung nach Ernte (Kasten 3.5-3)<br>› Upscaling begrenzt durch Geschwindigkeit des Baumwachstums |
| **Beschleunigte Gesteinsverwitterung (Enhanced Weathering)** | 2–4<br>[0–100] | 50–200<br>[15–3.460]<br>(hohe geographische Heterogenität) | Positiv<br>› Bei Ausbringung auf Böden Verbesserung Nährstoffhaushalt (Boden-pH-Anstieg)<br>› Gesteigerte Getreide-/Biomasseerträge<br>Negativ<br>› Gesundheitsgefahren durch fein zermahlene (gegebenenfalls asbesthaltige) Gesteine etc. (einatembare Größen)<br>› Gesteinsgewinnung und -transport mit gegebenenfalls erheblicher Umwelteinwirkung<br>› Direkte und indirekte Landnutzungsänderung<br>› Einflüsse auf Wasserökosysteme (z.B. Anstieg pH-Wert)<br>› Freisetzung von Schwermetallen | › Saturierung des Bodens, aber grundsätzlich hohe Stabilität im Boden (bis hin zu geologischen Zeiträumen)<br>› Düngeeffekt auf Biomassewachstum (Komplementarität unter Umständen zu anderen landbasierten NET wie Aufforstung oder BECCS), Effekte bislang nicht in Potenzialschätzungen berücksichtigt<br>› Große Forschungslücken (keine Pilot-Anwendungen unter Realbedingungen) und entsprechend große Unsicherheit über Kosten usw. |

| | | | | |
|---|---|---|---|---|
| | | | › Beeinflussung der hydrologischen Bodeneigenschaften<br>› Hoher Energiebedarf für Gesteinszerkleinerung (und Transport) | |
| **Biochar (Pflanzenkohle)** | 0,5–2 [1–35] | 30–120 [10–345] | Positiv<br>› Anstieg von Getreideerträgen durch Nährstoffanreicherung des Bodens, wenn in den Boden eingebracht (aber abhängig von Bodentyp)<br>› Wasserhaushalt des Bodens (weniger Wasserverluste, Dürre/Trockenheit)<br>› Reduktion von $CH_4$- und $N_2O$-Emissionen aus Böden<br>› Effekte großskaliger Anwendung auf Böden allerdings noch eher unbekannt<br>Negativ<br>› Konkurrenz um Biomasseprodukte bzw. -ressourcen<br>› Anstoß von Pflanzenwachstum durch Biochar kann zu höherer Anfälligkeit der Pflanzen gegenüber Insekten, Krankheitserreger und Trockenheit führen<br>› „Netto-Klimaeffekte": Albedoveränderung (Verdunkelung der Oberfläche), aber nur bei sehr großflächiger Anwendung; unter Umständen Freisetzung von Ruß-Aerosolen mit erwärmendem Effekt<br>› Einschränkung der Luftqualität durch Freisetzung von Ruß-Aerosolen bei Produktion und Transport möglich | › Hohe Stabilität der Pflanzenkohle im Boden, Zeithorizont von Dekaden bis zu Jahrhunderte, abhängig von Boden und Bodenmanagement und natürlicher Umgebung, insbes. Umgebungstemperatur (schnellerer Zerfall bei höheren Temperaturen)<br>› Begrenzender/kritischer Faktor für Potenziale: Verfügbarkeit Biomasse<br>› Hohe Unsicherheit über Potenziale, Kosten, Nebeneffekte aufgrund fehlender Erfahrungen in großskaligeren Anwendungen<br>› (Governance-Problem: schwierige Messbarkeit des Bodenkohlenstoffs, gerade längerfristig) |
| **Bodenkohlenstoff-sequestrierung** | 2–5 [0,5–11; technische bottom-up-Potenziale] für 2050 | 0–100 [-45–100] (Kosten grundsätzlich sehr kontextspezifisch; max. 20% des Potenzials realisierbar zu negativen Kosten) | Positiv<br>› Verbesserte Bodenqualität und -resilienz<br>› Positive Effekte auf Agrarproduktion<br>› Überwiegend positive Effekte auf Wasser- und Luftqualität<br>› Keine Landnutzungsänderungen nötig<br>Negativ<br>› Wenig bis keine, je nach Verfahren<br>› Anstieg $N_2O$- oder $CH_4$-Emissionen und Freisetzung von Phosphor und Stickstoff durch höheren Nährstoffgehalt im Boden in Wasserkreisläufe möglich<br>› Notwendige Zugabe von Stickstoff und Phosphor zum Erhalt der Stöchiometrie organischer Bodenbestandteile | › Sequestrierungspotenzial wegen Sättigung (zeitlich) limitiert, Sättigung nach 10–100 Jahren (neues Bodengleichgewicht), je nach Boden und Klimazone (in kälteren Klimazonen länger)<br>› Reversibilität der Senke, d.h. Nutzungspraktiken müssen auch nach Sättigung aufrechterhalten werden (und Kosten getragen werden)<br>› Gute Wissensgrundlagen, vielfach direkt umsetzbar |

Biomasse stammt. Auch andere Anwendungen etwa in der Industrie, die unter dem Stichwort „Carbon Capture and Usage" (CCU) diskutiert werden, greifen auf $CO_2$ zurück, das der Atmosphäre entzogen wird. Derartige Nutzungen von aus der Atmosphäre gewonnenem $CO_2$ können die $CO_2$-Emissionen reduzieren, erzielen aber vielfach keine dauerhafte Entfernung von $CO_2$ aus der Atmosphäre: Im Fall synthetischer Kraftstoffe wird das $CO_2$ zeitnah wieder in die Atmosphäre freigesetzt, bei anderen Nutzungen zum Teil auch erst nach längerer Zeit (Hepburn et al., 2019). Soweit die Möglichkeiten zur $CO_2$-Abscheidung aus der Atmosphäre aus technischen oder ökologischen Gründen — wegen mangelnder Verfügbarkeit von DAC und den beschriebenen negativen Begleitwirkungen bei zu starker Nutzung von Ökosystemen — begrenzt sind, kann sich daher ein Konflikt zwischen der Schaffung von $CO_2$-Senken und der Vermeidung von $CO_2$-Emissionen mit Hilfe von CCU-Anwendungen ergeben. Insbesondere wenn wie etwa im Personenverkehr nicht kohlenstoffbasierte Alternativen zu CCU-Anwendungen absehbar verfügbar sind, sollten diese Alternativen verfolgt und das aus der Atmosphäre gewonnene $CO_2$ prioritär möglichst dauerhaft der Atmosphäre entzogen werden. Technologische Durchbrüche bei der direkten $CO_2$-Abscheidung aus der Atmosphäre könnten den Anwendungsbereich von CCU erweitern und die Notwendigkeit derartiger Priorisierungen reduzieren. Allerdings sollte auch dann sichergestellt sein, dass die Ausweitung von CCU nicht den Nutzungsdruck auf landbasierte Ökosysteme erhöht.

Die Nutzung eines breiteren Portfolios an Methoden zur $CO_2$-Entfernung aus der Atmosphäre kann eine mögliche Strategie sein, um substanzielle Mengen negativer Emissionen zu erreichen, ohne zu starke Konflikte im Sinne des Trilemmas der Landnutzung hervorzurufen und dabei möglichst positive Nebenwirkungen und Synergien zwischen einzelnen Methoden der $CO_2$-Entfernung zu nutzen. Auch bei der Frage der Grenzen dieser mehrgleisigen Strategie und möglichst geeigneter Kombinationen besteht jedoch noch erheblicher Forschungsbedarf, da das Wissen zu Synergien und Zielkonflikten zwischen den unterschiedlichen Methoden bislang stark begrenzt ist. So sind auch die in

**Kasten 3.1-1**

**Exkurs: Extremszenario**

In einem Extremszenario wurde von Bastin et al. (2019) der Frage nachgegangen, wieviel $CO_2$ aus der Atmosphäre entfernt werden kann, wenn weltweit überall dort Bäume gepflanzt werden, wo Landflächen nicht schon bereits für Landwirtschaft oder Siedlungen genutzt werden. In der Studie wurde das globale technische Potenzial zur Kohlenstoffaufnahme terrestrischer Ökosysteme durch Aufforstung und Wiederaufforstung auf 205 Gt C (entsprechend etwa 750 Gt $CO_2$) bemessen, wofür nach Schätzung der Autoren eine zusätzliche Fläche von 0,9 Mrd. ha auf- bzw. wiederaufgeforstet werden müsste. Dies entspricht knapp der Fläche Brasiliens.

Zahlreiche Autoren bescheinigen der Studie eine Überschätzung des globalen Potenzials von Aufforstung und Wiederaufforstung für die Entnahme von $CO_2$ aus der Atmosphäre um den Faktor drei bis fünf. Folgende Schwachstellen werden dafür angeführt (Veldman et al., 2019; Friedlingstein et al., 2019; Skidmore et al., 2019; Lewis et al., 2019 und Rahmstorf, 2019):

- Die Zugewinne an Bodenkohlenstoff durch Bewaldung wurden um den Faktor 2 überschätzt.
- Die Erwärmungseffekte, die sich durch die Abnahme der Oberflächenrückstrahlung (Albedo) im Zuge von Aufforstung und Wiederaufforstung insbesondere in den von den Autoren als besonders geeignete ausgewiesenen borealen Zonen in Alaska, Kanada, Finnland und Sibirien ergeben, blieben unberücksichtigt. Eine beschleunigte Erwärmung der arktischen Permafrostböden wäre verheerend: Permafrostböden speichern mehr als Kohlenstoff als alle Wälder der Erde zusammen (Rahmstorf, 2019).
- In der Modellierung wurden in großem Stil biodiversitätsreiche Graslandökosysteme einbezogen und die Aufforstung dieser Flächen fälschlicherweise als „Renaturierung“ bezeichnet.
- Die potenziellen Zugewinne an Bodenkohlenstoff wurden um fast 100 Gt C überschätzt, weil fälschlicherweise angenommen wurde, dass Graslandökosysteme keinen organischen Bodenkohlenstoff enthalten. Tatsächlich weisen Graslandökosysteme mit die höchsten Bodenkohlenstoffvorräte durch Menschen genutzter Flächen auf (National Academy of Sciences, Engineering, and Medicine, 2019: 101). In den meisten terrestrischen Ökosystemen ist der Beitrag von Bodenkohlenstoff zu den gesamten Kohlenstoffvorräten sehr bedeutsam.
- Die Studie von Bastin et al. (2019) stufte zudem Baumbestände in Graslandökosystemen als degradiert und damit renaturierungsbedürftig ein, wenn diese eine geringere Dichte als die Modellierung auswiesen. Renaturierungsmaßnahmen in Graslandökosystemen umfassen aber nur selten Aufforstung, stattdessen werden oft Rückschnitte und gezieltes Abbrennen eingesetzt, um Biodiversität und Ökosystemleistungen dieses Landschaftstyps wiederherzustellen bzw. zu erhalten.

Tabelle 3.1-1 ausgewiesenen Potenziale nicht durchweg additiv zu verstehen, da beispielsweise Nutzungskonkurrenzen um Flächen, etwa zwischen BECCS, Aufforstung und Biokohle, oder um geologische Speicherkapazitäten, etwa zwischen DACCS und BECCS, auftreten können (Smith et al., 2019a: 275f.; Hilaire et al., 2019). Umgekehrt können sich beispielsweise aus der kombinierten Anwendung von Biokohle oder beschleunigter Gesteinsverwitterung mit Praktiken der Bodenkohlenstoffsequestrierung positive Synergien ergeben (Smith et al., 2019a: 277).

### 3.1.1.3 Die Rolle von Methoden der $CO_2$-Entfernung in Klimaschutzszenarien

Die Szenarioanalysen des IPCC zur Umsetzung der Ziele des Pariser Übereinkommens (IPCC, 2018) haben die Entfernung von $CO_2$ aus der Atmosphäre nochmals verstärkt in die öffentliche Debatte gerückt, nachdem sie bereits früh wissenschaftlich diskutiert und in die grundlegenden „integrated assessment models“ (IAMs) integriert wurden (Fuss et al., 2014; Minx et al., 2018). IAMs dienen dazu, mit Hilfe von Szenarien den Möglichkeitsraum zukünftiger Entwicklungen in Abhängigkeit von menschlichen Handlungen auszuloten. Es handelt sich dabei nicht um Prognosen im Sinne von als wahrscheinlich eingeschätzten realen Entwicklungen. Die Modelle legen sozioökonomische Entwicklungspfade (etwa unterschiedliche Annahmen zu Urbanisierung, Bevölkerungs- und Wirtschaftswachstum) sowie naturwissenschaftliche und technische Rahmenbedingungen zugrunde (etwa geophysikalische Kreisläufe und Reifegrad diverser Technologien), um unter Minimierung der Gesamtkosten des Klimaschutzes mögliche Emissions- bzw. Klimaschutzpfade abzuleiten. Hinter dem Einsatz von Methoden zur $CO_2$-Entfernung in den Modellen stehen daher nicht nur geophysikalische Restriktionen bzw. Anforderungen für die Umsetzung bestimmter klimapolitischer Ziele, sondern auch ökonomische Motive der Kostenabwägung zwischen unterschiedlichen Klimaschutzoptionen und deren Einsatz im Zeitverlauf. Zur Vereinfachung wurden in der Vergangenheit in vielen IAM-Analysen nur zwei Methoden der $CO_2$-Entfernung explizit modelliert und betrachtet: BECCS und zu einem geringeren Grad (Wieder-)Aufforstung. In der Zwischenzeit liegen aber Analysen vor, die etwa auch DACCS als zusätzliche Methode der $CO_2$-Entfernung berücksichtigen (Realmonte et al., 2019).

Die Einbeziehung von $CO_2$-Entfernungsmethoden wirkt sich in vielen Szenarien dämpfend auf die berechneten Gesamtkosten des Klimaschutzes aus, so etwa auch die zusätzliche Berücksichtigung von DACCS (Realmonte et al., 2019). Zwei Effekte sind dabei relevant: Die Option der $CO_2$-Entfernung erweitert, abhängig von den getroffenen Annahmen zu Kosten und Potenzialen der einzelnen Technologien, das Portfolio an (kostengünstigeren) Klimaschutzoptionen. Damit können die Modelle den Einsatz besonders teurer Klimaschutzmaßnahmen, z.B. Emissionsreduktionen in Sektoren wie etwa dem Luft- oder Frachtverkehr oder auch Teilen des Landwirtschaftssektors, die nach allgemeiner Einschätzung nur schwer zu dekarbonisieren sind (Luderer et al., 2018; Geden und Schenuit, 2020), umgehen (intersektorale Kompensation, Fuss et al., 2018:3). Zugleich erhöht die $CO_2$-Entfernung die zeitliche Flexibilität im Einsatz von Klimaschutzmaßnahmen. In den Modellen können so kurzfristig starke und entsprechend kostspielige Klimaschutzmaßnahmen aufgeschoben und durch die spätere Entfernung von $CO_2$ aus der Atmosphäre dennoch die maßgeblichen Kohlenstoffbudgets eingehalten werden (intertemporale Kompensation, Fuss et al., 2018:3). Diese zeitliche Verlagerung der Klimaschutzanstrengungen wirkt insbesondere kostendämpfend, da durch die Diskontierung zukünftiger Kosten teurere Maßnahmen in Zukunft geringeres Gewicht in der Gesamtkostenbetrachtung erhalten (Minx et al., 2018; Hilaire et al., 2019).

Eine Begrenzung der Klimaerwärmung gegenüber vorindustrieller Zeit auf (deutlich) unter 2 °C, wie im Pariser Übereinkommen anvisiert, erscheint nach heutigem Kenntnisstand und verfügbaren Szenarioanalysen ohne die Hilfe von $CO_2$-Entfernung aus der Atmosphäre nur noch schwer möglich, eine Begrenzung der Erwärmung auf 1,5 °C sogar ausgeschlossen (IPCC, 2018). Diese Schlussfolgerung gilt insbesondere, wenn kein oder zumindest nur ein begrenztes Überschießen der Temperatur über das jeweilige Temperaturziel im Verlauf des 21. Jahrhunderts zugelassen wird (Minx et al., 2018; Fuss et al., 2018).

Je nach anvisiertem klimapolitischen Ziel unterscheidet sich der Umfang und der zeitliche Ausbaupfad von Methoden zur $CO_2$-Entfernung in den Szenarien zum Teil aber erheblich. Gerade in den 1,5 ° C-Szenarien stützen sich die IAMs in substanziellem Maß auf die $CO_2$-Entfernung, mit der Entfernung von teilweise über 1.100 Gt $CO_2$ aus der Atmosphäre im Verlauf des 21. Jahrhunderts (Fuss et al., 2018:4). Dabei würde nahezu die Hälfte der historischen $CO_2$-Emissionen zwischen 1850 und 2018 wieder der Atmosphäre entzogen werden (basierend auf Friedlingstein et al., 2019). Ansätze zur $CO_2$-Entfernung werden in den entsprechenden Szenarien bereits frühzeitig und schnell ausgebaut (0,06–0,8 Gt $CO_2$ jährlich zwischen 2030 und 2050 und 1–16 Gt $CO_2$ jährlich nach 2050; Minx et al., 2018). Dennoch bleiben daneben auch schnelle und starke Reduktionen in den $CO_2$-Emissionen von jährlich 3–7 % bis hin zu Netto-Null-Emissionen um das Jahr 2050 erforderlich. Außerdem kommt es in vielen dieser Szenarien temporär nicht nur zu einem Überschreiten des zulässigen $CO_2$-Budgets, sondern auch des Temperaturziels von 1,5 °C (Fuss et al., 2018:3).

Im Gegensatz zu 1,5 °C-Szenarien werden bei 2 °C als Klimaschutzziel in IAMs auch Pfade mit stark reduziertem oder gänzlich ohne den Einsatz von $CO_2$-Entfernung beschrieben. Getrieben durch ökonomische Motive der Kostensenkung findet die $CO_2$-Entfernung allerdings dennoch in der überwiegenden Zahl von 2 °C-Szenarien Anwendung (Hilaire et al., 2019:4), mit einer jährlichen Entfernung von 5–21 Gt $CO_2$ gegen Ende des Jahrhunderts (Fuss et al., 2018:6) und kumulativ von 320–480 Gt $CO_2$ (Minx et al., 2018:13) auch in teils beträchtlichen Größenordnungen. Im Unterschied zu den 1,5 °C-Szenarien erfolgt dabei ein langsamerer Ausbau der $CO_2$-Entfernung bis 2050 (0,03–0,4 Gt $CO_2$ pro Jahr zwischen 2030 und 2050, Minx et al., 2018:13) und in der Regel ein späterer Übergang zu einer netto negativen Emissionsbilanz in der zweiten Hälfte des 21. Jahrhunderts.

Zusätzlich zu den klimapolitischen Zielsetzungen erweisen sich zwei weitere Aspekte als besonders ausschlaggebend für den Einsatz und Umfang der $CO_2$-Entfernung in den Szenarien. Zum einen sind die Annahmen, die zu den Möglichkeiten frühzeitiger ambitionierter Emissionsreduktionen getroffen werden, ein kritischer Treiber. Eine Verzögerung effektiver Klimaschutzbemühungen bzw. der Umkehr des bisherigen Entwicklungstrends der globalen Emissionen bis zum Jahr 2030 (oder sogar darüber hinaus) schränkt die Spielräume, den Einsatz von $CO_2$-Entfernung in den Szenarien zu begrenzen oder zu vermeiden, drastisch ein. Auch die 2 °C-Szenarien greifen dann durchweg und in ähnlich schneller und großskaliger Form wie die 1,5 °C-Szenarien auf die Möglichkeiten der $CO_2$-Entfernung zurück (Hilaire et al., 2019:16). Starken Einfluss haben zum anderen, wie eingangs erwähnt, die zugrunde gelegten, allgemeinen sozioökonomischen Entwicklungspfade: Szenarien, die nachhaltigere globale Entwicklungspfade annehmen – charakterisiert etwa über ein global höheres Bildungsniveau, einen höheren Grad der Urbanisierung, geringere Ungleichheiten und eine geringere Weltbevölkerung —, sehen insbesondere wegen der dann niedrigeren globalen Energienachfrage die Entfernung von $CO_2$ grundsätzlich in deutlich geringem Umfang vor als Szenarien, die heutige Entwicklungsmuster im Wesentlichen fortschreiben (Minx et al., 2018:17; Fuss et al., 2018:7–8). Einsatz und Skalierung von $CO_2$-Entfernung in den Szenarien sind damit nicht nur Ergebnis von Klimapolitik, sondern vieler weitergehender Politikfelder.

Mit Blick auf die bereits diskutierten Unsicherheiten

und Risiken diverser Methoden zur Entfernung von $CO_2$ aus der Atmosphäre ist deshalb zu betonen, dass in den IAMs immer noch 1,5°C-Szenarien mit einem deutlich reduzierten Einsatz von $CO_2$-Entfernung möglich sind, wenn stringente Klimapolitik im Sinne schneller Emissionsminderung forciert und von einer Wende hin zu nachhaltigeren Entwicklungspfaden begleitet wird (Roe et al., 2019). Neuere Szenariorechnungen zeigen sogar, dass durch noch drastischere Reduktionen des Energieverbrauchs und Änderungen des (Konsum-) Verhaltens als in den zuvor zitierten Größenordnungen die Begrenzung des Klimawandels auf 1,5°C Erwärmung mit kumuliert etwa 100 Gt $CO_2$-Entfernung über das 21. Jahrhundert allein mit Hilfe von (Wieder-)Aufforstung und unter Verzicht auf BECCS erreicht werden könnte (Grubler et al., 2018). Die sozioökonomischen, gesellschaftlichen Herausforderungen eines solchen Wegs sind allerdings nicht zu unterschätzen (Rickels et al., 2019: 149f.).

Dass das Gesamtvolumen bzw. die Ausbauraten der Ansätze zur Entfernung von $CO_2$ in manchen Klimaschutzszenarien real erreichbar sind, wird durchaus in Zweifel gezogen (Field und March, 2017; Lenzi, 2018). Tatsächlich erscheinen sowohl der teils äußerst ambitionierte Aufbau der Entnahmekapazitäten bis zur Mitte dieses Jahrhunderts als auch der jährliche Umfang in Höhe von 20 Gt $CO_2$ oder mehr in der zweiten Hälfte des 21. Jahrhunderts — dies würde eine Verdopplung der derzeitigen Aufnahme von $CO_2$ durch die terrestrische Biosphäre bedeuten — angesichts der vorangegangenen Diskussion von technologischem Entwicklungsstand, Problemen der Skalierbarkeit und der insgesamt beschränkten, nachhaltig realisierbaren Potenziale höchst unsicher.

Absehbar ist, dass solch große Mengen an $CO_2$-Entfernung allein mit BECCS und Aufforstung nicht nachhaltig realisierbar sein werden. Der derart großskalige Ausbau dieser landbasierten Methoden zur $CO_2$-Entfernung würde Landnutzungsänderungen bzw. eine Umgestaltung des Landsystems in historisch bislang nicht gekannter Geschwindigkeit und Umfang bedeuten (Jia et al., 2019: 195ff.). Die dabei drohenden Risiken für den Umgang mit Land und landbasierten Ökosystemen werden in Szenarioanalysen vielfach qualitativ benannt — so warnt etwa der IPCC im Zusammenhang mit möglichen Klimaschutzpfaden in einer 1,5°C-Welt vor negativen Nachhaltigkeitsimplikationen eines sehr großskaligen Einsatzes von Methoden zur $CO_2$-Entfernung aus der Atmosphäre (IPCC, 2018: 124f.). Viele IAMs berücksichtigen zudem Anforderungen des Ökosystemschutzes in Schutzgebieten und sozioökonomische Randbedingungen wie die Sicherung der Nahrungsmittelversorgung. Jedoch werden bislang mögliche Zielkonflikte mit diversen Nachhaltigkeitsaspekten nur teilweise in den Modellen abgebildet. Beispielsweise sehen viele der ambitionierten Vermeidungsszenarien etwa eine deutliche Reduktion der global verfügbaren agrarwirtschaftlichen Flächen im Verlauf des 21. Jahrhunderts vor, deren negative Implikationen für Futter- und Nahrungsmittelproduktion über argarwirtschaftliche Intensivierung und Verhaltensänderungen ausgeglichen werden müssten. Die dadurch aufgeworfenen, gesellschaftlichen Fragen von Akzeptanz dieser Veränderungen und Verteilungswirkungen sowie die Frage geeigneter Governance bleiben in den Szenarien jedoch offen (Jia et al., 2019: 197).

IAMs liefern einen wichtigen Eindruck von der theoretisch möglichen oder notwendigen Rolle von $CO_2$-Entfernung aus der Atmosphäre für die Umsetzung bestimmter klimapolitischer Ziele und erlauben es, konsistent Rahmenbedingungen bzw. klimapolitische Stellschrauben zu identifizieren, die den Einsatz von Methoden zur $CO_2$-Entfernung maßgeblich beeinflussen. Die mit einzelnen Szenarien verbundenen individuellen Kosten und Risiken (z. B. aus Emissionsvermeidung oder Entnahme von $CO_2$) sind jedoch in einem reinen Vergleich der Gesamtkosten unterschiedlicher Klimaschutzpfade nicht mehr sichtbar. Unterschiedliche Pfade können sich daher wesentlich hinsichtlich der mit ihnen verbundenen Risiken (und deren intertemporaler Verteilung) unterscheiden, ohne dass dies aus den Szenarien unmittelbar erkennbar wäre. So werden in den IAMs Maßnahmen zur Emissionsvermeidung typischerweise in der kurzen bis mittleren Frist verzögert, sobald Methoden zur $CO_2$-Entfernung integriert werden (Hilaire et al., 2019). Dies dient über die Diskontierung zukünftiger Kosten, wie erwähnt, der angestrebten Senkung der Gesamtkosten. Als Gedanke für die Ausgestaltung einer klimapolitischen Strategie birgt dies jedoch aufgrund der noch unsicheren zukünftigen Verfügbarkeit und nachhaltigen Realisierbarkeit ausreichender Möglichkeiten, der Atmosphäre $CO_2$ zu entziehen, und der unsicheren Permanenz der dabei erzielten Klimaschutzwirkungen die Gefahr einer riskanten Wette auf die Zukunft, die vielfach unter dem Stichwort „Moral Hazard" diskutiert wird (Minx et al., 2018; Lenzi, 2018).

Es scheint deshalb von besonderer forschungspolitischer Relevanz, den in IAMs zu beobachtenden großskaligen Einsatz von Maßnahmen zur $CO_2$-Entnahme aus der Atmosphäre besser nachzuvollziehen (Hilaire et al., 2019). Eine wichtige Rolle spielt dabei die Wahl der angemessenen Diskontrate in den Modellen (Emmerling et al., 2019). Geprüft werden sollte auch der generelle analytische Ansatz der Modelle im Hinblick auf die Berücksichtigung von Faktoren technologischer, ökologischer und gesellschaftlicher Risiken und Unsicherheiten. Der Fokus auf die möglichst kostengünstige Umsetzung klimapolitischer Zielsetzungen am Ende des

21. Jahrhunderts berücksichtigt etwa die Risiken unterschiedlicher Emissionspfade, die aus möglichen klimatischen Änderungen im Verlauf des 21. Jahrhunderts resultieren, nur unzureichend (Hilaire et al., 2019). Einer der Gründe ist, dass diese klimatischen Veränderungen selbst die Potenziale zur $CO_2$-Entnahme etwa in Wäldern beeinflussen (Erb et al., 2018; Sohngen, 2020).

### 3.1.2 Grundsätze zur nachhaltigen $CO_2$-Entfernung: Unsicherheiten beleuchten, Risiken begrenzen, Mehrgewinne beflügeln

Die Umsetzung der Ziele des Pariser Übereinkommens scheint kaum mehr ohne die Hilfe von $CO_2$-Entfernung aus der Atmosphäre realisierbar zu sein. Zu groß ist mittlerweile die Diskrepanz zwischen den immer noch in die falsche Richtung weisenden globalen Emissionstrends und den Anforderungen, um die Klimaerwärmung auf deutlich unter 2 °C zu begrenzen. Unbedingte Voraussetzung für die Begrenzung des Klimawandels ist jedoch in jedem Fall eine rasche Trendumkehr der globalen $CO_2$-Emissionen mit einer nachfolgenden möglichst weitgehenden Dekarbonisierung bis Mitte des Jahrhunderts. Bleibt die Trendumkehr weiterhin aus, kann dies nicht durch die Entfernung von $CO_2$ aus der Atmosphäre kompensiert werden.

Auf Grundlage der Problemanalyse in Kapitel 3.1.1 lassen sich Grundsätze ableiten, die für die Erforschung und Umsetzung diverser Ansätze zur Schaffung nachhaltiger $CO_2$-Senken Orientierung bieten sollen. Dies scheint aufgrund der genannten hohen Erwartungen, komplexen Risiken und erheblichen Unsicherheiten besonders wichtig und dient der wissenschaftsbasierten Einordnung der Debatte zum Potenzial von Maßnahmen zur $CO_2$-Entfernung. Die Grundsätze zielen auf einen angemessenen Umgang mit den vielfältigen Risiken von Klimawandel, eines Vertrauens auf die zukünftige Entfernung von $CO_2$ aus der Atmosphäre und einer großskaligen Anwendung entsprechender Ansätze, insbesondere im Hinblick auf die möglichen Konflikte im Sinne des Trilemmas der Landnutzung (Kap. 2.2): Eine nachhaltige Entnahme von $CO_2$ aus der Atmosphäre zum Zwecke des Klimaschutzes und der Begrenzung der Risiken des Klimawandels sollte den Schutz der Biodiversität und die Sicherung der Ernährung befördern statt erschweren. Die Grundsätze richten sich zudem nach den übergreifenden Zielen für den Umgang mit Land im Kontext einer großen Transformation zur Nachhaltigkeit (Kap. 2).

- Die Schaffung neuer Senken sollte im Licht der Multifunktionalität von Flächen und Ökosystemen erforscht und gestaltet werden. Die Flächenbedarfe und ökologischen Nebenwirkungen von landbasierten Methoden zur $CO_2$-Entfernung aus der Atmosphäre wie BECCS, Aufforstung und Renaturierung sollten abgewogen und mit Blick auf Nutzungsprioritäten und weitere Nachhaltigkeitsziele wie Nahrungsmittelproduktion und Biodiversitätsschutz gestaltet werden. Die vielen in diesem Zusammenhang bestehenden Unsicherheiten sollten beleuchtet und technische und systemische Risiken möglichst frühzeitig identifiziert werden.
- Die Rolle der Entfernung von $CO_2$ aus der Atmosphäre zur Einhaltung des Pariser Übereinkommens sollte nicht unterschätzt werden, jedoch dürfen Bemühungen zur Entnahme von $CO_2$ aus der Atmosphäre nicht zu einer Verschleppung der Dekarbonisierung führen, wie sie unter dem Stichwort „Moral Hazard" vielfach kritisiert wird. Aus Sicht des WBGU spricht das Vorsorgeprinzip mit Blick auf die Risiken des Klimawandels dafür, verstärkt Ansätze zur nachhaltigen Realisierung von Maßnahmen zur $CO_2$-Entfernung zu erforschen und zu entwickeln. Dies schließt aus, dem scheinbaren Vorbild von Klimaschutzszenarien mit großskaliger $CO_2$-Entfernung zu folgen und im blinden Vertrauen auf die zukünftige Entfernung von $CO_2$ aus der Atmosphäre sichere Maßnahmen des Klimaschutzes zu verzögern. Hierdurch würden neue Pfadabhängigkeiten geschaffen und die Abhängigkeit von Methoden der $CO_2$-Entfernung erhöht. Wie regelmäßig in der bisherigen Klimapolitik wären die Risikoträger einer solchen Wette auf die Zukunft kommende Generationen und insbesondere verwundbare Bevölkerungsgruppen. Wenn sich negative Emissionen im dann benötigten Umfang nicht oder nur unter starken Flächenkonkurrenzen und hohen negativen Begleitwirkungen realisieren lassen, sind die Menschen zukünftig gezwungen, zwischen dem Übel drastischerer Klimafolgen oder dramatischer Begleitwirkungen der Methoden zur $CO_2$-Entfernung zu entscheiden, die in ähnlicher Weise etwa zu Nahrungsmittelknappheit oder Biodiversitätsverlust führen können (Minx et al., 2018; Lenzi, 2018).
- Methoden der $CO_2$-Entfernung sollten aus Sicht des WBGU als dritter, ergänzender Ansatz neben Vermeidung und Anpassung in der Klimaschutzpolitik betrachtet und etabliert werden. Dies kann helfen, in der Ausgestaltung einer zukünftig notwendigen Governance der $CO_2$-Entfernung sicherzustellen, dass Forschungs- und Entwicklungspolitik für Methoden zur $CO_2$-Entfernung keine Fehlanreize setzt, die bereits heute verfügbare Möglichkeiten zur Emissionsvermeidung verdrängen. Denn zum einen bleibt wie beschrieben auch bei großskaliger zukünftiger

**Kasten 3.1-2**

## Digital unterstütztes und beständig aktualisiertes Monitoring des Umgangs mit Land

Monitoring, verstanden als die systematische Beobachtung von Objekten, Prozessen oder Umgebungen, etwa in Bezug auf ihre Eigenschaften, ihr Verhalten oder die Einhaltung von Grenzwerten, ist für alle Mehrgewinnstrategien bedeutsam und insbesondere für die Erfassung des Zustands von Böden und Flächen sowie Biodiversität (Kasten 3.2-2) essenziell. Digitale Technologien ermöglichen eine großskaligere und schnellere Beobachtung bis hin zu Echtzeitdarstellung (WBGU, 2019b; Kap. 3.3.5.1). Elektronische Geräte sind in den letzten Jahren deutlich leistungsfähiger, kleiner, leichter und günstiger geworden, was neue effiziente Nutzung zum Monitoring biologischer Vielfalt ermöglicht (Bush et al., 2017; Snaddon et al., 2013). Digital gestützte Monitoring-Systeme leisten hierbei in Kombination aus Fernerkundung und In-situ-Sensoren (z.B. Kamerafallen, GPS-Tracker, Akustikrekorder, Smartphones, DNS-Barcoding) wertvolle Beiträge (Turner, 2014). Fernerkundung als „kontaktlose Informationsgewinnung, also die Aufnahme, Messung oder Analyse ohne physischen Kontakt zu dem zu beobachteten Objekt" (Kuechly et al., 2020:4) kann von Satelliten, von fliegenden oder schwimmenden Plattformen wie z.B. Drohnen oder auch vom Boden aus erfolgen.

Im Bereich satellitengestützter Fernerkundung bietet der seit 2012 von der Europäischen Umweltagentur und der Generaldirektion der Gemeinsamen Forschungsstelle der Europäischen Kommission (Joint Research Centre, JRC) betriebene Copernicus-Landüberwachungsdienst (Copernicus Land Monitoring Service, CLMS) einen freien und offenen Zugang zu Informationen über die Bodenbedeckung und Landnutzung. Die bereitgestellten Datenprodukte zum Landoberflächen-Monitoring basieren auf satellitengestützten Messungen und In-situ-Daten. Sie dokumentieren in drei Anwendungsskalen (global, paneuropäisch und lokal) und verschiedenen zeitlichen Auflösungen den Zustand und Veränderungen von Landbedeckung, Landnutzung, Vegetationszustand sowie Wasser- und Energieflüssen. Unter den Hauptbestandteilen des CLMS werden im Hinblick auf das Thema dieses Gutachtens die Kartierung und Klassifizierung von Bodenbedeckung und Landnutzung (u.a. durch Produkte zu Baumbedeckung und Grasland) sowie die systematische Überwachung biophysikalischer Parameter in langfristigen Zeitreihen zur Überwachung von Vegetation, Wasser- und Energieflüssen aufgeführt (land.copernicus.eu/de).

Mit Blick auf Monitoring für die UN REDD+-Initiative (Kasten 3.1-6) stellt der Copernicus-Dienst „Sentinel-2 Global Mosaic" (S2GM, s2gm.sentinel-hub.com) maßgeschneidert Daten zur Verfügung. Diese werden gegenwärtig bereits für mehrere REDD+ Regionen (Tansania, Kenia, Kongo, Indonesien, Kambodscha, Loas, Maynmar, Vietnam, Thailand, Brasilien) vorverarbeitet (land.copernicus.eu/imagery-in-situ/global-image-mosaics/node/24). Im von 2016 bis 2019 durchgeführten Horizon-2020-Projekt EOMonDis (eomondis.info) wurden auch mit Blick auf REDD+ satellitengestützte Dienste zum dynamischen Monitoring von Biomasse sowie der Ausbreitung und dem Zustand bzw. der Degradation tropischer Wälder erforscht (Abb. 3.1-1).

Darüber hinaus zielt das bis 2021 laufende Horizon-2020-Projekt REDDCopernicus (reddcopernicus.info) für nachhaltige Forstnutzung durch satellitengestützte europäische Erdbeobachtung auf die Implementierung eines koordinierten und konsolidierten Waldmonitorings im Rahmen

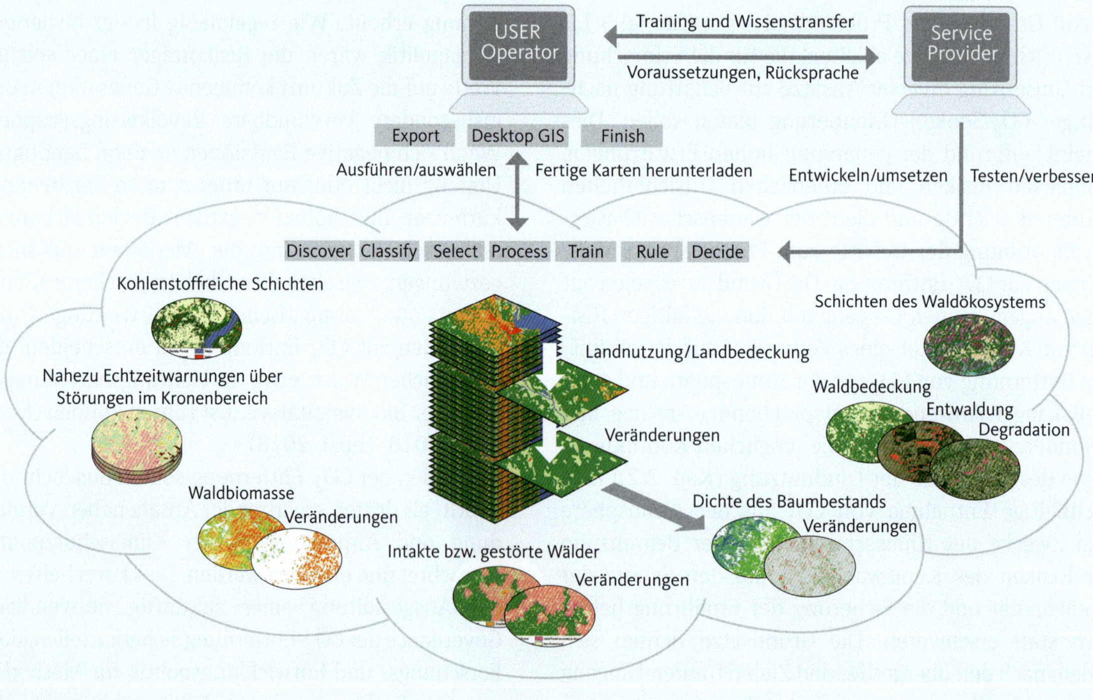


**Abbildung 3.1-1**
Bestandteile des Portfolios des EOMonDis-Projekts (Bringing Earth Observation Services for Monitoring Dynamic Forest Disturbances to the Users).
Quelle: GAF AG, 2020:3

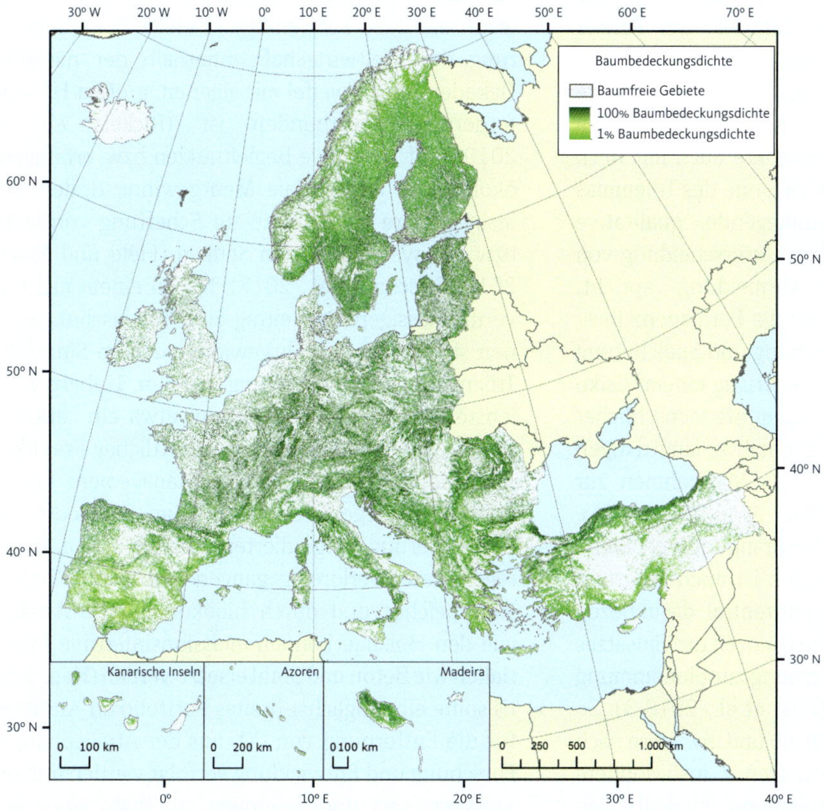


**Abbildung 3.1-2**
Pan-Europäische Illustration der Baumbedeckungsdichte.
Quelle: ©European Union, Copernicus Land Monitoring Service 2018, European Environment Agency (EEA). Produced by GAF AG with funding by the European Union

einer „European Capacity for Earth Observation based Forest Monitoring" (EO FM) in REDD+. Neben der Einbeziehung eines breiten Stakeholder-Kreises sollen dabei sowohl institutionelle als auch technische Herausforderungen gelöst werden. Als prototypisch für die geplante Copernicus REDD+ Dienstkomponente wurde auf dem Stakeholder-Workshop des Projekts der paneuropäische High Resolution Layer Forest diskutiert (Abb 3.1-2).

Satellitendaten lassen sich darüber hinaus durch Einsatz von maschinellem Lernen (WBGU, 2019b; Kap. 3.3) für vielfältige Monitoring-Anwendungsbereiche auswerten, etwa Waldbrandschäden (Hawbaker et al., 2020), die kartografische Klassifizierung verschiedener Landnutzung (Preidl et al., 2020) oder zur Analyse von Bodendegradation (Zweifel et al., 2019). Auch der Zustand von Getreidepflanzen bis hin zur Erkennung von Ernteschäden lässt sich dank der Verfügbarkeit qualitativ hochwertiger Satellitendaten nahezu in Echtzeit analysieren und evaluieren (Chauhan et al., 2020). Jenseits der akademischen Forschung hat eine Vielzahl öffentlicher und privater Institutionen gemeinsam mit der FAO mit „Open Foris" im Rahmen von „e-agriculture" (fao.org/e-agriculture) mehrere frei nutzbare Open-Source-Tools entwickelt, darunter „Sepal" (System for earth observations, data access, processing & analysis for land monitoring; sepal.io). Dieses ermöglicht Nutzer*innen den schnellen und effizienten Zugriff auf Satellitendaten (historische und aktuelle von Landsat und Copernicus) sowie maßgeschneidert Analysen entsprechend lokaler Bedürfnisse unter cloud-basierter Nutzung von Hochleistungsrechnern und moderner Geodateninfrastruktur.

Digitalisierung ermöglicht zusammengefasst die permanente Auswertung von auf einem nie dagewesenen Niveau verfügbaren Fernbeobachtungsdaten und damit eine neue Qualität des Monitorings für nachhaltige Landnutzung – von der Forschung bis zur Anwendung vor Ort. Trotz großer Fortschritte in den letzten Jahren und erheblicher Potenziale für Governance im Rahmen von z.B. REDD+ (Kasten 3.1-6), ist jenseits von Satelliten auch auf der Erde materielle Infrastruktur nötig, um die anfallenden Daten zu speichern und zu verarbeiten. Hier ist eine nachhaltige Gestaltung (WBGU, 2019b) unabdingbar, denn wird beispielsweise künstliche Intelligenz bzw. maschinelles Lernen angewendet, lässt sich deren methodische Qualität und Energieverbrauch nicht nur reflektieren, sondern auch systematisch optimieren (WBGU, 2019b; Henderson et al., 2020:13). Ein umfassendes, internationales Monitoring von Ökosystemen und Landnutzungsdynamiken rückt unabhängig davon in greifbare Nähe, was auch für verbesserte SDG-Indikatorik relevant ist. Wie die im Zusammenhang mit Copernicus und REDD+ angeführten Projekte zeigen, ist jedoch die Implementierung als Governance-Instrument keine rein technische Angelegenheit und letztendlich auch eine Frage politischer Zielsetzungen und Umsetzung (Kap. 4).

$CO_2$-Entfernung eine rasche globale Dekarbonisierung erforderlich, um die Klimaschutzziele des Pariser Übereinkommens zu erreichen. Zum anderen sind Methoden der $CO_2$-Entfernung aus der Atmosphäre mit eigenen Risiken für Klimaschutz und nachhaltige Entwicklung behaftet, insbesondere auch mit Blick auf drohende Konkurrenzen im Sinne des Trilemmas der Landnutzung. Der grundlegende, qualitative Unterschied, der für eine klare Unterscheidung von $CO_2$-Entfernung und $CO_2$-Vermeidung spricht, begründet sich allerdings über die Permanenz ihrer Klimawirksamkeit: Die Entfernung und Speicherung von $CO_2$ unterliegt gerade längerfristig einem Risiko der Reversibilität, das sich zudem oft menschlicher Kontrolle entzieht. Sie ist damit in ihrer langfristigen Klimawirksamkeit unsicherer als Maßnahmen zur Emissionsvermeidung (Hurlbert et al., 2019:686). Fehlanreize im Sinne einer Verdrängung von Emissionsvermeidung auszuschließen ist auch aufgrund der fundamentalen Unsicherheit zentral, die in Bezug auf mögliche geophysikalische Grenzen des Einsatzes von Methoden zur $CO_2$-Entfernung zur Eindämmung des Klimawandels besteht (Fuss et al., 2018:3). So ist wissenschaftlich umstritten, ob und inwiefern nach Überschreiten eine Temperaturgrenze, insbesondere der 2 °C-Leitplanke, die Erwärmung mit Hilfe von $CO_2$-Entfernung längerfristig wieder auf einem niedrigeren Temperaturniveau stabilisiert werden kann (Steffen et al., 2018), und selbst bei zukünftiger Umkehr einer Temperaturüberschreitung von 1,5 °C werden irreversible Klimafolgen bestehen bleiben (IPCC, 2018).

> Die Teilhabe lokaler Bevölkerungsgruppen an Entscheidungen und Prozessen zur Schaffung neuer $CO_2$-Senken durch Landnutzungsänderungen muss gesichert sein. Da Veränderungen des Umgangs mit Land dieser Art häufig mit Risiken für die Landnutzer*innen einhergehen, die insbesondere im Fall von Subsistenzbäuer*innen und indigenen Gruppen häufig zu den vulnerabelsten Bevölkerungsgruppen zählen, ist deren freiwillige, vorzeitige und gut informierte Zustimmung und ihr Mitwirken unabdingbar. Ohne lokale Akzeptanz ist auch der langfristige Erfolg der Maßnahmen und Strategien höchst unsicher.

> Bei der Schaffung neuer Senken sollten statt maximal möglichem Klimaschutz solche Maßnahmen und Strategien im Zentrum stehen, die zahlreiche Begleitnutzen (co-benefits) ausschöpfen und Risiken minimieren. Dieser übergreifende Gedanke der Risikominimierung rückt zugleich, im Sinne einer konsequenten Berücksichtigung des Vorsorgeprinzips bei der Gestaltung klimapolitischer Strategien, diejenigen Klimaschutzszenarien und Rahmenbedingungen in den Vordergrund, die den Einsatz von Methoden zur $CO_2$-Entfernung möglichst begrenzen, auch wenn die dazu notwendige schnelle Dekarbonisierung der Weltwirtschaft innerhalb der nächsten Dekaden ohne Zweifel mit eigenen, großen Herausforderungen verbunden ist (Rickels et al., 2019:149f.). Positive Begleitnutzen bzw. erhebliche ökologische und soziale Mehrgewinne finden sich insbesondere bei Ansätze zur Schaffung von land- bzw. ökosystembasierten Senken (Field und Mach, 2017; Griscom et al., 2017). Neben einem nicht zu vernachlässigenden Beitrag zum Klimaschutz können sich so echte Mehrgewinne auch im Sinne des Trilemmas der Landnutzung ergeben. Höhere Kohlenstoffbindung in Böden kann etwa ein zentraler Beitrag ökologischer landwirtschaftlicher Praktiken sein (Kap. 3.3). Ein besseres Management degradierter Schutzgebietssysteme (Kap. 3.2) oder die Renaturierung degradierter Flächen (Kap. 3.1.3) regenerieren verloren gegangene natürliche Kohlenstoffspeicher und durch bioökonomische Ansätze wie den Holzbau können emissionsintensive Materialien wie Beton und Stahl ersetzt werden (Kap. 3.5).

> Es sollte ein möglichst breites Portfolio an Ansätzen für die Entfernung von $CO_2$ aus der Atmosphäre in Forschung und Entwicklung verfolgt werden und die Konkurrenzen und Synergien innerhalb eines solchen Portfolios sollten identifiziert und entsprechend genutzt werden. Da nicht zuletzt viele Risiken und negative Begleitwirkungen von der Skalierung der einzelnen Methode zur $CO_2$-Entfernung abhängen, sieht der WBGU hohe Potenziale in einem solchen vielgliedrigen Ansatz, der diverse Maßnahmen und Skalen vereint und dabei ökologische und kulturelle Vielfalt stärkt.

Klimapolitische Strategien, die diese Grundsätze berücksichtigen, erkennen an, dass die Ziele des Pariser Übereinkommens ohne die Entfernung von $CO_2$ aus der Atmosphäre kaum zu erreichen sind. Sie begrenzen aber gleichzeitig die Risiken des Klimawandels, falls sich die $CO_2$-Entfernung in Zukunft nicht in ausreichendem Umfang realisieren ließe. Zugleich erlauben sie es, Risiken und negative Nebenwirkungen einer umfangreichen und nur auf wenige Methoden vertrauenden $CO_2$-Entfernung zu umgehen oder zumindest soweit zu reduzieren, dass die positiven Nebenwirkungen der unterschiedlichen Ansätze zur $CO_2$-Entfernung und damit Mehrgewinne über den Klimaschutz hinaus in den Vordergrund rücken. In diesem Sinne sind bereits heute naturnahe, ökosystembasierte Methoden verfügbar und unmittelbar umsetzbar, die bei umsichtiger Umsetzung mit geringen Risiken nicht nur einen Beitrag zum Klimaschutz leisten, sondern wesentliche Mehrgewinne versprechen. Mit der Renaturierung von degradierten terrestrischen Ökosystemen betrachtet der WBGU im Folgenden eine solche Mehrgewinnstrategie vertiefter.

### 3.1.3
### Mehrgewinnstrategie „Renaturierung degradierter terrestrischer Ökosysteme"

Unter den verschiedenen, teils in Entwicklung befindlichen Ansätzen zur Entnahme von $CO_2$ aus der Atmosphäre ist die Renaturierung degradierter Ökosysteme wie etwa von Wäldern, Graslandschaften oder Mooren nicht nur bereits heute verfügbar und erprobt. Sie ist, insbesondere im Hinblick auf das Trilemma der Landnutzung, auch vergleichsweise risikoarm und relativ kostengünstig. Renaturierung hat darüber hinaus nicht nur die Schaffung von Senken für $CO_2$ im Blick, sondern eher deren Grenzen. Einen großskaligen Entzug von $CO_2$ aus der Atmosphäre, wie er in manchen Klimaschutzszenarien ausgewiesen wird und insbesondere bei weiterer Verzögerung der Reduktion globaler $CO_2$-Emissionen notwendig würde (Kap. 3.1.1), kann die Renaturierung nicht leisten. Renaturierung ist vielmehr *a priori* auf ein Bündel von Mehrgewinnen im Sinne der Wiederherstellung oder Stärkung von Ökosystemleistungen (Kap. 2) ausgerichtet, von denen die $CO_2$-Entfernung aus der Atmosphäre einen Teil darstellt. Daher schlägt der WBGU Renaturierung als einen ökosystembasierten Ansatz vor, der insbesondere durch seine Mehrgewinne und geringen Risiken überzeugt. Die Realisierung dieser möglichen Mehrgewinne von Renaturierung hängt aber davon ab, dass verstärkte Anstrengungen zur Renaturierung mit erheblich gesteigerten Anstrengungen zur Reduktion der globalen $CO_2$-Emissionen begleitet werden.

Das synergistische Potenzial von Renaturierungsmaßnahmen hat eine herausragende Bedeutung für den Schutz der natürlichen Lebensgrundlagen der Menschheit, was sich in der anstehenden UN-Dekade (2021–2030) zu diesem Thema widerspiegelt. Die Renaturierung degradierter Ökosysteme ist zudem elementarer Bestandteil der Aichi Ziele 14 und 15 der CBD und ist auch als Konzept in der UNCCD, der UNFCCC, der Ramsar-Konvention sowie den SDGs (Ziele 15 zu Ökosystemen, 15.3 zu Land Degradation Neutrality, sowie den Zielen zu Armut, Nahrungssicherheit, Gesundheit, Wasser und Sanitärinfrastruktur) verankert.

#### 3.1.3.1
#### Renaturierung als Strategie zur Revitalisierung von Ökosystemfunktionen

Renaturierung ist eine Maßnahme zur substanziellen Erholung bzw. Wiederherstellung eines ursprünglich vorhandenen Ökosystems, das degradiert oder zerstört worden ist (Gann et al., 2019). Mit Renaturierung ist keine Rückkehr zu einem wie auch immer gearteten Ur- oder Idealzustand gemeint. Vielmehr geht es darum, den Umgang mit terrestrischen Ökosystemen sinnvoll auszugestalten und in nachhaltigen Grenzen zu halten sowie gleichzeitig einen Beitrag zum Klimaschutz und Klimaanpassung zu leisten (IPBES, 2019a). Die Renaturierung degradierter Ökosysteme kann

**Abbildung 3.1-3**
Beiträge von Wäldern zu Entwicklung und menschlichem Wohlbefinden.
Quelle: Hanson et al., 2019

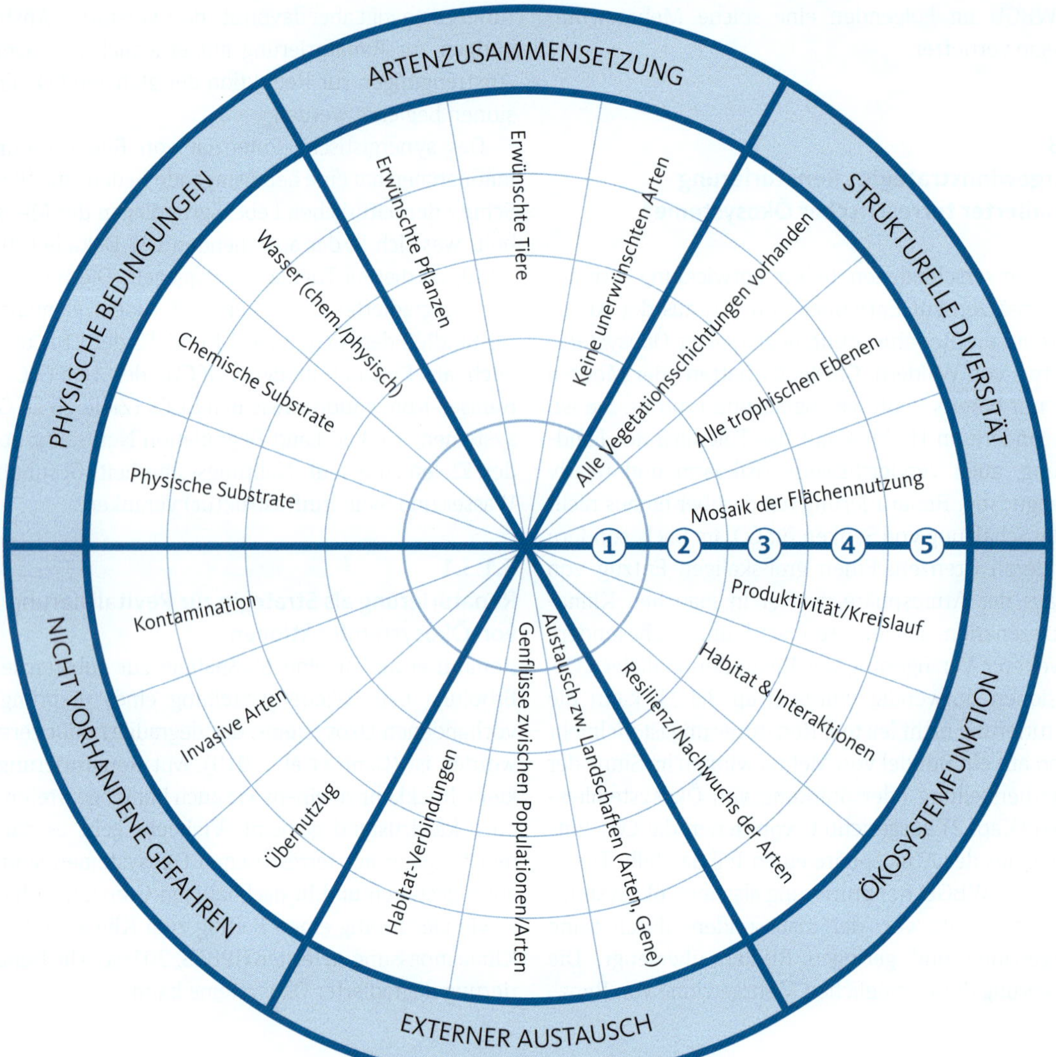


**Abbildung 3.1-4**
Schema für die Feststellung des erreichten Grades der Erholung eines Ökosystems.
*Austausch zwischen Landschaften:* Austausch, der auf einer Ebene stattfindet, die größer ist als einzelne Ökosysteme oder Standorte, und der Energie-, Wasser-, Feuer- und Genflüsse einschließt. Der Austausch wird durch Habitatverknüpfungen erleichtert. *Produktivität:* Die Rate der Erzeugung von Biomasse aus dem Wachstum und der Reproduktion von Pflanzen und Tieren. *Nachwuchs von Arten:* Produktion einer nachfolgenden Generation von Organismen. *Schicht, Schichten:* Vegetationsschicht oder -schichten in einem Ökosystem; bezieht sich oft auf vertikale Schichtung wie Bäume, Sträucher und Staudenschichten. *Trophische Ebenen:* Stadien in Nahrungsnetzen (z. B. Produzenten, Pflanzenfresser, Raubtiere und Zersetzer). *Übernutzung:* Jede Form der Ernte oder Nutzung eines Ökosystems über seine Fähigkeit hinaus, diese Ressourcen zu regenerieren (z. B. Überweidung). *Substrat:* Der Boden, Sand, Fels, Muschelschalen, Schutt oder ein anderes Medium, auf dem Organismen wachsen und sich Ökosysteme entwickeln. 1–5 = Zielerreichungsgrad.
Quelle: Gann et al., 2019

- Ökosystemleistungen für Mensch und Natur revitalisieren und verbessern (Abb. 3.1-3; Kap. 2.2),
- die Multifunktionalität von Kulturlandschaften stärken,
- zur Erreichung vieler SDGs beitragen (Abb. 3.1-X),
- Kooperation und gemeinsame kulturelle Identität (Eigenart) zwischen Anrainern fördern, weil sie sich meist über administrative und teilweise auch (Länder-)Grenzen erstreckt.

Bei der Planung von Renaturierungsmaßnahmen werden Referenzmodelle genutzt, die sich an Ökosystemen orientieren, welche dem angestrebten „Ursprungszustand“ ähneln (Gann et al., 2019:15). Renaturierungsmaßnahmen umfassen ein oder mehrere Ziele, die das wiederherzustellende Ökosystem (gemäß dem Referenzmodell) identifizieren sowie den angestrebten Grad der Wiederherstellung festlegen. Dabei wird zwischen vollständiger und partieller Erholung unterschie-

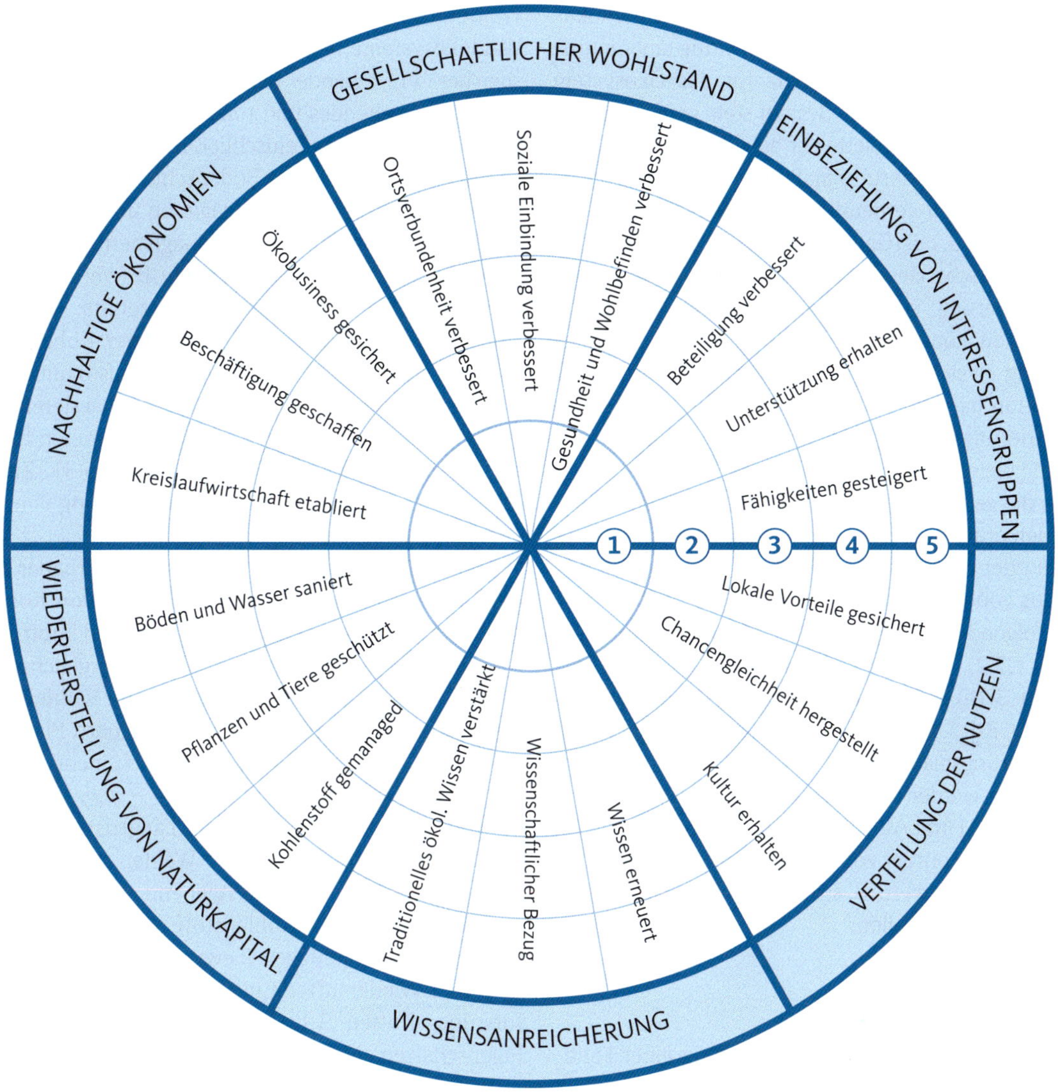


**Abbildung 3.1-5**
Schema zur Erhebung sozioökonomischer Begleitnutzens durch Renaturierungsmaßnahmen. 1–5 = Zielerreichungsgrad.
Quelle: Gann et al., 2019

den. Vollständige Erholung ist der Zustand, bei dem nach der Renaturierung alle wichtigen Ökosystemattribute denen des Referenzmodells sehr ähnlich sind (Gann et al., 2019: 16) (z.B. Artenvielfalt, Ökosystemfunktionen) und das Ökosystem zur Selbstorganisation fähig ist.

Neben Ansätzen zur Renaturierung mit Ziel der Herstellung eines bestimmten Ökosystemzustandes wird Renaturierung auch zum Schutz förderlicher ökologischer Prozesse durchgeführt (Higgs et al., 2018). Eine Strategie dafür ist das sogenannte Rewilding, bei dem sich selbst erhaltende und komplexe Ökosysteme mit interagierenden und sich gegenseitig fördernden ökologischen Prozessen wiederhergestellt werden sollen. Dabei ist darauf zu achten, dass z.B. invasive Arten als ein Treiber des Biodiversitätsverlustes (Kap. 2.2.2) mit berücksichtigt werden. Damit strebt Rewilding eine direkte Wiederherstellung funktionierender Ökosysteme inklusive der von diesen erbrachten Ökosystemleistungen an, ohne sich auf einen Zielzustand des Ökosystems festzulegen (Perino et al., 2019). Natürliche Renaturierungsprozesse sind insbesondere in Tropenwäldern erfolgreicher als gestaltete Renaturierung (Crouzeilles et al., 2017).

Im Gegensatz zu Renaturierungsmaßnahmen ist das Ziel von Rehabilitierungsmaßnahmen (im Sinne partieller Renaturierung) die Wiederherstellung nur einzelner Ökosystemfunktionen (Gann et al., 2019: 52). Dies kann z.B. auch Altlastensanierung von Böden oder Sanierung übernutzter bzw. degradierter landwirtschaftlicher Böden umfassen.

Maßnahmen zur Renaturierung müssen in enger

Verschränkung mit den Nutzungsansprüchen der lokalen Bevölkerung erfolgen, so dass im Sinne einer multifunktionalen Landschaft Vorteile für das Ökosystem und das sozioökonomische System stets gemeinsam im Blick sind. Die breite Palette der bei der Bemessung des Erfolgs von Renaturierungsmaßnahmen zu berücksichtigender Kriterien verdeutlichen die beiden Abbildungen 3.1-4 und 3.1-5 (Gann et al., 2019:20; 100). Durch die ökonomische Gestaltung von Renaturierung, also die Generierung von Einkommen durch bestimmte Maßnahmen, können auch soziale Ziele wie Armutsbekämpfung erreicht werden. Die Society for Ecological Restoration hat acht Prinzipien für die Gestaltung von Renaturierungsmaßnehmen entwickelt, darunter die Nutzung vieler Arten von Wissen, eine Renaturierungspraxis, die geprägt ist von einheimischen Referenzökosystemen unter Berücksichtigung von Umweltveränderungen oder das Anstreben des höchsten erreichbaren Niiveaus von Renaturierung (Gann, 2019:18ff.).

Im folgenden Abschnitt werden Wiederaufforstung (Kap. 3.1.3.2), die Renaturierung von Graslandschaften (Kap. 3.1.3.3) und die Wiederherstellung von Mooren (Kap. 3.1.3.4) als zentrale Handlungsfelder von Renaturierungsmaßnahmen diskutiert. In den folgenden Kästen werden verbesserte Waldbewirtschaftung (Kasten 3.1-4) und Aufforstung (Kasten 3.1-3) behandelt, da sie im Kontext von Renaturierungsmaßnahmen oft angesprochen werden, streng genommen aber keine Renaturierung darstellen.

### 3.1.3.2 Wiederaufforstung

Wiederaufforstung, also die Umwandlung einer Landfläche in Wald, die früher bewaldet war, zielt darauf ab, große zusammenhängende Flächen degradierten oder fragmentierten Waldes wiederherzustellen, um die ökologischen Funktionen der ursprünglich bewaldeten Landschaft zu revitalisieren (IPBES, 2018a:155). Die Renaturierung von Wäldern durch Wiederaufforstung (Abb. 3.1-6) kann die terrestrischen Kohlenstoffvorräte in entwaldeten oder degradierten Waldlandschaften erhöhen und viele weitere Vorteile bieten, etwa eine erhöhte Widerstandsfähigkeit der Wälder gegenüber dem Klimawandel, eine verbesserte Vernetzung zwischen den Waldgebieten und der Erhaltung von Biodiversitäts-Hotspots (Smith et al., 2019b:570). Eine jüngst veröffentlichte Studie kommt zu dem Ergebnis, dass der Schutz von Wäldern und Mangroven die wirtschaftlichen Verluste durch die Klimakrise und andere Schäden bis 2050 um 170 Milliarden Dollar auf 534 Milliarden Dollar pro Jahr reduzieren würde (Waldron et al., 2020).

#### Wälder als Kohlenstoffspeicher

Waldökosysteme haben drei wesentliche Kohlenstoffspeicher: (1) lebende Biomasse (ober- und unterirdisch), (2) stehendes und totes Holz sowie (3) organische Bodensubstanz, einschließlich Oberflächenstreu, Humus und mineralische Bodenschichten. Diese forstlichen Kohlenstoffspeicher reagieren über längere Zeit auf Eingriffe wie Holzernte, Management und anthropogene wie natürliche Störungen (z.B. Wetterextreme, Waldbrände) – über Jahre bis Jahrzehnte. Geerntete Holzprodukte können als längerfristiger Kohlenstoffspeicher dienen, etwa bei Verwendung als Baumaterial. Dabei substituieren sie auch Baustoffe, bei deren Herstellung erhebliche Mengen an $CO_2$-Emissionen freigesetzt werden, etwa Stahlbeton (Kap. 3.5.3). Zudem können Holz oder Holzabfälle zur Gewinnung von Bioenergie genutzt werden.

Die Renaturierung natürlicher oder naturnaher Wälder ist die effektivste Form zur Bindung von Kohlenstoff. Dies gilt besonders für die Tropen und Subtropen, weil in der Nähe des Äquators Bäume vergleichsweise schnell wachsen (Lewis et al., 2019). Im Vergleich zur Renaturierung natürlicher Wälder speichern Plantagen (Abb. 3.1-7) dagegen nur unwesentlich mehr Kohlenstoff als die zuvor gerodete Fläche – abgesehen von ihrer viel ärmeren Biodiversität. Langfristig speichert die Renaturierung degradierter Wälder durch Wiederaufforstung hin zu einem weitgehend natürlichen Wald also wesentlich mehr Kohlenstoff als etwa Agroforstwirtschaft oder Plantagen (Lewis et al., 2019).

Durch Wiederaufforstung (und ebenso durch Aufforstung, Kasten 3.1-3) können die physikalischen Eigenschaften der Landoberfläche verändert werden, insbesondere die Oberflächenalbedo (Rückstrahlvermögen, das darüber entscheidet, ob Sonnenstrahlung absorbiert wird). So kann die (Wieder-)Aufforstung in der borealen Zone (kaltgemäßigte Klimazone der Nordhemisphäre) einen Erwärmungseffekt bewirken, der den Kühleffekt der Treibhausgasreduzierung übersteigt. In den Tropen werden dagegen gegenteilige Effekte beobachtet. In der gemäßigten Zone sind die Effekte räumlich sehr unterschiedlich, abhängig von der Art der Vegetation, dem Zeitpunkt der Schneebedeckung und anderen Faktoren (National Academies of Sciences, Engineering, Medicine, 2019:113).

#### Ökosystemleistungen renaturierter Wälder

Die Wiederherstellung degradierter bzw. gerodeter Wälder hilft in der Regel, Bodenerosion einzudämmen oder zu stoppen und Bodenfruchtbarkeit sowie die Wasserspeicherkapazität der Böden zu verbessern. Auch für das Mikroklima haben Wälder eine zentrale Funktion. Diese Effekte werden durch Vernetzung von Waldgebieten und Schaffung von Biodiversitätskorridoren noch erheblich

**Kasten 3.1-3**

## Aufforstung

Aufforstung ist die Umwandlung einer Landfläche in Wald, die vorher kein Wald war und ist streng genommen keine Renaturierung, weil keine Wiederherstellung oder Erholung eines „natürlichen" bzw. naturnahen Waldzustandes angestrebt wird. Nach IPCC wird von Aufforstung gesprochen, wenn eine Fläche seit mindestens 50 Jahren nicht mehr bewaldet war (Tab. 3.1-1). Allerdings ist die Frage nach dem „ursprünglichen" Zustand einer Landschaft nicht einfach zu beantworten. Beispielsweise war Mitteleuropa aufgrund der geoökologischen Bedingungen überwiegend Waldgebiet, das der Mensch seit dem Ende der letzten Eiszeit stark geprägt hat. Es gibt in Mitteleuropa aber auch Graslandökosysteme, in denen sich bewaldete und offene Vegetationstypen abgewechselt haben. Entscheidend ist die Frage, welche Auswirkungen die Aufforstung auf intakte Ökosysteme und deren Bodenkohlenstoffvorräte und Biodiversität hat. Insofern ist es wichtig, Aufforstung und Wiederaufforstung degradierter Ökosysteme zu unterscheiden, auch wenn die Grenzen fließend sein können.

Aufforstung kann die terrestrischen Kohlenstoffvorräte erhöhen, aber auch mindern. Beispielsweise wurden bei einer Aufforstungsmaßnahme in Fort McMurray Fichten in viel zu dichten Beständen gepflanzt, wodurch der Torf drainiert wurde, was 2016 verheerende Waldbrände begünstigt und hohe $CO_2$-Emissionen verursacht hat (Elbein, 2019). Die Klimawirkung von Aufforstungsmaßnahmen hängt besonders von der vorherigen Vegetation ab. Dies gilt insbesondere für Graslandökosysteme mit ihren hohen Bodenkohlenstoffvorräten oder Feuchtgebiete und Moore.

Aufforstung kann auch dazu beitragen, auf degradierten Flächen die Bodenerosion zu vermindern, die Wasserspeicherung zu verbessern und die Grundwasserneubildung zu unterstützen. Zudem kann sie die Anpassung an den Klimawandel verbessern und die Anfälligkeit von Ökosystemen verringern sowie wirtschaftliche Vorteile generieren. Mögliche nachteilige Folgen von Aufforstung sind eine potenzielle Minderung der Ernährungssicherheit, wenn eine Zunahme der globalen Waldfläche die Agrarflächen mindert und über Flächenknappheit die Nahrungsmittelpreise erhöht werden. Andere negative Nebenwirkungen können auftreten, wenn die Aufforstung auf nicht einheimischen Arten basiert, insbesondere mit den Risiken, die mit der Verbreitung exotischer, schnell wachsender Baumarten verbunden sind. Beispielsweise können invasive exotische Arten einheimische Arten verdrängen und das Gleichgewicht eines Ökosystems stören oder den Wasserhaushalt verändern, mit negativen Auswirkungen auf die Wasserverfügbarkeit, insbesondere in trockenen Regionen (Smith et al., 2019b: 572).

Die Potenzialabschätzungen für Aufforstung werden in Abschnitt 3.1.3-2 gemeinsam mit Wiederaufforstung diskutiert, da in der Literatur häufig keine ausreichende Trennung vorgenommen wird.

gesteigert (Smith et al., 2019a: 591). Wälder geraten durch den Klimawandel zunehmend unter Druck. Daher gewinnt bei Renaturierungsmaßnahmen die Resilienz von Wäldern gegenüber Klimaänderungen zunehmend an Bedeutung. Dies betrifft z.B. Dürreresistenz, Anfälligkeit für Schädlinge oder Sturmfestigkeit. Im Schwarzwald wird z.B. der Ersatz dürreempfindlicher Fichten durch Weißtannen diskutiert. Intakte Wälder, wie etwa Mangroven, können zudem Küstengebiete und Uferzonen schützen helfen sowie zur Wasser- und Hochwasserregulierung beitragen.

Wälder haben auch eine wichtige Rolle in der Versorgung der ländlichen Bevölkerung mit Nahrungsmitteln (z.B. Pilze, Beeren, Früchte, Kräuter, Wild) und können, auch in Kombination mit landwirtschaftlicher Nutzung, ein wesentlicher Stützpfeiler für den Lebens-

**Abbildung 3.1-6**
Wiederaufforstung einer zuvor gerodeten Waldfläche.
Quelle: Istock Foto

**Abbildung 3.1-7**
Holzplantage in Sengon (Indonesien).
Quelle: Simeon Max

unterhalt bäuerlicher Gemeinschaften (z.B. Agroforstwirtschaft) und indigener Gruppen sein (Abb. 3.1-2). Die Weltnaturschutzunion hat für die Renaturierung von Wäldern ein Bündel von Leitprinzipien entwickelt (IUCN, 2020). Fokus ist die Landschaftsebene (Kasten 2.3-3) mit den dort interagierenden unterschiedlichen Landnutzungen. Diese Leitprinzipien bilden den Rahmen, mit dem bei Renaturierungsprojekten Mehrgewinne angelegt und erzeugt werden können, etwa indem Renaturierung mit Nahrungsproduktion, Einkommensgenerierung und Klimaanpassung verbunden wird.

#### Potenziale für Aufforstung bzw. Wiederaufforstung

Da in der wissenschaftlichen Literatur häufig nicht scharf zwischen den Potenzialen für Aufforstung und Wiederaufforstung unterschieden wird, folgt hier ein Abschnitt zu beiden forstlichen Bewirtschaftungsmethoden. Globale Schätzungen der potenziell für die (Wieder-)Aufforstung zur Verfügung stehenden Flächen bis zum Ende des Jahrhunderts gehen bis zu 25,8 Mio. $km^2$ (das entspricht einer Fläche von Russland und Brasilien zusammen), abhängig von einer Vielzahl von Annahmen über sozioökonomische Entwicklungen und Klimapolitik (Griscom et al., 2017; Kreidenweis et al., 2016; Popp et al., 2017). Die Bandbreite der Schätzungen des Potenzials zur Entnahme von Kohlenstoff aus der Atmosphäre durch Aufforstung und Wiederaufforstung reicht von 0,5 bis 17,9 Gt $CO_2$ jährlich. Separat betrachtet sieht der IPCC die Potenziale von Aufforstung im Bereich von 0,5–8,9 Gt $CO_2$ pro Jahr und von Wiederaufforstung bei 1,5–10,1 Gt $CO_2$ pro Jahr (Smith et al., 2019b:585; Kap. 3.1.1.2). Diese Bandbreiten ergeben sich aus unterschiedlichen Annahmen und Modellierungsansätzen, Preisunterschieden und Annahmen über Anreize. In einer Studie der Royal Society (The Royal Society, 2018:105) wird das Potenzial zur Entnahme von $CO_2$ aus der Atmosphäre durch Aufforstung mit 80–300 Gt $CO_2$ (über 25 Jahre kumuliert) angegeben (das entspricht 3,2–12 Gt $CO_2$ jährlich). Fuss et al. (2018) schätzen das nachhaltig über (Wieder-)Aufforstung realisierbare Sequestrierungspotenzial auf jährlich 0,5–3,6 Gt $CO_2$ (Tab. 3.1-1).

### 3.1.3.3
### Renaturierung von Graslandökosystemen

Wenn es um Aufforstung geht sind häufig auch Graslandökosysteme als mögliche Flächen im Gespräch, was in der Regel zu einer Gefährdung der Biodiversität und der Bodenkohlenstoffvorräte dieses baumfreien bzw. baumarmen Biomes führen würde. Aufforstung in Graslandökosystemen ist streng genommen keine Renaturierung, da in diesem Fall ein intaktes, nicht degradiertes Ökosystem unter Inkaufnahme negativer Folgen wesentlich verändert würde.

**Abbildung 3.1-8**
Mongolische Steppe.
Quelle: Istock Foto

Graslandökosysteme sind ausgedehnte offene Landschaften und enthalten mit die höchsten Bodenkohlenstoffvorräte der vom Menschen genutzten Ökosysteme (Kap. 2). Beispiele für Graslandökosysteme sind die Prärien Nordamerikas, die Trockensavannen des Tropengürtels, die Pampa in Südamerika, die eurasische Steppe oder Wiesentundren in arktischen Regionen. Graslandökosysteme sind vielfach der Weidegrund für Wildtierherden oder Herden der Tierhaltung. Sie finden sich vorwiegend in Regionen, in denen weniger als 400 mm Niederschlag im Jahresdurchschnitt fallen und deshalb keine natürliche Sukzession hin zu Busch- und Waldland stattfindet: 69 % der Trockengebiete der Erde werden als Viehweiden genutzt (IPBES, 2018a:145) und 26% der globalen eisfreien Fläche sind Weideland (Smith et al., 2019b:560). Die Art der Beweidung (Zeitpunkt und Dauer der Beweidung, Menge der gefressenen Biomasse) bestimmt auch die Entwicklung der Kohlenstoffspeicherung in den Böden. Da durch Überweidung deren Kohlenstoffaufnahme sowie deren Kohlenstoffvorräte gesenkt werden, kann eine Verringerung des Viehbestandes und der Beweidungsintensität eine Erholung der Vegetation und eine Erhöhung der Kohlenstoffvorräte ermöglichen. Die auf den meisten Weideflächen vorherrschenden mehrjährigen Gräser lagern einen wesentlichen Teil ihres photosynthetisch gebundenen Kohlenstoffs unter der Erde und tragen so wesentlich zu den Bodenkohlenstoffvorräten bei (National Academies of Sciences, Engineering, and Medicine, 2019:101).

Die Degradation des Weidelands und der Artenverlust werden hauptsächlich durch zu hohen Viehbestand und zu enge Beweidungszyklen verursacht. Daher ist auf diesen Flächen das Weidemanagement die entscheidende Steuerungsgröße zur Vermeidung von Übernutzung: Mit

**Kasten 3.1-4**

## Verbesserte Waldbewirtschaftung

Eine weitere forstwirtschaftliche Klimaschutzoption ist die Entfernung von $CO_2$ aus der Atmosphäre durch eine verbesserte Waldbewirtschaftung. So gibt es beispielsweise in tropischen Regenwäldern ein großes Potenzial, selektive Holzernte als erfolgreiche Bewirtschaftungsmethode zu etablieren. Mit Blick auf Klimaschutz steht bei verbesserter Waldbewirtschaftung die Erhöhung des Kohlenstoffvorrats in Biomasse sowie in abgestorbener organischer Substanz und in Böden im Mittelpunkt. Zudem können durch den Einsatz von Holz in der Materialwirtschaft (z.B. als Baustoff, Kap. 3.5.3), und zur Energiegewinnung die Emissionen in anderen Sektoren gemindert werden (etwa durch Ersatz von Stahlbeton). Verbesserte Waldbewirtschaftung kann zudem die Resilienz gegenüber den Auswirkungen des Klimawandels verbessern, zur Erhaltung biologischer Vielfalt beitragen, die Wasserspeicherkapazität erhöhen, die nachhaltige ökonomische Nutzung der Wälder verbessern, sowie vor Bodenerosion und vor Überschwemmungen (z.B. Mangrovenwälder) schützen. Insgesamt können sich dadurch auch die Lebensbedingungen der von und mit dem Wald lebenden Menschen verbessern. Allerdings können Waldbewirtschaftungsstrategien, die auf eine Erhöhung der Biomassebestände abzielen, auch negative Nebenwirkungen haben, wie z.B. die Verringerung der strukturellen Komplexität eines Bestandes und der Biodiversität sowie der Widerstandsfähigkeit gegen Naturkatastrophen (Smith et al., 2019b:570).

Verbesserte Waldbewirtschaftung dient Klimaschutz und dem Schutz der Biodiversität gleichermaßen und umfasst die

- Beschleunigung der Erholung von Wäldern in Gebieten, in denen größere Störungen aufgetreten sind, wie z.B. die beschleunigte Erholung von „nonstocked forest land", das sind Waldflächen, die durch Holzeinschlag, Waldbrand oder durch Windwurf oder andere Störungen (z.B. Schädlinge) geschädigte Flächen aufweisen und derzeit weniger als 10% Bestockung aufweisen;
- Wiederherstellung von Wäldern, die in nicht nachhaltigen Waldbestand umgewandelt wurden. Dies umfasst sowohl die Erhöhung der Kohlenstoffvorräte durch die Rückführung eines Waldes in seinen ursprünglichen Vegetationstyp als auch die Senkung der Bestandsdichte zur Vermeidung von Waldbränden. Zudem kann dies auch die Bereicherung mit Baumarten des natürlichen Waldökosystems, sein, z.B. die Umwandlung von Fichtenwäldern in Deutschland in niederen Lagen in Mischwälder.
- Anpassung von Erntezyklen, um Emissionen durch zu häufige Ernten zu mindern und gleichzeitig die $CO_2$-Aufnahme durch Bäume und die Artenvielfalt zu optimieren. Abhängig von der Baumart tritt eine Sättigung der Aufnahmefähigkeit von $CO_2$ zu unterschiedlichen Zeitpunkten ein. Die höchste $CO_2$-Aufnahmefähigkeit besteht zwar bei schnell wachsenden Baumarten (die häufig für Plantagen genutzt werden), aber bei verbesserter Waldbewirtschaftung sind immer mehrere Ökosystemleistungen das Ziel, nicht nur Klimaschutz.
- Einführung von Mindesterntedurchmessern pro Baumart. Dies kann dazu beitragen, die Reproduktion der jeweiligen Art sicherzustellen und eine strukturelle Vielfalt des Waldes sicherzustellen.
- Anwendung von Technologien zum schonenderen Holzeinschlag, etwa das Anlegen und Einhalten von Rückegassen oder Einschlagsplanung mithilfe von Geoinformationsystemen.
- Waldzertifizierung und damit verbundene Methoden der Waldnutzung: Für die nachhaltige Holzernte sind bereits zahlreiche Indikatoren und Kriterien entwickelt worden, etwa die ITTO-Anleitung für Holzernte mit vermindertem Impakt in tropischen Wäldern. Solche Kriterien und Indikatoren werden wiederum bei Waldzertifizierungen eingesetzt. Die beiden wichtigsten globalen Zertifizierungssysteme für Wälder sind die des Forest Stewardship Council (FSC) und des Programme for the Endorsement of Forest Certification (PEFC). Die beiden Organisationen meldeten 2018 zusammen 510 Mio. ha zertifizierten Wald; nach Berücksichtigung von Doppelzertifizierungen betrug die zertifizierte Netto-Waldfläche 424 Mio. ha, dies entspricht etwa einem Zehntel der globalen Waldfläche (UNECE, 2019). Der überwiegende Teil der zertifizierten Wälder befindet sich auf der Nordhemisphäre.
- Schaffung von Bedingungen, die die Ausbreitung von Schädlingen erschweren.
- Durchforstung (also Minderung der Bestandsdichte) und andere waldbauliche Maßnahmen, die ein insgesamt höheres Bestandswachstum im Vergleich zu unbehandelten Bedingungen fördern (National Academies of Sciences, Engineering, and Medicine 2019:93).

### Potenziale für verbesserte Waldbewirtschaftung

In bewirtschafteten Wäldern sind die wirksamsten Strategien zur Bindung von Kohlenstoff die Erhöhung der Biomasseproduktivität sowie die Holzsubstitutionseffekte (Smith et al., 2019b:584). Allerdings kann der politische Fokus auf die Kohlenstoffspeicherung problematisch sein, wenn er andere Aspekte der Waldökosysteme, wie die Biodiversität – und insbesondere die Fauna – auslässt (Panfil und Harvey, 2016; Peres et al., 2016; Hinsley et al., 2015). Die Holzentnahme aus den Wäldern der Welt beträgt im Durchschnitt etwa 3 Mrd. $m^3$ pro Jahr oder 0,65% des wachsenden Bestandes, wovon etwa die Hälfte auf Holzprodukte und die Hälfte auf Brennstoffe entfällt (National Academies of Sciences, Engineering, and Medicine, 2019:94).

Eine Änderung der Waldbewirtschaftungspraktiken könnte nach einer Studie (Griscom et al., 2017) für mehrere Jahrzehnte global zusätzliche 0,2 bis 1,2 t C pro ha pro Jahr speichern. Diese Schätzung beinhaltet Veränderungen der Biomasse und des Bodenkohlenstoffs, schließt jedoch Veränderungen des Bestands durch Holzeinschlag aus. Der IPCC nennt etwa eine Bandbreite von 0,4–2,1 Gt $CO_2$ pro Jahr (Smith et al., 2019b:585). Das Potenzial zur Entnahme von $CO_2$ aus der Atmosphäre für verbesserte Waldbewirtschaftung wird mit 30 Gt $CO_2$ über 50 Jahre kumuliert angegeben (das entspricht 0,6 Gt $CO_2$ jährlich; The Royal Society, 2018:105).

der steigenden Nachfrage nach tierischen Produkten während der letzten Dekaden hat auch der Weidedruck zugenommen. Schätzungsweise 73% der weltweit 3,4 Mrd. ha Weideland sind von einer Verschlechterung der Böden und der Vegetation betroffen (IPBES, 2018a: 454).

### Strategien und Instrumente zur Renaturierung degradierter Graslandökosysteme

Es gibt eine Vielzahl von Strategien zur Verhinderung von Bodendegradation und Renaturierung degradierten Weidelands (IPBES, 2018a: 454):

- Überwachung der Flächennutzung durch Datenarchive und Fernerkundung zum Monitoring von Vegetationsbedeckung, Bodendegradation und Landnutzung (Kasten 3.1-2).
- Bewertungen der derzeitigen und potenziellen Tragfähigkeit und des Zustands von Landflächen durch Felduntersuchungen, wenn die Datenbanken unzureichend sind. Tragfähigkeit bezeichnet den Zustand eines natürlichen Gleichgewichts des Ökosystems, ohne fortschreitende Degradation.
- Beschreibung der Landflächen und der Landnutzung, etwa Weide- und Weidentwicklungsparameter, Landtyp, Umzäunung, Wasserstellen, Feuchtgebietsmanagement, Maßnahmen zur Erhaltung der biologischen Vielfalt, gesetzgeberische Verantwortung, Management des Baum-Gras-Gleichgewichts, Verhütung von Waldbränden und Brandbekämpfung.
- Weidedruckmanagement zur Kontrolle der Besatzdichte, zur Steuerung des Viehwachstums, der Herdengrößen, der Weidemanagementzonen und zur Aufrechterhaltung eines gleichmäßigeren Weidedrucks.
- Unkraut- und Schädlingsbekämpfung durch Überwachung, Management und Kontrolle invasiver Pflanzen, Insekten und anderer Schädlinge. Die Einbeziehung des traditionellen Wissens der indigenen Völker und die Praktiken der Weidewirtschaft bieten zusätzliche Ansätze für eine wirksame Unkraut- und Schädlingsbekämpfung.

In (ariden) Gras-, Strauch- und Weideflächen kann die Degradation durch verminderte Bodenverdichtung, durch Umzäunungen und die Entfernung von Nutztieren rückgängig gemacht werden, aber es gibt keine globalen Schätzungen des Potenzials zur $CO_2$-Sequestrierung (Smith et al., 2019b: 600).

### 3.1.3.4
### Renaturierung von Mooren

Moore machen etwa 3–4% der terrestrischen Erdoberfläche aus und sind ein wichtiger Kohlenstoffspeicher. Bereits geringste Zerstörungen von Mooren als Ökosystem können spürbare Auswirkungen auf die globale Kohlenstoffbilanz haben (IPBES, 2018a: 248; Olsson et al., 2019: 397). Über ihre $CO_2$-Senkenfunktion für Kohlenstoff hinaus bieten Moore wertvolle weitere Ökosystemleistungen wie Überflutungskontrolle oder Wasserreinigung und sind biodiversitätsreicher Lebensraum für viele bedrohte Pflanzen und Tiere sowie endemische Arten.

**Abbildung 3.1-9**
Torfmoor in den Sudeten (polnischer Teil).
Quelle: Istock Foto

Moorgebiete lassen sich überall auf der Welt finden, zum überwiegenden Teil jedoch in den hohen Breiten. Sie bedecken weite Gebiete von Russland, Alaska und Kanada, finden sich aber auch in einigen Regionen Skandinaviens (z.B. Finnland, Schweden) und dem Baltikum (z.B. Estland). In Deutschland sind Moore vor allem im Norden und Nordosten zu finden, sowie in den Bayerischen Voralpen (Schopp-Guth, 1999). Tropische Moore (vor allem Torfsumpfwald) finden sich etwa in Indonesien, dem Kongobecken, dem Okavango-Binnendelta und dem Amazonasbecken. In Afrika und Südamerika sind Moorlandschaften flächenmäßig generell von einer vergleichsweise geringeren Bedeutung (Grootjans et al., 2012).

Intakte Moorlandschaften, vor allem jene in der borealen Tundra, binden global 1.300 t C pro ha und insgesamt 550 Gt C – damit sind sie der bedeutendste natürliche Kohlenstoffspeicher der Erde und binden soviel Kohlenstoff wie alle anderen terrestrischen Biome zusammen. Es gibt Befürchtungen (UNEP, 2019), dass es durch die Temperaturzunahme im Zuge des Klimawandels in borealen Gebieten zu einer plötzlichen Freisetzung von Treibhausgasen aus Moorlandschaften kommen kann (UNCCD, 2017b: 171; UNEP, 2019).

Degradierte Moore machen zwar nur 0,3% der terrestrischen Landoberfläche aus, sie sind aber für 5% der globalen anthropogenen $CO_2$-Emissionen verantwortlich, das entspricht einer Freisetzung von 0,9-3 Gt $CO_2$ jährlich (Olsson et al., 2019: 397). Zusätzlich können Moorbrände sehr große Mengen an Treibhausgasen freisetzen: Allein durch die Moorbrände eines Jahres in Südostasien wurde Kohlenstoff in einer Größenordnung von 40% der globalen Emissionen freigesetzt, die im gleichen Jahr durch Nutzung fossiler Energieträger entstanden sind (IPBES, 2018a: 248). Die Degradation von Mooren hat auch Auswirkungen auf den Wasserkreislauf einer Region, da Moore oft auch eine Wasserspeicherfunktion erfüllen und in Trockenzeiten sowie bei Überflutungen für Ausgleich sorgen.

Global sind rund 12% der Moore von Degradation betroffen. Es gibt regionale Brennpunkte der Moorzerstörung: in Europa beispielsweise gelten bereits 10% als verloren und 48% der noch übrigen Moorgebiete als von Degradation betroffen (IPBES, 2018a: 248). Der Aufbau von Mooren wird flächenmäßig global als etwa fünfmal geringer eingeschätzt als die laufenden Degradationsprozesse. Die Moore der Erde wurden daher von einer $CO_2$-Senke zu einer $CO_2$-Quelle (Grootjans et al., 2012: 207).

Ursachen sind bzw. waren Trockenlegungen für Land- und Forstwirtschaft, der Abbau von Torf, Brände sowie in jüngerer Zeit Siedlungsbau und touristische Nutzungen. Durch das Auftauen der Permafrostböden der Tundra geraten die großflächigen und intakten Moorgebiete zunehmend unter Druck, was in sehr kurzer Zeit sehr große Mengen an Treibhausgasen freisetzen würde (Natali et al., 2019; UNEP, 2019). Etwa die Hälfte des weltweit in Böden gespeicherten Kohlenstoffs befindet sich im arktischen Permafrost. Moore der Tundra unterliegen einem jahreszeitlichen Rhythmus: Im Frühjahr taut die obere Bodenschicht auf und Methan und $CO_2$ entweichen. In der sommerlichen Wachstumsphase nehmen die Moose und Farne $CO_2$ aus der Atmosphäre auf, während aus vernässten Böden Methan abgegeben wird. Mit zunehmender Abtaudauer und Abtautiefe während des Sommers in der Tundra ist daher vor allem mit einer Zunahme der Methanemissionen zu rechnen. Insgesamt steigt auch die durch Mikroorganismen freigesetzte Menge an $CO_2$ und Methan, aufgrund des verbesserten Wasser- und Nährstoffangebots (UBA, 2006).

Es gibt wenig Erfahrungen mit der Renaturierung von Mooren in den Tropen (Olsson et al., 2019: 398). In den nördlichen Breiten hat man die Erfahrung gemacht, dass die Renaturierung stark degradierter Moore aufgrund der grundlegend veränderten hydrologischen Bedingungen nicht möglich ist. Die Wiedervernässung von Moorlandschaften umfasst in der Regel Eingriffe in ein ganzes Wassereinzugsgebiet (z.B. mögliche Erhöhung des Grundwasserspiegels oder Minderung der Nitrat- oder Sulfatbelastung des Wassers als Voraussetzung) und erfordert die Berücksichtigung der verschiedenen Nutzerinteressen. Politisch hat sich diese wachsende, insbesondere durch die herausragende Bedeutung für den Klimaschutz motivierte Aufmerksamkeit für die Moore 2016 in der Gründung der Global Peatland Initiative (im Rahmen einer Vertragsstaatenkonferenz der UNFCCC) artikuliert. Ziel der Initiative ist die Rettung der Moore und Torfgebiete als weltweit größte terrestrische organische Kohlenstoffspeicher um zu verhindern, dass die gespeicherten Kohlenstoffvorräte in die Atmosphäre gelangen. Zudem wurden auf der 13. Vertragsstaatenkonferenz der Ramsar-Konvention für den Schutz der Feuchtgebiete der Erde im Jahr 2018 zwei Resolutionen verabschiedet, die die Bedeutung von Mooren und Torfgebiete im Kontext der Klimapolitik unterstreichen. Darin wird empfohlen, nachhaltiges Management und Renaturierung von Mooren im Rahmen eines Landschaftsansatzes (Kasten 2.3-3) zu verfolgen und dabei innovative sowie traditionelle, nicht zerstörende Formen der Moornutzung zu berücksichtigen. Schließlich wird auch auf die Notwendigkeit einer genaueren globalen Kartierung verwiesen und eine präziseres Monitoring der Veränderungsdynamiken (in nahezu Echtzeit) empfohlen (Crump et al., 2017; Kasten 3.1-2). Bisher werden im Rahmen der Global Peatland Initiative Aktivitäten mit bzw. in Entwicklungsländern in Afrika, Südostasien und Südamerika durchgeführt (Indonesien, Peru, Demokratische Republik Kongo und die Republik Kongo).

### 3.1.3.5 Renaturierung im Fokus internationaler Nachhaltigkeitspolitik

Nach Einschätzung von IPBES (2018a: XLII) bedarf es dringend eines grundlegenden Politikwechsels, um eine irreversible Degradation von Land und Böden sowie den fortschreitenden Verlust biologischer Vielfalt zu verhindern und Renaturierungsmaßnahmen auch als Beitrag zum Klimaschutz zu beschleunigen. Diese Maßnahmen können wesentliche Beiträge zur Erreichung der Ziele der drei Rio-Konventionen leisten: etwa durch die Renaturierung von Gebieten, in denen geschützte Wildtiere und Pflanzen leben (CBD), durch den Schutz von Böden und Wasserressourcen durch Waldbedeckung (UNCCD) oder Schaffung von Kohlenstoffsenken durch Wälder und Renaturierung von Feuchtgebieten (UNFCCC) (Besseau et al., 2018). Eine der wichtigsten internationalen Wissensplattformen in diesem Umfeld ist das 2013 auf COP 19 der UNFCCC gegründete Global Landscapes Forum (GLF). Geleitet wird das GLF durch das Center for International Forestry Research (CIFOR), unterstützt von UNEP, der Weltbank sowie den deutschen Bundesministerien BMU und BMZ.

Weltweit haben sich in den letzten Jahren Regierungen zu zahlreichen und umfänglichen Maßnahmen zur Renaturierung degradierter Landflächen verpflichtet, manche sprechen sogar davon, dass die Welt in eine „Ära der globalen ökologischen Renaturierung" eingetreten ist (Gann et al., 2019:77) und sich damit ein neues Zielbild der Nachhaltigkeitspolitik etabliert hat. Die bedeutsamsten internationalen politischen Rahmensetzungen zur Renaturierung degradierter Landschaften und Wälder (Forest Landscape Restoration) sind die 2011 von IUCN und Deutschland ins Leben gerufene „Bonn Challenge", später erweitert um The New York Declaration on Forests (oft als erweiterte Bonn Challenge bezeichnet) und der 2017 verabschiedete strategische Plan der Vereinten Nationen für die Wälder. Die „Bonn Challenge" (Abb. 3.1-10) ist eine globale Initiative, um 150 Mio. ha (das entspricht etwa der Größe der Mongolei) der weltweit abgeholzten und degradierten Flächen bis 2020 und 350 Mio. ha bis 2030 wiederherzustellen (www.bonnchallenge.org). Das ursprüngliche Ziel der Bonn Challenge wurde durch die New Yorker Walddeklaration bestätigt, erweitert und bis 2030 verlängert. Im Rahmen der Global Partnership on Forest and Landscape Restoration (GPFLR) werden die Ziele der „Bonn Challenge" maßgeblich vorangetrieben. Die GPFLR ist getragen von einer Vielzahl internationaler Organisationen und teilweise auch Ländern, und bietet einen übergreifenden Rahmen, innerhalb dessen zahlreiche Partnerschaften lanciert werden. Bis zum Jahr 2018 hatten 58 Staaten bzw. Organisationen über eigene regionale Zusammenschlüsse Zusagen an die Bonn Challenge gegeben: z. B. die Initiative 20x20 (20 Mio. ha bis 2020, Kooperation von lateinamerikanischen Staaten und Karibik u. a. mit WRI, IUCN), die African Forest Landscape Restoration Initiative (AFR100), das Agadir Commitment (europäische und Maghrebstaaten sowie Türkei, 2017) oder die Astana Resolution (Kauskasus und Zentralasien, 2018) (Besseau et al., 2018). Diese Zusagen bezogen sich meist auf tropische und subtropische Wälder, wo solche Maßnahmen am effektivsten zum Klimaschutz beitragen können (Lewis et al., 2019). Diese Zusagen entsprechen einem Flächenumfang von über 170 Mio. ha (Stand: Juli 2019) (Besseau et al., 2018; Abb. 3.1-10).

Im politischen Raum wird Renaturierung von Wäldern häufig und fälschlicherweise auch als die Anlage einer Plantage oder Monokultur interpretiert (Lewis et al., 2019). Die Maßnahmen zur Erreichung der Ziele der „Bonn Challenge" gerieten deshalb in die Kritik (Lewis und Wheeler, 2019), weil nahezu die Hälfte aller Zusagen – entgegen dem Ziel dieses landschaftsbasierten Renaturierungsansatzes – in der Anpflanzung von Baumplantagen (Monokulturen) bestanden, anstatt der Renaturierung degradierter Flächen. Letzteres hat ein sehr viel größeres $CO_2$-Entnahmepotenzial als Plantagen und trägt zum Schutz biologischer Vielfalt bei. Rund ein Fünftel der Zusagen betrafen Agroforestry-Maßnahmen. Zudem offenbarten sich Flächennutzungskonkurrenzen zwischen Wiederaufforstungsmaßnahmen und dem Anbau von Feldfrüchten (Lewis and Wheeler, 2019). Bis 2019 sind nur 18% des 2020-Ziels der „Bonn Challenge" tatsächlich umgesetzt worden (NYDF Assessment Partners, 2019).

Auch die Global Environmental Facility (GEF) richtet ihre Arbeit an der „Bonn Challenge" und der Globalen Partnerschaft aus und fördert Renaturierungsprojekte weltweit. 2018 haben IUCN, UN Environment und die FAO die u. a. von der GEF finanzierte „The Restoration Initiative" aufgelegt, die 11 nationale Projekte in 10 asiatischen und afrikanischen Ländern umfasst. Sekundierend zur Global Partnership hat der strategische Plan der Vereinten Nationen für die Wälder (2017–2030) das Anliegen, die internationalen Aktivitäten für den Wald enger zu verzahnen. Ziel ist es, die Wälder der Erde wieder nachhaltig zu bewirtschaften und langfristig zu erhalten, um so zum Klimaschutz beizutragen.

Es gibt jenseits der Global Partnership globale Multiakteursnetzwerke, die sich für die Renaturierung degradierter Landschaften einsetzen. Beispielsweise ist Commonland (www.commonland.com, 2013 gegründet als ein Kooperationsprojekt eines Ökologen und eines Unternehmers) ein Netzwerk, in dem lokale Stakeholder, Regierungen, privatwirtschaftliche Akteure, Ökologen, Wissenschaftler zusammenarbeiten (u. a. McKinsey & Company, The Dutch Red Cross, The Nature Conservancy, Rainforest Alliance, Wageningen University, World Business Council for Sustainable Development, World Resources Institute, WWF). Commonland versteht sich ebenfalls als Beitrag zur UN-Dekade on Landscape and Ecosystem Restoration und führt großmaßstäbliche Renaturierungsprojekte (Beispiel für Projekt in Südafrika: 500.000 ha; 1 Mio. Nutznießer) weltweit durch.

Ein weiteres Beispiel für ein Multiakteursnetzwerk ist Nature4climate (eine Initiative des UNDP, UN-REDD, UNEP, CBD, IUCN, TNC, CI, WCS, WBCSD, WRI und WWF), das darauf abzielt, Investitionen in „nature-based solutions" zur Unterstützung des Übereinkommens von Paris zu fördern. Seitens der Privatwirtschaft ist der World Business Council for Sustainable Development (WBCSD) unter dem Stichwort „Natural Climate Solutions" ein wichtiger Akteur, der Renaturierungsmaßnahmen im Dienst des Klimaschutzes als Geschäftsmodell adressiert (www.wbcsd.org).

Auf dem Weltwirtschaftsforum in Davos 2020 wurde zudem die Multiakteurs-Platform „1t.org – a platform for the trillion tree community" gegründet, um beschleunigte Maßnahmen für eine wissenschaftlich fundierte Wiederaufforstung, Renaturierung und Erhaltung der Wälder zu befördern. Auf diese Weise will 1t.org wichtige internationale Prozesse wie die UN-Dekade zur Renaturierung von Ökosystemen unterstützen.

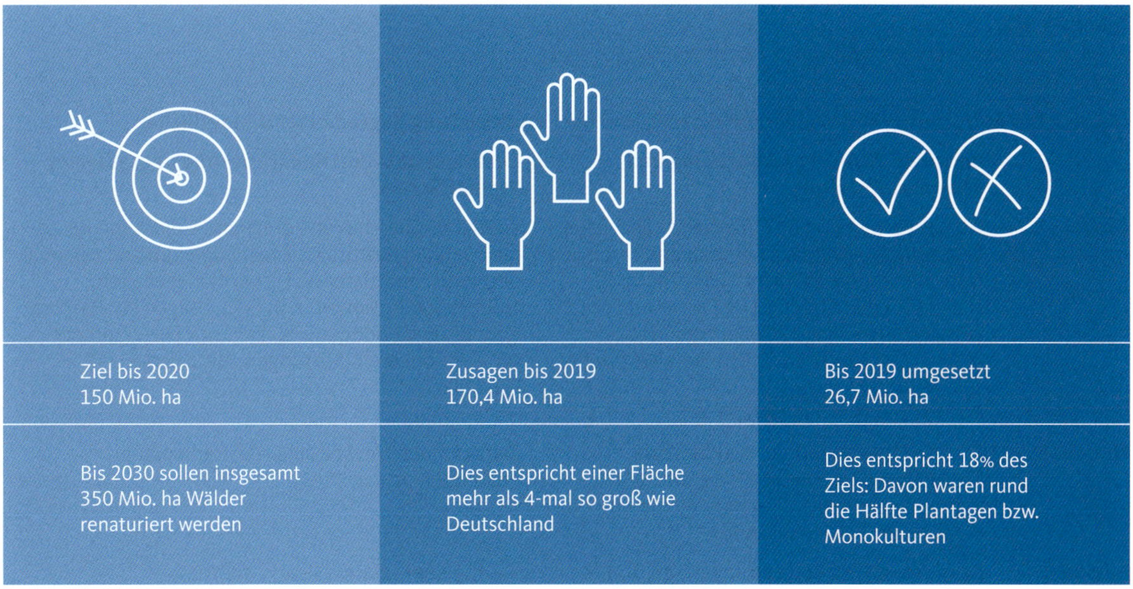


**Abbildung 3.1-10**
Renaturierung von Waldlandschaften im Rahmen der Bonn Challenge: Differenz zwischen Zusagen und Umsetzung sowie Qualitätsprobleme.
Quelle: NYDF Assessment Partners (2019) und BMU (2020a, Stand Juli 2019). Eigene Darstellung

Allen Maßnahmen und Initiativen gemeinsam ist, dass sie über den Schutz von Biodiversität und Klima hinaus generell die Erhaltung und Stärkung von Ökosystemleistungen und die SDGs im Blick haben und dass bei der Gestaltung von Renaturierungsmaßnahmen die Einbindung unterschiedlichster Stakeholder erforderlich ist. Diese Teilhabe bezieht sich nicht nur auf fachlich-technische Expert*innen und Verwaltungen, sondern auch auf lokale Akteure (Tab. 3.1-2; Kasten 3.1-5). Der dauerhafte Erfolg von Renaturierungsmaßnahmen hängt vom Verständnis der lokalen Verhältnisse und vom koordinierten Zusammenspiel privater und öffentlicher Akteure ab (Roe et al., 2019). Die Abgabe von (Teil-)Verantwortung an die lokale Ebene unter Beachtung des Subsidiaritätsprinzips ist hierbei eine wichtige Erfolgsbedingung. Entscheidend ist der Umgang mit divergierenden Interessen und Machtverhältnisse (wer profitiert, wer bestimmt die Regeln?). Eine besonders bedeutsame Rolle spielen indigene Völker und lokale Gemeinschaften, die gemeinsam mindestens die Hälfte der Wälder der Welt nutzen bzw. bewohnen. Diese haben aber nur auf etwa 10% dieser Flächen gesetzliche Rechte (Hanson et al., 2019). Insgesamt wird mindestens ein Viertel der globalen Landfläche durch indigene Völker traditionell bewirtschaftet (IPBES, 2019a). In einigen Ländern, z.B. Indonesien mit seiner Social Forestry Initiative, gibt es Programme, um die Rechte der Landnutzung vom Staat an lokale Gemeinden zu übertragen. Es gibt zahlreiche Beispiele, wie lokale Gemeinden ihre Wälder nachhaltig bewirtschaften, was oft im Kontrast steht zu nicht nachhaltiger Flächennutzung als Monokulturen von (internationalen) Firmen.

### 3.1.3.6
### Umsetzung von Renaturierungsmaßnahmen

#### Renaturierung im Rahmen integrierter Landschafts- bzw. Raumplanung

Renaturierungsmaßnahmen umfassen oft mehr als z.B. nur die Wiederherstellung einer zuvor bewaldeten Fläche. Auf eine Landschaft übertragen kann dies auch eine Kombination eines geschützten Waldes mit einer auf Monokultur angelegten Kurzumtriebsplantage oder Agroforstwirtschaft sein. Dabei ist die Wirtschaftlichkeit von Renaturierungsmaßnahmen von entscheidender Bedeutung für einen dauerhaften Erfolg (OroVerde und GNF, 2019). Wenn lokale Akteure die wirtschaftlichen Vorteile und das Potenzial von Renaturierungsmaßnahme für die Verbesserung der eigenen Lebensbedingungen sehen, dann steigt auch die Bereitschaft, bisherige Nutzungsformen zu verändern und Risiken einzugehen. Viele Maßnahmen integrieren daher Agroforstwirtschaft, die zahlreiche Möglichkeiten zur Einkommensgenerierung bietet (Kap. 3.3).

Die Umsetzung von Renaturierungsmaßnahmen im Rahmen einer auf die Multifunktionalität einer Landschaft ausgerichteten Landschafts- bzw. Raumplanung (Kap. 4.2.3) kann Synergien bündeln und im Sinne einer Mehrgewinnstrategie nachhaltige Regionalent-

**Tabelle 3.1-2**
Akteure bei Renaturierungsmaßnahmen: Beispiele.
Quelle: WBGU

| **Akteure bei Aufforstung und Wiederaufforstung und bei Renaturierung degradierter Weideflächen** | | |
|---|---|---|
| | **Beispiele Akteure: Aufforstung und Wiederaufforstung** | **Beispiele Akteure: Renaturierung degradierter Weideflächen** |
| **Global** | Global Partnership on Forest and Landscape Restoration, strategischer Plan der Vereinten Nationen für die Wälder (2017–2030), Nature4Climate (N4C), UN Forum on Forests, Entwicklungsbanken, Geberorganisationen (z.B. GiZ), Sponsoren (Stiftungen Netzwerke, z.B. WBCSD)<br>Privatwirtschaft, Holzindustrie | Global Partnership on Forest and Landscape Restoration, FAO: pastoralist knowledge hub and regional networks, multilaterale Entwicklungsbanken, Geberorganisationen (z.B. GiZ), League for Pastoral Peoples and endogenous Livestock Development (LPP), Sponsoren (Stiftungen, Netzwerke, z.B. WBCSD) |
| **National** | Forst-/Umweltbehörde, Waldbesitzer, Naturschutz/Umweltbehörde, Stiftungen, Raumplaner, Privatwirtschaft, Holzindustrie, Bergbau (Ausgleichsflächen) | Naturschutz/Umweltbehörde, Raumplaner, Stiftungen |
| **Regional** | Raumplaner, Nationalparkbehörde, Tourismuswirtschaft, Privatwirtschaft, Holzindustrie | Raumplaner, Nationalparkbehörde, Tourismuswirtschaft |
| **Lokal** | Landnutzer/Indigene, Commmunity-Based Organisations (CBO), Förster, NRO, Privatwirtschaft, Holzindustrie | Mobile Viehhalter/Indigene, Community-Based Organisations (CBO), Ranger, NRO, Hirtenvölker |
| **Landschaft** | gegebenenfalls Anrainerstaaten, Indigene Waldnutzer (z.B. in Amazonien), Nationalpark, Privatwirtschaft, Holzindustrie<br>Gegebenenfalls Bauern, mobile Tierhalter, inklusive Indigene | Gegebenenfalls Anrainerstaaten, Hirtenvölker, z.B. Saami Council, International Centre for Reindeer Husbandry (ICR), gegebenenfalls Bauern, mobile Tierhalter, inklusive Indigene |

wicklung und Erhaltung der natürlichen Lebensgrundlagen befördern. Beim Landschaftsansatz (Kasten 2.3-3) bestehen zudem die Planungseinheiten aus großräumigen physischen Gebieten mit sich überschneidenden ökologischen, sozialen und wirtschaftlichen Aktivitäten. Diese umfassen vielfältige Funktionen („Multifunktionalität", Kap. 2.2) und Dienstleistungen, einschließlich Nahrung, Biodiversität, Wasser, Wohnen und sozioökonomische Prosperität. Landnutzungspolitiken verfolgen häufig die Bedarfe einzelner Sektoren, etwa bei Landwirtschaft die Bodenqualität und der Zugang zu Wasser, bei Weidewirtschaft den Durchgang durch offene Landschaften, beim Siedlungs- und Infrastrukturausbau die Ausweisung von Bauland und Erschließung, beim Klimaschutz die Senkenpotenziale von Wiederaufforstung, beim Naturschutz die Erhaltung biologischer Vielfalt, Bodenschutz und naturnahe Landschaften, bei Anpassungserfordernissen an Klimaänderungen die Veränderung von Baumsorten oder bei touristischer Nutzung der Freizeitwert und attraktive Landschaften. Letztlich hat jede dieser Politiken ihren eigenen, selektiven Blick auf die Gestaltung von Landschaft. Nachhaltiges Landmanagement muss diese Interessen in partizipativen Prozessen bündeln und integrierte Antworten finden, bei denen die Multifunktionalität einer Landschaft mit ihren Ökosystemleistungen erhalten bleibt. Die Nutzung von Szenarien und Modellen kann hierbei hilfreich sein.

Eine integrierte Landschaftsplanung über größere Areale hinweg kann die Ansprüche der verschiedenen Landnutzungen und Schutzerfordernisse in einem gemeinsamen Gestaltungsprozess und an die lokalen Verhältnisse angepasst zusammenführen und ist für die Entwicklung des ländlichen Raumes unerlässlich. Im Gegensatz zur Konzentration von Flächennutzungen durch weitere Intensivierung werden zunehmend extensivere, auf gemeinsame Nutzung einer Landschaft ausgerichtete Ansätze (z.B. wildtierfreundliche Landwirtschaft) diskutiert (Collas et al., 2017; Mertz und Mertens, 2017; Phalan et al., 2011). Integrierte Landschaftsplanung kann die Defizite sektoraler Ansätze korrigieren, indem sie alle Nutzungsansprüche berücksichtigt, etwa diejenigen ländlicher Armutsgruppen gegenüber Naturschutz oder Flächenbedarf für Plantagen. Sie helfen auch, übergreifende Auswirkungen auf benachbarte Räume mitzudenken (indirekte Landnutzungseffekte, wie z.B. eine negative Beeinflussung der Wasserverfügbarkeit oder Anrainerinteressen bei Ober- und Unterläufen von Flüssen oder die Veränderung lokaler Klimate). Zudem können integrierte Land-

**Kasten 3.1-5**

### Von Degradation zur Renaturierung durch Pionier*innen des Wandels

Pionier*innen des Wandels können wichtige Akteure bei der Bekämpfung von Landdegradation sein, da sie strategisch in allen sozialen Schichten und Tätigkeitsfeldern agieren und maßgeblich zur Verbreitung neuer Technologien und Ideen beitragen (Rogers, 2003; Grin et al., 2010; Kristof, 2010). Zunächst handeln sie als Nischenakteure jenseits etablierter Praktiken und Leitbilder, können jedoch mit zunehmender Vernetzung und Umsetzung erster Ideen Mitstreiter*innen gewinnen und transformative Wirkungskraft entfalten, etwa durch „die Veränderung von Routinen, der Rahmenbedingungen, die Bildung neuer Institutionen" (Kristof, 2010), die zu einem Paradigmenwechsel führen.

Diverse Nischenakteure forcieren seit Jahrzehnten Renaturierungsmaßnahmen. Schon 2011 stellte der WBGU die Biologin Wangari Maathai und ihren zentralen Beitrag zur Renaturierung von Wassereinzugsgebieten (watersheds) vor. Unter der Schirmherrschaft des kenianischen Nationalrats der Frauen gründete sie 1977 das ‚Green Belt Movement'. Es begann mit einem von Frauen getragenen, gemeinschaftlichen Aufforstungsprojekt, das zum Ziel hatte, Entwaldung und Bodenerosion zu stoppen und dadurch Nahrung, Feuerholz und insbesondere die Wasserversorgung zu sichern. Die Bewegung hat bereits über 51 Mio. Bäume in ganz Afrika gepflanzt und setzt sich in Kenia und darüber hinaus durch politische und Bildungsarbeit für Frauenrechte und mehr demokratischen Raum ein. Vom Nischenakteur wurde Maathai und die Bewegung zum internationalen Trendsetter: Inzwischen ist die Organisation in 13 afrikanischen Ländern aktiv, setzt ihre ursprüngliche Leitidee um und stärkt nebenbei den regionalen Klimaschutz sowie den Schutz des kongolesischen Regenwaldes. Bereits 1984 erhielt Wangari Maathai den Alternativen Nobelpreis für ihre Arbeit im Green Belt Movement. Genau 20 Jahre später wurde ihr als erster afrikanischer Frau der Friedensnobelpreis für ihren Einsatz für „nachhaltige Entwicklung, Frieden und Demokratie" verliehen, und aktuell ist sie mit der Bewegung ein zentraler Partner des Umweltprogrammes der Vereinten Nationen (UNEP) in der Trillion Tree Campaign.

Renaturierung wird von Menschen seit geraumer Zeit praktiziert, dabei sind viele Praktiken vergessen und erst in jüngster Vergangenheit von Pionieren des Wandels wiederentdeckt worden, wie etwa 1983 im Niger. Die Entwaldung der Sahel-Zone im Niger nahm 1935 einen dramatischen Anstieg, als die französischen Kolonialherren das Management natürlicher Ressourcen zentralisierten. In den 1950er-Jahren verstärkte der Nachkriegsexportboom diesen Trend, und nach der Unabhängigkeit Nigers im Jahr 1960 intensivierten Dürreperioden und der damit verbundene Mangel an Nahrungsmitteln und Energie die Abholzung und Landdegradation in der Region (Birch et al., 2016). Mit dem ‚Farmer Managed Natural Regeneration' Ansatz (FMNR) verbreitete Tony Rinaudo 1983 im Niger eine Methode der Renaturierung (Birch et al., 2016; Rinaudo, 2001), die wohl schon zu prähistorischer Zeit bekannt war. Nur 12 Bauern nahmen anfangs an der Initiative der evangelischen NRO ‚Serving in Mission' teil, die mit tradierten Methoden natürlich vorhandene Baumstümpfe, Wurzeln und Samen in ihrem Wachstum fördert und somit einen lokal angepassten „unterirdischen Wald" wiederauferstehen lässt (Rinaudo, 2001; Tougiani et al., 2008). Ein paar Jahre erfolgreicher Versuche mit Zwischenfruchtbau und die schwindende politische, häufig korrupte Kontrolle der kolonialen und nationalen Autoritäten (aufgrund des Konjunktureinbruchs und politischen Vakuums) ermöglichten es bäuerlichen Gemeinschaften, eigenständiger über Baumbestand und Anbau zu entscheiden und die formalisierte Methode des FMNR zu entwickeln.

Pioniere des Wandels wie Tony Rinaudo, lokale Landwirte, die NRO Serving in Mission und die Sonderorganisation der Vereinten Nationen IFAD ermöglichten den breiten Erfolg dieses Renaturierungsansatzes (Birch et al., 2016). Heute wird FMNR in Niger, Tschad, Burkina Faso, Äthiopien und Mali praktiziert. Die Global Evergreening Alliance bereitet zudem die Verbreitung des Ansatzes in acht Ostafrikanischen Ländern vor. Zwischen 1983 und 2015 kehrten insgesamt 60.000 Quadratkilometer Baumbestand zurück. FMNR ist dabei nicht nur kostengünstig, sondern adressiert viele Probleme gleichzeitig: Landdegradation, Bodenunfruchtbarkeit und Erosion, Biodiversitätsverlust, Knappheit von Nahrung, Feuerholz, Bauholz und Futter sowie dysfunktionale Wasserkreisläufe. Damit ist FMNR eine effektive Methode, um Armut und Hunger von Subsistenzbauern einzudämmen sowie höhere Resilienz gegenüber Klimaextremen zu schaffen (Birch et al., 2016). Im Jahr 2018 erhielt Tony Rinaudo für die (Wieder-)Entdeckung und Verbreitung des Prinzips den alternativen Nobelpreis, und FMNR wird als offizielle ‚best practice' zum Erreichen ganzer 12 von 17 Zielen der nachhaltigen Entwicklung bezeichnet (Partnerships for SDGs Platform, 2020).

schaftsansätze auch kulturelle Werte berücksichtigen und schützen helfen (z.B. lokale Identitäten einer Kulturlandschaft, heilige Orte, grenzüberschreitende mobile Weidewirtschaft). Wichtige globale Dokumentationsplattformen für Good Practice-Beispiele nachhaltiger Landnutzung sind die World Overview of Conservation Approaches and Technologies (WOCAT) sowie die Society for Ecological Restoration und Conservation Evidence.

Die großflächige Planung und Durchführung von Renaturierungsprojekten auf Landschaftsebene (scaling up) erfordert im Gegensatz zur traditionellen ebenenorientierten (lokal, national usw.) Vorgehensweise eine administrative Grenzen übergreifende Zusammenarbeit, gegebenenfalls auch über Landesgrenzen hinweg, was auch entsprechende Governance-Innovationen erforderlich macht (etwa neue Formen der Kooperation) – eine Herausforderung besonders für formale Institutionen (IPBES, 2018a; Mansourian, 2017). Es gibt bereits Ansätze, bei denen lokale Gruppen, NRO, die Privatwirtschaft und die öffentliche Verwaltung zusammenarbeiten und die gleichberechtigte Repräsentanz aller Akteure gesichert ist (IPBES, 2018a: 496).

**Kasten 3.1-6**

## Waldschutz- und Aufforstungsprogramm unter der Klimarahmenkonvention: REDD+

REDD+ ist das Waldschutz- und Aufforstungsprogramm unter der Klimarahmenkonvention (UNFCCC) und steht für „Reducing Emissions from Deforestation and Forest Degradation in Developing Countries and the Role of Conservation, Sustainable Management of Forests and Enhancement of Forest Carbon Stocks in Developing Countries". Das Programm zielt auf die Reduzierung der Emissionen aus Entwaldung und Waldschädigung und soll den Waldschutz, die nachhaltige Waldbewirtschaftung und den Ausbau des Kohlenstoffspeichers Wald in Entwicklungsländern fördern. Im Jahre 2005 wurde das Programm begründet und seitdem in einem umfassenden Regelungsregime fortentwickelt. Das Pariser Übereinkommen nennt REDD+ ausdrücklich als Instrument zur klimaverträglichen Landnutzung (Art. 5 Abs. 2 Pariser Übereinkommen). In der Zwischenzeit sind zahlreiche REDD+-Projekte initiiert und mit einer Vielzahl von beteiligten Akteuren umgesetzt worden.

### Phasenmodell zur Umsetzung von REDD+

Das Regelungsregime für REDD+ stellt umfangreiche technische und institutionelle Anforderungen an Entwicklungsländer. Das 2010 beschlossene Phasenmodell definiert drei Phasen, in denen Entwicklungsländer die Voraussetzungen für den Erhalt von erfolgsabhängigen Zahlungen für waldbezogene Emissionsreduktionen schaffen sollen (UNFCCC, 2010: paragraph 73).

In einer *ersten Phase* werden National Strategy or Action Plans ausgearbeitet und mit finanzieller Unterstützung von Geberländern und -institutionen nationale Kapazitäten und Institutionen ausgebaut. Außerdem wird ein National Forest Monitoring System eingerichtet, um den Erfolg von Emissionsreduktionsmaßnahmen zu messen. In ihren nationalen Strategien sollen die Länder außerdem die Safeguards (s.u.) berücksichtigen. In der *zweiten Phase* beginnt die Umsetzung der nationalen Strategien: Die Länder führen freiwillige Demonstrationsprojekte durch, bevor sie in der abschließenden Phase für nachgewiesene und verifizierte Emissionsreduktionen unter den in den Warschauer Rahmenbedingungen (UNFCCC Decisions 9 bis 15/CP.19; insbesondere Decision 9/CP.19, paragraph 3) genannten Voraussetzungen ergebnisbasierte Zahlungen (results-based payments, RBPs) erhalten. Nach einem langwierigen Institutionalisierungsprozess sind im Jahr 2019 die ersten Entwicklungsländer in die abschließende *dritte Phase* eingetreten und haben RBPs erhalten, darunter Brasilien, die DR Kongo und Mosambik.

### Safeguards

Weiterhin definiert das Regelungsregime für REDD+ sieben *Safeguards* (UNFCCC Decision 1/CP.16, Appendix I paragraph 2). Sie sollen sicherstellen, dass neben der Reduktion von Treibhausgasen auch gesamtökologische und sozioökonomische Faktoren berücksichtigt werden. Sozioökonomisch bedeutsam sind die Partizipation von Stakeholdern und die Respektierung der Rechte indigener Gemeinschaften. In ökologischer Hinsicht soll langfristig die Irreversibilität von Emissionsreduktionen („Permanenz") sichergestellt und „leakage"-Effekten, die durch die Verlagerung von emissionsintensiven Forstmaßnahmen in ein nicht von REDD+ erfasstes Waldgebiet entstehen, vorgebeugt werden. Es sind, sofern möglich, in allen Phasen der Umsetzung von REDD+ regelmäßig Informationen an die UNFCCC zu kommunizieren (UNFCCC Decision 12/CP.17), die auf die Berücksichtigung der *Safeguards* im Zusammenhang mit REDD+-Projekten eingehen.

### Aktuelle Entwicklungen

Trotz von Beginn an sehr breiter politischer Unterstützung steht die internationale Gemeinschaft in der Umsetzung von REDD+ vor Herausforderungen.

Zentrales Problem ist die Bereitstellung von und der Zugang zu RBPs. Die Reichweite und Wirkung des Programms sind bislang wegen bestehender Finanzierungsdefizite begrenzt. Anders als anfangs angedacht, entstanden parallel keine internationalen Kohlenstoffmärkte, die in größerem Umfang private Finanzierungsquellen für REDD+-Projekte erschließen hätten können. Stattdessen werden bislang überwiegend öffentliche Gelder von multilateralen Institutionen (z.B. Weltbank, FAO, UNDP), regionalen Entwicklungsbanken (z.B. die KfW) und über bilaterale Vereinbarungen von Deutschland, Norwegen und dem Vereinigten Königreich bereitgestellt. Die Abhängigkeit von einem insgesamt eher kleinen Kreis an Geberländern bedeutet eine erhebliche (politische) Unsicherheit über die längerfristige finanzielle Ausstattung des Programms (Duchelle et al., 2019:7).

Die finanzielle Unsicherheit gibt Akteuren in Entwicklungsländern wenig Flexibilität in der Durchführung weiterer REDD+-Projekte, während teilweise unbefriedigende Erfahrungen in Pilotprojekten staatliche und auch private Geldgeber von umfangreicheren Investitionen abhalten (Fischer et al., 2016:55). Internationale Kohlenstoffmärkte als zukünftige Finanzierungsquelle und Möglichkeiten, private finanzielle Mittel für REDD+ zu erschließen, werden weiterhin diskutiert. Anknüpfungen dafür bestehen bereits in Form freiwilliger, privatwirtschaftlicher Kohlenstoffmärkte, etwa für das Offsetting von Flugemissionen. Mit dem CORSIA-System der Internationalen Zivilluftfahrtorganisation könnte in diesem Zusammenhang erhebliche Nachfrage nach Projektzertifikaten geschaffen werden (Hein et al., 2018:8; Golub et al., 2018:2). REDD+ umfasst allerdings sowohl die Vermeidung von Emissionen durch die drohende Abholzung von Wäldern als auch die Schaffung natürlicher Senken durch Renaturierung und Wiederaufforstung von Wäldern. Zumindest bei letzteren wäre die mit derartigen Kohlenstoffmärkten einhergehende bzw. drohende Verrechnung von natürlichen Senken mit Maßnahmen der Emissionsreduktion aus Sicht des WBGU kritisch zu betrachten und möglichst auszuschließen (Kap. 3.1.4). In diesem Zusammenhang besteht auch Klärungsbedarf zu Details der Umsetzung des Pariser Übereinkommens, insbesondere von Artikel 6. Ein verwandtes Problem ist der Umstand, dass etwa die Einrichtung präziser und infolgedessen kostenintensiver MRV-Systeme (Measurement, Reporting and Verification) finanzielle Investitionen von Entwicklungsländern fordert, die die in Aussicht stehenden erfolgsabhängigen Zahlungen übersteigen können (Köhl et al., 2019:2). Erheblich erschwert wird der Zugang zu RBPs unter REDD+ zudem durch die Vielzahl unterschiedlicher (institutioneller) Anforderungen, die die verschiedenen Geberinstitutionen für Projekte definieren.

Die Umsetzung der Safeguards ist ebenfalls ein prominenter Kritikpunkt. Insoweit wird auf faktisch bestehende Macht- und Informationsasymmetrien verwiesen, die sich zugunsten der (Geber-)Staaten und Großinvestoren und zulasten der zivilen und insbesondere indigenen Bevölkerung auswirken (Rodríguez de Francisco und Boelenz, 2014:2; Haywood et al., 2015:134; Maniatis et al., 2019:386). Die rechtlichen

Strukturen sind undurchsichtig, weil das Regelungsregime für REDD+ mit zahlreichen nationalen und regionalen Gesetzen und mit Verträgen unter Beteiligung Privater interagiert. Damit zusammenhängend ist die von den Safeguards eingeforderte ökologische Integrität nicht garantiert. Non-permanence und leakages sind Risiken, denen nur durch die gezielte Bekämpfung der zugrunde liegenden Treiber von Entwaldung und Waldschädigung begegnet werden kann (Maniatis et al., 2019:377).

Schließlich werden Defizite bei der systematischen Bekämpfung der Treiber von Entwaldung und Waldschädigung, etwa Viehhaltung sowie Palmöl- und Sojaproduktion festgestellt (Hein et al., 2018:10). Schwierigkeiten bestehen hier insbesondere in der Identifikation von indirekten sowie ortsspezifischen Ursachen für Entwaldung und Waldschädigung (Maniatis et al., 2019:379).

Abseits von Emissionsreduktionen soll REDD+ non-carbon benefits zugunsten sozioökonomischer Faktoren und Biodiversität bewirken. In Bezug auf Biodiversität wird positiv hervorgehoben, dass durch REDD+ Synergien zwischen UNFCCC und Biodiversitätskonvention entstehen, indem etwa Geberländer und -institutionen durch entsprechende Voraussetzungen ein hohes Maß an Biodiversitätsmonitoring einfordern (Latham, 2014:3). Allerdings hindere die ohnehin langwierige Umsetzung von REDD+ eine zusätzliche Integration von Biodiversitätszielen in bestehende und zukünftige REDD+-Programme (Fischer et al., 2016:55).

Positive Auswirkungen werden ebenfalls in Bezug auf land tenure beobachtet, weil für die erfolgreiche Umsetzung von REDD+-Projekten auf lokaler und regionaler Ebene Eigentumsverhältnisse geklärt sein müssen. Hingegen ist für mögliche Landeigentumsreformen auf nationaler Ebene fraglich, ob sich REDD+ gegenüber anderen Formen der Landnutzung durchsetzen kann (Fischer et al., 2016:55).

Angesichts des skizzierten Umsetzungsstands von REDD+ ist Nachbesserungsbedarf zu erkennen, um waldbezogene Klimaschutzmaßnahmen erfolgreich durchführen zu können. Für langfristig positive Auswirkungen von REDD+ muss ein transformativer Wandel erreicht werden, dem die genannten Unzulänglichkeiten bislang entgegenstehen (Maniatis et al., 2019:380; Fischer et al., 2016:55f.). Das Potenzial von REDD+ wird allerdings nicht zuletzt anhand der zentralen Rolle für den Klimaschutz deutlich, die die internationale Gemeinschaft REDD+ mit dessen Inklusion in Art. 5 Abs. 2 des Pariser Übereinkommens zuerkannt hat (Maniatis et al., 2019:373).

Für die in Kapitel 4.3.3 vorgestellte Pachtlösung sind insbesondere die Einhaltung von Safeguards sowie die Bekämpfung der Treiber von Entwaldung bedeutsam.

## Barrieren bei der Umsetzung von Renaturierungsmaßnahmen

Das Management von Wäldern wird oft von mehreren Behörden und Institutionen begleitet, was zu einer Fragmentierung der Interessen, Prioritäten und Maßnahmen entlang horizontaler (z.B. Forstwirtschaft vs. Umweltministerien vs. Investor) und vertikaler (z.B. nationale vs. lokale Regierung) Linien führen kann. Zudem wird die gerechte Verteilung von Vorteilen und Lasten, etwa zwischen Investoren und Kleinbauern, oft als die größte Herausforderung bei der Gestaltung von Renaturierungsprojekten gesehen (IPBES, 2018a). Lokale Gemeinschaften und (Klein-)Bauern tragen bei Renaturierungsprojekten oft das größte Risiko, da sie neue Nutzungsformen anwenden und ggf. vorübergehend Einnahmeausfälle in Kauf nehmen müssen (OroVerde und GNF, 2019). Gerade weil Wälder aus einer kurzfristigen Perspektive häufig als Hindernis für wirtschaftliche Entwicklung angesehen und zur Gewinnung von Ackerflächen gerodet werden (Hanson et al., 2019), ist es umso wichtiger, die dauerhafte Wirtschaftlichkeit von Renaturierungsprojekten im Blick zu haben. Eine Herausforderung ist dabei auch, dass viele der Ökosystemleistungen, die durch Renaturierungsmaßnahmen befördert oder wiederhergestellt werden, als Gemeingüter nicht oder nur teilweise über Märkte entlohnt werden und daher die privatwirtschaftlichen hinter den gesellschaftlichen bzw. gesamtwirtschaftlichen Vorteilen der Renaturierungsmaßnahmen zurückbleiben. Zu geringe private Anreize zur Umsetzung oder Finanzierung von Renaturierungsmaßnahmen sind die Folge.

Insbesondere in Entwicklungs- und Schwellenländern sind Korruption, schwache Institutionen und unklare rechtliche Verhältnisse sowohl unterstützende Faktoren von Entwaldung, als auch wichtige Hemmnisse beim Versuch der Förderung von Renaturierungsmaßnahmen. Daher ist die Überwindung solcher institutionellen Defizite zentral für den Erfolg von Renaturierungsprojekten. Investitionen der Privatwirtschaft benötigen ebenfalls verlässliche Rahmenbedingungen, die die langfristige Wirtschaftlichkeit der Projekte sichern sowie Anreize für die nachhaltige Produktion von Holz, anderen Waldprodukten (z.B. aus Wildsammlung) oder Produkten der Agroforstwirtschaft (OroVerde und GNF, 2019).

Sehr häufig zu beobachtende Barrieren sind Unsicherheiten bei den Landbesitz- und -nutzungsrechten. Zwar erkennen viele nationale Waldgesetzgebungen traditionelle Landnutzungsrechte an, diese sind in der Regel aber der nationalen Gesetzgebung untergeordnet. Insbesondere in Entwicklungs- und Schwellenländern ist vielfach unklar, wer der Eigentümer einer Fläche ist, und die tatsächlichen Nutzer*innen sind von Entscheidungen ausgeschlossen oder Willkür ausgesetzt, die bis zur Vertreibung reichen kann. Dieses Problem spiegelt sich auch in den SDGs wieder, wo einige Unterziele auch Landrechte beinhalten (SDG 1.4; SDG 2.3; SDG 5.a). Unklare oder unsichere Landrechte erschweren beispielsweise auch die Gestaltung von Zahlungssystemen für Ökosystemleistungen, durch die

Maßnahmen der Renaturierung (privat-)wirtschaftlich an Attraktivität gewinnen könnten.

Angesichts der Defizite in der Finanzierung, den vorhandenen Kapazitäten zur Umsetzung sowie mangelnder Politikgestaltung und Durchsetzung besteht derzeit noch eine sehr große Lücke zwischen den gesetzten Zielen für Renaturierung und der Zielerreichung (IPBES, 2019a). Insbesondere in Entwicklungs- und Schwellenländern bedarf es einer deutlichen Aufstockung der Finanzierung und der Kapazitäten für Renaturierung und Naturschutz, in und außerhalb von Schutzgebieten. Die dazu notwendige Raumplanung und raumbezogene Fachplanung sollte nicht nur partizipativ ausgelegt, sondern auch auf eine ganze Landschaft angelegt sein (IPBES, 2019a; Kap. 4.2.3). Die Kosten des Nichthandelns werden (über alle Biome hinweg) global auf das zehnfache der (gesellschaftlichen) Kosten der Vermeidung von Degradation geschätzt (IPBES, 2018a: XXXV).

#### 3.1.3.7 Folgerungen zu Renaturierung

- Renaturierung ist erst dann das Mittel der Wahl, wenn eine Waldlandschaft bereits degradiert ist: Maßnahmen zur Renaturierung von Wäldern haben dann den größten Begleitnutzen, wenn es sich entweder um einst bewaldete und nun degradierte Flächen handelt oder um degradierte Flächen, für die keine andere Verwendung vorgesehen ist und bei denen dementsprechend keine Nutzungskonkurrenzen auftreten (Royal Society, 2018). Dies bedeutet umgekehrt, dass Aufforstung auf Flächen, die vorher nicht Wald waren, aus Nachhaltigkeitssicht sehr kritisch überprüft werden muss. Dies gilt insbesondere für waldfreie Biome wie Graslandökosysteme.
- Renaturierung steht derzeit hoch auf der internationalen politischen Agenda. Allerdings wird Renaturierung im politischen Raum häufig missinterpretiert und entsprechend gehen viele Maßnahmen in die falsche Richtung: Hinter vielen als Renaturierung deklarierten Maßnahmen verbirgt sich die Anlage von Plantagen oder Monokulturen (Lewis et al., 2019). Dennoch bietet die derzeitige hohe politische Aufmerksamkeit für dieses Thema ein Gelegenheitsfenster, das für die Bildung neuer Koalitionen und Partnerschaften genutzt werden sollte.
- Die Wiederaufforstung degradierter bzw. gerodeter Wälder und die Renaturierung von Mooren oder Graslandschaften können wesentlich zur Herstellung bzw. Revitalisierung der Multifunktionalität von Landschaften beitragen. Renaturierung ist daher eine Mehrgewinnstrategie, deren Begleitnutzen über das Trilemma der Landnutzung – Klima, Biodiversität und Ernährung – hinaus reicht.
- Bei der Umsetzung von Renaturierungsmaßnahmen sind die Beachtung des Subsidiaritätsprinzips, die umfassende Einbindung von Stakeholdern und die Berücksichtigung von (langfristigen) Effekten über eine Landschaft hinaus zentral.
- Prinzipien für die Ausgestaltung von Renaturierungsmaßnahmen lassen sich zwar formulieren, aufgrund der sehr unterschiedlichen geographischen, ökologischen und kulturellen Bedingungen gibt es aber keine allgemeingültigen Lösungen. Daher müssen Renaturierungsmaßnahmen stets passgenau auf den Kontext einer spezifischen Landschaft zugeschnitten werden.

### 3.1.4 Handlungsempfehlungen

Im Folgenden entwickelt der WBGU zunächst übergreifende Empfehlungen für die $CO_2$-Entfernung aus der Atmosphäre als eigenständigen Ansatz in der Klimapolitik. Spezielle Empfehlungen zur Renaturierung von Wäldern und anderen Ökosystemen als risikoarme und multifunktionale Strategie zur $CO_2$-Entfernung finden sich in Kapitel 3.1.4.2.

#### 3.1.4.1 Handlungsempfehlungen für Maßnahmen zur Entfernung von $CO_2$

Mit dem Pariser Übereinkommen hat sich die Staatengemeinschaft dazu verpflichtet, die globale Erwärmung auf deutlich unter 2 °C zu begrenzen. Um dieses Ziel zu erreichen, muss der Schwerpunkt des Klimaschutzes auf der frühzeitigen, substanziellen Reduktion globaler $CO_2$-Emissionen liegen. Klimaschutzszenarien zeigen aber auch, dass die Pariser Ziele, insbesondere ohne riskantes temporäres Überschreiten der 2 °C-Leitplanke, kaum ohne die Hilfe von Methoden zur $CO_2$-Entnahme aus der Atmosphäre realisierbar sein werden. Dafür wurden Klimaschutzbemühungen bisher schon zu lange verschleppt. Neben der Reduktion globaler $CO_2$-Emissionen sind daher auch eine ambitionierte Entwicklung sowie ein umsichtiger Ausbau von Methoden zur Entfernung von $CO_2$ aus der Atmosphäre notwendig, der sich an Nachhaltigkeitskriterien über den Klimaschutz hinaus orientiert. Diese Bemühungen sollten geleitet sein vom Gedanken der Vorsorge gegenüber Risiken des Klimawandels und nicht von der Hoffnung auf Zeitgewinne in der Klimapolitik oder gar auf ein Ersetzen von Maßnahmen zur Emissionsvermeidung. Die Vermeidung von $CO_2$-Emissionen sollte die erste Wahl sein, denn die Klimawirkung der Vermeidung wirkt sofort und langfristig, während Ansätze, einmal emittiertes $CO_2$ aus der Atmosphäre zu entfernen, erst im Nachhinein wirken und langfristige Risiken, etwa durch fehlende Permanenz, mögliches Entweichen und technische oder politische Unsicherheiten bergen. Auch ist ein Vertrauen heute auf die zukünftige Verfügbarkeit der $CO_2$-Entnahme angesichts des Entwicklungsstands vieler Ansätze bzw. Technologien und der großen und unsicheren Nachhaltigkeitsrisiken ihres großskaligen Einsatzes nicht mit dem Vorsorgeprinzip vereinbar.

Die ambitionierte, schnelle Reduktion globaler $CO_2$-Emissionen reduziert nicht nur die Risiken des Klimawandels, sondern auch Nachhaltigkeitsrisiken aus der Anwendung von Methoden der $CO_2$-Entfernung aus der Atmosphäre. Frühzeitigem Klimaschutz durch Vermeidung von Emissionen kommt insofern in mehrfacher Hinsicht ein hoher „Versicherungswert" gegenüber vielfältigen zukünftigen Risiken zu (Pindyck, 2020). Er erlaubt es auch, primär solche ökosystem- bzw. landbasierte Ansätze der $CO_2$-Entfernung nachhaltig zu verfolgen, die zwar eher begrenzte Potenziale der $CO_2$-Entfernung, dafür aber zahlreiche über den Klimaschutzaspekt hinausreichende Mehrgewinne bieten und mit weiteren in diesem Gutachten vorgestellten Strategien zur multifunktionalen Nutzung von Land und Ökosystemen wie der Ökologisierung der inudstriellen Landwirtschaft oder dem Holzbau kombinierbar sind.

### Klimapolitische Ziele zur $CO_2$-Vermeidung und -Entnahme klar voneinander trennen

Es sollten klar getrennte klimapolitische Ziele, Zeitpläne und Anrechnungsstrukturen für die $CO_2$-Entfernung aus der Atmosphäre und für die Vermeidung von $CO_2$-Emissionen festgelegt werden (McLaren et al., 2019; Jeffery et al., 2020). Vertragstaaten unter dem Pariser Übereinkommen sollten Trennung auch in ihren nationalen Beiträgen (NDCs) nachvollziehen. Diese Trennung vermeidet Fehlanreize, die frühzeitige Investitionen in Vermeidung und die Entwicklung von Vermeidungstechnologien behindern und riskantem Vertrauen auf die zukünftige Realisierbarkeit der $CO_2$-Entfernung Vorschub leisten. Sie trägt zudem den Unterschieden zwischen $CO_2$-Vermeidung und -Entfernung im Hinblick auf Permanenz und Verlässlichkeit ihrer Klimaschutzwirkung Rechnung und ermöglicht es, darüber hinausgehende Effekte auf die Nachhaltigkeit differenziert zu betrachten. Netto-Null-Ziele oder auch ein Ziel der Klimaneutralität sollten daher stets nur mit klaren Angaben zu den unterstellten Beiträgen von $CO_2$-Vermeidung und -Entfernung formuliert werden.

### Anwendung von Ansätzen der $CO_2$-Entfernung strategisch planen und deren Nachhaltigkeitsrisiken begrenzen

Die Bundesregierung sollte auf europäischer Ebene und mit den Vertragsparteien des Pariser Übereinkommens Ziele und nachhaltige Umsetzungsmöglichkeiten der verschiedenen Ansätze zur globalen $CO_2$-Entfernung strategisch und frühzeitig ausloten und planen, noch bevor breitere Finanzierungsmechanismen für Ansätze der $CO_2$-Entfernung über die Zwecke von Forschung und Entwicklung hinaus geschaffen werden. Klimafolgen gerade auf ökosystembasierte Ansätze und das Zusammenspiel der unterschiedlichen Ansätze der $CO_2$-Entfernung sollten in diese Planungen ebenso einfließen wie unterschiedliche geographische Voraussetzungen und die globale Verantwortungsverteilung. Die Strategien sollten drohende Nachhaltigkeitsrisiken der $CO_2$-Entfernung eingehend berücksichtigen und eingebettet sein in die übergreifend notwendige strategische Abstimmung zukünftiger Nutzungen und nachhaltiger Verfügbarkeit von Biomasse und Ökosystemen (Kap. 3.5). Zur wirksamen Adressierung von Nachhaltigkeitsrisiken sollte dabei zusätzlich geprüft werden, länderspezifisch die Anwendung einzelner Methoden der $CO_2$-Entnahmen zu begrenzen oder auszuschließen. Auch könnte die internationale Anrechenbarkeit der $CO_2$-Entfernung etwa aus BECCS an strikte Nachhaltigkeitskriterien gebunden werden, wie dies heute für die Förderfähigkeit von Bioenergie in der EU über die Neuauflage der Richtlinie zur Förderung der Nutzung von Energie aus erneuerbaren Quellen („RED II"; EU, 2018a; Kap. 4.2) vorgesehen ist. Unabdingbar für eine erfolgreiche strategische Planung sind dabei substanzielle Forschungsfortschritte (Kap. 3.1.5.1) sowie starke Governance-Mechanismen, welche die wissenschaftliche Expertise für Risiken- und Potenzialeinschätzungen, Grenzziehungen und effektives Monitoring finanzieren und fördern, sowie die robuste Entwicklung, Anpassung und Umsetzung der Strategien ermöglichen.

### Ökosystembasierte Ansätze zur $CO_2$-Entfernung frühzeitig mit Blick auf Mehrgewinne umsetzen

Nationale Regulierungen und internationale Förderprogramme sollten zügig das Potenzial von Methoden wie Renaturierung und Bodenkohlenstoffbindung heben, denn sie stellen erprobte, risikoarme und kostengünstige Optionen zur $CO_2$- Entfernung aus der Atmosphäre dar. Zwar ist das Mengenpotenzial zur $CO_2$-Entfernung und die Permanenz der Speicherung begrenzt, jedoch liefern diese Ansätze vielfältige Mehrgewinne wie höhere Bodenqualität und Biodiversitätsschutz. Sie begünstigen damit die Abmilderung des Trilemmas der Landnutzung zwischen Klimasschutz, Biodiversitätsschutz und Ernährungssicherung. Zudem sind sie Bestandteil bzw. Grundlage vieler Mehrgewinnstrategien dieses Gutachtens, wie etwa effektiver Schutzgebietssysteme, der ökologischen Landwirtschaft und des Holzbaus als bioökonomische Alternative für Zement und Stahl. Im Sinne der Empfehlung zur Trennung von $CO_2$-Vermeidung und $CO_2$-Entfernung sollte die Bundesregierung die Förderung von ökosystembasierter $CO_2$-Entfernung auf dem Territorium anderer Staaten nicht zu Gunsten der eigenen nationalen Reduktionsziele aufführen (Jeffery et al., 2020).

### Multilaterale Finanzierungssysteme für nachhaltige $CO_2$-Entfernung schaffen

Die Bundesregierung sollte auf multilateraler Ebene die Entwicklung neuer, eigenständiger Mechanismen zur Finanzierung von nachhaltiger $CO_2$-Entfernung aus der Atmosphäre anregen. Internationale Transferzahlungen entlang des Verursacherprinzips sind ein geeignetes und gerechtfertigtes Instrument, angesichts international unterschiedlicher natürlicher Voraussetzungen, wirtschaftlicher Leistungsfähigkeiten und historischer Verantwortung für den Klimawandel (Pozo, 2020). Längerfristig wäre auch ein eigenständiger internationaler Markt für $CO_2$-Entfernung im Sinne von Art. 6 des Pariser Übereinkommens denkbar. Beide Instrumente wären mit Vermeidungsansätzen, breiteren Nachhaltigkeitszielen wie Biodiversitätsschutz und Ernährungssicherheit und sozialen Gerechtigkeitskomponenten über das Verursacherprinzip hinaus abzustimmen sowie die spezifischen Vorteile und Risiken der sehr unterschiedlichen Ansätze zu berücksichtigen. Kurzfristig können benötigte finanzielle Mittel durch die Bepreisung von $CO_2$-Emissionen erhoben werden (Barbier, 2020), mittelfristig sind jedoch zusätzliche Mittel erforderlich (Bednar, 2019:76).

### Staatliche Finanzierungssysteme für nachhaltige $CO_2$-Entfernung schaffen

Auf nationaler Ebene sollten staatliche Zahlungen für die Entfernung von $CO_2$ geleistet werden, über die letztlich die Bereitstellung eines Gemeinguts in Form des erzielten Klimaschutzbeitrags finanziert würde. Bei ökosystembasierten Methoden der $CO_2$-Entfernung und nachhaltigen biologisch-technischen Ansätzen könnte dies im Rahmen eines breiter angelegten Systems von Zahlungen für Ökosystemleistungen erfolgen (Kap. 4.2). Ein solches System sollte nicht nur mit Blick auf die mögliche $CO_2$-Entfernung, sondern generell im Hinblick auf Ökosystemleistungen mit Gemeingut-Charakter wesentlich konsequenter und systematischer als bislang umgesetzt werden. Auch bei der Reform der gemeinsamen Agrarpolitik der EU sollte dieser Ansatz richtungsgebend sein (Kap. 3.3, 4.3). Denkbar wäre auch, die separat ausgewiesenen Zielsetzungen zur $CO_2$-Entnahme über Auktionsmechanismen umzusetzen. Auch hier sollten die unterschiedlichen Vorteile und Risiken einzelner Ansätze der $CO_2$-Entfernung durch individuelle Mengenbeschränkungen und Nachhaltigkeitsauflagen, etwa in Form von strikten Zertifizierungsverpflichtungen für (wieder-)aufgeforstete Wälder oder bei BECCS eingesetzter Biomasse, berücksichtigt werden.

## 3.1.4.2 Handlungsempfehlungen zur Renaturierung degradierter Ökosysteme

Die Renaturierung degradierter terrestrischer Ökosysteme zur Schaffung zusätzlicher Senken für Treibhausgase kann unter bestimmten Voraussetzungen mit zahlreichen Mehrgewinnen für Mensch und Natur verbunden sein, etwa für Klimaschutz, Schutz von Biodiversität und die Nahrungsproduktion und so einen Beitrag zur Entschärfung des Trilemmas der Landnutzung leisten (Kap.2). Mit Blick auf die Klimawirkung sollten die für Landschaftsplanung zuständigen Institutionen (z.B. Forst- und Umweltbehörden) beachten, dass langfristig die Renaturierung degradierter Wälder durch Wiederaufforstung hin zu einem weitgehend natürlichen Wald wesentlich mehr Kohlenstoff speichert als Agroforstwirtschaft oder Plantagen. Plantagen speichern häufig sogar weniger Kohlenstoff als das Land vor der Aufforstung. Insbesondere der Ersatz von Grasland mit seinen hohen Bodenkohlenstoffvorräten durch Aufforstung kann zu einem weitreichenden Verlust an biologischer Vielfalt und dem Verlust von Bodenkohlenstoff führen.

Renaturierung ist eine geeignete Mehrgewinnstrategie, um das Trilemma der Landnutzung mit seinen unterschiedlichen Funktionen für Mensch und Natur auf Landschaftsebene aufzulösen. Dafür müssen auch unter Berücksichtigung stattfindender Klimaänderungen stets regionalspezifische Lösungen gesucht und zwischen den Akteuren und Interessengruppen ausgehandelt werden. Dabei sind auch Wirtschaftlichkeit der Maßnahmen und Einkommensgenerierung durch Renaturierung zentrale Erfolgsbedingungen für den langfristigen Bestand. Wenn von Planungsbehörden, Landbewirtschafter*innen oder privaten Investor*innen Entscheidungen getroffen werden, die Auswirkungen auf Landökosysteme haben, sollten alle wesentlichen Kosten und Vorteile für die betroffene Region und die dort lebenden Menschen – monetär und nicht monetär – berücksichtigt werden. Die Permanenz von Renaturierung wird zusätzlich zu oben genannten ökonomischen Faktoren auch durch sozial verantwortungsvolle Umsetzung von Maßnahmen bestimmt. Dazu gehört die Berücksichtigung der Rechte und Bedürfnisse lokaler Bevölkerung, die Vermeidung von Flächenkonkurrenz, vor allem mit der Nahrungsmittelproduktion, und die Teilhabe an den sozialen, ökonomischen und ökologischen Mehrwerten von Renaturierung.

Es bedarf einer intensivierten routinemäßigen Sammlung und Bewertung von Informationen über den Zustand terrestrischer Ökosysteme durch Datenerfassung am Boden, aber auch über Fernerkundung. Zur kostengünstigen und breiten Datenerfassung bedarf es neuer und effizienter Methoden und Werkzeuge. Zuverlässige und aktuelle Informationen sind Voraussetzung für eine wirksame Entscheidungsfindung und eine effiziente und skalierbare Umsetzung von Renaturierungsmaßnahmen. Zudem bedarf es eines offenen Austausches standardisierter Daten und Wissensbestände über bewährte Praktiken zum Schutz und zur Wiederherstellung der Landökosysteme. Erfolgreiche Renaturierung auf Landschaftsebene erfordert Institutionen, die auf verschiedenen Ebenen eng miteinander sowie mit politischen Entscheidungsträger*innen und Raumplaner*innen zusammenarbeiten, um Standards für eine systematische Überwachung zu entwickeln und den Zugang zu Daten und Instrumenten zu erleichtern (Willemen et al., 2020). Zudem müssen von diesen Institutionen und Akteuren Standards für eine nachhaltige Durchführung von Renaturierung entwickelt, etabliert, kommuniziert und umgesetzt werden, um die Herstellung oben genannter Vorteile für sämtliche Bezugsgruppen langfristig sicherzustellen.

### Weltweit Renaturierungsmaßnahmen massiv aufstocken und vorantreiben

Die globale Bedeutung von Renaturierungsmaßnahmen für Klimaschutz, Biodiversitätserhaltung und Ernährung spiegelt sich auch in der stark zunehmenden politischen Aufmerksamkeit für dieses Thema. Die Wiederherstellung von Wäldern und Landschaften ist, das zeigt die von den Vereinten Nationen ausgerufene Dekade zur Renaturierung von Ökosystemen (2021–2030), ein inzwischen weltweit anerkannter Ansatz zur Bekämpfung der Degradation terrestrischer Ökosysteme. In den kommenden Jahren sollte das durch diese Dekade entstandene Momentum genutzt werden. Um das im Rahmen der Bonn Challenge gesteckte internationale Ziel der Renaturierung von 350 Mio. ha (bis 2030) weltweiter terrestrischer Ökosysteme zu erreichen (Abb. 3.1-10), bedarf es einer massiven Aufstockung und Beschleunigung von Renaturierungsmaßnahmen, bei der die Renaturierung degradierter Wälder und nicht die Schaffung von Plantagen im Vordergrund stehen sollte (Lewis et al., 2019). 350 Mio. ha entsprechen nur etwa 2% der terrestrischen Erdoberfläche.

### Flächenziel für Renaturierung deutlich erweitern

Das im Rahmen der Bonn Challenge formulierte Flächenziel sollte deutlich erweitert und nicht nur Wiederaufforstung, sondern auch Feuchtgebiete und Graslandschaften adressieren – zumal das Ziel, 30% der Erdoberfläche als Schutzgebiete auszuweisen, auch durch Renaturierungsmaßnahmen unterstützt werden muss.

### Global Partnership on Forest and Landscape Restoration erheblich ausweiten

Die Anzahl der Staaten (derzeit ca. 60), die sich im Rahmen der Global Partnership on Forest and Landscape Restoration (GPFLR) zur Durchführung von Renaturierungsmaßnahmen im Rahmen der Bonn Challenge verpflichtet haben, sollte – den Ausschluss der Errichtung von Plantagen bzw. Monokulturen vorausgesetzt – massiv ausgeweitet werden. Dies wäre gleichermaßen ein Beitrag zu dem Ziel, die globalen Schutzgebietssysteme auf 30% der Erdoberfläche zu erweitern. Dazu sollte Deutschland Koalitionen mit anderen EU-Staaten bilden, um insbesondere Entwicklungsländer finanziell und logistisch bei der Umsetzung von Renaturierungsmaßnahmen zu unterstützen. Die EU Biodiversity Strategy for 2030 ist hierfür beispielgebend. Flankierend sollten bestehende Finanzierungsmechanismen, wie z.B. die GEF oder die Entwicklungsbanken, stärker auf diese Aufgabe ausgerichtet und finanziell gestärkt werden. UN-Environment und die FAO leisten hierzu bereits wichtige konzeptionelle Beiträge.

### NRO und zivilgesellschaftliche Initiativen verstärkt unterstützen

Es bedarf der Auflegung von Förderprogrammen speziell für zivilgesellschaftliche Initiativen und NRO, die Renaturierung umsetzen. Diese benötigen stärkere finanzielle Förderung beispielsweise als Anschubfinanzierung oder zur Deckung von Personalkosten. Gleichzeitig gibt es ein großes Potenzial, existierende Förderinstrumente zu harmonisieren, und eine einheitliche Förderlinie aufbauen. Die unterschiedliche Förderprogramme staatlicher Institutionen (z.B. BMUB, KFW) sollten daher besser abgestimmt werden und ineinander greifen.

### Covid-19 Krisenbewältigungsprogramme für Entwicklungsländer mit nachhaltiger Landnutzung verbinden

Am wenigsten entwickelte Länder (LDCs) verfügen häufig über wertvolle terrestrische Ökosysteme, die von Degradation betroffen sind. Gleichzeitig sind diese Länder besonders den ökonomischen Folgen der Covid-19-Pandemie ausgesetzt. Diese Länder benötigen dringend eine Unterstützung durch Konjunkturprogramme bzw. „stimulus packages", deren Ausgestaltung mit Mehrgewinnstrategien verbunden werden sollte, die nachhaltige Landnutzungspraktiken und den Schutz terrestrischer Ökosysteme, verbunden mit einkommensgenerierenden Maßnahmen, beinhalten. Hier sind IWF, Weltbank und regionale Entwicklungsbanken besonders angesprochen. Die G20 könnte hierfür den politischen Rahmen setzen, zumal Landdegradation auf der Agenda der saudi-arabischen G20 Präsidentschaft 2020 steht.

#### Finanzierungsmechanismen nachhaltig gestalten

Die Förderung von Renaturierungsmaßnahmen erfordert die Berücksichtigung der Komplexität des Themas und den zeitlich langfristigen Horizont der Umsetzung. Finanzierungsprogramme sollten dementsprechend langfristig ausgelegt werden und den Prozess der Renaturierung nicht nur anstoßen, sondern über die Dauer begleiten. Zudem sollte die Finanzierung von Renaturierungsmaßnahmen systemisch gestaltet werden und sämtliche ökologische, soziale und ökonomische Perspektiven mit einbeziehen.

## 3.1.5 Forschungsempfehlungen

### 3.1.5.1 Forschungsempfehlungen: $CO_2$-Entfernung

Der WBGU sieht bislang große und riskante Defizite in der öffentlichen und politischen Wahrnehmung von Methoden zur $CO_2$-Entfernung aus der Atmosphäre und beim Stand von Forschung und Entwicklung. Der WBGU begrüßt vor diesem Hintergrund die neu aufgelegte Förderrichtlinie des BMBF zur Förderung von Projekten zum Thema „Methoden zur Entnahme von atmosphärischem Kohlendioxid (Carbon Dioxide Removal)", die thematisch bereits umfassend diese Defizite adressiert. Aufgrund der nicht nur kurzfristig zentralen Rolle von Methoden zur $CO_2$-Entfernung für den Klimaschutz, sollte diese Förderung langfristig und in angemessenem finanziellen Umfang für die hier aufgeführten Forschungsfragen fortgeführt werden. Erheblicher Forschungs- und Entwicklungsbedarf besteht sowohl mit Blick auf einzelne Technologien und Ansätze zur $CO_2$-Entfernung als auch bei der Frage, wie ein Portfolio von erfolgversprechenden Maßnahmen einen resilienten, nachhaltigen Beitrag zum Klimaschutz leisten kann, etwa im Sinne hoher Resilienz gegenüber klimatischen Veränderungen und möglichst positiven Begleitwirkungen bzw. keine gravierenden negativen Effekte für andere Prioritäten wie Biodiversitätsschutz und Ernährungssicherheit. Gleiches gilt für die notwendigen Strukturen und Mechanismen auf internationaler, nationaler und organisationsbasierter Governance-Ebene, um $CO_2$-Entfernung neben $CO_2$-Vermeidung in die Klimaschutzarchitektur zu integrieren und diese zu finanzieren.

#### Nachhaltige Methoden und Potenziale zur Entfernung von $CO_2$ aus der Atmosphäre ergründen

Um in der zweiten Hälfte des Jahrhunderts global netto-negative Emissionen zu erreichen, bedarf es präziserer Einschätzungen darüber, in welchem Umfang die $CO_2$-Entfernung nachhaltig möglich ist, d.h. technisch, ökonomisch und politisch möglich ohne Nutzungskonflikte im Sinne des Trilemmas der Landnutzung hervorzurufen oder nachhaltige Entwicklungsziele in einem weiteren Sinn zu gefährden. Forschungsbedarf besteht dabei sowohl auf nationaler bzw. regionaler als auch auf internationaler Ebene. Auch für die Formulierung eigenständiger klimapolitischer Zielsetzungen für $CO_2$-Entfernung auf all diesen Ebenen sind diese Erkenntnisse unerlässlich. Zu berücksichtigen sind dabei die technischen und ökologischen Besonderheiten der jeweiligen Ansätze sowie geographische Unterschiede zwischen Ländern bzw. Regionen, sowohl im Hinblick auf länderspezifische Voraussetzungen für die Umsetzung der $CO_2$-Entfernung als auch im Hinblick auf länderspezifische Nachhaltigkeitsrisiken. Zum anderen ist ein tiefergehendes Verständnis über die Abhängigkeit nachhaltiger Potenziale von über den Bereich der Landnutzung hinausreichenden, sozioökonomischen Entwicklungen notwendig. Schließlich gilt es auch, ein genaueres Verständnis von Nutzungskonflikten und Synergien zwischen verschiedenen Methoden der $CO_2$-Entfernung zu entwickeln, sowohl um aggregierte Potenziale nicht zu überschätzen als auch um mit Hilfe geeigneter Kombinationen unterschiedlicher Methoden der $CO_2$-Entfernung größere Skalierung eines einzelnen Ansatzes und damit verbundene Risiken zu vermeiden.

#### Geeignete Governance- und Finanzierungsstrukturen entwickeln

Das Zusammenspiel zwischen bestehenden klimapolitischen Strukturen und neu zu schaffenden Mechanismen, entlang der in den Handlungsempfehlungen skizzierten Leitlinen zum nachhaltigen Ausbau der Möglichkeiten der $CO_2$-Entfernung, sollte eingehend untersucht werden. Dabei sind geeignete regulatorische Rahmenbedingungen, und Finanzierungsinstrumente für einen schnellen und doch umsichtigen Ausbau eines Portfolios an Maßnahmen zu ergründen. Auch gilt es, auf Grundlage eines genaueren Verständnisses der Nachhaltigkeitsrisiken, die mit der Anwendung (landbasierter) $CO_2$-Entfernungsansätze verbunden sind, geeignete und wirkungsvolle „Safeguards" zu entwickeln, die die Einbettung der $CO_2$-Entfernung in einen globalen nachhaltigen Umgang mit Land und landbasierten Ökosystemen sicherstellen und Technikfolgenabschätzungen ernst nehmen. Geeignetes Monitoring, Berichterstattung und Prüfung der erwünschten $CO_2$-Entfernung sind dabei wichtige Komponenten.

### Mit staatlicher Förderung ein breites Portfolio an Methoden erforschen, entwickeln und Marktfähigkeit beschleunigen

Der Großteil von Methoden zur Entfernung von $CO_2$ ist weder technisch noch kommerziell ausgereift, sondern wird derzeit erforscht, entwickelt oder in Demonstrationsanlagen getestet. Bekannte Unsicherheiten, Risiken und potenzielle Mehrgewinne sind hoch, auch für alle Dimensionen des Trilemmas zwischen Klimaschutz, Biodiversität und Ernährungssicherheit. Jedoch zeigen Klimaschutzszenarien, dass insbesondere für eine Begrenzung der globalen Erwärmung auf 1,5 °C bereits bis Mitte des Jahrhunderts beachtliche Mengen an atmosphärischem $CO_2$ entfernt werden müssten. Zentrale Forschungsfragen sind deshalb, welche Anreizstrukturen die Weiterentwicklung sowie einen rapiden und dennoch nachhaltigen Ausbau eines Portfolios an Ansätzen ermöglicht, welche Fördermodelle, politischen Rahmenbedingungen und privaten Geschäftsmodelle sich hierfür eignen und wie eine umsichtige Kombination diverser marktreifer Ansätze in so kurzer Zeit realisiert werden kann. Dabei sind auch Fragen der Ethik zu berücksichtigen, etwa globaler sowie intra- und intergenerationeller Gerechtigkeit. In der Wissenschaft und der Kommunikation wissenschaftlicher Ergebnisse sollten deshalb die möglichen Beiträge von von Emissionsreduktionen und $CO_2$-Entfernung zu klimapolitischen Zielen transparent unterschieden werden.

## 3.1.5.2
## Forschungsempfehlungen: Renaturierung

### Nachhaltiges Potenzial von Renaturierungsmaßnahmen präziser abschätzen

- *Wiederaufforstung:* Über die Flächenziele der Bonn Challenge hinaus gedacht stellt sich die Frage nach dem global nachhaltigen Potenzial für Maßnahmen zur Wiederaufforstung, Wiedervernässung von Feuchtgebieten und Wiederherstellung von Graslandökosystemen. Es bedarf weiterer Forschung um unter Berücksichtigung von Nutzungskonkurrenzen und Schutzerfordernissen besser abschätzen zu können, wie groß die geeigneten (nachhaltigen) Flächenpotenziale sind.
- *Graslandökosysteme:* In ariden Gras-, Strauch- und Weideflächen kann die Degradation durch verminderte Bodenverdichtung, durch Umzäunungen und die Entfernung von Nutztieren rückgängig gemacht werden, aber es gibt keine globalen Schätzungen des Potenzials (Smith et al., 2019b: 600). Hier besteht Forschungsbedarf.

### Entwicklung von Indikatoren vorantreiben und Monitoring-Kapazitäten aufstocken

Es sollten nationale, regionale und globale Netzwerke zum Monitoring von terrestrischen Degradationsprozessen und von Renaturierungsmaßnahmen gestärkt, und wo inexistent, neue Netzwerke etabliert werden. Monitoring durch Feldbeobachtung sollte durch Methoden der Fernerkundung ergänzt werden. Viele der existierenden Indikatoren sind unzureichend, so dass eine Verfeinerung bzw. Neuentwicklung von Indikatoren notwendig ist. Es besteht insbesondere Bedarf an einer genaueren globalen Kartierung und eines präziseren Monitoring der Veränderungsdynamiken (nahe Echtzeit) von Mooren (Crump et al., 2017).

**Qualitätskriterien** für die Aufwertung von Schutzgebietssystemen

**1** — Effektivität und Gerechtigkeit

**2** — Ökologische Repräsentativität

**3** — Vernetzung

**4** — Integration in die Landschaft

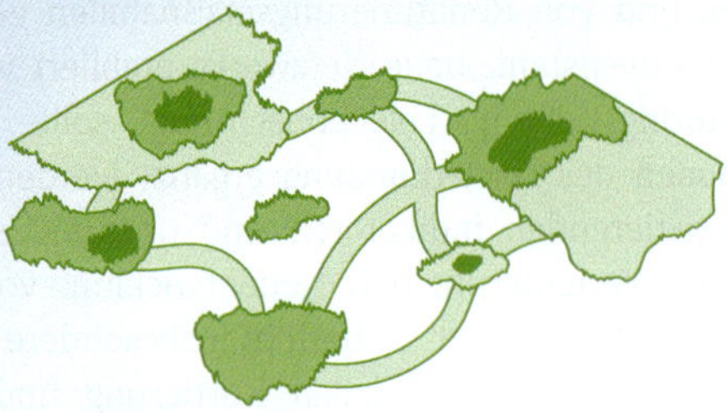

Kernzone

Pflegezone

Entwicklungszone

**Vernetzung** durch Korridore und **Zonierung** von Schutzgebieten: Die Zonen sind schematisch am Beispiel der Biosphärenreservate dargestellt.

**15%** Ist-Zustand

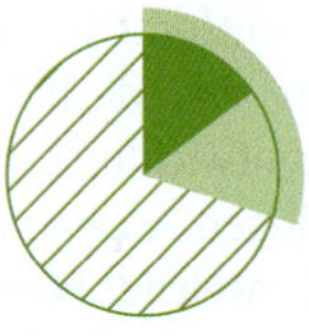

**30%** Soll-Zustand

Derzeit sind 15% der Landfläche unter Schutz. Ziel ist eine Ausweitung der **Schutzgebietssysteme auf 30%.**

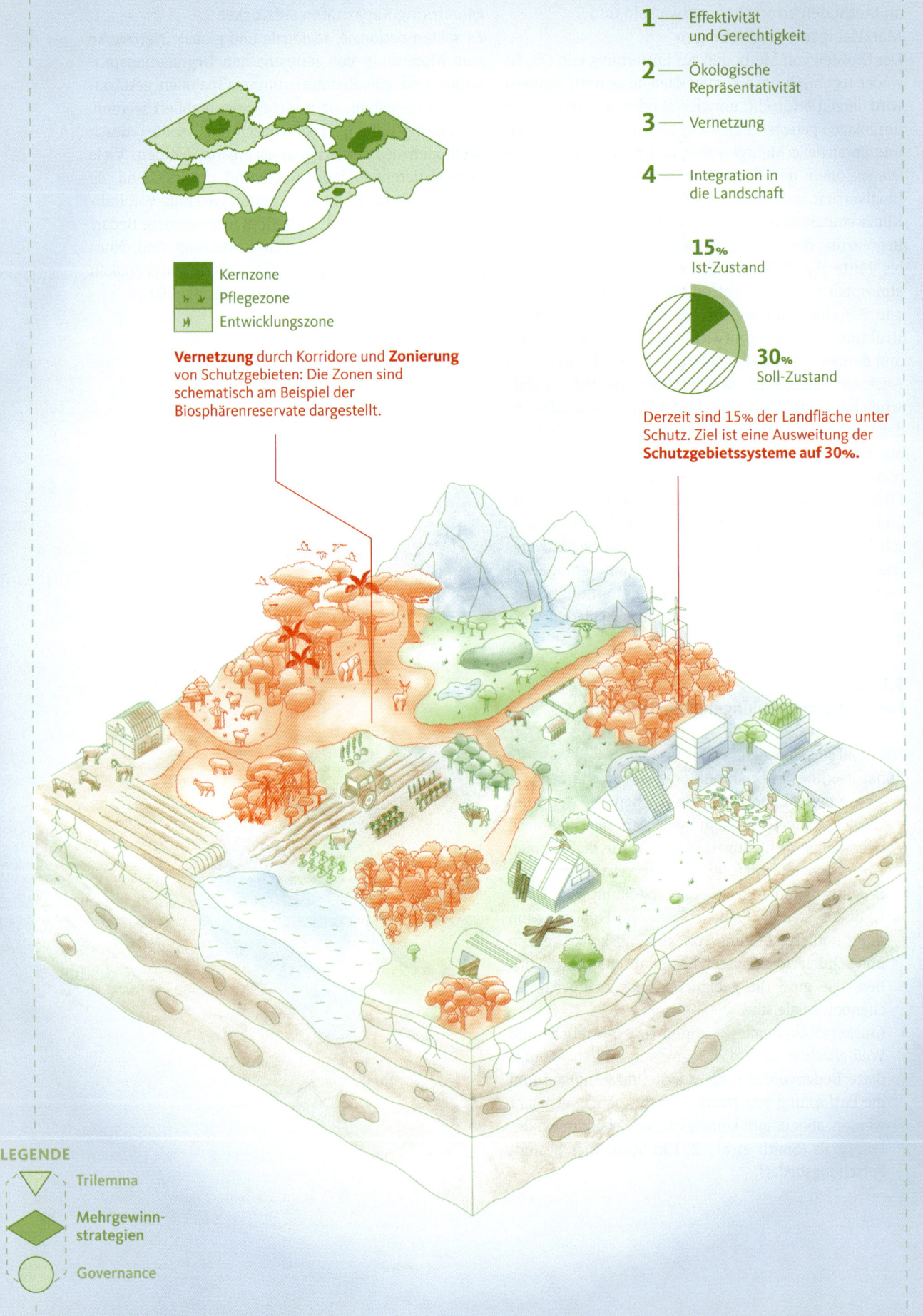

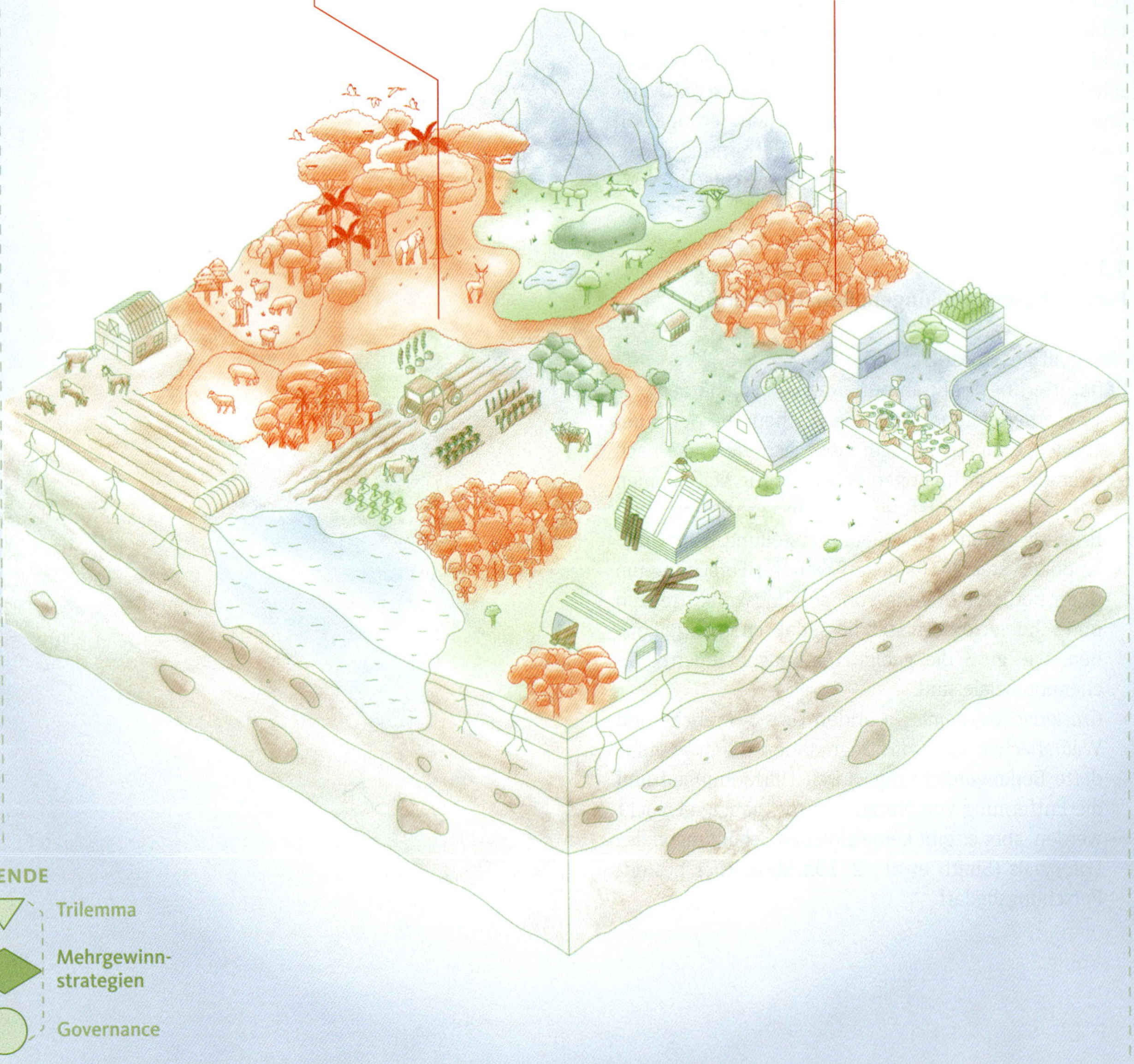

**LEGENDE**

Trilemma

Mehrgewinnstrategien

Governance

## 3.2
## Schutzgebietssysteme ausweiten und aufwerten

Effektive, vernetzte Schutzgebietssysteme bilden das Rückgrat des Ökosystemschutzes und sind unverzichtbar, um die globale Biodiversitätskrise zu stoppen. Das Verhindern einer weiteren Zerstörung von Ökosystemen, insbesondere in den von indigenen Völkern und lokalen Gemeinschaften bewohnten Gebieten, kommt auch dem Klimaschutz zugute. Zudem lassen sich Mehrgewinne für die Ernährungssicherung realisieren. Der WBGU empfiehlt eine Ausweitung terrestrischer Schutzgebietssysteme auf 30% der globalen Landfläche und die konsequente Anwendung international vereinbarter Qualitätskriterien.

### 3.2.1
### Ökosystemschutz: Probleme und Mehrgewinne

Biologische Vielfalt und Ökosystemleistungen sind für die Menschen, die Gesellschaft und die Transformation zur Nachhaltigkeit von entscheidender Bedeutung; dennoch erlebt die Welt derzeit eine Biodiversitätskrise (Kap. 2.2.3), die in den Sachstandsberichten des Weltbiodiversitätsrats IPBES (2018a, 2019a) eindrücklich dargestellt wird. Ein wesentlicher direkter Treiber dieser Krise sind Landnutzungsänderungen, also die Zerstörung und Fragmentierung intakter Ökosysteme vor allem für Zwecke der Land- und Forstwirtschaft sowie für den Aufbau zivilisatorischer Infrastruktur (z.B. Städte, Verkehrs- und Energieinfrastruktur, Bergbau). Dies gilt für Land- und Süßwasserökosysteme gleichermaßen. Der Schwerpunkt der aktuellen Ökosystemzerstörung liegt in den Tropen, wo gleichzeitig auch die größte noch erhaltene biologische Vielfalt beheimatet ist. So verlor zwischen 1990 und 2015 der Naturwaldbestand 290 Mio. ha durch Abholzung (zum Vergleich: die Fläche der EU beträgt ca. 413 Mio. ha), während Holzplantagen, die nur einen Bruchteil der biologischen Vielfalt beherbergen, um 110 Mio. ha wuchsen (IPBES, 2019b: 28). Auch natürliche Feuchtgebiete und Grasland wurden zunehmend für die Landwirtschaft umgewandelt. Parallel hat die Extraktion mineralischer Ressourcen erheblich zugenommen, wobei nicht nur die Zerstörung direkt betroffener Naturflächen, sondern auch die Verschmutzung von Böden und Wasser durch toxische Stoffe mit ihren Folgen für Mensch und biologische Vielfalt besorgniserregend sind. Ein Beispiel hierfür ist der kleinskalige Goldbergbau (etwa in Waldgebieten des Amazonasbeckens), der mit zunehmender Rodung und Degradation von Wäldern, der Vergiftung von Mensch und Umwelt durch Quecksilber sowie einer reduzierten Kohlenstoffsequestrierung auf den betroffenen Flächen einhergeht (Bebbington et al., 2018; Kalamandeen et al., 2020). Weitere wichtige direkte Treiber der biologischen Verarmung von Ökosystemen sind die direkte Übernutzung wildlebender Tierpopulationen und Pflanzenbestände (durch Ernte, Jagd und Fischerei), die Einwanderung invasiver, gebietsfremder Arten, die durch die anthropogenen Handelsströme zwischen den Kontinenten wesentlich getrieben werden sowie – mit stark zunehmender Bedeutung – der Klimawandel (IPBES, 2019b: 28; Kap. 2.2.1). Der WBGU beschränkt sich in Bezug auf Schutzgebiete in diesem Gutachten auf terrestrische und die in ihnen eingebetteten limnischen Ökosysteme (Binnengewässer).

Der zerstörerische Umgang des Menschen mit der Natur wird durch demografische und ökonomische Faktoren getrieben, bei denen vor allem kurzfristige wirtschaftliche Kalküle im Vordergrund stehen, während die Kosten der Zerstörung der Natur in der Regel externalisiert sind. Zudem begünstigen häufig staatliche Subventionen die Ökosystemschäden (OECD, 2019), während die Ausgaben für den Ökosystemschutz zwar steigen, aber noch deutlich niedriger liegen als die Subventionen, die zu ihrer Degradation oder Zerstörung beitragen (IPBES, 2019b: 30; Kap. 3.2.3.7). Ein Grundproblem ist, dass die Ökosystemleistungen als Gemeingüter in den volkswirtschaftlichen Rechnungen und den privatwirtschaftlichen Kalkülen kaum berücksichtigt werden (IPBES, 2019b: 14; Kasten 4.2-4). So bleibt z.B. die Bestäubung von Nutzpflanzen als Ökosystemleistung in ihrem Wert unberücksichtigt, obwohl global mehr als drei Viertel der wichtigsten Nahrungspflanzen für die Ausbildung ihrer Früchte von Bestäubung durch Tiere abhängen (IPBES, 2016).

Diese Verlustdynamik gilt es umzukehren (Leclère et al., 2020). Die Erhaltung von biologischer Vielfalt und Ökosystemleistungen wird zunehmend zu einer Menschheitsaufgabe, denn viele der SDGs sind bei Fortführung der bisherigen Verlustdynamik nicht erreichbar (IPBES, 2019b: 14). Der Schutz der verbliebenen natürlichen und naturnahen Ökosysteme ist hierfür essenziell, ebenso die Aufrechterhaltung traditioneller nachhaltiger Nutzung in alten Kulturlandschaften. Es gilt Wege für den Ökosystemschutz zu finden, die nicht nur eine langfristige Erhaltung von biologischer Vielfalt und Ökosystemleistungen ermöglichen sondern auch die Synergien mit den anderen Dimensionen des Trilemmas (Klimawandel und Ernährungssicherung; Kap. 2.2) verdeutlichen (WWF International, 2020a):

- *Ökosystemschutz und die Biodiversitätskrise:* Die Erhaltung intakter Ökosysteme ist der entscheidende Ansatz für die Lösung der Biodiversitätskrise (IPBES, 2019b; CBD, 2010a; Kap. 2.2.3) und daher seit langer Zeit fest in Wissenschaft und Governance verankert (WBGU, 2000: 138ff.). Dabei geht es keineswegs nur um Primärökosysteme, die bisher kaum menschlichem Einfluss ausgesetzt waren. Auch die Kulturlandschaften müssen in den Blick genommen werden, die z. B. in Europa über sehr lange Zeiträume in Koevolution mit nachhaltiger Nutzung entstanden sind, reich an standorttypischer biologischer Vielfalt sind und sich nur durch Aufrechterhaltung der nachhaltigen Nutzung (oder entsprechender Landschaftspflege) bewahren lassen. Der Schutz von Ökosystemen ist zudem sehr eng verknüpft mit ihrer Renaturierung, die für die Lösung der Biodiversitätskrise eine weitere unverzichtbare Strategie darstellt (Kap. 3.1; IPBES, 2018a: 353; Sanderson et al., 2018). Weitere Flächenumwandlungen und damit die Zerstörung intakter Ökosysteme zu stoppen, ist im multilateralen Zielkanon bereits verankert (CBD, 2010a). Diese Zielsetzung geht weit über formale, aus einzelnen Schutzgebieten zusammengesetzte Schutzgebietssysteme hinaus, bezieht Wildnis und die von indigenen Völkern und lokalen Gemeinschaften (Indigenous Peoples and Local Communities, IPLCs) *de facto* geschützten Gebiete ein und ist als eine generelle Aufgabe in der Gestaltung und Nutzung von Landschaft anzusehen (Kap. 3.2.3). Aktuelle Szenarien zeigen, dass gesteigerte Anstrengungen für Ökosystemschutz und Renaturierung wesentlichen positiven Einfluss auf die Zukunft der Biodiversität haben (Leclère et al., 2020).
- *Ökosystemschutz und die Klimakrise:* Die gleichzeitige Bewältigung der parallel ablaufenden Biodiversitäts- und Klimakrisen ist eine große Herausforderung (Dinerstein et al., 2020; Barbier et al., 2020). Dabei gibt es entscheidende Wechselwirkungen (Melillo et al., 2016): Auf der einen Seite ist die Aufnahme von $CO_2$ aus der Atmosphäre ($CO_2$-Senkenfunktion) und dessen Umwandlung in Biomasse eine Ökosystemleistung (IPBES, 2019b: 23) und die Erhaltung natürlicher Kohlenstoffvorräte und -senken für den Klimaschutz von großer Bedeutung (Kap. 2.2.1). Die Zerstörung intakter Ökosysteme für die Landwirtschaft bedeutet auch die Freisetzung zusätzlicher klimaschädlicher $CO_2$-Emissionen. Ein nachhaltiger Umgang mit Land wird, neben dem Ausstieg aus der Nutzung fossiler Energieträger, daher für die Erreichung der Klimaziele des Pariser Übereinkommens als entscheidend angesehen (Kap. 2.3; Griscom et al., 2017). Auf der anderen Seite ist der anthropogene Klimawandel ein wichtiger und zunehmend stärker werdender Treiber der Biodiversitätskrise und eine Bedrohung für Ökosysteme (IPBES, 2019b: 13,16). Auch bislang temperaturstabile Regionen, die oft auch Hotspots für Biodiversität sind (z. B. Philippinen oder Madagaskar, Mittermeier et al., 1999: 53), werden zunehmend vom Klimawandel gefährdet (Brown et al., 2020). Der anthropogene Klimawandel könnte das Aussterben eines Sechstels der Arten verursachen (Urban, 2015). Gleichzeitig verschieben sich nicht nur die Populationen wildlebender Arten, sondern auch die weltweiten Muster landwirtschaftlicher Anbausysteme polwärts sowie bergwärts und verursachen dadurch zusätzliche Herausforderungen für Schutzgebietssysteme sowie neue Bedrohungen für biologische Vielfalt und Ökosysteme (Loarie et al., 2009; Hannah et al., 2020). Die Eindämmung der Klimakrise ist also gleichzeitig ein entscheidender Faktor für die Bewältigung der Biodiversitätskrise.
- *Ökosystemschutz und die Ernährungskrise:* Verstärkte Nahrungsproduktion verursacht und verschärft die Biodiversitätskrise durch industrielle Nutzung von Agrarflächen und die Umwandlung natürlicher Ökosysteme in Agrarland sowie die dadurch steigende Landnutzungskonkurrenz (Kap. 2.2.2). Als sehr relevante Leistung von (häufig geschützten) Ökosystemen im Kontext Ernährung ist zudem die Versorgung mit Trinkwasser zu nennen; ein Drittel der 100 größten Städte der Welt hängen für ihre Trinkwasserversorgung signifikant von bewaldeten Schutzgebieten ab (Dudley und Stolton, 2003; Dudley und Hamilton, 2010). Naturnahe Ökosysteme bieten zudem positive, teils unverzichtbare Ökosystemleistungen für die Landwirtschaft in der umgebenden Landschaft (z. B. Bestäubung; IPBES, 2016; Kap. 3.3). Die Erhaltung derjenigen Wildarten, die nah mit Kulturpflanzen verwandt sind, ist für die Resilienz und Weiterzüchtung der Kulturpflanzen von entscheidender Bedeutung (Kap. 3.2.3.2). Ihr Schutz in ihren natürlichen Lebensräumen ist daher ein weiterer Beitrag zur langfristigen Ernährungssicherung. Schließlich trägt der Schutz der von IPLCs in traditioneller Weise bewohnten und genutzten Gebiete direkt zur Ernährungssicherung und -souveränität dieser Menschen bei und ist zentral zur Sicherung ihres Lebensstils (Kap. 3.2.3.5; Pimbert und Borrini-Feyerabend, 2019).

Schutzgebietssysteme sind nicht nur sehr effektive Instrumente für den Ökosystemschutz und damit für die Erhaltung von biologischer Vielfalt und Ökosystemleistungen, sondern bieten darüber hinaus strategische Mehrgewinne für die in diesem Gutachten besonders betrachteten Themen Klimaschutz und Ernährung (Trilemma der Landnutzung, Kap. 2.2). In Kapitel 3.2.3

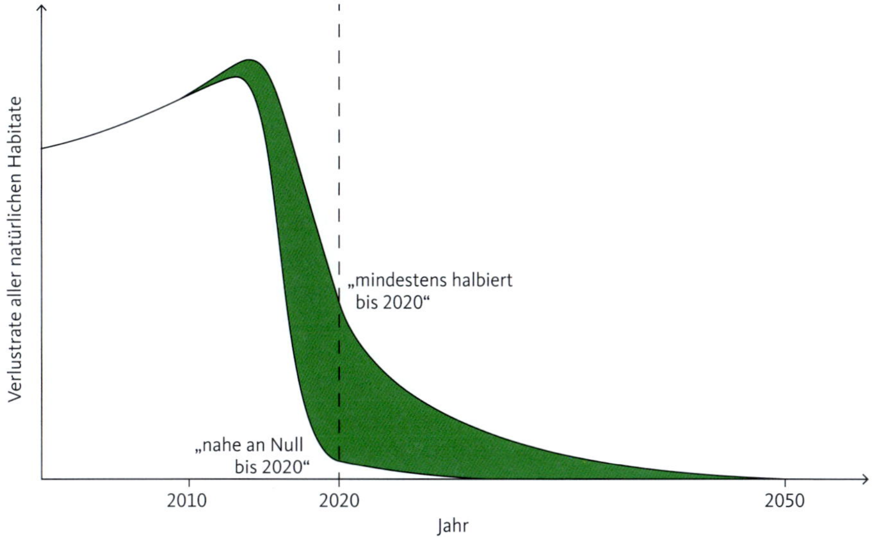


**Abbildung 3.2-1**
Globale Entwicklungspfade der Verlustrate natürlicher Habitate, schematische Darstellung. Diese Abbildung verdeutlicht die große Herausforderung des Aichi-Ziels 5 zum Zeitpunkt der Vereinbarung der Aichi-Ziele der CBD im Jahr 2010. Das Ziel 5 sieht vor, dass die Verlustrate aller natürlichen Habitate bis 2020 mindestens halbiert („at least halved") und wenn möglich nahe an Null („close to zero") gebracht werden soll. Bis 2010 ist schematisch die beobachtete Verlustrate dargestellt. Grün unterlegt ist der Bereich, in dem der Pfad nach 2010 hätte verlaufen müssen, um das Aichi-Ziel 5 zu erreichen. Innerhalb weniger Jahre hätte eine drastische Trendwende erfolgen müssen. Die bis heute beobachtbare Trajektorie der Verlustrate hat aber keineswegs diese notwendige Trendwende vollzogen. Das Aichi-Ziel 5 wird daher deutlich verfehlt werden (SCBD, 2020:52).
Quelle: WBGU, 2014:31; Text der Abbildungsunterschrift z.T. wörtlich übernommen

werden daher Schutzgebietssysteme als Mehrgewinnstrategie untersucht.

### 3.2.2 Internationale Ziele für den Ökosystemschutz

Das Themenfeld Ökosystemschutz lässt sich gut mit dem normativen Kompass des WBGU (Kasten 2.3-1; Konzept und Beispiele in WBGU, 2016a:137ff.; WBGU, 2019b:35ff.) vereinbaren und kann knapp wie folgt in seine drei Kategorien einordnet werden:

- *Erhaltung der natürlichen Lebensgrundlagen:* Der WBGU hat im Einklang mit multilateralen Zielsetzungen (Kap. 3.2.2) als planetarische Leitplanke vorgeschlagen, den Verlust von biologischer Vielfalt und Ökosystemleistungen zu stoppen. Das Ziel sollte sein, die unmittelbaren anthropogenen Treiber des Verlusts biologischer Vielfalt bis spätestens 2050 zum Stillstand zu bringen (WBGU, 2014:4).
- *Teilhabe:* Zur Realisierung gesellschaftlicher und politischer Teilhabe für alle Menschen gehört auch, dass sie sich in das Management und die Gestaltung ihrer natürlichen Umgebung einbringen können. Für IPLCs ist zudem ökonomische Teilhabe an Ökosystemleistungen von großer Bedeutung, daher sollten sie beim Ökosystemschutz allgemein und am Management von Schutzgebieten speziell partizipieren können (z.B. Kap. 3.2.3.5)
- *Eigenart:* Die soziokulturelle Diversität als Kernelement der Eigenart ist für viele Menschen – insbesondere IPLCs – eng verknüpft mit biologischer Diversität, Ökosystemen und ihren Leistungen sowohl in natürlichen Ökosystemen als auch in Kulturlandschaften (UNEP, 1999). Mit deren Zerstörung geht auch traditionelles Wissen über die Natur verloren, das u.a. für die Klimaanpassung und die Erhaltung und Erforschung von Kultur- und Heilpflanzen von Wert ist (Nakashima et al., 2012; Câmara-Leret et al., 2019).

Im Folgenden wird der multilaterale Zielkanon für den gesamten Ökosystemschutz erläutert; speziell für Schutzgebietssysteme wird die Zielerreichung in Kapitel 3.2.3.3 diskutiert.

„Leben in Harmonie mit der Natur" ist gleichzeitig Titel und Vision des Strategischen Plans der Biodiversitätskonvention 2011–2020 (CBD, 2010a). Gemeinsam mit der „Mission", effektive und dringende Maßnahmen zu ergreifen, um den Verlust biologischer Vielfalt zu stoppen, sowie den konkreten Zielsetzungen des

Plans (derzeit die „Aichi-Biodiversitätsziele", ab 2021 die entsprechenden Post-2020-Ziele; CBD, 2020) kann dies als übergreifendes, multilateral anerkanntes Zielbild für den Umgang mit der Natur gelten. Exemplarisch seien hier drei der 20 Aichi-Ziele genannt, die entweder im konkreten Bezug zu Ökosystemschutz stehen oder zur Finanzierung (CBD, 2010a):

- Das *Aichi-Ziel 5* bezieht sich auf die Reduktion der Treiber: „Bis 2020 ist die Verlustrate aller natürlichen Lebensräume einschließlich Wäldern mindestens um die Hälfte und, soweit möglich, auf nahe Null reduziert und die Verschlechterung und Fragmentierung erheblich verringert." Die Umsetzung dieses Ziels ist eine große Herausforderung, wie Abbildung 3.2-1 veranschaulicht, und wird weit verfehlt werden (SCBD, 2020: 52ff.). Umso wichtiger ist eine Betrachtung der Barrieren und Akteure, die bei der Eindämmung der Treiber eine Rolle spielen (Kap. 3.2.3.4).
- Das *Aichi-Ziel 11* bezieht sich auf Schutzgebietssysteme und nennt sowohl Quantitätsziele (konkrete Flächenziele) als auch Qualitätskriterien: „Bis 2020 sind mindestens 17% der Land- und Binnenwassergebiete und 10% der Küsten- und Meeresgebiete, insbesondere Gebiete von besonderer Bedeutung für die biologische Vielfalt und für die Ökosystemleistungen, durch effektiv und gerecht gemanagte, ökologisch repräsentative und gut vernetzte Schutzgebietssysteme und andere wirksame gebietsbezogene Erhaltungsmaßnahmen geschützt und in die umgebende (terrestrische/marine) Landschaft integriert." Die Zielerreichung für Schutzgebietssysteme und die notwendige Anhebung der Ziele werden in Kapitel 3.2.3.3 gesondert betrachtet.
- Im *Aichi-Ziel 20* wird vereinbart, bis 2020 die Mobilisierung finanzieller Ressourcen wesentlich zu steigern. Der Plan betont, dass die Umsetzung in Entwicklungsländern von den finanziellen Beiträgen der Industrieländer abhängt und weist die Globale Umweltfazilität (Global Enviroment Facility, GEF) als Finanzierungsmechanismus der CBD an, adäquate, rechtzeitige und vorhersehbare finanzielle Unterstützung zu leisten. Das Ziel wurde nur zum Teil erreicht; der Ausweitung der Naturschutzfinanzierung stehen nach wie vor erhebliche Subventionen gegenüber, die Biodiversität schädigen (SCBD, 2020: 44, 120).

Die *Agenda 2030 der Vereinten Nationen* (UNGA, 2015) stützt sich in ihrer Zielformulierung auch auf die Arbeit der CBD. Für den Schutz terrestrischer Ökosysteme besonders relevant ist das SDG 15: „Landökosysteme schützen, wiederherstellen und ihre nachhaltige Nutzung fördern, Wälder nachhaltig bewirtschaften, Desertifikation bekämpfen, Bodendegradation beenden und umkehren und dem Verlust der biologischen Vielfalt ein Ende setzen", das u.a. das Ziel setzt, bis 2020 den Schutz, die Renaturierung und die nachhaltige Nutzung terrestrischer Ökosysteme und ihrer Leistungen zu sichern. Auch in der Agenda 2030 gibt es ein Finanzierungsziel: „15.a: Finanzielle Mittel aus allen Quellen für die Erhaltung und nachhaltige Nutzung der biologischen Vielfalt und der Ökosysteme aufbringen und deutlich erhöhen".

Übergreifend ist festzustellen, dass die globale Zielsetzung bei Ökosystem- und Biodiversitätsschutz differenziert und angemessen ist, aber die Zielerreichung sehr unbefriedigend bleibt. Schon die Ziele des ersten Strategischen Plans der Biodiversitätskonvention (2002–2010; CBD, 2002) wurden verfehlt, und auch bei der Umsetzung des aktuellen Strategischen Plans (2010–2020; CBD, 2010a) wurde auf globaler Ebene keines der 20 Ziele vollständig und lediglich sechs der Ziele teilweise erreicht (SCBD, 2020; Kap. 3.2.3.3). Die Trends sind trotz der bisherigen Maßnahmen weiterhin für Biodiversität und die weitaus meisten Ökosystemleistungen negativ (IPBES, 2019a: Ch. 2.3.6; IPBES, 2019b: 14). Die Ziele können in Business-as-usual-Szenarien nicht erreicht werden, und weitere Szenarienanalysen zeigen, dass die Natur und ihre Beiträge für die Menschen ohne einen transformativen Kurswechsel drastisch degradieren werden (Díaz et al., 2019). Die Ausrufung einer „UN-Dekade für Ökosystemrenaturierung" (2021–2030; Kap. 3.1) direkt anschließend an die „UN-Dekade biologische Vielfalt" (2011–2020) macht deutlich, dass erheblich stärkere Bemühungen erforderlich sind, um die Vision der CBD eines Lebens in Harmonie mit der Natur zu verwirklichen. Die aktuelle Diskussion um ein Apex-Ziel der CBD wird im Kasten 4.4-3 aufgegriffen.

### 3.2.3
### Die Ausweitung und Aufwertung von Schutzgebietssystemen als Mehrgewinnstrategie

Schutzgebietssysteme können zu allen drei Dimensionen des Trilemmas (Kap. 2.2) beitragen, werden daher in diesem Kapitel 3.2 als Mehrgewinnstrategie behandelt und danach exemplarisch auf *drei Schwerpunktthemen* fokussiert: die Leistungen der IPLCs für den Ökosystemschutz (Kap. 3.2.3.5), die Integration von Schutzgebietssystemen in die Landschaft (Kap. 3.2.3.6) sowie die Finanzierung von Schutzgebietssystemen (Kap. 3.2.3.7).

Diese Mehrgewinnstrategie ist eingebettet in den größeren Kontext einer Transformation zur Nachhaltigkeit (WBGU, 2011). Der Begriff „transformative change" spielt daher eine zunehmend wichtige Rolle in den wissenschaftlichen und politischen Diskursen über Ökosysteme und biologische Vielfalt (Díaz et al., 2019; IPBES, 2019b: 14; SCBD, 2020). Die den Ökosystemschutz betreffenden gesellschaftlichen, wirtschaftlichen und politischen Ansatzpunkte für diesen transformativen Wandel liegen allerdings zum erheblichen Teil außerhalb der Schutzgebiete. Solche Ansatzpunkte sind z. B. die Treiber, die über Fernwirkungen zu Ökosystemzerstörungen in- und außerhalb von Schutzgebieten führen, die Gestaltung von Rahmenbedingungen für eine Wertschätzung von Ökosystemen und ihren Leistungen (Kasten 4.2-4) sowie die Unterstützungsoptionen für private Akteure und durch Industrieländer in internationalen Kooperationsgemeinschaften (Kap. 4.5).

### 3.2.3.1 Schutzgebietssysteme als Instrumente des Ökosystem- und Biodiversitätsschutzes

Vielen der in den Kapiteln 2.2.3 und 3.2.1 genannten Treiber der Biodiversitätskrise kann mit der Ausweisung und Aufwertung von Schutzgebieten begegnet werden, in denen die Erhaltung biologischer Vielfalt Priorität genießt. Es ist in Wissenschaft und Governance weithin anerkannt, dass Schutzgebietssysteme unverzichtbare und wirksame Instrumente für die Erhaltung von Ökosystemen, ihren Leistungen und biologischer Vielfalt sind (IPBES, 2018a: 488, 2019a: Ch. 2.1; IUCN, 2014; CBD, 2004; UNEP-WCMC, 2018; Leclère et al., 2020; Jones et al., 2018; Gaston et al., 2008).

Bei *Schutzgebieten* geht es zum einen um die nach nationalem oder internationalem Naturschutzrecht formal ausgewiesenen Schutzgebiete (protected areas), in denen effektiver Ökosystem- und Biodiversitätsschutz die prioritäre Zielsetzung ist. Diese werden vom IUCN folgendermaßen definiert: „Ein klar definierter geographischer Raum, der anerkannt, gewidmet und verwaltet wird, um durch rechtliche oder andere wirksame Mittel die langfristige Erhaltung der Natur mit den damit verbundenen Ökosystemleistungen und kulturellen Werten zu erreichen." (IUCN, 2008; Kasten 3.2-1). Zum anderen kommen weitere effektive flächenbasierte Schutzmaßnahmen hinzu (conserved areas), die dauerhaft positive Ergebnisse für die *In-situ*-Erhaltung biologischer Vielfalt erbringen können (Other Effective Area-Based Conservation Measures, OECM: CBD, 2018d; Woodley et al., 2019). Dazu gehören neben z. B. privaten Schutzgebieten insbesondere Gebiete, die von IPLCs im Kontext ihres traditionellen Lebensstils genutzt und geschützt werden (Kap. 3.2.3.5; CBD, 2018b; UNEP-WCMC, 2016a; IUCN, 2017).

Entgegen häufiger Missverständnisse geht es bei Schutzgebieten keineswegs um das Ausschließen jeglicher Nutzung jenseits des Naturschutzes, sondern lediglich um die *Priorität* des Naturschutzes. Dies lässt sich mit nachhaltiger Nutzung oft vereinbaren und ist teils sogar synergetisch darauf angewiesen, z. B. bei der Erhaltung extensiver Weidewirtschaft oder hinsichtlich des Ackerbaus in Kulturlandschaften. Daher gibt es ein abgestuftes System von Schutz und nachhaltiger Nutzung, das vom strikten Schutz bis zur Zulassung spezifischer, nachhaltiger Ressourcennutzung reicht, z. B. im Rahmen von Kulturlandschaften. Der IUCN (2008) hat hierzu eine differenzierte Einteilung der Schutzgebiete mit sechs Kategorien erarbeitet (Kasten 3.2-1). In den Biosphärenreservaten der UNESCO sind drei Zonen definiert (UNESCO-MAB, 2020; BfN, 2020):

- die *Kernzone* (core zone, sicher geschützte Gebiete ohne menschliche Nutzung),
- die *Pflegezone* (buffer zone, umgibt die Kernzone und dient der Erhaltung und Pflege von Ökosystemen, die durch Nutzung entstanden oder beeinflusst sind; kann u. a. für Umweltbildung, Erholung, Ökotourismus und Forschung genutzt werden) sowie
- die *Entwicklungszone* (transition zone, umgibt die Pflegezone, dient der Umsetzung nachhaltiger Entwicklung, kann u. a. nachhaltige Nutzung erlauben und Siedlungen enthalten).

Ein aus einzelnen Schutzgebieten zusammengesetztes *Schutzgebietssystem* sollte folgende Kriterien erfüllen (CBD, 2010a; CBD, 2004; Kap. 3.2.3.3): (1) Das System sollte in Bezug auf die Schutzziele wirksam sein; (2) es sollte gerecht betrieben werden – Planung und Betrieb der Schutzgebiete sollten also in die Gesellschaft integriert sein (u. a. mittels Partizipation der Stakeholder, darunter der IPLCs, Kap. 3.2.3.5); (3) das System sollte ökologisch repräsentativ sein, also die genetische, Arten- und Ökosystemvielfalt möglichst gut abdecken; (4) die einzelnen Schutzgebiete sollten untereinander gut vernetzt sein (z. B. durch Korridore für die Wanderung von Populationen, auch über nationale und bioregionale Grenzen hinweg); (5) das System sollte im Sinn eines integrierten Landschaftsansatzes (Kasten 2.3-3) in die umgebende, meist durch Land- und Forstwirtschaft oder Siedlungen geprägte Landschaft integriert sein (Kap. 3.2.3.6; Winter et al., 2018).

Dieses letzte Kriterium der *Landschaftsintegration* ist besonders wichtig. Zwar ist ohne Schutzgebietssysteme Biodiversitätsschutz unmöglich, aber allein sind sie nicht ausreichend, um den Verlust der biologischen Vielfalt aufzuhalten. Aus diesem Grund wird in Kapitel 3.2.3.6 ein Fokus auf die Bedeutung von Schutzgebietssystemen in der Landschaft gelegt (zum integrierten Landschaftsansatz: Kasten 2.3-3).

**Kasten 3.2-1**
**Definition und Kategorien von Schutzgebieten**

**Definition**
IUCN definiert ein Schutzgebiet als „ein klar definierter geografischer Raum, der aufgrund rechtlicher oder anderer wirksamer Mittel anerkannt und gemanagt wird und dem Erreichen eines langfristigen Schutzes und Erhalts der Natur sowie der darauf beruhenden Ökosystemleistungen und kulturellen Werte dient".

**Kategorien**
Die Definition wird durch *sechs Managementkategorien* (eine davon mit einer Unterteilung) erweitert, die im Folgenden zusammengefasst werden. Das deutsche Naturschutzrecht orientiert sich ebenfalls an diesen Kategorien.

*Ia Strenges Naturschutzgebiet/Wildnisgebiet:* Streng geschützte, für Schutz und Erhalt der biologischen Vielfalt und gegebenenfalls auch der geologischen/geomorphologischen Merkmale ausgewiesene Gebiete, in denen zur Sicherung der Naturwerte das Betreten, die Nutzung und Eingriffe durch den Menschen streng kontrolliert und stark eingeschränkt sind. Diese Schutzgebiete können als unentbehrliche Referenzgebiete für Forschungs- und Monitoringzwecke dienen.

*Ib Wildnisgebiet:* In der Regel ausgedehnte ursprüngliche oder (nur) leicht veränderte Gebiete, die ihren natürlichen Charakter bewahrt haben, in denen keine ständigen oder bedeutenden Siedlungen existieren; Schutz und Management dienen dazu, den natürlichen Zustand zu erhalten.

*II Nationalpark:* Zur Sicherung großräumiger ökologischer Prozesse ausgewiesene, großflächige natürliche oder naturnahe Gebiete oder Landschaften samt ihrer typischen Arten- und Ökosystemausstattung, die auch eine Basis für umwelt- und kulturverträgliche geistig-seelische Erfahrungen und Forschungsmöglichkeiten bieten sowie Bildungs-, Erholungs- und Besucherangebote machen.

*III Naturmonument oder Naturerscheinung:* Zum Schutz einer besonderen Naturerscheinung ausgewiesene Schutzgebiete, die eine Geländeform, einen Berg unter dem Meeresspiegel, eine Unterwasserhöhle, ein geologisches Merkmal – etwa eine Grotte – oder auch ein lebendes Element – etwa ein uralter Baumbestand – sein kann. Es handelt sich dabei in der Regel um relativ kleine Schutzgebiete, die häufig sehr attraktiv für Besucher sind.

*IV Biotop/Artenschutzgebiet mit Management:* Mit diesen Schutzgebieten werden Arten oder Lebensräume geschützt, das Schutzgebietsmanagement trägt diesem Ziel Rechnung. Viele Schutzgebiete der Kategorie IV benötigen regelmäßige aktive Eingriffe, um die Anforderungen bestimmter Arten oder Lebensräume sichern zu können – doch das ist für diese Kategorie keine Bedingung.

*V Geschützte Landschaft/geschützte Meeresregion:* Ein Schutzgebiet, in dem das Zusammenwirken von Mensch und Natur im Laufe der Zeit eine Landschaft von besonderem Charakter mit herausragenden ökologischen, biologischen, kulturellen und landschaftlichen Werten geformt hat und in dem die ungestörte Fortführung dieses Zusammenwirkens für den Schutz und Erhalt des Gebietes und seiner zugehörigen Naturschutz- und anderen Werte unerlässlich ist.

*VI Schutzgebiet mit nachhaltiger Nutzung der natürlichen Ressourcen:* Diese Schutzgebiete schützen und erhalten Ökosysteme und Lebensräume samt den damit verbundenen kulturellen Werten und traditionellen Systemen des Managements natürlicher Ressourcen. Die Gebiete sind in der Regel großflächig sowie überwiegend in natürlichem Zustand und zu einem gewissen Teil für ein nachhaltiges Ressourcenmanagement bestimmt, wobei eine in geringem Umfang betriebene naturverträgliche, nicht industrielle Nutzung der natürlichen Ressourcen als eines der Hauptziele des Gebietes betrachtet wird.

Das vorrangige Ziel sollte für mindestens drei Viertel der Fläche des Schutzgebiets gelten – die 75%-Regel.

**Governance-Typen**
Der IUCN unterscheidet für Schutzgebiete vier Governance-Typen (eine Beschreibung, wer die Autorität und Verantwortung für das Schutzgebiet trägt), denen jeweils beliebige Managementziele zugewiesen werden können:

- *Verwaltung durch den Staat (governance by government):* Föderales oder nationales Ministerium/Behörde ist zuständig; subnationales Ministerium/Behörde ist zuständig; von der Regierung delegiertes Management (z.B. an NRO);
- *Geteilte Verwaltung (shared governance):* Ko-Management (verschiedene Grade der Einflussnahme); gemeinsames Management (pluralistisches Management-Gremium); grenzüberschreitendes Management (verschiedene Ebenen über internationale Grenzen hinweg);
- *Private Verwaltung (private governance):* durch individuelle Eigentümer; durch gemeinnützige Organisationen (NRO, Universitäten, Genossenschaften); durch gewinnorientierte Organisationen (Einzelpersonen oder Unternehmen);
- *Verwaltung durch indigene Völker und lokale Gemeinschaften (governance by indigenous peoples and local communities): (1) Von indigenen Völkern eingerichtete und verwaltete Gebiete und Territorien, (2) von lokalen Gemeinschaften eingerichtete und verwaltete Schutzgebiete.*

Quellen: IUCN, 2008; Übersetzung nach EUROPARC Deutschland, 2010

### 3.2.3.2
### Mehrgewinne in Schutzgebietssystemen

Schutzgebietssysteme haben zunächst die prioritäre Zielsetzung, zum Ökosystem- und Biodiversitätsschutz beizutragen. Angesichts der systemischen Zusammenhänge und des steigenden Nutzungsdrucks (Kap. 2) ist es zudem sinnvoll, in den zu vergrößernden Schutzgebieten Mehrgewinne zu realisieren, solange sich das mit dem prioritären Ziel des Naturschutzes vereinbaren lässt (Stolton und Dudley, 2010). Dieses Kapitel beleuchtet, wie innerhalb der Schutzgebietssysteme selbst, aber auch im Konnex mit der umliegenden Landschaft, gegensätzlich scheinende Interessen besser miteinander vereinbart werden können. Die Mehrgewinne im Kontext des in Kapitel 2.2 beschriebenen Trilemmas der Landnutzung stehen hier im Vordergrund; die vielen anderen positiven Wirkungen (z.B. für die Bereitstellung von Wasser und genetischen Ressourcen für die Entwicklung von Pharmaka, Verringerung von Naturkatastrophen, nachhaltigen Tourismus; Stolton und Dudley, 2010) können hier nicht behandelt werden.

### Durch Ausbau der Schutzgebietssysteme mehrfache Verluste verhindern

Für den Klimaschutz (Kohlenstoffvorrats- und -senkenschutz) können Schutzgebietssysteme effektive Instrumente sein. Die Bewahrung intakter Ökosysteme, die sowohl reich an biologischer Vielfalt sind als auch Kohlenstoff speichern, bieten einen doppelten Gewinn für Biodiversitäts- und Klimaschutz (Field et al., 2020; Jantke et al., 2016). Schutzgebiete sind derzeit für 20% der Kohlenstoffaufnahme aller Landökosysteme verantwortlich (0,5 Pg C pro Jahr; Melillo et al., 2016). Mit einem strategischen Ausbau der Schutzgebietssysteme können die parallel ablaufenden Biodiversitäts- und Klimakrisen also gleichzeitig angegangen werden. Aus systemischer Sicht kann dies allerdings nur effektiv sein, wenn der durch indirekte Landnutzungsänderungen verschobene Nutzungsdruck mit flankierenden Strategien aufgefangen werden kann (WBGU, 2009). So wird ein Beitrag geleistet, um die Fortsetzung der gegenwärtigen Lose-lose-Situation intolerierbarer Verluste biologischer Vielfalt und hoher THG-Emissionen aus Konversion der letzten noch verbliebenen intakten Ökosysteme zu verhindern.

Zu den intakten terrestrischen Ökosystemen gehören insbesondere tropische Wälder sowie Moore. So ist z.B. der Amazonas ein Hotspot der biologischen Vielfalt und dort sind in Schutzgebieten und indigenen Territorien mehr als die Hälfte des oberirdischen Kohlenstoffs der Region gespeichert; gleichzeitig sind dort aber nur 10% des Kohlenstoffnettoverlusts entstanden (Walker et al., 2020). Tropische Schutzgebiete bewirkten zudem eine Reduktion der Abholzung der Wälder, so dass dort im Zeitraum 2000–2012 die entsprechenden $CO_2$-Emissionen um 29% verringert werden konnten (Bebber und Butt, 2017). Durch Erhaltung und Stärkung natürlicher ökosystemarer Kohlenstoffsenken und -speicher erhält und stärkt man die Entfernung von $CO_2$ aus der Atmosphäre (Kap. 3.1; Di Marco, 2016). Im Amazonas weisen die Trends allerdings derzeit in die falsche Richtung: Die Kohlenstoffverluste haben zwischen 2012 und 2016 um 200% zugenommen, wobei nicht nur großflächige Waldrodung relevant ist, sondern auch Walddegradation und -störung für etwa die Hälfte der Verluste verantwortlich sind (Walker et al., 2020).

Für die Realisierung eines doppelten Gewinns für Biodiversitätserhaltung und Klimaschutz sind die Gebiete von großer Bedeutung, in denen die IPLCs Rechte ausüben und die durch sie vor Zerstörung geschützt werden. Durch Stärkung dieser Schutzwirkung lässt sich zudem ein weiterer Gewinn erzielen: die Bewahrung der traditionellen Lebensstile und Identität sowie der kulturellen Vielfalt. Dies schließt die Ernährung indigener Völker aus den intakten Ökosystemen sowie die Bewahrung des wertvollen traditionellen Wissens über die von ihnen genutzten Arten (z.B. Medizinalpflanzen) sowie über ökosystemare Zusammenhänge mit ein. Aus diesen Gründen wird auf die IPLCs noch gesondert eingegangen (Kap. 3.2.3.5). Schutzgebiete können zudem helfen, negative Klimawirkungen abzupuffern und Risiken durch Naturkatastrophen zu reduzieren (IPBES, 2019a: Ch. 3.2.1).

Schließlich hat die Covid-19-Pandemie die Zusammenhänge zwischen der Öffnung, Fragmentierung und Zerstörung natürlicher Ökosysteme und der Verbreitung von Zoonosen sehr deutlich gemacht. Ökosystemschutz in Schutzgebietssystemen kann hier einen weiteren Mehrwert leisten (Kasten 3.2-3).

### Synergien bei der Renaturierung nutzen

Es gibt enge Bezüge zwischen Ökosystemschutz und Ökosystemrenaturierung (die vom IPBES als „twin processes" bezeichnet werden; IPBES, 2018a: 353). Die Wiedervernetzung fragmentierter naturnaher Flächen z.B. durch Korridore zwischen Schutzgebieten zur Erleichterung der Wiederbesiedlung sowie der klimabedingten Verschiebung von Populationen (Newmark et al., 2017) ist einer der Schwerpunkte der Ökosystemrenaturierung, die Vergrößerung von Schutzgebieten durch Eingliederung und Wiederherstellung bereits degradierter Flächen ein anderer (Kap. 3.1). Überall auf der Welt lassen sich Fallstudien über erfolgreiche Renaturierungsprojekte finden (IPBES, 2018a). Geschickt geplante Renaturierung kann über ihre Senkenwirkung sowohl zum Klimaschutz beitragen als auch Gewinne für den Wiederaufbau biologischer Vielfalt und Ökosystemleistungen erzielen. Bestehende Schutzgebietssysteme können für die Wiederbesiedlung und Ausbreitung seltener oder gefährdeter Arten in renaturierten Ökosystemen einen strategischen Beitrag leisten, indem sie als Quellregionen dienen (Walston et al., 2010).

### Agrarrelevante Ökosystemleistungen durch Schutzgebietssysteme bereitstellen

Natürliche und naturnahe Ökosysteme bieten Leistungen auch außerhalb der Schutzgebietsgrenzen, die in der Landwirtschaft sehr wichtig bzw. teils unverzichtbar sind (Kap. 3.3.1). Ein wichtiges Beispiel ist die Versorgung mit Wasser, die häufig mit natürlichen oder naturnahen Ökosystemen in Schutzgebieten verknüpft ist (Harrison et al., 2016). Die ökologische Verarmung der Landschaften hat negative Wirkung auf agrarrelevante Ökosystemleistungen sowie letztlich auch auf die landwirtschaftlichen Erträge (Dainese et al., 2019).

**Kasten 3.2-2**

## Digitalisierung zum Monitoring von Ökosystemen und biologischer Vielfalt

Der massiv gestiegene Grad an Vernetzung, Datenspeicherung und Rechenleistung führt zur verstärkten Diskussion, Erforschung und Anwendung digitaler oder digital unterstützter Methoden (WBGU, 2019b: 219ff.). Gerade für die Regulierung und das Management von Schutzgebieten sind entsprechende Techniken erfolgversprechend, wobei in beobachteten Regionen die Sicherung der menschlichen Privatsphäre wie bei allen entsprechenden digitalen Anwendungen beachtet werden muss (WBGU, 2019b: 83f.).

Die breite Nutzung der Fernerkundung (Kasten 3.1-2) auf Basis digitaler Fotografie, Akustikrekordern oder GPS-Sensoren für die Wildtierverfolgung wird bereits praktiziert (Abb. 3.2-2; WBGU, 2019b: 220ff.). Darüber hinaus lässt sich spezifisches Monitoring, etwa für Habitate vom Aussterben bedrohter Arten (Brooks et al., 2019) unter Nutzung digitaler Technologien wie z. B. Drohnen (Lipsett, 2019) unterstützen. Zudem bietet die Auswertung von Bildern aus Fotofallen mittels Künstlicher Intelligenz (WBGU, 2019b: 75ff.) Optionen gegen Wilderei. Bürgerwissenschaften (Citizen Science, CS) bietet große Potenziale für besseres und aktuelleres Wissen (Abb. 3.2-3).

CS ist mit Blick auf Biodiversität und die CBD eine fruchtbare Ressource, insbesondere hinsichtlich des Aichi-Ziels 18 zur Integration indigenen und lokalen Wissens. Zwar können verschiedene Wissenssysteme bezüglich Evidenz und Validierung eine methodische Herausforderung darstellen (Danielsen et al., 2018). Dieser Problematik lässt sich jedoch jenseits digitaler Methoden mit Ansätzen aus qualitativer Sozialforschung und Mixed Methods wie Fokusgruppen (zielgerichtete, moderierte Gruppendiskussion zu einem Thema) und Triangulation (Nutzung verschiedener Perspektiven für ein vielschichtiges Verständnis des Forschungsgegenstands) begegnen (Diaz-Bone und Weischer, 2015: 140, 414).

Digitalisierung kann z. B. durch Online-Plattformen oder Apps bestehende Citizen-Science-Projekte unterstützen und neue partizipative Potenziale erschließen. Selbstverständlich kann dies nicht top down „verordnet" werden, sondern nur auf freiwilliger Basis aus einer lokalen Perspektive heraus durch entsprechende Motivation und Partizipation entstehen (Chandler et al., 2017; Pocock et al., 2018a). Mit Hilfe satellitengestützter Minisender an verschiedenen kleinen Tierarten zielt etwa die internationale ICARUS-Initiative (2019) auf die systematische Beobachtung ihres Lebens. Neben Verhaltensforschung können Artenschutz, Ausbreitung von Infektionskrankheiten und Frühwarnsysteme zu ökologischen Veränderungen und Naturkatastrophen auf diesem Weg besser erforscht werden. Ergänzend bietet ICARUS mit einer „Animal Tracker App" die weltweite Mitteilung und Nutzung der Beobachtungen von Hobby-Tierbeobachter*innen an, bis hin zur Routenverfolgung von Wildtieren in Echtzeit. Solche virtuellen Beobachtungsmöglichkeiten fördern die genauere Kenntnis von Lebensweisen und ermöglichen größere Nähe zu den beobachteten Tieren. Einen bewussteren Zugang zur Natur bietet ebenso die vom Museum für Naturkunde Berlin mit Förderung des BMU entwickelte App Naturblick (MfN, 2020). Sie ermöglicht die digitale Artenbestimmung von Tieren und Pflanzen anhand von Bild- und Tonaufnahmen sowie die Kartierung von Artenvielfalt an Naturorten. Das zunächst auf Berlin beschränkte Pilotprojekt wird nach über 130.000 Downloads (Stand 2019) auf ganz Deutschland ausgeweitet und bietet gleichzeitig die Möglichkeit, durch eigene Aufnahmen, z. B. von Nachtigallgesängen, die Forschung zu unterstützen. Darüber hinaus gibt es bereits weitere zahlreich genutzte Apps mit engerem Fokus, wie z. B. Flora Incognita der Technischen Universität Ilmenau und des Max-Planck-Instituts für Biogeochemie Jena (Flora Incognita, 2019), Pl@ntNet (2020) oder BirdNet, eine an der TU Chemnitz entwickelte App zur KI-gestützten Erkennung von Vogelstimmen (TU Chemnitz, 2019). Letztere ist im aktuellen Stand (Darras et al., 2019a) bei adäquaterer Anwendung bereits besser als menschliche Beobachtung und könnte durch Kombination

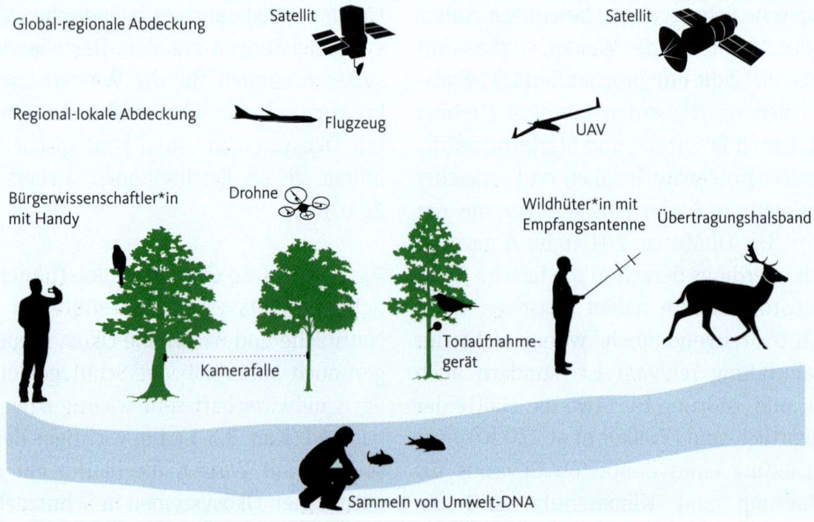


**Abbildung 3.2-2**
Übersicht über digital unterstützte Techniken des Monitorings von Ökosystemen und biologischer Vielfalt.
Quelle: modifiziert nach P. Huey/Science aus W. Turner, Science 346:301 (2014). Abdruck mit Genehmigung der AAAS

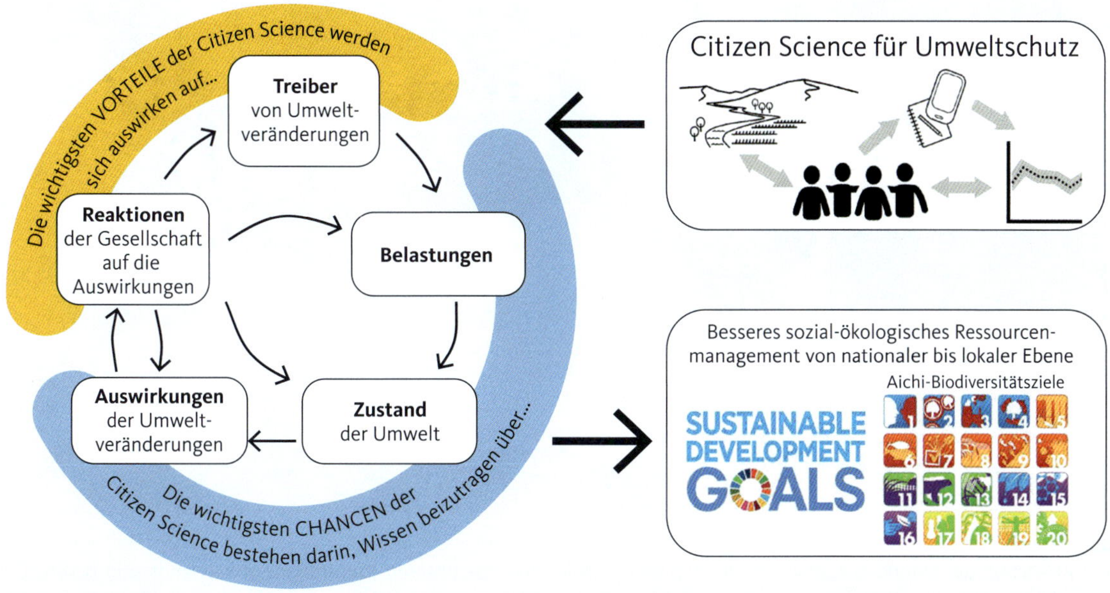


**Abbildung 3.2-3**
Citizen Science für Umweltschutz und SDGs sowie insbesondere zum Monitoring von Biodiversität im lokalen und globalen Zusammenhang.
Quellen: Pocock et al., 2018b (CC BY 4.0)

von Audioaufnahmen mit Bilddaten aus Kamerafallen noch bessere Ergebnisse liefern. Eine europäische und letztendlich globale Weiterentwicklung, Verbreitung und Nutzung solcher Apps in einem interoperablen Open-Data-Ökosystem würde großes Potenzial für eine verbesserte Datenbasis bei gleichzeitig steigendem Bewusstsein für Umwelt und Natur versprechen.

Auch für Citizen Science sind manche Forschungsinfrastrukturen und Datenrepositorien bereits nutzbar, z.B das europäische Biodiversitätsportal (EU BON, o.J.), ein übergeordnetes Verzeichnis von Projekten, Tools und Best Practices sowie die Global Biodiversity Information Facility (GBIF, 2020). Darüber hinaus ist die Citizen Science Global Partnership (Citizen Science Global Partnership, 2020) eine explizit auf Nachhaltigkeit und die SDGs ausgerichtete internationale CS-Vernetzungsplattform. Neben partizipativen Möglichkeiten zur Verbesserung sowohl der wissenschaftlichen Datenqualität, als auch des lokalen Wissens und Umweltbewusstseins durch digital unterstützte CS bringt auch die zunehmende Menge an Onlinedaten neue Forschungsfelder und Visionen hervor. Deren Umsetzbarkeit lässt sich jedoch kritisch hinterfragen. So strebt „iEcology" (Jaric et al., 2020) als „Internet-Ökologie" im Rahmen von ökologischer Informatik die Zusammenführung verschiedener Online-Datenquellen und Methoden an.

Ihr Ziel ist die bessere Erfassung von Nachhaltigkeitsherausforderungen durch breitere Einblicke in zeitliche und räumliche Populationsverteilungen, Interaktionen und Dynamiken von Organismen und ihrer Umwelt im Zusammenhang mit menschlichen Einflüssen. Die ähnlich wie früher bei den Digital Humanities von großem Optimismus geprägte Anfangsphase dürfte zumindest gegenwärtig in der Praxis an die Grenzen von Big Data und Künstlicher Intelligenz (WBGU, 2019b) stoßen, wenn etwa „in naher Zukunft [...] die komplette Automatisierung aller datenverarbeitenden Schritte bis zur Visualisierung" (Jaric et al., 2020:8) vorhergesagt wird. Die dort angeführte Vision einer lediglich auf Internetdaten basierenden globalen digitalen Echtzeit-Monitoring-Initiative, z.B. als „automatische" Analyse und Kategorisierung aller hochgeladenen Youtube-Videos als kontinuierlich aktualisierte Forschung, erscheint aus heutiger Sicht zweifelhaft.

Internetdaten sind keineswegs exakte Abbilder der Realität und abgesehen von der Datenqualität steht und fällt das Forschungsfeld mit der weiteren Forschung zu Validierung und Transparenz im Bereich Künstlicher Intelligenz (WBGU, 2019b:75ff.; Marcus und Davis, 2019; Dignum, 2019). Auch der hohe Energiebedarf für Cloud-Infrastruktur und Rechenzentren (Bietti und Vatanparast, 2020), insbesondere zum Training neuronaler Netze für maschinelles Lernen, wird bislang bei dieser Vision noch nicht berücksichtigt. Generell gilt für Biodiversität und Schutzgebiete wie für nachhaltigen Umgang mit Land: Monitoring-Fortschritte mittels Digitalisierung sind selten „low hanging fruits", sondern müssen inkrementell erarbeitet werden, was menschliche wie technische bzw. zeitliche wie finanzielle Ressourcen erfordert. Wie für alle Anwendungsbereiche gilt darüber hinaus: „Technologie kann dazu beitragen, viel mehr Wissen zu vermitteln, aber dennoch müssen die Regierungen noch handeln" (Lipsett, 2019).

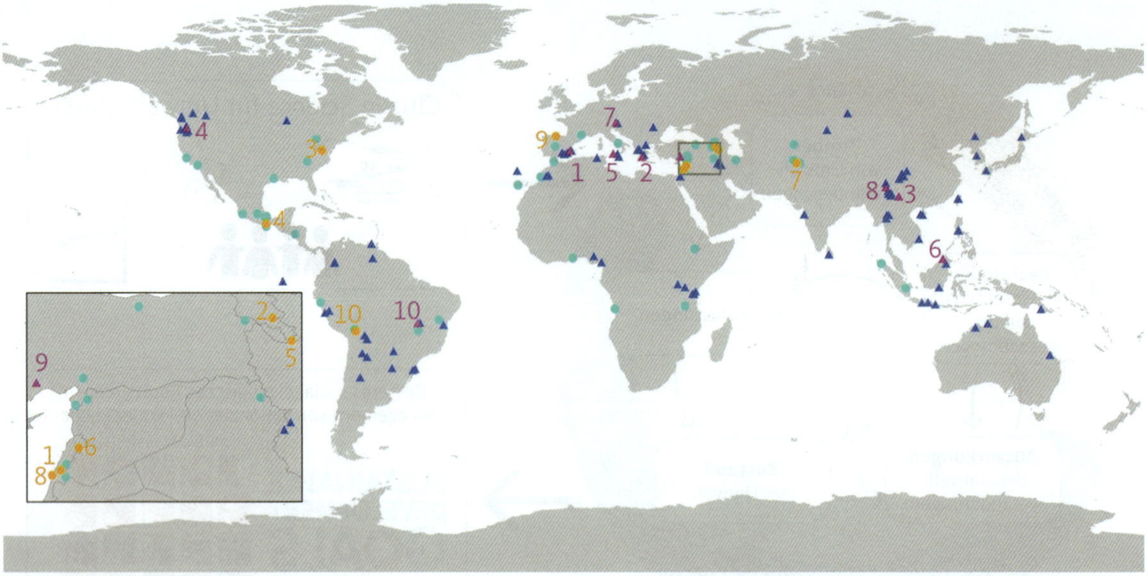


**Abbildung 3.2-4**
Die 150 wichtigsten Standorte für den *In-situ*-Schutz der Wildarten, die unseren Kulturpflanzen verwandt sind (CWR, Crop Wild Relatives, mit einer Vergrößerung des „fruchtbaren Halbmonds" im Nahen Osten und des Kaukasus). Magenta-Dreiecke: Top-10-Standorte innerhalb von Schutzgebieten; blaue Dreiecke: die übrigen prioritären 90 Standorte in Schutzgebieten; gelbe Kreise: Top-10-Standorte außerhalb von Schutzgebieten; türkise Kreise: die übrigen prioritären 40 Standorte außerhalb von Schutzgebieten.
Quelle: Vincent et al., 2019, eigene Übersetzung

Daher ist die Erhaltung biologischer Vielfalt in der Agrarlandschaft essenziell, um Ökosystemleistungen aufrechtzuerhalten, darunter (neben vielen anderen) der Erosionsschutz und die Schädlingsbekämpfung durch natürliche Feinde und die Bestäubung von Kulturpflanzen durch Insekten und andere wildlebende Tiere (Leopoldina, 2020; Dainese et al., 2019). Der Weltbiodiversitätsrat IPBES hat mit Bedacht sein erstes Sondergutachten dem Thema Bestäubung gewidmet (IPBES, 2016). Schutzgebietssysteme, die im Bewusstsein dieser Zusammenhänge geplant und gemanagt werden, bieten durch die Erhaltung biologischer Vielfalt wertvollen Mehrwert für die Landwirtschaft und damit auch für die Ernährungssicherung. Die Verknüpfung der beiden Ziele in der Landschaft steht im Fokus des Kapitels 3.2.3.6 und ist im Kontext des integrierten Landschaftsansatzes zu betrachten (Kasten 2.3-3).

### Schutz genetischer Vielfalt von Kulturpflanzen und Nutztieren: Synergien zwischen Biodiversität und Ernährungssicherung

Die Basis für unsere Ernährung ist sehr schmal: nur 12 Nutzpflanzenarten (und fünf Tierarten) stellen etwa 75 % der weltweiten Nahrung zur Verfügung; das ist nur ein winziger Bruchteil der in der Menschheitsgeschichte für die Ernährung kultivierten 7.000 Planzenarten (IPBES, 2019a: Ch. 3.3.2.2). Um so wichtiger ist es aus Sicht der Ernährungssicherung, diese schmale genetische Basis für die Pflanzenzucht zu sichern und zu verbreitern, u. a. für die Förderung der Resilienz gegenüber Umweltveränderungen, insbesondere die Anpassung an den Klimawandel (FAO, 2010c). Der erhebliche Wert pflanzengenetischer Ressourcen für Ernährung und Landwirtschaft wird aber immer noch unterschätzt.

Diese Ressourcen bestehen einerseits aus der Vielfalt der traditionellen Arten und Sorten bzw. Rassen (Kasten 3.3-7) und andererseits aus den Wildarten, die unseren Kulturpflanzen bzw. Nutztieren nahe verwandt sind (Crop Wild Relatives, CWR). Obwohl diese beiden Reservoirs genetischer Vielfalt von strategischer Bedeutung für unsere Ernährungssicherung sind, sind sie beide gefährdet (Perrings, 2018; Hammer und Teklu, 2008). Die Vielfalt der traditionellen Sorten und Rassen wird in der landwirtschaftlichen Praxis seit etwa Mitte des letzten Jahrhunderts zunehmend durch immer weniger Hochertragssorten und -rassen ersetzt (van de Wouw et al., 2010; WBGU, 2000), während die verwandten Wildarten unserer Kulturpflanzen und Nutztiere in ihren Standorten ebenso dem Umwandlungsdruck ausgesetzt sind wie alle natürlichen Ökosysteme, die sich wirtschaftlich nutzen lassen und nicht unter Schutz stehen (Hunter et al., 2012).

Die genetischen Eigenschaften der verwandten Wildarten unserer Kulturpflanzen und Nutztiere werden für die weitere Züchtung der Sorten bzw. Rassen genutzt (z. B. Resilienz gegenüber Krankheiten und Schädlingen sowie Umweltveränderungen und Klimawandel; FAO, 2010c; Maxted und Kell, 2009; Maxted et al., 2012;

**Kasten 3.2-3**

## Schutzgebiete: Wächter der Viren

Über zwei Drittel der beim Menschen auftretenden infektiösen Krankheiten sind Zoonosen (Karesh et al., 2012). Als Zoonose wird eine Krankheit bezeichnet, die von einem Tier auf den Menschen und andersherum übertragen werden kann, aber ursprünglich von einem Tier stammt (Calisher et al., 2020). Das zunehmende Vordringen des Menschen in Gebiete mit natürlichen Ökosystemen erhöht den Austausch von Viren über die Infektionswege Wildtier – Mensch und Wildtier – Nutztier – Mensch (Karesh et al., 2012; Johnson et al., 2020). Dies wird wiederum durch zwei Faktoren bestimmt:

1. *Landnutzungsänderungen und Habitatverlust:* Die anhaltende Zerstörung von Ökosystemen führt zu erhöhten Interaktionen über alle drei möglichen Übertragungsschnittstellen (Evans et al., 2020). So weisen von Habitatverlust oder bedrohte Primaten und Fledermäuse mehr gemeinsame Viren mit Menschen auf als anderweitig bedrohte Tierarten (Johnson et al., 2020). Diese tragen auf der Suche nach neuen Lebensräumen zur Verbreitung zoonotischer Viren bei. Das Aussterben natürlicher Reservoires (Lebewesen, welche mit einem Virus infiziert sind, ohne Anzeichen einer Krankheit) verringert den Lebensraum von Viren und erhöht somit den evolutionären Druck auf sie. Ökosystemzerstörung und speziell die Waldrodung führt zum vermehrten Auftreten von Generalisten (z.B. Nagetiere), welche häufig als neue Wirte fungieren und aufgrund ihrer Flexibilität und Populationsgröße zur Verbreitung des Virus beitragen (Johnson et al., 2020; Huong et al., 2020). Zudem steigern Viren ihre Effektivität, indem sie sich auf einen Wirt spezialisieren (Kilpatrick und Randolph, 2012). Die Kombination aus evolutionärem Druck auf Viren und Kontakt mit neuen Wirten (Generalisten) steigert die Gefahr von auftretenden und verbreiteten Zoonosen bereits seit vielen Jahren. Die Fragmentierung von Habitaten könnte ebenfalls ein Motor für sich parallel entwickelnde Pathogene sein (Kasten 2.2-2). Gleichzeitig kann durch die Fragmentierung der Landschaft eine häufigere Überschneidung zwischen Viren und neuen potenziellen Wirten entstehen. Wenn z.B gerodetes Land anschließend landwirtschaftlich durch Pflanzenbau oder Tierhaltung genutzt wird, erhöht sich die Gefahr einer Zoonose, da der lokale Kontakt den Sprung des Virus vom Tier auf den Menschen erleichtert.
2. *Buschfleisch:* Das Jagen nach Buschfleisch stellt seit Jahren eine Gefahr für die Erhaltung der Biodiversität dar. Jedoch ist Buschfleisch speziell in Afrika und Asien eine substanzielle Einkommens- und Nahrungsquelle für einige Millionen Menschen (Nielsen et al., 2018). Hungerkrisen und Missernten drängen die lokale Bevölkerung zum Kauf, zur Sammlung bzw. zur Jagd nach alternativen Nahrungsquellen. Die Covid-19-Pandemie verstärkt die globale Hungerkrise durch logistische sowie ökonomische Faktoren (Kasten 3.3-2). Durch das Vordringen in biodiversitätsreiche Gebiete und den Konsum von Buschfleisch steigt der Kontakt der lokalen Bevölkerung mit neuen Pathogenen und erhöht das Risiko einer Infektion. Gillespie und Leendertz (2020) warnen vor einer möglichen Übertragung des Covid-19-Virus auf Menschenaffen, da in der Vergangenheit bereits ein anderes Coronavirus vom Menschen auf Menschenaffen übergesprungen ist (Patrono et al., 2018). Welche Folgen eine Übertragung des Virus in natürliche Ökosysteme haben könnte, ist aktuell nicht vorherzusagen.

Eine Zoonose sollte frühestmöglich erkannt werden, damit sie erforscht und ihre Ausbreitung eingegrenzt werden kann (Kasten 2.2-2). Bestenfalls geschieht dies im Moment des Sprunges vom Tier auf den Menschen (Gruber, 2017). Unsere Kenntnis über wildlebende Viren ist noch sehr gering (Carlson et al., 2019; Carlson, 2020) und der Einfluss von Biodiversität auf die Krankheitsentstehung ist noch nicht ausreichend erforscht. Deshalb sind aktuell zwar Hotspots von Zoonosen bekannt (Jones et al., 2008; Allen et al., 2017), aber die virologische Evolution eines Virus in Bezug auf den Sprung auf den Menschen kann nicht exakt vorhergesagt werden. Daher sollten die Übertragungswege von Viren im Vordergrund politischen Handelns stehen. Trotzdem sollten weitere Einflussfaktoren auf die Entstehung von Zoonosen berücksichtigt werden. So kann durch ausreichend große Schutzgebiete der evolutionäre Druck auf die Viren verringert werden. Vernetzte Schutzgebietssysteme entgegnen dem Trend der globalen Fragmentierung der Lebensräume. Die Erhaltung und Ausweitung von Schutzgebieten kann helfen, die Prävalenz zoonotischer Krankheiten und ihr Ausmaß verringern (Jones et al., 2008; Gruber, 2017; Keesing et al., 2010; Bonilla-Aldana et al., 2020). Zur Lösung der multidimensionalen Probleme rund um Zoonosen kann die Einrichtung von Schutzgebietssystemen innerhalb der Landschaft unter Berücksichtigung sozioökonomischer Faktoren einen wichtigen Beitrag leisten.

Der Schutz und die Wiederherstellung biologischer Vielfalt und gut funktionierender Ökosysteme sind von entscheidender Bedeutung, um das Auftreten und die Ausbreitung künftiger Krankheiten zu verhindern, wobei die wechselseitigen Zusammenhänge zwischen menschlicher Gesundheit und der Gesundheit der Ökosysteme betrachtet werden sollten (EU-Kommission, 2020c). Schutzgebiete sollten daher holistisch im Sinne des Konzepts „planetare Gesundheit" (Kasten 2.2-2) geplant werden. Die Gefahr von Zoonosen sollte bei der Ausweisung und Vernetzung von Schutzgebieten mitgedacht werden. Ein Monitoring besonders gefährdeter Gebiete für Zoonosen (z.B tropische Gebiete mit vielen Säugetierarten, welche von Landnutzungsänderungen betroffen sind, Allen et al., 2017), sollte stattfinden, speziell für Menschen die in häufigem Kontakt mit Wildtieren stehen (z.B IPLCs). Schutzgebiete können zudem für großflächige Beobachtungen und Feldexperimente genutzt werden, um den Einfluss von Biodiversität und Landnutzungsänderungen (Kasten 2.2-2) auf die Gefährdung durch Krankheiten zu erforschen. Die Zusammenhänge zwischen Wildtiermärkten und der Ausbreitung von Zoonosen sollten überprüft bzw. erforscht werden.

Perrings, 2018). Von den weltweit mehr als 50.000 CWR-Arten gelten ca. 700 als Genpool für die wichtigsten Kulturpflanzen und werden daher als Priorität eingeschätzt; dennoch sind sie in Schutzgebieten nur unzureichend repräsentiert (FAO, 2010c; Abb. 3.2-4). Der weltweite Wert dieser genetischen Ressourcen durch gesteigerte Ernten wurde von Pimentel et al. (1997) auf 115 Mrd. US-$ jährlich geschätzt. Diesem Potenzial sowohl für die Erhaltung biologischer Vielfalt als auch Ernährungssicherung gebührt verstärkte Aufmerksamkeit (Hunter et al., 2012). Schutzgebietssysteme leisten bereits einen Beitrag zur Erhaltung der CWR, aber trotz der zunehmenden Anerkennung der Bedeutung der CWR bleibt ihr Schutz unzureichend (Hunter et al., 2012).

Die Erhaltung der traditionellen Kulturpflanzensorten ist ebenfalls unverzichtbar für die Ernährungssicherung und die Stabilität der Agrarsysteme (Hammer und Teklu, 2008). Dennoch gab es erhebliche Verluste genetischer Diversität von Kulturpflanzen, und ihr Schutz steht im Zentrum langjähriger wissenschaftlicher und politischer Anstrengungen (z.B. FAO, CBD; Godfray et al., 2010). Für die Erhaltung dieser Vielfalt sind *Ex-situ*-Sammlungen zwar auch sehr wichtig (z.B. Genbanken), aber die Erhaltung *in situ*, also in der Natur oder in der landwirtschaftlichen Praxis (on farm), bleibt unverzichtbar und stellt eine Aufgabe von Schutzgebieten der IUCN-Kategorie VI bzw. der Entwicklungszonen der Biosphärenreservate mit entsprechend formulierten Schutz- und Managementzielen dar (Vincent et al., 2019; WBGU, 2000:81ff.). Schutzgebietssysteme können hier einen strategischen Mehrgewinn realisieren, denn der nachhaltige Anbau alter Sorten in kleinräumigen, an die traditionelle Kulturlandschaft angepassten landwirtschaftlichen Formen und Anbaumethoden lässt sich in Schutzgebieten umsetzen (Stolton et al., 2006). Für die Sicherung der Kulturpflanzensorten in ihren natürlichen Lebensräumen eignen sich z.B. Schutzgebiete der IUCN-Kategorie VI (z.B. Kategorie VI, Kasten 3.2-1; FAO, 2019g). Traditionelle Weidetierrassen sind für das Management einiger biodiversitätsreicher Graslandgebiete in Schutzgebieten von großer Bedeutung (IPBES, 2019a: Ch. 3.2.4).

#### Landwirtschaft in Schutzgebietssystemen

Solange der Schutzzweck klare Priorität behält, kann auch innerhalb von Schutzgebietssystemen landwirtschaftliche Nutzung unter besonderen Auflagen möglich sein (IUCN-Kategorie VI, Entwicklungszone von Biosphärenreservaten). Teils ist die Aufrechterhaltung der traditionellen Nutzung, möglichst kombiniert mit der Nutzung alter Kulturpflanzensorten oder traditioneller Nutztierrassen, sogar notwendig, um die landschaftliche biologische Vielfalt zu bewahren, die sich z.B. in Kulturlandschaften besonders in Mitteleuropa häufig in Koevolution mit traditionellen Nutzungsformen etabliert hat (z.B. Almwirtschaft, extensive Weidewirtschaft, Heide). Hier leisten Schutzgebiete neben der Erhaltung biologischer Vielfalt einen zusätzlichen Beitrag zur Ernährungssicherung, durch extensive landwirtschaftliche Nahrungsproduktion und durch gleichzeitige Sicherung der genetischen Vielfalt der Nutztiere und Kulturpflanzen. Die hohe Qualität dieser landwirtschaftlichen Produkte kann die niedrigen Flächenerträge wirtschaftlich sicherlich nur teilweise kompensieren; daher bleibt die Sicherung dieser genetischen Ressourcen eine finanziell zu unterstützende gesellschaftliche Aufgabe (Kasten 3.3-7).

### 3.2.3.3
### Zielerreichung und künftige Ziele

Die globale Zielerreichung im Ökosystem- und Biodiversitätsschutz ist sehr unbefriedigend (Kap. 3.2.2). Keines der 20 Aichi-Ziele wurde in vollem Umfang erreicht (SCBD, 2020).

#### Flächenziel

Diese enttäuschende Einschätzung gilt, obwohl das Aichi-Ziel 11 zu Schutzgebietssystemen eines der wenigen Ziele ist, bei denen signifikante Verbesserungen erzielt wurden. Das quantitative Teilziel, bis 2020 17% der Landfläche und Binnengewässer zu schützen, könnte erreicht oder sogar überschritten werden (SCBD, 2020:82ff.; IPBES, 2019a: Ch. 3). Die Einrichtung von Schutzgebieten verlief zwischen 1993 und 2009 über alle Biome und die meisten Ökoregionen schneller als die Ökosystemzerstörung (Watson et al., 2016a). Im September 2020 stehen etwa 15% der Landflächen unter Schutz (UNEP-WCMC et al., 2020; SCBD, 2020:82), wobei alle IUCN-Schutzkategorien und Governance-Typen (Kasten 3.2-1), aber nicht die OECM (Kap. 3.2.3.1) eingerechnet sind (Abb. 3.2-5). Dabei sind weniger als die Hälfte dieser Schutzgebietsflächen streng geschützt, entsprechen also den IUCN-Kategorien I–IV (Kasten 3.2-1; Kremen und Merenlender, 2018).

Diese positive Entwicklung muss allerdings relativiert werden: Es schält sich ein wissenschaftlicher Konsens heraus, dass das Flächenziel für terrestrische Schutzgebiete mit 17% deutlich zu niedrig angesetzt ist, um biologische Vielfalt zu sichern (Review in Woodley et al., 2019). Es gibt wissenschaftlich ernst zu nehmende Einschätzungen, dass 50% oder mehr notwendig wären, um das übergreifende Ziel, den Biodiversitätsverlust zu stoppen, erreichen zu können (z.B. Dinerstein et al., 2020; Drenckhahn et al., 2020; Wilson, 2016; Mace et al., 2018; Dinerstein et al., 2017; Locke, 2013), auch um die Wirkungen des Klimawandels abzufedern (Loarie et al., 2009). Der Vorschlag eines

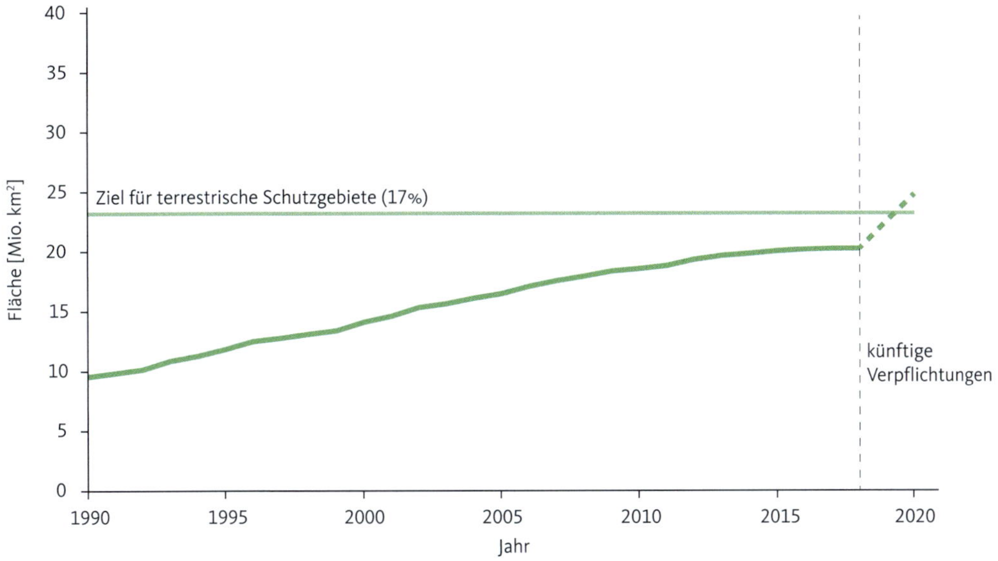


**Abbildung 3.2-5**
Entwicklung der terrestrischen Schutzgebietsfläche weltweit zwischen 1990 und 2018.
Quelle: WBGU nach UNEP-WCMC et al., 2020

„Global Deal for Nature" sieht vor, 30% der Erdoberfläche bis 2030 und 50% bis 2050 unter Schutz zu stellen (Dinerstein et al., 2019). An diesem weitreichenden „Half-Earth-Ziel" gibt es die Kritik, es sei wissenschaftlich nicht fundiert (Wiersma et al., 2017), unrealistisch (Di Minin und Toivonen, 2015) oder sogar kontraproduktiv, da zu viele Menschen direkt negativ betroffen wären (Schleicher et al., 2019b), und es sei schwierig, die sozialen Wirkungen zu berücksichtigen (Büscher et al., 2017). Ohnehin seien die Auswahl der richtigen Flächen und ein effektives Management wichtiger als die Ausweisung der restlichen Wildnisgebiete (Pimm et al., 2018; Di Minin und Toivonen, 2015).

Das mehrfach in den vergangenen Jahren vom WBGU empfohlene Ziel, 10–20% der weltweiten Flächen terrestrischer Ökosysteme (sowie 20–30% der marinen Flächen) für ein globales, ökologisch repräsentatives und effektiv betriebenes Schutzgebietssystem auszuweisen (WBGU, 2000, 2011, 2014), sollte angesichts dieser aktuellen wissenschaftlichen Debatte deutlich nach oben korrigiert werden. Im Entwurf des Post-2020-Frameworks wird ein Ziel von 30% genannt (CBD, 2020), das auch in der EU-Biodiversitätsstrategie (EU-Kommission, 2020c) aufgegriffen und vom WBGU als gangbarer Kompromiss unterstützt wird. Nach einer Schätzung von Müller et al. (2020) müsste die EU für die Umsetzung des 30%-Ziels, einschließlich der ökologischen Repräsentativität der Ökoregionen, das europäische Schutzgebietsnetzwerk Natura 2000 um 6,6% ausweiten.

## Qualitätsziele

Die Effektivität von Schutzgebietssystemen hängt jedoch nicht allein von den Flächengrößen ab; eine hohe Qualität ist unabdingbar (Barnes et al., 2018; Pimm et al., 2018; Coad et al., 2019; Woodley et al., 2019). Es müssen noch erhebliche Anstrengungen unternommen werden, um auch die qualitativen Elemente des Ziels zu erreichen (UNEP-WCMC, 2020). Das Aichi-Ziel 11 der Biodiversitätskonvention (Kap. 3.2.2) nennt dafür folgende Kriterien: Die Gebiete sollten effektiv und gerecht (equitably) betrieben werden, ökologisch repräsentativ und gut vernetzt sowie in die umgebende Landschaft integriert sein (CBD, 2010a). Bezüglich dieser Qualitätskriterien hat es allerdings nur mäßigen Fortschritt gegeben (SCBD, 2020). Der Fokus der Zielerreichung und Zielentwicklung sollte daher von Quantität auf Qualität ausgeweitet werden (Barnes et al., 2018; Pimm et al., 2018; Geldmann et al., 2019).

- *Effektivität und Gerechtigkeit:* Hier steht die Fähigkeit des Gebiets im Vordergrund, den Bedrohungen für Ökosysteme und Biodiversität standzuhalten und verlorene Funktionen oder Artbestände wiederherzustellen (z.B. die Wiedereinführung von Megafauna im Rahmen von Ökosystemrenaturierung, Svenning et al., 2016). Diese Fähigkeit steigt im Allgemeinen mit der Qualität des Managements (wenn auch nicht überall deutlich: Schleicher et al., 2019a). Derzeit lässt sich die Managementqualität im globalen Maßstab nur schwer beurteilen, da es zwar Methoden gibt, um das Kriterium des gerechten (equitable) Managements einzuschätzen, aber nur 9,4% der Länder haben entsprechende Untersuchungen durchgeführt (UNEP-WCMC et al., 2018; SCBD, 2020:83). Zudem bedeutet die Ausweisung als Schutzgebiet nicht notwendig eine dauerhafte Schutzgarantie; ein Schutzgebietsstatus kann auch wieder aberkannt werden (Protected Area Downgrading, Downsizing, and Degazettement, PADDD; IPBES, 2019a: Ch. 4.1.5; Kap. 3.2.3.4).

- *Ökologische Repräsentativität:* Schutzgebiete werden häufig nicht unbedingt dort ausgewiesen, wo bedrohte Arten am besten geschützt werden, sondern dort, wo es wenig Konflikte mit landwirtschaftlicher oder anderer Nutzung gibt (Venter et al., 2018). Für eine strategische Auswahl der Flächen für die Ausweitung und Vernetzung von Schutzgebietssystemen sollten aber die regionalen Ökosysteme und bedrohte Arten repräsentativ abgebildet werden (Pimm et al., 2018). Dies ist derzeit nur unzureichend der Fall (Butchart et al., 2015); die Fortschritte in Richtung Repräsentativität seit 2010 werden als moderat bezeichnet (SCBD, 2020). Das globale Schutzgebietssystem deckt die wichtigsten Gebiete für biologische Vielfalt also nur unzureichend ab (IPBES, 2019a: Ch. 3.2.2): Lediglich 47% der terrestrischen Schlüsselgebiete mit erheblicher Bedeutung für Biodiversitätsschutz (Key Biodiversity Areas; IUCN, 2016b) und 43% der terrestrischen biogeographischen Regionen (ecoregions: Olson et al., 2001) werden von Schutzgebieten abgedeckt. Knapp 5% der biogeographischen Regionen werden dagegen als sehr bedroht eingeschätzt, weil die Verlustraten durch Landnutzungsänderungen sehr hoch und die Schutzflächen sehr klein sind (Watson et al., 2016a). Auch Graslandschaften erfahren unzureichenden Schutz. Von diesem Ökosystemtyp, der große Mengen Kohlenstoff im Boden speichern kann (Kap. 3.1.3.3), liegen nur 4,6% in Schutzgebieten (Carbutt et al., 2017). Nur 27% der Amphibien, Vögel und Landsäugetiere sind mit ihren Verbreitungsgebieten adäquat in Schutzgebieten repräsentiert (Hanson et al., 2020) und die Abdeckung der Verbreitungsgebiete gefährdeter Arten ist unzureichend (UNEP-WCMC et al., 2018). Mit zunehmendem Klimawandel ergeben sich in den nächsten Dekaden zusätzliche erhebliche Anpassungsherausforderungen für Auswahl und Management von Schutzgebieten (Melillo et al., 2016; Loarie et al., 2009).
- *Vernetzung:* Um Wanderung von Arten und den Genaustausch zwischen Populationen zu ermöglichen, ist die Vernetzung von Schutzgebieten zu Schutzgebietssystemen notwendig, z.B. durch Korridore und Trittsteinökosysteme (Kap. 3.2.3.6; Hilty et al., 2020). Derzeit ist aber nur etwa die Hälfte der terrestrischen Schutzgebiete adäquat vernetzt (UNEP-WCMC et al., 2018) und nur knapp ein Drittel der Ökoregionen haben ausreichend vernetzte Schutzgebietssysteme (Saura et al., 2018). Zwar gab es in vielen Regionen deutliche Verbesserungen in der Vernetzung in Schutzgebietssystemen, aber dennoch bleibt die globale Zielerreichung in Bezug auf die Vernetzung bis 2020 zweifelhaft (Saura et al., 2019).
- *Integration in die umliegende Landschaft:* Schutzgebietssysteme können nur effektiv sein, wenn sie in die umgebende Landschaft so integriert sind, dass bei der dortigen Nutzung auch die biologische Vielfalt berücksichtigt wird; diesem Zusammenhang ist das Kapitel 3.2.3.6 gewidmet. Fortschritte sind hier allerdings schwierig zu bemessen, denn nur sehr wenige der CBD-Vertragsstaaten haben spezifische Strategien und Anforderungen an die Raumplanung formuliert, um ihre Schutzgebiete bewusst bzw. systematisch in die Landschaft zu integrieren (UNEP-WCMC et al., 2018).

#### 3.2.3.4
#### Schutzgebietssysteme unter Druck: Treiber, Handlungsbedarfe, Barrieren und Akteure

Das Potenzial von Schutzgebieten zur Entschärfung des Trilemmas der Landnutzung kann derzeit nicht voll genutzt werden. Das liegt auch ganz wesentlich daran, dass die Treiber des Verlusts biologischer Vielfalt (Kap. 2.2.3) wirksam bleiben und fortlaufend erheblichen Druck auf die Ökosysteme auch innerhalb der Schutzgebietssysteme ausüben. Ein Drittel der Schutzgebietsfläche weltweit ist unter intensivem Nutzungsdruck und mehr als die Hälfte der Schutzgebiete besteht ausschließlich aus Land, das einem intensiven „menschlichen Fußabdruck" ausgesetzt ist (human footprint, Jones et al., 2018). Seit den frühen 1990er Jahren hat sich der menschliche Druck auf die Landflächen (gemessen als temporal human pressure index) um 64% erhöht, was sich auch in den Schutzgebieten spiegelt (Geldmann et al., 2014). Dieser anhaltende Druck droht, die Fortschritte der CBD-Vertragsstaaten in Bezug auf die Ausweitung und Verbesserung der Schutzgebiete zu unterminieren (Abb. 3.2-6; Jones et al., 2018).

Es sind die Rohstoffnachfrage, die Nachfrage der lokalen Bevölkerung, der Handel mit bedrohten Arten, der Klimawandel und die Invasion gebietsfremder Arten, die als menschengemachte Treiber den Druck auf die Schutzgebietssysteme erhöhen und mit denen sich globale wie lokale Akteure auseinandersetzen müssen (IPBES, 2019a: Ch. 2.1; Geldmann et al., 2019; Jones et al., 2018; Geldmann et al., 2014; Worboys et al., 2006). Auf diese Treiber wird im Folgenden genauer eingegangen.

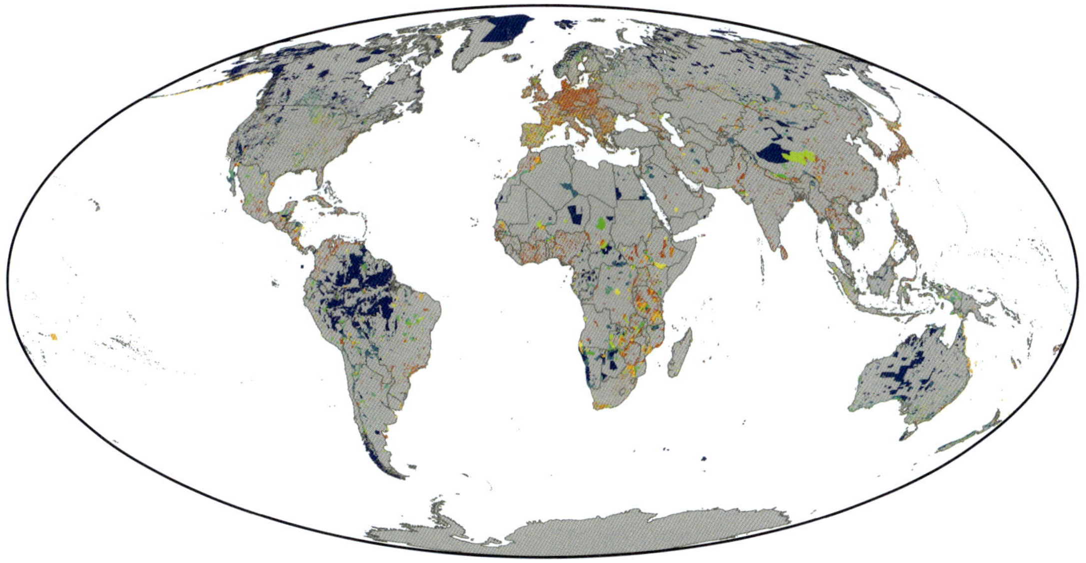


**Abbildung 3.2-6**
Menschlicher Nutzungsdruck in Schutzgebieten. Gezeigt ist der Anteil der einzelnen Schutzgebiete, die unter intensivem Nutzungsdruck stehen, von blau (niedriger Druck) bis rot (hoher Druck).
Quelle: Jones et al., 2018. Fig S2 in den Supplementary Materials

### Nutzungsdruck durch überregionale oder internationale Rohstoffnachfrage

Die Ausweitung land- und forstwirtschaftlicher Nutzung oder des Bergbaus in Schutzgebiete hinein wird häufig durch politisch einflussreiche oder gar korrupte Akteure mit teils kriminellen Methoden betrieben. Naturschützer sind dadurch in einigen Regionen Bedrohungen ausgesetzt, bis hin zu Morden (Nuwer, 2019). Ein wesentlicher indirekter Treiber dieser oft großflächigen Landnutzungsänderungen und Ökosystemzerstörung ist die globale Nachfrage aus Industrie- und Schwellenländern nach land- und forstwirtschaftlichen sowie nach mineralischen Ressourcen (Fernwirkungen). Akteure sind z. B. Großgrundbesitzer*innen, Agrar-, Nahrungsmittel- und Holzunternehmen, (Bio-)Energieunternehmen und multinationale Bergbauunternehmen, die die in Schutzgebieten noch vorhandenen biologischen oder mineralischen Ressourcen ausbeuten wollen (Stolton und Dudley, 2010: xxii). In Industrieländern ist die öffentliche und politische Aufmerksamkeit für Ökosystemschutz und die Fernwirkungen dieser Treiber unzureichend, die daher bei unternehmerischen Entscheidungen eine zu geringe Rolle spielen. In vielen Entwicklungs- und Schwellenländern beruht das übergreifende Entwicklungsparadigma immer noch auf Ressourcenextraktion (Bebbington et al., 2018). So hat z.B. seit dem Regierungswechsel in Brasilien Ende 2018 der Nutzungsdruck im Amazonasgebiet erheblich zugenommen und die indigenen Gebiete sind zunehmenden Gefährdungen ausgesetzt (Walker et al., 2020). In allen Ländern begünstigen Rahmenbedingungen, die Ökosystemleistungen nicht durch Wertschätzung und Internalisierung berücksichtigen, extraktive und zerstörerische Nutzungsformen (Kremen und Merenlender, 2018; Kasten 4.2-4) und sind eine entscheidende Barriere für Naturschutz und nachhaltige Nutzung. Aufgrund des zunehmenden Nutzungsdrucks gibt es weltweit einen Trend zur Abschwächung, Verkleinerung oder Aberkennung des Schutzstatus von Schutzgebieten durch nationale Regierungen (PADDD, z. B. Mascia und Pailler, 2011; Mascia et al., 2014; Tesfaw et al., 2018). Die Naturschutzorganisation Conservation International nennt über 3.000 Fälle von PADDD in fast 70 Ländern mit einer Gesamtfläche von mehr als 130 Mio. ha (CI, 2020).

### Nutzungsdruck durch lokale Bevölkerung

Die direkte Übernutzung von Tier- und Pflanzenpopulationen durch Ernte, Jagd, Fischen, Sammeln von Feuerholz und Abholzung ist ebenfalls ein wichtiger Treiber des Biodiversitätsverlusts (IPBES, 2019b: 12). Mangel an Alternativen für Ernährung, Einkommen, Beschäftigung und Entwicklung einer wachsenden Bevölkerung führt zu zunehmendem Nutzungsdruck durch lokale Akteure und damit auch in Schutzgebieten zu Konversion und Degradation von Ökosystemen, auch im Rahmen der Subsistenzlandwirtschaft. Häufig haben diese Akteure im Gegensatz zu IPLCs keine über lange Zeit gewachsene, tiefe Bindung an die Region oder die Ökosysteme und kein Wissen über ihre Fragilität (Kap. 3.2.3.5). Die nicht nachhaltige Jagd zur Fleischversorgung (Buschfleisch) ist eine weitere, häufig genannte Bedrohung der biologischen Vielfalt in Schutzgebieten (Schulze et al., 2018) und führt zur Übernutzung bis hin zu Populationszusammenbrüchen der bejagten Tierarten (Wilkie et al., 2011). Dies ist insbesondere dann der Fall, wenn die Jagd nicht auf den Eigenbedarf der IPLCs beschränkt bleibt, sondern mit dem Fleisch lokale Märkte versorgt werden, was zudem das Risiko des Auftretens von Zoonosen verstärkt (Kasten 3.2-3). Ein vielversprechender Ansatz ist hier das Komanagement von Schutzgebieten durch lokale Gemeinschaften und Naturschutzorganisationen (IPBES, 2019a: Ch. 3).

Auch die kleinskalige Umwandlung naturnaher Flächen für Landwirtschaft sowie Jagd und Sammeln durch die lokale Bevölkerung hat in vielen Schutzgebieten stark zugenommen (Laurance et al., 2012) und gilt als eine wesentliche Bedrohung der Biodiversität (IPBES, 2019a: Ch. 3.3.2.2). Eine verbesserte Produktivität in der Landnutzung auf den umliegenden Flächen kann den Nutzungsdruck verringern helfen, wenn diese ökologisch nachhaltig erfolgt (Nguyen et al., 2018). Die räumliche Nähe mit landwirtschaftlichen Gebieten erzeugt allerdings zusätzlich Konflikte mit der lokalen Bevölkerung, wenn etwa Wildtiere die Pflanzungen außerhalb der Schutzgebiete verwüsten (Mc Guinness und Taylor, 2014) oder lebensgefährliche Begegnungen z.B. mit großen Raubkatzen zunehmen (Krafte Holland et al., 2018). Aus diesem Grund sind lokale Akteure häufig gegen die Ausweisung von Schutzgebieten, weil sie lediglich als Verursacher zusätzlicher Kosten wahrgenommen werden (IPBES, 2019a: Ch. 2.1).

Der Tourismus ist heute bereits eine wesentliche Quelle der Finanzierung vieler Schutzgebiete (damit auch ein wichtiges Zeichen für die Wertschätzung der Natur) und kann darüber hinaus auch in der lokalen und regionalen Wirtschaft positive Wirkungen haben (IPBES, 2019a: Ch. 2.1). Allerdings kann zuviel oder ein nicht angepasster Tourismus durchaus auch eine Bedrohung für Schutzgebiete darstellen. So sind in Industrieländern negative Wirkungen durch Freizeitaktivitäten in Schutzgebieten (z.B. Allradfahrzeuge, Outdoor-Sport) ein wichtiger Faktor ihrer Degradation (Schulze et al., 2018).

### Organisierte Wilderei und Handel mit bedrohten Arten

Dringender Handlungsbedarf ergibt sich zudem durch die Aktivitäten krimineller, internationaler Organisationen, die z.B. auf wertvolles Elfenbein oder das Nashorn für die traditionelle chinesische Medizin abzielen. Dieser Konflikt, getrieben durch den illegalen Handel mit Wildtieren, hat z.B. in Afrika eine zunehmende Militarisierung der Schutzgebiete zur Folge, bei der die lokale, oft marginalisierte Bevölkerung zwischen die Fronten bewaffneter Wilderer und bewaffneter Ranger geraten kann. Vermehrte Patrouillen von Rangern wirken abschreckend gegen Wilderer und können durch moderne digitale Techniken ergänzt werden (IPBES, 2019a: Ch. 6.2.3; Kasten 3.2-2). Dem illegalen, internationalen Wildtierhandel als Treiber für den Verlust bedrohter Arten stehen multilaterale Vereinbarungen gegenüber (vor allem das Washingtoner Artenschutzübereinkommen, CITES). Es mangelt allerdings noch an der Umsetzung und Durchsetzung auf der nationalen Ebene (IPBES, 2019a: Ch. 6.3.2.3).

### Klimawandel

Der anthropogene Klimawandel könnte das Aussterben eines Sechstels der Arten verursachen (Urban, 2015). Klimaschutz wird daher immer mehr zur wichtigen Voraussetzung für Ökosystemschutz. Der Klimawandel ist auch in Schutzgebieten bereits spürbar, aber die in Zukunft erwartete Wirkung kann die Effektivität von Schutzgebieten erheblich gefährden (Loarie et al., 2009; IPBES, 2019a: Ch. 3.2.1). Dennoch wurde bisher nur in wenigen Schutzgebieten der Klimawandel in Zielsetzung oder Management aufgenommen (Poiani et al., 2011).

Die Anpassung an den Klimawandel stellt vor allem auf der Ebene der Schutzgebietssysteme eine erhebliche Herausforderung dar (IPBES, 2019a: Ch. 3.2.1). Weniger als 10% der Gebiete werden in 100 Jahren noch die heutigen klimatischen Bedingungen repräsentieren, so dass sowohl die Ausweitung der Schutzgebietssysteme als auch die Vernetzung der Gebiete für Wanderungsbewegungen auch aus dem Grund der Klimaanpassung immer wichtiger werden (Kremen und Merenlender, 2018; Loarie et al., 2009). Wenn rapider Klimawandel mit erheblichen Landnutzungsänderungen zusammenkommt, könnte nach der Modellrechnung von Melillo et al. (2016) auch die Kohlenstoffaufnahme in Schutzgebieten bis 2100 auf nahe Null fallen.

### Invasive Arten

Auch die Invasion gebietsfremder Arten gilt als ein wichtiger Treiber des Biodiversitätsverlusts (IPBES, 2019b: 13) und übt zunehmend Druck auf Schutzgebietssysteme aus, weil diese Arten einheimische Arten verdrängen und Ökosystemstrukturen verändern können. Dabei stellen invasive Pflanzenarten die größte Bedrohung dar (Shackleton et al., 2020), während Schutzgebiete gegenüber der Einwanderung invasiver

Tierarten besser geschützt sind (Liu et al., 2020). Die indirekten Treiber sind zunehmender Transport von Menschen und Gütern zwischen Regionen und Kontinenten, wovon auch Schutzgebiete nicht isoliert sind.

Aus der Analyse der Treiber lassen sich drei Themen ableiten, die besonderer Aufmerksamkeit bedürfen: (1) Angesichts der beschriebenen komplexen Verflechtungen und Wirkungen wird empfohlen, Planung und Management von Schutzgebieten partizipativ mit der indigenen und lokalen Bevölkerung anzugehen. Wegen der hohen Bedeutung dieser Zusammenhänge für die Funktionsfähigkeit der Schutzgebiete wird in Kapitel 3.2.3.5 Schwerpunkt auf das Thema *indigene Völker und lokale Gemeinschaften* gelegt. (2) Die *Integration der Schutzgebiete in der Landschaft* ist unverzichtbar für einen erfolgreichen Ökosystem- und Biodiversitätsschutz, daher setzt der WBGU hier einen weiteren Schwerpunkt (Kap. 3.2.3.6). (3) Eine Ausweitung und Aufwertung der Schutzgebietssysteme im beschriebenen Ausmaß setzt angemessene *Finanzierung* voraus, dieses Thema wird daher im dritten Fokus behandelt (Kap. 3.2.3.7).

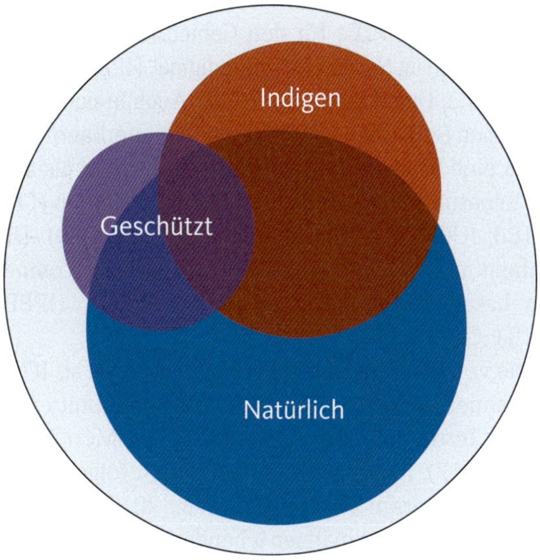


**Abbildung 3.2-7**
Regionale Unterschiede in den Erhaltungswerten der Gebiete der indigenen Völker und anderer Gebiete. Überschneidungen zwischen indigenen Gebieten, Schutzgebieten und Naturlandschaften weltweit. Kreise und Schnittpunkte sind proportional zur Fläche, wobei der größte Kreis auf die Landfläche der Erde skaliert ist (135,2 Mio. km$^2$ ohne die Antarktis).
Quelle: Garnett et al., 2018

### 3.2.3.5
### Fokus indigene Völker und lokale Gemeinschaften: Hüter*innen der Ökosysteme

Die letzten großräumigen, intakten Ökosysteme bestehen in aller Regel nicht aus menschenleerer Natur, sondern werden von Menschen bewohnt und genutzt. Der verbreitete Begriff für diese Bevölkerung ist „indigene Völker und lokale Gemeinschaften" (IPLCs), der von der CBD und anderen Naturschutzinstitutionen seit vielen Jahren verwendet wird. Dabei geht es um alle lokalen Gemeinschaften, die vor Ort in, mit und von der Natur leben sowie insbesondere um das von indigenen Völkern bewohnte Land, das zusammengenommen mehr als ein Viertel der Erdoberfläche umfasst (Garnett et al., 2018; Abb. 3.2-7). Die Bedeutung der IPLCs für den Naturschutz wird auch in der CBD seit langem ausdrücklich anerkannt (z.B. Aichi-Ziele 11, 14, 18; CBD, 2010a). Sie leisten wichtige Beiträge für die Umsetzung des Strategischen Plans der CBD (FFP, 2016).

Für diese Gemeinschaften stellen intakte Ökosysteme (innerhalb und außerhalb der Schutzgebiete) und ihre biologische Vielfalt „gleichzeitig eine Art Supermarkt, Baumarkt, Drogerie und Apotheke" sowie ihre kulturelle und spirituelle Heimat dar (WBGU, 2005:80). Mehr als 1 Mrd. Menschen insbesondere in Entwicklungs- und Schwellenländern hängen zu einem signifikanten Teil ihrer Versorgung von Wäldern in Schutzgebieten ab (UNEP-WCMC, 2018:13). „Neben Nahrungsmitteln, sauberem Trinkwasser, Faserstoffen und Holz bieten natürliche Ökosysteme auch genetische Ressourcen von Pflanzen und Tieren, traditionelle Arzneimittel sowie Schmuck und Heiligtümer" (WBGU, 2014:13). Die von IPLCs bewohnten und genutzten Ökosysteme tragen somit auch direkt zur Ernährungssicherung und -souveränität dieser Menschen bei (Pimbert und Borrini-Feyerabend, 2019). Bei den IPLCs geht es neben lokalen Gemeinschaften ausdrücklich auch um die indigenen Völker, deren Rechte in der UN gesondert festgeschrieben wurden (UN, 2007). Diese UN-Erklärung über die Rechte der indigenen Völker gilt als „Meilenstein vor dem Hintergrund der jahrelangen Anstrengungen der Vertreter indigener Völker, innerhalb der internationalen Gemeinschaft ein stärkeres Bewusstsein für die Situation der Indigenen zu schaffen." (BMZ, 2020d).

Frühere Naturschutzkonzepte, die mit Umsiedlung und Vertreibung der traditionell in den Gebieten lebenden Menschen einher gingen, haben oft zu großer Ungerechtigkeit, Leid und Menschenrechtsverletzungen geführt (Tauli-Corpuz et al., 2018). Diese Konzepte sind nicht akzeptabel. Alle Naturschutzmaßnahmen, auch die Neueinrichtung von Schutzgebieten, ihre Ausweitung oder Vernetzung durch Korridore müssen die Rechte der IPLCs achten und entsprechende Standards einhalten (u.a. UN, 2007; Tauli-Corpuz, 2016; IUCN-Standards; CBD-Bestimmungen).

Der heutige wissenschaftliche Konsens im IPBES geht einen Schritt weiter und bezeichnet das in den letzten Jahrzehnten zunehmende Bewusstsein für die Bedeutung der IPLCs für den Gebietsschutz als einen „Durchbruch im Naturschutzparadigma" (IPBES, 2019a: Ch. 6.3.2.3; Dinerstein et al., 2020). Auch in politischen Prozessen (z.B. CBD, IUCN) ist weithin anerkannt, dass IPLCs eine Schlüsselrolle sowohl beim Schutz als auch der Renaturierung von Ökosystemen einnehmen (CBD, 2018d; IUCN, 2016a; Edinburgh Process, 2020). Dies umfasst u.a. Konzepte wie Komanagement, community-based conservation areas und ICCAs (IPBES, 2019a: Ch. 6.3.2.3).

Die von IPLCs gemanagten Gebiete werden als ICCAs bezeichnet (Indigenous Peoples' and Community Conserved Territories and Areas; UNEP-WCMC, 2016a; IUCN, 2017). ICCAs zeichnen sich durch folgende Kriterien aus (Borrini-Feyerabend et al., 2013:40; Farvar et al., 2018): (1) die in ihnen lebenden IPLCs haben eine tiefe und in der Regel lang andauernde Beziehung zum Territorium und dessen Ökosystemen (es sind also keine neu zugewanderten oder entwurzelten Gruppen), (2) sie verfügen über wesentliche Entscheidungsgewalt über das Gebiet, (3) ihr Management trägt *de facto* zum Schutz biologischer Vielfalt und Ökosystemleistungen in diesem Gebiet bei. Die ICCAs ergänzen das Netzwerk der meist von staatlichen Stellen betriebenen „formalen Schutzgebiete" unter nationalem oder internationalem Recht, die in den Datenbanken der Schutzgebiete aufgenommen sind und zur Flächenberechnung für das Aichi-Ziel 11 herangezogen werden. Diese ICCAs sind für den Naturschutz von großer Bedeutung, weil sie von der Bevölkerung vor Ort so verwaltet werden, dass sie eine effektive Schutzwirkung haben.

Gemeinsam mit weiteren effektiven flächenbasierten Schutzmaßnahmen wird im IUCN daher von „protected and conserved areas" gesprochen (z.B. Woodley et al., 2019). Auch im Aichi-Ziel 11 der Biodiversitätskonvention werden nicht nur formale Schutzgebietssysteme, sondern auch „other effective area-based conservation measures" (OECMs, CBD, 2018d) genannt, die u.a. auch die ICCAs beinhalten.

Ein erheblicher Teil der biologischen Vielfalt findet sich in diesen Gebieten (Dinerstein et al., 2020; UNDP, 2011; Nakashima et al., 2012). Die ICCAs überschneiden sich mit 40% aller terrestrischen Schutzgebiete und ökologisch intakten Landschaften; wobei eine Ausweisung als formales Schutzgebiet nicht immer und überall im Interesse der indigenen Bevölkerung liegt (Geldmann et al., 2019; Dudley et al., 2018). ICCAs sind gegenüber Entwaldung weniger gefährdet (Blackman et al., 2017; Ricketts et al., 2010). Für den Schutz der Amazonaswälder mit ihrer biologischen Vielfalt und ihrem Kohlenstoffvorrat gegenüber konkurrierenden Nutzungsansprüchen wird die andauernde Stewardship der IPLCs als entscheidend angesehen (IPBES, 2019a: Ch. 5) und kann durchaus effektiver und weniger kostenaufwändig sein als konventionelle Schutzgebiete (Walker et al., 2020). Nicht zuletzt ist das traditionelle Wissen der IPLCs in Bezug auf den Schutz und die nachhaltige Bewirtschaftung dieser Territorien sowie auch für die Anpassung an den Klimawandel sehr wertvoll (Nakashima et al., 2012; Adger et al., 2014). Ökosysteme von globaler Bedeutung finden sich also häufig auf den Gebieten von IPLCs. Die IPLCs bieten durch die Erhaltung der ICCAs global relevante Leistungen, die verstärkte Unterstützung und Finanzierung rechtfertigen (Walker et al., 2020). Dementsprechend ist es bei den in Kapitel 4.5.3 vorgestellten „Bewahrungsgemeinschaften für ökologisch wertvolle Landschaften" von zentraler Bedeutung, ihre Rechte und Interessen aktiv einzubeziehen.

Der „inklusive Naturschutz" (inclusive conservation) würdigt die Anerkennung der IPLCs als Schlüsselakteure (Farvar et al., 2018). Die GEF verwendet diesen Begriff in ihrer aktuellen Biodiversitätsstrategie im Kontext der Stärkung der IPLCs als wichtige Akteure für den Biodiversitätsschutz (GEF, 2018) und fördert bereits ein entsprechendes Projekt, das einschließlich der Kofinanzierung einen Gesamtumfang von mehr als 90 Mio. US-$. umfasst (Inclusive Conservation Initiative: GEF, 2019).

Die auf lokalen Gemeinschaften basierenden Ansätze für Komanagement sowie die damit verbundenen Innovationen, Netzwerke und sozialen Bewegungen sind für den Erfolg vieler dieser Gebiete essenziell und bieten wichtige Chancen für den Natur- und Klimaschutz (Kremen und Merenlender, 2018; Berkes, 2010). Gleichzeitig gehören die Hüter der ICCAs nicht selten zu den am stärksten marginalisierten Gruppen in ihren Ländern (Perry et al., 2006). Für dauerhaften Erfolg sollten die IPLCs nicht nur Kosten sondern auch Vorteile des Naturschutzes erleben; er sollte nicht nur mit ihnen, sondern auch für sie funktionieren (Armitage et al., 2020; Emerton et al., 2006). Daher sind die Wahrung und Anerkennung der Rechte der IPLCs essenziell für den Schutz dieser ökologisch wertvollen Landschaften und Ökosysteme (Garnett et al., 2018). Der IUCN hat entsprechend beschlossen, Leitlinien für eine verbesserte Partizipation indigener Völker zu entwickeln (IUCN, 2016a). Es besteht weithin Einigkeit, dass die Rechte und Interessen der IPLCs bei Regulierung und Management von Schutzgebieten einbezogen werden müssen, um erfolgreich zu sein.

Komanagement mit lokalen Gemeinschaften steht auch vor verschiedenen Herausforderungen. Vor allem sind IPLCs z.B. in der Amazonasregion zunehmend Bedrohungen von außen ausgesetzt. Der rechtliche Schutz wird immer stärker abgebaut und legale sowie illegale Rodung und Landnahme nehmen zu, was zu existenziellen Bedrohungen für die IPLCs und ICCAs führt (Walker et al., 2020). Interne Faktoren kommen hinzu: Wenn die lokale Bevölkerung wächst (wenn auch nicht schneller als anderswo: Joppa et al., 2009) und durch Infrastrukturentwicklung der Zugang zu Märkten erleichtert wird, steigen häufig ihre Konsumansprüche. Wenn die Rechnungen mit Geld bezahlt werden, das durch Extraktion biologischer Ressourcen aus dem ICCAs verdient wird, dann drohen Schutzziele auf der Strecke zu bleiben, zumal eine dauerhaft nachhaltige Extraktion im Tropenwald kaum möglich ist (Brasilien/Amazonas: Terborgh und Peres, 2017). Im Amazonasgebiet z.B. sind Degradation und Störungen im Wald für den Großteil der Kohlenstoffverluste innerhalb von ICCAs verantwortlich, auch wenn die Verluste außerhalb deutlich größer waren (Walker et al., 2020). Eine nachhaltige Nutzung der ICCAs sollte möglichst mit Monitoring und – insbesondere bei extraktiver Nutzung – mit adäquater Durchsetzung der vereinbarten Regeln kombiniert werden, um die Schutzwirkung der Gebiete zu sichern (Shafer, 2015).

Es bleibt eine große Herausforderung, diesen sehr dynamischen und teils schwer vorhersehbaren Wandel vor Ort im Ökosystemschutz angemessen zu berücksichtigen. Es gibt großen Bedarf nach langfristig erfolgreichen und gleichzeitig adaptiven Strategien für die Bevölkerung vor Ort. Die Balance zwischen den Rechten und Interessen der IPLCs, darunter nicht zuletzt das Recht auf Entwicklung, und der langfristigen Sicherung der schutzwürdigen Gebiete vor Extraktion, schleichender Degradation oder gar Konversion, ist schwer zu finden und stark von lokalen Gegebenheiten abhängig. Um die Schutzwirkung der ICCAs dauerhaft zu erhalten, sollten die berechtigten Entwicklungsbedürfnisse der lokalen Bevölkerung nicht durch nicht nachhaltige Extraktion aus den Gebieten selbst finanziert werden, sondern es müssen finanzielle Alternativen und Entwicklungsoptionen eröffnet werden (Kap. 3.2.3.7, 4.5.3).

### 3.2.3.6
### Fokus Landschaft: vernetzte Schutzgebietssysteme in einem integrierten Landschaftsansatz

Ohne Schutzgebietssysteme ist Biodiversitätsschutz unmöglich, aber der Ökosystemschutz kann nicht vollständig an ein Schutzgebietssystem „delegiert" werden, denn Schutzgebiete können als „Inseln biologischer Vielfalt" in einer Landschaft biologischer Verarmung nicht effektiv funktionieren (IPBES, 2018a: 165, 2019a: Ch. 6.2.3; Kremen und Merenlender, 2018). Zudem können Ökosystemleistungen, die in der Fläche (z.B. von der Landwirtschaft) oder lokal benötigt werden, nicht ausschließlich von Schutzgebieten erbracht werden, und es gibt Pflanzen- und Tierarten, die in der genutzten Kulturlandschaft dringend erhalten werden sollten. Derzeit sind nur 9,7% des globalen terrestrischen Schutzgebietssystems strukturell durch dazwischenliegende intakte Landschaften verbunden (Ward et al., 2020). Daher ist eine bessere Integration der Gebiete in die umgebende Landschaft unbedingt notwendig (Aichi-Ziel 11, Kap. 3.2.2; Sandwith und Lockwood, 2006). Unter der Ägide der CBD wurden dazu Leitlinien entwickelt (CBD, 2018d).

Innerhalb der Schutzgebietssysteme ist das abgestufte Zonierungskonzept hilfreich, das unterschiedliche Nutzungsintensitäten und Kombinationen von Schutz und nachhaltiger Nutzung im landschaftlichen Kontext erlaubt (Kasten 3.2-1; Abb. 3.2-8). Wie bereits in Kapitel 3.2.3.3 erläutert, ist zudem die Vernetzung der Schutzgebiete untereinander ein entscheidendes qualitatives Kriterium, um Migration und Genaustausch zwischen Populationen zu ermöglichen und so von einzelnen Schutzgebieten zu einem Schutzgebietsnetzwerk zu kommen (Hilty et al., 2020).

Ein wichtiger Baustein für die Vernetzung können großskalige Korridorprojekte sein, die bei der Planung von vernetzten Schutzgebietssystemen auch länderübergreifend gedacht werden sollten; der mittelamerikanische biologische Korridor bietet hierfür ein Beispiel (Kremen und Merenlender, 2018). Grenzüberschreitende Schutzgebiete sind dabei nicht nur ökologisch sinnvoll, sondern können zudem als Mittel internationaler Kooperation und Entspannung dienen („Parks for Peace": Sandwith und Besançon, 2010).

Außerhalb der Schutzgebietssysteme sollten Land- und Forstwirtschaft die Belange des Naturschutzes stärker berücksichtigen und im Landschaftskontext so gestaltet sein, dass sie auch in Sinn der Biodiversitätserhaltung nachhaltig sind und in dieser Hinsicht Mehrwert generieren (Abb. 3.2-9). Dies gilt insbesondere auch für die Renaturierung von Ökosystemen, die so gestaltet werden kann, dass Klimaschutz und Biodiversitätserhaltung sich ergänzen (Kap. 3.1; IPBES, 2018a: 21).

Die Satoyama-Initiative der CBD zielt auf die Integration von Naturschutz und nachhaltiger Nutzung in der Landschaft auch außerhalb der Schutzgebietssysteme (CBD, 2010b; Satoyama-Initiative, 2020). Ein solches „Mainstreaming" der Biodiversitätserhaltung, also ihre Berücksichtigung in jedem Bereich des Umgangs mit Land, war ein übergreifendes Thema der 14. Vertragsstaatenkonferenz der CBD (2018e). Für das Mainstreaming von Schutzfunktionen sind neben der Land- und Forstwirtschaft auch die anderen Sektoren mit Bezug zur Landnutzung in der Verantwortung, also der Bergbau und der Infrastrukturausbau (z.B. Verkehr), aber auch die Sektoren, die durch ihre Emissionen negativ (z.B. Industrie) oder durch ihre Gestaltung

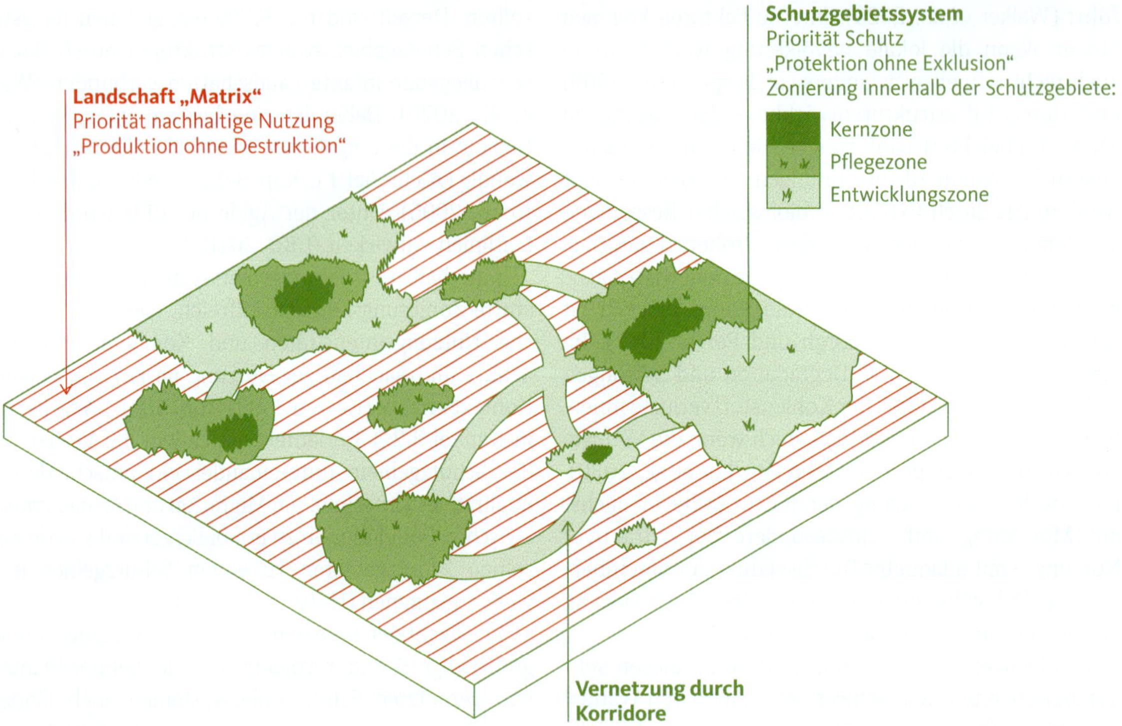


**Abbildung 3.2-8**
Zonierung und Einbindung von Schutzgebietssystemen in die umgebende Landschaft. Durch das Anlegen von Korridoren zwischen intakten Ökosystemen mittels Renaturierung kann biologische Vielfalt wiederhergestellt und ein Beitrag zum Klimaschutz geleistet werden. Zudem geht es um die Erhaltung und den Ausbau der kleinskaligen ökologischen Infrastruktur in der Landschaft, die sich durch viele, vernetzte oder auch isolierte, kleinere wie größere naturnahe Teilflächen und Säume auszeichnet.
Quelle: WBGU, Grafik Ellery Studio

**Abbildung 3.2-9 (rechte Seite)**
Ökosystemschutz und Schutzgebietssysteme: Bezüge zwischen Schutz und Nutzung sowie Mehrgewinne in der Landschaft. (oben) Schematische Abstufung von Schutz und Nutzung bei Schutzgebieten (Priorität bei der Erhaltung biologischer Vielfalt und Ökosystemleistungen) und „Nutzgebieten" (Priorität für nachhaltige Nutzung, mit Mainstreaming). Abstufung von ganz links: Totalschutz (nur wissenschaftliche Nutzung) bis ganz rechts: z.B. versiegelte Fläche, Maismonokultur. Die IUCN-Kategorien reichen von I: striktem Schutz bis VI: Schutz unter Einbezug nachhaltiger Nutzung (Kasten 3.2-1); UNESCO-Biosphärenreservate beschränken sich auf die Dreiteilung in Kern-, Pflege- und Entwicklungszone (UNESCO-MAB, 2020). Die Teilung liegt bei 30%; einem derzeit im Diskurs befindlichen Vorschlag für ein neues Post-2020 Flächenziel für Schutzgebiete. Es handelt sich hierbei nicht um ein Nullsummenspiel: Die Integration von Schutz und Nutzung im Sinn der „Auflösung des Trilemmas" (Kap. 2.2) und der Mehrgewinne über alle drei Trilemma-Dimensionen hinweg sollte ein Ziel des integrierten Landschaftsansatzes sein.
(unten) Schematische Verortung von Mehrgewinnen im Kontext von Biodiversität und Landnutzung an Beispielen. Der Bereich rechts oben ist nicht besetzt, da sich Kombinationen sehr intensiver Nutzung mit hohem Biodiversitätswert in der Praxis kaum realisieren lassen. Wie in der oberen Grafik wird angenommen, dass sich die Schutzgebietssysteme auf 30% der Landschaftsfläche ausdehnen, und zwar auf die am wenigsten intensiv genutzten Flächen mit gleichzeitig hohem Biodiversitätswert. Dabei repräsentiert die Fläche der Grafik nicht die Fläche in der Landschaft; daher entspricht das grün umrahmte Rechteck der Schutzgebiete nicht 30% der Grafikfläche. Das Potenzial für Mehrgewinne mit Nahrungsproduktion wird durch die dunkelgrüne Fläche symbolisiert, Mehrgewinne mit der Erhaltung pflanzengenetischer Ressourcen für Ernährung und Landwirtschaft (PGR) durch die hellgrüne. Die blaue Fläche bildet mögliche Mehrgewinne mit Klimaschutz ab, die sich durch Sicherung der Kohlenstoffvorräte und Senkenwirkung durch Ökosystemschutz realisieren lassen.
Quelle: WBGU, Grafik Ellery Studio

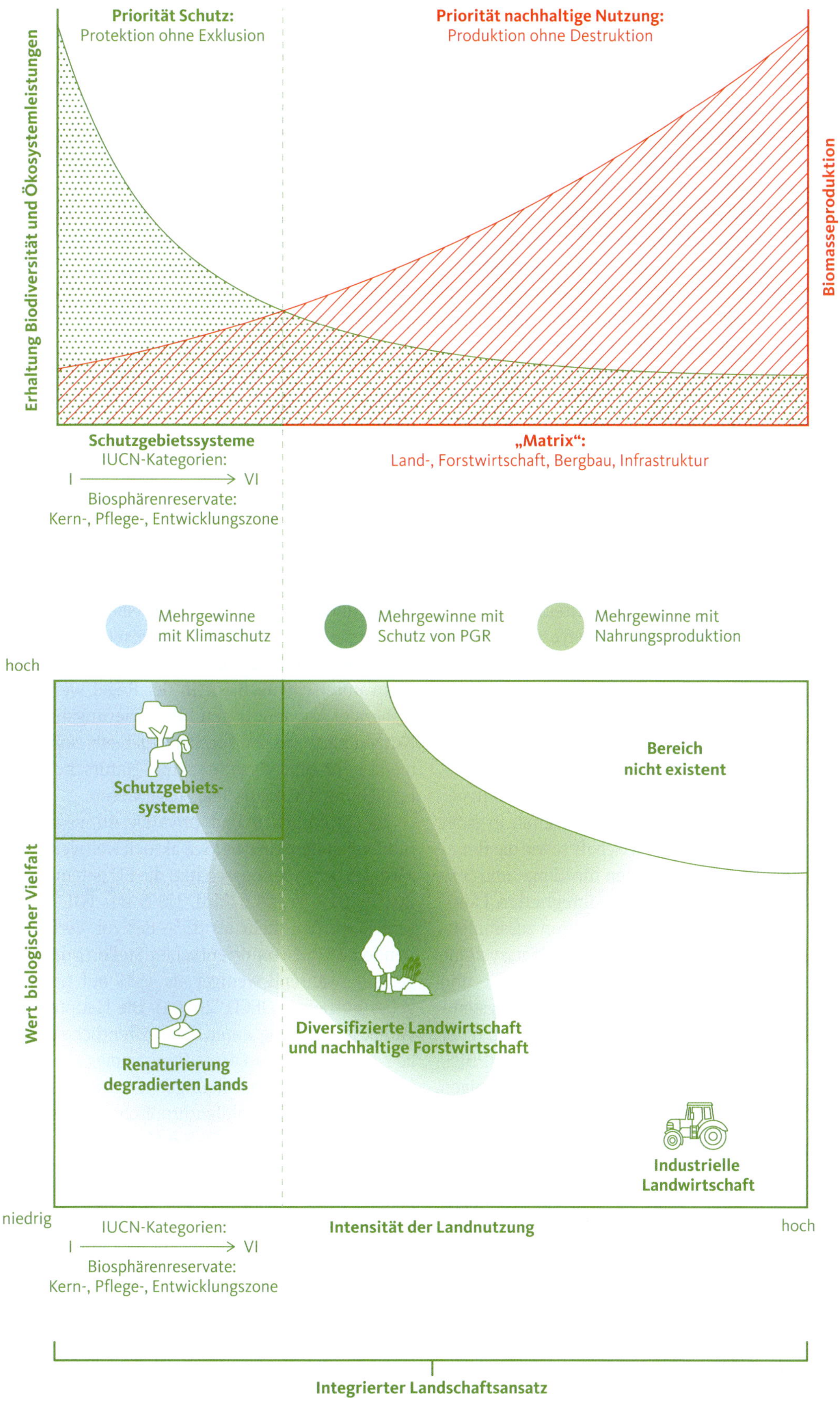
Priorität Schutz:
Protektion ohne Exklusion
Priorität nachhaltige Nutzung:
Produktion ohne Destruktion
Erhaltung Biodiversität und Ökosystemleistungen
Biomasseproduktion
Schutzgebietssysteme
IUCN-Kategorien:
I → VI
Biosphärenreservate:
Kern-, Pflege-, Entwicklungszone
„Matrix":
Land-, Forstwirtschaft, Bergbau, Infrastruktur
Mehrgewinne mit Klimaschutz
Mehrgewinne mit Schutz von PGR
Mehrgewinne mit Nahrungsproduktion
hoch
Schutzgebiets-systeme
Bereich nicht existent
Wert biologischer Vielfalt
Diversifizierte Landwirtschaft und nachhaltige Forstwirtschaft
Renaturierung degradierten Lands
Industrielle Landwirtschaft
niedrig
IUCN-Kategorien:
I → VI
Biosphärenreservate:
Kern-, Pflege-, Entwicklungszone
Intensität der Landnutzung
hoch
Integrierter Landschaftsansatz

positiv (z.B. Städte) auf Biodiversität einwirken können (OECD, 2019). Ohne ein solches Mainstreaming werden auch die besten Schutzgebietssysteme nicht in der Lage sein, die biologische Vielfalt zu sichern, wie z.B. der Zusammenbruch der Insektenpopulationen in deutschen Schutzgebieten zeigt (Leopoldina, 2020; SRU und WBBGR, 2018; Hallmann et al., 2017). Hierbei geht es keineswegs nur um großflächige, breit vernetzte Schutzgebietssysteme, denn selbst kleine und verstreute naturnahe Flächen und Biotope in der Agrarlandschaft sind, obwohl oft nicht unter Naturschutz, wichtig für die Konnektivität in der Landschaft und die Bereitstellung von Ökosystemleistungen (Wintle et al., 2019; z.B. für Bestäubung IPBES, 2016:365). Zudem gibt es in alten Kulturlandschaften Ökosysteme und Arten, die sich nur durch Aufrechterhaltung der traditionellen nachhaltigen Nutzung (oder entsprechender Landschaftspflege) bewahren lassen (Schutz durch Nutzung, WBGU, 2000:14ff.).

Um das Mainstreaming fruchtbar zu machen, muss das Gegeneinander von Schutz versus Nutzung überwunden werden. Dazu sollten Akteure sowohl aus dem Naturschutz als auch aus den verschiedenen Sektoren der Landnutzung einander zuhören, aufeinander zugehen und möglichst gemeinsam Lösungen erarbeiten, die für beide Seiten die skizzierten Mehrgewinne realisierbar machen. Als Governance-Rahmen hierfür eignet sich der integrierte Landschaftsansatz (Kasten 2.3-3). Die Abstufung unterschiedlicher Verhältnisse von Schutz und nachhaltiger Nutzung in Schutzgebieten und ihren Pufferzonen, die Vernetzung der bestehenden Schutzgebiete, das Mainstreaming biologischer Vielfalt in einer nachhaltigen Land- und Forstwirtschaft sowie die Renaturierung degradierter Landflächen für Klima- und Biodiversitätsschutz können in einem integrierten Landschaftsansatz von den jeweiligen Akteuren zusammengebracht werden. Gut vernetzte Schutzgebietssysteme spielen für den Ansatz eine entscheidende Rolle und bilden durch ihre biologische Vielfalt und Ökosystemleistungen gewissermaßen das ökologische Rückgrat der Landschaft (Kremen und Merenlender, 2018; IPBES, 2019a: Ch. 5). Gemeinsam mit den teils kleinräumigen naturnahen Flächen außerhalb der formalen Schutzgebietssysteme bilden sie die „ökologische Infrastruktur", die prioritär dem Ökosystemschutz gewidmet und Voraussetzung dafür ist, dass in der Landschaft die Erhaltung biologischer Vielfalt und die Erbringung von Ökosystemleistungen mit nachhaltiger Nutzung in Einklang gebracht werden kann (da Silva und Wheeler, 2017; Ervin et al., 2010:99ff.). Nur durch diese Integration von Schutz und nachhaltiger Nutzung in der Landschaft kann es gelingen, die scheinbar widerstreitenden Dimensionen des Trilemmas zu überwinden (Abb. 3.2-9).

### 3.2.3.7
### Fokus Finanzierung von Schutzgebietssystemen

Der Ausbau des weltweiten Schutzgebietsnetzwerks hat zwar Fortschritte gemacht, aber in Schutzgebieten fehlen nach wie vor finanzielle Ressourcen für eine effektive Biodiversitätserhaltung (Coad et al., 2019). So ist die Finanzierung häufig bereits für gegenwärtige Schutzgebietssysteme unzureichend, ganz abgesehen von ihrem notwendigen Ausbau (Emerton et al., 2006). Die unzureichende Finanzierung behindert die Umsetzung der Biodiversitätsziele (Barbier et al., 2020; Waldron et al., 2017; OECD, 2019). Eine Erhöhung der zur Verfügung stehenden Mittel könnte eine wesentliche Verbesserung der aktuellen Situation bedeuten – sowohl hinsichtlich der Größe der Schutzgebiete als auch ihrer Wirksamkeit. Ein Aufschieben von Investitionen kann dazu führen, dass zukünftige Investitionen umso höher ausfallen müssen (CBD, 2014).

#### Schätzungen zu Ausgaben und Nutzen aus Biodiversitätsschutz

Schätzungen der aktuellen Höhe der Finanzierung wie auch der benötigten Gesamtmittel für Biodiversitätsschutz und Schutzgebiete weisen eine große Bandbreite auf, da die Datenverfügbarkeit meist eingeschränkt und auch die Abgrenzung der einbezogenen Schutzaktivitäten unterschiedlich ist. In der Regel werden zudem bisherige Aufwendungen, Finanzierungsbedarfe und Nutzen nicht speziell für Schutzgebiete, sondern allgemeiner für Biodiversitätsschutz, Naturschutz oder die Erreichung der Aichi-Ziele ausgewiesen.

Die öffentlichen und privaten *Aufwendungen* für Biodiversitätsschutz werden aktuell weltweit auf 78–91 Mrd. US-$ pro Jahr geschätzt; die EU gab in den Jahren 2015–2017 ca. 14,6 Mrd. US-$ aus (OECD, 2020a). Global wurden mehr als 85% der zur Verfügung stehenden Mittel von öffentlichen Stellen zur Verfügung gestellt, während weniger als 15% auf private Geldgeber entfielen (OECD, 2020a). Die Hauptquellen privater Finanzierung waren dabei öffentliche und freiwillige Biodiversitäts-Offset-Programme, Zertifizierung und Monitoring nachhaltiger Güterproduktion und NRO. Aber auch philanthropische Stiftungen und Initiativen trugen mit 0,2–3,8 Mrd. US-$ zur Finanzierung bei. Ein prominentes Beispiel sind Douglas Tompkins (Gründer der Firmen Northface und Esprit) und Kris McDivitt Tompkins, die große Gebiete in Südamerika erworben haben, um sie vor weiterer Zerstörung zu schützen bzw. zu renaturieren (Tompkins Conservation, 2020). Auch Initiativen wie LifeWeb, eine Plattform der CBD, über die Organisationen aus Entwicklungsländern ihre Projekte zur Finanzierung anbieten können, fördern die gemeinsame Finanzierung durch öffentliche und private Geldgeber (CBD, o.J.).

Die Mobilisierung privaten Kapitals im Bereich der Biodiversitätserhaltung ist insgesamt weitaus geringer als im Bereich der Klimafinanzierung (2017–2018: 56 %, Buchner et al., 2014). Allerdings gibt es im Bereich der Klimafinazierung auch weitaus mehr aus Anlegersicht attraktive Investitionsmöglichkeiten. Freiwillige Offset-Programme und private Stiftungen zeigen allerdings, dass Investitionen in Natur- und Biodiversitätsschutz durchaus nicht nur von kommerziellen Interessen getrieben sein müssen.

Schätzungen von *Finanzierungsbedarf und Finanzierungslücken* bewegen sich durchgehend in überschaubaren Größenordnungen. So schätzte das High-Level Panel 2012 der CBD den Gesamtfinanzierungsbedarf zur Erreichung der Aichi-Ziele auf 150–440 Mrd. US-$ pro Jahr (CBD, 2012) und damit auf weit unter 1 % des globalen BIP. Hinsichtlich Ökosystemschutz und Renaturierung im Rahmen terrestrischer Schutzgebiete schätzen McCarthy et al. (2012) die Finanzierungslücke auf etwa 80 Mrd. US-$ pro Jahr; Credit Suisse et al. (2014) gehen von einem zusätzlichen Finanzierungsbedarf für Naturschutzzwecke von jährlich 200–350 Mrd. US-$ aus.

Hinsichtlich Schätzungen der *globalen Nutzen aus Biodiversitätsschutz* übersteigen diese die geschätzten Kosten in entsprechenden Studien durchgehend um ein Vielfaches (CBD, 2014; Barbier et al., 2018). Auch hier gibt es ein breites Spektrum an Schätzungen, da nicht nur die Messung der Biodiversität, sondern auch die Bewertung nicht auf Märkten gehandelter Ökosystemleistungen nach wie vor mit methodischen Herausforderungen verbunden ist (Kasten 4.2-4; Hanley und Perrings, 2019). Entsprechend werden zum Teil gar keine oder nur ausgewählte, nicht auf Märkten gehandelte Dienste in die Betrachtung einbezogen.

Waldron et al. (2020) schätzen, dass die Nutzen die Kosten der Umsetzung des 30 %-Ziels für Schutzgebiete im Jahr 2050 um 64–454 Mrd. US-$ pro Jahr übersteigen, selbst wenn sich die Analyse auf wenige Wirtschaftssektoren beschränkt und Ökosystemleistungen jenseits von Märkten nicht einbezogen werden. Eine nur partielle Einbeziehung letzterer steigert diesen Betrag noch einmal erheblich. Buckley et al. (2019) ermitteln substanzielle Nutzen aus dem Besuch von Schutzgebieten für die mentale Gesundheit, die damit verbundene kommerzielle Erträge bei weitem übersteigen.

Die EU-Kommission (2020c) schätzt, dass den Kosten für das EU-Schutzgebietsnetzwerk „Natura 2000" von 6 Mrd. € pro Jahr Leistungen in Höhe von 200–300 Mrd. € gegenüberstehen. Besser mit Ressourcen ausgestattete Schutzgebiete sind meist auch von höherer Qualität und erreichen eher die Schutzziele (Geldmann et al., 2018), d. h. Investitionen korrelieren mit Erfolgen (Waldron et al., 2017).

### Besonders gravierende Finanzierungsdefizite in Entwicklungs- und Schwellenländern

Bedrohlich für die Erhaltung der globalen Biodiversität und der Schutzgebietssysteme sind insbesondere Finanzierungsdefizite in Biodiversitäts-Hotspots der Entwicklungs- und Schwellenländer. So beherbergen die 40 am stärksten unterfinanzierten Länder fast ein Drittel der gesamten Artenvielfalt der Säugetiere (Waldron et al., 2013). Einige afrikanische Länder mit großen Schutzgebietsnetzwerken und starker staatlicher Prioritätensetzung für biologische Vielfalt weisen dabei die größten Finanzierungsdefizite auf (Lindsey et al., 2018). Afrika und Lateinamerika, beides Regionen mit sehr hohem Anteil der weltweiten biologischen Vielfalt, haben lediglich einen Bruchteil der globalen Finanzmittel für Biodiversitätsschutz zur Verfügung (Parker et al., 2012:34).

Da sich die größten Anteile der weltweiten Biodiversität in den ärmsten Ländern finden, war bereits bei Konzeption der CBD klar, dass effektiver Ökosystemschutz von Finanzflüssen aus Industriestaaten abhängt. Industrieländer, nicht zuletzt auch die EU, tragen zudem eine große Mitverantwortung für die aktuelle Krise der Biodiversität (Drenckhahn et al., 2020; Kap. 2.2.3). Trotzdem machen internationale Finanzflüsse derzeit nur einen geringen Anteil der globalen öffentlichen Ausgaben für Biodiversitätsschutz aus (6–14 %, OECD, 2020a). Die wichtigste Quelle für Finanztransfers für Biodiversitätsschutz in Entwicklungsländer stellen dabei nach wie vor Gelder aus der Entwicklungszusammenarbeit dar (Miller et al., 2013), von denen ca. 90 % aus bilateraler Entwicklungsunterstützung stammen (OECD, 2020a).

Obwohl die weitaus meisten öffentlichen Mittel im Rahmen nationaler Maßnahmen eingesetzt werden, zeigt sich die Unterfinanzierung zunehmend auch in Industrieländern (Watson et al., 2014). So werden in der EU-Biodiversitätsstrategie zusätzliche Investitionen von mindestens 20 Mrd. € pro Jahr empfohlen (EU-Kommission, 2020c). Bei einigen Staaten und Regierungen ist die Bereitschaft zur Investition in Schutzgebiete sogar rückläufig (Watson et al., 2014).

### Finanzierungsmechanismen und -instrumente

Während der größte Anteil der Finanzierung der Biodiversitätserhaltung nach wie vor aus öffentlichen Haushalten, d. h. aus allgemeinen Steuereinnahmen oder auch Lenkungssteuern wie etwa $CO_2$-Steuern (z. B. in Costa Rica, Barbier et al., 2020) stammt, werden auch andere Finanzierungsmechanismen diskutiert und zum Teil bereits angewandt.

Bereits etabliert im Biodiversitätskontext sind verpflichtende und freiwillige Offset-Programme. Sie sind allerdings mit einer Vielfalt von konzeptuellen und praktischen Herausforderungen verbunden (Gonçalves et al., 2015; Kap. 4.2.1), die auch die in der Literatur diskutierte Einführung von Märkten für handelbare Biodiversitäts-Offsets betreffen (Needham et al., 2019). Ein weiteres, ebenfalls nicht unumstrittenes Finanzierungsinstrument stellen Debt-for-Nature Swaps (DNS) dar, bei denen Entwicklungs- oder Schwellenländern Schulden unter der Maßgabe erlassen werden, dass in Naturschutzmaßnahmen investiert wird. DNS wurden insbesondere in den 1990er Jahren eingesetzt (UNDP, 2017), um Entwicklungs- und Schwellenländern Finanzierungsspielräume für Naturschutz zu eröffnen. Die empirische Evidenz von DNS hinsichtlich der tatsächlichen Bereitstellung zusätzlicher Mittel und ihrer ökologischen Wirkungen ist gemischt, allerdings bieten Erfahrungen mit vergangenen Programmen Ansatzpunkte für eine effektivere Ausgestaltung zukünftiger Programme (Cassimon et al., 2011). Auch mit Finanzierung durch private Stiftungen und Philanthropen konnte in der Vergangenheit bereits Erfahrung gesammelt werden, wobei private Schutzanstrengungen, beispielsweise durch den Ankauf von Land, auch kontrovers im Kontext von „land grabbing" und Ökokolonialismus diskutiert werden (Holmes, 2015).

Weitere Instrumente, deren praktisches Potenzial als Grundlage einer breiteren Finanzierung von Schutzgebieten allerdings zum Teil noch diskutiert wird, umfassen den Einsatz von Grünen Bonds, die Einrichtung von Biodiversitätsfonds oder auch Project Finance for Performance (Berghöfer et al., 2017; WWF International, 2015). Auch Instrumente, wie sie beispielsweise von der Weltbank im Kontext von REDD+ angeregt werden (Kasten 3.1-6), könnten zum Zwecke der Finanzierung von Schutzgebietssystemen geprüft werden (World Bank, 2017a). Berghöfer et al. (2017) betonen allerdings, dass die Etablierung neuer Instrumente auch immer mit Kosten verbunden sei. Der Fokus solle entsprechend nicht nur auf neuen Instrumenten, sondern auch auf einer Verbesserung des Einsatzes etablierter Finanzierungsmechanismen liegen. Außerdem solle im Bemühen um die Finanzierung von Schutzgebieten gerade in Entwicklungsländern auch die ökonomische Entwicklung benachbarter Regionen mit einbezogen werden. Ziel ist es, durch das Setzen geeigneter Rahmenbedingungen das Opportunitätskostenkalkül der lokalen Nutzer so zu verändern, dass die Erhaltung biologischer Vielfalt und Ökosystemleistungen lohnend wird und alternative Einkommensmöglichkeiten geschaffen werden (Kap. 4.2.1).

#### Voraussetzungen und Hindernisse effektiver Governance

Eine Untersuchung des weltweiten Schutzgebietsnetzwerks der Welterbekonvention (World Heritage Convention) stellt fest, dass nur 48% der Schutzgebiete effektiven Schutz und Management aufweisen, wobei eine nachhaltige, verlässliche Finanzierung hierfür als wichtigstes Kriterium genannt wird (Osipova et al., 2017). Aufgrund mangelnder finanzieller Ressourcen sind auch hier Entwicklungs- und Schwellenländer und ICCAs (Kap. 3.2.3.5) besonders betroffen (Tran et al., 2019; Bovarnick et al., 2010).

Schwache Governance kann wiederum die Absorptionskapazität für zusätzliche Mittel begrenzen (Berghöfer et al., 2017) und den effektiven Einsatz vorhandener Mittel bedrohen. Dies ist besonders kritisch, da mangelnde Kosteneffizienz wiederum ein wichtiges Kriterium für die öffentliche Akzeptanz und Unterstützung für Naturschutzmaßnahmen ist (Wätzold et al., 2010). Die Kombination aus mangelnden finanziellen Ressourcen und unzureichenden Kapazitäten behindern damit die Umsetzung der Biodiversitätsziele im Allgemeinen und der Schutzgebietsziele im Besonderen (Barbier et al., 2020; Waldron et al., 2017; Miller et al., 2013). Die Verbesserung der finanziellen Basis für Schutzgebiete und ein effizientes Management müssen entsprechend sowohl hinsichtlich des Ausbaus von Schutzgebieten als auch hinsichtlich der Verbesserung der Qualität bestehender Schutzgebiete zusammengedacht werden.

Auch die meisten Vertragsparteien der Biodiversitätskonvention sehen den kombinierten Mangel an finanziellen, menschlichen und technischen Ressourcen als Barriere für die Umsetzung des Strategischen Plans (CBD, 2010a). Die Steigerung finanzieller Ressourcen für den Ökosystemschutz ist daher Bestandteil des Zielkanons sowohl der CBD (Aichi-Ziel 20) als auch der Agenda 2030 (SDG 15.a; Kap. 3.2.2) und nicht zuletzt auch der neuen EU-Biodiversitätsstrategie (EU-Kommission, 2020c). Der WBGU greift diese Empfehlungen in Kapitel 3.2.5 auf.

### 3.2.4 Folgerungen

Die Biodiversitätskrise hat bislang nicht ausreichend zu einer Veränderung der gesellschaftlichen Strukturen und Prioritäten zugunsten des Ökosystemschutzes geführt. Der transformative Wandel ist zwar in Ansätzen erkennbar und wird von der Forschung und Politikberatung als notwendig erachtet (IPBES, 2019b; Díaz et al., 2019; SCBD, 2020; Leclère et al., 2020; FOLU, 2019), ist aber noch weit vom Mainstream entfernt.

Das politikrelevant aufgearbeitete Wissen liegt vor (IPBES), die Strategien sind formuliert und werden derzeit überarbeitet (Post-2020-Rahmen der CBD), die Instrumente sind entwickelt und Transformationswege identifiziert. Aber das Bewusstsein hat sich nicht ausreichend verbreitet, dass nach wie vor wertvolle Elemente unserer Erde unwiederbringlich zerstört werden, obwohl sie sehr wichtig und tatsächlich teils unverzichtbar sind.

Vermehrte Anstrengungen für Naturschutz und Renaturierung (Kap. 3.1), gemeinsam mit der Transformation des globalen Ernährungssystems (Kap. 3.3, 3.4), sind notwendig und könnten die Negativtrends des Verlusts biologischer Vielfalt und der Ökosystemleistungen drehen (Leclère et al., 2020). Bereits eine recht geringe Erhöhung der politischen Aufmerksamkeit könnte große Wirkungen haben, denn der finanzielle Aufwand zur Milderung der Biodiversitätskrise, z.B. durch Auf- und Ausbau des globalen Schutzgebietssystems oder für das Umsetzen des Mainstreaming in der landwirtschaftlichen Praxis, ist etwa im Vergleich zur Klimakrise gering. Dennoch sind die Beharrungskräfte gegen die notwendige Transformation groß; es gibt: (1) tiefe Pfadabhängigkeiten bei den entsprechenden gesellschaftlichen Strukturen (sichtbar z.B. in umweltschädigender Subventionierung); (2) mangelhafte Inwertsetzung und Internalisierung von biologischer Vielfalt und Ökosystemleistungen; (3) auch aus diesem Grund unvermindert großer Nutzungsdruck auf die natürlichen und naturnahen Ökosysteme durch wirtschaftliche Prozesse, (4) steigende Nachfrage aufgrund unveränderter Konsummuster und ressourcenintensiver Lebensstile, die vermittelt durch Fernwirkungen auch als wichtige Treiber für die Biodiversitätskrise wirken. Insbesondere für die letzten beiden Punkte stehen die Bevölkerungen in Industrieländern sowie die vergleichsweise wohlhabenden Mittel- und Oberschichten aller Länder in der Verantwortung.

Für den Ökosystemschutz und die Mehrgewinnstrategie Schutzgebietssysteme ergeben sich folgende Folgerungen:

- *Schutzgebietssysteme ausweiten und aufwerten:* Die Schutzgebietssysteme sollten auf 30% der Erdoberfläche ausgedehnt werden. Diese flächenmäßige Ausdehnung sollte durch eine Aufwertung der Qualität der Schutzgebiete ergänzt werden, vor allem die Auswahl und Repräsentativität und Vernetzung der Gebiete sowie die Sicherung des effektiven, partizipativen und gerechten Managements, des Monitoring und der Durchsetzung der vereinbarten Regelungen. Die in Kapitel 4.5.3 vorgestellten „Bewahrungsgemeinschaften für ökologisch wertvolle Landschaften" können hier einen wichtigen Beitrag leisten.
- *Integration in die Landschaft und Mainstreaming sind entscheidend:* Schutzgebietssysteme sollten als ökologisches Rückgrat der Landschaft wertgeschätzt und ihre Vernetzung ausgebaut werden. Zudem ist das Mainstreaming der Biodiversitätsbelange in allen Sektoren (insbesondere in der Land- und Forstwirtschaft) ein entscheidender Erfolgsfaktor. In der Landschaft sollte besonders darauf geachtet werden, Mehrgewinne in Bezug auf das Trilemma der Landnutzung zu erzielen und die Akteure für dieses Ziel zu engagieren. Dabei sollte der Mensch noch stärker als Teil der Ökosysteme und Schutzgebiete gesehen werden. Die vom WBGU in Kapitel 4.5.1 vorgeschlagenen „regionalen Gemeinschaften zur grenzüberschreitenden Umsetzung integrierter Landschaftsansätze" bieten ein Instrument für die stärkere institutionelle Zusammenarbeit benachbarter Regionen.
- *IPLCs in ihren Schutzanstrengungen unterstützen, ICCAs bewahren:* Die ICCAs generieren durch den Schutz der in ihnen enthaltenen biologischen Vielfalt und Kohlenstoffvorräte erheblichen globalen Nutzen, für den die Hüter dieser Gebiete, die IPLCs, nicht annähernd angemessen kompensiert werden. Dieser Ausgleich sollte mittels Transferleistungen organisiert werden, denn sonst wächst der Nutzungs- und damit auch Zerstörungsdruck nicht nur von außen, sondern auch innerhalb der Gebiete, wenn das Recht auf nachholende Entwicklung durch extraktive Nutzung finanziert wird.
- *Mehr in Schutzgebietssysteme investieren:* Schutzgebiete lohnen sich; mit vergleichsweise niedrigen Investitionen wird ein hoher Zusatznutzen erzielt. Dieser Nutzen ist aber derzeit nicht in den gängigen wirtschaftlichen Indikatoren abgebildet bzw. nicht in die Preise und die Bilanzen integriert.
- *Schwung des CBD-Gipfels nutzen,* um im Post-2020-Rahmenwerk zu guten Zielsetzungen zu kommen und Aufmerksamkeit zu erregen.

Diese Folgerungen werden in den folgenden beiden Kapiteln konkreter als Handlungs- und Forschungsempfehlungen ausformuliert.

## 3.2.5 Handlungsempfehlungen

Ökosystemzerstörung und -degradation durch Landnutzungsänderungen, vor allem die Umwandlung in Agrarflächen durch z.B. Rodung, sind die wichtigsten Treiber der globalen Biodiversitätskrise, sind wesentliche Treiber des Klimawandels, werden selbst vom Klimawandel verschärft, und tragen durch den Verlust von Ökosystemleistungen zur Ernährungsunsicherheit bei. Für das Themenfeld „Ökosystemschutz" hält der WBGU daher im Sinn der vereinbarten multilateralen Ziele einen schnellstmöglichen Stopp der Zerstörung und Fragmentierung natürlicher und naturnaher Land- und Süßwasserökosysteme für geboten (spätestens bis 2050; Kap. 3.2.2; CBD, 2010a; WBGU, 2014:21).

Schutzgebietssysteme zeichnen sich dadurch aus, dass dort effektiver Ökosystem- und Biodiversitätsschutz die prioritäre Zielsetzung ist. Die folgenden Empfehlungen zu Schutzgebietssystemen richten sich an die nationalen Politiken wie auch an die Entwicklungszusammenarbeit und internationale Förderinstitutionen (Weltbank, Entwicklungsbanken, GEF) sowie an private Akteure (z.B. NRO im Bereich Naturschutz). Anspruchsvolle Zielsetzungen und Leitlinien internationaler Akteure (z.B. Konventionen, IUCN) wurden bereits vor zehn Jahren formuliert (Kap. 3.2.2). Es geht nunmehr darum, eine Verwässerung der multilateralen Zielsetzungen zu Ausbau und Management von Schutzgebietssystemen zu verhindern und eine bessere Umsetzung zu fördern.

### Ausbau und verbessertes Management der Schutzgebietssysteme umsetzen

Hierfür spielen nationale Regierungen eine zentrale Rolle und sollten daher in Entwicklungsländern gefördert werden, z.B. durch Unterstützung beim Aufbau robuster und inklusiver Entscheidungsfindungs- und Managementprozesse zu den Schutzgebietssystemen (IPBES, 2019a: Ch. 6).

- Neben der unbedingt erforderlichen Ausweitung der Schutzgebietsfläche auf 30% der Erdoberfläche (CBD, 2020) gibt es erhebliche Verbesserungspotenziale innerhalb der bestehenden Schutzgebietssysteme. Hierbei geht es vor allem um eine konsequente Anwendung der Qualitätskriterien des Aichi-Ziels 11 (Kap. 3.2.2; Barnes et al., 2018) durch Stärkung des Managements, der lokalen Partizipation, der Durchsetzung sowie der Ausstattung mit (auch finanziellen) Ressourcen (Pringle, 2017; IPBES, 2019a: Ch. 6.3.2.3). Die Umsetzung bestehender und künftiger multilateraler Ziele (Kap. 3.2.3.3) könnte durch klarere Priorisierung an Effektivität gewinnen, indem z.B. wie in der EU-Habitatsrichtlinie die Anstrengungen auf Gebiete konzentriert werden, die einen unbefriedigenden Schutzstatus haben (IPBES, 2019a: Ch. 3.7).
- Effektiver Klimaschutz ist eine Voraussetzung für die langfristigen Leistungen des globalen Schutzgebietssystems (Kap. 3.2.3.4). Umgekehrt werden auch für die Einhaltung der 2°C-Klimaschutzleitplanke Anpassungsleistungen durch Schutzgebietssysteme notwendig sein. Das prospektive Einbeziehen des Klimawandels sollte als fester Bestandteil bei Auswahl, strategischer Planung und Management von Schutzgebietssystemen beachtet werden (besonders wichtig bei Bergregionen: z.B. Elsen et al., 2018).
- Weitere wichtige Voraussetzungen für Schutzgebietssysteme sind das Monitoring der biologischen Vielfalt und der Ökosystemleistungen sowie die Überwachung der partizipativ entwickelten Nutzungs- und Managementregeln. Die Digitalisierung kann bei diesen Aufgaben wertvolle Hilfestellung leisten (Kasten 3.2-2). Auch im Bereich Schutzgebiete sollten digital unterstütztes Monitoring sowie digitalisierte räumliche Datensätze als Basis für Entscheidungen über Landnutzung und deren Umsetzung verstärkt genutzt werden (OECD, 2020c:2). Zusätzlich sollte ein möglichst weltweiter Ausbau von Frühwarnsystemen für gravierende ökologische Veränderungen bis hin zu Naturkatastrophen, aber auch zur Ausbreitung von Infektionskrankheiten angestrebt werden.
- Projekte der deutschen bzw. europäischen Entwicklungszusammenarbeit sollten nicht nur einen Schwerpunkt darauf legen, die Schutzgebiete auszuweiten, sondern auch, die Verbesserungspotenziale innerhalb bestehender Schutzgebietssysteme entsprechend der Qualitätskriterien der CBD zu heben. Zudem könnte der Aus- und Aufbau von Angeboten für eine alternative Proteinversorgung durch die lokale und regionale Bevölkerung helfen, die Wilderei in Schutzgebieten und angrenzenden naturnahen Ökosystemen zur Fleischversorgung einzudämmen.

### Integrierter Landschaftsansatz: Synergien mitdenken und realisieren

Im Rahmen des integrierten Landschaftsansatzes (Kasten 2.3-3) sollten bei allen Flächennutzungen alle Dimensionen des Trilemmas der Landnutzung mitbedacht und mögliche Synergien geprüft werden. Dies gilt auch für Schutzgebiete: Zwar lassen sich dreifache Mehrgewinne mit Klimaschutz und Ernährungssicherung entlang des Trilemmas (Kap. 2.2) sicherlich nicht in jedem Schutzgebiet (oder auf jedem Hektar der Landschaft) realisieren; bei strategischer Vernetzung der Schutzgebiete untereinander und mit der umliegenden Landfläche lassen sich aber entsprechende Mehrgewinne erzielen, die eine breitere Integration von Schutz und Nutzung zulassen als einzelne Gebiete (Kap. 3.2.3). Eine noch weitergehende „Auflösung" der Landnutzungskonkurrenzen funktioniert insbesondere auf Landschaftsebene und wird damit explizit zu einer Aufgabe des „integrierten Landschaftsansatzes" (Kasten 2.3-3), dessen ökologisches Rückgrat die Schutzgebietssysteme sind. Zur Stärkung der ökosystemaren Vielfalt der Landschaft und einer besseren Versorgung mit lokal relevanten Ökosystemleistungen sollte eine integrative Landschaftsplanung Landflächen innerhalb und außerhalb von Schutzgebieten gleichermaßen adressieren.

- Planer*innen und Manager*innen von Schutzgebieten sollten die angesprochenen Synergien und mögliche Mehrgewinne mitdenken und stärker in die Managementpläne von Schutzgebieten integrieren. In Pufferzonen (bzw. in Schutzgebieten der Kategorie VI) sollten z. B. die Senkenfunktion gestärkt und ökologischer Landbau einschließlich der Erhaltung alter Kultursorten ermöglicht werden, sofern dies mit dem Schutzzweck vereinbar ist. Ein enger Austausch mit Regionalentwicklern sowie Akteuren der land- bzw. forstwissenschaftlichen sowie Süßgewässerpolitik im Rahmen des integrierten Landschaftsansatzes ist zu empfehlen.
- Synergien von Schutz und Nutzung in Schutzgebietssystemen bieten Chancen für die Überwindung des sektoralen „Silodenkens" und sollten in den multilateralen Prozessen von z. B. der CBD, der Weltnaturschutzunion (IUCN), dem Internationalen Vertrag über pflanzengenetische Ressourcen für Ernährung und Landwirtschaft (ITPGRFA) oder dem UNDP mit größerem Nachdruck eingebracht sowie in der Entwicklungszusammenarbeit entsprechend umgesetzt werden. Der ITPGRFA von 2001 hat zwar ein Memorandum of Understanding mit der CBD und die FAO hat ein Memorandum of Cooperation mit der CBD. Diese Kooperationen sollten aber stärker mit Leben gefüllt werden und die Nutzung von Synergien und mögliche Beiträge des globalen Schutzgebietssystems zur nachhaltigen Landwirtschaft und zum Schutz pflanzengenetischer Ressourcen viel deutlicher thematisieren.

### Nutzen von Ökosystemleistungen und biologischer Vielfalt internalisieren

Laut World Economic Forum ist mehr als die Hälfte des weltweiten BIP von der Natur und ihren Leistungen abhängig und darum anfällig für den Verlust und die Degradation von Ökosystemen und ihrer biologischen Vielfalt (WEF und PwC, 2020). Die fehlende Internalisierung der Kosten des Verlusts von Ökosystemleistungen und biologischer Vielfalt ist ein wichtiger Treiber (Kasten 4.2-4). Dies gilt auch für Schutzgebietssysteme: Viele ihrer Güter und Leistungen sind allgemein verfügbar, tragen aber kein Preisschild, während die Kosten des Ökosystemschutzes, z. B. für das Management von Schutzgebieten, real bezahlt werden müssen (Emerton et al., 2006).

- Die Beiträge der Ökosysteme für den Menschen sollten in ihrem vollen Umfang in den Gesamtrechnungen und Bilanzen von Staaten und Unternehmen auftauchen – das gilt auch für die Land- und Forstwirtschaft. Diese Transformation der gesellschaftlichen, ökonomischen und finanziellen Systeme sollte daher rasch begonnen werden. Dies ist zum einen eine Aufgabe der nationalen Regierungen bzw. der EU, zum anderen sollten aber auch multilaterale Initiativen (auf G7, G20, UN-Ebene) diesbezüglich gestärkt werden.
- Nationale Regierungen sollten prüfen, an welchen Stellen Ordnungsrecht zur Umsetzung der vereinbarten Ziele für Schutzgebietssysteme ausreichend ist bzw. wo gezielte finanzielle Anreize für bestimmte Akteure ergänzt werden sollten (z. B. über Instrumente wie Payments for Ecosystem Services: Kasten 4.2-1) und wie hoch diese jeweils sein müssten, um die erwünschte Wirkung zu erzielen (Kap. 4.2.1)

### Integration der Schutzgebietssysteme in die Landschaft verbessern

Unter Ägide der CBD wurden Leitlinien zur Integration von Schutzgebieten in die Landschaft entwickelt (CBD, 2018d). Diese Ansätze sollten unterstützt und weiterentwickelt werden.

- *Vernetzung:* Die Anstrengungen für eine bessere Vernetzung der Schutzgebiete zur Sicherung der Migration von Arten und des Genaustauschs zwischen Populationen sollten von der Entwicklungszusammenarbeit sowie internationale Förderinstitutionen deutlich gestärkt und gefördert werden, auch über die Grenzen von Nationalstaaten hinweg (Hilty et al., 2020).
- *Mainstreaming:* Die Vielfalt der Landschaft sowie der Schutz lokal relevanter Ökosystemleistungen (z. B. Erosionsschutz, Erhaltung der Bodenfruchtbarkeit, Wasserversorgung und -qualität), sollte auch in den (prospektiv) 70 % der Landfläche außerhalb der Schutzgebietssysteme gestärkt werden. Die kleinen und verstreuten naturnahen Flächen und Biotope in der Agrarlandschaft sollten erhalten und besser vernetzt werden, denn sie sind wichtig für die ökologische Konnektivität und die Bereitstellung von Ökosystemleistungen im kleinräumigen landschaftlichen Kontext (Wintle et al., 2019; z. B. für Bestäubung IPBES, 2016: 365). Um in diesem Sinn das Mainstreaming der Erhaltung von Ökosystemleistungen und biologischer Vielfalt zu fördern, sollte in der industriellen Landwirtschaft der Trend zur Anpassung der Landschaft an immer größere Maschinen umgekehrt werden; die Digitalisierung bietet hierfür Optionen (Kasten 3.2-2; Kap. 3.3; WBGU, 2019b: 213f.). Desweiteren sollten die biodiversitätsschädlichen Inputs (z. B. Mineraldünger, Gülle, Pestizide) in der Landwirtschaft stark zurückgefahren sowie auf synthetische Pestizide weitgehend verzichtet werden (Kap. 3.3.2.2).

- *Integration in der Landschaft:* Hierfür ist der integrierte Landschaftsansatz ein wichtiges Konzept, explizit als Governance-Ansatz zur Entschärfung von Interessensgegensätzen im konkreten Kontext des räumlichen Gefüges (Kasten 2.3-3). Auch die Entwicklung von Mechanismen zur (lokalen) Konfliktlösung (z.B. Interessen von lokalen Landwirt*innen versus Schutz der Wildtiere, indigene Jäger versus Wilderer) sind als Teil der Umsetzung des Landschaftsansatzes anzusehen. Großräumige, langfristige, proaktive (auch grenzüberschreitende) Raum- und Landschaftsplanung ist ein wichtiges Instrument des Landschaftsansatzes, um Landnutzungen zu priorisieren und Synergien zu heben (IPBES, 2019a: Ch. 6; Kap. 4.2.3).
- *Rahmenbedingungen:* Jenseits der Landschaftsebene sind biodiversitätsfreundliche nationale wie internationale Rahmenbedingungen, die negative Fernwirkungen auf Biodiversität berücksichtigen und zu vermeiden suchen, von großer Bedeutung (Kap. 4.2; Kasten 4.2-4). Lokal sollten Einkommens- und Entwicklungsmöglichkeiten geschaffen werden, die nicht zu Lasten der Ökosysteme gehen bzw. nicht landbasiert sind.

### Indigene Völker und lokale Gemeinschaften unterstützen

Die Beteiligung der lokalen Bevölkerung an Planung und Management von Schutzgebieten ist ein wesentlicher Faktor für ihren Erfolg. Lokale Stakeholder, insbesondere IPLCs, verfügen über wesentliche Entscheidungsgewalt über die von ihnen verwalteten Gebiete (ICCAs), und ihr Management trägt in der Regel zum Schutz biologischer Vielfalt und Ökosystemleistungen bei (Kap. 3.2.3.5).

- *Partizipation bei Ausweitung und Management von Schutzgebieten:* Jede Ausweitung von Schutzgebietssystemen, ob großskalig wie die Bewahrungsgemeinschaften (Kap. 4.5.3) oder kleinskalige nationale Projekte, muss sich an anerkannten Nachhaltigkeitsstandards orientieren, die generell auch Partizipation umfassen, einschließlich der Beteiligung an der Entscheidungsfindung. Schutzgebiete, die lokale Stakeholder beteiligen, sind signifikant effektiver in Bezug auf ihre Naturschutzziele (Oldekop et al., 2016). In Bezug auf die IPLCs ist – neben der Partizipation – eine zentrale Voraussetzung für die Umsetzung vor Ort die Anerkennung der Rechte, einschließlich der Landrechte (Geldmann et al., 2019). Der „rights-based approach" sollte konsequent umgesetzt werden; so sind z.B. die in früheren Naturschutzprojekten erfolgten Vertreibungen und Umsiedlungen aus den Schutzgebieten damit grundsätzlich unvereinbar (Tauli-Corpuz et al., 2018). Das GEF-Projekt „Inclusive Conservation Initiative" (GEF, 2019) ist ein Beispiel für eine Unterstützung der IPLCs für den Naturschutz; nach Auswertung der Ergebnisse sollte es im positiven Fall ausgeweitet werden.
- *Entwicklungsinteressen der IPLCs adressieren:* Die Interessen der Menschen und Gemeinschaften, die direkt von Ökosystemen abhängen, müssen einbezogen werden; dies gilt insbesondere auch für ihre wirtschaftlichen Interessen jenseits der Sicherung von Grundbedürfnissen durch Jagd, Sammeln und extensiven Anbau von Nahrungsmitteln. Für langfristigen Schutzerfolg sollte Naturschutz nicht nur mit ihnen, sondern möglichst auch für sie arbeiten (Armitage et al., 2020). Daher sind flankierende EZ-Projekte zur Verbesserung und Diversifizierung der Livelihoods und zur Schaffung alternativer Einkommens- und Entwicklungsoptionen für die Bevölkerung vor Ort, insbesondere von IPLCs, von Interesse, um ihre Abhängigkeit von extraktiver Nutzung mit daraus folgender Walddegradation zu vermindern und die Gebiete langfristig sichern zu können (Walker et al., 2020). Neue EZ-Projekte sollten zudem die Kombination ausreichend großer und vernetzter Kernzonen und nachhaltiger Nutzung in Entwicklungszonen, die Kombination von traditionellem Wissen und Wissenschaft (Díaz-Reviriego et al., 2019) mit starken (staatlichen) Institutionen ausloten.
- *Würdigung und Sicherung der Rechte der IPLCs:* Anerkennung, Aufwertung und Formalisierung der traditionellen Rechte und des traditionellen Wissens der IPLCs sollten auf der UN-Ebene gestärkt werden. Die Bundesregierung kann dazu z.B. durch die Unterstützung einer verbesserten Repräsentanz der IPLCs in multilateralen Gremien beitragen. Auf der nationalen Ebene ist eine entsprechende Anpassung der nationalen Gesetzgebung und Governance zur Unterstützung der ICCAs zu empfehlen (Tran et al., 2019). Die Bundesregierung kann dazu beitragen, indem sie ihre Unterstützung nationaler Regierungen bei der Anpassung und Ausgestaltung ihrer nationalen Governance weiter verstärkt, so dass die Partizipation lokaler und indigener Gruppen bei der Planung und Umsetzung von Schutzgebiets- oder Biodiversitätsstrategien besser gefördert werden (Walker et al., 2020). Da in diesen Gebieten die Erhaltung biologischer Diversität eng mit der Erhaltung kultureller Diversität, des indigenen Wissens (Cámara-Leret et al., 2019) und der Sprachenvielfalt verknüpft ist (FPP et al., 2016), sind integrierte Strategien geeignet, um in den ökologischen Hotspots biologische und kulturelle Diversität gleichzeitig zu erhalten (Gorenflo et al., 2012).

### Finanzierung von Schutzgebietssystemen stärken

Der Ausbau des weltweiten Schutzgebietsnetzwerks hat Fortschritte gemacht; allerdings fehlen nach wie vor finanzielle Ressourcen für einen effektiven Biodiversitätsschutz (Coad et al., 2019). Um bestehende und neu einzurichtende Schutzgebietssysteme zu fördern, sind öffentliche und private Mittel notwendig. In Anbetracht der für das Gemeinwohl sehr attraktiven hohen Nutzen-Kosten-Verhältnisse des Ökosystemschutzes sollte die öffentliche Förderung von Schutzgebietssystemen erhöht und, wo möglich, in synergistischer Weise mit privater Finanzierung kombiniert werden. Public-Private Partnerships, das Matching privater Finanzierung durch öffentliche Gelder und die Einrichtung von gemischt finanzierten Schutzgebietsfonds zu Finanzierung und Management von Schutzgebietssystemen können hier sinnvolle Wege darstellen und sollten auf nationaler wie internationaler Ebene vermehrt implementiert werden. In Schutzgebieten, in denen eine eingeschränkte wirtschaftliche Nutzung angedacht ist, kann der verstärkte Einsatz anreizbasierter Mechanismen wie Zahlungen für Ökosystemleistungen (Kasten 4.2-1) die Akzeptanz für die Vorgaben in Schutzgebietssystemen erhöhen. Die Effektivität und Effizienz des Einsatzes finanzieller Ressourcen zur Biodiversitätserhaltung und in Schutzgebieten sollte routinemäßig überwacht werden, um implementierte Governance-Mechanismen zu verbessern und mit den verfügbaren Mitteln die größtmögliche Wirkung zu erreichen. Verbesserte Transparenz und Kommunikation der Vorteile von Biodiversitätserhaltung und Schutzgebieten kann dabei das Problembewusstsein stärken und die Zahlungsbereitschaft erhöhen.

- *Schutzgebietssysteme als Teil regionaler Entwicklung verstehen:* Der IPBES benennt das Ermöglichen und Verstärken finanzieller Mechanismen für Ökosystemschutz und Renaturierung in- und außerhalb von Schutzgebieten als „kritisch wichtig, besonders in Entwicklungsregionen" (IPBES, 2019a: Ch. 5). Allerdings können Entwicklungs- und Schwellenländer, in denen sich der größte Teil der biologischen Vielfalt befindet, der Erhaltung biologischer Vielfalt nicht immer höchste Priorität einräumen. Internationale Unterstützung für die Erhaltung und Einrichtung von Schutzgebietssystemen sollte aus diesem Grund gerade auch in Entwicklungsländern immer im Kontext der langfristigen wirtschaftlichen Entwicklung umliegender Regionen erfolgen. Das Zusammendenken von Entwicklungszusammenarbeit und Schutzgebietssystemen kann die lokalen Opportunitätskosten ihrer Erhaltung und Einrichtung senken, so dass die Erhaltung von biologischer Vielfalt und Ökosystemleistungen lohnend wird.
- *Internationale Verantwortungsübernahme durch Industrieländer stärken:* In Anbetracht der Mitverantwortung der Industrieländer, nicht zuletzt auch der EU, für die globale Biodiversitätskrise sollten sie nicht nur mit gutem Beispiel vorangehen und den Naturschutz im eigenen Land stärken, sondern zusätzlich Verantwortung übernehmen und im Ausland ihre Finanzkraft stärker und mit langem Atem nutzen, um Biodiversität zu schützen (Drenckhahn et al., 2020). Aktuell macht internationale Finanzierung von Biodiversitätsschutz weniger als 10% der national eingesetzten Mittel aus (OECD, 2020a). Der WBGU empfiehlt daher sowohl die Stärkung der Finanzierung internationaler Kooperation in bestehenden Institutionen (wie der GEF und der Biofin-Initiative der UNDP) als auch neue Formen langfristiger internationaler Zusammenarbeit im Rahmen „Globaler Bewahrungsgemeinschaften für ökologisch wertvolle Landschaften" (Kap. 4.5.3). Debt-for-Nature Swaps könnten darüber hinaus bei angemessener und zielgenauer Ausgestaltung die Finanzierungsspielräume von Entwicklungsländern erhöhen. Eine weitere Stärkung internationaler Zahlungsströme für den Naturschutz auf öffentlicher wie privater Ebene könnte zudem durch eine Öffnung von nationalen Offset-Systemen (wie beispielsweise im Bundesnaturschutzgesetz geregelt) für internationale Investitionen in Schutzgebietssysteme unter strengen Monitoring- und Reporting-Auflagen erfolgen.

### Schutzgebietssysteme im Post-2020-Rahmenwerk der Biodiversitätskonvention stärken

Ausbau und Management der Schutzgebietssysteme sollten ausdauernd so gestaltet werden, dass der Verlust biologischer Vielfalt möglichst effektiv verhindert wird. In Bezug auf das Post-2020-Rahmenwerk der CBD beschränkt sich der WBGU an dieser Stelle auf Empfehlungen im Kontext Schutzgebietssysteme; weitere Empfehlungen zur CBD finden sich in Kapitel 4.4.1.2 (zum Apex-Ziel: Kasten 4.4-3).

Der WBGU unterstützt als Ziel für die CBD, 30% der Erdoberfläche zu schützen (CBD, 2020). Gleichzeitig warnt der Beirat davor, die Bewertung und Zielsetzung für das globale Schutzgebietssystem nur auf Flächenziele zu reduzieren und die Verhandlungen lediglich auf diesen Punkt zu fokussieren. Ansonsten besteht die Gefahr, dass Schutzgebietssysteme zwar im Prinzip groß genug werden, aber nicht die nötige Wirkung für die Erhaltung biologischer Vielfalt entfalten (Barnes et al., 2018; Geldmann et al., 2019; IPBES, 2019a: Ch. 3.7). In der Zielsetzung wie in der Umsetzung sollte daher deutlich stärkere Betonung auch auf die Qualität gelegt werden (Coad et al., 2019). Die Bundesregierung sollte sich neben der Erreichung des 30% Flächenziels dafür einsetzen, dass die bisherigen Aichi-Qualitätskriterien für Schutzgebiete, wie sie in Aichi-Ziel 11 genannt sind, auch im Post-2020-Rahmenwerk ihre Gültigkeit behalten und keinesfalls verwässert werden. Auch in der Praxis sollten sie weiterhin berücksichtigt werden (Kap. 3.2.3.3): Bevorzugt sollten ökologisch wertvolle Gebiete (z.B. Hotspots der Biodiversität, Key Biodiversity Areas) sowie besonders gefährdete Gebiete ausgewiesen und auf Repräsentativität nicht nur von Arten, sondern auch von Ökosystemtypen geachtet werden (IPBES, 2019a: Ch. 3.7; Watson et al., 2020). Die Vernetzung untereinander (z.B. Korridore, Trittsteine) sowie die Integration in die Landschaft sind weitere entscheidend wichtige qualitative Kriterien. Strategien für Ausdehnung und Vernetzung von Schutzgebieten sollten im Landschaftskontext eng mit der Renaturierung von Ökosystemen (Aichi-Ziel 15; Kap. 3.1) verknüpft werden. Beide Ziele, Ökosystemschutz und -renaturierung, können effektiver umgesetzt werden, wenn sie die Wirkungen auf die IPLCs und ihre sozialen und kulturellen Kontexte besser berücksichtigen (Kap. 3.2.3.5; IPBES, 2019a: Ch. 3.7).

Für alle Kriterien ist die Vereinbarung ambitionierter ergebnisorientierter und mittels Indikatoren messbarer und damit umsetzbarer Zielsetzungen entscheidend (Geldmann et al., 2019; Green et al., 2019). Es sollten auch zusätzliche Indikatoren vereinbart werden, die darauf abzielen, ob das globale Schutzgebietssystem die notwendigen Ressourcen (Management und finanzielle Ressourcen) zur Verfügung hat, um die gesetzten Ziele zu erreichen (Coad et al., 2019). Das Post-2020-Rahmenwerk sollte zudem verbesserte Regelungen zur Compliance enthalten, etwa mittels Verpflichtung zur Berichterstattung der Vertragsstaaten in Bezug auf die Erreichung der Ziele (Editorial, 2020b; UNEP-WCMC und UNSD, 2019). Im Nachgang der Vereinbarung eines neuen Post-2020-Rahmenwerks der CBD sollte die Bundesregierung die bestehenden Förderprogramme der Entwicklungszusammenarbeit für Biodiversität und Schutzgebiete anpassen und aufstocken. Eine verbesserte Unterstützung wichtiger multilateraler Akteure wie z.B. UNEP-WCMC, IUCN und von NRO ist ebenfalls anzuraten, da sie für die noch unzureichende Umsetzung der Biodiversitätsziele eine wichtige Rolle spielen.

### 3.2.6 Forschungsempfehlungen

#### Vermehrt partizipative Forschungsansätze nutzen

Angesichts der aus wissenschaftlicher Sicht notwendigen erheblichen Ausweitung der Schutzgebietssysteme weltweit (Kap. 3.2.3.3) sollten partizipative Forschungsansätze zu Wirkung, Design, Einrichtung und Management von Schutzgebieten sowie ihr Bezug zur lokalen Bevölkerung deutlich verstärkt werden (Gaston et al., 2008).

#### Sozial-ökologische Forschung zu Schutzgebieten stärken

Vor dem Hintergrund der SDGs sowie der Sachstandsberichte des IPBES sollte die Rolle der Schutzgebietssysteme im gesamten sozial-ökologischen System in Bezug auf die Große Transformation zur Nachhaltigkeit verstärkt untersucht werden, was auch die Auswirkungen von Schutzgebieten auf menschliches Wohlbefinden (Naidoo et al., 2019), einschließlich der Gesundheit beinhalten sollte. Insbesondere in manchen Regionen in Entwicklungs- und Schwellenländern gestaltet sich die sozialwissenschaftliche Forschung zur menschlichen Dimension von Schutzgebieten als besonders schwierig; hier ist Unterstützung notwendig.

#### Qualität der Schutzgebietssysteme untersuchen

Während es einen globalen Überblick über die geschützten Flächen und die Abdeckung gefährdeter Arten gibt, existiert noch kein globaler Datensatz zur Abdeckung kritischer Ökosystemleistungen (UNEP-WCMC, 2018: 13). Ebenso fehlt eine umfassende globale Übersicht des Status der Vernetzung der Schutzgebiete (UNEP-WCMC, 2018). Eine weitere Forschungslücke ist eine globale Baseline für „weitere effektive flächenbasierte Schutzmaßnahmen" (Other Effective Area-Based Conservation Measures, OECMs), also Flächen mit Schutzwirkung, die keinen offiziellen Schutzgebietsstatus haben, um ihren Beitrag für globale Schutzziele besser einschätzen zu können (UNEP-WCMC, 2018). Für die übergreifende und partizipative Beurteilung der Qualität des Managements (Monitoring von Effektivität und Gerechtigkeit) ist der Analyserahmen nicht hinreichend ausgearbeitet und die Datengrundlage unzureichend (Barnes et al., 2018). In diesem Zusammenhang sind Sicherung und Erhöhung von Forschungsinvestitionen in globale Datenbanken zu Status von Schutzgebieten, Ökosystemen und bedrohten Arten zu empfehlen (IPBES, 2019a: Ch. 3.7). Dazu gehören auch Analysen zur Bedrohung und Degradation von Schutzgebieten sowie eines verbesserten räumlichen Verständnisses der jeweiligen Treiber; es sind außerdem Analysen zu Anpassungsherausforderungen von Schutzgebieten erforderlich, z.B. durch zunehmenden Nutzungsdruck oder durch Klimawandel (Jones et al., 2018).

#### Monitoring und Citizen Science fördern

Angesichts der Empfehlung, nicht nur auf die Quantität sondern auch auf die Qualität von Schutzgebietssystemen zu achten (Kap. 3.2.3.3), sind verbesserte Indikatorik, Monitoring und Integration von Qualitätskriterien notwendig (Geldmann et al., 2019). Forschungskooperationen sollten verstärkt werden, um Entwicklungsländer beim Monitoring und Datenanalyse der Biodiversität in Schutzgebieten zu unterstützen. Die erheblichen Potenziale von Citizen Science zur Verbesserung sowohl der Forschungsdatenbasis als auch des Monitoring bis hin zu den SDGs (Kasten 3.2-2) sollten durch gezielte Förderung besser genutzt werden. Eine verstärkte Einbeziehung der lokalen Bevölkerung ist zudem wichtig, um die Vision eines zunehmend global vernetzten, kollektiven Umweltbewusstseins (WBGU, 2019b: 379ff.) und einen veränderten, erdsystembewahrenden Umgang mit Natur und Land zu fördern.

#### Finanzierungsmechanismen von Schutzgebietssystemen erforschen

Die Bandbreite der Schätzungen der Finanzierungsnotwendigkeiten und -aufwendungen für Schutzgebietssysteme zeigt, dass die Datenbasis noch unzureichend ist und – z.B. als Teil der World Database of Protected Areas (WDPA) – verbessert werden sollte (Kap. 3.2.3.7; Waldron et al., 2013; Emerton et al., 2006; OECD, 2020a). Auch die Wirkung der verschiedenen Finanzierungsmechanismen ist zu wenig erforscht; hier könnten möglicherweise Effizienzpotenziale gehoben werden (Waldron et al., 2017; IPBES, 2019a: Ch. 6).

#### Einfluss von Fernwirkungen untersuchen

Die Auswirkungen von Fernwirkungen (telecouplings) auf Schutzgebietssysteme, vor allem vermittelt über den Welthandel, der Nutzungsdruck und Landnutzungskonkurrenzen erhöht, sind zu wenig untersucht, ebenso wie mögliche Antworten und Maßnahmen darauf (z.B. Zölle; Díaz et al., 2019).

#### Rolle indigener Völker und lokaler Gemeinschaften erforschen und stärken

Die Datenlage in Bezug auf die von IPLCs gemanagten Gebiete (ICCAs) ist noch nicht ausreichend (Kap. 3.2.3.5). Die globale Kartographie der ICCAs (Global ICCA Registry) sowie das Wissen zu Governance-Methoden, Biodiversität und Effektivität der Schutzwirkung von ICCAs sollten verbessert werden (Corrigan et al., 2016; Di Gessa et al., 2008; IPBES, 2019a: Ch. 1.2). Die genauere Ausleuchtung des Zusammenhangs zwischen biologischer und kultureller (insbesondere linguistischer) Diversität ist von Bedeutung sowohl für das Angebot von Ökosystemleistungen als auch für die Sicherung des indigenen Wissens (Cámara-Leret et al., 2019; Gorenflo et al., 2012).

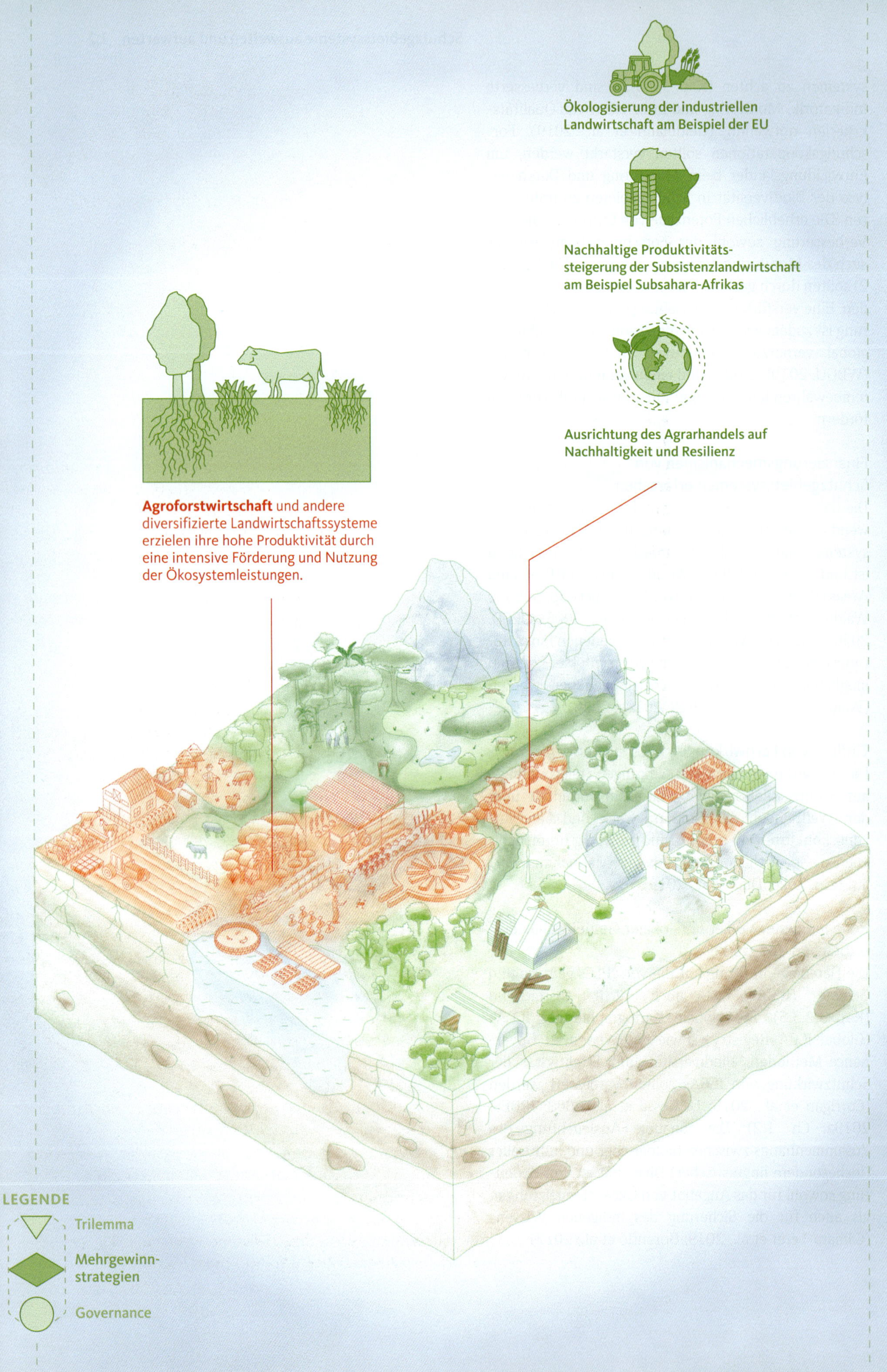
Ökologisierung der industriellen Landwirtschaft am Beispiel der EU
Nachhaltige Produktivitäts-steigerung der Subsistenzlandwirtschaft am Beispiel Subsahara-Afrikas
Ausrichtung des Agrarhandels auf Nachhaltigkeit und Resilienz
**Agroforstwirtschaft** und andere diversifizierte Landwirtschaftssysteme erzielen ihre hohe Produktivität durch eine intensive Förderung und Nutzung der Ökosystemleistungen.
LEGENDE
Trilemma
Mehrgewinn-strategien
Governance

## 3.3 Landwirtschaftssysteme diversifizieren

Landwirtschaft ist ein entscheidender Faktor im Trilemma der Landnutzung. Am Beispiel der industriellen Landwirtschaft in der EU und der Subsistenzlandwirtschaft in Subsahara-Afrika werden drei Mehrgewinnstrategien entwickelt, die auf eine Diversifizierung der Anbausysteme abzielen und mit denen das Trilemma überwunden werden kann: Ökologisierung der EU-Landwirtschaft, nachhaltige Produktivitätssteigerung der Landwirtschaft in Subsahara-Afrika und Resilienz sowie Umwelt- und Klimaschutz im globalen Agrarhandel.

### 3.3.1 Heutige Landwirtschaftssysteme stoßen an die Grenzen

Landwirtschaft hat weltweit vielfältige Ausprägungen, abhängig von den agrarökologischen, wirtschaftlichen und kulturellen Bedingungen. Diese reichen von der industriellen, auf wenige Kulturarten ausgerichteten Landwirtschaft, über subsistenzorientierte, traditionelle Nutzungsformen, bis hin zu einer Vielfalt regionaltypisch geprägter Landwirtschaftsformen. In diesem Kapitel werden exemplarisch zwei landwirtschaftliche Nutzungsformen mit Blick auf das Trilemma der Landnutzung (Kap. 2) diskutiert: (1) die industrielle Landwirtschaft in der EU und (2) die Subsistenzlandwirtschaft in Subsahara-Afrika. Beide Agrarsysteme sind Schwerpunkte der Landwirtschafts- bzw. Entwicklungspolitik Deutschlands und der EU.

Im Folgenden richtet der WBGU einen systemischen Blick auf diese beiden Landwirtschaftssysteme, die aus interagierenden Faktoren oder Systemelementen bestehen:

- die Landnutzungsintensität und ihre Teilaspekte wie z.B. Bewirtschaftungspraktiken, Einsatz von Betriebsmitteln (Inputs), Zeitpunkte oder räumliche Aspekte,
- die Bodenbedeckung, z.B. Ackerland, Grünland, Feuchtgebiet, Wald oder Gebüsch,
- die verschiedenen Akteure, einschließlich der landwirtschaftlichen Bildung, Beratung, Handel, landwirtschaftliche Organisationen und Interessensverbände,
- die Betriebsverhältnisse, z.B. Motivation der Landwirt*innen, Tierbestand sowie Einkommen und dessen Herkunft, z.B. Produktion von Qualitätserzeugnissen mit regionalem Bezug, Direktvermarktung, ländlicher Tourismus, Vertragsnaturschutz, Biomasseanbau oder dezentrale Energieversorgung (Knickel et al., 2004).

Dieser systemische Blick bildet die Grundlage für die Entwicklung von Empfehlungen für eine Landwende zur Nachhaltigkeit, in der die Landwirtschaft eine zentrale Rolle spielt. Eine solche Landwende beinhaltet eine multifunktionale Gestaltung und Diversifizierung von Landwirtschaftssystemen, die sich auch im Landschaftsbild spiegeln.

#### 3.3.1.1 Industrielle Landwirtschaft: Beispiel EU

Die industrielle Landwirtschaft in der EU trägt in ihrer heutigen Form, unter anderem bedingt durch enge Fruchtfolgen und einen überhöhten Einsatz von Düngemitteln (Mineraldünger und Gülle), vielfach zur Verstärkung von Umweltproblemen und THG-Emissionen bei. Hiermit werden Trends durch den fortwährenden Strukturwandel in der EU-Agrarwirtschaft weiter verstärkt. Im Folgenden werden die wichtigsten Auswirkungen industrieller Landwirtschaft auf das Trilemma der Landnutzung skizziert.

##### Kontamination des Grundwassers durch Überdüngung

Die industrielle Landwirtschaft ist stark von Mineraldüngergaben abhängig, die sich weltweit in den letzten 60 Jahren etwa verzehnfacht haben (Mateo-Sagasta et al., 2018). Setzt sich diese Entwicklung fort, könnten bis 2050 etwa 250 Mio. t Düngerstickstoff jährlich benötigt werden (Tilman et al., 2011), somit das Doppelte der derzeit jährlich verwendeten Menge (Mateo-Sagasta et al., 2018). Der eingesetzte Mineraldünger reichert sich in Böden, Wasser und Biomasse an und führt somit u.a. zu Bodendegradation (Mateo-Sagasta et al., 2018). Für Phosphor, einen der nicht ersetzbaren Nährstoffe in Mineraldüngern, ist die weitere Verfügbarkeit zudem begrenzt, so dass die industrielle Landwirtschaft auch deshalb in naher Zukunft an Grenzen stößt (Vaccari, 2009; Blackwell et al., 2019).

Außer durch Mineraldünger gelangen in Gebieten mit industrieller Tierhaltung zudem zu viel Stickstoff und Phosphor sowie Antibiotika aus Tierexkrementen in Flüsse und Grundwasser (Mallin und Cahoon, 2003; MacDonald et al., 2011; UBA, 2018b, 2019d). In Deutschland übersteigt die Nitratbelastung die EU-Grenzwerte (UBA, 2020). Die übermäßige Anreicherung von Nährstoffen überfordert die Aufnahmekapazität der Flächen, so dass die Gesundheit der Menschen und Tiere sowie der Zustand der Gewässer durch Eutrophierung beeinträchtigt werden (Galloway und Cow-

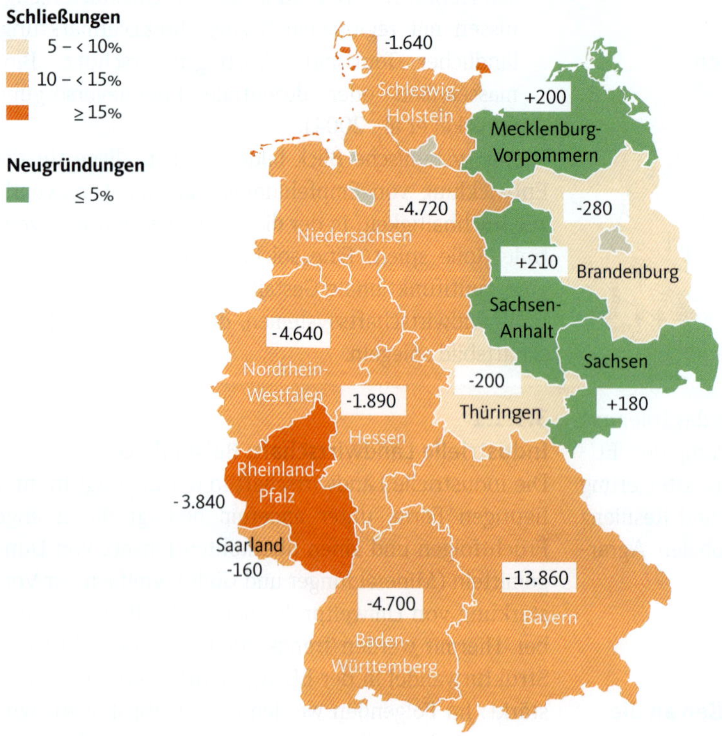


**Abbildung 3.3-1**
Änderung der Zahl landwirtschaftlicher Betriebe in Deutschland von 2010–2018, Bundesländer ohne Stadtstaaten.
Quelle: Crolly, 2019; Heinrich-Böll-Stiftung, 2019a

ling, 2002). Die Gefahr für Menschen steigt, durch von Nährstoffüberschüssen verursachte Umwelteffekte an Asthma, Allergien, Krebs oder anderen chronischen Krankheiten zu erkranken (Peoples et al., 2004; Euiso et al., 2005; Ward et al., 2018). Fischarten, die sich an sauerstoffarme Bedingungen anpassen können, werden dominant und stören das ökologische Gleichgewicht in Wassersystemen (Soares et al., 2006). Pflanzen- und Tierarten, die an nährstoffarme Lebensbedingungen angepasst sind, werden verdrängt (UBA, 2019e). Aufgrund des Einsatzes von Antibiotika bilden sich im Menschen antimikrobielle Resistenzen, die jährlich zu etwa 33.000 Todesfällen in der EU führen (Cassini et al., 2019).

### Gefährdung biologischer Vielfalt durch Pestizideinsatz und Uniformität der Flächennutzung

Ein übermäßiger Einsatz von Pestiziden, d.h. Mitteln zur gezielten Beikraut-, Schädlings- und Krankheitsbekämpfung, trägt zu erheblichen Verlusten biologischer Vielfalt bei, etwa zu einem Rückgang der Bestäuber wie Bienen und andere Insekten, aber auch der Vögel und Bodenorganismen, und führt zu einer Gefährdung des Bestands an Ackerwildkräutern (BfN, 2018; Leopoldina et al., 2018). Ursache ist vor allem die vorbeugende und flächendeckende Ausbringung von Breitbandherbiziden (z.B. Glyphosat), Fungiziden und Insektiziden (Wissenschaftlicher Beirat des Nationalen Aktionsplans zur nachhaltigen Anwendung von Pflanzenschutzmitteln des BMEL, 2019). So töten Pestizide nicht nur die Zielorganismen, sondern beeinflussen auch viele indifferente und nützliche Arten, was natürliche Selbstregulationsmechanismen untergräbt (Schäffer et al., 2018). Bei vielen dieser Wirkstoffe hat zudem der einseitige und massive Einsatz weltweit zu erheblichen Resistenzen bei Zielorganismen geführt (Pimentel und Burgess, 2014). Der weltweite Pestizideinsatz hat sich insbesondere seit 1990 stark erhöht, wobei in der EU Spanien, Frankreich, Italien und Deutschland rund 70% der Einsatzmenge auf sich vereinen (Eurostat, 2020b). Vor allem aber ist auch die Wirksamkeit, d.h. teils die Langlebigkeit und teils die Toxizität von Insektiziden stark gestiegen (Simon-Delso et al., 2015). Pestizidrückstände in Nahrungsmitteln und Einträge von Pestiziden aus landwirtschaftlich genutzten Flächen in Oberflächen- und Grundwasser schädigen nachweislich die menschliche Gesundheit. Eine epidemiologische Studie aus Frankreich zeigt, dass bestimmte Krebsarten signifikant seltener bei Personen auftreten, die sich hauptsächlich von ökologisch angebauten Lebensmitteln ernähren (Baudry et al., 2018).

Eine weitere Ursache für den Verlust biologischer Vielfalt ist die umfassende Mechanisierung der Landwirtschaft in den vergangenen 100 Jahren und damit verbunden die Schaffung immer größerer Feldstücke (Hampicke, 2018). Kleinparzellierte vielfältige

Flächennutzung musste vielfach großskaligen Reinkulturen in engen Fruchtfolgen weichen. Chemikalieneinsatz und Monotonisierung der Flächennutzung gelten zusammen genommen als Hauptverursacher des Verlusts der Agrobiodiversität (IPBES, 2019b).

### Beitrag industrieller Landwirtschaft zu Treibhausgasemissionen

Der Weltklimarat (IPCC, 2019a) schreibt 23% der anthropogenen THG-Emissionen dem Ernährungssystem zu (Kap. 2), wobei die industrielle Landwirtschaft in der EU zu den größten Verursachern gehört (WMO, 2018). Emissionsquellen sind vor allem Waldrodung für die Flächenumwandlung, Umwandlung von Grünland in Ackerland, Lachgas ($N_2O$) aus der Mineraldüngung sowie Methan ($CH_4$) durch Wiederkäuer und den Nassreisanbau (IPCC, 2019b). Rund 94% der Ammoniakemissionen ($NH_3$) entstammen der Landwirtschaft, insbesondere aus der Lagerung und Ausbringung von Gülle und dem Einsatz anorganischer Stickstoffdünger (Daten für 2015; EEA, 2020). Außerdem verursacht die Entwässerung von Torfböden etwa 100,5 Mt $CO_2$-Emissionen pro Jahr, was die EU nach Indonesien zum zweitgrößten Torf-$CO_2$-Emittenten macht (Berge et al., 2017).

Die industrielle Massentierhaltung verdeutlicht, dass die EU auch für Emissionen an anderen Orten verantwortlich ist, denn der hohe Futterbedarf und die damit einhergehende räumliche Entkopplung der Futterproduktion von der Tierhaltung haben Fernwirkungen (Kap. 2.3.1; Lenschow et al., 2016). Die EU ist der Hauptimporteur von Sojabohnen und in Deutschland werden mehr als 80% davon für die intensive Tierproduktion verwendet (Grenz et al., 2007). Landnutzungsänderungen, wie die Rodung des Regenwaldes zugunsten des Anbaus von Futterpflanzen wie Sojabohnen und Weideflächen in intensiv betriebenen Monokulturen, verursachen so indirekt und über große Distanzen THG-Emissionen und vermindern langfristig die $CO_2$-Aufnahmefähigkeit dieser umgewandelten Flächen (Lenschow et al., 2016).

### Hoher Wasserbedarf industriell produzierter Fleisch- und Milchprodukte

Die industrielle Produktion von Fleisch- und Milchprodukten ist zudem mit einem hohen Wasserbedarf verbunden. Der durchschnittliche Wasserfußabdruck in l pro kg Rindfleisch aus industrieller Produktion beträgt etwa 15.400 l Wasser (Vergleich: Huhn 4.300 l pro kg, Apfel 822 l pro kg) – unter Berücksichtigung des für den gesamten Produktionsprozess benötigten Wassers (direkt und indirekt). Der Großteil des Wassers (98%) wird bei Rindfleisch für die Produktion der Futtermittel gebraucht (Hoekstra und Water Footprint Network, 2017; Mekonnen und Hoekstra, 2012). Zudem nimmt die industrialisierte Erzeugung von Fleisch- und Milchprodukten etwa 77% des globalen Agrarlandes ein (UN Environment, 2019). Es ist daher wesentlich weniger wasser- und bodenintensiv, auf die Pflanzenproduktion zur direkten menschlichen Ernährung zu fokussieren als einen Schwerpunkt auf die Tierproduktion zu legen.

### Strukturwandel in der EU-Landwirtschaft

Der fortgesetzte Strukturwandel in der EU-Landwirtschaft hat vielfältige Auswirkungen auf die Erhaltung der natürlichen Lebensgrundlagen, die Teilhabe insbesondere der Klein- und Mittelbetriebe sowie die Eigenart der (artisanalen) Landwirtschaft (normativer Kompass, Kasten 2.3-1). So treiben fehlende Arbeitsmöglichkeiten im ländlichen Raum die Abwanderung der Jüngeren und höher Qualifizierten in die Städte an.

Beispielsweise ist die Anzahl der landwirtschaftlichen Betriebe in Deutschland von knapp 630.000 in 1990 auf etwa 360.000 in 2018 gesunken (ein Rückgang von gut 57% in knapp 30 Jahren), bei erheblichen Unterschieden zwischen den Bundesländern (Abb. 3.3-1). In erster Linie wurden landwirtschaftliche Kleinbetriebe aufgegeben. Für die EU zeigen sich ähnliche Trends; hier ist die Zahl der insbesondere kleinen Betriebe im Zeitraum 2005–2016 um knapp 30% gesunken (Crolly, 2019).

Solch ein Strukturwandel entfaltet negative Auswirkungen, wenn er dazu führt, dass Landschaften veröden und Dorfgemeinschaften verloren gehen. Sinkt die ländliche Bevölkerungsdichte durch Abwanderung unter einen kritischen Wert, können Infrastrukturdefizite entstehen, etwa im Bereich der Mobilität, der Gesundheitsversorgung oder dem Zugang zu Telekommunikationsdienstleistungen (Neu und Nikolic, 2015). Strukturwandel kann auch dazu führen, dass sozioökonomische und kulturelle Funktionen sowie die Vielfalt ländlicher Regionen beeinträchtigt werden (Möllers und Glauben, 2011). Ein solcher Verlust reduziert auch die Möglichkeiten der Einkommensdiversifizierung für kleine und mittlere Betriebe. Diese erwirtschaften inzwischen etwa 10–20% ihres Einkommens aus dem Agrotourismus (EU-Parlament, 2013).

Die Industrialisierung der Landwirtschaft hat auch den Verlust der Eigenart im Sinne der kulturell diversen Nutzungsmöglichkeiten der biologischen Vielfalt befördert (BfN, 2018). Von den etwa 6.000 Pflanzenarten, die für die Agrarproduktion verwendet werden, tragen weniger als 200 substanziell zur globalen Nahrungsmittelproduktion bei (FAO, 2019e). Nur neun Kulturen decken 66% der globalen Getreideproduktion und nur vier – Reis, Weizen, Mais und Kartoffeln – 60% der globalen Kalorien (FAO, 2019e; FOLU, 2019). Auch der Nutztierbestand ist inzwischen stark konzentriert und

**Kasten 3.3-1**

## Die Gemeinsame Agrarpolitik der EU

Die Gemeinsame Agrarpolitik (GAP) der EU besteht seit fast 60 Jahren. Zunächst wurden durch Etablierung von Marktordnungen die Preise vieler Agrarprodukte gestützt, was zu den gewünschten Produktivitätssteigerungen führte und die Nahrungsmittelversorgung in Europa deutlich verbesserte. Anfang der 1980er Jahre verursachte die einkommensorientierte GAP allerdings massive Überschussproduktion („Butter- und Getreideberge“, „Milch- und Olivenölseen“), und durch hohe Exportsubventionen stiegen die Ausgaben auf bis zu 70% des EU-Gesamtetats. Die produktspezifischen Interventionspreise, die pro Gewichteinheit gezahlt wurden, beförderten die Überdüngung. Diese wiederum degradierte die Böden und belastete die Gewässer (Brandt, 2004; Johann Heinrich von Thünen-Institut, 2020).

### Reformprozess und wesentliche Defizite

Seit 1992 wird die GAP kontinuierlich reformiert. Garantierte Interventionspreise wurden für viele Produkte gesenkt und Direktzahlungen an die Landwirte sollten zunächst Einkommensverluste kompensieren. Mit der Agenda 2000 entwickelte die EU das Zweisäulensystem: eine Erste Säule für die Markt- und Preispolitik und eine Zweite Säule, die wesentlich kleiner ist, für die Förderung ländlicher Entwicklung. Die Direktzahlungen der Ersten Säule wurden über die Cross-Compliance-Regelung mit Umwelt- und Tierschutzauflagen verknüpft. Die Entkopplung der Direktzahlungen führt darüber hinaus dazu, dass diese sich nicht mehr an der Produktion bestimmter Kulturen orientieren, sondern an die Fläche gebunden werden. Hiervon profitieren besonders große Ackerbaubetriebe mit hohem Eigenlandanteil sowie Handels- und Verarbeitungsunternehmen; Sonderkultur- und Veredelungsbetriebe mit hoher Wertschöpfung pro Flächeneinheit hingegen weniger (Forstner et al., 2018; Simoncini et al., 2019). Allerdings wurden bis heute nicht alle Direktzahlungen von spezifischen Produkten entkoppelt, so dass immer noch bestimmte Produktionsanreize bestehen. Außerdem gehen Flächensubventionen teilweise nicht an als Landwirte tätige Begünstigte, sondern zum Beispiel auch an Aktiengesellschaften oder andere Begünstigte, die Flächen im großen Stil erwerben (EU, 2020).

In Deutschland beispielsweise werden 10% der Betriebe als Personengesellschaft, GmbH, Genossenschaft oder AG geführt; sie bewirtschaften zusammen über ein Drittel der landwirtschaftlich genutzten Fläche, mit vor allem in den ostdeutschen Bundesländern hohem Flächenanteil (BMEL, 2018b). Kleinere landwirtschaftliche Betriebe und solche mit einem hohen Anteil zugepachteter Flächen profitieren somit kaum von den GAP-Subventionen.

Die größten Betriebe – 1,8% aller Empfänger – erhalten 32% der Direktzahlungen in Höhe von insgesamt rund 40 Mrd. € (Pe'er et al., 2019). Großbetriebe können aufgrund von Skaleneffekten kostengünstiger und effizienter produzieren und haben daher mehr Spielräume für Investitionen, z.B. in bodenschonende Maschinen oder geräumigere Ställe. Allerdings neigen sie zur Spezialisierung, so dass natürliche Ressourcen sehr einseitig beansprucht werden und Ökosystemleistungen verloren gehen. Auch die Vulnerabilität gegenüber Wetterextremen oder Preisschwankungen steigt. Negative Umweltauswirkungen hängen somit nicht direkt von der Größe eines landwirtschaftlichen Betriebes ab, sondern von der Vielfalt der Nutzung (UBA, 2018b).

Seit 2013 verankert die GAP erstmals Umwelt- und Klimaziele, indem 30% der Direktzahlungen über das „Greening“ an drei verpflichtende Umweltmaßnahmen gebunden wurden, die über die Cross-Compliance-Regelung hinausgehen (EU-Kommission, 2020f): (1) Anbaudiversifizierung, z.B. müssen Betriebe mit mehr als 30 ha Ackerland drei Kulturpflanzen anbauen (die Hauptkultur darf höchstens 75% und zwei Hauptkulturen zusammen 95% ausmachen); (2) Erhaltung von Dauergrünland, das nicht in Ackerland umgewandelt werden darf, und (3) ökologische Vorrangflächen (Flächen mit Bäumen, Hecken oder brachliegende Flächen) mit einem Flächenanteil von mindestens 5% bei Betrieben mit mehr als 15 ha Ackerfläche. Neben dem Greening wurden konkrete Agrarumwelt- und Klimaschutzmaßnahmen in der Zweiten Säule (AUK II) verankert (Abb. 3.3-2).

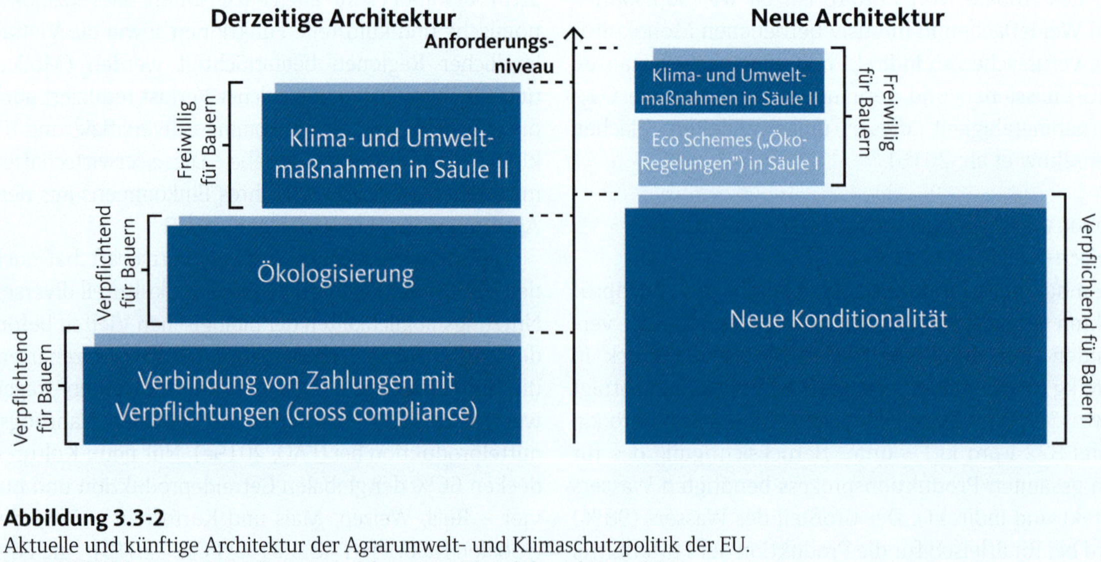


**Abbildung 3.3-2**
Aktuelle und künftige Architektur der Agrarumwelt- und Klimaschutzpolitik der EU.
Quelle: WBGU, eigene Darstellung in Anlehnung an Meredith und Hart, 2019

Im Ergebnis hat das Greening vor allem den Zwischenfrucht- und Leguminosenanbau gesteigert; die ökologischen Defizite der Kulturlandschaft lassen sich dadurch allerdings nicht beheben (Hampicke, 2018). So wurde zwar die Bodenfruchtbarkeit durch Leguminosenanbau etwas gefördert, aber keine diversifizierte Produktionsstruktur im eigentlichen Sinne. Auch kommt die Prüfung des europäischen Rechnungshofs zur ökologischen Wirksamkeit des Greenings zu dem Ergebnis, dass die bisherigen Maßnahmen Umwelt- und Klimaschutz kaum verbessern (EuRH, 2017). In fünf Mitgliedstaaten haben die Maßnahmen nur auf 5% der landwirtschaftlichen Flächen zu positiven Veränderungen geführt, da die meisten Landwirte (65%) ihre Praktiken nicht ändern mussten, um die Greening-Zahlungen zu erhalten. Das Greening bleibt somit nur ein weiteres Instrument der Einkommensstützung und erhöht zudem die Komplexität der GAP. Auch fehlt es an konkreten Zielen für die Bewertung der Greening-Maßnahmen (EuRH, 2017). Zudem wird kritisiert, dass die GAP keine abschreckenden Sanktionen gegen Landwirte verhängt, die gegen Umweltgesetze verstoßen, sondern nur die Subventionen kürzt. Seit 2017 können Regierungen der Mitgliedstaaten zusätzlich zur Subventionskürzung auch verwaltungsrechtliche Sanktionen verhängen. Allerdings zeigt das Beispiel der Düngeverordnung in Deutschland zur Umsetzung der EU-Nitratrichtlinie (EU, 1991), dass es erhebliche Vollzugsdefizite bei der Durchsetzung ordnungsrechtlicher Vorgaben gibt.

**Die GAP nach 2020**

Trotz der Reformbemühungen steht die GAP also weiter in der Kritik, da sich die Umweltindikatoren fortgesetzt verschlechtern (Pe'er et al., 2019; Simoncini et al., 2019). So schlägt die EU für die GAP nach 2020 neun Ziele vor, die wirtschaftliche, ökologische und soziale Aspekte vereinen (EU-Kommission, 2018c, d, e). Zur Ausrichtung der GAP auf diese Umwelt- und Klimaschutzziele sind drei Politikinstrumente vorgesehen (Abb. 3.3-2): (1) die verpflichtenden bereits bekannten Cross-Compliance-Maßnahmen, die an die Direktzahlungen gebunden sind und zudem einige modifizierte Elemente der ehemaligen Greening-Maßnahmen enthalten („Konditionalität"), (2) freiwillige neue sogenannte „Eco-Schemes" (Öko-Regelungen) der Ersten Säule, die im Wesentlichen das Greening ersetzen, und (3) freiwillige umwelt- und klimaschutzrelevante Regelungen der Zweiten Säule (WBAE, 2019).

Neben diesen drei Politikinstrumenten ist ein „neues Umsetzungsmodell" vorgesehen, das die Aufgabe der Implementierung konkreter Maßnahmen stärker auf die Mitgliedstaaten verlagert und ihnen mehr Gestaltungsspielraum gewährt. Die EU gibt dann nur noch Ziele und grobe Interventionskategorien vor. So soll die GAP einfacher, flexibler und zielorientierter umsetzbar werden. Für die Ausgestaltung der Maßnahmen erstellt jeder Mitgliedstaat einen nationalen Strategieplan, der zur Genehmigung der EU-Kommission vorzulegen ist. An dieser Neugestaltung der GAP nach 2020 wird z.B. kritisiert, dass das neue Umsetzungsmodell den Mitgliedstaaten zu viel Gestaltungsraum gebe. Staaten könnten so auch weiterhin eine Einkommenspolitik verfolgen, weil sie den höheren Verwaltungsaufwand einer Implementation umwelt- oder klimarelevanter Maßnahmen scheuen, es ihnen an Ressourcen und Personal fehlt, oder sie keine Notwendigkeit sehen. Stattdessen sollte die EU nach Ansicht des Wissenschaftlichen Beirats für Agrarpolitik, Ernährung und gesundheitlichen Verbraucherschutz den Mitgliedstaaten konkrete ergebnisorientierte Indikatoren vorgeben (WBAE, 2019).

Die auf Freiwilligkeit beruhenden Zielsetzungen der GAP nach 2020 orientieren sich in ihrer Neuausrichtung an der Farm-to-Fork-Strategie, die die EU-Kommission im Rahmen des European Green Deal vorgelegt hat. Bis 2030 sollen die Verwendung chemisch-synthetischer Pestizide und der Einsatz gefährlicher Pestizide halbiert, der Düngemitteleinsatz um mindestens 20% verringert sowie der Einsatz von Antibiotika in der Viehzucht halbiert werden. Darüber hinaus soll der ökologische Landbau in der EU auf 25% der landwirtschaftlichen Fläche bis 2030 ausgeweitet werden (EU-Kommission, 2020d). Aus Sicht des WBGU sind diese Zielsetzungen zwar wünschenswert, aber dennoch problematisch, da es sich um freiwillige Selbstverpflichtungen handelt.

das Dauergrünland geht zurück. Über 70% der Grünlandflächen in Mitteleuropa wurden in den letzten 50 Jahren auf intensive Bewirtschaftung umgestellt (Rose et al., 2012). Die Nutztierproduktion wurde in der industriellen Landwirtschaft fast vollständig von der Pflanzenproduktion, d.h. von der Betriebsfläche, entkoppelt (Naylor et al., 2005) und die Erzeugung von Getreide (inklusive Mais) wurde immer stärker von der Produktion für die menschliche Ernährung hin zur Futtermittelproduktion verschoben (Pingali, 2015). So werden heute fast zwei Drittel der weltweiten Maisproduktion als Viehfutter verwendet und nur 13% der menschlichen Ernährung zugeführt (OECD, 2019).

### Fehlentwicklungen in der industriellen Landwirtschaft und im Ernährungssystem

- *Konzentrationsprozesse:* Die weltweiten Konzentrationsprozesse in der industriellen Nahrungsmittelproduktion, der Nahrungsmittelverarbeitung und im Nahrungsmittelhandel sind Trends, die einer Entschärfung des Trilemmas der Landnutzung entgegenstehen. In den vergangenen Dekaden hat in der globalen Agrarindustrie eine starke Konzentration auf wenige Betriebe stattgefunden, beispielsweise dominieren vier Agrarkonzerne den Weltmarkt mit Saatgut und Pestiziden (Fröndhoff, 2018). Auch im Ernährungssektor findet eine zunehmende Unternehmenskonzentration statt (IAASTD, 2009; Kap. 3.4.1). Im Jahr 1999 gab es z.B. in Deutschland acht große Handelsketten, die 70% der Gesamtumsätze im Lebensmitteleinzelhandel ausmachten. Durch Übernahmen hat sich diese Zahl mittlerweile auf vier große Unternehmen (Edeka, Rewe, Schwarz-Gruppe und Aldi) reduziert, die 75–95% der Gesamtumsätze auf sich vereinen (Bundeskartellamt, 2014). Die Beteiligung führender Handelsunternehmen an Einkaufskooperationen kann die Verhandlungsmacht des Handels auch gegenüber Lieferanten deutlich verstärken (Bundeskartellamt, 2014). In der EU haben die zehn größten Einzelhändler einen Marktanteil von über 50% (Heinrich-Böll-Stiftung, 2017). In der Ernährungsindustrie ist die Struktur generell vergleichsweise heterogen, allerdings sind in der Fleischbranche, der Milchwirtschaft und der Zuckerindustrie starke Konzentrationen zu erkennen (Monopolkommission, 2012). Ein relativ neues Phänomen ist die durch digitale Plattformen erleichterte zusätzliche Verstärkung von Konzentrationsprozessen durch Zusammenschlüsse der Landmaschinenproduzenten mit Saatgut- und Agrarchemieunternehmen (WBGU, 2019b). Durch die Unternehmenskonzentrationen im Handel und in der Ernährungsindustrie hat sich der Preisdruck auf die Landwirtschaft erhöht (Schöpe, 2005). Die Landwirtschaft bleibt „Mengenanpasser", d.h. dass die Marktpreise als gegeben akzeptiert werden und die Absatzmenge dem Preis angepasst wird. Es besteht lediglich über Genossenschaften die Möglichkeit, einen Einfluss auf den Preis auszuüben (Simons et al., 2020).

- *Rolle der Interessenverbände:* Barriere einer Transformation des Landwirtschaftssystems zur Nachhaltigkeit sind auch einige eng mit dem Ernährungssystem verflochtenen Interessenverbände. So nehmen in Deutschland viele Führungskräfte, die in Aufsichts- und Kontrollgremien der Agrar- und Ernährungswirtschaft verankert sind, gleichzeitig einflussreiche Positionen in der Politik, Exekutive und dem Bauernverband ein (NABU, 2019; Heintz, 2013). Allerdings gilt es hier stärker zu differenzieren, da es auch Interessenverbände gibt, die sich für die Ökologisierung der industriellen Landwirtschaft einsetzen, indem sie sich stark für den ökologischen Anbau engagieren (z.B. Biopark; Arbeitsgemeinschaft bäuerliche Landwirtschaft).
- *Frauen sind als Eigentümerinnen landwirtschaftlicher Betriebe benachteiligt:* In Europa sind heute noch 80% der Betriebsleiter Männer, und in Deutschland werden sogar nur 8,7% der landwirtschaftlichen Betriebe von Frauen geführt (genanet, 2020). Eigentümerinnen sind laut genanet (2020) zudem bei Entscheidungsprozessen benachteiligt und ihre Partizipationsmöglichkeiten sind insgesamt geringer.
- *Gemeinsame Agrarpolitik der EU:* Die Gemeinsame Agrarpolitik (GAP) der EU zielte ursprünglich mit ihren Fördermaßnahmen vor allem auf Produktivitäts- und Einkommenssteigerung, um Landwirte gegenüber anderen Berufsgruppen ungefähr gleichzustellen. Umwelt- oder raumbezogene sowie gesellschaftliche Leistungen des Agrarsektors blieben dabei weitgehend unberücksichtigt (Schöpe, 2005). Inzwischen unterstützt die GAP zwar auch die sozioökonomische Entwicklung ländlicher Räume und belohnt Struktur- sowie Agrarumweltmaßnahmen, doch bis heute machen flächenbezogene Direktzahlungen den Großteil der Förderung aus, während Klima- und Umweltziele weiterhin zweitrangig sind (Pe'er et al., 2019; Simoncini et al., 2019; Details in Kasten 3.3-1). Im Zeitraum 2010–2014 betrug der Anteil der EU-Subventionen am landwirtschaftlichen Faktoreinkommen im Durchschnitt über 35% und der Anteil der Direktzahlungen an die Landwirte 28% (EEA, 2020). Der Anteil der Agrarausgaben am EU-Budget lag 2018 bei 37% (EU, o.J.). Insbesondere die landwirtschaftlichen Interessenverbände in der EU drängen vehement auf einen Erhalt der Einkommensstützung durch die GAP (DBV, 2018).

### 3.3.1.2
### Ertragsarme Subsistenzlandwirtschaft und persistierende Ernährungsunsicherheit: Beispiel Subsahara-Afrika

Die Subsistenzlandwirtschaft in Subsahara-Afrika – insbesondere in den semiariden Regionen – trägt mit Blick auf das Trilemma der Landnutzung eine dreifache Last:

1. die landwirtschaftlichen Erträge sind zu gering, um Ernährungssicherung zu ermöglichen,
2. der Klimawandel führt schon gegenwärtig zu deutlichen Ertragsverlusten, und eine Anpassung der Landwirtschaft an den Klimawandel findet bislang nur punktuell statt (IPCC, 2019a),
3. die Produktionssteigerungen, die bis heute ganz überwiegend in Form von Flächenumwandlungen realisiert werden, gefährden die Biodiversität und verstärken Nutzungskonkurrenzen.

#### Ernährungsunsicherheit und saisonaler Hunger in ländlichen Regionen

Nach jahrelanger Verbesserung der Situation steigt seit 2014 die Anzahl der unter Hunger leidenden Menschen wieder an. 2019 waren 690 Mio. Menschen oder 8,9% der Weltbevölkerung von Hunger betroffen (FAO, 2020). Damit entfernt sich die Welt von SDG 2, das eine Beendigung des Hungers bis 2030 vorsieht. Auf dem afrikanischen Kontinent ist der Anteil der unterernährten Menschen mehr als doppelt so hoch wie im Weltdurchschnitt und betrug 2019 19,1%. Dies ist der höchste Prozentsatz weltweit und betrifft mehr als 250 Mio. Menschen (FAO, 2020).

Gewaltsame Konflikte gehören zusammen mit chronischem Hunger und dem Klimawandel zu den Hauptgründen für Ernährungsunsicherheit (FAO, 2020). In semiariden Regionen, die hier im Fokus der Betrachtung stehen, liegen Konfliktursachen u.a. in der

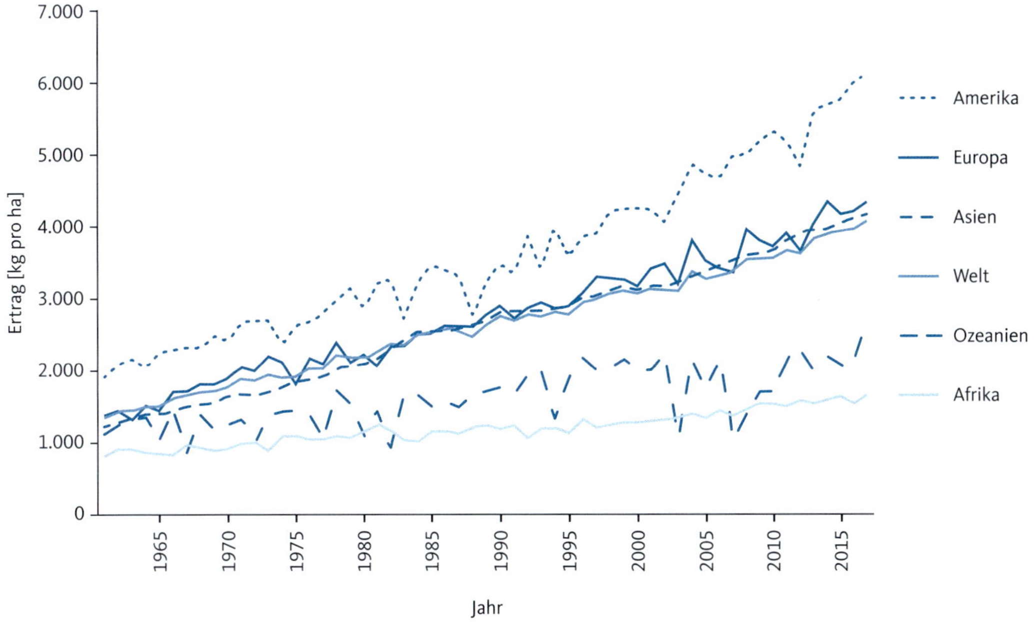


**Abbildung 3.3-3**
Entwicklung der Getreideerträge nach Weltregionen in kg pro ha.
Quelle: Tian und Yu, 2019

politischen Benachteiligung der Viehhirten gegenüber anderen Bevölkerungsgruppen, die sich in geringer gesellschaftlicher Wertschätzung und geringer Beteiligung, in willkürlich festgelegten Nutzungsrestriktionen und einer stetigen Fragmentierung und Verkleinerung der Weidegründe äußert. Hinzu kommt die wachsende Zahl von Tieren, die die geringe Tragfähigkeit der degradierten Weiden übersteigt. Schließlich dringen Ackerbaugesellschaften seit vielen Jahrzehnten vermehrt in Weidegebiete ein, so dass Viehhirten verdrängt werden (IFAD, 2020; Bukari et al., 2018; African Center for Strategic Studies, 2019).

Chronischer Hunger beruht demgegenüber auf struktureller Armut und ist vor allem ein Problem in semiariden Regionen wie den Sahelländern (Mauretanien, Burkina Faso, Mali, Niger, Tschad, Senegal, Sudan) und dort hauptsächlich im ländlichen Raum (World Bank, 2017b; FAO, 2019d). In diesen Ländern wird gleichzeitig auch noch das stärkste Bevölkerungswachstum vorhergesagt. Zwischen 2015 und 2050 belaufen sich die Schätzungen auf mehr als 150%, im Niger sogar auf rund 200% (BPB, 2017). Kleinbäuerliche Familien leiden besonders in Form saisonal wiederkehrender Phasen an Hunger. Diese Phasen treten vor allem in der Zwischenerntezeit auf, wenn die eigenen Vorräte aufgebraucht oder verkauft sind, es jedoch bis zur nächsten Ernte noch mehrere Wochen oder Monate dauert (von Grebmer et al., 2013). Durch den Klimawandel weiten sich diese Mangelperioden in der Tendenz aus. Inzwischen verstehen sich auf diese Weise immer mehr kleinbäuerliche Familien sogar als Nettokonsumenten, d.h. die jährlich hinzugekauften überschreiten die jährlich produzierten Mengen (Welthungerhilfe, 2019).

Da die Landwirtschaft in Subsahara-Afrika kleinbäuerlich geprägt ist und diese Familienbetriebe in der großen Mehrzahl nur sehr eingeschränkten Zugang zu finanziellen und natürlichen Ressourcen haben, betrifft das Risiko saisonalen Hungers sehr viele Menschen. Geschätzt sind dies ca. 30–50 Mio. kleinbäuerliche Betriebe mit etwa 200 Mio. Menschen (Lowder et al., 2016). Die Betriebsgrößen betragen 0,5–3,5 ha mit sinkender Tendenz (Lowder et al., 2016). Vielfältige historische, politische und ökonomische Ursachen haben zu dieser Problemlage geführt, aber heute äußert sich diese v. a. in einer zu geringen Flächenproduktivität bei Feldfrüchten (Erntemenge pro ha). Zwar sind auch in Subsahara-Afrika die Erträge in den letzten Jahrzehnten leicht gestiegen, aber dieser Anstieg ist sehr viel geringer als in den anderen Weltregionen und reicht nicht aus, um die sinkenden Betriebsflächen pro Haushalt und den Bedarf der wachsenden Anzahl an Menschen zu decken (Abb. 3.3-3).

Die geringe Flächenproduktivität der Getreide-, aber auch der anderen Kulturarten in Subsahara-Afrika geht mit einer zunehmenden Bodendegradation einher, da die durch die Kulturpflanzen entzogenen Nährstoffe nicht adäquat ersetzt werden können. Eine solche

**Kasten 3.3-2**

### Covid-19-bedingte Ernährungskrise in Subsahara-Afrika: die doppelte Pandemie

#### Zerbrechen der Lieferketten

Die meisten afrikanischen Länder haben nur wenige Handelspartner, vorrangig China, die USA, Indien und die EU, und sie sind gleichzeitig stark auf Exporte von Primärgütern nach China und in die EU angewiesen, damit sie den Import essenzieller Güter leichter refinanzieren können. Die Störung der Lieferketten durch Covid-19 führt daher schnell zu Finanzierungslücken, u. a. für Nahrungsmittelimporte, z. B. in Nigeria, Südsudan oder dem Kongo, nicht zuletzt durch die niedrigen Weltmarktpreise für Rohöl und Mineralien (OECD, 2020b). Das Ausbleiben ausländischer Direktinvestitionen wegen der verstärken Volatilität der Finanzmärkte erhöhte zudem die Fragilität der Lebensmittelversorgung. Länder, die normalerweise Exporteure von Grundnahrungsmitteln sind, stoppen oder begrenzen den Export wegen Covid-19-bedingter Knappheiten, z.B. Reisexporte aus Vietnam oder Indien (OECD, 2020b; Hartwich und Hedeshi, 2020; WEF, 2020). Das Zerbrechen der Lieferketten hat zudem eine Knappheit an Mineraldüngern, Saatgut, landwirtschaftlichen Maschinen und Werkzeugen zur Folge (WEF, 2020). Die Länder in Subsahara-Afrika müssen für ihre eigene Produktion mit durch Covid-19 bedingten Ausfällen zwischen 37 und 79 Mrd. US-$ rechnen (World Bank, 2020a). Die Covid-19-bedingten Handelsblockaden und Verzögerungen in den Lieferketten führen außerdem zu einem Verderb der Lebensmittel auf den Feldern oder an den Grenzen und tragen so zur Lebensmittelkrise bei (Dongyu et al., 2020; Gaupp, 2020).

#### Steigende Nahrungsmittelpreise

Die Covid-19-Pandemie führt zur ersten Rezession auf dem afrikanischen Kontinent seit 25 Jahren. Das Ausbleiben des Tourismus aus Europa, Kapitalflucht und ein verringertes Volumen der Rücküberweisungen der Migranten von minus 23% in diese Regionen sind hier wichtige Faktoren (OECD, 2020b; Hartwich und Hedeshi, 2020; World Bank, 2020a). Panikkäufe von Lebensmitteln erhöhen die Lebensmittelpreise zusätzlich (OECD, 2020b). Nicht nur die arme urbane Bevölkerung, die auf öffentliche Lebensmittelmärkte angewiesen ist, sondern auch die Landbevölkerung (in der Zwischenerntezeit) ist von diesen Preissteigerungen betroffen (IMF, 2020). Durch die Bewegungseinschränkungen sind Arbeitskräfte für die Landwirtschaft nicht mehr mobil, und auch dadurch erhöhen sich die Lebensmittelpreise. Im Juli 2020 ist laut FAO bereits eine nicht saisonal bedingte Preissteigerung von 10–20% in Teilen Westafrikas zu beobachten (FAO, 2020j). Im Südsudan sind die Preise seit Februar für Weizen um 62% und für Cassava um 41% gestiegen, während Russland, Kasachstan und die Ukraine ihrerseits bereits Weizenexporte limitiert haben und Ägypten seine Reserve für Weizen massiv aufstockt (Gaupp, 2020).

#### Hungerkrisen als Folge der Covid-19-Pandemie

Die Covid-19-Pandemie wird aller Voraussicht nach eine Hungerkrise in Subsahara-Afrika auslösen, denn sowohl die regionale Lebensmittelproduktion als auch die Lebensmittelimporte werden sinken (World Bank, 2020a), und gleichzeitig kommt es zu Covid-19-bedingten Einkommensausfällen (Gaupp, 2020). Hierunter leiden bis zu 90% der informell Beschäftigten in den am wenigsten entwickelten Ländern (Least Developed Countries, LDCs) und ganz besonders Binnenvertriebene und Geflüchtete, d.h. Bevölkerungsgruppen, die bereits vor der Pandemie in prekären Situationen gelebt haben. Besonders schwer sind Menschen in Äthiopien betroffen, die gleichzeitig mit der Heuschreckenplage in diese Krise geraten sind (FSIN, 2020b). Hungerkrisen haben oft soziale Unruhen und Aufstände zur Folge und werden dadurch zusätzlich verstärkt (Gaupp, 2020; IOM, 2020; World Bank, 2020a). Es wird geschätzt, dass z. B. in Äthiopien 30 Mio. Menschen (IMF, 2020) und in Westafrika 40 Mio. Menschen (AfDB, 2020) dem Risiko einer Nahrungskrise ausgesetzt sind. Für die Länder niedrigen und mittleren Einkommens wird durch die Auswirkungen der Covid-19-Krise auf das Gesundheitssystem und aufgrund der prekären Lebensmittelversorgung von einer erhöhten Kindersterblichkeit ausgegangen Der Lancet Global Health Report befürchtet zum Zeitpunkt der Erstellung dieses Gutachtens eine um bis zu 1,1 Mio. erhöhte Kindersterblichkeit über die nächsten sechs Monate in den Ländern mit niedrigem und mittlerem Einkommen (Low- und Middle-Income Countries, LMIC) durch die Covid-19-bedingte Störung des Gesundheitssystems und aufgrund der prekären Lebensmittelversorgung (Editorial, 2020a). Zudem erhalten durch geschlossene Schulen viele Kinder eine Mahlzeit pro Tag weniger (FAO, 2020j).

#### Maßnahmen zur Abfederung der Folgen der Covid-19-Krise

Mit der Strategie „Feed Africa Response to Covid-19" versucht die afrikanische Entwicklungsbank, eine auf Selbstversorgung ausgerichtete Lebensmittelproduktion auf dem afrikanischen Kontinent zu etablieren, die resilienter gegenüber globalen Schocks des Welthandels ist. Solche Maßnahmen sollten laut FAO grenzüberschreitend eingeführt und Handelsbarrieren, vor allem innerhalb der Regionen, möglichst abgebaut werden (FAO, 2020j; Renzaho, 2020). Gaupp (2020) schlägt zudem eine globale Finanztransaktionssteuer gegen Nahrungsmittelspekulationen durch Zwischenhändler vor, die im globalen und regionalen Lebensmittelhandel auftreten können. Die Weltbank, die OECD und der IMF plädieren für einen temporären Schuldenerlass sowie Lebensmittelhilfen (World Bank, 2020a; OECD, 2020b). Gleichzeitig ist es wichtig, die Informationslage über die Covid-19-bedingten Auswirkungen und die geplanten Hilfsmaßnahmen zu verbessern. Das BMZ hat ein Corona-Sofort-Programm beschlossen, das mit zusätzlich 3 Mrd. € unterlegt wird, um die am stärksten durch die Pandemie und seine Folgen betroffenen Länder zu unterstützen (BMZ, 2020a). Ein weiterer Hebel sind die Geldüberweisungen von Arbeitsmigranten an die Familie in ihren Herkunftsländern (Remissen), die für viele Menschen essenziell sind, um sich adäquat zu ernähren (FAO, 2020j). Um dem Rückgang der Remissen entgegenzuwirken, könnten aus Sicht des WBGU die Transaktionskosten durch internationale Finanzinstitutionen verringert werden (SDG 10c).

Zusammengenommen zeigen diese Auswirkungen, dass die Covid-19-Pandemie stark problemverschärfend wirkt und die einkommensschwächsten Länder am stärksten trifft. Im Hinblick auf die afrikanische Lebensmittelproduktion und den -handel sollten kurze Lieferketten und lokale Wertschöpfung dringend verstärkt werden, um die Resilienz gegen externe Störungen zu erhöhen (OECD, 2020b).

„extrahierende“ Bodenbewirtschaftung, bei der Nährstoffe entzogen, aber nicht über Düngung zurückgegeben werden, ist auch unter dem Begriff „soil mining“ bekannt. Die Ursachen sind vielfältig: Über die letzten Jahrzehnte wurden traditionelle Methoden der Ackerbäuer*innen, wie die Regenerationsbrache oder die Symbiose mit Viehhirten, durch eine Landbewirtschaftung abgelöst, die mit sehr geringen Düngemittelinputs (von rund 8–12 kg Stickstoff pro ha) und ohne Brache auskommen muss (Wynants et al., 2019). In Deutschland wird rund das Zehnfache an Mineraldüngemitteln pro ha eingesetzt (AfDB, 2016). Traditionell versorgten die Viehhirten die Felder der Ackerbauern mit Tierdung, während die Ackerbauern den Viehhirten Getreide lieferten. Diese Symbiose hat sich jedoch in den letzten Jahrzehnten zu einem latenten und teilweise auch offenen Konfliktverhältnis verkehrt, bei dem sich die Bevölkerungsgruppen vordergründig um Zugang zu Land streiten, das jedoch darüber hinaus vielfältige politische Ursachen hat (Wynants et al., 2019; Oyama, 2014; Geuder-Jilg, 2013).

In semiariden Regionen ist pflanzenbasierte Biomasse als Dünger nur mit hohem Arbeitseinsatz und nicht in den benötigten Mengen verfügbar. Weil jedoch Mineraldünger für die meisten Kleinbäuer*innen zu teuer ist, sind die Kleinbetriebe auf Düngemittelsubventionen angewiesen. Zwar erhalten in zahlreichen Ländern um die 80% der Kleinbetriebe solche Subventionen über die Input-Subventions-Programme (ISP), jedoch in den oben bereits angesprochenen viel zu geringen Mengen (Jayne et al., 2018a, b). Diese Praxis hat zusammen mit der Überweidung der nördlich an den Ackerbauzonen angrenzenden, vornehmlich durch Viehhirten genutzten Flächen zur weltweit gravierendsten Bodendegradation geführt (ELD und UNEP, 2015).

Allerdings muss auch die große Bandbreite an Angaben über das Ausmaß der Degradation erwähnt werden, die aufgrund unterschiedlicher Erhebungsmethoden und auch aufgrund der Betrachtung der Böden (Ackerboden) versus Land (inklusive aller Nutzungen, Vegetationsbedeckung und Wasserkreislauf) zustande kommt. Häufig zitiert wird das Global Assessment of Soil Degradation (GLASOD) von 1990, nach der 65% der landwirtschaftlichen Böden in Subsahara-Afrika degradiert sind (davon 19% schwer); das entspricht etwa 321 Mio. ha. (FAO, 2015d). In einer 1999–2013 durchgeführten Langzeitstudie zur Dynamik der globalen Landproduktivität wird angegeben, dass in diesem Zeitraum auf dem gesamten afrikanischen Kontinent rund 22% der Landoberfläche einen Rückgang oder eine instabile Landproduktivität aufwiesen (Cherlet et al., 2018). Diese Zahlen machen deutlich, dass neben landwirtschaftlichen Böden auch andere Landflächen in Afrika degradiert sind. Bezieht man weitere Studien ein, reicht die Bandbreite für Afrika von 9 bis 5.233 Mio. ha (IPBES, 2018b: 236).

Neben der Unterversorgung mit Nährstoffen bestehen weitere Ursachen der Degradation landwirtschaftlich genutzter Böden in der Konzentration des Ackerbaus auf nur wenige Kulturarten, allen voran Mais. Zur Kolonialzeit auf dem Kontinent eingeführt, wird diese relativ wasserintensive Kulturart mit seiner langen Vegetationszeit, die schon auf kleine Trockenperioden empfindlich reagiert, inzwischen auch an Standorten angebaut, die für Mais von vornherein ungeeignet sind. Entsprechend schwankend sind auch die Erträge. Eine wichtige Ursache für die übermäßige Verbreitung von Mais ist die problematische Ausgestaltung der ISP-Subventionen, die sich mit dem Ziel der nationalen Ernährungssicherung zumeist nur auf Mais beziehen. So hat der Maisanbau nach und nach trockentolerantere Sorghum- und Hirsekulturen und andere typische Kulturpflanzenarten an den Rand gedrängt, was neben einer Verstärkung des saisonalen Nahrungsmangels auch zu einer zu einseitigeren Ernährung geführt hat (Santpoort, 2020).

### Die Rolle des Klimawandels für die landwirtschaftlichen Erträge

Während Afrika nur mit einen Anteil von 3,7% zu den globalen THG-Emissionen beiträgt (Ritchie und Roser, 2017), treffen den Kontinent die Folgen des Klimawandels so stark wie keinen anderen (FAO, 2018c; Welthungerhilfe, 2019).

Insbesondere Westafrika erfährt bereits heute einen schnellen Klimawandel, der durch weiträumige Erwärmung und einer gestiegenen Häufigkeit von Wetterextremen charakterisiert ist (Sultan und Gaetani, 2016). Es wird davon ausgegangen, dass Ertragsveränderungen in erster Linie durch den Temperaturanstieg verursacht werden und in Kombination mit dann feuchteren oder trockneren Bedingungen sowie erhöhten $CO_2$-Konzentrationen unterschiedlich ausgeprägt werden (IPCC, 2014b; Sultan und Gaetani, 2016). Die Schätzungen für durchschnittliche Ertragsminderungen bei landwirtschaftlichen Kulturarten in Subsahara-Afrika liegen zwischen -11% (Roudier et al., 2011) und -22% (Niang et al., 2014) zu Mitte des 21. Jahrhunderts, jeweils ohne Anpassungsmaßnahmen und ohne den möglichen $CO_2$-Düngeeffekt einzubeziehen. Dieser Effekt wird für C4-Pflanzen wie Mais, Sorghum, Hirse, Zuckerrohr geringer geschätzt als für C3-Pflanzen (die die Mehrzahl der Kulturarten ausmachen) und beträgt bei einer Verdopplung der $CO_2$-Konzentration der Atmosphäre in Abhängigkeit von Region und anderen Variablen vermutlich einige Prozentpunkte (<5%, Fischer et al., 2002), bei Knollenfrüchten womöglich mehr (McGrath und Lobell, 2013).

Ramirez-Villegas und Thornton (2015: 13) identifi-

**Kasten 3.3-3**

### „Greening of the Sahel“: marginaler oder bedeutsamer Effekt?

Wie differenziert der Klimawandel wirkt, und dass er nicht immer gradlinige Effekte mit einer Richtung aufweist, illustriert das „Greening-Phänomen“ im Sahel: Demnach verzeichnet der West-Sahel über die letzten Jahrzehnte steigende Niederschläge, wobei die Region seit jeher für eine starke Niederschlagsvariabilität zwischen den Dekaden und zwischen den Jahren bekannt ist. Satellitenbilder weisen über die letzten Jahrzehnte auf Greening-Effekte hin, indem sich nach der Regenzeit eine stärkere Vegetationsdecke in dieser Region bildet als in den Jahren davor. Dieser Effekt wird dem $CO_2$-Düngeeffekt zugesprochen, der jedoch nur sichtbar wird, wenn auch Niederschläge fallen. Zwar haben die Niederschläge im Sahel in den letzten Dekaden gegenüber den 1970er und 1980er Jahren tatsächlich zugenommen, allerdings keinesfalls gegenüber den Dekaden davor (1950er und 1960er Jahre). Diese großen, von jeher registrierten Niederschlagsschwankungen im Sahel nährten lange Zeit den Zweifel am Greening-Effekt.

Jüngste Simulationen weisen jedoch den Greening-Effekt und seine hauptsächliche Verursachung durch den Klimawandel eindeutig nach (Park et al., 2016; Pausata et al., 2020): Die relativ hohen und stark steigenden Temperaturen des Mittelmeeres bewirken, dass im Juni feuchtere Luft in den Sahel gelangt und es dort zu durchschnittlich mehr Niederschlägen kommt, was wiederum mehr Pflanzenwachstum erzeugt. Dieses Phänomen wird voraussichtlich auch die Niederschläge in der Region in der Zukunft prägen (Park et al., 2016; Pausata et al., 2020).

Bodenmessungen bestätigen diese Aussagen zumindest teilweise. So wurden für den West-Sahel ebenfalls robuste, jedoch mit 29–43 mm pro Jahr nur geringe Niederschlagserhöhungen nachgewiesen (Maidment et al., 2015). Im Ost-Sahel nahmen die Niederschläge im gleichen Zeitraum dagegen um 14–65 mm pro Jahr gegenüber den Dekaden davor ab (Maidment et al., 2015).

Für die Weidewirtschaft und den Ackerbau sind diese Niederschlagsveränderungen bisher zwar nicht entscheidend, aber das Greening könnte in Zukunft dennoch bedeutsam werden, da mit weiteren Temperaturanstiegen des Mittelmeeres und damit auch mit einer Verstärkung dieses Effekts gerechnet werden kann (Park et al., 2016; Pausata et al., 2020). Dies hätte dann womöglich positive Effekte auf Weidewirtschaft und Ackerbau, kann aber auch mit zahlreichen Nebenwirkungen einhergehen, die zusammen mit den steigenden Temperaturen sowohl negativ als auch positiv sein könnten. Bislang lassen sich solche Effekte jedoch noch nicht prognostizieren (Pausata et al., 2020).

zieren Ackerbohnen, Mais, Bananen und Fingerhirse als sehr empfindlich gegenüber dem Klimawandel und prognostizieren, dass die für diese Kulturarten geeigneten Standorte in Afrika bis 2050 um 30–50% abnehmen werden, wovon vor allem der Sahel betroffen wäre. Hauptgrund hierfür ist die Überschreitung der optimalen Wachstumstemperaturen, aber in manchen Fällen auch die Unterschreitung erforderlicher Niederschlagsmengen (Ramirez-Villegas und Thornton, 2015:13). Manche Länder, insbesondere in Ostafrika, können die Veränderungen teilweise kompensieren oder sind womöglich positiv betroffen, wenn sie Ackerstandorte in Höhenlagen verlegen können. Standorte für mehrjährige Kulturarten werden jedoch wegen der steigenden Temperaturen vermutlich signifikant abnehmen (Niang et al., 2014).

Für manche Getreidearten sind die Voraussagen unsicher; so gilt Sorghum in manchen Studien als relativ robust (Ramirez-Villegas und Thornton, 2015), in anderen als sehr vulnerabel (Sultan et al., 2013). Nur Cassava wird als wichtigste Knollenfrucht Afrikas übereinstimmend als relativ resiliente Ackerkultur angesehen. Sie wird mit dem Klimawandel vermutlich Standorte hinzugewinnen und in Zentral- und Ostafrika womöglich bis 2050 höhere Erträge abwerfen als bisher (Jarvis et al., 2012; IPCC, 2014c), bevor diese dann wahrscheinlich ebenfalls absinken werden (Niang et al., 2014). Obwohl Cassava demnach ein hohes Potenzial hat, benötigt diese Feldfrucht recht viel Wasser und ist ein starker Nährstoffzehrer für die Böden. Daher und auch aus geschmacklichen Gründen kann sie Getreidekulturen nur ergänzen, aber nicht ersetzen.

Neben der Quantität vermindert der Klimawandel auch die Qualität der Feldfrüchte. Modellrechnungen zeigen bei höheren Lufttemperaturen eine Verminderung der Gehalte an Eisen und Zink in Getreidekulturen. Defizite bei diesen Mikronährstoffen vermindern die Körperabwehr gegen Malaria, Tuberkulose und andere in der Region weit verbreiteten Krankheiten (Kubota, 2019).

Das Ausmaß der Ertragsminderungen hängt u.a. von der Bewirtschaftungsform ab. Kulturarten im Regenfeldbau, die wichtigste Bewirtschaftungsform in Subsahara-Afrika, sind weit empfindlicher als im Bewässerungsfeldbau.

Ein sehr wichtiger Faktor ist auch das Ausmaß der Klimaerwärmung und ob sie auf 1,5°C oder 2°C begrenzt wird. Innerhalb dieser Differenz scheinen schon geringe Anstiege zu starken Ertragsrückgängen zu führen. Bei mehr als 2°C Erwärmung ergeben sich schließlich stark negative Auswirkungen für alle Kulturarten, unabhängig von der Bewirtschaftungsform (Faye et al., 2018).

Während in temperierten Zonen die Option besteht, auf Kulturarten subtropischer oder tropischer Regionen zu wechseln, wenn Temperaturen ansteigen, bestehen für Länder, die heute schon Temperaturen oberhalb des Wachstumsoptimums der Kulturpflanzen aufweisen,

**Tabelle 3.3-1**
Die 16 als prioritär gelisteten Maßnahmen in Nationalen Anpassungsprogrammen für zehn afrikanische Länder.
Quelle: WBGU nach Nzuma et al., 2010

| Prioritäre Maßnahmen in den Anpassungsplänen afrikanischer Länder an den Klimawandel (Burundi, DR Kongo, Äthiopien, Eritrea, Kenia, Madagaskar, Ruanda, Sudan, Tansania, Uganda) | Anzahl der Länder, die diese Maßnahme umsetzen wollen |
|---|---|
| 1. Entwicklung und Förderung dürreresistenter und früh reifender Sorten | 10 von 10 |
| 2. Nutzung erneuerbarer Energiequellen, wie Solar- und Hydroenergie und Wasserkraft | 10 von 10 |
| 3. Regenwassernutzung mithilfe kleiner Dämme; Bewässerung | 7 von 10 |
| 4. Reduzierung des Viehbestandes durch Verkauf und Schlachtung | 5 von 10 |
| 5. Kreuzungszüchtung, Beweidungsstopp und Haltung kleinerer Vieharten wie Schafe und Ziegen | 5 von 10 |
| 6. Schutz und Renaturierung der Vegetationsbedeckung degradierter Landflächen und Bergregionen auf nationaler Ebene einrichten bzw. sichern | 5 von 10 |
| 7. Einführung integrierter Systeme zur Krankheitsüberwachung und -reaktion sowie Notfallvorsorge zur Vorbeugung, Abmilderung und Reaktion in Bezug auf Epidemien | 5 von 10 |
| 8. Anwendung traditioneller Methoden zum Schutz natürlicher Wälder, Nutzung von Nahrungsmitteln usw. | 4 von 10 |
| 9. Abgrenzung von Schutzgebieten, um ihre Zerstörung durch (menschliche) Eingriffe zu vermeiden | 4 von 10 |
| 10. Einführung von Programmen für community-based management von z.B. Wald, Weideland- und Nationalparks | 3 von 10 |
| 11. Stärkung meteorologischer Dienste für die Bereitstellung von Wettervorhersagen, Frühwarnsystemen und Klimadaten | 3 von 10 |
| 12. Förderung und Stärkung von Aquakultur, Geflügelhaltung usw. als alternative Einkommensoptionen | 3 von 10 |
| 13. Entwicklung und Verbreitung von Leitlinien für die Nutzung von Heilpflanzen und alternativer Medizin | 3 von 10 |
| 14. Bodenschutz durch Versickerungsgräben um Häuser, Anpflanzung von Grasnarben, Terrassenkultur, Aushebung von Gräben zur Ableitung des Abflusses, Mulchen und Anpflanzung von Bäumen | 3 von 10 |
| 15. Verstärkung landwirtschaftlicher Beratungsdienste | 3 von 10 |
| 16. Küstenschutz durch Bau von Dämmen und integriertes Küstenzonenmanagement | 3 von 10 |

kaum noch Optionen für solch einen Wechsel. Auch in dieser Hinsicht sind die Tropen und Subtropen gegenüber temperierten Klimazonen benachteiligt, ein weiterer Grund, warum die 2 °C-Klimaschutzleitplanke keinesfalls überschritten werden sollte.

### Anpassungsmaßnahmen Subsahara-Afrikas an den Klimawandel sind unzureichend

Um landwirtschaftliche Ertragsrückgänge in Subsahara-Afrika abzufedern, gibt es verschiedene Möglichkeiten der Klimaanpassung und Resilienzsteigerung. Diese Anpassungsmaßnahmen beziehen sich vor allem auf den Umgang mit erhöhten Niederschlagsschwankungen; weniger wirksam sind sie gegen Hitzestress. Bis heute fehlt es jedoch den Landwirt*innen an Wissen und Mitteln zur systematischen Umsetzung solcher Anpassungsmaßnahmen (Jayne et al., 2018b). Zwar haben alle afrikanischen Länder Nationale Anpassungsprogramme (NAPs) an den Klimawandel erstellt – als Voraussetzung für Finanzierungen durch die Global Environmental Facility (GEF) – doch handelt es sich um Einzelmaßnahmen auf unterschiedlichen Ebenen, deren Auswahl und Priorisierung nur teilweise plausibel sind (Tab. 3.3-1). Außerdem fehlt es an Beratung und einem Finanzierungsmechanismus, damit kleinbäuerliche Betriebe und Viehhirten Anpassungsmaßnahmen überhaupt umsetzen können (Nzuma et al., 2010).

Obwohl angesichts unterschiedlicher Herausforderungen der einzelnen Länder und regionaler Klimabedingungen jeweils natürlich verschiedene Prioritäten gesetzt werden müssen, wird ein nachhaltiges Landmanagement (Sustainable Land Management, SLM) durch landwirtschaftliche Betriebe offensichtlich nicht als Anpassungspriorität gesehen. Aus Sicht des WBGU ist ein nachhaltiges Land- und Bodenmanagement aber wesentlich für die Frage, ob es in semiariden Regionen Afrikas eine Landwirtschaft der Zukunft geben kann.

### Biologische Vielfalt: Reichtum und deutliche Verluste

Der afrikanische Kontinent beherbergt gegenwärtig etwa ein Viertel der biologischen Vielfalt weltweit (UNEP-WCMC, 2016b: IV), doch geht diese Vielfalt wie in allen Weltregionen stark zurück (UNEP-WCMC, 2016b; IPBES, 2019b). Biodiversität bezieht sich auf drei Ebenen: die Vielfalt der Ökosysteme, die Artenvielfalt und die genetische Vielfalt (CBD, 1992). Wenn über Biodiversitätsverlust im Rahmen der Landwirtschaft gesprochen wird, wird dies dementsprechend auf die drei folgenden Ebenen bezogen (FAO, 2019e): Die *erste Ebene* spricht die Biodiversität an, die bei Umwandlungen naturnaher Ökosysteme in Agrarflächen verlorengeht. Die *zweite Ebene* umfasst die Agrobiodiversität und die natürlicherweise assoziierte Begleitvegetation auf der Agrarfläche. Diese wird z. B. durch Vernichtung der Beikräuter mit Herbiziden gestört. Die *dritte Ebene* umfasst die genetischen Ressourcen für die Züchtung der Kulturpflanzensorten und Tierrassen, die vor allem für die Erhaltung der genetischen Vielfalt innerhalb der Kulturarten, -sorten und -rassen sowie für die einzelnen Bestände von großer Bedeutung ist.

Je einseitiger die Landwirtschaft, desto gefährdeter ist nicht nur die Vielfalt der Kulturarten, sondern auch der Kultursorten und -rassen mit ihren spezifischen Eigenschaften. Die verschiedenen Ebenen der Biodiversität können auch in einem Spannungsverhältnis zueinander stehen, wenn etwa eine intensive Bewirtschaftung erfolgt, um Naturflächen vor weiteren Flächenumwandlung zu schützen, diese intensive Nutzung aber Agrobiodiversität zerstört und die Umwelt durch Chemikalien belastet. Dieses Dilemma kann nicht vollständig aufgelöst werden, sondern muss jeweils im Rahmen eines integrierten Landschaftsansatzes (Kasten 2.3-3) und Überlegungen zu den weiteren Trilemmadimensionen Ernährungssicherung und Klimaschutz ausgehandelt werden.

Wichtigste Treiber des Biodiversitätsverlusts in Subsahara-Afrika sind das Bevölkerungswachstum in Verbindung mit der ertragsarmen Landwirtschaft, die immer neue Flächenumwandlungen nach sich zieht und zur Fragmentierung der Landschaft führt. Während die Fragmentierung vor allem zum Verlust nötiger Korridore und Habitate für migrierende Wildtiere und Vögel führt, mindern einseitige Anbausysteme und Bodendegradation vor allem die Agrobiodiversität (UNEP-WCMC, 2016b). So führt Bodendegradation zu einseitigen, schwer regulierbaren Beikrautpopulationen. Einseitige Landwirtschaft mit den immer gleichen Sorten und Arten treibt außerdem den Verlust der genetischen Vielfalt an, und alte Tierrassen und Kultivare verschwinden (FAO, 2019a).

### Governance gegen Ernährungsunsicherheit und Biodiversitätsverlust

Die bisherigen Politiken afrikanischer Länder zum Schutz der Biodiversität beziehen sich neben der Ausweitung von Schutzgebieten vor allem auf die Erhaltung genetischer Ressourcen für die landwirtschaftliche Züchtung. Aichi-Ziel 13 beinhaltet, dass die genetische Diversität der Nutztierrassen und Kulturpflanzenarten bzw. -sorten bis 2020 stabilisiert werden soll (CBD, 2010a). Das Mid-Term-Review (UNEP-WCMC, 2016b: 22) weist jedoch darauf hin, dass das Aussterberisiko der lokalen Züchtungen für über 90% der Arten bis heute unbekannt ist. Angesichts der Anbaupraxis muss davon ausgegangen werden, dass gerade die vielfältigen alten Sorghum- und Hirsesorten fortgesetzt große Verluste aufweisen, auch wenn sich Mais wie bisher weiter durchsetzt (Bazile et al., 2005). Es zeigt sich zudem, dass der Schutz der Agrobiodiversität in Subsahara-Afrika erst noch als wichtig erkannt werden muss (Khumalo et al., 2012). In der CBD wurde unter Aichi-Ziel 7 zwar Agrobiodiversität durch nachhaltige Landwirtschaft auch für den afrikanischen Kontinent bis 2020 festgeschrieben. Im Mid-Term Review (UNEP-WCMC, 2016b: 21) heißt es jedoch: „The extent and trends in sustainable agriculture (...) cannot be measured in this region due to a lack of data." Dies belegt zunächst den Bedarf an Monitoring- und Datenverarbeitungssystemen.

## 3.3.1.3 Wirkung des internationalen Agrarhandels auf Resilienz gegenüber Krisen und nachhaltige Entwicklung: Die Beispiele EU und Subsahara-Afrika

Im internationalen Agrarhandel, der als wesentliches Bindeglied zwischen landwirtschaftlichen Produktionsweisen in verschiedenen Teilen der Welt auch im hohen Maße wechselseitige Einflüsse auf die Nachhaltigkeit prägt, werden Kriterien wie Resilienz gegenüber Nah-

**Kasten 3.3-4**

### Land Grabbing

Auf Afrikas landwirtschaftliche Nutzfläche gewinnen große Investoren aus dem Ausland bzw. externe Entscheidungsträger wachsenden Einfluss (Batterbury und Ndi, 2018:573). Dort nehmen der Erwerb von Land im großen Umfang (Large Scale Land Acquisitions, LSLA) bzw. das land grabbing zu, definiert als Verkauf oder Verpachtung großer Landflächen an (meist ausländische) Akteure wie Staaten, Agrarkonzerne oder Finanzinvestoren (Borras Jr et al., 2011; Borras Jr und Franco, 2012). Der afrikanische Kontinent gilt seit den 2000er Jahren als ein Schwerpunkt für land grabbing (z.B. Chu, 2011; Galaty, 2013; Oya, 2013; Batterbury und Ndi, 2018; Ashukem, 2020). Für alle afrikanischen Staaten zusammen wurden bis Mitte 2020 insgesamt 565 Transfers von Landflächen registriert, mit einem Volumen von 14,3 Mio. ha. Für weitere 9 Mio. ha bestehen Absichtserklärungen (The Land Matrix, 2020a). Diese 23,3 Mio. ha an auswärtige Nutzer verkauftes oder verpachtetes Land umfassen rechnerisch bereits die gesamte landwirtschaftliche Nutzfläche von Tansania, Kenia und Sambia zusammen, wobei in Subsahara-Afrika vor allem Äthiopien, Angola, Demokratische Republik Kongo, Kamerun, Mosambik, Madagaskar, Tansania und Sambia Ziel des land grabbing sind, das häufig von europäischen oder asiatischen Investoren ausgeht (The Land Matrix, 2020b).

Der Erwerb von Land im großen Umfang kann zwar auch positiv wirken, indem ansonsten brachliegendes Land in Wert gesetzt wird und Beschäftigung für die lokale Bevölkerung bietet (Herrmann, 2016). Demgegenüber kann die dominante agroindustrielle Intensivnutzung, die zumeist auf die Exportproduktion von Agrarrohstoffen bzw. Treibstoffen, Futtermitteln, aber selten Nahrungsmitteln ausgerichtet ist, zur Übernutzung und Kontamination der Boden- und Wasserressourcen führen (Borras Jr et al., 2011; Borras Jr und Franco, 2012). Treiber sind hohe Düngemittel- und Pestizidgaben sowie bewässerungsintensive Bodennutzung (Galaty, 2013; Rulli et al., 2013).

Land grabbing wirkt sich häufig negativ auf die lokale Eigenversorgung mit Nahrungsmitteln aus, weil die an ausländische Investoren vergebene Flächen nicht mehr für die Nahrungsmittelproduktion zur Verfügung stehen. Gleiches gilt für die lokalen Wasserressourcen (Borras Jr und Franco, 2012). Ohnehin liegen erhebliche Teile des extern erworbenen Landes oft aus Spekulationsgründen brach (Levien, 2018). Zudem werden Gesetzeslücken sowie unklare Rechts- und Eigentumsverhältnisse in Bezug auf Landbesitz ausgenutzt, was die Durchsetzung heimischer Nutzungsansprüche erschwert (Deininger und Byerlee, 2011). Auch in Subsahara-Afrika bieten stark korruptionsanfällige Staaten hierfür einen guten Nährboden (Transparency Deutschland, 2020). Weil zudem traditionell vereinbarte Landnutzungsrechte ohne eingetragene Landtitel dominieren, können externe Investor*innen kaum an Landinvestitionen gehindert werden (Batterbury und Ndi, 2018). Nomadische Viehhirten sind als Allmenden-Nutzer besonders vom Erwerb von Land im großen Umfang negativ betroffen, weil der Verkauf der regelmäßig genutzten Weidegründe oft unvermittelt und von ihnen unbemerkt geschieht. Beispielsweise nutzen in der Afar-Region Äthiopiens ausländische Firmen die flussnahen Gebiete für den wasserintensiven Zuckerrohranbau, was für das heimische Vieh den Zugang zum Fluss behindert (Rettberg, 2009). Die Staaten, von denen die Landkäufe meist ausgehen (z.B. Südkorea, China, Saudi Arabien oder auch Großbritannien) werden zu wenig durch Vorgaben dazu veranlasst, Fairness- und Nachhaltigkeitsbelange zu berücksichtigen (Wolford et al., 2013). Digitale Lösungen, wie Blockchain-Technologien, bieten Möglichkeiten für mehr Transparenz und können Korruptionsanfälligkeit bei Landtransaktionen mindern (WBGU, 2019b).

rungskrisen und Nachhaltigkeit bisher kaum berücksichtigt. Unter *Resilienz* ist die Kapazität des Ernährungssystems zu verstehen, robust gegenüber Schocks und Klimawandel zu sein (Tendall et al., 2015; Ansah et al., 2019). Dies ist wichtig, um Ernährungssicherung langfristig weltweit, aber insbesondere auch in Nettoimportländern von Nahrungsmitteln sicher zu stellen. *Nachhaltigkeit* hingegen betrifft vor allem Umwelt- und Sozialaspekte sowie ökonomische Implikationen für Einkommen und Armut. Die im Folgenden näher erörterten Probleme betreffen teils spezifisch die EU und afrikanische Länder, gelten aber auch darüber hinaus. Bei der Betrachtung dieser Probleme gilt es zu berücksichtigen, dass der internationale Agrarhandel zugleich nachhaltige Entwicklung befördern und die Resilienz der Ernährungssysteme stärken, diesen beiden Zielen aber auch entgegenwirken kann. Es kommt daher jeweils auf die Ausgestaltung der jeweiligen Handelsregime an.

#### Entwicklung des internationalen Agrarhandels

Der internationale Handel mit Agrarprodukten ist in den letzten 60 Jahren um mehr als das Zehnfache gestiegen (Schmitz et al., 2012; FOLU, 2019; D'Odorico et al., 2018), mit weiterem Trend nach oben (Lassaletta et al., 2014; Seekell et al., 2018). Hierzu haben vor allem die von der WTO vorangetriebene Liberalisierung, die Globalisierung der Finanz- und Gütermärkte, aber auch das steigende Pro-Kopf-Einkommen, sinkende Transport- und Kommunikationskosten sowie die Digitalisierung beigetragen. Dabei waren 2017 die zehn wichtigsten Exportländer landwirtschaftlicher Produkte (EU, USA, Brasilien, China, Kanada, Indonesien, Thailand, Australien, Indien und Argentinien) für knapp zwei Drittel der wertmäßigen Weltexporte verantwortlich. Besonders hohe Wachstumsraten von jährlich 14–24% weisen Indonesien, Thailand, Australien, Indien und Brasilien auf (WTO, 2018). Bei den Hauptimporteuren (EU, USA, Kanada, Südkorea, Russland sowie China, Indien, Japan, und Mexiko) entfallen auf die zehn wichtigsten etwa 70% der wertmäßigen

Gesamtimporte. Der Wert der globalen Nahrungsmittelimporte hat sich von 2000–2017 auf 1,43 Bio. US-$ etwa verdreifacht, bezogen auf für Nahrungsmittelknappheit besonders anfällige Länder sogar verfünffacht (FAO, 2018e, g). Die meisten Entwicklungsländer, speziell in Subsahara-Afrika, sind inzwischen von Nahrungsmitteleinfuhren abhängig (Alexandratos und Bruinsma, 2012). Die EU ist der größte Handelspartner des afrikanischen Kontinents, mit einem Exportanteil von rund 31% (davon 12% Nahrungsmittel) und einem Importanteil von 29% (davon 14% Nahrungsmittel; Eurostat, 2020a).

### Internationaler Agrarhandel und Anfälligkeit gegenüber Nahrungskrisen

Wenige Nettoexportländer versorgen eine große Anzahl von Nettoimportländern (Seekell et al., 2018), womit die Anfälligkeit für Nahrungskrisen verstärkt wird. Beispielsweise konzentriert sich die Ausfuhr von Getreide auf wenige Exportländer und -unternehmen. Disruptionen der Handelsketten in diesen Ländern gefährden die Ernährungssicherung von bis zu 200 Mio. Menschen, davon 90% in Subsahara-Afrika (Bren d'Amour et al., 2016). Das Risiko globaler Nahrungsmittelkrisen kann durch Produktionsausfälle (z.B. durch Wetterextreme oder Schädlingsbefall), wirtschaftliche oder politische Veränderungen oder sonstige Störungen in den Hauptexportländern ausgelöst werden (Seekell et al., 2018; Bren d'Amour et al., 2016; Marchand et al., 2016). Die aktuellen Erfahrungen im Zuge der Covid-19-Pandemie machen diese Risiken besonders evident. Auch lassen selbst auferlegte Exportbeschränkungen wichtiger Exportländer die Grundnahrungsmittelpreise steigen, was in vielen Entwicklungsländern, vor allem auch in Subsahara-Afrika, schon 2007 Nahrungsmittelknappheit, soziale Unruhen und Gewalt ausgelöst hat (Buhaug et al., 2015).

### Die Rolle der EU als bedeutender Nahrungsmittelexporteur

Die EU hat sich in den 1980er Jahren aufgrund der GAP zum bedeutenden Nettoexporteur von Agrarprodukten entwickelt, mit wettbewerbsverzerrenden Wirkungen. Überschussprodukte wurden bis Anfang der 2000er Jahre mittels Exportsubventionen zu Preisen unterhalb der Herstellungskosten auf den Weltmarkt gebracht (dumping) und haben so viele Märkte und Anreize zur Nahrungsmittelproduktion in Subsahara-Afrika zerstört (Brandt, 2004). Trotz Abschaffung der Exportsubventionen 2013 profitieren die landwirtschaftlichen Betriebe in der EU weiterhin von Direktzahlungen. Allerdings werden diese in ihren Entwicklungswirkungen als gering (Rudloff und Brüntrup, 2018; Matthews et al., 2017) bzw. als unklar (Matthews und Soldi, 2019; Urban et al., 2016) eingeschätzt; ausschlaggebend ist dabei, inwieweit die Direktzahlungen von der Produktion entkoppelt werden und somit nicht mehr handelsverzerrend wirken (Boysen-Urban et al., 2020). Für Uganda beispielsweise wird angenommen, dass die Abschaffung der EU-Agrarunterstützung nur geringfügig positive Auswirkungen auf die dortige Wirtschaft und ihre Armutsindikatoren haben würde (Boysen et al., 2016).

### Fernwirkungen des Agrarhandels

Die Nachfrage in der EU nach Agrarprodukten, die weit entfernt produziert werden, ist in der Regel mit Fernwirkungen (telecoupling) verbunden, die sich direkt auf die Umweltsituation in den Erzeugerländern auswirken. Beispielsweise wird die hohe Nachfrage in der EU nach Sojabohnen oder Palmöl durch den mit hohen Umweltkosten verbundenen Anbau in den Erzeugerländern Brasilien und Indonesien gedeckt (Lenschow et al., 2016). Dies gilt auch für Exportprodukte aus Subsahara-Afrika wie Kaffee, Kakao, Tee oder Palmöl. Die Agrarproduktion führt dort aufgrund der unzureichenden Durchsetzung von Umweltvorschriften zu höheren Umweltschäden als in den Importländern, etwa bezogen auf die Wasserverschmutzung oder verringerte Bodenfruchtbarkeit durch Phosphorabbau im Boden (Schipanski und Bennett, 2012). Insbesondere Exportländer für Fleisch und Futtermittel sind betroffen, da ihre Umweltkosten nicht in die Preisgestaltung einfließen (Galloway et al., 2007). Sie werden auf Kosten der Umwelt wettbewerbsfähig, da externe Kosten nicht internalisiert werden (Naylor et al., 2005).

Fallstudien zeigen, dass für die exportorientierte Intensivierung der Landwirtschaft und Errichtung von Plantagen zur Produktion von Exportprodukten (cash crops) oftmals Wälder, Weiden und Ackerland mit hohem ökologischen und kulturellen Wert verwendet wurden (Jadin et al., 2016; Henders et al., 2015). FAO-Daten zufolge sind von jährlich 8,8 Mio. ha Waldverlust 80% auf die Umwandlung in Ackerflächen zurückzuführen, deren Agrarproduktion zu rund 30% exportiert wird (BMEL, 2020e). Die wichtigsten Handelsprodukte sind neben Holz vor allem Palmöl, Sojabohnen und Rindfleisch; allein die Erzeugung dieser vier Produkte wird für fast 70% der Entwaldung verantwortlich gemacht (Lawson, 2014; Weisse und Goldman, 2017). Der Agrarhandel trägt zudem erheblich (29–39%) zu den entwaldungsbedingten $CO_2$-Emissionen bei; dies betrifft insbesondere den Handel von Fleisch und Ölsaaten (Pendrill et al., 2019). Auch 30% der global bedrohten Arten lassen sich auf den Agrarhandel zwischen Entwicklungs- und Industrieländern zurückführen (Lenzen et al., 2012). Der globale Agrarhandel trägt wesentlich zur Verbreitung invasiver Arten bei (Pyšek et al., 2010; Seebens et al., 2015). Bei der exportorientierten Plantagenwirtschaft geraten zudem auch soziale Aspekte in den Blickpunkt der Kritik, wie z.B. Kinderarbeit bei der Kakaoproduktion in Westafrika (Luckstead et al., 2019).

Agrarhandel kann aber auch positive Umweltwirkungen haben. Wenn z.B. die Agrarproduktion in Länder ausgelagert wird, die genügend Wasser und Boden aufweisen, können Importe dieser Nahrungsmittel verbunden mit „virtuellem Wasserhandel" regionale Wasserknappheiten im Importland mildern. Es wird geschätzt, dass 8% des gesamten für die Agrarproduktion benötigten Wassers durch internationalen Handel eingespart werden könnte (Oki et al., 2003). Einige Importländer für Nahrungsmittel, vor allem auch in Subsahara-Afrika, profitieren so bereits vom „virtuellen" Handel mit Land, Wasser und Stickstoff (Dalin und Conway, 2016; Grote et al., 2008). Außerdem stoßen der Transfer umweltfreundlicher Technologien in Entwicklungsländer oder die gesteigerte Nachfrage nach nachhaltigen Nahrungsmitteln positive Struktur- und Produktionseffekte an.

#### Economic Partnership Agreements der EU mit den AKP-Staaten

Wirtschaftspartnerschaftsabkommen wie die Economic Partnership Agreements (EPA) eröffnen den mit der EU assoziierten Entwicklungsländern in Afrika, Karibik und Pazifik (AKP-Staaten) die Möglichkeit, den eigenen Markt unter bestimmten Bedingungen durch Zölle vor Import-Dumping zu schützen. Doch haben bisher längst nicht alle afrikanischen Länder die EPAs ratifiziert, und nur wenige setzen ihr Recht auf Zölle um; auch weil die Interessen der eigenen politischen Entscheidungsträger gespalten sind. Die Masse der städtischen Bevölkerung profitiert von günstigen Importnahrungsmitteln, die in den Ländern selbst nur zu höheren Kosten produziert werden könnten. Diese Konstellation beeinträchtigt die inländische landwirtschaftliche Entwicklung und auch den Aufbau von noch nicht wettbewerbsfähigen Wirtschaftssektoren (Infant Industries) entlang der Wertschöpfungskette erheblich.

#### Fazit

Die Landwirtschaft in der EU und in Subsahara-Afrika haben jeweils spezifische Probleme des nachhaltigen Umgangs mit Land zu bewältigen. Obwohl die auf Subventionen ausgerichteten Agrarpolitiken bzw. Förderprogramme jeweils erhebliche Anteile der Agrarbudgets benötigen (40% des EU-Budgets und knapp 30–70% der Agrarbudgets in Ländern Subsahara-Afrikas; Jayne et al., 2018a), wurden Probleme wie z.B. mehr Hofschließungen in der EU, Armut inklusive Hunger in Subsahara-Afrika und Umweltprobleme in beiden Großräumen nicht gelöst. Der internationale Agrarhandel kann die Anfälligkeit für Nahrungskrisen verstärken, birgt aber auch Potenziale, Nahrungsmittelknappheiten in Krisenzeiten auszugleichen und positiv auf die nachhaltige Landnutzung zu wirken.

## 3.3.2 Mehrgewinnstrategien zur Diversifizierung von Landwirtschaftssystemen

Die folgend aufgezeigten Mehrgewinnstrategien können maßgeblich zur Diversifizierung von Landwirtschaftssystemen beitragen und somit einen wichtigen Beitrag zur Überwindung des Trilemmas der Landnutzung leisten. Nach der Präsentation eines übergreifenden Zielbildes (Kap. 3.3.2.1) werden Mehrgewinnstrategien für den Agrarsektor formuliert, die das Trilemma entschärfen können:

- Ökologisierung der industriellen Landwirtschaft in der EU (Kap. 3.3.2.2),
- nachhaltige Produktivitätssteigerung und Klimawandelanpassung der Subsistenzlandwirtschaft in Subsahara-Afrika (Kap. 3.3.2.3),
- Ausrichtung des Agrarhandels auf Resilienz und Nachhaltigkeit (Kap. 3.3.2.4).

Ergänzend dazu werden in Kapitel 3.3.2.6 fünfzehn exemplarisch ausgewählte Komponenten der Mehrgewinnstrategien für den Agrarsektor erläutert. Diese Komponenten umfassen diverse landwirtschaftliche Produktionssysteme (z.B. Agroforstwirtschaft, Aquaponik, Reisintensivierung, konservierende Landwirtschaft), die mit bekannten und neuen Methoden und Bewirtschaftungspraktiken (z.B. Biodünger, Präzisionslandwirtschaft oder pfluglose Landwirtschaft) sowie Grundsätzen zielorientiert verknüpft und kontinuierlich verbessert werden können. Die genannten sieben Grundsätze wurden entwickelt mit dem Ziel, eine Landwende zur Nachhaltigkeit speziell im Agrarsektor der Entwicklungs- und Schwellenländer vorantreiben zu können (Abb. 3.3-4).

### 3.3.2.1 Zielbild und Grundsätze

Für die Landwende zur Nachhaltigkeit im Agrarsektor müssen, abhängig von der jeweiligen Weltregion und den agrarökologischen Bedingungen, jeweils spezifisch angepasste Strategien entwickelt werden – dies zeigen die nachfolgenden Ausführungen zur industriellen Landwirtschaft in der EU und zur Subsistenzlandwirtschaft in Subsahara-Afrika. Gemeinsam ist den Strategien jedoch der Fokus auf ökologisch-intensive Systeme, d.h. diversifizierte und multifunktionale, auf Nachhaltigkeit ausgerichtete Produktionssysteme. Sie stellen den Men-

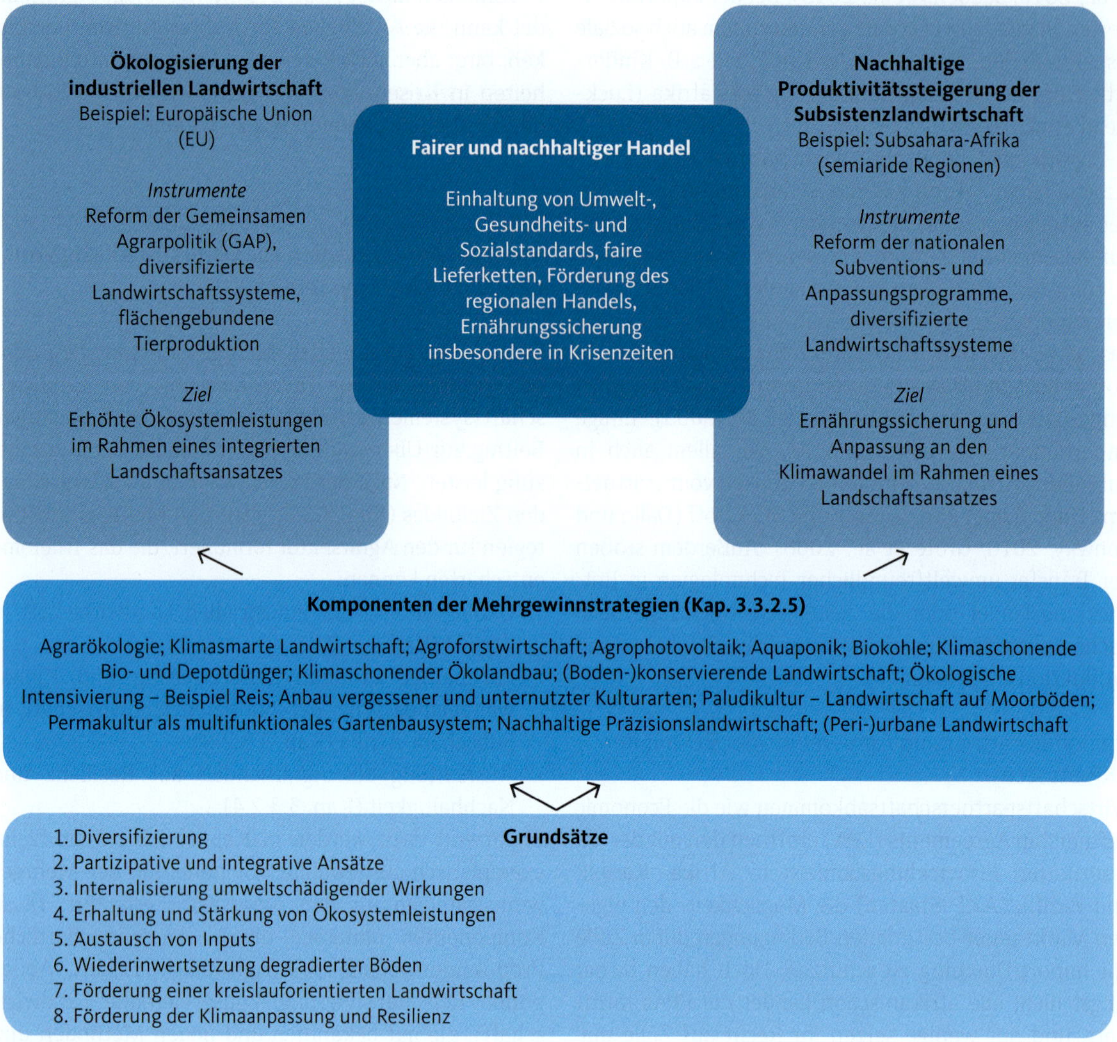

Ökologisierung der industriellen Landwirtschaft
Beispiel: Europäische Union (EU)
Instrumente
Reform der Gemeinsamen Agrarpolitik (GAP), diversifizierte Landwirtschaftssysteme, flächengebundene Tierproduktion
Ziel
Erhöhte Ökosystemleistungen im Rahmen eines integrierten Landschaftsansatzes
Fairer und nachhaltiger Handel
Einhaltung von Umwelt-, Gesundheits- und Sozialstandards, faire Lieferketten, Förderung des regionalen Handels, Ernährungssicherung insbesondere in Krisenzeiten
Nachhaltige Produktivitätssteigerung der Subsistenzlandwirtschaft
Beispiel: Subsahara-Afrika (semiaride Regionen)
Instrumente
Reform der nationalen Subventions- und Anpassungsprogramme, diversifizierte Landwirtschaftssysteme
Ziel
Ernährungssicherung und Anpassung an den Klimawandel im Rahmen eines Landschaftsansatzes
Komponenten der Mehrgewinnstrategien (Kap. 3.3.2.5)
Agrarökologie; Klimasmarte Landwirtschaft; Agroforstwirtschaft; Agrophotovoltaik; Aquaponik; Biokohle; Klimaschonende Bio- und Depotdünger; Klimaschonender Ökolandbau; (Boden-)konservierende Landwirtschaft; Ökologische Intensivierung – Beispiel Reis; Anbau vergessener und unternutzter Kulturarten; Paludikultur – Landwirtschaft auf Moorböden; Permakultur als multifunktionales Gartenbausystem; Nachhaltige Präzisionslandwirtschaft; (Peri-)urbane Landwirtschaft
Grundsätze
1. Diversifizierung
2. Partizipative und integrative Ansätze
3. Internalisierung umweltschädigender Wirkungen
4. Erhaltung und Stärkung von Ökosystemleistungen
5. Austausch von Inputs
6. Wiederinwertsetzung degradierter Böden
7. Förderung einer kreislauforientierten Landwirtschaft
8. Förderung der Klimaanpassung und Resilienz


**Abbildung 3.3-4**
Mehrgewinnstrategien für den Agrarsektor und Grundsätze zur Entschärfung des Trilemmas in der Landnutzung.
Quelle: WBGU

schen in den Mittelpunkt und beziehen traditionelles lokales Wissen mit ein, bauen darauf auf, fundieren es und entwickeln es gemeinsam mit der Wissenschaft weiter (Kap. 3.3.2.6; Komponente 1: Agrarökologie).

Übergreifend geben die folgenden Grundsätze Orientierung bei der Ausgestaltung diversifizierter Landwirtschaftssysteme. Sie beinhalten die wesentlichen Facetten eines integrierten Landschaftsansatzes (Kasten 2.3-3), die aber jeweils regional angepasst ausgestaltet werden müssen.

- *Grundsatz 1: Diversifizierung:* Eng verbunden mit der Idee der Multifunktionalität umfasst die Diversifizierung landwirtschaftliche Produktionsmethoden, die durch eine erhöhte Anzahl an Kulturarten in Form räumlicher Mischung oder zeitlich aufeinanderfolgenden Fruchtfolgen das Produktionsrisiko minimieren, die Anpassung an den Klimawandel verbessern, Ökosystemleistungen stärken, genetische Vielfalt bewahren, die Pflanzenproduktion mit der Nutztierhaltung wiederverkoppeln und damit auch eine vielseitige Ernährung begünstigen.
- *Grundsatz 2: Partizipative und integrative Ansätze:* Indem Landwirt*innen in Forschung und Experimente einbezogen sowie ihre Erfahrungen und Initiativen im Umwelt- und Naturschutz genutzt werden, lassen sich praxistaugliche und lokal angepasste Innovationen für die Nachhaltigkeit fördern, einschließlich der Gestaltungsmacht und des Empowerment der Menschen vor Ort.
- *Grundsatz 3: Internalisierung umweltschädigender Wirkungen:* Umwelteinflüsse der Landwirtschaft, wie der übermäßige Nährstoff- und Pestizideintrag in umliegende Ökosysteme, der Humusabbau aufgrund von Übernutzung sowie die Bodendegrada-

**Abbildung 3.3-5**
Regional angepasste, diversifizierte Landwirtschaftssysteme. Links: Chianti-Gebiet, Toskana, Italien. Hügelkette mit Zypressen, Weingärten und Olivenhainen; rechts: Süd-Sulawesi, Dorf To'pao, Indonesien. Reisterrassen und Agroforstsysteme (Kaffee, Kakao, Zimt, Pfeffer, Vanille) in bewaldeter Felslandschaft.
Quellen: Foto links: ©Ulrike Grote und Frank Neubacher; Foto rechts: Silke Stöber (SLE, Humboldt-Universität zu Berlin)

tion, sollten als Kosten berücksichtigt, in Preisen abgebildet (internalisiert) und dadurch eingeschränkt werden.

- *Grundsatz 4: Erhaltung und Stärkung von Ökosystemleistungen:* Landwirtschaft ist maßgeblich auf die Bereitstellung von Ökosystemleistungen angewiesen, weil sie in großem Umfang u.a. Land und Wasser nutzt. Dies betrifft die Produktion von Agrargütern, Bodenbildung, Nährstoffkreisläufe, Gewässerreinhaltung, Biodiversität, Kohlenstoffspeicherung, Landschaftsästhetik wie auch Erosionsschutz. Landwirtschaft sollte auf die Erhaltung dieser Ökosystemleistungen ausgerichtet werden.
- *Grundsatz 5: Austausch von Inputs:* In der industriellen Landwirtschaft der EU kann der verringerte Einsatz von fossilen Energieträgern, Mineraldünger und chemisch-synthetischen Pestiziden Biodiversität erhalten und THG-Emissionen senken. Dies erfordert andere Methoden zur Sicherung oder Steigerung von Erträgen bzw. andere Produktionssysteme. Der Einsatz von Wissen, z.B. zu biologischen, ökologischen und kulturtechnischen Maßnahmen, von Daten und (unter anderem digitalen) Technologien (wie Drohnen, Präzisionslandwirtschaft, Biodünger, biologischem Pflanzenschutz) sowie erneuerbarer Energien und Kapital bietet Optionen und kann außerdem Arbeitsaufwand einsparen helfen.
- *Grundsatz 6: Wiederinwertsetzung degradierter Böden:* In der Subsistenzlandwirtschaft in Subsahara-Afrika können nur ein bedarfsorientierter Einsatz organischer und mineralischer Dünger sowie bodenkonservierende und weitere Anpassungsmaßnahmen der Bodendegradierung entgegenwirken und Böden wieder in Wert setzen. Um Kleinbäuer*innen in die Lage zu versetzen, solche Maßnahmen konsequent und mit langem Atem umzusetzen, ist Beratung und finanzielle Unterstützung notwendig.
- *Grundsatz 7: Förderung einer kreislauforientierten Landwirtschaft:* Im zukunftsfähigen Landwirtschaftssystem sollten Dung und Pflanzenreste als wertvolle Ressourcen erkannt, Abfälle vermieden und Nährstoffe (inklusive Phosphor) recycelt werden. Um (Nährstoff-)Kreisläufe wieder schließen zu können, sollten die räumlich und teilweise soziokulturell entkoppelten Landwirtschaftssysteme neu verknüpft werden.
- *Grundsatz 8: Förderung der Klimaanpassung und Resilienz:* Die prognostizierten Ertragseinbrüche durch erhöhte Niederschlagsvariabilität und Hitzestress im Zuge des Klimawandels unterstreichen die Notwendigkeit resilienter diversifizierter Landwirtschaftssysteme. Auch das Auftreten von Pandemien und Krisen (Covid-19-Pandemie, Hungerkrisen) verdeutlicht die wichtige Rolle der Resilienz im Ernährungssystem. Eine Verkürzung und Entflechtung der Wertschöpfungsketten im internationalen Agrarhandel kann resilientere Systeme schaffen.

Die beiden Fotos in Abbildung 3.3-5 zeigen exemplarisch regional angepasste, diversifizierte Landwirtschaftssysteme. Solche auf Nachhaltigkeit ausgerichteten, multifunktionalen Landschaften ermöglichen nicht nur die Produktion von Nahrungsmitteln und öffentlichen Gütern, sondern bieten aufgrund ihrer Attraktivität auch Möglichkeiten der Wertschöpfung durch Agrotourismus und Freizeitgestaltung. Die durch ihre Diversität reizvollen Kulturlandschaften, wie etwa die Toskana oder die Reisterrassen in Asien, zählen zum Weltkulturerbe und sind Orte der Inspiration für Literatur, Malerei und Musik.

#### 3.3.2.2
#### Ökologisierung der industriellen Landwirtschaft in der EU

Anknüpfend an die EU-spezifischen Problemfelder (Kap. 3.3.1) und auf Basis der acht Grundsätze bedarf es in der EU einer Strategie der systematischen, konsequenten Ökologisierung der industriellen Landwirtschaft. Diese umfasst eine möglichst rasche Diversifizierung der stark auf externe Inputs (zugekaufter Dünger, Futtermittel usw.) angewiesenen Produktion hin zu multifunktionalen Anbausystemen (wie Ökolandbau, Agroforstwirtschaft, Agrophotovoltaik oder Präzisionslandwirtschaft). Außerdem sollten Düngemittel- und Pestizideinsatz deutlich reduziert sowie biodiversitätsverträglichere Lösungen und kreislauforientierte Systeme eingesetzt werden.

##### Vorteile der Ökologisierung industrieller Landwirtschaft

Die positiven Auswirkungen einer Ökologisierung der industriellen Landwirtschaft auf Biodiversität, Klimaschutz und Ernährungssicherung sind zahlreich und wissenschaftlich belegt (Kap. 3.3.2). So fördert eine Ökologisierung die Erhaltung der Biodiversität, steigert die Bestäubung und reduziert Krankheitserreger und Schädlinge (Lampkin et al., 2015; Tscharntke et al., 2005). Äcker mit Ökolandbau weisen zudem rund 30% mehr Biodiversität auf als diejenigen konventioneller Betriebe (Wissenschaftlicher Beirat des Nationalen Aktionsplans zur nachhaltigen Anwendung von Pflanzenschutzmitteln des BMEL, 2019). Durch agrarökologische Praktiken können der Bedarf an synthetischen Pestiziden, einer der Hauptgründe für den Biodiversitätsverlust (IPBES, 2019b), gesenkt (Gurr et al., 2016) und die Bodenfruchtbarkeit erhöht werden (Stein-Bachinger et al., 2020). Mehr Biodiversität in der Landwirtschaft wirkt sich zudem positiv auf angrenzende Schutzgebiete aus (Häkkilä et al., 2017). Generell hilft Ökologisierung, landwirtschaftliche Flächen mit hohem Naturwert zu schützen (BfN, 2017).

Die Ökologisierung der Landwirtschaft steigert zudem die Resilienz gegenüber Klimaänderungen (Tscharntke et al., 2011). Eine effektivere Nutzung von Düngemitteln reduziert den Nährstoffeintrag in Böden und umliegende Gewässer und trägt zum Klimaschutz bei, indem sie die kohlenstoffsequestrierende Bodenmikrobiota erhält (Sutton et al., 2011). Durch diversifizierte Landwirtschaftssysteme (z.B. Agroforstsysteme) wird die $CO_2$-Aufnahme gefördert. Die Stärkung der Multifunktionalität einiger Systeme kann zudem die Flächeneffizienz erhöhen (Weselek et al., 2019). Derzeit gewinnt der Ökolandbau als besonders ressourcenschonendes, umweltverträgliches Produktionssystem an Boden. Im Zeitraum 2000–2015 hat sich der globale Markt für ökologisch angebaute Erzeugnisse mehr als vervierfacht (Lernoud und Willer, 2018). Die deutsche Bundesregierung will bis 2030 den Anteil der ökologischen Anbaufläche auf 20% der gesamten landwirtschaftlichen Fläche ausweiten (BMEL, 2019c). Die Farm-to-Fork-Strategie des European Green Deal zielt auf den Ausbau der ökologischen Landwirtschaft auf mindestens 25% der EU-Agrarfläche (EEAC, 2020).

Auch für die verbleibenden 75% konventionell-industriell bewirtschafteten Fläche in der EU würde die Ökologisierung Änderungen mit sich bringen: Die Farm-to-Fork-Strategie soll den Einsatz von Pestiziden um 50% und von Düngemitteln um mindestens 20% bis 2030 senken, dazu den Umsatz mit antimikrobiellen Mitteln (u.a. Antibiotika) für Nutztiere um 50% (EEAC, 2020). Bei der Reduktion der Inputs können z.B. Ansätze der Präzisionslandwirtschaft helfen, da sie Potenziale für eine ökologische Intensivierung bieten, also für Ertragssteigerung bei gleichzeitiger Eindämmung der Umweltschäden (WBGU, 2019b).

##### Lösung agrarwirtschaftlicher Landnutzungsprobleme durch Ökologisierung

Inwiefern eine verstärkte Ökologisierung die akuten Probleme der agrarwirtschaftlichen Landnutzung lösen kann, hängt jeweils von den eingesetzten Systemen und Methoden ab. So bietet der Ökolandbau erhebliche Potenziale, die Biodiversität zu erhöhen, Kreisläufe zu schließen sowie zur Ernährungssicherung beizutragen. Außerdem stellt er hohe Anforderungen an Tierschutz und Tierhaltung.

In der EU wachsen Akzeptanz und Zahlungsbereitschaft für ökologisch erzeugte Nahrungsmittel. Doch hat der Ökolandbau aufgrund der geringeren Erträge (im Plantagenbau -5%, im Ackerbau -25%; Seufert et al., 2012; Rahmann und Oppermann, 2010) einen ähnlich hohen, in manchen Fällen sogar einen leicht höheren $CO_2$-Fußabdruck pro kg erzeugter Nahrungsmittel als industrielle Landwirtschaft. Der $CO_2$-Fußabdruck ist ein Maß für alle Treibhausgasemissionen, die im Lebenszyklus eines Produkts anfallen (Hoekstra und Wiedmann, 2014; Kap. 3.3.2.5). Die geringeren Erträge werden u.a. durch die höhere Kohlenstoffsequestrierung, die in den $CO_2$-Fußabdruck nicht mit eingeht, teilweise oder ganz kompensiert. Ökologisch bewirtschaftete Böden weisen einen um 10% höheren Gehalt an organischem Bodenkohlenstoff und eine um 256 kg C pro ha höhere jährliche Kohlenstoffspeicherungsrate auf (Kasten 3.3-11). Aus diesen Durchschnittswerten ergibt sich eine kumulierte Klimaschutzleistung des ökologischen Landbaus von 1.082 kg $CO_2$-Äquivalenten pro ha und Jahr (Sanders und Heß, 2019b). Weil der Ökolandbau allerdings relativ arbeitsintensiv ist, können hier Ansätze der digitalen Präzisionslandwirtschaft in Anwendung kommen, die den Arbeitsaufwand mindern (WBGU, 2019b).

Eine Ökologisierung, die auf die Reduktion der Tierbestände und Besatzdichten sowie Wiederverkopplung der Pflanzen- und Tierproduktion setzt, senkt die Abhängigkeit von Futtermittelimporten und somit auch die negativen Umwelteffekte in Erzeugerländern. Extensive Weidehaltung schützt Biodiversität, und löst Probleme der Gülleüberdüngung von Böden und Gewässern, kann jedoch keine allumfassende Lösung bieten (Kasten 3.3-2). Zur Emissionsreduzierung können auch Fütterungsumstellung sowie Züchtung beitragen (Barkhausen, 2019). Beispielsweise wird in Neuseeland künftig eine Bepreisung der THG-Emissionen aus der Tierhaltung angestrebt, indem der landwirtschaftliche Sektor in den Emissionshandel einbezogen wird (Rychlik, 2019; Kerr und Sweet, 2008).

Ein besonderer Problemfall sind Pestizide, die zunehmend durch bereits bekannte, einsatzfähige Alternativen ersetzt werden können. Die notwendigen agrarökologischen Praktiken (Kap. 3.3.2.2) werden schon lange von NRO gefordert (4. Internationale Chemikalienmanagement-Konferenz 2015; Haffmanns, 2019) und können in das jetzt vorbereitete Folgeabkommen SAICM Beyond 2020 eingebracht werden. Schätzungen gehen zwar von 17–40% Ertragsausfall ohne Pestizideinsatz aus (Pimentel und Burgess, 2014), doch bezieht sich dies auf konventionelle Landwirtschaftssysteme ohne sonstige Maßnahmen zum Pflanzenschutz. Darüber hinaus werden bei Berechnungen zum Ertragsausfall ohne Pestizide die entgangenen Umwelt- und Ertragsleistungen durch zerstörte Biodiversität (z.B. Bestäuber, Gewässer- und Bodenorganismen) nicht berücksichtigt. Landwirtschaftssysteme, in denen weitgehend auf Pestizide und mineralische Dünger verzichtet wird, wie z.B. der ökologische Landbau, extensive Nutzungssysteme oder Flächen, die im Rahmen von Agrarumweltmaßnahmen bewirtschaftet werden, weisen in der Regel eine höhere Agrobiodiversität auf (Stoeckli et al., 2017).

Beispielgebend ist der Fall Dänemark, wo der Pestizideinsatz seit 2013 durch die Einführung einer nach Toxizität gestaffelten Lenkungsabgabe um 44% gesenkt werden konnte, und zwar weitgehend ohne Einkommenseinbußen für die Landwirt*innen (Kohli, 2019). Der Wissenschaftliche Beirat des BMEL (2019) schlägt vor zu prüfen, ob in Deutschland Lenkungsabgaben für Pestizide eingeführt werden könnten.

Um eine erfolgreiche Strategie der Ökologisierung, die in der EU von einer grundsätzlichen GAP-Reform begleitet sein sollte, umsetzen zu können, ist ein Bewusstseinswandel der Anwender von Pestiziden notwendig. Zudem bedarf es flankierend mehr Informationen über die ökologischen Implikationen von Nahrungsmitteln, um eine gesunde und umweltschonende Ernährung zu fördern (Kap. 3.4). Dies kann nur gelingen, wenn auch die Nahrungsmittelindustrie diesen Transformationsprozess mitträgt.

### Praxisansätze zur Ökologisierung der Landwirtschaft

Kooperative Modelle, die mehr Teilhabe ermöglichen sowie die Anwendung eines integrierten Landschaftsansatzes bieten Ansatzpunkte, um den Rückgang biologischer Vielfalt von Ackerland zu stoppen. Solche Eco-Schemes (Öko-Regelungen) der Ersten Säule der GAP, die das Greening ersetzen (Kasten 3.3-1), sollten zielorientierter gestaltet und für Tierwohlmaßnahmen geöffnet werden (WBAE, 2019). Ein konkreter Ansatz zur Konzeption und Umsetzung von Maßnahmen zur Erreichung des Biodiversitäts-, Klima- und Wasserschutzes im Rahmen der freiwilligen Eco-Schemes ist die Einführung eines Punkte- oder Bonussystems zur Belohnung der Landwirt*innen für ihren Ehrgeiz oder Investitionen in die Bereitstellung öffentlicher Güter und Ökosystemleistungen (Neumann et al., 2017; DVL, 2020). Die Belohnung soll durch die Erteilung einer Gemeinwohlprämie aus der Ersten Säule erfolgen. Berechnungen zur Gemeinwohlprämie haben ergeben, dass dies durchaus ein praxistaugliches und administrierbares Umsetzungsmodell darstellt, das Umwelt und Klima positiv beeinflusst (DVL, 2020). Weitere Vorschläge zur Ausgestaltung der Direktzahlungen liegen vor (BfN, 2020).

Die Effizienz der GAP lässt sich steigern, indem die Direktzahlungen ausschließlich an landwirtschaftliche Zwecke gebunden werden und den Pächter*innen von landwirtschaftlichen Flächen zugutekommen. Seit der Entkopplung der Direktzahlungen wird bei einem insgesamt hohen Pachtanteil in Deutschland ein zunehmender Teil der Direktzahlungen auf die Eigentümer der Flächen übertragen (Forstner et al., 2018). Die GAP-Subventionierung nicht landwirtschaftlicher Eigentümer, z.B. Versicherungen und Banken, ist ineffizient, da eine Umverteilung von GAP-Mitteln weg von der Landwirtschaft erfolgt und die Pachtpreise steigen, die sich regional an den Direktzahlungen orientieren, was die Zupacht landwirtschaftlicher Flächen erschwert (Forstner et al., 2018).

Das „Holländische Modell" dient als europäisches Vorbild für die kooperative Umsetzung von Agrarumweltmaßnahmen (z.B. naturschutzgerechte Grabenreinigung, Uferrandstreifen, später Mähzeitpunkt zum Vogelschutz, Erhalt von Grünland). Seit 2016 werden in den Niederlanden alle Agrarumwelt- und Klimamaßnahmen durch sogenannte Landschaftspflegevereinigungen, in denen auch Landwirt*innen Mitglieder sind, implementiert und kontrolliert. Dieser kooperative landschaftsbezogene Ansatz unterstützt Multifunktionalität, reduziert die Bürokratie und bietet den Landwirt*innen Anreize für den Naturschutz (Terwan et al., 2016). In der Schweiz hingegen wird ein Modell verwendet, das nicht die Kooperation unter den Landwirt*innen in den Vordergrund stellt, sondern die räumliche Vernetzung der einzelnen Agrarumwelt- und Klimaschutzmaßnahmen (Batary et al., 2011; Tscharntke et al., 2012). In Deutschland gibt es Landschaftspflegeverbände, in denen sich Naturschutzverbände, Landwirt*innen und Kommunalpolitiker*innen zusammenschließen, um gemeinsam in der jeweiligen Region naturnahe Landschaftsräume zu erhalten oder neu zu schaffen. Dabei steht die Umsetzung des Vertragsnaturschutzes im Fokus der Arbeit der Landschaftspflegeverbände (Metzner et al., 2013; Boller et al., 2013). Bayern hat z.B. zusätzlich zu den Landschaftspflegeverbänden die Stelle eines Wildlebensraumberaters geschaffen (Janko et al., 2016), der einzelne Betriebe berät, bei der Umsetzung von freiwilligen, wildlebensraumverbessernden Maßnahmen unterstützt und Modellgebiete zu etablieren sucht (Müller, 2019).

Humuszertifikate für Produktionssysteme, die nachweislich eine Kohlenstoffsequestrierung mit Humusaufbau erreichen, sind umstritten (Wiesmeier et al., 2020). Da das Potenzial für den Humusaufbau umso größer ist, je geringer der Humusanteil aufgrund der bisherigen Bewirtschaftungspraktiken ist, gelten Humuszertifikate als unfair; nur jene profitieren, die bisher nicht in den Humusaufbau investiert haben. Die intrinsisch motivierten Landwirt*innen, die bereits investiert hatten, werden hingegen nicht gefördert. Als Gegenargument wird auf Messprobleme und Verschiebungseffekte sowie die vollständige Reversibilität des Humusaufbaus verwiesen. Insgesamt ist zu betonen, dass die Debatte um $CO_2$-Zertifikate einen positiven Anstoß geben kann, indem sich Landwirt*innen verstärkt mit einer nachhaltigen Bewirtschaftung und Humusversorgung ihrer Böden auseinandersetzen (Wiesmeier et al., 2020).

### 3.3.2.3
### Landwirtschaftliche Produktivität in Subsahara-Afrika nachhaltig steigern, Klimaanpassung und Ernährungssicherung erreichen

Wegen der spezifischen Bedingungen für die Subsistenzlandwirtschaft in Subsahara-Afrika (Kap. 3.3.1.2) sind dort andere Strategieansätze gefragt als in der industriell geprägten EU-Landwirtschaft. Die von saisonalem Hunger betroffenen kleinbäuerlichen Betriebe und Familien der Viehhirt*innen in semiariden Regionen benötigen eine deutliche Produktivitätssteigerung, damit allen Menschen das gesamte Jahr über Nahrungsmittel zur Verfügung stehen. Dafür sollten die degradierten Böden und Weiden durch ein nachhaltiges und integriertes Land- und Nährstoffmanagement wieder in Wert gesetzt werden. Die Landwirtschaftssysteme könnten zudem mit Hilfe verschiedener Komponenten so diversifiziert und intensiviert werden, dass Mehrgewinne entstehen, die das Trilemma der Landnutzung entschärfen.

Eine Verdopplung der derzeit noch sehr geringen landwirtschaftlichen Erträge wird trotz Klimawandels von zahlreichen Expert*innen für Subsahara-Afrika als realistisch und auch als nachhaltig möglich angesehen, unabhängig davon, ob sie mit ökologischen, konventionellen oder integrierten Strategien erzielt wird (Tittonell et al., 2016; AfDB, 2016; Tadele, 2017; van Ittersum et al., 2016). Obwohl eine solche Prognose positiv klingt, reicht jedoch diese Verdopplung nicht aus, um die steigende Nachfrage aufgrund des bereits bestehenden großen Defizits und des zu erwartenden weiteren mittelfristigen Bevölkerungswachstums (Kap. 3.3.1.2) zu decken. Dies gilt vor allem dann, wenn der bestehende Selbstversorgungsgrad von derzeit ungefähr 80% auch in Zukunft nicht stark sinken soll und gleichzeitig keine weitere Flächenumwandlungen erfolgen sollen (van Ittersum et al., 2016). Zwar konterkarieren (Grund-)Nahrungsmittelimporte nicht grundsätzlich das Ziel einer souveränen Ernährungssicherung, aber besonders die ressourcenarmen Sahelländer können die wachsenden Nahrungsmittelimporte schon heute kaum mehr bezahlen (van Ittersum et al., 2016; AfDB, 2016; Kap. 3.3.1.3). Flächenumwandlungen sollten aber auch möglichst vermieden werden, um eine weitere Landdegradation zu verhindern, um Biodiversitätsverlusten vorzubeugen sowie THG-Emissionen zu minimieren. Es ist daher notwendig, den Ansatz der Produktivitätssteigerung mit anderen Strategien entlang der Wertschöpfungsketten und außerhalb der Landwirtschaft zu ergänzen. Denn nur dann kann Ernährungssouveränität erreicht werden. Einige der möglichen ergänzenden Strategien werden am Ende dieses Kapitels angerissen.

#### Produktivitätssteigerungen und Klimaanpassung auf Grundlage einer Kombination agrarökologischer und konventioneller Maßnahmen

Inzwischen besteht ein breiter Konsens in der Wissenschaft darüber, dass eine Produktivitätssteigerung in Subsahara-Afrika ein nachhaltiges Land- und Bodenmanagement (Sustainable Land Management, SLM) voraussetzt (Janzen, 2016; Njoroge et al., 2019; Nkonya et al., 2016c). Dies kann nur erreicht werden, wenn die bereits degradierten und mineralisierten Boden wieder organisch angereichert werden (etwa mit Dung oder Biomasse) und gleichzeitig aber auch mit schnell pflanzenverfügbaren Nährstoffen (etwa aus Mineraldünger) versorgt werden. Konkret müssen dabei agrarökologische mit konventionellen Maßnahmen so miteinander verschränkt und auf den Klimawandel ausgerichtet werden, dass sowohl höhere Erträge als auch eine resiliente Klimaanpassung erfolgt. Wie die standortspezifische Kombination der Ansätze innerhalb der gesellschaftlichen Kontexte breitenwirksam umgesetzt werden können, stellt dann die große Herausforderung dar (Kap. 3.3.3.2).

Während agrarökologische (Anpassungs-)Maßnahmen zur Sicherung und Steigerung der Erträge ihren Schwerpunkt auf den Einsatz organischer Dünger legen und auf eine Diversifizierung der Kulturarten sowie auf die Stärkung der Ökosystemleistungen abzielen (Kap. 3.3.2.6, Komponente 1), basieren konventionelle Maßnahmen vor allem auf dem Einsatz zugekaufter Betriebsmittel wie Hochertragssorten (u.a. Hybridsorten), Mineraldünger, Pestizide oder Bewässerungstechnik.

Sowohl agrarökologische als auch konventionelle Ansätze haben unter semiariden und unter Armutsbedingungen jedoch ihre Begrenzungen:

- Agrarökologische Maßnahmen stoßen an ihre Grenzen, wo Biomasse knapp ist, denn dann erfordern sie einen sehr hohen Arbeitseinsatz, viel Wasser und verursachen hohe Transportkosten (Place et al., 2003).
- Konventionelle Betriebsmittel sind dagegen als solche teuer – in Subsahara-Afrika wird der Hauptteil der Mineraldünger und Pestizide importiert, und diversifiziertes (Hochertrags-)Saatgut ist an den meisten Standorten kaum verfügbar und sehr teuer, so dass ressourcenarmen Kleinbäuer*innen der Zugang fehlt, wenn sie keine Subventionen erhalten. Werden Betriebsmittel dagegen als Kredite vergeben, wie es häufig der Fall ist, dann ist ein solcher Einsatz zusätzlich mit hohen Produktionsrisiken verknüpft. Diese können die Mehrgewinne, z.B. bei Dürre wieder zunichte machen oder Verluste noch verstärken. Hinzu kommen die Umwelt- und gesundheitlichen Risiken, wenn z.B. Pestizide ohne Schutzkleidung ausgebracht, im Übermaß eingesetzt oder fehlerhaft gelagert werden (Kap. 3.3.1). Bewässerungsmaßnahmen reichen von sehr kostenaufwändigen bis hin zu sehr kostengünstigen Maßnahmen mit sehr unterschiedlicher Nachhaltigkeit, je nach Wasservorkommen, Bewässerungssystem usw. Kostengünstige Strategien werden weiter unten beschrieben.
- Abseits der Debatte um das Für und Wider ökologischer versus konventioneller Landwirtschaft ist inzwischen wissenschaftlich belegt und auch auf breiter Basis anerkannt, dass mit einem allein auf Mineraldüngergaben fokussierten Nährstoffmanagement degradierte Böden in Subsahara-Afrika keine hinreichenden Ertragseffekte mehr erbringen können (Folberth et al., 2014; Ramirez-Villegas und Thornton, 2015; Tittonell et al., 2016; Jayne et al., 2018a). Schon seit Jahrzehnten ist bekannt, dass tropische Böden für Mineraldünger eine geringere Nutzungseffizienz aufweisen als Böden temperierter Zonen (Kumwenda et al., 1996). Seit jüngerer Zeit wird jedoch zunehmend deutlich, dass schwer degradierte Böden oft erst mit größerer Verzögerung überhaupt auf Mineraldüngegaben reagieren, so dass teilweise erst nach sieben bis zehn Jahren oder auch niemals mehr ihre ursprüngliche Ertragsfähigkeit zurückerlangt wird (Soil Memory Effect, Heterosiseffekt; z.B. Tittonell et al., 2016). Daher sind die Misserfolge der industrienahen, auf Mineraldünger ausgerichteten NRO „Alliance for a Green Revolution in Africa (AGRA)" nicht überraschend: Sie konnten das Ziel einer Verdopplung der Produktivität der Landwirtschaft mithilfe konventioneller Strategien bis 2020 in Subsahara Afrika nicht erreichen: Im Rahmen von 12 Jahren wurden dagegen nur 18% Ertragssteigerungen für diverse Kulturarten und 29% für Mais erreicht (Wise, 2020).

Mineraldüngergaben sollten auch aus diesem Grund nicht isoliert angewendet, sondern immer mit agrarökologischen Maßnahmen so kombiniert werden, dass sich diese gegenseitig hinsichtlich ihrer Effekte und Kosten in Wert setzen können. Eine solche Kombination hebt die Erträge deutlich stärker, schneller, nachhaltiger und effizienter als eine der beiden Düngemaßnahmen allein und stärkt gleichzeitig die kleinbäuerlichen Betriebe auch ökonomisch (Vanlauwe et al., 2002; Folberth et al., 2014), wenn organische Dünger verfügbar sind (z.B. Tierdung). Zudem werden auf diese Weise die jeweiligen Nachteile der Einzelstrategien in Grenzen gehalten. Auf die einzelnen Techniken zur Wiederherstellung der Böden, z.B. wie mithilfe der konservierenden Landwirtschaft mit permanenter pflanzlicher Bodenbedeckung die Bodenerosion gestoppt und dennoch mehr geerntet wird, wird in Kasten 3.3-12 eingegangen.

Aufgrund der langen Zeiträume bis zur vollständigen Regenerierung der Böden und wegen des hohen Arbeitseinsatzes, die die meisten Techniken der Wiederinwertsetzung erfordern, bestehen nur geringe oder keine Anreize für Kleinbäuer*innen, solche Maßnahmen kontinuierlich umzusetzen. Ein nachhaltiges Bodenmanagement sollte daher dringend durchgeführt werden, bevor die Degradation einsetzt. Ist dieser Zeitpunkt jedoch überschritten, dann ist keine Zeit mehr zu verlieren, um es in die Praxis umzusetzen, denn die Zeit zur Wiederherstellung verlängert sich überproportional

**Abbildung 3.3-6**
Green River Principle: sparsame und kostengünstige Methode der Untergrundbewässerung nach Pellmann, 2017 in Larissa, Kenia. Leere Plastikflaschen werden zusammengesteckt, perforiert, mit Zeitungspapier umwickelt und im Untergrund verlegt. In den Fässern befindet sich das Wasser, das mit einem leichten Gefälle in die zusammengesteckten Flaschen läuft. Das Foto zeigt, dass aufgrund der Trockenheit ohne Bewässerung nichts wachsen würde, mit Bewässerung dagegen wird ein Ertrag erzeugt (hier indigenes afrikanischer Blattgemüse).
Quelle: Silke Stöber, SLE, Humboldt-Universität zu Berlin

und die Kosten steigen dann stark an (Janzen, 2016; Njoroge et al., 2019; Nkonya et al., 2016a).

Organisch angereicherte Böden sind nicht nur ertragreicher und fungieren als Kohlenstoffsenke, sondern sie sind auch die zentrale Strategie der Landwirtschaft für eine resiliente Klimaanpassung. Denn humose Böden mit einem hohen Anteil organischer Substanz nehmen Starkniederschläge besser auf und beugen damit Überschwemmungen und Wassererosion vor. Zudem speichern sie Wasser länger und sind somit gegenüber Dürre weniger empfindlich. Böden organisch anzureichern und zu bedecken gilt daher in der Sprache der Klimaanpassung als No-Regret- bzw. Low-Regret-Maßnahme, was bedeutet, dass sie auch dann keine (oder nur geringe) Nachteile bzw. Kosten mit sich bringen, wenn die erwarteten Niederschlagsveränderungen (einmal) nicht eintreten (IPCC, 2019b; Martin, 2012). Die möglichen Kosten und Nachteile von Anpassungsmaßnahmen sind daher immer mitzudenken, da sich die Auswirkungen des Klimawandels am konkreten Standort und zu einer bestimmten Zeit nicht genau vorhersehen lassen (Martin, 2012; Berck et al., 2018). Anpassungsmaßnahmen können außerdem selbst zu erhöhten Emissionen führen (maladaptation; Kap. 2) oder – wie Bewässerung – den Druck auf (Natur-)Ressourcen verstärken. Je teurer Anpassungsmaßnahmen sind und je stärker sie auf bestimmte erwartete Veränderungen abzielen, desto höher ist das Risiko, die bereits heute sehr prekäre Situation der kleinbäuerlichen Landwirtschaft in Subsahara-Afrika und anderen Weltregionen weiter zu verschärfen.

### Diversifizierung der Kulturarten erhöht Resilienz und Ernährungsqualität

Nicht nur in den Industrieländern besteht das Problem einer einseitig ausgerichteten, uniformen Landwirtschaft, sondern auch in der ertragsarmen Subsistenzlandwirtschaft in Subsahara-Afrikas hat sich im Laufe der letzten Jahrzehnte eine stark auf den Maisanbau ausgerichtete Landwirtschaft ausgebreitet (Kap. 3.3.1.2). Eine standortangepasste Diversifizierung der Kulturarten, z. B. mit Sorghum, Hirse und Leguminosen in Kombination mit Verkaufskulturen, wie z. B. Sisal, Baumwolle und Sesam, einschließlich der Integration von Frucht- und Nussbäumen (z. B. Mango und Leguminosen), ergänzt beispielsweise mit dem Anbau „vergessener" und zu wenig genutzter Kulturarten (Kap. 3.3.2.6), bietet zahlreiche Potenziale der Risikominderung und Produktivitätssteigerung. Dies gilt auch für die Hungerphase am Ende der Zwischenerntezeit der Hauptkulturen. Zudem fördert standortangepasste Diversifizierung auch Beschäftigung, Einkommen, gesunde Ernährung und Resilienz gegenüber Ernteausfällen (Kissoly et al., 2020; Kap. 3.3.2.6). Um solche Diversifizierungsstrategien umzusetzen werden Beratung, vielseitiges Saatgut und ausreichend viele Arbeitskräfte benötigt.

Um die ernährungsarme Zwischenerntezeit zu überbrücken und eine durchgängige Versorgung mit Grundnahrungsmitteln zu erreichen ist der Aufbau ergänzender, nachhaltiger Bewässerungssysteme wichtig. Da technische Bewässerungsinfrastruktur mit hohen Investitions- und Betriebskosten verknüpft ist und oft Nachhaltigkeitsprobleme aufwirft, wird hier vor allem auf einfache, bezahlbare Techniken der Regenwasserernte (rainwater harvesting) verwiesen, bei denen es primär darum geht, Regenwasser nicht ungenutzt abfließen zu lassen (Filho und de Trincheria Gomez, 2018). So kann z.B. auf Basis von Kontursteinwällen die Infiltrationsfähigkeit des Bodens für Niederschläge stark erhöht werden und hierdurch können Erträge teils mehr als verdoppelt werden (Terra Verde Förderverein, 2020; FAO, 1996a). Manche Oberflächengewässer können durch das Anlegen von Flussschwellen besser genutzt werden, wodurch sich das Wasser in Trockentälern besser ausbreiten und zum Anbau von Kulturpflanzen genutzt werden kann (BMZ, 2020c). Eine weitere einfache Bewässerungstechnik ist die verdunstungsarme Unterbodenbewässerung mittels zusammengesteckter Plastikflaschen (Abb. 3.3-6; Pellmann, 2017). Aber auch der Einsatz von Tretpumpen kann in flussnaher Umgebung oder bei hohen Grundwasserständen landwirtschaftliche Erträge stark steigern. All diese Maßnahmen sind kostengünstig und erprobt, aber mit einem durchaus hohen Arbeitseinsatz verknüpft (Fox und Rockström, 2000; UNESCO, 2018).

### Benefit-Sharing Agreements zwischen Ackerbauern und Viehhirten

Neben dem Ackerbau hat im Sahel und in semiariden Regionen in Subsahara-Afrikas zumeist die Wanderweidewirtschaft große Bedeutung. Traditionell in einer Symbiose mit den Ackerbaugesellschaften lebend – in der die Viehhirten den Dung liefern und die Ackerbauern das Getreide – hat sich das Verhältnis zwischen diesen beiden Gruppen, die sich im Alltag zumeist dennoch friedlich begegnen (Bukari et al., 2018), in den letzten Jahrzehnten vor allem in den Sahelländern zunehmend in ein Konfliktverhältnis verkehrt (Shettima und Tar, 2008; Turner, 2004; Oyama, 2014). Dieses Verhältnis hat, zusammen mit dem Eindringen von Kämpfern von außen z.B. in Mali, längst gefährliche Formen angenommen und beinhaltet das Potenzial von Bürgerkriegsausbrüchen (African Center for Strategic Studies, 2019).

Sichtbar werden diese Konflikte in alltäglichen Auseinandersetzungen um knapper werdende Land- und Wasserressourcen. Die dahinter liegenden Ursachen sind jedoch politischer, soziokultureller und gesellschaftlicher Natur und können wie folgt zusammengefasst werden (IFAD, 2020; Bukari et al., 2018; African Center for Strategic Studies, 2019):

1. Politische Benachteiligung der Viehhirten, die sich in geringer gesellschaftlicher Wertschätzung und Beteiligung, in willkürlich festgelegten gesetzlichen Nutzungsrestriktionen und in einer stetigen Fragmentierung und Verkleinerung der Weidegründe äußert, z.B. durch unangemeldete Landinvestitionen Dritter oder unsichere Pachtverhältnisse.
2. Ein seit Jahrzehnten zunehmendes Vordringen der Ackerbaugesellschaften in Weidegebiete, oft ohne Berücksichtigung etablierter Wanderpfade der Viehhirten und ohne die Schaffung von Korridoren für das Vieh zu Wasserstellen mit der Folge, dass die Bewässerungsinfrastruktur der Ackerbaubetriebe durch das Vieh bei der Suche nach Wasser zerstört wird oder Viehhirten weiter verdrängt werden.
3. Zu große Viehherden für die schrumpfenden Weideflächen, was die Degradation derselben weiter beschleunigt.

Es ist daher dringend notwendig, neue Regeln für ein nachhaltiges Weidemanagement aufzustellen. Dabei sollte die Reziprozität des Problems und seine Verursachung durch beide Bevölkerungsgruppen nicht aus dem Auge verloren werden (Nkonya et al., 2016b). Maßnahmen wie z.B. das Wechseln der Weiderouten, das Portionieren von Weiden und die Reduzierung der Viehherdengrößen sind entscheidend, aber gleichzeitig müssen auch Ackerböden in Wert gesetzt und nachhaltiger genutzt werden, um weitere Flächenumwandlungen auf Kosten der Weiden zu vermeiden. Es wird empfohlen, für ein gemeinsames Ressourcenmanagement zunächst die traditionellen Institutionen der Konfliktschlichtung wiederzubeleben und dann an die jetzigen Bedürfnisse, z.B. für eine faire Entscheidungsfindung, anzupassen (IFAD, 2020). Während des nachfolgenden Verhandlungsprozesses sollten allparteiliche Benefit-Sharing Agreements entwickelt werden, die die gemeinsame Weide- und Ackernutzung regeln und die über die kommunale Ebene hinaus wirksam sind. Dazu sollten diese Vereinbarungen in den Regierungsstellen verankert und auf internationaler Ebene, z.B. durch Advocacy-Gruppen (z.B. International Crisis Group) bekannt gemacht und unterstützt werden. Nur indem sie formalisiert oder bekannt gemacht werden, können diese Vereinbarungen Gewicht erlangen. Die Anpassungspläne der Umweltbehörden, die heute die „Reduzierung der Viehzahlen" im Blick haben, aber weniger die notwendigen Managementänderungen im Ackerbau, sprechen vor allem die

Sprache der Ackerbauinteressierten. Daher müssten die Listen für Anpassungsmaßnahmen im Sinne der Antidiskriminierung überarbeitet werden (Kap. 3.3.1.2). Für die Durchführung eines solchen gemeinsamen Managements gibt es bereits Beispiele und Methodenvorschläge (u.a. IFAD, 2020; FAO, 2016d), die auch als Mehrebenenansatz ausgearbeitet sind.

### Finanzierungskanäle zur Erreichung einer breitenwirksamen Umsetzung agrarökologischer und Anpassungsmaßnahmen

Die Wiederherstellung der Böden, die Diversifizierung der Landwirtschaftssysteme und der Einsatz der Techniken, wie sie als Komponenten der Mehrgewinne in Kapitel 3.3.2.6 im Einzelnen vorgestellt werden, müssen sich längerfristig auch betriebswirtschaftlich lohnen. Ihre erste Übernahme oder Anpassung erfordert jedoch eine Anschubfinanzierung über einen Zeitraum von rund zehn Jahren, damit die vielen Millionen kleinbäuerlichen Betriebe und Viehhirtenfamilien in die Lage versetzt werden, den Empfehlungen zu folgen, auch wenn Erfolge auf sich warten lassen. Ein geeignetes Instrument hierfür könnten etwa die Input Subsidy Programs (ISP) darstellen (Jayne et al., 2018b), die es in den meisten afrikanischen Ländern gibt, um Düngemittel zu subventionieren. Neben der Erhöhung der Mineraldüngemittelgaben bis auf 50 kg Stickstoff pro ha wird etwa die Einrichtung einer zweiten Säule – analog zur GAP – empfohlen, die die bisherigen, lediglich auf Mineraldüngung ausgerichteten Programme „ergrünen" lassen könnte (Jayne et al., 2018b; Kap. 3.3.2.3). Zudem müssten diese ISP, die bisher nur auf bestimmte Kulturarten ausgerichtet sind und nur Ackerbaufamilien begünstigen, auf Kulturartenvielfalt abzielen, die Wahlfreiheit der Begünstigten erhöhen und Viehhirtenfamilien einbeziehen.

Maßnahmen bzw. Programme zur ländlichen Entwicklung sollten generell in Subsahara Afrika so ausgestaltet werden, dass möglichst die große Mehrheit (>80%) der kleinbäuerlichen Betriebe und Viehhirtenfamilien davon profitieren können (Rauch et al., 2016). Neben sozialen sprechen hierfür auch ökonomische Gründe. Weil die in der Landwirtschaft (inklusive Viehwirtschaft) tätige Bevölkerung auch heute die Mehrheit der Gesamtbevölkerung Afrikas stellen (etwa 60%), spart ihre breite Einbeziehung in Maßnahmen zur ländlichen Entwicklung indirekt auch Kosten. Diese würden ansonsten entstehen, wenn die Ausgeschlossenen, etwa die ärmsten Betriebshaushalte und Viehhirtenfamilien, stattdessen eine Existenzsicherung etwa durch Bargeldzahlungen erhielten, wie es international schon seit längerem diskutiert wird (Burchi und Strupat, 2016).

### Zwischenfazit: Sanften Strukturwandel anstoßen

Insgesamt sollte daher ein sanfter Strukturwandel angestoßen werden, der zu einer deutlichen Produktivitätssteigerung führt, aber dabei möglichst wenige Menschen ausschließt (Rauch et al., 2016; Brüntrup, 2020). Um dies zu erreichen, sollte aus Sicht des WBGU eine inklusive Strategie eingeschlagen werden, die ressourcenarme kleinbäuerliche und arme Viehhirtenfamilien einschließt sowie Wertschöpfungsketten und Beschäftigung vor Ort entwickelt und damit auf die Erhaltung von Arbeitskräften im ländlichen Raum setzt (Freguin-Gresh et al., 2012; Rauch et al., 2016). Während die deutsche Entwicklungszusammenarbeit bisher Viehhirtenvölker nur sehr wenig berücksichtigt, gibt es zum Wertschöpfungskettenansatz und zur Beschäftigungsförderung bereits viele Aktivitäten (GIZ, 2016). Um die Erfolgschancen und die Breitenwirksamkeit solcher Aktivitäten zu erhöhen, wären außerdem die internationalen Handelsregime und Lieferketten fair zu gestalten (Kap. 3.3.2.4).

### Erhöhung der Ernährungssicherheit durch Beschäftigungsförderung entlang agrarischer Wertschöpfungsketten und außerhalb der Landwirtschaft

Zur Erreichung einer souveränen Ernährungssicherheit sind neben landwirtschaftlicher und ländlicher Entwicklung, Beschäftigungsinitiativen und technischen Innovationen entlang der Wertschöpfungsketten auch Strategien außerhalb der Landwirtschaft notwendig und sinnvoll. Von den hier insgesamt vier thematisierten Strategien werden drei kurz vorgestellt und die vierte als Strategie für den globalen Agrarhandel in Kapitel 3.3.2.4 behandelt:

1. *Nahrungsmittelverluste mithilfe besserer Lagerung beenden:* Nahrungsmittelverluste treten im Gegensatz zur Nahrungsmittelverschwendung in Industrieländern (Kap. 3.4) vor allem direkt nach der Produktion am Anfang der Wertschöpfungskette auf und spielen in Subsahara-Afrika gerade im Getreidebau eine große Rolle. So gehen auf diese Weise in Subsahara-Afrika 120–170 kg Getreide pro Person und Jahr verloren, das ist rund ein Drittel der Menge, die eine Person durchschnittlich im Jahr verzehrt (FAO, 2011a:5). Während bei Gemüse die größten Verluste beim Transport und während der Vermarktung entstehen, z.B. aufgrund mangelnder Kühlmöglichkeiten, treten bei Getreide die Verluste vor allem während der Lagerung auf (Kumar und Kalita, 2017). Hauptursache sind die traditionell gebauten Speicher, die in manchen Gegenden durch ungeeignete Lehmbeschaffenheit und Starkniederschläge (Kumar und Kalita, 2017) sowie in Jahren mit geringer Ernte durch Diebstahl zunehmend stark gefährdet sind, vor allem wenn sie in indivi-

duellen Hofanlagen stehen (Neubert et al., 2011). Hinzu kommt, dass Maishybridsorten, die in den meisten Regionen Subsahara-Afrikas den überwältigenden Teil des gelagerten Getreides ausmachen, aufgrund ihrer Kornbeschaffenheit nicht so lagerfähig sind wie etwa traditionelle Sorten (Neubert et al., 2011). Bereits einfache Maßnahmen, wie stabil gebaute, gut durchlüftete Speicher und die Aufbewahrung in geeigneten Säcken, könnten jedoch diese Verluste fast vollständig vermeiden (Kumar und Kalita, 2017). In der Praxis ist zu empfehlen, die Lagerung auf kommunaler oder genossenschaftlicher statt auf individueller Ebene durchzuführen. Mit E-Vouchern können somit Einlagen verbrieft werden und eine Bewachung kann Diebstähle verhindern (Neubert et al., 2011).

2. *Urbanisierung und Migration für ländliche Entwicklung nutzen:* Die Migration in die Städte ist traditionell und auch heute in Afrika häufig eine Form der Arbeitsmigration (Migration Data Portal, 2020), die aber oft auch als Landflucht aufgrund extremer Armut, als Anpassungsmaßnahme an den Klimawandel (z.B. Flucht vor Dürre), aber auch als Kompensation für die unzureichenden sozialen Sicherungssysteme verstanden werden kann (Steinbrink und Niedenführ, 2017). Mit dieser Form der Migration können Einzelne temporär oder auf Dauer in Städten Einkommen erwirtschaften, die sie in aller Regel durch Rücküberweisungen (Remissen) mit den verbleibenden Familienmitgliedern auf dem Lande teilen. Eine Entwicklungsmaßnahme stellt eine solche Migration dann dar, wenn die Verbleibenden mit den zusätzlichen Geldern ihre Existenz besser sichern können oder sogar in die Lage versetzt werden, sie für die Weiterentwicklung ihres landwirtschaftlichen Betriebs produktiv in Wert zu setzen, z.B. indem sie hiermit Anpassungsmaßnahmen durchführen (Steinbrink, 2017; Berck et al., 2018). An Grenzen stößt eine solche Strategie allerdings, wenn die Absorptionskapazität der Zielorte überfordert wird oder wenn die Abwanderung zu einem Arbeitskräftemangel in den ländlichen Haushalten führt und damit die ländlichen Lebenshaltungssysteme (livelihoods) aushöhlt. Eine erfolgreiche Arbeitsmigration setzt außerdem voraus, dass es genügend Arbeitsplätze an den Zielorten gibt, zum Beispiel durch Industrialisierung, wie es etwa im 19. Jahrhundert innerhalb Europas der Fall war. In Subsahara-Afrika sollten die diesbezüglichen Erwartungen jedoch u.a. aufgrund der Digitalisierung industrieller Fertigungsprozesse nicht zu hoch angesetzt werden (Lohnert, 2017). Zudem leben in den afrikanischen Städten bereits viele junge Menschen und Nachwuchskräfte, die in der Regel besser ausgebildet sind als die ländliche Jugend (Lohnert, 2017). Daher kann Migration nach Europa ebenfalls eine sinnvolle Anpassungsstrategie darstellen, wenn nämlich die migrierenden Familienmitglieder Beschäftigung finden und die entsprechenden Remissen produktiv oder als Anpassungsmaßnahme eingesetzt werden (Musah-Surugu Issah et al., 2018; Ng'ang'n et al., 2016; World Bank, 2020b; Bendandi und Pauw, 2016). Dass es sich bei Remissen um relevante Beträge handelt, zeigt die Tatsache, dass 2018 weltweit das offizielle Volumen 689 Mrd. US-$ betrug (World Bank, 2019). Dies ist das Vierfache der öffentlichen Entwicklungszusammenarbeit (World Bank, 2020c).

3. *Ökonomisches Empowerment der Frauen vermindert mittelfristig Flächenumwandlungen:* Bildungsmaßnahmen und ein ökonomisches Empowerment der Frauen führen zu einem Rückgang der Geburtenraten (Schwikowski, 2019; Marten, 2019). Afrika und Indien sind weltweit noch die einzigen Großräume, wo diese Mechanismen bisher noch nicht gegriffen haben. Bildung und Empowerment der Frauen sind daher in diesen Weltregionen dringend angezeigt, denn dadurch würde das Bevölkerungswachstum gebremst und somit mittelfristig der Druck für Flächenumwandlungen verringert. Bildungsprogramme, auch direkt im Bereich Familienplanung für Frauen und Männer, höhere Chancen auf eine weiterführende Schulbildung sowie mehr Beschäftigungsmöglichkeiten, z.B. entlang der landwirtschaftlichen Wertschöpfungsketten, könnten Frauen vermehrt ein eigenes Einkommen ermöglichen. Würde ein solcher Ansatz mit dem Aufbau sozialer Sicherungssysteme verknüpft, wäre eine hohe Kinderzahl für die Alterssicherung ihrer Eltern nicht mehr so attraktiv (Sippel et al., 2011). Dies würde die Geburtenrate senken und damit das Trilemma der Landnutzung entschärfen helfen.

#### 3.3.2.4 Ausrichtung des Agrarhandels auf Resilienz und Nachhaltigkeit

Auch bei der stärkeren Ausrichtung des internationalen Agrarhandels in Richtung Nachhaltigkeit (Kap. 3.3.1.3) und Resilienz spielt die Diversifizierung der Landwirtschaftssysteme eine Schlüsselrolle.

##### Potenziale einer Neuausrichtung des Agrarhandels in Richtung Nachhaltigkeit

Die Diversifizierung der Landwirtschaftssysteme hat das Potenzial, die Ernährungssicherung in den Staaten Subsahara-Afrikas zu verbessern. In der EU würde z.B. die Wiederverkopplung von Tier- und Pflanzenproduktion die Abhängigkeit von Futtermittelimporten redu-

**Kasten 3.3-5**

## Zertifizierungsprogramme und geographische Herkunftszeichen

Um eine nachhaltige Produktion und Erwerbsmöglichkeiten insbesondere für die kleinbäuerlichen Produzenten in Entwicklungsländern zu fördern, wurden über die letzten Jahrzehnte zahlreiche freiwillige Zertifizierungsprogramme initiiert, wie z.B. Fair-Trade- oder Biosiegel. Beide Programme unterstehen unterschiedlichen Zertifizierungsstellen (Fairtrade Labelling Organizations, Internationale Vereinigung der ökologischen Landbaubewegungen). Ihre Wirksamkeit ist allerdings empirisch nur teilweise nachgewiesen. Geringe bis keine Einkommenseffekte bringen z.B. die Fair-Trade-zertifizierte Kaffeeproduktion in Äthiopien (Jena et al., 2012) und Peru (Ruben und Fort, 2012) oder die zertifizierte Pfefferproduktion in Indien (Parvathi und Waibel, 2016). Gründe sind unzureichende Informationspolitik, fehlende Markttransparenz und falsches Management der Produktionsgenossenschaften, mangelnde Bildung oder der Verkauf der Kaffeebohnen an private Händler statt an die zertifizierten Abnehmer aufgrund finanzieller Engpässe (Jena et al., 2012). Kakaobauern in der Elfenbeinküste haben zwar ihre Produktivität erhöhen können, aber die Erlöse konnten dennoch kein ausreichendes Einkommen generieren (Rusman et al., 2018). Andere Studien zeigen signifikant positive Einkommenseffekte z.B. für Fair-Trade-Kaffee aus Uganda (Chiputwa et al., 2015) oder Indien (Karki et al., 2016b). Der Trend geht zu Doppelzertifizierung (Bio und Fair Trade). Eine Doppelzertifizierung erbringt für Produzent*innen nur Vorteile, wenn auch langfristig ein substanzieller Preisvorteil besteht (Parvathi et al., 2017).

Vor allem in Europa, aber auch anderenorts werden zudem rechtlich geschützte geografische Herkunftszeichen (Geographical Indications) verwendet (BMEL, 2019). Als langfristige staatliche Eigentumsrechte ermöglichen sie den Erzeugerländern, ihre Exportmärkte zu entwickeln und Preisaufschläge für lokale Produkte zu erzielen. Sie können somit ähnlich wie Zertifizierungsprogramme eine nachhaltige Produktion fördern. Bekannte Beispiele, wie Basmati- und Jasminreis, Tee aus Darjeeling oder äthiopischer Sidamo und Harar-Kaffee, beziehen sich auf Herkunftsregionen mit einzigartigen Qualitäten oder Produktionsmethoden. Geografische Herkunftszeichen bieten auch Schutz vor Fälschungen und Missbrauch von Herkunftsbezeichnungen (Grote, 2009). Dass der Schutz geografischer Herkunftszeichen für Lebensmittel aus Entwicklungsländern Unterstützung verdient, zeigt der Fall der versuchten Registrierung von US-Patenten auf Basmati- und Jasminreislinien. Indien gelang es mittels Einrichtung eines Basmati-Entwicklungsfonds, solche unlauteren Markenanmeldungen zu überwachen und ihnen zumindest teilweise zu begegnen (Jena und Grote, 2012). Ein weiterer bekannter Fall betraf die Verwendung der Herkunftszeichen Sidamo und Harar für Kaffee, wobei Starbucks die von der äthiopischen Regierung markenrechtlich geschützter geografischer Herkunftszeichen letztlich anerkennen musste (Dowideit, 2007). Dies verdeutlicht, wie nationale Regierungsinteressen die landwirtschaftliche Wertschöpfung in Entwicklungsländern beeinflussen können.

Der Ausbau solcher Zertifizierungsprogramme (Fair Trade, Bio) trägt zur Internalisierung der Umweltkosten und somit zur Nachhaltigkeit bei. Hier besteht noch ein hohes Potenzial, denn 2014 trugen in Subsahara-Afrika nur etwa 590.000 Produzent*innen auf 1,3 Mio. ha eine Biozertifizierung und gut 1 Mio. Produzent*innen auf 870.000 ha hatten eine Fair-Trade-Zertifizierung (Lernoud und Willer, 2018). Dies entspricht 0,1% bzw. 0,07% der landwirtschaftlichen Nutzfläche Afrikas und konzentrierte sich zudem auf wenige Länder wie Äthiopien, Elfenbeinküste, Ghana, Kenia und Tansania (Lernoud und Willer, 2018). Bei einem Ausbau der Zertifizierungssysteme ist allerdings sicherzustellen ist, dass die Produzent*innen einen für die Armutsreduzierung relevanten Preisaufschlag bekommen.

Auch sollte sichergestellt werden, dass Nachhaltigkeitsaspekte bei der Zertifizierung oder geschützten Herkunftszeichen berücksichtigt werden, die auch an die lokale Umwelt angepasst sind. Für Schinken, der unter dem geschützten Herkunftslabel „Dehesa de Extremadura" hergestellt wird, lässt sich dies exemplarisch zeigen. Der Schweinebestand wird hier mit Eicheln von mit Eichen bewaldeten Weiden gefüttert, die sich typischerweise auf der iberischen Halbinsel befinden und häufig Natura-2000-Gebiete sind. Die Produktion im Rahmen der Zertifizierung enthält ökologische Mindeststandards, aber es gibt keine Regeln, die die spezifischen Bedürfnisse des fragilen und außergewöhnlich wertvollen Ökosystems berücksichtigen (z.B. im Hinblick auf Maßnahmen zur Baumregeneration in der Dehesa). Eine Degradation der Dehesas ist bereits zu beobachten (Beaufoy, 2009).

zieren (Kap. 3.4). In Subsahara-Afrika könnten nachhaltig ausgerichtete Produktivitätssteigerungen die eigene Nahrungsmittelversorgung stützen und so die Abhängigkeit von Nettoimporten insbesondere bei Grundnahrungsmitteln nicht weiter steigen lassen. Auch führt eine Verkürzung und Entflechtung internationaler Wertschöpfungsketten im Agrarbereich sowie eine Stärkung des intraregionalen Handels – insbesondere zwischen afrikanischen Staaten – zu steigender Resilienz gegenüber Krisen. Das wiederholte Auftreten akuter Pandemien und Krisen (Covid-19, SARS, Ebola, Nahrungsmittelkrise 2008) unterstreicht den Mehrwert regionaler Wertschöpfungsketten.

Die Ausrichtung des Agrarhandels auf Nachhaltigkeit hat auch das Potenzial, unerwünschte Fernwirkungen wie indirekte negative Umwelteffekte zu reduzieren. In der Agrarexportproduktion, etwa von Palmöl, lassen sich z.B. durch extensivere Bewirtschaftungspraktiken in den Erzeugerländern wirtschaftlich und ökologisch tragfähigere Optionen für Ölpalmenplantagen schaffen (Darras et al., 2019b). Dies gilt auch für viele andere Produkte wie Kaffee, Tee, Kakao, Blumen oder Baumwolle, die aus Subsahara-Afrika in die EU exportiert werden. Exporte von Kaffee, Kakao, Tee, Früchten, Baumwolle, Sisal, Sesam usw. generieren wichtige Einkommen in den (sub-)tropischen Erzeugerländern und tragen zum Ausgleich von Handelsbilanzen bei. Unterstützend können hier Biosiegel oder Fair-Trade-Angebote wirken.

#### Regionale Handelsabkommen mit Umweltbestimmungen

Umwelt- und Klimaschutz sowie nachhaltige Landnutzung sollten auch in der WTO, in regionalen Freihandelsabkommen, Wirtschaftspartnerschaftsabkommen zwischen der EU und AKP-Staaten (EPA) sowie Investitionsabkommen gestärkt werden. Da alle WTO-Mitgliedstaaten gleichzeitig Mitglieder des Pariser Übereinkommens und vieler anderer multilateraler Umweltabkommen sind, sollten die Klima- und Umweltziele anerkannt und aktiv umgesetzt werden. Das internationale Handelsrecht darf keine Hürde, sondern sollte ein Motor zur Erreichung der Ziele des Pariser Übereinkommens sein (Zengerling, 2020:58). Um dies zu realisieren, ist eine engere Zusammenarbeit zwischen Klima-, Umwelt- und Handelsregimen Voraussetzung.

Damit nicht durch den Außenhandel mit Agrarprodukten die von Landwirtschaft induzierte Umweltzerstörung in die Erzeugerländer verlagert wird, sollten im Rahmen regionaler Handelsabkommen entsprechende „Safeguards" gesetzt werden (Seekell et al., 2018; Schmitz et al., 2012). Der Anteil regionaler Handelsabkommen mit Umweltbestimmungen ist in den letzten beiden Dekaden deutlich gestiegen (George, 2014).

Eine vielversprechende neue plurilaterale Initiative ist das sogenannte ACCTS-Abkommen (Agreement on Climate Change, Trade and Sustainability) zwischen Neuseeland, Fidschi, Costa Rica, Norwegen und Island. Diese fünf Länder haben im September 2019 Verhandlungen (New Zealand Ministry of Foreign Affairs and Trade, 2020) für ein neues gemeinsames Abkommen zu Klimawandel, Handel und Nachhaltigkeit gestartet mit dem Ziel, drei zentrale Maßnahmen umzusetzen: (1) Abschaffung von Zöllen auf Umweltgüter und neue Verpflichtungen im Bereich von Umweltdienstleistungen, die – dem Meistbegünstigungsprinzip entsprechend – auf alle WTO-Mitglieder übertragbar sein sollen, (2) Beseitigung der Subventionen für fossile Brennstoffe und (3) Entwicklung von Richtlinien für freiwillige Ökolabel und damit verbundene Mechanismen (Steenblik und Droege, 2019). Für weitere Maßnahmen – auch die Aufnahme weiterer WTO-Mitglieder – ist das ACCTS offen.

#### Regionalabkommen sollten stärker auf die länderspezifischen Gegebenheiten ausgerichtet werden

Eine Reduzierung der Importabhängigkeit von Entwicklungsländern (insbesondere in Afrika) ist vor allem bei Grundnahrungsmitteln langfristig ein wichtiges Ziel. Hierzu können die Economic Partnership Agreements (EPAs) als Sondervereinbarungen für arme Entwicklungsländer beitragen.

#### Arbeits- und Umweltstandards im EU-Außenhandel

Ergänzend oder gar alternativ zur Zertifizierung ist das Lieferkettengesetz auf bundesdeutscher und EU-Ebene geplant (BMZ, 2020c). Es soll inländische Unternehmen künftig dazu verpflichten, innerhalb der eigenen Lieferkette zu gewährleisten, dass Menschenrechte sowie Arbeits- und Umweltstandards in ausländischen Zulieferunternehmen eingehalten werden (Initiative Lieferkettengesetz, 2020b). In Frankreich, Großbritannien und den Niederlanden existieren bereits derartige Gesetze; in einigen skandinavischen Ländern bestehen vergleichbare Ansätze (Initiative Lieferkettengesetz, 2020a). Allerdings stehen belastbare Erkenntnisse zu den Wirkungen dieser Gesetze noch aus.

#### Agrarsektorpolitiken der EU stärker auf die SDGs ausrichten

Die EU sollte sich insgesamt ein besseres Verständnis der Auswirkungen ihres Agrarsektors auf die Fähigkeit der Entwicklungsländer zur Erfüllung der SDGs und die Rolle der Agrarsubventionen entwickeln (Yang et al., 2018). Nicht nachhaltige Importe, insbesondere von tierischen Produkten, Futtermitteln und Biokraftstoffen sollten vermieden werden (Barthel et al., 2018; Matthews, 2018; Schulmeister, 2015). Die Landwirtschaft kann sich in Afrika nur entwickeln, wenn Anreize für die eigene Produktion von Nahrungsmitteln im ländlichen Raum nicht durch niedrigpreisige Agrargüterexporte aus der stark subventionierten landwirtschaftlichen Produktion in der EU konterkariert werden. Auch eine Änderung der GAP in der EU könnte zu mehr Resilienz im Agrarhandel mit Afrika beitragen.

### 3.3.2.5 Ökologisierung versus Intensivierung und die Messung der Treibhausgase: Eine Einordnung

#### Ansprüche an die Landwirtschaftssysteme der Zukunft

Ökologisch intensive Landwirtschaftssysteme, wie sie der WBGU als „Komponenten der Mehrgewinnstrategien" in Kapitel 3.3.2.6 exemplarisch für die EU und Subsahara-Afrika empfiehlt, sind nicht nur darauf ausgerichtet, Nachhaltigkeits-, Klimaanpassungs- und Biodiversitätsansprüchen zu genügen, sondern sie haben auch den Anspruch, möglichst geringe THG-Emissionen zu verursachen. Darüber hinaus sollen diese Landwirtschaftssysteme eine ausreichende und vielseitige Ernährung einer bis 2050 noch regional wachsenden Weltbevölkerung ermöglichen, was bedeutet, dass neben Nachhaltigkeitsansprüchen auch hohe Flächenerträge angestrebt werden.

All diese Ansprüche sind unter dem Begriff „Trilemma der Landnutzung" (Kap. 2.2) im Hinblick auf die

Dimensionen Ernährungssicherung, Biodiversitätserhaltung und Klimaschutz adressiert: Während die Dimension Ernährungssicherung neben ausreichenden Kalorien auch eine qualitativ hochwertige Versorgung anstrebt, bezieht sich die Dimension Biodiversitätserhaltung nicht nur auf den Schutz der biologischen Vielfalt in natürlichen oder naturnahen Ökosystemen, sondern auch auf die Agrobiodiversität und die Erhaltung genetischer Ressourcen für die landwirtschaftliche Züchtung. Bei der Dimension Klimaschutz geht es um möglichst geringe THG-Emissionen, um $CO_2$-Senken und um eine resiliente Klimaanpassung.

Es ist allerdings nicht zu erwarten, dass mit einem Landwirtschaftssystem alle oben formulierten Ansprüche gleichermaßen erfüllt werden können. Zielkonflikte werden sich nicht vollständig vermeiden lassen. Sie sollten mit dem Anspruch bearbeitet werden, sie nicht nur auszubalancieren, sondern möglichst stark zu minimieren.

### Vergleiche zwischen konventioneller und ökologischer Bewirtschaftung und Bedeutung für die THG-Emissionen

Um die Klimarelevanz konventioneller und ökologischer Landbausysteme einzuschätzen, werden üblicherweise Vergleiche der THG-Emissionen in einen Bezug zur Produktivität der Systeme gesetzt ($CO_2$-Äquivalente pro kg Produkt; hier Erntegut). Es stellt sich in erster Linie die Frage, wie sich die externen Umweltkosten der industriellen Landwirtschaft im Vergleich zu den geringeren Erträgen des ökologischen Landbaus und damit seiner höheren Flächeninanspruchnahme im Hinblick auf die THG-Emissionen verhalten. Die Ertragsminderungen des ökologischen Landbaus betragen zwischen -5 und -34% (Seufert et al., 2012), je nach Kulturart, Managementsystem und Standort und führen global berechnet zu einem höheren Flächenverbrauch. Bei Dauerkulturen (z.B. Kaffee, Kakao) und dem Anbau von Leguminosen an tropischen Standorten sind die Ertragsminderungen nur sehr gering, während sie bei einjährigen Ackerkulturen (vor allem Getreide) in temperierten Regionen und bei Tierprodukten hoch sind (Seufert et al., 2012).

Im Ergebnis sind die THG-Emissionen pro kg Produkt beim Anbau der meisten Kulturarten bei den unterschiedlichen Anbausystemen in etwa gleich hoch, bzw. der ökologische Landbau erzeugt pro kg Produkt etwas geringere Emissionen (Rahmann et al., 2008). Dieses Ergebnis wird durch seine erhöhten Flächenansprüche verursacht: Die zusätzlichen Flächenumwandlungen, die zur Erzeugung der gleichen Erntemengen im ökologischen Landbau notwendig wären, erzeugen demgemäß so hohe THG-Emissionen, dass der Verzicht auf Mineraldünger und Pestizide diese in etwa nur kompensieren kann. Auch wenn beträchtliche Unterschiede zwischen den Kultur- und Tierarten bestehen – beispielsweise erzeugen Dauerkulturen im ökologischen Landbau geringere Emissionen während Tierprodukte im ökologischen Landbau höheren Emissionen erzeugen (Rahmann et al., 2008; Searchinger et al., 2018) – ändert dies nichts am grundlegenden Ergebnis. Diese Ergebnisse werden von Balmford et al. (2018) bestätigt, der daher die Hochertragslandwirtschaft unter der Prämisse der Landknappheit und bei Einhaltung von Mindestnachhaltigkeitsaspekten als ökologisch vorteilhaft gegenüber ökologisch intensiven Systemen charakterisiert.

Auch wenn diese Berechnungen aus Sicht des ökologischen Landbaus zunächst ernüchternd klingen, lassen sie sich jedoch in vielerlei Hinsicht und auf unterschiedlichen Ebenen stark relativieren:

- *Einbeziehung negativer Emissionen durch Humusanreicherung im ökologischen Landbau:* Würden zum einen die negativen Emissionen durch Kohlenstoffsequestrierung in ökologisch bewirtschafteten Böden, die nachweislich zu einer erheblichen Humusanreicherung führen, und zum anderen der Humusverlust im konventionellen Landbau einbezogen, dann würde dies die Ergebnisse zugunsten des ökologischen Landbaus verschieben (Kasten 3.3-11).
- *Systemvergleiche sind solchen auf Einzelkulturen bzw. Tierarten bezogenen Vergleiche vorzuziehen:* Vergleiche, die auf Einzelkulturen und Tierproduktlinien bezogen sind, berücksichtigen nicht, dass die Anbausysteme der konventionellen Landwirtschaft und des ökologischen Landbaus als solche divergieren. So werden im ökologischen Landbau üblicherweise mehrjährige Kulturarten und Leguminosen stärker eingebunden, die mit geringeren Emissionen pro kg Produkt einhergehen, und die Tierhaltung wird als emissionsintensiver Produktionsbereich mithilfe der Flächenbindung von vornherein limitiert. Produktlinien der Massentierhaltung sind daher im ökologischen Betrieb in der Praxis gar nicht vorhanden. Die Flächenemissionen sind somit auch im ökologischen Landbau wesentlich geringer als im konventionellen (Rahmann et al., 2008).
- *Die Bevorzugung der Biodiversität gegenüber der Agrobiodiversität in üblichen Berechnungen kann unbegründet sein:* Bei der Berechnung des Carbon Footprints wird (implizit) davon ausgegangen, dass die Biodiversität besser geschützt würde, wenn das Land aus der Produktion genommen würde, anstatt es weniger intensiv zu bewirtschaften. Zum Beispiel haben traditionelle Agrarlandschaften in Europa über viele Jahrtausende hinweg Biodiversität vielerorts gefördert, so dass hier ein Wegfall von Land-

wirtschaft Biodiversität verarmen, nicht stabilisieren würde (Finckh, 2018).

- *Die Komponenten der Mehrgewinne müssen auch zur Anpassung an den Klimawandel geeignet sein:* Konventionell genutzte Böden, die Kohlenstoff stärker ab- statt aufbauen, einseitige Fruchtfolgen und eine geringe Biodiversität mit ebenfalls geringen Ökosystemleistungen sind gegenüber dem Klimawandel nicht resilient genug.

### Die ökologische Intensivierung als Kontinuum zwischen Ökologisierung und Intensivierung

Die Messung der THG-Emissionen in Bezug auf die Produktivität kann sinnvoll sein, wenn sie auch Flächenemissionen gegenübergestellt wird. So zeigen z.B. Rahmann et al. (2008), dass die Flächenemissionen im ökologischen Landbau wesentlich geringer sind als im konventionellen.

Im Rahmen der Strategie für Subsahara-Afrika kann eine systematische Verschränkung beider Produktionsweisen, der agrarökologischen und der konventionellen, womöglich das Trilemma stärker entschärfen als die Entscheidung für das eine oder das andere System. Ein „integrierter Landbau" könnte also sowohl mit hohen Produktivitäten und vermiedenen Ineffizienzen als auch mit relativ hoher Agrobiodiversität einhergehen. Dabei kommt es auf den Ausgangspunkt an, ob ökologisiert oder intensiviert werden sollte, und wie weit dieses möglich ist, um hohe Outputs bei geringen Externalitäten zu erwirtschaften (Tittonell et al., 2016). Die besten Elemente sowohl des Ökolandbaus als auch der konventionellen Landwirtschaft sollten daher so miteinander kombiniert werden, bis wirklich nachhaltige Systeme entstehen, wie auch Qaim et al. (2018) in der Debatte über die Ergebnisse von Balmford et al. (2018) bemerkt.

Es handelt sich demnach um ein Kontinuum, das seinen optimalen ökologischen Intensivierungspunkt zur Entschärfung des Trilemmas der Landnutzung sucht bzw. sich diesem annähert (Abb. 3.3-7).

Als eine gute Lösung vor allem in den Industrieländern bietet sich dennoch der ökologische Landbau an. Da er in der Praxis bereits funktioniert und durch höhere Preise über Anreizstrukturen und über geeignete Kontrollen verfügt, sollte man diesen nicht etwa austauschen mit einem integrierten Landbau, den womöglich keiner umsetzt, weil Anreizstrukturen und Regelwerke fehlen bzw. noch aufgebaut werden müssten (Qaim et al., 2018).

### Effizienzsteigerung der Landwirtschaft und tierproduktärmere Ernährungsstile

Auf einer höheren Betrachtungsebene lassen sich die vergleichenden Berechnungen zum Carbon Footprint nochmals stark relativieren oder gar ganz aushebeln, wenn nämlich das Paradigma der unbegrenzt steigenden Nahrungsmittelnachfrage zur Debatte steht. Es ist nachgewiesen, dass die globale Kalorienproduktion bereits heute den weltweiten Bedarf um rund 20% überschreitet (Berners-Lee et al., 2018; Kap. 2.2.2). Mit der Veränderung in Richtung einer tierproduktarmen Ernährung (Kap. 3.4), die zudem gesünder ist, könnten bereits heute alle Menschen im Jahr 2050 ernährt werden. Hierzu wären zwar Umstellungen in den Ernährungsstilen notwendig, wodurch bestimmte Mikronährstoffe in höherer Menge produziert würden (Nüsse, Früchte, Leguminosen; KC et al., 2018), aber dies wäre möglich und auf diese diversifizierteren Systeme zielen daher die Komponenten der Mehrgewinnstrategien im folgenden Kapitel 3.4 ab. In der Debatte um die oben zitierten Arbeiten von Balmford et al. (2018) betont Schader (2018) folgerichtig: „...neuere Forschungen (zeigen), dass auch Suffizienz (Konsumreduktion) und Konsistenzstrategien (zum Beispiel Kreislaufwirtschaft) in der Nachhaltigkeitsdebatte eine zentrale Rolle spielen. Oftmals stellen diese im Vergleich zur Effizienz sogar den längeren Hebel im Lebensmittelsektor dar. Daher muss das ganze Ernährungssystem betrachtet werden und nicht nur die Landwirtschaft (...)".

### Ökologisch intensive Landwirtschaftssysteme erfordern viel Wissen und sind arbeitsaufwändig

Neben allen Vorteilen ökologisch intensiver Systeme sind sie auch mit spezifischen Kosten verknüpft. Diese liegen hauptsächlich in einem erhöhten Wissens- und Arbeitsbedarf vor allem für die Systeme, die ohne Chemikalien auf kleinen Flächen hohen Output erzeugen (z.B. Permakultur), denn das Pflanzen, Jäten und Ernten bei unterschiedlichsten Saat- und Erntezeitpunkten kann kaum mechanisiert werden, erfordert hohe Kenntnisse für die Abstimmung der unterschiedlichen Nährstoff- und Bodenansprüche und Kenntnisse darüber, wie sich die Kulturarten gegenseitig befördern können, bzw. möglichst nicht schaden. Zwar sind in Subsahara-Afrika und anderen Entwicklungsregionen Arbeitskräfte in der Regel vorhanden, aber die Herausforderung besteht darin, diese Arbeit so produktiv zu gestalten, dass die Menschen hiermit ein Mindesteinkommen erwirtschaften können. Zum Teil kann hier Digitalisierung helfen, wenn sie an die Umgebung und soziokulturellen Bedingungen angepasst ist. Mit Übergangsschwierigkeiten muss jedoch gerechnet werden, z.B. bei der Wiederherstellung oder Renaturierung von Böden. Anschubfinanzierungen sind daher notwendig, die bei schwer degradierten Böden auch ein mehrjähriges Tal überbrücken können.

In der EU sind Landarbeitskräfte dagegen immer

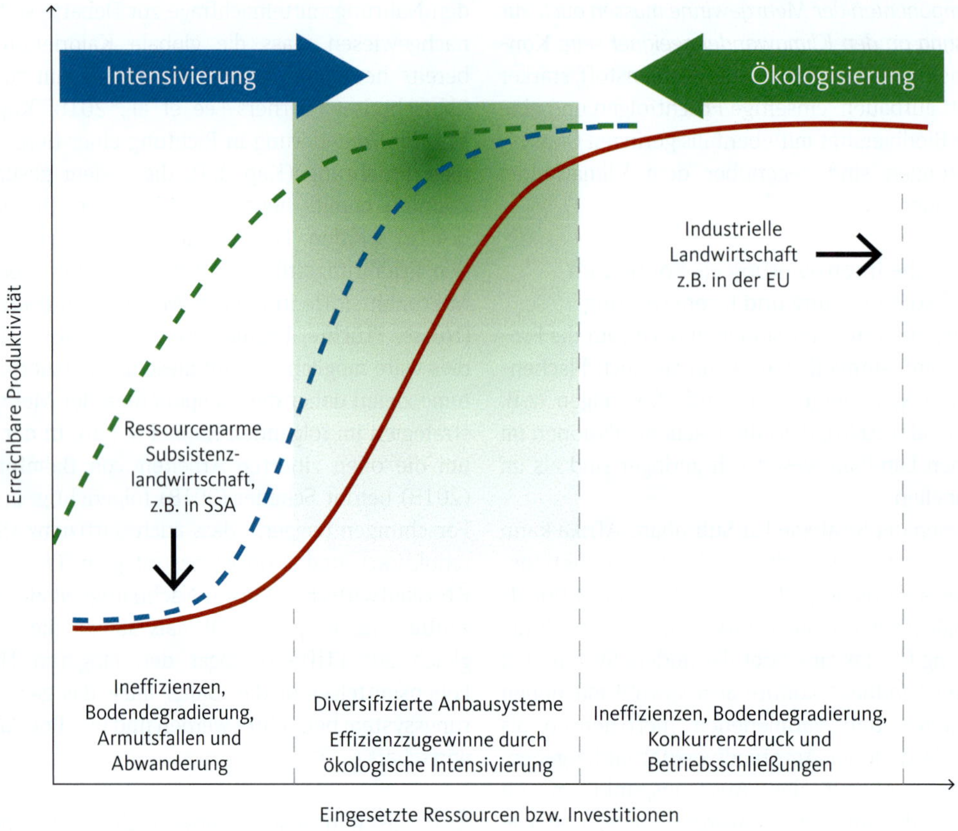


**Abbildung 3.3-7**
Erreichbare Produktivitäten ökologischer Intensivierung nach Standorten und Pfadabhängigkeiten. Die Abbildung zeigt, dass Subsistenzlandwirtschaft bei niedrigen Produktivitäten zu Ineffizienzen und zu Bodendegradation durch Unterdüngung führt und somit Armut begünstigt wird, wohingegen industrielle Landwirtschaft bei hohen Produktivitäten ebenfalls zu Ineffizienzen und Bodendegradation durch Überdüngung führen und durch den Konkurrenzkampf ebenfalls Betriebsaufgaben die Folge sind. Je dunkelgrüner die Fläche gefärbt ist, desto ökologisch intensiver und effizienter wird die Natur genutzt und die ökologische Intensivierung angetrieben. Ziele sind: Möglichst hohe Produktivitäten bei möglichst hohen Ökosystemleistungen (Ökologisierung) und möglichst geringen eingesetzten Ressourcen und Investitionen. Die gestrichelte grüne Linie zeigt, dass Ökologisierung ab einem bestimmten Punkt mit Produktivitätsverlusten einhergeht, während Intensivierung (blaue gestrichelte Linie) ab einem gewissen Punkt Effizienzverluste aufweist. Diversifizierte Landwirtschaftssysteme versuchen, durch die bessere Ausnutzung der Ökosystemleistungen zu höheren Effizienzen zu kommen und gleichzeitig Nachhaltigkeit zu erreichen.
Quelle: WBGU, basierend auf Tittonell et al., 2016

knapp. Daher wäre der Mehraufwand mit höheren Preisen – wie im ökologischen Landbau – oder durch Digitalisierung aufzufangen. Auch eignen sich in beiden Regionen Ansätze, bei denen Skaleneffekte durch Kooperativen, Genossenschaften oder solidarische Landwirtschaft erzielt werden können.

Die meisten der im folgenden Abschnitt beschriebenen Komponenten diversifizierter Landwirtschaftssysteme sind skalierbar und erfüllen die Dimensionen des normativen Kompasses des WBGU (Kasten 2.3-1): Die Skalierbarkeit wird gesteigert, wenn notwendiges Wissen zu diesen diversifizierten Produktionssystemen weitergegeben wird und die Umsetzung auf diese Weise zur Einkommensverbesserung und Stabilisierung der Landwirtschaft in einer ganzen Region beiträgt (Wangpakapattanawong et al., 2017). Bäuerliche Feldschulen (farmer field schools) und gegenseitige Betriebsbesuche sowie Demonstrationsfelder sind potenziell weltweit wirksame Ansätze zur Förderung solcher Systeme, denn über Individuen hinaus sollten ganze Regionen davon profitieren (FAO, 2017d). Eine übergreifende Transformation der Landnutzung und Landschaftsgestaltung wird durch ein entsprechendes „Mainstreaming" der Vergabe regionaler oder nationaler Förderprogramme weiter vorangetrieben, etwa im Rahmen der GAP der EU oder der ISP afrikanischer Länder (Kap. 3.3.3).

Eine wichtige Erfolgsbedingung bei der Transformation ist außerdem die Einbeziehung altbewährter Pro-

**Kasten 3.3-6**

**Kurzübersicht: Komponenten der Mehrgewinnstrategien für diversifizierte Landwirtschaftssysteme**

1. Agrarökologie als Metakonzept
2. Klimasmarte Landwirtschaft als Metakonzept
3. Agroforstwirtschaft
4. Agrophotovoltaik
5. Aquaponik
6. Biokohle
7. Klimaschonende Bio- und Depotdünger
8. Klimaschonender Ökolandbau
9. (Boden-)konservierende Landwirtschaft
10. Ökologische Intensivierung – Beispiel Reis
11. Anbau vergessener und unternutzter Kulturarten
12. Paludikultur – Landwirtschaft auf Moorböden
13. Permakultur als multifunktionales Gartenbausystem
14. Nachhaltige Präzisionslandwirtschaft
15. (Peri-)urbane Landwirtschaft

duktionsmethoden und kultureller Traditionen (FAO, 2017d). Im Zentrum stehen hierbei die lokalen Akteure mit ihren Erfahrungen, Beobachtungen und Überzeugungen. Ihr Wissensfundus sollte durch gemeinsame Erprobung und Experimentieren, durch neue Erkenntnisse und Managementmethoden ergänzt werden, die wiederum wissenschaftlich fundiert und gemeinsam weiterentwickelt werden, so wie es die Bewegung der Agrarökologie bereits praktiziert.

Die im Folgenden vorgestellten landwirtschaftlichen Produktionssysteme können an verschiedene Standorte angepasst und – mit der Nutzung verschiedener nutzbarer Sorten und Arten – jeweils mit spezifischen lokalen bzw. indigenen Produktionsmethoden sowie Kulturtraditionen kombiniert werden. Dies stärkt lokale Gemeinschaften bei der Nutzung ihrer natürlichen Ressourcen (Kremen und Merenlender, 2018). Alle in Tabelle 3.3-2 gezeigten Landwirtschaftssysteme bergen zudem ein hohes transformatives Potenzial, können die Ausgangssituation hinsichtlich des Trilemmas aus Ernährungssicherung, Biodiversitätserhaltung und Klimaschutz deutlich verbessern und sind somit wertvolle Komponenten der vorgestellten Mehrgewinnstrategien. Einige Komponenten beziehen sich dabei nur auf Einzelmaßnahmen, wie z.B. alternative Düngemittel oder ressourcensparende Bewässerungsmethoden, die jeweils in bestehende Produktionssysteme zu integrieren wären.

### 3.3.2.6
### Komponenten der Mehrgewinnstrategien

Folgend werden 15 multifunktionale landwirtschaftliche Produktionssysteme, die dahinterstehenden Konzepte sowie einzelne Techniken zur Umsetzung vorgestellt (Kurzübersicht in Kasten 3.3-6). Diese Komponenten der in diesem Kapitel 3.3 vorgestellten Mehrgewinnstrategien können – jeweils in unterschiedlichen Modi – sowohl in Industrieländern im Sinne einer Ökologisierung, als auch in Entwicklungsländern im Sinne einer nachhaltigen Intensivierung umgesetzt werden. Tabelle 3.3-2 bietet eine umfassende Detailübersicht einer Auswahl dieser Systeme mit grober Potenzialabschätzung. Zwar schafft nicht jedes System Mehrgewinne in Bezug auf alle Dimensionen des Trilemmas der Landnutzung (Kap. 2.2), doch werden immer mindestens zwei Dimensionen positiv und keine negativ beeinflusst. Die Bewertung des Potenzials zur Reduktion von THG-Emissionen ist teilweise abhängig von der Ebene, von der aus sie betrachtet wird.

#### Komponente 1: Agrarökologie als Metakonzept

Agrarökologie ist sowohl ein Wissenschaftszweig als auch eine Bewegung mit dem Ziel einer Transformation des gesamten Ernährungssystems. Sie stellt somit mehr als ein Methodenkasten dar und ist eher ein Metakonzept. Die Agrarökologie verbindet die soziale mit der ökologischen Dimension und will traditionelles, lokales Wissen mit wissenschaftlichen Erkenntnissen trans- und interdisziplinär verknüpfen. Als Gegenbild zur industriellen oder konventionellen Landwirtschaft zielt Agrarökologie auf kleinbäuerliche, diversifizierte Landwirtschaftssysteme und setzt auf eine Optimierung der Nährstoffkreisläufe und Ökosystemleistungen, ähnlich wie der ökologische Landbau. Die vor Ort verfügbaren Ressourcen (Sonne, Wasser und Boden, Arten- und Sortenvielfalt) und das Wissen der Menschen und Gemeinschaften über ihr Zusammenspiel leisten praktische Beiträge zur Problemlösung (FAO, 2020e; IAASTD, 2009). Agrarökologie arbeitet ohne Zertifizierung oder Verbote und unterscheidet sich hier vom ökologischen Landbau. Dies macht das Konzept attraktiv (auch für die Konsumenten, da Produkte nicht notwendigerweise teurer sind) und flexibel (auch für die Produzenten), weil diese konventionelle Inputs einsetzen dürfen, wenn es sich für sie lohnt oder wenn sie mit naturnahen Methoden nicht weiter kommen. Doch schafft diese Konstellation ohne Kontrollen natürlich auch Gefahren für ein „greenwashing".

Als Gegenbild und Alternative zur industriellen Landwirtschaft in den 1970er und 1980er Jahren begründet, wurde die Agrarökologie in den 1990er Jahren zur weltweiten Bewegung, vorangetrieben durch Praktiker*innen und NRO. Heute hat sie bei vielen Institutionen Anerkennung erworben und wird u. a. auch von der FAO propagiert (Youmatter, 2020; FAO, 2020e). In Deutschland setzen sich das BMZ und viele NRO (INKOTA, 2019), für ihre Verbreitung ein. In den letzten Jahren wurden zahlreiche Initiativen und Plattformen für den Wissensaustausch (z. B. www.agraecology-pool.org) zur Sammlung und Weiterentwicklung agrarökologischer Methoden gegründet.

Agrarökologie geht über die Produktionsebene hinaus und will technische Ansätze mit Strategien, wie zum Beispiel der Farm-to-Fork-Strategie der EU oder der sektorübergreifenden Kaskadennutzung von Abwässern für die Bewässerung (Ferguson und Lovell, 2014) verbinden. Dabei bilden relativ kleinskalige Bezüge mit deutlicher Abgrenzung von industriellen Verfahren ein wichtiges Prinzip. Agrarökologie stellt diese Praktiken gemeinsam mit F&E-Einrichtungen auf ein wissenschaftliches Fundament für die praktische Anwendung (FAO, 2018a). Vielfältige Beispiele belegen das große Potenzial zur Ertragssteigerung bei gleichzeitiger Schonung der Ressourcen. Ziele sind darüber hinaus die Belebung der regionalen Wirtschaft, Verbesserung der Gesundheit, des Wohlstands, der Resilienz und der Biodiversität. Agrarökologische Netzwerke verbreiten den Ansatz auf der Politikebene, und eine von der FAO ins Leben gerufene Initiative „Scaling Up Agroecology Initiative – Transforming Food and Agriculture in Support of the SDGs“ möchte ihr zum Durchbruch verhelfen.

### Komponente 2: Klimasmarte Landwirtschaft als Metakonzept

Klimasmarte Landwirtschaft (Climate Smart Agriculture, CSA) ist ebenfalls ein Metakonzept für eine zukunftsfähige Landwirtschaft, das auf drei Säulen steht: (1) nachhaltige Steigerung der agronomischen und ökonomischen Produktivität, (2) Steigerung der Resilienz und Anpassungskapazität, (3) Klimaschutz, d. h. Senkung und Sequestrierung von THG-Emissionen. CSA hat eine globale Agenda und möchte zur Ernährungssicherung, den SDGs und den Zielen des Pariser Übereinkommens beitragen (FAO, 2020b). Die Multistakeholderplattform „Global Alliance for Climate Smart Agriculture (GACSA)“ wurde 2014 als Katalysator und Kommunikator zur Verbreitung von Technologien der CSA gegründet, zusammen mit der FAO als wichtigstem internationalen Partner. Zu ihren Mitgliedern zählen auch viele Unternehmen der Agrarindustrie. Dies und bestimmte Schwerpunktsetzungen, wie der Fokus auf Technologien (inklusive Gentechnik und konventionelle Inputs) hat Kritiker*innen dazu veranlasst, greenwashing zu vermuten.

CSA bietet ein Repertoire verschiedener Techniken und Methoden für beide Landwirtschaftstypen an, die industrielle und kleinbäuerliche. Die subsummierten Praktiken umfassen die Bandbreite der in diesem Gutachten vorgestellten, nachhaltig diversifizierten Landwirtschaftssysteme, aber auch weitere, stärker technologiefokussierte Ansätze. Es gibt jedoch noch keine klaren Indikatoren oder Wirkungsevaluationen für Ansätze der CSA (ICRAF, 2019). Auch weil diese Standards und Definitionen für Nachhaltigkeit fehlen, wird CSA von zivilgesellschaftlichen Organisationen kritisiert (AbL, 2016). Sowohl Großanwendungen der konservierenden Landwirtschaft auf Basis der Herbizidresistenz als auch Einzelansätze wie „wassereffizienter Mais in Afrika“ werden von der Allianz unterstützt, aber auch zahlreiche kleinskalige, agrarökologische Ansätze. Als Schwäche der CSA wird ihre Begrenzung auf die Produktion und ihr Technikfokus gesehen. Es wird dabei kein Konzept mitgeliefert, wie ressourcenarme kleinbäuerliche Betriebe in Maßnahmen einbezogen werden könnten (AbL, 2016) und auch keine Strategie vorgeschlagen oder entwickelt, wie Breitenwirksamkeit erreichen werden kann.

### Komponente 3: Agroforstwirtschaft

Agroforstwirtschaft bezeichnet ein dynamisches, ökologisches System, mit dem durch die Integration von u. a. Bäumen, Sträuchern, Palmen oder Bambus auf landwirtschaftlichen Flächen und in der Agrarlandschaft die Produktion diversifiziert werden kann, um soziale, wirtschaftliche und ökologische Vorteile für die lokale Bevölkerung zu erzeugen (FAO, 2015b). Diese Wirtschaftsform hat in weiten Teilen der Welt bereits eine lange Tradition (z. B. in Europa Waldweiden und Streuobstwiesen) und gilt international schon seit den 1970er Jahren als wesentliches Element agrarwirtschaftlicher Entwicklung. Agroforstsysteme zielen über die Integration von Nutzbäumen (Frucht, Holz, Leguminosen zur Bodenverbesserung) auf eine Diversifizierung von Anbau und Ernährung, Verbesserung der Bodeneigenschaften sowie Diversität und Stabilität der Ökosysteme ab – auf einzelnen Feldern und ganzen Landschaften (Abb. 3.3-8; Kasten 3.3-7). Bäume können verstreut als Einzelbestand, Alleen, Gruppen, Waldparzellen oder Wäldern integriert sein (Wangpakapattanawong et al., 2017: 7). Moderne Agroforstsysteme sind im Gegensatz zur traditionellen Form an den aktuellen Stand der Agrartechnik angepasst, was die Beeinträchtigung der Feldbearbeitung durch die Bäume verringert (Bender et al., 2009).

Agroforstsysteme können vielfältige Synergien schaffen. Für den landwirtschaftlichen Betrieb bringen die Bäume ökologische Vorteile, indem sie Schatten (u. a. für Nutztiere) und Platz für Nützlinge (z. B. Vögel, Insekten) bieten, was auch den Bedarf an Pestiziden senkt. Nährstoffe werden wiederverwertet und verringern auf diese

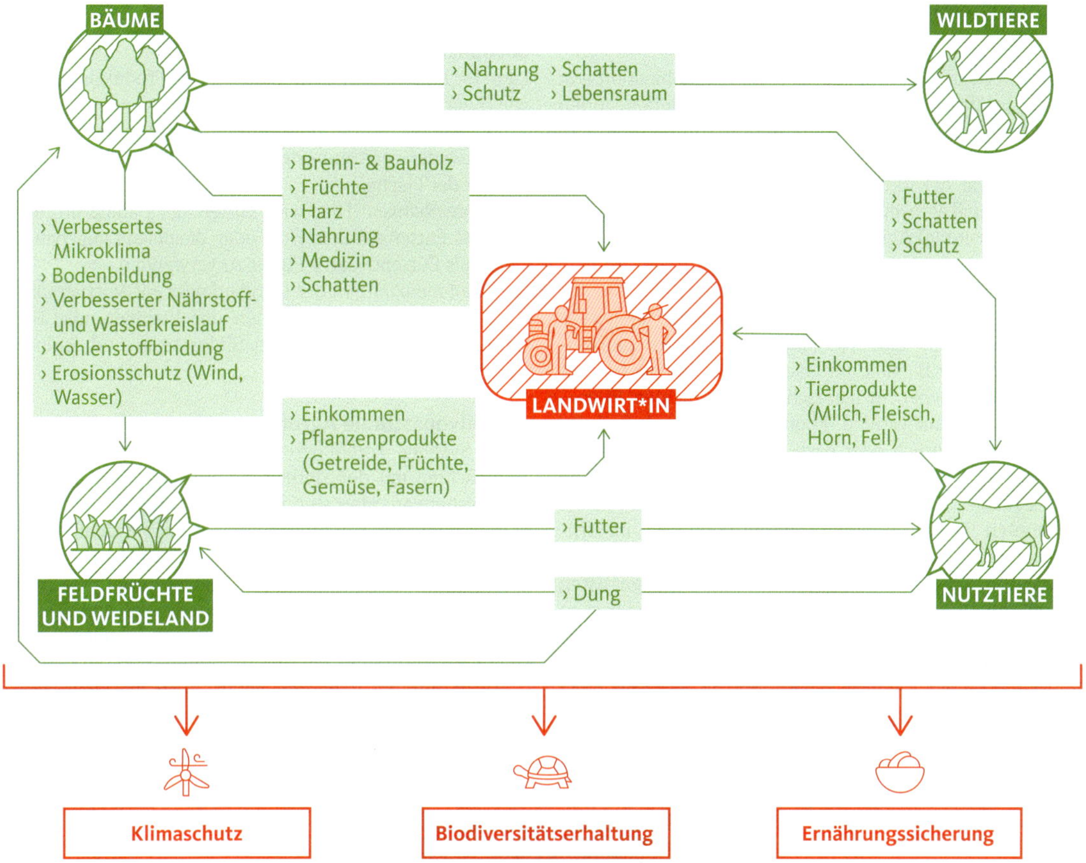


**Abbildung 3.3-8**
Synergien von Agroforstsystemen.
Quelle: WBGU, Grafik Ellery Studio

Weise den Düngemittelbedarf. Einjährige Kulturen wachsen besser und die Wasserspeicherkapazität des Bodens steigt (Wangpakapattanawong et al., 2017). Zudem ist eine substanzielle Humusanreicherung (+18%) in den Baumreihen der integrierten Bäume nachgewiesen (Seitz et al., 2017). Hinzu kommen ökonomische Vorteile, indem die Bäume (Früchte, Holz usw.) ein weiteres, meist langfristiges und generationsübergreifendes landwirtschaftliches Zusatzeinkommen bieten. Die Produktdiversifizierung trägt auch zur Risikostreuung bei (Nahm und Morhart, 2017). Bäume führen durch ihre Multifunktionalität zur besseren Auslastung von Land, Arbeitskraft und Kapital (Wangpakapattanawong et al., 2017) und erhalten die Wertschöpfungsfunktion der Fläche (Langenberg und Theuvsen, 2018). Bei der Standortwahl eignen sich in Deutschland eher Ackerböden mittlerer Qualität als Agroforstfläche (z.B. streifenförmige Implementierung von Kurzumtriebsgehölzen), um eine höhere Rentabilität als mit Einzelkulturen zu erreichen. Der kombinierte Ertrag sollte etwa 110% betragen, um trotz des erhöhten Arbeitsaufwands genug Einkommen zu generieren (Langenberg und Theuvsen, 2018). Regulierend wirken die Speicherung von Kohlenstoff, Erosionskontrolle, modifiziertes Mikroklima, Wasserregulierung, Windschutz, Steigerung der Biodiversität, Verknüpfung der Habitate von Pflanzen und Tieren sowie die biologische Kontrolle von Schädlingen und Krankheiten. Außerdem werden die Fixierung von Stickstoff (bei Leguminosen Bäumen), Nährstoff- und Wasserkreisläufe, Photosynthese sowie die Düngung des Bodens unterstützt. Positive kulturelle Effekte betreffen Ökotourismus, Landschaftsschönheit, Schatten und Treffpunkte sowie religiöse Signifikanz (Wangpakapattanawong et al., 2017).

Bei der Implementierung und Bewirtschaftung von Agroforstsystemen sind Herausforderungen zu meistern. Zusätzlich gepflanzte Bäume konkurrieren mit den angebauten Kulturen um Fläche, Licht, Nährstoffe und Wasser. Agroforstsysteme müssen sorgfältig geplant und an die jeweiligen Standortbedingungen

**Kasten 3.3-7**

## Variantenvielfalt der Agroforstwirtschaft

Agroforstsysteme weisen laut FAO je nach Kombination von Bäumen, Feldfrüchten und Nutztieren drei Unterkategorien mit eigenen Bezeichnungen auf (FAO, 2015b; Abb. 3.3-9). Folgend wird jeweils die große Variantenvielfalt bei silvorablen (Bäume mit Ackerkulturen), silvopastoralen (Bäume mit Tierhaltung) und agrosilvopastoralen (Bäume mit Ackerkulturen und Tierhaltung) Agroforstsystemen aufgezeigt.

### Silvorable Agroforstsysteme

Die FAO unterscheidet zehn Produktionssysteme, die jeweils verschiedene Ziele und Nutzungsmöglichkeiten aufweisen. So können z.B. viele unterschiedliche Baumarten auf verschiedenen Ebenen in mehrschichtigen, dichten Pflanzverbänden angebaut werden. Ebenso können multifunktionale Bäume willkürlich oder nach bestimmten Mustern auf Ackerflächen in Form von Dämmen, Terrassen oder entlang von Parzellen- bzw. Feldgrenzen verteilt werden. Beim sogenannten Taungya-System werden Plantagen im frühen Stadium zusätzlich mit Holz- oder Feldkulturen kombiniert (Abb. 3.3-10). Der Anbau von verholzenden Arten in Form von Hecken und Feldfrüchten in Gassen zwischen diesen Hecken ermöglicht eine Mikrozonierung und Windschutz. Zwecks Bodenkonservierung und Urbarmachung können Bäume auf Dämmen oder Terrassen mit oder ohne Grasstreifen zur Bodengewinnung eingesetzt werden. Darüber hinaus können Bäume, die Feuerholz bieten, zusätzlich auf oder um das Ackerland herum angebaut werden (FAO, 2015a).

### Silvopastorale Agroforstsysteme

Laut FAO fallen hierunter kombinierte Produktionssysteme wie (FAO, 2015a; Abb. 3.3-11):

1. *Bäume auf Weide- oder Grasland:* Hier stehen die Bäume entweder verstreut oder nach einem Muster angeordnet auf der Fläche.
2. *Proteinbanken:* Hier wird mittels der Bäume proteinreiches Futter auf dem Hof- oder Weideland angebaut, um es als Cut-and-Carry Futter zu verwenden.
3. *Plantagenkulturen auf Grasland oder mit Nutztieren:* Hier geht es um Kombinationen der Viehhaltung z.B. mit Kokosnusspalmen (wie in Südostasien und Südpazifik verbreitet).

### Agrosilvopastorale Agroforstsysteme

Diese Systeme kombinieren den Anbau von Bäumen und Feldfrüchten mit der Tierhaltung auf einer Fläche. Produktionssystemvarianten sind hier: (1) private Gärten mit Integration aller drei Nutzungen um das eigene Gehöft herum, (2) multifunktionale hölzerne Hecken (für Äsen, Mulchen, Gründüngen, Konservieren des Bodens usw.), (3) Imkerei und Bäume, die der Honigproduktion dienen, und (4) Aquaforstsysteme, bei denen Fischteiche von Bäumen gesäumt sind, deren Blätter als Fischfutter dienen (FAO, 2015a).

Nicht nur die Variantenvielfalt, auch die Skalierbarkeit von Agroforstsystemen ist hoch. Sie lassen sich gut anpassen, denn unterschiedliche Agrarsysteme ermöglichen eine Inte-

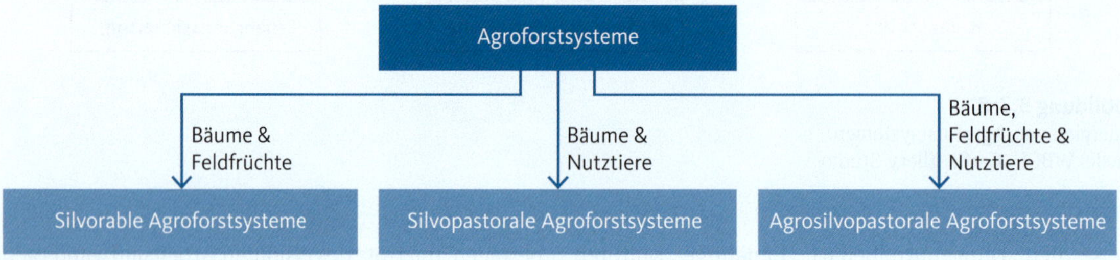


**Abbildung 3.3-9**
Unterkategorien von Agroforstsystemen.
Quelle: WBGU nach FAO, 2015a

**Abbildung 3.3-10**
Silvorable Agroforstsysteme.
Quelle: Bild links: Christian Dupraz (INRA); Bild rechts: Agforward Project „Squashes in SRC silvoarable system, Wakelyns Agroforestry" (CC BY-NC-SA 2.0), flickr.com

**Abbildung 3.3-11**
Silvopastorale Agroforstsysteme.
Quelle: Phil McIver „The watcher" (CC BY-NC 2.0), flickr.com

gration von Bäumen (von Einzelbäumen bis zu Waldbeständen), und dies für einzelne Felder oder Betriebe bis hin zu ganzen Landschaften. Die FAO schlägt u. a. das Prinzip „Think Big" zur Anwendung vor: Die Landschaft soll als Gesamtheit betrachtet werden, inklusive ihrer biophysikalischen (Topographie, Klima, Landnutzung, Vegetation, Bodentypen) und sozioökonomischen Komponenten und Akteure (Dörfer, Bauernorganisation, Betrieben, Märkten, Regierung und andere Institutionen). Zudem ist zu bedenken, dass Bäume Zeit zum Wachsen benötigen und von den Landwirt*innen als lohnende Zukunftsinvestition zu sehen sind (Wangpakapattanawong et al., 2017:21), was langfristige Planungssicherheit und klar definierte Landrechte verlangt.

angepasst werden, um negative Effekte auf die angebauten Kulturen einzuhegen. Dies erfordert Fachwissen, da der Aufwuchs von Bäumen Jahre benötigt und bei suboptimaler Auswahl der Baumarten die gewünschten Synergien ausbleiben können. In den diversifizierten Agroforstsystemen können zusätzliche Krankheiten oder Schädlinge aufkommen, die hier Lebensraum finden (Wangpakapattanawong et al., 2017:16; Nahm und Morhart, 2017). Bei einer Kombination mit Nutztieren können Verbissschäden am Pflanzgut sowie eine Bodenverdichtung durch Trittschäden auftreten (Spiecker et al., 2009).

Die Integration von Bäumen und die Strukturdiversifikation der Anbaufläche kann die Einsatzmöglichkeiten landwirtschaftlicher Maschinen und Techniken einschränken (Wangpakapattanawong et al., 2017:16). Weil die Agroforstwirtschaft auf eine langfristige Planung ausgerichtet ist, sind zudem regionale Verwertungsmöglichkeiten sowie Rahmenbedingungen kritisch. Eine weitere Barriere ist die teils verbreitete Skepsis der Landwirt*innen gegenüber Agroforstsystemen, wobei vor allem kleine landwirtschaftliche Parzellen, Informationsdefizite und mangelnde öffentliche Unterstützung als Umsetzungshemmnisse wirken. Z.B. befürchteten Landwirt*innen in Kirgistan bei der Wiedereinführung von Agroforstsystemen (hier Agrarprodukte kombiniert mit Windschutzstreifen) geringere Ernteerträge durch die Beschattung, sind sich jedoch der Vorteile wie die zusätzliche Holzressource, höhere Ernteerträge sowie verringerte Bodendegradation und

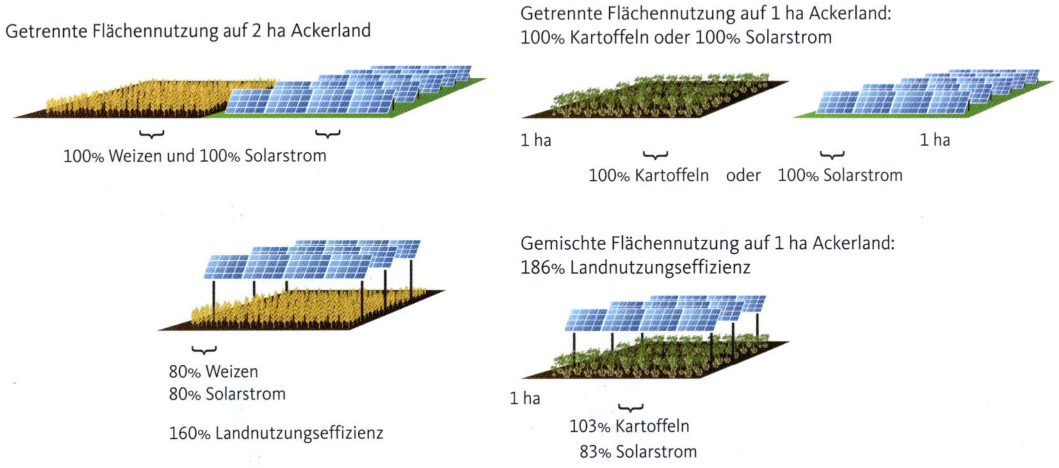


**Abbildung 3.3-12**
Vorteile einer gemischten Flächennutzung bei Agrophotovoltaiksystemen.
Quelle: Fraunhofer ISE (Illustration Kartoffeln © Happy Pictures / shutterstock.com)

**Abbildung 3.3-13**
Agrophotovoltaiksysteme.
Quelle: Foto links: Andrea Bauerle/Universität Hohenheim; Foto rechts: ©Fraunhofer ISE

Winderosion nicht bewusst. Um dem entgegenzuwirken, sollten kooperative Modelle verfolgt sowie eine aktive Unterstützung durch lokale Regierung erfolgen (Ruppert et al., 2020).

### Komponente 4: Agrophotovoltaik

Agrophotovoltaiksysteme (APV) sind als Konzept bereits seit drei Jahrzehnten bekannt (Goetzberger und Zastrow, 1982) und kombinieren PV-Anlagen und die Agrarproduktion auf derselben Fläche (Abb. 3.3-12, 3.3-13).

Die Kombination unterschiedlicher Produktionssysteme steigert die Landnutzungseffizienz relativ zur separaten Erzeugung von Agrarprodukten und Energie (Dupraz et al., 2011; Marrou et al., 2013b) und generell auch die Flächenproduktivität (Dupraz et al., 2011; Elamri et al., 2018; Valle et al., 2017). So bietet APV zum einen großes Synergiepotenzial für Regionen mit hoher Bevölkerungsdichte (Dinesh und Pearce, 2016), aber auch – unabhängig davon – für semiaride und aride Regionen. Dort senkt APV z.B. die durch hohe Sonneneinstrahlung und Verdunstung bedingten Wasserverluste (Marrou et al., 2013a; Ravi et al., 2016).

Die installierte Leistung von APV-Systemen beträgt weltweit rund 2,9 GW, bei großem Flächenpotenzial (technisches Potenzial in Deutschland 1,7 TWp); dabei sind sie günstiger als kleine PV-Dachanlagen, bieten Landwirt*innen außerdem den Zusatznutzen des Schutzes vor Hagel-, Frost- und Dürreschäden (ISE, 2020). Auch verbessern die PV-Anlagen die Wassernutzungseffizienz der darunter liegenden landwirtschaftlichen Fläche (Adeh et al., 2018; Elamri et al., 2018; Marrou et al., 2013b). Die abgeschirmte Sonneneinstrahlung schafft Vorteile speziell für Pflanzen in ariden Regionen (Harinarayana und Vasavi, 2014). Die Energiebereitstellung generiert Zusatzeinkünfte (Dinesh und Pearce, 2016; Malu et al., 2017) und unterstützt ländliche dezentrale Energiesysteme (Burney et al., 2010; Harinarayana und Vasavi, 2014; Malu et al., 2017; Herran und Nakata, 2012).

Wesentliche Herausforderung der Agrophotovoltaik ist es, das optimale Verhältnis zwischen Agrar- und Energieproduktion für den jeweiligen Standort zu bestimmen, da eine höhere PV-Moduldichte die Energieproduktion steigert, dies im Gegenzug aber die Agrarproduktion durch zu große Beschattung beeinträchtigt (Dupraz et al., 2011). Zudem müssen die tragenden Gerüste an die

**Abbildung 3.3-14**
Aquaponiksysteme.
Quelle: Foto links: ©Samaki Aquaponics, Enactus Aachen e.V. 2018; Foto rechts: Richard Munoz (Aquaponik-manufaktur.de)

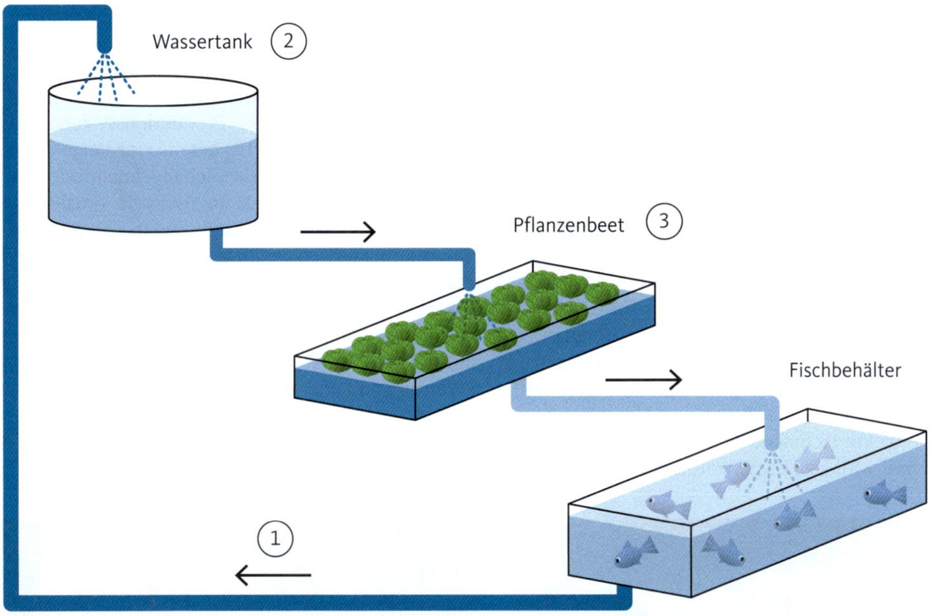


**Abbildung 3.3-15**
Vereinfachte Darstellung der Funktionsweise und Aufbau von Aquaponiksystemen. ① Durch die Fische gelangen Futterreste und Exkremente ins Wasser. ② Bakterien wandeln Exkremente und Futterreste der Fische in pflanzenverfügbare Nährstoffe um und es kann Frischwasser hinzugefügt werden. ③ Die Pflanzen nehmen die aufbereiteten Nährstoffe auf und filtern so das Wasser, das anschließend in den Fischbehälter zurückgeführt wird.
Quelle: WBGU, nach smallgarden-ideas.com

Anforderungen der jeweiligen Landmaschinen angepasst sein (Weselek et al., 2019). Auch ist eine duale Flächennutzung bisher im gesetzlichen Regelwerk nicht vorgesehen, es fehlt ein Anspruch auf EU-Agrarsubventionen für Landwirt*innen ebenso wie eine Einspeisevergütung nach EEG (Fraunhofer ISE, 2020). Seit 2013 sind etwa in Japan APV-Anlagen auf landwirtschaftlichen Nutzflächen genehmigungsfähig, wenn unter den PV-Modulen 80% der Referenzerträge geerntet werden können, und werden auch von den Stromversorgern gefördert (Movellan, 2013). Die AVP-Nutzung erscheint vor allem in (ländlichen) semiariden und ariden Regionen für an Schatten angepasste Kulturen geeignet (Wassereinsparungen, dezentrale Energieversorgung). Auch kann sie die Landnutzungskonkurrenz in dichtbevölkerten Regionen entschärfen (Weselek et al., 2019), verlangt jedoch eine Anpassung der Regelwerke für duale Flächennutzungen (z.B. GAP und EEG).

### Komponente 5: Aquaponik

Aquaponik verbindet die Technologien der rezirkulierenden Systeme für die Aquakultur und der Hydroponik in einem geschlossenen Kreislaufsystem (Abb. 3.3-14, 3.3-15; Kasten 3.3-8). Letztere ist eine wasserbasierte Pflanzenproduktion, die ohne die Nutzung von Erde auskommt und deshalb als Chance in Gebieten mit geringer Bodenfruchtbarkeit gilt (Junge et al., 2017; Joyce et al., 2019).

Reine Aquakulturen sind mit einem hohen Nährstoffeintrag in die Umwelt verbunden. Bei einer durchschnittlichen Futterumwandlungsrate von 1:3 (Naylor et al., 2000) werden rund 36% des Futters als organischer Abfall ausgeschwemmt (Brune et al., 2003). Die Zielorganismen nehmen vom Stickstoff 5–48% und vom Phosphor 15% auf (Gutierrez-Wing und Malone, 2006). Ungenutztes Futter inklusive nicht aufgenommener Nährstoffe, Ausscheidungen sowie krankheitserregende Mikroorganismen gelangen durch das Abwasser in umliegende Wasserkörper (Sugiura et al., 2006).

In Aquaponiksystemen hingegen werden die ausgeschiedenen Nährstoffe durch die Integration in eine wasserbasierte Pflanzenproduktion wiederverwertet und so die Abfälle der Aquakultur weitergenutzt (Joyce et al., 2019). So werden die Nährstoffe aus den Futterresten und Fischexkrementen zur Ressource bzw. zum Dünger für die Pflanzen. Jene wiederum reinigen das Wasser, das dann wieder zurück in die Fischbehälter geführt werden kann. Insgesamt kann ein geschlossenes Kreislaufsystem entstehen. Durch die zirkuläre Wassernutzung bergen Aquaponiksysteme große Wassereinsparungspotenziale und verringern zudem den Nährstoffeintrag in umliegende Gewässer (Suhl et al., 2016). Ökonomische Vorteile können durch die Herstellung weiterer marktfähiger Produkte entstehen, wobei die

**Kasten 3.3-8**

### Ursprünge der Aquaponik und Anwendungsmöglichkeiten

Die Ursprünge der Aquaponik reichen bis in die 1970er Jahre zurück. Erste wissenschaftlichen Veröffentlichungen entstanden um 1980 (Lennard und Goddek, 2019). Vom EU-Parlament wurde Aquaponik 2015 als eine der „zehn Technologien, die unser Leben ändern können" bezeichnet (van Woensel et al., 2015). Dennoch gibt es bislang wenig wissenschaftliche Forschung dazu. Das Berliner Leibniz-Institut für Gewässerökologie forscht z.B. am System Tomatenfisch, unterstützt vom BMBF (IGB, 2014). Aquaponikanlagen können von kleinen privaten bis hin zu großen Anlagen kommerzieller Betreiber reichen und kommen in drei Typen vor: Haushaltsaquaponik, soziale Projekte (Schulaquaponik) und kommerzielle Aquaponik. Derzeit wird am Design von Aquaponiksystemen gearbeitet, die allen drei Säulen der Nachhaltigkeit gerecht werden (Junge et al., 2017).

Systeme, die Pflanzenanbau und Fischproduktion kombinieren und so Kreisläufe schließen, sind nicht neu. In China haben landwirtschaftliche Produktionssysteme des Reis-Fisch-Systems (Abb. 3.3-16) bereits eine lange Tradition. Die FAO hat diese Systeme als Globally Important Agricultural Heritage Systems gelistet. In Synergie ernähren sich die Fische von Blättern, Unkräutern und Insekten, düngen durch ihre Ausscheidungen die Pflanzen, regulieren die mikroklimatischen Bedingungen, weichen den Boden auf und bringen Bewegung in den Wasserkörper. Die Reispflanzen bieten Schatten und Nahrung für die Fische. Der Verzehr von Reis und Fischen sichert den Landwirt*innen eine ausgewogene Ernährung und entlastet sie durch die verringerte Arbeitsintensität solcher Reisfelder. Darüber hinaus werden weniger chemische Düngemittel und Pestizide für den Anbau benötigt (FAO, 2020i).

**Abbildung 3.3-16**
Traditionelle Kombination von Feldfrüchten und Fischen (Reis-Fisch-System bzw. *Azolla*-Reis-Fisch-Farming).
Quelle: Foto links: Silke Stöber (2019): Seminar für Ländliche Entwicklung der Humboldt-Universität zu Berlin; Foto rechts: ©FAO/Luohui Liang

Besatzungsdichten meist geringer sind als in den getrennten Verfahren (Morgenstern et al., 2016). Aquaponiksysteme sind adaptiv und können auch auf kleinen Flächen oder in landwirtschaftlichen Ungunsträumen genutzt werden (z.B. in Städten auf Dächern oder verlassenen Fabrikgeländen; Joyce et al., 2019).

Auch wenn Aquaponiksysteme über die letzten Jahre an Skalierbarkeit, Produktionsgröße und Marktakzeptanz gewonnen haben – die Anlagen werden robuster und größer (Espinal und Matulic, 2019) – sind noch Herausforderungen zu bewältigen. Die Variationen bei Feldfrucht und Fischkombinationen sind bisher gering, da die Nährstoff- und pH-Wert-Ansprüche nicht von allen erfüllt werden können (Morgenstern et al., 2016). Technisch herausfordernd ist die optimale Steuerung der Umwandlung der von den Fischen produzierten Nährstoffe sowie die Ausbalancierung dieser Stoffe in den Fischbecken und den Pflanzbeeten (Junge et al., 2017). Um ökonomische Vorteile zu stärken, werden heutzutage auch Systeme genutzt, die nicht alle potenziellen Umweltvorteile bieten (z.B. mit Zugabe zusätzlicher Nährstoffe), während diese Vorteile durch die Verwendung des Begriffs Aquaponik vom Verbraucher angenommen werden (Lennard und Goddek, 2019). Um dieser Entwicklung entgegenzuwirken, sollte der Begriff Aquaponik hinsichtlich der verwendeten Nährstoffe klar definiert werden (Lennard und Goddek, 2019). Das Konzept sieht keinen Einsatz von Antibiotika und chemischen Pestiziden vor. Dennoch ist es nicht als Verfahren des Ökolandbaus anerkannt und von einer entsprechenden Zertifizierung ausgeschlossen (Morgenstern et al., 2016).

#### Komponente 6: Biokohle

Biokohle ist ein kohlenstoffreiches Produkt, das durch die Erhitzung von Biomasse unter nahezu vollständigem Ausschluss von Sauerstoff erzeugt wird (unvollständige Verbrennung). Je nach Herstellungsverfahren unter-

**Kasten 3.3-9**

### Biokohle: Herstellung, Herausforderungen und Kosten

Bei der Herstellung von Biokohle zerfällt ein Teil der eingesetzten Biomasse (z.B. Stroh, Grünschnitt, biogener Hausmüll, Gülle, Gärreste oder Klärschlamm) in eine gasförmige, eine flüssige und eine feste Phase. Letztere besteht vorwiegend aus elementarem, stabilem Kohlenstoff und stellt die eigentliche Biokohle dar, die Eigenschaften wie Holzkohle aufweist (Teichmann, 2014). Es gibt verschiedene industrielle Herstellungsverfahren, von der Pyrolyse und Vergasung (trockenes Verfahren – Biokohle) bis zur hydrothermalen Karbonisierung (nasses Verfahren – HTC-Kohle). Die Verfahren unterscheiden sich bei Prozessparametern (z.B. Dauer, Temperatur) sowie bei den Eigenschaften der jeweils hergestellten Biokohle. Jene hängen zudem von der Ausgangsbiomasse ab (Teichmann, 2014). Für die Kohlenstoffsequestrierung wird vor allem die stabilere Biokohle aus der langsamen Pyrolyse (> 250 °C) genutzt. Sie weist jedoch wirtschaftliche Nachteile auf, da die Biomasse im Gegensatz zum nassen HTC-Verfahren zuvor aufwändig getrocknet werden muss (Libra et al., 2011). Die nicht energetischen Nutzungsmöglichkeiten unterscheiden sich je nach Herstellungsverfahren (Abb. 3.3-17).

Herausfordernd sind vor allem die für die Herstellung benötigte Energie sowie die Trocknung vor der Pyrolyse. Auch das verfügbare Biomassenaufkommen beeinflusst das konkrete THG-Vermeidungspotenzial und seine Kosten. Hinzu kommen mögliche Nutzungskonkurrenzen mit der Nahrungsmittelproduktion und der energetischen Nutzung von Biomasse (Teichmann, 2014). Vor allem längerfristige Auswirkungen auf das Pflanzenwachstum sind noch nicht ausreichend erforscht. Biokohle erzielt Ertragssteigerungen von durchschnittlich 10%, bei einer Bandbreite von -28% bis +39% (Jeffery et al., 2011); negative Effekte auf das Pflanzenwachstum sind also nicht ausgeschlossen (Teichmann, 2014). Bei der Herstellung von Biokohle können sich organische Schadstoffe bilden, was verfahrenstechnisch minimiert werden muss. Aufgrund der heterogenen Ausgangsstoffe, Herstellungsverfahren und Anwendungsbereiche sind für ein besseres Prozessverständnis zu Wirkungen der Biokohle im Boden weitere systematische Untersuchungen erforderlich.

Derzeit ist eine düngerechtliche Einordnung der Biokohle in Deutschland nur eingeschränkt möglich. Lediglich die Nutzung von Pyrolysekohle aus unbehandelten Hölzern ist als Bestandteil von Düngemitteln, Kultursubstraten und Bodenhilfsstoffen zulässig, wenn diese als Produkt in Verkehr gebracht werden soll (Haubold-Rosar et al., 2016). Die mit der Biokohleherstellung verbundenen Kosten spiegeln sich in den Kosten der hierdurch erzielten THG-Vermeidung wieder (über 100 € pro t $CO_2$). Das Potenzial in Deutschland beträgt rund 1% des für 2030 angestrebten THG-Reduktionsziels, beschränkt durch die Verfügbarkeit von Biomasse (Teichmann, 2014).

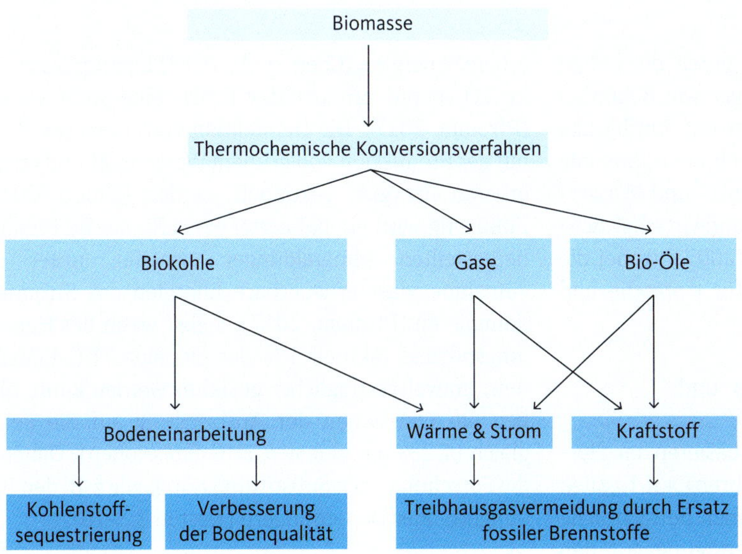


**Abbildung 3.3-17**
Flussdiagramm Biokohle (ohne Einbezug der energetischen Nutzung).
Quelle: Teichmann, 2014:4

scheiden sich die Nutzungsmöglichkeiten für Biokohle (Kasten 3.3-9; Abb. 3.3-17). Sie kann über die energetische Nutzung fossile Brennstoffe ersetzen, ist aber auch als Filtermaterial für Abluft- und Abwasserreinigung, zur Erzeugung von Elektroden oder Füllstoff einsetzbar (Röhrdanz et al., 2019). Für die Bauwirtschaft bieten Gemische aus Biokohle und anorganischem Ton ein umweltfreundliches, energieeffizientes Dämmmaterial mit geringer Dampfdurchlässigkeit, das die Wärmeleitfähigkeit von Baustoffen reduziert (Lee et al., 2019). Außerdem lässt sich Biokohle zur langfristigen Kohlenstoffsequestrierung in den Boden einbringen (Teichmann, 2014). Der Vorteil der Biokohle gegenüber der ursprünglichen Biomasse ist dabei ihre hohe Stabilität, so dass der Kohlenstoff durch biochemische Prozesse wesentlich langsamer in $CO_2$ umgewandelt wird (Leh-

**Kasten 3.3-10**

### Biodünger und Depotdünger: Potenziale, Wirksamkeit und Barrieren

Biodünger bestehen aus Mikroorganismen, Pilzen oder Algen und wirken in der Pflanze selbst oder im umliegenden Boden, der Rhizosphäre (Vessey, 2003). Dort binden sie Stickstoff, lösen Phosphor und erleichtern so die Nährstoffaufnahme der Pflanze. Biodünger kann in flüssiger Form, als Pulver oder Granulat und in Torf eingebracht werden (Herrmann und Lesueur, 2013).

- *Potenziale:* Biodünger können durch Wiederherstellen und Stärkung der natürlichen Stickstoff- und Phosphorzyklen Böden langfristig regenerieren, auch bei starker Verschmutzung durch Mineraldünger oder Rohöl. Auch können sie in Verbindung mit Salicylsäure Verschmutzungen des Bodens mit toxischen Schwermetallen vermindern (Khan et al., 2018) sowie die Toleranz der Pflanzen gegenüber Schadstoffen erhöhen (Pandey und Singh, 2019). Der Herstellungsprozess ist kostengünstig und emissionsarm.
- *Wirksamkeit:* Biodünger wirken signifikant, wenn auch erst nach einigen Jahren. So stieg der Ertrag von Sojabohnen nach drei Jahren um bis zu 30% (Lesueur et al., 2016); andere Studien berichten von möglichen Ertragssteigerungen von 10–40% (AfDB, 2016; Mahanty et al., 2017). Ihr Einsatz steigert die Resilienz gegenüber Klimaschwankungen durch Boden- und Wurzelstärkung und erhöht zudem die Resistenz der Pflanzen gegenüber Krankheiten und Schädlingen (Khan et al., 2018). Biodünger sind gentechnisch für verschiedene Standorte und Anwendungen veränderbar und können mit Mineraldünger gemischt werden (Ye et al., 2020), was den Übergang zwischen Mineral- und Bionutzung bzw. eine Senkung des Mineraldüngereinsatzes erleichtert. Zudem kann Biokohle als $CO_2$-Senke und als „Träger" für Biodünger im Boden eingesetzt werden. Laut der European Biomass Industry Association (EUBIA, 2020) würde die Umstellung auf Biodünger bis zu 6 kg $CO_2$eq pro eingesetztem kg Stickstoff einsparen.
- *Barrieren:* Um Qualitätskontrollen zu garantieren und Vertrauen bei den Landwirt*innen zu schaffen, brauchen Biodünger einen klaren rechtlichen Rahmen. Der Informationsfluss zwischen Wissenschaft und Landwirtschaft über seine Vorteile kann entscheidend den Unsicherheiten eines Düngemittelwechsels entgegenwirken. Die Übergangszeit zwischen Mineraldünger- und Biodüngereinsatz kann eine finanzielle Absicherung überbrücken. Biodünger sollten mit Mineraldünger kombiniert werden. Sie benötigen besondere Vorkehrungen für Lagerung und Transport, da sie konstant fermentieren.

Neben Biodüngern sind auch Depotdünger alternativ einsetzbar, die aus Kompost und Gärresten oder anderen organischen Reststoffen bestehen und mit anorganischen Düngemitteln N, P, K vermischt und zu Depotdüngern verpresst werden. Feldversuchen zufolge sind rund 50% Düngemittelersparnisse erzielbar (WEHLING Projekt GmbH, 2005).

mann et al., 2009). Zudem werden durch die hohen Prozesstemperaturen Krankheitserreger wie Bakterien abgetötet und durch die Karbonisierung Antibiotika abgebaut (Röhrdanz et al., 2019). Auch kann Biokohle durch ihre Eigenschaften die Nährstoff- und Wasserkapazität von Böden und somit deren landwirtschaftliche Produktivität verbessern (Lehmann, 2007), wobei die erhöhte Bodenfruchtbarkeit gerade für tropische und subtropische Regionen relevant ist.

### Komponente 7: Klimaschonende Bio- und Depotdünger

Konventionelle Mineraldüngemittel basieren im Herstellungsprozess (Haber-Bosch-Verfahren) auf fossilen Energieträgern und verursachen dabei beträchtliche THG-Emissionen. Da bei ihrer Ausbringung auf den Acker nochmals Emissionen frei werden, entfallen insgesamt auf die Mineraldüngung 7,7% der Gesamtemissionen der Landwirtschaft (FAO, 2017c), und ihre Herstellung benötigt 1–2% des globalen Energiebedarfs (Chen et al., 2018). Daher wird nach klimaschonenden und risikoärmeren Alternativen gesucht.

Das Erdgas im Haber-Bosch-Verfahren kann durch Biomasse als Brennmittel ersetzt werden. Dies führt im Fall nachhaltig angebauter Biomasse zu verringerten Treibhausgasemissionen (Chen et al., 2018). Mit der Produktion von Ammoniak unter Verwendung erneuerbarer Energien (Chen et al., 2018) können bis zu 1,5 kg $CO_2$eq pro produzierter t $NH_3$ eingespart werden (Pfromm, 2017). Die Herstellung von Ammoniak kann mit der Produktion von grünem Wasserstoff und erneuerbaren Energien gekoppelt werden (Simon, 2017). Zukünftig wird ein halbierter Preis für solche fossilfrei hergestellten Mineraldünger erwartet, unter der Annahme, dass erneuerbare Energien das Stromnetz dominieren (Pfromm, 2017). Selbst wenn der Herstellungsprozess (aktuell 1% der globalen THG-Emissionen) umweltverträglicher gestaltet werden kann, bleiben die Emissionen der Ausbringung auf die Felder gleich (1,2% der globalen THG-Emissionen). Daher ist die Forschung nach Substituten nötig, wie z.B. den Biodüngern oder Depotdüngern (Kasten 3.3-10).

### Komponente 8: Klimaschonender Ökolandbau

Ökolandbau ist eine Systemalternative zur industriellen Landwirtschaft und relativ unabhängig von der Betriebsgröße (Kasten 3.3-11). Zentral ist die Schließung von Nährstoffkreisläufen möglichst durch die Verwendung hofeigener Dünge- und Futtermittel, durch Flächenbindung der Tierhaltung sowie durch das Anpflanzen in weiteren Fruchtfolgen (einschließlich Untersaaten). Mineraldüngemittel und chemisch-synthetische Pestizide sind verboten. Während erstere durch (hofeigenen) organischen Dünger und Boden-

**Kasten 3.3-11**

### Klimaschonender Ökolandbau im Vergleich mit konventionellen Systemen

Der Ökolandbau weist zahlreiche Umweltvorteile gegenüber der konventionellen Landwirtschaft auf (Sanders und Heß, 2019). So werden

- die Nitratauswaschungen um 28-39% reduziert,
- keine Umwelttoxine aus Pestiziden oder Tiermedikamenten freigesetzt,
- die Bodenorganismendichte um 78–94% gesteigert,
- eine Versauerung des Bodens verhindert,
- mit über 250 kg C pro ha eine beträchtliche Kohlenstoffsequestrierung im Boden und Humusaufbau erreicht,
- ca. 24% niedrigere Lachgasemissionen freigesetzt,
- eine höhere Stickstoff- und Energieeffizienz erzielt,
- bis zu 95% mehr Arten auf den Acker gebracht,
- und resiliente Anpassungen an den Klimawandel geleistet.

Die Erträge im Ökolandbau liegen je nach Kulturart, Standort und Management um 5–34% und im Gesamtdurchschnitt um 25% unter denen des konventionellen Anbaus. Die geringsten Unterschiede von etwa 5% bestehen beim Anbau von Leguminosen im Regenfeldbau und bei mehrjährigen Kulturarten (Dauerkulturen). Die Ertragsunterschiede nehmen aufgrund der Mehrung der Ökosystemleistungen über die Jahre ab, jedoch ohne das konventionelle Ertragsniveau zu erreichen (Seufert et al., 2012).

Ökolandbau ist vor allem eine Frage der ökologischen Nachhaltigkeit und gesunden Ernährung, aber er ist auch eine Klimaanpassungsstrategie. Durch die Erwirtschaftung eines Bodens mit mehrfach höheren Pufferkapazitäten, geringerer Erosionsanfälligkeit, verstärktem Bodenleben, besserer Infiltration und höherer Aggregatstabilität wird eine höhere Resilienz erreicht (Sanders und Heß, 2019). Ökologisch bewirtschaftete Böden haben durch ihre organische Versorgung einen 14% höheren Bodenkohlenstoffgehalt als konventionell bewirtschaftete (Sanders und Heß, 2019: 145).

In der EU gewinnt der Ökolandbau an Wertschätzung und wird über die Zweite Säule der GAP gefördert (Details in Kasten 3.3-1), auch die Farm-to-Fork-Strategie des European Green Deal bezieht den Ökolandbau mit ein.

In Entwicklungsländern bedient der zertifizierte Ökolandbau für die eigene Versorgung aufgrund der höheren Preise bisher Nischenmärkte, ist jedoch von Bedeutung für globale Wertschöpfungsketten wie Biobaumwolle, Biokaffee usw. Hier wird über Bio- oder Fair-Trade-Siegel das Ziel verfolgt, in den Industrieländern für die Produkte höhere Preise und Einkommen für die Produzenten zu erzielen.

Forschungsansätze für den klimasensiblen Ökolandbau liegen in der Suche nach Möglichkeiten, die Tierzahl möglichst deutlich zu vermindern, ohne Engpässe in der Versorgung mit organischem Düngern sowie in der Optimierung pflugloser Direktsaatverfahren (Berner et al., 2008; FiBL, 2019) und in der Entwicklung veganer Systeme, bei denen ganz auf die Tierproduktion verzichtet wird (Biozyklisch-vegan.de, 2020).

stärkungsmittel substituiert werden, ersetzen kulturtechnische und biologische Maßnahmen chemisch-synthetische Pestizide. Ein eigenes Zertifizierungs-, Kontroll- und Vermarktungssystem ermöglicht höhere Produktpreise. Diese sind vor allem durch den erhöhten Arbeitsaufwand gerechtfertigt, der aufgrund der arbeitsintensiven Beikrautregulierung (ohne Herbizide) entsteht. Die geringeren Erträge machen höhere Produktpreise unvermeidlich.

### Komponente 9: (Boden-)konservierende Landwirtschaft

Schlüsselelemente der konservierenden Landwirtschaft sind der Verzicht auf den Pflug, eine permanente Bodenbedeckung und die Einhaltung einer Fruchtfolge (Kasten 3.3-12). Die minimale Bewegung des Bodens hat mehrere positive Wirkungen, vor allem die fast vollständige Vermeidung von Bodenerosion, selbst bei stärkeren Niederschlägen. Zudem werden Bodenstruktur und Wasserhaushalt verbessert, die Infiltration von Niederschlägen erhöht und die Bildung einer Pflugsohle vermieden (FAO, 2020d; Dumanski et al., 2006). Wieviel Kohlenstoff genau durch konservierende Landwirtschaft sequestriert werden kann, wird kontrovers diskutiert, allerdings ist ein höherer Kohlenstoffvorrat in den Böden der Mehrzahl der Betriebe mit konservierender Landwirtschaft unstrittig (Govaerts et al., 2009).

Im großflächigen Anbau wird konservierende Landwirtschaft in Kombination mit der Herbizidresistenztechnik und dem Einsatz von Breitbandherbiziden im Mais- oder Sojaanbau auf global bereits rund 125 Mio. ha (9% der Ackerbaufläche) angewandt (Pittelkow et al., 2015). Dieser Ansatz ist vor allem in Nord- und Südamerika, in Australien und Neuseeland verbreitet und erreicht dort sehr viel höhere Erträge als unter konventioneller Bewirtschaftung. Auf diese Weise stellt konservierende Landwirtschaft jedoch keine Mehrgewinnstrategie dar, vor allem, weil die Agrobiodiversität hierdurch verloren geht.

In der kleinbäuerlichen Landwirtschaft wird konservierende Landwirtschaft jedoch manuell mit einer speziellen Hacke umgesetzt. Sie wird von der FAO und durch verschiedene internationale Entwicklungspartner propagiert und gefördert (FAO, 2017a). In Sambia werden mit Hilfe der konservierenden Landwirtschaft deutlich höhere bis hin zu doppelten Erträgen bei der Anwendung der konservierenden Landwirtschaft gegenüber konventioneller Bearbeitung erreicht. Auch wenn die Arbeitskosten ebenfalls höher sind, so werden doch insgesamt deutlich höhere Deckungsbeiträge erzielt (Haggblade und Tembo, 2003).

**Kasten 3.3-12**

## (Herbizidfreie) bodenkonservierende Landwirtschaft: Vorteile und Barrieren

Bei richtiger Anwendung hat die konservierende Landwirtschaft zahlreiche positive Wirkungen auf den Boden: Er wird geschützt vor direkter Sonneneinstrahlung und Austrocknung, und 95% der Wasser- und Winderosion kann gestoppt werden. Der Wasserhaushalt und die natürliche Bodenfruchtbarkeit verbessern sich und weitere Fruchtfolgen haben positive Wirkungen auf die (Agro-)Biodiversität und beugen Schädlingsbefall vor (FAO, 2020d; Dumanski et al., 2006).

In kleinbäuerlichen Betrieben in Entwicklungsländern wird konservierende Landwirtschaft auf ca. 6 Mio. ha eingesetzt und institutionell gefördert (z.B. durch die FAO und die Entwicklungszusammenarbeit: Conservation Agriculture Farming Unit, 2019; IIRR, 2005) Wegen des erhöhten Arbeitsaufwands wird die Methode jedoch *de facto* von den Kleinbetrieben oft nur auf Teilflächen praktiziert. Mangel an Saatgut für die Gründüngung verhindert zudem oft das Mulchen und die Realisierung weiter Fruchtfolgen (FAO, 2020c).

Ein Beispiel für eine traditionelle Art der konservierenden Landwirtschaft ist „Zaï" (Abb. 3.3-18, 3.3-19). Degradierte und verhärtete, sogenannte „lateritisierte" Böden werden mit der Spitzhacke und einer speziellen Lochtechnik und gezielten Mineraldüngergaben wieder inwertgesetzt.

In Entwicklungsländern sind Beratung, Vergabe von Mulchsaaten sowie mögliche Honorierung der Humusanreicherung zentrale Herausforderungen. Speziell in Afrika ist der kostenlose Tausch des Pfluges mit Grubbern, Eggen oder Häufelgeräten die Voraussetzung dafür, dass die Technologie breitenwirksam umgesetzt wird. Ansonsten ist die resultierende Handarbeit oft so groß, dass nur eine Teilfläche konservierend bearbeitet werden kann.

**Abbildung 3.3-18**
Zaï: eine traditionelle Methode der Wiederinwertsetzung von Böden.
Quelle: ©World Agroforestry

**Abbildung 3.3-19**
Hirse in Zaï-Mulden. Der lateritisierte Boden wurde aufgeschlagen und die Mulden mit Saatgut und organischem Dünger in der Mulde bestückt. Erosionsvorgänge können somit nicht mehr stattfinden. Die Pflanzen entwickeln sich sehr gut.
Quelle: Hamado Sawadogo, ECHO Inc.

Die Forschung zur herbizidfreien Beikrautregulierung im Rahmen der konservierenden Landwirtschaft sollte gefördert werden. Die Umsetzung der konservierenden Landwirtschaft bringt zahlreiche Vorteile mit sich, hängt in der Praxis jedoch an einer erfolgreichen Beikrautregulierung ohne Pflug und ohne Herbizide (Abb. 3.3-20). Eine solche Regulierung zu finden, ohne die Biodiversität grundsätzlich zu gefährden und ohne zu hohe Arbeitsanforderungen zu bekommen, ist weiterhin eine sehr relevante Forschungsfrage.

**Abbildung 3.3-20**
Minimale Bodenbearbeitung nach dem Prinzip der konservierenden Landwirtschaft. Der Boden wird nicht gepflügt, sondern lediglich aufgeritzt. Zwischen den Reihen wird der Boden nicht bewegt, sondern mit Mulchmaterial bedeckt, nach dem das Saatgut in die Rillen verbracht worden ist.
Quelle: USAID Mikajy, Madagaskar

### Komponente 10: Ökologische Intensivierung – Beispiel Reis

Bei der ökologischen Intensivierung werden mit Hilfe geringerer Inputs höhere Outputs erzielt. Das bekannteste Beispiel ist die Wurzelintensivierung bei Reis, die auch Reisintensivierung genannt wird (Abb. 3.3-21). Diese wurde 1983 aus der Praxis heraus entwickelt und optimiert. Reisintensivierung ist daher Produkt partizipativer Forschung und gilt als agrarökologisches Verfahren. Die Methode wurde durch die Cornell-Universität entwickelt und von NRO sowie der FAO weiterverbreitet (FAO, 2016a).

**Abbildung 3.3-21**
Reisintensivierung und Reis-Fisch-Farm in Indonesien. Die Reihenabstände der Reispflanzen sind weiter als üblich. Dies führt zur intensiven Wurzelausbildung und einem höheren Ertrag und spart Arbeit, Saatgut und bei einer alternierenden Bewässerung auch Wasser. Im Wasser (Beckenbewässerung) können auch Fische gehalten werden (Kasten 3.3-7), wobei stickstoffsammelnde Algenfarne (*Azolla*) die Wasseroberfläche bedecken können und die Reispflanzen somit gleichzeitig mit Stickstoff versorgen, während sie die Wasseroberfläche beschatten und das Beikrautwachstum begrenzen.
Quelle: Silke Stöber, Seminar für Ländliche Entwicklung der Humboldt-Universität zu Berlin, 2019

Bei der Reisintensivierung wird Nassreis in deutlich weiteren Abständen gepflanzt und dadurch werden bis zu 85% weniger Saatgut benötigt und gleichzeitig höhere Erträge erzielt. Die einzelne Pflanzenwurzel kann sich besser ausbilden und dadurch Nährstoffe effektiver nutzen. Wenn die Bewässerung bei entsprechenden Systemen mittels alternierender Wetting-and-Drying-Systeme vorgenommen wird, können außerdem 30–40% Wasser eingespart werden. Insgesamt werden hierbei zudem 15% weniger Arbeitskraftstunden benötigt und es entstehen Produktivitäts- und Einkommenszuwächse von rund 20–25% (SRI International Network and Resources Center, 2015).

Das Verfahren widerspricht zunächst der jahrhundertealten Erfahrung mit engeren Pflanzabständen, daher zögern Bäuer*innen bei der Umsetzung zunächst. Barrieren liegen bei der adäquaten Wissensvermittlung vor allem durch die staatlichen Beratungssysteme in Entwicklungsländern, die zumeist nicht ausreichend mit Personal und Weiterbildungsmöglichkeiten ausgestattet sind.

Eine Skalierbarkeit auf alle Betriebsformen und Übertragungseffekte sind möglich und das Prinzip kann theoretisch auf alle Ackerkulturarten übertragen werden. Die Popularität von Reisintensivierung ist bereits hoch, vor allem in Asien, aber auch in Afrika. Leitfäden zur Anwendung wurden bereits in zahlreichen Ländern und in vielen Sprachen bereitgestellt.

Die Reisintensivierung sollte in alle offiziellen Agrarberatungssysteme aufgenommen werden, inklusive Monitoring-Systemen und Verankerung in der Forschungslandschaft. Es besteht Forschungsbedarf zur Übertragbarkeit des Prinzips der Wurzelintensivierung auf anderen Ackerkulturarten (Baumwolle, Mais, Sorghum usw.).

### Komponente 11: Anbau vergessener und unternutzter Kulturarten

Nicht nur die reiche Palette bestehender, gut bekannter Anbaukulturen bietet Diversifizierungsmöglichkeiten sondern auch die verstärkte Kultivierung „vergessener und unternutzter Kulturarten, Fruchtbäume und Gemüsesorten“ (Neglected and Underutilized Crop Species, NUC). Hierzu zählen z.B. afrikanische grüne Blattgemüsearten (African Indigeneous Leafy Vegetables), vergleichbar mit Spinat, oder Tausende andere Kulturarten. Vergessene Kulturarten galten in Subsahara-Afrika in der Kolonialzeit oft als „poor man's crop“ (Stöber et al., 2017). Stattdessen wurde dafür geworben „exotische“ Gemüsesorten anzubauen, die

**Kasten 3.3-13**

**Paludikultur: Potenziale und Barrieren**

Mit Landwirtschaft auf Moorböden (Paludikultur) können wiedervernässte Moore zur Gewinnung von Biomasse, für Bioenergie oder Baumaterial oder als Kultursubstrat umweltverträglich genutzt werden. Die damit erzielbaren Erträge übertreffen meist die des konventionellen Landbaus auf sonstigen Böden (Giannini et al., 2017; Wichmann, 2017). Auf wiedervernässten Mooren können Wasserbüffel für die Fleischproduktion gehalten und medizinisch wertvolle Pflanzen kultiviert werden (EU, 2009b). Die Universität Greifswald initiierte eine Datenbank mit Kulturpflanzenarten in Deutschland, die für den Palidukultur geeignet sind; sie enthält bereits 184 Arten (Abel et al., 2013).

Beim Anbau im Rahmen der Paludikultur erhöhen sich zunächst durch das Wiederbewässern die Methanemissionen, da hier Mikroorganismen organisches Material unter Sauerstoffverschluss zersetzen, allerdings sinken gleichzeitig die $CO_2$- und $N_2O$-Emissionen. Kurzfristig können sich diese gegensätzlichen Emissionsströme zu Null ausgleichen, wenn besonders viel frisches organisches Material auf den wieder bewässerten Moorflächen vorhanden ist (Joosten et al., 2012:37). Langfristig stellen wiedervernässte Moore aber aufgrund ihrer kontinuierlichen Kohlenstoffspeicherung eine Kohlenstoffsenke dar und sind somit ein sehr wichtiger Beitrag für den Klimaschutz (Joosten et al., 2012).

ursprünglich aus den Kolonialländern kamen wie Tomaten, Zwiebeln und Karotten, und die unter den tropischen Bedingungen krankheits- und schädlingsanfälliger waren, einen höheren Wasserbedarf hatten und daher bewässert werden müssen. Die vergessenen Kulturarten sind in ihren Ursprungsregionen typischerweise sehr voraussetzungsarm zu kultivieren, haben einen kurzen Vegetationszyklus und ressourcenarme Landwirt*innen können sie dennoch oft problemlos anbauen und vermarkten. In jüngster Zeit erhalten vergessene Kulturarten mehr Aufmerksamkeit u.a. durch das BMBF, der deutschen Entwicklungszusammenarbeit sowie durch internationale Organisationen (Bokelmann et al., 2016; FAO, 2018d).

Der Anbau der vergessener Kulturarten hat zahlreiche Vorteile. Er diversifiziert Landwirtschaftssysteme, hebt die Ernährungsqualität und trägt zum Einkommen sowie zur Erhaltung wertvoller genetischer Ressourcen bei. Manche dieser Pflanzen können auch zur Anpassung an den Klimawandel beitragen (FAO, 2018d; Padulosi et al., 2019). Der Anbau alter Kulturarten hat zudem einen soziokulturellen Wert und trägt zum Erhalt traditioneller Mahlzeitenkulturen bei (Krause et al., 2019; Padulosi, 2019; Padulosi et al., 2019; Stöber et al., 2017; Moraza et al., 2018). Einige der vergessenen Kulturarten wie die afrikanischen Grünen Blattgemüsearten haben aufgrund ihres hohen Gehalts an Antioxidantien eine krebshemmende Wirkung und sind auch aufgrund ihres sehr hohen Gehalts an Vitamin A besonders gesundheitsfördernd (Kebede und Bokelmann, 2017).

Für die Förderung des Anbaus vergessener Kulturarten ist zunächst die Wahrung des noch vorhandenen Wissens zum Anbau und zur Zubereitung der Mahlzeiten wichtig, das heute bereits verloren zu gehen droht (Padulosi et al., 2019). Außerdem müssen diese Pflanzen eine Image-Aufwertung erfahren, auch in Schulgärten und Universitäten vor Ort, gepaart mit der Aufnahme in nationale Ernährungsrichtlinien. In Subsahara-Afrika kann die vermehrte Kultivierung vergessener Kulturarten zudem ein wichtiger Schlüssel zur besseren Versorgung mit gesunden Lebensmitteln sein.

### Komponente 12: Paludikultur – Landwirtschaft auf Moorböden

Moore speichern 30% des weltweiten Bodenkohlenstoffes, obwohl sie nur 3% der Landfläche ausmachen (Joosten et al., 2012). Sie beinhalten daher die doppelte Menge an Biomassekohlenstoff wie der globale Waldbestand (EU, 2009b). Moore sind reich an Biodiversität und die raumeffektivsten Kohlenstoffbestände der Welt (Verhagen et al., 2009). Die Trockenlegung der Moore steigt weltweit weiter an, ihre Zerstörung durch den Bergbau und das Auftauen der Permafrostböden sind ebenfalls von globaler Bedeutung (Kap. 3.1.3). Rund 15% der Moore sind von Degradation betroffen, was insgesamt 6% der weltweiten THG-Emissionen erzeugt (Joosten et al., 2012; Biancalani und Avagyan, 2014). Während weitreichende Trockenlegungen in vielen Teilen der Welt das Hauptproblem darstellen, kämpfen die Menschen in der Tundra mit Bodenabsenkungen durch das Auftauen der Permafrostböden, während im Himalaya Überweidung und Zerstörung durch Bergbau Degradation von Mooren bewirken (EU, 2009b). Die Wiedervernässung von Mooren, ihr Schutz und ihre klimaschonende Nutzung mit Hilfe der Landwirtschaft auf Moorböden (Paludikultur, Kasten 3.3-13) ist daher von entscheidender Bedeutung für den Klimaschutz und wird in der Fachwelt als „low-hanging fruit for climate change mitigation" betrachtet (Joosten et al., 2012).

### Komponente 13: Permakultur als multifunktionales Gartenbausystem

Das Konzept der Permakultur wurde in den 1970er Jahren entwickelt und stellt ein intensives (Garten-) Anbausystem dar, bei dem Kulturarten unterschiedlicher Höhe möglichst intensiv angebaut werden

**Kasten 3.3-14**

### Permakultur: Prinzipien und Verbreitung

Die Permakultur geht auf drei Grundprinzipien zurück, die die systemischen Aspekte der Natur und ihrer Verwendung im Anbau verdeutlichen: (1) jedes Element im System der Natur hat mehrere Funktionen, (2) jede Funktion hat mehrere Elemente, die sie aufrechterhält und (3) jede Funktion der verschiedenen Elemente ist signifikant für das Gesamtsystem (Abb. 3.3-22; Akhtar et al., 2015; Hathaway, 2016).

Wie in der Agrarökologie orientiert sich die Bewirtschaftung an natürlichen Prozessen: Die Muster in der Natur sollen zunächst erkannt und dann so transformiert werden, dass sie für das eigene Anbausystem nutzbringend angewandt werden können. Dazu gehört der Anbau von Leguminosen und die Verwendung von Kompost oder auch Biodüngern (Didarali und Gambiza, 2019). Es wird zudem versucht, eine Balance zwischen Schädlingen und Nützlingen ohne Anwendung von Pestiziden herzustellen.

In Entwicklungs- und Schwellenländern wird der Ansatz punktuell bereits angewandt. In Havanna werden z.B. 90% des frischen Gemüses lokal mithilfe der Organoponik angebaut, die Permakultur ähnlich ist. Mit dieser Methode war es in Havanna möglich, den Ertrag von 1,5 kg pro m² auf 25,8 kg pro m² zu steigern (Cabannes, 2012). Auch in Projekten in Flüchtlingslagern in Haiti werden Permakulturgärten mit Hilfe der UN erfolgreich aufgebaut (Gans, 2010). In einem Projekt in Mali konnte Ertrag gegenüber den durchschnittlichen Erträgen der Region verdoppelt werden (UNCTAD, 2013:242). Gerade in Regionen, wo Nahrungsmittelpreise volatil sind, kann das Anlegen eigener Gärten die Ernährungssicherung und -qualität erhöhen. Wissenszugang und -transfer sind dabei Schlüsselelemente für ihre Verbreitung (Krebs und Bach, 2018).

**Abbildung 3.3-22**
Permakulturgarten.
Quelle: Local Food Initiative „Vegetable garden Permaculture" (CC BY 2.0), flickr.com

(Kasten 3.3-14). Spezifisch ist die optimale Nutzung des begrenzten Raumes nach dem Prinzip der „Slow and Small Solutions". Pflanzen werden vertikal angeordnet und nutzen unterschiedliche Raumschichten optimal aus. Auf diese Weise wird mit einem hohen Arbeitseinsatz ein hoher Flächenertrag mit diversifizierten Kulturarten und jeweils unterschiedlichen Funktionen erzielt. Entsprechend wird Permakultur gerne im periurbanen Raum als Gartenbausystem in Projekten angewandt, in denen Fläche knapp ist und sich soziale Ziele ideal mit dem Gartenbau verbinden lassen. So werden die Gärten beispielsweise von zivilgesellschaftlichen Gruppen angelegt und dienen neben der Diversifizierung der eigenen Ernährung gleichzeitig als Begegnungs- und Bildungsstätte, Naherholungsgebiet und Ausflugsziel. Gesunde Ernährung kann hierdurch mit ökologischen, Bildungs- und sozialen Zielen ideal verknüpft werden (Ferguson und Lovell, 2019).

### Komponente 14: Nachhaltige Präzisionslandwirtschaft

Auch die Digitalisierung der Landwirtschaft verspricht heute eine ökologische Intensivierung, indem durch Präzisionslandwirtschaft Inputs effizienter eingesetzt und gleichzeitig Erträge gesteigert sowie Umweltschäden verringert werden (Egli et al., 2017; Henry et al., 2018; Mauser et al., 2015; Schrijver, 2016; WBGU, 2019b).

Präzisionslandwirtschaft bedeutet u.a., dass Wasser, Dünge- und Pflanzenschutzmittel über digitale Systeme entsprechend der Bedürfnisse der Pflanzen und der Bodenqualität präzise ausgebracht werden (Gebbers und Adamchuk, 2010). Es werden Sensoren, die die Bodenfeuchte und die Nährstoffe messen, Drohnen zur Bilderkennung oder satellitengestützte Positionsbestimmung für die intelligente Steuerung der landwirtschaftlichen Maschinen verwendet (Walter et al., 2017). So können nicht nur die erwarteten Nachfragesteigerungen gedeckt werden, sondern auch die Ausweitung der landwirtschaftlichen Flächen in naturnahe Ökosysteme und der damit einhergehende Verlust der Biodiversität kann aufgehalten werden. Mit diesen eingesparten Flächen könnten dann „negative Emissionen" erzeugt werden (Kap. 3.1). Die Präzisionslandwirtschaft erfordert teils hohe Investitionen, ermöglicht aber auch Ertragssteigerungen, Kostensenkung bei Betriebsmitteln und Nachhaltigkeit, insbesondere auch in wasserarmen Regionen (Monaghan et al., 2013). Durch die Optimierung von Bodenbearbeitung, Ernteprozessen und -zeitpunkten lassen sich Ernteverluste minimieren und die Qualität der Agrarerzeugnisse erhöhen (King, 2017; Monaghan et al., 2013).

Durch Mikrodosierung mittels Robotik können mehr als 90% Herbizide eingespart und mit Lasertechnologie oder Mechanik könnte der Herbizideinsatz sogar vollständig ersetzt werden (King, 2017). Effizienz- und

**Kasten 3.3-15**

## Kleinräumige digitalisierte Landwirtschaft und Pixel Farming

Zukünftig könnten kleine und leichte „Agrobots" traditionelle schwere Landmaschinen wie Traktoren ersetzen, was die Verdichtung des Bodens verringert und seine Belüftung und letztlich auch seine Funktionalität erhöhen dürfte. Anstelle von Herbiziden könnten in einem ersten Schritt künftig autonome Roboter, wie z. B. „Oz" oder „Dino" (Abb. 3.3-23), auf Feldern Unkraut jäten.

Kombiniert mit neuartigen Ansätzen zur digital unterstützten Feldbewirtschaftung durch maschinelles Lernen liegt in alternativen Anwendungsformen zur Implementierung von Robotik eine große Chance (WBGU, 2019b: Kap. 3.3). Das 2019 gegründete Unternehmen „Pixelfarming Robotics" (pixelfarmingrobotics.com) basiert auf dem bis 2022 an der niederländischen Wageningen University laufenden Horizon2020-Forschungsprojekt „Pixel cropping" (wur.nl/en/project/Pixel-cropping.htm) zur Erforschung der Hypothese, dass hoch aufgelöste zeitliche, räumliche und genetische Vielfalt ökologische Prozesse befördern, die sowohl im Dienst von Ernteerträgen als auch Agrarökosystemen stehen. Biologische Pflanzenschutzmethoden ermöglichen den kompletten Verzicht auf Pestizideinsatz durch die optimierte Kombination verschiedener Pflanzen auf Basis ihrer Eigenschaften und deren Wechselwirkung bei einer Ertragssteigerung bis zu 50%. Auf Pixel-Feldern lassen sich verschiedene Nahrungs- und Nutzpflanzen datenbasiert in komplexen nachbarschaftlichen Arrangements anbauen, die ihren jeweiligen Bedürfnissen auch unter Berücksichtigung von Bodencharakteristika und sonstigen Umweltbedingungen bestmöglich gerecht werden (Abb. 3.3-24).

Automatisierung und Robotik spielen bei der Skalierung dieser neuen Anbaumethode eine zentrale Rolle, werden jedoch anders umgesetzt als im bislang dominanten Modell der Präzisionslandwirtschaft. Dadurch aufgeworfene Fragen zur Gestaltung soziotechnischer Systeme, wie etwa nach den sozialen Implikationen von Automatisierung und der gewünschten Rolle von Technologien in zukünftiger Landwirtschaft werden auch im interdisziplinären Forschungsprojekt thematisiert. Dabei steht die disziplinübergreifende Erkundung alternativer Formen der Kollaboration von Robotern mit Menschen und ökologischen Prozessen im Sinne von komplementärer Ergänzung statt Substitution im Vordergrund. In der Praxis wurden neben dem Aufbau einer „Pixelfarming Academy" als Bildungsinstitution sowie einer Cloud-Plattform zur Steuerung der Roboter mittels Deep Learning bereits erste solargetriebene Prototypen entwickelt (Abb. 3.3-25). Ein zeitnahes Skalieren von Pixel Cropping bzw. Pixel Farming auch in anderen Ländern hätte das Potenzial, digitale Technologien innovativ für nachhaltige Landwirtschaft einzusetzen.

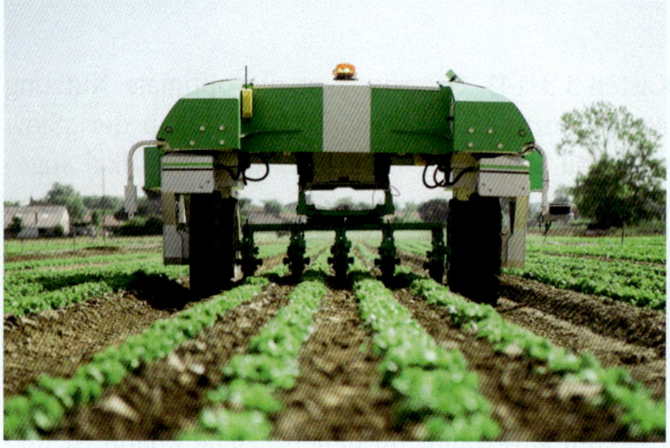

**Abbildung 3.3-23**
Jätroboter „Oz" und Großflächen-Gemüse-Jätroboter „Dino" der Naïo Technologies.
Quelle: Naïo Technologies

**Abbildung 3.3-24**
Pixel-Felder.
Quelle: Foto links: Talis Bosma; Foto rechts: Peter van der Zee (https://www.wur.nl/en/project/Pixel-cropping.htm)

**Abbildung 3.3-25**
Pixel Farming „Robot Zero" und „Robot One".
Quelle: Pixelfarmingrobotics.com

Qualitätssteigerungen werden im Obst- und Gemüseanbau durch mechanisches Ernten zum optimalen Zeitpunkt möglich (King, 2017). Kostensenkungen und Ertragssteigerungen werden durch die Präzisionslandwirtschaft weiter ermöglicht (Bramley, 2009). So sind beispielsweise bei Zuckerrohr in Brasilien Ertragssteigerung zwischen 5–10 % möglich (Demattê et al., 2014). Ökosysteme und Nahrungsmittel werden weniger belastet (CBD, 2014), wenn die Systeme auch tatsächlich im Sinne der Nachhaltigkeit eingesetzt werden.

Um einen Mehrgewinn im Sinne des Trilemmas der Landnutzung zu erzielen setzt die Präzisionslandwirtschaft, wie sie hier dargestellt wird, voraus, dass die Systeme auch mit dem Ziel der Nachhaltigkeit und der Erhaltung der Biodiversität eingesetzt werden – sie also nicht auf einen maximalen Ertrag ausgerichtet, sondern auf einen ökologischen Grenzertrag eingestellt werden (Kasten 3.3-15).

### Komponente 15: (Peri-)urbane Landwirtschaft

(Peri-)urbane Landwirtschaft bezeichnet die Produktion von Lebensmitteln in Städten und den umgebenden Räumen. Die Nutzung des (peri-)urbanen Raumes für die Lebensmittelproduktion lässt sich in drei Formen unterteilen: (1) Das kleinteilige urban farming bzw. urban gardening, oft auf Brachflächen oder sonstigen Lücken in der Bebauung, das teilweise Ähnlichkeiten mit den klassischen Schrebergärten aufweist, auch wenn diese oft nicht in die Betrachtung einbezogen werden, (2) stark technisierte Ansätze (farm-free food) wie indoor farming mit künstlichem Licht, vertical farming, Aquaponik (Komponente 5) oder die Nutzung von Abwässern und Abfällen als Nährstoffe für die Pflanzen, (3) die Landwirtschaft im Umfeld der Städte, die traditionell eng mit diesen verkoppelt ist, in den Industrieländern teils entkoppelt wurde und über Konzepte wie Community Supported Agriculture, Biokisten oder Erlebnisbauernhöfe wieder neu unter ökologischem Vorzeichen verknüpft werden soll.

Die Mehrgewinne entstehen durch das Ineinandergreifen der drei Nutzungsformen. Durch die Einflussnahme von Städten auf ihr Umland und die Nutzung neuer technologischer Möglichkeiten ist sowohl eine Ökologisierung als auch die Produktion nennenswerter Mengen an Lebensmitteln möglich. Letzteres gilt primär für Gemüse und Früchte, nicht für Getreide oder die Tierhaltung (Grewal und Grewal, 2012).

Der wahrscheinlich wichtigere Mehrgewinn urbaner Landwirtschaft, besonders in Form von urban gardening, liegt jedoch in der Wiederverkopplung von Konsum und Produktion, also der Schaffung von Bewusstsein für Lebensmittel, deren Herkunft, saisonale und regionale Spezifizierung und die Herausforderungen der Produktion. Urbane Gärten sind oft Lern- und Kommunikationsorte für den Erwerb grundlegender Kenntnisse über landwirtschaftliche Produktion und Gartenbau, aber auch Treffpunkte, um gemeinsam etwas zu erschaffen (WBGU, 2016a: 343ff.). Die Urban-gardening-Szene ist oft eng verbunden mit Konzepten wie Slow Food, Food Saving, vegetarischer oder veganer Ernährung, mit den entsprechenden Wirkungspotenzialen über die Vermeidung von Nahrungsmittelverschwendung und die Umstellung der Ernährung. Zudem können urbane Gärten wichtige soziale Funktionen als Begegnungsorte einnehmen (urban-gardening.eu)

Herausforderungen beim urban farming bestehen, gerade in wachsenden Metropolen, durch die Konkurrenz zu anderen Nutzungen, ob Bebauung oder auch Erzeugung erneuerbarer Energien. Die Skalierbarkeit des kleinteiligen urban gardening ist stark begrenzt durch Flächenkonkurrenzen und die Tatsache, dass der Boden in Städten zumeist teuer ist. Grundnahrungs-

**Tabelle 3.3-2**
Übersicht verschiedener Komponenten der Mehrgewinnstrategien. Dargestellt sind landwirtschaftliche Produktionssysteme die das Potenzial haben, einen Beitrag zur Entschärfung des Trilemmas zu leisten.
*Einschätzung des WBGU zu ausgewählten Potenzialen zur Auflösung des Trilemmas und zur geographischen Bedeutung. Kürzel in der 2. Spalte „Mehrgewinn*": KM: Klimaschutz (mitigation); KA: Klimaanpassung (adaptation); B: Biodiversitätserhaltung; E: Ernährungssicherung. Die Bewertungen geben nicht das absolute Ausmaß, sondern die Schwerpunkte an, die das jeweilige System im Rahmen des Trilemmas verändert. Zudem kommt es auf die Ausgestaltung an, ob die Effekte eintreten.
Quelle: WBGU

| Komponente | Mehrgewinn* | Kurzbeschreibung | Gegenwärtige Bedeutung in* | | Geographische Eignung bzw. Potenzial |
|---|---|---|---|---|---|
| | | | Industrieländern | Entwicklungsländern | [Weltweites Carbon Dioxide Removal (CDR) Potenzial] |
| 1. Agrarökologie | KM: +<br>KA: +++<br>B: +++<br>E: ++ | Dieses Metakonzept umfasst das gesamte Ernährungssystem und beinhaltet zahlreiche Methoden und Techniken für eine ökologisch und sozial nachhaltige Landwirtschaft, vor allem in kleinbäuerlichen Systemen weltweit. Innovationen gehen idealtypisch von Praktiker*innen und ihren Erfahrungen aus, werden dann in die Wissenschaft eingespeist und gemeinsam weiterentwickelt. | + | +++ | Weltweites Potenzial, vor allem in kleinbäuerlichen Strukturen. |
| 2. Klimasmarte Landwirtschaft | KM: +++<br>KA: ++<br>B: 0 oder -<br>E:++ | Klimasmarte Landwirtschaft ist ebenfalls ein Metakonzept, das zahlreiche Techniken mit dem Fokus Produktivitätssteigerung, Klimaschutz und Klimaanpassung in sich vereint. Es stellt eine einflussreiche weltweite Sammelbewegung für solche Ansätze dar, ohne scharfe Definitionen oder Indikatoren, bezogen auf gentechnische, chemikalienbasierte, aber auch agrarökologische und biologische Innovationen für industrielle und für kleinbäuerliche Landwirtschaft. | ++ | ++ | Weltweites Potenzial, Gefahr des greenwashing |
| 3. Agroforstwirtschaft | KM: +++<br>KA: +++<br>B: +++<br>E: ++ | Produktionssystem, das durch die Integration von Bäumen, Sträuchern usw. auf landwirtschaftlichen Flächen und in der Agrarlandschaft die Produktion und die Ernährung diversifiziert (FAO, 2015b). | ++ | +++ | Potenzial vor allem in trockneren Regionen (Ruppert et al., 2020)<br>[0,1–5,7 Gt $CO_2$ pro Jahr (Roe et al., 2019)] |
| 4. Agrophotovoltaik | KM: +++<br>KA: +++<br>B: 0<br>E: +++ | Kombination von Photovoltaikanlagen und Produktion von Nahrungsmitteln auf derselben Fläche. So kann mit Agrophotovoltaik gleichzeitig Wasser gespart, Sonnenlicht für die Energiegewinnung genutzt und Schatten für geeignete Anbausorten bzw. Nutztiere gespendet werden. | + | + | Potenzial in semiariden und ariden Regionen sowie generell in ländlichen Regionen (dezentrales Energiesystem) |
| 5. Aquaponik | KM: +<br>KA: ++<br>B: ++<br>E: +++ | Verbindung der Technologien der rezirkulierenden Systeme für die Aquakultur und der Hydroponik in einem geschlossenen Kreislaufsystem (Junge et al., 2017). Rice-Fish-Farming beruht auf Nassreissystemen bei Beckenbewässerung inklusive Fischhaltung. | +++ | ++ | Aquaponik an Standorten möglich, die sonst für landwirtschaftliche Nutzung eher ungeeignet sind, wie (sub-) urbane Gebiete (auf Dächern, Fabrikgelände) |
| 6. Biokohle | KM: ++<br>KA: +<br>B: +<br>E: ++ | Kohlenstoffreiches Produkt, das durch die Erhitzung von Biomasse (z. B. landwirtschaftlicher Abfall- oder Nebenprodukte) unter Ausschluss von Sauerstoff hergestellt wird und u. a. in den Boden zur langfristigen Fixierung von Kohlendioxid eingebracht werden kann (Teichmann, 2014). | + | ++ | [Umwandlung von Biomasse in schwer abbaubare Biokohle 0,3–4,9 Gt $CO_2$ pro Jahr (Roe et al., 2019)] |
| 7. Klimaschonende Bio- und Depotdünger | KM: ++<br>KA: ++<br>B: 0<br>E: ++ | Neue grüne Herstellungsverfahren für Mineraldüngung und Herstellung sowie Verwendung von Biodünger aus Mikroorganismen sparen Emissionen ein und regenerieren Böden. Bei Depotdüngern werden organische Reste mit Mineraldüngemitteln verpresst. | + | + | Techniken zur Verbesserung der Klimabilanz von Mineraldüngern. Bei Biodünger und Depotdüngern bis zu 50 % Einsparungen. |

| | | | | | |
|---|---|---|---|---|---|
| 8. Klimaschonender Ökolandbau | KM: +<br>KA: +++<br>B: +++<br>E:+++ | Schließung des Nährstoffkreislaufs durch die Verwendung hofeigener Dünger- und Futtermittel. Keine Anwendung von Mineraldüngern und chemisch-synthetischen Pestiziden. Humus wird angereichert (Senke) und das Bodenleben erhalten. Die Produkte werden durch Anbauverbände zertifiziert. Die Produktpreise sind höher und die Erträge etwas geringer als im konventionellen Landbau. | +++ | + | Wegen der Zertifizierung und höheren Preisen für Konsument*innen eher für wohlhabendere Länder geeignet. Die Entsprechung in Entwicklungsländern ist die Agrarökologie. |
| 9. (Boden-)konservierende Landwirtschaft | KM: ++<br>KA: +++<br>B: ++<br>E: +++ | Durch pfluglose, minimale Bodenbearbeitung, permanente Bodenbedeckung und Fruchtfolgen wird $CO_2$ sequestriert (jedoch nur in den oberen Bodenschichten) und der Boden geschützt. Dies verbessert auch weitere Bodeneigenschaften, stoppt Bodenerosion und fördert das Bodenleben. Erträge sind zumeist höher bis sehr viel höher als im konventionellen Landbau mit Pflug. | +++ (mit Herbizidresistenztechnik) | +++ | Nur ohne Einsatz von Breitbandherbiziden (z.B. Glyphosat) eine Mehrgewinnstrategie. Für den großräumigen Einsatz werden alternative Verfahren der Beikrautregulierung gesucht. |
| 10. Ökologische Intensivierung – Beispiel Reis | KM: +++<br>KA: +<br>B: 0<br>E: +++ | Das System verspricht mehr Output mit weniger Input und ist daher eine Form der Präzisionslandwirtschaft. Bei der Reisintensivierung (SRI) kann der Aufwand für Betriebsmittel drastisch reduziert werden. Die Wurzeln bilden sich bei weiteren Pflanzabständen besser aus, die Nährstoffausnutzung ist höher und somit sind es auch die Erträge (um 20%). | + | +++ | In allen Reisanbaugebieten ++, plus Spill-Over-Effekte auf vermutlich alle anderen Ackerkulturen (inklusive Baumwolle). |
| 11. Anbau vergessener und unternutzter Kulturarten | KM: 0<br>KA: +<br>B: +++<br>E: +++ | Anbau vor allem von Fruchtbäumen und Gemüsekulturen, deren Verbreitung in indigenen Gesellschaften rückläufig ist. Die Kulturarten sind meist einfach anzubauen und ihre Wiederaufnahme bietet Mehrgewinne (gesunde Ernährung, Anpassung an den Klimawandel, Erhaltung genetischer Ressourcen). | + | ++ | In alle Regionen der Welt; viele hundert bis tausende von Kulturarten weltweit verfügbar. |
| 12. Paludikultur – Landwirtschaft auf Moorböden | KM: +++<br>KA: 0<br>B: ++<br>E:++ | Trockengelegte Moore werden wiedervernässt und so bewirtschaftet, dass sie langfristig als $CO_2$-Senken erhalten bleiben, gleichzeitig hohe Erträge abwerfen und Biodiversität erhalten. | +++ | + | |
| 13. Permakultur als multifunktionales Gartenbausystem | KM: 0<br>KA: ++<br>B: ++<br>E: ++ | Intensives, diversifiziertes Gartenbausystem, das auf die höchstmögliche Ausnutzung des Sonnenlichts abzielt und daher auf Höhenzonierungen beruht. | + | + | Insbesondere als Gartenbausystem. |
| 14. Nachhaltige Präzisionslandwirtschaft | KM: ++<br>KA: +<br>B: + oder 0<br>E: +++ | Inputs werden über digitale (und analoge) Systeme entsprechend der Bedürfnisse der Pflanzen und der Bodenqualität effizient ausgebracht. Die Technik sollte dabei an die Produktion anpasst werden und nicht umgekehrt (kleinräumige digitale Landwirtschaft, pixel cropping; Gebbers und Adamchuk, 2010). | +++ | + | Die digitalen Systeme sind prinzipiell weltweit einsetzbar. |
| 15. (Peri-)urbane Landwirtschaft | Ob das Trilemma ausbalanciert wird, hängt von der Ausgestaltung ab. | Nutzung des (peri-)urbanen Raums für intensive Nahrungsmittelproduktion, insbesondere Gemüsekulturen über (1) kleinteiliges urban gardening, (2) High-Tech Lösungen, (3) mit dem Ziel der Stärkung der Verbindung zwischen Land und Stadt und einer Ökologisierung des Umlands. | + | + | Kurzfristig primär flankierend zum Ernährungswandel, mittelfristig über technologische Lösungen. |

**Kasten 3.3-16**

## Digitalisierung der Landwirtschaft: Wem dienen die Agrardaten?

Digitale Technologien haben bereits heute die Landwirtschaft vor allem in den Industrieländern tiefgreifend verändert. Neben Chancen durch gesteigerte Produktivität und Effizienz werden jedoch auch Risiken, etwa im Hinblick auf ungleich verteilte Zugangschancen, erwartbare Rebound-Effekte (von Ahlefeld, 2019) oder Pfadabhängigkeiten kontrovers diskutiert (HLPE, 2019:80). Die zunehmende Verbreitung der Präzisionslandwirtschaft basiert auf der Nutzung von Big Data, Künstlicher Intelligenz und Robotik, aber auch auf Plattformen, um vernetzte Datenströme, Geräte und Akteure zusammenzuführen sowie Informationen und Wissen zu vermitteln (WBGU, 2019b: Kap. 3, 5.2.9, 5.2.10). Neben einer „digitalen Kluft" (digital divide) für Entwicklungsländer besteht jedoch international die Gefahr verschärfter asymmetrischer Machtverhältnisse für Produzent*innen und Bürger*innen gegenüber der Agrarindustrie. Je stärker diese die Technologien, Plattformen und Daten gestaltet, besitzt und kontrolliert, desto größer ist das Risiko der Vergrößerung heutiger Machtasymmetrien (HLPE, 2019:83). Dadurch aufgeworfene Fragen nach Datenschutz, -hoheit und -eigentum sind zentral – in Europa wie in den Entwicklungsländern, wo angesichts des schwächeren oder fehlenden Datenschutzes das Risiko eines „Datenkolonialismus" (Couldry und Mejias, 2018) im Agrarbereich noch höher ist. Wenn sich Marktmacht in den Datenzentren großer Konzerne konzentriert, verstärkt dies die ohnehin bereits bestehenden Abhängigkeitsverhältnisse (HLPE, 2019:82). Die Schlüsselfragen kreisen dabei darum, wer die Technologie und ihre Gestaltung sowie den Zugriff auf die Informationen kontrolliert (WBGU, 2019b). Ihre Beantwortung führt im Hinblick auf die „proprietären Märkte" (Staab, 2019) digitaler Plattformen (z.B. Amazon) auch im Agrarbereich unweigerlich zur wertebasierten Diskussion zwischen individualistischen und gemeinwohlorientierten Ansätzen (HLPE, 2019:83).

### Staatliche Agrarplattform – *quo vadis?*

Im aktuellen deutschen Diskurs über eine staatliche Agrarplattform sind zwei Debatten miteinander verschränkt: einerseits recht junge über die Rolle des Staates im Hinblick auf eine aktive Bereitstellung digitaler Infrastruktur als Teil der Daseinsvorsorge, andererseits ältere über die kommerzielle Nutzung geteilter Datenräume. Je nach Anwendungsfeld existieren hier Spannungsfelder sowohl mit Blick auf Ziele, Werte und Funktionen, als auch die Frage, inwieweit dabei Gemeinwohl und partikulare Interessen ausbalanciert werden.

Im Einklang mit dem Plädoyer des WBGU (2019a, b) für öffentlich-rechtliche IKT wird im aktuellen Kontext diskutiert, dass der Staat „als gewichtiger Akteur" beim Aufbau digitaler Plattformen initiierend und steuernd tätig sein sollte, um für mehr „Transparenz, Offenheit und Kooperation" plattformbasierte „Organisationspotenziale für die Gemeinwohlsicherung und die Bereitstellung öffentlicher Güter und Dienstleistungen nutzen" zu können (ÖFIT, 2020:21). Da Datenbanken und Plattformen bislang nur unzureichend untereinander vernetzt sind, wurde im Bundestag (2019:3f.) die „Errichtung einer Agrar-Masterplattform" diskutiert, die als „Datendrehscheibe eine ‚Brücke' bauen und Dienstleistungen für alle Landwirte zur Verfügung stellen" und dabei „offenen Zugang und rechtliche Sicherheit für eine zukünftige Landwirtschaft in Deutschland" gewährleisten soll. Klima- und Umweltschutz wurden dabei zunächst nur auf sekundärer Ebene und damit optional adressiert – die weitere Forschung und Entwicklung ist insofern richtungsweisend.

Im Fraunhofer-Leitprojekt „Cognitive Agriculture" (COGNAC) zielt die kooperative Forschung von acht Fraunhofer-Instituten auf die Konzeption und Realisierung einer „integrierten Plattform für die informationsbasierte Landwirtschaft", geleitet von dem Ziel „die zahlreichen Insellösungen als Ganzes durchgängig nutzbar zu machen, um höchste Produktivität und Nachhaltigkeit zu erreichen" (IESE, 2019b:4). Entscheidend für eine Bewertung dürfte jedoch sein, inwieweit die Umsetzung als an Nachhaltigkeit und Gemeinwohl orientierte Basisinfrastruktur erfolgt und wie sich diese mit der industriellen Herkunft des Konzepts innovativ vereinen lässt, ohne bestehende Pfadabhängigkeiten zu intensivieren. In Anlehnung an die bereits seit 2014 verfolgte Idee eines „Industrial Dataspace" könnte ein „Agricultural Data Space" (ADS) als „die Gesamtheit aller Bestandteile eines digitalen Ökosystems, die Daten erzeugen, speichern, verwalten oder konsumieren" ermöglichen, herstellerneutrale Angebote „in so vielen Märkten der digitalen Landwirtschaft wie möglich zu platzieren" und dabei allen Akteuren unter Gewährleistung von Datenhoheit diskriminierungsfreien Zugang ermöglichen (IESE, 2019a:10). Angesichts der bereits starken Konzentration im Agrarbereich wäre eine solche Plattform je nach Umsetzung eine Chance, um zu verhindern, dass „Plattformanbieter anhand der erfassten Daten über algorithmenbasierte ‚Entscheidungshilfen' und Produktangebote vorgeben können, was Bauern und Bäuerinnen anbauen, welche Pestizide und Düngemittel sie verwenden und mit welchen Maschinen sie ihren Acker bearbeiten" (INKOTA, 2019:4).

Ob diese Chance bei der Umsetzung des europäischen Plattformökosystems GAIA-X genutzt wird, ist gegenwärtig noch offen, erscheint jedoch angesichts erster Skizzen zum Bestandteil „Agri-Gaia" fraglich. Auch wenn GAIA-X von sieben Prinzipien geleitet werden soll (europäischer Datenschutz, Offenheit und Transparenz, Authentizität und Vertrauen, Souveränität und Selbstbestimmtheit, freier Marktzugang und europäische Wertschöpfung, Modularität und Interoperabilität, Nutzerfreundlichkeit), wird jenseits der technischen Umsetzung (BMWi, 2020b) auf Ebene der Akteure nur die bestehende Vision industrieller Präzisionslandwirtschaft abgebildet (Abb. 3.3-26).

Das Ziel ist dabei ein „KI-Ökosystem für die mittelstandsgeprägte Agrar- und Ernährungsindustrie auf Basis von GAIA-X" als eine Business-to-Business-Plattform „die branchenspezifisch adaptierte KI-Bausteine als leicht verwendbare Module bereitstellt und Anwender und Entwickler von KI-Algorithmen zusammenbringt" und die Schaffung einer „herstellerübergreifenden Infrastruktur für den Austausch von Daten und Algorithmen" (BMWi, 2020b). Selbst wenn die technischen Prinzipien der Plattform konsequent umgesetzt würden, bleibt doch die Frage, wem und welcher Art von Landwirtschaft diese dienen. Sie wird im bisherigen Diskurs zur Umsetzung und insbesondere bei der aktuell noch recht vagen Skizze zu „Agri-Gaia" jedoch nicht gestellt.

### Blockchain im Agrarbereich

Die Nutzung von Blockchain (WBGU, 2019b: Kap. 3.3.5.5) wird im auch Agrarbereich vermehrt diskutiert, um etwa für Landkataster oder Lieferketten vermeintlich „verlässlich und manipulationssicher eine gemeinsame Sicht auf den jeweiligen Gegenstandsbereich herzustellen" (Rehak, 2018:54). Aber auch hier liegen primäre Herausforderungen nicht nur

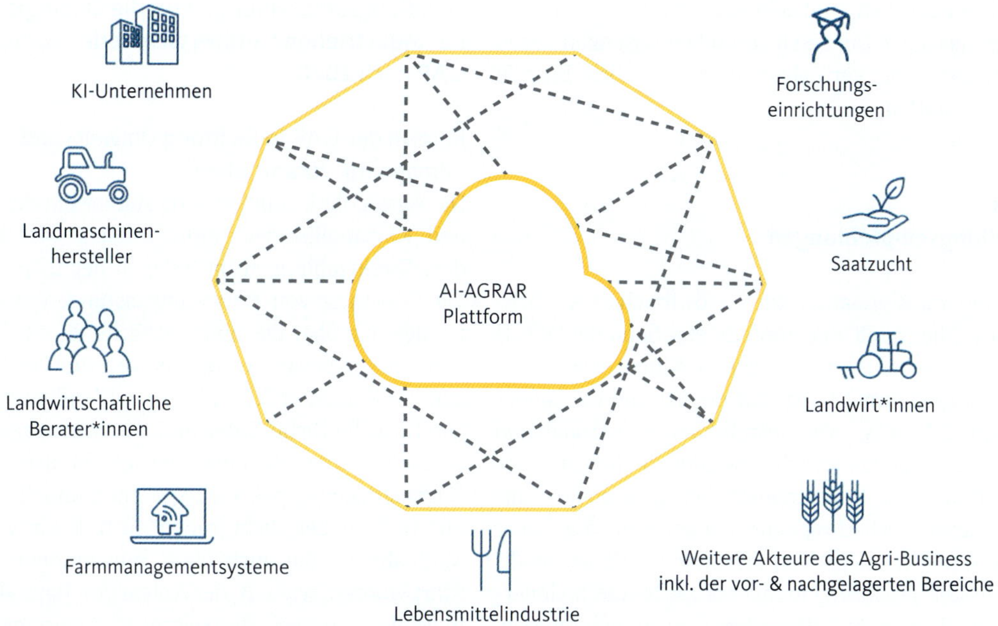


**Abbildung 3.3-26**
Struktur von „Agri-Gaia".
Quelle: nach BMWi, 2020a

in der Anwendung digitaler Technologie, sondern darin, was zuvor gesellschaftlich, politisch und juristisch gestaltet werden muss. Dennoch werden vielfach lediglich mögliche Anwendungschancen betont. So sieht etwa die FAO (2019b:7) sogenannte „smart contracts", sich Blockchain- und regelbasiert selbst ausführende Verträge in Kombination mit automatisierter Bezahlung als „game changer" sowie im Bereich Agrarversicherungen und Lieferkettentransparenz als potenziell „sehr effektiv". Dazu müssen jedoch Daten und Sensoren (etwa im Fall einer Flut oder Dürre) den nötigen Input liefern. Insofern besteht im erheblichen Bedarf an Infrastruktur angesichts des „digital divide" eine erste große Herausforderung. Darüber hinaus zeigt das Anwendungsbeispiel Landkataster (GIZ, 2019b), dass selbst im bislang erfolgreichsten Pilotprojekt „Bitfury" in Georgien noch kein flächendeckender Einsatz möglich ist. Zudem ist die dort angewandte Bitcoin-Blockchain das vergleichsweise energieintensivste Verfahren (FAO, 2019b:3). Dennoch hat sich gezeigt, dass bereits vorliegende Dokumente, politischer Wille und nötige juristische Anpassungen zentral sind. Letztere verhindern etwa in Schweden die breitere Skalierung eines Pilotprojekts und weitere in Honduras, Ghana und Ruanda sind bislang nur begrenzt erfolgreich (GIZ, 2019a). Dezentralisierung nur technisch anzugehen erfasst zudem Machtasymmetrien unzureichend, denn wenn die Mehrheit der beteiligten Computer von einer Person oder Organisation kontrolliert würden, wäre die Macht zwar technisch aber nicht faktisch verteilt (Rehak, 2018:57).

### Aktuelle Förderung des BMEL zu Digitalisierung in der Landwirtschaft

Neben der bereits umgesetzten Online-Geodateninfrastruktur über das „Geoportal GDI-BMEL" zielt ein Programm zur Fernerkundung des BMEL (2020c) u.a. auch auf nachhaltigere landwirtschaftliche Produktion. Fernerkundung ist für die Koordination und Umsetzung des in diesem Gutachten vertretenen integrierten Landschaftsansatzes essenziell, um ein permanentes und Governance unterstützendes Monitoring zu gewährleisten (Kasten 4.1-1). Zudem werden in den kommenden drei Jahren 14 Projekte als „Digitale Experimentierfelder in der Landwirtschaft" mit insgesamt über 50 Mio. € gefördert, die laut Bundesministerin Klöckner „auch beim Umwelt- und Naturschutz zur Nachhaltigkeit insgesamt beitragen" sollen (Übersicht unter: BMEL, 2020d). Ein fundamentaler Paradigmenwechsel ist jedoch bei den meisten Projekten nicht erkennbar, sondern Ziel bleibt primär Effizienzsteigerung und Intensivierung – was jedoch je nach Referenzsystem und angesichts möglicher Rebound-Effekte nicht zwangsläufig Nachhaltigkeit befördert. Insofern besteht einerseits Bedarf nach einem jenseits bestehender Paradigmen offen gestaltbaren Plattformökosystem für den Agrarbereich. Andererseits ist das digital unterstützte Betreten von „Neuland" z.B. durch „Pixel Cropping" (Kasten 3.3-15) nötig und sollte im Hinblick auf zeitnahe Skalierbarkeit, insbesondere unter international heterogenen Bedingungen, weiter erforscht werden.

mittel wie Reis, Weizen und Mais, die große Ackerflächen beanspruchen, sind keinesfalls zur Kultivierung in Städten geeignet. Bei den technischen Lösungen liegen die Grenzen in der Verfügbarkeit von Licht bzw. Energie und Nährstoffen.

### 3.3.3 Handlungsempfehlungen

Um eine Transformation der Landwirtschaft in Richtung Nachhaltigkeit zu befördern, empfiehlt der WBGU Maßnahmen der Agrar-, Umwelt-, Klima- sowie Entwicklungspolitik mit Fokus auf die EU und die Länder Subsahara-Afrikas. Die empfohlenen Maßnahmen haben zum Ziel, die jeweils einseitige, bodendegradierende Praxis sowohl der industriellen als auch der Subsistenzlandwirtschaft ressourcenarmer kleinbäuerlicher Betriebe mit den negativen Effekten auf Klima, Biodiversität und Ernährung in diversifizierte und bodenerhaltende Landwirtschaftssysteme zu transformieren, wie sie vor allem in Kapitel 3.3.2 dargelegt wurden. Um dieses Ziel zu erreichen wird empfohlen, die Landwirt*innen durch mehr Beteiligung, Beratung und Finanzierung sowie gemeinsame Planungen zu motivieren und in die Lage zu versetzen, solche ökologisch intensiven Systeme tatsächlich auch umzusetzen. Eine stete Verbreitung dieser Systeme sollte durch Setzen spezifischer Rahmenbedingungen begünstigt werden. Da Landwirt*innen Leistungen erbringen, die für die Gesellschaft von Bedeutung sind und die nicht unbedingt nur für sie selbst, sondern manches Mal erst auf der Landschaftsebene wirksam werden, sind Anreiz- und Belohnungssysteme und ein kontinuierlicher Wissensaustausch wichtig. Als Finanzierungskanäle eignen sich für die EU die reformierten Direktzahlungen der GAP und für Subsahara-Afrika die reformierten Input Subsidy Programs (ISP) der Regierungen sowie Finanzierungen durch Entwicklungszusammenarbeit und Internationale Grüne Anpassungsfonds, wie in den jeweiligen Mehrgewinnstrategien bereits angedeutet wurde. Als drittes kommt der internationale Agrarhandel hinzu, der konsequent auf Fairness, Nachhaltigkeit und Resilienz ausgerichtet werden muss, wenn er die gleichen Ziele unterstützend flankieren soll.

#### 3.3.3.1 Handlungsempfehlungen für die Ökologisierung der industriellen Landwirtschaft der EU und die GAP nach 2020

##### Reform der GAP in Richtung Umwelt- und Klimapolitik vorantreiben

Die Agrarpolitik sollte künftig stärker mit der Umwelt- und Klimapolitik verknüpft werden. Dies bedeutet, dass Direktzahlungen im Rahmen der GAP enger auf die Erhaltung von Ökosystemleistungen ausgerichtet werden, die über die „gute fachliche Praxis" hinausgehen. Die gegenwärtigen flächenbasierten Direktzahlungen (GAP: Kasten 3.3-1; Kap.3.3.1) sollten in Zahlungen für öffentliche Güter und Dienstleistungen umgewandelt werden, die dem Gemeinwohl dienen und auf Nachhaltigkeitsaspekte ausgerichtet sind (Pe'er et al., 2019). Statt der „lichtgrünen", d.h. kaum wirksamen Maßnahmen, die auch ohne Subventionen durchgeführt würden, wie z.B. der Anbau von Raps als Fruchtfolgeglied, sollten „dunkelgrüne" Agrarumwelt- und Klimamaßnahmen gefördert werden, mit denen direkte Effekte bei der Erhaltung und Förderung der biologischen Vielfalt erreicht werden (z.B. Förderung artenreichen Grünlands über späte Mahd oder Beweidung). Dunkelgrüne Maßnahmen sollten trotz des höheren Verwaltungsaufwands weiterentwickelt werden, da sie meist effektiver die Biodiversität fördern (Lakner, 2020; Armsworth et al., 2012). Der Nährstoff- und Pestizideintrag in die umliegenden Ökosysteme ist in Deutschland durch Ordnungspolitik zu verhindern. Bezogen auf Pestizide ist eine gestaffelte Lenkungsabgabe in Abhängigkeit von der Toxizität und Umwelteigenschaften nach dem Vorbild von Dänemark oder Frankreich wünschenswert (Finger et al., 2017).

##### Instrumentarium der Europäischen Kommission zur Überprüfung der Strategiepläne stärken

Die Europäische Kommission hat angekündigt, alle verfügbaren Planungsinstrumente kohärent im Sinne des European Green Deal zu nutzen. Dazu zählen nicht nur die nationalen Klima- und Energieprogramme, sondern auch die Kohäsionsfonds zur Entwicklung des ländlichen Raumes und die für die GAP nach 2020 geplanten nationalen Strategieprogramme zur Umsetzung der gemeinsamen Agrarpolitik (Kasten 4.3-1; Köck und Markus, 2020:257). Zur Umsetzung der GAP soll in der Periode nach 2020 vermehrt mit nationalen Strategieprogrammen gearbeitet werden, die einerseits Spielräume für nationale Eigenart einräumen und andererseits sicherstellen sollen, dass auf nationaler Ebene ein integrierter Ansatz für die Landwirtschaft eingeräumt wird (EU-Kommission, 2018c). Diese Form der sanften Koordinierung ist z.B. auch Grundlage des Pariser Übereinkommens und der europäischen Energie- und Klimapolitik (Ringel und Knodt, 2017). Die nationalen Strategiepläne zur Umsetzung der GAP sollen gemäß den Kommissionsentwürfen von 2018 für die GAP nach 2020 sowohl mit der Governance-Verordnung der Energieunion als auch mit der LULUCF-Verordnung verknüpft werden (EU-Kommission, 2018c). Eine Integration ist insoweit auf dem Papier vorgesehen, was der WBGU begrüßt. Für ihr Gelingen nimmt die Kommission eine wichtige Position in der Überwachung der Koordinierung und Integration der Politikbereiche ein. Sie sollte deshalb über ein Instrumentarium verfügen, mangelnde Durchsetzung der Integration und Koordination durch nationale Strategiepläne zu rügen. Vorbild könnte hier der Mechanismus des Art. 23 der Verordnung 1303/2013 mit gemeinsamen und allgemeinen Bestimmungen über den europäischen Fonds für regionale Entwicklung, den europäischen Sozialfonds, den Kohäsionsfonds, den europäischen Landwirtschaftsfonds für die Entwicklung des ländlichen Raums und den europäischen Meeres- und Fischereifonds sein (EU-Parlament, 2013). Die Kommission kann hier bei mangelnder nationaler Politikgestaltung unter bestimmten Voraussetzungen einen Ratsbeschluss herbeiführen, der zur Mittelkürzung führt.

### Partizipationsmöglichkeiten in der neuen GAP verankern und Aus- und Weiterbildung fördern

Eine weitreichende Neuausrichtung der GAP erfordert die Einbeziehung aller vorhandenen umweltpolitischen, sozialpolitischen und agrarökonomischen Expertise aus Wissenschaft, Zivilgesellschaft und Praxis. Transparenz, Rechenschaftspflicht, Beteiligung und Wissensaufnahme bereits während der Reform sollte gestärkt und dadurch Legitimität und öffentliches Vertrauen wiedergewonnen werden (Pe'er et al., 2019). „Dies erfordert die Öffnung und Ermöglichung einer öffentlichen Prüfung von Daten, Verhandlungsdokumenten zur GAP-Reform und Umsetzungsdaten während des gesamten Politikzyklus und vor der Genehmigung. Interessenkonflikte bei der Entscheidungsfindung und Umsetzung müssen identifiziert und bewältigt werden, und eine umfassendere Beteiligung muss ermöglicht werden" (Pe'er et al., 2020). In Konsequenz begrüßt der WBGU auch die Idee, mehrere betroffene Generaldirektionen in der weiteren Strategiebildung zu beteiligen (Pe'er et al., 2020). Zudem sollten Aus- und Weiterbildungsprogramme angeboten werden, die über diversifizierte landwirtschaftliche Produktionssysteme und agrarökologische Praktiken informieren, die Ziele und Vorgaben der Agrarumweltprogramme besser erklären und zur Teilnahme animieren (Lampkin et al., 2015; Stupak et al., 2019). Die stärkere Einbeziehung der Landwirt*innen und die Koproduktion von Wissen zwischen Expert*innen und Landwirt*innen sind dabei sehr wichtige Gründe für eine aktive Teilnahme (Müller, 2019). Ein besseres Verständnis für agrarökologische Zusammenhänge unter den Landwirt*innen ist essenziell, da oftmals die Überzeugung besteht, dass Felder „ordentlich", d.h. gleichmäßig im Auswuchs und ohne „Unkräuter" aussehen sollten. Der ökologische Wert von „unordentlichen" Flächen wird dabei unterschätzt (Stupak et al., 2019).

### Entwicklung und Implementierung technischer Innovationen für die Nachhaltigkeit fördern

Um eine Anpassung in der Landwirtschaft in der EU hin zu diversifizierten, multifunktionalen Landwirtschaftssystemen zu realisieren, ist die Entwicklung und Implementierung von technischen Innovationen für die Nachhaltigkeit und neuen agrarökologischen Praktiken zu fördern (Wanger et al., 2020). Hierdurch bleibt die Bodenqualität langfristig erhalten, die Grundlage für die Nahrungsmittelproduktion und die Erhaltung der Biodiversität ist sowie gleichzeitig den Klimaschutz fördert. Landwirt*innen sollten als Produzent*innen, Forscher*innen und Experimentator*innen in die Entwicklung und Ausgestaltung einer innovativen Ökologisierung einbezogen werden. Die Präzisionslandwirtschaft bietet verschiedene Möglichkeiten, den Einsatz von Produktionsmitteln zu optimieren und die Möglichkeiten der Biodiversitätserhaltung zu erweitern. Es entsteht also die „Chance, dass sich angesichts der immer dringlicheren Nachhaltigkeitsanforderungen die Maschinen an eine kleinteiligere Landschaft und diversifizierte Landwirtschaft anpassen können" (WBGU, 2019b:213).

### Den integrierten Landschaftsansatz und Raumplanung stärken

Der integrierte Landschaftsansatz zielt auf eine Wiederverkopplung des Pflanzenbaus mit der Tierhaltung, die Schließung der Nährstoffkreisläufe sowie die Schaffung von Kohlenstoffsenken bzw. den Schutz natürlicher Kohlenstoffspeicher. Der WBGU empfiehlt, eine Verkopplung von Pflanzen- und Tierproduktion durch eine schrittweise Einführung der Flächenbindung zu realisieren, um Überdüngung auszuschließen, den Einsatz externer Produktionsmittel zu vermeiden und diversifizierte multifunktionale Produktionssysteme zu fördern (Lampkin et al., 2015); für die gewerbliche Tierhaltung sollten absolute Bestandsobergrenzen festgelegt werden. Der Ökolandbau (Kasten 3.3-11) oder die Aquaponik (Kasten 3.3-8) haben explizit eine Kreislauforientierung. Darüber hinaus sollte Raum- und Landschaftsplanung stärker auf Nachhaltigkeit ausgerichtet werden, um die Erhaltung der Biodiversität sowie von Ökosystemleistungen in der Kulturlandschaft durch Strukturelemente (z.B. Hecken, Feldgehölze, Standgewässer) zu fördern. Diese helfen bei der Konkretisierung und Ausweisung von Flächen (z.B. erosionsgefährdete Hänge, austragsgefährdete Flächen), auf denen Agrarumweltmaßnahmen gewünscht sind (von Haaren et al., 2019). Der Mensch ist dabei in den Mittelpunkt zu stellen mit besonderem Augenmerk auf Gender.

#### Indikatorensysteme weiterentwickeln und Monitoring stärken

Das GAP-bezogene Indikatorensystem sollte auf der Basis wissenschaftlicher Erkenntnisse, orientiert an den SDGs, an der CBD und am Pariser Übereinkommen, überarbeitet und verbessert werden. Quantifizierbare Indikatoren sollten im Vordergrund stehen um sicherzustellen, dass GAP-Instrumente zu den geforderten Ergebnissen führen. Diese wirkungsorientierten Indikatoren lassen sich leichter überwachen, d.h. mit weniger Bürokratieaufwand (z.B. Verwendung etablierter Biodiversitätsindikatoren wie den europäischen Wiesenschmetterlingsindikator, den Feldvogelindex oder den Indikator für High Nature Value Farming; Herzon et al., 2018; van Swaay et al., 2019). Gleichzeitig ist eine bessere Überwachung der Bodenverhältnisse und der Landnutzungsänderungen dringend erforderlich (Dauber et al., 2012; Vlek, 2005). Frühwarnsysteme müssen sicherstellen, dass bestimmte Schwellenwerte für Nährstoffungleichgewichte in Boden und Landnutzung nicht überschritten werden. Die Digitalisierung sollte für ein globales und umfassendes Monitoring genutzt werden (WBGU, 2019b). Dazu gehören die Entwicklung und Anwendung neuer Technologien für die Fernerkundung mit Schwerpunkt auf Vegetationstypen und Landnutzung oder die Bilderkennung und -bewertung. Digitale Instrumente sollten aber auch für eine *Ad-hoc*-Bewertung entwickelt und getestet werden, um Ökosysteme nachhaltiger zu managen (WBGU, 2019b).

### 3.3.3.2 Handlungsempfehlungen für Subsahara-Afrika und für die Entwicklungszusammenarbeit

#### Gelder für ökologischer Maßnahmen über die Input Subsidy Programs (ISP) kanalisieren

Um diversifizierte Landwirtschaftssysteme in Subsahara-Afrika zu befördern ist die „Gemeinsame Landwirtschaftspolitik“ (CAADP) der Afrikanischen Union zwar der übergeordnete Rahmen, die konkrete Realisierung obliegt dann jedoch den einzelnen Staaten. Ein nachhaltiges Landmanagement (Sustainable Land Management, SLM) ist die Basis für die Produktivität diversifizierter Landwirtschaftssysteme. Zur Umsetzung und Wiederinwertsetzung der Böden benötigen ressourcenarme Kleinbäuer*innen allerdings Zuschüsse. Der WBGU empfiehlt, diese mittels der Schaffung einer zweiten Säule der ISP über die Agrarministerien zu leisten (Jayne et al., 2018b). Die meisten Staaten Subsahara-Afrikas benötigen hierfür internationale Finanzierungen aus Anpassungs- oder Umweltfonds wie etwa der Global Environmental Facility (GEF), die diese zusätzlichen Kosten gegenfinanzieren können. Die erfolgreiche Umsetzung in der Praxis setzt dann ein kohärentes Vorgehen der jeweiligen Agrar- und Umweltressorts voraus, denn Anpassungsmaßnahmen unterstehen den Umweltministerien, wohingegen Zuschüsse für Inputs durch die Agrarministerien erfolgen (Kap. 3.3.1.2). Eine Verschränkung beider Maßnahmenpakete könnte somit nicht nur Zeit sparen, da kein neuer Finanzierungskanal aufgebaut werden müsste, sondern wäre auch mit der Chance verbunden, die Maßnahmentypen aufeinander abzustimmen. Es ist wichtig, die Zahlungen als E-Voucher und nicht in Form von Sachmitteln zur Verfügung zu stellen, damit den Landwirt*innen eine gewisse Entscheidungsfreiheit bleibt, wie sie die Gelder kontextorientiert verausgaben möchten (Jayne et al., 2018b).

#### Die Unterstützung zusätzlicher Arbeitsleistung zur Wiederherstellung von Böden ist zentraler Erfolgsfaktor

Für eine erfolgreiche Finanzierung der Wiederherstellung von Böden ist es zentral, die kleinbäuerlichen Betriebe nicht nur zum Kauf von Materialien, wie z.B. Saatgut und Geräten, finanziell zu unterstützen, sondern (auch im Rahmen von Kooperativen) die zusätzliche, teils extrem harte Arbeit zu bezahlen, die sie zur Wiederinwertsetzung leisten müssen. Ansonsten wird der teilweise jahrelange Zusatzaufwand ohne „erfolgreiche Bodenantwort“ alleine auf Grundlage von Nachbarschafts- und Verwandtschaftshilfe kaum zusätzlich zu bewältigen sein (Adimassu et al., 2016). Man könnte diese Art der Bezahlung auch als Bargeldtransfer (mit Bedingungen) begreifen, die aber das Ziel der Ernährungssouveränität im Rahmen der nächsten 5–10 Jahre vor Augen hat. Kleinbäuer*innen benötigen einen langen Atem, vor allem wenn Böden stark degradiert sind und aufwändig über mehrere Jahre hinweg restauriert werden müssen, bevor sie nach 7–20 Jahren ertragsfähig werden, (Schmidt et al., 2017; Bunning et al., 2016).

#### Bildung von Benefit-Sharing-Systemen zwischen soziokulturellen Gruppen ist fundamental für den Erfolg und aktive Friedensarbeit

Neben den Kleinbäuer*innen sind die Viehhirt*innen im Rahmen der Landnutzung die wichtigsten Stakeholder in den Sahelländern. Sie stehen in den meisten Ländern unter einem noch größeren Flächendruck als alle anderen gesellschaftlichen Gruppen. Die Entwicklung neuer Benefit-Sharing-Regime zwischen den verschiedenen soziokulturellen Gruppen, allen voran Ackerbäuer*innen und Viehhirt*innen, könnte z.B. durch Fachleute der Entwicklungszusammenarbeit, soweit sie allparteilich sind, moderiert werden. Dies wäre dann gleichzeitig auch aktive Friedensarbeit. Neben der Gemarkung der Dörfer müssten somit Wanderpfade bei einer Umsetzung des Landschaftsansatzes zugrunde gelegt und Best Practices für das Komanagement gemeinsam entwickelt und mit Wissen und Unterstützung der lokalen oder nationalen Autoritäten vertraglich festgelegt werden.

Der WBGU empfiehlt, Viehhirt*innen bei Zahlungen ökologischer Leistungen mit Hilfe einer zweiten Säule der ISP möglichst einzubeziehen, so dass hier die übliche Diskriminierung der Viehwirtschaft gegenüber dem Ackerbau beendet wird. Die Subventionierung einer nachhaltigen Weidewirtschaft hat vermutlich nur Sinn, wenn sie mit einer Reduzierung der Besatzdichten einhergeht (Kap. 3.3.1.2). Gleichzeitig müssten gemeinsam alternative Einkommensquellen für Viehhirten entwickelt werden, möglicherweise entlang von Fleisch- oder Milchwertschöpfungsketten, so dass sie die Weidewirtschaft auch verlassen können. Hierbei könnten auch die „Grünen Innovationszentren" der deutschen Entwicklungszusammenarbeit unterstützend wirken (Bunning et al., 2016; Ostrom, 2000; Shettima und Tar, 2008; Bunning et al., 2016; Wynants et al., 2019).

#### Finanzmittel für die Landwende zuverlässig bereitstellen, aber mit mehr Absorptionskapazität der Empfängerinstitutionen verknüpfen

Die zugesagten Mittel der internationalen Gemeinschaft zur Anpassung an den Klimawandel (z.B. Green Climate Fund) sollten in voller Höhe und zeitgerecht verfügbar gemacht werden. Angesichts der langen Regenerierungszeiten der Böden sind insgesamt die Kosten sicherlich hoch, bis wieder Erträge realisiert und insgesamt eine Verdopplung erreicht wird. Mittelsteigerungen sollten jedoch mit einer entsprechenden Steigerung der Absorptionskapazität der Empfängerinstitutionen einhergehen (IPCC, 2019a). Dies bedeutet Allparteilichkeit der nationalen Fachkräfte und Entscheidungsträger, Aneignung von Knowhow und Transparenz bzw. Sicherheit vor Korruption. Vor Umsetzung konkreter Maßnahmen in den einzelnen Ländern sollte insgesamt die Eigenverantwortung gestärkt werden, gemäß des Masterplans der Afrikanischen Union „Africa we want" 2063 (The African Union Commission, 2020; BMZ, 2020e).

#### Beendigung der Nahrungsmittelverluste

Wie im Rahmen der Teilstrategie für Subsahara-Afrika erörtert wurde, können Nahrungsmittelverluste im Rahmen der Getreidelagerung technisch einfach und finanziell günstig nahezu vollständig behoben werden (Kap. 3.3.2.3). Mit Hilfe des Erfolgs dieser Maßnahmen könnte zunächst Zeit gewonnen werden, bis die schwierigen und zeitraubenden Vorhaben im Bereich der Wiederherstellung von Böden, der Friedensarbeit zwischen den Völkern und letztlich die Umsetzung der diversifizierten Landwirtschafts- und Beweidungssysteme tatsächlich bewerkstelligt werden können.

### 3.3.3.3 Handlungsempfehlungen zum Handel

#### Nachhaltigkeit im Handel über Zertifizierung stärken

Nachhaltigkeit im Agrarhandel lässt sich durch diverse Zertifizierungsprogramme fördern. Ein Produkt erhält demnach ein Umweltkennzeichen, wenn es bestimmte zertifizierte Produkt- oder Prozesseigenschaften hat. Neben der Zertifizierung nach Umwelt- oder Nachhaltigkeitskriterien sind auch geschützte geografische Herkunftszeichen ein Instrument, die lokale Erzeugung nachhaltiger Produkte bzw. bestimmter traditioneller Produktionsmethoden zu fördern. Allerdings muss sichergestellt werden, dass Nachhaltigkeitsaspekte berücksichtigt werden, die an die lokale Umwelt angepasst sind (z.B. „Dehesa de Extremadura", Kasten 3.3-5). In regionalen Handelsabkommen sollte proaktiv die Entwicklung von Richtlinien für freiwillige Ökolabelprogramme aus dem geplanten Agreement on Climate Change, Trade and Sustainability (ACCTS) übernommen werden.

#### Kooperation in Lieferketten fördern

Ansätze der Kooperation im Bereich Lieferkettenmanagement sollten ausgebaut und konkretisiert werden, um Fairness und Nachhaltigkeit im Handel zu befördern (Zengerling, 2020:37). Darüber hinaus führt eine Verkürzung und Entflechtung internationaler Wertschöpfungsketten im Agrarbereich sowie eine Stärkung des intraregionalen Handels – insbesondere zwischen afrikanischen Staaten – zu steigender Resilienz. Das wiederholte Auftreten akuter Pandemien und Krisen (Covid-19, SARS, Ebola, Nahrungsmittelkrise 2008) unterstreicht den Mehrwert stärker regionaler und diversifizierter Wertschöpfungsketten.

#### Sonderrolle von Entwicklungsländern berücksichtigen

Wirtschaftspartnerschaftsabkommen (Economic Partnership Agreements, EPAs) zwischen der EU und AKP-Staaten zielen insbesondere auf Armutsbekämpfung und nachhaltige Entwicklung ab und können die Sonderrolle von Entwicklungsländern im internationalen

Handelsrecht berücksichtigen. Im Rahmen der Weiterentwicklung von EPAs oder anderen regionalen Handelsabkommen sollten die Vertragsparteien überdenken, die Schutzmöglichkeiten von Entwicklungs- und Schwellenländern zum Auf- und Ausbau nachhaltiger junger Industrien (infant industries) oder Dienstleistungssektoren vor europäischer Konkurrenz zu erweitern (Zengerling, 2020: 56). Darüber hinaus sollte auch beim Ausbau von Zertifizierungsprogrammen stets darauf geachtet werden, die Programme derart zu gestalten, dass nicht nur Nachhaltigkeitskriterien befolgt werden, sondern dass Produzent*innen in Entwicklungsländern auch von der Teilnahme aufgrund höherer Erzeugerpreise tatsächlich profitieren.

#### Resilienz im Agrarhandel stärken

Die Resilienz im Agrarhandel lässt sich steigern, indem die Nahrungsmittelsicherung insbesondere in Subsahara-Afrika über steigende Produktivitäten in der Landwirtschaft verbessert und die Abhängigkeit von Importen reduziert wird. Auch sollte ein Ausbau von Aid-for-Trade-Maßnahmen den Auf- und Ausbau nachhaltiger Produktions-, Dienstleistungs- und Konsummuster in Entwicklungsländern gezielt fördern, die zu einem höheren Einkommen durch Agrarexporte oder – besser – verarbeiteter Agrarprodukte führt. Aid-for-Trade-Mittel sollten nur noch in nachhaltige Produkte fließen bzw. auf eine Sektorentransformation zu nachhaltiger Wirtschaft ausgerichtet sein (Zengerling, 2020: 57). Gegebenenfalls könnten die Vertragsparteien einen neuen EPA-Fonds einrichten und daraus beispielsweise die Erhaltung von Schutzgebieten und nachhaltige Waldwirtschaft fördern.

## 3.3.4 Forschungsempfehlungen

### 3.3.4.1 Forschungsempfehlungen zur EU

#### Forschung zu Detailfragen der GAP-Reform fördern

Als Grundlage für die neue GAP-Agenda sollten Indikatorensysteme von Output- hin zu Wirkungs- und Ergebnisindikatoren weiterentwickelt werden. Diese sind zwar wesentlich aufwändiger zu erheben, vermögen aber Biodiversitätsziele tatsächlich auch zu erreichen (Lakner, 2020). Eine Möglichkeit, die Erhaltung bzw. Wiederherstellung der Biodiversität zu fördern, ist die Erteilung einer Gemeinwohlprämie (Kap. 3.3.3.1). Dabei sind allerdings einige Details zur weiteren Spezifizierung des Maßnahmenkatalogs, der Gewichtung und Bewertung sowie des Monitorings noch zu klären (DVL, 2020). Darüber hinaus gibt es eine Reihe von Alternativvorschlägen, die vergleichend analysiert werden müssen (Kap. 3.3.2.2). Inwieweit Elemente des niederländischen Systems des kollektiven Vertragsnaturschutzes auch in Deutschland und anderen EU-Ländern anwendbar sind, sollte geprüft werden.

#### Forschung zu agrarökologischen Ansätzen und Praktiken stärken

Die Forschungs- und Innovationspolitik sollte sich auf die Entwicklung agrarökologischer Ansätze und landwirtschaftlicher Produktionssysteme konzentrieren, nicht nur auf deren vergleichende Bewertung (Lampkin et al., 2015). Welchen Beitrag leisten die ökologisch intensiven Ansätze für den Klima-, Biodiversitäts- und Wasserschutz? Wie wirken sich die agrarökologischen Ansätze auf die Produktivität aus? Wie lassen sich Zielkonflikte hinsichtlich Produktivität und Umweltschutz minimieren? Wie lässt sich die Akzeptanz dieser Ansätze bei den Landwirt*innen erhöhen und wie lässt sich Breitenwirksamkeit verbessern? Gibt es innovative Anreizmechanismen für die Adoption diverser agrarökologischer Ansätze und Praktiken? Welche institutionellen Voraussetzungen sind für den kollektiv organisierten Agrarumwelt- und Klimaschutz zu erfüllen? Wie wirken sich die diversifizierten Produktionssysteme kurz-, mittel und langfristig auf die Ernährungssicherung und -souveränität in verschiedenen Ländern aus (Wanger et al., 2020)?

#### Neue Methoden, Ansätze und Modelle zum Agrarsektor anstoßen

Die heutigen Änderungsprozesse im Agrarsektor sind komplex, unzureichend miteinander verknüpft und wenig verstanden. Sie betreffen aber wichtige Fragen der Teilhabe und Eigenart und letztlich auch der natürlichen Ressourcen. Als Modellierungsrahmen werden Multiagentenmodelle vorgeschlagen, die es ermöglichen, Interaktionen zwischen Akteuren und ihrer Umwelt abzubilden (Kirschke et al., 2007). Experimente und umfassendere Modelle, einschließlich agentenbasierter Modelle können das Verständnis der kausalen Auswirkungen von Landnutzungsänderungen unterstützen (Dauber et al., 2012; Wanger et al., 2020). Methoden der Raum- und Landschaftsplanung können genutzt werden, um die Beziehungen zwischen Veränderungen der Biodiversität und ökonomischer Werte besser zu verstehen. Big Data lässt sich durch globale Forschungsnetzwerke und die Integration verschiedener Datensätze erzeugen (Wanger et al., 2020). Zusätzlich ist die Forschung stärker auf die Bedürfnisse der Bürger*innen auszurichten (Stichwort: Citizen Science oder „Bürgerforschung"); die Transformationsforschung, die z.B. auf Reallabore, Living Labs oder

Experimente setzt, ist ein Aspekt der Citizen Science und sollte gefördert werden (Frigerio et al., 2018; Bonn et al., 2016).

### Digitalisierung für Nachhaltigkeit einsetzen

Digitalisierung hat große Potenziale, z.B. über die Präzisionslandwirtschaft die Nachhaltigkeit im Umgang mit Land zu fördern (WBGU, 2019b: 210ff.). Allerdings sind Innovationen und technische Neuerungen gefragt, die diese Potenziale fördern. So sollten z.B. intelligente Maschinen entwickelt werden, die an die Feldgröße bzw. diversifizierte Produktionssysteme angepasst sind (WBGU, 2019b: 213). Eine weitere Forschungsaufgabe wäre es, digitalisierte Systeme so klein und günstig anzubieten, dass sie auch von ressourcenärmeren Kleinbäuer*innen eingesetzt werden könnten. Dabei wäre sicherzustellen, dass diese Innovationen kreislauforientiert sind und der Nachhaltigkeit dienen. Inwieweit die Digitalisierung neue Wege für ein globales und umfassendes Monitoring eröffnet, sollte ebenfalls untersucht werden. Es sind neue Technologien für die Fernerkundung mit Schwerpunkt auf Vegetationstypen und Landnutzung oder die Bilderkennung und -bewertung zu entwickeln und anzuwenden. Auch sollten digitale Instrumente für eine *Ad-hoc*-Bewertung sowie für ein nachhaltiges Management der Ökosysteme entwickelt werden (WBGU, 2019b).

## 3.3.4.2
## Forschungsempfehlungen zur Landnutzung in Subsahara-Afrika

Auf der internationalen Ebene gibt es eine unüberschaubare Fülle an Forschung zum nachhaltigen Landnutzungsmanagement (SLM), und seit 2013 ist die Anzahl der Publikationen zu Bodendegradation und Wiederinwertsetzung sowie Praktiken eines nachhaltigen Bodenmanagements exponentiell gestiegen (Liniger et al., 2017; ICRISAT, 2020; Xie et al., 2020). Deutschland gehört hierbei neben den USA und China zu den stärksten Akteuren weltweit (Xie et al., 2020), wobei die Forschungsprojekte ausgehend von naturwissenschaftlich dominierten Projekten in den letzten Jahren immer stärker interdisziplinär ausgerichtet wurden. Bis heute dominieren jedoch die Forschungsaktivitäten in den Industrie- und Schwellenländern stark gegenüber solchen in den Entwicklungsländern (Xie et al., 2020). Um auch akademischen Nachwuchs in den afrikanischen Ländern zu stärken, steht eine Förderung der Ausbildung der Menschen in Entwicklungsländern im Zentrum der Forschungsförderung des BMBF (BMBF, 2018, 2020b). So hat das Ministerium in den letzten zehn Jahren zwei Kompetenzzentren zur Unterstützung wissenschaftlicher Untersuchungen zu Landnutzungsthemen in Subsahara-Afrika mit finanziert und dabei zur Promotion von knapp 200 Studierenden beigetragen (BMBF, 2018).

### Einbeziehung der afrikanischen Praktiker*innen und der Entwicklungszusammenarbeit in Forschungsprojekte

Neben der Einbeziehung des akademischen Potenzials vor Ort, wäre es – wie Innovationen im Rahmen des agrarökologischen Ansatzes zeigen – ebenso wichtig, die Erfahrungen der Praktiker*innen vor Ort einzubeziehen und gemeinsam mit ihnen Forschungsprobleme zu identifizieren und Lösungen weiterzuentwickeln. Entsprechende Projekte können auch mit Unterstützung der „Grünen Innovationszentren“ der deutschen Entwicklungszusammenarbeit durchgeführt werden. Hier gibt es noch Potenzial, die Zusammenarbeit zwischen Forschung und Umsetzung der Ergebnisse zu verstärken (Kap. 3.3.2.3).

### Ergänzende Forschungen zum „Bodengedächtnis“

Zwar sind Maßnahmen eines SLM und wirksame Techniken zur Wiederinwertsetzung von Böden augenscheinlich gut untersucht, jedoch sind Mechanismen des sogenannten „Bodengedächtnisses“ (des Heterosiseffekts) sowie Möglichkeiten zur Beschleunigung der Inwertsetzung und damit Erreichung früherer Erträge auf degradierten Böden noch nicht hinreichend verstanden (Tittonell et al., 2016). Ergänzende Forschungsprojekte in dieser Hinsicht wären daher sehr hilfreich (Targulian und Bronnikova, 2019).

### Ökologische Intensivierungsmaßnahmen erforschen

Es bestehen noch zahlreiche Forschungslücken zur Identifikation ökologischer Intensivierungsmaßnahmen. Dabei sind insbesondere solche interessant, die darauf abzielen, nur mit Hilfe von Wissen und effizienter Nutzung natürlicher Mechanismen, d.h. beispielsweise der Ökosystemleistungen in der Landschaft oder mit Hilfe eines akkuraten Zeitmanagements, einer effizienteren Ausnutzung des Sonnenlichts, der Aufnahme der Nährstoffe über die Wurzel oder der effizienten und zeitlich differenzierten Wassernutzung höhere Erträge und Synergien über die Gestaltung der gesamten Landschaft zu erzielen (Tittonell et al., 2016; Kleijn et al., 2018).

### Experimentelle Erforschung von Finanzierungsmechanismen für ein nachhaltiges Landmanagement

Es wird empfohlen, einen Forschungsfokus auf die Finanzierungsmechanismen, -modalitäten und -kanäle in Subsahara-Afrika für die Umsetzung eines SLM sowie auf das Greening der landwirtschaftlichen Produktionsmethoden zu legen. Solche Forschungsprojekte können begleitend zu Pilotvorhaben stattfinden, aber auch experimentell mit dem Ziel durchgeführt werden, herauszufinden, welches die erfolgreichsten Formate und Kanäle zur Finanzierung sind und welche Auswirkung das Greening-Programm hat (FAO, 2015).

#### Determinanten der Realisierung diversifizierter Landwirtschaftssysteme

Die in Kapitel 3.3.2 dargelegten Beispiele für diversifizierte Landwirtschaftssysteme sind nicht neu, sondern haben oft, wie z. B. Agroforstwirtschaft oder konservierende Landwirtschaft, eine bereits längere Geschichte von 30 Jahren oder mehr. Trotz der zahlreichen Vorteile z. B. der konservierenden Landwirtschaft und trotz der externen Unterstützung verbreiten sie sich in Subsahara-Afrika nur schleppend und nicht kontinuierlich. Welches sind daher die Determinanten oder Barrieren der Umsetzung? Die Erforschung von Lösungswegen für eine erfolgreiche, breite und dauerhafte Umsetzung wären zudem von großem Nutzen (Dougill et al., 2017).

### 3.3.4.3
### Forschungsempfehlungen zum Handel

#### Analysen der Nachhaltigkeit im Agrarhandel methodisch verbessern

Die methodisch noch nicht optimalen *Ex-ante*-Bewertungen der regionalen Handelsabkommen sollten durch Forschung zu den entsprechenden Modellierungsmethoden sowie Sustainability Impact Assessments weiterentwickelt werden (Zengerling, 2020:35). Auch sollte die *Ex-ante*-Bewertung zu den jeweils regional und nationalstaatlich wichtigsten klimarelevanten Im- und Exportströmen identifiziert werden (Klimaschutz und -anpassung). Hierzu gehört auch, dass regional wichtige Landökosysteme und ökonomische Treiber für Landdegradation identifiziert werden. Ebenfalls relevant ist die Erarbeitung von Vorschlägen, wie diese Treiber instrumentell adressiert werden sollten (Zengerling, 2020:36). Auch ist eine Quantifizierung der vielfältigen Faktoren vorzunehmen, die die Nährstoffflüsse im Kontext des Handels, ihrer Ursachen und Auswirkungen, ihrer Prozesse und Verflechtungen bestimmen; dies ist entscheidend, um eine nachhaltige Nutzung von Nährstoffen zu gewährleisten, die biologische Vielfalt zu erhalten sowie gleichzeitig die Treibhausgasemissionen zu senken.

#### Verbesserung der Wirksamkeit von Zertifizierung und Herkunftszeichen

Es sollte geprüft werden, inwieweit bestehende Zertifizierungsprogramme und geschützte Herkunftszeichen im Design und in der Implementierung verbessert werden können, um Nachhaltigkeit zu fördern. Gegebenenfalls sind neue Programme zu entwickeln (z. B. Klimazertifikate für Agrarprodukte). Es sollte zudem untersucht werden, inwieweit der Ausbau des Lieferkettenmanagements Zertifizierungsprogramme ersetzt. Auch ist das Management von Lieferketten zu optimieren. Lieferkettengesetze anderer Länder sollten rechtlich verglichen sowie ihre Erfahrungen und Erfolge bezüglich ihrer Anwendung empirisch erforscht werden. Welcher Sorgfaltsstandard ist effektiv, um eine Einhaltung von Menschenrechten und Umweltstandards von Zulieferunternehmen zu gewährleisten? Wie gewährleistet ein deutsches Unternehmen die Befolgung der Standards durch ausländische Zulieferunternehmen?

#### Resilienzforschung stärken

Im Agrarhandel sind nicht nur Effizienzaspekte zu berücksichtigen, sondern es stellen sich auch Fragen der Resilienz. Klimarisikoanalysen sollten gefördert werden, um die Auswirkungen von Schocks, die im Zusammenhang mit dem Klimawandel bestehen, besser zu erfassen und entsprechend Vorsorge für die betroffenen Landwirte schaffen zu können. Wie wirken sich die Covid-19-Pandemie und der Klimawandel mittel- und langfristig auf globale Lieferketten aus (Outsourcing versus Backsourcing)? Inwieweit sind Entwicklungsländer davon betroffen? Welche Auswirkungen haben Schocks auf die Ernährungssicherung in Entwicklungsländern? Wie lässt sich die Resilienz des Ernährungssystems stärken?

Beispielhafte Aufnahme
Gramm pro Tag pro Person

Andere tierische
Lebensmittel:
Fleisch, Fisch, Eier
**89 g pro Tag**

**250 g pro Tag**
Milchprodukte

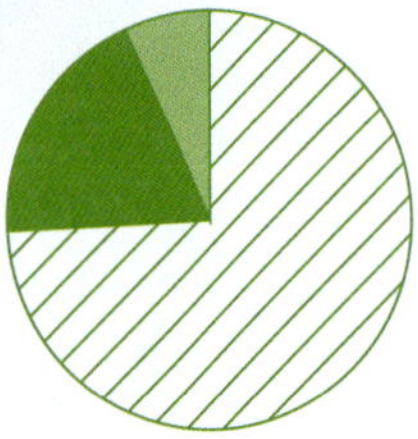

**985 g pro Tag**
Pflanzliche Lebensmittel:
Gemüse, Getreide, Früchte,
Nüsse, Pflanzenfette,
Zucker

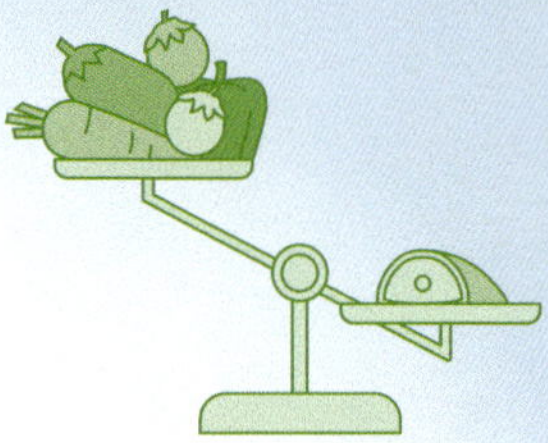

**Gemüse** hat viel geringere Umweltauswirkungen als **Tierprodukte,** vor allem Fleisch.

Die **Planetary Health Diet** mit Gemüse, Getreide, Früchten und Nüssen als Hauptzutaten bietet einen praktikablen Rahmen für nachhaltige Ernährungsstile.

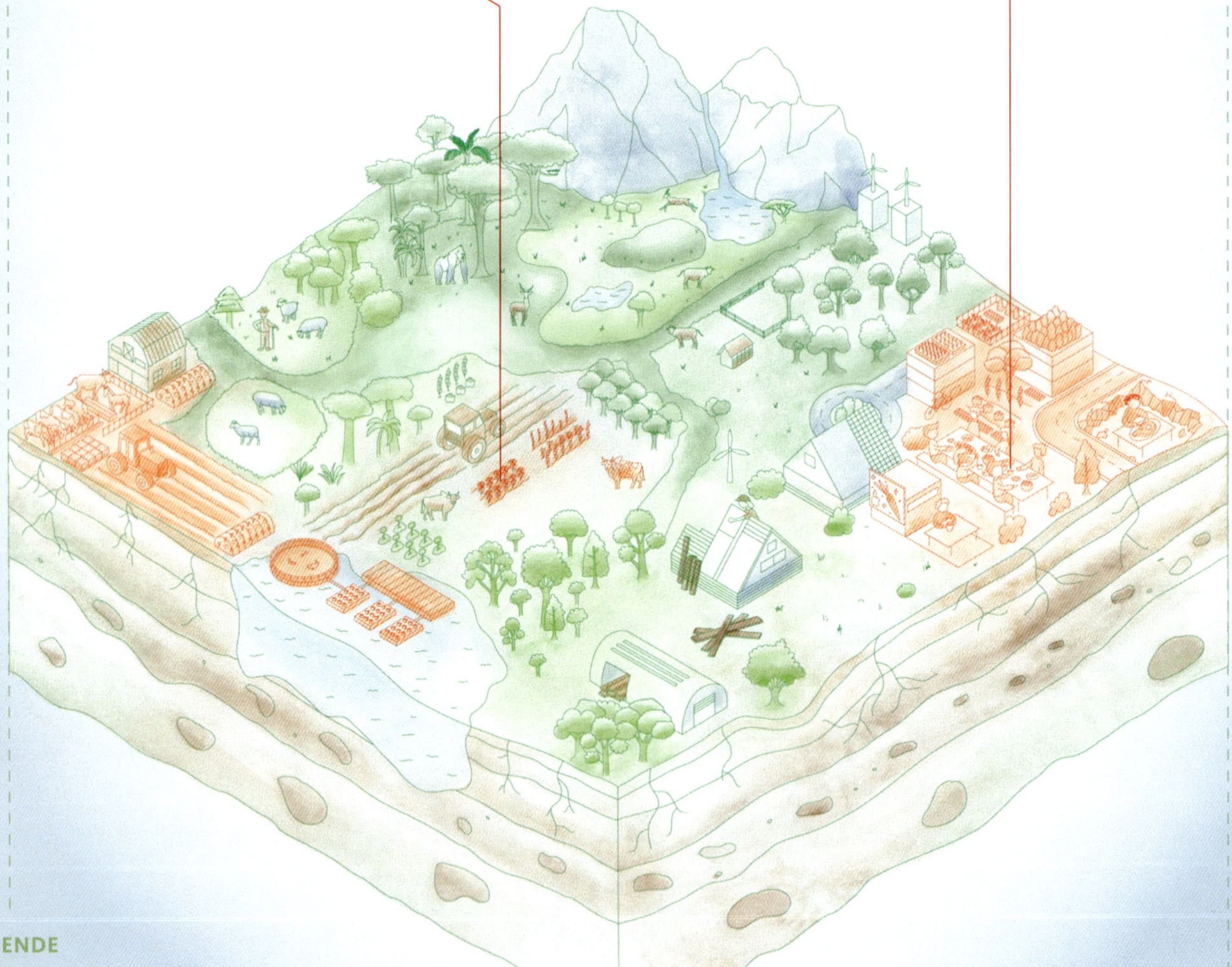

**LEGENDE**

Trilemma

Mehrgewinn-
strategien

Governance

## 3.4
## Die Transformation der tierproduktlastigen Ernährungsstile in den Industrieländern vorantreiben

Das globale Ernährungssystem bedroht alle drei Dimensionen des Trilemmas: Vor allem die tierproduktlastigen Ernährungsstile der Industrieländer und wachsender Mittelschichten der Entwicklungsländer verstärken landbezogene Probleme für Klima- und Biodiversitätsschutz, aber auch Ernährungssicherung. Ein Wertewandel weg von Massentierhaltung und hin zu einem verringerten Fleischkonsum in Europa hat bereits eingesetzt. Die beginnende Transformation kann durch konsequente Veränderung der Rahmenbedingungen und Normsetzung entscheidend befördert werden.

Das Ernährungssystem, das alle Aktivitäten von der Nahrungsmittelproduktion bis zum Konsum umfasst, gehört zu den größten Triebkräften des Trilemmas der Landnutzung (Kap. 2.2): Es wirkt sich aufgrund der industriellen Produktionssysteme durch Verschmutzung und den Verbrauch natürlicher Ressourcen (Wasser, Wald, Boden, Biodiversität) und eine Verschärfung des Klimawandels negativ auf die Umwelt aus. Es treibt den Verlust der biologischen Vielfalt voran (z.B. Beeinflussung globaler Stickstoff- und Phosphorkreisläufe) und führt gleichzeitig zu Fehlernährung, die sich beinahe paradox einerseits in Unterernährung für mehr als 690 Mio. Menschen und andererseits in massiver Überernährung für mehr als 1,9 Mrd. Menschen zeigt (WHO, 2020; Welthungerhilfe, 2019). Im EAT-Lancet-Bericht (Willett et al., 2019) werden diese Missstände identifiziert und die damit verknüpften Ernährungsstile wegen umwelt- und gesundheitsbezogenen Mängeln als „lose-lose-diets" bezeichnet. Bezogen auf die eingangs beschriebenen Trilemma-Dimensionen (Kap. 2.2) müsste sogar von „Lose-lose-lose"-Ernährungsstilen gesprochen werden, da Biodiversität, Klima und Ernährungssicherung bedroht werden. Der WBGU unterstützt die in einschlägigen Berichten (Willett et al., 2019; FOLU, 2019) formulierte Forderung, die globale Ernährung an der vorgeschlagenen Planetary Health Diet (PHD) auszurichten. Aktuelle globale Sachstandsberichte (z.B. FOLU, 2019:69f.; IPCC, 2019b) benennen als wichtige Barriere für eine Transformation des Ernährungssystems das „fehlende Bewusstsein" der Konsumierenden. Gemeint sind Barrieren, die bei den Konsument*innen selbst zu liegen scheinen, etwa deren Bequemlichkeit, nicht nachhaltige kulturelle Vorlieben oder mangelnde Zahlungsbereitschaft. Eine systematische Auseinandersetzung mit den soziokulturellen Faktoren der Konsummuster dieser Akteursgruppe, ihrer Potenziale und kontextbedingten Beschränkungen (etwa Angebot, Preisgestaltung) ist daher notwendig. Bei den Konsument*innen, insbesondere in den Industrieländern und wachsenden Mittelschichten, der Entwicklungs- und Schwellenländer liegt einerseits ein großes Potenzial, die Transformation des Ernährungssystems voranzubringen, was sich in Trends und Nischenaktivitäten zeigt. Andererseits sind Kontextbedingungen mächtig und bisher wenig förderlich, so dass nachhaltige Ernährungsstile (insbesondere die Reduzierung des Konsums von Tierprodukten) nicht hinreichend gestützt werden. Aus normativer Perspektive (normativer Kompass, WBGU, 2016a, 2019b; Kasten 2.3-1) sind zwei Aspekte von besonderer Bedeutung. Zum einen muss die Transformation der Ernährungsstile von den Industrieländern ausgehen, da die westlichen Konsumgewohnheiten, die sich bereits stark über den Globus verbreitet haben, die Lebensgrundlagen der globalen Bevölkerung aktuell und zukünftig bedrohen (Kompassdimension „Teilhabe"). Bei der Gestaltung der Transformation von Ernährungsstilen muss berücksichtigt werden, dass Ernährungsstile kulturell geprägt und identitätsbildend sind (Kompassdimension „Eigenart", die auch Pluralität von Transformationspfaden mitdenkt).

Der WBGU empfiehlt angesichts dieser Erwägungen, dass in den Industrieländern kurzfristig entsprechende (neue) staatliche und strukturelle Rahmenbedingungen geschaffen werden, die es den Konsument*innen nicht nur erlauben, sondern auch nahelegen (etwa über neue Leitlinien) zu Win-win-win-Ernährungsstilen zu gelangen, die durch frei werdende Flächen Raum für gelingenden Klima- und Biodiversitätsschutz schaffen, ohne die Ernährungssicherung zu bedrohen. Hierbei kann an Trends und Nischenaktivitäten angeknüpft werden (Kap. 4.1; Transformationsverständnis des WBGU, 2011).

### 3.4.1
### Problemstellung: Das globale Ernährungssystem

#### 3.4.1.1
#### Definition und Entwicklung des Ernährungssystems

Das Ernährungssystem umfasst die Gesamtheit an Aktivitäten von der Produktion bis zum Konsum von Nahrungsmitteln. Hierzu zählen auch die Leistungen aus den vor- und nachgelagerten Bereichen der Landwirt-

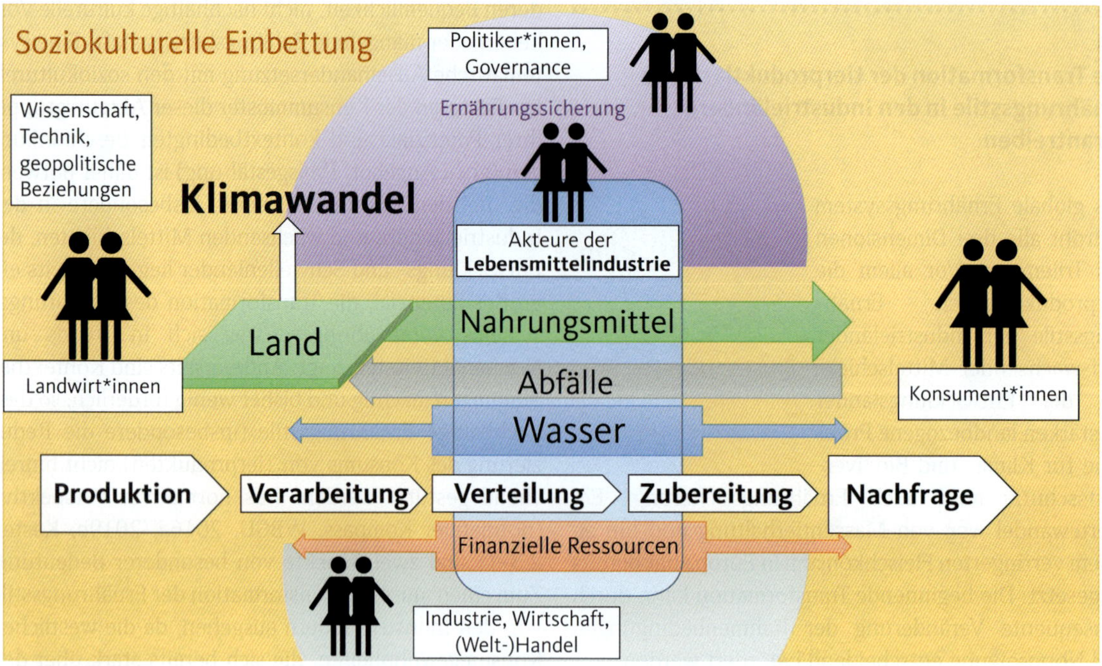


**Abbildung 3.4-1**
Schematische Darstellung des Ernährungssystems.
Quelle: WBGU nach GOS, 2011 und Willet et al., 2019

schaft sowie die Auswirkungen dieser Aktivitäten auf Umwelt, Gesellschaft und Wirtschaft (Gómez et al., 2011). Die Klima- und Biodiversitätskrisen (Kap. 2.2) werden zum großen Teil durch das Ernährungssystem beeinflusst – oder beeinflussen das System selbst (Ingram, 2011). So werden die globale Erwärmung, die Verschmutzung von Gewässern, der Biodiversitätsverlust (z.B. genetische Vielfalt) und die fortschreitende Landdegradation zu einem immer größeren Risiko für die Widerstandsfähigkeit des Ernährungssystems sowie heutiger und zukünftiger Ernährungssicherung (Schrode et al., 2019; Willet et al., 2019).

Die Aktivitäten des Ernährungssystems lassen sich einzelnen Stufen der Wertschöpfungsketten zuordnen (Abb. 3.4-1). In der Landwirtschaft werden mit Hilfe von Boden, Arbeit und Kapital Produkte (z.B. Getreide, Zucker und Fleisch) hergestellt. Über die Verarbeitungsindustrie und den Handel gelangen diese Produkte weiterverarbeitet an Konsument*innen. Bei der Verarbeitung und dem Konsum fallen Abfallprodukte an, die entweder die Umwelt belasten können oder aber der Kreislaufwirtschaft (z.B. Kompostierung, Verwendung in Biogasanlagen) zugeführt werden können.

Historisch betrachtet hat sich das Ernährungssystem in den Industrieländern von der Subsistenzlandwirtschaft hin zur Produktion von Überschüssen weiterentwickelt, die zunächst regional auf Wochenmärkten verkauft wurden. International gehandelt wurden zunächst nur Gewürze, Kaffee, Tee, Tabak oder Zucker (Kriedte, 1994). Die steigende Produktivität in der Landwirtschaft hat, kombiniert mit neuen Konservierungsmethoden und Lagerungsmöglichkeiten, letztlich die Massenproduktion, die Verarbeitung und den internationalen Handel von Nahrungsmitteln gefördert. So ist der Handel mit Agrarerzeugnissen in den letzten Dekaden sehr stark angestiegen (FAO, 2018h).

Seit den 1950er Jahren haben sich in Industrieländern wie Deutschland zunehmend Supermärkte mit wachsenden Sortimenten etabliert, deren Unternehmen sich im Laufe der Zeit konzentriert haben und heute zumeist starke transnationale und internationale Verflechtungen aufweisen. In Entwicklungsländern, besonders Subsahara-Afrika, wird von der Supermarktrevolution gesprochen, die erst begonnen hat (Reardon et al., 2003). Um die Lebensmittelsicherheit entlang der Wertschöpfungsketten zu gewährleisten, werden internationale Umwelt- und Lebensmittelsicherheitsstandards und Zertifizierungsprogramme entwickelt und implementiert. Diese setzen insbesondere private Standards für Qualitätsmerkmale der Nahrungsmittel, auch in Entwicklungsländern (Karki et al., 2016a). Kleinbäuerlichen Betrieben wird durch diese Standards oft der Zugang zu Märkten versperrt, da Finanzmittel für Investitionen fehlen, die nötig wären, um höhere Standards einhalten zu können. Gleichzeitig werden traditionelle Märkte im Freien sukzessive abgeschafft. Produzent*innen, die z.B. über Vertragslandwirtschaft vertikal in die neuen konzentrierteren Lieferketten

**Tabelle 3.4-1**
Abweichung von Zielwerten am Beispiel Deutschland.
Quellen: DGE, 2015; Willet et al., 2019; Schrode et al., 2019; Sachs et al., 2018

| Wertekategorie | Tatsächlicher Wert | Empfohlener Zielwert | Referenz |
|---|---|---|---|
| Gesundheitsförderndes Konsumniveau von Früchten und Gemüse | 259 g pro Kopf und Tag | 400 g pro Kopf und Tag | DGE, 2015 |
| | | 500 g pro Kopf und Tag | Willet et al., 2019 |
| Fleischkonsum | 600 g pro Kopf und Woche (Frauen) bzw. 1.000 g pro Kopf und Woche (Männer) | 300–600 g pro Kopf und Woche | DGE, 2015 |
| | | 300 g pro Kopf und Woche | Willet et al., 2019 |
| Adipositas-Prävention (BMI ≥ 30) | 22,3 % der erwachsenen Bevölkerung | ≤10 % der erwachsenen Bevölkerung | Schrode et al., 2019<br>Sachs et al., 2018 |

integriert werden, profitieren häufig, obwohl intensivierte Produktionssysteme in einigen Regionen auch zu Umweltproblemen beigetragen haben (Qaim, 2017). Auf der Konsumseite wird zwar aufgrund der intensivierten Produktionssysteme der mögliche Beitrag zur Ernährungssicherung hervorgehoben, aber gleichzeitig eine zu geringe Ernährungsvielfalt kritisiert (Qaim, 2017). Darüber hinaus wird darauf hingewiesen, dass die Supermarktrevolution mit ihrer wachsenden Rolle von halb- oder verzehrfertigen Nahrungsmitteln zu Übergewicht und Adipositas beitragen kann (Qaim, 2017).

Die empirische Evidenz ist allerdings in diesem Bereich noch gering (Qaim, 2017; Gómez et al., 2011). Seit den neunziger Jahren hat sich die Debatte um das Ernährungssystem erweitert, und neben der Produktion wird auch der Konsum betrachtet. Dementsprechend ist in der englischsprachigen Literatur der Begriff des „food and nutrition system" geprägt worden (Burchi et al., 2011), parallel zum Begriff „food and nutrition security" für die Ernährungssicherung (FAO, 1996b). Neben der Sicherstellung von Verfügbarkeit, Zugang und Stabilität spielt bei der Ernährungssicherung auch die Verwendung von angemessenen Nahrungsmitteln eine zentrale Rolle. Zunehmend wird auch die Ernährungssouveränität als Bedingung für Ernährungssicherung gesehen (Edelman, 2014). Unter Ernährungssouveränität ist zunächst das Recht der Konsument*innen auf gesunde Nahrungsmittel zu verstehen. Diese Nahrungsmittel spiegeln kulturelle Vielfalt wider und werden mit nachhaltigen Methoden hergestellt. Ernährungssouveränität fördert das Recht der Verbraucher*innen, ihre Lebensmittel und Ernährung zu kontrollieren (Nyéléni Declaration; La Via Campesina, 2007).

Das neue Verständnis des Ernährungssystems beinhaltet somit nicht nur den Qualitätsaspekt, sondern unterstreicht auch die Konsument*innen als zentrale Akteure: „a resilient food and nutrition system involves people, as consumers, as the central focus" (Burchi et al., 2011). Allerdings ist ein solches Ernährungssystem nur in Verbindung mit nachhaltigem Management landwirtschaftlicher Produktionssysteme, auf Gesundheit ausgerichteter Nahrungsmittelindustrie und entsprechendem Konsum herzustellen. Es wird damit ein dynamisches System, das durch diverse Nahrungsmittelketten, -kreisläufe, -netzwerke und -kontexte gekennzeichnet ist. Dieses System besteht aus Aktivitäten und Prozessen, die Rohstoffe in Nahrungsmittel und Nährstoffe in Gesundheit umwandeln. Daneben sind sie in biophysikalische und soziokulturelle Zusammenhänge eingebettet, wobei die biophysikalischen Größen das Klima, den Boden, Wasser oder Biodiversität umfassen, während die soziokulturellen Faktoren kulturelle Werte und Traditionen, Wissen und Erfahrungen, Erkenntnisse aus der Wissenschaft, aber auch politische und ökonomische Aspekte wie geopolitische Beziehungen und Märkte oder Kapital betreffen (Burchi et al., 2011).

### 3.4.1.2
### Auswirkungen des Ernährungssystems

Das Ernährungssystem ist für massive Überschreitungen der planetarischen Grenzen hinsichtlich der Stickstoff- und Phosphorkreisläufe, der Biodiversität sowie im Hinblick auf Landnutzungsänderungen und Klima verantwortlich (Meier, 2017; Willett et al., 2019). Viele zentrale Nachhaltigkeitsziele hat das derzeitige Ernährungssystem, insbesondere in den Bereichen Umwelt, Tierschutz und Gesundheit, noch wenig oder sogar kaum erfüllt (Schrode et al., 2019). So weichen z. B. in Deutschland im Bereich „Schutz der menschlichen Gesundheit" aktuelle Werte erheblich von den Zielwerten ab (Tab. 3.4-1).

Auch aus Sicht des normativen Kompasses des WBGU (2016a, 2019b; Kasten 2.3-1) wirkt das aktuelle Ernährungssystem auf alle drei Kompassdimensionen negativ. Die Kompassdimension „Erhaltung der natürlichen Lebensgrundlagen" wird durch eine deutliche Überschreitung der planetarischen Leitplanken gefährdet (Kap. 2) – trotzdem leiden derzeit weltweit

**Kasten 3.4-1**

**Indigene Bevölkerungsgruppen und Ernährungsvielfalt**

Indigene Völker und ländliche Gemeinschaften (IPLCs) sowie ethnische oder religiöse Minderheiten zählen sehr häufig zu den unterernährten Gruppen, da sie ihren Zugang zu Land und traditionellen Nahrungsquellen verloren haben. Die Territorien der indigenen Völker umfassen etwa 22% der globalen Oberfläche und beinhalten einen erheblichen Teil der biologischen Vielfalt weltweit (ECLAC und WFP, 2017; Kap. 3.2.3.5). Traditionelle Ernährungssysteme indigener Bevölkerungsgruppen umfassen häufig die Produktion von diversen Kulturpflanzen mit nachhaltigen traditionellen landwirtschaftlichen Praktiken, die eine diversifizierte Landnutzung fördern, ohne die Ökosysteme zu zerstören, und so die Anpassung an den Klimawandel unterstützen. Gleichzeitig wird eine Diversität in der Ernährungsweise gefördert, da viele der vernachlässigten und wenig genutzten Arten (neglected and underutilized species), die sie kultivieren, an Mikronährstoffen sehr reiche, funktionelle Lebensmittel sind (z.B. die im südlichen und östlichen Afrika beheimatete sehr Vitamin-C-reiche Marula). Indigene Völker ergänzen ihre abwechslungsreiche Nahrungsmittelpalette mit Produkten, die aus Wäldern sowie aus dem Fischfang stammen und somit an die lokale Umgebung angepasst sind (ECLAC und WFP, 2017: 100).

etwa 690 Mio. Menschen an Hunger und Unterernährung (Willett et al., 2019; Kap. 3.3.1.2; Kasten 3.4-1), während weitere 1,3 Mrd. Menschen von Mangelernährung aufgrund von Mikronährstoffmangel („versteckter Hunger“) betroffen sind (FAO, 2019d).

Gleichzeitig besteht mit Übergewicht und Adipositas (Kasten 3.4-4) das zweite globale Problem der Fehlernährung. Beide Arten von Fehlernährung – sowohl Übergewicht und Adipositas als auch Hunger und Unterernährung – treiben die Kosten für menschliche Gesundheit in die Höhe. Zusätzlich werden auch Bildung und die wirtschaftliche Produktivität durch Fehlernährung stark beeinträchtigt. Es wird geschätzt, dass etwa in Ecuador und Mexiko die kombinierten Auswirkungen der doppelten Last der Fehlernährung einen Nettoverlust des Bruttoinlandsprodukts von 4,3% bzw. 2,3% pro Jahr verursacht (ECLAC und WFP, 2017).

Zusätzlich führen Rationalisierungs-, Spezialisierungs- und Konzentrationsprozesse dazu, dass sich das Ernährungssystem nicht nachhaltig entwickelt (Schrode et al., 2019). In der Folge hat ein Großteil der Menschheit keinen adäquaten Zugang zu einer ausreichend großen Auswahl an Lebensmitteln, die eine ausgewogene und gesunde Ernährung ermöglichen würden (FAO, 2019c; Willett et al., 2019). Das derzeitige Ernährungssystem vermag zwar immer mehr Menschen mit erschwinglichen und sicheren Nahrungsmitteln in reichlicher Menge zu versorgen, allerdings handelt es sich dabei um Durchschnittsberechnungen, die die eingangs beschriebenen Dimensionen (Verfügbarkeit, Zugang, Verwendung von Nahrungsmitteln und Stabilität) der Ernährungssicherung nicht hinreichend abbilden (Pingali, 2015; Krause et al., 2019).

### 3.4.1.3
### Ernährungsstile

Innerhalb des Ernährungssystems entwickeln sich kulturell und regional unterschiedliche Ernährungsstile, auch als „persönliche Ernährungssysteme“ (personal food systems, Shepherd und Raats, 2006) bezeichnet. Die aktuellen, dominanten Ernährungsstile werden im EAT-Lancet-Bericht (Willett et al., 2019) als „Lose-lose“-Ernährungsstil bezeichnet, da sie weder gesundheitliche noch nachhaltige Zielstellungen erfüllen. Solche Ernährungsweisen sind vor allem durch einen hohen Kalorienwert, Zucker- und Salzzusätze, gesättigte Fettsäuren, hoch verarbeitetes Essen mit geringen Ballaststoffen und Verzehr von rotem Fleisch gekennzeichnet (Willett et al., 2019; FOLU, 2019). Da diese Ernährungsstile als Teil des Ernährungssystems zudem indirekt zum Biodiversitätsverlust beitragen und nicht nur Klima und die Ernährungssicherheit bedrohen, könnten sie aus Sicht des WBGU sogar als „Lose-lose-lose“-Ernährungsstile bezeichnet werden.

Über den Handel beeinflusst das Ernährungssystem die Quantität, Qualität und somit auch Verfügbarkeit von und eine stabile Versorgung mit Nahrungsmitteln (Walls et al., 2019). Ernährungsvielfalt, die als wesentlich für die menschliche Gesundheit angesehen wird, kann zwar gefördert werden und somit einen wesentlichen Beitrag zur Kompassdimension Eigenart leisten (Remans et al., 2014). Gleichzeitig befördern aber Handelsunternehmen die Abhängigkeit von Nahrungsmittelimporten und die „Verwestlichung“ von Ernährungsstilen auf der Grundlage von tierischen Produkten sowie hochverarbeiteten Lebensmitteln, die häufig reich an Fett, Zucker und Salz sind. In diesem Zusammenhang wird auch von der „nutrition transition“ gesprochen (Popkin und Gordon-Larsen, 2004). So wurde berechnet, dass eine steigende Prävalenzrate von Fettleibigkeit bei Frauen in Mexiko den zunehmenden Importen von Lebensmitteln aus den USA zwischen 1988 und 2012 zuzuschreiben ist (Giuntella et al., 2020). Nicht nur Handelspolitik, sondern auch die gestiegenen ausländischen Direktinvestitionen (ADI) in das Ernährungssystem, die teils im Rahmen von regionalen Handelsabkommen gefördert werden, haben Einfluss auf die Qualität der Ernährung und somit auf die

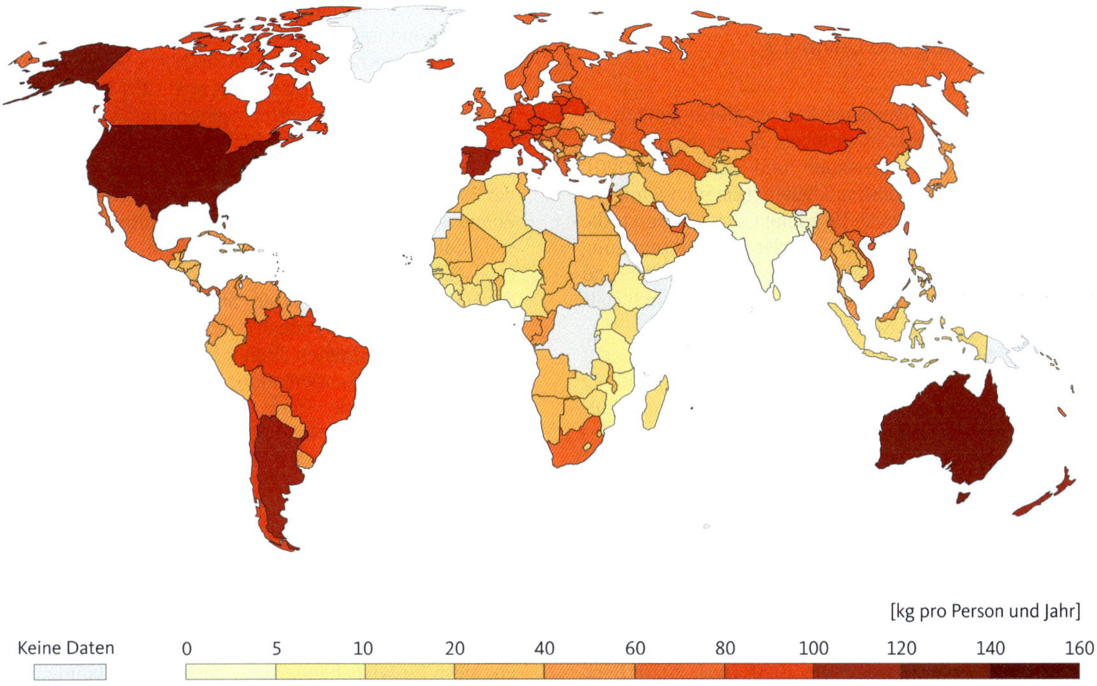


**Abbildung 3.4-2**
Weltweite Bereitstellung von Fleisch in kg pro Person und Jahr (2017).
Quelle: Our World in Data, 2019

Gesundheit der Bevölkerung. Es wurde z.B. festgestellt, dass die ADI zu einem steigenden Verbrauch von zuckerhaltigen Getränken geführt haben (Baker et al., 2016). Wie der WBGU (2016a: 90f.) argumentierte, verändern sich Ernährungsgewohnheiten in Entwicklungs- und Schwellenländern vor allem durch einen erleichterten Zugang zu „bereits zubereiteten hochkalorischen Nahrungsmitteln (...) [und] die Wirkung von gezieltem Marketing für stark prozessierte Produkte". Darüber hinaus spielt vor allem die soziale, auch symbolische Bedeutung einiger nicht nachhaltiger Konsummuster eine Rolle, die mit Modernität und Status in Verbindung gesetzt wird (Hawkes, 2007). Dies konterkariert ein Verständnis von soziokultureller und räumlicher Vielfalt.

### Die Entwicklung des Konsums tierischer Produkte

Während sich in den vergangenen 50 Jahren die Weltbevölkerung verdoppelte, verdreifachte sich die globale Fleischproduktion (Heinrich-Böll-Stiftung, 2019b). Es ist anzunehmen, dass aufgrund der steigenden Einkommen und der damit einhergehenden Kaufkraft die Nachfrage nach Lebensmitteln in Zukunft weiter stärker ansteigen wird. Von 2006 bis 2050 soll dieser Anstieg rund 70% (FAO, 2009), bei Fleisch sogar 85% betragen (Heinrich-Böll-Stiftung, 2019b). Dabei unterscheidet sich der Konsum jedoch nach Regionen (Abb. 3.4-2). 2017 lag der Fleischkonsum in Ländern wie Indien und einigen afrikanischen Staaten wie Sierra Leone, Nigeria, Äthiopien, Uganda, Tansania und Mosambik bei etwa 15 kg pro Person und Jahr – dieser relativ geringe Pro-Kopf-Verbrauch erklärt sich einerseits durch die vorherrschende vegetarische Esskultur in Indien, hängt andererseits aber auch mit Armut und Nahrungsmittelunsicherheit in den afrikanischen Staaten zusammen. In den meisten Industrieländern (Abb. 3.4-2) liegt der Fleischkonsum deutlich über dem klimaverträglichen Niveau, wie z.B. in den USA mit durchschnittlich über 140 kg Fleisch pro Person und Jahr.

Schätzungen zufolge müssen 2050 im Vergleich zum letzten Jahrzehnt jährlich rund 200 Mio. t Fleisch und 1 Mrd. t Getreide zusätzlich produziert werden, um dem zukünftigen Bedarf gerecht werden zu können (FAO, 2009). Die Nachfrage nach Tierprodukten wird dabei nicht nur in den Industrieländern, sondern auch und gerade in den Schwellen- und Entwicklungsländern steigen, da dort gleichzeitig eine aufstrebende Mittelschicht die Nachfrage nach tierischen Produkten erhöht. So verbreiten sich die tierproduktlastigen Ernährungsstile der Industrieländer auch in Schwellen- und Entwicklungsländern immer weiter. Der dort zunehmende Wohlstand bei gleichzeitig niedrigen Nahrungsmittelpreisen verstärkt diese Entwicklung (Graham und Abrahamse, 2017; Steinfeld et al., 2006).

**Kasten 3.4-2**

## Massentierhaltung und Covid-19

Im Zuge der Covid-19-Pandemie kam es global gehäuft zu Infektionsherden in Schlachtbetrieben, die zu deren Schließungen geführt haben (Terazono und Schipani, 2020). Neu auftretende Infektionskrankheiten (Emerging Infectious Diseases, EID) wie Covid-19 können sich (1) durch die Arbeitsbedingungen in den Betrieben der Massentierhaltung ausbreiten, (2) zu einem Konflikt zwischen Tierethik und ökonomischen Interessen führen und werden (3) durch Haltung und Versorgung der Nutztiere intensiviert.

1. Die erhöhten Infektionszahlen wurden vor allem mit den sozial prekären Arbeitsbedingungen in Verbindung gebracht, darunter „viele Menschen, die Schulter an Schulter arbeiten, ohne dass es zu einer [physischen] Distanzierung kommt" (Dyal, 2020; Terazono und Schipani, 2020). Neben Ausbrüchen in deutschen Schlachtbetrieben traten solche Covid-19-Hotspots auch in Kanada, Spanien, Irland, Brasilien, Australien und den USA auf. Niedrige Temperaturen, erhöhte Feuchtigkeit und ausgedehnte Lüftungssysteme in Schlachtbetrieben könnten gute Bedingungen für das Überleben und Ausbreiten von Viren sein. Die aktuelle Forschung reicht aber nicht aus, um definitive Aussagen treffen zu können (Asadi et al., 2020; Dyal, 2020; Beck et al., 2019). Erste Ergebnisse zeigen, dass auch Covid-19 durch die Luft übertragen wird (Lu et al., 2020). Lüftungssysteme könnten zum einen Wanderrouten für den Virus sein und zum anderen durch den konstanten Luftzug in Gebäuden die Effektivität von (sozialen) Distanzierungsmaßnahmen verringern (Asadi et al., 2020). Erschöpfung durch die stark physisch geprägte Arbeit in Schlachtbetrieben verringert die Resistenz gegen Virusinfektionen (wie auch in anderen Betrieben der Ernährungsindustrie, hier jedoch verstärkt durch kühle, geschlossene Räume). Dazu werden oft ausländische Arbeitskräfte beschäftigt, die in großer Anzahl dieselbe Wohneinheit und Transportmittel teilen (Wolf, 2020; Piller und Lising, 2014; Lever und Milbourne, 2015).
2. Des Weiteren führt die Covid-19-Pandemie und die soziopolitischen Gegenmaßnahmen zu Störungen in den Lieferketten des Ernährungssektors (Hobbs, 2020). Störungen in Lieferketten oder ein abrupter Nachfragerückgang bewirken auch einen Produktionsstau im System der Massentierhaltung, was zu tierethischen Problemen führt. Denn dies bedeutet, dass Tiere, die nicht verarbeitet oder transportiert werden, notgeschlachtet werden müssen (Le Roy et al., 2005). Hier werden Nutztiere als ökonomische Ressource angesehen, wobei ihre Gesundheit und tierethische Aspekte kaum eine Rolle spielen. Ihr Transport ist z.B. durch Hitze und räumliche Enge ein besonderer Stressfaktor (Minka und Ayo, 2009; Schwartzkopf-Genswein et al., 2012). Stress und körperliche Erschöpfung verringern die Resistenz der Tiere gegenüber Krankheitserregern (Espinosa et al., 2020). Wenn ein Virus oder eine Krankheit im System der Massentierhaltung auftreten, kommt es in bestimmten Fällen auch zu vorbeugenden Notschlachtungen von nicht infizierten Tieren ohne spätere Verwendung. Beispiele sind die Maul- und Klauenseuche (Haydon et al., 2004; Manning et al., 2005) oder BSE (Le Roy et al., 2005). Bei letzterem wurde den Rindern als Pflanzenfressern tierische Produktbestandteile verfüttert, um die Produktivität zu steigern (BMEL, 2019a).
3. Die Massentierhaltung bietet einen neuen Lebensraum für Viren und möglicherweise auch ansteckende Parasiten, welche die Krankheiten in menschliche Gemeinschaften übertragen können (Mennerat et al., 2010). Domestizierte Tiere tragen die meisten zoonotischen Viren in sich (Johnson et al., 2020) und können diese zwischen Nutztieren verbreiten. Wiederkehrende Zoonosen erhöhen in der Massentierhaltung die Gefahr der Übertragung von Zoonosen an der Mensch-Nutztier-Schnittstelle (Johnson et al., 2020; Kilpatrick und Randolph, 2012; Karesh et al., 2012). Die räumliche Nähe der Nutztiere erhöht die Häufigkeit von Zoonosen. Steigende Tier- und Tierprodukttransporte erhöhen die Wahrscheinlichkeit, Pathogene zu verbreiten (Espinosa et al., 2020). Gerade Betriebe der Massentierhaltung sind am Eingang (z.B. durch ankommende Tiere aus anderen Zuchtbetrieben, Brütereien oder Nutztiermärkten, Futter- und Wasserlieferungen), aber auch dem Ausgang (Exkremente, Tiere, die in andere Betriebe, Märkte oder Schlachthäuser überführt werden) vor Krankheitserregern nicht hinreichend geschützt (Schmidinger, 2020). Ebenfalls können Viren über Dung – der eigentlich sonst positiv zur Kreislaufwirtschaft beiträgt – und Lebensmittelprodukte in die Umwelt gelangen (Graham et al., 2008; Leibler et al., 2009). Letzteres kann eine weitere Infektionsquelle, vor allem für wildlebende Tiere, darstellen (Schmidinger, 2020). Wildtierfarmen sind besonders problematisch, da neben den aufgeführten Problemen der Haltung durch den internationalen Wildtierhandel neue, unerforschte Pathogene eingeführt werden (Karesh und Cook, 2005; Daszak et al., 2000). Die präventive antimikrobielle und antiparasitäre Behandlung, z.B. durch den flächendeckenden Einsatz von Antibiotika in der Massentierhaltung, spielt eine entscheidende Rolle bei der Entstehung von Resistenzen und neu auftretenden Infektionserkrankungen (Liverani et al., 2013).

Das System der Massentierhaltung ist nicht nur eine Gefahr für die Häufigkeit von EIDs, sondern steht auch seit Jahren auf Grund einer Reihe von Gesundheits-, Tierschutz- und Umweltproblemen in der Kritik. Vergangene Krankheitsausbrüche wie z.B. BSE sowie die Schweine- und Vogelgrippe zeigen, dass die Gesundheit von Tieren in der Massentierhaltung einen Einfluss auf die menschliche Gesundheit hat. Hinzu kommt die Rodung von Regenwäldern, um die enormen Mengen an Futtermittel zu produzieren und die Nutztiere auf diesen Flächen zu halten (Ruiz-Saenz et al., 2019). Dies zwingt die dort lebenden Wildtiere, sich an neue Habitate anzupassen und führt zu einer häufigeren Überschneidung von Menschen, Nutztieren und Wildtieren (Kasten 3.2-3). Das System Massentierhaltung zeigt erneut die Notwendigkeit eines holistischen Gesundheitsansatzes im Sinne von „planetarer Gesundheit" (Kasten 2.2-2), welcher tierische, menschliche und ökosystemare Gesundheit als sich positiv bedingende Einflüsse betrachtet. De Boer und van Ittersum (2018) haben einen hiermit kompatiblen dreiteiligen Kreislaufwirtschaftsansatz für die Nahrungsmittelproduktion vorgeschlagen: (1) pflanzliche Nahrung soll ausschließlich der menschlichen Ernährung dienen; (2) Nebenprodukte werden dieser Produktion, der Verarbeitung und Konsum soweit möglich durch Recycling zurückgeleitet; (3) Nutztiere werden gehalten (neben Säugetieren auch Fische und Insekten), um die übriggebliebenen Nebenprodukte zu verarbeiten und die Ökosystemleistungen, z.B. für die Erhaltung von Weidelandschaften und der Produktion von Düngemittel, zu nutzen.

Auswirkungen des Fleischkonsums

Die Tierhaltung ist weltweit seit Jahrtausenden ein traditioneller Bestandteil der Landwirtschaft. Bei integrierten Systemen bestehen Synergien zwischen Pflanzen und Tieren, bei denen Gülle als Dünger und zur Verbesserung der Bodenstruktur sowie als Brennstoffquelle verwendet wird (IAASTD, 2009: 176). Ein Großteil des heute genutzten Weidelands eignet sich gerade in Trockengebieten zu keiner anderen landwirtschaftlichen Nutzung als der extensiven Weidehaltung („absolutes Grünland"; IAASTD, 2009: 37). In diesen Regionen stellen Tierprodukte aus Weidehaltung einen wichtigen Bestandteil lokaler Ernährung dar. Von den global als Weideflächen genutzten Flächen (rund 26% der eisfreien Erdoberfläche), besteht allerdings nur die Hälfte aus natürlichem Grünland; die andere Hälfte wurde aus Wäldern umgewandelt (IAASTD, 2009). Global betrachtet ist der Anteil von Tierprodukten aus Weideland allerdings verschwindend gering: Derzeit stammen in Europa etwa 72% (Greenpeace, 2019), in den USA etwa 99% (Anthis, 2019) der Tierprodukte aus der industriellen Massentierhaltung. Diese Form der Fleischproduktion hat zu einer Entkopplung von Pflanzenbau und Tierhaltung geführt, so dass Tierfutter in großen Mengen zugekauft und Gülle in großen Konzentrationen auf zu wenig landwirtschaftlich genutzte Flächen ausgebracht werden (Kap. 3.3.1.1).

Obwohl für die Fleischproduktion insgesamt (inklusive der Graslandnutzung) etwa 77% des globalen Agrarlandes genutzt wird, liefert der Konsum lediglich 17% des globalen Kalorienbedarfs (Heinrich-Böll-Stiftung, 2019b). Diese vergleichsweise ungünstige Bilanz liegt vor allem an den Verlusten und Ineffizienzen bei der Umwandlung von Futtermitteln in tierische Produkte (innerhalb des Tierkörpers) und findet sich zudem bei der Betrachtung der Proteine mit einer durchschnittlichen Verlustrate von 82% wieder (Alexander et al., 2017).

Im Rahmen der industriellen Tiermast zeigen sich darüber hinaus gesundheitliche Belastungen für Mensch und Tier durch wachstumssteigernde Antibiotikafütterung und sich daraufhin entwickelnde Resistenzen (multiresistente Keime; Kasten 3.4-2). Um Krankheiten vorzubeugen und entgegenzuwirken sowie um schnelleres Wachstum zu erzielen, wurden allein im Jahr 2013 rund 131.000 t Antibiotika bei zum Verzehr produzierten Tieren verwendet (Van Boeckel et al., 2017). Das entspricht etwa der doppelten Menge, die Menschen selbst zu sich nehmen (Bbosa und Mwebaza, 2013). Bei einer in 24 EU-Staaten durchgeführten Studie wurden durchschnittlich in jedem vierten Schweinezuchtbetrieb verschiedene Arten multiresistenter Erreger bzw. MRSA-Stämme (Methicillinresistentes *Staphylococcus aureus*) festgestellt (EFSA, 2009). In Deutschland wurden bei einer nachfolgenden Untersuchung in rund 42% der untersuchten Zuchtschweinebestände MRSA im Stallstaub nachgewiesen (BfR, 2009). In ökologischen Masthähnchen- und Milchviehbetrieben wurden im Vergleich zu konventionell geführten Betrieben deutlich niedrigere Resistenzraten gefunden (BfR et al., 2018). Schätzungen zufolge werden im Jahr 2050 weltweit jährlich rund 10 Mio. Menschen aufgrund von unwirksam gewordenen Antibiotika sterben (IACG, 2019). Dieses Problems ist sich auch die EU bewusst. In der Strategie „Vom Hof auf den Tisch" wird eine Reduktion der antimikrobiellen Stoffe um 50% für Nutztierhaltung und Aquakulturen vorgeschlagen (EEAC, 2020).

#### 3.4.1.4
#### Treiber für die Missstände im Ernährungssystem

Die nicht nachhaltige Entwicklung des Ernährungssystems wird durch verschiedene Treiber verstärkt. Während diese Entwicklung auf der Produktionsseite von der Agrarpolitik und Machtkonzentration in der Agrarindustrie getrieben wird (z. B. GAP; Kasten 3.3-1), spielen in der Lebensmittelindustrie und im Handel wirtschaftliche und gesellschaftliche Pfadabhängigkeiten eine wesentliche Rolle (Schrode et al., 2019). So führte die Machtkonzentration innerhalb der Lebensmittelindustrie und im Einzelhandel dazu, dass 2017 die zehn größten Lebensmittelhersteller rund 90% und die vier größten Lebensmittel-Einzelhandelsketten rund 85% des gesamten Marktes beherrschten (Inkota, 2020a, b). Aufgrund dieser Machtposition wird über zielorientiertes Marketing für verarbeitete Lebensmittel des privaten Sektors verstärkt auch Einfluss auf die Konsument*innen genommen (FOLU, 2019). So wird auf der einen Seite der Verbrauch von verarbeiteten und hoch verarbeiteten Lebensmitteln gefördert. Auf der anderen Seite werden Anreize für den Kauf von großen Mengen an Lebensmitteln etwa durch Rabattaktionen gegeben, wodurch die Verschwendung auf Haushaltsebene steigt.

### 3.4.2
### Transformation des Ernährungssystems durch Transformation von Ernährungsstilen

#### 3.4.2.1
#### Potenziale auf Seiten der Nachfrage

Um das Ernährungssystem transformieren zu können, wurden in globalen Berichten bereits entlang der gesamten Wertschöpfungskette (von Produktion bis Nachfrage) Strategien identifiziert, die die großen Treiber der derzeitigen Entwicklung adressieren und so zur

**Kasten 3.4-3**

### Lebensmittelverschwendung in Privathaushalten als Potenzialfeld für Transformation?

Es wird davon ausgegangen, dass allein in Deutschland etwa 61 % der bestehenden Lebensmittelabfälle aus Privathaushalten stammen (Kranert et al., 2012). Zusätzlich zu gesellschaftlichen Einflussfaktoren sind auch bestimmte Verhaltensweisen und -gewohnheiten von Konsument*innen relevant. Diese umfassen etwa die Planung von täglichen Mahlzeiten und den damit verbundenen Lebensmitteleinkäufen, die tatsächliche Zubereitungs- und Konsumhandlung und nachfolgend die Lagerung und der Umgang mit Zubereitungsresten und Nahrungsmitteln mit überschrittenem Mindesthaltbarkeitsdatum (Schmidt und Matthies, 2018). Maßnahmen, die eine Reduktion der Lebensmittelverschwendung begünstigen, können über die Vermittlung von Problem- und Handlungswissen erfolgen, um Ziele des nachhaltigen Konsums zu unterstützen. Entsprechendes Handeln setzt hierbei allerdings nicht im letzten Schritt – der Entsorgung von Nahrungsmitteln – an, sondern beginnt bei dem eigentlichen Problem: dem Überkonsum von Lebensmitteln. Dieser erfolgt beim Einkauf, etwa durch Mengenrabatte, Planungsdefizite, vorgegebene Packungsgrößen, sowie vor allem wegen der heutzutage immer stärker dominierenden Einpersonenhaushalte, in denen Planung im Umgang mit Resten schwieriger ist als in Mehrpersonenhaushalten. So liegt es zunächst scheinbar nahe, primär diesen verschwenderischen Überkonsum (auch auf Seiten der Produzierenden und Verkaufenden) anzuvisieren. Nachhaltigkeitsrelevanter wäre allerdings auch hier ein gezielter Ernährungsstilwandel, der neben einer Förderung der Suffizienz auch ermöglichen sollte, informierte Konsumentscheidungen (etwa Bevorzugung von regionalen und ökologisch erzeugten, saisonalen Produkten) zu treffen (Schmidt und Matthies, 2018).

Bewältigung der problematischen Situation beitragen können (Willett et al., 2019; FABLE, 2019). So werden übergeordnet neben dem Bestreben, das Bevölkerungswachstum zu entschleunigen (FABLE, 2019), auch der Ruf nach einer stärkeren und koordinierten Governance zwischen (ozean- und) landbezogenen Belangen laut (Willett et al., 2019). Darüber hinaus werden zahlreiche Strategien auf der Produktionsseite des Ernährungssystems benannt (etwa die Umstellung agrarpolitischer Prioritäten, nachhaltige Intensivierung, Ökologisierung der industriellen Landwirtschaft oder der Wandel hin zu einer Produktion von qualitativ hochwertigen Produkten; Kap. 3.3). Große Potenziale werden zudem auf der Nachfrageseite gesehen (Willet et al., 2019; FABLE, 2019; FOLU, 2019). Das betrifft die Verminderung von Lebensmittelverlusten und -verschwendung sowie die Veränderung von Ernährungsstilen.

### Potenziale durch Veränderungen bei Lebensmittelverlusten und -verschwendung

Als relevant gilt hier die Reduzierung der Verluste bzw. der Verschwendung von Nahrungsmitteln („food loss“ bzw. „food waste“) entlang der Wertschöpfungskette um 50 % (Willett et al., 2019; FABLE, 2019).

Verluste, die innerhalb der Wertschöpfungskette von der Nachernte bis hin zum Handel (ohne diesen einzuschließen) entstehen, werden als Lebensmittelverluste bezeichnet (Kap. 3.3). Bei Verlusten im Handel (einschließlich), Gastronomie und Konsument*innen wird von Lebensmittelverschwendungen gesprochen (FAO, 2020k). Der Verringerung von Lebensmittelverlusten und -verschwendung wird ein hohes Potenzial zugesprochen; so stellt sie auch eine der fünf zentralen Aspekte der EU-Strategie „Vom Hof auf den Tisch“ dar. So soll die Lebensmittelverschwendung bis 2030 auf Ebene der Konsument*innen und im Einzelhandel um 50 % reduziert werden. Dafür soll die Vermeidung von Lebensmittelverlusten und -verschwendung eingebunden werden, die Regulierungen bezüglich der Mindesthaltbarkeitsdaten überarbeitet sowie Verluste in der Produktion näher untersucht und Vermeidungspotenziale erforscht werden (EU-Kommission, 2020d)

Die Problematik zwischen Verlusten und Verschwendung ist dabei für Industrie- und Entwicklungsländer unterschiedlich ausgeprägt (Kap. 3.3.2.3): so ist das Problem der Verluste vorrangig in den Entwicklungsländern eine zu lösende Herausforderung (Kap. 3.3). Lebensmittelverschwendung ereignet sich hingegen vor allem in den Industrieländern, dabei besonders im Bereich der Außer-Haus-Verpflegung sowie in Privathaushalten (UN Environment, 2019; Kasten 3.4-3). Der WBGU fügt dieser Sichtweise hinzu, dass aus Gerechtigkeits- und Teilhabegründen einer Minimierung der Nahrungsmittelverluste in Entwicklungsländern deutlich Vorrang gegeben werden sollte (Kap. 3.3).

Eine Quantifizierung von Lebensmittelverlusten und -verschwendungen bleibt jedoch ein komplexes und teilweise ungelöstes Problem (Parfitt et al., 2010). Es werden unterschiedliche Methoden zur Quantifizierung verwendet (z. B. Messung nach Gewicht, Kalorienwert, THG-Äquivalenten und verlorenen Inputs wie z. B. Wasser, Nährstoffe). Zudem werden unterschiedliche Verluste oder Abfälle definiert bzw. beide Kategorien oft vermischt (Corrado et al., 2019). Im EAT-Lancet-Bericht (Willett et al., 2019) wird deutlich, dass kein Szenario existiert, in dem durch die reine Vermeidung von Lebensmittelverschwendung (und -verlusten) im Ernährungssystem ein Rangieren innerhalb planetarischer Leitplanken möglich wird. Auch im aktuellen IPCC-Sonderbericht zu Klimawandel und Landsystemen (IPCC, 2019a) wird

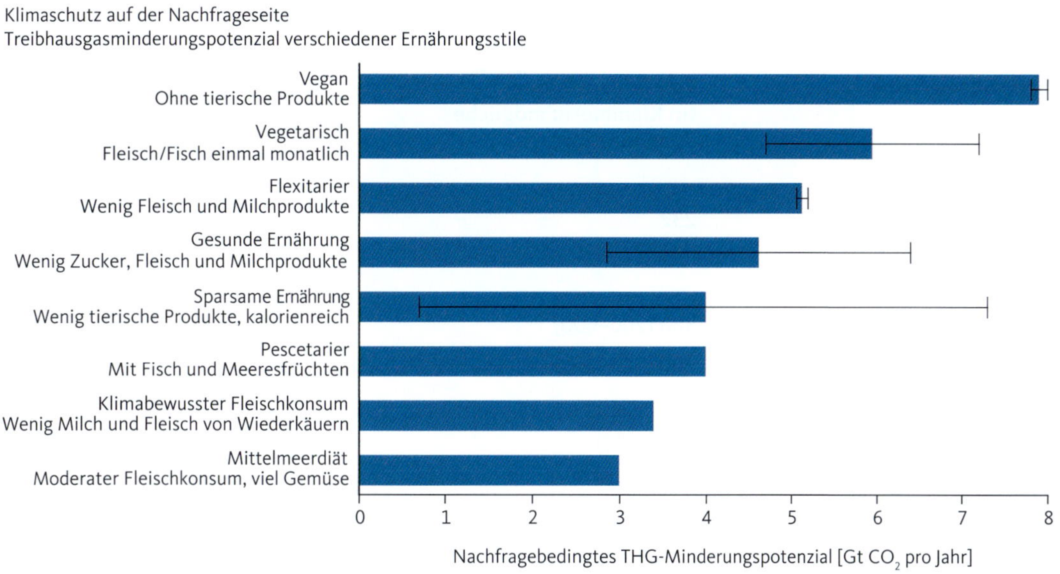


**Abbildung 3.4-3**
Potenzial verschiedener Ernährungsstile zur THG-Emissionsvermeidung.
Quelle: IPCC, 2019b: 488

die Unsicherheit der Berechnungen der Treibhausgasemissionen durch Lebensmittelverschwendung deutlich, die berichteten Werte werden mit „low confidence" bewertet. Vor diesem Hintergrund erscheint es dem WBGU bedenklich, dass führende Berichte und Programme einen so großen – und manchmal den einzigen – Fokus auf die Vermeidung von Lebensmittelverschwendung legen (etwa FABLE, 2019; WBAE und WBW, 2016). Der WBGU problematisiert diesen Fokus, da unklar bleibt, ob und in welchem Ausmaß durch konsument*innenseitige Verringerung der Verschwendung tatsächlich der zugrundeliegende Überkonsum und die Überproduktion verändert würden. Auch wenn mit dem Thema Verschwendung wichtige Aspekte der Wertschätzung von Lebensmitteln adressiert werden, lenkt es doch von anderen Strategien ab, die ein höheres und klarer benennbares Potenzial zur Entschärfung des Trilemmas bergen (Garske et al., 2020).

### Potenziale durch die Veränderung von nicht nachhaltigen Ernährungsstilen in den Industrieländern

Aktuelle Berichte, etwa EAT-Lancet (Willett et al., 2019), FOLU (2019), aber auch die Strategie „Vom Hof auf den Tisch" (EU-Kommission, 2020d) adressieren das Potenzial, das in aktuell dominanten „Lose-lose-lose"-Ernährungsstilen liegt. Dabei wird der Reduktion von Tierprodukten das größte transformative Potenzial zugesprochen (Drenckhahn et al., 2020; Röös et al., 2017, 2018), das auch das Potenzial einer verminderten Lebensmittelverschwendung übersteigt.

Beginnen muss eine solche Transformation in den Industrieländern, da der dort hohe Fleischkonsum am stärksten von einem klimaverträglichen Maß abweicht (Kap. 3.4.1.3). Zusätzlich konsumieren in den Industrieländern momentan etwa 20% der Weltbevölkerung etwa 40% der globalen Nahrungsmittel-Produktion (FAO, 2020a). Es ist daher geboten, Veränderungen von Ernährungsstilen in den Industrieländern anzustreben, die mit einer Reduktion des Verzehrs von Tierprodukten einhergehen (gegeben z.B. in veganen und vegetarischen Ernährungsstilen; Abb. 3.4-3).

## 3.4.2.2 Zielbild: Mehrgewinn durch die Transformation tierproduktlastiger Ernährungsstile in den Industrieländern

Der WBGU übernimmt als Ziel für eine Mehrgewinnstrategie die im EAT-Lancet-Bericht (Willet et al., 2019) formulierte Vision der Planetary Health Diet (PHD). Diese gesunde Referenzkost steht – skaliert auf die Weltbevölkerung – im Einklang mit der Einhaltung planetarischer Leitplanken. Sie besteht weitgehend aus Gemüse, Früchten, Vollkorngetreide, Hülsenfrüchten, Nüssen und ungesättigten Ölen, enthält eine geringe bis mittlere Menge an Fisch und Geflügel und enthält kein oder nur eine geringe Menge an rotem Fleisch, verarbeitetem Fleisch, zugesetztem Zucker, raffiniertem Getreide und stärkehaltigem Gemüse. Die PHD unterscheidet sich vor allem hinsichtlich der Hauptproteinquellen von den dominanten Ernährungsstilen der Industrieländer (vor allem rotes Fleisch; Heinrich-Böll-

**Tabelle 3.4-2**
Ausgestaltung der Planetary Health Diet (PHD) nach Willet et al. (2019).
Quelle: WBGU nach BZfE, 2020 (©EAT Foundation)

| Lebensmittelgruppe | Empfohlene Menge [g pro Tag] (in Klammern: mögliche Spannbreiten) | Kalorienaufnahme [kcal pro Tag] |
|---|---|---|
| **Kohlenhydrate** | | |
| Vollkorngetreide | 232 | 811 |
| Stärkehaltiges Gemüse (Kartoffeln, Maniok) | 50 (0–100) | 39 |
| Gemüse | 300 (200–600) | 78 |
| Früchte | 200 (100–300) | 126 |
| **Proteinquellen** | | |
| Rind-, Lamm- oder Schweinefleisch | 14 (0–28) | 30 |
| Geflügel | 29 (0–58) | 62 |
| Eier | 13 (0–25) | 19 |
| Fisch | 28 (0–100) | 40 |
| Hülsenfrüchte | 75 (0–100) | 284 |
| Nüsse | 50 (0–75) | 291 |
| Milchprodukte (Vollmilch oder aus dieser Menge hergestellte Produkte) | 250 (0–500) | 153 |
| **Fette** | | |
| Ungesättigte Fette (Oliven-, Raps-, Sonnenblumen-, Soja-, Erdnuss-, Traubenkernöl | 40 (20–80) | 354 |
| Gesättigte Fette (Palmöl, Schmalz, Talg) | 11,8 (0–11,8) | 96 |
| **Zugesetzter Zucker** | | |
| Alle Süßungsmittel | 31 (0–31) | 120 |

Stiftung, 2019b) und propagiert einen erheblich geringeren Anteil an Tierprodukten, dafür wird etwa Hülsenfrüchten als Eiweißquelle ein höherer Anteil zugesprochen (Tab. 3.4-2).

Der WBGU plädiert dafür, die Potenziale für veränderte Ernährungsstile in den Industrieländern näher zu erkunden und Strategien zur Förderung eines tierproduktreduzierten Nahrungsmittelkonsums aufzuzeigen. Der WBGU sieht hier einen ersten und wichtigen Schritt, um eine langfristige Große Transformation des Ernährungssystems anzugehen.

Der WBGU übernimmt die Forderung nach einer Änderung der Ernährungsstile in den Industrieländern und erweitert diese Sichtweise um eine systematische Auseinandersetzung mit der soziokulturellen Einbettung der Konsummuster. Dadurch werden konkrete, veränderbare Barrieren und vielfältige Ressourcen für eine gelingende Transformation der Ernährungsstile in den Industrieländern sowie Ansatzpunkte für eine Implementierung identifiziert (Kap. 3.4.5).

### 3.4.3 Eine Frage des Bewusstseins? Von den vielfältigen Bedingungen der Entwicklung und Veränderung von Ernährungsstilen

Aktuelle globale Analysen (FOLU, 2019; IPCC, 2019b; IPBES, 2019b) nennen vielfältige Barrieren für eine Transformation des Ernährungssystems. Fokussieren diese Barrieren auf Konsument*innen, so wird – insbesondere für Industrieländer – häufig von einem „fehlenden Bewusstsein" (FOLU, 2019:69f.; IPCC, 2019b; IPBES, 2019b) gesprochen, das z.B. Bequemlichkeit, kulturelle Vorlieben oder mangelnde Zahlungsbereitschaft von Konsumierenden umfasst. Eine systemische Betrachtung rückt jedoch weitere Aspekte in den Fokus, die in den folgenden Unterkapiteln ausgeführt werden.

In den Industrieländern lassen sich bereits heute deutliche Trends zum nachhaltigen Konsum identifizieren. So hat sich etwa die Nachfrage nach Bioprodukten

**Kasten 3.4-4**

### Zucker: Treiber für die Zivilisationskrankheit Nummer Eins

Das häufige Konsumieren hoch verarbeiteter Lebensmittel mit raffiniertem Zucker kann zu suchtähnlichen Zuständen führen. Die Gewohnheit, stark zuckerhaltige Nahrungsmittel vorzuziehen, kann bereits in der Kindheit angelegt werden und dann wesentlich zur Ausbildung von Adipositas beitragen, eine inzwischen weltweit auftretende Krankheit mit gefährlichen Folgen (Ahmed et al., 2013; Filgueiras et al., 2019). Adipositas verursacht gemeinsam mit anderen Faktoren einen Anstieg der nicht übertragbaren Krankheiten (Non-Communicable Diseases, NCDs), Krankheiten wie Herzinfarkt, Schlaganfall, Krebs, Diabetes, die mit jährlich 16 Mio. frühzeitigen Toten weltweit die Nummer Eins in dieser Kategorie sind. Eine stark ansteigende Rate von Adipositas und den NCDs ist besonders in Entwicklungs- und Schwellenländern, allen voran in Afrika und Asien zu erkennen (Spires et al., 2016; WHO, 2015). In den USA, Lateinamerika und anderen Teilen der Welt ist das Problem bereits seit längerem von großer Bedeutung.

Adipositas tritt in Entwicklungs- und Schwellenländern typischerweise in Verbindung mit der Entwicklung einer aufstrebenden Mittelschicht und einer Angleichung an die Ernährungsweise der Menschen in Industrieländern auf. Diese „nutrition transition" erfolgt zuerst in den Städten. Frauen sind von den negativen Folgen, Adipositas und NCDs in der Regel besonders betroffen (Ntandou et al., 2009; Ziraba et al., 2009). Hier wird auch von einer „double burden of malnutrition" gesprochen, d.h. die Unterversorgung mit Mikronährstoffen bei gleichzeitig erhöhtem Auftreten von Adipositas und NDCs (Popkin et al., 2020). Die direkten Kosten für das Gesundheitssystem durch Adipositas werden alleine in Deutschland auf bis zu 30 Mrd. € pro Jahr geschätzt (Effertz et al., 2016).

Eine Zuckersteuer könnte ein geeignetes Instrument darstellen, um dieser Entwicklung entgegenzuwirken. Ein Positivbeispiel existiert in Chile, wo eine Steuer in Verbindung mit der Kontrolle von Werbung für Süßprodukte zu einem Konsumrückgang dieser Lebensmittel führte, allerdings nur bei den Bevölkerungsschichten mit höheren Einkommen (Nakamura et al., 2018). Kritischer ist das Beispiel Südafrika zu bewerten, wo Adipositas ebenfalls ein großes Problem darstellt und 68% der Frauen sowie 31% der Männer betrifft. Laut WHO (2016) sterben geschätzt 20.000 Menschen jährlich im Alter zwischen 30 und 69 Jahren in Südafrika an Diabetes. Seit 2018 erhebt die südafrikanische Regierung daher eine Zuckersteuer, jedoch ist ihre Wirksamkeit bisher gering. Hierfür kommen mehrere Gründe in Betracht. Zum einen wurde die Steuer sehr niedrig angesetzt (Bosire et al., 2019), so dass sie kaum Lenkungswirkung entfalten kann. Zum anderen führen Lebensmittelkonzerne dennoch parallel Marketingkampagnen für süße Lebensmittel durch (Myers et al., 2017). So behauptet die Zuckerlobby etwa, es sei wissenschaftlich nicht erwiesen, dass Zucker für Krankheiten wie Übergewicht und Diabetes verantwortlich sei und hat von bestochenen Professoren Studien fälschen lassen (Nestle, 2016). Als die WHO 2003 in ihren Richtlinien die empfohlene Zuckermenge aus freien Zuckern auf maximal 10% der täglichen Kalorienaufnahme senkte, übte die US Sugar Association (eine einflussreiche Gruppe der Lebensmittellobby mit Sitz in Washington, DC) Druck auf die US-amerikanische Regierung aus, deren finanzielle Unterstützung der WHO zurückzuziehen, wenn diese die Regelungen nicht wieder ändern würde (Owens, 2014).

und weiteren nachhaltigen Alternativen (Vegetarismus, Veganismus) in den letzten Jahren innerhalb der EU deutlich erhöht (Vou, 2019; Kap. 3.4.3.4). Begleitet und unterstützt wird der beginnende Wandel von einer zunehmenden Sensibilisierung gegenüber den Produktionsbedingungen für tierische Produkte (etwa Blanc et al., 2020). Dabei wird Wissen über die Herkunft von Produkten und deren Umweltfolgen durch Möglichkeiten der Digitalisierung (Kasten 3.4-12) aktuell und künftig immer besser verfügbar. Der WBGU sieht Anknüpfungsmöglichkeiten an diese Trends und Potenziale, um die bereits beginnende Transformation zu stärken und auszuweiten. Im folgenden Kapitelteil werden nach einer Betrachtung der globalen Barrieren für Veränderung (Kap. 3.4.3.1) die Entstehungsbedingungen individueller Ernährungsstile (Kap. 3.4.3.2), ihre soziale Einbettung (Kap. 3.4.3.3) sowie Brüche und Neuerungen in der Ernährungsbiografie (Kap. 3.4.3.4), insbesondere die bisher wenig förderlichen Kontextbedingungen der Nahrungsaufnahme (Kap. 3.4.3.5), analysiert. Diese umfassende Betrachtung bildet die Grundlage, Ansatzpunkte zur Stärkung der Transformation von Ernährungsstilen (Kap. 3.4.4) zu identifizieren.

### 3.4.3.1 Ernährungsstile und Konzerninteressen global betrachtet

Global werden nicht nachhaltige – und zudem meist ungesunde – Lebensmittel oftmals zur günstigsten Option, weil globale Lieferketten auf große Mengen dieser Nahrung spezialisiert sind (FOLU, 2019). Eine weitere Systembarriere ist, dass sich der Anbieter am Markt durchsetzt, der (in Massenproduktion) am günstigsten verarbeiten kann. Darunter leidet die Qualität der angebotenen Produkte. Weitere Barrieren und Pfadabhängigkeiten, die eine Transformation von Ernährungsstilen bisher hemmen, können nicht generell formuliert, sondern müssen regional differenziert betrachtet werden (FOLU, 2019). In Entwicklungsländern werden als zusätzliche Barrieren eines nachhaltigen Ernährungssystems etwa ungünstige Rahmenbedingungen, die sich vor allem in wenig zuverlässigen Märkten und Infrastrukturen zeigen, aber auch indivi-

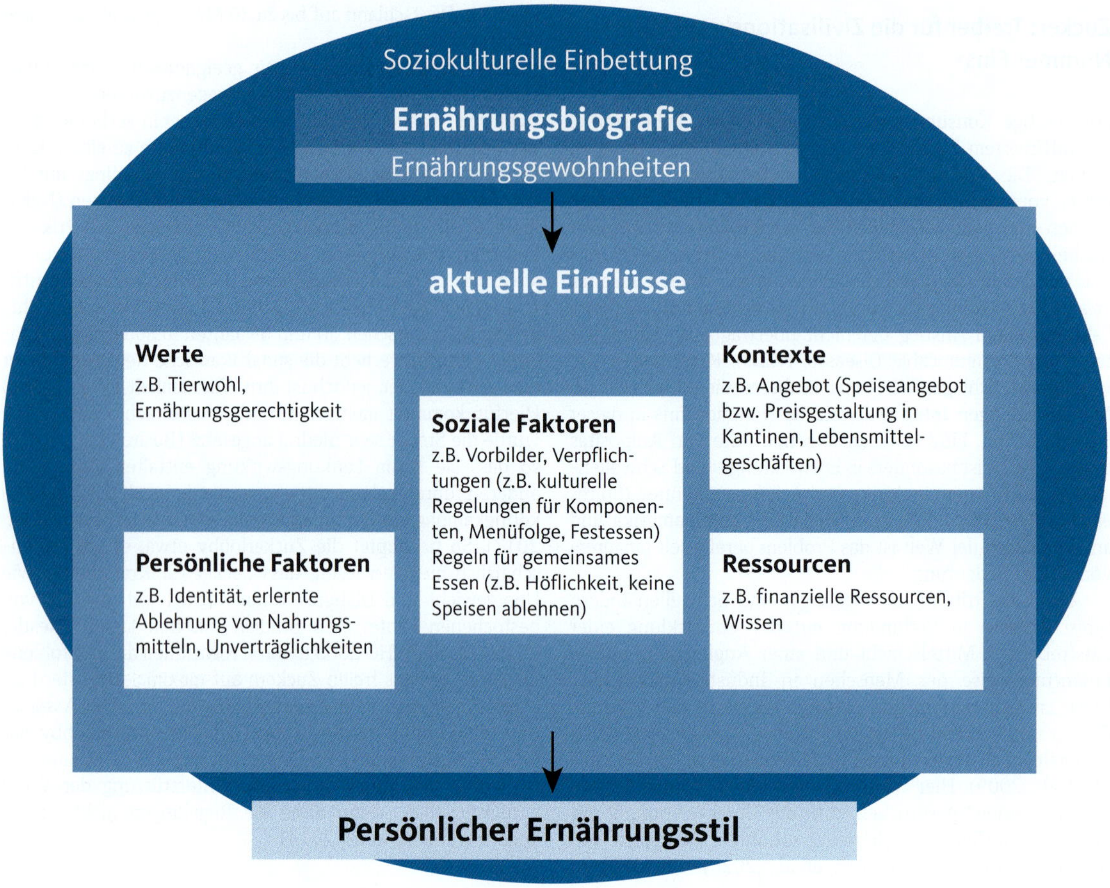


**Abbildung 3.4-4**
Modell zu Einflüssen auf den persönlichen Ernährungsstil. Die Ernährungsbiografie beschreibt die frühkindliche Prägung von Ernährungsgewohnheiten, die soziokulturell eingebettet ist. Werte bilden angemessene Umgangsformen, aber auch normativ und kulturell erlernte Kriterien für Entscheidungen ab, die in individuelle Akzentsetzungen überführt werden, etwa nachhaltige Ernährungsweisen, aber auch ethische Komponenten (z.B. Tierwohl). Ergänzt werden diese durch persönliche Faktoren, die aus physiologischen, psychologischen, emotionalen und relationalen Aspekten (Anteile von Identität und Selbstkonzept) bestehen. Soziale Faktoren beschreiben etwa kulturelle Regeln. Kontexte stellen Situationen der Nahrungsaufnahme dar, die durch Angebot, Werbung und Nahrungsmittelpreise gekennzeichnet sind. Ressourcen umfassen finanzielle Mittel, Transport- und Lagermöglichkeiten, aber auch Wissen (über andere Kosten von Nahrungsmitteln, z.B. „Umweltkosten"), ferner auch soziale Kapital (verstanden als Hilfe anderer, Rat, emotionale Unterstützung).
Quelle: WBGU, basierend auf dem Food Choice Process Model nach Furst et al., 1996

duell fehlende Bildungsmöglichkeiten, Technologien und Kapazitäten benannt. In den Industrieländern werden hingegen Unannehmlichkeiten, fehlende finanzielle Anreize bei fehlenden „wahren" Preisen, ein mangelndes Bewusstsein und eine geringe Priorisierung nachhaltiger Ernährung diskutiert.

Ebenso wird die kulturelle Einbettung der Ernährungsstile mit Barrieren in Verbindung gesetzt, vor allem mit Gewohnheiten und der persönlichen Ernährungsbiografie (Kap. 3.4.3.2), aber auch (oftmals nicht auf Nachhaltigkeit fokussierenden) Kontextbedingungen, wie etwa Richtlinien (Ernährungsleitlinien; Kap. 3.4.3.5), begleitet von inkohärenten Politiken, kulturellen Präferenzen (Werte, persönliche und soziale Faktoren; Kap. 3.4.3.2) und Aspekten der Erschwinglichkeit (Ressourcen; Kap. 3.4.3.2). Die Marktmacht des Lebensmittelhandels darf mit Blick auf die Industrieländer nicht ausgeblendet werden. Sie wirkt sich zum einen gegenüber den landwirtschaftlich Produzierenden, zum anderen direkt auf den Konsum aus. Über direkte Einflussnahme mittels Lobbyismus wird der Kontext verfügbarer Lebensmittel geprägt – in den meisten Fällen zugunsten nicht nachhaltiger Produkte und Produktionsweisen (Kap. 3.3., 3.4.2; Kasten 3.4-4). Über Werbung wird außerdem der Konsum ungesunder und nicht nachhaltiger Produkte von der Nahrungsmittelindustrie gezielt befördert. Zudem können Konsument*innen nur konsumieren, was angeboten wird.

**Kasten 3.4-5**

### Integration von neuen Nahrungsmitteln: alternative Proteinquellen

Die FAO (2019d) hat neue Nahrungsmittel identifiziert, die Fleisch ersetzen können und dabei eine ähnliche Proteinzufuhr und gleichbleibenden Geschmack bieten. Im Vergleich zu konventionellen Formen der Tierproduktion zeigt etwa Insektennahrung eine höhere Effizienz der Landnutzung (Mulia und Doi, 2019). Üblich ist sie bereits in Asien, aber auch in Europa existieren bereits entsprechende Angebote – etwa Buffalowürmer.

In einem kulturübergreifenden Vergleich zeigte sich, dass chinesische Proband*innen, in deren ursprünglicher Ernährungskultur insektenbasierte Produkte enthalten sind, in Bezug auf deren Geschmack und Nährwert höher bewerteten als die deutsche Vergleichsstichprobe (Hartmann et al., 2015). Auch zeigte sich, dass eine geringe Angst vor neuen oder unbekannten Lebensmitteln (food neophobia), positive Erwartungen an den Geschmack von insektenbasierten Produkten, hohe Werte für soziale Akzeptanz sowie Vorerfahrungen mit diesem Ernährungsstil signifikante Prädiktoren sind. So würden deutsche Teilnehmer*innen im Vergleich zu chinesischen Teilnehmer*innen eher weiterverarbeitete Produkte (z. B. auf Grillenmehl basierende Kekse) auf Insektenbasis wählen, auf „rohe" Produkte jedoch verzichten. Die Autor*innen schlussfolgern, dass die Einführung von Insekten in westliche Ernährungsstile besonders dann gelänge, wenn sie in bereits bekannte Nahrungsmittel „eingearbeitet" würden (Verbeke, 2015).

Dabei haben sie zwar einen gewissen Spielraum in Abhängigkeit von der individuellen Kaufkraft und dem Zugang zu Informationen. Entscheidend sind jedoch die Produktvorgaben von Produzierenden und Angebote in Märkten und Vertrieb. Adäquate und transparente Informationen können die Symmetrie erhöhen.

### 3.4.3.2
### Einflüsse auf die Entwicklung von Ernährungsstilen

Das Erlernen von Ernährungsgewohnheiten erfolgt gängigen Theorien zufolge vor allem über die Nahrungsmittel, die uns im Säuglings- und Kindesalter angeboten werden und entsprechende Lernprozesse zur Sicherheit (Genießbarkeit) von Nahrungsmitteln (Shepherd und Raats, 2006). Gehen Menschen in unterschiedliche Lebensabschnitte über, insbesondere vom Jugend- in das Erwachsenenalter, so gelten solche Umbrüche als barrierensenkende Ereignisse, die es ermöglichen, neue Ernährungsstile zu reflektieren und auszuprobieren (Astleithner und Brunner, 2007).

Abbildung 3.4-4 zeigt, welche unterschiedlichen Einflüsse sich auf den persönlichen Ernährungsstil auswirken. Werden unterschiedliche Kulturen betrachtet, so findet sich eine breite Variation von biografisch geprägten Ernährungsgewohnheiten und damit eine grundsätzliche Variation von „Genießbarkeit". So erscheinen nach europäischer Esskultur etwa Insekten oder der in Tibet als Nationalgetränk gereichte Buttertee als wenig genießbar. Und auch innerhalb Europas werden z. B. die in Frankreich als Delikatesse behandelten Froschschenkel unterschiedlich betrachtet. Esskulturen folgen in hohem Maße sprachlichen und nationalen Grenzen. Es existieren z. B. einzigartige Esskulturen in jedem der Mittelmeerländer (statt einer gemeinsamen mediterranen Esskultur) sowie in jedem der nordischen Länder (statt einer gemeinsamen nordischen Esskultur; Askegaard und Madsen, 1998; Thøgersen, 2010). Relevant für die biografische Prägung ist auch, was in einer bestimmten Kultur als ein Gericht gilt (Eichinger, 2018), etwa in der westlichen Welt das „Drei-Komponenten-Essen", das in seiner klassischen Ausrichtung aus Hauptgericht mit Fleisch, Gemüse- und Sättigungsbeilage und wahlweise Nachtisch besteht. Soziokulturell eingebettete Gewohnheiten prägen zwar Ernährungsstile, über die Lebensspanne hinweg bleiben diese jedoch dynamisch und entwickeln sich im Laufe der Zeit durch aktuelle Einflüsse weiter (Sobal et al., 2006; Abb. 3.4-4). Individualität im Ernährungsstil entsteht vor allem darüber, welche Priorität Werten oder persönlichen Faktoren eingeräumt wird (Bove et al., 2003) und welche Variabilität in der, auch emotional geprägten, Ablehnung bestimmter Lebensmittel besteht (z. B. Insektennahrung; Kasten 3.4-5). Demgegenüber existieren auch bestimmte invariable Faktoren, so können beispielsweise Nahrungsmittelunverträglichkeiten (inklusive Allergien) schwer überwunden werden.

### 3.4.3.3
### Nahrungsaufnahme als soziale Situation

Menschen nutzen gemeinsames Essen auch zu Beziehungsregulation und -aufbau (Kontexte und soziale Faktoren, auch Mahlzeitenkulturen; Hamburger und Teherani-Krönner, 2014). Neben der familiären Esskultur (Ernährungsbiografie) werden so etwa Speisen der Außer-Haus-Verpflegung im beruflichen Alltag (in Kantinen, Mensen, Restaurants usw.) weiteren Motiven folgend ausgewählt. So ist einerseits bei alltäglichen Produktkäufen wie Nahrungsmitteln das Bedürfnis nach monetärer Sparsamkeit vergleichsweise relevant (Struve und Stehr, 2017). Die Preisgestaltung hat also erhebliche Wirkung auf die Essenswahl. Andererseits können, gerade bei besonderen Anlässen, etwa bei Feiertagsessen, feierlichen Anlässen oder öffentlich ausgerichteten Mahlzeiten, gesellschaftliche Normen aktiviert oder geprägt werden. Gemeinsame Mahlzeiten sind als besondere soziale Situationen einzustufen, die in ihrer Materialität (z.B. Bestandteile, Kompositionen, Abfolgen) soziale Beziehungen wie Hierarchie, Inklusion und auch Exklusion abbilden (Meyer, 2018). Innerhalb dieser Anlässe treten Sparsamkeitsmotive in den Hintergrund, relevanter werden soziale Geltungsbedürfnisse, wie etwa Großzügigkeit zu zeigen.

#### 3.4.3.4 Brüche in der Ernährungsbiografie und Wertewandel im Ernährungsstil

Im Grunde sind Ernährungsbiografien recht gefestigt, jedoch können sie – etwa durch gesellschaftliche Ernährungstrends – aufgebrochen werden. Solche Brüche in der Ernährungsbiografie können sich insbesondere in der Jugend- und jungen Erwachsenenphase im Rahmen von Identitätsbildungsprozessen ergeben (dies gilt insbesondere für Vegetarismus, Veganismus usw.). Ein weiteres günstiges Gelegenheitsfenster sind Ernährungsumstellungen in Folge der Familiengründung (etwa Umstieg auf Biolebensmittel), von Erkrankungen, oder anderen sogenannten „kritischen Lebensereignissen" (Jaeger-Erben, 2010). Obwohl der Großteil der Nahrungsmittelwahl einem biografisch und kulturell geprägten Rahmen folgt, in dem vor allem Gewohnheiten und das bestehende Angebot die größte Rolle spielen, entstehen vor allem in den Industrieländern seit Jahrzehnten alternative Ernährungsweisen. Als Beispiel einer innovativen Ernährungsweise, die bereits zu einer internationalen Bewegung wurde gilt die Slow-Food-Bewegung (Altuna et al., 2017). Darüber hinaus werden aktuelle Trends wie Paleo- oder Raw-Food-Diäten, „Clean Eating" oder diverse „Frei-von"-Ernährungsstile (lactosefrei, glutenfrei usw.) verzeichnet (Schröder, 2016).

Aus Nachhaltigkeitsperspektive besonders relevante und auch stabile Ernährungstrends sind unterschiedlich ausgeprägte Formen des Vegetarismus oder Veganismus. Diese Ernährungsstile gelten als Beispiele des „politischen Konsums" (Oosterveer et al., 2019), in dem tieferliegende, an Identität und Werte anknüpfende Aspekte als Basis für Auswahlentscheidungen bedeutsamer werden. Vegetarier*innen und Veganer*innen überwinden durch ihren Ernährungsstil gewisse soziale Normen und werden Mitglieder einer distinkten sozialen Gruppe, worüber sich eine entsprechende Identität entwickelt (Rosenfeld und Burrow, 2017; Kasten 3.4-6).

In Europa stieg die Zahl der Vegetarier*innen und Veganer*innen in den letzten Jahren. Bezogen auf einzelne europäische Nationen schwanken die Bevölkerungsanteile dieses Ernährungsstils dabei zwischen 3% und 11% (Vou, 2019). Umfassende Studien zur Ausprägung dieses Lebensstils stehen jedoch noch aus (EVU, 2020). Ein ähnlicher Trend wird, neben dem privat ausgelebten Ernährungsstil, für andere Kontexte der Ernährung verzeichnet: Das vegetarische Sortiment wächst in Supermärkten wie im Einzelhandel, so dass zwischen 2017 und 2018 in Deutschland eine Umsatzsteigerung mit solchen Produkten um etwa 30% verzeichnet werden konnte (Czinkota, 2018). Laut ProVeg International (2019) steigt auch die Zahl veganer Kochbücher rasant an, ebenso wurde 2017 im Vergleich zum Vorjahr ein Anstieg der veganen Gastronomiebetriebe um 5% verzeichnet, Tendenz weiter steigend. ProVeg International (2019) beschreibt weiterhin, dass vegetarische und vegane Speisen 2018 zu den am häufigsten aufgegriffenen Trends in der Gemeinschaftsverpflegung (die regelmäßige Verpflegung von Menschen in Betrieben, im Außer-Haus-Markt und in Gesundheitseinrichtungen) zählten. Auch im aktuellen Ernährungsbericht (BMEL, 2020a) spiegelt sich dieser Trend. So berichten die Befragten, öfter vegetarische oder vegane Alternativen zu erwerben (49%). Darüber hinaus bezeichnen sich 55% der Befragten als Flexitarier*innen, die also nur gelegentlich Fleisch konsumieren. Am Beispiel Vegetarismus und Veganismus zeigt sich, dass hier bereits Trends aus der Nische heraus genügend Innovationskraft entwickelt haben, um in breitere gesellschaftliche Bereiche, und vor allem auch Märkte, Eingang zu finden. So nimmt die Anzahl und auch die Relevanz solcher Pionier*innen des Wandels zu.

#### 3.4.3.5 Kontext und Ressourcen als mögliche Ansatzpunkte für Veränderung von Ernährungsstilen

Ausgehend vom Modell der Einflüsse auf persönliche Ernährungsstile (Abb. 3.4-4) eröffnen sich Ansatzpunkte, die einer gesellschaftlichen Gestaltung von Ernährungsstilen zugänglich sind. Insbesondere Kontexte (z.B. Angebot, Preisgestaltung) und Ressourcen (z.B. finanzielle Ressourcen, Wissen) stellen dabei günstige Ansatzpunkte dar, da sich hier sowohl größere Defizite als auch Eingriffsmöglichkeiten zeigen.

##### Kontexte: Preise und Angebote

Das Nahrungsmittelangebot wird heute erheblich durch systematisch verzerrte Preise beeinflusst. In der Lebensmittelproduktion werden vielfältige Umweltkosten (Externalitäten; Kap. 3.4.1) bestimmter Produktionsmethoden und Erzeugnisse bisher nur unzureichend eingepreist. Hierzu tragen bestehende Subventionssysteme bei (in der EU vor allem die GAP; Kasten 3.3-1). In Europa können so z.B. Tierprodukte vergleichsweise günstig angeboten werden. Demgegenüber sind nachhaltig produzierte Nahrungsmittel bzw. zertifizierte Bioprodukte im Vergleich zu konventionell erzeugten Produkten deutlich teurer. Das hängt mit höheren Produktionskosten zusammen, die sich durch

**Kasten 3.4-6**

### Die Verankerung von Vegetarismus und tierproduktarmen Ernährungsstilen in unterschiedlichen Kulturen

In einigen Kulturen ist ein nachhaltiger Ernährungsstil bereits verankert. So entstand beispielsweise der Vegetarismus in Indien sowie unabhängig davon im antiken griechischen Kulturkreis (östlicher Mittelmeerraum, Süditalien) und in Europa seit dem 6. Jahrhundert in Form bestimmter religiöser Überzeugungen. Auch das indigene Volk der Tismane erfuhr im wissenschaftlichen Diskurs in den letzten Jahren besondere Beachtung, da dort ein besonders gesunder und gleichzeitig nachhaltiger Lebensstil beobachtet wurde: sie essen auffällig fettarm (lediglich 14% ihrer Energie gewinnen sie aus Fett, Transfette sind in ihrer Nahrung gar nicht zu finden), haben einen sehr hohen Kohlenhydratanteil von 72% (dabei größtenteils ballaststoffreiche Nahrungsmittel wie Reis, Maniok, Nüsse und Obst wie Kochbananen) und decken den Eiweißbedarf aus Fisch, seltener aus Fleisch (Kaplan et al., 2017).

Historisch betrachtet liegt der Vegetarismus in Europa in seiner Begründung zwischen verschiedenen Ansätzen – in den frühen Jahrhunderten wurde vor allem auf Fleisch verzichtet, da durch philosophische Strömungen der Wert tierischen Lebens höher eingeschätzt wurde (Haussleiter, 1935) und um die eigene Askese zu stützen (Lutterbach, 1999). Schließlich galt unter europäischen Vegetarier*innen im 18. Jahrhundert Fleischkost als unnatürlich (Teuteberg, 1994). Auch der sich etwa in dieser Zeit vom Vegetarismus abspaltende Veganismus trug dazu bei, dass der Diskurs zwischen gesundheits- und tierwohlbezogenen, aber auch nachhaltigkeitsbezogenen Aspekten wieder vertieft wurde (Scholz, 2002).

den Verzicht auf bestimmte Pestizide, Dünger, Anbaumethoden, Haltungsformen und Futtermittel zugunsten von Umwelt und Tierwohl sowie höheren Arbeitseinsatz ergeben (Kap. 3.3).

Darüber hinaus ergibt sich die Preisdifferenz zwischen mehr oder weniger nachhaltigen Produkten im Einzelhandel nicht nur aus unterschiedlichen Produktionskosten, sondern auch durch unterschiedliche Preisaufschläge im Handel. Auch im Lebensmittelgroß- und Einzelhandel, Kantinen und Restaurants werden aktuell hauptsächlich tierproduktlastige Angebote verfolgt – auch wenn Trends unübersehbar sind, dass sich dieser Status quo bald ändern könnte. Die Betreiber*innen entsprechender Orte und deren Motivation sind dabei in einem Spannungsfeld: sie müssen die (vermuteten oder tatsächlichen) Interessen von Kund*innen, die eigene Preispolitik und weitere finanzielle Faktoren (Zubereitungs- und damit Personalaufwand) miteinander in Einklang bringen.

#### Ressource: Wissen

Solange Externalitäten nicht eingepreist sind, muss Wissen über diese Externalitäten bereitgestellt werden. Lebensmittelsiegel können hier eine entsprechende Funktion ausüben. Die meisten Lebensmittelkäufe folgen allerdings Gewohnheiten (Heuristiken früherer Käufe), da es sich wiederholende und an gewohnten Orten durchgeführte Handlungen sind. Diese ändern sich in der Regel kaum, selbst wenn Konsument*innen selbst andere Kaufabsichten berichten (Ji und Wood, 2007). Die Annahme, Konsument*innen entschieden rational unter Nutzung sämtlichen verfügbaren Wissens gilt in der Konsumforschung als überholt (etwa Srnka und Schweitzer, 2000; Achilles, 2020). Sollen Konsument*innen zu mündigen Kaufentscheidungen ermächtigt werden, muss genauer betrachtet werden, wie sich vorhandenes Wissen, Vertrauen und individuelle Heuristiken auswirken. Lediglich in Übergangsphasen („kritische Lebensereignisse"; Kap. 3.4.3.4) werden im Vorfeld systematisch Informationen gesammelt, um Kaufentscheidungen zu treffen (Jaeger-Erben, 2010). Darüber hinaus sind Konsument*innen oft aufgrund der großen Verfügbarkeit ungesunder – und in den meisten Fällen auch nicht nachhaltig produzierter – Nahrungsmittel und fehlender Kompetenzen nicht in der Lage, Konsumentscheidungen zu treffen, die zum von ihnen gewünschten Lebensstil passen. Dies wird von Anbietern wie Supermärkten, Lebensmittelkonzernen systematisch u.a. durch Werbung, Platzierung und Hinweisreize genutzt, um den Umsatz bestimmter Produkte zu steigern (van Kleef et al., 2005; Just und Gabrielyan, 2018). Es ist also wichtig, Konsument*innen angemessen zu orientieren. Dies geschieht staatlicherseits teilweise durch Siegel (Label), aber auch durch Ernährungsleitlinien. Darüber hinaus bieten vielfältige zivilgesellschaftliche Akteure, Verbände und Initiativen Informationen über nachhaltige Ernährungsweisen an (z.B. EcoYou, Eat Smarter, Green-Food-Gruppen, lokale Vereinigungen wie Eostre Organics).

Die bisher bestehenden Informationsangebote lösen das Problem angemessener Informationsgabe jedoch nicht, sondern eine Aufbereitung erfolgt unter einem spezifischen Blickwinkel.

Angesichts der Vielfalt verfügbarer Siegel, gerade im Nachhaltigkeitsbereich, entsteht derzeit eher Verwirrung unter den Konsument*innen (Gwozdz et al., 2020). Ein weiterer Faktor, der diese Verwirrung bestärkt, ist die Fülle an verwendeten diffusen Umweltbegriffen (etwa „natural" oder „organic"). Studien deuten darauf hin, dass Konsument*innen eine Vielzahl solcher Begriffe als synonym oder sogar identisch ansehen, was die Entscheidung für „tatsächlich" nachhaltige Produkte erschwert (Gwozdz et al., 2020).

Ein Versuch, Verbraucher*innen eine aus ernährungsphysiologischer Sicht günstigere Produktauswahl zu erleichtern, war Ziel eines Projektvorhabens des MRI (2019). Angestrebt wurde, Siegelsysteme zu entwickeln, die „VerbraucherInnen eine klare und einfache Orientierung für den Vergleich zwischen Produkten innerhalb derselben Produktgruppe [...] geben, so dass günstiger zu bewertenden Produkten der Vorzug gegenüber ungünstiger zu bewertenden Produkten gegeben werden kann“ (MRI, 2019: 5f.). Allerdings wurde hier eine ernährungsphysiologische, nicht auf Nachhaltigkeit bezogene Zieldefinition vorgenommen. Die Entwicklung eines Pendants für gesunde und nachhaltige Lebensmittel wäre wünschenswert, ist jedoch eine formidable Herausforderung. Für Mahlzeiten existieren bereits Ansätze, etwa den $CO_2$-Gehalt zu berechnen (z.B. Klimatarier), auch finden sich Ansätze, andere Indikatoren (Kap. 3.4.1) wie Wasserverbrauch zu berücksichtigen. Für einzelne Nahrungsmittel sind solche Werte jedoch kaum zu berechnen, so dass ein Vergleich mit anderen Produkten – und eine Einordnung, welches Produkt im Vergleich das Nachhaltigste sei – derzeit nicht möglich erscheint.

#### Ernährungsleitlinien als besondere Ressourcen

Wird neben konkreten Produktkäufen der gesamte Ernährungsstil betrachtet, sind Leitlinien zur Ernährung, die institutionell oder staatlich herausgegeben werden, wirkungsvolle Instrumente. Sie stellen einerseits Wissen bereit, andererseits vermitteln sie kulturelle Ernährungsnormen, da auf sie in vielfältigen Kontexten Bezug genommen wird. Als solche werden sie vielfältig multipliziert und finden insbesondere in öffentlichen Einrichtungen und in der Gemeinschaftsverpflegung Anwendung. Dabei handelt es sich auch um Orte, an denen Ernährungsstile geprägt werden (z.B. Schulen und Kitas). Zudem wird hier in sozialer Gemeinschaft Nahrung aufgenommen, was einen besonders wirkungsvollen Rahmen für die Entwicklung von Normen und entsprechender Diskurse über Ernährungskulturen darstellt.

Historisch war die erste Ernährungsleitlinie wohl die Empfehlung, Zitronensaft auf Seereisen zur Eindämmung von Skorbut zu nutzen (EUFIC, 2009). Nach dem zweiten Weltkrieg wurden Ernährungsempfehlungen entsprechend der optimalen Nährstoffaufnahme veröffentlicht und propagiert. Ab den 1970er Jahren entstand ein Problembewusstsein zu Überernährung, so dass vor allem in den Industrieländern Empfehlungen entsprechend umgestaltet wurden (Prochazka, 2012). Erst auf der Ernährungskonferenz in Rom 1992 wurde ein gezielter Aktionsplan zur Ernährungsinformation aufgenommen, 1996 folgten die ersten Richtlinien von FAO und WHO (FAO und WHO, 1998), die bis heute Grundlage für die Erstellung vielfältiger Ernährungsempfehlungen darstellen. Es ist davon auszugehen, dass diese Ernährungsempfehlungen in entsprechenden Praktiken reflektiert werden, wenn etwa die Zusammenstellung von Speisen in Verpflegungseinrichtungen erfolgt. Bisher existiert wenig empirisches Wissen darüber, wie stark diese Bezüge jedoch tatsächlich sind. Leitlinien fokussieren bisher vor allem auf den gesundheitlichen Aspekt der Ernährungsgestaltung, während Nachhaltigkeitskriterien untergeordnet auftauchen.

Die wohl bekannteste Form solcher Leitlinien sind Ernährungspyramiden. Die erste bekanntere Ernährungspyramide wurde vom United States Department of Agriculture (USDA) entwickelt und seitdem kontinuierlich angepasst. Die in ihr enthaltenen Empfehlungen sind nicht unumstritten, so dass – neben den USA und der WHO – allein in Europa mehr als ein Dutzend Länder (und entsprechende Organisationen) eigene Versionen herausbrachten (EUFIC, 2009).

Darüber hinaus haben etwas mehr als 80 Länder eine „Food Based Dietary Guideline“ (FBDG) erstellt (Fischer und Garnett, 2016; Kasten 3.4-7). Ein Bericht des Food Climate Research Network der Universität Oxford macht darauf aufmerksam, dass in den nationalen Ernährungsrichtlinien eines Landes ein großes Potenzial liegt, sich mit Konsummustern auseinanderzusetzen (Jones et al., 2019). Es kann angenommen werden, dass nachhaltige Ernährungsleitlinien gerade durch das aktuell hohe öffentliche Interesse am Zusammenhang von Ernährung, Umwelt und dem Ernährungssystem einen Anreiz darstellt, den Empfehlungen zu folgen (Springmann et al., 2016). Offiziell beziehen sich aber lediglich vier Staaten (Brasilien, Deutschland, Katar und Schweden) auf eine gesunde und nachhaltige Ernährung (Fischer und Garnett, 2016). So wird – obwohl Nachhaltigkeitsziele adressiert werden – der Konsum von tierischen Produkten und Fleisch in solchen Leitlinien weiterhin empfohlen.

Zusammenfassend fokussieren die prägenden internationalen Leitlinien in erster Linie auf Gesundheits-, Hygiene- und Qualitätsstandards, wobei nachhaltigkeitsbezogenen Aspekten, wenn überhaupt, eine nachrangige Bedeutung eingeräumt wird. Der fehlende Nachhaltigkeitsbezug von Ernährungsleitlinien wird international kritisiert. So wurden etwa die neuseeländischen Eating and Activity Guidelines als nicht nachhaltig beurteilt und die Aufnahme von Nachhaltigkeitsmerkmalen wurde von Fachkräften aus den Bereichen Landwirtschaft, Umwelt und Gesundheit deutlich unterstützt (Jones et al., 2019). Selbst Ernährungsleitlinien mit einem „holistischen“ Ansatz, wie etwa in Schweden oder Kanada, die sowohl Gesundheits- wie auch Umweltbelange berücksichtigen sollten, räumen im Konfliktfall (wenn also scheinbar nicht beide Ziele

**Kasten 3.4-7**

**Beispiel Deutschland: DGE-Richtlinien fokussieren auf Gesundheit, nicht auf Nachhaltigkeit**

Die Deutsche Gesellschaft für Ernährung (DGE) ist die für Deutschland zentral wirkende Institution, die in Kooperation mit dem BMEL und Schule Plus Essen (schuleplusessen.de) Richtlinien für die Ausgestaltung der Ernährung etwa an Kitas, Schulen, gewerblichen Kantinen und Krankenhäusern vorgibt.

Mit Blick auf Nachhaltigkeit führt die DEG vier Dimensionen (Ökologie, Gesellschaft, Wirtschaft und Gesundheit) auf. Es wird dabei aber jeder Einrichtung ausdrücklich freigestellt, „welche Aspekte der Nachhaltigkeit umgesetzt werden". Innerhalb der Richtlinien werden diesen Dimensionen unterschiedliche Aspekte zugeordnet, etwa Bereitstellung überwiegend „ovo-lacto-vegetarischer Menülinien" (Ökologie), Begrenzung der Verschwendung auf „nicht vermeidbare Reste" (Ökologie) oder „bevorzugte Auswahl von Produkten mit kurzen Transportwegen" (Wirtschaft). Nachhaltigkeit im Sinne der Auflösung des Trilemmas hat jedoch keinen Einfluss auf die DGE-Zertifizierung. In den Empfehlungen über alle Altersklassen hinweg werden sowohl Fleisch als auch Fisch und tierische Produkte in höheren Mengen als etwa von der PHD vorgesehen empfohlen.

Für Nachhaltigkeitsziele relevantere Angaben finden sich davon abweichend im „Qualitätsmanagement-Leitfaden für Ausgabe- und Aufbereitungsküchen in Ganztagsschulen und Kindertagesstätten", in dem ein möglichst fleischarmer Speiseplan, bei dem Gemüse bzw. Salat täglich und Obst zwei- bis dreimal die Woche auf den Tisch kommen gefordert wird; oder etwa in den Empfehlungen des Forschungsinstituts für Kinderernährung.

verfolgt werden können) Gesundheitszielen den Vorrang ein (Bergman et al., 2019; Kirkpatrick et al., 2019). Die Empfehlung der FAO (2010b) betont jedoch: „Food based dietary guidelines and policies should give due consideration to sustainability when setting goals aimed at healthy nutrition." In einer aktuellen Studie (Springmann et al., 2020) wurde gezeigt, dass aktuelle internationale Leitlinien weder gesundheitliche noch nachhaltigkeitsbezogene Ziele hinreichend bedienen können – insbesondere nicht im Sinne der notwendigen Tierproduktreduktion (Kasten 3.4-8). Das scheinbare Gegeneinander-Ausspielen von Gesundheit und Nachhaltigkeit schadet der Transformation hin zu nachhaltigen Ernährungsstilen und sollte aus Sicht des WBGU zu einem transformativen Gewinn hin umgestaltet werden.

### Gemeinschaftsverpflegung als besonderer Kontext

Vor allem die Orte der Gemeinschaftsverpflegung an Schulen, Universitäten, Kitas, Kindergärten und Krankenhäusern stellen direkte Adressaten von Leitlinien dar. Orte der Gemeinschaftsverpflegung werden meist wöchentlich, manchmal auch täglich besucht, wohingegen andere Orte (etwa der Systemgastronomie) wesentlich seltener genutzt werden (BMEL, 2019b). Der Bezug zu Leitlinien – und damit deren Potenzial, Ernährungsweisen zu prägen – ist hier besonders relevant, da Kindergartenkinder, Schüler*innen, Studierende, Patient*innen und Beschäftigte meist wenig alternative Orte aufsuchen (können) und somit das vor Ort zu findende Nahrungsangebot wählen (müssen). Darüber hinaus dürften auch in weiteren Bereichen der Nahrungsmittelversorgung zumindest schwache Bezüge zu den Leitlinien bestehen. So werden sich etwa die Warensortimente im Lebensmittelgroß- und Einzelhandel teilweise danach richten.

## 3.4.3.6 Fazit: normative nachhaltige Orientierung in der Gemeinschaftsverpflegung als besonderer Transformationsauslöser

Der WBGU identifiziert vor allem drei Defizite bei der aktuellen gesellschaftlichen Gestaltung von Ernährungsstilen: (1) einen Mangel an „wahren" Preisen, die Umweltexternalitäten berücksichtigen, (2) ein fehlendes breites Angebot nachhaltiger Produkte sowie besonders (3) einen Mangel an normativer Überzeugungskraft nachhaltiger Ernährungsweisen, da aktuelle Diskurse von veralteten Leitlinien geprägt sind. Diese Defizite erschweren aktuell eine Transformation von Ernährungsstilen. Leitlinien schöpfen ihr transformatives Potenzial, Win-win-win-Ernährungsstile zu implementieren, in der Gemeinschaftsverpflegung aktuell nicht aus (Kap. 3.4.2).

Die Ausrichtung des Angebots an der PHD bietet dabei einen gewinnbringenden Ausweg. Eine derart ausgestaltete, tierproduktarme Kost ist nicht nur kostengünstiger, sondern auch mit unterschiedlichsten Ernährungsbedürfnissen zu vereinen. Als „kleinster gemeinsamer Nenner" stützt die PHD das Ziel, eine nachhaltige und in vielen Kulturen unterschiedlich anwendbare Ernährung erreichen zu können. Besonders an Orten, an denen Diversität gewünscht ist und gewürdigt werden soll, liegt eine solche Ausrichtung nahe, da sie niemanden diskriminieren oder benachteiligen würde. Primär tierproduktlastige Mahlzeiten anzubieten schließt hingegen Anhänger*innen bestimmter Glaubensgemeinschaften genauso aus wie Menschen, die aus gesundheitlichen Gründen (z.B. erfordern bestimmte Behandlungsformen einen Verzicht auf rotes Fleisch) oder Unverträglichkeiten (z.B. Laktose-Intoleranz) keine Tierprodukte zu sich nehmen

**Kasten 3.4-8**

**Gesundheit und Nachhaltigkeit nationaler und globaler Ernährungsrichtlinien: eine Beispielstudie**

Ernährungsleitlinien beeinflussen nicht nur nationale Nahrungsmittelwahl, sondern haben auch bedeutende globale Auswirkungen, vor allem wenn Konsummuster empfohlen werden, die mit der Erreichung globaler Klimaziele in Konflikt stehen (Blackstone et al., 2018; Ritchie et al., 2018; Behrens et al., 2017). Bisher mangelte es jedoch an einer systematischen Analyse, wie internationale Ernährungsleitlinien sich auf Gesundheit und Nachhaltigkeit einerseits auswirken, und wie es andererseits um die Übereinstimmung mit globalen Politikzielen und die Etablierung gesunder und nachhaltiger Ernährung bestellt ist. Springmann et al. (2020) liefern im British Medical Journal eine solche Analyse. Zum Vergleich wurde ebenfalls analysiert, wie sich eine Orientierung an der globalen Ernährungsempfehlungen der WHO und der PHD der EAT-Lancet-Kommission auswirken würde.

In der Studie wurden übergreifend die Leitlinien von 85 Ländern einbezogen. Die Gesundheits- und Umweltauswirkungen dieser Leitlinien wurden anhand einer vergleichenden Risikobewertung von Todesfällen durch chronische Krankheiten und einer Reihe von länderspezifischen ökologischen Fußabdrücken (neben THG-Emissionen auch Süßwasser- und Ackerflächennutzung, Düngerausbringung) bewertet. Die Auswirkungen jeder Leitlinie auf Gesundheit und Nachhaltigkeit wurden bewertet, indem deren Annahme sowohl auf nationaler als auch auf globaler Ebene modelliert und die Auswirkungen mit globalen Gesundheits- und Umweltzielen verglichen wurden (einschließlich der Aktionsagenda zu nicht übertragbaren Krankheiten, des Pariser Klimaübereinkommens, der Aichi-Biodiversitätsziele in Bezug auf die Landnutzung sowie der Ziele der nachhaltigen Entwicklung und der planetarischen Grenzen in Bezug auf Süßwassernutzung und Düngerausbringung).

Die meisten nationalen Leitlinien (83 von 85) sind seit ihrer Einrichtung mit mindestens einem der globalen Gesundheits- und Umweltziele nicht vereinbar. Etwa ein Drittel sind mit der Agenda für nicht übertragbare Krankheiten unvereinbar und die meisten (57 bis 74 von 85) sind mit dem Pariser Klimaübereinkommen und anderen Umweltzielen unvereinbar. Im Vergleich dazu wäre ein Befolgen der WHO-Empfehlungen mit ähnlichen Gesundheits- und Umweltveränderungen verbunden, während eine Ausrichtung auf die PHD mit einer um 34% höheren Reduktion der vorzeitigen Sterblichkeit, einer mehr als dreimal so hohen Reduzierung der THG-Emissionen und der allgemeinen Erreichung der globalen Gesundheits- und Umweltziele verbunden wäre.

Die Bereitstellung klarerer Leitlinien zur Begrenzung des Konsums von Tierprodukten, insbesondere von Rindfleisch und Milchprodukten, wurde als das größte Potenzial für die Erhöhung der ökologischen Nachhaltigkeit von Ernährungsrichtlinien angesehen, während die Erhöhung des Verzehrs von Vollkorngetreide, Obst und Gemüse, Nüssen und Samen sowie Hülsenfrüchten, die Verringerung des Verzehrs von rotem und verarbeitetem Fleisch und die Hervorhebung der Bedeutung einer ausgewogenen Energiezufuhr und eines ausgewogenen Gewichts mit den meisten zusätzlichen gesundheitlichen Vorteilen in Verbindung gebracht wurden.

können. Das Hauptangebot in Kantinen sollte deshalb an der PHD orientieren und somit möglichst nachhaltig und inklusiv ausgestaltet sein. Gerade in Bildungseinrichtungen wie Universitäten, Schulen und Kitas bietet es sich besonders an, ebenfalls auf diese kulturelle Diversität würdigende und verträgliche, nachhaltige Kost zu fokussieren. Eine deutliche Verringerung des Angebots von Tierprodukten könnte vielfältige Ernährungsstile (und -bedürfnisse) würdigen und ermöglichen – und so als inklusiver Normalfall etabliert werden.

## 3.4.4 Ansatzpunkte zur Stärkung der Transformation von Ernährungsstilen

### 3.4.4.1 Steuerung mit Spielräumen zur Achtung von Eigenart

Mit Ansätzen zur Steuerung im Ernährungsbereich begibt man sich in einen sensiblen Bereich, in dem wertbezogene Themen wie die persönliche Gesundheit, politische Überzeugungen und kulturelle Besonderheiten besonders relevant sind. Der WBGU schätzt daher massive Eingriffe, etwa durch Verbote, als nicht angemessene Vorgehensweise ein.

Unter den Tierprodukten ist zum Beispiel Fleisch eine symbolisch besonders aufgeladene Komponente, da es in den meisten Gesellschaften als Statussymbol gilt (Westhoek et al., 2011) und die Überlegenheit des Menschen (u.a. hierarchische Aspekte und Konstruktionen wie Maskulinität, Stärke und Macht; Çoker und van der Linden, 2020) ausdrücken kann. Eine direkte Einflussnahme auf den Konsum von Tierprodukten, etwa durch Verbote oder generelle Angebotseinschränkungen birgt daher die Gefahr, dass sie von Bürger*innen als Verlust ihrer Handlungsfreiheit wahrgenommen wird, der zu Widerstand gegen Veränderungen führen kann (Reaktanztheorie; Font und Hindley, 2017). Ein in den deutschen Medien prominentes Beispiel zu Widerständen gegen den Versuch Fleischkonsum einzudämmen, war der Veggie-Day-Antrag von Bündnis 90/Die Grünen aus dem Jahr 2013. Hier konnten medienwirksam Befürchtungen der Bevormundung von bestimmten Bevölkerungsgruppen aktiviert werden, die sich in einem entsprechenden Presseecho niederschlugen. Interessant ist hier die Beobachtung, dass reaktante Äußerungen provoziert wurden, obwohl ein großer Teil

**Kasten 3.4-9**

### Öffentlicher Aufschrei über den Veggie-Day im Vergleich mit Studienergebnissen

Die Historie des Veggie-Day-Antrags begann im Rahmen der politischen Auseinandersetzung im Vorfeld der deutschen Bundestagswahl 2013. Es ging um die Empfehlung von Bündnis 90/Die Grünen, zur Reduzierung des Fleischkonsums in Deutschland einen Veggie-Day in öffentlichen Kantinen einzuführen, was für eine lebhafte öffentliche Debatte während des Wahlkampfs sorgte.

Im Zuge der Debatte wurden im Auftrag einiger Zeitungen Studien durchgeführt, die die Akzeptanz eines „fleischlosen Tags in Großküchen" untersuchten. Die Ergebnisse scheinen teils im Widerspruch zum Aufschrei und den berichteten Widerständen zu stehen (Tab. 3.4-3).

**Tabelle 3.4-3**
Studienbeispiele der Veggie-Day-Debatte 2013.
Quellen: FOCUS, 2013; Stern, 2013; ZEIT Online, 2013

| Studienbeispiel | Stichprobe | Ergebnis |
|---|---|---|
| Emnid im Auftrag des FOCUS | n = 1.003 repräsentativ ausgewählte Bundesbürger*innen ab 14 Jahren | 53 % unterstützen Veggie-Day (72 % Zustimmung bei 14- bis 29-Jährigen); 44 % lehnen Veggie-Day ab, vor allem Männer |
| Forsa im Auftrag des STERN | n = 1.003 repräsentativ ausgesuchte Bundesbürger*innen, die durch eine computergesteuerte Zufallsstichprobe gezogen wurden | 50 % Zustimmung zu Veggie-Day (überdurchschnittlich oft Frauen mit 61 % und Anhänger der Grünen, 70 %), 48 % aller Befragten lehnen Veggie-Day ab, vor allem Männer (60 %) sowie Anhänger von Union (60 %) und FDP (61 %) |
| YouGov im Auftrag der ZEIT | n = 1.038 Teilnehmer*innen des YouGov-Panel (Onlinebefragung) | 45 % würden Veggie-Day gutheißen, 43 % lehnen eine solche Regelung ab, unterstützt wird der Vorschlag auch hier vorwiegend von Frauen (57 %), bei den Männern sind es nur 33 % |

der Bevölkerung (vor allem Jugendliche, Frauen; Tab. 3.4-3) vegetarische Kost oder einen Veggie-Day sogar bevorzugen würde (Kasten 3.4-9).

Aus den Erfahrungen des Veggie-Day-Antrags kann die Lehre gezogen werden, dass Einschränkungen individueller Ernährungsstile durch bewusste Regulierungen negativ aufgenommen werden, insbesondere, wenn sie bevormundend, etwa mit Gesundheitsschutz der Konsument*innen begründet werden (Linz, 2017). Solche Regulierungen können auch im Widerspruch zur Berücksichtigung von Vielfalt, Persönlichkeitsrechten und Eigenart stehen. Im Sinne des normativen Kompasses (Kasten 2.3-1; WBGU, 2016a, 2019b) ist unter Eigenart die Würdigung von Vielfalt als bedeutsame Ressource für das Gelingen der Transformation zu verstehen. Eigenart meint explizit die Anerkennung von Differenz, das heißt die Achtung der Diversität der kulturellen Ausdrucksformen (WBGU, 2016a), die sich auch in unterschiedlichen Ernährungsstilen findet. So ist die kulturelle Prägung von Ernährungsstilen, die beispielsweise traditionelle, durch eine Fleischkomponente gekennzeichnete Feiertagsessen, Festessen oder ähnliche Besonderheiten enthält, anzuerkennen. Auch auf individueller Ebene spielt Eigenart eine wichtige Rolle. Der persönliche Ernährungsstil ist durch starke Bezüge zur eigenen Identität und durch besondere Bedürfnisse gekennzeichnet, so dass individuelle Gestaltung und Wahlmöglichkeiten in diesem Bereich bedeutsam sind. Jegliche Einflussnahme auf Ernährungsstile spielt sich daher im Spannungsfeld zwischen der Anerkennung persönlicher Autonomie und kultureller Vielfalt ab, bei gleichzeitiger Notwendigkeit der Rahmensetzung im Sinne des Gemeinwohls. Hilfreich sind somit gut begründete, explizit auf Nachhaltigkeit orientierende Vorgaben (z.B. klare Ernährungsleitlinien), deutliche Rahmensetzungen bei Angeboten (etwa das Vorhalten von tierproduktfreien Alternativen) und Preisen (im Sinne der Berücksichtigung von Externalitäten) ohne dabei Tierprodukte gänzlich aus dem Angebot zu streichen.

### 3.4.4.2 Transformation durch wahre Preise und nachhaltiges Angebot

Um einen Wandel der Ernährungsstile zu fördern, bietet es sich zunächst an, nachhaltige Lebensmittel sowohl leichter erwerbbar, als auch verfügbar zu machen, somit an Preisen und Angebot anzusetzen. Aktuell sind konventionell produzierte Lebensmittel zu günstig, was nachhaltig produzierte Lebensmittel und Verbrauchsgewohnheiten benachteiligt (Kap. 3.4.3.5). Effekte davon zeigen sich dabei nicht nur im Lebensmittelhandel, sondern auch in der Gestaltung der Gemeinschaftsverpflegung. So gaben die in einer Studie (Hachmann et al., 2019) interviewten Mensen des Studentenwerks an, dass aktuell wenig aktive Versuche unternommen würden, tierproduktlose oder umweltgerechte Gerichte durch Preisnachlass attraktiver zu machen. Sollten sich die Kosten jedoch künftig umkehren (im Sinne von höheren Preisen für nicht nachhaltige Produkte), gaben einzelne Mensen an, entsprechend weniger Tierprodukte im Angebot führen zu wollen, um eine faire Preisstruktur halten zu können.

Fleischreduzierte, vegetarische oder vegane Gerichte sollten darüber hinaus in ausreichender Menge zur Verfügung gestellt und im Angebot auch besser positioniert werden, um damit nachhaltige Angebote zu priorisieren. Beispielsweise konnte die Verdopplung des Anteils der angebotenen vegetarischen Mahlzeiten in Cafeterien den Umsatz mit vegetarischen Produkten um 41% bis 79% steigern (Garnett et al., 2019). Ein nachhaltiges Angebot sollte dabei im Sinne eines „kleinsten gemeinsamen Nenners" (Kap. 3.4.3.6) auch für diejenigen ein adäquates Angebot bieten, die auf Grund verschiedener Beschränkungen im Ernährungsstil nicht auf andere Produkte ausweichen können.

### 3.4.4.3 Vielfältige Nuclei der Transformation

Neben der Möglichkeit, Kontextbedingungen zu transformieren, existieren bereits vielfältige Initiativen (meist aus der Zivilbevölkerung heraus), die die Wertschätzung für Lebensmittel mit einer nachhaltigen Ernährungsweise in Beziehung setzen und beide Ziele vorantreiben (Kap. 3.4.3.4, 4.1), etwa Initiativen zum individuellen und kollektiven Gärtnern (z.B. Ackerhelden, Regrowing, Leaf to Root, Microgreens, Indoor Farming). Der WBGU sieht auch hier ein großes Potenzial für Transformation (Kasten 3.4-10; WBGU, 2016a: 343ff.).

In verschiedenen Studien werden positive Effekte solcher Initiativen benannt. Der aus transformativer Sicht relevanteste Effekt ist dabei die steigende Wertschätzung von Lebensmitteln (Pudel und Westenhöfer, 2003; Artmann und Sartison, 2018), da sie als erster und wichtiger Schritt zu einem Ernährungsstilwandel zu werten ist. Die Vermutung liegt nahe, dass aus dieser Wertschätzung eine Haltung erwachsen kann, die Nahrungsmittel würdigt und Lebensmittelverschwendung und -überkonsum entgegenwirkt. In diesem Sinne vermutet der WBGU, dass in solchen Initiativen auch das Potenzial schlummert, aus der Gemeinschaft heraus eine größere Sensibilität für die Umweltkosten (vor allem über den $CO_2$-Fußabdruck, aber auch bezogen auf Biodiversitätsaspekte) von Produkten zu entwickeln und bewusstseinsbildend zu wirken (Kasten 3.4-11). Weitere positive Effekte, wie etwa eine Steigerung von Wissen und Bildung (Hutchinson et al., 2015; Savoie-Roskos et al., 2017), Steigerung der Lebensqualität (Adevi und Mårtensson, 2013; Egli et al., 2016; Soga et al., 2017; van Lier et al., 2017; Artmann und Sartison, 2018) und eine positive Wirkung für Biodiversitätsschutz in der Stadt (Isaac et al., 2018; Palliwoda et al., 2017) umrahmen diese bewusstseinsbildenden Innovationen.

### 3.4.4.4 Transformationspotenzial durch Stärkung von Wissensressourcen (Siegel und Leitlinien)

Neben Initiativen, die Transformationen vorantreiben, fokussiert der WBGU auf Strategien, die orientierendes Wissen vermitteln, also an den persönlichen Ressourcen für eine gesunde und nachhaltige Ernährung anknüpfen. Dazu stehen zwei wirkungsvolle Instrumentarien bereit: konsument*innengerechte umfassende Produktinformation und Ernährungsleitlinien (Kap. 3.4.3.5). Ernährungsleitlinien nehmen dabei einen besonderen Platz ein, da sie eine normative Funktion erfüllen und darüber informieren, welche Ernährungsweisen gesamtgesellschaftlich „erwünscht" sind, d.h. in Anbetracht ihrer Konsequenzen als sinnvoll begründet werden. Ihre nachhaltige Ausrichtung ermöglicht zum einen, Ernährungsstile direkt zu prägen, etwa wenn die Leitlinien in Bildungseinrichtungen thematisiert werden. Zum anderen können sie in der Gemeinschaftsverpflegung normativ wirken, d.h. Orientierung geben.

Darüber hinaus ist eine Wissensvermittlung auf Produktebene ebenso relevant. Produktsiegel ergeben in ihrer Nutzung aber nur dann Sinn, wenn sie von Konsument*innen auch richtig verstanden werden können. Siegel nehmen hier eine Schlüsselfunktion ein, um unterschiedliche Informationsbedürfnisse zu berücksichtigen und zu integrieren – und bergen die große Gefahr in sich, missverstanden zu werden und zu Fehlentscheidungen zu führen. So kann etwa bei einem Informationsbedürfnis mit dem Ziel des Klima- und Biodiversitätsschutzes mit Hilfe von Produktsiegeln kaum angemessen orientiert werden, auch Überkonsum kann auf der Ebene der Produkte nicht durch ein Siegel thematisiert werden. Hier sieht der WBGU Forschungsbedarf für eine angemessene Form der Informationsvermittlung über diverse Umwelt- und Gesundheitswirkungen im Bereich des Nahrungsmittelkonsums, damit künftig das in bewusst solidarischem Konsum (Kap. 4.1) liegende Transformationspotenzial auch ausgeschöpft werden kann (Kap. 3.4.5, 4.1). Ein großes Potenzial eröffnet sich hier durch die Nutzung der Möglichkeiten der Digitalisierung (Kasten 3.4-12).

**Kasten 3.4-10**

**Beispiele soziotechnischer Innovationen, die die Wertschätzung von Lebensmitteln steigern**

Bewohner*innen von Ökosiedlungen oder -dörfern und Mitglieder nachhaltiger Lebensgemeinschaften besitzen meist ein differenzierteres Wissen über eine nachhaltige Ernährungsweise. So besteht z.B. seit 2010 die basisdemokratische Gemeinschaft der Ökosiedlung Tempelhof im nördlichen Baden-Württemberg bei Kreßberg auf etwa 30 ha Dorfgelände mit 150 Einwohner*innen. Sie ist Teil eines globalen Netzwerkes von Ökodörfern, dem Global Ecovillage Network, und allein in Europa sind zahlreiche andere Dörfer zu finden (Global Ecovillage Network, 2020).

Ein prominentes lokales Beispiel für ein gelungenes Projekt des urbanen Gärtnerns sind die Prinzessinnengärten, die im Berliner Ortsteil Kreuzberg gegründet wurden. Eine ehemalige Brachfläche wird hier seit 2009 von Anwohner*innen in einen Nutzgarten für urbane Landwirtschaft umgewandelt. Ihr besonderes Merkmal ist, dass sie als mobiler Garten fungieren: So sind die „Schuppen" aus Containern aufgebaut, die Nutzpflanzen in recyclten Bäckerkisten, Tetra Packs oder Reissäcken eingepflanzt, so dass der Garten jederzeit bewegt werden kann. 2020 zogen Teile der Prinzessinnengärten so an den St. Jacobi Friedhof in der Hermannstraße in Neukölln um, während die ursprünglichen Gärten am Moritzplatz neu aufgebaut wurden (Prinzessinnengarten Kollektiv Berlin, 2020).

Ansätze wie etwa IP-Gärten greifen das transformative Potenzial in einer weiteren, für das Land profitablen Weise auf. Das Konzept macht Anbauflächen in infrastrukturell schwachen Regionen für die Bedürfnisse der Stadtbewohner*innen zugänglich, die sich onlinegestützt durch eigenes Gärtnern versorgen können (IPGarten, 2020).

Ähnlich erfolgreich sind die „Ackerhelden", ein junges Unternehmen aus Essen, dass 2012 gegründet wurde (Ackerhelden, 2020). Sie bieten bio-zertifizierte und vorbepflanzte Ackerstücke, die von Mieter*innen bepflanzt und geerntet werden können und verfolgen das Ziel, „die Menschen regional und emotional wieder näher an das heran zu bringen, was sie täglich essen". Aber auch der soziale Aspekt, Menschen aller Kulturen miteinander zu verbinden, indem sie gemeinsam arbeiten, kommunizieren, sich entspannen und erholen, spielt hierbei eine positive Rolle.

Neben der Nachfrageseite existieren auch auf Produktionsseite innovative, nachhaltige Betriebsformen, wie etwa solidarische Landwirtschaftsbetriebe und Ökobauernhöfe. Als in Deutschland bekannte Bewegung ist darüber hinaus „Wir haben es satt!" zu nennen, in der sich Landwirt*innen, unterstützt von Umwelt-, Natur- und Tierschutzverbänden kritisch gegenüber der Agrarindustrie, aber auch Massentierhaltung positionieren. Jährlich demonstriert die Bewegung im Rahmen der Grünen Woche in Berlin (Wir haben es satt!, 2019).

Der „Sounds For Nature – Leitfaden für nachhaltige Outdoor-Veranstaltungen" bietet ein Positivbeispiel für nachhaltige Ernährungsleitlinien (Behr et al., 2013). Als Grundsätze verfolgt der Leitfaden, Lebensmittel aus ökologischer Landwirtschaft zu nutzen, die „so nahe wie möglich" produziert und verarbeitet werden sollten, und möglichst wenige tierische Produkte beinhalten. Auch sollte von Veranstalter*innen in Abhängigkeit von der Jahreszeit oder Verfügbarkeit abgewogen werden, ob konventionellen, aber regionalen Produkten Vorzug gegenüber importierten Bio-Lebensmitteln gegeben wird. Alkohol, extrem fetthaltige oder salzige Speisen sowie Süßigkeiten sollten reduziert oder nur in kleinen Portionen angeboten werden.

### 3.4.4.5 Transformationsansätze in der Gemeinschaftsverpflegung: Hebung mehrfachen Transformationspotenzials

Instrumente, mit denen nicht nur Preise und Angebote transformiert werden, sondern auch Wissen und Normen vermittelt werden können, würden nicht nur die bereits begonnene Transformation von Ernährungsstilen weiter stützen, sondern auch die Eigenart würdigen. Als ein besonders relevantes Handlungsfeld hat der WBGU Orte identifiziert, an denen Ernährungsbiografien geprägt werden und daher ein besonderes Potenzial für die Verbreitung neuer Ernährungsstile birgt: Die Außer-Haus-Verpflegung und insbesondere die Gemeinschaftsverpflegung.

Hintergrund für die Ermöglichung nachhaltiger Ernährungsstile bei Gemeinschaftsverpflegung sollte eine neue Ernährungsleitlinie im Sinne der PHD sein. Darüber hinaus besteht insbesondere in der Gestaltung von Schul-, Kita- und Kindergartenmahlzeiten, sowie in Kantinen, Mensen und Restaurants reichlich Handlungsspielraum. Gerade in diesem Kontext bietet es sich an, zusätzlich zur Priorisierung nachhaltiger Produkte im Angebot und dem Schaffen entsprechender Anreize zum Kauf, auch auf Methoden des Nudging zurückzugreifen. Nach Reisch (2015) bedeutet der Begriff Nudging „wörtlich übersetzt ‚sanftes Anstupsen' von Menschen, damit diese eine bestimmte Entscheidung treffen oder ein bestimmtes Verhalten zeigen – und zwar solche Entscheidungen, die die Menschen selbst treffen würden, wenn sie vollständig informiert wären bzw. ihre Intentionen in Verhalten umsetzen könnten. Daran hindern sie jedoch – systematisch – menschliche ‚Biases' und ‚Heuristiken', die in der Psychologie gut beschrieben sind. Als politisches Governance-Konzept ist ‚Nudging' eine andere Bezeichnung für die sogenannte ‚verhaltensbasierte Regulierung'. Diese setzt am tatsächlichen Verhalten der Menschen und deren systematischen Verhaltens‚fehlern' an." Im umweltpsychologischen Verständnis gelten Nudges als eine „Manipulation of Choice" (Beeinflussung der Wahl; Hansen und Jespersen, 2017) im Sinne einer Veränderung der Situation über Verhaltenskosten. Nudges sind dabei jedoch nicht nur „Anstupser", sie vermitteln auch, was gesell-

**Kasten 3.4-11**

### Food Sharing als prominentes Beispiel einer gesellschaftlichen Initiative zur Vermeidung von Nahrungsmittelverschwendung

Food-Sharing-Initiativen verfolgen das Ziel, Lebensmittelsysteme zu verändern und der enormen Verschwendung von Nahrungsmitteln entgegenzuwirken (z.B. Food Banks oder soziale Supermärkte; Michelini et al., 2018; Davies et al., 2017). Es existieren zahlreiche digitale Optionen, wie etwa die Möglichkeit, Online-Plattformen zum Anbieten von kostenlosen Lebensmitteln und zur Vernetzung zu nutzen, was zum Entstehen von Food-Sharing-Organisationen beigetragen hat (Michelini et al., 2018). Diese Form der Schenkung von Nahrungsmitteln (im Sinne eines gemeinschaftlichen Teilens, ohne dass hierbei Kosten für Endkonsument*innen entstehen; das Teilen führt lediglich zum gemeinsamen Konsum innerhalb der Gesellschaft; Belk, 2007) knüpft dabei an historisch verankerte kulturelle Praktiken an. Allerdings überwinden die neuen Food-Sharing–Initiativen den familiären Rahmen, auf den das Teilen oftmals beschränkt blieb und streben eine gemeinschaftliche Nutzung auf gesamtgesellschaftlicher Ebene an (Gollnhofer et al., 2016). Ursprünglich entwickelte sich diese Idee aus der Lebensmittelrettungsbewegung des „Containerns" (Sammeln von weggeworfenen Lebensmitteln aus Containern von Discountern; Schanes und Stagl, 2019; Rombach und Bitsch, 2015). Heute zählt Foodsharing e.V., eine der ersten Plattformen, mehr als 200.000 Nutzer*innen aus Deutschland, der Schweiz, Österreich und weiteren Ländern innerhalb Europas (Foodsharing, 2019b). Zusätzlich engagieren sich über 25.000 Freiwillige und über 3.000 Unternehmen, durch die „bisher schon 7,8 Mio. kg Lebensmittel vor der Verschwendung bewahrt worden sind" (Foodsharing, 2019a).

**Kasten 3.4-12**

### Digitalisierung in den Dienst der nachhaltigen Ernährung stellen

Obwohl neben StartUps und NRO auch öffentliche Einrichtungen bereits erste digitale Lösungen zur Unterstützung von nachhaltigem Konsum im Ernährungsbereich entwickelt haben, fehlt bisher eine Instanz, die Transparenz entlang von Produkt- und Lieferketten gesichert ermöglichen kann. In den meisten Bereichen mangelt es darüber hinaus an verlässlicher und verbreiteter Zertifizierung. Insofern sind entsprechende Apps zwar erste hilfreiche, aber keinesfalls hinreichende Bedingung, um konsumseitig nachhaltige Ernährungsstile zu befördern. Zudem wäre eine ausschließlich digitale Informationsvermittlung über Apps wiederum ein System der Ausschließung für Personen, die kein Smartphone nutzen (WBGU, 2019b: 173). Smartphone-Apps können im Kontext nachhaltiger Ernährungsstile für vielfältige Zwecke genutzt werden, z.B.:

- zeigt die 2019 veröffentlichte „nutriCARD App" des BMBF-geförderten Kompetenzcluster für Ernährung und kardiovaskuläre Gesundheit „bereits jetzt den Nutri-Score [Nährwertqualität eines Lebensmittels] zu allen bekannten Produkten" (baggid.com/nutriscore);
- stellt die kostenlose „Saisonkalender-App" (bzfe.de/inhalt/appsaisonkalender-3131.html) des BZfE für ca. 80 Obst- und Gemüsearten einkaufsberatende Informationen zu deren Importanteil verglichen mit heimischer Ware bereit;
- unterstützt eine Konsumorientierungs-App wie codecheck.info mittels Barcode-Scanner (werbefinanziert) Konsument*innen dabei, „gesunde und nachhaltige Produkte zu finden [auf Basis] unabhängige[r] Expertenbewertungen zu Millionen von Produkten aus den Bereichen Kosmetik, Ernährung und Haushalt";
- ermöglicht eine Verbraucherschutz-App wie ToxFox einen Produktcheck, „der Verbraucher*innen hilft, Kosmetik- und Alltagsprodukte auf Schadstoffe zu prüfen" (bund.net/themen/chemie/toxfox/);
- adressieren Apps wie „Too good to go" (toogoodtogo.de) das Problem der Lebensmittelverschwendung und ermöglichen (in diesem Fall provisionsfinanziert), übrig gebliebene Speisen und Lebensmittel vor Ladenschluss für einen geringen Preis in Restaurants und Supermärkten abzuholen.

schaftlich als angemessen oder erwünscht begründet wird (etwa Nachhaltigkeitsziele).

Ein aktuelles Review (Vecchio und Cavallo, 2019) zeigt, dass hinsichtlich der Einstellung gegenüber eines solchen Nudgings ein höheres Vertrauen in öffentliche Einrichtungen mit einer stärkeren Unterstützung solcher Interventionen korreliert ist (Sunstein et al., 2019). Entsprechendes Nudging hin zu nachhaltigen Ernährungsangeboten verläuft in der Regel erfolgreich und wird von den „Betroffenen" auch positiv aufgenommen. Dies konnte etwa für Catering gezeigt werden, indem Konferenzteilnehmer*innen eine vegetarische Verpflegung als Standard angeboten bekamen (gleichzeitig Setzung einer Norm) und dies positiv aufnahmen (Hansen et al., 2019). Ebenso konnte für Restaurants gezeigt werden, dass vegetarische Gerichte öfter gewählt wurden, wenn sie hervorgehoben als Gericht des Tages angeboten wurden (Saulais et al., 2019). Auch im Bereich von Kantinen und Mensen existieren bereits positive Beispiele, in denen durch eine entsprechende Änderung des Angebots der Konsum nachhaltiger Gerichte erfolgreich gefördert werden konnte. Zum einen wurde das Angebot erweitert, so dass nicht nur „Fleischersatzgerichte", sondern geschmacklich und optisch ansprechende Gemüsegerichte aus frischen, einfachen Zutaten verkauft wurden. Zum anderen konnten Gerichte auf Wunsch vegan oder mit reduzierten Fleischportionen gewählt werden,

**Kasten 3.4-13**

**Ermittlung von $CO_2$-Scores in Kantinen: ein Beispiel**

Wie die Süddeutsche Zeitung am 21.02.2020 berichtete, werden seit Januar 2020 in der Infineon-Kantine in München Speisen hinsichtlich ihres $CO_2$-Wertes gekennzeichnet. Dies kann von den Mitarbeitenden per App abgerufen werden. Begleitet wurde die Maßnahme auch durch entsprechende Informationsangebote und Infostände.

Die Datenbasis für die Ermittlung der $CO_2$-Werte liegt bei den „Eaternity-Scores": Einer Datenbank, die fortlaufend aus neuesten Forschungsergebnissen Informationen erhält, Rezepturen bewertet – und auch eine Bewertung von Produkten aus dem Supermarkt ermöglichen würde. Einbezogen werden auch $CO_2$-Kosten durch die Herstellung oder den Transport.

Dieses Vorgehen ist ein Novum innerhalb der Gemeinschaftsverpflegung. Es ermöglicht den Konsument*innen, auch die Klimaverträglichkeit von Speisen miteinander zu vergleichen, bei denen eine solche Einschätzung nicht einfach ist – etwa bei Pizza oder Pasta-Gerichten.

Nach einem Monat konnte ein positives Feedback gezogen werden: Die Gäste zeigten ein hohes Interesse und es wurden Überlegungen angestellt, das vegetarische und vegane Angebot zu erweitern. Trotzdem müsse niemand komplett auf Fleisch verzichten.

mancherorts wurden komplett vegetarische oder vegane Mensen eröffnet (Hachmann et al., 2019; auch Sustainable Canteen Programme der EU).

Anknüpfend an aktuelle Überlegungen zu Lebensmittelsiegeln wäre bei Personengruppen ohne Risiko eingeschränkter Teilhabe durch digitale „Lösungen" (Kasten 3.4-12) ein verbesserter Zugang zu Informationsmöglichkeiten per QR-Code oder Apps denkbar. Ein Beispiel für eine gelungene Anwendung solcher technischen Möglichkeiten findet sich im Ansatz von Johannes Steffen in der Infineon-Kantine in München (Kasten 3.4-13).

## 3.4.5 Handlungsempfehlungen

Im Ernährungssystem bieten sich vielfältige Ansatzpunkte, um Missständen zu begegnen (Kap. 3.4.1). Die Nutzung von etwa 77% der weltweiten Agrarflächen für Tierproduktion (Kap. 3.4.1.3), mit der jedoch lediglich 17% des globalen Kalorienbedarfs gedeckt werden, belegen eine unausgewogene, für die Bekämpfung des Trilemmas nachteilige Landnutzung, die mit einem weltweit zunehmend tierproduktlastigen Ernährungsstil – auch in den wachsenden Mittelschichten der Entwicklungs- und Schwellenländer – einhergeht. Eine Transformation dieser Lose-lose-lose-Ernährungsstile in Richtung einer tierproduktarmen Ernährung in Kombination mit einer Umstellung auf diversifiziertere Produktionssysteme (Kap. 3.3) ist möglich, ohne die Vielfalt weltweiter Ernährungspraktiken einzuschränken. Eine Transformation hätte zudem vielfältige Mehrwerte für die Nachhaltigkeitsziele, insbesondere für SDG 1 (keine Armut), SDG 2 (kein Hunger), SDG 3 (Gesundheit und Wohlergehen) sowie SDG 12 (nachhaltiger Konsum und Wohlstand). Um eine Transformation der Ernährungsstile zu erreichen, orientiert sich der WBGU an einem differenzierenden Modell des persönlichen Ernährungsstils (Abb. 3.4-4). Neben einer Veränderung des Angebots und der Preise (siehe hierzu auch die Empfehlungen in Kapitel 3.3.3) befürwortet der WBGU, den gesellschaftlichen Trend der Abkehr von tierproduktlastigen Ernährungsstilen gezielt zu unterstützen. Ansatzpunkte sind (1) die normative Orientierung durch zielgenaue Ernährungsleitlinien, (2) die bereits bestehenden vielfältigen Initiativen zu alternativen Formen des Umgangs mit Nahrungsmitteln zu stützen und (3) die Verbesserung der Grundlagen und Verbreitung des Wissens über Umweltexternalitäten von Tierprodukten. Insbesondere sollte (4) der Kontext der Gemeinschaftsversorgung in Kindertagesstätten, Schulen und Universitäten zur Förderung neuer Ernährungsnormen genutzt werden, da hier Ernährungsbiografien geprägt werden.

### 3.4.5.1 Nachhaltige Ernährung durch mit der Planetary Health Diet konforme Leitlinien konsequent zur Norm erheben

#### Auf Nachhaltigkeit zielende Ernährungsleitlinien empfehlen

Die Planetary Health Diet (PHD; Willet et al., 2019) stellt eine wissenschaftlich basierte Leitlinie für zukünftige, nachhaltige und gesunde Ernährungsstile dar. Die PHD enthält als Leitgedanken, dass ein Teil der täglichen Mahlzeiten durch eine verringerte Menge an Tierprodukten, insbesondere an rotem und verarbeitetem Fleisch, gestaltet wird (Abb. 3.4-4). Dies sollte als Grundsatz neuer Ernährungsleitlinien verankert und nach außen vertreten werden (Kap. 3.4.3.5). Der WBGU empfiehlt, dass relevante Akteure (in Deutschland: BMEL, BMU, BZfE und DGE, der Rat für Verbraucherfragen, Ernährungsräte) die PHD als gemeinsame Leitlinie anerkennen und weiterempfehlen, z.B. auf ihren jeweiligen Internetseiten. Ein geeigneter Rahmen könnten etwa Foren wie das vom BZfE 2020 ausgerichtete Forum zum Thema „Essen wird anders – Ernährung in den planetaren Grenzen" sein, das explizit den Zugang zu gesundem Essen aus einem nachhaltigen Ernährungssystem für alle Menschen angelehnt an die PHD diskutiert hat. Auf internationaler Ebene sollte 2021 das Thema PHD-konforme Leitlinien im Rahmen des UN Food Systems Summit 2021 aufgegriffen wird.

#### Auf der Planetary Health Diet beruhende Speisen in Gemeinschaftsverpflegungen anbieten

Wegen der besonderen Vorbildfunktion sollte eine auf der PHD beruhende Ernährungsleitlinie als Grundlage der Speisengestaltung in allen öffentlichen Gemeinschaftsverpflegungen verwendet und durch entsprechende transformative Forschung (Kap. 3.4.6) weiterentwickelt werden. Übergangsweise sollten bestehende Gestaltungsempfehlungen, wie etwa das Praxishandbuch aus dem BMBF-geförderten Forschungsprojekt Nahgast genutzt werden (Speck et al., 2020).

#### Gebot der nachhaltigen Beschaffung im Bereich der öffentlich geförderten Beköstigung durchsetzen

Bei jeglicher öffentlich geförderten Beköstigung (Konferenzcatering, Buffets im Kontext von öffentlichen Veranstaltungen) sollte ein nachhaltig erzeugtes und auf Grundlage der PHD entwickeltes Speisenangebot als Standard etabliert werden. Den Grundzügen der PHD folgend sollte für den Fall, dass die Vielfalt eingeschränkt ist (etwa nur ein Standardgericht) oder Unsicherheit bezüglich der Stärke der Nachfrage nach veganem Essen besteht, einem veganen Angebot der Vorzug gegeben werden, da es kompatibel mit vielfältigen Ernährungsbeschränkungen ist (z.B. Laktoseintoleranz, koscher, halal) und als multikulturell verträgliche Kost eine sichere Variante darstellt. Damit kann auch die Chance genutzt werden, vegane Gerichte als attraktive neue Norm zu setzen und Bürger*innen die Wahlmöglichkeit zu geben, (neue) Erfahrungen in ihrer Nahrungswahl zu machen.

### 3.4.5.2
### Den Trend zu tierproduktarmer Ernährung unterstützen und Ernährungsbiografien nachhaltig prägen

#### Die vielfältigen Initiativen, die sich nachhaltige Ernährung zum Ziel gesetzt haben, sichtbar machen und unterstützen

Nachhaltigkeitsorientierte zivilgesellschaftliche Initiativen, die eine Transformation zu nachhaltig erzeugten Produkten und einer tierproduktarmen Ernährung bezwecken, (Selbsterntegärten, Foodcoops, Produzent*innen-Verbraucher*innen-Gemeinschaften, solidarische Landwirtschaft, EcoYou, Green-Food-Gruppen, Slow-Food-Bewegung, urbanes Gärtnern oder food sharing, The Food Recovery Network, The Vegan Society; Kap. 3.4.4.3) sollten vernetzt und – auch staatlicherseits – gefördert werden (Kap. 4.1.2, 4.1.3), z.B. über die Initiierung von Dachverbänden, Veranstalten von Foren, Medienoffensiven oder das Ausloben eines Preises. Vernetzungsaktivitäten können auch über transformative Forschungsprogramme (Kap. 3.4.6) initiiert werden.

#### Ernährungsbiografien frühzeitig nachhaltig prägen, um den bereits stattfindenden gesellschaftlichen Wertewandel weiter zu stützen

Insbesondere in Bildungseinrichtungen (Kindergärten, Schulen) sollten kurzfristig die auf der PHD basierenden Ernährungsleitlinien gelten, und zwar nicht nur in der Gemeinschaftsverpflegung, sondern darüber hinaus auch in Curricula Beachtung finden. Vorstellbar ist ein gesondertes Fach, etwa „Gesunde und nachhaltige Ernährung", das in Grundschulen eingeführt wird. Wissen über nachhaltige Nahrungsmittelproduktion und nachhaltige, an der PHD orientierte Kochgewohnheiten könnten zudem über Kochkurse und das Schulgärtnern im Bildungssystem (wieder-)verankert werden. Ähnlich dem Digitalpakt könnten Mittel dafür durch den Bund zur Verfügung gestellt werden. Über bestehende internationale Schüler*innenaustauschprogramme und Schulpartnerschaften könnte dieser Bildungsinhalt auch länderübergreifend vermittelt und gleichzeitig die Vielfalt der Ernährungskulturen für nachhaltige Mahlzeiten erfahren werden.

### 3.4.5.3
### Konsument*innen darin unterstützen, nachhaltige Ernährungsstile zu praktizieren

#### Einpreisung von Umweltexternalitäten und Abbau von Subventionen befördern

Derzeit werden Konsument*innen nicht durch Produktpreise, die die gesellschaftlichen Kosten der Ernährung widerspiegeln, oder durch entsprechende Auswahlmöglichkeiten in einem nachhaltigen, solidarischen Ernährungsstil unterstützt. Den Empfehlungen aus den Kapiteln 3.3.3.1 und 4.2.6 folgend sollte die Einpreisung von Umweltexternalitäten vorangetrieben werden, um „wahre" Preise im Nahrungsmittelangebot abzubilden.

#### Entwicklung eines konsument*innengerechten Informationssystems zur Kennzeichnung von Umweltexternalitäten fördern

Der WBGU empfiehlt, ein konsument*innengerechtes Informationssystem zu entwickeln, das Umweltexternalitäten transparent macht. Dies kann auf vielfältige

Weise, etwa durch aktive Information der Zivilgesellschaft durch Behörden, durch Gewährung von Informationsansprüchen, durch Kennzeichnung oder durch die Nutzungsmöglichkeit von Siegeln erfolgen. Letztere sind z.T. schon vorhanden; allerdings bezwecken sie oftmals nicht die Sichtbarmachung von Umweltexternalitäten. Informationsangebote sollten berücksichtigen, dass die Wissensintegration, die Siegel zur Verfügung stellen, nicht allen Konsument*innen gerecht werden kann, da Ernährungsstile individuell an unterschiedlichen Zielsystemen ausgerichtet sein können (Gesundheit, Gewichtsverlust, Förderung des ökologischen Landbaus usw.; Kap. 3.4.3.5). Der WBGU empfiehlt, in Zusammenarbeit mit zivilgesellschaftlichen Akteuren eine Informationsplattform und entsprechende Apps zu entwickeln, die Grundlage für Informationen bezogen auf eine Vielfalt an Zielsystemen sein können (etwa: PHD-gerechte Ernährung, Ausschluss negativer Fernwirkungen bei importierten Agrarprodukten, mit einem minimalen $CO_2$-Fußabdruck, fettarm, kalorienarm, vegetarisch, vegan) und auf den gesamten persönlichen Ernährungsstil beziehbar ist. Solche Informationssysteme sollten von unabhängigen Stellen zertifiziert werden, etwa nach Kriterien der Transparenz und im Einklang mit übergeordneten gesellschaftlichen Zielstellungen (Gesundheit, Nachhaltigkeit). Die Entwicklung solcher Informationssysteme sollte über transformative Forschungsprogramme (Kap. 3.4.6) initiiert werden.

#### Zertifikat „Nachhaltiges Lebensmittelangebot“ einführen

Ein Zertifikat „Nachhaltiges Lebensmittelangebot“ sollte für den Einzelhandel eingeführt werden. Ein solches Zertifikat könnte z.B. belegen, dass das Angebot den Grundlagen der PHD entspricht und mindestens 50% der Nahrungsmittel mit gut aufgearbeiteten Informationen über Umweltexternalitäten angeboten werden. Entwickelt werden sollte ein solches Zertifizierungssystem in einem transformativen Forschungsprojekt (Kap. 3.4.6), von privaten Initiativen und unterstützt von staatlichen Einrichtungen (etwa BMU, UBA, BMEL). Letztere könnten das Zertifikat anschließend herausgeben.

#### Zertifikat „Nachhaltige Gastronomie“ einführen und EU-weit fördern

Der Trend vegetarischer und veganer Restaurants (Kap. 3.4.4.3) sollte gefördert werden, indem entweder von bereits aktiven Initiativen (z.B. Green Table), von staatlichen Institutionen (neben BZfE etwa auch BMU, BMEL, BMWI) oder einer Kombination aus beiden Akteursgruppen ein übergreifendes Gastronomiezertifikat „Nachhaltige Gastronomie“ entwickelt und eingeführt wird, das belegt, dass ein PHD-konformes Umsatzziel erreicht wird und zudem Informationen über die Umweltexternalitäten pro Gericht zur Verfügung gestellt werden.

#### Initiative starten: Werbung für ungesunde Nahrungsmittel mit Warnhinweisen versehen

Der Überkonsum von Tierprodukten, insbesondere von verarbeitetem Fleisch ist auch gesundheitsschädlich. Gleiches gilt für andere Nahrungsmittelkategorien, wie etwa zucker- und fettreiche Produkte. Ein gesellschaftlicher Diskurs sollte angestoßen werden, inwiefern Werbung für solche Produkte mit Informations- oder sogar wertenden Hinweisen, wie etwa eine Ampelkennzeichnung, ausgestattet werden können, die Konsument*innen angemessen über Gesundheitsrisiken informieren.

### 3.4.5.4 „Gesunden Handel“ national und international fördern

Ergänzend zu den Empfehlungen aus den Kapiteln 3.3.3.3 und 4.2.6 sollten folgende, besonders für Ernährung relevante Forderungen für den internationalen Handel berücksichtigt werden.

#### Bei internationalen Handels- und Investitionsvereinbarungen Auswirkungen auf die Ernährung der Bevölkerung berücksichtigen

Die Auswirkungen internationaler Handels- und Investitionsvereinbarungen auf die jeweiligen Bevölkerungen können vielfältig sein und sollten somit sorgfältig geprüft werden (Kap. 3.4.5.3). Die vom Ausschuss für Welternährungssicherheit (Committee on World Food Security, CFS) entwickelten Grundsätze für verantwortungsvolle Investitionen im Agrar- und Ernährungssystem stärken die Ernährungssicherung und das Recht auf adäquate Nahrung und sollten konsequent umgesetzt werden. Dies gilt insbesondere für multi- oder bilaterale Handelsabkommen, die einen besonders starken Schutz der Investoren beinhalten (Baldwin, 2011). So sollte auch die Umsetzung der Grundsätze für verantwortungsvolle Investitionen im Ernährungssystem geprüft werden (CFS, 2014).

#### Den Handel als Motor zur Erreichung einer nachhaltigen und gesunden Ernährung nutzen

Der Agrarhandel ermöglicht gerade für die urbane Bevölkerung eine gesicherte Versorgung mit vielfältigen, nachhaltig erzeugten Agrarerzeugnissen. Darüber hinaus hat der Handel aber auch indirekte Effekte, indem etwa durch die Kommerzialisierung und den Export von Agrarerzeugnissen Einkommen generiert werden, die wiederum insbesondere zur Ernährungssicherung der ländlichen Bevölkerung einen hohen Beitrag leisten. Handel ermöglicht des Weiteren eine diversifizierte Versorgung mit Obst und Gemüse. Aid-for-Trade-Maßnahmen und weitere Mittel zum Auf- und Ausbau nachhaltiger Konsummuster können dies gezielt weiter fördern (Zengerling, 2020).

## 3.4.6 Forschungsempfehlungen

In den letzten Jahren haben sich vielfältige ernährungs- und zugleich nachhaltigkeitsbezogene Initiativen entwickelt, und ein bewusst nachhaltiger Ernährungsstil gewinnt zunehmend an Bedeutung (Kap. 3.4.4.3). Vor diesem Hintergrund empfiehlt der WBGU zum Weitertreiben der bereits beginnenden Transformation, die Akteure des Wandels im Sinne transformativer Forschung (WBGU, 2011, 2016a) miteinzubeziehen und zu stärken. In Forschungsprogrammen sollten bezogen auf Ernährungsstile vor allem die Möglichkeiten der Etablierung neuer Informationsangebote und deren Umsetzung in Form von „Reallaboren" (d.h. lokaler Vernetzung der Akteure zu bestimmten Transformationserfordernissen) prominent aufscheinen.

Begleitend zur Implementierung der Handlungsempfehlungen (Kap. 3.4.5) sieht der WBGU weiteren Forschungsbedarf zur (Breiten-)Wirksamkeit und Durchsetzung internationaler Ernährungsleitlinien.

Übergreifend ist eine Erforschung der vielfältigen Zusammenhänge zwischen den sich verändernden Landwirtschaftssystemen und Ernährung ein neues Feld interdisziplinärer Forschung, das agrar-, ernährungs-, wirtschafts- und sozialwissenschaftliche Perspektiven kombiniert (Qaim, 2017). Dementsprechend sollten bestehende Forschungsprogramme im Ernährungsbereich um eine konsumentenpsychologische und ernährungssoziologische Perspektive ergänzt werden, die Zahlungsbereitschaften und weitere Barrieren (insbesondere mangelndes Wissen und Fehlkonzeptionen) aber auch Trends zu solidarischem Konsum berücksichtigen. Ebenso ist eine verstärkte umweltwissenschaftliche Begleitforschung für die vielfältigen ernährungsbezogenen Initiativen sinnvoll.

### 3.4.6.1 Transformative Forschung zur Stärkung nachhaltiger Ernährungsstile

#### Nachhaltige Ernährungsstile durch Reallabore an Bildungseinrichtungen fördern

Besonders an Bildungseinrichtungen als Orten der Prägung von Ernährungsbiografien sollten entweder neue, auf der PHD basierende Ernährungsleitlinien oder die PHD selbst das Nahrungsangebot vorgeben. Konzepte hierzu könnten an Universitäten und Schulen in Form von Reallaboren entwickelt und erprobt werden. Die Bildungseinrichtungen könnten gemeinsam mit den Betreiber*innen der Kantinen weitere Akteure einbeziehen, etwa regionale Tierproduzent*innen oder Lehrer*innen aus dem BNE. Bildungseinrichtungen bieten ein hohes Diffusionspotenzial, so dass Erfahrungen zu Barrieren und Potenzialen gut übertragbar wären und eine große transformatorische Wirkung erwartbar ist. Die Erkenntnisse aus diesen ersten Reallaboren sollten anderen Transformationsakteuren zugänglich gemacht werden, etwa über eine Fachtagung nachhaltige Schulverpflegung (Nationales Qualitätszentrum für Ernährung in Kita und Schule, NQZ, und Kompetenzstelle für Nachhaltige Beschaffung, KNB) oder der BMEL-Aktionsplan INFORM.

#### Potenziale nachhaltiger Angebote im Gaststättengewerbe transformativ erkunden

Mit Akteuren aus der Gastronomie (etwa dem deutschen Gaststätten- und Hotelverband DEHOGA) und Zivilgesellschaft sollte transformativ erforscht werden, wie Angebote im Sinne der PHD weiterentwickelt werden können und welche Informationsangebote Gäste sinnvoll unterstützen können. Ergebnis der transformativen Forschung könnte über Praktiken und Konzepte hinaus auch ein Zertifikat für Gastronomiebetriebe sein, das nachhaltige Ernährung durch Angebot und Information unterstützt (Kap. 3.4.5.3). Angeknüpft werden könnte an die FONA-Fördermaßnahmen „Nachhaltiges Wirtschaften" oder „Transformations to Sustainability" des BMBF.

#### Bedürfnisgerechte Informationsangebote für nachhaltigen Konsum transformativ entwickeln

Produktsiegel bilden individuelle Informations- und Orientierungsbedürfnisse nicht vollumfänglich ab. Das betrifft sowohl gesundheitsbezogene Siegel, wie etwa den NutriScore, als auch Siegel, die Auskunft über Umweltexternalitäten liefern sollen (etwa liefert das EU-Biosiegel keine Informationen zu $CO_2$-Äquivalenten in der Produktion oder zum Wasserverbrauch). Hier könnten Online-Informationsportale Abhilfe schaffen, in denen nach individuellen Informationsbedürfnissen Kriterien ausgewählt werden und entsprechende Produktempfehlungen generiert werden können. Die Entwicklung solcher Informationssysteme sollte in einem Forschungsprogramm unter Einbezug eines breiten Spektrums von Akteuren erfolgen (etwa Verbraucherschutzorganisationen, Akteure im Bereich gesunder Ernährung, kultursensibler Ernährung und Nachhaltigkeitsinitiativen, sowie Produzierende und Handel). An die EU-Strategie „Vom Hof auf den Tisch" anknüpfend sollten nicht nur nutrition scores oder Herkunftsangaben, sondern auch für Klima- und Biodiversitätsschutz relevante Angaben eingeschlossen sein. Forschungsvorhaben könnten der Frage folgen: Wie können bestehende Informationsangebote weiterentwickelt werden, so dass Konsument*innen ihren jeweils individuellen Informationsbedürfnissen folgend Produktempfehlungen erhalten können? Akteure der Zivilgesellschaft (Kap. 3.4.3.5) könnten gestärkt werden, um solche Informationen auf Portalen bereitzustellen. Darüber hinaus sollte auch die Entwicklung von Standards für solche Informationsportale gefördert werden. Die Siegelklarheit-Initiative der Bundesregierung sollte einbezogen werden, auch kann gegebenenfalls an Ergebnisse des BMEL-geförderten Projektes Foodomics (bei GALAB) angeknüpft werden. Einen ähnlichen Ansatz verfolgt die Empfehlung des WBAE-Gutachtens, eine entsprechende Open-Access-Datenbasis in Form eines „Bundesnachhaltigkeitsschlüssels" zu schaffen (WBAE, 2020). Der WBAE sieht dies als Grundlage zur Entwicklung eines „digitalen Ecosystems nachhaltigere Ernährung" (WBAE, 2020: Kap. 8.10.3), mit dem „Verbraucher*innen leichter, schneller und besser nachvollziehen können, anhand welcher Kriterien und auf welcher Datengrundlage die digitalen Anwendungen etwas empfehlen bzw. bewerten" (WBAE, 2020: 680).

#### Nachhaltige Perspektiven für Fleisch und Milch transformativ erkunden

Über partizipative Forschungsansätze sollte in Austausch mit Akteuren der Fleisch- und Milchproduktion bis hin zu Handel und Verbraucherinitiativen Konzepte für eine nachhaltige Zukunft der Tierhaltung und Produktion von tierischer Nahrung exploriert und diskutiert werden. Ziel könnte sein, die Voraussetzungen für ein Bürger*innengutachten (Dienel, 1997) zum Themenfeld „Zukunftsperspektive Fleisch und Milch" zu schaffen.

### 3.4.6.2
### Bestehende Forschungsprogramme im Ernährungsbereich um nachhaltige Aspekte erweitern

Das Kompetenzcluster Ernährungsforschung des BMBF und das EU-Programm „A Healthy Diet for a Healthy Life" sind im Ernährungsforschungsbereich prominent, fokussieren jedoch beinahe ausschließlich auf den Gesundheitsaspekt. Der WBGU empfiehlt eine Erweiterung um Nachhaltigkeitsaspekte. Dabei wären Akteure wie BMEL, BMU, BZfE oder DIfE einzubeziehen.

#### Wirkungen von politischem Konsum und alternativen Formen der Ernährung erforschen

Die Entstehung vielfältiger Initiativen im Bereich nachhaltiger Ernährung (Ackerhelden, too good to go usw.) sind auch Ausdruck politischen Konsums und deuten darauf hin, dass Ernährung als Ausdrucksform besonders bedeutsam ist. Implikationen (kollektive Wirksamkeit, Selbstwirksamkeitserleben, Diffusionspotenzial) sollten in einem sozialwissenschaftlichen Forschungsprogramm mit Blick auf Auswirkungen auf individuelle Lebensqualität und gesellschaftliche Wirkungen untersucht werden. Insbesondere sollten Forschungsprogramme strukturelle Barrieren zur Ausübung relevanter, vom dominanten tierproduktlastigen Ernährungsstil abweichenden, individuellen Ernährungsstilen (Veganismus, Vegetarismus) identifizieren und Wirkungen der Behinderung in der Ausübung gewählter Ernährungsstile systematisch untersuchen.

#### Wirkung von und Bezugnahme auf Ernährungsleitlinien erforschen

Adressat*innen internationaler und nationaler Ernährungsleitlinien sind vor allem Schulen, Kitas, Krankenhäuser (Orte der Gemeinschaftsverpflegung). Inwiefern sich ganze Bereiche unterschiedlicher Ernährungsorte oder auch nur einzelne Institutionen oder Verbände (z.B. Studentenwerke, Kantinen) konkret nach den Leitlinien richten, ist jedoch größtenteils unbekannt. Eine entsprechende Aufarbeitung um die Wirkungskraft von Ernährungsleitlinien akkurater beurteilen zu können wäre auch im Hinblick auf eine Neuausrichtung auf die PHD hilfreich.

#### Quantifizierungsmethodik für Lebensmittelverschwendung (und ihr Potenzial) optimieren

Aktuell stellt sich die Quantifizierung von Lebensmittelverschwendung (food waste) als methodisches Problem dar (Kap. 3.4.2). Dies sollte in zukünftigen Forschungsvorhaben berücksichtigt werden, zumal sich prominente Nachhaltigkeitsstrategien auf eine Verminderung der Lebensmittelverschwendung stützen. Das Potenzial der Verringerung von Lebensmittelverschwendung in den Haushalten und Handel insbesondere in den Industrieländern könnte darauf aufbauend verlässlicher bestimmt werden. Erste Ergebnisse liegen unter anderem in der BMBF-geförderten Studie REFOWAS für den Schulkontext vor (Elsen, 2019; Waskow und Niepagenkemper, 2019).

#### Internationale Forschungskooperationen für die Zukunft der Ernährung anstoßen

Bestehende Forschungsaktivitäten zu nachhaltiger Ernährung sollten systemisch ausgerichtet werden, d.h.

auf die Wirkungen auf alle Trilemmadimensionen. Beispielhaft sei hier der Szenarienansatz des Oxford Martin Programme on the Future of Food genannt (Kasten 3.4-8). Nicht nur Leitlinien, sondern vielfältige kulturelle und insbesondere dominante Ernährungsstile sollten auf ihre Gesundheits- und Nachhaltigkeitsauswirkungen hin analysiert und bewertet werden. Ein entsprechendes Forschungsprogramm und Kooperationen sollten angestoßen werden.

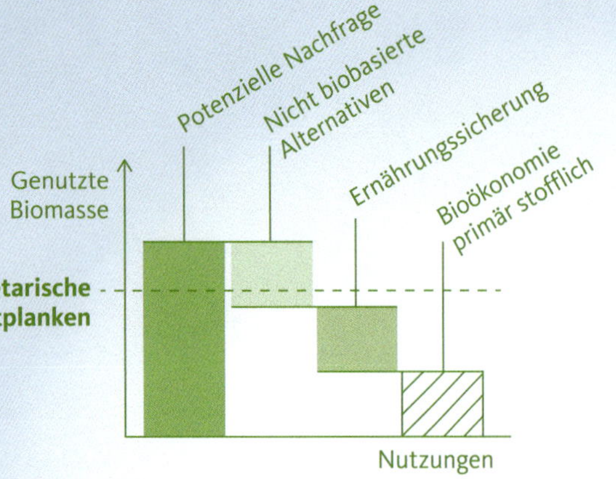


Nachhaltige Bioökonomie **priorisiert Ernährung, stoffliche Nutzungen** wie Holzbau und Kreislaufwirtschaft. Alternativen zur Biomassenutzung, z.B. für Energie und Kraftstoffe, sollten ausgeschöpft werden.

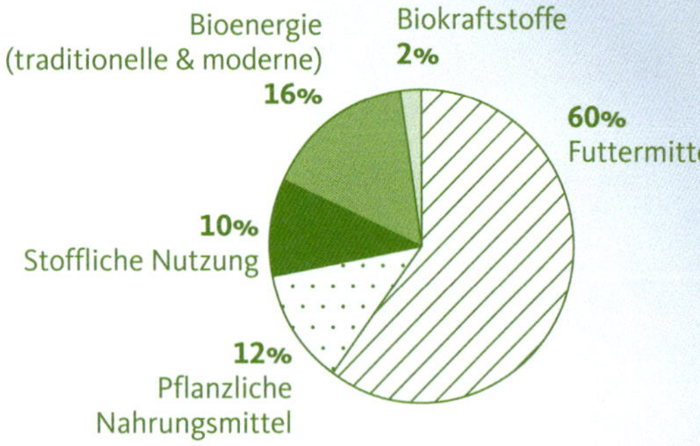


**Weltweite Biomassenachfrage**
2018, nach Sektoren.
Gesamt: 12,3 Mrd. t Trockenmasse

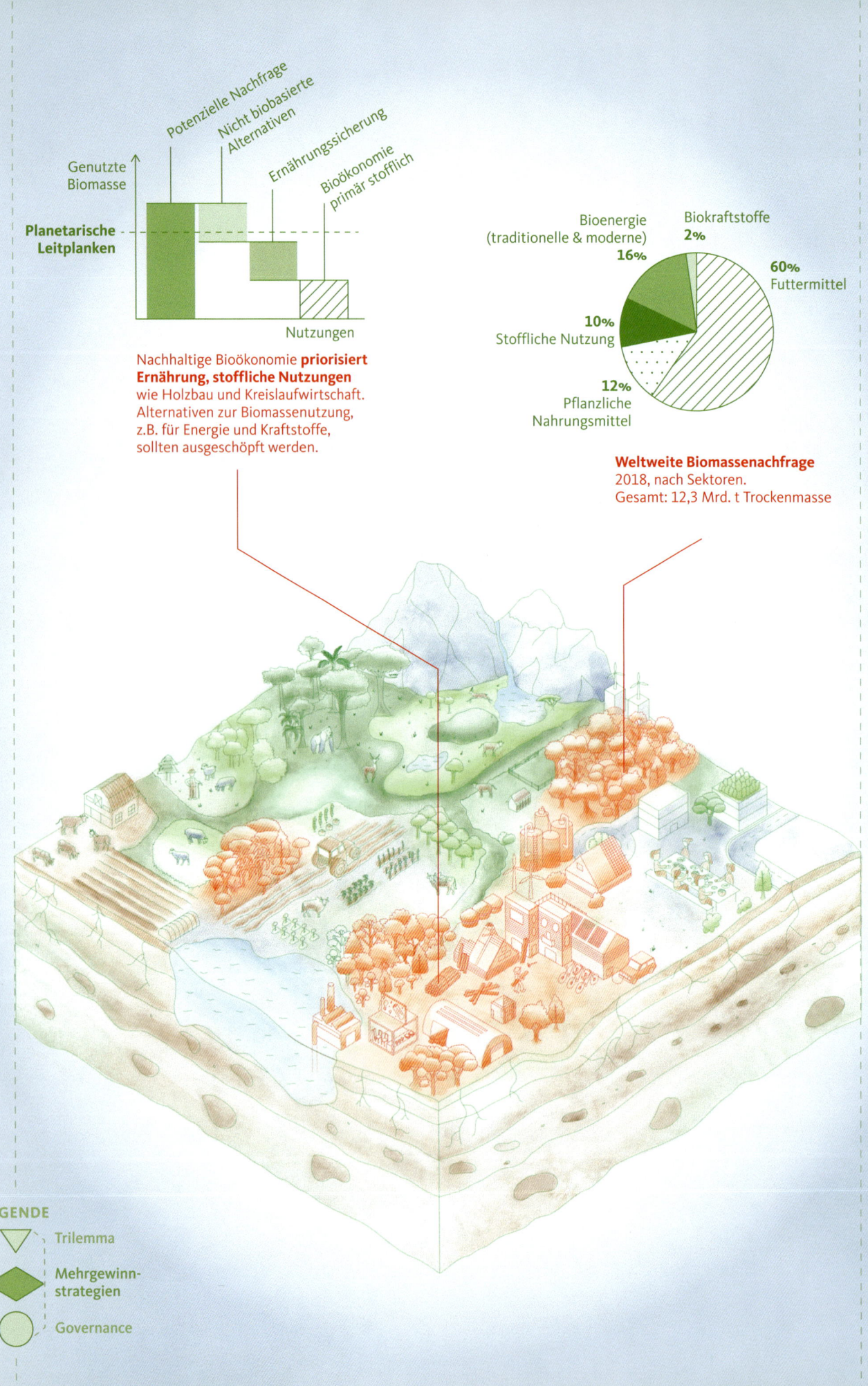

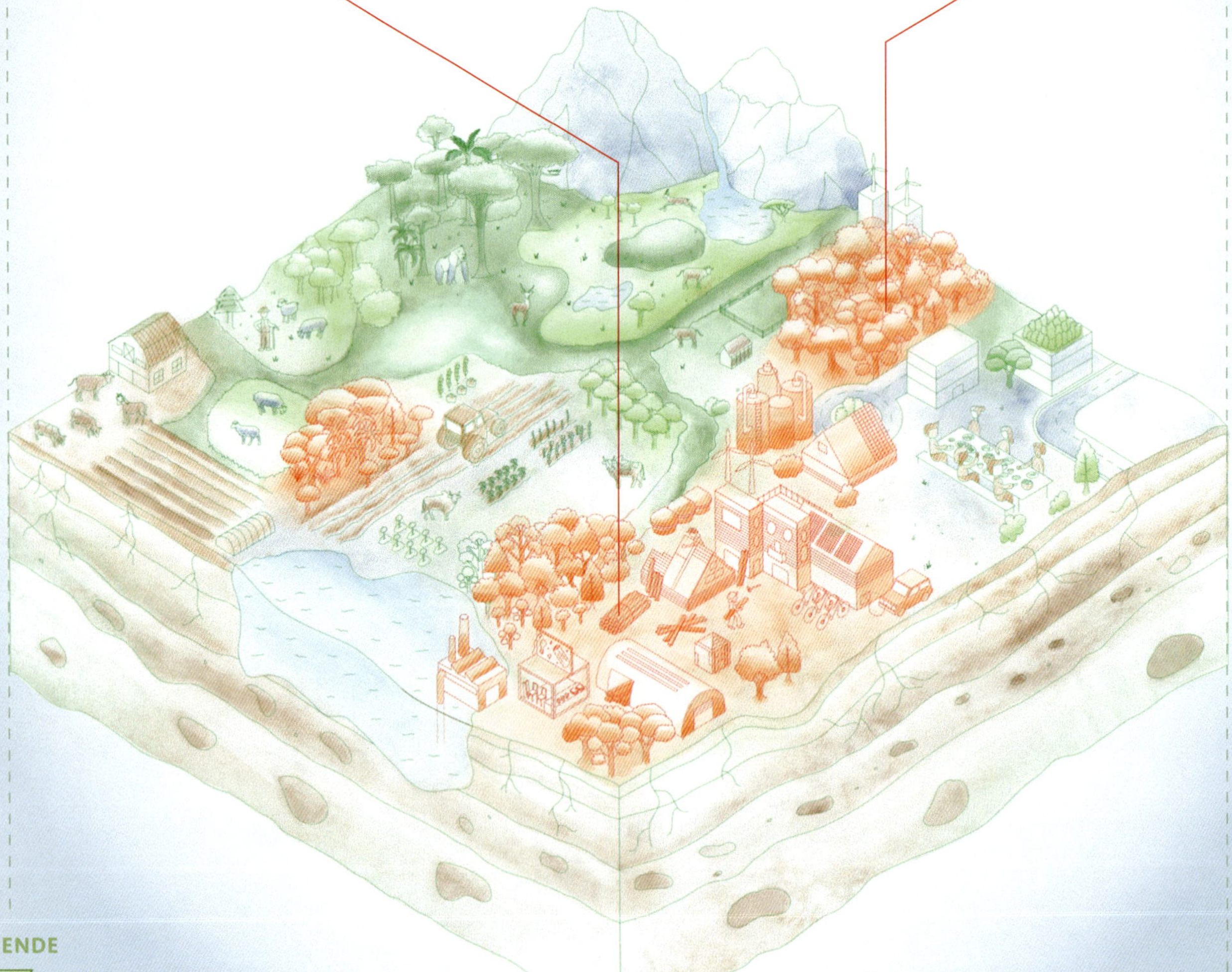

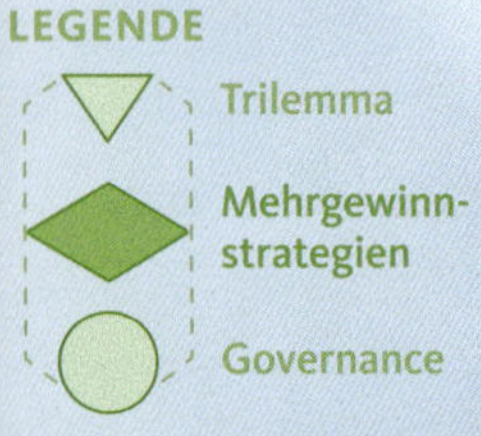

## 3.5
## Bioökonomie verantwortungsvoll gestalten und dabei Holzbau fördern

Die stoffliche oder energetische Nutzung von Biomasse im Sinne der Bioökonomie bietet Optionen, emissionsintensive Prozesse und fossile Rohstoffe zu ersetzen, etwa durch mehr Holz- als Zementbau. Jedoch verstärkt der steigende Landbedarf für die Biomassegewinnung Konkurrenzen zu Ernährungssicherung und Biodiversitätsschutz. Um eine auf nachhaltige Landnutzung gestützte Bioökonomie zu gestalten, braucht es einen begrenzenden Rahmen für Angebot und Nachfrage, innerhalb dessen dann ausgewählte Anwendungen gestärkt werden können.

Die Bioökonomie jenseits der Ernährung, d.h. die Landnutzung zur Erzeugung und energetischen oder stofflichen Nutzung biogener Ressourcen (z.B. Biokraftstoffe, Kunststoffe), erfährt bei der Suche nach neuen Rohstoffquellen und Wachstumsfeldern zunehmend Aufmerksamkeit in Politik, Wirtschaft und Öffentlichkeit in Industrie- wie Entwicklungsländern (Lewandowski, 2017; Bioökonomierat, 2015a, b, 2018a, b; FAO, 2016c, 2018b; EU-Kommission, 2017; IAC, 2018; IEA, 2018; Hausknost et al., 2017). Bioökonomie wird in der aktualisierten Bioökonomiestrategie Deutschlands definiert als „Erzeugung, Erschließung und Nutzung biologischer Ressourcen, Prozesse und Systeme, um Produkte, Verfahren und Dienstleistungen in allen wirtschaftlichen Sektoren im Rahmen eines zukunftsfähigen Wirtschaftssystems bereitzustellen" (BMBF, 2020c). Aus Sicht des WBGU wäre das Begriffsverständnis um den Aspekt des verantwortungsvollen Umgangs mit Land- und auch marinen Ökosystemen zu ergänzen. Die Bioökonomie wurde bis 2018 bereits von rund 50 Nationen in politische Programme eingebunden; einige europäische und andere Staaten (Bioökonomierat, 2018a) sowie die EU (EU-Kommission, 2018a) haben explizite Bioökonomiestrategien aufgelegt. Obwohl Nachhaltigkeit diese Ansätze oft motiviert, bleiben die Implikationen für Landnutzung, Biodiversität und Ernährung meist unterbelichtet (etwa in den vom Bioökonomierat, 2018a dokumentierten Strategien, sowie im Bioökonomiediskurs insgesamt; Kasten 3.5-1). Eher wird dort Biodiversität, etwa in Teilen Afrikas, als künftig verstärkt nutzbares Potenzial betrachtet (z.B. für medizinische Wirkstoffe). Zwar bietet der Einsatz von Biomasse angesichts der Endlichkeit mineralischer bzw. der Klimaschädlichkeit fossiler Rohstoffe teils innovative Alternativlösungen, jedoch wirkt sich ihre erweiterte energetische und stoffliche Nutzung in weiten Teilen der Welt erheblich auf den Umgang mit Land aus. Denn diese Biomassenutzung steht in Konkurrenz zur Ernährungssicherung sowie zur Biodiversitätserhaltung, berührt damit alle Dimensionen des normativen Kompasses des WBGU (Kasten 2.3-1) und droht, räumliche bzw. entwicklungsbezogene Asymmetrien zu verstärken. Während die Nachfrage nach Biomasse für stoffliche oder energetische Nutzungen vor allem im globalen Norden wächst, gefährden die resultierenden Landnutzungskonkurrenzen und steigenden Preise für Agrargüter und Nahrungsmittel die Ernährung einkommensschwächerer Bevölkerungsgruppen vorwiegend im globalen Süden (wie die ‚Tank versus Teller'-Debatte um den Anbau von Biomasse für Kraftstoffe statt Nahrungsmitteln verdeutlicht; Dietz et al., 2016; Persson, 2015). Damit verbunden sind Konflikte zwischen einflussreichen nationalen und globalen Akteuren (vor allem Großgrundbesitzer*innen, Biomasse verarbeitende Konzerne) und lokalen Stakeholdern (z.B. Kleinbäuer*innen, Landbevölkerung).

Deshalb ist es wichtig, der Bioökonomie einen klaren Rahmen zu geben, der neben Grundsätzen der verantwortungsvollen Biomassenutzung vor allem Grenzen definiert, denn das verfügbare Land gestattet keinen vollständigen Ersatz fossiler durch biogene Ressourcen, ohne die Trilemmadimensionen Ernährung und Biodiversität zu gefährden (Smith, 2018). Nur wenn solche Zusammenhänge bedacht werden, kann Bioökonomie zur Großen Transformation zur Nachhaltigkeit beitragen. Teilweise bietet das Konzept der Bioökonomie selbst Ansätze, um mit der Knappheit nachhaltig produzierter Biomasse umzugehen, umfasst es doch neben der Nutzung biogener Ressourcen auch Biotechnologien bzw. Innovationen für einen nachhaltigeren Umgang mit natürlichen Rohstoffen (Kircher et al., 2020) sowie die Anwendung ökologischer Prinzipien, wie etwa die Nutzung von Stoffkreisläufen (Bugge et al., 2016; IAC, 2018).

Nach der Problemanalyse (Kap. 3.5.1) wird ein Zielbild für eine nachhaltige Bioökonomie herausgearbeitet und aufgezeigt, welche Handlungsfelder für seine Realisierung relevant sind (Kap. 3.5.2). Weil es darum geht, Biomasse vor allem dort einzusetzen, wo sie als Alternative zu herkömmlichen Technologien einen wichtigen Beitrag zu Klimaschutz und Biodiversitätserhaltung sowie zur Ernährungssicherung leisten kann und damit das Trilemma der Landnutzung entschärft, stellen wir nachhaltiges Bauen mit Holz als eine Mehrgewinnstrategie vor und zeigen ihr hohes Wirkungspotenzial auf (Kap. 3.5.3). Das Potenzial des Bausek-

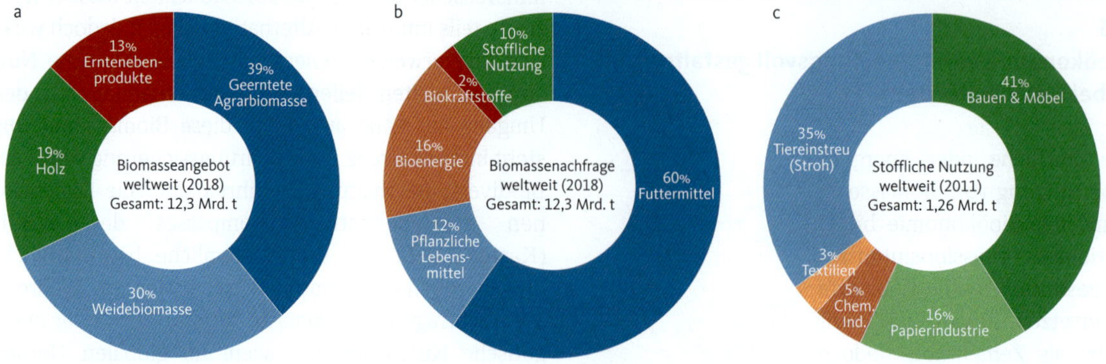


**Abbildung 3.5-1**
Biomasseangebot und -nachfrage weltweit 2018 nach Quellen bzw. Sektoren sowie Aufteilung des stofflich genutzten Anteils auf Sektoren für das Jahr 2011 (die Gesamtmenge stofflicher Nutzungen blieb bis 2018 annähernd gleich). Von der Nachfrage für Bauen und Möbel entfallen ca. 13% auf Bambus. Mengenangaben für Trockenmasse.
Quellen: Carus et al., 2020; Piotrowski et al., 2015: Abb. 35 und Anhang III.1

tors für die Erreichung verschärfter Klimaziele wurde jüngst auch auf EU-Ebene betont (von der Leyen, 2020). In Kapitel 3.5.4 und 3.5.5 folgen Handlungs- und Forschungsempfehlungen.

### 3.5.1
### Probleme und Potenziale der verstärkten Nutzung biologischer Ressourcen

Weltweit stammen rund 50% des Biomasseangebots von Agrar- und 30% von Weideflächen. Futtermittel machen 60% und pflanzliche Nahrungsmittel 12% der Nachfrage aus, etwas mehr als ein Viertel der Biomasse wird energetisch (vor allem traditionelle Bioenergie) oder stofflich genutzt (Abb. 3.5-1 a, b). Aquatische Biomassequellen sind von den Mengen her bisher unbedeutend: Jährlich ca. 0,2 Mrd. t konsumierter aquatischer Biomasse (davon 15% Algen; FAO, 2017b) stehen 12,3 Mrd. t Trockenmasse aus landbasierter Produktion gegenüber (Carus et al., 2020).

Beim Umstieg von fossilen Rohstoffen bzw. hoch emittierenden Prozessen auf klimaschonende Alternativen werden biogene Ressourcen verstärkt für stoffliche und Kohlenstoff speichernde Nutzungen benötigt (2018 wurden nur ca. 10% der Biomasse stofflich verwertet, ohne Tiereinstreu nur ca. 6–7%; Abb. 3.5-1b, c) sowie szenarioabhängig für ausgewählte energetische Zwecke (Kasten 3.5-3). Die Bedeutung von Holz und Erntenebenprodukten dürfte dadurch steigen (19% und 13% der Erntemenge, Abb. 3.5-1 a). Wie viel Biomasse für einen Bioökonomieausbau zusätzlich geerntet werden müsste, hängt auch von Einsparungen bei traditioneller Bioenergie ab oder z.B. vom Wandel der Ernährungsstile (um die hohe Futtermittelnachfrage zu senken; Kap. 3.4). Außerdem spielt eine Rolle, inwiefern durch nicht biobasierte Technologien und Nachfrageminderung der großskalige Einsatz moderner Bioenergie und -kraftstoffe, gegebenenfalls in Kombination mit Kohlenstoffabscheidung und -speicherung (Carbon Capture and Storage, CCS), vermieden werden können (IPCC, 2018).

Bereits die aktuelle Landnutzung ist durch Nachhaltigkeitsprobleme geprägt, und das Ressourcenpotenzial für eine Bioökonomie innerhalb planetarischer Leitplanken ist begrenzt. Die vorherrschenden Produktionsmethoden der industriellen Landwirtschaft sind nicht nachhaltig, weil sie mit hohem Chemikalien-, Wasser- und Energieeinsatz und folglich degradierten Böden verbunden sind, und weil große Betriebe durch die bestehenden Rahmenbedingungen bevorteilt und kleinere Betriebe verdrängt werden (Bartz et al., 2015; Kap. 3.3). Speziell „land grabbing“, d.h. die expansive Landnutzung (meist in Entwicklungsländern) durch ausländische oder inländische staatliche Akteure, dient oft der Bereitstellung von Ressourcen für die stoffliche oder energetische Verwertung (Ashukem, 2020; Bartz et al., 2015; Kasten 3.3-7). Kleinbäuer*innen in Entwicklungsländern fehlen hingegen häufig die Mittel für eine Biomasseproduktion jenseits des Eigenbedarfs. Vor allem in den semiariden Zonen der Entwicklungs- und Schwellenländer ist Landwirtschaft jenseits der Nahrungsmittelversorgung kaum möglich, da diese die regionalen Wasserhaushalte schon bis an die Grenzen belastet, was sich durch den Klimawandel verschärft (Dusseldorp und Sauter, 2011). In der Forstwirtschaft schaffen Monokulturen oder Abholzungen an erosionsgefährdeten Berghängen erhebliche Nachhaltigkeitsprobleme (Raev, 2002). Dies beeinträchtigt das lokale und globale Klima, die Erhaltung von Biodiversität,

Stickstoff-, Phosphor- und Wasserkreisläufe sowie den Grundwasserschutz, der speziell für Feuchtgebiete wichtig ist (Felton et al., 2016; Kap. 2, 3.1–3.3). Weitere ökologische Einschränkungen kommen hinzu, z.B. sollten Erntereste teils auf Feldern bzw. im Wald verbleiben. Unter diesen Bedingungen ist zweifelhaft, ob die pro Kopf geerntete Menge an Biomasse, dazu bei steigendem Druck durch Bevölkerungswachstum und die Folgen des Klimawandels, aufrechterhalten bzw. gesteigert werden kann (wie für das Beispiel Holz diskutiert in Warman, 2014; Yousefpour et al., 2019). Dennoch bietet die Bioökonomie auch in Entwicklungsländern, z.B. in sub-humiden oder humiden Regionen Optionen, wenn sie umsichtig in die bestehenden Landnutzungssysteme integriert wird. So bietet sie neue Möglichkeiten der Reststoffnutzung (Awasthi et al., 2020; Thorenz et al., 2018; Fletcher et al., 2017), und auf Flächen, die sich weniger für Nahrungsmittelpflanzen eignen, können andere Arten von Biomasse zur stofflichen und energetischen Verwertung angebaut werden, die erweiterte Einkommensmöglichkeiten sowie Infrastruktur- und Technologie-Spillover-Effekte schaffen (Virchow et al., 2017:227). Beispielsweise wachsen Agavenkulturen auf trockenen Böden, Energiepflanzen wie Ölsaaten gedeihen auch auf für Nahrungspflanzen ungeeigneten Flächen (wenn auch mit niedrigeren Erträgen; Segerstedt und Bobert, 2013) und der Aufbau eigener Anlagen zur Biomasseverarbeitung unterstützt technologische Lerneffekte (Lynd und Woods, 2011).

Weil Land und nachhaltig produzierte Biomasse generell knapp sind, sollte ihre Nutzung entsprechend der Nachhaltigkeitsziele priorisiert werden, wobei die Ernährungssicherung und der Biodiversitätsschutz Vorrang genießen sollten. Selbst bei einer weniger auf tierische Produkte gestützten Ernährung sowie der Reduktion von Lebensmittelverlusten und -verschwendung (Kap. 2.2.2, 3.3.2.3, 3.4.2.1) würde das weitere Wachstum der Weltbevölkerung dafür sorgen, dass der Biomasse- und Landbedarf für Ernährung bestenfalls langsam sinkt (Bringezu und Schütz, 2008; Gerten et al., 2020; Godfray et al., 2010; Rahmann und Oppermann, 2010; Ponitka und Thrän, 2015). Falls eine verringerte Futter- bzw. Nahrungsmittelproduktion wirklich Flächen „freisetzen" würde, sollte auf diesen – abhängig von Flächenart (Grün- oder Ackerland) und Biodiversitätspotenzial – gegebenenfalls zunächst der langfristigen Ökosystemstabilisierung Vorrang gegeben werden, statt der kurzfristigen Rohstoffproduktion (die ohne stabile Ökosysteme nicht dauerhaft möglich ist; Kap. 3.1).

Wenn mehr biogene Ressourcen für eine nicht ernährungsbezogene Nutzung benötigt werden, könnte dies einerseits Nachhaltigkeitskonflikte verschärfen. So haben etwa der verbreitete Einsatz von billigem Palmöl in verschiedenen Industriezweigen (Vijay et al., 2016) sowie die Förderung der Bioenergie (inkl. Biokraftstoffen) in der EU bzw. in Deutschland (Cotula et al., 2008) zu Entwaldung, Wasserverknappung und steigenden Lebensmittelpreisen in Entwicklungs- und Schwellenländern in einem relevanten Ausmaß beigetragen (Dehue et al., 2007; FAO, 2010a:40; German et al., 2011; van der Hilst et al., 2013). Die ‚Tank-versus-Teller'-Debatte, ausgelöst durch die Nahrungsmittelpreiskrise 2007 (Muscat et al., 2020) und verstärkt durch die in der europäischen Erneuerbare-Energien-Richtlinie (EU, 2009a, 2018a) festgelegten Beimischungsquoten für Biokraftstoffe, wirkt in der öffentlichen Wahrnehmung und in politischen Debatten zur Bioökonomie bis heute nach (FAO, 2010a; UBA, 2019b).

Andererseits ist der Einsatz von Biomasse zur Reduktion der $CO_2$-Emissionen auf Null und zur Kohlenstoffbindung teils unumgänglich. $CO_2$-Emissionen entstehen bei energetischer Verwendung fossiler Rohstoffe, bei der Zementherstellung und bei Verarbeitungsprozessen, die fossile Ausgangsstoffe z.B. zur Produktion von Kunststoffen oder Stickstoffdünger einsetzen, sowie durch Landnutzungsänderungen (Abb. 2.2-3). Für die meisten energetischen Verwendungen sind erneuerbare Alternativen zur Biomassenutzung verfügbar, etwa Strom aus Windkraft oder Photovoltaik (PV) und damit gewonnener Wasserstoff. Bei Treibstoffen für die Luft- oder Schifffahrt und stofflichen Anwendungen gibt es jedoch in manchen Fällen kaum Alternativen, z.B. bei chemischen Grundstoffen und in der Bauindustrie (Kap. 3.5.2.2). Holzbau, langlebige biogene Produkte und Bioenergie mit CCS gehören zu den wenigen Möglichkeiten, atmosphärischen Kohlenstoff längerfristig zu binden (Kap. 3.1.1, 3.5.3; Kasten 3.5-3).

Der Ausbau der Bioökonomie birgt außerdem weitere Potenziale, die z.T. über den Klimaschutz hinaus gehen:

- Produkt- und Prozessinnovationen durch neue biogene Materialien und Biotechnologien, wobei Bewertung und Ausrichtung dieser Innovationen noch Gegenstand kritischer Diskussionen sind (Kasten 3.5-1),
- Sicherung der nationalen bzw. regionalen Rohstoffversorgung (Minderung der Abhängigkeit von internationalen Zulieferungen), Regionalisierung von Stoffkreisläufen (Kasten 3.5-2),
- Schaffung neuer, nachhaltiger Beschäftigungs- und damit verknüpfter Qualifikationsmöglichkeiten speziell im ländlichen Raum sowie
- Impulse in Richtung nachhaltiger Konsumweisen durch die gesellschaftliche Sichtbarkeit neuer biobasierter Produkte, die einen bewussteren Umgang mit Ressourcen fördern und die soziokulturelle Transformation unterstützen.

**Kasten 3.5-1**

## Innovationen in der Bioökonomie: Potenziale und Kritik

Mit dem Innovationspotenzial der Bioökonomie sind derzeit viele Hoffnungen und Erwartungen, aber auch Befürchtungen verbunden. Daher ist genauer zu betrachten, ob ihr Einsatz jeweils angemessen ist. Aktuell werden die erweiterten Einsatzmöglichkeiten von Biomasse systematisch untersucht. Das Deutsche Biomasseforschungszentrum DBFZ entwickelt z.B. biotechnologische Verfahren und testet Anwendungsfelder (dbfz.de). Das BMBF unterstützt unter anderem betriebliche Innovationen (z.B. „KMU-innovativ: Bioökonomie" BMBF, 2020a). Wie Untersuchungen zeigen, sind aus großvolumigen Massenrohstoffen (z.B. Naturfasern, natürliche Öle), kleinvolumigen, aber hochwertigen Komponenten (z.B. Terpene) oder städtischem Bioabfall zahlreiche Werk- und Wertstoffe herstellbar. Von über 100 analysierten biobasierten Materialien gelten allerdings nur 20 als wirtschaftlich-technisch erfolgversprechend bzw. bald in größerem Maßstab nutzbar (EU-Kommission, 2018b; Tab. 3.5-1). Weil die Grundstoffe international weiträumig verfügbar sind, ermöglichen sie aber in vielen Industrie- wie Entwicklungsländern regionalisierte Bioökonomiewertschöpfungsketten. Auch Biotechnologie, Bioengineering und Gentechnik bieten Optionen für bioökonomische Prozess- und Produktinnovationen (Chapotin und Wolt, 2007; Kircher et al., 2020; Kitney und Freemont, 2017), was hier aber – auch angesichts der Nachhaltigkeitsrisiken der modernen Gentechnik (CRISPR; Knott und Doudna, 2018) – nicht vertieft wird.

Eine internationale Delphi-Studie weist auf zukunftsrelevante systemische, diverse Elemente kombinierende Innovationsfelder hin (Bioökonomierat, o.J.). Diese sieht Potenzial in der künstlichen Photosynthese (Herstellung von Kohlehydraten bzw. Stärke aus Wasser, $CO_2$ und Sonnenlicht), welche Druck von der Landnutzung nehmen und als Kohlenstoffsenke wirken könnte, wie aktuelle Forschung zu künstlichen Chloroplasten zeigt (Miller et al., 2020). Weitere Innovationsansätze der Bioökonomie betreffen etwa die Verwendung von Biomasse aus nachhaltigen Aquakulturen für Ernährung und Warenproduktion, „Bioraffinerien 4.0", die durch enzymatische Biotransformation aus Abfallstoffen Energie, Nahrungsmittel und chemische Grundstoffe erzeugen sowie neue (Online-)Aus- und Weiterbildungsansätze zur fortlaufenden Information der Bevölkerung über Optionen der nachhaltigen Biomasseerzeugung und -nutzung (Bioökonomierat, o.J.; de Lorenzo und Schmidt, 2018). In Verbindung mit integrierter Landnutzung könnten außerdem biologische Prinzipien in die Stadtentwicklung eingebunden werden, wobei die Vision einer „Bioprincipled City" über digitale Monitoring- und Steuerungstechnologien konstruktiv mit „Smart-City"-Ideen (WBGU, 2019b, Kap. 5.2.7) zu verknüpfen wäre. Dieses Stadtmodell kombiniert eine regionalisierte Kreislaufwirtschaft und Kaskadennutzung von biobasierten Grundstoffen, Energie und Wasser (Kasten 3.5-2) mit dem Biotechnologie-Einsatz zur Vermeidung von Emissionen und Unterstützung des Recyclings, der urbanen Agrarproduktion, nach Bioprinzipien optimierten Gebäuden und Quartieren sowie Grünflächen für Ökosystemleistungen (Bioökonomierat, o.J.). Dem vielfältigen Innovationspotenzial der Bioökonomie stehen jedoch erhebliche Diskursunschärfen bis hin zum wenig reflektierten „Hype" gegenüber, wie er auch das Thema Digitalisierung prägt (WBGU, 2019b). Laut Analyse des UBA (2019b) prägen drei Strömungen den deutschen Bioökonomiediskurs (affirmativ, pragmatisch, kritisch), die das Thema zwischen „künftiger Schlüsselindustrie" und „neuer Ausbeutung der Natur" einordnen. Dahinter stehen, ähnlich zur Digitalisierung (WBGU, 2019a, b), zum einen ethische Fragen des Mensch-Natur-Verhältnisses, der Gestaltung künftiger soziotechnischer Systeme und ihrer ökologischen Auswirkungen. Zum anderen berühren Lösungsansätze juristische Fragen wie die Stärkung des Vorsorgeprinzips. Außerdem werden politische Fragen, z.B. einer Demokratisierung der kritisch diskutierten industriegetriebenen Bioökonomie durch mehr Partizipation von Landwirt*innen und Zivilgesellschaft aufgeworfen. Alle Teildiskurse stützen sich auf Argumente der Nachhaltigkeit, jedoch mit unterschiedlichen Deutungen (von schwach bis stark) und praktischen Implikationen für übergreifende Ziele (etwa Vorrang von Klimaschutz, Betonung von Wirtschaftswachstum und Wettbewerbsfähigkeit usw.), das Mensch-Natur-Verhältnis sowie Verteilungsgerechtigkeit (international und intergenerational). Da der Polarisierung im Bioökonomiediskurs nicht nur Interessens-, sondern auch Ziel- und Wertkonflikte zu Grunde liegen, stellt die Studie des UBA (2019b: 118) fest, dass anstelle von Aushandlungsprozessen sowohl geschützte „Chatham-House"-Dialogformate als auch eine offene, gesellschaftspolitische Debatte mit Einbezug von Bürger*innen praktikabel seien. Außerdem wären Kapazitäten und Ressourcen weniger ungleich zwischen den Vertreter*innen der Teildiskurse zu verteilen, denn aktuell würden kritische und pragmatische Diskurse benachteiligt.

Wie insbesondere interdisziplinäre Forschungsprojekte zur sachlich reflektierten Debatte in Wissenschaft, Wirtschaft, Politik und Zivilgesellschaft beitragen können, mit Verschränkung von Bioökonomie und Digitalisierung, zeigt das Beispiel „terra0" (Seidler et al., 2016). Dieses in der „Digitalen Klasse" der Universität der Künste Berlin entwickelte Kunstprojekt untersucht, ob sich Wälder mit digitalen Mitteln verwalten lassen. Dazu skizziert ein hypothetisches Szenario einen Wald, der mittels automatisierter Entscheidungsprozesse, Blockchain und smart contracts (Kasten 3.3-16) „selbst" seinen Bestand analysiert, Lizenzen verkauft und so Kapital akkumuliert. Das mediale Echo war groß und hat das vom BMBF geförderte interdisziplinäre Verbund-Forschungsprojekt „terra1" angeregt. Dieses zielt auf eine konstruktive gesellschaftliche Debatte „zur zukünftigen Gestaltung der Bioökonomie am Beispiel der Digitalisierung in der holzbasierten Bioökonomie anhand von innovativen Partizipationsformaten" (terra1, o.J.). Ein „algorithmengestützter, multikriterieller Ansatz zur partizipativen Entscheidungsfindung" ermöglicht, Ideen im Zuge eines „ForestLab Online-Dialogs" mit Expert*innen und Öffentlichkeit multiperspektivisch zu diskutieren und gemeinsam weiterzudenken (zebralog, o.J.).

Ersten Rückmeldungen zufolge liegen auch hierbei zentrale Probleme vor bzw. jenseits der Entwicklung und Anwendung digitaler Lösungen. So sind die involvierten Menschen durch Bildung für digitale Kompetenz zu befähigen. Wie diskursanalytisch gezeigt wurde, lassen sich Wert- und Zielkonflikte weder direkt aushandeln, noch sinnvoll maschinenlesbar verarbeiten – eben nicht ausrechnen, sondern entscheiden (Królikowski et al., 2017). So bedarf bereits der Input für eine automatisierte „Entscheidungsfindung" politischer Entscheidungen, die nur Menschen demokratisch und sinnvoll treffen können. Selbst wenn dann Blockchain als Verfahren genutzt würde, sei sie auch aus Sicht der Projektmoderation nicht wirklich notwendig, jedoch bedürfe es eines öffentlichen Diskurses und weiterer Forschung zur Verbesserung ihres Energiebedarfs.

**Tabelle 3.5-1**
Die 20 derzeit entwickelten biobasierten Materialien mit den besten Geschäftsperspektiven in den nächsten 5–10 Jahren.
Quelle: eigene Zusammenstellung gestützt auf EU-Kommission, 2018b: 5

| Biomassekategorie | Derzeit entwickelte biobasierte Materialien | Hauptanwendungsfelder (Auswahl) |
|---|---|---|
| Lignin (Bindesubstanz im Zellgefüge von Holz) | › Lignin-basierte Kohlenstoff-Nanofasern<br>› Bio-BTX-Aromaten<br>› Lignin-Bioöl<br>› Hochreines Lignin<br>› Biobasiertes Phenol und Alkylphenole<br>› Lignin-basierte Phenolharze | Karbonmaterialien, Fahrzeugteile, Werkzeuge, Spezialchemieprodukte, Materialverstärkung, Brennstoffe, Kleb- und Verbundstoffe, Textilien, Sportgeräte |
| Pflanzenfasern | › Naturfaserverstärkte Lignin-Verbundwerkstoffe<br>› Mikrofibrillierte Cellulose<br>› Naturfaserverstärkter thermoplastischer Biopolymer-Kunststoff<br>› Naturfaserverstärkte Bioharze<br>› Verbundvliesstoffe | Vliesbindemittel, Kunststoffverstärkung, Isolationsschaum, Papierverstärkung, Filter, Hygieneartikel, antimikrobe Filme für Knochenaufbau, Flugzeug- bzw. Autoteile, Leichtbauteile, verschiedene Konsumgüter für Haus bzw. Garten |
| Nachwachsende Öle und Fette | › Bio-Schmierstoffe<br>› Polyhydroxyfettsäuren<br>› Biobasierte Polyamide | Automobilbau, Bauwirtschaft, Elektronikindustrie, Nahrungsmittelindustrie, Medizintechnik, Kosmetik |
| Polyelektrolyte (Makromoleküle, die dissoziationsfähige Gruppen enthalten) | › Antibakterielle Biotenside<br>› Biotechnologische Chitosane | Landwirtschaft, Pharmazie, Kosmetik, Textilindustrie, Nahrungsmittelindustrie, Biomedizin |
| Terpene (organische aroma- bzw. geschmackstragende Verbindungen) | › Limonene-basierte Maschinenpolymere | Maschinen, Schuhe, Reifen, Beschichtungen, Isolation, Medizinprodukte |
| Naturkautschuk | › Guayulekautschuk | LKW- und Flugzeugreifen, Autoteile, medizinische Produkte |
| Urbaner Bioabfall | › Polyhydroxyfettsäuren<br>› Volatile Fettsäuremischungen | Verpackungsmaterial, Fasern, Biomedizin-Kosmetik, Kunststoffe, Farben und Aromen, Nahrungsmittel |

Im Gesamtbild ist die technische 1:1-Substitution fossiler und anderer mit Emissionen verbundener Ressourcen durch biogene Rohstoffe nicht möglich, da die verfügbare Biomasse für den Ersatz nicht ausreicht. Dies zeigt eine abschätzende Gegenüberstellung globaler Biomassepotenziale und der Größenordnung technisch möglicher (nicht unbedingt ökonomisch sinnvoller) Nutzungen in ausgewählten Schlüsselbereichen (Abb. 3.5-2), wie der teils mit hohen Erwartungen beim Klimaschutz belegten Bioenergie mit CCS (BECCS), Biokraftstoffen in der Luftfahrt und Bioplastik. Daher sollten Vorkehrungen getroffen werden, damit ambitionierter Klimaschutz, z. B. ein hoher $CO_2$-Preis im Energiesektor, die jeweilige Biomassenutzung nicht über nachhaltige Mengen hinaus oder auf Kosten anderer wichtigerer Anwendungen ansteigen lässt.

Zentrales Anliegen ist, mittels Bioökonomie zur Dekarbonisierung in geeigneten Sektoren beizutragen, dabei aber die Risiken eines zu hohen Biomasseeinsatzes zu vermeiden und somit die Bioökonomie mit weniger flächenintensiven, $CO_2$-sparenden Ansätzen zu kombinieren. Bedenkliche Zukunftsszenarien mit hohem Biomasseeinsatz (wie z. B. in Piotrowski et al., 2015) lassen sich verhindern, wenn die entsprechende Nachfrage größtenteils auf Basis anderer erneuerbarer Energien oder mit geringerem Ressourcenverbrauch erfüllt oder aber grundsätzlich vermieden werden kann. Solche Alternativen könnten schon allein dadurch kostengünstiger bzw. attraktiver werden, dass Biomasse knapper und damit teurer wird. Das setzt aber voraus,

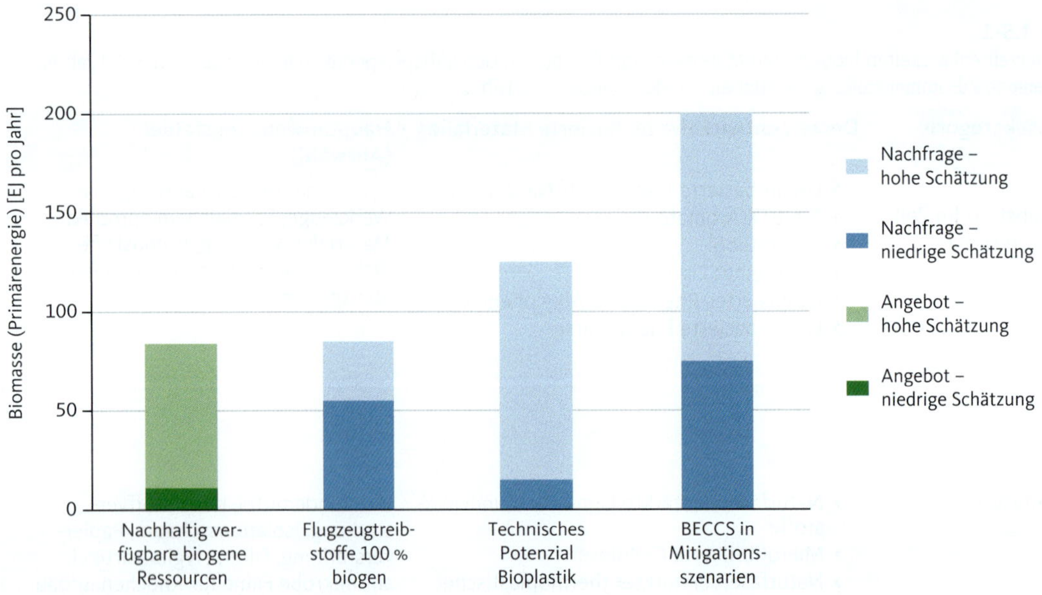


**Abbildung 3.5-2**
Globales nachhaltiges Biomasseangebot und Nachfragepotenzial für wichtige Endnutzungen in 2050. Angebotsseitig wird die auf internationalen Märkten verfügbare, nachhaltig produzierte Biomasse (abzüglich Nahrungsmittel) geschätzt; der niedrige Wert liegt unter dem heutigen (etwa 23 EJ pro Jahr) und geht u.a. von starkem Bevölkerungswachstum und Fleischkonsum, aber wenig Innovationen und Nachhaltigkeits-Governance aus (umgekehrt für die hohe Schätzung). Die Nachfragespannen ergeben sich u.a. aus Unsicherheiten bei der Konversionseffizienz (Treibstoffe), Einsatzmöglichkeiten und Ressourceneffizienz (Plastik) und verschiedenen IPCC-Klimaschutzszenarien für 1.5 °C- oder 2 °C-Begrenzungsziele (BECCS).
Quelle: CCC, 2018: Fig. 4.3 und 5.1

dass externe Kosten des Biomasseeinsatzes (z.B. Beeinträchtigung von Biodiversität) adäquat internalisiert oder unterbunden werden sowie Regelungen international gelten und somit nicht durch Außenhandel unterlaufen werden können. Generell ist die Nachfrage nach Primärmaterialien durch sparsameren Einsatz, höhere Produkt- und Materialeffizienz, nicht zerstörendes Recycling oder langlebigere Produkte zu reduzieren (Gutowski et al., 2013; Allwood et al., 2010). Allerdings werden selbst Strom aus erneuerbaren Quellen, gesteigerte Energieeffizienz und höhere Recyclingquoten in vielen Industriebranchen (Stahl, Zement, Plastik, Papier, Aluminium) nicht ausreichen, um bei konstantem oder gar wachsendem Output ambitionierte Klimaziele zu erreichen.

## 3.5.2 Zielbild und wichtige Handlungsfelder für eine nachhaltige Bioökonomie

### 3.5.2.1 Zielbild einer nachhaltigen Bioökonomie

Angesichts der skizzierten Probleme und Potenziale ergibt sich folgendes Zielbild für eine nachhaltige Bioökonomie – im Sinne von Orientierungsmarken für die später dargelegten Handlungsempfehlungen. Es berücksichtigt konsistent die übergreifenden Erfordernisse des nachhaltigen Umgangs mit Land (Kap. 2.3).

1. *Die Menge der stofflich und energetisch verwendeten Biomasse liegt innerhalb planetarischer Leitplanken und berücksichtigt die hohe Priorität von Ernährung und Biodiversität:* Klima und Biodiversität, intakte Ökosysteme, Wasser- und Stoffkreisläufe und fruchtbare Böden sind durch aufeinander abgestimmte ordnungspolitische und anreizbasierte Instrumente geschützt (Kap. 2, 3.1-3.3). Eine nachhaltige Bewirtschaftung sichert die Nahrungsmittelversorgung der Weltbevölkerung und begrenzt, wie viel Biomasse darüber hinaus für die Bioökonomie produziert bzw. geerntet werden kann, und mit welchen Methoden (Abb. 3.5-3).
2. *Faire ökonomische Produktionsstrukturen und Verteilungsmechanismen sind etabliert:* Die zur Ernährungssicherung nötigen stabilen, lokalen Zugangs- und Nutzungsmöglichkeiten von Nahrungsmitteln (Gross et al., 2000) werden durch die ökonomischen Anreize zusätzlicher Biomassenutzung nicht gefährdet, sondern, wo möglich, sogar gestärkt (z.B. weil die Aufwertung landwirtschaftlicher Nebenprodukte lokale Einnahmequellen diversifiziert und ergänzt, ohne Nahrungsmittelproduktion zu verdrängen). Die durch Bioökonomie erhöhten

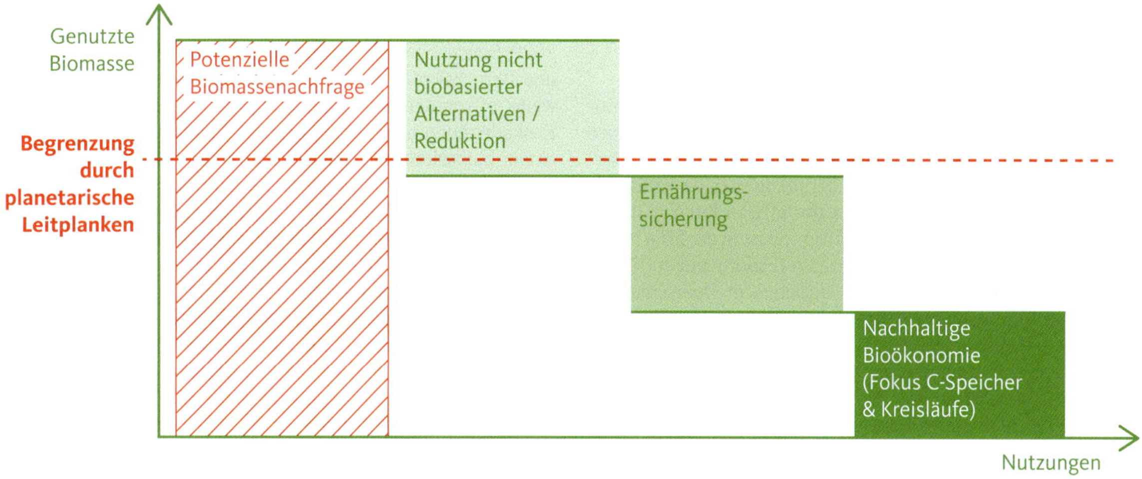


**Abbildung 3.5-3**
Für stoffliche und energetische Nutzungen verfügbare Biomasse im Rahmen einer nachhaltigen, zirkulären Bioökonomie entsprechend des Zielbilds des WBGU (insbesondere der Elemente 1, 3 und 4; schematisch, Größenverhältnisse nicht aussagekräftig).
Quelle: WBGU, Grafik Ellery Studio

Landrenten werden abgeschöpft und die Steuererträge zur Lösung globaler und lokaler Verteilungsfragen sowie zur Schaffung von Anreizen für lokale Akteure zur Erhaltung von Ökosystemen, Biodiversität und Böden genutzt. Grundnahrungsmittel sind für alle Bevölkerungsgruppen bezahlbar und die Landrechte sowie ökonomische, soziale und politische Teilhabe indigener bzw. lokaler Bevölkerungsgruppen werden geachtet.

3. *Biomasse wird dort genutzt, wo es keine klimafreundlichen Alternativen gibt, um $CO_2$-Emissionen zu vermeiden und Kohlenstoff zu speichern:* Um $CO_2$-emittierende Prozesse und fossile Rohstoffe in allen Sektoren zu vermeiden (als Energieträger und Ausgangsmaterial, aus dem Kohlenstoffverbindungen in die Atmosphäre freisetzt werden), wird die knappe Biomasse prioritär dort eingesetzt, wo ihre stofflichen Eigenschaften zur Substitution fossiler Rohstoffe besonders wichtig sind oder sie als langfristiger Kohlenstoffspeicher wirksam ist. Ansonsten werden nicht biobasierte klimafreundliche Alternativen zur Reduktion des Biomassebedarfs genutzt, die schon heute häufig ökonomisch günstiger sind (Kasten 3.5-3; Abb. 3.5-3).
4. *Innovationen und Ansätze der Kreislaufwirtschaft steigern Effizienz und Nutzungsdauer:* Aufgrund des begrenzten Angebots biogener Primärrohstoffe (und gegebenenfalls aufgrund entsprechender Preise) ist deren „Reichweite" optimiert: Entnommene Biomasse wird in verschiedenen Anwendungen und (hochwertigen) Formen in Kreisläufen und Kaskaden (Kasten 3.5-2) zunächst stofflich genutzt, was auch die Größe des C-Speichers erhöht, und erst zuletzt energetisch (gegebenenfalls in Kombination mit CCS). Reststoffe der Bioökonomie werden den natürlichen Kreisläufen wieder zugeführt, wo dies für deren Erhaltung und Wiederherstellung wesentlich ist (z.B. Phosphor aus Bioenergiereststoffen). Zudem werden die Materialeffizienz und Nutzung und Auslastung materieller Güter durch laufende Innovationen verbessert.
5. *Lokale Vielfalt wird genutzt und für Resilienz eingesetzt*: Die Bioökonomie trägt zum Erhalt der kulturellen Vielfalt und zur Teilhabe der ländlichen Bevölkerung bei (Kasten 2.3-1), indem sie lokales Wissen und Traditionen nutzt, ländliche Räume ökonomisch besonders durch Holzbau (Purkus et al., 2020) stützt und Stadt und Land durch ihr funktionales Zusammenspiel resilienter macht. Auch die durch Bioökonomie ermöglichte wirtschaftliche Diversifizierung sowie die erweiterten Einkommensquellen steigern Resilienz, im Verbund mit der Nutzung regionsspezifischer und sozialer Innovationen, vertieften lokalen Produktionssystemen und Schließung lokaler Stoffkreisläufe. Dies reduziert außerdem (entsprechend ihrer Externalitäten bepreiste) klimaschädliche Transporte.
6. *Die adaptiv weiterentwickelte, nachhaltige Bioökonomie ist in einen größeren, inklusiven Transformationsprozess eingebettet:* Über partizipative Prozesse, die Nutzungskonflikte lösen helfen und neue Ideen liefern, trägt die Bioökonomie zur Großen Transformation zur Nachhaltigkeit bei (Kap. 4; WBGU, 2011). Dies ist besonders wichtig, wenn nicht bio-

**Kasten 3.5-2**

## Kreislaufwirtschaft und zirkuläre Bioökonomie

Der weltweit wachsende Ressourcenverbrauch (Circle Economy, 2020), die mit Abbau und Entsorgung von Ressourcen verbundenen ökologischen Schäden sowie neue digitale Unterstützungsmöglichkeiten (WBGU, 2019b) machen die Kreislaufwirtschaft zum zentralen Ansatz der effizienteren Nutzung mineralischer wie biogener Ressourcen. So ist in der EU – neben vielen Aktivitäten der Mitgliedstaaten (Ecopreneur.eu, 2019) oder z.B. der Circular Economy Initiative in Deutschland – der neue Aktionsplan für Kreislaufwirtschaft (EU-Kommission, 2020e) ein Kernelement zur Umsetzung des Europäischen Green Deal (EU-Kommission, 2019c) und soll unter anderem Wirtschaftswachstum und Ressourcenverbrauch entkoppeln. Speziell für biobasierte Rohstoffe soll die EU-Bioökonomiestrategie „Nachhaltigkeit und Kreislaufwirtschaft in den Mittelpunkt stellen" (EU-Kommission, 2018a: 1). International verfolgen z.B. auch die USA, Japan, Südkorea (Ghisellini et al., 2016, Herrador et al., 2020) und vor allem China (Mathews und Tan, 2016; Zhu et al., 2019; Pesce et al., 2020) ambitionierte Kreislaufwirtschaftsstrategien.

Das Kreislaufwirtschaftskonzept kam als Gegenentwurf zur „linearen" Wirtschaft (take-make-consume-dispose) verstärkt ab den 1970er Jahren auf, mit „3R"-Ansätzen (reduce, reuse, recycle) zunächst vor allem für Abfälle. Industrie-ökologisch inspirierte (Ayres, 1989), präventive Konzepte betonten technische Innovationen, kleinräumige Materialkreisläufe und wirtschaftliche Chancen. Heute werden meist weiter gespannte Lieferketten und weitere Stakeholder (Konsument*innen, NRO, Regierungen) systemisch einbezogen und auch angepasste Geschäftsmodelle und soziale Innovationen mit betrachtet (Reike et al., 2018; Prieto-Sandoval et al., 2018). Definiert wird die Kreislaufwirtschaft über das Ziel, „den Wert von Produkten, Stoffen und Ressourcen innerhalb der Wirtschaft so lange wie möglich zu erhalten und möglichst wenig Abfall zu erzeugen" (EU-Kommission, 2015c). Operationalisierungen der Kreislaufwirtschaft (Kirchherr et al., 2017; Reike et al., 2018) unterscheiden sich u.a. in der Betonung verschiedener „Value-Retention"-Optionen (Ziffern R0–R9 in Abb. 3.5-4; Potting et al., 2017).

In der Praxis wurden bisher vor allem Ansätze des traditionellen Abfallmanagements wie Materialrecycling (R8) oder Energierückgewinnung (R9) mit harten Zielen versehen (Reike et al., 2018) und auf Basis neuer Technologien umgesetzt (Abb. 3.5-4 rechts), in der Bioökonomie z.B. für kompostierbare Kunststoffe (Potting et al., 2017). Trotzdem steigt der Ressourcenverbrauch weiter, weil auf Produkt-, Geschäftsmodell- und soziale Innovationen gestützte Optionen bislang zu wenig genutzt werden (Potting et al., 2017; Reike et al., 2018). Insbesondere konsument*innennahe Handlungsoptionen, die auf einen sparsamen Umgang mit Produkten (R0-R2), Lebensdauerverlängerungen (R3, R4) und so auf eine Reduktion der Menge benötigter Produkte abzielen (Reike et al., 2018), bedrohen bestehende Geschäftsmodelle und schaffen Konfliktpotenzial. Aus WBGU-Sicht sind aber gerade solche Strategien erforderlich, um den Gesamtressourcenbedarf zu senken und so auch den Biomassebedarf zu begrenzen (Kap. 3.5.2, Punkte 1 und 6).

Spezifisch für eine nachhaltige Nutzung *biogener* Ressourcen sind nicht nur allgemeine Ansätze der Kreislaufwirtschaft anzuwenden (im Sinne einer „biobasierten Kreislaufwirtschaft"), sondern Erweiterungen bzw. Schwerpunkte in Richtung einer nachhaltig zirkulären Bioökonomie zu setzen (Hetemäki et al., 2017; Antikainen et al., 2017; EEA, 2018; Carus und Dammer, 2018; D'Amato et al., 2017; D'Amato et al., 2020; Stegmann et al., 2020), z.B. zur Kohlenstoffspeicherung und Berücksichtigung von Nährstoffkreisläufen. Die „Reichweite" effizienter Biomassenutzung lässt sich maßgeblich durch Kaskadennutzung erhöhen, bei der „ein biogener Rohstoff zu einem biobasierten Endprodukt verarbeitet und dieses Endprodukt mindestens ein weiteres Mal stofflich oder energetisch genutzt wird" (UBA, 2017a: 27). Durch die Ausrichtung technischer Innovationen und Produktdesigns auf die Kreislaufwirtschaft können haltbarere und schadstoffärmere biogene Materialien und Produkte länger in Kreisläufen geführt bzw. in Kaskaden genutzt werden. Zum Ende ihrer Nutzung können sie separiert und gegebenenfalls wiederverwendet oder selbst als Abfall noch als Düngemittel und Chemikalien genutzt werden (Hetemäki et al., 2017: 14; Antikainen et al., 2017: 109; Carus und Dammer, 2018; Stegmann et al., 2020). In diesem Kontext sollte z.B. auch der Einsatz biologisch abbaubarer Kunststoffe, mit besonderen Herausforderungen für Sammlung, Sortierung und Recycling, abgewogen werden (EEA, 2018: 36). Integrierte Bioraffinerien können verschiedene biologische Roh- und Abfallstoffe relativ vollständig und effizient zu Futtermitteln, Werkstoffen, Chemikalien und Kraftstoffen verarbeiten und so neue Nutzungskreisläufe erschließen. Heute werden sie allerdings vor allem zur Produktion von Biokraftstoffen eingesetzt (Temmes und Peck, 2020).

Um sicherzustellen, dass diese Technologien nicht nur die Nutzung biogener Ressourcen effizienter machen (und gegebenenfalls Rebound-Effekte fördern; Zink und Geyer, 2017), sondern auch den Ressourcenverbrauch reduzieren, empfiehlt der WBGU folgende Schwerpunkte zu setzen. Zunächst sollte der Bioökonomie insgesamt ein Rahmen gesetzt werden, der die Zirkularität fördert:

1. *Politisches Momentum für mehr Kreislaufwirtschaft nutzen, um explizite, ambitionierte Reduktionsziele für absoluten Gesamtressourcen- und insbesondere Biomasseverbrauch zu setzen:* Die neue EU-Kreislaufwirtschaftsstrategie (EU-Kommission, 2020e) gibt das Ziel vor, den Anteil kreislauforientiert verwendeter Materialien – im Jahr 2017 lag er bei 8,6% (Circle Economy, 2020) – bis 2030 zu verdoppeln und den „Fußabdruck [der EU] im Hinblick auf den Verbrauch zu senken". Die deutsche Nachhaltigkeitsstrategie (Bundesregierung, 2018) enthält nur das Ziel einer um 1,6% jährlich steigenden Ressourcenproduktivität. In der akuten ökologischen Krise (Kap. 2) sind beide Zielsetzungen nicht ehrgeizig genug. Ein konkreter Zielwert der EU und Deutschlands für die Reduktion des absoluten Ressourcenverbrauchs mit einem Teilziel für Biomasse würde gesellschaftliche und wirtschaftliche Prozesse für einen rechtzeitigen Umbau über Detailziele und Fördermaßnahmen für die Kreislaufwirtschaft hinaus in Gang setzen.
2. *Vorgaben zur nachhaltigen Produktion der genutzten Biomasse*: Durch Anreize und Auflagen für die Nachhaltigkeit der gesamten gehandelten Biomasse (Kap. 4.2, 4.3) werden biogene Ressourcen knapper. Dies setzt Anreize für Effizienzsteigerungen durch Kreislaufnutzung (inkl. Product-as-a-Service-Geschäftsmodelle, Wiederaufbereitung, Sharing Economy) und eine Priorisierung längerer stofflicher vor energetischer Verwertung, wodurch auch mehr Kohlenstoff gebunden wird. Damit Investitionen und das Design langlebiger Produkte zeitig angepasst werden, sollten Nachhaltigkeitsvorgaben einem langfristig verlässlichen, klaren Pfad zunehmender Ambition folgen (Kap. 4.2).

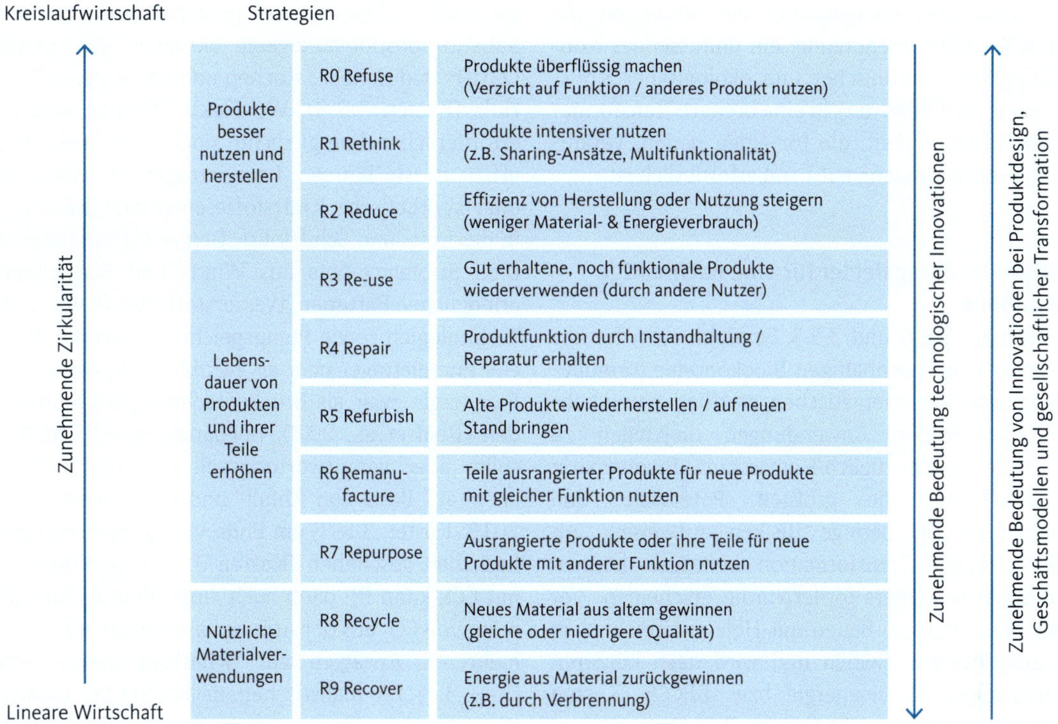


**Abbildung 3.5-4**
Mögliche Strategien zur Operationalisierung der Kreislaufwirtschaft (Value-Retention-Optionen R0–R9) und damit verbundener Innovationsbedarf (rechts).
Quelle: Potting et al., 2017

Zusätzliche Politikmaßnahmen sollten gezielt Barrieren für Kreislaufansätze abbauen (z.B. Informationsasymmetrien, Markteintrittsbarrieren, Externalitäten und öffentliche Güter). Die neue EU-Kreislaufwirtschaftsstrategie (EU-Kommission, 2020e) enthält bereits viele wichtige Maßnahmen u.a. zu Ökodesign, Konsumenteninformation, oder Monitoring von Rohstoff- und Produktströmen, sowie sektorspezifische Ansätze. Der WBGU empfiehlt, unter anderem folgenden Themen zu betonen bzw. zu ergänzen:

3. *Interessenskonflikte zwischen bestehenden und neuen Geschäftsmodellen* sollten im Rahmen der Förderung von (Kreislaufwirtschafts-)Innovationen zur Reduktion der Produktmenge explizit gemacht und transparent thematisiert werden.
4. *Durchgängige Internalisierung sozialer Kosten entlang des Produktlebenszyklus*, deren Vernachlässigung „lineare" Geschäftsmodelle bisher bevorteilt, und Verankerung des Verbraucherschutzes durch Design-, Haftungs-, Garantie- und Informationspflichten (Ökodesign, Extended Producer Responsibility z.B. mit differenzierten Zahlungspflichten, Reparierbarkeit, Ersatzteilverfügbarkeit).
5. *Märkte für sekundäre Rohstoffe und Produkte stärken:* Die Akteurskoordination entlang von Kreisläufen sollte z.B. mit Hilfe digitaler Plattformen verbessert werden, da die Rückgewinnung, Weiter- und Wiederverwendung von Produkten und Materialien viel Kooperation erfordert (Potting et al., 2017; Antikainen et al., 2017:109). Sinnvolle Rahmensetzungen umfassen z.B. für Hersteller Designvorgaben zur Separierbarkeit von Materialien, für (Groß-)Verbraucher*innen und Entsorgungsunternehmen mit den Sekundärnutzern abgestimmte Vorgaben zu Sortierung und Qualitätsstandards. Die öffentliche Beschaffung sollte z.B. wiederaufbereitete Produkte und Sharing-Modelle soweit wie möglich bevorzugen.

basierte Alternativen im Energiebereich sowie Effizienzsteigerungen zum vollständigen Ersatz fossiler Rohstoffe und klimaschädlicher Prozesse nicht ausreichen. Dann kann die Biomassenutzung nur in nachhaltigen Grenzen gehalten werden, wenn Energie- und Materialverbrauch durch sozioinstitutionelle Innovationen reduziert werden, insbesondere in Industrieländern und bei ausgewählten Gütern (Kasten 3.5-2 zu fortgeschrittenen Kreislaufwirtschaftsstrategien).

Bioökonomie-Prinzipien werden z.B. auch von der International Sustainable Bioeconomy Working Group formuliert (FAO, 2019f). Im Vergleich dazu betont der WBGU die Priorisierung von ressourcenerhaltenden, langfristig kohlenstoffspeichernden stofflichen Anwendungen gegenüber energetischen Anwendungen; die Grenzen der Biomassenutzung; ein umfassendes Konzept integrierter technischer und ökologischer Kreisläufe; sowie die Einbettung in eine breitere Transformation zur Nachhaltigkeit, die für einen neuen, verantwortungsvollen Umgang mit Land erforderlich ist.

### 3.5.2.2 Wichtige Handlungsfelder für eine nachhaltige Bioökonomie

Bevor Kapitel 3.5.4 und 3.5.5 Empfehlungen für die Umsetzung einer nachhaltigen Bioökonomie formulieren, sind unter den energetischen, stofflichen und kohlenstoffspeichernden Anwendungen diejenigen zu identifizieren, die bezüglich Klimaschutz, Biodiversität und Ernährung die größten Potenziale und überschaubare bis geringe Risiken aufweisen, zur gesellschaftlichen Transformation beitragen können und deshalb besonders förderwürdig erscheinen. Vor allem das nachhaltige Bauen mit Holz entspricht dem oben ausgeführten Zielbild und wird nach kürzeren Einschätzungen zu Bioenergie bzw. BECCS (Kasten 3.5-3) und Biokunststoffen (Kasten 3.5-4) als vielversprechende Mehrgewinnstrategie der Bioökonomie herausgestellt (Kap. 3.5.3).

Wie bereits kurz thematisiert wurde, ist angesichts der Knappheit von Biomasse für die Auswahl der wichtigsten Bioökonomiesektoren zentral, dass Biomassenutzungen, für die es klimafreundliche technische Alternativen gibt, vermieden werden. Dies trifft sowohl auf einige industrielle Anwendungen zu, als auch auf die meisten energetischen Anwendungen, für die auch die stofflichen Biomasseeigenschaften irrelevant sind. Energiebezogene Emissionen machen fast zwei Drittel der globalen THG-Emissionen aus (ein Drittel für Wärme; Bajželj et al., 2013). Um Druck auf Land zu reduzieren, können vor der Nutzung von Bioenergie (BE) zunächst andere Optionen ausgeschöpft werden: Zunächst sind zur Senkung der Energienachfrage z. B. die Steigerung der Energieeffizienz, die Gebäudedämmung und Änderungen des Mobilitätsverhaltens wichtig (IPCC, 2014a, 2018; Grubler et al., 2018). Zur Stromerzeugung sind Windkraft und PV oft günstiger und bis zu hundertfach flächeneffizienter als BE (EASAC, 2019). Wärme für Haushalte und Industrie kann durch Solar- und Geothermie und strombasiert bereitgestellt werden, inkl. Wärmepumpen und mit Strom erzeugtem Wasserstoff oder gegebenenfalls Methan (Götz et al., 2016). Für landgebundene Transporte sollten Verlagerungen weg von der Straße, effiziente und geteilte Transportmittel und weitgehende Elektrifizierung statt Biokraftstoffe im Vordergrund stehen (SRU, 2017: Kap. 4; Connolly et al., 2014; Kreyenberg et al., 2015). Die mengenmäßig und aus gesundheitlichen und ökologischen Gründen wichtigste Substitutionsnotwendigkeit aktueller BE-Nutzungen betrifft traditionelles Kochen und Heizen vor allem mit Holz (Kasten 3.5-3). Wo Elektrifizierung wegen der erforderlichen Energiedichte noch nicht möglich oder effizient ist, können Energieträger wie Wasserstoff oder synthetische Kraftstoffe eingesetzt werden, z. B. in der Luft- und Schifffahrt. Den Ausgleich eines volatilen Stromangebots aus Wind- und Sonnenenergie ermöglichen Batterien, Wasserstoff bzw. Power-to-Gas-Technologien sowie Pumpspeicherkraftwerke. Für solche Energieträger oder als flexible Energiequelle kann Bioenergie zwar als Brückentechnologie genutzt werden (Reid et al., 2020; Bogdanov et al., 2019), dies sollte aber verantwortungsvoll und nachhaltig, vor allem auf Basis von Abfall- und Reststoffen (acatech, 2019; Kasten 3.5-3) am Ende von Biomassenutzungskaskaden geschehen (Kasten 3.5-2). In Kombination mit CCS kann BE dann auch einen Beitrag zur Entfernung von $CO_2$ aus der Atmosphäre leisten, als einer von mehreren Ansätzen zur Schaffung neuer Senken (Kap. 3.1). Die realistischen, nachhaltig mit Biodiversitäts- und Ernährungssicherung zu vereinbarenden BECCS-Potenziale liegen aber deutlich unterhalb dessen, was in manchen Szenarien mit weiter wachsendem Energie- bzw. Ressourcenverbrauch nötig wäre (IPCC, 2018: Szenarien P3, P4; Roe et al., 2019). Sie sollten daher bzgl. der Gesamtwirkungen weiter erforscht und im Sinne eines Risikomanagements begleitet werden, statt im Zentrum von Klimaschutzstrategien zu stehen (Kap. 3.1.4, 3.1.5; Kasten 3.5-3).

Auch für einige stoffliche Nutzungen fossiler Ressourcen gibt es Alternativen: Teile der Petrochemie, wie die Stickstoffdüngerproduktion, können von fossilen Grundstoffen auf elektrolytisch gewonnenen Wasserstoff statt Biogas umgestellt werden. Die chemische Industrie ist der größte industrielle Verbraucher von Öl und Gas – allerdings wird die Hälfte davon nicht energetisch, sondern stofflich verwertet (so dass die zugehörigen $CO_2$-Emissionen bei der Nutzung oder Entsorgung anderen Sektoren zugerechnet werden, etwa der Land- oder Entsorgungswirtschaft; IEA, 2019). Die Herstellung von 18 (von mehreren tausend) Chemikalien machen 80 % des Energieverbrauchs und 75 % der THG-Emissionen der chemischen Industrie aus (IEA, 2013), darunter vor allem die Produktion von Stickstoffdüngern (mit Ammoniak) und synthetischem Gummi und Plastik (u. a. Ethylen, Propylen). Bei der Herstellung von Stickstoffdünger ist der größte Hebel die emissionsarme Bereitstellung von Wasserstoff für das Haber-Bosch-Verfahren zur Ammoniak-Synthese, das bisher aus fossilen Quellen mit hohen Prozessemissionen und viel $CO_2$-intensiver Energie gewonnen wird (Xu et al., 2019). Zukünftig kann hier z.B. die Elektrolyse von Wasser mit erneuerbarer Energie eingesetzt werden (Capdevila-Cortada, 2019), was als nicht landbasierte Strategie gleichfalls Druck von der Landnutzung nimmt.

In anderen chemischen und weiteren industriellen Anwendungen gibt es allerdings (noch) keine praktikablen Alternativen zur Biomassenutzung, um fossile Rohstoffe und emissionsintensive Prozesse zu substituieren. Entsprechend sollte der Bedarf an Biomasse zunächst durch nachfrageseitige Maßnahmen reduziert und die Reichweite der Rohstoffe durch Kreislauf- bzw. Kaskadennutzung sowie Effizienzsteigerungen erhöht werden. Dies gilt für die Substitution fossiler und mineralischer Ausgangsstoffe und die Emissionsvermeidung vor allem in der Grundstoff-, Bau- und teils Chemieindustrie. Andernfalls wird der Biomassebedarf zum Ersatz fossiler Rohstoffe (und gegebenenfalls zur Kompensation von Emissionen) nicht vollständig gedeckt werden können.

Der Industrie werden ca. ein Drittel der globalen THG-Emissionen zugeordnet (Bajželj et al., 2013), vor allem den Grundstoffindustrien Chemie (6,1%), Stahl (5,9%), Zement (5,5%), Nichteisenmetalle (2%) sowie Papier (1,8%). Auf die Bauindustrie als größten Verbraucher (Zement, etwa die Hälfte der globalen Stahlproduktion, weitere Metalle und Chemieprodukte; Moynihan und Allwood, 2012) entfallen etwa 14% der Gesamt- bzw. 44% der Industrieemissionen (Bajželj et al., 2013), absolut 5,7 Gt $CO_2$ (inklusive Gebäude-Nutzungsphase; Huang et al., 2018). Zukünftig werden Bevölkerungszuwachs (auf über 9 Mrd. bis 2050) und Urbanisierung die Bautätigkeit weiter steigern (WBGU, 2016a). Die entsprechende Bereitstellung konventioneller Baumaterialien bis 2050 liegt in der Größenordnung des $CO_2$-Budgets für die Begrenzung des Klimawandels auf 1,5 °C bzw. bei einem Drittel des Budgets für 2 °C (Müller et al., 2013; IPCC, 2018), wobei Emissionsreduktionen im Stahl- und Zementsektor nur begrenzt möglich und durch CCS nur teilweise vermeidbar sind. Biobasierte Baustoffe (vor allem Holz) bieten jedoch signifikante THG-Reduktionspotenziale durch die Substitution THG-intensiver Materialien und können außerdem Kohlenstoff binden – bis zu 20 Gt $CO_2$ über die nächsten 30 Jahre (Churkina et al., 2020). Die dafür nötige Holzmenge liegt allerdings in der Größenordnung der gesamten heutigen globalen Ernte. Nachhaltiges Bauen mit Holz gilt daher als Mehrgewinnstrategie, wenn die benötigte Biomasse durch Kreislauf- und Kaskadennutzung reduziert und nachhaltig erzeugt wird (Kap. 3.5.3).

Eine Analyse biobasierter Kunststoffe (Kasten 3.5-4) bestätigt, dass Kreislauf- und Vermeidungsstrategien für jede Kunststoffart (biobasiert wie konventionell) mittelfristig im Fokus stehen sollten, da Bioplastik nur vergleichsweise wenig Potenzial für den Klimaschutz bietet. Ähnliches gilt für weitere Industriesektoren wie Papier oder Textilien, die bereits überwiegend biobasiert sind. Hier sollte eine Verbrauchsreduktion mit der Anwendung aller Prinzipien der Kreislaufwirtschaft verbunden werden (Kasten 3.5-2), um durch verringerten Bedarf an Primärrohstoffen den Druck auf Land sowie den Wasserverbrauch zu senken.

### 3.5.3 Mehrgewinnstrategie Holzbau

Durch Bevölkerungszuwachs und Urbanisierung ist mit dem Städtewachstum auch eine globale Zunahme der Bautätigkeit zu erwarten (WBGU, 2016a). Der Flächenverbrauch für fortgesetzten Siedlungsbau in weiten Teilen der Welt schafft Konflikte mit der nachhaltigen Landnutzung und verlangt eine verantwortungsvolle, suffizienzorientierte Nutzung der benötigten Fläche. Außerdem ist der Bausektor insbesondere durch die Zementproduktion und den Einsatz von Stahl für 14% des globalen THG-Ausstoßes verantwortlich (Bajželj et al., 2013). Hinzu kommen weitere Umwelt- und soziale Folgen des konventionellen Bauens, etwa durch den Einsatz von Sand (Kasten 3.5-6) oder die Uniformisierung der Innenstädte (WBGU, 2016a). Die wichtigste klimafreundliche Alternative ist der Ersatz zement- und stahlbasierten Bauens durch Holzbau. So werden materialbezogene THG-Emissionen nicht nur vermieden, sondern Kohlenstoff wird auch langfristig gespeichert. Dadurch wächst jedoch der Bedarf an Holz, was die Landnutzung positiv aber auch negativ beeinflussen kann. In welchem Umfang nachhaltiges Bauen (Bauer et al., 2013) mit Holz in Kombination mit anderen biogenen bzw. klimafreundlichen Materialien und Technologien zu Klimaschutz, Ernährungssicherung und Erhaltung der Biodiversität beitragen kann, hängt von den technischen Einsatzmöglichkeiten, Umweltwirkungen sowie den potenziell benötigten und verfügbaren Mengen an Biomasse ab, was Verbindungen zwischen Bauwirtschaft, Landnutzung und Forstwirtschaft herstellt. In der Umsetzung gilt es ferner zu beachten, dass der Bausektor stark kulturell geprägt ist, mit „signifikanten institutionellen und technologischen ‚Lock-Ins' bei lokalen Bauweisen" (Leskinen et al., 2018). Ambitionierte Holzbaustrategien bedeuten eine Wandlung von Stadtarchitektur, Wertschöpfungsketten und Akteurslandschaft, und sie erfordern das Durchbrechen von Pfadabhängigkeiten in der Bauwirtschaft. Daraus ergeben sich Folgen für die Praxis, für die Umsetzungsbarrieren analysiert, Instrumente identifiziert sowie Handlungs- und Forschungsempfehlungen ausgesprochen werden.

### Kasten 3.5-3
## Bioenergie und BECCS

Energetische Anwendungen sind nach Ernährung der zweitgrößte Biomasseverbraucher (Abb. 3.5-1). Bioenergie (BE) deckt global 13% des Primärenergieverbrauchs (70% des erneuerbaren Anteils), in Afrika rund die Hälfte. Energiequelle sind vor allem feste Brennstoffe wie Holz (86%), wichtigster Endverbrauch ist die direkte Wärmeerzeugung (72%, Daten für 2017; WBA, 2019). Dabei dominiert die ineffiziente traditionelle BE-Nutzung für Kochen und Heizen, vor allem in Entwicklungs- und Schwellenländern, die zu Atemwegserkrankungen und Ökosystemdegradation beiträgt. Hinzu kommen vielfältige Formen moderner BE, z.B. flüssige Biokraftstoffe (7% der energetisch genutzten Biomasse; WBA, 2019). Auch hier sind Art und Ausmaß der Biomasseernte nicht immer nachhaltig. Klimaschutzstrategien, die auf einen übermäßigen Ausbau von BE mit oder ohne CCS setzen, drohen andere Probleme zu verschärfen (WBGU, 2009). Daher ist eine Doppelstrategie nötig: Viele heutige BE-Nutzungen sollten reduziert bzw. angepasst und Klimaschutzstrategien gewählt werden, die mit wenig BE(CCS) auskommen.

Traditionelle BE-Nutzung ist vor allem für ärmere Bevölkerungsgruppen in ländlichen Regionen der Entwicklungs- und Schwellenländer zentral (Chum et al., 2011; WBGU, 2005, 2009), wo 2,8 Mrd. Menschen feste Brennstoffe zum Kochen (Bonjour et al., 2013), Heizen oder Beleuchten nutzen. In vielen Ländern, vor allem in Subsahara-Afrika, basiert über 90% des Energiekonsums der Haushalte auf Biomasse. Holz, Holzkohle, Ernteabfälle und Dung sind breit und günstig verfügbar, anders als der Zugang zu modernen Brennstoffen oder Strom (Legros et al., 2009), und hängen mit Kochgewohnheiten zusammen (Masera et al., 2015). Die Energieeffizienz traditioneller BE-Nutzung ist mit 10-20% jedoch gering (Chum et al., 2011), bei hohen ökologischen wie gesundheitlichen Schäden: Sie verbraucht 55% der globalen Holzernte (90% in Afrika, 66% in Asien), von der bis zu einem Drittel nicht nachhaltig ist (vor allem in Südasien und Ostafrika) und zu Walddegradation, Entwaldung und $CO_2$-Emissionen beiträgt (Bailis et al., 2015; Masera et al., 2015). Bailis et al. (2015) beziffern die Emissionen für das Jahr 2009 auf 1,0-1,2 Gt $CO_2e$, wobei neben langlebigen THGs auch kurzlebige Gase und Aerosole wie Ruß aus unvollständiger Verbrennung einberechnet sind, deren Klimawirkung nur eingeschränkt mit $CO_2$ vergleichbar ist. Rauch und Abgase in Wohnbereichen führen jährlich zu ca. 3,9 Mio. vorzeitigen Todesfällen (Smith et al., 2014b). Die Bekämpfung der Energiearmut, also mangelnden Wahlmöglichkeiten zwischen „erschwinglichen, zuverlässigen, sicheren, qualitativ hochwertigen, gesundheitlich unbedenklichen und umweltschonenden Energiedienstleistungen zur Deckung der Grundbedürfnisse" (WBGU, 2009:376), ist wesentlich zur Armutsbekämpfung, Voraussetzung für das Erreichen der SDGs und wird international z.B. von der Safe Access to Fuel and Energy (SAFE) Humanitarian Working Group und der Global Alliance on Clean Cookstoves vorangetrieben. Die Verbreitung verbesserter Verbrennungstechniken, vorverarbeiteter biologischer Brennstoffe, Solaröfen oder Zugang zu Elektrizität, haben allerdings bisher nur vereinzelt zu einem deutlichen Rückgang des Biomasseverbrauchs geführt – vielmehr werden neue und alte Technologien häufig parallel genutzt (Masera et al., 2015), oder z.B. auch effizientere Herde falsch oder wenig eingesetzt (Hanna et al., 2016). Aktuelle Forschung betont die Bedeutung lokal angepasster, wartungsarmer Herde, die über robuste Lieferketten breit verfügbar und (gegebenenfalls durch Subventionen) erschwinglich sein sollten (Pattanayak et al., 2019; Bensch und Peters, 2019; Jeuland et al., 2020).

Moderne BE umfasst effizientere technische Verfahren zur Erzeugung von Wärme, Strom, flüssigen und gasförmigen Kraftstoffen. Es werden sekundäre Energieträger auf Basis von Holz (z.B. Holzpellets, -schnitzel, z.T. von Kurzumtriebsplantagen), Anbaubiomasse (z.B. Mais, Zuckerrohr, Palmöl, Raps, schnellwachsende Gräser), landwirtschaftlichen Reststoffen oder biogenen Siedlungs- und Industrieabfällen verwendet (Chum et al., 2011). Moderne BE-Nutzung hat einen deutlich geringeren Primärenergieanteil als traditionelle BE, z.B. werden nur 1,1 EJ Wärme zentral (davon 87% in Europa), aber 40 EJ direkt erzeugt. Sie wächst aufgrund der vielfältigen, flexiblen Konversionstechnologien auch für Abfall- und Reststoffe, entsprechend breiter Rohstoffverfügbarkeit und politischer Förderung aber stetig. Im Transportsektor decken flüssige Biokraftstoffe (zu 70% erzeugt in den USA und Brasilien) vor allem im Straßenverkehr etwa 3% des Energiebedarfs (3,5 EJ), fast dreimal so viel wie Strom. An der Stromerzeugung hat BE mit ca. 2% (2,1 EJ) einen höheren Anteil als PV, aber weniger als Wasser- und Windkraft (alle Daten für 2017 WBA, 2019). Der internationale Handel mit BE macht nur ca. 2% der Gesamtverbrauchs aus, wächst aber stark (Junginger, 2018). Die EU als wichtigster Importeur führt bereits ein Drittel ihres Holzpelletbedarfs, 7% ihres Biodiesels und 4% ihres Ethanols ein (Proskurina et al., 2019). Der wachsende Biomasseverbrauch moderner BE wird jedoch mit Ökosystemdegradation, Landnutzungsänderungen und einer Verdrängung von Nahrungsmittelproduktion in Verbindung gebracht (Muscat et al., 2020). Dies hat z.T. schon zu Anpassungen von Förderinstrumenten wie der Renewable Energy Directive (RED II; EU, 2018a) geführt. Diese knüpft nun die Förderung von BE, und im Transportbereich ihre Anrechnung auf Ausbauziele für erneuerbare Energien (EE), an Kriterien zur THG-Minderung, Landnutzung und nachhaltigen Produktion auf Produkt- und Exportländerebene, und schränkt zudem die auf Lebensmittel- und Futterpflanzen basierende BE ein (Kasten 4.2-2; ICCT, 2018). Sie sollte jedoch noch weiterentwickelt werden, um indirekte Effekte zwischen Biomassearten, genutzten Flächen, Handelsströmen und anderen BÖ-Sektoren zu verhindern (Kap. 4.2.5.1, 4.3.3).

Im Rahmen von Klimaschutzstrategien könnte die Bedeutung moderner BE künftig dennoch wachsen: Ihre Flexibilität bei Brennstoffwahl und Einsatz in verschiedenen Sektoren, ihre Lagerfähigkeit und die relativ hohe Energiedichte flüssiger Biokraftstoffe machen sie zu einem Substitut fossiler Energieträger und Baustein eines EE-basierten Energiesystems (Rogelj et al., 2018; Reid et al., 2020). In Kombination mit CCS kann BE der Atmosphäre $CO_2$ langfristig entziehen (Kap. 3.1.1). In Modellrechnungen, die kostenoptimierte Dekarbonisierungspfade für ein gegebenes Klimaziel ermitteln, wird BE überwiegend mit CCS kombiniert, wenn verfügbar. Der BE-Einsatz ist aber auch ohne CCS hoch (Bauer et al., 2018; Box 2.1 in Rogelj et al., 2018) oder steigt sogar noch an (Hilaire et al., 2019). In einer Auswertung des IPCC von 85 Szenarien, die eine Begrenzung der Klimaerwärmung auf 1,5°C erreichen, ergibt sich für 2050 im Median ein Primärenergieangebot aus Biomasse von 154 EJ (26%), das 1,5-fache gegenüber 2020 (61 EJ bzw. 10%; Rogelj et al., 2018: Tab. 2.6), mit hoher Bandbreite von 40-311 EJ je nach Verfügbarkeit, Effizienz und Kosten von BE-Konversionstechnologien und nicht biobasierten Alternativen, Biomasseverfügbarkeit und Nachfrageentwicklung. Die durch BECCS bis 2050 gespeicherte $CO_2$-Menge beträgt bis zu 140 Gt (Rogelj et al., 2018:135). Der Flächenbedarf für BE-Pflanzen für ein Szenario mit 121 EJ Primärenergie aus BE in 2050 beträgt 2,8 Mio. km², was einer Fläche größer als Argentinien entspricht (IPCC, 2018: Fig. SPM.3b) und mit starken Landnutzungsänderungen einhergeht (Rogelj et al., 2018; Roe et al., 2019).

Bei der Interpretation dieser Ergebnisse ist es jedoch entscheidend, die Annahmen hinter den Modellrechnungen zu berücksichtigen: Erstens haben sich Hoffnungen auf eine schnelle „Freisetzung" von Biomasse und Flächen aus traditioneller BE für eine effizientere, moderne Nutzung bisher nicht erfüllt (Masera et al., 2015). Selbst wenn sich dies änderte, müssten Biomasse- und Flächennutzung vielerorts zunächst wieder auf ein nachhaltiges Maß zurückgefahren werden (Kap. 2.1), statt sie in moderne BE-Nutzung umzulenken. Zweitens ist zu befürchten, dass sich Nahrungsmittelerzeugung und Ökosystemschutz gegenüber einer starken, klimaschutzgetriebenen BE-Nachfrage nicht durchsetzen und indirekte Landnutzungseffekte nicht vermieden werden können (WBGU, 2009). Eine starke Ausdehnung der Land- und Forstwirtschaft sowie des Wasser- und Düngemittelverbrauchs für BE sind mit hohen ökologischen und sozialen Externalitäten verbunden, vor allem in Entwicklungs- und Schwellenländern (Roe et al., 2019; Kap. 3.1-3.3). Drittens könnten die $CO_2$-Minderungspotenziale durch BE und BECCS niedriger sein als erwartet. Selbst hoher Ressourceneinsatz steigert nicht unbedingt die Biomasseerträge bzw. sind dem Grenzen gesetzt (Creutzig, 2016). Die nötigen großen BECCS-Anlagen und Speicherstätten könnten aus technischen, ökonomischen und politischen Gründen (Akzeptanz von CCS) nicht realisierbar sein. Hinzu kommen Emissionen und klimarelevante biophysikalische Veränderungen durch Landwirtschaft und Biomasseverarbeitung sowie der Energiebedarf für CCS (Roe et al., 2019). Andere Methoden zum Entzug von $CO_2$ aus der Atmosphäre könnten nicht ausreichen, um unerwartet niedrige BECCS-Effekte zu kompensieren und bergen ebenso jeweils spezifische Risiken (Minx et al., 2018; Kap. 3.1.1). Viertens lenken Klimaschutzstrategien, die auf hohe negative Emissionen in der Zukunft setzen, von den jetzt nötigen technischen Entwicklungen, politischen Weichenstellungen und gesellschaftlichen Transformationen ab, die für einen weniger riskanten Pfad mit schneller Emissionsminderungen notwendig wären („Moral Hazard"; Anderson und Peters, 2016; Kap. 3.1.1.3).

Pfade mit deutlich weniger BE und BECCS sind möglich: Szenarien von IPCC und anderen, die am unteren Ende der vom IPCC genannten Bandbreite für BE liegen und z.T. ganz auf BECCS verzichten, um ein 2°C- oder sogar 1,5°C-Ziel zu erreichen, erfordern einen starken Rückgang der Energienachfrage und den massiven Ausbau von Photovoltaik und Windkraft, veränderte Ernährungsstile und ein gemäßigtes Bevölkerungswachstum und setzen z.T. auf BECCS auf Basis von Algen oder andere NETs (van Vuuren et al., 2018; Obersteiner et al., 2018; Grubler et al., 2018; Bogdanov et al., 2019; Roe et al., 2019; IPCC, 2018: Szenario P1). Roe et al. (2019) skizzieren eine „land-sector roadmap for 2050", nach der landbasierte Maßnahmen etwa 30% der nötigen Emissionsminderungen (15 Gt $CO_2$eq pro Jahr) beitragen könnten, darunter 1,1 Gt $CO_2$ pro Jahr durch BECCS auf 34–180 Mha Land, vor allem durch Biomasseanbau auf „marginalem Land" in der Nähe von CCS-Speicherstätten (Turner et al., 2018) in den USA, China, Russland und Kanada. Insgesamt gibt es allerdings keine einheitliche Begriffsbestimmung für marginales Land. Im weiteren Sinne ist dies Land, das für die Nahrungsmittelproduktion ungeeignet ist, aber häufig als Weideland genutzt wird, und dabei auch ökologisch wertvolle und biodiversitätsreiche Biome wie Graslandökosysteme mit sehr hohen Bodenkohlenstoffanteilen umfasst. Hier gilt es, gegebenenfalls international verbindliche Standards festzulegen (etwa durch UN-Energy oder im Rahmen der Global Bioenergy Partnership) und vorsichtig sowie regionalspezifisch abzuwägen, in welchem Fall die Nutzung marginalen Landes nachhaltig möglich ist.

Angesichts der Risiken und vorhandener Alternativstrategien sollte ein Ausbau der energetischen Biomassenutzung (mit oder ohne CCS) aus Sicht des WBGU nicht als zentraler Pfeiler von Klimaschutzstrategien, sondern im Sinne einer Risikobegrenzung durch Beschränkung auf bestimmte Biomassearten und -anwendungen betrachtet werden. Stattdessen sollten Dekarbonisierungspfade untersucht und beschritten werden, die mit weniger BE bzw. BECCS auskommen. Dafür ist gemäß der Charakteristika einer nachhaltigen Bioökonomie (Kap. 3.5.2) folgende Ausrichtung sinnvoll:

- *Nachhaltigkeitsauflagen für Biomasse verschärfen und erweitern*: Kurzfristig sollten die EU-Mitgliedstaaten bei der Umsetzung der EU RED II in nationales Recht von ihren Spielräumen zur Verschärfung (Transport & Environment, 2020; Kasten 4.2-2) Gebrauch machen, parallel zu einer Stärkung und Verschärfung der EU-Holzhandelsverordnung (Kasten 3.5-8). Mittelfristig sollte ein konsistentes System aus Anreizen und verpflichtenden Nachhaltigkeitsauflagen für die gesamte in der EU gehandelte Biomasse mit konkreteren klimaorientierten, ökologischen (z.B. Wasser-, Bodenhaushalt, Biodiversität) und sozialen Kriterien und auf Produkt- und Exportländerebene entwickelt werden (Kap. 4.2.6, 4.3.3). Dabei sollte für BE der Fokus auf Abfall- und Reststoffe beibehalten und Kriterien zur Vermeidung induzierter Landnutzungsänderungen (z.B. durch hohe Energiepreise wegen steigernder $CO_2$-Preise) geschärft bzw. verpflichtend werden.
- *Verteilungseffekte der BE-Politik erforschen und berücksichtigen:* Die Effekte der BE-Politik auf Nahrungsmittel- und Landpreise sowie für 2,8 Mrd. traditionelle Biomassenutzer*innen und kleinere Bioenergieerzeuger*innen sollten antizipiert und durch komplementäre Politikinstrumente adressiert werden (Kap. 3.5.4.2, 4.2.5.3).
- *Nicht biobasierte Technologien für neue und bestehende Nutzungen ausschöpfen:* Neben der weiteren Erforschung und dem Ausbau von „klassischen EE", Elektrifizierung und alternativen modernen Energieträgern wie Wasserstoff sollte die Überwindung der Energiearmut (SDG 7) in Entwicklungsländern und effizientere, sauberere traditionelle BE stärker in den Blick genommen werden (Kap. 3.5.4.2). Bessere Kochvorrichtungen könnten z.B. THG-Emissionen bis zu 0,8 Gt $CO_2$eq pro Jahr einsparen und erhebliche Gesundheitseffekte erzielen (Roe et al., 2019).
- *In BE-Schlüsselanwendungen Reichweite erhöhen und Restemissionen senken,* z.B. durch nachfragesenkende Maßnahmen und anwendungsseitige Effizienzsteigerungen der Konversionstechnologien, wo BE übergangsweise benötigt wird und vorrangig stoffliche Nutzung von Biomasse in Kreisläufen und Kaskaden. Dies gilt allerdings für die gesamte Bioökonomie (Kap. 3.5.4.2)
- *BE-Nutzer zur Ökosystemerhaltung in die Pflicht nehmen,* z.B. bei der Rückführung von BE-Reststoffen (vor allem mineralische Nährstoffe wie Phosphor aus BE-Reststoffen; Tan und Lagerkvist, 2011; Lin et al., 2015) und der Erhaltung des Wasserhaushalts.

**Kasten 3.5-4**

## Dekarbonisierung der Kunststoffproduktion ohne massiven Biomasseeinsatz

### Ausgangslage und technische Möglichkeiten der Dekarbonisierung

Die Kunststoffherstellung und -entsorgung verursacht 3,8% der globalen THG-Emissionen und könnte sich bis 2050 vervierfachen (Zheng und Suh, 2019: Baseline-Szenario). Die Emissionen entfallen zu 91% auf die energieintensive Herstellungsphase, so dass der Einsatz erneuerbarer Energien substanziell zur Reduktion der Emissionen der Kunststoffherstellung beitragen könnte. Weitere Emissionen entstehen bei Verbrennung oder Zersetzung des kohlenstoffhaltigen Plastiks. Die weltweite fossilbasierte Plastikproduktion wird auf 407 Mt geschätzt (für 2015; Geyer et al., 2017); hauptsächlich in China (36%), EU (17%) und NAFTA (14%; Daten für 2018; CEFIC, 2019). Tabelle 3.5-2 zeigt die Verteilung von Produktion und Entsorgung.

Biobasierte Kunststoffe können aus verschiedenen Rohstoffen wie Zucker, Stärke, Pflanzenölen oder Cellulose hergestellt werden (Behnsen et al., 2018:28). Dabei sind biologisch abbaubare, aber auch beständige Kunststoffe möglich, die sich chemisch von fossilbasiertem Plastik nicht unterscheiden und genauso eingesetzt werden können, aber auch die gleichen Umweltwirkungen haben. Aktuelle Schätzungen zur Produktion von Bioplastik liegen definitionsabhängig bei 2-7 Mt (European Bioplastics, 2019; Geyer et al., 2017; Chinthapalli et al., 2019). Dies entspräche einem Agrarflächenanteil von 0,02–0,07% und rund 4% bei vollständigem Ersatz des heutigen konventionellen Plastiks (hochgerechnet auf Basis von European Bioplastics, 2019).

Der Ersatz fossiler durch biobasierte Ausgangsrohstoffe kann die Emissionsbilanz verbessern und Kohlenstoff speichern. In Gebrauch befindliches Plastik entzieht der Atmosphäre langfristig nur wenig $CO_2$ (Tab. 3.5-2): Nur 5% des biobasierten Plastiks wird für Bau und Konstruktion verwendet, 12% im Automobil- und Transportsektor, der Rest für deutlich kurzlebigere Produkte. Wichtiger (aber immer noch klein) ist die Deponierung. In welchem Umfang $CO_2$ nach Nutzungsende sequestriert wird, hängt von der Abfallverwertung ab (Recycling, energetische Verwertung, Deponierung und gegebenenfalls Zersetzung), der Effekt ist aber insgesamt ebenfalls klein (Hill, 2018).

Neben biobasiertem Plastik und dem Einsatz erneuerbarer Energien gibt es allerdings weitere Möglichkeiten zur Emissionsreduktion in der Kunststoffherstellung und -nutzung:

1. *Effizienzsteigerungen in der Herstellungsphase:* weltweit könnten heutige Best Practice-Technologien 21% Emissionen einsparen (Allwood et al., 2010).
2. *Carbon Capture and Use (CCU):* fossiler Kohlenstoff als Grundstoff kann prinzipiell durch $CO_2$ z.B. aus Energieerzeugung, industriellen chemischen Prozessen wie dem Brennen von Kalk für Zement, oder Direct Air Capture (Kap. 3.1.1) ersetzt werden, dies erfordert aber weitere F&E. Teils wird hier hohes Potenzial gesehen – Carus und Raschka (2018) halten eine $CO_2$-basierte Plastikproduktion von rund 300 Mt pro Jahr für möglich, somit fast 80% der heutigen Produktion. Bei der Plastikherstellung mit $CO_2$ aus Bioenergie sind die Effekte auf Biomasse- und Landnutzung allerdings analog zu denen direkt biobasierter Kunststoffe (die hier im Fokus stehen). Darüber hinaus ist zu beachten, dass CCU die Freisetzung von $CO_2$ in die Atmosphäre nur verzögert, der Klimaeffekt also von der Lebensdauer und end-of-life-Verwendung der erzeugten Plastikprodukte abhängt, und die stoffliche Nutzung industrieller $CO_2$-Ströme mit der $CO_2$-Entfernung durch CCS (Kasten 3.5-3) konkurriert; sowie der hohe Energieverbrauch von CCU-Anwendungen (acatech, 2018), der aus erneuerbaren Quellen gedeckt werden sollte.
3. *Recycling:* Die Altplastiksammlung ist noch wenig effektiv (Recyclingquote weltweit 18%; Geyer et al., 2017) und die Qualität des Recyclingplastiks ist aufgrund der Mischung aus verschiedenen Plastiksorten und Zusatzstoffe eingeschränkt. Um Letzteres zu verringern, muss auch biodegradierbares Plastik aufwändig sortiert werden (Soroudi und Jakubowicz, 2013). Konservative Schätzungen halten eine globale Recyclingquote von 28% für realistisch (Gutowski et al., 2013); in Europa werden durchschnittlich 32%, in einigen Ländern um 40% der Plastikabfälle einem Recycling zugeführt (PlasticsEurope, 2019; nur ein Teil davon wird zu Rezyklat; Heinrich-Böll-Stiftung und BUND, 2019). Wegen niedriger Preise der fossilen Grundstoffe fehlen derzeit aber Anreize zur weiteren Verbesserung und Innovation sowie die notwendige Infrastruktur (Zheng und Suh, 2019).

**Tabelle 3.5-2**
Weltweite (primäre) Plastikproduktion und Plastikabfälle in 2015 nach Industriesektoren.
Quelle: Geyer et al., 2017: Tabelle S5 (SI)

| Sektor | Primärproduktion 2015 [Mt] | Anteil [%] | Primäres Abfallaufkommen 2015 [Mt] | Anteil [%] |
|---|---|---|---|---|
| Verpackungen | 146 | 36 | 141 | 47 |
| Bausektor | 65 | 16 | 13 | 4 |
| Textilien | 59 | 14 | 42 | 14 |
| Konsumgüter | 42 | 10 | 37 | 12 |
| Transport / Fahrzeuge | 27 | 7 | 17 | 6 |
| Elektrik/ Elektronik | 18 | 4 | 13 | 4 |
| Industrie / Maschinen | 3 | 1 | 1 | 0 |
| Andere | 47 | 12 | 38 | 13 |
| **Gesamt** | **407** | **100** | **302** | **100** |

4. *Weitere Strategien der Kreislaufwirtschaft:* Wiederverwendung (ohne Verflüssigung) zur Reduktion der Menge des zu entsorgenden Plastiks (z.B. Mehrwegflaschen); Substitution von verwendetem Plastik durch emissionsärmere Alternativen; Verringerung des Plastikanteils in Produkten „by design“; verringerte Nachfrage nach Produkten mit Plastikeinsatz, z.B. Verzicht auf Produkte mit Einwegverpackungen, Sharingmodelle (Kasten 3.5-2).

**Gesamtwirkung, Quantifizierung und Kernprobleme**
Unter den genannten Optionen hat nur der Ersatz fossiler durch biobasierte Ausgangsstoffe einen direkten Bezug zur Landnutzung. Zheng und Suh (2019) vergleichen dies mit EE-Einsatz, Recycling und verringertem Nachfragewachstum. Ihre Modellrechnungen zeigen, dass der vollständige Umstieg auf EE die Emissionen im Jahr 2050 relativ zu einer Baseline um 62% verringern kann. Durch vollständiges Recycling können 25% Reduktion erreicht werden, durch beides zusammen 77% (oder ca. 10% weniger als 2015). Durch reduziertes Nachfragewachstum wären weitere THG-Emissionsminderungen erreichbar (etwa 65% Reduktion der Emissionen gegenüber 2015 bei 2% statt 4% jährlichem Wachstum). Beim Einsatz nachwachsender Ressourcen als Ausgangsmaterial stehen der klimaneutralen bzw. Kohlenstoff sequestrierenden Entsorgung durch Verbrennung bzw. Kompostierung (mit Energie- bzw. Gasrückgewinnung) bzw. Deponierung gegebenenfalls induzierte Emissionen der Landnutzung gegenüber, die den $CO_2$-Vorteil zunichte machen könnten (Kap. 2). So mindert 100% biobasiertes Plastik (aus Zuckerrohr) die Emissionen um 25% – so viel wie 100% Recycling, allerdings hier verbunden mit einer Erhöhung der Landnutzungskonkurrenzen und damit einer Verschärfung des Trilemmas. Biobasierte, aber nicht biodegradierbare Kunststoffe wirken bei der Verteilung in der Umwelt genauso wie fossilbasierte (Heinrich-Böll-Stiftung und BUND, 2019). Alle vier Optionen gemeinsam können 93% Emissionen relativ zur Baseline 2050 oder ca. 75% gegenüber 2015 einsparen.

**Bewertung und Empfehlungen**
Die potenziellen Emissionsreduktionen durch nicht landbasierte Optionen sind signifikant, insbesondere durch erneuerbare Energien und Nachfragereduktion, deren Potenzial aufgrund des hohen Anteils der Einwegverpackungen an der Plastikproduktion (Tab. 3.5-2) bei weitem noch nicht ausgeschöpft ist. Die Recyclingpotenziale sind zwar begrenzt, allerdings wurden die nicht landbasierten Optionen der Effizienzsteigerungen in der Produktion und CCU vor allem mit $CO_2$ aus Prozessemissionen noch nicht berücksichtigt. So erscheint eine starke Dekarbonisierung der Kunststoffproduktion auch ohne massiven Biomasseeinsatz möglich und sollte angesichts der Landnutzungskonkurrenzen sowie der weiteren mit einer Reduktion der Plastikproduktion und -abfälle verbundenen Umweltvorteile, priorisiert werden. Zur vollständigen Dekarbonisierung des Kunststoffsektors wird Bioplastik zwar im größeren Umfang als heute nötig sein und bleibt daher wichtig. Relativ zu anderen Ansätzen wie der Umstellung der Ernährungsstile, Bioenergiepolitik und dem Holzbau ist es jedoch ein kleiner Hebel und die nötigen Landflächen können bei Fortschritten in jenen Bereichen voraussichtlich bereitgestellt werden. Die wichtigsten Nachhaltigkeitsstrategien betreffen konventionelle ebenso wie biobasierte Kunststoffe (aufgrund deren chemischer Ähnlichkeit und der Begrenztheit biogener Rohstoffe) und sind nicht landbasiert: Die Umstellung auf erneuerbare Energien und Effizienzsteigerungen in der Produktion sollten mit Maßnahmen zur Nachfragereduktion und Kreislaufführung verbunden werden (Kasten 3.5-2).

Der wichtigste Nachhaltigkeitsbeitrag des Holzbaus wird im Klimaschutz geleistet (Purkus et al., 2020). Dieser steht auch hier im Fokus. Aber auch für die anderen beiden Trilemmadimensionen Ernährungssicherung und Erhaltung der Biodiversität sind positive Effekte möglich. Beispielsweise diversifiziert die zusätzliche Nachfrage nach Holz die Einkommensoptionen für Kleinbäuer*innen, oder durch eine ökonomisch begründete Wiederaufforstung steht heimischen Tieren und Pflanzen mehr naturnaher Lebensraum zur Verfügung, sofern der Holzanbau nachhaltig und naturnah erfolgt. Unter den Voraussetzungen einer Begrenzung des Biomasseverbrauchs durch die Bioökonomie insgesamt (Kap. 3.5.2.1) sowie einer nachhaltigen Forstwirtschaft ist Holzbau daher eine Mehrgewinnstrategie.

Allerdings ist es nicht minder wichtig, auch THG-Einsparpotenziale beim konventionellen Bauen (Kasten 3.5-5) soweit wie möglich auszuschöpfen. In Abhängigkeit von der Geschwindigkeit, mit der nachhaltiges Bauen etabliert werden kann, der zur Verfügung stehenden Holzmenge aus nachhaltiger Forstwirtschaft, den begrenzt verfügbaren Nutzwaldflächen sowie der Nachfrage nach Gebäuden, wird auch in den nächsten Jahrzehnten konventionell gebaut werden. Nicht für jede Region eignet sich Holzbau gleichermaßen, und nicht für alle Bauaufgaben lassen sich bisher nachhaltige Bauweisen finden. Erneuerbare Energien, Energieeffizienz, andere oder wiederverwendete Materialien und gegebenenfalls CCS sollten daher genutzt werden, um auch den THG-Ausstoß konventioneller Bauweisen zügig zu reduzieren.

### 3.5.3.1 Potenziale des Holzbaus als Ergänzung und Alternative zu konventionellen Bauweisen

Während nicht biobasierte Ansätze die THG-Emissionen der Bauindustrie nur teilweise reduzieren können (Kasten 3.5-5), birgt Holzbau auch auf einer globalen Betrachtungsebene ein mehrfaches und insgesamt großes Potenzial für den Klimaschutz. Holzbau hilft nicht nur, die Emissionen der Zement- und Stahlproduktion zu vermeiden, sondern speichert auch langfristig Kohlenstoff. Die Technologien sind meist vorhanden, doch sind unbedingt die potenziell drastischen Konsequenzen für die Flächen- und Waldnutzung zu berücksichtigen und somit auch Auflagen für einen nach-

**Kasten 3.5-5**

## THG-Quellen und -Einsparmöglichkeiten beim konventionellen Bau

Derzeit werden Gebäude und Infrastruktur vor allem aus Beton bzw. Zement und Stahl gebaut. Sowohl die Materialbeschaffung als auch die Gebäude selbst sind für die Landnutzung und vor allem für den Klimawandel relevant (WBGU, 2016a). Dabei muss der gesamte Lebenszyklus von Gebäuden – Planung, Bau (Materialeinsatz), Nutzung (thermischer Komfort) und Abriss (Recycling) – betrachtet werden. Die global jährlich 7 Gt $CO_2$eq-Emissionen aus der Bauwirtschaft verteilen sich auf verschiedene Quellen (Abb. 3.5-5), dominiert von Zement- und Stahlproduktion. Emissionen aus Landnutzungsänderungen, ca. 0,7 Gt $CO_2$eq, kommen hinzu. Die globale Nachfrage nach Zement steigt stark an und wird durch China dominiert (Armstrong, 2013; Smil, 2014:91; WBGU, 2016a:188; Van Ruijven et al., 2016).

Die Herstellung von Zement verursacht hohe, sowohl energie-, als auch prozessbedingte Emissionen (Farfan et al., 2019). Zement besteht überwiegend aus Mergel (Kalkstein), Ton und beigemischtem Sand (Locher, 2015). Das Mahlen der Ausgangsstoffe und Erhitzen auf 1.450 °C benötigt viel Energie und setzt durch chemische Reaktionen $CO_2$ frei (Naqi und Jang, 2019; Pade und Guimaraes, 2007). Rund 15 % der prozessbedingten Emissionen (Zhang et al., 2020) werden allerdings im Laufe der Nutzungsphase wieder aufgenommen (je nach Luftdruck, Temperatur und Luftfeuchte; Pade und Guimaraes, 2007), wenn Zement mit der Umgebungsluft reagiert (Skullestad et al., 2016). Anschließend wird Zement zur Verbesserung der Materialeigenschaften im Zementwerk teils mit Flugasche aus Steinkohlekraftwerken (Jayaranjan et al., 2014), Hüttensand, Kalkstein und Gips vermischt und erneut gemahlen. Auf der Baustelle entsteht durch Zusatz von Steinen, Wasser sowie (teils holzbasierten) Chemikalien Beton, und unter Einschluss von Stahl dann Stahlbeton (Locher, 2015), der größeren Zugkräften standhält. Energiebezogene Emissionen lassen sich durch Einsatz erneuerbarer Energien sowie um 10–20 % durch höhere Energieeffizienz reduzieren (Neuhoff et al., 2015), z. B. durch verstärkte Abwärmenutzung. Prozessemissionen sind trotz vorhandener, nachfolgend dargestellter Ansätze schwieriger zu vermeiden.

Allerdings können auch durch (nicht biobasierte) Materialsubstitution bei der Zementherstellung Emissionseinsparungen von bis zu 40 % erreicht werden (Allwood et al., 2010). Zementklinker ist durch Kalkstein und Hüttensand ersetzbar, was den THG-Ausstoß und Energiebedarf je nach Zementart deutlich reduziert (Neufert et al., 2016), wobei das Reduktionspotenzial (für Hochhausbau) auf 10–20 % geschätzt wird (Gan et al., 2016). Weitere technische Optionen sind die Substitution von Klinker durch Hochofenschlacke, die Kalzinierung beim Übergang vom Nass- zum Trockenprozess sowie der verstärkte Einsatz von Vulkanasche, Hüttensand, Flugasche, Kalksteinmehl und Bruchglas (Palm et al., 2016; Naqi und Jang, 2019; Allwood et al., 2010). Inwiefern der Einsatz von Fasern im Beton (Stahl, Kunststoff, Glas, Textil) deutliche Zementeinsparungen bei hoher Bauteilstabilität ermöglichen kann, wird derzeit in der Praxis geprüft (Wietek, 2017).

Prozessbedingte Emissionen der Zementproduktion können durch das Abscheiden von $CO_2$ aus den Abgasen des Produktionsprozesses und dessen anschließender Speicherung (CCS) je nach Verfahren um 73–90 % verringert werden (Oxyfuel-Verfahren, Einsatz von gekühltem Ammoniak, $CO_2$-Verflüssigung, Calcium-Looping-Prozess; Voldsund et al., 2019). Diese Verfahren lassen sich bei bestehenden Anlagen nachrüsten, sind aber energieintensiv und würden die Kosten von Zementklinker auf das Zwei- bis Dreifache erhöhen (UNEP, 2018).

Der Bausektor verbraucht außerdem die Hälfte des global produzierten Stahls (Moynihan und Allwood, 2012; Cullen et al., 2012). Auch bei der Stahlproduktion werden energie- und prozessbedingt große THG-Mengen freigesetzt (Abb. 3.5-5), wobei die Prozessemissionen der Reduktion von Eisenoxid entstammen (Davis et al., 2018; Yellishetty et al., 2010), was im Schmelzprozess nicht substituierbar ist (Scholz et al., 2004). Primärrohstoffe können durch die Verwendung von eingeschmolzenem Stahlschrott eingespart werden. Weil wegen der Zeitlücke zwischen Produktion und Wiedereinschmelzung bzw. der inzwischen gestiegenen Nachfrage (Pauliuk et al., 2013) die benötigte Menge Stahlschrott nicht zur Verfügung steht, gelten lediglich 30–40 % Einsparung als realistisch (Graedel et al., 2011). Dies lässt sich aber durch den Einsatz von Stahl ohne Einschmelzen (non-destructive recycling), also Wiedernutzung von Stahlträgern aus Abrissgebäuden, noch steigern (Allwood und Cullen, 2009). Gegenüber einem neuen Stahlträger liegen die Einsparung bei bis zu 60–95 % (van der Voet et al., 2013).

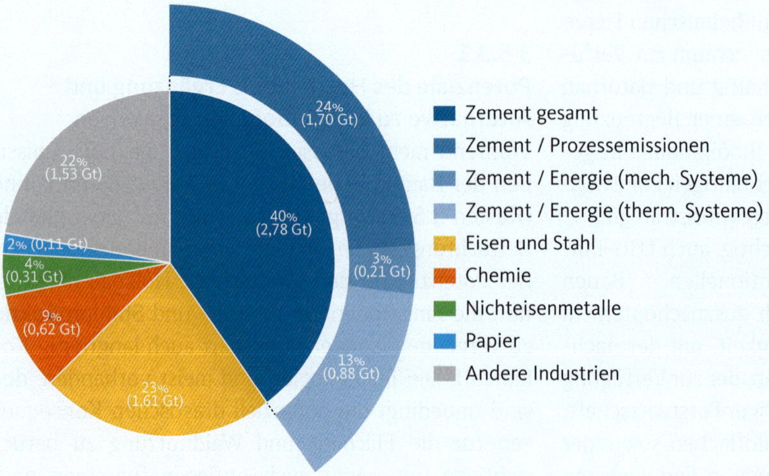


**Abbildung 3.5-5**
Aufteilung der globalen Emissionen der Bauwirtschaft nach Sektor im Jahr 2011 (insgesamt 7 Gt $CO_2$eq, ohne Emissionen aus Landnutzungsänderungen und Transport). Für Abschätzung der Transportemissionen siehe WWF (2019), für den prozessbedingten Anteil der Stahlemissionen Birat et al. (1999), für Emissionen aus der Zementherstellung Fischedick et al. (2014), für prozessbedingte Emissionen Andrew (2018).
Quelle: WBGU nach Daten aus Bajželj et al., 2013:9

Als weiteren THG-intensiven Rohstoff setzt die Bauwirtschaft Aluminium ein - rund ein Viertel der globalen Jahresproduktion vor allem im Fensterbau, konzentriert auf Industriestaaten (darunter insbesondere USA und Deutschland) und China (Churkina, 2016). Hinzu kommt der Einsatz von Plastik, z.B. von PVC im Fensterbau (UBA, 2017), und Materialien für Isolierung, Dämmung und Innenausbau.

Perspektivisch können durch Materialsubstitution, CCS und den Einsatz nicht zerstörenden Recyclings von Stahl THG-Emissionen in erheblichem Umfang eingespart und die Bauwirtschaft transformiert werden. Jedoch stehen einer Substitution Interessen der Industrie entgegen. Bei Beton und Zement könnten steigende Kosten allerdings auch die Bereitschaft stärken, Rohstoffe zu substituieren. Für eine gelingende Transformation der Bauwirtschaft müssen sich darüber hinaus nicht nur die in Beton gegossene Infrastrukturen ändern, sondern auch die Denkmuster, die zum Erhalt dieser Strukturen führen (Altvater, 2019).

**Kasten 3.5-6**

### Problemlage Sand

Sand und Kies sind das weltweit am meisten aus dem Boden entnommene Material (UNEP, 2014; Torres et al., 2017). Sie werden vor allem in der Bauindustrie verwendet, aber auch bei der Herstellung von Glas und Computer-Hardware, in der Kosmetik sowie für Landgewinnung und Küstenschutz (UNEP, 2014). Eingesetzt wird vorwiegend der nur begrenzt verfügbare kantige Meeres- und Flusssand aus $CO_2$-speichernden Ökosystemen sowie Sand aus Steinbrüchen, während der von Winderosion gerundete Wüstensand weniger für die Nutzung geeignet ist, auch wenn es (energieintensive) Verfahren gibt, diesen Sand nutzbar zu machen (Zhang et al., 2006).

Der großskalige Sandabbau für Bauindustrie und Landgewinnung führt zu erheblichen Problemen in allen Bereichen der Nachhaltigkeit (Sonak et al., 2006; Kondolf, 1997). Die Sandentnahme aus Flüssen zerstört nicht nur Ökosysteme und gefährdet die Biodiversität, sondern senkt auch den Wasserspiegel und verändert ganze Landschaften (Küstenerosion, veränderte Deltastrukturen, Steinbrüche, Flussverschmutzung; UNEP, 2014). In Küstengebieten verringert der Sandabbau den Schutz vor Extremereignissen wie Fluten oder Stürmen. In Extremfällen hat das Verschwinden von Sandinseln sogar zur Verlagerung von Staatsgrenzen geführt, etwa in Indonesien (New York Times, 2010; Guerin, 2003). Negative ökonomische Effekte des Sandabbaus betreffen den Tourismus (Kondolf, 1997) und die Fischerei durch die Zerstörung der Fauna am Meeresboden (Thornton et al., 2006; John, 2009; Cooper, 2013; Desprez et al., 2010). In Entwicklungsländern, wo der Fischfang die Haupteinkommensquelle vieler ländlicher Haushalte ist, wird diesen die Existenzgrundlage entzogen. Die Landverluste durch Flusserosion und gesenkte Wasserspiegel beeinträchtigen zudem die Landwirtschaft (Kondolf, 1997) und zerstören Gebäude und Infrastruktur in Küsten- und Flussnähe (John, 2009; Franke, 2014).

Vor allem in Teilen Asiens (China, Thailand, Hongkong und Singapur) ist die Nachfrage nach Sand für Bauprojekte groß. Dabei gilt die Sandknappheit als wachsendes Problem mit wesentlichen Implikationen für Nachhaltigkeit und Politik (Torres et al., 2017). Viele Länder haben zwar einen Exportstopp für Sand verhängt (Malaysia seit 1997, Indonesien seit 2003 für marinen Sand und 2007 für Sand generell, Kambodscha und Vietnam seit 2009; Maya et al., 2012; Saviour, 2012), doch kann er hier ohne vorherige Umweltverträglichkeitsprüfungen abgebaut werden. Schwache Regierungsführung und Korruption gestatten weitverbreitet den illegalen Abbau (Saviour, 2012; Ashraf et al., 2011), was mafiöse Praktiken befördert und Sandhandel zum lukrativen Geschäft macht. Illegaler Sandhandel wurde bereits in Malaysia, Sri Lanka, Nepal, Bangladesch, Südafrika, Tansania, Botswana und den Philippinen beobachtet (Gavriletea, 2017).

Die externen Kosten sollten internalisiert werden. Der Bedarf an Sand kann z.B. durch Optimierung bei der Betonherstellung gesenkt werden, durch Substitution mit recyceltem Baumaterial (vor allem Nutzungen mit niedrigen Qualitätsansprüchen) sowie durch alternative Bauweisen mit Holz, Stroh oder Recyclingmaterial (UNEP, 2014).

haltigen Waldbau mit dieser Strategie zu verbinden, wenn sie einen Weg finden sollen, das Trilemma zu entschärfen.

Bereits heute trägt die Kohlenstoffspeicherung in Holzprodukten als „künstliche Senke" zum Klimaschutz bei (Rockström et al., 2017; Kap. 3.1). Holzbau ist zudem kulturell positiv besetzt, während CCS weniger sicher und weniger ökonomisch ist (He et al., 2011). Damit ist Holzbau ein wichtiges Instrument sowohl zur Emissionsminderung als auch zur Entfernung von $CO_2$- aus der Atmosphäre (Kap. 3.1.1). Diese Strategie ist allerdings nur dann nachhaltig, wenn der entsprechende Holzbedarf als Teil der Bioökonomie mit der Einhaltung planetarischer Grenzen und der Ernährungssicherung in Einklang gebracht wird (Kap. 3.5.2).

Hinsichtlich der Einsatzmöglichkeiten des Holzbaus ist zu differenzieren, für welche Bauweisen und Konstruktionselemente Holz geeignet ist, d.h. welche Materialien in welchen Anwendungen ersetzt werden können. Biogene Materialien stehen für fast alle baulichen Konstruktionselemente zur Verfügung: Beton ist größtenteils durch Holz ersetzbar, Stahlbeton als tragendes Element durch (Massiv-)Holz. Unter den Holzarten wird Laubholz oft als Konstruktionsschichtholz eingesetzt, Nadelholz als Massivholz für tragende Teile, und Sägenebenprodukte können verleimt werden. Der

Einsatz lokaler Hölzer liegt aufgrund des geringen Transportaufwands und tradierter Holzbauweisen nahe, wie von 1 Mrd. Menschen in Asien und 150 Mio. in Afrika praktiziert (Churkina et al., 2020). Holzbau ist auch in Kombination mit Beton und Stahl oder anderen Baumaterialien, z. B. Lehm, möglich (Colling, 2009).

Speziell in (sub-)tropischen Regionen ist Bambus alternativ zu anderem Holz nutzbar und ökologisch sinnvoll (Yu et al., 2011). In Teilen Afrikas gilt dies für Papyrus (Gronau et al., 2018). Bambus kann bereits alle sieben Jahre geerntet werden (Churkina et al., 2020) und lässt sich auch laminiert nutzen (Sharma et al., 2015), wodurch er sich wie gewöhnliches laminiertes Holz einsetzen lässt. Besonders in China ist aufgrund des großen Bauvolumens die Nutzung von Bambus zu prüfen (Shen et al., 2019).

Zur Abschätzung der Klimaschutzwirkung von Holzbau sind auch andere Baustoffe und der Lebenszyklus der Gebäude von Planung bis Abriss zu betrachten. Für nicht tragende Teile wie Innenwände eignen sich Spanholzplatten und andere verleimte Elemente (Latour und Rizzano, 2015). Zur Dämmung bieten sich als natürliche Stoffe Biokohle (Kasten 3.3-9), Naturfasern, Stroh oder Wolle (Asdrubali et al., 2015) sowie Zellulose (Churkina et al., 2020) an. Dies spart in der Herstellung $CO_2$ ein, bindet es je nach Material längerfristig (Asdrubali et al., 2015) und ist deshalb so relevant, da viele Gebäude nicht ausreichend gedämmt sind. Es gibt Hinweise, dass Holzgebäude energieeffizienter sind als konventionelle (FNR, 2018; WMBW, 2019), jedoch auch Widerspruch (Kaufmann und Wolfertstetter, 2017). Auch die beim Fensterbau eingesetzten Mineralien und fossilen Rohstoffe lassen sich größtenteils, jedoch noch nicht vollständig durch biobasierte Materialien ersetzen. Traditionelle Bauweisen vor allem in Entwicklungsländern kommen ohnehin weitgehend ohne moderne klimaschädliche Baumaterialien aus.

Grenzen gibt es – trotz erwartbar hoher Klimawirksamkeit – z. B. bei Gipskartonplatten. Hier bringt der Ersatz durch Holzwerkstoffe „umweltseitig keinen Nutzen" (UBA, 2017a: 48), weil Aspekte jenseits der Materialproduktion, wie etwa Rohstoffgewinnung, relevant werden. Auch Betonfundamente lassen sich kaum durch nachhaltigere Komponenten ersetzen (Churkina et al., 2020). Zum Teil werden Pfahlbauten eingesetzt, wo Beton nicht geeignet oder nicht wirtschaftlich ist (Wattenmeer, Venedig), sie werfen aber Probleme bei der Lebensdauer auf. Ziegelmauerwerk oder Naturstein sind ebenfalls möglich, aber teurer und werden nur begrenzt nachgefragt. Bei der Statik von Hochhäusern ergeben sich Schwierigkeiten, doch ist heute auch Hochbau mit Holz möglich (Bowyer et al., 2016; Hurmekoski et al., 2015; Lazarevic et al., 2020) und speziell in nordischen Staaten ein Trend (Hurmekoski et al., 2015; Lazarevic et al., 2020; Toppinen et al., 2018).

Ein Element der Nachhaltigkeitsbetrachtung ist die Kostenfrage. Als Beispiel für modernes Bauen in einem Industrieland bietet Deutschland detaillierte Einsichten in die Kosten des gesamten Lebenszyklus. In der Planungsphase ist Holzbau noch deutlich aufwändiger, weil konventionelle Baustoffe normgebend sind, d. h. die Bauvorschriften sind auf Materialien wie Mineralwolle, Styropor und Beton ausgerichtet (Schwenke et al., 2018) und ein Abweichen von diesen Normen erhöht den Planungsaufwand. Dass Holzbau kaum standardisiert ist und keine Standardkalkulationswerte für Holz vorliegen, erschwert eine solide Kostenabschätzung (Koppelhuber, 2017). In der Bauphase sind einerseits manche Elemente derzeit deutlich teurer als beim konventionellen Bau, etwa Außenwände (ARGE, 2015) oder Dämmmaterial (Schwenke et al., 2018). Andererseits sparen die kürzeren Bauzeiten des Holzbaus Personalkosten (Schwenke et al., 2018). Eine aktuelle Studie zeigt, dass nachhaltiger Holzbau in Deutschland insgesamt nur wenig teurer ist als konventionelles Bauen (1–4 % bzw. 4–6 % im Vergleich zu Beton bzw. Mauerwerk, für Ein- und Mehrfamilienhäuser; Walberg, 2016). Der Bau von Hochhäusern könnte aufgrund der Bauzeitverkürzung günstiger sein (Bowyer et al., 2016). Dabei hängen die Kosten des Holzbaus stark von der eingesetzten Holzart (Tam et al., 2017) und von Gebäudespezifika ab. Zur Nutzungsphase sind keine generellen Aussagen möglich, da die Energieeffizienz eines Gebäudes von der Dämmung abhängt. Wegen der besseren Recyclingfähigkeit ist allerdings der Abriss von Holzhäusern weniger problematisch. Zukünftig könnten veränderte Normgebung und Innovationen sowie Skaleneffekte (Bowyer et al., 2016) beispielsweise bei der Auslastung von Sägewerken den Holzbau verbilligen, während eine vollständige Internalisierung der Klima- und Umweltkosten z. B. durch einen $CO_2$-Preis sowie strengere Bauvorschriften für Zwecke des Klimaschutzes die Kosten besonders für konventionelles Bauen stark erhöhen würden. Entscheidend für die Kosten und den Gesamtumfang nachhaltigen Bauens auf der globalen Ebene wird sein, wieviel Holz und andere biobasierte Baustoffe nachhaltig produziert werden können und wie sich die Nachfrage in anderen Sektoren entwickelt, in denen es z. T. gute Alternativen gibt (Kap. 3.5.2.2). Möglichkeiten zur Senkung der (Gebäude-)Flächeninanspruchnahme pro Person oder Betriebseinheit (UBA, 2019c) und Verteilungseffekte, etwa über Wohnungspreise, insbesondere in Ballungsräumen sollten strategisch rechtzeitig und gegebenenfalls außerhalb des Bausektors berücksichtigt werden.

Nachhaltige Forstwirtschaft und holzverarbeitende Betriebe nehmen bei der Transformation der Bauwirtschaft eine Schlüsselposition ein (Kleinschmit et al., 2014), flankiert von gestaltenden Maßnahmen des Staa-

**Kasten 3.5-7**

### City of Wood in Bad Aibling

Die „City of Wood" in Bad Aibling ist beispielhaft für innovativen Holzwohnbau. Das Stadtquartier ist auf einem ehemaligen Militärgelände entstanden und verbindet Wohnen und Arbeiten. Unter den aus vorgefertigten Holzbauteilen errichteten mehrstöckigen Häusern (Weber-Blaschke, 2019) befindet sich ein achtstöckiges Hochhaus (Bowyer et al., 2016). Weitere städtebauliche Elemente wie Lärmschutzwände sind aus Holz erbaut, wobei eine autarke Energieversorgung das nachhaltige Bild abrundet (brand eins, o.J.). Eine ansprechende Architektur und die Platzierung als touristisches Ziel und im Stadtmarketing (Bad Aibling, 2020) setzen nachhaltiges Bauen mit Holz in Wert und sollen ein lebendiges Quartier schaffen. Dieses städtebauliche Vorhaben demonstriert, wie ganz verschiedene Elemente aus Holz nachhaltig kombiniert werden können und wie die Umnutzung einer Brachfläche zur Großen Transformation zur Nachhaltigkeit beitragen kann. Die hier gewonnenen Erfahrungen sollten explizit in die Forschung und Wissensvermittlung einfließen, auch für die Sanierung von Gebäuden.

**Abbildung 3.5-6**
Hochhaus aus Holz in der City of Wood.
Foto: Thomas Wieckhorst / dach+holzbau

tes und globaler Governance (Kap. 4). Generell umfasst der Kreis der Stakeholder der (nachhaltigen) Bauwirtschaft Akteure aus Wirtschaft, Zivilgesellschaft und Politik. Entlang der Wertschöpfungskette prägen Großkonzerne (insbesondere Stahlindustrie, aber auch Zement-, Styropor- und Mineralwollkonzerne, große Bauträger) und untergeordnete bzw. ausführende Betriebe das Bild (idw, 2008). Relevante Akteure im Holzbau sind außerdem Forsteigentümer*innen, Zimmerleute und die Holzverarbeitung, wobei eine Trennung der Akteure zwischen Holzbau und konventioneller Baubranche teilweise schwierig ist, da Betriebe beides anbieten können (Leimböck et al., 2017; Leimböck, 2000). Diese heterogene Konstellation schafft Hemmnisse, bietet aber auch Multiplikatoren für wirkungsvolle Veränderungsimpulse in Richtung Nachhaltigkeit, etwa durch Impulse großer Bauträger in Richtung mehr Holznutzung. Weil beim Holzbau aber andere Akteure eingebunden sind als beim konventionellen Bau gibt es Interessenkonflikte, denn Pfadabhängigkeiten sind zu durchbrechen.

Bei Ausweitung des Holzbaus steigt der Bedarf an hierfür qualifizierten Menschen der Bereiche Zimmerei, Ingenieurwesen mit Schwerpunkt Holz oder Sägewerkspersonal. Diesen Akteuren sollte ermöglicht werden, ihr Wissen weiterzugeben bzw. die Nachfolge zu sichern. Dabei sollte insbesondere auch die Rolle von Frauen gestärkt werden, die in handwerklichen wie ingenieurwissenschaftlichen Berufen in Industriestaaten wie in Entwicklungs- und Schwellenländern unterrepräsentiert sind. Außerdem sind Innovationsimpulse zu erwarten, etwa durch Robotic Timber Construction (RTC; Willmann et al., 2016) oder von Falt- und Textilstrukturen inspirierte Gebäudeteile und Architekturen (Weinand, 2009). Die Stärkung der Branche bzw. der F&E- und Innovationsaktivitäten kann Beschäftigung und Wirtschaftswachstum fördern, was die negative Entwicklung in der konventionellen Bauwirtschaft abschwächen hilft. Als weitere akteursbezogene Aspekte sind die Teilhabe von indigenen Bevölkerungsgruppen und anderen Waldnutzer*innen, der Erhalt von Eigenart, die Eindämmung von illegalem Holzeinschlag und Brandrodung, Korruption und fragiler Staatlichkeit sowie das Recht auf Wohnen (nach diesem Menschenrecht zweiter Generation haben Menschen ein Recht auf angemessenen Wohnraum) zu nennen. Ein Positivbeispiel für die Umsetzung von Holzbau unter Mitwirkung zahlreicher Akteure bietet die City of Wood (Kasten 3.5-7).

Um die potenziellen Klimawirkungen des Holzbaus aufzuzeigen bzw. abzuschätzen, sind außerdem Fragen zur benötigten bzw. nachhaltig regional verfügbaren Holzmenge, zur potenziellen $CO_2$-Bindung und -Einsparung durch Holzbau sowie zu Wirkungen der Holzentnahme auf im Waldökosystem verbleibenden Kohlenstoff zu klären. Auf Grund fehlender Abschätzungen für die Auswirkung von Holzbau auf die gesamte Bauwirtschaft wird im Folgenden nur der städtische Hausbau für Wohnen und Gewerbe betrachtet (die Zahlen sind daher nicht direkt mit Schätzungen zu Gesamtemissionen der Bauwirtschaft, etwa in Bajželj et al., 2013 vergleichbar).

### Wie viel Holz wäre global zum Gebäudebau nötig?

Hierfür sind tragende und nicht tragende Bauteile, Dämmung, Innenausbau wie Bodenbelag, Fenster, Treppen und Türen zu berücksichtigen. Um den Bedarf zu berechnen, ist die Fläche pro Person eine wichtige Variable: Sie liegt derzeit im globalen Durchschnitt bei 30 $m^2$ Wohn- und Gewerbefläche pro Kopf, bei steigender Tendenz, jedoch mit sehr großen Unterschieden (Güneralp et al., 2017). Zwischen 2019 und 2050 wird ein Bevölkerungswachstum von 7,7 Mrd. auf 9,7 Mrd. Menschen erwartet, sowie auf 10,9 Mrd. im Jahr 2100 (UN DESA, 2019). Da der Anteil der städtischen Bevölkerung von 55% (2018) auf 68% (2050) steigen wird (UN DESA, 2018), ist davon auszugehen, dass bis 2050 zusätzlicher städtischer Wohnraum für ca. 2,3 Mrd. Menschen benötigt wird (Churkina et al., 2020), ergänzt um Infrastrukturbauten. Dabei werden sich einige Betonanwendungen wie Tunnel, Fundamente und Brücken nicht durch Holzbau substituieren lassen. Wenn Holz mit Carbon oder Infraleichtbeton und weiteren betonsparenden Materialien (z.B. Lehm oder Kunststoff) kombiniert wird, reduziert dies die benötigte Holzmenge. Unter der Annahme, dass 90% des städtischen Zubaus durch Holz erfolgt, überwiegend durch Bauten mit 4–12 Stockwerken (Wohnen mit Gewerbeeinheiten), würde Holz im Umfang von 0,51 Gt C pro Jahr benötigt (Churkina et al., 2020: SI; für zusätzliche 2,3 Mrd. Menschen in Städten, mit im Schnitt je 30 $m^2$ Wohnfläche).

### Wie viel nachhaltig produziertes und zertifiziertes Holz steht zur Verfügung?

Wald wächst nicht in allen Klimazonen und steht nur begrenzt zur Verfügung. Nur in bewaldeten Regionen ist also potenziell vor Ort Holz zum Gebäudebau verfügbar (Abb. 3.5-7, wobei die Holzverfügbarkeit hier zu optimistisch dargestellt wird; Kasten 3.1-1). Allerdings ist nicht jedes Holz für jede Anwendung geeignet.

Von den global 4 Mrd. ha Waldfläche werden etwa 31% primär zur Produktion von Holz und anderen Waldprodukten genutzt; weitere 22% unterliegen Mehrfachnutzungen, was Produktion einschließen kann (FAO, 2020g). Die globale Holzernte liegt bei etwa 1,3 Gt C (FAO, 2016b zitiert in Churkina et al., 2020), konsistent damit schätzen Carus et al. (2020) die 2018 geerntete Holz-Trockenmasse auf 2,3 Gt (Abb. 3.5-1). Dabei ernten viele Staaten weniger Holz als zuwächst (Churkina et al., 2020; FAO, 2015c), auch wenn zumindest in Europa die Entnahmerate bereits ansteigt (Ceccherini et al., 2020). Das ungenutzte, somit noch nutzbare Potenzial beträgt global ca. 0,68 Gt C pro Jahr (Churkina et al., 2020). Die zur Ernte verfügbare Holzmenge könnte künftig noch deutlich steigen (Carle und Holmgren, 2008; Yousefpour et al., 2019), auch wenn hier zu differenzieren ist: Die Erntemenge aus natürlichen Wäldern fällt, dies wird aber durch gepflanzte Wälder kompensiert (Warman, 2014). Es ist zu erforschen, welche Erntemengen langfristig zu erzielen sind, wenn ökologische Nachhaltigkeit und insbesondere Biodiversitätserhaltung gesichert sein sollen. Für den Fall, dass keine starken Steigerungen mehr möglich sind, könnte der Ausbau der auf Baumaterial ausgerichteten Waldwirtschaft nur erfolgen, indem Holznutzung in anderen Bereichen reduziert bzw. eingeschränkt wird, vor allem bei traditioneller und moderner Bioenergie (Kasten 3.5-3; Abb. 3.5-1).

Durch Wiederaufforstung können längerfristig weitere Rohstoffpotenziale entstehen, wobei der Erhaltung von Biodiversität und natürlichen Kohlenstoffspeichern gegenüber der Holznutzung ein hoher Stellenwert eingeräumt werden muss (Kap. 3.1.3.2). Allerdings sind Forstplantagen den natürlichen Wäldern bei Kohlenstoffspeicherung und Biodiversitätserhaltung deutlich unterlegen (Lewis et al., 2019). Extremszenarien zur $CO_2$-Enfernung durch Wald – wie die von Bastin et al. (2019) errechneten 0,9 Mrd. ha zusätzliche Waldfläche weltweit (Kasten 3.1-1) – werden aber oftmals nicht als Renaturierung, sondern als Aufforstung mit Plantagen konzipiert, mit entsprechenden Verlusten von Biodiversität und Bodenkohlenstoff sowie neuen Flächennutzungskonkurrenzen. Eine andere Option bietet die Umstellung von Ernährungsstilen hin zu einer deutlichen Reduktion des Konsums von Fleisch und anderer tierischer Produkte vor allem in OECD-Staaten (Kap. 3.4). Damit würden ebenfalls große Flächen freigesetzt, die allerdings nicht vollständig für die Holzproduktion genutzt werden können oder sollten (Drenckhahn et al., 2020; Abb. 3.5-1).

Insgesamt scheint es realistisch, dass sich der oben abgeleitete Holzbedarf für urbanen Hausbau von 0,51 Gt C pro Jahr durch eine Kombination von nachhaltiger Forstwirtschaft (inklusive eines Anteils gepflanzter Wälder; Churkina et al., 2020; Carle und Holmgren, 2008), weniger energetischer Nutzung und verstärkter Nutzung von Altholz und Bambus (Churkina et al., 2020) sowie durch Flächeneinsparungen aus der Umstellung von Ernährungsstilen decken ließe.

Allerdings werden bei weitem nicht alle Waldflächen nachhaltig bewirtschaftet. Nachhaltig produziertes Holz muss folgende Kriterien erfüllen: die Erhaltung des Waldes, seiner Gesundheit und Produktionsfähigkeit sowie die Erhaltung von Biodiversität, Schutz- und sozioökonomischen Funktionen (Leskinen et al., 2018; PEFC, 2014; FSC, 2018). Die Abschätzung der Holzmenge, die zwar nachhaltig produziert, aber nicht offiziell zertifiziert wird, ist nicht möglich. 12,5% der globalen Waldfläche sind zertifiziert, davon 85% in Europa und Nordamerika (PEFC, 2019). Nachhaltige Holzernte

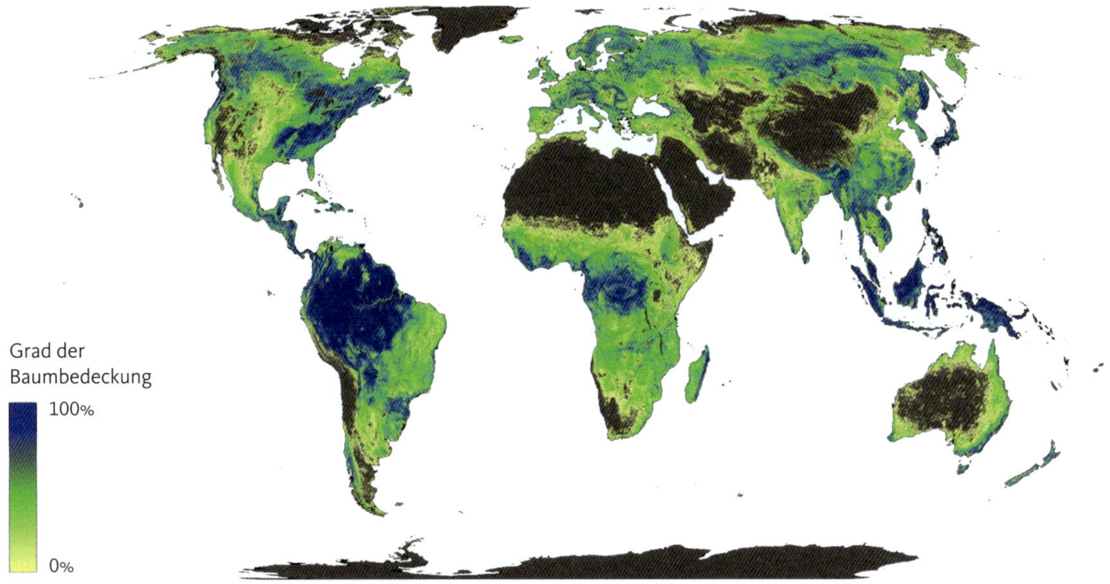


**Abbildung 3.5-7**
Potenzielle natürliche Waldbedeckung. Der Darstellung liegen Gitterzellen zu Grunde. Deren Farbe gibt den Grad der Baumbedeckung (tree cover) an. Eine Baumbedeckung von 100% ist erreicht, wenn das gesamte Gebiet der Gitterzelle von Bäumen bedeckt ist. In den farblich markierten Gebieten steht Holz potenziell zur Verfügung, dort ist Wald die potenzielle natürliche Vegetation, d.h. dort würde ohne menschlichen Einfluss Wald wachsen. Diese Darstellung wird als zu optimistisch kritisiert (Kasten 3.1-1), da z.B. auch Graslandschaften als potenziell bewaldete Flächen angegeben wurden.
Quelle: Bastin et al., 2019

ist aber auch in den Tropen möglich (Sasaki et al., 2016). Wichtig ist die Einhaltung und Überwachung der Standards von PEFC und – etwas strenger – FSC (SRU, 2012; Ludwig et al., 2015; Villalobos et al., 2018; Di Girolami und Arts, 2018). 2017 wurden in FSC-zertifizierten Wäldern 427 Mio. $m^3$ und aus PEFC-zertifizierten Wäldern 689 Mio. $m^3$ Holz geerntet. Die Gesamtmenge liegt jedoch unter der Summe beider Werte, da es Doppelzertifizierungen gibt (FAO, 2018i). Sie entspricht 11% der globalen Waldfläche, bzw. 29% der Rundholzproduktion (UNECE, 2016) und damit etwa 0,3 Gt C. Durch eine Zertifizierungspflicht für Importhölzer könnte der Anteil nachhaltig bewirtschafteten Waldes erhöht werden (Zengerling, 2020). Auch betriebswirtschaftliche Faktoren (vor allem Marketing) sprechen für das Zertifizieren von Holz. Die Ausweitung nachhaltiger Forstwirtschaft geht mit Wiederaufforstung einher (Kapitel 3.1.3.2).

Die Nachfrage nach zertifiziertem Holz ist vor allem in Industriestaaten hoch, und in Entwicklungsländern wird fast ausschließlich Exportholz zertifiziert. Insgesamt werden 55% der Holzernte hauptsächlich zum Kochen und Heizen verbraucht (Kasten 3.5-3). In Äthiopien werden 97% des Holzes als Brennstoff genutzt, in Indien 89% (CCC, 2018:28). Daher spielt die Zertifizierung von Holz für den Binnenmarkt dort aktuell keine Rolle. Doch sollte die Nutzung von Brennholz möglichst durch Schaffung eines umfassenden Zugangs der Bevölkerungen zu modernen Energieformen substituiert und die Zertifizierung von Holz dann ausgeweitet werden. Gleichzeitig können lokale Ansätze der Holzverarbeitung die Attraktivität nachhaltiger Forst- und Holzwirtschaft vor Ort steigern.

Sofern ein steigendes Angebot an Holz durch Skaleneffekte zu sinkenden Preisen führt, kann auch verbilligtes zertifiziertes Holz andere Materialien innerhalb wie außerhalb der Bauwirtschaft substituieren. Selbst im Baubereich ist Holznutzung, wie zuvor dargestellt, nicht immer die umweltfreundlichere Alternative. So erscheinen staatliche Rahmensetzungen sinnvoll, die einer Übernutzung der Wälder etwa durch finanzielle Anreize, Nachhaltigkeitsauflagen und planerische Ansätze vorbeugen (Kap. 4.2). Außerdem schädigen Einflüsse des Klimawandels den Wald großflächig. In Deutschland stieg der Anteil geschädigter Bäume speziell in den letzten zwei zu trockenen Jahren 2018–2019 (BMEL, 2020b). Niederschlags- und Klimaänderungen bzw. Schadensereignisse könnten die kurzfristig anfallende Holzmenge (nicht nachhaltig) weiter steigern. Aktuell wird diskutiert, dieses Holz zu verbrennen, statt es im Wald zu lassen (Haas und Schneider, 2020) – beides sind keine zielführenden Strategien, anders als der Einsatz für Holzbau.

**Tabelle 3.5-3**
$CO_2$- bzw. C-Daten des Holzbaus und konventioneller Bauweise im Vergleich.
Quelle: nach Churkina et al., 2020: Supplementary Information

| | Holzbauweise (90 %) | Stahlbetonbauweise | |
|---|---|---|---|
| | Holz | Stahl | Beton |
| Rohstoffbedarf für Wohngebäude [kg pro m²] | 194 | 46 | 252 |
| Durchschnittlicher Emissionskoeffizient des Baumaterials [t $CO_2$eq pro t Material] | 0,44 | 2,1 | 0,15 |
| Emissionen von Primärstruktur und Innenausbau [Gt C] (Annahmen: zusätzlicher Wohnbau 2020–2050 für 2,3 Mrd. Menschen, 30 m² Wohnfläche pro Kopf) | 1,8 durch Holzbau<br>0,44 durch Stahlbeton | 4,4 insgesamt | |
| Kohlenstoffspeicherung [Gt C] (unter gleichen Annahmen) | 7,7 | – | gering |

### Wie viel $CO_2$-Emissionen können durch die Substitution konventioneller Baumaterialien eingespart und wie viel Kohlenstoff durch Holzbau gebunden werden?

Je kg Kohlenstoff (C) in Holzprodukten, die konventionelle Rohstoffe ersetzen, können im Durchschnitt bei tragenden Teilen 1,3 kg C an Emissionen eingespart werden, bei nicht tragenden Teilen 1,6 kg C, wobei für einzelne Produkte noch höhere Werte erzielbar sind (Leskinen et al., 2018). Global würden die städtischen Wohn- und Gewerbeneubauten bei Beibehaltung der Stahlbetonbauweise bis 2050 Emissionen in Höhe von 16 Gt $CO_2$ (bzw. 4,4 Gt C) generieren, was sich bei der Nutzung von 90 % Holz auf 8,2 Gt $CO_2$ halbieren ließe (1,6 Gt aus den übrigen 10 % Zement und Stahl, 6,6 Gt aus Holzindustrie, Churkina et al., 2020: SI). Außerdem kann 90 % Holzbau jährlich 0,26 Gt C binden (bei konstant 30 m² Wohnfläche pro Kopf), was über 30 Jahre in Summe 7,7 Gt C ergibt (Churkina et al., 2020: SI). Andere Schätzungen kommen auf ähnliche Größenordnungen, sind aber hinsichtlich ihrer Annahmen schwer nachvollziehbar (z. B. McLaren, 2012; Royal Society, 2018).

Insgesamt könnten nach dieser Modellrechnung von 2020 bis 2050 durch städtisches Bauen mit Holz statt Beton und Stahl 2,2 Gt C (entsprechend 8,2 Gt $CO_2$) Emissionen eingespart, ähnlich viel weiterhin emittiert und 7,7 Gt C (entsprechend 28 Gt $CO_2$) langfristig gespeichert werden. Es würden also netto über 30 Jahre rund 20 Gt $CO_2$ der Atmosphäre entzogen (ohne die Rohstoffgewinnung einzurechnen, siehe unten). Für Sonderbauten (wie Tunnel), Fundamente, aber auch Nicht-Wohnbebauung in Städten, Straßen und Wohnbebauung auf dem Land liegen keine direkt vergleichbaren Schätzungen vor. Zudem ist hier auch künftig nicht überall vollständiger Holzbau möglich. Durch Vergleich mit den gesamten heutigen Emissionen der Bauwirtschaft (7 Gt $CO_2$eq pro Jahr, wovon 4,4 Gt auf Zement und Stahl entfallen; Bajželj et al., 2013; Abb. 3.5-5) wird aber deutlich, dass es auch bei anderen Bauwerken und Aktivitäten des Bausektors noch erheblichen Dekarbonisierungsbedarf gibt, und für eine negative Netto-$CO_2$-Bilanz des Bausektors selbst ohne den Forstsektor noch größere Anstrengungen erforderlich sind.

### Wie wirkt sich Holzentnahme auf das Waldökosystem aus?

Als $CO_2$-Speicher ist Wald per se zur Eindämmung des Klimawandels wichtig (Leskinen et al., 2018), und mit Ausweitung bzw. Renaturierung der Forstfläche für Holzbau steigt die Menge des dort gebundenen $CO_2$ (Kap. 3.2). Langlebige Holzprodukte speichern jedoch mehr $CO_2$ als es dasselbe Holz im Wald tun würde (Oliver et al., 2014), da es dort früher Zersetzungsprozessen unterliegt und nur ein geringer Teil des Kohlenstoffs dauerhaft im Boden verbleibt. Sowohl zu der im Wald selbst (Erb et al., 2018) als auch im Waldboden (Sanderman et al., 2017) gespeicherten Menge Kohlenstoff gibt es Abschätzungen (Hennenberg et al., 2019), ebenso zur globalen Speicherung im Boden (Friedlingstein et al., 2019). Außerdem wird durch den Klimawandel bzw. daraus resultierenden Schäden durch Waldbrände, Hitzewellen, Dürren und Schädlinge tendenziell die Speicherfähigkeit des Waldes gesenkt (Churkina et al., 2020; Seidl et al., 2017; Ciais et al., 2005), wie für Europa bereits nachweisbar (Seidl et al., 2014; Reyer et al., 2017). Holzbau kann daher helfen, den $CO_2$-Verlust von Wald zu kompensieren (Churkina et al., 2020). Hinzu kommt, dass junge Wälder, also auch Wald nach der Ernte, mehr $CO_2$ pro Jahr aufnehmen als alte (Harmon et al., 1990). Auch die Nachhaltigkeitseffekte der Holzproduktion bzw. Forstwirtschaft müssen berücksichtigt werden, denn im Gegenzug zur C-Speicherung in Holzgebäuden werden (zumindest temporär) die Kohlenstoffvorräte in Waldökosystemen reduziert, bei (geringer) Zunahme der

THG-Emissionen der Forst- und Holzwirtschaft durch gesteigerte Produktion (UBA, 2017a: 68f.).

Zusammenfassend sind folgende Daten gegenüberzustellen: Der Holzbedarf für Bauen mit Holz statt Zement und Stahl für 2,3 Mrd. bis 2050 zusätzlich in Städten lebende Menschen wird bei einer durchschnittlichen Wohn- und Gewerbefläche von 30 m$^2$ pro Person global auf 0,51 Gt C pro Jahr geschätzt. Die aktuelle globale Holzernte liegt bei 1,3 Gt C pro Jahr, ungefähr 0,3 Gt C davon werden nachhaltig geerntet, das ungenutzte Potenzial liegt bei 0,68 Gt C. Allein im städtischen Bau könnten bis 2050 bis zu 7,7 Gt C in Holz gespeichert und 2,2 Gt C durch Substitution vermieden werden (Tab. 3.5-3). Gemindert wird das Senkenpotenzial durch die Menge an Kohlenstoff, die ohne Holzernte im Wald verbleiben würde.

Für die Maximierung des $CO_2$-Minderungs- und Speicherungseffekts sollten Holzhäuser eine Lebensdauer von 80-100 Jahren erreichen, durch Holzhäuser ersetzt und das Holz nach Abbruch bestmöglich in Kreisläufen genutzt werden. Abriss und Materialrecycling sind bei Holzbauten deutlich einfacher, denn Beton kann nicht hochwertig recycelt werden bzw. nur als Füllmaterial für neuen Beton dienen (WBGU, 2016a; Skullestad et al., 2016). Holz sollte über Kaskadennutzung möglichst lange in hochwertiger Form verwendet werden, was bereits in der Planungs- und Bauphase zu berücksichtigen ist (Churkina et al., 2020). Die mehrstufige Kaskadennutzung ist für Holz eine realistische und mengenmäßig relevante Option. Schon heute ist die Rückgewinnung von Bauholz in Deutschland wichtig, und Holz wird im Durchschnitt 1,57 mal genutzt (UBA, 2017a). Dieser Kaskadenfaktor hängt davon ab, in welchem Umfang Sägenebenprodukte, Recyclingmaterial und frisches Ausgangsmaterial in einer Bauphase eingesetzt werden. Auch erleichtert der Verzicht auf Behandlung des Holzes eine nachfolgende Nutzung. Eine direkte energetische Verwertung beeinflusst den Kaskadenfaktor negativ, eine mehrfache stoffliche Nutzung positiv. Angesichts des aktuellen Überangebots an Altholz in Deutschland sollte die Nachfrage für stoffliche Nachnutzungen erhöht werden, soweit angesichts der sinkenden Faserqualität von Altholz möglich (UBA, 2017a). Dies gilt vor allem für die Herstellung von Spanplatten und Bereiche der chemischen Industrie. Bei Präferenz stofflicher vor energetischen Verwertungen können auch niedrigstufige Kaskaden sinnvoll sein, wenn das substituierte Material (wie Beton) besonders schädlich ist. Beispiel für eine mehrstufige Kaskadennutzung (Kasten 3.5-2) in der Bauwirtschaft wäre die Nutzung von Rundholz für tragende, dann nicht tragende Bauelemente und folgend in Form von Biokohle als Dämmmaterial. Jene wird am Ende des Lebenszyklus als Bodenverbesserer in der Landwirtschaft eingesetzt, wo als positiver Nebeneffekt das gespeicherte $CO_2$ langfristig im Boden gebunden wird (Kasten 3.3-9).

Weitere Faktoren, welche die $CO_2$-Bilanz von Holzbau beeinflussen, weisen geringe oder schwer quantifizierbare Wirkungen auf. So ist Holz leichter als Zement (nur die Hälfte des Transportgewichts; Churkina et al., 2020) und benötigt deshalb bei gleicher Strecke weniger Transportenergie, wonach speziell die Nutzung lokaler Hölzer vorteilhaft ist. Doch ist die Verfügbarkeit von lokalem Holz oder Holzprodukten oft begrenzt. Skaleneffekte im Holzbau machen die Produktion effizienter und verringern den Ressourcen- und Energiebedarf.

Einige Hemmnisse und Barrieren verhindern die Ausweitung von Holzbau. Holz wird wegen seiner heterogenen Struktur und der Volumenschwankungen durch Aufnahme und Abgabe von Wasser z.T. als mangelhaftes Baumaterial angesehen; außerdem entsteht Mehraufwand, weil verschiedene Holzarten auch unterschiedliche Bearbeitungsweisen erfordern. Ferner müssen beim Holzbau optische Aspekte des Materials wie Astlöcher und Jahresringe, Beschränkungen durch Bauordnungen (Purkus et al., 2020), versicherungsrechtliche Implikationen, Brandschutzaspekte sowie bei Hochbauten Schwierigkeiten mit der Statik bedacht werden (Churkina et al., 2020), obwohl Holz bei Statik und Feuer sogar teils günstigere Eigenschaften aufweist als Beton. Auch ist Holzbau nicht für alle Regionen bzw. Klimazonen geeignet, weil z.B. zu wenig lokale Hölzer verfügbar sind. Neben fehlendem Wissen zu technischen Möglichkeiten stehen der Ausweitung des Holzbaus zudem institutionelle Pfadabhängigkeiten wie bestehende Machtstrukturen der konventionellen Wirtschaftszweige im Wege.

Neben Holzbau existieren weitere Möglichkeiten nachhaltigen Bauens, die jedoch nur begrenzte Klima- bzw. Umweltwirkung aufweisen oder in ihrer Anwendbarkeit eingeschränkt sind. Deshalb ist Holzbau die empfehlenswerte Mehrgewinnstrategie. Wo auch er an seine Grenzen stößt, etwa in den Tropen durch Luftfeuchtigkeit und Termiten (Findlay, 2013; Ghaly und Edwards, 2011) oder aufgrund der geringen Verfügbarkeit von Holz, können regional angepasste, oft traditionelle Bauweisen Lösungen bieten: Ein Beispiel ist der Lehm- und Ziegelbau (Volhard, 2016). Lehm lässt sich unbegrenzt häufig in gleicher Nutzungsart einsetzen und kann in der üblichen Kombination mit Holz in vielen Anwendungen Beton ersetzen, ist allerdings anfällig für Feuchtigkeit. Spezialisierte Bakterien können das Härten von Ziegeln übernehmen und so das energieintensive Brennen in Öfen obsolet machen (Raut et al., 2014; für Sandstein Bernardi et al., 2014; für Erdblöcke Irwan et al., 2016). „Lebender Beton", der mit Hilfe von Bakterien aushärtet (Mukherjee et al., 2013), ist nicht

**Kasten 3.5-8**

### Die EU-Holzhandelsverordnung als Ansatz einer nachhaltigen Biomassestrategie

Die nachhaltige landbasierte Biomassegewinnung hängt entscheidend von effektiven supranationalen Regelungen ab, die jedoch herausfordernd in der Umsetzung sind. Ein Beispiel bietet die seit März 2013 geltende EU-Holzhandelsverordnung (EU) 995/2010 (EU, 2010). Sie legt Pflichten für Marktteilnehmer fest, die als natürliche oder juristische Personen Holz und Holzerzeugnisse erstmalig in den Verkehr bringen, sowie für Händler, die jene Waren auf dem Binnenmarkt an- oder verkaufen. Korrespondierend regelt in Deutschland das Holzhandels-Sicherungs-Gesetz (HolzSiG) die Durchsetzung dieser EU-Verordnung. Nicht eingeschlossen sind Holzerzeugnisse, die aus bereits in Verkehr gebrachtem Holz gewonnen wurden.

Die Marktteilnehmer werden durch die EU-Verordnung zum Nachweis verpflichtet, dass Holz und Holzerzeugnisse aus legalem Einschlag stammen. Dabei müssen Sorgfaltspflichten erfüllt werden, die die Informationsbeschaffung bzw. Vorlage von Zertifikaten, den Einsatz von Risikobewertungsverfahren zum illegalen Holzeinschlag sowie von Risikominderungsverfahren betreffen. Deren Umsetzung können von der EU-Kommission anerkannte Überwachungsorganisationen stützen (in Deutschland z.B. die DIN CERTCO Gesellschaft für Konformitätsbewertung mbH), welche z.B. die ordnungsgemäße Anwendung überprüfen und bei Verstößen Maßnahmen einleiten. Die von den Marktteilnehmern zu leistenden Nachweise bzw. Sorgfaltspflichten werden regelmäßig von national bestimmten Behörden kontrolliert. Die Händler wiederum müssen die Rückverfolgbarkeit entlang der gesamten Lieferkette gewährleisten und deshalb sowohl ihre Lieferanten als auch ihre Abnehmer von Holz oder Holzerzeugnissen für die letzten fünf Jahre den zuständigen Behörden gegenüber benennen können. Insgesamt erlauben diese Auflagen, jede Lieferkette vollständig zurückzuverfolgen.

Für die Durchsetzung der EU-Regelungen ist in Deutschland laut HolzSiG die Bundesanstalt für Landwirtschaft und Ernährung (BLE) zuständig, falls es um Holz und Holzprodukte geht, die aus einem Drittstaat oder aus einem anderen EU-Mitgliedstaat nach Deutschland verbracht und hier erstmals in den Markt gebracht werden (§ 1 Abs. 2 HolzSiG). Die BLE wird dabei von den Zollbehörden unterstützt. Ansonsten obliegt die Kontrolle den nach Landesrecht zuständigen Behörden. Ergänzend können die Mitgliedstaaten, flankiert von der EU-Kommission, relevante Informationen bereitstellen, wie Hinweise zum illegalen Holzeinschlag – was den Marktteilnehmern die Risikobewertung erleichtert – und zur bestmöglichen Umsetzung der Verordnung. Von den Aufsichtsbehörden wird regelmäßig überprüft, ob die Marktteilnehmer ihre Pflichten ordnungsgemäß erfüllen und dies adäquat dokumentieren; hinzu kommen Stichproben vor Ort. Falls die zuständige Behörde Mängel feststellt, kann sie Maßnahmen vorschreiben – etwa die Beschlagnahme des Holzes oder die Verhängung eines Vermarktungsverbots – um künftige Verstöße zu verhindern (Art. 10 Abs. 5 VO (EU) 995/2010 iVm § 2 HolzSiG).

Trotz der EU-weiten Regelungen und Kontrollen gibt es jedoch Umsetzungslücken. So zeigt eine empirische Studie, dass von 540 befragten deutschen Marktteilnehmern nur etwa ein Drittel die Vorgaben zur Erfüllung der Sorgfaltspflichten de facto einhalten (Köthke, 2020). Während vor allem kleine Unternehmen erhebliche Lücken beim Kenntnisstand zu geltenden Regeln und bei ihrer Umsetzung zeigen, befolgen die größeren Unternehmen meist die Sorgfaltspflichten im Sinne der Verordnung, was den größten Teil der Holzimporte abdeckt. Es fehlen aber Daten dazu, in welchem Umfang gemäß HolzSiG in Deutschland Sanktionen wie Bußgeld- und Strafbescheide für das Inverkehrbringen von illegal geschlagenem Holz verhängt wurden.

Generell wird die EU-Holzhandelsverordnung zunehmend kritisiert. Zwar gilt sie als förderlicher Rahmen der europäischen Zusammenarbeit zur Bekämpfung des illegalen Holzhandels (Sieveking, 2014), doch fehlt es an verbindlichen Anforderungen (Bernhardt, 2019). Problematisch ist insbesondere die Bestimmung der Legalität des Holzes: Sie richtet sich nach nationalen Gesetzen in den Holzherkunftsländern und variiert somit je nach Herkunft, was speziell die Qualitätssicherung für Holz aus Staaten mit schwacher oder nicht durchgesetzter Umweltgesetzgebung erschwert (z.B. Brasilien). Auch unterscheiden sich die EU-Staaten hinsichtlich der Maßstäbe, die für ausreichende Sorgfaltspflichtsysteme angesetzt werden, sowie hinsichtlich der Auswahlkriterien für zu prüfende Unternehmen, der Kontrollen oder möglicher Strafen (gdholz.de/themen/eutr/; UNEP-WCMC, 2020). Dies führt zu Wettbewerbsverzerrungen, weil Holzimporteure in verschiedenen Ländern in der Praxis sehr unterschiedliche Standards erfüllen müssen. Selbst innerhalb einer Behörde können sich die für Sorgfaltspflichten angewandten Maßstäbe unterscheiden (Bernhardt, 2019: 188), was Unternehmen weiter verunsichert. Die Vereinbarkeit der EU-Holzhandelsverordnung mit WTO-Recht wurde zwar kontrovers diskutiert, es kam jedoch bisher nicht zu einem Verfahren (Brack, 2013; Fishman und Obidzinski, 2014; Zengerling, 2020: 17). Es mangelt an Belegen zur Durchsetzung der Verordnung (EU-Kommission, 2018f). Was Sanktionen betrifft, beschreiben NRO die Behörden als „freundliche Berater" der Marktteilnehmer, die allenfalls niedrige Bußgelder verhängen (Leipold, 2017: 46). Obwohl die EU-Staaten die Umsetzung der Verpflichtungen auch technisch unterstützen sollten, fehlt dies bisher in Deutschland, etwa in Form einer Muster-Sorgfaltspflichtregelung oder eines Online-Portals zum Datenaustausch über Risikokriterien.

Die inkonsistente Umsetzung der EU-Holzhandelsverordnung sowie die Verunsicherung ökonomischer Akteure weisen auf erheblichen Reformbedarf hin. Es müssten für alle Geltungsbereiche normierte, konkrete und an strengen Nachhaltigkeitskriterien orientierte Anforderungen geschaffen werden, um die Rechtssicherheit für die Marktteilnehmer zu erhöhen und die nicht nachhaltige Abholzung in fragilen Ökosystemen zu stoppen. Dringend sollten Importanforderungen über die Legalität hinaus verschärft werden, etwa im Rahmen eines EU-weit harmonisierten Zertifizierungsmechanismus (Zengerling, 2020: 17; Kap. 4.3). Solche Regeln sollten allerdings den Grundsatz der Inländergleichbehandlung berücksichtigen, um mit WTO-Recht vereinbar zu sein (Art. III GATT): Produkte aus einem anderen WTO-Staat dürfen nicht schlechter gestellt werden als solche aus inländischer Herstellung, sofern innerstaatliche und ausländische Produkte von denselben Regelungen betroffen sind. Auch das Verbot mengenmäßiger Beschränkungen (Art. XI GATT), das alle Maßnahmen umfasst, die den Marktzugang für ausländische Ware behindern, könnte von Zertifizierungsanforderungen betroffen sein. Um mit WTO-Recht vereinbar zu sein, müsste die Regelung so ausgestaltet sein, dass sie die Anforderungen des Art. XX GATT erfüllt. Dazu gehört auch eine gewisse Flexibilität im Nachweisverfahren (Zengerling, 2020: 17ff.). Auch im materiellen Recht der EU Economic Partnership Agreements sollten Mechanismen zur Eindämmung illegalen Holzeinschlags gestärkt werden (Zengerling, 2020: 54f.).

marktreif und in trockeneren Klimazonen inklusive der mittleren Breiten (u.a. Deutschland) vorerst nicht einsetzbar. Er ermöglicht jedoch potenziell THG-Einsparungen von 70–83% gegenüber konventionellem Beton (Myhr et al., 2019), weshalb diese Technik in Zukunft noch relevant sein könnte. In einigen Regionen, beispielsweise in Teilen Großbritanniens, spielt Steinbau noch eine wichtige Rolle (Hudson und Cosgrove, 2019). Bei den genannten Ansätzen schränken Ansprüche an Architektur, Kosten und Materialverfügbarkeit das globale Potenzial ein, auch wenn der Einsatz dieser Techniken regional durchaus ratsam sein kann. Ein weiterer relevanter Aspekt der Bauwirtschaft ist die schonende Sanierung. Sie kann dieselben nachhaltigen Bauweisen einsetzen wie der Neubau, wobei gebäudespezifische Besonderheiten beachtet werden müssen, wie Tiefbau. Gleiches gilt für Sonderbauten und Infrastrukturen, deren globaler Ausbau mit konventionellen Methoden auf westliches Niveau erhebliche $CO_2$-Emissionen verursachen würde (Müller et al., 2013).

Eine Umstellung auf nachhaltige, holzbasierte Bauweisen würde auch in der Stadtarchitektur und somit im Alltag wahrgenommen. Durch diese Sichtbarmachung trägt Holzbau in soziokultureller Hinsicht zur Großen Transformation zur Nachhaltigkeit bei, indem sich die Nutzer*innen von Holzhäusern näher mit deren Vorteilen auseinandersetzen. Der WBGU begrüßt daher ausdrücklich die hohe Gewichtung des nachhaltigen Bauens und der geplanten „Renovierungswelle“ der EU (EU-Kommission, 2020g) sowie deren Einbettung in ein „neues europäisches Bauhaus“, das „dem Systemwandel ein Gesicht [verleiht] um Nachhaltigkeit mit einer eigenen Ästhetik zu verbinden“, wie von der EU-Kommissionspräsidentin jüngst angekündigt (von der Leyen, 2020).

### 3.5.3.2
### Bestehende Instrumente zur Förderung des Holzbaus

Bereits heute fördern verschiedene Instrumente in Deutschland und Europa den Holzbau, wie z.B. die deutsche „Charta für Holz 2.0“ (BMEL, 2018a; Purkus et al., 2020), die sich an der Agenda 2030 der UN und am Klimaschutzziel von Paris orientiert. Vor allem nachhaltige Waldbewirtschaftung und Holzbau sollen zum Klimaschutz beitragen und eine hohe Wertschöpfung (absolut und relativ zur Waldfläche) erzielen. Verbindliche Ziele oder ordnungsrechtliche Vorgaben fehlen allerdings. Zum nachhaltigen Bauen gibt es bereits vielfältige Zertifizierungsmöglichkeiten, wie im Leitfaden Nachhaltiges Bauen (BMI, 2019) und Bewertungssystem Nachhaltiges Bauen für Bundesgebäude (BMVBS, 2010) für die Planungs- und Bauphase sowie für Bauen im Bestand beschrieben. Besonders die Berücksichtigung einer Ökobilanzierung nach DIN EN ISO 14040 und eine möglichst geringe Flächeninanspruchnahme sind zu begrüßen. Die Gewichtung ökologischer, ökonomischer und sozialer Aspekte sollte jedoch im Einzelfall geprüft und eine Untergewichtung ökologischer Qualität korrigiert werden. Regelungen der Landesebene kommen hinzu, wie die 2019 novellierte Bauordnung NRW (Ministerium des Innern des Landes Nordrhein-Westfalen, 2018), die jetzt stärker auf Holzbau ausgerichtet ist, ebenso wie in anderen Bundesländern (Walberg, 2016). Die Normgebung sollte jedoch noch weiter auf nachhaltigen Bau angepasst werden. Forschungsaktivitäten flankieren den Trend, z.B. zur Dämmung aus nachwachsenden Rohstoffen (BMEL-gefördertes Forschungsprojekt; Fraunhofer WKI, 2020).

Auf europäischer Ebene verbietet bei der Rohstoffversorgung seit 2013 die EU-Holzhandelsverordnung (EU, 2010) das Inverkehrbringen von Holzprodukten aus illegalen Quellen, uneinheitliche (und aus Umweltsicht oft zu niedrige) Standards und unzureichende Durchsetzung bleiben aber problematisch (Kasten 3.5-8). Laut des neuen EU-Aktionsplans zur Kreislaufwirtschaft (EU-Kommission, 2020e) spielt die nachhaltige Bauwirtschaft auch für den European Green Deal eine Rolle, z.B. soll die Recyclingfähigkeit von Gebäuden verbessert werden. Reduktionen der insgesamt genutzten Gebäudeflächen, die mitentscheidend für den Land- und Ressourcenverbrauch nicht nur von Holzbau sind, werden allerdings nicht thematisiert. Klare Zielvorgaben zur Reduktion von Ressourcenverbrauch und Emissionen durch Kreislaufwirtschaft und Holzbau fehlen auf EU-Ebene, und der Fokus liegt auf Konsument*innen statt den privaten und öffentlichen Sektoren (Pantzar und Suljada, 2020). Die ökologische Gebäudesanierung wird seitens der EU mit der Renovierungswelle-Initiative stärker in den Blick genommen (EU-Kommission, 2020g).

## 3.5.4
## Handlungsempfehlungen

Um Bioökonomie zukunftsfähig zu gestalten und dabei einen nachhaltigen Umgang mit Land zu ermöglichen sollten einerseits biogene Rohstoffe und neue technische Optionen genutzt werden, um emissionsintensive Prozesse und fossile Rohstoffe zu ersetzen. Andererseits sollte Sorge getragen werden, dass der entsprechende Biomasse- und Landbedarf weder in Industriestaaten noch in Entwicklungs- und Schwellenländern Biodiversität und Ernährungssicherheit gefährdet. Die Stärkung ausgewählter Anwendungen wie dem Holzbau sollte daher mit einem begrenzenden Rahmen für die

Bioökonomie insgesamt kombiniert werden, der einen nachhaltigen Umgang mit Land sicherstellt.

Um nachhaltigem Bauen weltweit zum Durchbruch zu verhelfen ist ein Gesamtkonzept u.a. für Rohstoffe, Innovationen, Ausbildung, Bau- und Ordnungsrecht erforderlich (Kap. 3.5.4.1), dazugehörige Forschungsempfehlungen folgen in Kapitel 3.5.5.1. Übergreifende Handlungs- und Forschungsempfehlungen für die Bioökonomie finden sich in Kapitel 3.5.4.2 und 3.5.5.2. Einige spezifische Empfehlungen zu Kreislaufwirtschaft, Bioenergie, Biokunststoffen und Sandabbau (Kästen in 3.5) werden dabei aufgegriffen und verallgemeinert.

### 3.5.4.1 Handlungsempfehlungen für Holzbau

Mit den folgenden Empfehlungen unterstützt, akzentuiert und ergänzt der WBGU die Vorschläge des Thünen-Instituts (Purkus et al., 2020) zur Überwindung von Pfadabhängigkeiten, Wissen und Wissensvermittlung sowie der Internalisierung von Umweltkosten als wichtigen Faktoren zur Förderung von Holzbau. Um gemäß der Pariser Klimaziele bis spätestens 2050 globale Klimaneutralität zu erreichen und lokale Umweltschäden substanziell zu reduzieren, sollte allerdings weltweit vom konventionellen auf nachhaltiges Bauen umgestellt werden, vor allem mit Holz aus einem insgesamt nachhaltigen Umgang mit Land. Um regionalen Unterschieden bei Ressourcenausstattung und demografischer Entwicklung sowie globalen Nachhaltigkeitsherausforderungen gleichermaßen gerecht zu werden, sind örtlich angepasste, aber länderübergreifend koordinierte Anstrengungen erforderlich. Deutschland und Europa sollten dabei eine Pionierrolle einnehmen; dies würde die Holz- und Bauwirtschaft zukunftsfähig machen und durch die hohe Sichtbarkeit von Holzgebäuden auch den Wandel zu einer nachhaltigen Lebensweise stärken, dessen Möglichkeiten auch im Rahmen eines „neuen europäischen Bauhaus" exploriert werden sollen (von der Leyen, 2020). Die Bundesregierung sollte daher aus Sicht des WBGU:

#### Mit internationalen Partnern eine weltweite „Mission nachhaltiges Bauen" ausrufen

Dieses Aktionsprogramm sollte die technische Entwicklung und großskalige Umsetzung nachhaltiger Bauweisen strategisch sicherstellen und dabei streng an eine nachhaltige Rohstoffversorgung binden. Eine solche Mission sollte möglichst viele Partner einbinden: Europäische und andere Staaten sowie insbesondere die Forst- und Bauwirtschaft, Wissenschaft und Zivilgesellschaft (ähnlich zur deutschen Charta für Holz (BMEL, 2018a), mit stärkerer Beteiligung von Umweltpolitik, Forschung und NRO). Vor allem die konventionelle Baubranche und einige Städte sind z.B. auch in einer Initiative des World Green Building Council organisiert (WGBC, 2019). Diese Partner sollten die vier folgend genannten Maßnahmenpakete (sowie zwei Forschungsschwerpunkte, Kap. 3.5.5.1) zusammen vorantreiben und Mittel auch für koordinierende Aktivitäten bereitstellen (z.B. ein ständiges Sekretariat). Existierende nationale und EU-Ansätze für nachhaltigen Holzbau sollten dabei in einen globalen Kontext gesetzt und thematisch erweitert werden. Außerdem können damit klare, verbindliche Ziele zum sukzessiven Ersatz konventioneller durch nachhaltige Baumaterialen verbunden werden, die zunächst vorrangig durch Deutschland bzw. die EU vorangetrieben, dann aber international ausgeweitet werden.

#### Globale Strategien zu nachhaltigen Rohstoffen und Baustoffnutzung entwickeln

Gemeinsame Strategieüberlegungen dazu, welche Technologien und Rohstoffe aus welchen Quellen die Bauwirtschaft weltweit nachhaltiger machen können, bilden das Kernstück einer „Mission nachhaltiges Bauen". Sie sollten von den beteiligten Partnern iterativ entwickelt werden und sich auf Forschung zu realisierbaren Rohstoffszenarien sowie zu neuen Baumaterialien und Bauweisen stützen (Kap. 3.5.5.1). Dabei sollten neben Landnutzungs- und Biomasseansprüchen für Ernährung, Umwelt- und Klimaschutz auch die regional unterschiedlichen Ausgangssituationen und Entwicklungen berücksichtigt werden. Dazu zählt die Ausstattung mit biogenen Ressourcen, Technologien, Akteuren der Baustoff- und Bauwirtschaft (Deloitte, 2019) und qualifizierten Arbeitskräften. Außerdem sind regionale Bautraditionen, Gebäudebestände, demografische Trends und daraus resultierende Baubedarfe relevant (z.B. energetische Sanierung in Europa, Städtewachstum in Afrika). Insbesondere die klimabedingt veränderlichen Rohstoffverfügbarkeiten, z.B. bei Nadelholz (BMEL, 2020b), erfordern strategische Abstimmungen zwischen der regionalen Forst- und Bauwirtschaft (z.B. zur Verwertung großer Schadholzmengen durch Fertigbauweise). Die Strategie könnte auch Vorschläge des World Green Building Council aufnehmen (WGBC, 2019).

#### Nachhaltige Rohstoffbereitstellung und Einpreisung von Umweltkosten im konventionellen Bau parallel verstärken

Die Internalisierung realer Kosten macht nachhaltiges Bauen (inkl. Recycling) relativ zum konventionellen Bauen attraktiver, steigert aber auch die Nachfrage nach biogenen Materialien, die nur aus nachhaltigen Quellen gedeckt werden sollte. Daher sollte z.B. eine höhere effektive $CO_2$-Bepreisung von Zement und Stahl im EU-ETS (und gegebenenfalls eine Border Tax sowie härtere Auflagen für Sand) mit einer Roadmap zur massiven Ausweitung der nachhaltigen Forstwirtschaft und des weltweiten Schutzes von Primärwäldern verbunden werden (wie bereits angestrebt: EU-Kommission, 2019b; Rat der Europäischen Union, 2019). Dafür sollte z. B. eine glaubwürdige Zertifizierung nachhaltiger Forstwirtschaft entwickelt (z. B. aus dem FSC-Siegel), vor allem in tropischen Regionen ausgeweitet, unabhängig kontrolliert und in der öffentlichen Beschaffung vorausgesetzt werden. Diese Zertifizierung sollte die Nutzung von Primärwäldern effektiv ausschließen und aktiv zu deren Schutz beitragen. Die EU-Holzhandelsverordnung sollte EU-weit konsequent durchgesetzt werden (Kasten 3.5-8), und mittelfristig sollten Nachhaltigkeitsauflagen für das gesamte gehandelte Holz gelten (Kap. 3.3.3.3, 4.2.6, 4.3.3). Eine wichtige Grundlage bietet die Stärkung des Rohstoffmonitorings (Kap. 4.2.4), für die Forstwirtschaft etwa durch das neue Waldinformationssystem „Forest Information System for Europe" (FISE), das Zustand, Gesundheit und Nachhaltigkeit der europäischen Wälder überwachen hilft (EU-Kommission, 2015b).

### Aus- und Weiterbildung für nachhaltiges Bauen stärken

Um alle Wertschöpfungsstufen des nachhaltigen Bauens weltweit und auch im ländlichen Raum zu etablieren, muss das nötige Wissen über zum Teil neue biogene Baumaterialen und nachhaltige Bauweisen (Kap. 3.5.5.1), Normen und Zertifizierungsansätze sowie Möglichkeiten und Voraussetzungen zur Erhaltung und Wiederverwendung der Materialien verbreitet werden. Ingenieurs- und duale Ausbildungsgänge sowie Fortbildungen zum nachhaltigen Bauen sollten in größerer Zahl, praxisnah, günstig und nicht nur von Branchenverbänden, sondern auch von Bildungseinrichtungen angeboten werden. Die Stärkung der Rolle von Frauen sollte in bestehende Fördermaßnahmen wie der „Richtlinie zur Förderung von Zuwendungen für KMU-innovativ: Bioökonomie" (BMBF, 2020a) integriert werden.

### In Industrieländern Holzbau etablieren: angepasste Regulierungen, Kreislaufwirtschaft, nachhaltiges öffentliches Bauen

Um die Benachteiligung nachhaltiger Bauweisen abzubauen und diese aktiv zu fördern, sollten erstens in vielen Ländern Bauvorschriften, also Normen und Standards (z. B. zu Statik, Windlast, Brandschutz und Dämmung) sowie Ordnungsrecht angepasst werden (in Deutschland z. B. Bauordnungs-, Abfall-, Handwerks-, Immissionsschutzrecht). Holzbau kann die Energieeffizienz von Gebäuden erhöhen und sollte auch bei energetischen Sanierungen konventionellem Bauen gleichgestellt werden (z. B. bei der „Renovation Wave"-Initiative, EU-Kommission, 2020g). Zweitens kann die Kreislaufwirtschaft durch Vorgaben zum Ökodesign von Gebäuden (Modularität, Wiederverwendbarkeit, Energieeffizienz), die verbesserte Zertifizierung nachhaltiger Baumaterialien und Bauweisen (z. B. wiederverwendbare chemisch behandelte Holzprodukte; Kap. 3.5.5.1), die Trennung belasteter Hölzer beim Abriss sowie die Standardisierung von Altholzprodukten gestärkt werden. Vorgaben bzw. finanzielle Anreize sollten die Wiederverwendung und Kaskadennutzung (statt energetischer Nutzung) fördern. Drittens sollte in Deutschland und der EU die öffentliche Hand selbst ausschließlich nachhaltig bzw. mit Holz bauen (in Deutschland gemäß eines weiterentwickelten Leitfadens des BMVBS, 2010) und die öffentliche Bauförderung mit Nachhaltigkeitsauflagen versehen werden (sofern es sich um sozial begründete Wohnbauförderung handelt, kann gegebenenfalls die Fördersumme aufgestockt werden). Dabei sollte nicht einfach nur Holz aus bereits nachhaltiger Forstwirtschaft bezogen, sondern auch die Zertifizierung zusätzlicher Quellen aktiv unterstützt werden.

### Nachhaltiges Bauen in Entwicklungs- und Schwellenländern: Entwicklung regionaler, nachhaltiger Baustoff- und Bauwirtschaft

Vor allem Länder mit hohem Zubaubedarf oder hohem nachhaltigen Ressourcenpotenzial (unter Berücksichtigung von ökologischen Grenzen und Ernährungssicherung) sollten von der Rohstofferzeugung über deren Verarbeitung (z. T. für den Export) bis hin zu Planung, Bau, Erhaltung und Wiederverwendung regional angepasster nachhaltiger Gebäude unterstützt werden. Konkret sollte durch die Partner der „Mission nachhaltiges Bauen" – insbesondere Akteure der Entwicklungs-, Umwelt-, Außen- und Handelspolitik, Investitionsbanken, Bauwirtschaft und -forschung – ein dreiteiliges Programm aufgelegt werden. Es verknüpft (1) die Förderung lokaler Land- und Forstwirte gemeinsam mit (möglichst lokalen) F&E-Einrichtungen und Unternehmen zur Entwicklung einer nachhaltigen, regional angepassten Baustoffproduktion und möglichst zementarmen Bauweise mit (2) einem lokalen Investitions- und (3) einem internationalen bzw. bilateralen Handelsprogramm (z. B. verbesserte Technologietransfers).

## 3.5.4.2 Handlungsempfehlungen für Bioökonomie insgesamt

Um nachhaltiges Bauen und weitere sinnvolle Anwendungsgebiete der Bioökonomie (entsprechend Kap. 3.5.2.2) stärken zu können, ohne Ernährungssicherheit und Biodiversität zu gefährden, braucht die nachhaltige Landnutzung für Bioökonomie auch übergreifend einen begrenzenden Rahmen und dessen verantwortungsvolle Ausgestaltung. Hierzu formuliert der WBGU folgende Handlungsempfehlungen:

### Ökosystemschutz und Begrenztheit nachhaltiger Ressourcenpotenziale als Vorbedingung der Bioökonomie ernst nehmen

Der Ausbau der Bioökonomie (Kap. 3.5.1) und die verstärkte Nutzung biobasierter Ressourcen sollte explizit an Vorbedingungen des Ökosystemschutzes geknüpft werden, insbesondere den verantwortungsvollen Umgang mit Land sowie Biomassenutzung nach bestimmter Priorisierung und innerhalb von planetarischen Grenzen. Konkret sollte die Bundesregierung ihre Nachhaltigkeits- und Bioökonomiestrategien sowie ihre Innovationsförderung (Kap. 3.5.5.1) stärker an diesen Bedingungen ausrichten, die bisher in Leitlinien und Rahmenbedingungen nur „weich" enthalten sind. Darüber hinaus sollte sie quantifizierte, verbindliche Ziele zur absoluten Reduktion des Verbrauchs biogener Primärressourcen festlegen (Kasten 3.5-2). Aktuell enthält die deutsche Nachhaltigkeitsstrategie nur das Ziel einer um 1,6% jährlich steigenden Rohstoffproduktivität (Bundesregierung, 2018). Außerdem sollte sie ein konsistentes System verbindlicher Nachhaltigkeitsauflagen, finanzieller Anreize und des Rohstoffmonitoring für die gesamte produzierte und gehandelte Biomasse anstreben (bei der Durchsetzung entsprechender Nachweispflichten könnten Erfahrungen mit der Holzhandelsverordnung der EU genutzt werden, Kasten 3.5-8; auch ein Lieferkettengesetz böte Anknüpfungspunkte; Kap. 3.3.2.4; Rudloff und Wieck, 2020). Die resultierenden Verteilungswirkungen (vor allem über Land-, Lebensmittel- und Rohstoffpreise) sollten berücksichtigt werden. Da letztere Empfehlungen neben der Bioökonomie auch die Nachfrage für Ernährung (Kap. 3.4) und direkt den Umgang mit Land betreffen (Kap. 3.1–3.3), werden sie übergreifend in Kapitel 4.2 und speziell für die EU in Kapitel 4.3 weiter ausgearbeitet.

### Nicht biobasierte klimafreundliche Alternativtechnologien ausschöpfen und aktuelle Biomassenutzungen anpassen

Potenziale, fossile Rohstoffe über Nachfragereduktion, Effizienzsteigerungen und nicht biobasierte emissionsarme Technologien einzusparen, sollten bestmöglich ausgeschöpft werden (Kap. 3.5.2.2), vor allem beim gut elektrifizierbaren landgebundenen Verkehr und bei der Energieerzeugung, wo Biomassenutzung mit und ohne CCS schnell an politische und Nachhaltigkeitsgrenzen stößt (Heck et al., 2018; Roe et al., 2019; Kasten 3.5-3). Klimapolitische Maßnahmen wie $CO_2$-Preise, Emissionshandel oder Subventionen sollten Wirkungen auf den Biomasseeinsatz berücksichtigen. Auch traditionelle energetische Verwendungen in Entwicklungs- und Schwellenländern sowie Energieerzeugung aus Holzpellets oder Biokraftstoffen sollten durch nicht biobasierte Technologien ersetzt bzw. effizienter gemacht werden, z. B. durch fortgesetzte Entwicklungszusammenarbeit in Programmen wie EnDev oder GET.pro (GiZ, 2020a, b) bzw. energiepolitische Auflagen wie die der EU (2018a). Die Verringerung des Biomassebedarfs sollte in erster Linie der Erhaltung und Restauration von Ökosystemen dienen; z. T. würde aber auch Biomasse für Anwendungen „freigesetzt", für die andere emissionsarme Alternativen mittelfristig in ausreichendem Umfang fehlen (z. B. Luftverkehr) oder Kohlenstoff langfristig gebunden bleibt (z. B. Holzbau).

### Einsatz effizienzsteigernder Innovationen favorisieren und Wiederverwendung stärken

Biobasierte Innovationen, effizienzsteigernde Technologien und Kreislaufwirtschaft sollten vor allem zum Ökosystemschutz beitragen, indem sie die Rohstoffnachfrage deutlich verringern. Dies sollte sich in entsprechenden Investitions- wie Innovationsprogrammen widerspiegeln (Kap. 3.5.5.2). Kreislauf- und Kaskadennutzung (Kasten 3.5.2-1) können z. B. über Ökodesign- (inklusive der Reduzierung „kreislaufbehindernder" chemischer Behandlungen), Rücknahme- und Recyclingvorgaben sowie Standardisierung gefördert werden, auch für biobasierte Kunststoffe. Vorhandene Ansätze in der EU und in Deutschland (EU-Kommission, 2020b; SRU, 2020) sollten biogene Produkte und Materialien noch stärker einbeziehen und ambitionierter werden, um trotz zunehmender Substitution emissionsintensiver Rohstoffe durch Biomasse den Gesamtbedarf an Primärrohstoffen zu senken.

### Übergang zur nachhaltigen Bioökonomie in gesellschaftliche Transformation einbetten

Aufgrund der Notwendigkeit einer vollständigen Dekarbonisierung ist die Bioökonomie (zusammen mit Kreislaufwirtschaft, nicht biogenen emissionsarmen Ressourcen sowie erneuerbaren Energien) kein Konzept für einen einzelnen Sektor, sondern für die Gesamtwirtschaft, und sollte daher in eine breite gesellschaftliche Transformation eingebettet werden (Kap. 4). Aber „die angestrebte Transformation und die Wege dorthin müssen mit geeigneten Verfahren zur Diskussion und Entscheidung gestellt werden, um eine demokratische Teilhabe zu ermöglichen." (Albrecht et al., 2012:36; s. auch WBGU, 2011:55). Als erste Schritte sollten im neuen Bioökonomierat (BMEL, 2020) vor allem (globaler) Umweltschutz und Zivilgesellschaft stärker als bisher repräsentiert werden. Es sollte in Bildung und Ausbildung zur Bioökonomie, deren Stärkung in vielen Bioökonomiestrategien angestrebt wird

(Chinthapalli et al., 2019; IAC, 2018; Bioökonomierat, 2013), investiert werden, mit Einbezug auch kritischer Perspektiven auf einen Ausbau der Bioökonomie (Kasten 3.5-1) und z.B. des Themas Ressourcenbegrenzung. Integrierte Modelle (z.B. „Bioprincipled City"; Bioökonomierat, o.J.) sollten als Leitideen systematisch in Planungsansätze eingebunden werden. Bioökonomiestrategien sollten nicht nur z.B. mit der Nachhaltigkeits-, sondern z.B. mit grundlegenden Landwirtschafts- und wirtschaftspolitischen Strategien (im Sinne übergreifender Szenarien und Strategien für den nachhaltigen Umgang mit Land) sowie dem noch zu entwickelnden Programm zum „neuen europäischen Bauhaus" (von der Leyen, 2020) synchronisiert werden.

## 3.5.5 Forschungsempfehlungen

### 3.5.5.1 Forschungsempfehlungen zum Holzbau

Als Bestandteil der „Mission nachhaltiges Bauen" zur Förderung des Holzbaus mittels eines multilateralen und intersektoralen Politik- und Forschungsverbunds (Kap. 3.5.4.1) empfiehlt der WBGU:

#### Wissensbasis und Szenarien zu nachhaltig verfügbaren biogenen Rohstoffpotenzialen für die Bauwirtschaft verbessern

Die Entwicklung einer Strategie zur Transformation des Bauens weltweit (Kap. 3.5.4.1, erste Empfehlung) erfordert die detaillierte Erfassung und Prognose von Rohstoffpotenzialen (etwa Holz, Bambus, Papyrus), also der aktuellen Produktion und Nutzungen, Substitutionsmöglichkeiten (z.B. bei traditioneller Bioenergie; Kasten 3.5-3), ökologischen Grenzen und zukünftigen Veränderungen auch durch den Klimawandel. Entsprechende Forschung zum nachhaltigen Bauen sollte eingebettet werden in Potenzialabschätzungen für die Bioökonomie insgesamt (siehe Empfehlung unten).

#### Nachhaltige Baumaterialien und Bauweisen sowie deren Normierung und Zertifizierung weiterentwickeln

Relevante Baumaterialien sind sowohl biogene Werkstoffe auf Basis von Nadelholz (bisher im Holzbau vorherrschend, im Zuge des Klimawandels gegebenenfalls weniger verfügbar) als auch zunehmend Laubholz, Bambus und Papyrus, andere nicht biogene klimafreundliche Materialien (z.B. Lehm, Ziegel, Naturstein) oder emissionsreduzierter Zement (z.B. „lebender Beton"). Bei der Weiterentwicklung nachhaltiger Bauweisen auf Basis nachhaltiger Baustoffe sollten die THG-Emissionen über den gesamten Lebenszyklus, Langlebigkeit, „Reparierbarkeit" und flexible Nutzbarkeit von Gebäuden sowie die Weiterverwendung von ganzen Bauteilen oder Materialien berücksichtigt werden. Dazu sollten Bau(material)forschungsinstitute in die „Mission nachhaltiges Bauen" (Kap. 3.5.4.1) eingebunden und noch stärker international vernetzt werden. Die Weiterentwicklung und Verbreitung internationaler Normen, Standards und Zertifizierungen zu nachhaltigen Baumaterialien und Bauweisen sollte ebenfalls unterstützt werden.

### 3.5.5.2 Forschungsempfehlungen für Bioökonomie insgesamt

Zu Forschungsaufgaben einer nachhaltigen Bioökonomie formuliert der WBGU folgende Empfehlungen, die an obige Handlungsempfehlungen und teils an bestehende Ansätze z.B. des BMBF anknüpfen („Bioökonomie als gesellschaftlicher Wandel"; BMBF, 2019), dabei jedoch Ansätze zur Entschärfung des Trilemmas im Umgang mit Land in den Fokus rücken:

#### Erfassung und Prognose von Biomasseangebot und -nachfrage verbessern

Das Monitoring des Biomasseeinsatzes für verschiedene Teilbereiche der Bioökonomie (BMBF, 2019) sowie Angebots- und Nachfrageprognosen (IPCC, 2019b: Chapter 6) sollten fortgeführt und methodisch weiter verfeinert werden, um zum einen Zielkonflikte zwischen verschiedenen Biomassenutzungen (Fajardy et al., 2019) und zum anderen verfügbare und künftig erforderliche Flächen und deren Biomasseproduktionspotenziale zu analysieren. Dabei sollten regionale Spezifika, die weltweite Ernährungssicherung sowie die globale Erhaltung von Biodiversität berücksichtigt werden. Beispiele sind Analysen zu den Potenzialen landwirtschaftlicher Nebenprodukte oder für Nahrungsmittelanbau weniger geeigneter, marginaler Landwirtschaftsflächen für die nicht ernährungsbezogene Bioökonomie (Kap. 3.5.1). Dies ist auch für die Steigerung und Diversifizierung kleinbäuerlicher Einkommen vor allem in Entwicklungs- und Schwellenländern bedeutsam. Weitere Verteilungsaspekte und deren Erforschung werden in Kapitel 4.2.5.3 thematisiert.

#### Angewandte Forschung speziell zu nachhaltigkeitsorientierten Einsatzbereichen und Technologiefeldern der Bioökonomie vorantreiben

Forschungs- und Technologieförderung sollte mehr als zuvor (Kasten 3.5.1-1) Ansätze berücksichtigen, welche die „Reichweite" der begrenzt verfügbaren Biomasse erhöhen. Dies ist zum einen Forschung und Entwicklung zu Wiederverwendungs- und Recyclingmöglichkeiten sowie zu Effizienzpotenzialen und nicht biobasierten Alternativen zu energetischen „Brückentechnologie"-Anwendungen von Biomasse, z.B. für Flug-, Schiffs-, Schwerlastverkehr, Stromspeicherung, industrielle Wärme und Entfernung von $CO_2$ aus der Atmosphäre (Kap. 3.1; Kasten 3.5-3). Zum anderen sollten Verfahrenstechniken für Bioraffinerien weiterentwickelt werden, um deren Effizienz und Einbindung in Kreislaufwirtschaft und Kaskadennutzung zu verbessern, hin zur digital optimierten „Bioraffinerie 4.0". Außerdem sollte Forschung zu potenziellen Biomassegewinnen durch künstliche Photosynthese und zum erweiterten Einsatz von Aquakulturen vorangetrieben werden.

## 3.6 Zusammenspiel und Umsetzung von Mehrgewinnstrategien

Nach der Darstellung exemplarischer Mehrgewinnstrategien, mit denen das Trilemma der Landnutzung überwunden werden kann, geht es in diesem Abschnitt um das mögliche Zusammenspiel zwischen Mehrgewinnstrategien und um Wege zur konkreten Umsetzung in einem integrierten Landschaftsansatz.

### 3.6.1 Zusammenspiel zwischen Mehrgewinnstrategien: Beispiele

Klimaschutz, Biodiversitätserhaltung und Ernährungssicherung sind komplementäre und eng miteinander verknüpfte Ziele, die mittels der beschriebenen Mehrgewinnstrategien zum Teil gleichzeitig unterstützt werden können. Im Folgenden werden drei Beispiele vorgestellt, die zusätzliche Synergien zwischen Mehrgewinnstrategien verdeutlichen:

#### Nexus Schutzgebietssysteme, Aufforstung und Holzbau

Die Ausweitung von Schutzgebieten (in denen effektiver Ökosystem- und Biodiversitätsschutz das prioritäre Ziel ist) sowie ihre Vernetzung über Korridore lässt sich in vielen Gebieten mit der Renaturierung degradierter Flächen und der Wiederaufforstung naturnaher, biodiverser Wälder kombinieren. Dies bietet nicht nur relevante Potenziale zur Kohlenstoffbindung, sondern dient auch der Wiederherstellung und Förderung biologischer Vielfalt. Bei der Planung großflächiger Renaturierungsprojekte sollten daher immer vorhandene Schutzgebietssysteme einbezogen und entsprechende Synergien mit der Erhaltung biologischer Vielfalt aktiv gesucht werden. Langfristig kann Holz aus der nachhaltigen Nutzung renaturierter Wälder zudem als Alternative für knappe oder mit hohen THG-Emissionen einhergehende Baumaterialien dienen.

#### Nexus Landwirtschaft, Agrobiodiversität und Schutzgebiete

Nachhaltige Landwirtschaft kann in Schutzgebietssystemen sinnvoll sein, allerdings nur, wenn sie für den dort prioritären Schutzzweck erforderlich oder damit vereinbar ist. So können viele Schutzgebietssysteme in ihren zwischen Schutz und nachhaltiger Nutzung abgestuften Kategorien (Kasten 3.2-1) so genutzt werden, dass sie neben der Biodiversitätserhaltung gleichzeitig als natürlicher Kohlenstoffspeicher und $CO_2$-Senke dienen sowie der lokalen Bevölkerung Grundlage für Ernährung und Einkommen bieten. Es gibt zudem Synergien bei der Erhaltung alter Kulturlandschaften, deren biologische Vielfalt und insbesondere Agrobiodiversität von der extensiven nachhaltigen Nutzung abhängt. Dort lassen sich *in situ* traditionelle Kultursorten durch Anbau und Nutzung erhalten. Die Erhaltung der genetischer Vielfalt von wildverwandten Arten unserer Kulturpflanzen ist in manchen Schutzgebieten ein weiterer wichtiger Schutzzweck. Umgekehrt sollte bei der Landwirtschaft immer darauf geachtet werden, in der Landschaft neben Produktionsflächen auch naturnahe Biotope zu erhalten, da sie nicht nur wichtige Elemente im Netzwerk der Ökosysteme bilden, sondern auch Ökosystemleistungen und Resilienzpotenziale für die Landwirtschaft bereitstellen.

#### Nexus Ernährungsstile, Landwirtschaft und Bioökonomie

Eine sinkende Nachfrage nach Tierprodukten kann die Flächenkonkurrenz zwischen Ernährung und Bioökonomie entschärfen helfen, da sie den zur Sicherung der Ernährung notwendigen Flächenbedarf reduziert. Freiwerdende Flächen können zumindest teilweise für den Anbau landwirtschaftlicher Produkte zur Befriedigung der wachsenden Nachfrage aus der Bioökonomie genutzt werden. Auch eine diversifizierte Landwirtschaft, die z.B. Agroforstwirtschaft, konservierende Landwirtschaft, Einsatz von Biokohle und verbessertes Waldmanagement umfasst, kann Nutzungskonkurrenzen abschwächen. In Agroforstsystemen können Bäume beispielsweise so ausgewählt werden, dass sie auch Produkte für die Bioökonomie erzeugen wie z.B. Kautschuk oder Bauholz.

### 3.6.2 Umsetzung von Mehrgewinnstrategien im Kontext des integrierten Landschaftsansatzes

Die Implementierung eines integrierten Landschaftsansatzes (Kasten 2.3-3) kann dabei helfen, die Synergiepotenziale der oben skizzierten Mehrgewinnstrategien zu heben. Der integrierte Landschaftsansatz zielt auf die Zusammenschau ökologischer, ökonomischer und soziokultureller Sachverhalte und Interessen, er ist stark partizipativ, teilhabeorientiert und transdisziplinär angelegt, hat prioritär die Ermöglichung von Synergien im Blick und kann damit zu einer Entschärfung von Landnutzungskonkurrenzen beitragen (Kasten 2.3-3; IPBES, 2018a, 2019a; Sayer et al., 2013; Arts et al., 2017). Für die konkrete Umsetzung der dargestellten Mehrgewinnstrategien sind integrierte Landschaftsplanung und Landschafts-Governance von zentraler Bedeutung.

Nachhaltige Landnutzung im Rahmen eines integrierten Landschaftsansatzes setzt auf Multifunktionalität von und in Landschaften und ist im Vergleich zu rein sektoralen Ansätzen (z.B. von Landwirtschaft, Forstwirtschaft, Bergbau, Tourismus, Natur- und Klimaschutz) stark auf die Partizipation der Akteure und die Nutzung von Synergien ausgerichtet. Das heißt, unterschiedliche Nutzungen stehen dabei nicht in Konkurrenz zueinander, sondern sie können ineinander übergehen oder aufeinander folgen – etwa als landwirtschaftlich genutzte Schutzflächen, als Agroforstflächen mit $CO_2$-Senkenwirkung für den Klimaschutz oder als Renaturierungsfläche für verschiedenste Zielsetzungen. Solche Synergien ergeben und erhalten sich jedoch nicht von selbst, sondern müssen von den beteiligten Akteuren (z.B. Land- und Forstwirt*innen, Landschaftsplaner*innen) gestaltet, miteinander vereinbart und vorangetrieben werden. Dabei sollten auch Fernwirkungen und Verlagerungseffekte im Blick behalten werden (Kap. 2.3.1, 4.2.5). Lokale Maßnahmen sollten entsprechend so ausgerichtet werden, dass sie mit den planetarischen Leitplanken (Kasten 2.3-1) im Einklang stehen – diese betreffen die Begrenzung des Klimawandels und der Ozeanversauerung, die u.a. einen Stopp der $CO_2$-Emissionen erfordern, die Begrenzung des Verlusts biologischer Vielfalt durch einen Stopp der anthropogenen Treiber dieses Verlusts, den Stopp der Land- und Bodendegradation, die Begrenzung der Gefährdung durch langlebige Schadstoffe durch einen Stopp ihrer Freisetzung sowie den Stopp des Verlustes von Phosphor.

Zur Umsetzung des integrierten Landschaftsansatzes kommen Instrumente der Landschafts-Governance (IPBES, 2019a) zum Einsatz, welche flexible Formen der Planung nutzt, auch um bestehende administrative Grenzen überschreiten zu können (Kap. 4.2.3). Landschafts-Governance hat das Zusammenspiel von staatlichen Institutionen, der Wirtschaft und der Zivilgesellschaft auf der Landschaftsebene im Blick, sie ist auf iteratives, adaptives Management und kontinuierliches Lernen über lange Zeiträume ausgerichtet und setzt explizit auf eine umfassende Teilhabe der Zivilgesellschaft und anderer Akteursgruppen (mehr als nur Anhörungen und Einspruchsmöglichkeiten), auch unter Anwendung transdiziplinärer Ansätze (Görg, 2007; Sayer et al., 2013).

Diese integrierte Herangehensweise benötigt Informationen und Rahmenbedingungen, die bei Abwägungen im Fall von Zielkonflikten Orientierung bieten und Irreversibilität der Landnutzung sowie unerwünschte Fernwirkungen adressieren. Allerdings gibt es dafür keine Blaupause. Die Eigenarten der Naturräume und Kulturlandschaften machen auch die Ausgestaltung der Rahmenbedingungen und die Auswahl von Politikinstrumenten kontextspezifisch.

Das folgende Kapitel 4 setzt hier an und diskutiert Transformations- und Rahmenbedingungen zugunsten einer Landwende. Es adressiert dabei die Rolle privater Akteure als Pionier*innen für eine solidarische Landwende ebenso wie die Möglichkeiten staatlicher und überstaatlicher Governance, einen nachhaltigen Umgang mit Land zu befördern.

# TRANSFORMATIVE GOVERNANCE FÜR EINEN SOLIDARISCHEN UMGANG MIT LAND

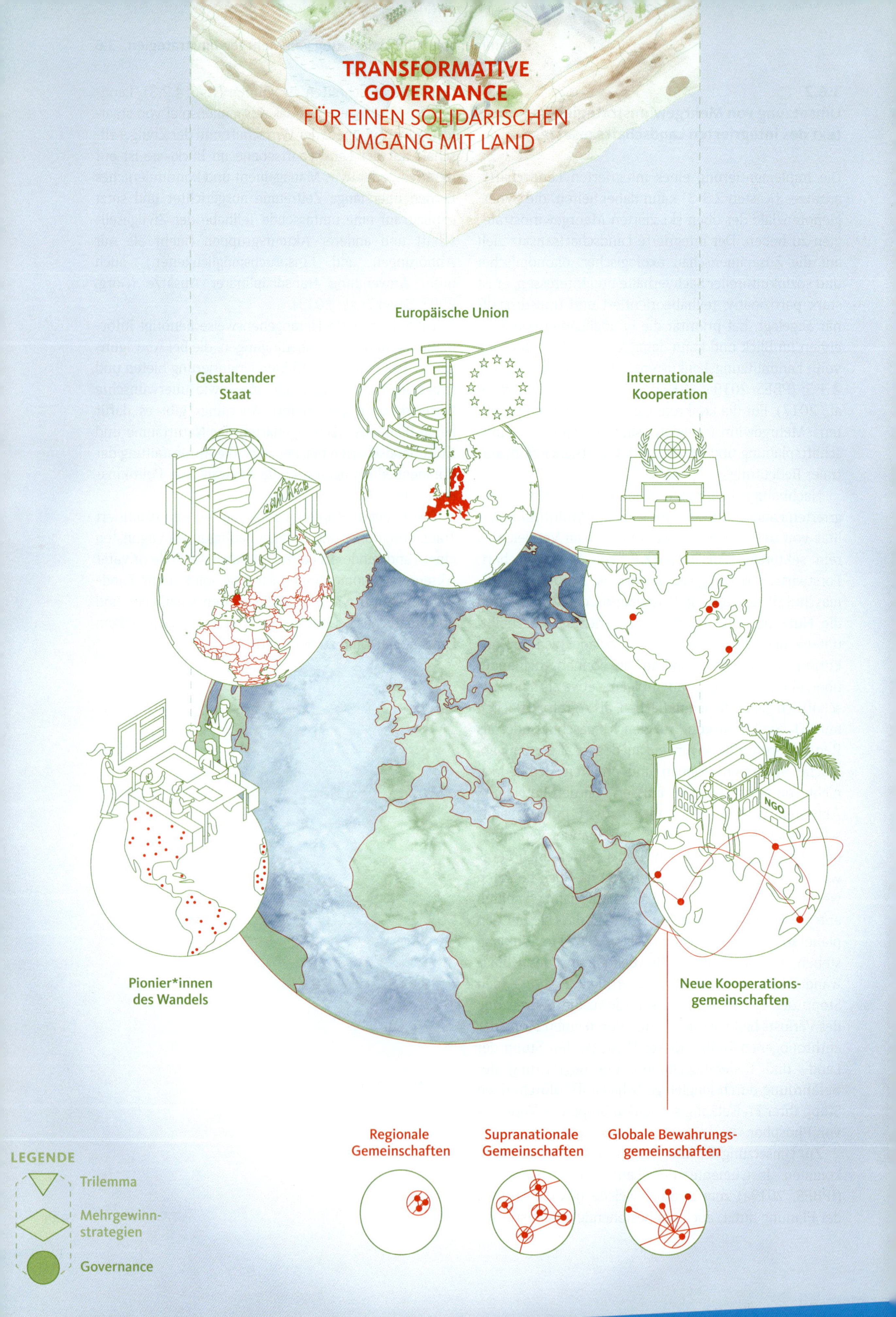

# Transformative Governance für einen solidarischen Umgang mit Land

# 4

**Für die Transformation zu einem nachhaltigen Umgang mit Land sollten (1) Innovationsimpulse durch Pionier*innen des Wandels unterstützt werden. (2) Staaten sollten durch finanzielle Anreize, ambitionierte Nachhaltigkeitsstandards und Raumplanung den Landschaftsansatz fördern. Die EU sollte in diesem Sinne (3) den European Green Deal nutzen und ihre Agrarpolitik in eine Ökosystempolitik überführen. Bestehende internationale Prozesse sollten (4) auf einem Global Land Summit stärker koordiniert werden und (5) regionale, supranationale und globale Kooperationsgemeinschaften für eine globale Landwende eingesetzt werden.**

Die Grundaussage dieses Gutachtens in einem einfachen Satz könnte lauten: unser heutiger globaler Umgang mit Land ist ein akutes, systemisches Problem, dem wir aber mit klugem, synergistischem Handeln und solidarischer Verantwortungsübernahme in Multi-Akteur-Partnerschaften begegnen können. Wie die Mehrgewinnstrategien (Kap. 3) exemplarisch zeigen, ist ein nachhaltiger Umgang mit Land in vielen Bereichen möglich. Doch was sind hierfür die Gestaltungsbedingungen? Die Mehrgewinnstrategien bieten Ansatzpunkte für wichtige Veränderungen, doch die globale Landwende im Anthropozän ist eine transformative Herausforderung, die weit über einzelne Mehrgewinnstrategien hinausgeht.

Solidarischer Umgang mit Land ist auf engagierte Bürger*innen als Treiber von Wandel angewiesen: bei Konsum und Lebensstil, in der land- und forstwirtschaftlichen Praxis, im Naturschutz und bei professionellem wie gesellschaftlichem Engagement. Und er braucht ebenso engagierte Multiplikator*innen und Unterstützer*innen, die Solidarität ermöglichen und dabei helfen, Bedingungen zu schaffen, um auch schwierige Kontexte zu bewältigen und Beharrungskräfte zu überwinden. Die globale Landwende verlangt förderliche politisch-rechtliche Rahmensetzung durch gestaltungswillige Staaten. Gerade weil fast das gesamte „Land" der Erde nationaler Territorialität und folglich nationalstaatlicher Kontrolle unterliegt, konterkarieren Nationalstaaten und dort an Einzelinteressen orientierte ökonomische Akteure oftmals das Ziel einer globalen Landwende. Die Auflösung dieses Spannungsverhältnisses zwischen einzelstaatlich-nationalen und globalen Zielen wird nur durch multilaterale Kooperation gelingen. Für diesen Bedarf entwickelt der WBGU Lösungen; sowohl für die bestehenden als auch für neue Formen multilateraler Kooperation in breiten Multi-Akteur-Partnerschaften. Wie diese „Transformative Governance für einen solidarischen Umgang mit Land" gestaltet werden kann, um die transformative Herausforderung einer globalen Landwende zu meistern, wird in diesem Kapitel skizziert. Governance bezeichnet dabei im Allgemeinen die „Gesamtheit der vielfältigen Steuerungs- und Regelungsformen gesellschaftlicher Sachverhalte" (Risse und Lehmkuhl, 2006). Globale Nachhaltigkeits-Governance im Speziellen umfasst das Gesamtsystem von Institutionen, (öffentlichen wie privaten) Akteuren, (formellen wie informellen) Steuerungsprozessen sowie verbindliche und freiwillige Regelungsinstrumente zum Umgang mit globalen Nachhaltigkeitsproblemen (Pattberg und Widerberg, 2015). Um der transformativen Zielsetzung dieses Kapitels Rechnung zu tragen, orientiert sich der Aufbau an fünf zentralen Akteuren und Hebeln einer gelingenden Transformation zur Nachhaltigkeit (WBGU, 2011;

**Kasten 4-1**

### Landwende als zentraler Baustein der Transformation zur Nachhaltigkeit

Im Jahr 2011 formulierte der WBGU das Erfordernis einer großen Transformation zur Nachhaltigkeit als (welt-)gesellschaftliches Projekt zur Bewältigung der drängenden Zukunftsfragen (WBGU, 2011). Dieser Kasten rekapituliert knapp die konzeptionellen „Zutaten" dieses transformativen Wandels in Bezug auf die Notwendigkeit einer globalen Landwende. Als drei wesentliche Transformationsfelder identifizierte der WBGU (2011) den Energiesektor (Fokus in WBGU, 2011), die Urbanisierung (Fokus in WBGU, 2016a) und den Umgang mit Land. Für jedes dieser Felder ist eine Wende weg vom Status Quo und bisherigen Pfaden und Praktiken hin zur Nachhaltigkeit erforderlich. Für einen solchen transformativen, also nicht lediglich inkrementellen Wandel sind alle gesellschaftlichen Akteure – Staat, Wissenschaft, Wirtschaft, Zivilgesellschaft – gefordert, in einen Lernprozess einzutreten. Im Zusammenspiel dieser Akteure innerhalb der verschiedenen gesellschaftlichen Teilsysteme verändert sich schließlich auch das gesellschaftliche Gesamtsystem (Geels und Schot, 2007).

Dabei sind es immer konkrete Individuen und Gruppen – in ihren unterschiedlichen Rollen, Funktionen und Praktiken – die konkrete Veränderungen anstoßen (WBGU, 2011). Deshalb sind Nischenaktivitäten für Transformationsprozesse so relevant: Im geschützten Raum der Nische können neue Ideen und Praktiken erdacht und erprobt werden, so dass Innovationen entstehen. In einer zeitlichen Perspektive bestehen dann manche dieser Veränderungsimpulse und entwachsen der Nische; sie finden gesellschaftlich breitere Beachtung, verändern gesellschaftliche, gemeinsame Normalität, prägen selbst oder werden geprägt durch neue Gesetze, wissenschaftliche Untersuchungen, Marktstrukturen, soziale Praktiken oder Technologieentwicklung (sogenannte „Regimedimension"; z. B. Geels und Schot, 2007). Für die hier betrachtete Transformation hin zu einem solidarischen Umgang mit Land kommt integrativen Lern- und Austauschprozessen und dem vielfachen Erproben solidarischer Lebensstile eine besondere Rolle zu. Mit dem Konzept der solidarischen Lebensqualität hat der WBGU schon zuvor (WBGU, 2016a, b) ein Leitbild vorgeschlagen, das verantwortlich handelnde Individuen in den Blick nimmt und z. B. deren Rolle als private Konsument*innen nicht künstlich von der Rolle der Bürger*innen trennt. Der WBGU plädiert für eine differenzierte Sichtweise auf die Veränderbarkeit von Lebensstilen, die einerseits eingebettet sind in spezifische Handlungskontexte (infrastrukturelle Einschränkungen, kulturelle Zwänge), aber auch Freiheitsgrade und Gelegenheitsfenster für Veränderung aufweisen.

Ein erfolgreiches Mainstreaming im Sinne einer breiten Berücksichtigung transformativer Impulse ist konstitutiv für transformativen Wandel: Transformative Veränderungen sind angewiesen auf starke Bündnisse und förderliche Bedingungen einerseits sowie auf integrative Umsetzung und Strategien zur Überwindung manifester Blockaden andererseits. Beispiele reichen von sozialen Bewegungen wie Fridays For Future über wissenschaftliche Erkenntnisprozesse wie IPCC und IPBES bis hin zu Technologiedurchbrüchen oder veränderten Marktstrukturen.

Transformativer Wandel findet schließlich in Abhängigkeit von, aber auch Wechselwirkung mit ökologischen, ökonomischen und rechtlichen Systembedingungen statt, deren Veränderbarkeit eher träge ist (z. B. einige Ökosystemkontexte, Wirtschafts- und Eigentumsordnung). Ein gestaltender Staat ist aufgefordert, Rahmenbedingungen zu schaffen, die soziale Innovation für nachhaltige Entwicklung umfassend fördern und eine Verantwortungsübernahme aller Akteure einfordern und unterstützen. Dabei sollte er seine Funktion so wahrnehmen, dass Mitsprache, Mitbestimmungs- und Mitwirkungsmöglichkeiten der Zivilgesellschaft gefördert werden. So agiert er im Sinne der eigenen Zukunftsfähigkeit (WBGU, 2011).

Handlungsbedarf besteht nicht nur für Staaten oder Staatenbündnisse wie die EU. Die globale Landwende bedarf ebenso wie die globale Klima-, die Biodiversitäts- und die Ernährungskrise zwischenstaatlicher Kooperation in den relevanten Foren der UN und anderer internationaler Organisationen. Der Handlungsbedarf zur Bearbeitung globaler Probleme sollte allerdings nicht auf internationale, also zwischenstaatliche, Politiken und Arenen verkürzt werden. Der WBGU betont deshalb die Notwendigkeit einer polyzentrischen Verantwortungsarchitektur zur Lösung globaler Probleme (WBGU, 2016a), d. h. die Relevanz vieler staatlicher wie nicht staatlicher Akteure und ihrem wechselseitigem Handeln innerhalb und zwischen den gängigen politischen Handlungsebenen von lokal, national bis inter- und transnational (Dorsch und Flachsland, 2017). Dabei spielt weiterhin die besondere Legitimation staatlicher Akteure und deren Fähigkeit zur Orchestrierung von Akteurshandeln eine zentrale Rolle.

Kasten 4-1). Pioniere des Wandels können individuelle Wirkmacht in ihren Nischen entwickeln und als Multiplikator*innen breit entfalten sowie nachhaltige Innovationen entwerfen und erproben (Kap. 4.1). Staaten können den transformativen Wandel als Gestaltungsaufgabe annehmen und umsetzen (Kap. 4.2). Die EU ist auf den grenzüberschreitenden Kooperationswillen ihrer Mitgliedstaaten angewiesen, kann jedoch als supranationale Rechtsgemeinschaft auch selbst gestaltend tätig werden (Kap. 4.3). Schließlich kann bestehende internationale Kooperation von Staaten kraftvoll weiterentwickelt (Kap. 4.4) und durch die Errichtung neuartiger multilateraler Kooperationsgemeinschaften gemeinsames Handeln für eine globale Landwende neu motiviert werden (Kap. 4.5).

## 4.1 Pionier*innen des Wandels: Akteure zur Verantwortungsübernahme ermächtigen

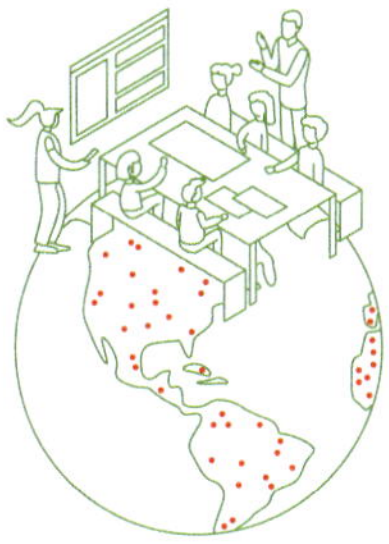

Weltweit steigt sowohl die Zahl der Analysen zu den Bedrohungen durch den Klimawandel als auch die Bereitschaft, zum Klimaschutz beizutragen (WBGU, 2011). Aktuelle Studien (BMU und UBA, 2018; Bouman et al., 2020; Poortinga et al., 2018) bestätigen diesen Trend. Mit dem Pariser Klimaübereinkommen und dem Beschluss der UN-Nachhaltigkeitsziele (SDGs) 2015 fand dieser Wertewandel prominent durch die Staatengemeinschaft Berücksichtigung.

Vielfältige Akteure aus allen gesellschaftlichen Sektoren sind an solchen Wandlungsprozessen beteiligt. Mit dem Konzept der Pionier*innen des Wandels sind hier individuelle Akteure gemeint, die aus persönlichem Engagement heraus Verantwortung für einen transformativen Wandel übernehmen wollen (Schneidewind, 2018; WBGU, 2011:255ff.). Damit soll nicht negiert werden, dass auch Unternehmen, Initiativgruppen oder Verbände als Pionier*innen des Wandels betrachtet werden können. Der WBGU beleuchtet hier individuelle Akteure, die in ganz unterschiedlichen Rollen Verantwortung für die Transformation übernehmen: in der Rolle als Konsument*in durch bewusst solidarische Konsumentscheidungen, in der Rolle als Bürger*in und Teil der Zivilgesellschaft durch das Einklagen und Unterstützen entsprechender transformativer Politiken, aber auch durch Initiative in der Rolle als Unternehmer*in oder Wissenschaftler*in.

In diesem Teilkapitel werden Pionier*innen des Wandels als solidarische Konsument*innen (Kap. 4.1.1) und in weiteren Rollen (Kap. 4.1.2) beschrieben, die bewusst zur Überwindung des Trilemmas beitragen. Ausgehend von der Idee des Mehrgewinns werden solche Akteure und Initiativen betrachtet, die sich auf mehrere Trilemmadimensionen beziehen und somit mehrfach zu einem nachhaltigen Umgang mit Land beitragen. Dabei werden insbesondere Rahmenbedingungen analysiert, die derartiges Pioniertum ermöglichen und unterstützen. Den Abschluss bilden übergeordnete Gestaltungsempfehlungen (Kap. 4.1.3).

### 4.1.1 Möglichkeiten und Grenzen eines nachhaltigen solidarischen Konsums

Täglich wächst die Zahl der Bürger*innen, die durch ihre Konsumentscheidungen und ihre Lebensstile Verantwortung für eine nachhaltige Gesellschaft übernehmen wollen (KPMG, 2020; z.B. für den Energiebereich: Poortinga et al., 2018). Für dieses Phänomen und zugleich für den damit verbundenen normativen Anspruch hat der WBGU den Begriff der „solidarischen Lebensqualität" geprägt (WBGU, 2016a). Dass solidarischer Konsum auch den Umgang mit Land und Inanspruchnahme von Ökosystemleistungen einbezieht, wird in unterschiedlichen Konsumbereichen deutlich: So steigt international der Marktanteil von fair gehandelten Produkten seit Jahren (er betrug 2019 ca. 9 Mrd. €). Der Anteil von Biolebensmitteln am gesamten Lebensmittelumsatz ist in Deutschland seit 2001 ebenfalls gestiegen und liegt derzeit bei knapp 10% (UBA, 2019a). Auch zertifiziertes Holz hat einen wachsenden Markt (Kap. 3.5.3); in Deutschland erzielen PEFC- und FSC-zertifizierte Holzprodukte in Baumärkten einen Marktanteil von über 90% (UBA, 2017b), und seit Frühjahr 2019 berichten deutsche Gartenbau- und Gartenhandelsverbände (z.B. der Verband Deutscher Garten-Center e.V. und der Zentralverband Gartenbau e.V.) eine deutliche Nachfragesteigerung bei bienenfreundlichen Pflanzen (ZVG, 2019).

#### Welche Rahmenbedingungen befördern die Entwicklung von solidarischem Konsum?

Der WBGU nimmt hier eine systemische Sichtweise auf individuelles Konsumverhalten und die Veränderbarkeit von Lebensstilen ein. Er sieht letztere einerseits eingebettet in Konsumkontexte: Konsumstile werden durch Angebot, Produktpreise und kulturelle Normen geprägt und beeinflusst. Andererseits bestehen auch Freiheitsgrade und Gelegenheitsfenster für bewusste Veränderung alltäglicher Konsumpraktiken und für bewusste Entscheidungen (Jaeger-Erben, 2010; WBGU, 2014). Auslöser für solche Konsumbewegungen können Initiativen sein, die solidarischen Konsum gezielt unterstützen. Teilweise wurden diese Initiativen von einzelnen Pionier*innen geschaffen, wie z.B. die Unternehmerin Claudia Langner, die 2010 die Informationsplattform Utopia gründete, um interessierte Konsument*innen mit Wissen über Alternativprodukte (z.B. über FSC-Zertifizierung) zu versorgen; oder es handelt sich um Initiativen zivilgesellschaftlicher Organisationen, wie etwa die regelmäßige Information des WWF über Konsumbereiche, die gravierende Auswirkungen auf Klima, Landnutzung und soziale Nachhaltigkeit haben. Solche Initiativen verbreiten wissenschaftlich

**Kasten 4.1-1**

## Citizen Science: Bürger*innen als Pionier*innen des Wandels in Wissenschaft und SDG-Monitoring

Citizen Science (kurz CS) zielt auf erweiterte öffentliche Teilhabe an der wissenschaftlichen Praxis durch Unterstützung alternativer Formen kollaborativer Wissensproduktion (Hecker et al., 2018). Neben einer generellen Stärkung von Forschungsaktivitäten und der gezielten Förderung inter- und transdisziplinärer Inhalte eröffnen sich Chancen, Bürger*innen und ihr Wissen besser einzubeziehen, bis hin zu einer neuen, ergänzenden Datenquelle für SDG-Monitoring und Reporting (Abb. 4.1-1) und stärkerer Partizipation. Beides sind wichtige Elemente für die Transformation des Umgangs mit Land. Ersteres ermöglicht deren präzisere Gestaltung mittels einer verbesserten Analyse von Ausgangslage und Veränderungen. Letzteres stärkt Umweltbewusstsein und Vernetzung von Akteuren ebenso wie die Teilhabe im Transformationsprozess.

CS könnte entsprechend der von Fritz et al. (2019) vorgelegten Roadmap unter UN-Leitung in die formalen SDG-Reportmechanismen integriert werden, wozu jedoch auch Innovationen in nationalen statistischen Ämtern und ein Fokus der CS-Community auf die Identifikation solcher Indikatoren nötig sei, wo substanzielle Beiträge möglich sind. Dafür wäre eine globale Unterstützung lokaler CS-Projekte erforderlich, die jeweils unterschiedliche Ausgangsbedingungen reflektiert. Dies wäre ein Grundstein, um soziale Innovation zu ermöglichen, durch die Bürger*innen sowohl zu verbessertem Monitoring als auch der Implementierung von SDGs beitragen können (Fritz et al., 2019: 929). Shulla et al. (2020) haben ebenfalls mögliche Kollaborationskanäle zwischen CS und SDGs untersucht (Tab. 4.1-1). Sie differenzieren dabei fünf Einflusssphären für CS, welche auf unterschiedlichen Ebenen zusammenwirken können:

1. im Rahmen von Multi-Stakeholder-Partnerschaften auf nationaler und internationaler Ebene,
2. durch individuelle Beiträge,
3. durch Integration in politische Prozesse,
4. durch Bildung sowie
5. durch SDG Monitoring und Reporting.

Im Vergleich zu diesem weitgehend ungenutzten Potenzial von CS erscheint die Vision eines globalen Echtzeit-Monitoring auf Basis von Big Data (Jaric et al., 2020; Kasten 3.2-2) weitaus weniger praktikabel. Daher sollte CS sowohl zur Verbesserung der Forschungsdatenbasis als auch von Monitoring bis hin zu den SDGs durch gezielte Förderung ausgebaut werden (Kästen 3.1-2, 3.2-2, 4.2-5). Open-Source-Anwendungen für CS sollten mit Blick sowohl auf lokale Einbettung als auch auf internationale Skalierbarkeit (weiter-)entwickelt

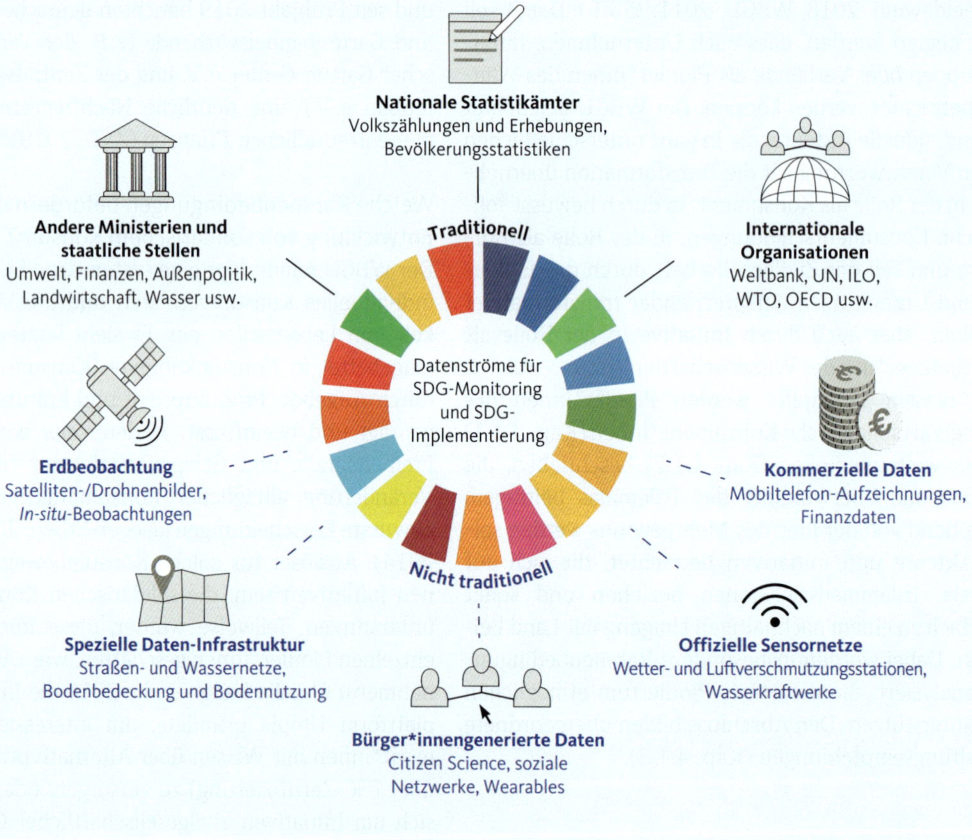


**Abbildung 4.1-1**
Citizen Science als zusätzliche Datenquelle für SDG-Monitoring und SDG-Implementierung sowie fünf Dimensionen entsprechender Daten.
Quelle: Fritz et al., 2019:924f.

**Tabelle 4.1-1**
Interaktionsschema für Citizen Science und Agenda 2030.
Quelle: WBGU, eigene Darstellung nach Shulla et al., 2020:9

| Citizen Science Bottom-up | Interaktionspfade | Agenda 2030 Top-down |
|---|---|---|
| international organisierte CS-Netzwerke | internationale Partnerschaften für SDGs (a) | internationale Organisationen |
| nationale CS-Netzwerke | nationale Partnerschaften für SDGs (a) | Mitgliedstaaten |
| CS in öffentlicher Politik | SDGs bei nationaler/lokaler Politik | nationale/lokale Regierungen |
| CS in Organisationen | SDGs bei Strategien und Aktionen (b) (c) (e) (d) | Unternehmen, Wissenschafts-betriebe, NRO |
| CS und Wissenschaftler*innen | SDGs in Projekten/Forschung (b) (d) (e) | Wissenschafts-Community |
| Individuen oder Gruppen, die CS durchführen | SDGs in individueller Handlung (b) (e) | Öffentlichkeit |

sowie in ein interoperables Open-Data-Ökosystem integriert werden. Auch im Rahmen der European Open Science Cloud und der Nationalen Forschungsdateninfrastruktur sollte die Integration von CS-Daten und Praktiken verstärkt gefördert werden.

fundierte Hintergrundinformationen und stellen Handlungswissen bereit, bis hin zu konkreten Handlungsmöglichkeiten, z.B. durch Alternativangebote.

Studien weisen allerdings darauf hin, dass Problem- und Handlungswissen allein in der Regel nicht zu verändertem Konsumverhalten führen (Bamberg und Möser, 2007). Faktoren, die einen nachhaltigen Konsum beeinflussen können, sind in einer Reihe umweltpsychologischer Studien untersucht worden. Einen Überblick, in welchen Rollen Individuen sich an der Transformation beteiligen und Hinweise auf aktuelle Studien geben Nielsen et al. (2020). Konsument*innen, die Möglichkeiten zum solidarischen Handeln suchen, bringen meist bereits eine starke ökologische Orientierung mit und sind in ein soziales Umfeld eingebettet, das ökologisches Handeln von ihnen erwartet (Gifford und Nilsson, 2014). Für die tatsächliche Nutzung der neuen Verhaltensoptionen sind auf Seiten der Konsument*innen dann weitere Bedingungen wichtig: Studien aus dem Bereich des nachhaltigen Konsums zeigen die Relevanz von Selbstwirksamkeitserwartungen, also der Überzeugung, durch das eigene Handeln einen sinnvollen Beitrag zu leisten, die Bedeutung sozialer Normen (Schultz et al., 2018) sowie insbesondere das Vorhandensein individueller Ressourcen (Zeit und Geld). Damit deuten sich auch wichtige Hemmnisse für die Verwirklichung eines solidarischen Lebensstils an.

### Hemmnisse für die Übernahme von Verantwortung

Aus psychologischer Sicht sind für eine Verhaltensänderung hin zu einem nachhaltigen Konsum Handlungstypen nach Handlungsbedingungen und Grenzen der Veränderbarkeit zu unterscheiden (Stern, 2000; Nielsen et al., 2020). Der gezielt suffiziente, also sparsame und geteilte Konsum (geringere Nutzung, Verzicht, Reparieren, Teilen, Wiederverwenden) wird stark von der ökologischen Motivation und subjektiven Normen (die Erwartungen wichtiger anderer Personen) sowie von Selbstwirksamkeitserwartungen beeinflusst (zur Modellierung von individuellen Nutzungsänderungen siehe z.B. Klöckner und Blöbaum, 2010; Steg und Nordlund, 2018). Limitierende Faktoren für Veränderung liegen überwiegend in der Person der Konsument*in, etwa im Ausmaß der Habitualisierung des Verhaltens sowie in der teilweise noch fehlenden sozialen Anerkennung bzw. in widersprechenden kulturellen Normen (z.B. bei der Reduktion des Fleischkonsums; Rees et al., 2018; Kap. 3.4).

Entscheidungen für nachhaltige alternative Produkte (energieeffiziente Geräte, ökologische Baumaterialien, nachhaltig erzeugte Nahrungsmittel) bzw. Dienstleistungen (sanfter Tourismus, „too good to go") unterliegen zwar auch dem Einfluss einer ökologischen Orientierung (Kastner und Matthies, 2016), aber in geringerem Maße als suffizienter Konsum. Relevantere Faktoren sind hier neben der Verfügbarkeit oder dem Aufwand für die Entscheidungsfindung der Preis und die finanziellen Ressourcen, insbesondere bei größeren Investitionen (Wolske et al., 2017).

Diese Hemmnisse treten vor allem im Bereich des landbezogenen Konsums (Ernährung, Kauf von Holzprodukten, Bauen usw.) auf. Nachhaltige Produkte und Dienstleistungen sind den Konsument*innen aktuell nur eingeschränkt zugänglich. Zwar bieten neben Naturkostfachgeschäften mittlerweile auch Discounter Bio- und Fairtrade-Produkte an, aber nicht in einer mit konventionell hergestellten Produkten vergleichbar großen Auswahl (in Europa hat Dänemark mit 11% den höchsten Gesamtanteil von Bioprodukten am Lebensmittelumsatz; Foodwatch, 2020; Statista, 2020; BÖLW, 2019). Hier erweist sich der aufgrund der fehlenden Internalisierung relativ höhere Preis nachhaltig erzeugter Produkte als zusätzliches Hemmnis für die Kaufbereitschaft von Konsument*innen. Auch beim Bau eines Eigenheims ist die ökologische Variante des Holzbaus nicht der Regelfall. Zum einen werden z.B. schlüsselfertige Reiheneigenheime in Deutschland – im Unterschied zu Skandinavien – selten als Holzbauten angeboten, auch weil Holzbau teurer ist (Kap. 3.5.3). Bei neuen Technologien bestehen zum anderen häufig Informationsdefizite zu Ungunsten der Neuerung. So gibt es Vorbehalte gegen die Holzbauweise (Venables et al., 2004) und auch Nachhaltigkeitszertifizierungen von Holz sind umstritten (Kap. 3.5.3).

### 4.1.2 Pionier*innen des Wandels in wirkmächtigen Rollen

Pionier*innen des Wandels können skalierbare Veränderungen anstoßen und erproben (Kasten 4-1). Solche Veränderungen zeigen sich nicht nur in konkreten Initiativen und Handlungen, sondern auch im Entwickeln wünschenswerter Zukunftsbilder und dem Schaffen der Ausgangslage für Veränderungen auf politischer, institutioneller, ökonomischer und technischer Ebene (Schneidewind, 2018). Neben nachhaltig und damit solidarisch konsumierenden Individuen können etwa Investor*innen, Produzent*innen und Partizipierende in Organisationen und Institutionen oder Gemeinschaften (neben sozialen und kulturellen auch religiöse) als Pionier*innen des Wandels zu einer globalen Landwende beitragen (Schneidewind, 2018: 457f.).

Auch wenn derzeit noch Hemmnisse für einen transformativen Wandel des Umgangs mit Land bestehen, zeigen Pionier*innen vielfältig, wie die eigenen Handlungsräume erweitert werden können. Trotz ungünstiger Anreize und hinderlicher Strukturen suchen sie Nischen auf und entfalten Wirkung. Im Folgenden werden exemplarisch Akteure der Landwende mit Blick auf die in diesem Gutachten entworfenen Mehrgewinnstrategien (Kap. 3) beleuchtet. Daran schließt sich eine Auseinandersetzung mit bestehenden Rahmenbedingungen an und eine Identifikation von Punkten, an denen Politik ansetzen kann, um Handlungsräume für Pionier*innen des Wandels zu erweitern.

Einige Akteur*innen überwinden zusätzlich soziokulturelle Barrieren und leisten gerade deshalb einen zentralen Beitrag zum Erfolg der nachhaltigen Landwende. Wichtige Barrieren sind etwa genderbasierte Diskriminierung (Kasten 2.3-2), Rassismus und Ungerechtigkeit zwischen den Generationen. Beispielsweise treiben auch Frauen* schon heute die Große Transformation als Pionier*innen des Wandels voran (Röhr et al., 2018a). Jedoch wird ihr Beitrag von der in allen Ländern der Welt ausgeprägten Diskriminierung behindert (UN Women, 2019) und damit der Erfolg der nachhaltigen Landwende riskiert (Shukla et al., 2019:7; IPBES, 2018a; FAO, 2019d). Trotz der steigenden Aufmerksamkeit, die die Themen Gendergerechtigkeit und Umweltschutz in den letzten Jahren erfahren haben, kommen Reformprozesse in diesem wichtigen Nexus-Bereich schleppend voran. Aktuell fehlt es Forschung und Praxis an differenzierten Daten um Barrieren, Zwänge, Transformationsmöglichkeiten und Wechselwirkungen zwischen der globalen Landwende und den diversen Lebensrealitäten aller Gendergruppen zu berücksichtigen (UNEP und IUCN, 2018; Röhr et al., 2018; UNEP, 2016).

#### Pionier*innen des Wandels an der Schnittstelle zu Institutionen

Bürger*innen können sich in institutionellen Rollen, etwa im Rahmen von Nichtregierungsorganisationen (NRO), zu Pionier*innen des Wandels entwickeln. NRO, wie z.B. Umweltverbände, haben eine große Hebelwirkung, da sie neben Aktivitäten und Unterstützungsangeboten auch entsprechende Werte vermitteln. Dabei können sie aus Sicht des WBGU vor allem in drei Funktionen besondere Wirkung entfalten:

1. übergreifend als „Sachwalter" eines nachhaltigen Umgangs mit Land (z.B. IUCN, The Nature Conservancy, Commonland, Friends of the Earth),
2. in der Kommunikation wissenschaftlicher Ergebnisse an die Zivilgesellschaft, Wissen aufbereitend und Informationen anbietend (z.B. WWF, BUND, 350.org, Earthwatch),
3. als Aktive, Vorbilder und (praktische) Unterstützer solidarischer Lebensstile (z.B. WIR, Rainforest Alliance, NABU, 1t.org).

Darüber hinaus können sie eine gesellschaftliche und rechtliche Kontrollfunktion ausüben, indem sie staatliche Stellen bei der Umsetzung von Umweltrecht überprüfen und bei Mängeln diese – je nach den rechtlichen Voraussetzungen – auch einklagen können (zur Verbandsklage: Schlacke, 2019: 134f.). Im Rahmen ihrer Unterstützung nachhaltig-solidarischer Lebensstile können sie auftretende Barrieren und Hemmnisse sammeln (etwa mangelnde Auswahlmöglichkeiten, Informationslücken, rechtliche Barrieren für neue Praktiken; Kap. 3.4), aufbereiten und sich für deren Beseitigung einsetzen. Auch die Wissenschaft kann an der Schnittstelle zwischen Wissenschaft und Zivilgesellschaft wirken, etwa indem sie Citizen Science wirksam einbindet und damit zu Lernprozessen und Bewusstseinswandel beiträgt (Kasten 4.1-1).

### Beispiele für wirkmächtige Pionier*innen in der Landwende

Neben NRO finden sich auch individuelle Pionier*innen, die für die Landwende und die Überwindung des Trilemmas eintreten. Hierbei handelt es sich vor allem um Landeigentümer*innen, Verfügungsberechtigte über Ressourcen, Land- und Forstwirt*innen sowie Bau- und Zimmerleute.

Landeigentümer*innen gehen mit Land nachhaltig um, wenn sie ihre Flächen für eine diversifizierte Bewirtschaftung nutzen oder anderen zur Verfügung stellen, so dass weitere Nachhaltigkeitsinteressen verfolgt werden können, etwa die Entwicklung lokaler Energieerzeugungs- und -versorgungskonzepte (Schön et al., 2019), die private Errichtung von Schutzgebieten (Kap. 3.2) oder Renaturierungsaktivitäten (Kap. 3.1). So kann z.B. eine Verpachtung von Flächen an die Bedingung einer nachhaltigen Nutzung geknüpft werden. Eher „passive" Eigentümer*innen von Land- oder Forstflächen können von anderen Eigentümer*innen zur Umstellung auf nachhaltige Nutzungsformen motiviert werden. Schön et al. (2019) diskutieren darüber hinaus den Einsatz von Landmanager*innen, die analog zu Klimaschutzmanager*innen übergreifend „im besten Sinne zwischen allen Stühlen angesiedelt [sind], über stabsstellenartige Kompetenzen, hoheitliche Befugnisse und eine ordentliche Ressourcenausstattung verfügen, um ihre Aufgaben wirksam wahrnehmen zu können" (Schön et al., 2019:25). Zu diesen Aufgaben zählt etwa zwischen unterschiedlichen Nutzungsinteressen und -möglichkeiten zu vermitteln (Kulturlandschaftsmanagement). Genauso können Ressourceneigentümer*innen, die über große finanzielle Mittel verfügen, ihren Besitz nachhaltigen Initiativen, Stiftungen und Unternehmungen spenden oder zur Errichtung von Schutzgebietsystemen oder diversifizierten Produktionsfirmen einsetzen. Der schweizerische Verein „Organisation für Menschen und Naturrechte" etwa verfolgt die Grundidee, „Land und Natur als unverkäuflich und generell schützenswert zu etablieren [sowie] dieses Land zur reinen ökologischen und nachhaltiger wirtschaftlicher Nutzung kostenfrei an unsere Mitmenschen weiterzugeben" (OFMUN, 2020). Nachhaltige Organisationen wie ProVeg, Greenpeace oder Oro Verde bieten an, Testamentspenden zu organisieren.

Auch Land- und Forstwirt*innen treiben als Nutzer*innen von Land und Erzeuger*innen von Produkten die Landwende voran, etwa durch eine Umstrukturierung der eigenen Betriebe und eine Diversifizierung der Produktion (Kap. 3.3) oder durch eine Umstellung auf Kreislaufwirtschaft (Kap. 3.5; Beispiel Hansalim: Kasten 4.1-2). Auch die Verankerung von Lehrangeboten und Werten in Ausbildungsplänen (etwa Center for Integrated Agricultural Systems, USA) oder die Vernetzung untereinander wirken transformativ, und es entstehen dadurch nachhaltige Bündnisse wie etwa die Initiative „Wir haben es satt!" (Kap. 3.4).

Bau- und Zimmerleute sowie andere Handwerker*innen agieren als Pionier*innen des Wandels, wenn sie nachhaltige Baukonzepte umsetzen (Kap. 3.5-3; Beispiel Thoma: Kasten 4.1-2) und so eine Nachfrage nach nachhaltigen Rohstoffen erzeugen, die wiederum durch Land- und Forstwirt*innen bedient wird. Auch hier wird mittlerweile Nachhaltigkeit in Ausbildungsplänen verankert (ZDH, 2020). Ein weiterer Unternehmensbereich, in dem Pionier*innen des Wandels agieren, ist die Gastronomie mit vielfältigen Beispielen von Initiativen zur Umstellung auf ein nachhaltiges Speisenangebot (Kap. 3.4; Beispiel Amass: Kasten 4.1-2).

Diesen Pionier*innen gelingt es, sich trotz allgemein bestehender Hemmnisse innovativ und transformativ im Sinne der Landwende zu engagieren. Für die globale Umweltbewegung existieren dabei herausragende Pionier*innen, die für ihr Engagement internationale Anerkennung genießen, wie etwa die Biologin, Renaturiererin und Gründerin des Green Belt Movement Prof. Wangari Maathai (Kasten 3.1-5). Stellvertretend für viele weitere solcher Pionier*innen werden entlang der in diesem Gutachten vorgestellten Mehrgewinnstrategien in Kasten 4.1-2 weitere Akteure illustriert.

Die exemplarisch dargestellten Pionier*innen des Wandels zeigen, dass aus ganz verschiedenen und teilweise sehr individuellen Beweggründen Innovationen für eine Landwende geboren werden können. Auch wenn sich das transformative Potenzial erst entfaltet, wenn die Ideen der Pionier*innen auch aufgegriffen und verbreitet werden, zeigt sich in den Ideen der Wert von Diversität und Eigenart. Den Pionier*innen gelingt es, bestehende Barrieren der Transformation (etwa Nichtverfügbarkeiten oder Misstrauen) eigenständig und durch individuelle Fähigkeiten zu überwinden. Forschungsarbeiten haben gezeigt, dass Barrieren teilweise durch Fachwissen und fachliche Fähigkeiten überwunden werden können, teilweise durch Organisationskenntnis oder durch Beziehungen in eigenen Netzwerken (Ahaus, 2019). Als Gegenstück zu Pionier*innen des Wandels können auch Blockierer*innen des Wandels identifiziert werden, die das Trilemma verschärfen (Kap. 2, 3.4), etwa Lobbyisten der Nahrungsmittelindustrie (Kap. 3.4). Ebenso können Staatsoberhäupter entschieden gegen Nachhaltigkeitsziele agieren, wie etwa US-Präsident Trumps Kündigung des Pariser Klimaübereinkommens oder die Billigung der

**Kasten 4.1-2**
## Herausragende Beispiele von Transformationsakteuren

### Renaturierung: Landbasierte $CO_2$-Entfernung synergistisch gestalten
Sebastião Salgado – Renaturierung durch Aufforstung: Neben seiner künstlerischen Tätigkeit als Fotograf (u.a. „Genesis“ mit Aufnahmen unberührter Natur) engagiert sich Salgado für Renaturierung von Flächen und setzt sich gegen Abholzung ein. Dahinter steht seine Sichtweise, mit Renaturierung nicht nur eine Investition in die Natur zu tätigen, sondern zugleich auch Wiedergutmachung für die über Generationen verursachte Degradation durch Viehhaltung zu leisten. Im Zuge dieses Engagements pflanzte er mit einem Team von Studierenden auf der bereits von Landdegradation betroffenen Bulcão Farm seiner Familie mehr als 2 Mio. Bäume und renaturierte das Gebiet, was mit einer Erholung des lokalen Klimas und des Wasserhaushalts einherging. Gemeinsam mit seiner Frau Lélia Deluiz Salgado gründete er das Instituto Terra. Diese Organisation verpflichtet sich, die Renaturierung gerodeter Wälder sowie Naturschutz voranzubringen. Ganz im Sinne transformativer Forschung stellt das Instituto Terra Wissen und Erfahrungen zur Verfügung, die von anderen Transformationsakteuren direkt genutzt werden können.

### Schutzgebietssysteme ausweiten und aufwerten
„My land is now owned by lions“ – Ol Kinyei Conservancy: Die Ol Kinyei Conservancy in Kenia befindet sich im Mara-Ökosystem, und umfasst eine Fläche von über 8.000 ha, die von der Gemeinde für Wildtiere in Abwesenheit von menschlichen Siedlungen und Nutzieren geschaffen wurde. Das Schutzgebiet gehört einer Massai-Gemeinschaft, die das Land für die Erhaltung der Wildtiere bereitstellt (Abb. 4.1-2). Die Conservancy wurde 2005 als Partnerschaft zwischen 171 privaten Landbesitzer*innen und der Firma Gamewatchers Safaris & Porini Safari Camps gegründet.

Der Grundgedanke ist, dass Landbesitzer*innen in einem Naturschutzgebiet mit einem Tourismusanbieter kooperieren, der ein Safari-Camp einrichtet. Die Mittel, die durch kombinierten Naturschutz und Nutzungsgebühren, etwa Unterkunftskosten, generiert werden können, teilen sich die Betreiber*innen und ehemaligen Landbesitzer*innen zu einem vereinbarten Prozentsatz.

### Renaturierung und Schutzgebietssysteme ausweiten
Associação Mico-Leão Dourado und Save the Golden Lion Tamarin – Wiederansiedlung des Golden Lion Tamarin in

**Abbildung 4.1-2**
Tourist*innen können ein Giraffentrio in der Ol Kinyei Conservancy in der kenianischen Massai Mara aus nächster Nähe betrachten.
Quelle: Make it Kenya (public domain 1.0), flickr.com

**Abbildung 4.1-3**
Bau einer Brücke über einen brasilianischen Highway, um mehrere Teile des Schutzgebietssystems miteinander zu verbinden.
Quelle: Maria Magdalena Arrellaga

**Abbildung 4.1-4**
Arbeitsteilung in der Hansalim-Initiative.
Quelle: Jun Michael Park/laif

**Abbildung 4.1-5**
Matt Orlando.
Quelle: amassrestaurant.com

**Abbildung 4.1-6**
Beispiel eines Thoma-Hauses in Südtirol.
Quelle: ©Thoma Holz GmbH

Brasilien: Durch Entwaldung, Ausdehnung landwirtschaftlicher Systeme und fortschreitende industrielle Entwicklung wurde der Lebensraum des Goldenen Löwenäffchens erheblich beengt. Zur Rettung dieser Primaten gründete sich 1992 die Associação Mico-Leão Dourado (AMLD). Die Gruppe begann, Land aufzukaufen, um zusammenhängende Schutzgebietssysteme zu schaffen und das Goldene Löwenäffchen in Brasilien wieder anzusiedeln (Abb. 4.1-3). Unterstützt wurden sie dabei nicht nur von Zoos. In den USA gründete sich die Initiative Save the Golden Lion Tamarin, deren Ziel es ist, eine finanzielle Grundsicherung für die weitere Arbeit von AMLD zu schaffen. Die auf 200 Tiere abgesunkene Population konnte bis heute auf 2.500 Tiere erhöht werden, die in etwa 2 Mio. ha Wald leben (New York Times, 2020).

**Landwirtschaftssysteme diversifizieren**
Hansalim Nong San – Mainstreaming einer nachhaltig-solidarischen Landwirtschaft: Ein Beispiel, wie aus einer lokalen Idee eine nationale Bewegung werden kann, zeigt sich in der koreanischen Vereinigung Hansalim. Die aus einem einzigen Laden entstandene Initiative zeichnet sich durch den Grundsatz aus, dass die Konsument*innen für die Existenzsicherung der Landwirt*innen über einen Solidaritätsfonds einstehen; dafür tragen die Landwirt*innen durch moderne, ökologisch erzeugte Bioprodukte zur Gesundheit der Konsument*innen bei (Abb. 4.1-4). Durch Kooperation mit Verteilungsstellen, Bioläden und einem Liefersystem wurden im Jahr 2014 etwa 1,6 Mio. Menschen von etwa 2.000 Höfen versorgt (One World Award, 2014). Die Bewegung setzt sich darüber hinaus für den Erhalt bedrohter Saatgutsorten sowie Tier- und Pflanzenarten ein.

**Ernährungsstile transformieren**
Matt Orlando – $CO_2$-armes Restaurant „Amass" in Kopenhagen: In seinem Restaurant nutzt Matt Orlando neue Verfahren für die Wiederverwendung von Essensresten, baut Zutaten im eigenen Restaurantgarten an und installiert Wassersammelstellen. Seine Philosophie ist, beim Kochen auf die Nutzung aller Essensbestandteile (Häute, Samen, Stängel) zu achten. Nicht weiter verwertbare Reste werden vor Ort kompostiert und als Dünger für ein Aquaponik-System im eigenen Treibhaus genutzt (Abb. 4.1-5). Extern arbeitet er ausschließlich mit Firmen zusammen, die Verpackungen wiederverwenden. In der Zusammenstellung sind 90–100% des Essens und der Getränke biologisch erzeugt, 95% aller angebotenen Produkte bezieht er regional.

**Bioökonomie verantwortungsvoll gestalten und dabei Holzbau fördern**
Erwin Thoma – Vollholzhäuser: Erwin Thoma ist Förster und Buchautor, der sich in seinem Schaffen mit der Beziehung zu Holz und dessen natürlichen Eigenschaften als $CO_2$-Speicher auseinandergesetzt hat. Aus dieser Werthaltung heraus hat er seiner Baufirma das Credo gegeben, weitestgehend energieautarke Holzhäuser zu errichten, die sich selbst heizen und kühlen und auf umweltbelastende Baustoffe verzichten (Abb. 4.1-6). Sein massives Holzhaus-Bausystem „Holz100" verwendet ausschließlich Holz als Baustoff, auch bei Dübeln. Die so entstehenden Häuser bieten ein gesundes Wohnumfeld, genügen den Dämmvorschriften und dem Brandschutz und ermöglichen individuelle Vielfalt, da im Holzbau auch asymmetrische Fensterformen und Holz-Glas-Kombinationen möglich sind.

Brandrodung des Regenwaldes unter dem brasilianischen Präsidenten Bolsonaro belegten.

## 4.1.3 Empfehlungen zur Förderung von solidarischem Konsum und von Nischenakteuren in der Landwende

Damit die Nischenaktivitäten der Pionier*innen in den Mainstream gelangen, also nachgeahmt werden und damit ihr innovatives Potenzial erst entfalten können, sind vom gestaltenden Staat Rahmenbedingungen zu schaffen, die den transformativen Wandel vielfältig unterstützen (Kap. 4.2). Relevante Barrieren sind dabei vor allem die fehlende Bepreisung externer Effekte, die dazu führt, dass nicht nachhaltige Produkte im Vergleich zu nachhaltigen Produkten zu günstig sind und damit verbunden die fehlenden Auswahlmöglichkeiten an nachhaltigen Produkten. Wirkungsvolle Maßnahmen sollten also am Preis ansetzen (Kap. 4.2.1). Darüber hinaus sollte nachhaltiger Konsum aber auch durch die Unterstützung von Informationsangeboten gefördert, und die Förderung der Vernetzung der vielfältigen Initiativen und die Bereitstellung von Informationen und Ressourcen sollten direkt durch Maßnahmen angegangen werden. Auch die individuelle Verantwortungsübernahme durch solidarische Konsument*innen kann durch staatliche Maßnahmen unterstützt werden.

### Vertrauenswürdige Informationsangebote staatlicherseits fördern

Für viele einzelne Handlungsentscheidungen (z. B. Kauf von Gartenmöbeln aus zertifiziertem Holz, Kauf oder Bau eines Holzhauses) brauchen Konsument*innen vertrauenswürdige Informationsangebote. Mangelnde oder widersprüchliche Information kann engagierte Konsument*innen demoralisieren (von Massow, 2019). Insbesondere zur Überwindung von alten (im Sinn der Nachhaltigkeit jetzt unangemessenen) Konsumpraktiken ist es hilfreich, wenn der Staat konsistent für Alternativen eintritt (etwa Ernährungsleitlinien: Kap. 3.4.3.5; nachhaltiges Bauen: Kap. 3.5.4). In der konsistenten Wahrnehmung seiner Steuerungsaufgaben (Besteuerung, Angebotseinschränkungen, Quoten usw.) vermittelt der Staat auch einen allgemeinen gesellschaftlichen normativen Anspruch (und kann gegebenenfalls „label fatigue" mindern; Kap. 3.4.3.5, 4.2.2).

### Pionier*innen sichtbar machen und Ressourcen für Vernetzung bereitstellen

Einzelne Akteure, die in ihren Rollen als Teil der Zivilgesellschaft, der Wissenschaft oder der Wirtschaft für die Landwende durch das Erproben neuer Ideen eintreten, können in ihrem transformatorischen Handeln unterstützt werden, indem bestehende individuelle Aktivitäten oder Initiativen sichtbar gemacht, vernetzt und mit Ressourcen ausgestattet werden (etwa finanzielle Mittel z. B. zur Professionalisierung eines zunächst ehrenamtlichen Engagements, Räumlichkeiten; Hofmann et al., 2019)

Räume, in denen entweder relevante Fähigkeiten oder Wissen über politische, gesellschaftliche oder organisatorische bzw. institutionelle Zusammenhänge vermittelt werden, bieten Akteuren die Möglichkeit, Barrieren effektiver zu überwinden. Hier bietet sich an, auch die Möglichkeiten der Digitalisierung stärker zu nutzen und die Vernetzung der Nachhaltigkeits- und der Digitalisierungs-Community weiter zu stärken (WBGU, 2019b). Bereits erfahrene Transformator*innen könnten entsprechende Angebote gestalten und anderen ihr Wissen bereitstellen. Eine entsprechende finanzielle Förderung und die Einrichtung öffentlich nutzbarer Räume (wie etwa „Freiraumlabore", in denen innovative Konzepte entwickelt und diskutiert werden können) würde bereits aktive Pionier*innen unterstützen, ihre Aktivitäten durchzuführen. Auch eine Unterstützung in Form von Netzwerktreffen oder anderen Austauschmöglichkeiten entfaltet transformatorische Wirkung – nicht nur für die Pionier*innen des Wandels „unter sich", sondern auch durch die Möglichkeit, Akteure in unterschiedlichen Rollen an einem Tisch zu versammeln (etwa Mitglieder von Food Sharing Initiativen und Vertreter*innen des lokalen Einzelhandels).

### Nachhaltige Bildung in Schule, Aus- und Weiterbildung fördern

Bildung ist generell Voraussetzung für Teilhabe an der sich wandelnden Gesellschaft, für Problemverstehen und die Entwicklung persönlicher Handlungsnormen. Wichtig ist Bildung zudem als Ressource für das Beschaffen von Informationen (Wissen über alternative Produkte) und die kritische Auseinandersetzung mit Informationsquellen, bzw. die Kenntnis vertrauenswürdiger Informationsquellen. Über schulische Bildung hinaus ist für das Mainstreaming von neuen Praktiken erforderlich, dass Ausbildungspläne (etwa im Bauhandwerk oder der Gastronomie) angepasst werden und Weiterbildungsangebote schnell verfügbar sind.

### Gendergerechtigkeit als Querschnittsthema der Landwende auf bundespolitischer Ebene vorantreiben

Um den Beitrag der Bundesregierung zur globalen Landwende gendergerecht und erfolgreich zu gestalten, sollte das politische Mainstreaming von Gendergerechtigkeit vorangetrieben und dabei insbesondere strukturelle Machtunterschiede und Treiber von Genderungerechtigkeit in Deutschland und seinen Institutionen abgebaut werden. Hierfür sind ökonomische und politische Teilhabe zentral. Sie ließen sich durch gendersensible Sozialpolitik, genderparitätische politische und ökonomische Repräsentanz sowie mit Antidiskriminierungstrainings für Führungspersonal fördern (Röhr et al., 2018).

### Interdisziplinäre Forschung zum Nexus-Bereich von Gender- und Umweltthemen fördern und multilaterale Indikatoren mit Monitoring entwickeln

Mit dem Ziel, die Agenda 2030 und die Rio-Konventionen durch Gender-Umweltindikatoren mit entsprechendem Monitoring zu stärken, sollte auf bestehenden Entwürfen (etwa UNEP und IUCN, 2018) aufgebaut und dabei neben Frauen* auch andere diskriminierte Gendergruppen berücksichtigt werden. Mehr wissenschaftlicher Aufmerksamkeit bedarf das Thema Gendergerechtigkeit in OECD-Staaten, nicht zuletzt in der Begleitung des European Green Deal. Sozialwissenschaftliche Ansätze, wie die feministische politische Ökologie, können hierzu einen wichtigen Beitrag leisten (Röhr et al., 2018) und sollten vermehrt gefördert werden.

## 4.2 Gestaltender Staat: Rahmenbedingungen für den solidarischen Umgang mit Land schaffen

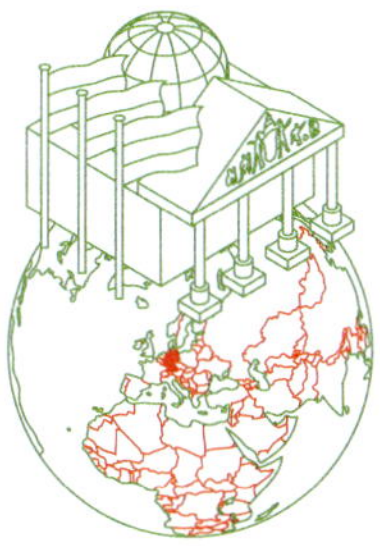

Der Gestaltungsspielraum für Pionier*innen des Wandels (Kap. 4.1) und den Umgang mit Land insgesamt wird durch wirksame staatliche Maßnahmen und Entscheidungen auf verschiedenen Governance-Ebenen bestimmt: auf der lokalen bzw. kommunalen Ebene, auf Ebene der Bundesländer bzw. Regionen sowie auf der nationalen, supranationalen und internationalen Ebene. Die Herausforderung für Staaten und ihre Akteure besteht darin, ein konsistentes System unterschiedlicher Instrumente zu entwickeln, um eine Landwende zu unterstützen und Blockaden abzubauen.

Ansatzpunkte für staatliche Rahmensetzungen (Abb. 4.2-1), die einen nachhaltigen Umgang mit Land fördern, sind vielfältig und umfassen insbesondere die Schaffung hinreichend starker Preissignale bzw. finanzieller Anreize gegen die Beeinträchtigung oder Zerstörung und für die Erhaltung von Ökosystemen (Kap. 4.2.1), Nachhaltigkeitsstandards in Form freiwilliger oder verpflichtender Zertifizierungen bis hin zu gesetzlichen Ge- oder Verboten (Kap. 4.2.2) sowie planerische Ansätze von Raumordnung und -planung (Kap. 4.2.3). Indikatoren und Monitoring, die den Umgang mit Land und biogenen Produkten sowie die Umsetzung der wichtigsten landbezogenen Strategien erfassen, bieten dafür grundlegende Daten und Orientierung (Kap. 4.2.4). Alle diese Instrumente sind grundsätzlich bekannt und es gibt bereits heute eine Vielzahl partieller Regulierungen und Anreize (auch aus nicht staatlichen Initiativen) auf verschiedenen Governance-Ebenen, die in einzelnen Ländern, etwa gerichtet auf bestimmte Sektoren wie den Landwirtschaftssektor, oder einzelne Nutzungen spezieller Arten von Biomasse Anwendung finden.

Bei der Ausgestaltung eines konsistenten und wirksamen Governance-Systems ergeben sich jedoch wenigstens drei übergreifende Herausforderungen (Kap. 4.2.5): (1) Die Reichweite über Sektoren und verschiedene Flächen und Nutzungsarten hinweg sollte erhöht, (2) einzelne Instrumente dabei aufeinander abgestimmt sowie (3) administrative und planerische Hürden beseitigt werden, um Ausweichreaktionen der Akteure und dadurch bedingte kontraproduktive Verlagerungen zwischen Flächen und Sektoren zu vermeiden und die Nutzung von Synergien einer multifunktionalen Landnutzung zu fördern (Kap. 4.2.5.1). Aufgrund außenwirtschaftlicher Beziehungen und grenzüberschreitender Ökosysteme ist darüber hinaus eine internationale Harmonisierung von Rahmenbedingungen und Zielen im nachhaltigen Umgang mit Land erforderlich (Kap. 4.2.5.2). Sozioökonomische Verteilungswirkungen veränderter Landnutzungsmöglichkeiten und Rahmensetzungen sollten dabei ebenfalls berücksichtigt werden (Kap. 4.2.5.3), um Barrieren einer Transformation hin zu einem nachhaltigen Umgang mit Land zu reduzieren und diesen langfristig zu stabilisieren.

Staaten nehmen nicht nur als Gestalter von Rahmenbedingungen, sondern auch als Eigentümer großer Flächen und als große Ressourcenverbraucher (z. B. als Bauherren) unmittelbaren Einfluss auf die Nutzung von Land und Ökosystemen. Neben den in diesem Kapitel ausgeführten Rahmenbedingungen sollten Staaten eine Vorbildfunktion für einen nachhaltigen Umgang mit Land erfüllen.

### 4.2.1 Nachhaltiges Verhalten belohnen, Umweltschäden bepreisen: Anreiz- und Preisinstrumente

Preisinstrumente wie Steuern, Abgaben oder Subventionen setzen gezielt finanzielle Anreize, entweder um Verhaltensweisen und Produkte zu belasten, die Kosten für die Allgemeinheit verursachen und nicht im Einklang mit Nachhaltigkeitszielen stehen, oder um solche Verhaltensweisen zu fördern, die zur Umsetzung von Nachhaltigkeitszielen beitragen. Auch im Kontext der Landnutzung ist der Grundgedanke dabei stets, Kosten und Werte zu internalisieren, die privatwirtschaftliche Akteure ansonsten – wegen des Gemeingutcharakters von Ökosystemen und vieler Ökosystemleistungen – nicht oder nur unzureichend in ihren (wirtschaftlichen) Entscheidungen berücksichtigen würden. Auch Instrumente wie ein Handel mit Verschmutzungsrechten (etwa im europäischen Emissionshandelssystem) oder Verpflichtungen, Eingriffe in Ökosysteme durch Schutzmaßnahmen andernorts oder finanzielle Beiträge auszugleichen (Offsetting), schaffen wirtschaftliche Anreize für einzelne Akteure, die ökologischen Wirkungen ihrer Entscheidungen zu berücksichtigen (Teytelboym, 2019). Nachhaltigere Verhaltensweisen und Produkte werden damit relativ zu weniger nachhaltigen Alternativen günstiger und damit auch aus privater Perspektive attraktiver.

Wie die Mehrgewinnstrategien in Kapitel 3 zeigen, finden sich bereits heute Beispiele für den Einsatz von Preis- und Anreizinstrumenten im Landkontext auf verschiedenen Ebenen oder sind für die Zukunft denk-

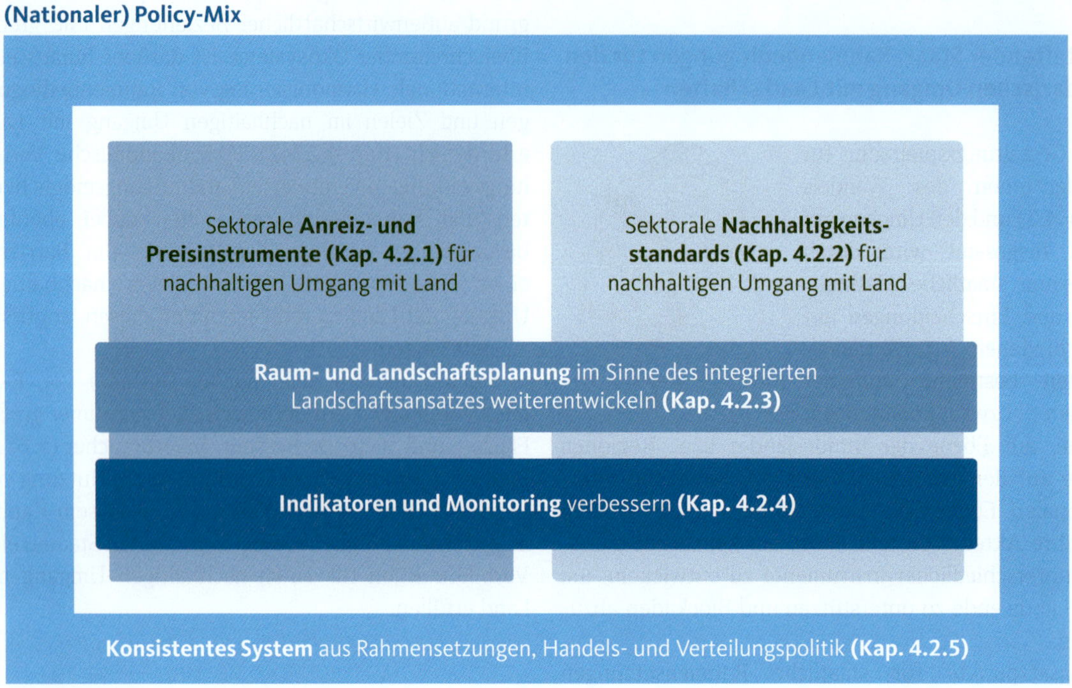


**Abbildung 4.2-1**
Einordnung und Bezug verschiedener Instrumente und Prozesse des gestaltenden Staats. In den Klammern ist das jeweilige Unterkapitel angegeben.
Quelle: WBGU

bar. Elemente der zweiten Säule der GAP heute, aber insbesondere die empfohlene ökologische Reform der GAP folgen dem Leitbild „public money for public goods" (Helm, 2019; Kap. 3.3, 4.3). Verschiedene Programme zu Zahlungen für Ökosystemleistungen existieren bereits weltweit (Kasten 4.2-1). Diese sollten zur Förderung etwa der Sequestrierung von $CO_2$ durch Renaturierungsmaßnahmen zukünftig weiter ausgebaut werden (Kap. 3.1). Über REDD+ (Kasten 3.1-6) fließen Gelder von Industrie- in Entwicklungsländer für Schutz und Wiederherstellung dortiger Waldökosysteme. Die Einpreisung von Umweltkosten der Lebensmittelproduktion (Kap. 3.3) kann das Angebot an nachhaltigen Lebensmitteln relativ vergünstigen und so zu einem Wandel von Ernährungsstilen beitragen (Kap. 3.4). $CO_2$-Preise in anderen Sektoren beeinflussen den Umgang mit Land und den Einsatz von Biomasse indirekt, etwa indem eine Bepreisung von Emissionen der Zementproduktion die Attraktivität des Holzbaus erhöht (Kap. 3.5).

### Vor- und Nachteile anreizbasierter Instrumente

Die Förderung eines nachhaltigen Umgangs mit Land mit Hilfe gezielter finanzieller Anreize sollte jedoch stets unter Beachtung der Grenzen der entsprechenden Instrumente erfolgen. Die Vor- und Nachteile dieser Instrumente sind vielfach diskutiert und grundsätzlich bekannt (Sterner und Robinson, 2018). Einige zentrale Aspekte, gerade für die Ausgestaltung geeigneter Rahmenbedingungen für den nachhaltigen Umgang mit Land, möchte der WBGU im Folgenden herausgreifen.

Das Setzen finanzieller Anreize schafft Räume für innovatives Verhalten der Akteure. Der Grund ist, dass Preis- und Anreizinstrumente den Akteuren größere Entscheidungsfreiheit geben, auf die gesetzten Rahmenbedingungen zu reagieren, als starre Regulierungen wie z.B. spezifische Verhaltensgebote oder -verbote (Miteva et al., 2012). Die Akteure können so auf Grundlage ihres jeweiligen Wissens innovative, an lokale Kontexte angepasste Lösungen für einen nachhaltigen Umgang mit Land und einen Ausgleich zwischen verschiedenen Nutzungsansprüchen an Land und seine Ökosysteme entwickeln, die im Voraus von Staaten oder zentralen regulierenden Stellen oft nur schwer antizipiert oder detailgenau in strikteren Vorgaben abgebildet werden können. Neben der Förderung innovativen nachhaltigen Verhaltens trägt diese Offenheit und die Möglichkeit der Nutzung lokalen Wissens dazu bei, Nachhaltigkeitsziele mit geringen Kosten zu erreichen (Hanley et al., 2012; Sterner und Robinson, 2018). Durch die gezielte Veränderung marktwirtschaftlicher Kalküle und der Dynamik auf Märkten können Preisinstrumente zudem einer schnellen Verbreitung nachhaltigeren Verhaltens und nachhaltigerer Güter und Dienste dienen (Mainstreaming). Etwa bei der Frage der Ernährungsstile kann die Entscheidungsfreiheit der Akteure auch helfen, die Akzeptanz gegenüber der regulatorischen Rahmensetzung zu erhöhen (Kap. 3.4).

Als Kehrseite ihrer Offenheit gegenüber Wissen und Entscheidungen einzelner Akteure ist die Wirkung von Preis- und Anreizinstrumenten im Voraus in der Regel nicht exakt abschätzbar. Steigen beispielweise durch die Bepreisung von Treibhausgasemissionen in der Landwirtschaft die Preise für emissionsintensive Lebensmittel, steht es einzelnen Verbraucher*innen grundsätzlich frei, diese weiterhin zu konsumieren. Preis- und Anreizinstrumente ziehen daher in der Regel keine absolute Grenzen der Inanspruchnahme von Ökosystemen, etwa hinsichtlich der Nutzung von Biomasse (Kap. 3.5; Barbier, 2019). Ausnahmen sind in dieser Hinsicht solche anreizbasierten Instrumente, die wie im Fall des Handels mit Emissionszertifikaten mit quantitativen Obergrenzen verknüpft sind. Allerdings können diese Instrumente mit höherem administrativem Aufwand verbunden sein und komplexere Institutionen voraussetzen (Helm und Hepburn, 2012: 12f.).

Probleme für die ökologische Wirksamkeit von Preis- und Anreizinstrumenten ergeben sich auch dann aus den ex ante offenen Reaktionen einzelner Akteure, wenn für den Schutz von Ökosystemen oder der Biodiversität das koordinierte Vorgehen möglichst vieler Akteure in einem räumlich zusammenhängenden Gebiet notwendig ist. Entziehen sich in diesem Fall einige Nutzer*innen von Ökosystemleistungen der Mitwirkung, blieben etwa individuelle Zahlungen für Verhaltensänderungen an die anderen (weitgehend) wirkungslos (Teytelboym, 2019). Ausgestaltungsvorschläge für Preisinstrumente in derartigen Situationen (z.B. bei Förderung nachhaltiger Landwirtschaftssysteme) umfassen Zahlungen an die lokale Gemeinschaft der Akteure als Ganzes, deren Mitglieder sich dann untereinander selbst in ihren Verhaltensweisen koordinieren müssen (Simoncini et al., 2019:7). Um den besonderen Wert lokal koordinierter Verhaltensänderungen offen zu legen, werden im Rahmen von Zahlungen für Ökosystemleistungen (Payments for Ecosystem Services, PES) bzw. Preisinstrumenten zum Schutz von Biodiversität auch lokale Zusatzzahlungen (Agglomerationsbonus) diskutiert (Hanley et al., 2012; Banerjee et al., 2017; Kasten 4.2-1).

### Individuelle Zurechenbarkeit und Kontrolle von Emissionen und Ökosystemleistungen als Herausforderung

Da Preis- und Anreizinstrumente stark auf das Verhalten einzelner Akteure abstellen, hängt ihr Einsatz wesentlich davon ab, dass Emissionen und Ökosystemleistungen auf Ebene einzelner Akteure gemessen und diesen zugerechnet werden können (Kap. 2.2.3; Tab. 2.2-1). Dies ist gerade im Kontext der Landnutzung eine Herausforderung. So können beispielsweise Treibhausgas- bzw. $CO_2$-Emissionen auf Ebene einzelner landwirtschaftlicher Betriebe aufgrund diffuser Emissionsquellen heute nicht einmal in entwickelten Staaten wie Deutschland umfassend justiziabel gemessen werden (Isermeyer et al., 2019).

Probleme bei Zuordnung und Messung der akteursspezifischen Verantwortlichkeit werden etwa bei finanziellen Anreizen zur Biodiversitätserhaltung im Landwirtschaftssektor umgangen, indem finanzielle Anreize nicht an die tatsächlichen, schwer messbaren individuellen Beiträge geknüpft werden, sondern an die Umsetzung vordefinierter Maßnahmen bzw. landwirtschaftlicher Methoden. Der Vorteil von Preisinstrumenten, besonders umfassend lokales bzw. akteurspezifisches Wissen bei der Umsetzung der Ökosystempolitik zu nutzen, geht dadurch aber z.T. verloren (Hanley et al., 2012).

Auch vereinbarte Verhaltensänderungen, etwa im Rahmen von Zahlungen für Ökosystemleistungen, sind nicht immer leicht durch Staaten bzw. generell Geldgeber beobachtbar und damit kontrollierbar. Um dieser Informationsproblematik bzw. der sogenannten Prinzipal-Agenten-Problematik (Kerr, 2013) zu begegnen, werden beispielsweise bei PES-Ansätzen Zahlungsstrukturen angepasst und ergebnisabhängige Zahlungen vorgesehen (wie etwa auch unter REDD+; Kasten 3.1-6), die erst ausgezahlt werden, nachdem die vereinbarten Leistungen nachgewiesen wurden. Damit wird allerdings das Risiko, die gewünschte Umwelt- bzw. Nachhaltigkeitswirkung zu erzielen, auf den einzelnen Akteur vor Ort verlagert (Hanley et al., 2012: 98). Dies kann bei risikoaversen oder kreditbeschränkten Akteuren als Hemmnis wirken, insbesondere wenn die Akteure bei ergebnisabhängigen Zahlungen „in Vorleistung" gehen müssen (Jayachandran, 2013).

### Folgerungen

Um einen nachhaltigen Umgang mit Land möglichst zielgenau zu fördern, sollten anreizbasierte Instrumente auf unterschiedlichen Ebenen eingesetzt werden, je nachdem, ob lokale, regionale oder globale externe Wirkungen des Akteurshandelns adressiert werden. Systematisch sollten dabei externe Kosten durch Beeinträchtigungen von Ökosystemen bepreist und der

**Kasten 4.2-1**

## Zahlungen für Ökosystemleistungen

Zahlungen für Ökosystemleistungen (Payments for Ecosystem Services, kurz PES) sollen die Vorteile und Nutzen, die Dritte oder die Allgemeinheit aus der Förderung oder Erhaltung von Ökosystemleistungen ziehen, finanziell entlohnen. Ihr Anwendungsbereich ist entsprechend breit und umfasst den Schutz, die Renaturierung sowie die nachhaltige Nutzung von Ökosystemen.

Es gibt bislang keine einheitliche Definition für PES. Charakteristische Merkmale sind (1) das Vertrauen auf die Wirkung finanzieller Anreize und die Freiwilligkeit der Programmteilnahme; (2) die Abhängigkeit der Zahlungen von festgelegten Anforderungen an die Bereitstellung der jeweiligen Ökosystemleistung, so dass Monitoring und Sanktionsmaßnahmen erforderlich sind (Konditionalität); (3) der Grundgedanke, denjenigen, der öffentliche Werte bereitstellt, finanziell zu entlohnen (Wunder et al., 2020). Salzman et al. (2018) zählen aber z.B. Offsetting-Ansätze zu PES, obwohl der dabei hergestellte Ausgleich für die Beeinträchtigung eines Ökosystems in vielen Aspekten nicht den genannten Merkmalen von PES entspricht, etwa da er zumindest bei regulatorischen Ansätzen verpflichtend ist (Vaissière et al., 2020; Wunder et al., 2020).

Unterschieden werden nutzerfinanzierte PES, bei denen der finanzielle Ausgleich direkt zwischen Nutzer*innen und „Anbieter*innen" der Ökosystemleistung (z.B. Landeigentümer*innen) zustande kommt und staatlich finanzierte PES. Bei Letzteren tritt der Staat oder allgemein eine öffentliche Institution in Vertretung der Nutzer*innen auf und leistet Zahlungen an die Anbieter*innen von Ökosystemleistungen (Wunder, 2015). Wie Ökosystemleistungen, die von der lokalen bis hin zur globalen Ebene wirken und so die Züge von lokalen bis hin zu globalen Gemeingütern tragen können, sind PES auf ganz unterschiedlichen Ebenen anwendbar: lokal zwischen einzelnen Landeigentümer*innen und Nutzer*innen, zwischen Landeigentümer*innen und staatlichen Verwaltungseinheiten, zwischen verschiedenen staatlichen Verwaltungsebenen oder international zwischen Staaten bzw. internationalen Geldgebern und lokalen Gemeinschaften oder Verwalter*innen von Ökosystemen.

### Bestehende Programme im Überblick

Über die letzten gut zwei Jahrzehnte sind weltweit zahlreiche PES-Programme entstanden, insbesondere in Mittel- und Südamerika, den USA sowie China (Salzman et al., 2018; Wunder et al., 2020). Beispiele in Europa sind ein nutzerfinanziertes Programm des Unternehmens Vittel zum Schutz von Trinkwasserressourcen (FAO, 2013) oder das Waldbiodiversitätsprogramm METSO in Finnland (Viszlai et al., 2016). Besonders prominent sind das bereits 1996 in Costa Rica eingeführte und vom nationalen Waldfinanzierungsfonds Fondo Nacional de Financiamiento Forestal (Fonafifo) geleitete Programm Pagos por Servicios Ambientales (Chapman et al., 2020) sowie das 2003 aufgelegte Programm Pago por Servicios Ambientales Hidrologico in Mexiko (Alix-Garcia et al., 2015, 2019). Beide Programme leisten für die Erhaltung und Renaturierung von Wäldern Zahlungen an Eigentümer*innen bzw. lokale Gemeinschaften, entlohnen aber auch bestimmte Praktiken (im Beispiel Costa Ricas etwa Agroforstsysteme, FONAFIFO, 2020a). Sie adressieren die Erhaltung biologischer Vielfalt in Naturwäldern, den Schutz der Wasservorkommen, die Beiträge von Wäldern zum Klimaschutz, aber auch den kulturellen Wert intakter, ursprünglicher Waldökosysteme. Die Programme sehen fünfjährige Verträge mit jährlichen Zahlungen vor, die erneuert werden können, sowie ein Monitoring der vereinbarten Leistungen durch staatliche Behörden, in Mexiko auch gestützt auf Satellitendaten (Alix-Garcia et al., 2019). Zur Finanzierung dient z.B. in Costa Rica das Aufkommen der nationalen Kraftstoffsteuer, ergänzt um Beiträge internationaler Geldgeber wie der GEF, der deutschen Bundesregierung oder der KfW (FONAFIFO, 2020b). Die GEF fördert z.B. auch ein PES-Programm in Kolumbien, in dem die Umstellung von reiner Weidewirtschaft hin zu silvopastoralen Systemen entlohnt wird (Pagiola et al., 2016; Kasten 3.3-7). REDD+ (Kasten 3.1-6) fördert nicht nur PES-Systeme auf regionaler oder nationaler Ebene, sondern kann mit seinen ergebnisabhängigen Zahlungen zudem als PES-Ansatz zwischen Industrieländern sowie Entwicklungs- und Schwellenländern gelten (Snilsveit et al., 2019:10).

### Wirksamkeit von Zahlungen für Ökosystemleistungen

Die Programme Costa Ricas und Mexikos zählen zu den am intensivsten empirisch untersuchten Anwendungen. Dabei ergaben sich (statistisch) signifikante, wenngleich insgesamt eher gemäßigte Schutzwirkungen, aber signifikante Änderungen von Nutzungspraktiken (Alix-Garcia et al., 2019). Die beobachteten Wirkungen variieren über verschiedene Zeitfenster, nach der Dauer der Programmteilnahme sowie je nach Grad des im jeweiligen Gebiet vorherrschenden Abholzungsrisikos, wobei sich bei höherem Risiko auch stärkere Schutzeffekte zeigen. Aktuelle Überblicksstudien verdeutlichen allerdings, dass trotz der zwischenzeitlich zahlreichen PES-Ansätze weltweit und zahlreicher Fallstudien nur wenig empirisch belastbare Beobachtungen zu ihrer Wirksamkeit und Kosteneffizienz vorliegen und insofern noch erheblicher Forschungsbedarf besteht (Salzman et al., 2018; Snilsveit et al., 2019; Wunder et al., 2020). Ähnlich hoher Forschungsbedarf wird aber auch bei anderen regulatorischen Ansätzen wie Zertifizierungsinitiativen oder Schutzgebieten gesehen (Miteva et al., 2012; Ferraro, 2018; Börner et al., 2020). PES und Schutzgebiete entfalten nach bisherigem Wissensstand vergleichbare Schutzwirkungen (Sims und Alix-Garcia, 2017; Wunder et al., 2020), stärkere Wirkungen zeigen sich allein für die Anerkennung indigener Verwaltungsrechte (Börner et al., 2020). Trotz unterschiedlicher Konzepte finden PES teils auch in Kombination mit Schutzgebieten Anwendung. Synergien zwischen beiden Instrumenten, sowohl in Bezug auf die Schutzwirkung als auch in Bezug auf die Vereinbarkeit von Schutz und wirtschaftlichen Interessen, konnten nur in (Wald-)Gebieten nachgewiesen werden, die an ein Schutzgebiet angrenzen und so nur zum Teil den Status eines Schutzgebiets haben (Sims und Alix-Garcia, 2017: 22). Auf politischer Ebene förderte aber z.B. in Costa Rica die Einführung von PES die Akzeptanz der Verschärfung gesetzlicher Regelungen zur Waldbewirtschaftung und der Ausweitung des nationalen Schutzgebietssystems (Wunder et al., 2020).

### Herausforderungen bei der Gestaltung von PES

- *Zielgenauigkeit:* Zahlungen für nachhaltige Verhaltensweisen bergen grundsätzlich die Gefahr von „Mitnahmeeffekten", d.h. dass gerade die Akteure die Förderung abrufen, bei denen nachhaltigeres Verhalten keine oder nur geringe Kosten verursacht. Gegenüber dem Status quo werden so jedoch nur geringe Fortschritte im Umgang mit Land oder Ökosystemen erzielt (Problem adverser Selektion; Hanley et al., 2012). Die in der Regel begrenzten finanziellen Mittel sollten daher möglichst zielgenau eingesetzt werden, um (1) ökologisch besonders wertvolle Gebiete oder Ökosysteme zu adressieren, die (2) zugleich besonders hohen Risiken der Zerstörung oder Degradation ausgesetzt sind und (3) von den dortigen Akteuren nicht auch ohne Zahlungen nachhaltig(er) genutzt würden (Problem der Additionalität). Dieses „Targeting" wird derzeit nur von wenigen Programmen umgesetzt (Wunder et al., 2018a), ist aber analog etwa auch für die Ausweisung von Schutzgebieten relevant (Geldmann et al., 2019), wobei dort nicht die freiwillige Programmteilnahme eher unwichtiger Akteure sondern politische Gründe verhindern, dass vor allem gefährdete wertvolle Gebiete unter Schutz gestellt werden (Sims und Alix-Garcia, 2017). Das lokale Risiko der Zerstörung oder Degradation von Ökosystemen kann vorab meist nur über Treiber wie die Nähe von Siedlungen oder Verkehrswegen geschätzt werden (Busch und Ferretti-Gallon, 2017). Dieses Informationsproblem ist jedoch kontextabhängig und z.B. bei der (Wieder-)Aufforstung weniger relevant als beim Schutz eines Waldes (Alix-Garcia und Wolff, 2014:367).

- *Ausgestaltung der Zahlungen* für Ökosystemleistungen: Für Verhaltensänderungen müssen PES den Akteuren mindestens die Opportunitätskosten kompensieren, die aus dem Verzicht auf rein privatwirtschaftlich (scheinbar) attraktivere Nutzungen entstehen. Diese „Kosten der Bereitstellung von Ökosystemleistungen" variieren zwischen Ökosystemen, Akteuren und geografischer Lage. Anders als viele PES derzeit (Wunder et al., 2018a), sollten sich wirksame Zahlungen möglichst an diesen Opportunitätskosten orientieren, die vorab aber nur dem einzelnen Akteur bekannt sind. Auktionsverfahren können dieses (staatliche) Informationsproblem lindern, erschweren aber die Programmteilnahme gerade in Entwicklungsländern (Wunder et al., 2020). Auch die zeitliche Struktur von Kosten und Zahlungen – am Ende oder verteilt über die Laufzeit von PES-Verträgen – beeinflusst, ob PES wirksame finanzielle Anreize setzen, vor allem bei kreditbeschränkten Akteuren (Jayachandran, 2013). Nicht immer entstehen zudem langfristig privatwirtschaftliche Nachteile. So genügten in Kolumbien zeitlich beschränkte PES, um silvopastorale Systeme dauerhaft zu etablieren (Pagiola et al., 2016).
- *Messbare und aussagekräftige Indikatoren:* Auch wenn Monitoring-Mechanismen vorgesehen sind, fehlt es in vielen Programmen bislang an Sanktionierungen (Wunder et al., 2018a). Neben effektivem Monitoring und Sanktionierung müssen für ökologisch wirksame Anreize die Zahlungen zudem an entsprechend aussagekräftigen Indikatoren ansetzen. Insbesondere Messprobleme führen in der Praxis oft dazu, dass „Proxies" (wie z.B. die Bewaldungsdichte) herangezogen werden, die nur näherungsweise sicherstellen, dass die entlohnten Verhaltensänderungen tatsächlich Ökosystemleistungen verbessern (Alix-Garcia und Wolff, 2014; Wunder et al., 2020:234), oder statt konkreter Änderungen von Ökosystemzuständen bestimmte Maßnahmen bzw. Verhaltensweisen entlohnt werden. Letzteres fördert auch die Programmteilnahme, da die Zahlungen dann nicht von unsicheren natürlichen Einflüssen auf Ökosysteme abhängen. Differenzierte Sanktionsmechanismen wie z.B. in Mexiko können jedoch ähnliches erreichen (Alix-Garcia et al., 2015:5).

#### Entwicklungspolitische Motive

Neben umweltbezogenen Zielen verfolgen PES teils explizit sozial- bzw. entwicklungspolitische Ziele wie die Bekämpfung von Armut im ländlichen Raum. Studien zeigen bislang aber geringe bis keine positiven Einflüsse auf den wirtschaftlichen Wohlstand auf Haushaltsebene (Snilsveit et al., 2019:65f.; Alix-Garcia et al., 2019:20). Positiv interpretiert führten die erzielten Veränderungen so zumindest nicht zur Beeinträchtigung der sozioökonomischen Entwicklung der Haushalte. Positive soziale Effekte ließen sich in Bezug auf Infrastrukturen und Verfasstheit von lokalen Gemeinschaften („soziales Kapital") zeigen (Alix-Garcia et al., 2018). Generell steht die Armutsbekämpfung durch PES aber nicht immer im Einklang mit der besonders wirksamen Umsetzung umweltpolitischer Zielsetzungen, für die Zahlungen differenziert nach den Opportunitätskosten der Zahlungsnehmer*innen und unabhängig von deren wirtschaftlicher Lage ausgestaltet werden und besonders gefährdete Ökosysteme adressieren sollten (Alix-Garcia et al., 2015; Wunder et al., 2018a). Die Vermischung sozialer und umweltbezogener Motive gilt auch als Erklärung dafür, dass viele PES-Programme Abweichungen von den vereinbarten ökologischen Zielen bislang kaum sanktionierten (Wunder et al., 2018a). Informationsdefizite über Existenz und Sinn von PES-Programmen (Snilsveit et al., 2019:60f.), notwendige Vorleistungen für die Programmteilnahme (Jack und Jayachandran, 2019) und Kreditbeschränkungen (Jayachandran, 2013) können zudem gerade ärmeren Bevölkerungsgruppen den Zugang zu PES-Programmen erschweren. Eine Rolle können dabei auch unzureichend definierte bzw. nachweisbare Eigentums- oder Kontrollrechte über Landflächen spielen, was gerade in den Tropen ein Problem für PES darstellt (Alix-Garcia und Wolff, 2014:371). Im Vergleich von Schutzgebieten und PES in Mexiko ergeben sich für PES in der Tendenz stärkere positive Effekte auf Faktoren sozialer Entwicklung, für Biosphärenreservate hingegen eher auf Seiten des Umweltschutzes (da sie zwar auch einen Ausgleich zwischen Schutz und Nutzung der lokalen Bevölkerung anstreben, aber nicht auf dem Konzept freiwilliger Teilnahme beruhen und daher immer zusammenhängende Gebiete unter Schutz stellen (Sims und Alix-Garcia, 2017).

#### PES und intrinsische Motivation

Ein Kritikpunkt an PES richtet sich auf die mögliche Verdrängung intrinsischer, ohnehin bestehender Motivation für einen nachhaltigen Umgang mit Land. Dies konnte bislang jedoch nicht systematisch, sondern vor allem abhängig vom lokalen Kontext beobachtet werden: Ein solches crowding out droht eher in Gebieten, in denen hohe intrinsische Motivation und starke soziale Normen schon im Vorfeld verbreitet waren und die lokale Bevölkerung weniger mit Marktmechanismen vertraut war (Wunder et al., 2020). In anderen Kontexten konnten dagegen positive Effekte auf Motivation und soziale Faktoren nachgewiesen werden. In Mexiko verringerten PES an lokale Gemeinschaften nicht die Bereitschaft, unbezahlte Arbeit der Landschaftspflege oder soziale Arbeit in der Gemeinschaft zu leisten. Vielmehr beförderte gerade eine längere Programmteilnahme soziale Aspekte wie gemeinschaftliche Infrastrukturen, politische Partizipation oder Inklusion in der Gemeinschaft (Alix-Garcia et al., 2018).

aktive Schutz von Ökosystemen und ihrer Leistungen entlohnt werden, soweit dies nicht oder nur unzureichend über Märkte bzw. privatwirtschaftliche Aushandlungsprozesse geschieht (Helm, 2019). Um Werte und Knappheit natürlicher Ressourcen und Ökosysteme in die Motive und Entscheidungen privatwirtschaftlicher Akteure umfassender zu integrieren, sollten dabei auch heute die weltweit immer noch bestehenden substanziellen umweltschädlichen Subventionen — konservative Schätzungen belaufen sich global und über terrestrische und maritime Ökosystem hinweg auf 4.000–6.000 Mrd. US-$ — abgeschafft werden (Dasgupta, 2020: 43).

Kasten 4.2-1 diskutiert Ausgestaltungsherausforderungen von Preisinstrumenten für den nachhaltigen Umgang mit Land und Erfahrungen aus der praktischen Anwendung am Beispiel der Zahlungen für Ökosystemleistungen in größerer Detailtiefe. Übergreifende Herausforderungen liegen in der Abstimmung der Instrumente zwischen unterschiedlichen umweltpolitischen Regelungsbereichen und über unterschiedliche (Wirtschafts-)Sektoren, Landflächen und Biomassenutzungen hinweg. Unabgestimmte finanzielle Anreize, etwa durch hohe Preise auf $CO_2$-Emissionen ohne die entsprechend wirksame Adressierung der negativen Folgen einer vermehrten Inanspruchnahme von Ökosystemen als (vermeintlich) klimafreundliche Rohstofflieferanten, führt zu Ausweichreaktionen der Akteure und damit zu Verlagerungseffekten, die vielfach einem nachhaltigeren Umgang mit Land entgegenlaufen. Diese systemischen Anforderungen an wirksame Rahmenbedingungen und die Verteilungswirkungen von Änderungen im Preisgefüge als zusätzliche Herausforderung für Anwendung und Gestaltung von Preis- und Anreizinstrumenten betrachtet Kapitel 4.2.5.

### 4.2.2
### Nachhaltigkeit einfordern: freiwillige und gesetzliche Standards

Die Einhaltung von Nachhaltigkeitskriterien im Umgang mit Land kann alternativ oder ergänzend zu Preisinstrumenten auch über freiwillige Zertifizierungen oder verpflichtende Auflagen auf verschiedenen, sich überlappenden Produktions- und Nutzungsebenen erreicht werden. Auf Nachhaltigkeitsstandards basierende Ansätze reichen von freiwilligen Produktkennzeichnungen, z. B. für Lebensmittel, über Kriterien zur Anrechenbarkeit auf verbindliche Quoten, z. B. für „fortschrittliche" Biokraftstoffe bis hin zu Verboten bestimmter Produktionsmethoden. Diese Ansätze, deren spezifische Vor- und Nachteile im Folgenden skizziert werden, können sich ergänzen – ihr Gesamteffekt wird aber bisher durch ihren jeweils beschränkten Anwendungsbereich sowie ihr unterschiedliches und insgesamt zu niedriges Anforderungs- und Durchsetzungsniveau deutlich geschwächt (Kap. 4.2.5.2).

Verpflichtende Standards für den Umgang mit Land werden durch Ge- und Verbote von Staaten in der Regel im eigenen Staatsgebiet verhängt; z. B. Nutzungsbeschränkungen in Schutzgebieten, Verbot bestimmter Gentechnik oder Pestizide etwa gemäß des Stockholmer Übereinkommens (UNEP, 2017), Flächenbindung bei Tierhaltung in Bezug auf Gülleentsorgung oder Futtermittelproduktion (Kap. 3.2, 3.3). Analog wird für manche Importe in die EU verlangt, dass die Einhaltung von Gesetzen der Exportländer, Menschenrechten oder weiteren Nachhaltigkeitsstandards bei der Produktion überprüft wurde. Beispiele sind die EU-Richtlinie zum legalen Holzeinschlag (Kasten 3.5-8) oder Lieferkettengesetze, die in einzelnen Ländern bereits existieren und für Deutschland und die EU aktuell diskutiert werden (Rudloff und Wieck, 2020). Lieferkettengesetze können Berichts- und Schutzpflichten für Unternehmen bezüglich der Beachtung von Menschenrechten und anderen Nachhaltigkeitszielen entlang ihrer Lieferketten, vor allem auch im Ausland, definieren und die Rechtsdurchsetzung bei Verstößen stärken (BMZ, 2020b). Ge- und Verbote sind unentbehrlich, wenn z. B. irreversible Zerstörungen vermieden werden müssen; sie sind allerdings oft kontrovers und mit langwierigen Nachweis- und Entscheidungsprozessen verbunden (z. B. bei Glyphosat). Gleiches gilt in der Regel z. B. auch für Preisinstrumente (Kap. 4.2.1). Hinzu kommen Herausforderungen bei Umsetzung und Kontrollen, so dass eine Kombination z. B. mit Anreizinstrumenten sinnvoll sein kann (insbesondere bei schwachen Institutionen). Bei importierten Gütern hängt der Effekt z. B. davon ab, was jeweils in anderen Ländern als legal gilt, und wie gut dies durchgesetzt wird (etwa wie effektiv illegaler Holzeinschlag aufgespürt und unterbunden wird; Kasten 3.5-8).

Daneben existieren eine Vielzahl von Zertifizierungssystemen für Produzent*innen oder Produkte, die teilweise in ihren Kriterien über gesetzliche Vorgaben hinausgehen, aber freiwillig bleiben (van Dam et al., 2008; Ramirez-Contreras und Faaij, 2018). Sie haben in der Regel einen begrenzten Anwendungsbereich und werden z. B. von NRO, Anbauverbänden und Unternehmen sowie z. T. auch staatlichen Stellen vergeben oder unterstützt (z. B. „Runde Tische" der genannten Stakeholder zu Palmöl, Soja oder Biomaterialien; staatliche Biosiegel, blauer Engel) und sind je nach Herausgeber mehr oder weniger anspruchsvoll und verschieden ausgerichtet (z. B. die stärker umwelt- bzw. industrieorientierten FSC- bzw. PEFC-Zertifizierungen für Holz, Kap. 3.5.3). Neben ökologischen Kri-

**Kasten 4.2-2**

### Nachhaltigkeitskriterien für Biomasse in der Erneuerbare-Energien-Richtlinie der EU

Ein wichtiges Beispiel für staatliche definierte Nachhaltigkeitskriterien ist in der jüngsten Überarbeitung der Erneuerbare-Energien-Richtlinie (EU, 2009a, 2018a) enthalten, die Vorgaben zur energetischen Nutzung von Biomasse macht (ursprünglich nur für biobasierte Kraftstoffe, zuletzt erweitert auf Bioenergie auf Basis fester oder gasförmiger Energieträger). Sie umfasst differenzierte Ziele für den Einsatz von Bioenergie aus verschiedenen Quellen (vor allem sollen Rest- und Abfallstoffe genutzt werden; WBGU, 2009). Auf diese Ziele werden nur Kraftstoffe angerechnet, die deutlich niedrigere THG-Emissionen verursachen als fossile Kraftstoffe (Emissionen aus indirekten Landnutzungsänderungen werden hier allerdings nicht eingerechnet). Biomasse von nach 2008 gerodeten Waldflächen oder trockengelegten Mooren sowie Biomassearten, bei denen das Risiko für indirekte Landnutzungsänderungen als hoch eingeschätzt wird (z.B. Palmöl für Biodiesel; Valin et al., 2015), werden ebenfalls schrittweise ausgenommen. Da indirekte Landnutzungsänderungen auch dadurch nicht ausgeschlossen werden können (z.B. könnten Abnehmer in der EU von früher gerodeten Flächen bedient und frisch gerodete Flächen für den eigenen Verbrauch oder Exporte in andere Länder genutzt werden), enthält die Verordnung auch länderbezogene Kriterien (Art. 29.2/6/7), aber nur zu Bodenmanagement sowie für Forstbiomasse zur nachhaltigen Ernte und nicht positiven LULUCF-Emissionen (als Bestandteil der NDCs zum Pariser Übereinkommen), mit der Option flächenbezogener Nachweise. All diese Kriterien sind nicht verpflichtend, aber Vorbedingung für eine Anrechnung auf verbindliche Erneuerbare-Energien-Ziele sowie Förderungen durch die Mitgliedstaaten.

Zu beachten ist, dass zur Erfüllung der LULUCF-Bedingung nicht nur die Erhaltung von Primärwäldern und nachhaltige Wiederaufforstung beitragen, sondern auch forstwirtschaftliche Plantagen, insbesondere wenn der im Boden gespeicherte Kohlenstoff nicht oder nicht vollständig erfasst wird (Kap. 3.1). Auch wird bisher kein Bezug zur Gemeinsamen Agrarpolitik der EU hergestellt; soziale Kriterien, z.B. zu Landrechten, fehlen ebenfalls.

terien und Tierwohlkriterien, wie dem Verzicht auf bestimmte land- und forstwirtschaftliche Praktiken und Flächennutzungen (Pestizide, Gentechnik, Kunstdünger, Massentierhaltung, Primärwaldrodung usw.), werden zum Teil auch soziale Aspekte wie sichere Arbeitsbedingungen und faire Erzeugerpreise adressiert (z.B. Fair-Trade-Siegel). International und stakeholder-übergreifend werden für den Umgang mit Land relevante Nachhaltigkeitskriterien z.B. im Rahmen der ISO-Norm 13065 zu Nachhaltigkeitskriterien für Bioenergie und der Global Bionergy Partnership weiterentwickelt. Zu den Vorteilen von Zertifizierungen gehört, dass sie die Transparenz und Verantwortung für Nachhaltigkeit (inklusive lokaler Belange) entlang von Lieferketten und für Endverbraucher erhöhen können. Unternehmen können sie zur Produktdifferenzierung, Marketing und Imageverbesserung dienen (van Dam et al., 2008), oft als Reaktion auf zivilgesellschaftlichen Druck z.B. von NRO, und gegebenenfalls, um verpflichtenden Regulierungen zuvorzukommen bzw. diese frühzeitig beeinflussen zu können. Höhere Preise für nachhaltige Produkte können Anreize für nachhaltige Landwirtschaft bieten – wenn sie an die Landwirt*innen weitergegeben werden. Andererseits gehört zu den Nachteilen, dass Endverbraucher*innen oftmals überfordert sind angesichts der Vielfalt an Siegeln (Kasten 3.3-5; Kap. 3.4.3.5; Gwozdz et al., 2020), deren Kriterien und Glaubwürdigkeit sie kaum beurteilen und gegeneinander abwägen können. Weitere spezifische Probleme sind (1) der hohe Informationsbedarf und entsprechende Kosten, (2) intransparente Zertifizierungen durch private Prüfunternehmen, (3) „Greenwashing" und eine nicht nachhaltige Nachfragesteigerung, wenn Biomasseströme nicht nachverfolgt werden (können) und vor allem (4) zu niedrige oder mit der Zeit aufgeweichte Umweltschutzstandards. So wird kritisiert, dass aufwändige Multistakeholder-Prozesse wie die „Runden Tische" oft durch Unternehmen dominiert würden, die über entsprechende Ressourcen verfügen, während die lokale Bevölkerung die Konsequenzen teils nicht abschätzen könne und „Rechteinhaber" zu „Stakeholdern" degradiert würden (denkhausbremen, 2019; beim FSC-Siegel ist Gründungsmitglied Greenpeace mittlerweile ausgestiegen; Greenpeace, 2018). Zertifizierungen mit staatlich vorgegebenen Kriterien können daher vorteilhaft sein, wenn sie entsprechend transparent, inklusiv und ambitioniert sind, auch da sie – zumindest in Deutschland – eine relativ hohe Glaubwürdigkeit genießen.

Schließlich können Staaten die Anrechenbarkeit bestimmter Land- oder Biomassenutzungen auf verbindliche Zielquoten, den Zugang zu Fördermitteln oder öffentliche Aufträge an die Einhaltung von Nachhaltigkeitskriterien knüpfen, die über verpflichtende Vorgaben hinaus gehen. Insofern finanzielle Anreize nicht im Vordergrund stehen oder nur indirekt sind, handelt es sich hier um eine Mischform mit den in Kapitel 4.2.1 beschriebenen Instrumenten. Beispiele dafür sind die GAP-Greening-Zahlungen (Kap. 3.3), Beschaffungsrichtlinien (BMU, 2020c) sowie die überarbeiteten Nachhaltigkeitskriterien der Erneuerbare-Energien-Richtlinie (EU, 2018a), die die Biomassenutzung für den Klimaschutz fördern, aber deren Nebenwirkung verhindern sollen (Kasten 4.2-2; Kap. 4.3). Wo

Biomassenutzungen vor allem durch öffentliche Förderung wirtschaftlich attraktiv sind (z.B. Biokraftstoffe in der EU), entfalten eigentlich optionale, aber mit der Förderung verknüpfte Auflagen eine starke Wirkung. Wenn jedoch der Nutzungsdruck steigt, etwa durch weitere Regulierung fossiler Energien bzw. höhere $CO_2$-Preise, sowie in Bereichen, in denen biobasierte Produkte bereits wirtschaftlich oder alternativlos sind, sollten Nachhaltigkeitsstandards verpflichtend werden (Voraussetzung für das Inverkehrbringen).

Mit Blick auf die bestehenden gesetzlichen und freiwilligen Standards für den nachhaltigen Umgang mit Land sollte es das übergeordnete Ziel sein, diese schrittweise aber zügig anzuheben. Grundsätzlich sollten auch freiwillige Zertifizierungsansätze und die dafür entwickelten Kriterienkataloge weiterentwickelt werden. Sie können auch als Grundlage für gesetzliche Auflagen dienen, wenn dies notwendig wird. Sektorspezifische Regulierungsansätze sind für einige Nachhaltigkeitsaspekte gut geeignet, z.B. Sozialstandards in der Produktion, ein diversifiziertes Saatgutangebot oder die Sicherung fairen Wettbewerbs. Letzteres betrifft etwa die Kopplung von Saatgut mit Pestiziden und Marktkonzentrationen in beiden Segmenten (Deconinck, 2020), wo auch das Kartellrecht ökologische Nachhaltigkeit beeinflussen kann.

Wie bei den finanziellen Anreizinstrumenten (Kap. 4.2.1) haben partielle Nachhaltigkeitsstandards aber die Schwäche, dass sie durch Verlagerungseffekte zum Teil ausgehebelt werden können. Auflagen und Zertifizierungen mit begrenztem Geltungsbereich (einzelne Produzenten, Produktklassen oder Nutzungen, Verbraucherinformation) können insbesondere zu indirekten Landnutzungseffekten führen, z.B. zur Verlagerung der Produktion auf andere Flächen, zum Ausweichen auf andere Biomassearten, oder zum Verkauf des nicht nachhaltigen Teils der Produktion an andere Abnehmer. Dies kann nur durch umfassende Nachhaltigkeitsauflagen auf Ebene ganzer Biomasseklassen oder Länder bzw. aller Nutzungen erfasst und vermieden werden, wie in Kapitel 4.2.5 instrumentenübergreifend gezeigt wird.

### 4.2.3 Raum- und Landschaftsplanung im Sinne des integrierten Landschaftsansatzes weiterentwickeln

Staaten können über Raum- und Landschaftsplanung (z.B. Ausweisung von Schutzgebieten) gezielt Einfluss darauf nehmen, ob eine Landfläche für einen oder mehrere Zwecke genutzt werden soll und wie sich verschiedene Nutzungen über den verfügbaren Raum verteilen.

Raumbezogene Planung ist weltweit in den einzelnen Staaten sehr unterschiedlich ausgeformt. Um Veränderungserfordernisse nationaler Bestimmungen deutlich zu machen, geht der WBGU hier exemplarisch von der deutschen Rechtslage aus (Kasten 4.2-3).

Ein integrierter Landschaftsansatz ist in der deutschen, fast schon überkomplexen Raumplanung bislang nicht explizit verankert. Der integrierte Landschaftsansatz, wie ihn der WBGU verwendet (Kasten 2.3-3), orientiert sich an Landschaften und nicht an rechtlich definierten Räumen, für die z.T. rechtlich verbindliche Pläne maßgeblich sind, die Nutzungen und Schutz auf Flächen vorgeben. Die Elemente dieses integrierten Landschaftsansatzes (Identifikation eines gemeinsamen Interesses bzw. Zielsystems, Partizipation, Entwicklung eines gemeinsamen Monitoring- und Bewertungsrahmens, adaptives Management; Kasten 2.3-3) lassen sich teilweise mit dem Instrument der Raumordnung verwirklichen. Zwar ist der Bezugspunkt nicht die Landschaft, sondern der Raum, beide Begriffe können aber quasi synonym genutzt werden. Raumordnung kann Multifunktionalität in der Landschaft bzw. im Raum koordinieren und eröffnen sowie Räume vorsehen für synergistische und langfristig tragfähige Mehrgewinnstrategien. Raumordnung sieht eine Beteiligung aller Stakeholder und der Öffentlichkeit im Raum vor und sorgt durch permanente Anpassung der Pläne an neue Realitäten für ein adaptives Management.

Die Umsetzung des integrierten Landschaftsansatzes (Kasten 2.3-3; Kap. 3.6) setzt voraus, dass Entscheidungen über Landschaftsschutz und Nutzung von Land nicht (nur) als Top-down-Prozess durch Staaten oder staatliche Stellen getroffen werden. Ein derartiger Top-down-Ansatz würde weder die lokalen Eigenarten ausreichend einbeziehen noch Akzeptanz bei den Betroffenen sichern und damit wenig Aussicht auf eine wirksame Umsetzung haben. Erforderlich ist vielmehr, einen rechtlichen Rahmen zu setzen, der es erlaubt, dass lokal und regional für konkrete Flächen Schutz- und Nutzungskonflikte im Sinne der hier skizzierten Landwende koordiniert und gelöst sowie möglichst flächenbezogene Mehrgewinne erzeugt werden. Dazu sollten die verschiedenen lokalen Interessen und das lokale Wissen aktiv eingebunden und zu einem Ausgleich unter Einbeziehung von Fernwirkungen geführt werden. In Deutschland bietet dafür das Gegenstromprinzip einen geeigneten Ansatzpunkt, nach dem sich die Entwicklung, Ordnung und Sicherung von Teilräumen in die Gegebenheiten und Erfordernisse des Gesamtraums einfügen soll und die Entwicklung, Ordnung und Sicherung des Gesamtraums die Gegebenheiten und Erfordernisse seiner Teilräume berücksichtigen soll (Kasten 4.2-3).

Darüber hinaus haben inhaltliche Ziele – wie die Überwindung des Trilemmas – bislang kein hervorge-

**Kasten 4.2-3**

### Raum- und Landschaftsplanung in Deutschland

Gemäß Raumordnungsgesetz (ROG, 2008) ist es Zweck der gesamträumlichen und überörtlichen sowie im Unterschied zur sektoralen Landschaftsplanung überfachlichen Raumordnung in Deutschland, durch Raumordnungspläne, durch raumordnerische Zusammenarbeit und durch Abstimmung raumbedeutsamer Planungen und Maßnahmen den Gesamtraum und die Teilräume Deutschlands zu entwickeln, zu ordnen und zu sichern (§ 1 I 1 ROG). Raumplanung erfordert Abstimmung unterschiedlicher Anforderungen an den Raum und Ausgleich der auf der jeweiligen Planungsebene auftretenden Konflikte sowie Vorsorgeregelungen für einzelne Nutzungen und Funktionen des Raums (§ 1 I 2 ROG). Aufgabe der Raumordnung ist in Deutschland neben der Festlegung und Sicherung bestimmter Ansprüche an den Raum auch, konfligierende Nutzungsansprüche an den Raum zu koordinieren sowie die notwendige Funktionsfähigkeit der im Anwendungsbereich liegenden Räume zu erhalten. Leitvorstellung bei der Erfüllung dieser Aufgabe ist eine „nachhaltige Raumentwicklung, die die sozialen und wirtschaftlichen Ansprüche an den Raum mit seinen ökologischen Funktionen in Einklang bringt und zu einer dauerhaften, großräumig ausgewogenen Ordnung mit gleichwertigen Lebensverhältnissen in den Teilräumen führt" (§ 1 II ROG). Die Verpflichtung zu „einer nachhaltigen Raumentwicklung" ist wesentliches Prinzip der Raumordnung (§ 1 II ROG). Die Entscheidungen über Ziele und Grundsätze der Raumordnung treffen die demokratisch legitimierten Planungsträger (Landesregierung, Kreise und Kommunen). Regelmäßig ist für die Aufstellung und Änderung von Raumordnungsplänen eine Öffentlichkeitsbeteiligung vorgesehen, in der jedermann ein Anhörungs-, aber kein Mitentscheidungsrecht zusteht. Das „Gegenstromprinzip" soll Abstimmungen zwischen den unterschiedlichen Planungsebenen gewährleisten, indem Entwicklung, Ordnung und Sicherung der Teilräume sich in die Gegebenheiten und Erfordernisse des Gesamtraums einfügen und – *vice versa* – die Entwicklung, Ordnung und Sicherung des Gesamtraums die Gegebenheiten und Erfordernisse seiner Teilräume berücksichtigen (§ 1 III ROG). Das Gegenstromprinzip ist fachlich-räumlich zwischen verschiedenen staatlichen Stellen ausgestaltet, ein Multiakteursansatz wird damit nicht verwirklicht.

Die Bodennutzung auf der örtlichen Ebene wird durch Flächennutzungspläne für das gesamte Gemeindegebiet und durch parzellenscharfe Bebauungspläne (Bauleitplanung) durch die Gemeinden selbst festgelegt. Örtliche Bauleitpläne zeichnen sich dadurch aus, dass sie für die Bodennutzung einen verbindlichen Rahmen setzen, der bestimmte Nutzungen ermöglicht, andere indes verbietet und auch durch Frei-, Grün- und Waldflächenausweisungen Räume für Land- und Forstwirtschaft sowie für Natur- und Umweltschutz vorhält. Flächen werden dabei in der Regel für eine bestimmte Nutzung vorgesehen, z.B. Nutzung als Agrarfläche. Die überörtliche Raumordnung dient u.a. dazu, Flächen für bestimmte Nutzungen – wie etwa Landwirtschaft, erneuerbare Energien (insbesondere Windenergie), Siedlungsbereiche, Naturschutz, Industrie und Gewerbe – vorzuhalten oder für spezifische Fachplanungen, wie Luftverkehrseinrichtungen (Flugplätze), zu privilegieren, um eine wirtschaftliche und nachhaltige Entwicklung des Raumes zu ermöglichen.

Die mehrstufigen gesamträumlichen Planungen sind durch Entwicklungs- und Berücksichtigungsgebote miteinander verknüpft; so sind Ziele der überörtlichen Raumordnung – etwa die Reduktion des Flächenverbrauchs für öffentliche Planungen – für die nachfolgenden Ebenen verbindlich und können nicht „weggewogen" werden (vgl. § 4 Abs. 1 ROG). Vorhabenbezogene Fachplanungen wie Infrastrukturplanungen über Straßen, Schienen und Wasserwege oder Energieleitungen sind höherrangig und damit durchsetzungsfähig gegenüber der örtlichen Bauleitplanung (vgl. §§ 37, 38 BauGB).

Den ökologischen Beitrag für die Raumplanung in Deutschland liefert – verfahrensrechtlich abgesichert durch die Beteiligung von Naturschutzbehörden an den genannten Planungsverfahren (vgl. § 3 Abs. 5 BNatSchG in Verbindung mit § 9 Abs. 1, 5 S. 1 BNatSchG) – die Landschaftsplanung (§§ 8–12 BNatSchG). Sie ist die Fachplanung des Naturschutzes, die als ein ökologisch orientiertes räumliches Nutzungskonzept dem Vorsorgeprinzip Rechnung trägt. Landschaftsplanung ist also als sektorales Planungskonzept des Naturschutzes konzipiert. Sie fokussiert zwar auf den Schutz der biologischen Vielfalt sowie die Sicherung und Entwicklung eines funktionsfähigen Naturhaushalts und den Bodenschutz und bezweckt die Erhaltung und Entwicklung der Landschaft als Erlebnis- und Erholungsraum (§ 9 Abs. 1 BNatSchG; (Schlacke, 2019: § 10 Rn. 24f.). Ihr fehlt aber eine rechtliche Bindungswirkung für die raum- und vorhabenbezogene Fachplanung. Landschaftsplanung setzt sich weder gegenüber der überörtlichen noch gegenüber der örtlichen Raumplanung durch, auch nicht gegenüber erforderlichen Infrastrukturplanungen. Landschaftsplanung wird integriert oder als Informationsgrundlage für die raumbezogene Planung herangezogen.

hobenes Gewicht in der Raumordnung. So ist die Bestimmung der Zielsetzung den Stakeholdern überlassen und nicht aus dem übergreifenden rechtlichen Rahmen ableitbar: Raumordnung berücksichtigt auch, priorisiert aber nicht Biodiversitätserhaltung, Klimawirkungen und andere Ökosystemfunktionen, Stoffflüsse (und Kreislaufwirtschaft) sowie temporäre Nutzungen wie mobile Tierhaltung. Auch Fernwirkungen wie indirekte Landnutzungseffekte, grenzüberschreitende Fragen (etwa beim Management von Wassereinzugsgebieten), multifunktionale Flächennutzungen oder die Ausrichtung auf – gegebenenfalls administrative Grenzen überschreitende – struktur- und funktionsräumliche Einheiten sowie die aktive Einbeziehung aller betroffenen Akteure in möglichst offenen Multistakeholder-Verfahren nehmen bislang keinen besonderen Stellenwert in der Raumordnung ein.

Insofern setzen sich häufig wirtschaftliche Interessen an einer Raum- bzw. Landschaftsnutzung durch. Außerdem geht die Raumordnung in erster Linie von einem Nebeneinander der Flächennutzung aus und nicht von einer Integration mehrerer Nutzungen (oder eben des

Schutzes) auf einer Fläche. Zwar soll Raumordnung übergeordnet und systemisch verschiedene Belange in Einklang bringen („koordinieren") und zum Teil auch Verbindlichkeit entfalten. Gerade die Schutzinteressen der Landschaftsplanung sind aber weder verpflichtend noch vorrangig im Rahmen der Raumplanung zu beachten. Eine integrative Gestaltung der Raumplanung im Sinne des integrierten Landschaftsansatzes würde voraussetzen, dass Aspekten etwa der Biodiversitätserhaltung, Klimawirkungen und anderen Ökosystemfunktionen ein höheres Gewicht in der Gesamtabwägung zukommen müsste (Abwägungsdirektiven). Einem integrativen Ansatz würde auch zu Gute kommen, wenn Wirkungen von Flächenausweisungen etwa für den globalen Klimaschutz und den Schutz der biologischen Vielfalt zwingend zu berücksichtigen sind. Eine Integration des Klimaschutzes in der Form, dass die Raumordnung an die Klimaschutzziele gebunden ist, ist bislang ebenfalls rechtlich nicht vorgesehen.

### 4.2.4
### Fortschritte messen, Blockaden identifizieren: Indikatoren und Monitoring verbessern

Die genaue Identifikation der Nachhaltigkeitsprobleme, die Auswahl, Ausgestaltung und Koordinierung geeigneter Instrumente, die Überprüfung der Umsetzung, sowie die regelmäßige Evaluation der ökologischen und sozialen Wirkungen erfordern eine solide Datenbasis. Nur so können die gewählten Ansätze fortlaufend angepasst und verbessert werden. Basis dafür sind geeignete, messbare Indikatoren und Erfolgskriterien für den nachhaltigen Umgang mit Land und den Fortschritt der wichtigsten diesbezüglichen Strategien, z.B. innerhalb eines integrierten Indikatorsystems auf Basis der existierenden Nachhaltigkeitsziele und -indikatoren. Verbesserte Indikatoren können die Grundlage für die Einführung anreizbasierter Instrumente und Zertifizierungsverfahren bilden, aber auch als Informationsinstrument für politische Prozesse und die Öffentlichkeit genutzt werden, z.B. um Konsument*innen möglichst umfassend und korrekt über die Konsequenzen ihrer Konsumentscheidungen (im Sinne eines ökologischen Fußabdrucks) zu informieren (Kap. 4.1.1).

Die international vereinbarten UN-Nachhaltigkeitsziele (SDGs) und ihre Umsetzungen auf verschiedenen Governance-Ebenen (z.B. Nachhaltigkeitsstrategien Deutschlands und der EU) enthalten bereits einige landbezogene Unterziele und Indikatoren (Kap. 2). Zu den wichtigsten Ergänzungen bestehender physischer Indikatoren zur Erfassung eines nachhaltigen Umgangs mit Land und Biomasse gehören:

- Indikatoren zur Erhaltung von Biodiversität sowie zur Wirksamkeit von Schutzmaßnahmen, z.B. Schutzgebietssystemen (Kap. 3.2; Kasten 4.4-3);
- Indikatoren zum „ökologischen Rucksack" der Ernährung im In- und Ausland (Kap. 3.4);
- Indikatoren zu Biomasseverbrauch und nachhaltigen Biomassepotenzialen (auch zur Bewertung der in den Kapiteln 3.5 und 4.3 empfohlenen Reduktionsziele für den Verbrauch biogener Ressourcen).

Monetäre Indikatoren aus ökonomischen Bewertungsansätzen helfen, nicht nur den wirtschaftlichen Wert von Ökosystemen und ihren Leistungen zu verdeutlichen, sondern auch darüber hinausreichende Nutzen für den Menschen. Sie können so einen Beitrag dazu leisten, dass die Werte von Ökosystemen und ihren Leistungen für den Menschen systematischer und bewusster wahrgenommen und in Entscheidungen berücksichtigt werden. Nicht nur bei Indikatoren wie dem Umsatz biobasierter Sektoren oder der Flächen- bzw. Ressourcenproduktivität sollten die Grenzen ihrer Aussagekraft für einen nachhaltigen Umgang mit Land und Ökosystemen dabei jedoch stets im Blick behalten werden (Kasten 4.2-4). Dies gilt insbesondere, wenn handlungsleitende gesellschaftliche Ziele zum Umgang mit Land und Ökosystemen abgeleitet werden. Ökonomische Bewertungsansätze können diese gesellschaftlichen und politischen Entscheidungen unterstützen, sollten dabei jedoch unbedingt durch physische Indikatoren ergänzt werden (z.B. zur Biodiversität oder Qualität von Schutzgebietssystemen).

Die Datenbasis für alle Indikatoren sollte mit noch mehr Nachdruck verbessert werden. Beispielsweise ist der Anteil degradierter Landfläche, ein zentraler Indikator zu SDG 15, Unterziel 3 (Land Degradation Neutrality, LDN), nur für zwei Drittel der Länder verfügbar (UNSTATS, 2020). Durch ein (in den Grenzen des Datenschutzes) möglichst detailliertes Monitoring der Land- und Biomassenutzung sollte sichergestellt werden, dass nicht nachhaltige Praktiken zeitnah aufgedeckt, die Wirksamkeit von Instrumenten überprüft und die Umgehung oder Verletzung von Auflagen konsequent sanktioniert werden können.

Digitale Technologien eröffnen viele neue Möglichkeiten für eine Verbesserung und Verstärkung von Monitoring (Kasten 4.1-1, 4.2-5). Dies umfasst sowohl die Entwicklung von Open-Source-Anwendungen und den globalen Auf- bzw. Ausbau eines interoperablen Open-Data-Ökosystems (wie beispielsweise im Rahmen der European Open Science Cloud und der Nationalen Forschungsdateninfrastruktur) als auch erleichterte Datenerhebungen im Rahmen von Citizen Science (Kasten 4.1-1). Da Citizen Science nicht nur ergänzende Datenquellen für Forschung und SDG-Monitoring erschließt, sondern auch ein Instrument für erhöhtes Nachhaltigkeitsbewusstsein und stärkere zivilgesellschaftliche Partizipation ist, sollte sie verstärkt gefördert werden. Sie sollte zudem durch eine am Gemeinwohl orientierte digitale Basisinfrastruktur unterstützt werden, im Sinne eines europäischen Plattformökosystems, welches Wissenschaft, Wirtschaft, Politik und Zivilgesellschaft gleichermaßen dient (WBGU, 2019a). Inwieweit dieses ebenso wie ein globales, digital unterstütztes Monitoring Realität werden wird, ist jedoch keine rein technische, sondern primär eine politische Frage.

### 4.2.5 Von den Einzelteilen zum System: Folgerungen für einen Policy-Mix

Ein nachhaltiger Umgang mit Land ist nicht mit einem einzelnen Instrument oder auch nur einem regulatorischen Ansatz erreichbar. Dazu setzt er Verhaltensänderungen in zu vielen Bereichen und bei zu vielen heterogenen Akteuren voraus. Um globale wie auch spezifisch lokale Probleme wirksam zu adressieren, müssen gestaltende Staaten entsprechend Instrumente und Steuerungsansätze auf verschiedenen Governance-Ebenen kombinieren und dabei lokales Wissen wie auch unterschiedliche Stakeholder angemessen einbeziehen.

Welches Instrument oder welche Instrumentenkombination gewählt wird, hängt von verschiedenen Kriterien ab. Außer der Frage der Erreichbarkeit der ökologischen Ziele spielen administrativer Aufwand, Skalierbarkeit, Kosteneffizienz (also die Erreichung der ökologischen Ziele zu möglichst geringen privaten und administrativen Kosten), Auswirkungen auf Verhalten und Technologieentwicklung sowie soziale (Verteilungs-)Wirkungen wichtige Rollen (Sterner und Robinson, 2018). Ebenfalls sollte bei der Wahl der Instrumente berücksichtigt werden, ob in einem unsicheren und veränderlichen Umfeld eine langfristig robuste Regulierungswirkung erreicht werden kann (Capano und Woo, 2018; Howlett et al., 2018). Auch stellen Instrumente unterschiedliche Anforderungen an staatliche Institutionen, Gerichtsbarkeit, Eigentums- und Nutzungsrechte, die nicht alle Länder in gleicher Weise erfüllen (Blackman et al., 2018).

Entscheidend ist die geeignete Kombination und konsistente Abstimmung der eingesetzten Instrumente. So kann es etwa sinnvoll sein, Preisinstrumente zumindest temporär durch weitere Maßnahmen zu ergänzen, wenn z.B. Informationsdefizite, Technologie-, Infrastruktur- oder kulturell bedingte Pfadabhängigkeiten ihrer Wirksamkeit entgegenstehen, wie dies etwa bei der Ökologisierung industrialisierter Landwirtschaftssysteme der Fall ist (Kap. 3.3). Auch kann parallel eine Anpassung bestehender regulatorischer Rahmenbedingungen und Leitlinien notwendig werden, wie z.B. die Neuausrichtung von Ernährungsleitlinien (Kap. 3.4), die Überarbeitung regulatorischer Auflagen in der Bauwirtschaft (Kap. 3.5) oder auch die Anpassung von Flächenkategorien in der Raumplanung für die multifunktionale Flächennutzung, z.B. über Agrophotovoltaiksysteme. Raumplanerische Lösungen sind sinnvoll, um auf lokaler und regionaler Ebene verschiedene grundlegende Nutzungszwecke in einem begrenzten Raum in Ausgleich zu bringen. Wie etwa einzelne Landwirt*innen Agrarflächen bewirtschaften sollen, sollte jedoch weniger über öffentliche Planung als über finanzielle Anreize oder Auflagen gesteuert werden, um wirtschaftliche Anreize auf Seiten der Landwirt*innen zu erhalten und akteursspezifisches Wissen direkter einbinden zu können.

Herausforderungen für die Gestaltung eines Policy-Mix ergeben sich aus ökologischer wie auch sozialer Perspektive. Hinsichtlich der Erreichung ökologischer Ziele darf sich die Beurteilung dabei nicht auf die Messung der direkten Wirkungen beschränken, sondern muss auch potenzielle Ausweichreaktionen über die Verlagerung von Tätigkeiten einbeziehen. Verlagerungen können dabei zwischen Biomassenutzungen, Landflächen oder Sektoren erfolgen (Kap. 4.2.5.1), aber auch geographische Verlagerungen ins Ausland umfassen (Kap. 4.2.5.2). Aus sozialer Perspektive sind es insbesondere Verteilungswirkungen, denen frühzeitig begegnet werden sollte (Kap. 4.2.5.3).

#### 4.2.5.1 Verlagerungen vermeiden: Instrumente aufeinander abstimmen und Lücken schließen

Bestehende Politikansätze fördern überwiegend nur einzelne Aspekte eines nachhaltigen Umgangs mit Land, betreffen nur bestimmte Sektoren, Flächen oder Länder und sind oft schlecht mit anderen Instrumenten abgestimmt. Sie laufen Gefahr, durch die Verlagerung nicht nachhaltiger Landnutzung auf andere Flächen, Produkte oder Sektoren unwirksam zu werden. Einige Beispiele:

- Den dauerhaften finanziellen Anreizen für Landwirt*innen durch die GAP steht kein vergleichbares System für Forstwirte gegenüber, so dass z.B. potenziell Anreize zu Umwandlung von Wald- in Ackerflächen entstehen.
- Der Ausschluss bestimmter Biomassearten von der Bioenergieförderung in der EU (z.B. Palmöl, das mit großen Primärwaldzerstörungen in Verbindung gebracht wird; Kasten 4.2-2) kann nicht verhindern, dass andere Energiepflanzen oder weniger regulierte Pflanzen (z.B. Nahrungs- und Futtermittel) auf der

**Kasten 4.2-4**

## Wertschätzung und Bewertung von Ökosystemen und Leistungen für deren Erhaltung

Der Wert von biologischer Vielfalt und Ökosystemleistungen für den Menschen, einschließlich der Existenz- und Optionswerte (WBGU, 2000:317) sowie des intrinsischen Werts, wie er etwa in der Präambel der CBD (1992) und im Bundesnaturschutzgesetz betont wird, ist vielen Akteuren wenig transparent und bewusst. Im Gegensatz zu auf Märkten gehandelten Gütern und Dienstleistungen stehen viele Ökosystemleistungen scheinbar kostenlos zur Verfügung und sind damit nicht Teil (privat-)wirtschaftlicher Abwägungen. Selbst wenn der Wert ihrer Erhaltung grundsätzlich gesehen wird, wird er vielfach unterschätzt, nicht zuletzt da sich die Kosten der Zerstörung wesentlich später einstellen als die Kosten des Schutzes. Die damit einhergehende mangelnde Wertschätzung ist eine der wesentlichen Ursachen der gegenwärtigen Biodiversitätskrise (Kap. 2.2.3) und ein Hindernis bei ihrer Bekämpfung (Leopoldina, 2020).

### Nutzenkategorien ökonomischer Bewertungsansätze

Ökonomische Bewertungen versuchen, die Werte der Natur und Ökosystemleistungen für den Menschen systematisch abzugrenzen und abzuschätzen. Sie gehen dabei stets vom Menschen aus und bewerten Natur und Ökosysteme über den Nutzen für den Menschen und ihre Beiträge zum Wohlergehen des Menschen. Diese anthropozentrische Sicht auf Natur und Ökosysteme steht in enger Verbindung zum Konzept der Ökosystemleistungen (Kap. 2; Abb. 2.1-1; TEEB, 2010; Hansjürgens, 2015). Sie ist jedoch umstritten, da Natur und Ökosystemen nur Werte in ihrer Beziehung zum Menschen und nicht eigenständig als Teil der Schöpfung zugesprochen werden (TEEB, 2010; Deutscher Bundestag, 2015:113ff.). Der WBGU hat sich bereits früher für eine pragmatische Herangehensweise an Bewertungsansätze sowie für einen moderaten Anthropozentrismus ausgesprochen und folgt dieser Position auch in diesem Gutachten (WBGU, 1999:32).

Der ökonomische, anthropozentrische Bewertungsansatz bzw. der „ökonomische Gesamtwert der Natur" betrachtet nicht nur auf Märkten gehandelte Güter und reicht damit deutlich weiter als zunächst vermutet werden könnte (WBGU, 1999:54ff.; Naturkapital Deutschland, 2012:54ff.). Er umfasst zum einen verschiedene Formen nutzungsabhängiger Werte: (1) aus dem direkten Nutzen, den Menschen aus dem Verbrauch natürlicher Produkte und Leistungen in der Bioökonomie oder als Nahrungsmittel, aber auch aus der Ästhetik von Naturräumen und Landschaften und der Natur als Ort der Erholung ziehen; (2) aus indirekten Nutzen, die Ökosysteme stiften, z.B. in Form der Bestäubungsleistung von Insekten oder regulierender Leistungen, etwa ihrer Beiträge zum Schutz vor Überschwemmungen, vor Trockenheit oder Bodenerosion und (3) im Hinblick auf zukünftige Nutzungen (Optionswerte), etwa indem Artenreichtum als „Genpool" für zukünftige medizinische Forschung dient. Der ökonomische Gesamtwert umfasst zum anderen aber auch nutzungsunabhängige Werte in Form von (4) Existenzwerten, bei denen allein das Wissen um die Existenz dieser Arten oder Ökosysteme zum Wohlergehen der Menschen beiträgt, (5) Vermächtniswerten aus dem Motiv heraus, Natur in ihrer heutigen Form zukünftigen Generationen zu hinterlassen, sowie (6) in Form einer individuellen Wertschätzung für Ökosysteme aus altruistischen Motiven heraus.

### Methodisches Vorgehen

Im Überblick werden drei Herangehensweisen zur ökonomischen Bewertung unterschieden (TEEB, 2010:16ff.; Barbier, 2011; Helm und Hepburn, 2012; Hanley und Perrings, 2019): (1) marktbasierte Methoden, (2) Methoden geäußerter Präferenzen sowie (3) Methoden offenbarter Präferenzen. Marktbasierte Methoden ziehen auf Märkten verfügbare Informationen zur Bewertung heran. Sie nutzen zum einen, soweit vorhanden, Marktpreise für Ökosystemleistungen selbst oder auch Preise von Gütern und Leistungen, zu deren Bereitstellung Ökosysteme nachweislich beitragen und die insofern Rückschlüsse auf den Wert der Ökosysteme zulassen (Produktionsfunktionsansatz). Kostenbasierte Ansätze nutzen zum anderen Informationen, z.B. über die Kosten von Erhaltung, Wiederherstellung oder auch Ersatz eines Ökosystems (falls letzteres überhaupt realistisch möglich ist), um dessen Wert anzunähern. Methoden geäußerter oder offenbarter Präferenzen setzen hingegen bei individuellen Präferenzen und Wertschätzung von Natur und Ökosystemen an. Im Rahmen von Methoden geäußerter Präferenzen wie kontingente Bewertung oder Experimente werden Individuen direkt nach ihren Präferenzen und ihrer Bereitschaft befragt, Beiträge für den Ökosystemschutz zu leisten oder finanzielle Kompensationen für Beeinträchtigungen von Natur und Ökosystemen zu akzeptieren. Indirekte Methoden offenbarter Präferenzen schließen über das Verhalten von Akteuren auf ihre Wertschätzung von Natur und Ökosystemen, z.B. in welcher Höhe sie bereit sind Reisekosten zu tragen, um bestimmte Ökosysteme oder Landschaften zu erleben.

Costanza et al. (2014) fassen unterschiedliche weltweite Fallstudien mit unterschiedlichen Bewertungsansätzen zusammen und schätzen, dass der Wert globaler Ökosystemleistungen über maritime und terrestrische Ökosysteme hinweg zwischen 1997 und 2011 durch Landnutzungsänderungen und Beeinträchtigungen von Ökosystemen um 20.000 Mrd. US-$ (2007) abgenommen hat und im Jahr 2011 bei 125.000 Mrd. US-$ (2007) lag. Zum Vergleich: das globale BIP stieg im gleichen Zeitraum von etwa 46.300 Mrd. US-$ (2007) auf 73.000 Mrd. US-$ (2007) an und lag damit auch im Jahr 2011 unter dem Wert der aggregierten Ökosystemleistungen. Mit aktualisierten Daten gelangt eine neuere Studie (NABU und BCG, 2020) zu einem Wert globaler Ökosystemleistungen von jährlich 170.000–190.000 Mrd. US-$. Verschiedene Studien zeigen zudem, dass der Wert von Biodiversität und Ökosystemleistungen insgesamt die Kosten ihres Schutzes um ein Vielfaches übersteigen (Kap. 3.2.3.7; auch: Naturkapital Deutschland – TEEB DE, 2018:68f.).

### Herausforderungen und Grenzen ökonomischer Bewertungsansätze

Die Grenzen ökonomischer Bewertungsansätze sollten bei der Interpretation derartiger Ergebnisse jedoch stets beachtet werden. Ökonomische Bewertungsansätze bilden bislang immer nur Ausschnitte des Werts von Ökosystemen ab (Helm und Hepburn, 2012; Hansjürgens, 2015). Darüber hinaus sind die unterschiedlichen Methoden zur Bewertung jeweils mit spezifischen methodischen Problemen und Herausforderungen konfrontiert. Ökosystemare Zusammenhänge und Wechselwirkungen sind oft komplexer und verzweigter als in Bewertungsstudien erfasst werden kann.

Die Aussagekraft marktbasierter Methoden kann etwa durch verzerrende Einflüsse auf die Preisbildung auf Märkten, z.B. durch Marktmacht oder bestehende Subventionssysteme, beeinträchtigt werden. Marktpreise, wie auch Kosten von Ersatzmaßnahmen, spiegeln zudem nicht notwendigerweise vollständig die menschliche Wertschätzung von Ökosystemen wider (Deutscher Bundestag, 2015:97f.). Befragungen und Experimente zur direkten Abschätzung der individuellen Wertschätzung können durch Informationsdefizite oder individuelle Sympathien für bestimmte Arten in ihrem Aussagegehalt beeinträchtigt werden (Hanley und Perrings, 2019). Auch droht eine systematische Unterschätzung des Optionswerts intakter Ökosysteme, da zukünftige Verwendungsmöglichkeiten sowie Einstellung und Wertschätzung zukünftiger Generationen unbekannt sind und sich die Leistungen intakter Ökosysteme wie auch die menschliche Sicht auf diese im Zeitverlauf ändern können (Mayer, 2019).

Grundsätzlich gehen ökonomische Bewertungsansätze und Kosten-Nutzen-Kalküle zumindest implizit von der Gegenüberstellung eher kleinteiliger und reversibler Veränderungen von Nutzen und Kosten sowie der unbegrenzten Substituierbarkeit von Ökosystemen und ihren Leistungen durch Technologie, sonstige Wirtschaftsgüter und Dienstleistungen aus (WBGU, 1999:62ff.; Naturkapital Deutschland – TEEB DE, 2018:16; Deutscher Bundestag, 2015:118). Viele Ökosysteme und ihre Leistungen schaffen jedoch elementare Grundvoraussetzungen menschlichen Daseins, die nicht (mit technischer Hilfe) ersetzt werden können. Zugleich sind Beeinträchtigungen bis hin zur Zerstörung von Ökosystemen – und damit auch gegebenenfalls später entdeckte katastrophale Auswirkungen auf den Menschen – oft nicht reversibel. Der Zustand von Ökosystemen verändert sich dabei durch den menschlichen Einfluss in vielen Fällen nicht linear oder graduell, sondern Ökosysteme können beim Erreichen von Kipppunkten in andere Zustände wechseln oder im Extremfall plötzlich kollabieren, wobei diese Kipppunkte in der Regel nicht genau bekannt sind (Barbier, 2019; Dasgupta, 2020:37). All diese Aspekte und die Komplexität von Ökosystemen und ihren Leistungen lassen sich nur begrenzt in ökonomischen Bewertungsansätzen und Kosten-Nutzen-Kalkülen erfassen und erschweren so einen Vergleich (und eine Abwägung) ihrer Werte mit anderen Wirtschaftsgütern oder technischen Systemen (Deutscher Bundestag, 2015:117ff.)

### Folgerungen

Ökonomische Bewertungsansätze und die Monetarisierung von Ökosystemen und ihren Leistungen dienen vor allem der besseren Sichtbarkeit unterschiedlicher Güter und Dienste in ihrem Wert für den Menschen, z.B. indem neben wirtschaftlichen Nutzen einer Ackerfläche auch Ökosystemleistungen (etwa bei der Bestäubung von Nutzpflanzen) erfasst werden. Auf diese Weise können sie gerade bei Akteuren, die mit wirtschaftlichen Abwägungen und Entscheidungen vertraut sind, Bewusstsein und Wertschätzung für die auch wirtschaftlich beträchtlichen Werte von Natur und Ökosystemleistungen für den Menschen schaffen. Für diese Demonstrationsfunktion ist dabei auch die exakte Höhe der meist unvollständig und nur mit Unsicherheiten ermittelbaren Werte weniger relevant (WBGU, 1999). Es geht dabei nicht um eine weitreichende Integration von Natur und Ökosystemen in Märkte und deren rein wirtschaftliche Ausbeutung. Vielmehr werden systematisch Beiträge von Ökosystemen offengelegt, die ansonsten gerade in wirtschaftlichen Abwägungen vielfach keine Berücksichtigung finden (WBGU, 1999:55ff.; Helm und Hepburn, 2012:7), obwohl diese Entscheidungen in erheblichem Maß zur Inanspruchnahme und Zerstörung von Ökosystemen beitragen. So wird der Charakter von Natur und Ökosystemen als öffentliche Güter verdeutlicht (Hansjürgens, 2015:291) und letztere können bei Abwägungen zwischen Schutz und Nutzung (bzw. der unausweichlichen Aufteilung knapper Landflächen auf unterschiedliche Verwendungen) in transparenter Weise berücksichtigt werden. Auch Schäden und Geschädigte der Zerstörung von Ökosystemen und damit Verteilungsimplikationen werden sichtbar.

Gerade mit Blick auf die Charakterisierung eines „optimalen“, in einem ganzheitlichen Sinn nachhaltigen Umgangs mit Ökosystemen gilt es jedoch, die Grenzen und Unsicherheiten der Bewertungsansätze im Blick zu behalten. Die (notwendige) Unvollständigkeit der ermittelten Werte von Ökosystemen ist dabei unproblematisch, wenn selbst die mit offensichtlich unvollständigen Bewertungsansätzen ermittelten Leistungen und Werte eines Ökosystems die möglichen Gewinne aus dessen Zerstörung übersteigen (Helm und Hepburn, 2012). Allein monetäre Abschätzungen begründen dann direkt die Ablehnung von Beeinträchtigung und Zerstörung. Übersteigen die Kosten der Erhaltung den ermittelten Wert, sollte die Entscheidung über den Umgang mit Natur und Ökosystemen jedoch nicht allein auf Grundlage monetärer Abschätzungen getroffen werden, sondern auch nicht quantifizierbare, naturwissenschaftliche und ethische Aspekte und Erkenntnisse einbezogen werden. Welcher Umgang mit Land, Ökosystemen und biologischer Vielfalt angesichts drohender Kipppunkte notwendig oder auch „nur“ gewünscht ist und welche Risiken dabei in Kauf genommen werden, sind gesellschaftliche bzw. politische Entscheidungen, die durch ökonomische Bewertungsansätze unterstützt, aber nicht ersetzt werden können. Im Klimaschutz hat ein solcher Prozess zum politischen Ziel einer Begrenzung des Anstiegs der globalen Durchschnittstemperatur auf deutlich weniger als 2°C im Pariser Übereinkommen geführt. Zwar gibt es aufgrund der höheren Komplexität kein globales, aggregiertes „Apex“-Ziel für Ökosystem- und Biodiversitätserhaltung (Kasten 4.4-3), das einen dem Temperaturziel im Klimaschutz vergleichbaren, leicht kommunizierbaren Fokus böte. Doch auch ein Zielsystem wie die 20 Aichi-Ziele (Kap. 3.2.2; CBD, 2010a) bzw. dessen Weiterentwicklung im Post-2020-Rahmen der CBD wird politisch und im Bewusstsein der wissenschaftlichen Unsicherheiten und der mit einer starken Abnahme der Biodiversität verbundenen Risiken gefasst.

Der Einbezug ökonomischer Bewertungsansätze legt dabei nicht fest, wie gesellschaftliche Ziele für den Umgang mit Land und Ökosystemen auf Governance-Ebene umgesetzt werden sollten (Hansjürgens, 2015). Die Wahl zwischen ordnungsrechtlichen Steuerungsansätze, Standards oder anreiz- bzw. marktbasierten Instrumenten sollte nach den in Kapitel 4.2.5 genannten Kriterien erfolgen. Umgekehrt können selbst ohne exakte monetäre Gesamtwerte von Ökosystemen und bestimmten Ökosystemleistungen markt- bzw. anreizbasierte Instrumente ausgestaltet und genutzt werden, da für deren Wirksamkeit vor allem die Opportunitätskosten der betroffenen Akteure relevant sind (Kap. 4.2.1; Kasten 4.2-1).

**Kasten 4.2-5**

### Fazit Digitalisierung: Gemeinwohlorientierung stärken und besseres Monitoring zur Beschleunigung einer globalen Landwende nutzen

Wie die vorangegangenen Kästen zu Digitalisierung (Kästen 3.1-2, 3.2-2, 3.3-15, 3.3-16, 3.4-12, 3.5-1, 4.1-1) verdeutlichen, bietet diese insbesondere für Monitoring, aber auch generell zwar vielfältige unterstützende Potenziale für einen nachhaltigen Umgang mit Land, aber weder schnelle, noch allgemeine Lösungen zur Bewältigung komplexer Probleme. Diese Probleme liegen generell, und auch speziell in Bezug auf Landnutzung, oft jenseits der Digitalisierung. Im Fall der SDG-Indikatorik liegen sie z.B. in der Überschneidung zwischen Politik und amtlicher Statistik. Die europäische SDG-Indikatorik wird gegenwärtig u.a. aufgrund unzureichender Daten und Indikatoren kritisiert. Deren Auswahl stellt immer auch eine politische Frage dar. Zudem sind reale Entwicklungen und deren zeitlicher Horizont mit Blick auf die Gefährdung der Ziele der Agenda 2030 oft nicht adäquat abgebildet, wodurch ein positiv verzerrtes Bild entstehen kann (SDG Watch Europe, 2020). Digitalisierung ist zwar nicht Ursache dieses Problems, könnte aber durchaus zur Lösung beitragen.

Auch wenn die Digitalisierung helfen kann, neue Lösungswege für eine globale Landwende zu beschreiten, ist vorab die Entscheidung für einen Paradigmenwechsel im Umgang mit Land und seinen Ökosystemen notwendig. Erst mit klar definierten Zielen lassen sich kontextadäquate digitale Hilfsmittel entwickeln bzw. implementieren. Vielfach ist dabei jedoch kein Rückgriff auf „fertige Lösungen“ möglich, sondern weitere Forschung und Entwicklung nötig. Für alle Anwendungen sollte zudem vermieden werden, dass Digitalisierung zum „Brandbeschleuniger“ nicht nachhaltiger Produktions- und Konsummuster wird und dazu beiträgt, ökologische und soziale Kosten zu externalisieren (WBGU, 2019b).

So bahnbrechend die Monitoring-Fortschritte der letzten Jahre mittels Fernerkundung sind und trotz ihrer verstärkten Nutzung im Rahmen von z.B. REDD+ (Kasten 3.1-6), ist jenseits von Satelliten auch auf der Erde materielle Infrastruktur nötig, um die anfallenden Daten zu speichern und zu verarbeiten. Diese sollte nicht nur im Hinblick auf Energie- und Ressourcenverbrauch nachhaltig, sondern auch gemeinwohlorientiert gestaltet werden (WBGU, 2019a, b). Dies beinhaltet die Frage nach offenen Daten für transparente, zuverlässige, allgemein zugängliche und nachhaltige nationale Waldmonitoringsysteme im Rahmen von REDD+. Eine stärkere öffentliche Finanzierung (und öffentlich-rechtliche Gestaltung) für die großskalige Erhebung, Speicherung und Teilung von Daten kann nicht nur informationsbasiert das öffentliche Vertrauen in politische Maßnahmen stärken, sondern ebenso private Investitionen anreizen (Fox, 2018). Als wichtiger Hebel für eine sektorübergreifende Nutzung offener Daten in Wissenschaft, Wirtschaft, Politik und Zivilgesellschaft kann dabei eine breite Implementierung der aktuell u.a. im Kontext der European Open Science Cloud verankerten FAIR-Prinzipien („Findability, Accessibility, Interoperability, and Reusability“; Wilkinson et al., 2016; WBGU, 2019b:416) dienen. Ein umfassendes, internationales Monitoring von Ökosystemen und Landnutzungsdynamiken rückt aktuell in greifbare Nähe, was für verbesserte SDG-Indikatorik ebenso relevant ist wie für einen nachhaltigen Umgang mit Land. Wie die im Zusammenhang mit Copernicus und REDD+ angeführten Forschungsprojekte zeigen, ist jedoch die Implementierung keine rein technische Angelegenheit.

Dies gilt ebenso für die Nutzung von Digitalisierung zum Monitoring von Biodiversität und Ökosystemen (Kasten 3.2-2). Einerseits muss bei Beobachtungen sichergestellt werden, dass sich keine Risiken im Hinblick auf die Privatsphäre der in den beobachteten Regionen lebenden Menschen ergeben. Andererseits bietet Citizen Science vielfältige Chancen, um Bürger*innen und ihr Wissen als Pionier*innen des Wandels besser einzubeziehen, bis hin zu einer neuen, ergänzenden Datenquelle für die Wissenschaft sowie SDG Monitoring und Reporting (Kasten 4.1-1). Eine nachhaltige, am Gemeinwohl orientierte Digitalisierung sollte insofern Chancen nutzen, aber potenzielle Risiken stets minimieren. Dazu wirft die Anwendung von Big Data im Zuge der Präzisionslandwirtschaft als Basis für die fortschreitende Nutzung von KI und Robotik die Frage auf, wem die dabei erzeugten und verarbeiteten Agrardaten dienen (Kasten 3.3-16). Nicht nur international besteht das Risiko, asymmetrische Machtverhältnisse von Produzent*innen und Bürger*innen gegenüber der Agrarindustrie weiter zu verschärfen. Zentral ist somit, wer die Technologie und ihre Gestaltung sowie den Zugriff auf Informationen kontrolliert. In diesem Zusammenhang ist die Gestaltung und Governance einer europäischen Agrarplattform als Teil eines größeren Ökosystems („GAIA-X“ bzw. „Agri-Gaia“; BMWi, 2020b) gegenwärtig sowohl die Chance, alte Pfadabhängigkeiten aufzubrechen, als auch das Risiko, diese zu verschärfen oder gar neue zu schaffen. Sofern Nachhaltigkeit nicht integraler Bestandteil der Zielsetzung wird, ist jedoch letzteres zu erwarten. Dies verdeutlicht erneut, dass gesellschaftliche Zielkonflikte vor der Entwicklung technischer „Lösungen“ gelöst werden müssen. Selbst wenn digitale „Lösungen“ gewünscht sind, zeigen bisherige Pilotprojekte zu Blockchain und smart contracts im Agrarbereich, dass für deren Einsatz politische und juristische Voraussetzungen sowie gesellschaftliche Debatten und Entscheidungen nötig sind. Eine fundamentale Pfadentscheidung für die Zukunft digital unterstützter Landwirtschaft liegt etwa darin, ob Präzisionslandwirtschaft das bestehende großskalige System industrieller Landwirtschaft als Referenzrahmen nutzt, oder innovative Ansätze einer kleinräumigen digitalisierten Landwirtschaft verfolgt werden (Kasten 3.3-15).

Auch im Bereich nachhaltiger Ernährung (Kasten 3.4-12) zeigt sich, dass Apps individuell unterstützen können, nachhaltige Konsum- und Ernährungsstile zu befördern. Jedoch können sie keine verlässliche und durchgängig verbreitete Zertifizierung und bessere Lieferkettentransparenz ersetzen. Erst wenn diese Bedingungen geschaffen werden, ließe sich eine digitale Lösung imaginieren, die alle Informationen zusammenführt. Jedoch wäre dazu nicht zwangsläufig eine App nötig, wie das Beispiel Nutri-Score zeigt. Der VZBV (2020) setzt sich gegenwärtig für seinen national flächendeckenden statt wie bislang freiwilligen Einsatz ein sowie auch für die europaweit verpflichtende Einführung, begleitet von einer Informationskampagne. Zudem wäre eine komplette Digitalisierung dieser wichtigen Informationen ein Ausschließungssystem für Personen, denen es an Endgeräten oder digitalen Kompetenzen fehlt.

Beim Thema Bioökonomie (Kasten 3.5-1) zeigt sich darüber hinaus nicht nur ein oft im „Hype“ verzerrtes Bild von Potenzialen und Risiken neuer Technologien, sondern auch, dass Zielkonflikte bei Nachhaltigkeit immer auf ethische, politische und juristische Fragen zurückgehen. Diese lassen sich nicht ausrechnen, wie ein Projekt zur Anwendung von Blockchain in Stakeholder-Prozessen zeigt (Kasten 3.5-1), sondern müssen gesellschaftlich entschieden werden. Dazu sind nicht nur eine offene Debatte unter Einbezug von Bürger*innen nötig, sondern auch Mittel, um Ungleichgewichte verschiedener Stakeholder-Kreise zu reduzieren. Für alle in diesem Gutachten untersuchten digitalen Lösungen zeigt sich die Notwendigkeit, Wert- und Zielkonflikte rechtzeitig und demokratisch zu adressieren, um nachhaltige Technologiegestaltung zu ermöglichen. Dabei kann auch deutlich werden, wie das Beispiel Blockchain illustriert, dass manche technischen Lösungen (noch) nicht adäquat oder gar notwendig sind.

Digitalisierung kann jedoch zu reflektierten Entscheidungen beitragen, wenn eine am Gemeinwohl orientierte Basisinfrastruktur (WBGU, 2019a, b) geschaffen wird, um zukünftig besseren und breiteren Informationsaustausch ebenso wie Partizipation zu ermöglichen. Zu Gestaltung europäischer Technologiesouveräntität im digitalen Zeitalter „geht es nicht um Abschottung, sondern um die Schaffung geeigneter Rahmenbedingungen, um selbstbestimmte Entscheidungen der Bürgerinnen und Bürger zu ermöglichen" (March und Schieferdecker, 2020). Dazu wäre auf technischer Seite nicht nur einer Cloud-Infrastruktur wie GAIA-X notwendig (BMWi, 2020b), sondern auch ein digitales „Ökosystem, das bereits in seiner technischen Ausgestaltung europäischen Werten wie Transparenz, Offenheit und Schutz der Privatsphäre folgt" um einen „öffentlichen digitalen Raum [zu] schaffen, der faire Zugangs- und Nutzungsbedingungen bietet, den öffentlichen Diskurs stärkt und die identitätsstiftende Pluralität Europas sicherstellt" (Kagermann und Wilhelm, 2020:5). Digitalisierung ließe sich im Rahmen einer „European Public Sphere" für ein gesamteuropäisches ambitioniertes Entwicklungsprojekt unter breiter Stakeholder-Beteiligung nutzen, welches wiederum breite Stakeholder-Beteiligung für künftige Innovationsfelder ermöglicht. Sollte diese, in letzter Zeit vermehrt artikulierte Vision (EPOS, 2018; Hillje, 2019; WBGU, 2019a, b; Messerschmidt und Ulrich, 2020) im Rahmen der Trio-Präsidentschaft von Deutschland, Portugal und Slowenien im Rat der EU auf den Weg gebracht werden, könnte sich ein neuer digitaler öffentlicher Raum konstituieren, der sich auch zur Umsetzung polyzentrischer Governance auf neuen Wegen nutzen ließe – für die Transformation zur Nachhaltigkeit im Allgemeinen und einen nachhaltigen Umgang mit Land im Besonderen.

gleichen gerodeten Fläche für die EU angebaut werden. Gerodete Flächen, die durch die Nachhaltigkeitskriterien der EU-Bioenergieförderung ausgeschlossen werden, können für den Anbau für andere Abnehmer genutzt und der Anbau für die EU auf andere Flächen verlagert werden.

- Die Umwandlung von Flächen in Naturschutzgebiete kann zu Verlagerung und intensiverer Flächennutzung in anderen Regionen führen (Pfaff und Robalino, 2017).

Der aktuelle „Flickenteppich" an Anreizen und Regulierungen ist außerdem nicht darauf ausgelegt, Rückwirkungen aus der Regulierung nicht landbasierter Tätigkeiten und Sektoren auf die Landnutzung angemessen zu adressieren. So erhöht etwa die Klimapolitik bereits heute die Nachfrage nach Biomasse und damit den Nutzungsdruck auf terrestrische Ökosysteme (Kap. 3.5.2). Ähnliche Risiken bestehen bei einer möglichen stärkeren Förderung der $CO_2$-Entnahme aus der Atmosphäre (Kap. 3.1).

Der WBGU empfiehlt daher, den bestehenden Flickenteppich hin zu einem bezüglich Flächen, Sektoren (inklusive Biomasse nutzenden Sektoren wie Energie, Bau, Chemieindustrie) und Akteuren möglichst umfassenden System aus aufeinander abgestimmten Instrumenten zu entwickeln. Beispielsweise sollten finanzielle Anreize zum Ökosystemschutz nicht nur in der Landwirtschaft gesetzt und durch verpflichtende, durchgängige Nachhaltigkeitsstandards für Produktion und Handel ergänzt werden, insbesondere wenn strikte Grenzen der Inanspruchnahme von Ökosystemen eingehalten werden müssen (Kap. 4.2.6). Die Kooperation verschiedener administrativer Ebenen und Bereiche ist förderlich für die Ausgestaltung und Umsetzung eines solchen Mix an konsistenten, harmonisierten Instrumenten. Dabei sollten nicht nur administrative Zuständigkeiten, sondern auch Kategorien und Zuweisungen etwa auf Ebene von Raumordnungsverfahren und Raumplanung (Kap. 4.2.3) flexibler gestaltet werden.

Die Harmonisierung der Rahmensetzungen schafft vergleichbare Ausgangsbedingungen und eröffnet Räume dafür, dass Akteure aus unterschiedlichen Bereichen und (wirtschaftlichen) Sektoren Verhandlungen und Abwägungen zwischen ihren Interessen und Anforderungen an begrenzte Landflächen aufnehmen. Derartige Prozesse erlauben es, auf Grundlage individuellen und lokalen Wissens Synergien zwischen verschiedenen Nutzungen und Ansprüchen an Landflächen und Ökosystemen besser zu identifizieren und ausnutzen zu können.

Die Notwendigkeit eines möglichst lückenlosen, harmonisierten und ausreichend ambitionierten Systems aus Anreizen, Nachhaltigkeitsstandards und Planungsvorgaben erstreckt sich auch auf die internationale Ebene, wie der nächste Abschnitt zeigt.

#### 4.2.5.2
#### Nachhaltiges Handeln in globale Zusammenhänge einbetten: eine Frage von Kooperation und handelsrechtlichen Spielräumen

In einer globalisierten Welt mit engen außenwirtschaftlichen Beziehungen wirken sich Produktions- und Nachfrageverhalten der Akteure im Inland nicht nur auf den dortigen Umgang mit Land aus. Die Verhaltensweisen der Akteure im Inland und auch ihre Reaktionen auf einen nationalstaatlich bestimmten Instrumentenmix für den Umgang mit Land ziehen vielmehr auch grenzüberschreitende Effekte nach sich, d.h. Einflüsse und Verlagerungen von Ansprüchen an Land und Ökosysteme aus dem Inland auf Sektoren und Ökosysteme bzw. Landflächen im Ausland. Deshalb besteht ein hoher Bedarf zur möglichst weitgehenden, internationalen Harmonisierung von Zielen und Rahmenbedingungen der Landnutzungspolitik. Bei entsprechender Kooperationsbereitschaft von Staaten kann eine solche Harmonisierung beispielsweise im Zuge des Abschlusses von (Frei-)Handelsverträgen erfolgen. Ist eine solche Kooperationsbereitschaft nicht gegeben, können einzelne Staaten auch unilateral Schritte unternehmen, inländische Rahmenbedingungen und Standards durch Einfuhrbestimmungen in ihren außenwirtschaftlichen Beziehungen durchzusetzen. In der EU werden solche Maßnahmen derzeit bereits implementiert (z.B. im Rahmen der Erneuerbare-Energien-Richtlinie II, Kasten 4.2-2, oder der Holzhandelsverordnung, Kasten 3.5-8) sowie Grenzausgleichssteuern bzw. -zölle für emissionsintensive Güter diskutiert.

Eine grundsätzliche Herausforderung besteht darin, dass eine umfassende internationale Harmonisierung handelspolitischer Regeln, die einen nachhaltigen Umgang mit einem überwiegenden Teil der landbasierten Ökosysteme befördern, zwar erstrebenswert, aber zumindest kurzfristig wenig realistisch ist. Wie bei einem unilateralen Vorgehen besteht damit die Gefahr, dass zwar im wirtschaftlichen Austausch mit einem Handelspartner striktere Rahmenbedingungen für den nachhaltigen Umgang mit Land eingehalten werden. Produktion und Konsum im Land des Handelspartners und dessen sonstigen Handelsbeziehungen sind dadurch jedoch nicht notwendigerweise erfasst. Bemühungen um einen nachhaltigeren Umgang mit Land können so durch Verlagerungseffekte im Land des Handelspartners unterlaufen werden, etwa hin zum Verbrauch nicht nachhaltig produzierter Biomasse nur im Inland.

### Handelsrechtliche Spielräume

Die Handlungsmöglichkeiten einzelner Staaten werden neben der Kooperationsbereitschaft anderer Staaten auch durch das internationale Handelsrecht festgelegt. Um in ihren wirtschaftlichen Beziehungen einen nachhaltigeren Umgang mit Land zu verankern, können Staaten regionale Freihandelsabkommen oder Abkommen zum Abbau umweltschädlicher Subventionen und tarifärer wie nicht tarifärer Handelshemmnisse im Handel nachhaltig hergestellter „Umweltgüter“ abschließen. Ein aktuelles Beispiel hierfür ist das ACCTS-Abkommen (Agreement on Climate Change, Trade and Sustainability), das derzeit zwischen Neuseeland, Fidschi, Costa Rica, Norwegen und Island verhandelt wird (Zengerling, 2020:15; Kap 3.3.2.4).

Unilaterale Bestrebungen, Rahmenbedingungen und Standards durch Einfuhrbestimmungen durchzusetzen, müssen sorgfältig auf ihre Kompatibilität mit WTO-Recht geprüft werden. So sind Verbote mengenmäßiger Beschränkungen oder die Diskriminierung zwischen gleichartigen Gütern nur unter bestimmten Voraussetzungen zulässig. In jedem Fall müssen die Rahmenbedingungen einem Schutzzweck bzw. Schutzgut dienen, das von den Ausnahmevorschriften des WTO-Rechts erfasst wird, dürfen nicht ungerechtfertigt und willkürlich zwischen Ländern diskriminieren und müssen auf einer „echten Verbindung“ zwischen Schutzzweck bzw. Schutzgut und dem (den) regulierenden Staat(en) beruhen, da sie auf Wirkungen außerhalb der Territorien dieses(r) Staat(en) abzielen (Zengerling, 2020:17ff.).

Eine Weiterentwicklung des WTO-Rechts in Richtung stärkerer Nachhaltigkeitserwägungen wäre denkbar, aber politisch sehr herausfordernd (für eine Übersicht möglicher Maßnahmen: Zengerling, 2020:58ff). Beispiele sind die Fortsetzung der Verhandlungen unter dem Environmental Goods Agreement über den Abbau tarifärer und nicht tarifärer Hemmnisse im Handel mit Umweltgütern und -dienstleistungen sowie eine Friedensklausel, die umweltpolitische Rahmensetzungen zum nachhaltigen Umgang mit Land von WTO-Regelungen und handelsrechtlichen Auseinandersetzungen ausnimmt oder die Ausnahmetatbestände unter WTO-Recht explizit um Klimaschutz und Biodiversitätserhaltung (bzw. zukünftig entsprechend präzisierter Zielsetzungen) erweitert (Zengerling, 2020:12, 16, 58). Denkbar wäre auch die explizite Verankerung von Klimaschutz oder Biodiversitätserhaltung (bzw. zukünftig entsprechend präzisierter Zielsetzungen) als Ausnahmetatbestände unter WTO-Recht. Eine solche Weiterentwicklung ist jedoch von der Zustimmung der WTO-Mitglieder (teils einstimmig, teils mit Zweidrittelmehrheit) und damit wiederum von deren Willen zur Kooperation abhängig (Zengerling, 2020:11, 16).

### Administrative Umsetzbarkeit und Wirksamkeit von Maßnahmen gegenüber Drittstaaten

Ohne kooperatives Vorgehen stellen sich einzelnen Staaten (oder auch Gemeinschaften von Staaten) beim Versuch, zu nachhaltigerem Umgang mit Land auch im Ausland (bzw. in Drittstaaten) beizutragen, nicht nur handelsrechtliche, sondern auch administrative Herausforderungen und die Frage nach der Wirksamkeit.

Zum einen sind die Möglichkeiten begrenzt, den konkreten Umgang mit Land und landbasierten Ökosystemen im Ausland zu überwachen und zu bewerten. Dieses Problem stellt sich bei Maßnahmen an den eigenen Außengrenzen, mit denen inländische Nachhaltigkeitsinstrumente und -standards möglichst auch auf

Importgüter und -dienstleistungen angewandt werden sollen. So gilt z. B. die Bestimmung des $CO_2$-Gehalts importierter Güter als ein Problem in der Diskussion um die Grenzausgleichssteuer auf $CO_2$ in der EU (Cosbey et al., 2019). Probleme der Messung und Überwachung stellen sich aber auch bei Versuchen, einen nachhaltigeren Umgang mit Land in Drittstaaten finanziell zu fördern, wie dies etwa unter REDD+ in Entwicklungsländern oder im Rahmen der in Kapitel 4.5.3 vorgeschlagenen Bewahrungsgemeinschaften geschehen soll (Kasten 4.5-4).

Zum anderen kann die Wirksamkeit solcher Ausgleichsmaßnahmen an den Außengrenzen, z. B. auf indirekte Landnutzungsänderungen im exportierenden Staat, durch Verlagerungseffekte unterminiert werden (Kap. 4.2.5.1), insbesondere wenn die betroffenen Güter nur einen kleinen Teil der Produktion des exportierenden Staats ausmachen. Daher ist es sinnvoll, in die Nachhaltigkeitsbewertung von Importen auch Landnutzungsänderungen auf Länderebene einfließen zu lassen: Ein wichtiger erster Schritt in diese Richtung sind die überarbeiteten Nachhaltigkeitskriterien für energetisch genutzte Biomasse in der Erneuerbare-Energien-Richtlinie der EU (Kasten 4.2-2), die sich nicht nur auf spezifische Biomassearten und für ihren Anbau genutzte Flächen und Methoden beziehen, sondern auch auf Anstrengungen der Herkunftsländer insgesamt bezüglich Landnutzung, Landnutzungsänderungen und Forstwirtschaft im Rahmen des Pariser Klimaübereinkommens. Landnutzungsänderungen sind vergleichsweise gut erfassbar und könnten auch als Ansatzpunkt für handelspolitische Maßnahmen zur Etablierung eines insgesamt nachhaltigeren Umgangs mit Land seitens der Handelspartner dienen (die je nach Situation des jeweiligen Landes differenziert werden können).

### 4.2.5.3 Verteilungseffekte berücksichtigen: Veränderte Erzeuger- und Nahrungsmittelpreise abfedern, Landrenten abschöpfen

Das Ziel eines nachhaltigeren Umgangs mit Land und die dafür notwendigen Instrumente können massive Umverteilungen von Einkommen und Vermögen nach sich ziehen: Sie beeinflussen, welches Land wozu genutzt werden kann, mit welchen Methoden gearbeitet werden darf, mit welchen Förderungen gerechnet werden kann, und welche Erträge mit dem Verkauf zusätzlicher Biomasse erzielt werden können. Entsprechend ändern sich der Wert von Böden, die Einkommen von Landeigentümern und -nutzern sowie Preise von Lebensmitteln und biogenen Produkten für Endverbraucher. Bisherige Studien haben vor allem mögliche Änderungen von Lebensmittelpreisen durch Strategien zur Biodiversitätserhaltung (Leclère et al., 2020), landbasierten Klimaschutz etwa durch Aufforstung und Bioenergie bzw. BECCS (Popp et al., 2014; Fujimori et al., 2018; Hasegawa et al., 2018) sowie zur Erreichung der SDGs (Obersteiner et al., 2016) auf der Ebene globaler Lebensmittelmärkte oder Weltregionen untersucht.

Wie sich Einnahmen- und Kostenveränderungen auf verschiedene Akteure in unterschiedlichen Ländern verteilen, hängt nicht zuletzt von den Marktstrukturen in den Landwirtschafts- und Lebensmittelsektoren ab (z. B. Saatgut- und Agrochemiekonzerne, Lebensmittelkonzerne). Diese Effekte, bzw. die Erwartungen, die Verbraucher, Landbesitzer und Unternehmen über diese Effekte bilden, sind mitentscheidend für die politische Machbarkeit und praktische Umsetzung einer nachhaltigen Landwende. Detaillierte Schätzungen über die ökonomischen Auswirkungen bestimmter landbezogener Instrumente auf einzelne Akteurs- und Einkommensgruppen existieren nur in einigen Fällen. Zur anstehenden Reform der EU-Agrarsubventionen lässt sich z. B. sagen, dass von den bisher vor allem flächenbezogenen, eigentlich zur Einkommensstützung von Landwirt*innen gedachten Zahlungen ein kleiner Teil der Betriebe bzw. Landbesitzer*innen besonders stark profitiert: Ein Großteil der Flächen wird von wenigen Großbetrieben bewirtschaftet (z. B. mehr als die Hälfte der Flächen von nur 3 % der Betriebe), so dass 20 % der Betriebe 80 % der Direktzahlungen erhalten (Heinrich-Böll-Stiftung, 2019a). Zudem wird etwa die Hälfte der Agrarflächen von Landwirt*innen nur gepachtet (Heinrich-Böll-Stiftung, 2019a), und ein substanzieller Teil der Direktzahlungen durch Landpachten abgeschöpft (Klaiber et al., 2017).

Jenseits von politischen Widerständen kann die Fähigkeit, auf Preissignale, Vorgaben und Informationen adäquat zu reagieren aber auch direkt von der bestehenden Einkommens- und Vermögensverteilung abhängen. Die Landwende kann z. B. scheitern, wenn betroffene Firmen und Individuen nicht über die nötigen Ressourcen verfügen, um in nachhaltige Technologien zu investieren oder Übergangsphasen zu überbrücken. Verteilungspolitische Instrumente und die dafür notwendige Finanzierung sollten daher von vornherein als Teil des Instrumentenmix verstanden werden. Beispiele wären verbraucherseitig die Unterstützung gesunder, biobasierter Ernährung in öffentlichen Einrichtungen (wie Kindergärten, Schulen, Mensen und Kantinen; Kap. 3.4) und für Empfänger staatlicher Einkommensstützen sowie auf der Seite der Landnutzung die Abschöpfung steigender Landrenten durch den Staat (Schwerhoff et al., 2020; Stiglitz, 2015).

Diese Mittel können zur Entschädigung anderer Landeigentümer oder -nutzer, für die neue Einschränkungen gelten würden, genutzt werden bzw. zum Ankauf von Flächen für den Naturschutz. Verbote bestimmter Nutzungen und Beschränkungen des Grundeigentums oder gar Enteignungen zum Zwecke des Natur- und Landschaftsschutzes sind z.B. in Deutschland möglich (§ 68 I BNatSchG, § 76 LNatSchG NRW), aber ausgleichs- oder entschädigungspflichtig. Den Eigentumserwerb für Naturschutzzwecke ermöglicht das deutsche Naturschutzrecht auf Landesebene über ein Vorkaufsrecht des Landes an Grundstücken, die in Naturschutzgebieten, FFH-Gebieten oder Nationalparken liegen (z.B. § 74 I LNatSchG NRW). Damit können Flächen zugunsten des Natur- und Landschaftsschutzes langfristig gesichert werden.

## 4.2.6 Handlungsempfehlungen

### Indikatoren und Monitoring zum nachhaltigen Umgang mit Land und Biomasse weiterentwickeln

Die auf verschiedenen Governance-Ebenen abgeleiteten Ziele und Strategien zum nachhaltigen Umgang mit Land und Biomasse sollten mit geeigneten Indikatoren hinterlegt, in die bestehenden Systeme aus Nachhaltigkeitszielen und -indikatoren integriert und durch entsprechendes Monitoring nachverfolgt werden. Wichtige Ergänzungen bei den Indikatoren betreffen z.B. Ökosystemleistungen, Schutzgebietssysteme, Biodiversität und ihre Erhaltung (Kap. 3.2), Indikatoren zu den ökologischen Auswirkungen von Ernährungsstilen im In- und Ausland (Kap. 3.4) sowie zum Biomasseverbrauch, um erforderliche Begrenzungsziele messbar zu machen (Kap. 3.5.4, 4.3). Durch die Berücksichtigung mehrerer wichtiger Strategien zum Umgang mit Land innerhalb eines Governance-Ebenen übergreifenden Indikatorensystems (gegebenenfalls sogar auf internationaler Ebene) können die Konsistenz zwischen den Strategien und die Transparenz erhöht, die Verantwortungsübernahme auf allen Transformationsebenen ermöglicht, internationale Abstimmungen erleichtert und Aufwand reduziert werden. Ein gemeinsames Open-Data-Ökosystem, das z.B. neben Satellitendaten für das Monitoring von Nachhaltigkeitsindikatoren im In- und Ausland auch Citizen Science einbindet (Kästen 4.1-1, 4.2-5), sowie technisch und personell gestärkte, staatlich finanzierte Monitoring-Institutionen sollten die Datenbasis verbessern.

### Ausgewählte partielle Lenkungsansätze verbessern

Einige bestehende Instrumente für nachhaltigen Umgang mit Land oder Biomasse sollten zunächst konsequent durchgesetzt bzw. verbessert und ausgebaut werden. Wichtige Beispiele für finanzielle Anreize sind die anstehende Reform der gemeinsamen Agrarpolitik der EU (Kap. 3.3; Kasten 3.3-1), Anreize für Renaturierung (Kap. 3.1) oder die Bepreisung von Externalitäten des konventionellen Bauens. Die Anpassung von Auflagen ist z.B. bei Bauvorschriften notwendig (Kap. 3.5). Freiwillige Zertifizierungsansätze können mit der Vorgabe, ihre Kriterien nicht aufzuweichen bzw. zu verbessern und streng anzuwenden, gefördert und harmonisiert werden, z.B. private $CO_2$-Märkte mit getrennter Behandlung von $CO_2$-Entfernung aus der Atmosphäre (Kap. 3.1), Verbraucherlabel und geschützte Herkunftskennzeichen (Kap. 3.3, 3.4.4.4; Kasten 3.3-5) sowie Stakeholder-Plattformen auf der Produktionsseite (Kap. 4.2.2). Erfahrungen mit solchen freiwilligen Ansätzen sowie z.B. mit Nachhaltigkeitsauflagen für energetisch genutzte Biomasse als Fördervoraussetzung (in der EU innerhalb der Erneuerbare-Energien-Richtlinie, Kasten 4.2-2; Kap. 4.3) könnten für die Entwicklung verpflichtender Ansätze auch im Futter- und Lebensmittelbereich, insbesondere auch im internationalen Handel, genutzt werden. Die öffentliche Hand sollte ihrer Vorreiterfunktion bei der Umsetzung der Nachhaltigkeitsauflagen nachkommen, z.B. beim Umgang mit Land im öffentlichen Besitz (etwa Agrarflächen, Wälder, Schutzgebiete), Nahrungsmittelangebot in von der öffentlichen Hand betriebenen oder unterstützten Verpflegungseinrichtungen, und nachhaltigem Bauen mit (zusätzlich) zertifiziertem Holz bei öffentlichen Bauprojekten.

### Aus partiellen, sektoralen Lenkungsansätzen ein konsistentes System entwickeln

Gestützt auf Forschung zu Wirksamkeit und Nachbesserungsbedarf der vielfältigen partiellen Regulierungs- und Anreizinstrumente sollten diese konsolidiert, ergänzt und mittelfristig auf hohem Ambitionsniveau soweit über Sektoren harmonisiert und ausgeweitet werden, dass sich ein flächendeckendes, konsistentes System ergibt. Dieses sollte Elemente aus finanziellen Anreizen für den Schutz von Ökosystemleistungen sowie verpflichtenden Nachhaltigkeitsstandards enthalten, wo Anreize nicht ausreichen oder der Druck zu neuen Land- oder Biomassenutzungen stark ansteigt, etwa durch höhere $CO_2$-Preise für fossile Energieträger und den Abbau von Erleichterungen bei $CO_2$- und Energiepreisen für Zement und Stahl (Kap. 3.5). Ein Beispiel hierfür ist die Überführung der GAP der EU in eine Gemeinsame Ökosystempolitik (GÖP; Kap.4.3), flankiert von verpflichtenden Mindestnachhaltigkeitsstandards für alle Landnutzungsbereiche und für den Handel mit Biomasse. Analog könnten in Entwicklungsländern Input Subsidy Programs (Kap. 3.3) in ein erweitertes System eingebunden werden, das z.B. Nachhaltigkeitsauflagen mit der Vergütung von Naturschutzmaßnahmen verbindet.

### Integrierte Landschaftsansätze bei Planung und Flächenausweisungen anwenden

Der integrierte Landschaftsansatz und insbesondere die Möglichkeit zur Planung und Ausweisung multifunktionaler Flächennutzungen sollte als Leitbild und -konzept in nationales Planungsrecht und Planungsaktivitäten integriert werden. Für Deutschland ist insbesondere das Raumordnungsrecht maßgeblich. Gerade die Schutzinteressen der Landschaftsplanung sollten im Rahmen der Raumplanung höhere Bedeutung erlangen. Eine integrative Gestaltung der Raumplanung im Sinne des integrierten Landschaftsansatzes setzt voraus, dass etwa Biodiversitätserhaltung, Klimawirkungen und anderen Ökosystemfunktionen ein höheres Gewicht in der Gesamtabwägung zukommt (Abwägungsdirektiven). Wirkungen von Flächenausweisungen etwa für den globalen Klimaschutz sollten zwingend zu berücksichtigen sein und die Raumordnung an Klimaschutzziele gebunden sein. Hier ist denkbar, dass dieser Ansatz mit Bindungswirkungen für die Planungsträger ausgestaltet wird. Die Multifunktionalität von Flächen selbst könnte in die Ausweisung von Gewerbe- und Industriegebieten integriert werden, indem sie an die Bereitstellung von Ausgleichsflächen gekoppelt wird, deren Nutzung oder Schutz dem Trilemma der Landnutzung entgegengewirken. Außerdem sollte die Landschaftsplanung eine stärkere Bindungswirkung auch für die überfachliche, nicht sektorbezogene Raumordnung (z.B. auf kommunaler Ebene) entfalten und nicht nur als Informationsgrundlage dienen. Ähnlich wie es z.B. in der Landesförderung (mit EU-Kofinanzierung) für Regionen obligatorisch ist, einen regionalen Struktur- und Entwicklungsplan vorzulegen, sollten regionale Akteurskonsortien für bestimmte Förderschienen die Auflage erhalten, selbst das regional angepasste Konzept eines integrierten Landschaftsansatzes zu erarbeiten und vorzulegen. Jener Ansatz kann dann als Rahmen und Leitlinie für Entwicklungsmaßnahmen genutzt werden.

### Handelspolitische Entscheidungen intensiver auf Implikationen für Land und Ökosysteme überprüfen

Bereits im Vorfeld sollten handelspolitische Entscheidungen und gerade der Abschluss regionaler Freihandelsabkommen sorgfältig auf ihre Nachhaltigkeitswirkungen hin überprüft werden (sustainability impact assessment; Revell et al., 2014; Kehoe et al., 2019). Um die Ergebnisse der *Ex-ante*-Bewertungen im Verhandlungsprozess berücksichtigen und direkt entsprechende, wirksame Regelungen und Kontrollmechanismen entwickeln zu können, sollten sie möglichst früh während des Verhandlungsprozesses erstellt und öffentlich zugänglich gemacht werden. Lokale Wirtschafts- und Umweltverwaltungen sowie privatwirtschaftliche und zivilgesellschaftliche Akteure in den beteiligten Ländern sollten in diesen Prozess eingebunden sein (Zengerling, 2020: 35f.).

### Rahmensetzungen für nachhaltigen Umgang mit Land innerhalb bestehender handelsrechtlicher Möglichkeiten flankieren

Inländische Rahmensetzungen für einen nachhaltigen Umgang mit Land sollten möglichst auch auf Importe angewandt werden. Gehen wirtschaftlich stärkere Länder oder Ländergruppen diesen Weg, werden durch ihre Nachfrage auch nachhaltigere Anbieter und Standards im Ausland gefördert. Primär sollten für die Angleichung der Rahmenbedingungen im In- und Ausland kooperative Ansätze verfolgt werden, beispielsweise im Rahmen von Freihandelsabkommen oder durch den gezielten Abbau von Handelshemmnissen bei nachhaltig produzierten Gütern und Dienstleistungen. Unterschiedliche Ausgangssituationen und Entwicklungsbedarfe der Länder sollten dabei berücksichtigt werden, um eine faire Lastenverteilung bei der Erbringung globaler Gemeingüter sicherzustellen. Insbesondere über (Freihandels-)Abkommen zusammengeschlossene Gruppen von Staaten sollten aber auch die Möglichkeiten ausloten und ergreifen, die das Handelsrecht mit Blick auf Grenzausgleichsmaßnahmen gegenüber Drittstaaten bietet (Kap. 4.2.5.2). Zu prüfen wäre hier, inwieweit derartige Maßnahmen sinnvoll an Landnutzungsänderungen des Exportlandes geknüpft werden könnten (in Analogie und Erweiterung der Nachhaltigkeitsauflagen unter der Erneuerbare-Energien-Richtlinie der EU; Kasten 4.2-2).

### Nachhaltigen Umgang mit Land durch Reformen des Handelsrechts fördern

Staaten sollten sich auf internationaler Ebene für eine Stärkung von Umwelt- und Klimaschutz innerhalb der WTO, in regionalen Freihandelsabkommen, sonstigen Partnerschaftsabkommen wie den EPAs und Investitionsschutzabkommen einsetzen (Das et al., 2018, 2019; Dröge et al., 2020; Zengerling, 2020: 58f.). Dabei sollten zum einen die Handlungsmöglichkeiten einzelner Staaten erweitert werden, etwa indem die Maßnahmen für einen nachhaltigen Umgang mit Land oder insgesamt mit globalen Gemeingütern als Ausnahmetatbestände in das WTO-Recht aufgenommen werden oder indem Friedensklauseln vereinbart werden, durch die rein umweltpolitisch motivierte Rahmensetzungen eines Staates nicht handelsrechtlich angegriffen werden können (Zengerling, 2020: 15f.). Wichtige Hebel auf internationaler Ebene bestehen zum anderen in Abkommen unter der WTO zum Abbau schädlicher Subventionen und von Hemmnissen für den Handel mit nachweisbar nachhaltigen Gütern und Dienstleistungen (u.a. Produkte des Ökolandbaus bzw. Technologien für erneuerbare Energien, Recycling oder Energieeffizienz), etwa durch Wiederaufnahme der seit 2016 unterbrochenen Verhandlungen zu einem Environmental Goods Agreement unter der WTO auf Grundlage eines entsprechend weiten Verständnis des Begriffs der Umweltgüter, das insbesondere landbezogene Güter umfasst, oder durch Unterstützung der ACCTS-Verhandlungen. Weitere Initiativen sollten darauf abzielen, dass etwa Zertifizierungen und (Umwelt-)Auflagen nicht länger handelsrechtlich als Barrieren eingestuft werden können (Reform des Agreement on Technical Barriers to Trade) und die Effekte nationaler Handelspolitiken auf den Umgang mit Land bzw. Landökosystemen in die Überprüfungsmechanismen der WTO (Trade Policy Review Mechanism) aufgenommen werden (Zengerling, 2020: 11ff., 58f.).

#### Verteilungseffekte antizipieren und adressieren: Subventionen reformieren, Landrenten abschöpfen

Umfassende regulatorische Rahmensetzungen für einen nachhaltigen Umgang mit Land ziehen wegen der bestehenden Eigentumsordnungen, der Knappheit von Land und des Grundversorgungscharakters vieler landbasierter Produkte Verteilungseffekte nach sich, die frühzeitig evaluiert und durch begleitende Instrumente abgefedert werden sollten. Landrenten, oder zumindest ihr Anstieg z.B. durch klima- oder umweltpolitische Maßnahmen, sollten daher stärker durch Besteuerung abgeschöpft werden. Die so erzielbaren Einnahmen können für Ausgleichsmaßnahmen für bestimmte Akteure oder z.B. für die Ausweitung von Naturschutzflächen genutzt werden. Landrentenbesteuerung stellt eine besonders attraktive Finanzierungsquelle für öffentliche Haushalte dar, da sie (1) relativ verzerrungsarm ist (sofern das Angebot an nutzbarem Land physisch oder durch Nachhaltigkeitsauflagen begrenzt ist), (2) sich in Land vor allem auch öffentliche Investitionen „kapitalisieren" (z.B. steigende Landwerte durch angrenzende Erholungsgebiete oder Infrastruktur) und (3) sie in vielen Fällen progressiv wirken (reichere Bevölkerungsgruppen, die mehr Land besitzen, werden stärker belastet). Die Motivation einer solchen Steuer wäre entsprechend vor allem fiskalisch bzw. verteilungspolitisch.

### 4.2.7 Forschungsempfehlungen

#### Empirische Forschung zu Wirkung, Lücken und Erfolgsfaktoren von Instrumenten für einen nachhaltigen Umgang mit Land

Bestehende Ansätze wie Zertifizierungen, finanzielle Anreize und Auflagen in verschiedenen Sektoren sollten systematisch hinsichtlich ihrer Wirkung (einschließlich Regulierungslücken, nationaler und internationaler Verlagerungswirkungen bzw. auf Lieferketten und Handel bezogener Instrumente), Best Practices und Verbesserungsmöglichkeiten erforscht werden. Dabei sollten insbesondere kausale Effekte statistisch robust identifiziert werden. Zentraler Leitgedanke sollten Instrumente sein, die im Sinne der Multifunktionalität von Land eine Verbindung von Anforderungen des Ökosystemschutzes mit lokalen Entwicklungsinteressen erlauben sowie möglichst zielgenau auf besonders gefährdete Ökosysteme und für Zwecke des Ökosystemschutzes wertvolle Flächen und Akteure gerichtet sind. Die Evaluation der Instrumente sollte durch ein internationales Expertengremium regelmäßig gebündelt und Handlungsempfehlungen abgeleitet werden (gegebenenfalls verbunden mit der allgemeineren Erhebung des wissenschaftlichen Sachstands zum Umgang mit Land, Kap. 4.4.2).

#### Potenziale und Vereinbarkeit von Mehrgewinnstrategien ausloten

Bislang fehlt ein konsistentes System realistischer regionaler, nationaler und globaler Szenarien für die koordinierte Anwendung von Mehrgewinnstrategien (Kap. 3). Jüngste globale Analysen (Obersteiner et al., 2016; Roe et al., 2019; Leclère et al., 2020) liefern dafür eine Basis und sollten um die z.T. noch fehlenden Trilemmadimensionen sowie um weitere Analysen vor allem auf regionaler und nationaler Ebene zu weiteren Mehrgewinnstrategien und konkreteren Politikinstrumenten ergänzt werden. Die Entwicklung derartiger Szenarien und darauf aufbauende Analysen können helfen, die Potenziale und das Zusammenwirken unterschiedlicher Mehrgewinnstrategien genauer zu verstehen sowie Abstimmungsbedarf und notwendige Rahmensetzungen für ihre Anwendung zu identifizieren. Sie liefern damit auch Erkenntnisse über die realistischen Potenziale einzelner und kombinierter Mehrgewinnstrategien zur Entschärfung des Trilemmas der Landnutzung und dienen der Ausgestaltung regulatorischer Rahmenbedingungen, die mögliche Nachhaltigkeitsrisiken aus der zu weitgehenden Anwendung einzelner Strategien, etwa im Bereich der Bioökonomie, frühzeitig adressieren.

### Verteilungseffekte politischer Rahmensetzungen für einen nachhaltigen Umgang mit Land abschätzen

Erheblicher Forschungsbedarf besteht zu den nach Akteursgruppen aufgelösten Wirkungen, die eine Weiterentwicklung bestehender Instrumente und deren Ausweitung hin zu abgestimmten, umfassenderen Rahmenbedingungen auf Landeigentum und Landpreise sowie auf Preise und Verfügbarkeit von Nahrungsmitteln und biobasierte Ressourcen hat. Auch hierfür können realistische Szenarien auf unterschiedlichen räumlichen Ebene wertvolle Erkenntnisse liefern. Dazu sollten jedoch die heute noch beschränkten Datengrundlagen, etwa zu Landeigentumsverhältnissen oder Bodenwerten, deutlich verbessert werden. Das Ziel sollte sein, die vielfältigen Verteilungswirkungen, die mit einer Landwende einhergehen, genauer zu identifizieren und abzuschätzen, um auf dieser Grundlage auch ausgleichende verteilungspolitische Maßnahme frühzeitig entwickeln und umsetzen zu können.

## 4.3 Eine Landwende als Teil des European Green Deal

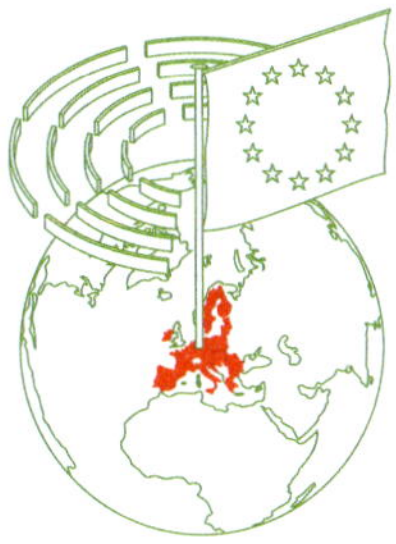

Die EU ist eine supranationale Gemeinschaft, der ihre Mitgliedstaaten – im Unterschied zu sonstigen multilateralen Bündnissen und Kooperationen – Hoheitsbefugnisse übertragen haben, die ihr erlauben, die Um- und Durchsetzung ihres Unionsrechts in den Mitgliedstaaten zu kontrollieren. Diese weltweit einmalige Rechts- und Wertegemeinschaft ist zu einem großen Teil in der Lage, den rechtlichen Rahmen für Transformationsinstrumente und -prozesse im Sinne von Kapitel 4.2 zu setzen. Die EU steht gewissermaßen als Hybrid im Transformationsverständnis des WBGU zwischen dem „gestaltendem Staat" und „globaler Kooperation". Insbesondere mit ihren Rechtsetzungskompetenzen für Agrar-, Umwelt-, Klima- und Energiepolitik (Art. 43 Abs. 2, 192 und 194 AEUV) sowie für die Errichtung eines gemeinsamen Binnenmarktes und die Rechtsangleichung zwischen den Mitgliedstaaten (Art. 114 AEUV) kann die EU einen nachhaltigen Umgang mit Land stärken. Dies gilt sowohl für die innerhalb der EU liegenden Flächen als auch für die ökologischen, sozialen und ökonomischen Fernwirkungen, die von den Nachfrage- und Produktionsstrukturen der EU als bedeutendem globalen Wirtschaftsraum ausgehen.

Mit dem European Green Deal der Europäischen Kommission (EU-Kommission, 2019c) wurde ein politisches Momentum geschaffen, das neue Weichenstellungen für eine EU-weite und globale Landwende ermöglicht. Kapitel 4.3 setzt sich mit grundlegenden Anforderungen an die Umsetzung des European Green Deals für einen nachhaltigeren Umgang mit Land auseinander. Maßnahmen zur Umsetzung sollten im Sinne einer globalen Landwende und möglicher Mehrgewinne zwischen verschiedenen umwelt- und sozialpolitischen Herausforderungen ausgestaltet werden (Kap. 4.3.1). Für die Realisierung der vom WBGU vorgeschlagenen Mehrgewinnstrategien sind insbesondere Änderungen der GAP erforderlich. Mittelfristig sollte deren enger Fokus auf flächenbezogene Direktzahlungen und Einkommensorientierung aufgegeben werden. Die GAP sollte kohärent mit weiteren Maßnahmen des European Green Deal zu einem wirksamen Hebel eines nachhaltigen Umgangs mit Land fortentwickelt und dazu in ein übergreifendes regulatorisches System zu nachhaltiger Nutzung, Renaturierung und Erhaltung von Ökosystemen und Ökosystemleistungen in der EU überführt werden (Kap. 4.3.2).

### 4.3.1 European Green Deal auf Mehrgewinne ausrichten

Die Europäische Kommission definiert den European Green Deal als „eine neue Wachstumsstrategie, mit der die EU zu einer fairen und wohlhabenden Gesellschaft mit einer modernen, ressourceneffizienten und wettbewerbsfähigen Wirtschaft werden soll, in der im Jahr 2050 keine Netto-Treibhausgasemissionen mehr freigesetzt werden und das Wirtschaftswachstum von der Ressourcennutzung abgekoppelt ist. Außerdem sollen das Naturkapital der EU geschützt, bewahrt und verbessert [...] werden" (EU-Kommission, 2019c: 2). Weniger als Wachstumsstrategie, sondern vielmehr als politische Leitinitiative der Europäischen Kommission für eine Große Transformation hat der European Green Deal das Potenzial, auch eine Wende des Umgangs mit Land anzuschieben. Für den Erfolg des ehrgeizigen Ziels der Treibhausgasneutralität bis 2050 wird u. a. entscheidend sein, ob die EU verantwortungsvoll mit ihren eigenen und ihren weltweiten Auswirkungen auf Landressourcen umgeht. Dafür müssen Folgestrategien und Maßnahmenpakete durch die EU und insbesondere auch die Mitgliedstaaten ambitioniert ausgestaltet und umgesetzt werden. Die EU und die Mitgliedstaaten sollten sich dabei nicht an einem übergreifenden Ziel der Klimaneutralität orientieren, sondern in ihren Planungen und Maßnahmen die $CO_2$-Emissionsvermeidung und die $CO_2$-Entfernung aus der Atmosphäre stets separat ausweisen und den unterschiedlichen klimapolitischen Funktionen beider Ansätze Rechnung tragen (Kap. 3.1).

### Schutz des „Naturkapitals" als zentrales Ziel im European Green Deal

Der Schutz, die Bewahrung und die Verbesserung des „Naturkapitals" innerhalb der EU ist ausdrücklich in die Definition des European Green Deal einbezogen. Ausgangspunkt ist insbesondere die Bewältigung der Klimakrise und das Erreichen der Klimaneutralität in der EU bis 2050 (von der Leyen, 2019). Mit dem Verordnungsentwurf zum Europäischen Klimagesetz rückt die Verbindlichkeit dieses Ziels näher (EU-Kommission, 2020i). Klimaschutz und Klimaanpassung sind zwar zentrale Felder, auf denen großer Handlungsbedarf besteht, und Klimaschutz ist im Sinne des vorliegenden Gutachtens eine zentrale Trilemmadimension. Insbesondere das Thema $CO_2$-Entfernung aus der Atmosphäre durch ökosystembasierte Ansätze sollte in Zukunft eine wachsende Rolle spielen (Kap. 3.1). Zugleich gilt: Die EU muss nicht nur klimapolitisch auf einen nachhaltigen Pfad gebracht werden. Auch die Landressourcen innerhalb und außerhalb der EU in ihrer Multifunktionalität für Klimaschutz, Biodiversitätserhaltung und Ernährungssicherung müssen langfristig bewahrt und in ihrem Zustand verbessert werden. Deshalb sollte der European Green Deal genutzt werden, um Mehrgewinne von Maßnahmen für verschiedene Ziele auszuschöpfen und drohenden Nutzungskonflikten auf der Fläche insbesondere durch einen zu einseitigen klimapolitischen Fokus vorzubeugen. Dabei sollten die Erprobung von Lösungen gemäß des integrierten Landschaftsansatzes ermöglicht, ökologisch schädliche Subventionsstrukturen beendet, regionale und überregionale sowie internationale Umweltwirkungen europäisch geprägter Konsum- und Produktionsmuster umfassend internalisiert und so die Grundlage für Verantwortungsübernahme durch verschiedene Akteursgruppen gelegt werden.

Die Roadmap zum European Green Deal zeigt eine Liste geplanter Richtlinien, Verordnungen und Strategien, die bei ihrer Überprüfung im Sinne einer globalen Landwende weiterentwickelt werden können. So sind die bereits veröffentlichten europäische Biodiversitätsstrategie (EU-Kommission, 2020c) und die Strategie „Vom Hof auf den Tisch" (Farm to Fork Strategy; EU-Kommission, 2020d) wichtige erste Schritte für einen verantwortungsvollen Umgang mit europäischen Landressourcen, ebenso wie der neue Aktionsplan für die Kreislaufwirtschaft (EU-Kommission, 2020e). Die Überarbeitung der EU-Verordnung über die Einbeziehung der Emissionen und des Abbaus von Treibhausgasen aus Landnutzung, Landnutzungsänderungen und Forstwirtschaft in den Rahmen für die Klima- und Energiepolitik bis 2030 (LULUCF-Verordnung; EU, 2018b), die für 2021 ansteht, stellt Weichen für die Rolle der landbasierten $CO_2$-Entfernung aus der Atmosphäre. Im Rahmen ihrer Kompetenzen kann sich die EU als Rechtssetzungsinstanz an den Anforderungen orientieren, die der WBGU in den Kapiteln 3 und 4.2 aufgestellt hat.

### Globale Verantwortung der EU

Der European Green Deal ist überwiegend auf „Erhaltung und Wiederherstellung des Naturkapitals" innerhalb der EU selbst gerichtet, die EU erkennt aber auch die Erhaltung globaler landbasierter Ökosysteme als Teil ihrer globalen Verantwortung an. Den Rahmen für die Übernahme dieser Verantwortung soll eine „Diplomatie" des European Green Deal setzen, die noch nicht im Detail ausbuchstabiert ist. Die EU kann hier insbesondere eine bedeutende Rolle einnehmen, um Finanzierungslücken für Ökosystemschutz zu schließen (Kap. 3.2) und die Durchsetzung nachhaltiger Produktstandards weltweit voranzutreiben. Zu einer solchen Verantwortungsübernahme bereit zeigt sich die EU-Kommission zum Beispiel in der Mitteilung „zur Intensivierung der EU-Maßnahmen zum Schutz und zur Wiederherstellung der Wälder in der Welt" (EU-Kommission, 2019b). Zu Kernelementen der Diplomatie des European Green Deal sollte die EU auch die in Kapitel 4.5 vorgeschlagenen Gemeinschaften und Instrumente machen. Falls kein europaweiter Konsens zur Initiierung derartiger neuer Kooperationsgemeinschaften etabliert werden kann, sollte die EU Mitgliedstaaten ermutigen und unterstützen, Initiatoren oder Teil solcher supranationalen Gemeinschaften zu werden.

Als einer der wirtschaftlich stärksten Räume weltweit verfügt die EU zudem über (handels-)politische Spielräume, auch im Ausland einen nachhaltigen Umgang mit Land voranzutreiben. Im Sinne von Kapitel 4.2.5.2 bestehen dazu (wenigstens) drei Ansatzpunkte. Die EU kann erstens in Verhandlungsprozessen über neue oder zukünftige Reformen bestehender (Frei-)Handelsabkommen den nachhaltigen Umgang mit Land und mit globalen Gemeingütern in den Fokus rücken und derartige Abkommen nur abschließen, wenn Nachhaltigkeitswirkungen umfassend evaluiert und entsprechend adressiert sind (ausführlich dazu Zengerling, 2020; Kasten 4.3-1). Die EU kann zweitens ihr außen- und handelspolitisches Gewicht für einseitige Maßnahmen einsetzen. Zur handelspolitischen Flankierung inländischer Rahmensetzungen für den nachhaltigen Umgang mit Land können Preisinstrumente, etwa durch die Besteuerung nicht nachhaltig produzierter Güter- und Biomasseimporte oder Auflagen in Form von verpflichtenden Zertifizierungen für Importe oder Importverbote erlassen werden. Durch die EU werden solche Maßnahmen derzeit bereits implementiert (z.B. über die Erneuerbare-Energien-Richtlinie II und die Holzhandelsverordnung) bzw. Grenzausgleichssteuern

**Kasten 4.3-1**

**EU-Mercosur-Abkommen**

Im Rahmen des neuen EU-Mercosur-Abkommens, das Ende Juni 2019 von der EU und den vier Mercosur-Staaten Argentinien, Brasilien, Paraguay und Uruguay beschlossen, aber noch nicht ratifiziert wurde, werden neben erheblichen Zollsenkungen auch Standards für den Umweltschutz und die Wahrung der Nahrungsmittelsicherheit sowie Handelsquoten als „Safeguards" festgelegt.

Es ist vorgesehen, dass die EU gut zwei Drittel der Einfuhren von Agrarprodukten aus dem Mercosur liberalisiert, wobei für Einzelprodukte wie Rindfleisch, Ethanol und Honig Einfuhrquoten für die EU gewährt werden sollen (Nolte, 2019). Der Mercosur öffnet im Gegenzug seinen Markt für Schweinefleisch, Wein, Sekt, Spirituosen, Olivenöl, Frischobst, Schokolade und Erfrischungsgetränke aus der EU, die zuvor mit hohen Zöllen belegt waren. Beiderseits werden Quoten für Milchprodukte und der Schutz von geographischen Herkunftsangaben vereinbart. Importe aus dem Mercosur müssen auch weiterhin den EU-Standards für Nahrungsmittelsicherheit sowie Tier- und Pflanzengesundheit genügen. Außerdem verpflichten sich beide Vertragsparteien zur Verfolgung nachhaltiger Entwicklung, zum Beispiel durch die Implementierung des Pariser Klimaübereinkommens (Kapitel zu Trade and Sustainable Development; Nolte, 2019). Kritik gegen das EU-Mercosur-Abkommen formiert sich vor allem unter manchen landwirtschaftlichen Interessensvertretern und verschiedenen Umweltschützern, die auf Zusammenhänge der brasilianischen Rindfleisch- und Sojabohnenproduktion mit der Zerstörung der Amazonaswälder verweisen (Nolte, 2019).

Folgenabschätzungen des Abkommens gehen von insgesamt positiven wirtschaftlichen Auswirkungen der vorgeschlagenen Freihandelszone EU-Mercosur sowohl im Mercosur als auch in der EU aus. Die interregionale Umverteilung der Produktion könnte die aggregierten Nettoemissionen der EU und des Mercosur geringfügig verringern (Kirkpatrick und George, 2009; Revell et al., 2014). Dem steht allerdings ein stärkerer Anstieg der Emissionen aufgrund des zunehmenden internationalen Verkehrs gegenüber (Kirkpatrick und George, 2009). Zudem wird mit einer erhöhten Umweltbelastung vor allem durch einen potenziell erheblichen Verlust globaler biologischer Vielfalt gerechnet, sofern nicht geeignete Abhilfemaßnahmen getroffen werden. Innerhalb der EU könnten schwerwiegende Negativeffekte auf die Erhaltung und Bewirtschaftung der Agrarflächen in den am stärksten benachteiligten und wirtschaftlich armen Gebieten entstehen. Der Haupttreiber der Umweltbelastung ist jedoch die Zunahme der Landwirtschaft im Mercosur. Hier könnte sich die Ausweitung der landwirtschaftlichen Produktion in allen Ländern erheblich auf die Entwaldung auswirken und zur Verringerung der biologischen Vielfalt beitragen, insbesondere in den Regionen Amazonas und Cerrado. Neben der potenziellen Verschlechterung der Ressourcenbestände an Wasser und Böden geht es auch um die Ausbreitung von Pflanzenkrankheiten und Bedrohung des Tierschutzes (Kirkpatrick und George, 2009; Revell et al., 2014). Der Einfluss der anderen Handelsnationen und die mit ihren Produktionssystemen verbundenen Umweltauswirkungen sind bei diesen Ergebnissen nicht berücksichtigt.

**Fazit**

Diese Erkenntnisse aus den Folgenabschätzungen sind ernst zu nehmen und sollten in die Meinungsbildung im Rahmen der Ratifizierungsprozesse der EU-Freihandelsabkommen mit dem Mercosur einfließen (Zengerling, 2020:32f., 35f.). Nur wenn entsprechende „Safeguards" bezogen auf die Erhaltung von Wäldern und anderen sensitiven Ökosystemen z.B. in den Regionen Amazonas und Cerrado erfüllt werden, vermag solch ein Regionalabkommen positive Gesamteffekte zu generieren. Eine Nichtberücksichtigung würde hingegen bestehende Nachhaltigkeitsprobleme verstärken.

oder -zölle für klimaintensive Güter diskutiert. Neben außenpolitischen Risiken könnte allerdings insbesondere das WTO-Recht mögliche Hemmnisse für solche Maßnahmen bieten, könnte als dritter, eher längerfristiger handels- bzw. außenwirtschaftlicher Ansatzpunkt für die EU aber weiterentwickelt werden (Zengerling, 2020:13ff.; Kap. 4.2.5.2).

### 4.3.2 Mittelfristig die GAP in eine Gemeinsame Ökosystempolitik einbetten

Die Gemeinsame Agrarpolitik (GAP) ist die Landnutzungspolitik der EU. Die derzeit in der Verhandlung befindlichen Kommissionsentwürfe für die „neue GAP" (EU-Kommission, 2018c, d, e) gelten frühestens ab 2021, wahrscheinlich eher ab 2022. Die Kommission schätzt sie als kompatibel mit dem European Green Deal ein (EU-Kommission, 2020a). Die GAP sollte nach Ansicht des WBGU aber nicht nur mit dem European Green Deal kompatibel sein, sondern bewusst als Transformationsinstrument zur Erreichung seiner Ziele eingesetzt werden. Empfehlungen zu wichtigen kurzfristigen Reformschritten für die GAP nach 2020 hat der WBGU im Lichte der Mehrgewinnstrategie Ökologisierung der industriellen Landwirtschaft in der EU bereits ausgeführt (Kap. 3.3.2.2, 3.3.3.1). Eine nach den derzeitigen Entwürfen reformierte GAP hätte zwar transformatives Potenzial, das jedoch Gefahr läuft, nicht ausgeschöpft zu werden (Kap. 3.3). Nach den aktuellen Vorschlägen (EU-Kommission, 2018c, d, e) kann die GAP nach 2020 durch die Mitgliedstaaten in den Strategieplänen so ausgestaltet werden, dass sie eine Landwende, wie der WBGU sie beschreibt, zwar zum Teil umsetzen oder zumindest unterstützen können. Zugleich birgt dieser Umsetzungsspielraum für die Mitgliedstaaten aber auch die Gefahr, dass die GAP weiterhin hauptsächlich als Einkommensstütze und nicht als Lenkungsinstrument ausgestaltet wird (Kasten 3.3-1).

Den ambitionierten Verordnungsvorschlägen der EU-Kommission müssen also durchsetzungsstarke Maßnahmen durch die Mitgliedstaaten in den Strategieplänen folgen. Erforderlich ist ein Umdenken aller an Landwirtschaft beteiligten Akteure (u.a. Landwirt*innen, Landwirtschaftsministerien, landwirtschaftliche Interessensverbände und Agrarunternehmen), damit Umweltpolitik als integraler Teil der Agrarpolitik angesehen wird. Bisher ist, erklärbar durch die historische Entwicklung der GAP (Kasten 3.3-1), Umwelt- und Klimaschutz keines der in den europäischen Verträgen vereinbarten Primärziele der GAP (Art. 39 AEUV), sondern findet lediglich als Querschnittsziel der EU gemäß Art. 11 AEUV Eingang in die Agrarpolitik.

Der WBGU sieht neben den in Kapitel 3.3.3.1 in Bezug auf den Agrarsektor geforderten kurzfristig zu realisierenden Korrekturen an der GAP das Erfordernis, die exklusive Fokussierung der GAP auf die Landwirtschaft grundsätzlich zu hinterfragen und sie zum zentralen Transformationsinstrument für eine Landwende zu machen. Innerhalb der EU werden nicht nur Gelder für die Ökologisierung der Landwirtschaft benötigt, sondern auch für nachhaltige Forstwirtschaft, zum Auf- und Ausbau von Schutzgebietssystemen, zur Renaturierung und dem Aufbau landbasierter Ansätze der $CO_2$-Entfernung aus der Atmosphäre sowie für weitere Ziele, die alle Auswirkung auf Qualität, Schutz und Nutzung von Landflächen bzw. terrestrischen Ökosystemen haben. Der WBGU sieht es als zielführend an, diese verschiedenen Erfordernisse in einer europäischen Gemeinsamen Ökosystempolitik (GÖP) zusammenzuführen, in die die GAP überführt werden sollte. Ziel dieser Politik sollten die Erhaltung und Verbesserung der europäischen Ökosysteme sein. Sie sollte einen systemischen Ansatz verfolgen, der Mehrgewinne und Multifunktionalität von Flächen unterstützt und verschiedene Akteure in die ländliche Entwicklung einbezieht. Dies wäre Ausdruck eines grundlegenden Paradigmenwechsels: Das gut ein Drittel des EU-Haushalts umfassende Budget der GAP sollte als integraler Teil der europäischen Nachhaltigkeitspolitik verstanden werden. Landwirtschaftliche Produktion würde zwar weiterhin aktiv gefördert, allerdings dezidiert als Teilinstrument der Nachhaltigkeitstransformation.

Der hier vorgeschlagene Umbau der GAP hin zu einer breiter angelegten Gemeinsamen Ökosystempolitik bedarf weiterer Konkretisierung und Ausarbeitung. Da eine solche Ausweitung wohl nicht mehr nur auf der Grundlage von Art. 39-42 AEUV umgesetzt werden kann, müssten zumindest die umweltpolitischen Kompetenzen hinzugezogen oder gar die Kompetenz der EU erweitert werden.

Unproblematisch ist indes, zusätzliche Gelder aus dem LIFE-Programm für eine Förderung einer derartigen Transformation der GAP zu nutzen. Der erforderliche Strukturwandel für Landwirt*innen hin zu einer Ökosysteme nachhaltig nutzenden Landwirtschaft (Kap. 3.3) sollte im Sinne eines gerechten Übergangs (just transition) durch entsprechende Begleitmaßnahmen und entsprechende Finanzmittel berücksichtigt werden. Der in Vorbereitung befindliche „Fonds für den gerechten Übergang" fokussiert derzeit auf „Regionen und Sektoren, die aufgrund ihrer Abhängigkeit von fossilen Brennstoffen wie Kohle, Torf und Ölschiefer oder treibhausgasintensiven industriellen Prozessen am stärksten von dem Übergang betroffen sind" (EU-Kommission, 2020h: 1). Solche Just Transition Fonds sind auch im Landsektor erforderlich, um ländlichen Strukturwandel hin zu multifunktionalen Bewirtschaftungssystemen – und unter aktiver Beteiligung der Landwirt*innen selbst als Transformationsakteure – zu ermöglichen. Vorschläge für entsprechende Begleitmaßnahmen hat der WBGU für auslaufende Kohlereviere bereits vorgelegt (WBGU, 2018).

Für die erfolgreiche Anwendung des integrierten Landschaftsansatzes und die Umsetzung vieler Mehrgewinnstrategien ist eine starke Rolle und Einbeziehung der Bäuer*innenschaft unabdingbar. Landwirt*innen erbringen heute zentrale gesamtgesellschaftliche Dienstleistungen, für die sie Anerkennung sowie ganz selbstverständlich auch eine adäquate Entlohnung verdient haben: eine verlässliche und qualitativ hochwertige Lebensmittelversorgung, die fachgerechte und nachhaltige Nutzung und Pflege der Böden und Landschaften, die aktive Sorge um Biodiversität sowie kulturelle Vielfalt. Sie sind wichtige Transformationsakteure im notwendigen Wandel in Richtung eines nachhaltigen Umgangs mit der wertvollen Ressource Land und seinen Funktionen. Rahmenbedingungen müssen grundsätzlich so gesetzt werden, dass sie diese Rolle auch wahrnehmen können und wollen. Gemeinsames Ziel nationaler wie supranationaler Umwelt- wie Landwirtschaftspolitiken sollte deshalb sein, den Landwirtschaftssektor in seiner Vielfalt zu einem proaktiven Motor in dieser Neujustierung zu machen. Dabei dürfen systemische Treiber nicht nachhaltiger Nahrungsmittelproduktion – wie etwa westliche Ernährungsstile, die nicht wissenschaftlich gut begründeten Maßstäben nachhaltiger und gesunder Ernährung (z.B. orientiert an der Planetary Health Diet) entsprechen – und deren Rückkopplungen mit der landwirtschaftlichen Produktion nicht ausgeblendet werden (Kap. 3.4).

### 4.3.3 Handlungsempfehlungen

Die allgemeinen Empfehlungen aus Kapitel 4.2.6 für staatliche Rahmensetzungen für einen nachhaltigen Umgang mit Land sind gerade auch für die europäische Ebene relevant. Grundsätzlich kann und sollte sich die Bundesregierung mit den europäischen Partnerstaaten daher für deren Umsetzung in der EU einsetzen. Auf dem Arbeitsplan der Europäischen Kommission steht eine Vielzahl von Rechtsakten, Programmen und Strategien, die in den nächsten Jahren unter dem Dach des European Green Deal abgearbeitet werden sollen, sei es die europäische Klimagesetzgebung, die Erhaltung der Biodiversität durch die Biodiversitätsstrategie und nachfolgende Rechtsakte, der Umbau der Industrie in Richtung Kreislaufwirtschaft oder bei der Überarbeitung der GAP (EU-Kommission, 2019a). Der WBGU empfiehlt insbesondere folgende Weichenstellungen:

#### GAP mittelfristig in eine Gemeinsame Ökosystempolitik überführen

Die GAP der EU sollte mittelfristig in einer Gemeinsamen Ökosystempolitik (GÖP) aufgehen, die ein umfassendes, einheitliches Förderungssystem für einen nachhaltigen Umgang mit Land setzt. In allen den Umgang mit Land betreffenden Bereichen – von Land- und Forstwirtschaft bis hin zum Siedlungsbau – sollten Aktivitäten, die zur Vermeidung nachteiliger Landnutzungsänderungen oder zur Erhaltung von Ökosystemleistungen und mehr Nachhaltigkeit führen, in einem einheitlichen System belohnt werden. Wirkungslose (keine öffentlichen Güter fördernde) und vor allem flächenbasierte Direktzahlungen sollten zugunsten einer Bindung an Ökosystemleistungen möglichst frühzeitig abgeschafft werden.

#### Nachhaltigkeitsstandards für Produkte mit Auswirkungen auf den Umgang mit Land außerhalb der EU stärken

Derzeit sieht die Erneuerbare-Energien-Richtlinie II (RED II; EU, 2018a) Nachhaltigkeitsauflagen für energetisch genutzte Biomasse vor; die EU-Holzhandelsverordnung enthält die Nachweispflicht, dass auf den Markt gebrachtes Holz aus legalen Quellen stammt (Kasten 3.5-8). Harmonisierte und EU-weit gleichmäßig durchgesetzte Nachhaltigkeitskriterien in diesen Vorschriften sind wichtige erste Schritte zur Förderung nachhaltiger Landnutzung außerhalb der EU. Mittelfristig sollten die Nachhaltigkeitskriterien der RED II allerdings um weitere bzw. konkretere ökologische (z.B. Wasser- und Bodenhaushalt, Biodiversitätserhaltung) und soziale Kriterien ergänzt werden. Auf ähnliche Weise sollten auch weitere Gütergruppen mit Auswirkungen auf Landnutzung reguliert werden, z.B. biogene Baumaterialien, die nicht bereits unter die weiterzuentwickelnde Holzhandelsverordnung fallen, oder Lebens- und Futtermittel aus dem In- und Ausland. Außerdem sollten Auflagen, die bisher lediglich Voraussetzung für die Anrechnung auf verbindliche Mindestquoten und staatliche Förderung waren (wie in der EU RED II), verbindlich werden – spätestens, wenn höhere klimapolitische Ambitionen im Energie- und Transportsektor den Biomasseeinsatz auch ohne Fördermittel interessant machen. Zentral ist weiterhin die erfolgreiche Um- und Durchsetzung der Vorgaben. Biomasseströme sollten durch besseres (eigenes) Monitoring erfasst werden (Kästen 4.1-1, 4.2-5). Im Kontext der laufenden Überarbeitung sollte möglichst eine Stärkung und Verschärfung der EU-Holzhandelsverordnung stattfinden, insbesondere hinsichtlich materieller Zertifizierungsanforderungen (Kasten 3.5-8). Auch ein für das Jahr 2021 auf die Agenda gesetztes europäisches Lieferkettengesetz kann gegebenenfalls genutzt werden, um einen nachhaltigen Umgang mit Land außerhalb der EU zu fördern.

#### Ein quantifiziertes Ressourcenverbrauchsziel für die EU entwickeln

Der European Green Deal der EU-Kommission strebt eine Erhöhung der Ressourceneffizienz an. Der neue Aktionsplan zur Kreislaufwirtschaft soll u.a. den „Fußabdruck [der EU] im Hinblick auf den Verbrauch senken" und den Anteil kreislauforientiert verwendeter Materialien bis 2030 verdoppeln (EU-Kommission, 2020e). Diese Ziele sind zu vage und zu wenig ambitioniert. Konkrete Ziele zur Reduktion des absoluten Ressourcenverbrauchs mit einem Teilziel für Biomasse könnten gesellschaftliche und wirtschaftliche Prozesse für einen rechtzeitigen Umbau in Gang setzen helfen. Es fehlen quantifizierte Oberziele zum Gesamtressourcenverbrauch analog zum europäischen Ziel der Klimaneutralität bis 2050, aus dem sich quantifizierte Emissionsziele ableiten lassen. Insbesondere bei der Rückführung der Biomassenutzung unter planetarische Grenzen, der Sicherung von Ernährung und Biodiversität sowie der Einhaltung sozialer Belange in der Land- und Forstwirtschaft trägt die EU als entwickelte Volkswirtschaft, deren Biomasseverbrauch pro Kopf 70% über dem globalen Durchschnitt liegt, eine besondere Verantwortung (Kastner et al., 2015). Eine Rückführung des Biomasseverbrauchs beispielsweise auf den globalen Pro-Kopf-Durchschnitt (jeweils in einem Basisjahr, dessen Produktion bzw. Verbrauch wissenschaftlich noch als „nachhaltig" gelten kann) wäre daher ein erster Quantifizierungsvorschlag.

### Eine EU-Strategie zur $CO_2$-Entfernung auf Renaturierung und diversifizierte Landwirtschaftssysteme ausrichten

Neben der zur Umsetzung des European Green Deal für 2021 geplanten Überarbeitung der LULUCF-Verordnung (EU, 2018b) sollte die EU eine strategische Planung ihrer Beiträge zu möglichen zukünftigen Zielen der $CO_2$-Entnahme aus der Atmosphäre als Teil einer europäischen Langfriststrategie zum Pariser Übereinkommen gemäß Art. 4 (19) PÜ entwickeln. Der zeitliche Horizont sollte mindestens bis zum Jahr 2050 reichen, eher noch darüber hinaus. Eine derartige strategische Planung sollte die Evaluation der möglichen Potenziale umfassen, die angesichts Nachhaltigkeitsrisiken, insbesondere in Form von Rückwirkungen auf das Trilemma der Landnutzung, realisiert werden könnten. Sie sollte mit den weiteren zukünftigen Ansprüchen der EU an Land und landbasierte Ökosysteme abgestimmt sein, beispielsweise durch Biomassenachfrage aus der europäischen Bioökonomie. Sie sollte klar getrennt von den Bemühungen und Strategien der EU zur $CO_2$-Vermeidung erfolgen, um weder Vermeidungsziele abzuschwächen noch entsprechende Anstrengungen zu verzögern oder gar zu ersetzen. Mit Blick auf Nachhaltigkeitsrisiken sollte ein besonderer Schwerpunkt auf solchen Ansätzen liegen, die Mehrgewinne im Sinne von Synergien zwischen Klimaschutz, Biodiversitätserhaltung und Ernährungssicherung versprechen. Beispiele umfassen die Renaturierung von Wäldern oder Moorlandschaften (Kap. 3.1) oder auch die Anreicherung von Kohlenstoff im Boden im Rahmen diversifizierter Landwirtschaftssysteme (Kap. 3.3). Angesichts unterschiedlicher natürlicher (und wirtschaftlicher) Voraussetzungen kann die Strategie nationale Projekte ebenso umfassen wie europäische Kooperationsprojekte. Letztere hätten den Vorteil, dass Kosten und Lasten geteilt werden könnten, und der unter ökologischen, sozialen und ökonomischen Aspekten günstigste Ort unabhängig von Binnengrenzen bestimmt werden könnte.

### EU-Außenhandelspolitik als Instrument zur Verantwortungsübernahme für globale Landwende einsetzen

Für eine umfangreiche Analyse einschließlich detaillierter Handlungsempfehlungen zur Stärkung von Klimaschutz und Entwicklung in Handelsbeziehungen und internationalem Handelsrecht hat der WBGU eine externe rechtswissenschaftliche Expertise eingeholt (Zengerling, 2020), auf der die folgenden Empfehlungen aufbauen. Kurz- bis mittelfristig sollte die EU in den Verhandlungen zu neuen bzw. überarbeiteten Freihandelsabkommen den nachhaltigen Umgang mit Land und landbasierten Ökosystemen zu einem zentralen Verhandlungsgegenstand machen. Wesentliche Ökosysteme im Einflussbereich der Vertragsparteien sollten benannt und die Wirkungen der handelspolitischen Beschlüsse eingehend und frühzeitig evaluiert und gegebenenfalls durch gemeinsame Rahmensetzungen adressiert werden. Neben expliziten Bekenntnissen der Vertragsparteien zu internationalen Umweltabkommen und -zielen, wie dem Vorsorgeprinzip, sollten die Abkommen gezielt den Handel mit nachhaltig produzierten Gütern und Dienstleistungen fördern und wirksamere Kontroll- und Streitbeilegungs-Mechanismen vorsehen. Der WBGU unterstützt grundsätzlich auch Überlegungen der EU, klima- und umweltpolitische Rahmensetzungen im Rahmen des European Green Deal im Zweifel unilateral handelspolitisch über Grenzausgleichsmaßnahmen oder den Ausbau von Zertifizierungsanforderungen zu flankieren. Auf längere Sicht sollte sich die EU zudem für Reformen des WTO-Rechts einsetzen, so dass Maßnahmen zum Schutz globaler Gemeingüter nicht Gegenstand von Handelsstreitigkeiten werden (Zengerling, 2020). Mögliche Ansätze dazu umfassen entsprechende Friedensklauseln oder zeitlich und vom Gegenstand klar begrenzte Ausnahmeregelungen (waiver) etwa für nationale Maßnahmen zum Schutz spezifizierter Gemeingüter, z.B. dem Klimaschutz (Bacchus, 2017) oder bestimmter besonders wichtiger Ökosysteme wie dem Kongobecken. Auf WTO-Ebene könnte die EU dabei auch eine neue Initiative für die Verhandlungen eines Abkommens zu nachhaltig produzierten Umweltgütern und -dienstleistungen ergreifen, mit dessen Hilfe tarifäre und nicht tarifäre Handelshemmnisse in diesem Bereich reduziert oder abgeschafft würden. Als einen Zwischenschritt dazu sollte die EU auch die Verhandlungen bzw. das ACCTS-Abkommen unterstützen (Kap. 4.2.5.2).

## 4.3.4 Forschungsempfehlungen

### Vom Hof auf den Tisch – Bedeutung der Planetary Health Diet für die europäische Landwirtschaft

Ein Wandel in der Landwirtschaft ist systemisch verbunden mit dem Wandel in Ernährungsstilen (Kap. 3.4). Wie nationale und globale Ernährungsleitlinien zu gesellschaftlichen Zielen wie gesunder Ernährungsmöglichkeiten, Klimaschutz oder der Biodiversitätserhaltung stehen, ist wichtiger Gegenstand von Forschung (Kasten 3.4-8). Im Hinblick auf die Weiterentwicklung europäischer Rahmenpolitik für die Landwirtschaft (Kap. 4.3.2) stellt sich auch die Frage, wie sich Änderungen in der durchschnittlichen Ernährungsweise, z.B. hin zu tierproduktärmeren Ernährungsgewohnheiten, auf landwirtschaftliche Produktion auswirken würden. Übergreifend sind Verteilungswirkungen der Umstellung der GAP hin zu einer Gemeinsamen Ökosystempolitik möglicher begleitender Forschungsgegenstand.

### Ressourcenverbrauchsreduktion als politische Zielbestimmung

Ein absolutes Ressourcenverbrauchsreduktionsziel auf EU-Ebene sollte als politisches Ziel mit Indikatoren und Monitoring-Verfahren im Sinne der Ausführungen in Kapitel 4.2.4 mess- und überprüfbar gemacht werden. Wie ein solches Ziel sinnvollerweise formuliert und messbar gemacht werden kann, sollte Gegenstand weiterer Forschung sein. Insbesondere ist es herausfordernd, ein nachhaltiges Verbrauchsniveau zu bestimmen.

### Ein europäischer Weg zur $CO_2$-Entfernung aus der Atmosphäre

Zur Vorbereitung und Begleitung ihrer strategischen Planungen zur zukünftigen Entfernung von $CO_2$ aus der Atmosphäre sollte die EU die verschiedenen Ansätze der $CO_2$-Entfernung einzeln und im Zusammenspiel in langfristig angelegten Forschungsprojekten ausloten. Neben der technischen Weiterentwicklung und der Frage nachhaltig realisierbarer Potenziale sollten dabei insbesondere auch mögliche Rückwirkungen berücksichtigt werden, die sich etwa bei ökosystembasierten Ansätzen wie der (Wieder-)Aufforstung durch klimatische Änderungen im Zeitverlauf ergeben können. Parallel sollten zudem wirksame Governance- und Finanzierungsmechanismen entwickelt und wissenschaftlich evaluiert werden, die der empfohlenen Trennung von $CO_2$-Emissionsvermeidung und $CO_2$-Entfernung aus der Atmosphäre, den spezifischen Nachhaltigkeitsrisiken einzelner Ansätze der $CO_2$-Entfernung, aber auch den unterschiedlichen (natürlichen und finanziellen) Möglichkeiten der Mitgliedstaaten angemessen Rechnung tragen und längerfristig tragfähige Geschäftsmodelle im Bereich der $CO_2$-Entfernung aus der Atmosphäre ermöglichen (Kap. 3.1).

## 4.4 Bestehende internationale Kooperation und Koordination des Umgangs mit Land stärken

Schutz und Nutzung von Land, einschließlich Landnutzungsänderungen und Landdegradation, werden international nicht primär in einem einzigen zwischenstaatlichen Forum verhandelt, wie es z. B. für den Klimawandel und seine Folgen im Rahmen der Klimarahmenkonvention und des Pariser Übereinkommens geschieht. Vielmehr sind Landnutzung, Landnutzungsänderungen und Landdegradation Gegenstände einer Vielzahl internationaler Institutionen, Organisationen und Foren. Weltgipfel zu Umwelt und Entwicklung waren in der Vergangenheit wichtige Foren, etwa die Rio-Konferenzen. So wurde z. B. in Johannesburg 2012 (Rio+20) das Ziel der Land Degradation Neutrality (LDN, Kap. 2.1.3) international konsensfähig. Insbesondere für Mehrgewinnstrategien aus dem Landwirtschafts- und Ernährungssektor ist auch der für 2021 anberaumte UN Food Systems Summit relevant. Wichtige Akteure der multilateralen Zusammenarbeit sind Institutionen, wie etwa UNEP, die FAO und die Global Soil Partnership. Die drei „Rio-Konventionen", also die Klimarahmenkonvention (UNFCCC), die Biodiversitätskonvention (CBD) und die Desertifikationskonvention (UNCCD), betreffen und regulieren in besonderem Maße auch landbasierte Ökosysteme. Aber auch andere Abkommen beeinflussen unseren Umgang mit Land, wie z. B. das Washingtoner Artenschutzübereinkommen (CITES), die Ramsar-Konvention über Feuchtgebiete, das Stockholmer Übereinkommen über persistente organische Schadstoffe (POP-Konvention), oder die Konvention zur Erhaltung wandernder wildlebender Tierarten (CMS), die sich insbesondere auch für grenzüberschreitende Schutzgebietssysteme einsetzt.

Als gemeinsame Zielvorstellung der internationalen Zusammenarbeit und für nationale Politikstrategien sind die globalen UN-Nachhaltigkeitsziele politisch besonders relevant (Sustainable Development Goals, SDGs, UNGA, 2015; Kap. 2). Hervorzuheben sind in Bezug auf Landökosysteme und Landbewirtschaftung SDG 2 (Kein Hunger), das sich auf Ernährungssicherung, verbesserte Ernährung und nachhaltigere Landwirtschaft richtet, sowie SDG 15 (Leben an Land), das auf den Schutz, die (Wieder-)herstellung bzw. Renaturierung und Förderung nachhaltiger landbasierter Ökosysteme zielt, inklusive des nachhaltigen Waldmanagements, der Bekämpfung von Desertifikation, Land Degradation Neutrality und dem Stopp des Verlusts biologischer Vielfalt. Landbesitz und Zugang zu Land sind zudem wichtige Parameter für mehrere SDGs, wie der Armutsbekämpfung und Geschlechtergerechtigkeit (z. B. SDG 1.4, 5.a). Aber auch die Verfolgung aller auf menschliche Wirtschaftsaktivitäten gerichteten SDGs beeinflusst unseren Ressourcenverbrauch und damit unseren Umgang mit Land maßgeblich. Für Überschneidungen oder Widersprüche zwischen den verschiedenen, teils unabhängig voneinander entstandenen Regelungsbereichen des Völkerrechts (z. B. zu den Menschenrechten, Welthandel oder Umweltschutz) bestehen keine völkerrechtlich verbindlichen Instrumente. Insofern kommt den SDGs eine politische

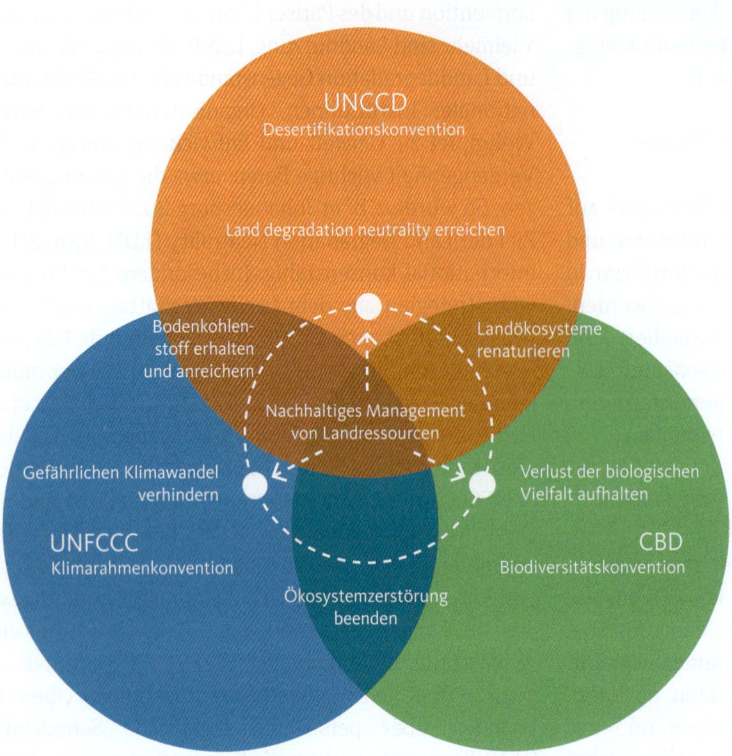


**Abbildung 4.4-1**
Nachhaltiges Management von Landressourcen als zentrale Aufgabe der Rio-Konventionen. Ein nachhaltiger Umgang mit Landressourcen trägt nicht nur einzeln zu den übergeordneten Zielen der Rio-Konventionen bei (einen gefährlichen Klimawandel verhindern, Landdegradation verhindern und Land Degradation Neutrality erreichen, sowie den Verlust biologischer Vielfalt aufhalten, Biodiversität nachhaltig nutzen und den Zugang zu genetischen Ressourcen gerecht gestalten). Zur Erreichung der Ziele der Rio-Konventionen können verschiedene landbasierte Maßnahmen synergistisch wirken. Die in der Abbildung in den Schnittflächen genannten Maßnahmen sind exemplarisch. Für den Erfolg der Rio-Konventionen ist somit eine globale Landwende wichtige Voraussetzung.
Quelle: verändert nach UNCCD, 2017b: 15

„Dach- und Integrationsfunktion" zu (Zengerling, 2020: 8). Dabei ist aber zu beachten, dass die SDGs einen viel kürzeren Zeithorizont haben als viele der anderen Abkommen.

Der WBGU kann in diesem Gutachten nicht das gesamte Institutionengefüge zum Thema Land analysieren, sondern entwickelt im Folgenden exemplarisch einzelne bestehende Elemente fort, die bessere globale Kooperation beim Umgang mit Land ermöglichen können. Ohne stärkere Verpflichtungen, sowie insbesondere eine entschiedene Um- und Durchsetzung durch die Staaten und jeweils beteiligten Akteure im Sinne von Kapitel 4.1 und 4.2 wird allerdings auch eine bessere Koordinierung der internationalen Aktivitäten nur begrenzte Erfolge hervorbringen. Es gilt jedoch, in der internationalen Zusammenarbeit die Ressourcen aller beteiligten Akteure zielgerichteter einzusetzen und Synergiepotenziale bestmöglich zu nutzen, was auch die Umsetzung vor Ort erleichtern kann.

Dies betrifft *erstens* die Rio-Konventionen (Kap. 4.4.1). Da sie international besonders hohe Aufmerksamkeit genießen, u. a. weil ihnen fast die gesamte Staatengemeinschaft angehört, werden sie im Folgenden in den Blick genommen. Sie entfalten eine Art Referenzwirkung für den internationalen Umgang mit Land. *Zweitens* sind globale Berichte der wissenschaftlichen Politikberatung für die Governance immer wichtiger geworden, die in Eigeninitiative, im Auftrag nicht staatlicher Initiativen oder der Staatengemeinschaft selbst den Stand der Forschung zu Themenfeldern, wie z. B. Klimawandel (IPCC) oder Biodiversität (IPBES), zusammenführen und von international renommierten Wissenschaftler*innen im Konsens erarbeitet werden. Ob und wie der wissenschaftliche Sachstand im Rahmen des Umgangs mit Land besser gebündelt und ausgewertet werden kann, ist Gegenstand von Kapitel 4.4.2. *Drittens* spielen für den nachhaltigen Umgang mit Land lokale Initiativen, Verteilungskonflikte und Eigentumsverhältnisse sowie lokale und landschaftliche Eigenart eine entscheidende Rolle. Sie sind zentral für erfolgreiche Transformationen im Landschaftskontext. Möglichkeiten zur besseren Sichtbarmachung und Einbindung lokaler Perspektiven in globalen Foren thematisiert das Kapitel 4.4.3.

### 4.4.1
### Herausforderung für die Rio-Konventionen: Das Querschnittsthema Land

Das Erfordernis verstärkter Kooperation in Fragen des globalen Umgangs mit Land im Überschneidungsbereich der drei Rio-Konventionen hat nicht nur der WBGU in früheren Gutachten betont (WBGU, 2011:250; Akhtar-Schuster et al., 2017). Alle Konventionen leisten bereits wertvolle Arbeit und stellen Aushandlungsräume und Umsetzungsressourcen bereit, an die es anzuknüpfen gilt. Auch wenn UNFCCC, CBD und UNCCD aufgrund ihrer unterschiedlichen Zielsetzungen (Tab. 4.4-1) jeweils eigene Schwerpunkte setzen, ist in allen drei Konventionen der Umgang mit Land zentral verankert. Bei der UNCCD sind die Vermeidung von Landdegradation und Land Degradation Neutrality Hauptzielsetzungen, die CBD bezweckt Erhaltung und nachhaltige Nutzung auch der terrestrischen Ökosysteme und ihrer Biodiversität und die UNFCCC adressiert auch Emissionsquellen und -senken von Landflächen sowie die Klimawirkungen auf terrestrische Ökosysteme einschließlich der Landwirtschaft (Kasten 4.4-1). Es gibt erhebliche Synergiepotenziale zwischen den Konventionen durch übergreifende, systemische Ansätze beim Umgang mit Land (Abb. 4.4-1). In Bezug auf die Nutzung von Land und Verbrauch von Landressourcen enthalten alle drei Rio-Konventionen nur begrenzt verbindliche Vorgaben, insbesondere existieren keine effektiven Durchsetzungsmechanismen von Schutz- und Nutzungspflichten.

Allerdings könnte eine effektivere Umsetzung der drei Konventionen und das gegenseitige sektorenübergreifende Mainstreaming ihrer Anliegen zu einem verantwortungsvolleren Umgang mit Landökosystemen insgesamt führen. Dies gilt aber nur, wenn die Vertragsstaaten einen systemischen Blick auf Landressourcen einnehmen, die Konventionen durch bessere Kooperation Synergiepotenziale und Mehrgewinne ausschöpfen und die sich überschneidenden Ziele solidarisch verfolgen.

#### 4.4.1.1
#### Synergien und Koordination der Rio-Konventionen in Bezug auf das Trilemma der Landnutzung

Alle drei Rio-Konventionen adressieren auf unterschiedliche Weise und mit eigenem Fokus das Trilemma der Landnutzung. Sie enthalten Bezüge zur Arbeit der jeweils anderen beiden Konventionen und Angaben zur institutionellen Zusammenarbeit. Im Vertragstext der UNCCD (Art. 8) werden die Vertragsstaaten ausdrücklich ermutigt, ihre Aktivitäten im Rahmen der UNCCD mit ihren Aktivitäten unter anderen Abkommen, insbesondere der UNFCCC und CBD zu koordinieren. Die „theory of change" des Zero Drafts des strategischen Post-2020-Rahmens der CBD nach 2020 betont die Komplementarität und Unterstützung der CBD zur Agenda 2030 mit den SDGs und die Berücksichtigung anderer multilateraler Konventionen, wie den anderen beiden Rio-Konventionen (CBD, 2020).

Es gibt bereits Aktivitäten zur besseren institutionellen Kooperation und Koordination der Konventionen. Insbesondere wurde bereits 2001 eine Joint Liaison Group (JLG) zwischen den Sekretariaten der UNFCCC, CBD und UNCCD gegründet, deren Schwerpunkt auch die Zusammenarbeit bei Themen mit Landbezug ist (Kasten 4.4-2). Die institutionelle Kooperation mit den jeweils anderen Rio-Konventionen und weiteren Institutionen steht regelmäßig auf der Tagesordnung der Vertragsstaatenkonferenzen (z.B. CBD im Jahr 2018, UNCCD im Jahr 2019). Eine Nutzung von gemeinsamen Arbeitsressourcen und bessere Koordination könnte allerdings die Arbeitsgrundlagen insbesondere für die Sekretariate der Konventionen verbessern (Sands et al., 2018:97). Mögliche Synergiepotenziale in den Verfahren, Datengrundlagen sowie Monitoring- und Berichtspflichten zwischen den einzelnen Konventionen stehen auf der Agenda der JLG (2016). Sie kommen aber wohl aufgrund der schwachen Unterstützung der Ergebnisse der JLG durch die Vertragsstaaten, die deren Umsetzung auf den jeweiligen COPs ermöglichen müssten (Elsässer, 2017), nicht hinreichend zum Zug.

Inhaltlich gesehen gehen die Rio-Konventionen an verschiedenen Stellen auf Wechselwirkungen der drei Dimensionen des Trilemmas der Landnutzung (Kap. 2.2) ein. Zu wichtigen landbezogenen Überschneidungsbereichen der Konventionen gehören zum Beispiel die Klimaanpassung sowie die Wälder, zu denen in Rio de Janeiro 1992 die unverbindlichen Forest Principles verabschiedet wurden, nachdem eine rechtsverbindliche Waldkonvention keinen Konsens fand (Hönerbach, 1996). Unter der UNFCCC werden der Waldschutz und die Aufforstung unter Art. 5 adressiert, die CBD bezieht den Wald als Ökosystem und Hort biologischer Vielfalt in die Verhandlungen ein. Die Arbeit der CBD ist von aufwändigen Abgrenzungsdiskussionen geprägt, z.B. hinsichtlich der Abgrenzung zur UNFCCC und zum UN-Waldforum, einem Folgeprozess der Forest Principles. Die UNCCD adressiert die Bekämpfung von Landdegradation. Die Vertragsstaaten der UNCCD legen dazu Nationale Aktionsprogramme (NAPs) zur Umsetzung der Ziele der Konvention vor und berichten regelmäßig über die Umsetzungsfortschritte. Darüber hinaus unterstützt die UNCCD Projekte, wie z.B. die Initiative „Große Grüne Mauer" der Afrikanischen Union, durch die in Nordafrika ein Grünstreifen aufgebaut werden soll (Kap. 3.3). Daneben laufen weitere UN-Aktivitäten

**Kasten 4.4-1**

### Land als Gegenstand der Rio-Konventionen

Die drei Rio-Konventionen, also die UNFCCC, CBD und UNCCD wurden 1992 auf der UN-Konferenz über Umwelt und Entwicklung in Rio de Janeiro beschlossen. Sie verfolgen verschiedene Zielsetzungen (Tab. 4.4-1) und weisen bei der Zielverfolgung verschiedene Bezüge zum Umgang mit Land auf.

#### Klimarahmenkonvention mit dem Pariser Übereinkommen

Die völkerrechtlichen Vereinbarungen zum Klimaschutz, die UNFCCC von 1992 und das Pariser Übereinkommen (PÜ), das seit 2016 in Kraft ist und das (ohne die USA, deren Austritt im November 2020 wirksam wird) 186 Staaten ratifizierten, betrachten Landnutzung nur in Ansätzen systemisch. Sie erkennen zwar die Bedeutung der Landnutzung für Klimaschutz und Klimaanpassung an, die entsprechenden Instrumente sind aber weich und unverbindlich. Landflächen und Böden werden adressiert bzw. geschützt, soweit sie der Stabilisierung der Treibhausgaskonzentration in der Atmosphäre (Art. 2 UNFCCC und Art. 2 Abs.1 lit a PÜ) oder der Klimaanpassung (Art. 2 Abs. 1 lit b PÜ) dienen oder davon betroffen sind. Die UNFCCC und das PÜ umfassen nicht nur $CO_2$-Emissionen, sondern auch andere Treibhausgasemissionen, wie Methan und Lachgas, die vor allem in der Landwirtschaft anfallen (Bodansky et al., 2017:120f.). In Art. 4 Abs. 1 lit c und e UNFCCC sowie Art. 5 Abs. 1, 2 PÜ werden die Vertragsstaaten dazu aufgefordert, Maßnahmen zu Bewahrung und dem Aufbau von Kohlenstoffspeichern und -senken, insbesondere zum Waldschutz, zu treffen. Hier ist auch das waldbezogene Programm REDD+ (Kasten 3.1-6) prominent verankert. Es handelt sich aber bei diesen spezifischen Regelungen um keine rechtlich verbindlichen Verpflichtungen. Neben der Verpflichtung aus Art. 2 PÜ, den Klimawandel auf deutlich unter 2°C und möglichst 1,5°C zu begrenzen, bestimmt das PÜ in Art. 4 lediglich, verbindliche, nationale Beiträge (nationally determined contributions, NDCs) bei dem Sekretariat der UNFCCC einzureichen, damit Transparenz über globale Fortschritte beim Klimaschutz hergestellt werden kann. Es besteht allerdings keine direkte Pflicht zur Berücksichtigung von Art.5-Aktivitäten in den NDCs oder anderen Umsetzungsmechanismen des PÜ (Fee, 2019:261). Ein Bereich, den die Vertragsstaaten im PÜ erstmals völkerrechtlich anerkennen, ist der Bereich der Schäden und Verluste durch den Klimawandel (Art. 8 PÜ). Diese stehen in engem Kontext zu Landdegradation und bedürfen wirksamer Mechanismen, die bestehende Finanzierungslücken zum Ausgleich von Schäden und Verlusten ermöglichen (WBGU, 2018:18).

#### Die Biodiversitätskonvention

Die CBD hat 195 Staaten und die EU als Mitglieder. Die USA haben die Konvention zwar unterzeichnet, aber nie ratifiziert. Land und Böden sind als Teil von Ökosystemen unmittelbar vom Anwendungsbereich der Konvention erfasst und vor allem im Zusammenhang mit den beiden ersten Konventionszielen in Artikel 1 CBD (Erhaltung der biologischen Vielfalt und nachhaltige Nutzung ihrer Bestandteile) zu sehen. Unter die Zielstellung des Art. 1 CBD fallen insbesondere die Böden als Bestandteile der terrestrischen Ökosysteme, in der Funktion als Lebensgrundlage und Lebensraum für Tiere, Pflanzen und Bodenorganismen, als Bestandteil des Naturhaushalts (einschließlich der Wasser- und Nährstoffkreisläufe) sowie mit seinen Ökosystemleistungen (Abb. 2.1-1) z.B. für die Produktion von Nahrungsmitteln oder Biomasse (Holz, Baumwolle usw.), der Kohlenstoffspeicherfunktion sowie Abbau-, Ausgleichs- und Aufbauprozessen für stoffliche Einwirkungen (Ginzky, 2015:204). Im Vergleich zur UNFCCC einschließlich des PÜ ist der Verpflichtungsgrad für Aktivitäten unter der CBD geringer, u.a. da die Verpflichtungen meist durch den Beisatz „so weit wie möglich und angemessen" eingeschränkt werden. Verpflichtungen bestehen z.B. in Bezug auf die Entwicklung von Strategien, Plänen und Programmen zu Schutz und nachhaltiger Nutzung der Biodiversität sowie entsprechenden Berichten (Art. 6 CBD), der Bestandsaufnahme und deren Monitoring wichtiger Komponenten der eigenen biologischen Vielfalt (Art. 7 CBD), der Ausweisung von Schutzgebieten sowie der nachhaltigen Nutzung von Bestandteilen der Biosphäre. Weitere Pflichten treffen den Schutz und die nachhaltige Nutzung von Komponenten der biologischen Vielfalt (Art. 8-11 CBD). Die verbindlicher gestalteten Protokolle zur CBD, das Cartagena- und das Nagoya-Protokoll, betreffen nicht dezidiert terrestrische Ökosysteme.

#### Die Desertifikationskonvention

Die UNCCD wurde ab 1992 verhandelt und 1994 zur Unterzeichnung aufgelegt. Sie trat nach Ratifizierung durch den 50. Staat 1996 in Kraft und hat heute 197 Vertragsstaaten. Mit dem Strategischen Rahmenwerk von 2018–2030 (UNCCD, 2017a) haben die Vertragsstaaten die Umsetzung des SDG 15.3 (Land Degradation Neutrality) mit in die Arbeit der UNCCD aufgenommen. Diese wird definiert als ein Zustand, in dem die Menge und Qualität von Landressourcen, die für die Unterstützung von Ökosystemleistungen und Verbesserung der Ernährungssicherung notwendig sind, innerhalb bestimmter zeitlicher und räumlicher Einheiten und Ökosysteme stabil bleiben oder zunehmen (UNCCD, 2015:9; Wunder et al., 2018b:28; Kap. 2.1.3). Für den zugehörigen Indikator 15.3.1 (Anteil des Landes, das degradiert ist im Verhältnis zur gesamten Landfläche) übernimmt das UNCCD-Sekretariat in der Interagency and Expert Group on SDG Indicators Verantwortung (UNCCD, 2019:3f.). Die UNCCD ist damit eine zentrale völkerrechtliche Konvention zum nachhaltigen Landmanagement. Sie hat sich faktisch durch fünf regionale Anhänge mit spezifischen Regelungen für verschiedenste Weltregionen über Trockengebiete hinaus weiterentwickelt und behandelt z.B. auch Landdegradation in den Tropen. Ursprünglich enthielt sie nur für von Desertifikation direkt betroffene Staaten verbindliche Vorgaben hinsichtlich der Erstellung von Aktionsprogrammen im Sinne von Art. 9–15 UNCCD. Bisher nicht durch die UNCCD und ihre Anhänge verpflichteten Staaten ermöglicht das neue Strategische Rahmenwerk rechtlich unverbindlich die Möglichkeit, die Foren der UNCCD zu nutzen, um ihre Politik in Bezug auf Landdegradation und Dürrefolgen international abzustimmen und freiwillige Ziele hin zur Land Degradation Neutrality zu bestimmen und zu überprüfen (UNCCD, 2017a). Die UNCCD verfolgt dabei den Ansatz, dass die Umsetzung ihrer Ziele auf nationaler und lokaler Ebene erfolgen soll. Deshalb sind keine Top-down-Mechanismen vorgesehen. Maßnahmen fokussieren auf die Pflicht zur Erstellung von Aktionsplänen und Strategien, den Austausch darüber sowie die Kooperation und Kapazitätsaufbau zur Umsetzung der Ziele der UNCCD durch die Vertragsstaaten.

>

**Tabelle 4.4-1**
Zielsetzungen der Rio-Konventionen (wörtliche Zitate).
Quelle: WBGU

| Ziele der Konvention | |
|---|---|
| **Klimarahmenkonvention (UNFCCC)**<br>Das Endziel dieses Übereinkommens und aller damit zusammenhängenden Rechtsinstrumente, welche die Konferenz der Vertragsparteien beschließt, ist es, in Übereinstimmung mit den einschlägigen Bestimmungen des Übereinkommens die Stabilisierung der Treibhausgaskonzentrationen in der Atmosphäre auf einem Niveau zu erreichen, auf dem eine gefährliche anthropogene Störung des Klimasystems verhindert wird. Ein solches Niveau sollte innerhalb eines Zeitraums erreicht werden, der ausreicht, damit sich **die Ökosysteme auf natürliche Weise den Klimaänderungen anpassen können, die Nahrungsmittelerzeugung nicht bedroht wird und die wirtschaftliche Entwicklung auf nachhaltige Weise fortgeführt werden kann.** | Artikel 2 der Klimarahmenkonvention, (UNFCCC, 1992) |
| **Pariser Übereinkommen**<br>1. Dieses Übereinkommen zielt darauf ab, durch Verbesserung der Durchführung des Rahmenübereinkommens einschließlich seines Zieles die **weltweite Reaktion auf die Bedrohung durch Klimaänderungen im Zusammenhang mit nachhaltiger Entwicklung und den Bemühungen zur Beseitigung der Armut zu verstärken**, indem unter anderem<br>› der Anstieg der durchschnittlichen Erdtemperatur deutlich **unter 2 °C über dem vorindustriellen Niveau gehalten** wird und **Anstrengungen** unternommen werden, **um den Temperaturanstieg auf 1,5 °C über dem vorindustriellen Niveau zu begrenzen**, da erkannt wurde, dass dies die Risiken und Auswirkungen der Klimaänderungen erheblich verringern würde;<br>› die Fähigkeit zur **Anpassung an die nachteiligen Auswirkungen der Klimaänderungen** erhöht und die Widerstandsfähigkeit gegenüber Klimaänderungen sowie eine hinsichtlich der Treibhausgase emissionsarme Entwicklung so gefördert wird, dass die Nahrungsmittelerzeugung nicht bedroht wird;<br>› die **Finanzmittelflüsse in Einklang gebracht werden** mit einem Weg hin zu einer hinsichtlich der Treibhausgase emissionsarmen und gegenüber Klimaänderungen widerstandsfähigen Entwicklung.<br>2. Dieses Übereinkommen wird als Ausdruck der Gerechtigkeit und des Grundsatzes der gemeinsamen, aber unterschiedlichen Verantwortlichkeiten und jeweiligen Fähigkeiten angesichts der unterschiedlichen nationalen Gegebenheiten durchgeführt. | Artikel 2 des Übereinkommens von Paris (UNFCCC, 2015) |
| **Biodiversitätskonvention (CBD)**<br>Die Ziele dieses Übereinkommens, die in Übereinstimmung mit seinen maßgeblichen Bestimmungen verfolgt werden, sind der **Schutz der biologischen Vielfalt, die nachhaltige Nutzung ihrer Bestandteile und die ausgewogene und gerechte Aufteilung der sich aus der Nutzung genetischer Ressourcen ergebenden Vorteile**, insbesondere durch angemessenen Zugang zu genetischen Ressourcen und angemessene Weitergabe der einschlägigen Technologien unter Berücksichtigung aller Rechte an diesen Ressourcen und Technologien sowie durch angemessene Finanzierung. | Artikel 1 der Biodiversitätskonvention (CBD, 1992) |
| **Konvention der Vereinten Nationen zur Bekämpfung der Desertifikation (UNCCD)**<br>Ziel dieses Übereinkommens ist es, in von Dürre und/oder Wüstenbildung schwer betroffenen Ländern, insbesondere in Afrika, durch wirksame Maßnahmen auf allen Ebenen, die durch internationale Vereinbarungen über Zusammenarbeit und Partnerschaft unterstützt werden, im Rahmen einer, mit der Agenda 21 im Einklang stehenden, integrierten Vorgehensweise die **Wüstenbildung zu bekämpfen und die Dürrefolgen zu mildern**, um zur Erleichterung einer **nachhaltigen Entwicklung in betroffenen Gebieten** beizutragen.<br>Die Verwirklichung dieses Zieles setzt langfristige, integrierte Strategien voraus, die sich in den betroffenen Gebieten gleichzeitig auf eine Verbesserung der Produktivität des Landes und die Wiedernutzbarmachung, Erhaltung und nachhaltige Bewirtschaftung von Land- und Wasserressourcen konzentrieren, sowie insbesondere auf der Ebene der Gemeinschaften zu besseren Lebensbedingungen führen. | Artikel 2 der UNCCD (UNCCD, 1994) |

**Kasten 4.4-2**

**Die Joint Liaison Group**

Seit 2001 existiert zwischen den Sekretariaten der drei Rio-Konventionen die Joint Liaison Group (JLG), die mit dem 2013 neu formulierten Mandat ausgestattet ist, die Koordination zwischen UNCCD, CBD und UNFCCC insbesondere durch den Austausch wichtiger Informationen zu stärken. Zudem sollte die Möglichkeit eines gemeinsamen Arbeitsprogramms und weiterer Kooperationsmöglichkeiten erörtert werden. Der Fokus der JLG soll auf einer effektiven Unterstützung der Parteien bei der Koordination auf nationaler Ebene liegen (JLG, 2013). Themen sind zum Beispiel gemeinsame Veröffentlichungen (z.B. ein Trio von Publikationen anlässlich der Rio+20-Konferenz 2012 zu den Themen Anpassung, Wälder und Gender), sowie die Entwicklung gemeinsamer Indikatoren, verbesserte Kompatibilität von Datensätzen und Berichten, um doppelte Arbeit der Vertragsstaaten zu vermeiden. Der Schwerpunkt der Arbeit der letzten Jahre lag auf der gemeinsamen Entwicklung von Indikatoren, insbesondere zu den SDG-Unterzielen 6.6 und 15.2, sowie zum Indikator 15.3.1 für das Ziel der Land Degradation Neutrality (CBD, 2018c:9, Rz. 41). Neben technischen Fragen stehen auch Themen mit Landbezug bereits regelmäßig auf der Agenda der JLG. Als zukünftige Ziele der Kooperation wird durch das CBD-Sekretariat insbesondere betont, dass eine Angleichung von Zielen und Unterzielen die Entwicklung gemeinsamer Indikatoren für Planungs- und Berichtsprozesse ermöglichen kann (CBD, 2018c:10, Rz. 50). Dabei wird auch betont, dass eine bessere Zusammenarbeit im Bereich Synergien nationaler Berichterstattung und gemeinsamer Rahmenbedingungen für Berichte sowie bessere Interoperabilität von Werkzeugen für Berichte erforderlich ist.

im UN-Waldforum und im Rahmen der Bonn Challenge (Kap. 3.1.3). Die Arbeit der UNCCD zu Land Degradation Neutrality verfolgt einen recht breiten Ansatz zum Umgang mit Land. Landdegradation bedingt sowohl den Verlust biologischer Vielfalt als auch den Verlust von Bodenkohlenstoff. Das Erreichen von Land Degradation Neutrality (oder sogar die Trendumkehr im Sinne des Aufbaus fruchtbarer Flächen) wird als Konzept gesehen, das das Potenzial hat, vielfältige Gewinne für Umwelt und Entwicklung beizutragen, insbesondere auch zum Gelingen der UNFCCC und der CBD (Akhtar-Schuster et al., 2017:4). Neben der natürlichen Anpassungsfähigkeit der Ökosysteme an den Klimawandel wird auch die Sicherung der Nahrungsmittelproduktion in Art. 2 UNFCCC als Ziel des Klimaschutzes benannt und in Art. 2.1 lit b PÜ als Ziel der Klimaanpassung genannt. Bei landbezogenen Maßnahmen im Sinne von Art. 4 und 5 PÜ sollen non-carbon benefits einbezogen und angereizt werden, also zum Beispiel die Erhaltung der biologischen Vielfalt. Anders herum sollen nach dem Entwurf zum zukünftigen strategischen Post-2020-Rahmen der CBD nature-based solutions zu Klimaschutz und -anpassung beitragen, bei gleichzeitiger Erhaltung der biologischen Vielfalt und Ernährungssicherung (CBD, 2020:5).

Ein systemisches Zusammenspiel der Rio-Konventionen zum Thema Land im Sinne des Kapitels 2 ist zwar sehr wünschenswert, findet aber derzeit nicht annähernd in ausreichendem Maß statt. Zwar gibt es Fortschritte einer besseren Kooperation, aber diese sind eher projektbezogen als programmatisch und deutlich ausbaufähig.

### 4.4.1.2
### Ansatzpunkte für bessere Land-Governance durch die Rio-Konventionen

Die Bundesregierung sollte sich als Vertragsstaat aller drei Rio-Konventionen (UNFCCC, CBD UNCCD) und im Rahmen der EU für eine bessere Koordinierung und Kooperation der Aktivitäten unter den Rio-Konventionen einsetzen und diese mit finanziellen und logistischen Kapazitäten unterstützen. Im Folgenden erläutert der WBGU verschiedene Weichenstellungen der Governance für nachhaltigeren Umgang mit Land im Zuständigkeitsbereich der Rio-Konventionen. Ein besonderer Schwerpunkt liegt auf Weichenstellungen für das neue Post-2020-Rahmenwerk der CBD, das dessen Arbeit über das nächste Jahrzehnt maßgeblich bestimmen wird.

#### Eine gemeinsame Vertragsstaatenkonferenz der drei Rio-Konventionen: Der Global Land Summit

Um eine bessere Koordinierung und Kooperation der Aktivitäten zu erreichen, ist eine Aufwertung der institutionellen Schnittstellen zwischen den für Land relevanten Konventionen und zwischen den jeweils zuständigen Organen der Konventionen notwendig. Ziel sollte sein, den Austausch und die gemeinsame Standardentwicklung weiter zu verstärken. Dies beschränkt sich nicht auf die weiterhin erforderliche Zusammenarbeit der Konventionssekretariate in der Joint Liaison Group (JLG, Kasten 4.4-2). Für den nachhaltigen Umgang mit Land wäre ein kraftvoller Anstoß für bessere Koordination der Konventionen und der in ihnen organisierten Mitgliedstaaten auf allen Ebenen erforderlich. Dabei ist insbesondere eine Verantwortungsübernahme der Vertragsstaaten der Konventionen für kohärente Politik zu anderen Konventionen, denen sie verpflichtet sind, entscheidend, die häufig durch „Silodenken“ aufgrund unterschiedlicher Zuständigkeiten innerhalb der nationalen Regierungen erschwert wird. Diese Ziele können beispielsweise durch gleichzeitig stattfindende Vertragsstaatenkonferenzen aller drei Rio-Konventionen, einer „Joint COP", erreicht werden. Es handelt sich bei der Joint COP technisch um getrennte Vertragsstaatenkonferenzen verschiedener Konventionen, die aber zur gleichen Zeit am gleichen Ort stattfinden. So können wortgleiche Entscheidungen verabschiedet werden. Das Modell der Joint COP wurde bisher eher von kleineren Konventionen genutzt. So gibt es joint meetings of the COPs der Rotterdamer Übereinkommen zur Chemikaliensicherheit im internationalen Handel (PIC-Konvention), des Stockholmer Übereinkommen über langlebige organische Schadstoffe (POP-Konvention) und des Basler Übereinkommen über die Kontrolle der grenzüberschreitenden Verbringung gefährlicher Abfälle und ihrer Entsorgung (Sands et al., 2018:937). Dieses Modell hätte den Vorteil, dass einmalig große Aufmerksamkeit erzeugt wird und viele Ressourcen bereitgestellt werden können, um die Konventionen auf einen gemeinsamen Weg zu manövrieren.

Bei einer solchen gemeinsamen Vertragsstaatenkonferenz der Rio-Konventionen sollte es sich um eine zusätzliche Vertragsstaatenkonferenz dezidiert zum Thema Land handeln – einen Global Land Summit –, nicht um ein Zusammenlegen der regulär stattfindenden Konferenzen, wie Turney et al. (2020) vorschlagen. Der systemische Blick auf den Umgang mit Land angesichts der Herausforderungen der Transformation zur Nachhaltigkeit würde dabei im Zentrum stehen. Es sollte möglich sein, dass sich weitere Konventionen anschließen, z.B. die Ramsar-Konvention oder CITES. Auf einem solchen Global Land Summit könnten alle Themen zu Synergiepotenzialen gemeinsam verhandelt und dann im Konsens für die jeweiligen Konventionen gleichlautend verabschiedet werden. So können die systemischen, synergetischen und solidarischen Potenziale der drei Konventionen ausgeleuchtet werden, um sie aus ihren Silos herauszuführen. Wenn diese Konferenz erfolgreich verläuft, dann könnte zu einem späteren Zeitpunkt ein entsprechender Global Summit zum Thema Meere angedacht werden.

Die Vorbereitung eines solchen Global Land Summit könnte durch die UN-Generalversammlung beschlossen werden, eventuell auf Anregung der G7/G20. Die COPs der sich beteiligenden Konventionen müssten sich ebenfalls dafür aussprechen. Anschließend ist eine Vorbereitung durch gemeinsame Sitzungen der drei COP-Bureaus, die die Organisation von Vertragsstaatenkonferenzen verantworten, und eine ständige Koordination der Sekretariate in der JLG sicherzustellen. Das Ergebnis des Global Land Summit kann von Inhalt und Wirkung weit mehr sein als lediglich eine gleichlautende Entscheidung aller drei COPs zum Thema Land, wenn dort gemeinsame Ziele (mit SMART-Indikatoren) festgelegt und gemeinsame Verpflichtungen vereinbart werden.

Im Rahmen des Global Land Summit oder unabhängig davon kann die Arbeit der JLG personell und finanziell aufgewertet werden, so dass die Etablierung ständiger thematischer Arbeitsgruppen möglich wird. Ergebnisse dieser Zusammenarbeit können in die Arbeit der COP-Bureaus und COPs aktiv einbezogen werden. Weitergehend könnten die drei Rio-Konventionen in einem trilateralen Memorandum of Understanding Kooperation und Koordination verbindlicher als bisher organisieren (Ginzky, 2020; Kap. 4.4.1.1). Nicht nur die Zusammenarbeit der Sekretariate, sondern diejenige der anderen Organe könnte so geregelt werden, dass sich die Vertragsstaaten konkret mit der Zusammenarbeit und Synergiefindung auseinandersetzen müssten. Rechtlich bräuchte es ein Mandat der COPs zur Aushandlung und einen Beschluss über die Inhalte. Die Berichte zur Zusammenarbeit mit anderen Institutionen auf den jeweiligen Vertragsstaatenkonferenzen zeigen eine breite Praxis der Zusammenarbeit. Es handelt sich hier um ein niederschwelliges Weiterentwicklungspotenzial (Beyerlin und Marauhn, 2011:445). Inhalte für ein solches Memorandum of Understanding wären gemeinsame Ziele und Verfahren, um Synergiepotenziale zwischen der Arbeit der Konventionen besser zu nutzen. Dazu können z.B. Treffen der drei COP-Bureaus der Rio-Konventionen vorgesehen werden, die auf eine bessere Sichtbarkeit der Kooperation und Koordination in den Zwischenverhandlungen und bei der Agendasetzung hinwirken könnten.

#### Mainstreaming und gemeinsame Standards für Projekte und Programme

Synergiepotenziale integrierter Zielverfolgung, gemeinsamer Indikatoren, kompatibler Vorgaben für Daten, Strategien und Berichterstattung sind bekannt, wie die Arbeit der JLG der Rio-Konventionen zeigt (Kasten 4.4-2). Engere Zusammenarbeit und Koordination internationaler Konventionen und anderer Organisationen sollten dabei nicht die jeweiligen Mandate der Institutionen verwässern, sondern Integration und gemeinsame Standards der verschiedenen Belange fördern und so Synergien für die Umsetzung „on the ground", also auf nationaler Ebene, ermöglichen (Carazo und Klein, 2017:411). Dafür sollte insbesondere auch auf vergleichbare Indikatoren zurückgegriffen werden (Kap. 4.2.4). Ansatzpunkte könnten gemeinsame Standards für Safeguards, sowie darauf aufbauende Umweltverträglichkeitsprüfungen im Rahmen von Programmen und Projekten sein. Diese könnten auf einem Global Land Summit gemeinsam durch gleichlautende Erklärungen festgelegt werden.

- *UN Safeguards for local action and sustainable land use als gemeinsame Standards bei Umsetzung von Projekten und Programmen:* Alle unter den Rio-Konventionen durchgeführten Projekte und Programme sollten die Ziele anderer Konventionen möglichst unterstützen oder ihnen zumindest nicht zuwiderlaufen; gerade mit Blick auf mögliche Konkurrenzen um Land. Für verschiedene Projekte und Programme innerhalb der Rio-Konventionen werden bereits Safeguards, also Nachhaltigkeitsanforderungen, aufgestellt, um soziale (z.B. Beachtung der Rechte lokaler Bevölkerungen), ökonomische (z.B. Vermeidung von Verlagerungseffekten) und ökologische Nebenfolgen (z.B. auf die lokale Biodiversität) bestmöglich einzubeziehen. Solche Safeguards existieren etwa bei REDD+ (UNFCCC, 2010) und werden für Ökosystemansätze mit Klimawirkung und zur Klimaanpassung unter der CBD diskutiert (CBD, 2018a). Eine Vereinheitlichung dieser Nachhaltigkeitsstandards ist ein sinnvoller Gegenstand der Kooperation der Rio-Konventionen.
- *Umweltverträglichkeitsprüfungen als Instrument zum vorsorgenden Mainstreaming nachhaltiger Landnutzung:* Ein in der nationalen Gesetzgebung fast aller Staaten der Welt und im Völkerrecht verbreitetes Instrument zur Stärkung der Berücksichtigung von Umweltbelangen in Verfahren zur Gesetzgebung, Programmentwicklung und Projektgestaltung sind Folgenabschätzungen, insbesondere Umweltverträglichkeitsprüfungen (UVP) und strategische Umweltprüfungen (SUP) (UNEP, 2018; Craik, 2018). Bei UVP und SUP handelt es sich um rechtlich geordnete, mehrphasige Verfahren zur frühzeitigen Ermittlung, Beschreibung und Bewertung aller unmittelbaren und mittelbaren Auswirkungen eines Projekts, Plans oder Programms auf die Umwelt einschließlich der ökologischen Wechselwirkungen unter Einbeziehung betroffener Akteure (Schlacke, 2019: 101). Völkerrechtlich verankert sind diese Instrumente z.B. in Art. 14 der CBD für Vorhaben, Programme und Politiken, die wahrscheinlich erhebliche nachteilige Auswirkungen auf die biologische Vielfalt haben, und in der Espoo-Konvention (UNECE, 2017) mit dem zugehörigen Protokoll über strategische Umweltprüfungen für Projekte, Pläne und Programme mit grenzüberschreitenden Auswirkungen. Die UNFCCC und die UNCCD kennen keine verbindlichen Vorgaben für die projektbezogene UVP und die planbezogene SUP. Anforderungen an solche Folgenabschätzungen sind aber Gegenstand der technischen Zusammenarbeit und der kapazitätsaufbauenden Maßnahmen unter verschiedenen Rio-Konventionen, z.B. die freiwilligen Leitlinien für die Einbeziehung der biologischen Vielfalt in Verträglichkeitsprüfungen der CBD (CBD, 2006). Mittels einheitlicher Vorgaben für UVP und SUP, z.B. angelehnt an die soeben beschriebenen UN Safeguards for local action and sustainable land use unter allen Konventionen, könnte ein präventives System zur Kontrolle der direkten und indirekten Landnutzungsänderungen bei Konzeption und Durchführung von Projekten sowie Plänen und Programmen eingeführt werden, das auch Wechselwirkungen mit den Zielen anderer Konventionen prüft. In dieses Verfahren sollte insbesondere auch die Landschaftsperspektive (Kasten 2.3-3; Kap. 3.6, 4.2.3) aufgenommen werden, um die Eigenart regionaler Landschaften einzubeziehen. Zentral ist es in diesem Sinne UVP so weiterzuentwickeln, dass sie auf die konkreten Bedingungen der jeweiligen Landschaft(en) eingehen und zugleich deren Einbettung in weltweite Stoffströme und Zusammenhänge transparent machen. Dazu sollten z.B. bei einer UVP nicht nur die Emissionen einer Anlage berücksichtigt werden, sondern auch Fernwirkungen des Ressourcenbedarfs für den Betrieb. Bei einer Biogasanlage bestimmen sich beispielsweise Landnutzungsänderungen nicht nur nach der beim Betrieb beanspruchten Fläche, sondern auch der für den Betrieb erforderlichen Anbauflächen. Wenngleich die Messbarkeit solcher indirekten Landnutzungsänderungen herausfordernd ist, ist eine Weiterentwicklung von UVP und SUP in diesem Sinn erforderlich. Herausforderungen für UVP und SUP sind die Verfügbarkeit hochqualitativer Informationen (UNEP, 2018: 5f.). Deshalb ist das Hinwirken auf bessere Datengrundlagen eine Voraussetzung für gelingende UVPs und SUPs.

### Post-2020-Rahmen und Weiterentwicklung der CBD

Derzeit steht bei der CBD ein wichtiger strategischer Moment an: das Post-2020 Global Biodiversity Framework stellt die Weichen für die Arbeit der CBD für das nächste Jahrzehnt. Im aktuellen strategischen Rahmenprogramm der CBD sollte die Umsetzung der 20 Aichi-Biodiversitätsziele in den Vertragsstaaten bis einschließlich 2020 die Ursachen des Biodiversitätsverlusts durch Mainstreaming in Politik und Gesellschaft bekämpfen, direkten Druck auf die biologische Vielfalt verringern und nachhaltige Nutzung fördern, den Zustand der Biodiversität durch Schutz verbessern und den Nutzen der biologischen Vielfalt und der Ökosystemleistungen für alle Menschen erhöhen (CBD, 2010a). Die Erreichung der Ziele sollte durch partizipatorische Planung, Wissensmanagement und Kapazitätsaufbau gestützt werden. Es ist jedoch weithin anerkannt, dass die Aichi-Biodiversitätsziele verfehlt werden (Kap. 3.2.2; SCBD, 2020; Diaz et al., 2019; IPBES, 2019a; Tittensor et al., 2014). Die Verhandlungen des neuen Rahmenprogramms der CBD wurden durch die Covid-19-Pandemie gebremst (Corlett et al., 2020). Eine Verabschiedung neuer ambitionierter Biodiversitätsziele ist aber immens wichtig zur Bewältigung der Biodiversitätskrise (Kap. 2.2.3). Die folgenden Ausführungen fokussieren deshalb auf Empfehlungen zur CBD. Weichenstellungen im neuen strategischen Rahmen der CBD sollten auch genutzt werden, um Mehrgewinne zwischen verschiedenen Konventionen in den Blick zunehmen (CBD, 2020). Die CBD hat im letzten Jahrzehnt mit der Einführung des Nagoya-Protokolls einen Meilenstein hin zur Ausbuchstabierung eines zentralen Ziels der CBD erreicht. Für den nächsten strategischen Rahmen sollten weitere Meilensteine auf die Agenda gesetzt werden.

> *Weiterentwicklung der Compliance:* Diskutiert wird, wie die Compliance im Rahmen der CBD verbessert werden kann. Dabei wird zum Beispiel auf mögliche Analogien zur Ausgestaltung des Pariser Übereinkommens mit dem Pledge-and-Review-Verfahren hingewiesen (Voigt, 2019). Allerdings sind Klimawandel und Biodiversitätskrise nicht unmittelbar vergleichbar. So gibt es z.B. in der CBD kein quantitatives übergeordnetes Ziel, wie etwa das Ziel der Begrenzung des Klimawandels auf deutlich unter 2°C im Sinne von Art. 2 PÜ. Die Festlegung eines solchen „Apex-Ziels" für die CBD wird in der Wissenschaft und politisch diskutiert, ist aber herausfordernd (Kasten 4.4-3). Das Verfahren national bestimmter Beiträge mit regelmäßiger Zusammenführung in einer globalen Bestandsaufnahme und progressiver Ambitionssteigerung unter dem Pariser Übereinkommen könnte in angepasster Form möglicherweise übertragen werden, um so eine verbesserte Transparenz und öffentliche Diskussion über die Fortschritte unter der CBD zu ermöglichen (CBD, 2020). Die Messung der Beiträge sollte dabei nicht anhand zu einfach gehaltener Indikatorik erfolgen, damit keine Fehlanreize entstehen. Hier droht insbesondere, dass Vereinfachung und Abstraktion die Komplexität und lokale Kontexte verschleiern (Purvis, 2020; Barnes et al., 2018).

> *Beitrag der CBD zu Klimaschutz und Klimaanpassung:* Die Verbindung von Natur- und Klimaschutz rückt stärker auf die Agenda der CBD; zunächst für den Bereich Anpassung an den Klimaschutz und Katastrophenvorsorge (CBD, 2018a). Im Zero Draft für den Post-2020-Rahmen werden auch Beiträge zu Klimaschutz und Klimaanpassung durch nature-based solutions und ökosystembasierte Ansätze diskutiert (CBD, 2020). Wie in den Kapiteln 2 und 3.1 ausgeführt, müssen mögliche Beiträge der terrestrischen Ökosysteme zu Klimaschutz und Klimaanpassung realistisch und methodisch sauber formuliert werden, um die Landökosysteme nicht zu überfordern. Dabei ist systemisch mitzudenken, wie sich das Verhältnis der CBD zu Klimaschutz und Klimaanpassung auf Schutz und Nutzung von Land und Böden auswirken, und welchen nachhaltigen Beitrag die CBD zum Klimaschutz leisten kann. Es werden unterschiedlichste Maßnahmen diskutiert, die von Emissionsminderung bis hin zur Schaffung von Kohlenstoffsenken reichen. Dabei dürfen landbasierte Klimamaßnahmen nicht vermischt werden, die methodisch nicht zusammengehören. Die Erhaltung von Kohlenstoffspeichern durch Ökosystemschutz, die Reduktion landbasierter Treibhausgase durch weniger Entwaldung sowie nachhaltige Landbewirtschaftungspraktiken und die Schaffung von Kohlenstoffsenken, zum Beispiel durch Renaturierung, sollten getrennt voneinander betrachtet werden, da sie unterschiedliche Eigenschaften in Bezug auf den Klimaschutz haben (Kap. 3.1–3.3, 3.6). $CO_2$ und andere Treibhausgase unterscheiden sich erheblich in ihrer Klimawirkung und Langfristigkeit (Kasten 2.2-1). Terrestrische Ökosysteme können nicht mit konventionellen Klimaschutzmaßnahmen, wie etwa der Minderung von $CO_2$-Emissionen aus der Nutzung fossiler Energieträger gleichgesetzt werden, denn es besteht bei landbasierten Beiträgen vielfach das Problem mangelnder oder zumindest risikobehafteter Langfristigkeit in ihrer Klimaschutzwirkung, d.h. sie sind anfällig gegenüber äußeren Einflüssen durch den Menschen, durch Extremereignisse wie z.B. Brände und u.a. auch gegenüber zukünftigen klimatischen Veränderungen. Sie können so nicht gleichwertig zu dauerhaften Dekarbonisierungsstrategien eingeordnet werden, wie dem Umstieg auf erneuerbare Energien. Gute Ökosystemschutzstrategien denken den Schutz natürlicher Kohlenstoffvorräte und Renaturierung mit der Bereitstellung neuer Kohlenstoffsenken zusammen. Vernetzte Schutzgebietssysteme stärken die ökologische Infrastruktur, die Resilienz von Landschaften gegenüber dem Klimawandel und haben zudem positive Klimaschutzwirkungen (Kap. 3.2).

> *Ergänzende CBD-Protokolle zu Schutz und nachhaltiger Nutzung von Biodiversität vereinbaren:* Die CBD hat bereits zwei wertvolle Protokolle, das Cartagena-Protokoll zu Biosicherheit, das schon 1992 angedacht war, und das Nagoya-Protokoll zu Zugang und Vorteilsausgleich bei genetischen Ressourcen (Access and Benefit Sharing, ABS), dem dritten Ziel der CBD (Tab. 4.4-1). Allerdings gibt es noch keine entsprechend ambitionierten Regelungen zu den ersten beiden Zielen der CBD, der Erhaltung der

**Kasten 4.4-3**

## Ein übergeordnetes Apex-Ziel für die CBD?

Eine wissenschaftlich wie politisch kontrovers diskutierte Frage ist, ob die CBD im Rahmen ihres Post-2020-Rahmens ein „Apex-Ziel", also ein übergreifendes Ziel braucht, das der 2 °C-(bzw. 1,5 °C-)Leitplanke in der Klimapolitik vergleichbar wäre und dem dreifachen Zielpaket der CBD für die Erhaltung und die nachhaltige Nutzung biologischer Vielfalt sowie den Zugang zu und dem gerechten Vorteilsausgleich aus der Nutzung genetischer Ressourcen (CBD Artikel 1) gerecht würde. Die Komplexität der Biodiversität als besondere Herausforderung für ein Apex-Ziel wurde auch im aktuellen Prozess zur Weiterentwicklung des Zero Drafts bereits vorgebracht (CBD, 2020). Ein solches Apex-Ziel könnte zu einer zielgerichteten Umsetzung und insbesondere medienwirksamen Kommunikation des Post-2020-Rahmens, sowie generell zur Vermittelbarkeit der Biodiversitätskrise (Kap. 2.2.3) beitragen. Die Meinungen zu dieser Frage gehen weit auseinander. Ziele, die Aussterberate von Arten zu drosseln (Rounsevell et al., 2020) – entsprechend IPBES sind in den nächsten Jahren 1 Mio. Arten vom Aussterben bedroht (IPBES, 2019b: 12) – oder das politisch konsensfähige Ziel, 30 % der Weltoberfläche unter Schutz zu stellen (CBD, 2020), wären naheliegend sowie methodisch umsetzbar und würden die CBD nach vorne bringen. Allerdings würden beide vorgeschlagenen Ziele lediglich die erste der drei Zieldimensionen der CBD abdecken: die Erhaltung biologischer Vielfalt. Die ebenfalls unverzichtbare Dimension der nachhaltigen Nutzung sowie das komplexe Gebiet des Zugangs und Vorteilsausgleichs in Bezug auf genetische Ressourcen wären nicht abgebildet. Dementsprechend bräuchte es mindestens drei Apex-Ziele – je eines für die drei oben genannten Zieldimensionen der CBD. Zudem ist die Komplexität der ökologischen Zusammenhänge rund um die biologische Vielfalt schon bei der ersten Zieldimension des Biodiversitätsschutzes bereits erheblich größer als die Komplexität der physikalischen Zusammenhänge zwischen $CO_2$-Emissionen, $CO_2$-Konzentrationen, Strahlungsgleichgewicht und entsprechenden Temperaturanstiegen im Klimaschutz. Allein um die Erhaltung der biologischen Vielfalt effektiv abbilden zu können, bräuchte es je ein Unterziel für die Vielfalt der Gene, Arten und Ökosysteme, also für die drei Dimensionen biologischer Vielfalt. Ein auf Ökosystemschutz reduziertes übergreifendes Ziel mit der Prozentzahl für Schutzgebietssysteme an der Gesamtfläche als Indikator ist ein erstrebenswertes Element des Post-2020-Rahmens, könnte aber als alleiniges Apex-Ziel diese Komplexität nicht abbilden, insbesondere nicht in ihrem Zusammenspiel mit dem Menschen (Purvis, 2020). Zu beachten ist allerdings die Kommunikationsfunktion eines Apex-Ziels: Es könnte sinnvoll sein, ein Ziel proaktiv zu benennen, weil in der öffentlichen Debatte zur Vereinfachung ohnehin auf ein oder wenige Ziele zurückgegriffen werden wird. Gibt es kein offizielles Apex-Ziel, geben die Vertragsstaaten dessen Bestimmung aus der Hand.

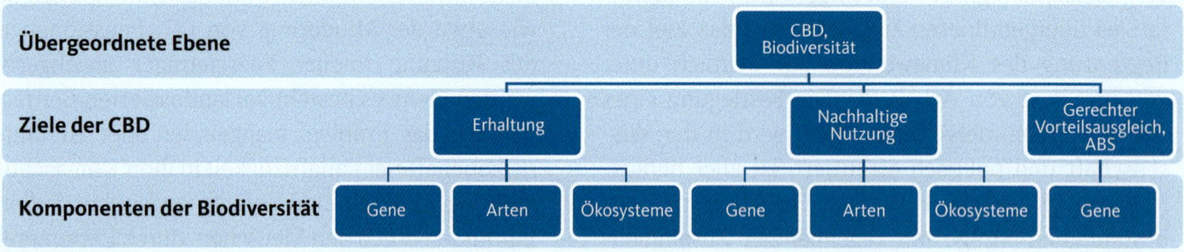


**Abbildung 4.4-2**
Zieldimensionen der CBD. Die CBD hat drei wesentliche Ziele: (1) Die Erhaltung der biologischen Vielfalt, (2) die nachhaltige Nutzung ihrer Bestandteile und (3) die Zugangsregelung zu und den gerechten Vorteilsausgleich aus der Nutzung genetischer Ressourcen (Access and Benefit Sharing, ABS). Während unter den ersten beiden Zielen alle drei Komponenten der Biodiversität, also Gene, Arten und Ökosysteme, zu berücksichtigen sind, bezieht sich ABS als drittes Ziel nur auf Gene. Diese Vielschichtigkeit der Zieldimensionen der CBD sowie Komponenten der Biodiversität verdeutlicht, wie komplex die Diskussion eines möglichen Apex-Ziels für die CBD ist.
Quelle: WBGU

biologischen Vielfalt und der nachhaltigen Nutzung ihrer Bestandteile. Zu diesen Themen wurde in der CBD zwar ebenfalls intensiv gearbeitet; es gibt Arbeitsprogramme und eine Reihe von COP-Entscheidungen, mit denen zahlreiche Richtlinien und Prinzipien vereinbart wurden. Allerdings fehlt es diesen bisher an Aufmerksamkeit und Durchschlagskraft. Deshalb sollte die Periode bis 2030 dafür genutzt werden, robuste institutionelle Weiterentwicklungen vorzunehmen und der CBD einen neuen, transformativen Schub zu verschaffen. Die Idee ist, „Zwillings-Protokolle" zu den ersten beiden Zielen der CBD zu verhandeln, die im Sinn synergistischer Mehrgewinne eng miteinander verzahnte Vereinbarungen zu den Themen Erhaltung und nachhaltige Nutzung biologischer Vielfalt treffen. Dies sollte erstens vor dem Hintergrund eines integrierten Landschaftsansatzes zu einer Bündelung und Konsolidierung der vielfältigen Entscheidungen zu diesen Themen führen, zweitens zu einer institutionellen Weiterentwicklung angesichts der übergreifenden SDGs beitragen sowie drittens einen höheren Grad an Verpflichtung sichern. Diese Empfehlung ist angesichts der voraussehbar langen Verhandlungsdauer und der inhaltlichen Herausforderungen mit einem hohen Ambitionsniveau verbunden.

» *Protokoll für die Erhaltung biologischer Vielfalt:* Ziel wäre die Bündelung der vielfachen Entscheidungen und Aktivitäten der CBD zu Ökosystemschutz, einschließlich des wünschenswerten 30%-Ziels zu Schutzgebietssystemen sowie des integrierten Landschaftsansatzes im Post-2020-Rahmen. Dadurch könnte ein höheres Aufmerksamkeitsniveau geschaffen, das Committment für nationale und grenzüberschreitende Aktivitäten intensiviert sowie bessere Finanzierung erreicht werden, um den Projekten der GEF und der langjährigen Arbeit des IUCN und der vielen NRO Aufwind zu verschaffen. Inhaltlich könnten die Vorgaben auf dem Arbeitsprogramm Schutzgebiete (seit der COP 7 in Kuala Lumpur) sowie auf den Aichi-Zielen und -Kriterien aufbauen (Kap. 3.2). Diese Aktivitäten sollten den Verhandlungsstand anderer CBD-Themen (z.B. IPLCs, Art 8j) spiegeln, an den aktuellen Wissensstand nach IPBES angepasst sein und Optionen für inhaltliche Weiterentwicklung enthalten.

» *Protokoll für nachhaltige Nutzung biologischer Vielfalt:* Dieses Protokoll sollte gemeinsame Standards für nachhaltige Landnutzung im Sinne bestehender unverbindlicher Vereinbarungen festschreiben (z.B. Addis Ababa Principles and Guidelines, Forest Principles der UNCED-Konferenz). Sektorale Bestimmungen sollten das Mainstreaming der CBD-Themen in den Bereichen Land-, Forst- und Fischereiwirtschaft verbessern sowie auch Bergbau, Infrastrukturausbau und Urbanisierung einbeziehen. Lokale Aushandlungsprozesse im Sinn des integrierten Landschaftsansatzes sollten ermutigt, sowie Aus- und Weiterbildung lokaler Akteure angesprochen werden. Eine wesentliche Herausforderung wird sein, Regelungen zur Internalisierung von Ökosystemleistungen und zu finanziellen Ausgleichsmechanismen zu vereinbaren.

### 4.4.2
### Erhebung des wissenschaftlichen Sachstands zum integrierten Umgang mit Land

Der WBGU bekräftigt seine grundsätzliche Empfehlung, dass der wissenschaftliche Sachstand zum globalen Umgang mit Land durch weltweit gebündelten Sachverstand fortlaufend festgestellt werden sollte (WBGU, 2011:317f.). Ebenso wie im Klimaschutz- und Biodiversitätsbereich mit IPCC und IPBES sollte der Umgang mit Land auf der Grundlage des weltweit besten verfügbaren wissenschaftlichen Sachverstands erfolgen. In den letzten fast zehn Jahren wurde ein umfangreiches Netz an Gremien und Berichten zur Aufarbeitung, Vermittlung und Zuspitzung des wissenschaftlichen Sachstands zum Thema Land etabliert. Mit dem Special Report on Climate Change and Land des IPCC (2019a), dem Land Degradation and Restoration Assessment des IPBES (2018a) sowie dem Global Land Outlook der UNCCD (2017b) liegen aktuelle, oft konsensuale und qualitativ hochwertige, wissenschaftliche Sachstände über globale Landdegradation, Renaturierung terrestrischer Ökosysteme und nachhaltiges Landmanagement vor. Das Science-Policy-Interface (SPI) der UNCCD arbeitet seit 2013 wissenschaftliche Erkenntnisse zu Desertifikation, Landdegradation und Dürrefolgen für die politische Entscheidungsfindung auf. Die Expert*innen des Intergovernmental Technical Panel on Soils (ITPS) beraten ebenfalls seit 2013 die Global Soil Partnership der FAO zu Bodenmanagement im Kontext von Ernährungssicherung, Ökosystemleistungen und Klimawandel. Zudem setzt sich die Global Land Indicators Initiative (GLII) im Rahmen des von UN-HABITAT unterstützten Global Land Tool Network (GLTN) seit 2012 für ein globales Indikatoren-gestütztes Monitoring mittels Datenerhebung zu wichtigen Land-Governance-Themen wie etwa Land- und Nutzungsrechten ein. Andere Themenfelder im Umgang mit Land scheinen von einem vergleichbaren wissenschaftsorientierten Konsens noch entfernt. So war der „Weltagrarbericht“ (International Assessment of Agricultural Knowledge, Science and Technology for Development, IAASTD, 2009) zwar ein wichtiger Schritt und Impulsgeber, konnte aber angesichts der extrem divergierenden Interessen weder einen breit getragenen Konsens etablieren, noch einen wesentlichen Folgeprozess inspirieren. Mit dem EAT-Lancet Commission Report liegt seit 2019 ein global relevanter wissenschaftlicher Beitrag zu gesunder Ernährung im Rahmen nachhaltiger Ernährungssysteme vor, der einen wichtigen Treiber von Landnutzungsänderungen adressiert (Willett et al., 2019). Auch wenn hier keine direkte Anbindung an eine internationale Organisation oder politisches Entscheidungsforum besteht, sollten die Empfehlungen zu einer Planetary Health Diet (Kap. 3.4) die Entscheidungsfindung national wie international (z.B. FAO, WHO) inspirieren und anleiten. Nicht zuletzt lieferte 2019 der Bericht „Growing Better“ der Food and Land Use Coalition einen wertvollen Beitrag zur notwendigen globalen Transformation des Ernährungs- und Landnutzungssystems (FOLU, 2019).

#### Weiterentwicklung wissenschaftlicher Assessments

Insgesamt gibt es zwar bereits heute ein vielfältiges Netz an wissenschaftlicher Expertise, direkt wie indirekt angebunden im Raum globaler Debatten und internationaler Institutionen. Der WBGU sieht dennoch drei sinnvolle Bedarfe der Weiterentwicklung:

1. *Globales Assessment zum nachhaltigen Umgang mit Land:* Ein Ideal ist weiterhin ein über die einzelnen Sektoren und Sichtweisen integrierter wissenschaftlicher Sachstand zum „Umgang mit Land" – mit einem thematisch umfassenden, systemischen Ansatz, wie er auch diesem Gutachten mit vernetzten Bezügen zu Klimawandel, Biodiversität und Ernährung zugrunde liegt. Nur in der systemisch-integrativen Betrachtung werden die transformativen Herausforderungen sachgerecht erfasst, nachhaltige Lösungswege zugänglich und politische Handlungsbedarfe ausreichend transparent. Eine intensive Kooperation und wechselseitige Bedarfsanalyse der bestehenden Institutionen und Berichtsformate (insbesondere IPBES, IPCC, SPI der UNCCD, GLO, EAT-Lancet, perspektivisch auch ein IAASTD-Nachfolger) ist als erster Schritt anzuraten. Anlass für einen solchen gemeinsamen Bericht zum Umgang mit Land könnte insbesondere die Vorbereitung eines Global Land Summit, also einer gemeinsamen COP der Rio-Konventionen bieten (Kap. 4.4.1.2). Darüber hinaus kann es sich anbieten, das Mandat für die Organisation dieses Prozesses unter entsprechender Aufstockung der Ressourcen gemeinsam bei UNCCD und FAO anzusiedeln, da beide über ein Netzwerk zu thematisch relevanten Akteuren verfügen und eine engere Kooperation hier Mehrgewinne verspricht. Die Errichtung eines eigenständigen neuen, zwischenstaatlichen Gremiums könnte aus einer solchen kooperativen Übung später erwachsen - müsste jedoch noch das Problem der adäquaten Anbindung an ein entsprechend schlagkräftiges Forum politischer Entscheidungsfindung lösen. Dabei sollten die praktischen Erfahrungen aus IPCC und IPBES sowie innovative Ideen zur integrativen Fortentwicklung globaler Umwelt-Assessments kritisch einbezogen werden (z. B. Kowarsch et al., 2016).
2. *Sustainable Landscapes Assessment:* Ein anderer akuter Bedarf besteht in der Ergänzung der bisherigen Herangehensweise der oft thematisch fokussierten und global aggregierten Assessments. Ein entscheidender Mehrwert zu bisherigen Ansätzen entsteht dadurch, dezentral produzierte Wissen zu den Gelingensbedingungen der Gestaltung nachhaltiger und integrativer Landschaften systematisch zusammenzutragen und so wissenschaftlich aufzubereiten, dass lokale Lösungen in die Breite getragen werden. Aus dem entstandenen Reservoir innovativer, lokaler Lösungen kann Handlungskompetenz überall dort unterstützt werden, wo nachhaltiger Wandel im Umgang mit Land noch initiiert und umgesetzt werden muss. Dabei kann es zwar keine Blaupausen für nachhaltige Landschaftsentwicklung geben, aber ein inklusiv vernetzter, wissenschaftlicher Assessment-Prozess zu den Herausforderungen, Erfolgsfaktoren, und produktiven Beteiligungsprozessen speziell für die Landschaftsebene kann wertvolles Handlungswissen und Politikempfehlungen für diesen transformativen Wandel liefern. Auch deshalb sollten förderliche globale, nationalstaatliche und lokale Rahmenbedingungen für den Wandel in den diversen Landschaften unbedingt Gegenstand dieses Sachstandprozesses sein. Besonders wertvoll kann dieser Brückenschlag zwischen lokaler Praxis und globaler wissenschaftlicher Aufarbeitung im Bereich diversifizierter Landwirtschaftssysteme sein (Kap. 3.3.4.2). Institutionell anbinden könnte man einen solchen Prozess ebenfalls im bestehenden Netz etablierter Institutionen wie UNCCD und FAO. Besonderen Mehrgewinn böte hier auch eine Anbindung an Organisationen, die bereits explizit auf die Landschaftsperspektive fokussieren, so dass ein institutionell aufgewertetes Global Landscapes Forum (Kap. 4.4.3) auch einen derartigen Assessment-Prozess tragen und mitgestalten könnte.
3. *(Agrarökologische) Forschungsnetzwerke zur ko-kreativen Umsetzung der Landwende:* Der wertvolle Ansatz regionaler Forschungs- und Kompetenzzentren (z. B. BMBF, 2018) sollte ausgebaut und weiterentwickelt werden, um lokale und regionale Methoden und Praktiken für einen nachhaltigen Umgang mit Land als dezidiert transformative Herausforderungen zu erforschen und praxisnah zu erproben. Wichtiges Ziel ist die breite Schaffung multifunktionaler, resilienter Landschaften. Um einen inklusiven, ko-kreativen Ansatz aus Wissenschaft und Praxis umzusetzen, sollten lokale Wissenschaftler*innen und Praktiker*innen mit internationalen Partnern aus Wissenschaft, Zivilgesellschaft und Wirtschaft umsetzungsorientiert arbeiten und transnationalen Austausch fördern, der auch auf eine globale Verantwortungsübernahme für Land als Gemeingut hinwirkt. In den so entstandenen Netzwerken kann wertvolles Praxiswissen zum integrierten Komanagement in der Landschaft (z. B. zur ökologischen Intensivierung, Agrarökologie, Permakultur oder Agroforstwirtschaft) systematisch gesammelt, analysiert und weiterentwickelt werden. Die Zentren schaffen ein globales öffentliches Wissensgut, arbeiten aktiv am weltweiten Wissenstransfer und beschleunigen dabei die Landwende in konkreten Regionen. Angelehnt an die global integrierte Struktur der CGIAR-Agrarforschungszentren empfiehlt der WBGU, eine Reihe internationaler

landschaftsbezogener Forschungszentren aufzubauen, durch die land- und landschaftsbezogenes Erfahrungswissen mit wissenschaftlichen Erkenntnissen aufgenommen, gemeinsam weiterentwickelt und letztlich in die Breite überführt wird.

### 4.4.3 „Glokale" Kooperation stärken: landschaftliche und lokale Beteiligung in internationalen Foren

Viele Fragen globaler Umweltveränderungen und insbesondere viele Herausforderungen eines nachhaltigen Umgangs mit Land bedürfen vielfacher lokaler Anstrengungen und veränderter Praktiken, um die in globalen politischen Foren diskutierten Probleme zu lösen und verabschiedete Ziele umzusetzen. Bisherige Erfahrungen aus der internationalen Umwelt- und Klimapolitik zeigen sowohl diesen Bedarf als auch erste Lehren bezüglich der Einbeziehung und Beteiligung lokaler und indigener Interessen. So wird in Reaktion auf kritische Debatten zur fehlenden Berücksichtigung indigenen und lokalen Wissens im Kontext des IPCC im (jüngeren) IPBES derartiges Wissen explizit in der Berichterstellung miteinbezogen (McElwee et al., 2020). Im Rahmen des Programms REDD+ entstanden nach etlichen Konflikten mit indigenen und lokalen Bewohner*innen in den ausgeschriebenen Programmzonen neue Beteiligungsversuche und übergreifende Safeguards für die konfliktreduzierende Umsetzung künftiger REDD-Projekte (Dawson et al., 2018). Im Rahmen der internationalen Klimaverhandlungen unter dem Dach der UNFCCC wurde in jüngerer Vergangenheit über den Talanoa-Dialog ein erneuter Anlauf unternommen, den Stimmen der Non-Party-Stakeholder (also einer Vielzahl nichtstaatlicher Akteure) über geordnete Verfahren Raum zur Anhörung zu geben (Presidencies of COP22 and COP23, 2017). Außerdem sind mittlerweile mit Bündnissen wie C40 oder ICLEI viele Städte weltweit vernetzt für ihr gemeinsames Engagement im Klimaschutz (WBGU, 2016a). Sie haben sich globale Aufmerksamkeit auch im Kontext internationaler Verhandlungen nachhaltig aufgebaut (van der Heijden, 2018).

Eine zu den städtischen Initiativen ähnliche Durchschlagskraft zu entwickeln, versucht das 2013 gegründete Global Landscapes Forum (GLF). Das GLF ist im Wesentlichen eine Multi-Akteur-Wissensplattform, die über Konferenzen, Meetings und Projekte weltweit den integrierten Landschaftsansatz als wertvollen Ansatz für das kooperative Management sozialer und ökologischer Probleme vor Ort propagiert. Die deutsche Bundesregierung unterstützt das Forum bereits ideell und finanziell, der Sitz ist auch deshalb in Bonn. Entlang dieser Entwicklung empfiehlt der WBGU die Stärkung und bessere Integration lokaler, ländlicher und indigener Positionen in den unterschiedlichen relevanten internationalen Foren. Der Austausch verschiedener Akteure und Positionen zwischen globalen Bedarfen, nationalen Interessen und lokaler Betroffenheit und Umsetzung benötigt dauerhafte Foren, um produktiv für eine globale Landwende zu sein. Ein nachhaltiger Umgang mit Land weltweit benötigt die Ermächtigung einer eigenständigen Umsetzungsperspektive in der Landschaft, auch durch verbesserte Teilhabe und Repräsentanz in internationalen Verhandlungen.

#### Verantwortungsarchitektur „glokal" verschränken

Der WBGU schlägt deshalb vor, den wechselseitigen Austausch der Perspektiven lokaler Akteure im engen Konnex zu internationalen Foren institutionell zu verbessern und zu verstetigen. Gerade die Aufgabe eines global nachhaltigen Umgangs mit Land muss im Angesicht der vielen lokalen Nutzungsformen, Interessen, spezifischen Herausforderungen und Potenzialen stattfinden. Die Sichtbarmachung der konkreten Potenziale eines adaptiven und integrierten Landschaftsansatzes, wie es bisher schon im Global Landscapes Forum vorangetrieben wird (GLF, 2020), sollte gestärkt und enger an Entscheidungsforen angebunden werden. Ähnlich der Empfehlung des WBGU (2016a:412), Städten und Städtenetzwerken im Rahmen der polyzentrischen Verantwortungsarchitektur auch in nationaler Politik, internationalen UN-Gremien und globalen Foren Rede- und Beteiligungsrechte einzuräumen, sollte eine ähnliche Organisation und Emanzipation landschaftlicher Perspektiven und Interessen ermöglicht werden. Die Frage eines nachhaltigen Umgangs mit Land ist ein Brennglas für den akuten Bedarf, internationale Übereinkommen wie die Rio-Konventionen mit ihren globalen Vorgaben einerseits und lokale Umsetzungsbemühungen mit ihren ortsspezifischen Aushandlungsprozessen andererseits über gestärkte bestehende sowie neue Formen „glokaler" Kooperation zu vermitteln.

Eine solche verbindende Kooperation sollte erfolgen über:

> *Schaffung einer eigenständigen „L40"-Netzwerkinitiative – Rural Areas for Sustainable Landscapes:* Eine wesentliche Innovation im Bereich transnationaler Klima- und Nachhaltigkeitspolitik der letzten ein bis zwei Jahrzehnte war der Aufstieg von Städten, Kommunen und Städtenetzwerken wie C40, ICLEI oder dem Global Covenant of Mayors zu lautstarken und wirkmächtigen Pionieren mit selbstbewusstem Akteurshandeln auch auf internationalen Bühnen. Dabei ist ihr Antrieb geboren aus den konkreten kommunalen Herausforderungen und Chancen des transformativen Wandels im städtischen Kontext sowie den Potenzialen, die eine globale Ver-

netzung und Interessensvertretung mit sich bringen. Bereits an anderer Stelle hat der WBGU (2018) dazu aufgefordert, ähnliche Netzwerke für Strukturwandelregionen zu gründen, um gerade in diesen besonders betroffenen Regionen eine „zeit-gerechte" Transformation mit politischem Willen, lokaler Initiative, wissenschaftlicher Begleitung und wechselseitigem Wissens- und Kompetenztransfer zum Erfolg zu führen. Diesen Ansatz gilt es nun auch für den erfolgreichen transformativen Wandel hin zu einem neuen, nachhaltigen Miteinander in der Landschaft zu entwickeln. Als „Landscapes 40" könnten ländliche Räume und ökosoziale Landschaften eine gemeinsame Netzwerkorganisation ins Leben rufen, die als Bottom-up-Initiative zugleich Interessensvertretung, Austauschplattform und Innovationshub für ihre Mitglieder ist.

- *Weiterentwicklung des Global Landscapes Forum:* Gerade am Beginn der UN-Dekade für die Wiederherstellung von Ökosystemen wäre die sichtbare Aufwertung des Global Landscapes Forum (GLF) ein wichtiges politisches Signal und relevanter Hebel, um für die Bedeutung der Landschaftsebene zur Lösung vieler Nachhaltigkeitsherausforderungen Aufmerksamkeit zu schaffen. Ohne den bisherigen, kollaborativen Multi-Stakeholder-Ansatz des Forums mit zu starker Dominanz staatlicher Akteure zu konterkarieren, könnte eine institutionelle Aufwertung angestrebt werden: entweder (1) mittels eines starken politischen Mandats einer Vorreiterstaatengruppe oder sogar der gesamten Staatengemeinschaft (z. B. über die Generalversammlung) zur Erarbeitung einer handlungsleitendenden Roadmap zur Stärkung der Landschaftsperspektive in nationalen und internationalen Entscheidungsforen; oder (2) mittels offiziellem und finanziertem Auftrag zur Erarbeitung eines inklusiven – d. h. hier auf wissenschaftlicher wie stakeholderbasierter Expertise kokreierten – Sachstandberichts zum Beitrag des Landschaftsansatzes zur Erreichung der SDGs und anderer Nachhaltigkeitsziele (Kap. 4.4.2).
- *Strukturelle Stärkung „glokaler" Kooperation im UN-System*: Neben diesen beiden Initiativen bestehen auch innerhalb des UN-Systems vielfache Ansatzpunkte für Reformen zur Förderung vernetzter „glokaler" Formate für die sich die Bundesregierung und die EU einsetzen könnten. Denkbar wäre etwa ein beim ECOSOC angegliederter „UN-Ausschuss der Regionen und lokalen Akteure" in Analogie zum Europäischen Ausschuss der Regionen, der Versammlung der Regional- und Kommunalvertreter der EU. Im Rahmen der EU stellt dieses Gremium sicher, dass auch subnationale Körperschaften wie Städte, Kommunen, Regionen oder Provinzen mit ihren jeweils eigenen Interessen und Identitäten die EU-Politik mitgestalten können. Ziel eines entsprechenden UN-Ausschusses wäre auch hier die Querschnittsperspektive regionaler Interessen und ländlicher Entwicklung in die Aushandlungsforen internationaler Politik zu heben. Als Bindeglied zwischen subnationalen Körperschaften und globalen, zwischenstaatlichen Institutionen können hier auch Kooperationsdividenden durch verbesserte Anwendung des Subsidiaritätsprinzips entstehen. Grundsätzlich bietet sich im UN-System auch die übergreifende Stärkung der Sichtbarkeit und Integration der neun offiziellen UN Major Stakeholder Groups an, die jeweils zentrale (zivil-)gesellschaftliche Gruppen repräsentieren (Farmers, Women, Non-Governmental Organizations, Local Authorities, the Scientific and Technological Community, Children and Youth, Workers and Trade Unions, Business and Industry and Indigenous People and their Communities). Und auch über die in Kapitel 4.4.1.2 vorgeschlagenen UN Safeguards for local action and sustainable land use change ließen sich lokale Perspektiven und Bedarfe strukturell im UN-System absichern.

### 4.4.4 Handlungsempfehlungen

Entsprechend der in den Kapiteln 4.4.1.2, 4.4.2 und 4.4.3 detaillierter ausgearbeiteten exemplarischen Ansatzpunkte zur Weiterentwicklung der internationalen Governance-Architektur, formuliert der WBGU folgende Empfehlungen.

#### Global Land Summit einberufen

Für das Jahr 2025 sollte ein Global Land Summit als gemeinsame Vertragsstaatenkonferenz aller drei Rio-Konventionen einberufen werden (Kap. 4.4.1.2). Auf dem Global Land Summit sollten alle Themen zu Synergiepotenzialen beim Umgang mit Land gemeinsam verhandelt und dann im Konsens für die jeweiligen Konventionen gleichlautend, aber formal getrennt verabschiedet werden. So kann einmalig große Aufmerksamkeit erzeugt und es können viele Ressourcen bereitgestellt werden, um die Konventionen auf einen gemeinsamen Weg zu manövrieren. Ergebnisse dieses Summits können u. a. sein:

- *Joint Liaison Group der Rio-Konventionen aufwerten und Memoranda of Understanding zwischen den Konventionen vereinbaren:* Im Rahmen des Global Land Summit oder unabhängig davon sollte die Arbeit der JLG personell und finanziell aufgewertet werden, so dass die Etablierung ständiger Arbeitsgruppen möglich wird. In Memoranda of Understanding sollten gemeinsame Ziele und Verfahren nicht nur wie bisher für die Konventionssekretariate, sondern auch für die COP-Bureaus und andere Organe der Konventionen geregelt werden.

- *Besseres Mainstreaming für Projekte und Programme:* Für das Mainstreaming von Instrumenten sollten gemeinsame Standards für Safeguards entwickelt werden und auf einheitliche Vorgaben für Umweltverträglichkeitsprüfungen im Rahmen von Programmen und Projekten hingewirkt werden. Erforderlich und herausfordernd ist dabei insbesondere die Einbeziehung von indirekten Landnutzungsänderungen.

### Post-2020-Rahmen der CBD für durchschlagskräftigere Mechanismen nutzen

Der neue strategische Rahmen der CBD sollte nicht nur genutzt werden, um die Compliance weiterzuentwickeln, sondern auch, um Mehrgewinne zwischen verschiedenen Konventionen in den Blick zunehmen. Im Bereich Biodiversität und Klimaschutz sollte der mögliche Beitrag der CBD zu Klimaschutz und Klimaanpassung realistisch und methodisch sauber formuliert werden, um die Landökosysteme nicht zu überfordern. Gleichzeitig sollte anerkannt werden, dass Erfolge in der Umsetzung der CBD auch Beiträge zum Klimaschutz und zum nachhaltigen Umgang mit Land sind.

### Einführung zweier verbindlicher Protokolle zu Erhaltung und nachhaltiger Nutzung von Biodiversität

Der WBGU empfiehlt der Bundesregierung, sich in der CBD dafür einzusetzen „Zwillingsprotokolle" zu den ersten beiden Zielen der CBD (Erhaltung und nachhaltige Nutzung der Biodiversität) zu verhandeln: ein Protocol on the Sustainable Use of Biological Diversity und ein Protocol on the Protection and Conservation of Biological Diversity, die im Sinn synergistischer Mehrgewinne eng miteinander verzahnte Vereinbarungen zum Thema Erhaltung und nachhaltige Nutzung von Biodiversität treffen. Dies sollte erstens vor dem Hintergrund eines integrierten Landschaftsansatzes zu einer Bündelung und Konsolidierung der vielfältigen Entscheidungen zu diesen Themen führen, zweitens zu einer institutionellen Weiterentwicklung angesichts der übergreifenden SDGs beitragen sowie drittens einen höheren Grad an Verpflichtung sichern. Diese Empfehlung ist angesichts der voraussehbar langen Verhandlungsdauer und der inhaltlichen Herausforderungen mit einem hohen Ambitionsniveau verbunden. Inhaltlich können diese Protokolle aufbauen auf vielfachen Entscheidungen und Aktivitäten der CBD: für das Protokoll zum Biodiversitätserhaltung auf dem Arbeitsprogramm Schutzgebiete und den Aichi-Zielen und -Kriterien; für das Protokoll zur nachhaltigen Nutzung der Biodiversität auf den Addis Ababa Principles and Guidelines und den Forest Principles der UNCED Konferenz.

### Sonstige Handlungsempfehlungen für einzelne Rio-Konventionen aus den Analysen in Kapitel 3

Die Ausführungen zu den Mehrgewinnstrategien auf verschiedenen Themenfeldern haben gezeigt, dass es auch innerhalb der Konventionen einer Verantwortungsübernahme für Landökosysteme als globale und lokale Gemeingüter bedarf. Innerhalb der verschiedenen Mehrgewinnstrategien wurde schon vereinzelt auf Handlungsempfehlungen für die einzelnen Rio-Konventionen eingegangen, auf die hier noch einmal hingewiesen wird (Kap. 3.1.4.1, 3.2.5).

Kapitel 3.1.4.1 hat herausgearbeitet, dass für Aktivitäten unter dem Pariser Übereinkommen klar getrennte klimapolitische Ziele, Zeitpläne und Anrechnungsstrukturen für die $CO_2$-Entfernung aus der Atmosphäre und für die Vermeidung von $CO_2$-Emissionen festgelegt werden sollten (McLaren et al., 2019; Jeffery et al., 2020). Vertragsstaaten unter dem Pariser Übereinkommen sollten die Trennung auch in ihren nationalen Beiträgen (NDCs) nachvollziehen. Längerfristig wäre auch ein eigenständiger internationaler Markt für $CO_2$-Entfernung im Sinne von Art. 6 PÜ denkbar.

Laut Kapitel 3.2.5 sollte der Gedanke der Synergien von Schutz und Nutzung in Schutzgebietssystemen in den Prozessen der CBD und weiteren multilateralen Akteuren mit größerem Nachdruck eingebracht werden. Die Kooperationen zwischen der CBD und dem International Treaty on Plant Genetic Resources for Food and Agriculture aus dem Jahr 2001 sowie zwischen CBD und FAO sollten stärker mit Leben gefüllt werden und die Nutzung von Synergien und mögliche Beiträge des globalen Schutzgebietssystems zur nachhaltigen Landwirtschaft und zum Schutz pflanzengenetischer Ressourcen deutlicher thematisieren. Die Leitlinien zur Integration von Schutzgebieten in die Landschaft (CBD, 2018d) sollten unterstützt und weiterentwickelt werden. Ausbau und Management der Schutzgebietssysteme sollten im Post-2020-Rahmenwerk der CBD so gestaltet werden, dass der Verlust biologischer Vielfalt möglichst effektiv verhindert wird, u.a. mittels einer stärkeren Betonung auch der Qualität im Sinne der Aichi-Kriterien, die Vereinbarung ambitionierter, ergebnisorientierter und mittels SMART-Indikatoren messbarer und damit umsetzbarer Ziele für alle Kriterien, einschließlich eines zusätzliches Indikators, der darauf abzielt, ob das globale Schutzgebietssystem die notwendigen Ressourcen (Management und finanzielle Ressourcen) zur Verfügung hat, um die gesetzten Ziele zu erreichen.

### Verantwortungsarchitektur „glokal" verschränken

Zur effektiven Bearbeitung globaler Umweltveränderungen sollten lokale, ländliche und indigene Positionen in internationalen Foren nicht nur partiell sichtbarer werden, sondern deren Vertreter*innen in ihrer Rolle als Wissensträger, Transformationsakteure und vor Ort Betroffene konsequent gestärkt und besser integriert werden. Dazu sollten u. a. die Schaffung eigener Netzwerkinitiativen (etwa nach dem Vorbild der Städtenetzwerke wie C40) angeregt und unterstützt werden sowie das Global Landscapes Forum und sein Mandat weiterentwickelt werden.

## 4.4.5 Forschungsempfehlungen

### Weiterentwicklung wissenschaftlicher Assessments zum nachhaltigen Umgang mit Land

Der wissenschaftliche Sachstand zum globalen Umgang mit Land sollte in Anbetracht des systemischen Bezugs zu Klima-, Biodiversitäts- und Ernährungskrise durch weltweit gebündelten Sachstand festgestellt und Gelingensbedingungen einer nachhaltigen Landwende identifiziert werden. Dazu sollte einerseits das Synthesepotenzial der bestehenden globalen Berichte kooperativ für ein übergreifendes Assessment genutzt werden (vor allem IPBES, IPCC, SPI der UNCCD, GLO, EAT-Lancet) und Optionen für ein eigenes Mandat geprüft werden. Andererseits sollten auch lokale Lösungen und Prozesswissen für die Umsetzung auf der Landschaftsebene in einem global koordinierten Assessment wissenschaftlich geprüft und aufbereitet werden.

### Optionen zur „Glokalisierung" globaler Nachhaltigkeitspolitiken identifizieren

Betroffenheit befördert Engagement, weshalb die Akteursvielfalt in der globalen Nachhaltigkeitspolitik stetig wächst – ohne dass institutionelle oder prozessuale Innovationen diesem gesteigerten Bedarf Rechnung tragen. Hier entsteht ein Forschungsbedarf: Welche Mechanismen nutzen und fördern den polyzentrischen Charakter globaler Nachhaltigkeitspolitik? Wie können Multi-Akteur-Partnerschaften organisatorische wie institutionelle Brücken bauen zwischen zunehmend vernetzten Politikebenen, Sektoren und unterschiedlichen räumlichen Skalen? Wie lassen sich schließlich lokale, dezidiert ländliche sowie indigene Positionen in die oft primär zwischenstaatlichen Politikprozesse (besser) integrieren?

### Regionale Transformations-Hubs zur Erforschung und praxisnahen Erprobung einer integrativen Landwende

Der wertvolle Ansatz regionaler Forschungs- und Kompetenzzentren (z. B. BMBF, 2018) sollte ausgebaut werden, um regionale Ansätze für einen nachhaltigen Umgang mit Land im Kontext der systemischen Bezüge zu Klima-, Biodiversitäts- und Ernährungskrise als dezidiert transformative Herausforderungen zu erforschen und praxisnah zu erproben (z. B. unter Bezug zu den Mehrgewinnstrategien, Kap. 3.3.4.2). Durch die enge Vernetzung mehrerer solcher Zentren und deren Forschungsergebnisse entsteht wertvolles Transferwissen für eine globale Landwende.

## 4.5 Drei neue multilaterale Kooperationsgemeinschaften zur Förderung einer globalen Landwende

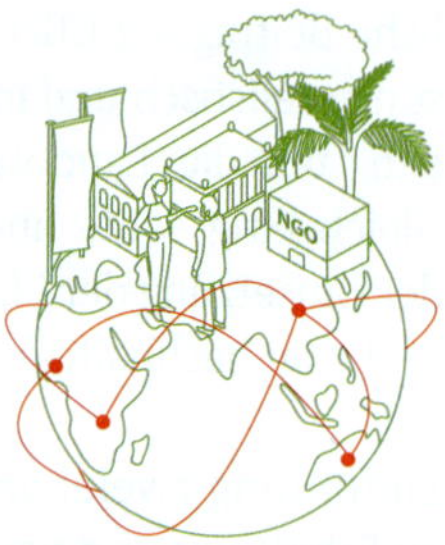


Zur Umsetzung des Leitbilds für einen nachhaltigen Umgang mit Land (Kap. 2) bedarf es nach Überzeugung des WBGU – über die bestehende und zu vertiefende internationale Kooperation und Koordination hinaus – einer institutionellen Stärkung und Entwicklung übergreifender Governance-Mechanismen. Um eine kohärente, übergreifende und systemische Governance zu entwickeln, die das Trilemma integrativ auch auf globaler Ebene adressiert, schlägt der WBGU einen neuen Steuerungsmechanismus vor: die Errichtung multilateraler Kooperationsgemeinschaften. Sie könnten (1) als Gemeinschaften subnationaler Regionen über Staatsgrenzen hinweg integrierte Landschaftsansätze umsetzen, (2) als supranationale Gemeinschaften weltweit vernetzter Staaten für eine globale Landwende eintreten oder (3) als globale Bewahrungsgemeinschaften in Multi-Akteur-Partnerschaften wertvolle Ökosysteme schützen. Alle drei Kooperationsgemeinschaften machen sich einen nachhaltigen Umgang mit Land zur gemeinsamen Aufgabe und leisten dabei einem integrativen Landschaftsansatz Vorschub. In Anlehnung an sogenannte „Klublösungen", wie sie in den letzten Jahren insbesondere in klimapolitischen Diskussionen angeregt wurden (Nordhaus, 2015), könnten Vorreiterstaaten vorangehen und sukzessive den Kreis der beteiligten Staaten und gemeinsamen Politiken erweitern. Ausgehend von der Vision global vernetzter Nachhaltigkeitslandschaften kann Schritt für Schritt eine kohärente und übergreifend systemische Governance für das globale Gemeingut Land entstehen und so dazu beigetragen werden, das oben dargestellte Trilemma der Landnutzung (Kap. 2.2) sukzessive zu überwinden. Alle drei Gemeinschaften helfen, bestehende nationale wie internationale Blockaden zu überwinden oder zumindest Anreize für deren Überwindung zu setzen. Nach innen kann der nötige transformative Wandel über die Förderung entsprechender Pionieraktivitäten (Kap. 4.1) und die Setzung förderlicher Rahmenbedingungen durch die beteiligten Staaten (Kap. 4.2) kraftvoll unterstützt werden. Im gemeinsamen Verbund lassen sich Vorteile wechselseitig generieren, die auch positive Folgen und Nachahmereffekte im bisherigen internationalen Staatenverbund und in der schon existierenden Institutionenlandschaft auslösen können. Derart neue, staatlich geförderte Initiativen für einen nachhaltigen Umgang mit Land können Vorbildcharakter entwickeln und global zur Bewusstseinsbildung sowie zivilgesellschaftlichen Unterstützung für den Schutz von Land und seinen Funktionen führen.

Der WBGU empfiehlt die Gründung und kontextspezifische Fortentwicklung dreier Kategorien solcher Kooperationsgemeinschaften (Abb. 4.5-1), die im Folgenden skizziert und sodann ausführlich vorgestellt werden:

1. *Regionale Gemeinschaften zur grenzüberschreitenden Umsetzung integrierter Landschaftsansätze:* Diese Gemeinschaften verbinden substaatliche Regionen, die als Nachbarn in einem geographisch zusammenhängenden Raum grenzüberschreitend einen nachhaltigen Umgang mit Land integrativ erproben und umsetzen. Im Binnenverhältnis stärken die beteiligten Regionen – in der Regel unterstützt von der jeweils übergeordneten Ebene (Bundesland/Provinz und Nationalstaat) – die landschaftsspezifische Umsetzung von Mehrgewinnstrategien (von grenzüberschreitenden Schutzgebieten über gemeinsame Renaturierungsprojekte bis zur regionalen Kaskadennutzung vor Ort gewonnener Biomasse), ermöglichen eine regional integrierte Kreislaufwirtschaft und fördern den gemeinschaftsinternen Handel mit unter nachhaltigen Landnutzungsbedingungen erzeugten Waren. Im engen Verbund mit der staatlichen Ebene treten sie nach außen für eine gemeinsame, an Nachhaltigkeitsprinzipien orientierte Handelspolitik ein. Solche regionalen Gemeinschaften, die aus der zunehmenden Integration auch wirtschaftliche Vorteile für ihre Mitgliedsregionen ziehen, können auf historisch gewachsene Landschaftsräume aufbauen (z.B. Alpenanrainer), schwache Verbünde mit neuem Leben füllen (z.B. Mittelmeerraum) oder regionale Integration neu inspirieren (z.B. Subsahara-Afrika).
2. *Supranationale Gemeinschaften für eine globale Landwende:* Mitgliedstaaten dieser Gemeinschaften teilen nicht unbedingt ein zusammenhängendes Gebiet, sondern können über verschiedene Weltregionen verteilt sein. Sie vertreten gemeinsam und offensiv einen auf Nachhaltigkeit ausgerichteten Umgang mit Land und in diesem Sinne verstandene Werte und Regelungen. Auch ein solcher Gemeinschaftstyp ist auf die Erhaltung globaler Gemeingüter (Klima, Biodiversität, Böden) gerichtet und kann durch zunehmende Integration gemeinsame handfeste Vorteile für seine Mitglieder über Weltregionen hinweg erzielen. Bündnisse zwischen Industrie-, Entwicklungs- und Schwellenländern können dabei weltweit die Internalisierung von Ökosystemleistungen, z.B. durch entsprechende Ausgestaltung des innergemeinschaftlichen Handels, direkte finanzielle Unterstützung oder supranationales Recht reziprok stärken. Supranationale Gemeinschaften entstehen durch Vorreiterstaaten, entwickeln jedoch durch die prinzipielle Reziprozität ihrer Politiken auch hohe Anziehungskraft.
3. *Globale Bewahrungsgemeinschaften für ökologisch wertvolle Landschaften:* Dies sind Gemeinschaften von Staaten und weiteren Akteuren, die sich mit dem Ziel zusammenschließen, wertvolle Ökosysteme in Drittstaaten, die auch Mitglieder der Bewahrungsgemeinschaft werden sollten, zu erhalten und wiederherzustellen. Damit soll das Überschreiten ökosystemarer Kipppunkte verhindert werden. Solche Bewahrungsgemeinschaften orientieren sich damit unmittelbar an der Erhaltung globaler Gemeingüter, insbesondere am Schutz und an der Wiederherstellung wichtiger Ökosysteme und ihrer Leistungen für die Weltgemeinschaft, etwa Landschaftsräume mit wertvoller biologischer Vielfalt oder besonderer Senkenfunktion. Die Bewahrungsgemeinschaft kann solche Gebiete z.B. gemeinsam pachten, damit aus der oft passiven Rolle bloßer „Geberländer" heraustreten und inklusiv mit anderen Akteuren vor Ort gemeinsam Verantwortung übernehmen. Eine solche globale Verantwortungsinitiative für ein neues Miteinander kann nationale Blockaden überwinden helfen, sollte aber konstitutiv lokale Akteure in integrierte und befähigende Entwicklungskonzepte einbeziehen.

Alle drei Gemeinschaften sollten offen für neue Mitglieder sein und möglichst von einer nach und nach wachsenden Gruppe von Regionen und Staaten getragen werden. Alle drei Gemeinschaften sollten neben staatlichen Akteuren auch andere Gruppen, z.B. NRO und lokale Gruppen durch Ausstattung mit Rechten (z.B. teilweise lokale Selbstverwaltung, Anhörungsrechte, Rechtsschutzmöglichkeiten) und Pflichten (z.B. Beteiligungs- oder Berichtspflichten) einbeziehen, so

**Abbildung 4.5-1**
Neue Kooperationsgemeinschaften. Regionale und supranationale Gemeinschaften sowie globale Bewahrungsgemeinschaften.
Quelle: WBGU, Grafik Ellery Studio

dass durch wechselseitigen Austausch zwischen unterschiedlichen betroffenen Akteuren adaptive und langfristig resiliente Lösungen für einen nachhaltigen Umgang mit Land gefunden werden können (Multi-Akteur-Partnerschaften: SDG 17.16 und 17.17). Eine derartige Einbeziehung von nicht staatlichen Akteuren bildet zudem auch das Rückgrat eines funktionierenden integrierten Landschaftsansatzes. Nur so können Schutz- und Nutzungsinteressen zu einem Ausgleich gebracht, Ansprüche wechselseitig anerkannt sowie Kompromisse und Mehrwerte konkret und auf Augenhöhe entwickelt werden (Kasten 2.3-3).

Die drei konzeptionell skizzierten Typen von Kooperationsgemeinschaften unterscheiden sich nach Ausdehnung, institutioneller Verfasstheit und genauem Zweck, schließen sich aber nicht wechselseitig aus. Im Gegenteil können in einer regionalen Gemeinschaft erfolgreich erprobte Mehrgewinnstrategien beispielsweise auch Strategien innerhalb einer Bewahrungsgemeinschaft inspirieren und stärken. Die institutionelle Bandbreite reicht dabei von grenzüberschreitenden Förderprogrammen (etwa in Analogie zu Interreg Europe), über lockere, informelle multilaterale Bündnisse (etwa in Analogie zu G20) bis zu stark integrierten Zusammenschlüssen, die mit supranationaler Struktur auch einzelne Hoheitsrechte an eine supranationale Institution übertragen (etwa in Analogie zur Europäischen Gemeinschaft für Kohle und Stahl, EGKS und der späteren EU). Auch wenn die starke Leitrolle und die Verantwortlichkeit staatlicher Akteure große Bedeutung hat, ist die übergreifende Vision immer die Schaffung starker Multi-Akteur-Partnerschaften (SDG 17), in denen Akteure aus Politik, Zivilgesellschaft, Wirtschaft und Wissenschaft auf Augenhöhe und im engen Verbund mit den lokalen Akteuren sowie unter Einbeziehung der spezifischen landschaftlichen Bedingungen zu nachhaltiger Entwicklung beitragen.

Im Folgenden werden die drei Kooperationsgemeinschaften dergestalt konkretisiert, dass sie etwa von der deutschen Bundesregierung oder der EU zur Umsetzung aufgegriffen werden können.

### 4.5.1
### Regionale Gemeinschaften zur grenzüberschreitenden Umsetzung integrierter Landschaftsansätze

Landschaftsräume, also Gebiete, in denen gewisse gemeinsame ökosystemare und soziotechnische Bedingungen vorherrschen („Strukturregionen"), liegen selten nur innerhalb eines Staatsgebiets. Vielmehr waren und sind prominente geographische Landschaften wie Flussläufe (z.B. Nil), Gebirgsketten (z.B. Alpen), Wüsten (z.B. Sahel) oder Meeresanrainerregionen (z.B. Mittelmeerraum) häufig sowohl Ursprung für zwischenstaatliche Konflikte wie auch für besondere grenzüberschreitende Kooperationsbemühungen. Bereits existierende regionale Landschaftskonventionen wie die Alpen- oder die Karpaten-Konvention, oder zwischenstaatliche Kooperationen wie die zum Donauschutzübereinkommen können Bezugspunkt und Keimzelle bilden für diese ambitionierteren grenzübergreifend regionalen Gemeinschaften. Zudem wird mit dem Programm Interreg Europe, unterstützt vom Europäischen Fonds für regionale Entwicklung, neben nationalen auch mit regionalen und kommunalen Partnern grenzüberschreitende, transnationale und interregionale Zusammenarbeit gefördert.

Für den WBGU stellt der nachhaltige Umgang mit Land wichtige Motivation dar für die Entwicklung neuer regionaler Kooperation zwischen substaatlichen Akteuren sowie für die Intensivierung und Erneuerung bestehender regionaler Gemeinschaften. Zweck regionaler Gemeinschaften ist, die Vorteile der räumlichen Nähe und gemeinsamer Ökosysteme der beteiligten Regionen auszunutzen, um in ihrem jeweiligen sozio-geographischen Landschaftsraum mittels integrierter, grenzüberschreitender Kooperation einen nachhaltigen Umgang mit Land zu erproben und zu verstetigen. Auch mit Blick auf die notwendige Anpassung an den Klimawandel besteht ein gemeinsames Interesse, die lokalen Ökosystemleistungen in Landschaftsräumen zu erhalten, zu verbessern und resilienter zu gestalten. Nachhaltige Landwirtschaft, Renaturierungsprojekte, Produktion und Wertschöpfung in Kreisläufen, regionaler Handel, gemeinsame Regulierung und reziproke Verantwortungsübernahme lassen sich im grenzüberschreitenden Verbund der Regionen vorteilhaft umsetzen. Die Initiative für Regionalgemeinschaften sollte aus den jeweiligen Regionen selbst erfolgen bzw. getragen werden, kann aber auch durch Staaten motiviert und gefördert werden – nicht zuletzt da für die Initiierung einer regionalen Gemeinschaft aus völkerrechtlicher Sicht meist die Unterstützung der jeweils nationalen Regierungen benötigt wird. In der Umsetzung geht es im Wesentlichen darum, Mehrgewinnstrategien (Kap. 3) nicht nur vereinzelt innerhalb eng definierter Landschaftsräume oder lediglich innerhalb nationaler Grenzen zu entwickeln und umzusetzen, sondern grenzüberschreitend gemeinsame Synergien auszuschöpfen. Mehrgewinnstrategien wie Renaturierung (Kap. 3.1), wirksame Schutzgebietssysteme (Kap.3.2), die Diversifizierung von Landwirtschaft (Kap. 3.3), veränderte Ernährungsstile (Kap. 3.4) sowie Holzbau im Rahmen einer verantwortungsvoll gestalteten Bioökonomie in Kreisläufen (Kap. 3.5) bleiben so nicht künstlich an Grenzen stehen, sondern können entlang der sozialen und natürlichen Gegebenheiten effektiv grenzüberschreitend verwirklicht werden. Partnerschaftliches Planen im regionalen Verbund ist hierbei ein Kerninstrument, da es ein zielorientiertes Zusammenwirken der jeweils gegebenen sozialen und natürlichen Kontextbedingungen ermöglicht. Erfolgsbedingungen und Blockaden einer so gestalteten Nachhaltigkeitstransformation sollten begleitend erforscht werden.

### Errichtung regionaler Gemeinschaften

Grundlage für die grenzüberschreitend regionalen Gemeinschaften ist die gemeinsame verbindliche Zusage, als Nachbarregionen einen umfassend nachhaltigen Umgang mit Land innerhalb der Gemeinschaft voranzutreiben. Deshalb sollte die Förderung nachhaltiger Produkte, Produktionsbedingungen und Dienstleistungen in regionalen Wirtschafts- und Ressourcenkreisläufen Kernauftrag für die Mitglieder einer solchen Gemeinschaft sein. Im Fall einer starken Unterstützung des regionalen Verbunds durch die betroffenen nationalen Regierungen können freier Binnenhandel sowie gemeinsame Nachhaltigkeitsstandards für Import und Export, die über bestehende Regeln im Welthandelsrecht hinausgehen, weitere Kooperationsanreize bieten.

Um die mittel- und langfristigen Vorteile von Mehrgewinnstrategien zu realisieren, sollten die Mitglieder in der Transformationsregion verschiedene Instrumente und Initiativen umsetzen, die eine nachhaltige Landwende möglich machen. Dazu gehören die Förderung und besondere Rolle innovativer Nischenaktivitäten (Kap. 4.1), die Schaffung übergreifender Anreize und Rahmenbedingungen für den transformativen Wandel durch die beteiligten Hoheitsträger (Kap. 4.2, 4.3) sowie die Unterstützung der Koordination und Kooperation zum nachhaltigen Umgang mit Land im Kontext internationaler Politik (Kap. 4.4). Die grenzüberschreitenden Transformationsräume erlauben es damit, im regionalen Verbund und mittels eines gemeinsamen Instrumentenkastens großskalige Reallabore zur effektiven Erprobung und Umsetzung von Mehrgewinnstrategien und förderlichen Rahmenbedingungen zu etablieren.

Regionale Gemeinschaften bieten darüber hinaus die Möglichkeit, folgende spezifische Ansätze zu verfolgen:

- *Entwicklung nachhaltiger Kreislaufwirtschaft im regionalen Landschaftsverbund:* Eine Gelingensbedingung der globalen Transformation zur Nachhaltigkeit ist der erfolgreiche Wandel von linearem Wirtschaften bei weitgehend entgrenzter Nutzung bzw. Verbrauch natürlicher Ressourcen hin zu einer Kreislaufführung von Materialien bei weitgehender Entkopplung der Wohlstandschaffung von Ressourcenverbrauch und Umweltschädigung. Die Transformationsregionen sollten deshalb die Vorteile des jeweiligen regionalen Verbunds zur Etablierung zirkulärer Wertschöpfung aktiv nutzen und ausbauen. Hier ergeben sich erhebliche Chancen, die weltweit wachsende Zahl an Kreislaufwirtschaftsstrategien in einem regionalen Kooperationsraum praktisch anzureizen und umzusetzen. Vorteile der räumlichen Nähe liegen dabei nicht nur in Kreisläufen, die landwirtschaftliche Produktion und Ernährungsweisen regional integrieren oder im Umfeld von Konsument*innen Wiederverwendungs- und Umwidmungsstrategien organisieren (Re-Use und Re-Purpose). Es ergeben sich auch Chancen zur Umsetzung einer nachhaltig zirkulären Bioökonomie, etwa bezüglich regional integrierter Kaskadennutzung biogener Rohstoffe (Kasten 3.5-2).
- *Weiterentwicklung bestehender Biosphärenreservate zu Vorreitern integrativer Landschaftsräume:* Häufig können Schutz und nachhaltige Nutzung in einem zusammenhängenden Landschaftsraum erst mittels effektiver Schutzgebietssysteme sinnvoll integriert werden. Ein neues Miteinander im Umgang mit Land muss sich vor allem da beweisen, wo die teils widersprüchlichen Nutzungsansprüche von Ökosystem-

schutz und Bewirtschaftung von Land aufeinandertreffen. Wenn es an solchen Hotspots gelingt, Schutz und Nutzung nachhaltig zu integrieren, kann auch in der breiten Fläche diese Aufgabe Normalität werden. Biosphärenreservate sind schon heute wichtige Zentren, um dieses Miteinander mit Leben zu füllen (Stoll-Kleemann und O'Riordan, 2018). Sie haben unterschiedliche Zonen: Kern- und Pflegezone sind eingebettet in die Entwicklungszone, die bereits als Experimentierraum für Modellprojekte fungieren soll – um etwa wirtschaftliche und touristische Nutzungen „in Harmony with Nature" (CBD, 2010) zu erproben. Auch hier gibt es große gesellschaftliche Konflikte, da derlei Regeln und Zonen individuell als Bedrohung oder eine Art Enteignung empfunden werden können. Diese Abwehrreflexe gilt es im regionalen Verbund aktiv umzudrehen und aufbauend auf die bestehenden Biosphärenreservate zu zeigen, dass etwa die Bedarfe an Holzbau, Bioökonomie, ökologischer Landwirtschaft oder Tourismus mit starken Schutzansprüchen in Einklang gebracht werden können. Biosphärenreservate sind prädestiniert dafür, in einer gemeinsamen Anstrengung und über die Bildung starker Multi-Akteur-Partnerschaften vor Ort den Beweis anzutreten, dass starke Schutzziele mit nachhaltiger Nutzung gewinnbringend vereinbart werden können (Kap. 3.2).

> *Einrichtung von regionalen Innovationshubs („Sondernachhaltigkeitszonen")*: In regionalen Innovationshubs fördern die beteiligten nationalen, regionalen, kommunalen sowie nicht staatlichen Kooperationspartner unter rechtlichen, wirtschaftlichen oder gesellschaftlichen Sonderbedingungen und unter Beteiligung der jeweiligen Nutzer*innen-Interessen neue Modelle, finanzielle Anreize und Regeln, zur Unterstützung eines nachhaltigeren Umgangs mit Land. Die Einrichtung dieser Hubs wird koordiniert und unterstützt durch die gesamte Gemeinschaft. Im Rahmen des regionalen Verbunds ist ein enger kooperativer Austausch solcher Zonen über verschiedene Mitgliedstaaten hinweg sinnvoll. In Anlehnung an und expliziter Umkehr des Begriffs der Sonder*wirtschafts*zonen, liegt der Fokus bei Sonder*nachhaltigkeits*zonen auf integrativer Bewirtschaftung von Land unter außergewöhnlich förderlichen Rahmenbedingungen. Dies können übergreifende Maßnahmen der Ordnungs-, Steuer- oder Förderpolitik sein, aber auch nur spezifische Rahmenbedingungen zur Umsetzung einzelner Mehrgewinnstrategien. In vielen Fällen kann eine solche Bewirtschaftung insbesondere auch zur Renaturierung von Gebieten beitragen (Kap. 3.1.2). Ein prominentes Fallbeispiel, das viele spezifisch lokale Herausforderungen in der Region adressiert und großen Mehrgewinn schafft, ist die „grüne Mauer" in der Sahelzone, die als Vorzeigeprojekt der Afrikanischen Union mittlerweile über 20 Teilnehmerstaaten zählt (UNCCD, 2020). Der Kerngedanke, über besondere gemeinsame Anstrengungen im regionalen Verbund besondere Herausforderungen mit Mehrgewinnstrategien zu adressieren, kann aber vielerorts inspirieren: von den vielen Strukturwandelregionen im Kontext der globalen Energiewende (WBGU, 2018) bis hin zur Wiederherstellung komplexerer Ökosysteme in den großen Agrarflächen der Welt (von Brandenburg bis in den Mittleren Westen der USA). Als Reallabore sind diese besonderen Gebiete durch intensive Forschungskooperation einerseits aktiv zu unterstützen, andererseits umfassend selbst zu erforschen (Empfehlungen aufbauend auf BMBF-Kompetenzzentren finden sich in Kap. 3.3.4.2). Durch die Anregung vielfältiger Pionieraktivität profitieren diese Gebiete selbst; begünstigen durch die dort durchlebten Transformationserfahrungen aber auch Veränderungsprozesse im Rest der regionalen Gemeinschaft und darüber hinaus.

Den Beweis zu führen, dass im regionalen Verbund unter Einbeziehung lokaler Entscheidungsträger und Akteursbündnisse Mehrgewinnstrategien und ein integrierter Landschaftsansatz kooperativ umgesetzt werden können, ist zentral, um eine globale Landwende erfolgreich zu initiieren und umzusetzen. Daneben bedarf es jenseits regionaler Gemeinschaften auch einer weltumspannenden, zwischenstaatlichen Kooperation: Diesem Bedarf soll mit der Idee einer supranationalen Gemeinschaft Rechnung getragen werden.

### 4.5.2
### Supranationale Gemeinschaften für eine globale Landwende

Die sukzessive Überwindung des Trilemmas der Landnutzung ist weltweit von Bedeutung: zur Eindämmung des Klimawandels, zur Sicherung qualitativ hochwertiger Ernährung, zur Erhaltung lokaler wie globaler Biodiversität sowie zu Schutz und Wiederherstellung von Böden weltweit (Kap. 2). Staaten, welche die Notwendigkeit zu einer solchen globalen Landwende und Transformation zu nachhaltigen Schutz- und Nutzungsform erkennen und gemeinsam befördern wollen, sollten sich zusammenschließen und zu diesem Zweck gemeinsame, supranationale Organisationsformen (z.B. gemeinsame Behörden) und Regeln beschließen. Der WBGU empfiehlt diesen neuartigen Typus inter- und supranationaler Gemeinschaften insbesondere zur reziproken Umsetzung einer globalen Landwende. Politisch und finanziell initiiert von wenigen Vorreiterstaaten sollen solche Gemeinschaften weltweite Anziehungskraft ausbilden, an Mitgliedern wachsen und sukzessive nachhaltige Praktiken des Umgangs mit Land durchsetzen.

### Schaffung supranationaler Gemeinschaften

Eine solche Gemeinschaft wird idealerweise Mitgliedstaaten aus verschiedenen Weltregionen umfassen, kann aber initial aus bestehenden rein regionalen Staatenverbünden erwachsen. Prominentestes Beispiel für eine solche klassische, regional orientierte Integration auf Staatenebene ist heute die EU, jedoch existieren in jeder Weltregion Beispiele für derartige wirtschaftlich und politisch motivierte regionale Integrationsbemühungen (etwa die South African Development Community SADC, die Andengemeinschaft und der Verband Südostasiatischer Nationen ASEAN), aus denen sich neue weltweit vernetzte Gemeinschaften bilden können. Anknüpfungspunkte und wichtige Nuklei für den Aufbau solch supranationaler Gemeinschaften bieten zudem bestehende Koalitionen, Initiativen, Aktionsprogramme oder landschaftsbezogenen Abkommen. So existieren etwa schon verschiedene Allianzen engagierter Staaten im Kontext der Global Partnership on Forest and Landscape Restoration, deren Engagement in einer supranationalen Gemeinschaft zu starken und verbindlichen Politiken auch für noch ambitioniertere Renaturierungsprojekte gebündelt werden könnte.

Der entscheidende Mehrwert zum Status quo liegt in der institutionellen und rechtlichen Ausgestaltung der supranationalen Gemeinschaft. Sie ist grundsätzlich – wie die bestehenden Bündnisse – auch als loser Staatenclub möglich. Ihre Wirksamkeit und Wirkkraft entfaltet sie – auch im Unterschied zu regionalen Gemeinschaften und globalen Bewahrungsgemeinschaften – indes durch Übertragung einzelner Hoheitsrechte auf eine gemeinsam eingerichtete hohe Verwaltungsstelle (Supranationalität), wie sie in der EU und ihren Vorgängergemeinschaften etabliert wurde (Kasten 4.5-1). Supranationale Organisation erzeugt Binnenverbindlichkeit durch gemeinsames Recht auch über Kontinente hinweg. So kann ein starkes staatlich getragenes institutionelles Gerüst für langfristige Multi-Akteur-Partnerschaften staatlicher wie nicht staatlicher Akteure auf Landschaftsebene entstehen, sowohl innerhalb als auch zwischen den Mitgliedstaaten dieser Gemeinschaft. Um die politische wie wirtschaftliche Stärke der Gemeinschaft von Anbeginn zu erhöhen, sollte Deutschland sich dafür einsetzen, dass die EU als Ganzes die Errichtung derartiger Gemeinschaften für einen nachhaltigen Umgang mit Land global vorantreibt. Alternativ kann auch Deutschland nur im Verbund mit anderen willigen europäischen Partnern eine solche internationale Gemeinschaft initiieren. In jedem Fall wäre der einzuberufende Global Land Summit 2025 (Kap. 4.4.1) eine angemessene Bühne für die Gründung solcher Gemeinschaften.

Im Gegensatz etwa zum Vorschlag eines klimapolitischen Clubs wie von Nordhaus (2015) fokussiert eine solche Staatengemeinschaft im Innenverhältnis nicht allein auf eine integrierte Klimapolitik. Vielmehr betreibt sie gemeinsame Politiken, die eine Angleichung der Standards des Umgangs mit Land innerhalb der Gemeinschaft zum Ziel hat. Diese Aufgabe ist weitaus komplexer als beispielsweise die Einführung eines $CO_2$-Preises, da ein nachhaltiger Umgang mit Land auch lokale und landschaftliche Aspekte in angemessener Weise berücksichtigen und individuell umgesetzt werden muss. Die Schaffung inklusiver und adaptiver Regelungen für resiliente Landschaften sollte sich als Regelmodell innerhalb dieser Gemeinschaften entwickeln, nicht nachhaltiger Umgang mit Land sollte die Ausnahme sein.

Innerhalb der Gemeinschaften sollten gemeinsame Standards für einen nachhaltigen Umgang mit Land gesetzt werden (Kap. 4.2.2). Besonderen Mehrwert können im weltumspannenden Verbund von Entwicklungs-, Schwellen- und Industrieländern vor allem gemeinsame hohe Nachhaltigkeitsstandards für die nachhaltige Erzeugung und den Handel mit landwirtschaftlichen Produkten erbringen (z.B. Futter- und Nahrungsmittel; Kap. 3.3, 3.4). Und auch nachhaltige Bioökonomiestrategien lassen im weltweit vernetzten Staatenverbund durch verbesserte Ressourcenbegrenzung, Kreislaufführung und Kaskadennutzung eine nachhaltigkeitsförderliche Kooperationsrendite erwarten (Kap. 3.5). Die vergleichbare Ausgestaltung dieser Regelungen würde es erlauben, auf Beschränkungen im Binnenhandel zu verzichten und Wettbewerbsverzerrungen innerhalb der Gemeinschaft zu vermeiden. Der freie Handel nachhaltiger Produkte innerhalb der Gemeinschaft würde es zudem ermöglichen, weiterhin solche Spezialisierungsvorteile zu nutzen, die auch nach der Internalisierung ökologischer Knappheiten und Anpassung der Preise fortbestehen (oder in diesem Zuge unter Umständen auch neu entstehen). Staaten, die der Gemeinschaft zunächst nicht angehören, würden aufgrund des erleichterten Austauschs von Gütern mit und innerhalb der Gemeinschaft auch einen wirtschaftlichen Anreiz haben, dieser beizutreten.

Die Mitgliedstaaten können zudem einheitliche Rahmenbedingungen schaffen, um in ihren substaatlichen Regionen einen integrierten Landschaftsansatz zu implementieren und transnational als Wissensnetzwerke fruchtbar zu vernetzen. Dabei können sie Instrumente auf Gemeinschaftsebene schaffen, um ambitio-

**Kasten 4.5-1**

## Supranationalität als wichtiger Treiber: das Beispiel der Europäischen Gemeinschaft für Kohle und Stahl

Um weiteren Kriegen vorzubeugen und langfristig Frieden zu schaffen, einigten sich die Regierungen von Frankreich, Deutschland, Italien, Niederlande, Belgien und Luxemburg darauf, ihre Kohle- und Stahlproduktion zusammenzulegen. Im Gründungsaufruf zur Europäischen Gemeinschaft für Kohle und Stahl vom 9. Mai 1950 (EGKS oder Montanunion, 1952–2002), auch bekannt als Schuman-Erklärung, schreibt der ehemalige französische Ministerpräsident und Außenminister Robert Schuman: „Der Friede der Welt kann nicht gewahrt werden ohne schöpferische Anstrengungen, die der Größe der Bedrohung entsprechen" (EU-Kommission, 2015a). Mit der EGKS wurde eine supranationale Verwaltung errichtet, die die von den Gründerstaaten vereinheitlichten Erzeugungs-, Handels- und Wirtschaftsbedingungen (für Kohle und Stahl) in den Mitgliedstaaten durchsetzen und so Frieden sichern sollte; ohne indes die Territorialgewalt der Gründerstaaten anzutasten.

Angesichts der gegenwärtigen Bedrohungen der natürlichen Lebensgrundlagen bedarf es einer ähnlichen Anstrengung wie sie bei der Errichtung der EGKS unternommen wurde.

Für die Gründung solch supranationaler Gemeinschaften wäre ebenfalls ein starker und ambitionierter Kern an Gründerstaaten vorteilhaft. Um einen solchen Nukleus von Staaten mit gleichgelagerten Interessen herum könnte sich wie bei der EGKS im Laufe der Zeit eine vielfältigere Staatengemeinschaft bilden. Die Gründerstaaten würden eine stabile Koalition bilden, sich ambitionierte Ziele stecken und verbindliche Regeln für den nachhaltigen Umgang mit Land setzen. Nach innen können diese Ziele und Standards durch eine gemeinsame „hohe" Behörde durchgesetzt werden, die zugleich das institutionelle Gerüst der Gemeinschaft bildet.

nierte Schutzgebietssysteme (insofern einzelne Mitgliedstaaten regional zusammenliegen, durchaus auch über Grenzen hinweg) einzurichten und Biodiversität gemeinsam zu fördern und verantwortlich zu nutzen. Sie können auch den Wandel hin zu nachhaltigen Ernährungssystemen vorantreiben.

Beispiele für relevante Gestaltungselemente, die dem besonderen Aufbau und Charakter derartiger Gemeinschaften entsprächen, umfassen:

- *Vorreiterallianzen für nachhaltigen Weltagrarhandel:* Reformen im Weltagrarhandel sind ein wesentlicher Hebel für einen nachhaltigen Umgang mit Land (Kap. 4.2.5.2). Ein eigenes Freihandelsabkommen zwischen den Staaten der Gemeinschaft kann aufgrund einheitlicher Standards für die nachhaltige landwirtschaftliche Produktion einfacher implementiert werden und Barrieren, etwa in Form von Zöllen, für den Handel mit entsprechend nachhaltig produzierten Gütern senken. Auch könnten Barrieren wie Grenzausgleichssteuern (Kap. 4.2.5.2) für den Import nicht nachhaltiger Agrargüter aus Drittländern in die Gemeinschaft festgelegt werden. Um die Kompatibilität zu WTO-Recht zu wahren, dürften diese Importstandards im Wesentlichen nur auf eine Angleichung an die Standards, die für inländische Produzenten und Handelspartner gelten, abzielen. Ein relevantes Beispiel für eine handelspolitische Initiative mit Fokus auf Nachhaltigkeit wird derzeit zwischen Neuseeland, Fidschi, Costa Rica, Norwegen und Island ausgehandelt. Das geplante Agreement on Climate Change, Trade and Sustainability (ACCTS) könnte entscheidende Bewegung in den Prozess der Weiterentwicklung des Handelsregimes bringen (Zengerling, 2020:14). ACCTS kann einen konkreten Anknüpfungspunkt für die Gründung einer solchen Gemeinschaft im Sinne des WBGU darstellen. In der Gemeinschaft würde neben dem Thema des Handels aber auch die innerstaatliche Politikgestaltung eine entscheidende Rolle spielen.
- *Transparente und nachhaltige Lieferketten gemeinsam realisieren:* Nachhaltige Produktions-, Transport- und Verbrauchsbedingungen sind von globaler Relevanz – nicht zuletzt durch die vielfach globalen Interdependenzen sowie Stoff- und Warenkreisläufe. Gerade der Schutz, der Verbrauch und die sinnvolle Wiederverwertung von Biomasse sind hier sehr relevante Bezugspunkte. Rechtliche Vorgaben für nachhaltige Lieferketten sind deshalb nicht nur ein Thema, das in Deutschland für Diskussionen sorgt. Ein Lieferkettengesetz wurde etwa in Frankreich bereits eingeführt. In zahlreichen weiteren Staaten gibt es Initiativen in verschiedenen Stadien (u. a. in Deutschland) und auch auf EU-Ebene wurde für 2021 ein Entwurf der Europäischen Kommission angekündigt. Die Gemeinschaft ist prädestiniert, ihren weltumspannenden supranationalen Charakter als Nachhaltigkeitsvorteil auszuspielen und gemeinsame Vorgaben für globale Lieferketten festzulegen, die einen globalen Standard ausbilden können. Gerade in der bindenden Verzahnung von Entwicklungs- und Schwellenländern mit Industrieländern liegen große Chancen (z.B. Futtermittel, Holz, Textilindustrie usw.)
- *Einen Green Deal global vorantreiben:* Den Aufruf, über engagierte Nachhaltigkeitspolitiken und entsprechend umfängliche Investitionsprogramme den nötigen transformativen Wandel anzustoßen und die ökologische Wende der Industriegesellschaft in die Breite zu tragen, gibt es schon lange. In der EU proklamiert der European Green Deal ein ambitioniertes

Reformprogramm der europäischen Wirtschafts- und Umweltpolitik (Kap. 4.3). Kernelement ist ein europäisches Klimagesetz, dass die EU verpflichten soll, die Nettoemissionen bis 2050 auf Null zu reduzieren. Dieses Momentum sollte rasch aufgegriffen werden und ein ähnlich orientierter Green Deal vom Engagement der Kontinente übergreifenden Gemeinschaft innerhalb wie über den eigenen Staatenbund hinaus umgesetzt werden.

Die zur Finanzierung der Aufgaben der Gemeinschaft zu erhebenden Beiträge können für innovative Forschungsformate und spezielle Transformationslabore genutzt werden, um – ähnlich den regionalen Modellregionen – die Umsetzung integrierter Landschaftsansätze unter weltweit unterschiedlichen Bedingungen zu erproben und umzusetzen. Die erhobenen Mittel könnten zudem, ganz im Sinne einer globalen Bewahrungsgemeinschaft, auch für Aktivitäten außerhalb des Staatenbundes Verwendung finden. Ein machtvolles Instrument kann dabei etwa die Entwicklung internationaler Pachtinitiativen darstellen, wie sie im folgenden Kapitel 4.5.3 spezifiziert sind.

### 4.5.3
### Globale Bewahrungsgemeinschaften für ökologisch wertvolle Landschaften

Bestimmte großflächige Komponenten der Biosphäre – wie etwa die tropischen Regenwälder – haben einerseits besondere Bedeutung für Funktion und Stabilität des Erdsystems, und sind andererseits anfällig gegenüber relativ geringen Veränderungen ihrer Wachstumsbedingungen (z.B. Temperatur, Niederschlag) und Strukturparameter (z.B. Konnektivität). Deshalb wurden sie als Kippelemente in der globalen Umwelt eingestuft (Lenton et al., 2019). Von disruptiven Änderungen infolge des anthropogenen Klimawandels sind auch die borealen Nadelwälder und nahezu alle Korallenriffe weltweit bedroht. Dabei sind wichtige Treiber von Umweltkrisen im Allgemeinen und von Landdegradation im Speziellen auch auf die hohe Ressourcennachfrage von Industrie- und Schwellenländern zurückzuführen (Kap. 2.1.2). Die gemeinsame, kooperative Bewahrung dieser besonders wertvollen Ökosysteme vor weitgehend irreversibler Zerstörung ist also dringend geboten, jedoch eine besondere Herausforderung (Drenckhahn et al., 2020: 18).

Vor diesem Hintergrund schlägt der WBGU die Gründung globaler Bewahrungsgemeinschaften vor, in denen sich Staaten – gegebenenfalls unterstützt durch finanzkräftige private Akteure – für den Schutz und die Wiederherstellung von derartigen Ökosystemen von globaler Bedeutung zusammenschließen. Nach Überzeugung des WBGU sollte eine Bewahrungsgemeinschaft Verantwortung für den Schutz oder die Renaturierung dieser Ökosysteme nicht nur im Rahmen von (projektbezogener und zeitlich begrenzter) Finanzierung übernehmen, sondern auch durch eine gestaltende Verantwortungsübernahme für großflächige Gebiete und Landschaften mit wertvollen Ökosystemen, um so deren biologische Vielfalt und Ökosystemleistungen für die Weltgemeinschaft zu erhalten. Ziel sollte insbesondere die dringend erforderliche dauerhafte Grundfinanzierung für Schutz- und Renaturierungsgebiete sein (Drenckhahn et al., 2020: 17) sowie eine aktive Einbeziehung lokaler Akteure (wie lokale Entscheidungsträger*innen, ansässige Landwirt*innen, indigene Bevölkerungen oder Naturschützer*innen), um vor Ort integrativ und kontextbezogen Ökosystemschutz umzusetzen. Gerade wegen ihrer globalen Bedeutung tragen diese Ökosysteme die Züge globaler Gemeingüter, zu deren Schutz globale Kooperation erforderlich und angezeigt ist (Buchholz und Sandler, 2020). Nicht nur übersteigt der globale, langfristige Wert dieser Ökosysteme den Wert ihrer Zerstörung in der kurzen Frist für die Menschen vor Ort. Geographisch gesehen sind die Kapazitäten und die (historische) Verantwortung für den Schutz oder für die nachhaltige Wiederherstellung und Nutzung der Ökosysteme, auch bei den Industriestaaten angesiedelt, die mit ihren ressourcenintensiven Produktionsweisen und Lebensstilen die Degradation wertvoller Ökosysteme mindestens mitverursachen. Die Ökosysteme selbst liegen demgegenüber vielfach in Ländern, die aus wirtschaftlichen (Entwicklungs-) Zwängen heraus wenig Möglichkeiten zum Ökosystemschutz sehen und insgesamt weitaus weniger Verantwortung für Klimawandel und Ökosystemzerstörung tragen. Zum Teil stehen aber auch institutionelle Defizite in diesen Ländern dem effektiven Schutz der Ökosysteme entgegen.

Im Einklang mit den skizzierten Herausforderungen beim Schutz dieser global wertvollen Ökosysteme sollte eine globale Bewahrungsgemeinschaft von einem weiten Gedanken der Reziprozität getragen werden. So sollte sich die Motivation der Industrie- und Schwellenländer in der Gemeinschaft aus dem Verständnis heraus begründen, dass (1) sie Mitverantwortung für die Zerstörung bzw. Bedrohung von erdsystemrelevanten Ökosystemen haben und (2) vom langfristigen Schutz dieser Gebiete auch das Wohlbefinden der Bevölkerung im eigenen Staatsgebiet abhängt. Sie agieren also im Sinne der Fürsorgepflicht für ihre eigene Bevölkerung und nicht als „selbstlose Geber". In diesem Sinne ist die Unterstützung einer globalen Bewahrungsgemeinschaft auch nicht als Alternative zu eigenen Dekarbonisierungs- und Schutzanstrengungen zu sehen, sondern als Ergänzung zu diesen. Die Staaten, auf deren Staats-

**Kasten 4.5-2**
### Yasuní-Ishpingo-Tamboccha-Tiputini-Initiative

Die Yasuní-Ishpingo-Tambocha-Tiputini (ITT)-Initiative, die im Jahr 2007 von der Regierung Ecuadors vorgestellt wurde, kann als gescheiterter Meilenstein der Verantwortungsübernahme für den ecuadorianischen Regenwald und das Weltklima angesehen werden. Die Initiative umfasst im Wesentlichen vier Elemente (Sovacool und Scarpaci, 2016): (1) Die umfangreichen Ölvorräte (ca. 900 Mio. Barrel) im Ölfeld Ishpingo Tambococha Tiputini (ITT) innerhalb des Yasuní-Nationalpark sollten vollständig im Boden verbleiben. Dadurch wäre auch die Abholzung des in diesem liegenden Regenwalds verhindert worden. (2) Im Gegenzug wäre Ecuador durch internationale Zahlungen für den Verzicht auf die Ausbeutung dieser Ölvorräte teilweise entschädigt worden. (3) Für die Zahlungen wurde ein Fonds, der Yasuní-ITT Trust Fund, eingerichtet aus dem Umweltschutzmaßnahmen, Wiederaufforstungsprojekte, Energieeffizienzprojekte, soziale Programme und Forschung und Innovation bezahlt werden sollte. (4) Zudem hätte der Fonds die Finanzierung des wirtschaftlichen Strukturwandels durch Projekte zur Förderung erneuerbarer Energien unterstützt, um die Unabhängigkeit Ecuadors von Förderung und Verkauf fossiler Ressourcen zu erhöhen. Als Rechtsgrundlage war ein völkerrechtlicher Vertrag zwischen Geberländern und Ecuador angedacht.

Ursprünglich sollten die Zahlungsgeber (Staaten, Unternehmen, aber auch private Spender), konkrete Eigentumsrechte an den Ölvorräten erwerben, über die die Ölförderung unmittelbar kontrolliert hätte werden können. Dagegen war ab 2008 die Ausgabe von Yasuní Guarantee Certificats als Gegenleistung für die Finanzhilfe vorgesehen. Diese Zertifikate sollten international handelbar sein und einen Entschädigungsanspruch des Zertifikateinhabers an die ecuadorianische Regierung begründen, wenn diese die Ölvorkommen doch antasten würde. Zur Verwaltung der Einnahmen aus Spenden und Zertifikateverkäufen wurde 2010 der Yasuní ITT Trust Fund gegründet, der durch das Multi-Partner Trust Fund Office von UNDP beaufsichtigt und durch ein Komitee aus Regierungsvertretern Ecuadors, der Geberländer sowie Vertreter von UNDP und der Zivilgesellschaft gesteuert werden sollte (Sovacool und Scarpaci, 2016). In finanzieller Hinsicht sah der Vorschlag eine finanzielle Kompensation von insgesamt 3,6 Mrd. US-$ vor. Diese sollten in jährlichen Zahlungen, beginnend im Jahr 2011 mit 100 Mio. US-$, über einen Zeitraum von 13 Jahren von der internationalen Gemeinschaft an Ecuador ausgezahlt werden. Insbesondere Norwegen (und zwischenzeitlich auch Deutschland) zeigten großes Interesse an der Initiative im Bewusstsein für die Zwickmühle zwischen dringend notwendigem Klima- und Umweltschutz und weiterer Ressourcenförderung zur Sicherung von Handelsinteressen.

Die Initiative scheiterte aus verschiedenen Gründen. Als wesentliche Barriere erwies sich die Sorge auf Seiten potenzieller Geberländer (wie Deutschland), mit der Unterstützung dieser Initiative einen Präzedenzfall zu schaffen, über den vergleichbare Ansprüche anderer Staaten mit umfangreichen Vorkommen fossiler Ressourcen auf finanzielle Entschädigung für drohende deutliche Wertverluste dieser Ressourcen im Zuge klimapolitischer Verhandlungen und der Umsetzung des Pariser Übereinkommens (finanzielle Kompensation, „stranded assets") aufkommen könnten. Neben hohem innenpolitischen Druck in Ecuador spielte auch die nur beschränkte klimapolitische Glaubwürdigkeit Ecuadors eine Rolle, da parallel Projekte zur weiteren Entwicklung der Ölförderung, teils auch in unmittelbarer Nähe zum Yasuní-Schutzgebiet, vorangetrieben und selbst bei erfolgreicher Umsetzung der Initiative fortgeführt worden wären (Sovacool und Scarpaci, 2016). Dennoch kann die Yasuní ITT-Initiative als wichtiges Modell für dringend erforderliche Stay-in-the-ground-Projekte gelten, gerade in Entwicklungsländern, die in der Extraktion dieser Ressourcen eine oder sogar die einzige Möglichkeit zur wirtschaftlichen Entwicklung sehen.

gebiet sich die wertvollen Ökosysteme und verfügbaren Flächen befinden, können es umgekehrt als Teil ihrer gemeinsamen aber unterschiedlichen Verantwortung und Fähigkeiten im Sinne des Art. 3 UNFCCC sehen, zur Stabilisierung des globalen Erdsystems durch Zurverfügungstellung von Landökosystemen und für Renaturierungsprojekte geeigneter Flächen im Rahmen derartiger Initiativen beizutragen.

Es existieren und existierten bereits Initiativen und Fonds, die Partnerschaften zur Bewahrung wichtiger Ökosysteme stärken, zum Beispiel das Klimaschutzprogramm REDD+ (Kasten 3.1-6), die gescheiterte Yasuní/ITT-Initiative (Kasten 4.5-2) oder der legacy landscapes fonds des BMZ (BMZ, 2019). Diese Lösungsansätze zeigten bisher keine hinreichenden Erfolge. Zurückgeführt werden kann dieser Befund z. B. auf die Beobachtung, dass landbasierte Klimaschutzansätze mit nur 3 % der Klimaschutzgelder derzeit unterfinanziert sind (CIFOR, 2018). Gerade um dem Erreichen ökosystemarer Kipppunkte vorzubeugen, sind daher neuartige Initiativen für den Schutz global wertvoller Ökosysteme notwendig.

In welcher Form der Schutz und die Zusammenarbeit mit Politik, Wirtschaft und Menschen vor Ort umgesetzt wird, ist grundsätzlich nicht konstitutiv für eine Bewahrungsgemeinschaft. Die lokalen Gegebenheiten und die jeweiligen Ressourcen beider Seiten sind hier ausschlaggebend. Grundsätzlich sollten Aktivitäten der Bewahrungsgemeinschaften dem Anspruch der Großskaligkeit, Geschwindigkeit, und Langfristigkeit genügen. Existierende Initiativen und Ansätze sind häufig kleinskaliger und haben einen kurzfristigeren Zeithorizont (z. B. projektbezogene Förderungen) oder sind langsam in ihrer Umsetzung (REDD+).

#### Pachtinitiativen als Kerninstrument der Bewahrungsgemeinschaft

Angesichts der beschriebenen Herausforderungen beim Schutz global wertvoller Ökosysteme ermutigt der WBGU, Pachtinitiativen als neues Konzept in Betracht zu ziehen und auf diese Weise neue Impulse zu setzen. Im Rahmen einer solchen Pacht soll eine gemeinsame und aktive Verantwortungsübernahme beider Seiten, d.h. von der pachtenden Bewahrungsgemeinschaft und den verpachtenden Staaten für den Schutz der wertvollen Ökosysteme erreicht werden, die der eingangs geschilderten Anforderung globaler Kooperation und den unterschiedlichen jeweiligen Verantwortlichkeiten und Möglichkeiten beider Seiten beim Schutz von wertvollen globalen Gemeingütern aus Sicht des WBGU gerecht zu werden verspricht. Die Pacht hat zum Ziel, die gepachteten Gebiete unter besonderen Schutz zu stellen, die Regenerierung degradierter Flächen zu fördern und nachhaltige Nutzungs- und Eigentumsrechte lokaler und indigener Bevölkerungsgruppen, möglichst inklusiv und partizipativ zu schützen bzw. zu stärken.

Durch die Ausgestaltung als Pacht würde sich die Verteilung von Rechten zur (Mit-)Gestaltung und Kontrolle der Landnutzung vor Ort von den bekannten Instrumenten wie internationalen Kompensations- oder Subventionszahlungen im Sinne der Payments for Ecosystem Services (PES, Kasten 4.2-1) unterscheiden (Kasten 4.5-3). Auch wenn die Rechteverteilung im Detail in den erforderlichen Pachtverträgen näher bestimmt werden muss, erhält die Bewahrungsgemeinschaft im Falle einer Pacht eine deutlich aktivere Rolle in der Mitgestaltung und Umsetzung des Schutzes der Ökosysteme als in reinen Finanzierungsansätzen, verbunden mit einer über die finanzielle Dimension hinausreichenden Verantwortung für den Erfolg der Initiative. Für die Verpächter (Staaten oder Private) kann die Rechteverteilung im Zuge der Pacht die Anerkennung von Mitspracherechten oder sogar die Einschränkung konkreter (Hoheits-)Rechte bedeuten (Kasten 4.5-3), aber auch größere und langfristigere (finanzielle) Sicherheit und Entwicklungsperspektiven durch die aktivere Einbindung der Pächtergemeinschaft bieten.

Konstitutive Elemente einer Pachtinitiative muss immer auch die möglichst weitgehend aktive Einbindung lokaler und indigener Akteure sowie deren Wissen und die Absicherung lokaler, subnationaler, und möglichst auch nationaler Mitspracherechte sein. Die Pachtinitiative soll zu einem integrativen Miteinander führen und langfristige stabile Multi-Akteur-Partnerschaften errichten, um das Entstehen oder die Wahrnehmung der Pachtinitiativen als „neokolonialistisch" zu verhindern. Aus den bereits vorhandenen Erfahrungen mit REDD+ und der Yasuní-Initiative sollten hier – soweit möglich – Lehren gezogen werden.

Eine dergestaltige Einflussnahme auf Territorien, die in der Regel in Entwicklungs- und Schwellenländern liegen, kann nur mit größter Sensibilität für die Geschichte (insbesondere Kolonialismus und Imperialismus) erfolgen und sollte stets mit Verantwortungsübernahme für die Treiber von Ökosystemzerstörung (etwa glokale Produktions-, Nachfrage-, und Handelsmuster) einhergehen (Kap. 3.3–3.5, 4.2, 4.3). Klare Mechanismen sollten sicherstellen, dass das Pachtsystem nicht als eine Form von „land grabbing" missbraucht wird, inklusive aller damit zusammenhängenden Konflikte (Kasten 3.3-4). Mit Blick auf die sozioökonomischen Folgen von „land grabbing" werden der Kauf oder die Pacht von Land in anderen Staaten bereits heute in der kritischen Literatur als Form von Neokolonialismus betrachtet: „Huge areas of the world are being taken over by foreign powers, but they are no longer using military force – they are waving chequebooks, which in today's world can be an even more powerful weapon." (Branford, 2011:81). Die Ausgestaltung einer Pachtinitiatve betrifft mit der begrenzten Einschränkung staatlicher Souveränität möglicherweise einen extrem sensiblen, da zentralen und ureigenen Bereich des jeweiligen Staates. Die Frage, wie der Vorschlag bei denjenigen Staaten und Einwohner*innen, die Teile ihres Territoriums verpachten sollen, aufgenommen wird, d.h. welche Assoziationen er wecken würde, ist deshalb hochrelevant. In diesem Kontext ist die Kontrolle des Geldempfängerlandes über Ausgestaltung des Instruments (Country Ownership) ein wichtiges Konzept, das aus der Arbeit des Green Climate Fund bekannt ist. Durch eine aktive Beteiligung der Empfängerländer und lokalen Akteure als Vertragspartner selbst oder als wichtige Stakeholder bei Ausgestaltung der Rechte und Pflichten der Pachtverträge kann dem bereits im Ansatz Rechnung getragen werden. Das auf unterschiedlicher Finanz- und Wirtschaftskraft sowie politischem Einfluss beruhende Machtgefälle zwischen den Vertragspartnerstaaten lässt sich jedoch nicht vollständig umgehen und sollte deshalb zumindest stets im Rahmen der Multi-Akteur-Partnerschaft mittels breiter Beteiligungsformate vorbeugend eingehegt werden. In Ausnahmefällen größerer politischer Widerstände auf nationaler Ebene wäre es auch denkbar, in die Bewahrungsgemeinschaft lediglich lokale und subnationale Akteure aus den zu schützenden Gebieten mit aufzunehmen.

### Vorgehen und mögliche Vertragsinhalte einer Pachtinitiative

Am Beginn steht die Identifikation eines tauglichen Ökosystems mit global wertvoller Ökosystemrelevanz. Hier ist der Rückgriff auf wissenschaftliche Expertise und global relevante Sachstände etwa aus IPCC und IPBES eine maßgebliche Referenz. Potenzielle Verpächterstaaten könnten aufgerufen werden, Angebote zu unterbreiten, so wie es Ecuador bei der Yasuni-ITT-Initiative getan hat (Kasten 4.5-2).

Die Pachtgebiete sollten sich, wenn möglich, nicht

**Kasten 4.5-3**

## Rechtliche Ausgestaltungsoptionen für eine Pachtinitiative

Die Ausgestaltung als „Pacht" wirft aus rechtlicher Sicht verschiedene Fragen auf. Im Folgenden werden deshalb Ausgestaltungsoptionen für eine Pachtinitiative aufgezeigt.

**Völkerrechtliche vs. privatrechtliche Pacht sowie Servitut vs. Dienstbarkeit**

Mit der weitgehendsten Form einer völkerrechtlichen Pacht überträgt der verpachtende Staat dem Pächterstaat die Gebietshoheit, also das Recht zu Vornahme von Hoheitsakten auf einem bestimmten Territorium. Diese Ausgestaltung ist in den seltensten Fällen zu befürworten, da so die Verantwortung einseitig auf den Pächterstaat übertragen wird und der verpachtende Staat die Hoheitsrechte aufgibt. Es ist dabei möglich, diese völkerrechtliche Rechtsstellung auf einzelne Hoheitsbefugnisse und Nutzungsrechte zu begrenzen. In diesem Fall handelt es sich um ein Servitut. Eine privatrechtlich ausgestaltete Pacht, die auch zwischen Staaten möglich ist, wenn der Verpächterstaat Eigentum über die zu verpachtenden Flächen hat, richtet sich nach der jeweiligen, zur Ausgestaltung gewählten Rechtsordnung (z.B. unterliegt der internationale Pachtvertrag weiterhin der im Pachtgebiet geltenden Rechtsordnung des verpachtenden Staates). Im deutschen Recht verpflichtet ein privatrechtlicher Pachtvertrag den Verpächter etwa, dem Pächter den Gebrauch des verpachteten Gegenstands, inkl. der Nutzung eventueller Erträge zu überlassen (§ 581 Abs. 1 BGB). Bei der Grunddienstbarkeit (§ 1018 BGB) bezieht sich die Vereinbarung nur auf ein Teilnutzungsrecht am Grundstück. Voraussetzung für privatrechtliche Pachtverträge wären insbesondere geklärte Landrechte. Hierin kann eine entscheidende Herausforderung bestehen.

Worauf sich derartige Teilrechte im Falle eines Servituts bzw. einer Dienstbarkeit richten sollten, ist im Kontext des nachhaltigen Umgangs mit Land allerdings schwierig zu bestimmen. Servitute werden insbesondere zur Übertragung von Fischereirechten in fremden Hoheitsgewässern vereinbart. Es wird das Recht übertragen, in fremdem Staatsgebiet zu fischen. Damit ist aber noch nicht die nachhaltige Umsetzung gesichert. In Bezug auf den Schutz von Ökosystemen könnte sich das Servitut auf das Recht richten, über die nachhaltige Ausgestaltung von Bewirtschaftung oder Landnutzungsänderungen zu entscheiden. Durch diese Eingrenzung würde der Status quo des Grundeigentums gewahrt und der Pächterstaat bekäme lediglich das Recht, über zukünftige Landnutzungsänderungen zu entscheiden. Dies verhindert allerdings nicht illegale Landnutzungsänderungen (z.B. Brandrodungen). Erforderlich wäre zudem eine Erhebung des Status quo der Landnutzung, am besten über ein Kataster, in dem auch die Eigentumsrechte geklärt werden könnten.

Ob ein Projekt über das Völkerrecht oder das Privatrecht abgewickelt werden soll, hängt maßgeblich vom Willen der Vertragsparteien ab. Ausschlaggebend für das „Ob" des Zustandekommens einer Pachtinitiative dürften die Eigentumsverhältnisse an dem zu pachtenden Gebiet sein: Bei zersplitterten (privaten und staatlichen) oder unklaren Eigentumsverhältnissen ist es den pachtenden Staaten kaum zumutbar, mit jedem Akteur separate Verhandlungen zu führen. In diesem Fall ist der völkerrechtliche Ansatz vorzugswürdig. Falls es jedoch den einzigen privaten oder öffentlichen Eigentümer an einer großen Fläche (z.B. Religionsgemeinschaften) gibt, ist der Verpächter klar bestimmbar. Zumindest großflächige Lösungen benötigen wohl die Mitwirkung des Staates mit Territorialgewalt oder mindestens von Regionalverwaltungen. Gegebenenfalls ist dann eine Zustimmung des jeweiligen Parlaments einzuholen. Außerdem kann geprüft werden, wann die Kombination aus völkerrechtlichen und privatrechtlichen Verträgen sinnvoll erscheint, um allen Interessen gerecht zu werden. So wäre vorstellbar, dass Staaten den Vertrag über das „Ob" der Verpachtung schließen und so gegebenenfalls bestehende rechtliche Hürden im verpachtenden Staat überwinden. Der Pachtvertrag über das Gebiet selbst („Wie"), könnte sich dann nach Privatrecht richten, wäre nicht auf Hoheitsrechte angewiesen und könnte private Landbesitzer einschließen.

auf ein eng begrenztes Ökosystem, zum Beispiel einen Wald, beschränken, sondern immer angrenzende Landschaften einbeziehen, also eine Mischung von Ökosystemen mit wertvollen Ökosystemleistungen, Agrarlandschaft und Siedlungen integrieren, um eine integrierte Entwicklung der Region im Sinne des integrierten Landschaftsansatzes zu ermöglichen und lokale Treiber der Ökosystemzerstörung direkter adressieren zu können. Es sollte ein Verfahren zur gemeinsamen Aufstellung eines integrierten Entwicklungsplanes vorgesehen werden, an denen sich die Aktivitäten beider Vertragspartner für das Gebiet orientieren, und die den Schutz und den (Wieder-)Aufbau ebenso umfassen, wie wirtschaftliche Optionen zum Lebensunterhalt der in den betroffenen und angrenzenden Regionen lebenden Bevölkerung. Das Verfahren sollte auf lokaler und regionaler Selbstbestimmung im Rahmen planetarischer Grenzen beruhen. Bestehende Infrastrukturen, die etwa im Rahmen der Beteiligung an REDD+ geschaffen wurden, sind bestmöglich zu nutzen. Hinzu tritt die Berücksichtigung der Rechte lokaler Einwohnergruppen und ihre Einbindung – am besten im Sinne einer lokalen Selbstverwaltung.

Zu den Pflichten der Pächtergemeinschaft sollte im Sinne einer über Finanzierung hinausgehenden Reziprozität auch die Verantwortung zählen, Treiber von Landdegradation, wie z.B. Futtermittel- und Holzimporte, die im Einflussgebiet der Vertragspartner selbst liegen, zu bekämpfen, etwa durch Fiskal- und Handelspolitik, öffentliches Auftragswesen und verbesserte Standards. Zur Unterstreichung des Reziprozitätsgedankens könnte, soweit mit internationalem Handelsrecht vereinbar (Kap. 4.2.5.2; Zengerling, 2020), die Gruppe der Pächterstaaten den Handel mit Produkten aus dem verpachtenden Staat bzw. aus dem betreffenden Gebiet privilegieren.

**Kasten 4.5-4**

### Pachtzins und Zahlungsstruktur

Neben der rechtlichen Ausgestaltung wirft der passende Aufbau internationaler Zahlungssysteme für den Schutz und die Wiederherstellung von Ökosystemen Fragen auf: (1) Woran bemessen sich die Zahlungen bzw. entsprechend in welcher Höhe sind Zahlungen zu leisten? (2) Erfolgen die Zahlungen im Voraus oder im Nachhinein und unter Umständen abhängig von der Umsetzung bestimmter, vereinbarter Kriterien zur Messung des Erfolgs des Projekts?

Regelmäßig spielt bei der Ausgestaltung von Zahlungsmechanismen für den Schutz von Ökosystemen bzw. bestimmte Ökosystemleistungen das Problem asymmetrischer Information (Prinzipal-agent problem) zwischen Geber und Empfänger eine zentrale Rolle (Kap. 4.2.1). Im Fall einer Pachtinitiative wird dieses jedoch bereits über den Transfer von Durchgriffs- und Mitspracherechten des Pächters teilweise adressiert, abhängig von Pachtform und Vertragsgestaltung. Allgemein obliegt die Pachtzahlung, wie auch die Rechtsform, der freien Vertragsgestaltung des Pächters und Verpächters. Aufgrund der Heterogenität der Bedingungen vor Ort können hier nur Leitlinien für die Ausgestaltung der finanziellen Aspekte aufgezeigt werden.

Um begrenzte Finanzierungsbudgets der Bewahrungsgemeinschaft möglichst wirkungsvoll einzusetzen, sollten sich die Zahlungen bzw. der Pachtzins möglichst nah an den Opportunitätskosten des Verpächters bemessen. Die Opportunitätskosten spiegeln wirtschaftliche und sonstige Nutzen wider, die der Verpächter aus dem betreffenden Gebiet ohne die Pachtinitiative ziehen könnte. Pachtverträge, die diese Opportunitätskosten nicht kompensieren, bieten dem Verpächter kontinuierlich Anreize für eine Kündigung des Vertrages und alternative Nutzung der verpachteten Gebiete.

Als problematisch erweist sich jedoch, dass die Höhe der Opportunitätskosten in der Regel nur dem Verpächter bekannt und von Dritten nur schwer abschätzbar ist, da sie, gerade bei Fragen des Umgangs mit Land, von zahlreichen lokalen Faktoren abhängig und damit (geographisch) sehr heterogen sind. Das gilt sowohl für den Fall von Kompensations- bzw. Subventionszahlungen für nachhaltigeren Umgang mit Land wie etwa bei PES-Ansätzen (Kap. 4.2.1) als auch für den Fall einer Pachtinitiative. Bei der Pachtinitiative wirft allerdings die Übertragung von Durchgriffs- und Mitspracherechten zusätzliche Opportunitätskosten auf, für die ein separater Ausgleich zu erwarten ist. Je nach Eigentumsstrukturen in dem betreffenden Gebiet ist auch denkbar, dass der verpachtende Staat, soweit er beispielsweise selbst keinen direkten wirtschaftlichen Nutzen aus dem Gebiet ziehen kann, allein für die Übertragung der Mitspracherechte finanziellen Ausgleich beansprucht, während die Opportunitätskosten der nachhaltigeren Landnutzung nachgelagert bei der Frage der Umsetzung von Landnutzungsänderungen vor Ort und der Einbindung lokaler Gemeinschaften auftreten. Die Yasuni-ITT-Initiative stellt hinsichtlich der Opportunitätskosten und der Höhe der Zahlungen eine Ausnahme dar, da Ecuador einzig für die Ölvorkommen unter dem Nationalpark eine Kompensation verlangte und diese vergleichsweise direkt bewertet werden konnte (Kasten 4.5-2).

Die veränderte Verteilung von Gestaltungs- und Mitspracherechten gegenüber rein finanziellen Kompensations- bzw. Subventionssystemen spricht für eine Anpassung der Zahlungsstruktur, etwa im Vergleich zu den für REDD+ charakteristischen erfolgsabhängigen Zahlungen, die erst nach erfolgreicher Umsetzung der Projektziele ausgezahlt werden. Mit der Übertragung von Durchgriffs- und Mitspracherechten verliert im Fall der Pachtinitiative das Motiv an Bedeutung, über nachgelagerte und von vereinbarten Erfolgskriterien abhängige Auszahlungen stärkere Anreize zur Umsetzung der Vertragsziele zu setzen. Aber auch die Kontinuität der Pachtzahlungen stellt einen Anreiz für den Verpächter dar, die im Rahmen der Pacht eingegangenen Verpflichtungen zu erfüllen, um zukünftige Zahlungen nicht zu gefährden.

Für die Leistung der Pachtzahlung vor der eigentlichen Umsetzung der Ziele der Initiative spricht zudem, dass auch die Übertragung der Gestaltungs- und Mitspracherechte im Voraus erfolgt. Mit einer derartigen Umstellung der Zahlungsstruktur hin zu finanziellen Leistungen vorab geht auch eine andere Verteilung von Risiken bzw. Verantwortung für die Umsetzung der Vertragsziele zwischen Pächter und Verpächter einher, die für den Verpächter durchaus Vorteile birgt: Anders als bei erfolgsabhängigen Zahlungen muss der Verpächter nicht in Vorleistung treten und ist nicht länger Risiken höherer Gewalt (z.B. Stürme) bei der Umsetzung der Vertragsziele ausgesetzt. Dadurch erhält der verpachtende Staat mehr Sicherheit über Höhe und Erhalt der finanziellen Transfers, was gerade bei risikoaversen Staaten einen wichtigen Teil der Kompensation für die Übertragung von Rechten an Pächterstaaten darstellen könnte. Denkbar wäre unter Umständen auch eine Kombination von (leicht reduzierten) Pachtzahlungen mit einem auf Naturschutzziele konditionierten Schuldenerlass (Debt-for-Nature Swaps) für verpachtende Staaten im Rahmen der Pachtinitiative.

Seitens der Pächter bzw. Geberstaat(en) müssten zusätzlich zu den Pachtzinsen auch Mittel zur administrativen und wirtschaftlichen Unterstützung der Umsetzung der Pachtziele vor Ort eingeplant werden. Das ist grundsätzlich bereits in der direkten Verantwortungsübernahme für die Umsetzung der Vertragsziele angelegt. Soweit möglich, sollten dabei lokale Organisationen und Behörden sowie internationale Organisationen eingebunden werden, die über langjährige Erfahrungen mit der Arbeit in den entsprechenden Regionen verfügen (UNEP, GFC oder für Deutschland GIZ, KfW).

Die notwendigen finanziellen Mittel für eine Pachtinitiative könnten sich aus verschiedenen Quellen speisen. Denkbar wäre, dass Beitragszahlungen der Staaten im Rahmen einer der in Kapitel 4.5 skizzierten Gemeinschaften oder auch das Aufkommen aus Grenzausgleichsmechanismen zur Finanzierung derartigen Initiativen beitragen. Dabei sind auch die Finanzierungsbedarfe zu beachten, die aus einer breiten Umstellung hin zu nachhaltigerer Landnutzung in den pachtenden Staaten selbst resultieren. Im Sinne einer erweiterten Verantwortungsübernahme der Pächtergemeinschaft sollte aber in jedem Fall sichergestellt sein, dass bestehende umwelt- oder entwicklungspolitische Etats und Finanzierungszusagen im UN-Kontext nicht lediglich umgewidmet werden und somit tatsächlich neue, zusätzliche Leistungen seitens der Pächterstaaten für globale Kooperation erbracht werden (Stichwort: „additionality" im UN-Kontext).

Ein periodisches Monitoring der Umsetzung (z.B. alle zwei Jahre) würde Fortschritte und Probleme dokumentieren. Entsprechend könnte zur Nachsteuerung gezielt eingegriffen werden, entweder durch Adjustierung der unterstützenden Maßnahmen oder durch Kürzung der Pachtzahlungen. Außerdem ist die regelmäßige Anpassung des Entwicklungsplans mit Involvierung lokaler Akteure sinnvoll. Besonders herausfordernd ist dabei der Umgang mit Konflikten vor Ort und Verstößen gegen neu etablierte Schutzgebiete, zum Beispiel durch illegale Brandrodungen. Die Durchsetzung des Schutzregimes sollte deshalb ebenso im Vertrag geregelt werden wie Rechtsschutzmöglichkeiten für die lokale Bevölkerung.

Auch zwischen den Vertragsparteien müssen Konfliktregelungen getroffen werden. Ein langfristiger Pachtvertrag und Regelung von Kündigungsbedingungen sind empfehlenswert. Insbesondere müsste verhindert werden, dass Nachfolgeregierungen auf beiden Seiten die Vereinbarungen ohne Grund aufkündigen können. Anreize, diesem vorzubeugen, können auch über die Gestaltung der Pachtzinsen geschaffen werden. Die Höhe der Pachtzinsen ist grundsätzlich Gegenstand der Vertragsfreiheit und abhängig von den konkreten Gebieten, die unter Schutz gestellt werden sollen. Optimalerweise sollten die Zahlungen jedoch möglichst nah an den Opportunitätskosten der verpachtenden Akteure liegen, um die begrenzten finanziellen Ressourcen der Pachtgemeinschaft möglichst effektiv einsetzen zu können (Kasten 4.5-4). Für die Grundfinanzierung afrikanischer Schutzgebiete durch eine Biodiversitätsallianz der EU werden etwa 1.000 € pro km² bzw. Zahlungen in Höhe von 4 Mrd. € jährlich vorgeschlagen (Drenckhahn et al., 2020: 17). Es ist davon auszugehen, dass die Übertragung von Gebietsverwaltungsrechten auf die globale Bewahrungsgemeinschaft zusätzliche Zahlungen erfordern dürfte.

### 4.5.4 Handlungs- und Forschungsempfehlungen

Bestehende Aushandlungsforen für eine globale Landwende wie die Rio-Konventionen sind unverzichtbar. Sie bedürfen aber, um zügige Fortschritte zu ermöglichen, einer weiteren Stärkung und neuer Formen der Zusammenarbeit. Deshalb empfiehlt der WBGU die Errichtung neuer Kooperationsgemeinschaften durch gleichgesinnte Staaten und subnationale Regionen. Besondere Verantwortung kommt der Bundesrepublik Deutschland zu: Sie kann im Verbund mit der EU und mit weiteren willigen Vorreiterstaaten für derartige Initiativen für eine globale Landwende federführend sein:

- *Regionale Gemeinschaften zur grenzüberschreitenden Umsetzung integrierter Landschaftsansätze (Kap. 4.5.1):* Um grenzüberschreitende Flächennutzungen etwa in Form der Mehrgewinnstrategien zu ermöglichen, sollten Regionen als Nachbarn institutionell stärker zusammenarbeiten. Regionale Gemeinschaften subnationaler Regionen können etwa regionale Kreislaufwirtschaft und Wertschöpfungsketten etablieren, bestehende Biosphärenreservate zu Vorreitern integrativer Landschaftsräume weiterentwickeln oder regionale Innovationshubs für nachhaltige Anbaumethoden gründen.
- *Supranationale Gemeinschaften für eine globale Landwende (Kap. 4.5.2):* Zweck supranationaler Gemeinschaften ist, Staaten zusammenzuschließen, die gemeinsam einen auf Nachhaltigkeit ausgerichteten Umgang mit Land verfolgen und dafür gemeinsame Werte und Regelungen, etwa gemeinsame Produktionsstandards vereinbaren. Mitgliedstaaten dieser Gemeinschaften können über verschiedene Weltregionen verteilt sein. Ihre Wirkkraft entfalten sie, indem sie auf die Gemeinschaft spezifische Hoheitsbefugnisse (Vorbild EU) übertragen, die von Organen der Gemeinschaft gegenüber den Mitgliedstaaten durchgesetzt werden können. Supranationale Gemeinschaften können eine Vorreiterallianz für nachhaltigen Weltagrarhandel bilden, transparente und nachhaltige Lieferketten gemeinsam realisieren und einen Green Deal global effektiv voranbringen.
- *Globale Bewahrungsgemeinschaften zwecks Erhaltung und Wiederherstellung wertvoller Ökosysteme (Kap. 4.5.3):* Diese Gemeinschaften von Staaten und weiteren – auch privaten – Akteuren schließen sich mit dem Ziel zusammen, wertvolle Ökosysteme in Drittstaaten, die auch Mitglieder der Bewahrungsgemeinschaft werden sollten, zu erhalten und wiederherzustellen. Die Bewahrungsgemeinschaft kann solche Gebiete z.B. gemeinsam pachten, damit aus der oft passiven Rolle bloßer „Geberländer" heraustreten und inklusiv mit anderen Akteuren vor Ort gemeinsam Verantwortung übernehmen.

FÜR EINE
# GLOBALE LANDWENDE

**SYSTEMISCHE**
ZUSAMMENHÄNGE ALS SCHLÜSSEL FÜR GLOBALE NACHHALTIGKEIT

**SYNERGISTISCHES**
ZUSAMMENWIRKEN: VON DER KONKURRENZ ZUR INTEGRATION

**SOLIDARISCHE**
VERANTWORTUNGS-ÜBERNAHME

**1**
Von Konflikt und Konkurrenz zu Mehrgewinn

**2**
Von der Zerstörung zu Erhaltung und Renaturierung von Landökosystemen

**3**
Den integrierten Landschaftsansatz als Orientierungsmarke nutzen

**4**
Verantwortungsübernahme entlang ganzer Wertschöpfungsketten ermöglichen und stärken

**5**
Landwende durch wirksame Global Governance vorantreiben

# Kernbotschaften für eine globale Landwende

# 5

Die Antwort auf die Frage, wo die internationale Nachhaltigkeitspolitik Anfang der 2020er Jahre steht, fällt ernüchternd aus. Die vorliegende Bestandsaufnahme offenbart dringende Handlungsbedarfe für einen neuen Umgang mit Land in vielen Ressorts (u. a. Umwelt, Bildung und Forschung, Landwirtschaft, Entwicklungszusammenarbeit):

- Die Klimaschutzziele des Pariser Übereinkommens scheinen nur noch erreichbar, wenn, ergänzend zur Dekarbonisierung der Weltwirtschaft, Landflächen verstärkt genutzt werden, um der Atmosphäre Kohlendioxid ($CO_2$) zu entziehen. Dies ist aber nicht nur mit Chancen, sondern auch mit erheblichen Risiken verbunden.
- Das globale Ernährungssystem ist in einer Krise. Für ein Viertel der Menschheit ist die Ernährungssicherung gefährdet, ein weiteres Viertel leidet an gesundheitsschädlichem Über- oder Fehlkonsum. Gleichzeitig bedrohen die Umweltschäden und andere externe Effekte der industriellen Landwirtschaft die natürlichen Lebensgrundlagen, trotz aller historischen Anstrengungen von der „Grünen Revolution" der 1960er und 70er Jahre bis zur Gemeinsamen Agrarpolitik der EU.
- Die Biodiversität erlebt weltweit ein dramatisches, durch den Menschen verursachtes Massenaussterben, das im Ausmaß mit den großen erdgeschichtlichen Aussterbeereignissen verglichen wird. Damit nimmt auch die Kapazität der Ökosysteme erheblich ab, zu Klimaregulierung und Ernährungssicherung beizutragen.

All dies geschieht in einer Situation, in der sich der Multilateralismus in einer tiefgreifenden Krise befindet und die Covid-19-Pandemie die Lage zusätzlich erschwert. Die Präsidentin der Europäischen Kommission Dr. Ursula von der Leyen hat es in ihrer Rede zur Lage der EU vor dem Europäischen Parlament am 16. September 2020 auf den Punkt gebracht: „Es gibt keinen dringenderen Grund für rasches Handeln als die Zukunft unseres gefährdeten Planeten."

Die vielfältigen Ansprüche an Land für Klimaschutz, Ernährungssicherung und Erhaltung biologischer Vielfalt treten heute bereits in Konkurrenz zueinander, während sich Landdegradation auf alle drei Aspekte kurz- oder langfristig negativ auswirkt. Die Knappheit des Gemeinguts Land und die Gemengelage der nicht länger tragbaren Nutzungskonflikte um terrestrische Ökosysteme zeigen: Eine globale „Landwende zur Nachhaltigkeit" ist dringend notwendig, bei der die Flächenbedarfe des Klimaschutzes nachhaltig mit Blick auf Biodiversitätserhaltung und Ernährungssicherung gestaltet werden. Mit dem vorliegenden Gutachten präsentiert der WBGU Optionen für die politische Gestaltung eines nachhaltigen Umgangs mit Land. Er zeigt exemplarisch, wie durch Kombinationen von Schutz und multiplen Nutzungen in der Landschaft Mehrgewinne erzielt werden können, so dass Konkurrenzen überwunden werden. Dazu entwickelt der WBGU exemplarisch transformative, weil skalierbare und als „Game Changer" geeignete landbezogene Mehrgewinnstrategien für den Schutz und die Renaturierung von Ökosystemen, für Landwirtschaft, Ernährung und Bioökonomie. Darüber hinaus werden effektive Governance-Instrumente vorgeschlagen, die Pionier*innen des Wandels ebenso einbeziehen wie den gestaltenden Staat, die EU, internationale Institutionen (darunter die UNFCCC, CBD und UNCCD) und neue, staatenübergreifende Kooperationsgemeinschaften.

Nur eine Transformation im Sinne einer globalen „Landwende zur Nachhaltigkeit" kann helfen, im Kontext eines gerechten Umgangs mit Land interdependente Ansprüche von Klimaschutz, Erhaltung von Ökosystemleistungen und biologischer Vielfalt sowie Ernährungssicherung gleichzeitig zu erfüllen. Land ist ein globales Gemeingut: Die Menschheit muss Gestaltungsverantwortung für das Land übernehmen um Klimaschutz, Biodiversitätserhaltung und Ernährungssicherung zu ermöglichen, und diese national umsetzen sowie international durchsetzen. Im Zentrum sollte stehen, die Zerstörung der terrestrischen Ökosysteme zu beenden und massiv in ihre Erhaltung und Renaturierung zu investieren. Ein weltweit nachhaltiger Umgang mit Land ist Voraussetzung für die Einhaltung planetarischer Leitplanken und die Erfüllung der UN-Nachhaltigkeitsziele (SDGs). Die wesentlichen, vom WBGU im Gutachten dargelegten Strategien und Governance-Erfordernisse können durch die Begriffe *systemisch*, *synergistisch* und *solidarisch* charakterisiert werden.

- *Systemische Zusammenhänge als Schlüssel für globale Nachhaltigkeit:* Vielfältige Wechselwirkungen prägen das Zusammenspiel von Landnutzung und Landdegradation mit dem Klimawandel bzw. Treibhausgasemissionen und -senken, dem Verlust und der Degradation von Ökosystemen und Biodiversität, der Ausbeutung biogener Ressourcen sowie der zunehmend kritischen Ernährungssysteme. Der fragmentierte und nicht nachhaltige Umgang mit Land führt zu multiplen Schutz- und Nutzungskonflikten sowie Konkurrenzen auf Landflächen. Der WBGU drängt deshalb auf einen systemisch begründeten, nachhaltigen Umgang mit Land, der ein wichtiger Schlüssel zur Großen Transformation zur Nachhaltigkeit ist. Ökosysteme und ihre vielfältigen Leistungen gehören als essenzielle Grundlagen menschlichen Lebens und Wirtschaftens ins Zentrum der Aufmerksamkeit, wobei auch Fernwirkungen etwa von Stoffkreisläufen oder dem Welthandel mit Agrargütern auf Landnutzungsänderungen und -degradation einzubeziehen sind.
- *Synergistisches Zusammenwirken – Von der Konkurrenz zur Integration:* Der WBGU arbeitet in ausgewählten Themenfeldern (Renaturierung, Ökosystemschutz, Landwirtschaft, Ernährung, Bioökonomie) fünf exemplarische Mehrgewinnstrategien für Schutz und nachhaltige Nutzung von Landflächen heraus, die zu vielfältigen Synergien und insgesamt zu einem nachhaltigen Umgang mit Land beitragen. Vielfach führt die Fokussierung auf monofunktionale Flächennutzungen zu Schutz- und Nutzungskonkurrenzen. Ein nachhaltiger Umgang mit Land, der Klimaschutz, Biodiversitätserhaltung und Ernährungssicherung gleichzeitig ermöglicht, erfordert Multifunktionalität und Synergien auf Flächen und in der Landschaft. Nur so können insgesamt Mehrgewinne erzielt und das Trilemma von Klimaschutz, Biodiversitätserhaltung und Ernährungssicherung überwunden werden. Deshalb empfiehlt der WBGU Mehrgewinnstrategien für einen nachhaltigen Umgang mit Land, die mehrere Ziele in ein und derselben Landschaft kombinieren und umsetzen. So sind zugleich die Ausweitung und Aufwertung der Schutzgebietssysteme (global auf 30% der Erdoberfläche) und eine beschleunigte Renaturierung von Flächen, eine Diversifizierung der Landwirtschaft in verschiedenen Teilen der Welt und Veränderungen der Ernährungsstile in den Blick zu nehmen. Beim Holzbau können Klimaschutz, nachhaltige Biomasseproduktion und ein verantwortungsvoll begrenzter Einsatz biogener Ressourcen kombiniert werden.
- *Solidarische Verantwortungsübernahme:* Multilaterale Gestaltungsansätze sind unverzichtbar, um übergreifende Strategien für die Landwende auf allen räumlichen Governance-Ebenen von lokal, national, europäisch bis international umzusetzen. Land erfordert als globales Gemeingut die Verantwortungsübernahme durch Akteure auf allen Ebenen. Die derzeit in Bezug auf Land noch zu wenig koordiniert agierenden internationalen Institutionen, wie beispielsweise die drei Rio-Konventionen UNFCCC, CBD und UNCCD, benötigen mehr solidarische Kooperation, themenübergreifende wissenschaftliche Unterstützung und bessere Einbindung von Akteuren. Um noch rechtzeitig die Große Transformation zur Nachhaltigkeit voranzutreiben, sollten zudem neue multilaterale Allianzen geschmiedet werden. Diese sollten vor allem Staaten mit besonders hoher Verantwortung für globale Ressourcenverbräuche zusammenführen.

Diese Überzeugungen bilden den Hintergrund der folgenden fünf Kernbotschaften und darauf bezogenen zentralen Handlungsempfehlungen. Sie fassen die Essenz der auf fünf Themenfelder bezogenen Mehrgewinnstrategien (Kap. 3) sowie der fünf Governance-Vorschläge (Kap. 4) zusammen. Detailliertere Handlungs- und Forschungsempfehlungen finden sich verteilt in den einzelnen Abschnitten der Kapitel 3 und 4. Der auf dieses Kapitel 5 folgende Abschnitt „Überblick über die Empfehlungen" präsentiert eine kondensierte Form der Handlungs- und Forschungsempfehlungen.

### 1. Von Konflikt und Konkurrenz zu Mehrgewinn

Multiple Schutz- und Nutzungskonkurrenzen auf der Fläche bedrohen im Verbund mit vielfältigen Interessenskonflikten den nachhaltigen Umgang mit Land und schaffen ein Trilemma zwischen dem Einsatz von Land für Klimaschutz, Biodiversitätserhaltung und Ernährungssicherung. Ökosysteme bieten vielfältige Leistungen (z.B. $CO_2$-Speicherung, diversifizierte landwirtschaftliche Nutzung), die somit den Fokus synergistischer, skalierbarer Mehrgewinnstrategien bilden sollten. Kernempfehlungen des WBGU hierzu sind:

- *Bei der Umsetzung von Strategien für einen nachhaltigen Umgang mit Land mehrere Ziele kombiniert vorantreiben:* Gleichzeitig sind vor allem die Ausweitung und Aufwertung der Schutzgebiete, beschleunigte Renaturierung von Flächen, Diversifizierung der industriellen Landwirtschaft in verschiedenen Teilen der Welt, Veränderung der Ernährungssysteme sowie Stärkung einer nachhaltigen Bioökonomie in den Blick zu nehmen, also auf nationaler wie internationaler Ebene betont ressortübergreifend zu adressieren.
- *Multiple Mehrgewinne über mehrere Instrumente stärken:* In manchen Bereichen, beispielsweise beim Holzbau, können Klimaschutz, Impulse für nachhal-

tige Biomasseproduktion und verantwortungsvoll begrenzter Einsatz biogener Ressourcen kombiniert werden. Dies sollte durch die koordinierte Verknüpfung etwa von nachhaltigen Rohstoffstrategien, Regulierung und Deregulierung sowie Normveränderungen, Zertifizierung, Förderung für Kreislauf- und Kaskadennutzungen, preisliche Anreize sowie auf Nachhaltigkeitseffekte ausgerichtete Forschung und Entwicklung noch mehr als zuvor gestärkt werden.

## 2. Von der Zerstörung zu Erhaltung und Renaturierung von Landökosystemen

Die Eindämmung und Umkehr der zunehmenden Landdegradation und Ökosystemzerstörung sollten viel höher auf der politischen Agenda verankert werden. Es bedarf eines radikalen Umlenkens in Richtung Naturschutz, Renaturierung, nachhaltiger Landwirtschaftsformen sowie Kontrolle des globalen Biomasseeinsatzes. Die Ökosystemleistungen sowie die Kosten ihrer Degradation müssen besser sichtbar und bewertbar werden. Kernempfehlungen des WBGU hierzu sind:

- *Schutz und Renaturierung terrestrischer Ökosysteme engagiert vorantreiben:* Dies ist nicht nur entscheidende Voraussetzung für die Erhaltung biologischer Vielfalt, sondern leistet auch maßgebliche Beiträge zum Klimaschutz durch Minderung von THG-Emissionen und Schaffung von $CO_2$-Senken. Diese Ansätze müssen mit einer konsequenten Dekarbonisierung vor allem von Energiewirtschaft und Industrie, aber auch weiteren Sektoren verbunden werden.
- *Mainstreaming auf Integration von Schutz und nachhaltiger Nutzung mit Land ausrichten:* Quer über alle Ressorts sollten wesentliche Systembezüge und Synergien immer mitgedacht werden. Bemühungen, Landökosystemen zu schützen, müssen von Beginn an konsequent nachhaltige Nutzungsformen mitentwickeln, und nachhaltige Nutzung bedeutet immer, Schutz mit zu realisieren – gerade auch um Blockaden frühzeitig zu adressieren.
- *Ökologisierung der Landwirtschaft im Sinne einer „Agrarwende" vorantreiben:* Sowohl für die nötige Abkehr von der industriellen Landwirtschaft in der EU als auch für eine nachhaltige Produktivitätssteigerung der Subsistenzlandwirtschaft in Entwicklungsländern (insbesondere in Subsahara-Afrika) sollte verstärkt auf diversifizierte, multifunktionale Produktionssysteme gesetzt werden. Sie erhalten langfristig die Bodenqualität, was Grundlage für die Nahrungsmittelproduktion ist und auch den Klimaschutz stärkt.
- *Gewinnung und Einsatz landbasierter Biomasse systematisch überwachen:* Die Landnutzung für Zwecke der Bioökonomie sollte gestützt auf moderne digitale Technologien möglichst vollständig auf globaler, dabei räumlich differenzierter Ebene erfasst werden (Monitoring, erweiterte Indikatorsysteme). Die Ergebnisse sollten dafür eingesetzt werden, Schutz und Nutzungspriorisierung sowie eine adäquate Bepreisung oder Unterbindung von Externalitäten in der Produktion und beim Biomasseeinsatz zu unterstützen.

## 3. Den integrierten Landschaftsansatz als Orientierungsmarke nutzen

Ein auf ganze Landschaften bezogener Gestaltungsansatz zum Umgang mit Land berücksichtigt konkurrierende Ansprüche wie Schutz und Nutzung, bindet lokales Wissen ein und unterstützt durch die Kombination verschiedener Mehrgewinnstrategien sowie partizipative Governance mehrere Nachhaltigkeitsziele. Im Rahmen einer auf Nachhaltigkeit ausgerichteten Raumordnung werden dabei verschiedene Ökosystemtypen und Nutzungsformen gleichermaßen berücksichtigt (z.B. Agrarflächen, Wald und Forst, Schutzgebiete, Grasländer, Feuchtgebiete und Moore, Küstenzonen). Der integrierte Landschaftsansatz setzt die Nachhaltigkeitsziele konkret um und soll über die Governance bzw. Moderation von Landnutzungskonkurrenzen auch zur Bewältigung globaler Herausforderungen beitragen. Der Mensch ist dabei in den Mittelpunkt zu stellen, mit besonderem Augenmerk auf Gender. Kernempfehlungen des WBGU hierzu sind:

- *Integrativ Mehrgewinne in der Landwirtschaft stärken:* Im Zuge eines integrierten Landschaftsansatzes sollten in einer nachhaltigen Landwirtschaft die Wiederverkopplung des Pflanzenbaus mit der Tierhaltung und die Schließung der Nährstoffkreisläufe angestrebt werden. Weitere Ziele sind die Schaffung von Kohlenstoffsenken und der Naturschutz.
- *Zum Anstoß der Agrarwende Top-down- mit Bottom-up-Ansätzen kombinieren:* Landwirt*innen benötigen für die Anregung von Bottom-up-Initiativen zu Know-how-Einsatz und Empowerment für eine integrierte Landbewirtschaftung auch öffentlich vorangetriebene Top-down-Impulse, die auf den nachhaltigen Umgang mit Land und diversifizierte Produktionssysteme abzielen. Diese sollten durch bestehende Finanzierungskanäle wie die Gemeinsamen Agrarpolitik (GAP) der EU oder die Input Subsidy Programs der Länder Subsahara-Afrikas also dezidiert ökologisch ausgerichtet werden.
- *Integrierte Ansätze von Raumplanung und Ökosystempolitik vorantreiben:* Der integrierte Landschaftsansatz sollte als Leitbild und -konzept in Planungsaktivitäten und nationales Planungsrecht integriert werden. Dazu sollten Aspekte wie etwa die Biodiversitätserhaltung, Klimawirkungen und andere Ökosystemfunktionen

ein höheres Gewicht bei der Raumordnung und -planung erhalten. Die Planungsvorgaben sollten unterstützt werden durch ein möglichst übergreifendes System von untereinander abgestimmten Auflagen und Anreizen für einen nachhaltigen Umgang mit Agrar-, Forst- und Naturschutzflächen.

### 4. Verantwortungsübernahme entlang ganzer Wertschöpfungsketten ermöglichen und stärken

Die Nachfrager*innen von landbasierten Ressourcen und Produkten beeinflussen in Interaktion mit der Produktionsseite stark, ob mit Land ökologisch wie gesellschaftlich nachhaltig umgegangen wird. So hebt der WBGU auch Lösungsvorschläge auf der Nachfrageseite hervor, um Treiber eines problematischen Umgangs mit Land einzuschränken. Dies soll mehr Menschen als Konsument*innen – und über nachfrageinduzierte Marktprozesse auch Unternehmen, die Biomasse nachfragen – dazu bewegen, ihrer Verantwortung für unsere Ökosysteme gerecht zu werden. Dafür sollte sich die Knappheit von Biomasse und Ökosystemleistungen in Preisen und Nutzungspriorisierungen widerspiegeln, bei verantwortungsvoller Ressourcenverwertung (Kaskaden- und Kreislaufnutzung). Die EU kann als Staatengemeinschaft mit besonders hoher Verantwortung für globale Ressourcenverbräuche maßgeblich die Große Transformation auch bezogen auf Akteursverhalten vorantreiben. Kernempfehlungen des WBGU hierzu sind:

› *Wachsendes gesellschaftliches Engagement und Pionierverhalten stärken:* Es gibt bereits vielfältige Initiativen, die sich für Belange von Klimaschutz, Ernährungsstilwandel und Biodiversitätsschutz einsetzen und außerdem über Kreislaufansätze den Ressourcenkonsum reduzieren wollen. Diese Ansätze sollten gestärkt und konsequent für landbezogene Politik auf lokaler bis globaler Ebene genutzt werden. Dabei sollten vor allem auch machtvolle Konzerne und Interessensverbände davon überzeugt werden, dass sie als Pioniere der Transformation maßgeblich zum nachhaltigen Umgang mit Land beitragen und ihn nicht weiter hemmen sollten.
› *Globales Ernährungssystem und Ernährungsstile transformieren:* Beides sollte gleichermaßen auf die Gesundheit der Menschen und die Erhaltung von Ökosystemleistungen ausgerichtet werden. Wesentlich sind vor allem Impulse zur Veränderung des Konsumverhaltens mit reduziertem Konsum tierischer Produkte und eine Diversifizierung des Ernährungssystems im Zuge einer Agrarwende. Bestandteile einer solchen Transformation sind neben einer Bildungsoffensive und der konsequenten Umsetzung von mit der Planetary Health Diet konformen Ernährungsleitlinien auch eine Reform der europäischen GAP (z.B. bessere Honorierung von Ökosystemleistungen), eine entsprechende Gestaltung der Entwicklungszusammenarbeit sowie die Internalisierung externer Kosten.
› *Ökologische Kosten vollständig in Preisen für Nahrungsmittel und biogene Ressourcen abbilden:* Um die Verbraucher*innen zu informieren, ihr Konsumverhalten zu beeinflussen und sie an den Umweltkosten zu beteiligen, müssen die Leistungen der Ökosysteme sowie die Kosten ihrer Degradation vollständig in den Preisen für Nahrungsmittel und andere biogene Ressourcen abgebildet und hierfür entsprechende Rahmenbedingungen gesetzt werden. So sollten bisher vernachlässigte externe Kosten aus Klimawandel und Umweltzerstörung systematisch über Forschung erfasst und durch angemessene Maßnahmen internalisiert werden (Zertifizierungen, Besteuerung, finanzielle Förderung). Dabei sollten soziale Härten resultierender Preissteigerungen berücksichtigt und gegebenenfalls abgefedert werden.
› *Bioökonomie verantwortungsvoll gestalten:* Um den Konsum der global knappen Biomasse nachhaltiger zu gestalten, sind Ansätze zur Begrenzung ihres Einsatzes sowie zur Priorisierung nach Einsatzarten nötig. Im Zuge einer hierarchisierten Biomassenutzung sollte, unter Berücksichtigung der Erhaltung von Biodiversität und natürlicher Kohlenstoffspeicher, die Priorität zunächst auf Ernährung und dann erst auf stofflichen und einzelnen energetischen Anwendungen liegen, vor allem solche, bei denen Kohlenstoff gespeichert wird oder es keine anderen klimafreundlichen Alternativen gibt. Dazu sollten Verbrauchsreduktionsziele definiert, parallel zu stofflichen Biomassenutzungen die Nachhaltigkeitsauflagen zu deren Produktion verstärkt sowie nicht biobasierte Klimaschutzstrategien verfolgt werden.

### 5. Landwende durch wirksame globale Governance vorantreiben

Landökosysteme und ihre Leistungen sind als globale Gemeingüter auf die breite Verantwortungsübernahme durch alle Akteure angewiesen, was multilaterale Governance-Ansätze verlangt. Wirksame, auf aktuelle, fachübergreifend erarbeitete wissenschaftliche Erkenntnisse gestützte Governance-Maßnahmen können wesentliche Hebel für einen transformativen Wandel sein; doch sind ihre Synergien und Durchsetzungskraft noch zu stärken. Dem gestaltenden Staat kommt dabei eine Schlüsselrolle zu. Nur durch eine vielfach strategisch vernetzte Verantwortungsübernahme lässt sich ein nachhaltiger Umgang mit Land realisieren. Kernempfehlungen des WBGU hierzu sind:

› *Die Gemeinsame Agrarpolitik der EU als Transformationsinstrument gestalten:* Die EU sollte speziell im

Zuge einer transformativen Reform der GAP nach 2020 über inkrementelle Verbesserungen hinausgehen und dabei in Verbindung mit dem European Green Deal durchgreifend neue Impulse setzen. Über Agrarumwelt- und Klimamaßnahmen können direkte Effekte bei der Erhaltung und Förderung der biologischen Vielfalt erreicht werden. Der übermäßige Nährstoff- und Pestizideintrag in die umliegenden Ökosysteme sollte durch Ordnungspolitik verhindert werden. Die GAP sollte dazu wesentlich konsequenter als bislang auf die Entlohnung von Ökosystemleistungen ausgerichtet werden. Mittelfristig sollte ihre Überführung in eine Gemeinsame Ökosystempolitik (GÖP) angestrebt werden, die Ökosystemleistungen im Zuge eines übergreifenden Systems auf allen Flächen vergütet, statt nur auf Agrarflächen.

- *Pionier*innen des Wandels stärken:* Einzelne Akteure, die in ihren Rollen in der Zivilgesellschaft, der Wissenschaft oder Wirtschaft für die Landwende durch das Erproben neuer Ideen, Praktiken oder Geschäftsmodelle eintreten, sollten in ihrem transformativen Handeln unterstützt werden, indem bestehende individuelle Aktivitäten oder zivilgesellschaftliche Initiativen sichtbar gemacht, vernetzt und mit Ressourcen (finanzielle Mittel, Räume) ausgestattet werden.
- *Multi-Akteur-Partnerschaften für das Miteinander von Schutz und nachhaltiger Nutzung fördern:* Staaten, Zivilgesellschaft und Wissenschaft sollten im Schulterschluss mit lokalen Akteuren und Gemeinschaften lokale, regionale und grenzüberschreitende Transformationslabore für nachhaltig-integrative Landpraktiken umsetzen und dabei zielgerichtet politisch unterstützt werden. Die verschiedenen Optionen zur Stärkung global-lokaler Politikprozesse mit Einbezug der Landschaftsebene sollten exploriert werden, einschließlich handelspolitischer Standards und gegebenenfalls Anreize für den nachhaltigen Umgang mit Land.
- *Nachhaltigkeitsstandards für die gesamte international gehandelte Biomasse einführen:* Aufbauend auf bestehenden Nachhaltigkeitsstandards (etwa zu energetischer Biomassenutzung, nachhaltiger Holzproduktion, fair erzeugten Agrarprodukten) sollten harmonisierte Zertifizierungs- und Nachweispflichten auf alle Biomassearten und -herkünfte ausgeweitet sowie über unabhängiges Monitoring und wirksame Sanktionen besser durchgesetzt werden. Sie sollten als maßgebliches Kriterium bzw. Voraussetzung für Handelserleichterungen und den Abschluss von Handelsabkommen gelten, auch um das internationale Problembewusstsein zu schärfen. Außerdem sollten Sustainability Impact Assessments von Handelsströmen konsequent umgesetzt werden, in Verbindung mit Ansätzen zur Stärkung der Resilienz im Agrarhandel.
- *Durch Einberufung eines Global Land Summit starke Impulse setzen:* Um die Staatengemeinschaft für die Dringlichkeit anstehender Aufgaben der globalen Landwende zu sensibilisieren, sollten Institutionen wie die Rio-Konventionen (UNFCCC, CBD und UNCCD) noch besser kooperieren und durch wissenschaftliche Assessments unterstützt werden. Auf dieser Basis kann ein von Deutschland angestoßener Global Land Summit maßgeblich die integrierte Landwende für Klimaschutz, Biodiversitätserhaltung und den Stopp der Landdegradation einleiten sowie deren globale Durchschlagskraft stützen.
- *Über Kooperationsgemeinschaften internationale Zusammenarbeit und Durchsetzung stärken:* Der WBGU schlägt die Etablierung neuer interregionaler, supranationaler und globaler Zusammenschlüsse vor, die gleichgesinnte Staaten zu mehr gemeinsamer Verantwortungsübernahme für den nachhaltigen Umgang mit Land motivieren. Sie sollten – angetrieben von Staaten als Initiatoren – agil und entschieden handeln, Top-down- und Bottom-up-Initiativen verknüpfen und auch Privatwirtschaft sowie weitere Stakeholder einbeziehen. Es geht darum, sich mit Nachdruck solidarisch für eine globale „Landwende" einzusetzen und bisherige Governance-Lücken zu schließen, etwa um $CO_2$-Senken und besonders wertvolle Ökosysteme zu bewahren.

Im Fazit bietet dieses Gutachten bezogen auf das Ziel, das Trilemma des nicht nachhaltigen Umgangs mit Land aufzulösen, Mehrgewinnstrategien zu fünf Themenfeldern, fünf hierauf bezogene Governance-Ansätze sowie fünf übergreifende Kernbotschaften. Dabei prägen im Wesentlichen folgende strategische Perspektiven das vom WBGU entwickelte transformative Leitbild der globalen Landwende hin zu einem nachhaltigen Umgang mit Land: Erstens sollte der integrierte Landschaftsansatz als Orientierungsmarke dienen, um vor Ort das Zusammendenken von Klimaschutz, Biodiversitätserhaltung und Ernährungssicherung zu ermöglichen. Mithilfe von Mehrgewinnstrategien können, unter Berücksichtigung des normativen Kompasses des WBGU, konkurrierende Interessen moderiert werden, unterstützt durch eine partizipative Governance. Zweitens sind Fernwirkungen, etwa über den Welthandel, als Treiber des nicht nachhaltigen Umgangs mit Land in die Gestaltung einzubeziehen. Drittens sollten Landökosysteme und ihre Leistungen ausdrücklich als globale Gemeingüter angesehen und behandelt werden, deren Schutz, Renaturierung und nachhaltige Nutzung ergänzende Initiativen der lokalen bis supranationalen Verantwortungsübernahme verlangt.

# Überblick über die Empfehlungen

## Mehrgewinnstrategien

### Renaturierung: Landbasierte $CO_2$-Entfernung synergistisch gestalten

Maßnahmen zur Entfernung von $CO_2$ aus der Atmosphäre sind kein Ersatz für die massive Reduktion von $CO_2$-Emissionen mit dem Ziel, die Emissionen auf Null zu bringen. Zur Erreichung der Pariser Klimaschutzziele sind zusätzliche Maßnahmen zur $CO_2$-Entfernung aus der Atmosphäre allerdings kaum vermeidbar, obwohl sie je nach Methode, Umfang und Effektivität der Umsetzung mit erheblichen Unsicherheiten verbunden sind und potenziell den Druck auf Land erhöhen (Kap. 3.1).

Ein weitgehend vielversprechender Ansatz zur $CO_2$-Entfernung aus der Atmosphäre, der gleichzeitig auch Mehrgewinne für die biologische Vielfalt und Ernährungssicherung schaffen kann, ist die Renaturierung degradierter Landökosysteme. Eine Wiedervernässung und Renaturierung von Mooren hat hohes Potenzial, sehr spezielle biologische Lebensgemeinschaften zu erhalten und nachhaltig $CO_2$ zu speichern. Während eine Aufforstung von bisher nicht bewaldeten Landflächen im Einzelfall kritisch zu prüfen ist, kann eine standortgerechte Wiederaufforstung von entwaldeten Flächen nachhaltige zusätzliche $CO_2$-Senkenpotenziale eröffnen. Sie kann darüber hinaus auch Möglichkeiten bieten, durch die Etablierung oder Errichtung von Agroforstsystemen zu lokalen Wirtschaftszweigen oder direkt der menschlichen Ernährung beizutragen. Angesichts der anstehenden UN-Dekade zur Wiederherstellung von Ökosystemen sollte die Mehrgewinnstrategie „Renaturierung degradierter Landökosysteme" eine besonders hohe politische Anschlussfähigkeit haben.

Um weltweit die Renaturierung degradierter Landflächen zu unterstützen und innovativ voranzutreiben, empfiehlt der WBGU, nationale und internationale Forschung zu den Kosten, der Umsetzbarkeit, der Permanenz und dem weltweiten Flächenpotenzial für eine Ökosystemrenaturierung zu verstärken und die vielfältigen möglichen Mehrgewinne risikoarmer ökosystembasierter Ansätze wie der Renaturierung degradierter Flächen frühzeitig zu nutzen.

#### Handlungsempfehlungen

##### Entfernung von $CO_2$ aus der Atmosphäre

- *Klimapolitische Ziele zur $CO_2$-Vermeidung und zur $CO_2$-Entfernung aus der Atmosphäre klar voneinander trennen:* Bei der Festlegung klimapolitischer Ziele sowie der Gestaltung von Zeitplänen und Anrechnungsstrukturen sollte klar zwischen der Vermeidung von $CO_2$-Emissionen und der Entfernung von $CO_2$ aus der Atmosphäre unterschieden werden. Nettoemissionsziele oder Klimaneutralitätsziele sollten, wenn überhaupt, nur unter expliziter Angabe der unterstellten jeweiligen Beiträge von $CO_2$-Vermeidung und $CO_2$-Entfernung formuliert werden, da andernfalls die Erreichung der Klimaziele gefährdet sein kann.
- *Anwendung von Ansätzen der $CO_2$-Entfernung aus der Atmosphäre strategisch planen und deren Nachhaltigkeitsrisiken begrenzen:* Die nachhaltigen Möglichkeiten der $CO_2$-Entfernung sollten wissenschaftlich frühzeitig ausgelotet, nachhaltig begrenzt und strategisch mit Pfaden der $CO_2$-Vermeidung und der nachhaltigen Nutzung von Biomasse und Ökosystemen abgestimmt werden.
- *Ökosystembasierte Ansätze zur $CO_2$-Entfernung frühzeitig mit Blick auf Mehrgewinne umsetzen:* Nationale Regulierungen und internationale Förderprogramme sollten zügig das Potenzial ökosystembasierter Ansätze der $CO_2$-Entfernung als erprobte, risikoarme und kostengünstige Methoden heben.
- *Multilaterale Finanzierungssysteme für nachhaltige $CO_2$-Entfernung schaffen:* Nachhaltige, separate Ziele zur $CO_2$-Entfernung benötigen eigenständige Finanzierungsmechanismen, wie etwa internationale Transferzahlungen; unter Umständen auch ein eigenständiges marktbasiertes Anreizsystem.
- *Staatliche Finanzierungssysteme für nachhaltige $CO_2$-Entfernung schaffen:* Als Beitrag zum nationalen Klimaschutz sollte $CO_2$-Entfernung auch auf staatlicher Ebene durch entsprechende Regulierung und Finanzierung unterstützt werden, etwa durch Zahlungen für Ökosystemleistungen oder in Form eines Auktionsmechanismus. Dabei sollte stets den Vorteilen und Risiken einzelner Ansätze der $CO_2$-Entfernung Rechnung getragen werden.

### Renaturierung degradierter Landökosysteme

- *Weltweit Renaturierungsmaßnahmen massiv aufstocken und vorantreiben:* Um das im Rahmen der Bonn Challenge gesteckte Ziel der Renaturierung von 350 Mio. ha weltweiter terrestrischer Ökosysteme bis 2030 zu erreichen, bedarf es einer massiven Aufstockung und Beschleunigung von Renaturierungsmaßnahmen, bei der die Renaturierung degradierter, ursprünglich naturnaher Wälder und nicht die Schaffung von Plantagen im Vordergrund steht.
- *Flächenziel für Renaturierung deutlich erweitern:* Das im Rahmen der Bonn Challenge formulierte Ziel entspricht etwa 2% der terrestrischen Erdoberfläche. Dieses Flächenziel sollte deutlich erweitert und nicht nur Wiederaufforstung, sondern auch Feuchtgebiete und Graslandschaften adressieren – zumal das Ziel, 30% der Erdoberfläche als Schutzgebiete auszuweisen, auch durch Renaturierungsmaßnahmen unterstützt werden muss.
- *Global Partnership on Forest and Landscape Restoration erheblich ausweiten:* Die Anzahl der Staaten, die sich im Rahmen der Global Partnership on Forest and Landscape Restoration zur Durchführung von Renaturierungsmaßnahmen verpflichtet haben, sollte – den Ausschluss der Errichtung von Plantagen bzw. Monokulturen vorausgesetzt – erheblich ausgeweitet werden. Dazu sollte Deutschland Koalitionen mit anderen EU-Staaten bilden, um insbesondere Entwicklungsländer finanziell und logistisch zu unterstützen. Einen institutionellen Rahmen zur Verwirklichung dieser Ziele auf globaler Ebene können sogenannte globale Kooperationsgemeinschaften bilden.
- *Nichtregierungsorganisationen und zivilgesellschaftliche Initiativen verstärkt unterstützen:* Es sollten Förderprogramme speziell für zivilgesellschaftliche Initiativen und Nichtregierungsorganisationen aufgelegt werden, die Renaturierung umsetzen. Diese benötigen stärkere finanzielle Förderung insbesondere als Anschubfinanzierung und zur Deckung von Personalkosten.
- *Covid-19-Krisenbewältigungsprogramme für Entwicklungsländer mit nachhaltiger Landnutzung verbinden:* Unterstützung für die am wenigsten entwickelten Länder der Welt sollte, beispielsweise im Fall der Covid-19-Pandemie, wirtschaftliche Zielsetzungen mit nachhaltige Landnutzungspraktiken und den Schutz terrestrischer Ökosysteme verbinden. Die G20 könnte hierfür den politischen Rahmen setzen.
- *Finanzierungsmechanismen nachhaltig gestalten:* Die erfolgreiche Förderung von Renaturierungsmaßnahmen setzt die Berücksichtigung der Komplexität des Themas und den zeitlich langfristigen Horizont der Umsetzung voraus. Finanzierungsprogramme sollten dementsprechend langfristig ausgelegt werden und den Prozess der Renaturierung nicht nur anstoßen, sondern über die Dauer begleiten.

## Forschungsempfehlungen

### Entfernung von $CO_2$ aus der Atmosphäre

- *Nachhaltige Methoden und Potenziale der $CO_2$-Entfernung aus der Atmosphäre ergründen:* Für die strategische Planung und die Formulierung eigenständiger Zielsetzungen zur $CO_2$-Entfernung aus der Atmosphäre sind präzisere Einschätzungen über nachhaltige, technisch und sozioökonomisch realisierbare Potenziale erforderlich. Alternative Entwicklungspfade, Synergien und Konflikte verschiedener Ansätze sowie länderspezifische Vor- und Nachteile sollten dabei betrachtet werden.
- *Geeignete Governance- und Finanzierungsstrukturen entwickeln:* Das Zusammenspiel bestehender klimapolitischer Strukturen und neu zu schaffender Mechanismen sollte eingehend untersucht werden.
- *Mit staatlicher Förderung ein breites Portfolio an Methoden gezielt erforschen, entwickeln und umsichtig Marktfähigkeit beschleunigen:* Anreizstrukturen, Fördermodelle, politische Rahmenbedingungen und Geschäftsmodelle sollten erforscht werden, um rasch aber umsichtig das nachhaltige Potenzial etablierter wie neuer Technologien zu heben.

### Renaturierung

- *Nachhaltiges Potenzial von Renaturierungsmaßnahmen präziser abschätzen:* Es bedarf weiterer Forschung um unter Berücksichtigung von Nutzungskonkurrenzen und Schutzerfordernissen besser abschätzen zu können, wie groß die geeigneten (nachhaltigen) Flächenpotenziale für die Renaturierung von Wäldern, Feuchtgebieten und Graslandökosystemen sind und wo diese Flächen liegen.
- *Entwicklung von Indikatoren für Degradation und Renaturierung vorantreiben und Monitoring-Kapazitäten aufstocken:* Es besteht dringender Bedarf zur Entwicklung von zumindest vergleichbaren Indikatoren zur Erfassung der Degradation von Landökosystemen und für Renaturierung. Dazu sollten entsprechende Monitoring-Netzwerke gestärkt und, wo keine existieren, neue etabliert werden. Monitoring durch Feldbeobachtung sollte durch Methoden der Fernerkundung ergänzt werden.

## Schutzgebietssysteme ausweiten und aufwerten

Effektive, vernetzte Schutzgebietssysteme bilden das Rückgrat des Ökosystemschutzes und sind eine entscheidende Voraussetzung dafür, die globale Biodiversitätskrise zu entschärfen und für Mensch und Natur grundlegende Ökosystemleistungen aufrechtzuerhalten (Kap. 3.2). So kommt das Verhindern einer weiteren Degradation und Zerstörung der Ökosysteme auch dem Klimaschutz zugute, indem $CO_2$-Emissionen vermieden werden und natürliche Kohlenstoffspeicher erhalten bleiben. Der Wert und die Bewahrung der von indigenen Völkern und lokalen Gemeinschaften (IPLCs) bewohnten Ökosysteme ist hierfür von zentraler Bedeutung, da diese Ökosysteme zu einem Großteil noch unberührt von intensiven Bewirtschaftungsformen sind.

Schutzgebietssysteme zeichnen sich dadurch aus, dass dort effektiver Ökosystem- und Biodiversitätsschutz die prioritäre Zielsetzung ist. In Schutzgebieten, die mittels einer Zonierung, also einer Aufteilung in Bereiche unterschiedlicher Kombinationen von Schutzformen, eine Koexistenz von wertvoller Natur und mit dem Biodiversitätsschutz vereinbarer menschlicher Aktivitäten zulassen, können zudem Mehrgewinne für die Ernährungssicherung realisiert werden, etwa indem nachhaltige Nutzungsformen in Teilbereichen zugelassen werden oder sogar Voraussetzung für die Biodiversitätserhaltung sind.

Der WBGU empfiehlt eine Ausweitung terrestrischer Schutzgebietssysteme auf 30 % der globalen Landfläche unter konsequenter Anwendung international vereinbarter Qualitätskriterien als eines der Post-2020-Ziele der Biodiversitätskonvention (CBD). Hierfür ist eine deutliche Aufstockung der Naturschutzfinanzierung wichtige Voraussetzung. Darüber hinaus wird empfohlen, den Ökosystemschutz im Sinne der Mehrgewinnstrategie weiterzuentwickeln.

### Handlungsempfehlungen

- *Nutzen von Ökosystemleistungen und biologischer Vielfalt internalisieren:* Nationale Regierungen sollten prüfen, wie die Internalisierung von Ökosystemleistungen und biologischer Vielfalt in ihren Gesellschaften sowie Wirtschafts- und Finanzsystemen verbessert werden kann (z. B. Ordnungsrecht, finanzielle Anreize).
- *Synergien mitdenken und realisieren:* Neben den prioritären Schutzzielen sollten auch die anderen Dimensionen des Trilemmas bedacht, auf mögliche Synergien überprüft und im Landschaftskontext stärker in die Managementpläne von Schutzgebieten integriert werden. Dieser Gedanke sollte auch in den multilateralen Prozessen von z. B. der Weltnaturschutzunion, der CBD, dem Internationalen Vertrag über pflanzengenetische Ressourcen für Ernährung und Landwirtschaft oder dem UN-Entwicklungsprogramm mit größerem Nachdruck eingebracht sowie in der Entwicklungszusammenarbeit stärker umgesetzt werden.
- *Schutzgebietssysteme im Post-2020-Rahmenwerk der CBD stärken:* Der WBGU unterstützt als Ziel der CBD, 30 % der globalen Landfläche unter Schutz zu stellen, warnt aber davor, die Verhandlungen auf Flächenziele zu reduzieren. Die bisherigen Aichi-Qualitätskriterien für Schutzgebiete dürfen keinesfalls verwässert werden. Schutzgebietssysteme sollten stärker mit Renaturierung verknüpft und Compliance-Regelungen verschärft werden.
- *Schutzgebietssysteme besser managen:* Projekte der Entwicklungszusammenarbeit sollten einen Schwerpunkt auf die Verbesserungspotenziale innerhalb bestehender Schutzgebietssysteme entlang der Qualitätskriterien der CBD legen. Weitere Erfolgsfaktoren sind digital gestütztes Monitoring sowie Überwachung der Nutzungs- und Managementregeln.
- *Integration der Schutzgebietssysteme in die Landschaft verbessern:* In Einklang mit dem Konzept eines integrierten Landschaftsansatzes sollte eine bessere Vernetzung der Schutzgebiete untereinander und mit der umliegenden Landfläche gefördert werden. Zur Stärkung der ökosystemaren Vielfalt der Landschaft und einer besseren Versorgung mit lokal relevanten Ökosystemleistungen sollte ein integrierter Landschaftsansatz Landflächen innerhalb und außerhalb von Schutzgebieten gleichermaßen adressieren.
- *Indigene Völker und lokale Gemeinschaften unterstützen:* Um die Schutzwirkung der von IPLCs bewohnten Gebiete zu sichern, steht zunächst die Anerkennung und Formalisierung der traditionellen Rechte und des traditionellen Wissens der IPLCs nicht nur auf der UN-Ebene, sondern auch in den nationalen Kontexten im Vordergrund. Auf dieser Basis sollte die Partizipation der IPLCs bei Ausweitung und Management von Schutzgebieten verbessert werden.
- *Finanzierung von Schutzgebietssystemen stärken:* Industrieländer sollten ihre Finanzkraft, wo möglich mit privater Finanzierung kombiniert, stärker für die Ausweitung und Aufwertung von Schutzgebietssystemen zu Hause und in Entwicklungsländern nutzen. Dies sollte durch die Unterstützung effektiver

Managementsysteme und wirtschaftlicher Entwicklung umliegender Regionen (mit dem Ziel einer Senkung der Opportunitätskosten des Ökosystemschutzes) flankiert werden.

### Forschungsempfehlungen

- *Vermehrt partizipative Forschungsansätze nutzen:* Partizipative Forschungsansätze zu Einrichtung, Management und lokaler Akzeptanz, sowie insbesondere zur Ausweitung von Schutzgebietssystemen, sollten vermehrt genutzt und ihrer Bedeutung entsprechend deutlich gestärkt werden.
- *Sozial-ökologische Forschung zu Schutzgebieten stärken:* Die Rolle der Schutzgebietssysteme in Bezug auf Nachhaltigkeit im gesamten sozial-ökologischen System (z.B. auch Gesundheit, menschliches Wohlbefinden) sollte verstärkt untersucht werden.
- *Qualität der Schutzgebietssysteme untersuchen:* Die Erhöhung von Forschungsinvestitionen in globale Datenbanken zum Zustand von Ökosystemen, bedrohten Arten und Schutzgebieten (z.B. Degradation, Bedrohungen; Protected Area Downgrading, Downsizing and Degazettement oder Indigenous and Community Conserved Areas) ist zu empfehlen. Auch sollte verstärkt in zusätzliche Datensätze zum Status der Vernetzung von Schutzgebietssystemen, ihrer Integration in der Landschaft, sowie zur Abdeckung kritischer Ökosystemleistungen und zu anderen wirksamen gebietsbezogenen Schutzmaßnahmen (Other Effective area-based Conservation Measures) investiert werden.
- *Monitoring und Citizen Science fördern:* Forschung zu verbesserter Indikatorik sowie zum Monitoring von Qualitätskriterien von Schutzgebietssystemen ist zu empfehlen, wie auch Forschungskooperationen mit Entwicklungsländern zur Ausweitung von und Unterstützung bei Monitoring sowie Datenanalyse. Die erheblichen Potenziale von Citizen Science sollten durch gezielte Förderung besser genutzt werden.
- *Finanzierungsmechanismen von Schutzgebietssystemen erforschen:* Die Datenbasis zu vorhandenen und notwendigen finanziellen Mitteln für Schutzgebietssysteme ist noch unzureichend und sollte verbessert werden, z.B. als Teil der World Database of Protected Areas. Darauf aufbauend sollte die Effektivität verschiedener Finanzierungsmechanismen verstärkt erforscht werden.
- *Einfluss von Fernwirkungen untersuchen:* Die Auswirkungen von Fernwirkungen auf Schutzgebietssysteme (z.B. als Folge erhöhten Nutzungsdrucks und verstärkter Landnutzungskonkurrenzen) sowie Maßnahmen, die diese Fernwirkungen adressieren, sollten verstärkt untersucht werden.
- *Rolle indigener Völker und lokaler Gemeinschaften erforschen und stärken:* Die Datenlage in Bezug auf die von IPLCs bewohnten und gemanagten Gebiete (z.B. globale Kartographie, Wissen zu Governance-Methoden, Biodiversität und Effektivität der Schutzwirkung) sollte verbessert und der Zusammenhang zwischen biologischer und kultureller, auch linguistischer, Diversität besser ausgeleuchtet werden.

## Landwirtschaftssysteme diversifizieren

Landwirtschaft prägt den Umgang mit Land in weiten Teilen der Welt (Kap. 3.3). Sie ist Grundlage der Ernährungssicherung, aber gefährdet heute sowohl in Form der industriellen Landwirtschaft als auch als Subsistenzlandwirtschaft ressourcenarmer Kleinbetriebe die Böden, das Klima und Biodiversität.

Während industrielle Landwirtschaftssysteme zur Uniformität und Überdüngung neigen, tendieren ressourcenarme Subsistenzbetriebe zur Unterdüngung, so dass jeweils Ineffizienzen auftreten und Böden degradieren. Auf der einen Seite treten hohe Umweltexternalitäten auf, auf der anderen sind verstärkte Flächenumwandlungen die Folge. Beides zerstört Biodiversität. Während eine Reihe von Entwicklungsländern (vor allem in Afrika und Indien) auf diese Weise ihre Ernährung nicht sichern können, sind in Ländern, in denen industrielle Praktiken dominieren, Landwirtschaft und Ernährungsstile zunehmend voneinander entkoppelt, was zu weiteren Externalitäten führt.

Für beide Formen der Landwirtschaft wird eine Transformation hin zu ökologisch intensiven, multifunktionalen Produktionssystemen empfohlen, bei denen die Effizienzgewinne vor allem durch die Förderung der Ökosystemleistungen erzielt werden und hiermit das Trilemma der Landnutzung überwunden wird. Im Rahmen dieser Transformation stehen die Menschen und eine Ökologisierung der Landwirtschaft im Zentrum.

Der Fokus der Ausführungen wird hier auf die EU und auf Subsahara-Afrika gelegt, da diese Regionen die Schwerpunkte der Landwirtschafts- bzw. Entwicklungspolitik Deutschlands und der EU bilden. Es werden jeweils Mehrgewinnstrategien in Richtung diversifizierter Landwirtschaftssysteme empfohlen, die in einer Ökologisierung der EU-Landwirtschaft und in einer nachhaltigen Produktivitätssteigerung der Landwirtschaft Subsahara-Afrikas münden und für beide Formen mit einer systematischen Anpassung an den

Klimawandel einhergehen. Darüber hinaus sollte der Handel mit Agrarprodukten als weiterhin wichtiger Faktor konsequent auf Resilienz und Nachhaltigkeit ausgerichtet werden.

## Handlungsempfehlungen

### Ökologisierung der industriellen Landwirtschaft der EU und Neuausrichtung der Gemeinsamen Agrarpolitik nach 2020

- *Reform der Gemeinsamen Agrarpolitik der EU in Richtung Umwelt- und Klimapolitik vorantreiben:* Die heutigen flächenbasierten Direktzahlungen sollten in Zahlungen für umweltbezogene bzw. Ökosystemleistungen umgewandelt werden. Übermäßiger Nährstoff- und Pestizideintrag sollte durch Ordnungspolitik bzw. möglicherweise über eine Lenkungsabgabe reduziert werden. „Dunkelgrüne" Agrarumwelt- und Klimamaßnahmen sollten trotz des erhöhten Verwaltungsaufwands weiterentwickelt werden. Die Kontrolle der geplanten nationalen Strategieprogramme zur Umsetzung der Gemeinsamen Agrarpolitik (GAP) sollte gestärkt werden. Mittelfristig sollte die GAP in einem umfassenderen System aufgehen, das die Ökosystemerhaltung auch jenseits von Agrarflächen fördert.
- *Wiederverkopplung landwirtschaftlicher Wirtschaftszweige und Schließung der Nährstoffkreisläufe:* Eine Wiederverkopplung des Pflanzenbaus mit der Tierhaltung, die die Schließung der Nährstoffkreisläufe ermöglicht, steigende Nährstoffnutzungseffizienz und Nährstoffrecycling (besonders von Phosphor) sowie eine Schaffung von Kohlenstoffsenken bzw. der Schutz natürlicher Kohlenstoffspeicher und die Humusbildung sollten verstärkt angestrebt und belohnt werden.
- *Entwicklung und Implementierung der Digitalisierung in der Landwirtschaft fördern:* Um eine Umgestaltung in der Landwirtschaft hin zu diversifizierten, multifunktionalen und nachhaltigen Landwirtschaftssystemen zu realisieren, sollte die Entwicklung und Implementierung technischer Innovationen für die Nachhaltigkeit, z. B. der Präzisionslandwirtschaft, gefördert werden. Hierdurch lässt sich die Verabreichung von Dünger, Pestiziden und Wasser optimieren. Dabei sollte beachtet werden, dass die technischen Innovationen an diversifizierte und kleinskalige Systeme angepasst sind und nicht großflächige Landwirtschaft befördern.
- *Partizipation, Beratung sowie Aus- und Weiterbildung fördern:* Für eine Landwende zur Nachhaltigkeit ist die Beteiligung und Beratung vielfältiger Akteure essenziell. Aus- und Weiterbildungsprogramme sollten über diversifizierte landwirtschaftliche Produktionssysteme und agrarökologische Praktiken informieren, die Ziele und Vorgaben der Agrarumweltprogramme besser erklären und zur Teilnahme animieren. Die Entwicklung und Ausgestaltung einer innovativen Ökologisierung sollte inter- und transdisziplinär erfolgen.

### Landwirtschaftliche Entwicklung in Subsahara-Afrika

- *Gelder für agrarökologische Maßnahmen über bestehende Subventionsprogramme der Regierungen kanalisieren:* Zur Finanzierung einer nachhaltigen Produktivitätssteigerung der Landwirtschaft Subsahara-Afrikas sowie zur Anpassung an den Klimawandel eignen sich die in den meisten afrikanischen Ländern bereits bestehenden Input Subsidy Programmes (ISP) als Kanäle. Die Programme sollten finanziell aufgestockt werden und analog zur GAP der EU könnte auch für die ISP eine zweite Säule geschaffen werden, um die ertragssteigernden mit den agrarökologischen Maßnahmen systematischer zu verschränken. Dies erfordert eine Koordinierung und gemeinsame Umsetzung der nationalen Anpassungsprogramme der jeweiligen Umweltministerien mit den Subventionsprogrammen der Landwirtschaftsministerien.
- *Die zusätzliche Arbeitsleistung zur Wiederinwertsetzung der Böden sollte als zentraler Erfolgsfaktor erkannt und finanziell unterstützt werden:* Für eine erfolgreiche Wiederinwertsetzung der Böden ist es zentral, nicht nur Materialien, sondern auch den enormen, zusätzlichen Arbeitseinsatz temporär finanziell zu unterstützen. Ansonsten ist das Risiko groß, dass die Landwirt*innen und Viehhirt*innen den mehrjährigen Zeitraum, der hierfür notwendig ist, nicht durchhalten können, da die Mehrzahl schon heute am Rande der Existenzschwelle lebt und wirtschaftet.
- *Neue Vereinbarungen zwischen Ackerbäuer*innen und Viehhirt*innen fördern:* Neue Vereinbarungen für ein Komanagement der Landnutzung in semiariden Regionen durch Ackerbäuer*innen und Viehhirt*innen könnten Ökosysteme stabilisieren und im Rahmen des integrierten Landschaftsansatzes durch Fachleute der Entwicklungszusammenarbeit moderiert werden. Insbesondere für die Sahelländer wäre dies gleichzeitig aktive Friedensarbeit.
- *Nahrungsmittelverluste beenden:* Die Nahrungsmittelverluste im Rahmen der Getreidelagerung betragen in Subsahara-Afrika rund ein Drittel des Jahresverzehrs pro Person. Es ist möglich, diese Verluste mit relativ einfachen Mitteln zu beenden, wenn zum Beispiel das Getreide in Säcken und kommunalen Speichern gelagert und mit Hilfe von E-Voucher-Systemen gemeinsam verwaltet würde. Durch ein

gemeinsames Management wäre zudem ein längeres Lagern möglich, und die Landwirt*innen könnten einen Teil ihrer Produkte, statt zu niedrigen Preisen direkt nach der Ernte, zu einem späteren Zeitpunkt zu höheren Preisen verkaufen.

### Handel

- *Nachhaltigkeit im Handel über Zertifizierung und Herkunftszeichen fördern:* Zertifizierungsprogramme (z.B. Fair Trade, Bio-Siegel, FSC) und geschützte Herkunftszeichen sollten im Design und in der Implementierung verbessert und gegebenenfalls neu entwickelt werden (z.B. Klimasiegel für Agrarprodukte), um Nachhaltigkeit zu befördern. In regionalen Handelsabkommen sollte proaktiv die Entwicklung von Richtlinien für freiwillige Ökolabel-Programme aus dem geplanten Agreement on Climate Change, Trade and Sustainability übernommen werden.
- *Nachhaltigkeit im Handel über Lieferkettenmanagement fördern:* Ansätze der Kooperation im Bereich Lieferkettenmanagement sollten ausgebaut und konkretisiert werden, um Nachhaltigkeit im Handel zu fördern. Eine Verkürzung und Entflechtung internationaler Wertschöpfungsketten im Agrarbereich erleichtert die Kooperation.
- *Resilienz gegenüber Schocks und Nahrungskrisen stärken:* Nur wenige Nettoexportländer versorgen eine große Anzahl Nettoimportländer und die meisten Entwicklungsländer, speziell in Subsahara-Afrika, sind in wachsendem Ausmaß von Nahrungsmittelimporten abhängig. Die Resilienz, d.h. die Kapazität robust gegenüber Schocks, Klimawandel und Nahrungskrisen zu sein, sollte über diversifizierte (insbesondere agrarökologische und klimasmarte) Maßnahmen, einen neuen Fond im Rahmen des Economic Partnership Agreements, z.B. für eine nachhaltige Produktivitätssteigerung einer klimaresilienten Landwirtschaft Subsahara-Afrikas, und durch Aid-for-Trade-Maßnahmen für nachhaltige Produkte gesteigert werden.

## Forschungsempfehlungen

### Nachhaltige Landnutzung in Subsahara-Afrika

- *Einbeziehung lokaler Forscher*innen und Praktiker*innen in Forschungsprojekte der Entwicklungszusammenarbeit stärken:* Neben dem afrikanischen akademischen Nachwuchs sollten auch erfahrene Praktiker*innen stärker in Forschungsprojekte einbezogen werden. Forschungsfragen sollten gemeinsam identifiziert und die Forschungen u.a. in Kooperation mit den „Grünen Innovationszentren" der deutschen Entwicklungszusammenarbeit umgesetzt werden.
- *Forschung zur Wiedergewinnung ursprünglicher Ertragsfähigkeit degradierter Böden:* Die Mechanismen zur Beschleunigung der Regenerierung degradierter Böden (Wiederinwertsetzung) sind noch nicht vollends verstanden. Ergänzende Forschungsprojekte hierüber sind daher empfehlenswert, denn es kann entscheidend sein, ob etwa ein Boden nach schon drei Jahren mit Maßnahmen zur Wiederinwertsetzung oder erst nach zehn Jahren bzw. niemals mehr seine ursprüngliche Ertragsfähigkeit wiedergewinnt.
- *Ökologische Intensivierungsmaßnahmen und Determinanten einer erfolgreichen Verbreitung der Maßnahmen erforschen:* Es bestehen Forschungsbedarfe zur Identifizierung ökologischer Intensivierungsmaßnahmen und deren Verbreitung, besonders in semiariden Regionen. Dabei sollte untersucht werden, wie Erträge mit Hilfe einer Stärkung von Ökosystemleistungen langfristig erhöht und wie geeignete bodenkonservierende Techniken effektiv verbreitet werden können.
- *Finanzierungsmechanismen für ein nachhaltiges Landmanagement optimieren:* Bei Anwendung neuer Finanzierungsmechanismen bzw. -modalitäten zugunsten der Landnutzer*innen in Subsahara-Afrika, z.B. mit Hilfe einer zweiten Säule in den ISP, könnten begleitende und experimentelle Forschungsprojekte dabei helfen, die erfolgreichsten Formate und Kanäle zu identifizieren.
- *Bedingungen für eine erfolgreiche Verbreitung diversifizierter Landwirtschaftssysteme erforschen:* Trotz zahlreicher Projekte der Entwicklungszusammenarbeit verbreiten sich geeignete bodenkonservierende Techniken und diversifizierte Landwirtschaftssysteme in Subsahara-Afrika oft nur schleppend und nicht kontinuierlich, d.h. sie werden nur auf einem Teil der Fläche durchgeführt oder immer wieder ausgesetzt. Untersucht werden sollte, ob es außer Beratungsbedarf und der breitenwirksamen finanziellen Unterstützung weitere Erfolgsfaktoren gibt.

### Ökologisierung der industriellen Landwirtschaft der EU und die Gemeinsamen Agrarpolitik nach 2020

- *Forschung zu Wirkungen der (Reform der) GAP fördern:* Indikatorensysteme zur Analyse der Wirksamkeit der GAP sollten weiterentwickelt werden (Output-, Wirkungs- und Ergebnisindikatoren). Diese sollten auch als Grundlage für zukünftige Reformen der GAP und ihrer Instrumente herangezogen werden.
- *Forschung zu agrarökologischen Ansätzen und Praktiken stärken:* Die Forschungs- und Innovations-

politik sollte sich auf die Entwicklung agrarökologischer Ansätze, deren Akzeptanz unter Landwirt*innen sowie die Auswirkungen auf landwirtschaftliche Produktionssysteme konzentrieren (z.B. die Rolle von Anreizmechanismen, institutionelle Voraussetzungen).

- *Neue Methoden, Ansätze und Modellierungen zum Agrarsektor anstoßen:* Um die Komplexität der Änderungsprozesse im Agrarsektor zu verstehen, sollten Citizen Science und Transformationsforschung (Reallabore, Living Labs oder Experimente), Multiakteursmodelle sowie Methoden der Raum- und Landschaftsplanung weiterentwickelt werden.
- *Digitalisierung für Nachhaltigkeit einsetzen:* In der Präzisionslandwirtschaft sollten intelligente Maschinen entwickelt werden, die auch an kleinere Feldgrößen bzw. diversifizierte Produktionssysteme angepasst sind. Auch sollten digitale Innovationen modulierbar, kreislauforientiert und wiederverwendbar bzw. wiederverwertbar sein und ein nachhaltiges Management der Ökosysteme ermöglichen.

### Handel

- *Analysen der Nachhaltigkeit im (Agrar-)Handel methodisch verbessern:* Die Methoden für *Ex-ante*-Bewertungen regionaler Handelsabkommen sollten weiterentwickelt werden. Auch sollten auf regionaler Ebene klimarelevante Im- und Exportströme sowie wichtige Landökosysteme und ökonomische Treiber für Landdegradation identifiziert und quantifiziert werden. Zudem sollten Vorschläge erarbeitet werden, wie diese Treiber instrumentell zu adressieren sind.
- *Verbesserung der Wirksamkeit von Zertifizierung, Herkunftszeichen und Lieferkettenmanagement erforschen:* Um die Auswirkungen verschiedener Zertifizierungsprogramme und Herkunftszeichen auf die Nachhaltigkeit (vor allem auch die Umwelt) besser zu verstehen, ist weitergehende Forschung gefragt. Auch sollten die Auswirkungen des Ausbaus des Lieferkettenmanagements und von Lieferkettengesetzen empirisch erforscht werden.
- *Forschung zur Rolle des Handels für die Ernährungssicherung fördern:* Die Effekte des Handels auf die Ernährungssicherung sollten intensiver beforscht werden. Dabei sollten die Interessen der Entwicklungs- und Schwellenländer berücksichtigt und Fragen zur Ausgestaltung der Entwicklungszusammenarbeit aufgenommen werden.
- *Resilienzforschung stärken:* (Klima-)Risikoanalysen und Langzeitanalysen zu den Auswirkungen von Schocks auf die Landnutzung und Produktivitäten sowie zum Anpassungsverhalten der Landwirt*innen (z.B. im Hinblick auf Anwendung agrarökologischer und klimasmarter Maßnahmen) sollten gefördert werden, um die Auswirkungen der Schocks (z.B. auch der Covid-19-Pandemie) besser zu erfassen und die Fähigkeit betroffener Akteure zur Krisenabfederung (coping capacities) zu stärken.

## Die Transformation der tierproduktlastigen Ernährungsstile in den Industrieländern vorantreiben

Die Dysfunktionalität der globalen Ernährungssysteme ist einer der Treiber des Trilemmas der Landnutzung (Kap. 3.4). Vor allem die tierproduktlastigen Ernährungsstile der Industrieländer und auch der wachsenden Mittelschichten in Schwellen- und Entwicklungsländern verstärken landbezogene Probleme für den Klima- und Biodiversitätsschutz und erschweren eine nachhaltige Ernährungssicherung. Ein bedeutendes Potenzial, diese Problemlage zu entschärfen, liegt in der Veränderung von Ernährungsstilen. In Europa ist bereits ein entsprechender Wertewandel weg von der Massentierhaltung hin zu einem verringerten Fleischkonsum zu verzeichnen. Die sich hier andeutende Transformation der Ernährungsstile kann durch konsequente Veränderung der Rahmenbedingungen, nachhaltigkeitsorientierte Normsetzung und Schaffung entsprechender Anreize für die Wirtschaft und Konsument*innen entscheidend befördert werden.

### Handlungsempfehlungen

#### Nachhaltige Ernährung durch mit der Planetary Health Diet konforme Leitlinien konsequent zur Norm erheben

- *Auf Nachhaltigkeit zielende Ernährungsleitlinien empfehlen:* Die Planetary Health Diet (PHD) enthält als Leitgedanken, dass ein Anteil täglicher Mahlzeiten durch eine verringerte Menge an Tierprodukten, insbesondere an rotem und verarbeitetem Fleisch, gestaltet wird. Dies sollte von entsprechenden Institutionen (für Deutschland z.B. die BZfE) als Grundsatz neuer Ernährungsleitlinien verankert und auch seitens der Bundesregierung nach außen empfohlen werden.
- *Auf der PHD beruhende Speisen in Gemeinschaftsverpflegungen anbieten:* Wegen der besonderen Vorbildfunktion sollte eine auf der PHD beruhende Ernährungsleitlinie kurzfristig als Grundlage der Speisengestaltung in öffentlichen Gemeinschaftsverpflegungen angeboten werden. Die Durchsetzung

sollte durch entsprechende transformative Forschung initiiert und weiterentwickelt werden.

- *Gebot der nachhaltigen Beschaffung im Bereich der öffentlich geförderten Beköstigung durchsetzen:* Bei jeglicher öffentlich geförderter Beköstigung (Konferenzcatering, Buffets im Kontext von öffentlichen Veranstaltungen usw.) sollte Nachhaltigkeit konsequent gestärkt und ein der PHD folgendes Speisenangebot als Standard etabliert werden.

## Den Trend zu tierproduktarmer Ernährung unterstützen und Ernährungsbiografien nachhaltig prägen

- *Die vielfältigen Initiativen, die sich nachhaltige Ernährung zum Ziel gesetzt haben, sichtbar machen und unterstützen:* Nachhaltigkeitsorientierte zivilgesellschaftliche Initiativen zur Veränderung des Umgangs mit Nahrung sollten vernetzt und gefördert werden, z. B. über die Initiierung von Dachverbänden, das Veranstalten von Foren oder das Ausloben eines Preises.
- *Ernährungsbiografien frühzeitig nachhaltig prägen:* Insbesondere in Bildungseinrichtungen sollten kurzfristig die auf der PHD basierenden Ernährungsleitlinien gelten, und zwar nicht nur in der Gemeinschaftsverpflegung. Sie sollten darüber hinaus auch im Curriculum Beachtung finden, um den bereits messbaren gesellschaftlichen Wertewandel weiter zu befördern.

## Konsument*innen darin unterstützen, nachhaltige Ernährungsstile zu praktizieren

- *Einpreisung von Umweltexternalitäten und Abbau von Subventionen fördern:* Derzeit werden Konsument*innen nicht durch Preise, die die gesellschaftlichen Kosten der Ernährung widerspiegeln, oder entsprechende Auswahlmöglichkeiten in einem nachhaltigen, solidarischen Ernährungsstil unterstützt. Die Einpreisung von Umweltexternalitäten sollte insbesondere auf Produktionsseite vorangetrieben werden, um entsprechende Preissignale zu schaffen.
- *Entwicklung eines konsument*innengerechten Informationssystems zur Kennzeichnung von Umweltexternalitäten fördern:* Ernährungsstile sind an individuellen Zielsystemen ausgerichtet, so dass eine etwa durch Kennzeichnung in Form von Siegeln zur Verfügung gestellte Information über die Umweltbelastungen eines Produkts nicht allen Konsument*innen gerecht werden kann. Daher sollten eine Informationsplattform zu Umweltexternalitäten von Lebensmitteln und entsprechende Apps für eine möglichst umfassende Aufklärung von Konsument*innen entwickelt werden.
- *Zertifikat „Nachhaltiges Lebensmittelangebot" einführen:* Ein Zertifikat „Nachhaltiges Lebensmittelangebot" sollte für den Einzelhandel eingeführt werden. Das Zertifikat könnte etwa daran anknüpfen, dass das Angebot den Grundlagen der PHD entspricht und mindestens 50 % der Nahrungsmittel mit gut aufgearbeiteten Informationen über Umweltexternalitäten angeboten werden. Ein solches Zertifikat könnte von privaten Initiativen entwickelt und unterstützt von staatlichen Einrichtungen weiterentwickelt und herausgegeben werden.
- *Zertifikat „Nachhaltige Gastronomie" einführen und europaweit fördern:* Der aufstrebende Trend vegetarischer und veganer Restaurants sollte gefördert werden. Dazu sollten Informationen über Umweltexternalitäten pro Gericht zur Verfügung gestellt sowie ein Gastronomielabel entwickelt und eingeführt werden, das zertifiziert, dass ein PHD-konformes Umsatzziel erreicht wird.
- *Initiative starten um Werbung für ungesunde Nahrungsmittel mit Warnhinweisen zu versehen:* Der Überkonsum von Tierprodukten ist in Teilen auch gesundheitsschädlich. Gleiches gilt für andere Nahrungsmittelkategorien, wie etwa zucker- und fettreiche Produkte. Ein gesellschaftlicher Diskurs, inwiefern Werbung für solche Produkte mit Informations- oder sogar Warnhinweisen ausgestattet werden können, sollte angestoßen werden. Ein solches Vorhaben sollte europaweit vorangebracht werden.

## „Gesunden Handel" national und international fördern

- *Bei internationalen Handels- und Investitionsvereinbarungen Auswirkungen auf die Ernährung von Bevölkerungen berücksichtigen:* Die vom Ausschuss für Welternährungssicherheit entwickelten Grundsätze für verantwortungsvolle Investitionen im Agrar- und Ernährungssystem stärken die Ernährungssicherung und das Recht auf adäquate Nahrung und sollten konsequent umgesetzt werden. Dies gilt insbesondere für regionale und bilaterale Handelsabkommen, die einen besonders starken Schutz der Investoren beinhalten.
- *Den Handel als Motor zur Erreichung einer nachhaltigen und gesunden Ernährung nutzen:* Der Agrarhandel ermöglicht die Versorgung insbesondere auch der urbanen Bevölkerung mit vielfältigen, nachhaltig erzeugten Agrarerzeugnissen. Der Handel hat aber auch indirekte Effekte, da durch die Kommerzialisierung und den Export von Agrarerzeugnissen Einkommen generiert wird, das zur Ernährungssicherung insbesondere der ländlichen Bevölkerung beiträgt. Aid-for-Trade-Maßnahmen können dies gezielt fördern.

## Forschungsempfehlungen

### Transformative Forschung zur Stärkung nachhaltiger Ernährungsstile

- *Nachhaltige Ernährungsstile durch Reallabore an Bildungseinrichtungen fördern:* Konzepte zur Einführung neuer, auf der PHD basierende Ernährungsleitlinien oder PHD-gerechter Mahlzeiten könnten an Universitäten und Schulen in Form von Reallaboren entwickelt und erprobt werden.
- *Potenziale nachhaltiger Angebote im Gaststättengewerbe erforschen:* Mit Akteuren aus der Gastronomie (z.B. dem Deutschen Hotel- und Gaststättenverband) und der Zivilgesellschaft sollte erforscht werden, wie sich auch hier der PHD angenähert werden kann, und welche Informationsangebote Gäste in ihrem Bestreben sich nachhaltig zu ernähren sinnvoll unterstützen können.
- *Bedürfnisgerechte Informationsangebote für nachhaltigen Konsum transformativ entwickeln:* Bisherige Produktsiegel bilden individuelle Informations- und Orientierungsbedürfnisse nicht ausreichend ab. Eine Lösung könnte sein, Online-Informationsportale einzurichten, in denen nach individuellen Informationsbedürfnissen Kriterien ausgewählt und entsprechende Produktempfehlungen gegeben werden können. Der Wissenschaftliche Beirat für Agrarpolitik, Ernährung und gesundheitlichen Verbraucherschutz beim BMEL empfiehlt, eine solche Open-Access-Datenbasis zu schaffen, die die Entwicklung eines „digitalen Ecosystems nachhaltigere Ernährung" (WBAE, 2020) unterstützen würde. Die Entwicklung solcher Informationssysteme kann nur in einem breit angelegten Forschungsprogramm unter Einbeziehung eines breiten Spektrums von zivilgesellschaftlichen Akteuren erfolgen.
- *Nachhaltige Perspektiven für Fleisch und Milch transformativ erkunden:* Durch partizipative Forschungsansätze sollte in Austausch mit Akteuren vor allem aus ländlichen Regionen ein Konzept für eine nachhaltige Zukunft der Tierhaltung und Produktion von tierischer Nahrung exploriert und diskutiert werden. Ziel könnte sein, Voraussetzungen für ein Bürger*innengutachten zum Themenfeld „Zukunftsperspektive Fleisch und Milch" zu schaffen.

### Bestehende Forschungsprogramme im Ernährungsbereich um nachhaltige Aspekte erweitern

- *Kompetenz-Cluster Ernährungsforschung um Forschung zu Nachhaltigkeit erweitern:* Das Kompetenz-Cluster Ernährungsforschung des BMBF und das EU-Programm „A Healthy Diet for a Healthy Life" sind im Ernährungsforschungsbereich prominent, fokussieren jedoch fast ausschließlich auf den Gesundheitsaspekt. Der WBGU empfiehlt eine Erweiterung um weitere Nachhaltigkeitsaspekte. Dabei wären Akteure wie das BMEL, das BMU, das Bundeszentrum für Ernährung oder das Deutsche Institut für Ernährungsforschung einzubeziehen.
- *Wirkungen von politischem Konsum und alternativer Formen der Ernährung erforschen:* Die Entstehung vielfältiger Initiativen im Bereich nachhaltiger Ernährung ist auch Ausdruck von politischem Konsum und deutet darauf hin, dass Ernährung als Ausdrucksform besonders bedeutsam ist. Implikationen (kollektive Wirksamkeit, Selbstwirksamkeitserleben, Diffusionspotenzial) sollten in einem sozialwissenschaftlichen Forschungsprogramm mit Blick auf Auswirkungen auf individuelle Lebensqualität und gesellschaftliche Wirkungen untersucht werden.
- *Wirkung von und Bezugnahme auf Ernährungsleitlinien erforschen:* Inwiefern sich ganze Bereiche unterschiedlicher Ernährungsorte oder auch nur einzelne Institutionen oder Verbände (z.B. Studentenwerke, Kantinen) konkret nach Ernährungsleitlinien richten, ist größtenteils unbekannt. Eine entsprechende Aufarbeitung, um die Wirkungskraft von Ernährungsleitlinien akkurater beurteilen zu können, wäre auch im Hinblick auf eine Neuausrichtung auf die PHD hilfreich.
- *Quantifizierungsmethodik für Lebensmittelverschwendung und ihr Potenzial optimieren:* Aktuell stellt sich die Quantifizierung von Lebensmittelverschwendung (food waste) als methodisches Problem dar. Dies sollte in zukünftigen Forschungsvorhaben berücksichtigt werden, zumal sich prominente Nachhaltigkeitsstrategien auf eine Verminderung der Lebensmittelverschwendung stützen.
- *Internationale Forschungskooperationen für die Zukunft der Ernährung anstoßen:* Bestehende Forschungsaktivitäten zu nachhaltiger Ernährung sollten systemisch auf alle Trilemmadimensionen und international ausgerichtet werden. Die Vielfalt der Ernährungsstile weltweit sollte systematisch nach Gesundheits- und Nachhaltigkeitsauswirkungen bewertet werden. Ein entsprechendes Forschungsprogramm und Kooperationen sollten angestoßen werden.

## Bioökonomie verantwortungsvoll gestalten und dabei Holzbau fördern

Die stoffliche oder energetische Nutzung von Biomasse im Sinne der Bioökonomie bietet vielfältige Optionen, emissionsintensive Prozesse und fossile Rohstoffe zu ersetzen (Kap. 3.5). Dabei verstärkt der steigende Landbedarf für die Biomassegewinnung jedoch Konkurrenzen zu Ernährungssicherung und Biodiversitätserhaltung. Um eine auf nachhaltige Landnutzung gestützte Bioökonomie zu gestalten, ist deshalb ein begrenzender Rahmen für die Nutzung von Biomasse und eine Priorisierung nach Einsatzarten erforderlich. Im Zuge einer hierarchisierten Biomassenutzung sollte, unter Berücksichtigung der Erhaltung von Biodiversität und natürlicher Kohlenstoffspeicher, die Priorität zunächst auf Ernährung und dann erst auf stofflichen und einzelnen energetischen Anwendungen liegen. Dabei sollten solche Anwendungen bevorzugt werden, bei denen Kohlenstoff gespeichert wird oder für die es keine anderen, nicht auf fossilen Energien beruhenden Alternativen gibt. Daher legt der WBGU in diesem Gutachten einen exemplarischen Fokus auf die Stärkung des Bauens mit Holz anstelle von Zement und Stahl. Holz als Baustoff bietet effektive Möglichkeiten, langfristig Kohlenstoff zu speichern, sollte aber aus standortgerechter, nachhaltiger Waldwirtschaft stammen. Die stoffliche und energetische Nutzung von Nebenprodukten aus der Agrar- und Forstwirtschaft kann besonders in Entwicklungs- und Schwellenländern auch zu wirtschaftlich nachhaltiger Entwicklung und Ernährungssicherung beitragen.

### Handlungsempfehlungen

#### Holzbau

- *Mit internationalen Partnern eine weltweite „Mission nachhaltiges Bauen" ausrufen:* Diese Mission sollte die Entwicklung und großskalige Umsetzung nachhaltiger (Holz-)Bauweisen strategisch an eine nachhaltige Rohstoffversorgung koppeln, dabei staatliche Akteure sowie Wirtschaft, Wissenschaft und Zivilgesellschaft einbinden und globale Strategien zu nachhaltigen Rohstoffen und Baustoffnutzung entwickeln. Die Mission bildet den Rahmen für alle folgenden Empfehlungen zum Holzbau.
- *Globale Strategien zu nachhaltigen Rohstoffen und Baustoffnutzung entwickeln:* Die an der Mission beteiligten Partner sollten gemeinsam erarbeiten, welche Technologien und Rohstoffe aus welchen Quellen die Bauwirtschaft weltweit nachhaltiger machen können. Die Strategien sollten iterativ auf Basis von Forschung zu realisierbaren Rohstoffszenarien sowie neuen Baumaterialien und Bauweisen entwickelt werden. Dabei sind Landnutzungs- und Biomasseansprüche für Ernährung, Umwelt- und Klimaschutz sowie regional unterschiedliche Bedingungen bei Ressourcen und Demografie zu berücksichtigen.
- *Nachhaltige Rohstoffbereitstellung und Einpreisung von Umweltkosten im konventionellen Bau parallel verstärken:* Die Internalisierung von Umweltkosten (z.B. höhere effektive $CO_2$-Preise für Zement und Stahl, Umweltauflagen für Sand) macht nachhaltiges Bauen relativ zum konventionellen Bauen attraktiver. Sie schafft Anreize zu Materialeffizienz und Wiederverwendung, steigert aber auch die Nachfrage nach biogenen Materialien, so dass sie mit einer Roadmap zur massiven Ausweitung des Schutzes von Primärwäldern, der Zertifizierung von Forstwirtschaft und des Rohstoff-Monitorings verbunden werden sollte.
- *Aus- und Weiterbildung für nachhaltiges Bauen stärken:* Um alle Wertschöpfungsstufen des nachhaltigen Bauens weltweit und auch im ländlichen Raum zu etablieren, muss das nötige Wissen verbreitet werden (etwa zu Materialien, Bauweisen, Normen und Zertifizierungen sowie Kreislaufoptionen). Ingenieurs- und duale Ausbildungsgänge sowie Fortbildungen zum nachhaltigen Bauen sollten in größerer Zahl, praxisnah, günstig und nicht nur von Branchenverbänden angeboten werden.
- *In Industrieländern Holzbau etablieren – angepasste Regulierungen, Kreislaufwirtschaft, nachhaltiges öffentliches Bauen:* Bauvorschriften, also Normen und Standards sowie Ordnungsrecht, die nachhaltigen Holzbau oft noch benachteiligen, sollten zu dessen Gunsten angepasst werden und ihn auch bei energetischen Sanierungen dem konventionellen Bauen gleichstellen. Dies betrifft auch Vorgaben und Standards zur Förderung von Kreislaufansätzen. Die öffentliche Hand sollte selbst ausschließlich nachhaltig bzw. mit Holz bauen und dabei proaktiv zur internationalen Verbreitung sowie Kontrolle von Nachhaltigkeitsstandards in der Forstwirtschaft beitragen.
- *Nachhaltiges Bauen in Entwicklungs- und Schwellenländern – Entwicklung regionaler, nachhaltiger Baustoff- und Bauwirtschaft:* Vor allem Länder mit hohem Zubaubedarf oder nachhaltigem Ressourcenpotenzial sollten bei der Produktion nachhaltiger Baumaterialien sowie Planung, Bau, Erhaltung und Wiederverwendung regional angepasster nachhalti-

ger Gebäude unterstützt werden. Förderwürdig sind z. B. Kooperationen lokaler Land- und Forstwirte mit Bauunternehmen und F&E-Einrichtungen, verknüpft mit lokalen Investitions- und internationalen Handelsprogrammen.

### Bioökonomie insgesamt

- *Ökosystemschutz und Begrenztheit nachhaltiger Ressourcenpotenziale als Vorbedingung der Bioökonomie ernst nehmen:* In Bioökonomiestrategien sollten die verstärkte Nutzung biogener Ressourcen und die entsprechende Innovationsförderung explizit an Vorbedingungen des Ökosystemschutzes geknüpft werden, insbesondere an den verantwortungsvollen Umgang mit Land sowie Biomassenutzung nach bestimmter Priorisierung und innerhalb planetarischer Grenzen. Dies umfasst auch quantifizierte, verbindliche Ziele zur Reduktion des Biomasseverbrauchs. Weitere Eckpunkte sind ein System verbindlicher Nachhaltigkeitsauflagen, finanzieller Anreize und des Rohstoff-Monitorings für alle produzierte wie gehandelte Biomasse, dazu die Berücksichtigung von Verteilungswirkungen durch veränderte Land- und Biomassepreise.
- *Nicht biobasierte klimafreundliche Alternativtechnologien ausschöpfen und aktuelle Biomassenutzungen anpassen:* In erster Linie sollten Nachfragereduktion, Effizienzsteigerungen und nicht biobasierte emissionsarme Technologien eingesetzt werden, um fossile Rohstoffe einzusparen, ohne dass die Biomassenachfrage steigt. „Freigesetzte" Biomasse und Flächen sollten vorrangig zur Erhaltung und Renaturierung von Ökosystemen dienen, und erst dann auch für Anwendungen, wo emissionsarme Alternativen fehlen oder Kohlenstoff langfristig gebunden bleibt.
- *Einsatz effizienzsteigernder Innovationen favorisieren und Wiederverwendung stärken:* Biobasierte Innovationen und Prinzipien, wie effizienzsteigernde Technologien, Kreislauf- und Kaskadennutzung, sollten vor allem zum Ökosystemschutz eingesetzt werden, indem sie die Rohstoffnachfrage verringern. Vorhandene Ansätze in Deutschland und der EU sollten verstärkt Biomasse einbeziehen, um trotz Substitution emissionsintensiver Rohstoffe durch Biomasse den Gesamtbedarf an Primärrohstoffen zu senken.
- *Übergang zur nachhaltigen Bioökonomie in gesellschaftliche Transformation einbetten:* Um mit demokratischem Nachdruck weitere Transformationsprozesse anzustoßen, sollten z. B. im 2020 neu ausgerichteten Bioökonomierat des Bundesministeriums für Ernährung und Landwirtschaft der (globale) Umweltschutz und die Zivilgesellschaft stärker repräsentiert werden. Bildung und Ausbildung sollten auch kritische Perspektiven auf Bioökonomie aufgreifen. Deutsche wie EU-Bioökonomiestrategien sollten mit grundlegenden Landwirtschafts- und wirtschaftspolitischen Strategien sowie dem noch zu entwickelnden Programm zum „neuen europäischen Bauhaus" (von der Leyen, 2020) synchronisiert werden.

## Forschungsempfehlungen

### Holzbau

- *Wissensbasis und Szenarien zu nachhaltig verfügbaren biogenen Rohstoffpotenzialen für die Bauwirtschaft verbessern:* Die Entwicklung einer Strategie zur Transformation des Bauens weltweit erfordert die detaillierte Erfassung und Prognose von Rohstoffpotenzialen (z. B. Holz, Bambus, Papyrus). Dies umfasst Produktion und Nutzung, Substitutionsmöglichkeiten, ökologische Grenzen und Klimawandel. Entsprechende Forschung zum nachhaltigen Bauen sollte eingebettet werden in Potenzialabschätzungen für die Bioökonomie insgesamt.
- *Nachhaltige Baumaterialien und Bauweisen sowie deren Normierung und Zertifizierung weiterentwickeln:* Forschungsbedarfe betreffen diverse biogene Werkstoffe (auf Basis von Nadel- oder Laubholz, Bambus, Papyrus) sowie andere nicht biogene, aber klimafreundliche Materialien (Lehmziegel, Naturstein), dazu emissionsreduzierten Zement. Darauf basierende nachhaltige Bauweisen sollten Treibhausgasmissionen im gesamten Lebenszyklus, Langlebigkeit, „Reparierbarkeit" und flexible Nutzbarkeit von Gebäuden sowie Weiterverwendung von Bauteilen oder Materialien berücksichtigen. Bauforschungsinstitute sollten in die „Mission nachhaltiges Bauen" eingebunden und noch stärker international vernetzt werden.

### Bioökonomie insgesamt

- *Erfassung und Prognose von Biomasseangebot und -nachfrage verbessern:* Das Monitoring von Biomassenutzungen sowie Angebots- und Nachfrageprognosen sollten verfeinert werden, um Zielkonflikte zwischen Nutzungsarten, Flächenverfügbarkeiten und Biomasseproduktionspotenziale zu analysieren, mit Berücksichtigung von Biodiversitäts- und Ernährungssicherung. Dies betrifft z. B. auch regionale Analysen zum Potenzial landwirtschaftlicher Nebenprodukte oder marginaler Landwirtschaftsflächen für die nicht ernährungsbezogene Bioökonomie zur Diversifizierung kleinbäuerlicher Einkommen.
- *Angewandte Forschung speziell zu nachhaltigkeitsorientierten Einsatzbereichen und Technologiefeldern der Bioökonomie vorantreiben:* Die Forschungs- und

Technologieförderung sollte vermehrt Ansätze berücksichtigen, welche die „Reichweite" der begrenzt verfügbaren Biomasse erhöhen. Dies umfasst Forschung und Entwicklung zu Wiederverwendungs- und Recyclingmöglichkeiten, Effizienzpotenzialen sowie nicht biobasierten Alternativen zu energetischen „Brückentechnologie"-Anwendungen von Biomasse. Verfahrenstechniken für effiziente Bioraffinerien sollten weiterentwickelt werden, ebenso die Biomassegewinnung durch künstliche Photosynthese und Aquakulturen.

### Die Umsetzung der Mehrgewinnstrategien

Die exemplarisch vorgestellten Mehrgewinnstrategien bilden Bausteine, mit denen die Landwende zur Nachhaltigkeit umgesetzt werden kann. Dies geschieht am besten im Rahmen des integrierten Landschaftsansatzes, der mehr als die verhandelte parallele Koexistenz unterschiedlicher Flächennutzungen darstellt. Hierbei wird auf eine synergistische Integration unterschiedlicher Nutzungen abgezielt – und damit auch auf die Entschärfung des Trilemmas der Landnutzung. Dafür werden flexiblere Formen von Planung und Governance benötigt, um bestehende administrative Grenzen überschreiten zu können. Neben transdisziplinärer Zusammenarbeit bedarf es auch eines iterativen, adaptiven Managements und kontinuierlichen Lernens über lange Zeiträume. Die Umsetzung der Mehrgewinnstrategien zur Ermöglichung einer globalen Landwende zur Nachhaltigkeit setzt aber auch die Schaffung geeigneter Rahmenbedingungen und Anreizsysteme durch Global Governance voraus.

## Transformative Governance für einen solidarischen Umgang mit Land

Landökosysteme und ihre Leistungen sind als globale Gemeingüter auf die breite und solidarische Verantwortungsübernahme durch alle Akteure angewiesen. Die Mehrgewinnstrategien bieten Ansatzpunkte für wichtige Veränderungen, doch eine globale Landwende ist eine transformative Herausforderung, die weit über einzelne Mehrgewinnstrategien hinausgeht.

### Pionier*innen des Wandels: Akteure zur Verantwortungsübernahme ermächtigen

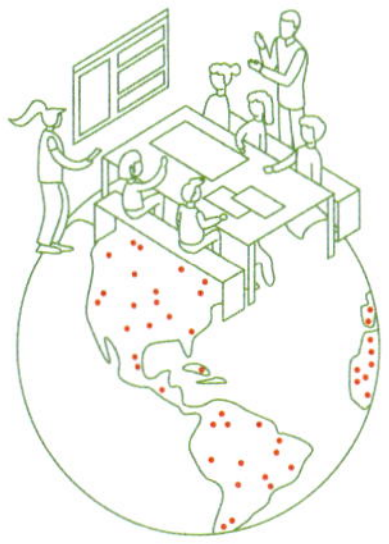

Solidarische Konsumstile, die sensibel für die Knappheit der Landökosysteme sind, verbreiten sich immer mehr. Mittlerweile gibt es zahlreiche Beispiele für Pionier*innen des Wandels, die neue nachhaltige, landbasierte Schutz- und Nutzungspraktiken erproben (Kap. 4.1). Um solche Pionieraktivitäten und solidarischen Konsum in der Breite zu fördern, sollten Vernetzung und Sichtbarkeit unterstützt sowie finanzielle Ressourcen bereitgestellt werden. Übergreifend sollten durch entsprechende Rahmenbedingungen wahre Preise für landbasierte Konsumgüter sowie Bildungsangebote in Schule, Ausbildung und beruflicher Weiterbildung geschaffen werden.

### Handlungsempfehlungen

- *Vertrauenswürdige Informationsangebote staatlicherseits fördern:* Für die einzelne Handlungsentscheidung brauchen Konsument*innen vertrauenswürdige Informationsangebote. Mangelnde oder widersprüchliche Information demoralisiert engagierte Konsument*innen. Insbesondere zur Überwindung von alten (im Sinne der Nachhaltigkeit unangemessenen) Konsumpraktiken ist es hilfreich, wenn der Staat konsistent für Alternativen eintritt. In der konsistenten Wahrnehmung seiner Steuerungsaufgaben (Besteuerung, Angebotseinschränkungen, Quoten usw.) vermittelt der Staat auch einen allgemeinen gesellschaftlichen normativen Anspruch.
- *Pionier*innen sichtbar machen und Ressourcen für Vernetzung bereitstellen:* Einzelne Akteure, die in ihren Rollen als Teil der Zivilgesellschaft, der Wissenschaft oder Wirtschaft für die Landwende durch das Erproben neuer Ideen eintreten, können in ihrem transformatorischen Handeln unterstützt werden, indem bestehende individuelle Aktivitäten oder Initiativen sichtbar gemacht, vernetzt und mit Ressourcen (etwa finanzielle Mittel, Räumlichkeiten) ausgestattet werden.
- *Nachhaltige Bildung in Schule, Aus- und Weiterbildung fördern:* Bildung ist generell Voraussetzung für Teilhabe an der sich wandelnden Gesellschaft, für Problemverstehen und die Entwicklung persönlicher Handlungsnormen. Bildung ist zudem wichtig als Ressource für das Verschaffen von Informationen (Wissen über alternative Produkte) und die kritische

Auseinandersetzung mit Informationsquellen, bzw. die Kenntnis von vertrauenswürdigen Informationsquellen. Über schulische Bildung hinaus ist für das Mainstreaming von neuen Praktiken erforderlich, dass Ausbildungspläne (etwa im Bauhandwerk, in der Gastronomie) angepasst werden und Weiterbildungsangebote schnell verfügbar sind.

› *Gendergerechtigkeit als Querschnittsthema der Landwende auf bundespolitischer Ebene vorantreiben:* Um den Beitrag der Bundesregierung zur globalen Landwende gendergerecht und erfolgreich zu gestalten, sollten das politische Mainstreaming von Gendergerechtigkeit vorangetrieben und dabei insbesondere strukturelle Machtunterschiede und Treiber von Genderungerechtigkeit in Deutschland und seinen Institutionen abgebaut werden. Hierfür sind ökonomische und politische Teilhabe zentral. Sie ließen sich durch gendersensible Sozialpolitik, genderparitätische politische und ökonomische Repräsentanz sowie mit Antidiskriminierungstrainings für Führungspersonal fördern.

### Forschungsempfehlungen

› *Interdisziplinäre Forschung zum Nexus-Bereich von Gender- und Umweltthemen fördern und multilaterale Indikatoren mit Monitoring entwickeln:* Mit dem Ziel die Agenda 2030 und die Rio-Konventionen durch Gender-Umwelt-Indikatoren mit entsprechendem Monitoring zu stärken, sollte auf bestehenden Entwürfen (etwa UN Environment und IUCN, 2018) aufgebaut und dabei neben Frauen* auch andere diskriminierte Gruppen berücksichtigt werden. Mehr wissenschaftlicher Aufmerksamkeit bedarf das Thema Gendergerechtigkeit in OECD-Staaten, nicht zuletzt in der Begleitung des European Green Deals. Sozialwissenschaftliche Ansätze, wie die feministische politische Ökologie, können hierzu einen wichtigen Beitrag leisten und sollten vermehrt gefördert werden.

## Gestaltender Staat: Rahmenbedingungen für den solidarischen Umgang mit Land schaffen

Die Herausforderung für Staaten besteht darin, ein konsistentes System unterschiedlicher Instrumente (z.B. Preisanreize, freiwillige und verpflichtende Nachhaltigkeitsstandards, raumbezogene Pläne, Subventionen usw.) zu entwickeln, um eine Landwende nicht nur für Pionier*innen des Wandels, sondern für die gesamte Gesellschaft zu unterstützen und Blockaden abzubauen (Kap. 4.2). Staaten sollten dafür sorgen, dass sowohl jene, die Land nutzen, als auch jene, die auf Landflächen erzeugte Produkte konsumieren, die negativen Auswirkungen ihres Handelns auf Ökosysteme berücksichtigen und ihre positiven Beiträge zu Schutz oder Förderung von Ökosystemen und ihren Leistungen gesellschaftlich honoriert werden. Ausgehend von einer Vielzahl partieller, sektoraler Regelungen sollte daher ein bezüglich Flächen, (sektoraler) Biomassenutzungen und Akteuren möglichst umfassendes System aus aufeinander abgestimmten Instrumenten entwickelt werden, insbesondere wenn die Nachfrage nach neuen Land- und Biomassenutzungen stark ansteigt, z.B. durch höhere $CO_2$-Preise. Besondere Herausforderungen für das nationalstaatliche Handeln liegen darüber hinaus in der Durchsetzung dieser inländischen Anforderungen an den Umgang mit Land auch auf internationaler Ebene (z.B. über Freihandelsabkommen oder Grenzausgleichssteuern), um internationale Verlagerungen nicht nachhaltiger Verhaltensweisen und damit anderswo verursachte indirekte Landnutzungsänderungen zu unterbinden, sowie in der Identifikation und Abfederung von Verteilungswirkungen des staatlichen Handelns und einer Landwende insgesamt.

### Handlungsempfehlungen

› *Indikatoren und Monitoring zum nachhaltigen Umgang mit Land und Biomassenutzung weiterentwickeln:* Zur Erfassung von Zielen und Strategien auf verschiedenen Governance-Ebenen sollten bestehende Systeme aus Nachhaltigkeitsindikatoren ergänzt und verbessert werden (z.B. zu Biodiversität, Ökosystemleistungen und Ressourcenverbrauch). Transparentes Monitoring sollte auf allen Governance-Ebenen gestärkt werden, z.B. durch ein gemeinsames Open-Data-Ökosystem, das auch Citizen Science einbindet.

› *Ausgewählte partielle Lenkungsansätze verbessern:* Bereits bestehende Instrumente, von freiwilligen Zertifizierungen über finanzielle Anreize bis hin zu Auflagen (z.B. zur Flächennutzung aufgrund von Natur- oder Grundwasserschutz oder Verboten von Pestiziden) sollten im Sinne eines nachhaltigen Umgangs mit Land wissenschaftsbasiert verbessert und konsequent durchgesetzt werden. Staaten sollten ihrer Vorbildfunktion gerecht werden, z.B. im öffentlichen Beschaffungswesen, als Land- und Forsteigentümer oder als Bauherren.

› *Aus partiellen, sektoralen Lenkungsansätzen ein konsistentes System entwickeln:* Ein nachhaltiger Umgang mit Land erfordert die Kombination von finanziellen

Anreizen und verpflichtenden Nachhaltigkeitsstandards, die über Sektoren harmonisiert und ausgeweitet werden. Bestehende partielle Regulierungs- und Anreizinstrumente sollten wissenschaftsbasiert in ein solches konsistentes Gesamtsystem überführt werden.

- *Integrierte Landschaftsansätze bei Planung und Flächenausweisungen anwenden:* Der integrierte Landschaftsansatz und insbesondere die Möglichkeit zur Planung und Ausweisung multifunktionaler Flächennutzungen durch bestehende Planungsinstrumente wie die Raumordnung sollten als Leitbild und -konzept in nationales Planungsrecht und Planungsaktivitäten integriert werden.
- *Handelspolitische Entscheidungen intensiver auf Implikationen für Land und Ökosysteme überprüfen:* Handelspolitische Entscheidungen, insbesondere der Abschluss von Freihandelsabkommen, sollten frühzeitig und sorgfältig auf ihre Nachhaltigkeitswirkungen hin überprüft werden. Wirksame Regelungen und Kontrollmechanismen sollten auf dieser Grundlage und unter Beteiligung der Öffentlichkeit bereits im Verhandlungsprozess gesucht und beschlossen werden.
- *Rahmensetzungen für nachhaltigen Umgang mit Land innerhalb bestehender handelsrechtlicher Möglichkeiten flankieren:* Inländische Rahmensetzungen für einen nachhaltigen Umgang mit Land sollten auch auf Importe angewendet werden. Für diese Angleichung sollten primär kooperative Ansätze wie Verhandlungen über regionale Freihandelsabkommen und zur Förderung des Handels mit nachweisbar nachhaltigen Gütern und Dienstleistungen genutzt werden. Insbesondere über Freihandelsabkommen verbundene Staaten sollten aber gegebenenfalls auch im Handelsrecht mögliche Grenzausgleichsmaßnahmen gegenüber Drittstaaten ausschöpfen.
- *Nachhaltigen Umgang mit Land durch Reformen des Handelsrechts fördern:* Die Möglichkeiten von Staaten, nachhaltige Rahmenbedingungen in ihren außenwirtschaftlichen Beziehungen durchzusetzen, sollten gestärkt werden, etwa durch Präzisierung und Erweiterung der Ausnahmetatbestände unter dem Recht der Welthandelsorganisation (WTO). Neben einer neuen Verständigung über handelsrechtliche Barrieren und einer Erweiterung der WTO-Überprüfungsmechanismen sollten Initiativen zum Abbau schädlicher Subventionen und zur Förderung des Handels mit nachweisbar nachhaltigen Gütern und Dienstleistungen (u.a. Produkte des Ökolandbaus und Technologien für erneuerbare Energien, Recycling oder Energieeffizienz) ergriffen und unterstützt werden.
- *Verteilungseffekte antizipieren und adressieren – Subventionen reformieren, Landrenten abschöpfen:* Umfassende regulatorische Rahmensetzungen für einen nachhaltigen Umgang mit Land ziehen wegen der bestehenden Eigentumsordnungen, der Knappheit von Land und des Grundversorgungscharakters vieler landbasierter Produkte Verteilungseffekte nach sich, die frühzeitig evaluiert und durch begleitende Instrumente abgefedert werden sollten.

### Forschungsempfehlungen

- *Empirische Forschung zu Wirkung, Lücken und Erfolgsfaktoren von Instrumenten für einen nachhaltigen Umgang mit Land:* Die systematische Evaluation bestehender Zertifizierungen, finanzieller Anreize und Auflagen ist Voraussetzung für die Weiterentwicklung und Ergänzung der Instrumente. Die Evaluation der Instrumente sollte durch ein internationales Expertengremium regelmäßig gebündelt und Handlungsempfehlungen abgeleitet werden.
- *Potenziale und Vereinbarkeit von Mehrgewinnstrategien ausloten:* Realistische weltweite, regionale und nationale Szenarien zur koordinierten Nutzung von Mehrgewinnstrategien sollten entwickelt und ihre jeweiligen Beiträge zur Entschärfung des Trilemmas der Landnutzung ermittelt werden.
- *Verteilungseffekte politischer Rahmensetzungen für einen nachhaltigen Umgang mit Land abschätzen:* Die nach Akteursgruppen aufgelösten Auswirkungen neuer Rahmenbedingungen auf Landeigentum und -preise sowie die Preise und Verfügbarkeit von Nahrungsmitteln und Biomasse müssen frühzeitig und auf Basis besserer Daten wissenschaftlich identifiziert und quantifiziert werden, um ihre Verteilungswirkung adressieren zu können.

## Eine Landwende als Teil des European Green Deal

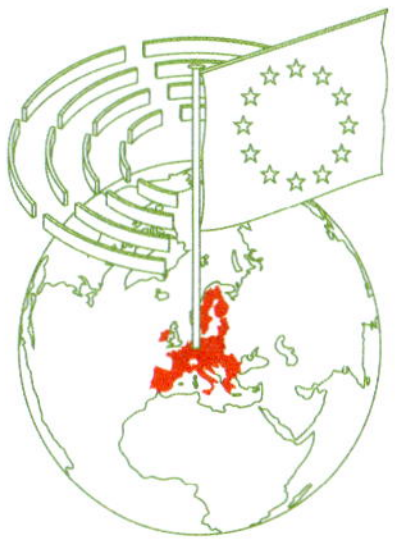

Die Europäische Union (EU) ist als territorial zu großen Teilen zusammenhängende Rechts- und Wertegemeinschaft besonders geeignet, um eine Landwende auf großer Fläche zu erproben. In diesem Sinne kann der European Green Deal genutzt werden, um neben der Klimaneutralität bis 2050 auch eine Landwende zur Nachhaltigkeit voranzutreiben (Kap. 4.3). Besondere internationale Verantwortung trägt die EU auch aufgrund der durch ihren relativ hohen Ressourcenverbrauch induzierten Nachfrage nach Land außerhalb der EU, der sie vor allem auch mit ihrer Handelspolitik

Rechnung tragen kann. Schlüsselpolitik für eine europäische Landwende ist die Gemeinsame Agrarpolitik der EU (GAP). Innerhalb der EU werden nicht nur Gelder für die Ökologisierung der Landwirtschaft benötigt, sondern auch für nachhaltige Forstwirtschaft, zum Auf- und Ausbau von Schutzgebietssystemen, zur Renaturierung und dem Aufbau landbasierter Ansätze der $CO_2$-Entfernung sowie für weitere Ziele, die alle Auswirkungen auf Qualität, Schutz und Nutzung von Landflächen haben. Um einheitliche Rahmen- und Finanzierungsbedingungen für all diese Landnutzungs- und Schutzkonzepte zu etablieren, sollte die GAP zukünftig zu einer Gemeinsamen Ökosystempolitik (GÖP) entwickelt werden.

## Handlungsempfehlungen

- *Gemeinsame Agrarpolitik mittelfristig in Gemeinsame Ökosystempolitik überführen:* Die GAP sollte in eine Gemeinsame Ökosystempolitik (GÖP) aufgehen, die einheitliche Förderbedingungen für nachhaltigen Umgang mit Land unter Einbeziehung von Land- und Forstwirtschaft bis hin zum Siedlungsbau vorsieht. So können Aktivitäten, die zur Vermeidung von nachteiligen Landnutzungsänderungen oder zur Erhaltung von Ökosystemleistungen führen, in einem einheitlichen System belohnt werden.
- *Nachhaltigkeitsstandards für Produkte mit Auswirkungen auf Umgang mit Land außerhalb der EU stärken:* Nachhaltigkeitsstandards, wie sie schon für die Förderung von Bioenergie und Biokraftstoffen gelten, sollten auf weitere Biomassenutzungen ausgedehnt und verpflichtend werden. Die Erneuerbare-Energien-Richtlinie II sollte um weitere ökologische und soziale Kriterien ergänzt werden. Im Kontext der laufenden Überarbeitung der EU-Holzhandelsverordnung sollte möglichst eine Stärkung und Verschärfung stattfinden, insbesondere hinsichtlich materieller Zertifizierungsanforderungen.
- *Quantifiziertes Ressourcenverbrauchsziel für die EU entwickeln:* Die EU sollte analog zu ihren klimapolitischen Zielsetzungen konkrete, quantifizierte Ziele zur Reduktion ihres Gesamtverbrauchs an natürlichen Ressourcen entwickeln und diese als übergeordnete Ziele für die Kreislaufwirtschaft setzen. Ein Teilziel sollte dabei die Biomassenutzung begrenzen.
- *Eine EU-Strategie zur $CO_2$-Entfernung auf Renaturierung und diversifizierte Landwirtschaftssysteme ausrichten:* Als Teil ihrer Langfriststrategie unter Art. 4 des Pariser Übereinkommens sollte die EU ihre nachhaltig realisierbaren Beiträge in Form der $CO_2$-Entfernung wissenschaftsbasiert ausloten und die verschiedenen Ansätze der $CO_2$-Entfernung aufeinander abstimmen. Sie sollte dabei die $CO_2$-Entfernung klar von ihrer $CO_2$-Vermeidungsstrategie trennen und als Teil einer breit angelegten Ökosystempolitik insbesondere auf risikoarme, ökosystembasierte Ansätze fokussieren.
- *EU-Außenhandelspolitik als Instrument zur Verantwortungsübernahme für die globale Landwende einsetzen:* Die EU sollte den nachhaltigen Umgang mit Land zum zentralen Gegenstand der Verhandlungen zukünftiger und der Reform bestehender Handelsabkommen machen. Sie sollte zudem ihr handelspolitisches Gewicht nutzen, um den Schutz globaler Gemeingüter stärker in den Regelungen der WTO zu verankern und die Entwicklung und Produktion nachhaltiger Güter und Dienstleistungen durch den Abbau von Handelshemmnissen für diese fördern. Unilaterale Maßnahmen an ihren Außengrenzen sollten im Einklang mit den Zielen der EU-Umweltpolitik weiterverfolgt und ausgelotet werden.

## Forschungsempfehlungen

- *Vom Hof auf den Tisch – Bedeutung der Planetary Health Diet für die europäische Landwirtschaft:* Untersucht werden sollte, wie sich geänderte Ernährungsstile, die sich an der PHD orientieren, auf die europäische landwirtschaftliche Produktionsstrukturen auswirken.
- *Reduktion des Ressourcenverbrauchs als politische Zielbestimmung:* Für das Ziel einer Minderung des Ressourcenverbrauchs und damit verbundener Indikatoren liegen kaum Konzepte vor; hier besteht Forschungsbedarf.
- *Ein europäischer Weg zur $CO_2$-Entfernung aus der Atmosphäre:* Neben der notwendigen technischen Weiterentwicklung besteht hoher Forschungsbedarf zur nachhaltigen Realisierbarkeit der verschiedenen möglichen Ansätze der $CO_2$-Entfernung in der EU und ihren Synergien und Trade-offs im Zusammenspiel. Damit verknüpft sollte verstärkt zu wirksamen Governance- und Finanzierungsmechanismen für eine getrennte Erfassung von $CO_2$-Vermeidung und -Entfernung sowie eine umfassende Adressierung von Nachhaltigkeitsrisiken und Verteilungsfragen zwischen den Mitgliedstaaten geforscht werden.

## Bestehende internationale Kooperation und Koordination des Umgangs mit Land stärken

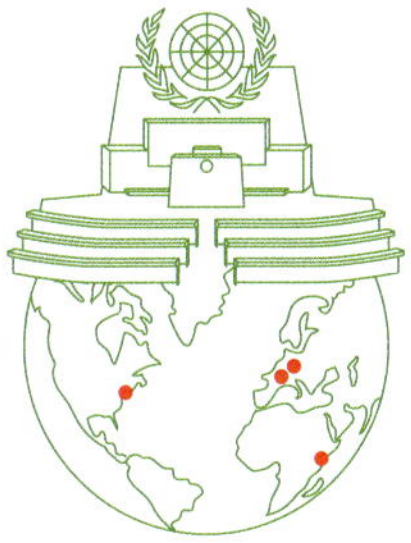

Zahlreiche internationale Organisationen, Institutionen und völkerrechtliche Konventionen arbeiten an der globalen Landwende mit. Der WBGU fokussiert hier auf die Zusammenarbeit der Rio-Konvention, auf wissenschaftliche Sachstandsberichte zur Landnutzung sowie auf Potenziale einer zunehmend „glokalen" Verschränkung (Kap. 4.4).

### Handlungsempfehlungen

- *Global Land Summit einberufen:* Für das Jahr 2025 sollte ein Global Land Summit als gemeinsame Vertragsstaatenkonferenz aller drei Rio-Konventionen einberufen werden. So kann große Aufmerksamkeit erzeugt und es können viele Ressourcen bereitgestellt werden, um eine gemeinsame Vision für den zukunftsfähigen Umgang mit Land zu entwickeln. Unterstützt werden sollte diese Zusammenarbeit durch eine Aufwertung der Joint Liaison Group als Bindeglied zwischen den drei Konventionen. Für das Mainstreaming von Instrumenten sollten gemeinsame Standards für Safeguards entwickelt und auf einheitliche Vorgaben für Umweltverträglichkeitsprüfungen hingewirkt werden.
- *Post-2020-Rahmen der CBD für durchschlagskräftigere Mechanismen nutzen:* Erfolge in der Umsetzung der Biodiversitätskonvention (CBD) tragen auch zu Klimaschutz und nachhaltiger Landnutzung bei. Als Meilensteine empfiehlt der WBGU die Verhandlung und Umsetzung eines ambitionierten Post-2020-Rahmenprogramms und die Weiterentwicklung der Compliance. Der Beitrag der CBD zu Klimaschutz und Klimaanpassung sollte realistisch sein und methodisch sauber formuliert werden, um den Landsektor nicht zu überfordern.
- *Einführung zweier verbindlicher Protokolle zu Erhaltung und nachhaltiger Nutzung von Biodiversität:* Der WBGU empfiehlt in der CBD die Einführung verbindlicher Protokolle (1) zur Erhaltung und (2) zur nachhaltigen Nutzung von Biodiversität (als Zwillingsprotokolle: Protocol on the Sustainable Use of Biological Diversity und Protocol on the Conservation of Biological Diversity).
- *Verantwortungsarchitektur „glokal" verschränken:* Zur effektiven Bearbeitung globaler Umweltveränderungen sollten lokale, ländliche und indigene Positionen in internationalen Foren nicht nur partiell sichtbarer werden, sondern in ihrer Rolle als Wissensträger, Transformationsakteure und vor Ort Betroffene konsequent gestärkt und besser integriert werden. Dazu sollte u.a. die Schaffung eigener Netzwerkinitiativen (etwa nach dem Vorbild der Städtenetzwerke wie C40) angeregt und unterstützt werden, sowie das Global Landscapes Forum und sein Mandat weiterentwickelt werden.

### Forschungsempfehlungen

- *Weiterentwicklung wissenschaftlicher Assessments zum nachhaltigen Umgang mit Land:* Das Synthesepotenzial der bestehenden globalen Sachstandsberichte sollte für ein übergreifendes Assessment genutzt und Optionen für ein eigenes Mandat geprüft werden. Darüber hinaus sollten auch lokale Lösungen und Prozesswissen für die Umsetzung auf der Landschaftsebene in einem global koordinierten Assessment wissenschaftlich geprüft und aufbereitet werden.
- *Optionen zur „Glokalisierung" globaler Nachhaltigkeitspolitiken identifizieren:* Die Integration bisher unterrepräsentierter Akteursgruppen in die sich ausdifferenzierende globale Nachhaltigkeitspolitik ist eine wichtige Aufgabe. Optionen und Gelingensbedingungen von starken Multi-Akteur-Partnerschaften (SDG 16) in einer zunehmend polyzentrischen Governance-Architektur sollten wissenschaftlich und mit Praxispartnern kokreativ identifiziert werden.
- *Regionale Transformations-Hubs zur Erforschung und praxisnahen Erprobung einer integrativen Landwende:* Der wertvolle Ansatz regionaler Forschungs- und Kompetenzzentren sollte ausgebaut werden, um regionale Ansätze für einen nachhaltigen Umgang mit Land im Kontext der systemischen Bezüge zu den Klima-, Biodiversitäts- und Ernährungskrisen als transformative Herausforderungen zu erforschen und praxisnah zu erproben.

## Drei neue multilaterale Kooperationsgemeinschaften zur Förderung einer globalen Landwende

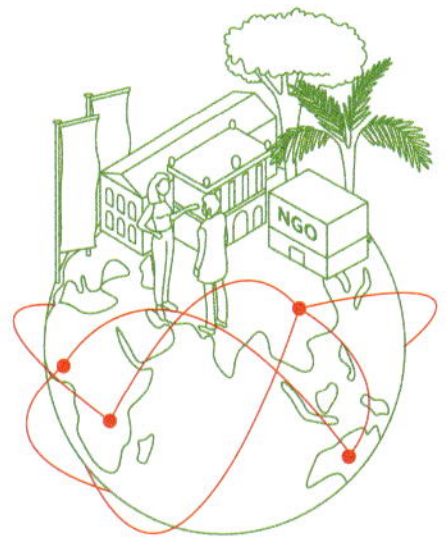


Bestehende Foren für eine globale Landwende sind unverzichtbar. Um zügige Fortschritte zu ermöglichen, sollten sie gestärkt und zusätzlich neue Formen der Zusammenarbeit eingerichtet werden. Deshalb empfiehlt der WBGU die Errichtung neuer Kooperationsgemeinschaften durch gleichgesinnte Staaten und subnationale Regionen (Kap. 4.5).

- *Regionale Gemeinschaften zur grenzüberschreitenden Umsetzung integrierter Landschaftsansätze:* Um grenzüberschreitende Flächennutzungen etwa in Form der aufgezeigten Mehrgewinnstrategien zu ermöglichen, sollten Regionen als Nachbarn institutionell stärker zusammenarbeiten. Regionale Gemeinschaften subnationaler Regionen können etwa regionale Kreislaufwirtschaft und Wertschöpfungsketten etablieren, bestehende Biosphärenreservate zu Vorreitern integrativer Landschaftsräume weiterentwickeln oder regionale Innovationshubs für nachhaltige Anbaumethoden gründen.
- *Supranationale Gemeinschaften für eine globale Landwende:* Zweck dieser weltumspannenden supranationalen Gemeinschaften ist es, Staaten zu vereinen, die gemeinsam einen nachhaltigen Umgang mit Land verfolgen wollen und dafür gemeinsame Werte und Regelungen, etwa gemeinsame Produktionsstandards vereinbaren. Mitgliedstaaten dieser Gemeinschaften können über verschiedene Weltregionen verteilt sein. Ihre Wirkkraft entfalten sie, indem sie nach dem Vorbild der EU auf die Gemeinschaft spezifische Hoheitsbefugnisse übertragen, die von Organen der Gemeinschaft gegenüber den Mitgliedstaaten durchgesetzt werden können. Solche supranationalen Gemeinschaften können Vorreiterallianzen für nachhaltigen Weltagrarhandel bilden, transparente und nachhaltige Lieferketten gemeinsam realisieren und einen Green Deal global effektiv voranbringen.
- *Globale Bewahrungsgemeinschaften zwecks Schutz und Wiederherstellung wertvoller Ökosysteme:* Diese Gemeinschaften von Staaten und weiteren – auch privaten – Akteuren schließen sich mit dem Ziel zusammen, wertvolle Ökosysteme in Drittstaaten, die auch Mitglieder der Bewahrungsgemeinschaft sein sollten, zu erhalten und wiederherzustellen. Die Bewahrungsgemeinschaft kann solche Gebiete z.B. gemeinsam pachten, damit aus der oft passiven Rolle bloßer „Geberländer" heraustreten und inklusiv mit anderen Akteuren vor Ort gemeinsam Verantwortung übernehmen.

# Literatur

# 6


Abel, S., Couwenberg, J., Dahms, T. und Joosten, H. (2013): The database of potential paludiculture plants (DPPP) and results for western pomerania. Plant Diversity and Evolution 130 (3-4), 219–228.

acatech – Deutsche Akademie der Technikwissenschaften, Nationale Akademie der Wissenschaften Leopoldina und Union der deutschen Akademien der Wissenschaften (2019): Biomasse im Spannungsfeld zwischen Energie- und Klimapolitik. Strategien für eine nachhaltige Bioenergienutzung. Stellungnahme. München, Halle, Mainz: acatech, Leopoldina, Union der deutschen Akademien der Wissenschaften.

Achilles, N. (2020) (Hrsg.): Vom Homo Oeconomicus zum Differenzierten Verbraucher: Analyse von Begriff, Entwicklung und neuen Herausforderungen des verbrauchervertragsrechtlichen Leitbildes auf EU-Ebene. Band 2. Baden-Baden: Nomos.

Ackerhelden (2020): Bio-Mietgärten und Bio-Hochbeete. Frischer, regionaler und saisonaler geht Biogemüse nicht. Internet: https://www.ackerhelden.de/. Essen, Berlin: Ackerhelden GmbH.

Adeh, E. H., Selker, J. S. und Higgins, C. W. (2018): Remarkable agrivoltaic influence on soil moisture, micrometeorology and water-use efficiency. PloS One 13 (11), e0203256.

Adevi, A. A. und Mårtensson, F. (2013): Stress rehabilitation through garden therapy: The garden as a place in the recovery from stress. Urban Forestry & Urban Greening 12 (2), 230–237.

Adger, W. N., Pulhin, J. M., Barnett, J., Dabelko, G. D., Hovelsrud, G. K., Levy, M., Oswald Spring, Ú. und Vogel, C. H. (2014): Human security. In: Field, C. B., Barros, V. R., Dokken, D. J., Mach, K. J., Mastrandrea, M. D., Bilir, T. E., Chatterjee, M., Ebi, K. L., Estrada, Y. O., Genova, R. C., Girma, B., Kissel, E. S., Levy, A. N., MacCracken, S., Mastrandrea, P. R. und White, L. L. (Hrsg.): Climate Change 2014: Impacts, Adaptation, and Vulnerability. Part A: Global and Sectoral Aspects. Contribution of Working Group II to the Fifth Assessment Report of the Intergovernmental Panel on Climate Change. Cambridge, New York: Cambridge University Press, 755–791.

Adimassu, Z., Langan, S. und Johnston, R. (2016): Understanding determinants of farmers' investments in sustainable land management practices in Ethiopia: review and synthesis. Environment, Development and Sustainability 18 (4), 1005–1023.

AfDB – African Development Bank (2016): Feed Africa Strategy. Abidjan: AfDB.

AfDB – African Development Bank (2020): African Development Bank Unveils Strategy Roadmap to Safeguard Food Security Against Impacts of COVID-19. Internet: https://www.afdb.org/en/news-and-events/press-releases/african-development-bank-unveils-strategy-roadmap-safeguard-food-security-against-impacts-covid-19-36012. Nairobi: AfDB.

Afelt, A., Frutos, R. und Devaux, C. (2018): Bats, Coronaviruses, and Deforestation: Toward the Emergence of Novel Infectious Diseases? Frontiers in Microbiology 9, 702.

African Center for Strategic Studies (2019): Mitigating Farmer-Herder Violence in Mali. Internet: https://africacenter.org/spotlight/mitigating-farmer-herder-violence-in-mali/. Washington, DC: African Center for Strategic Studies.

Ahaus, B. (2019): Urbane Agent_innen des Wandels für soziale Innovationen der Nachhaltigkeit: eine qualitative Studie über Eigenschaften, Rollen und Netzwerke von Promotor_innen der Bürgergesellschaft im zentralen Ruhrgebiet. Dissertation. Stuttgart: Universität Stuttgart.

Ahmed, S. H., Guillem, K. und Vandaele, Y. (2013): Sugar addiction: pushing the drug-sugar analogy to the limit. Current Opinion in Clinical Nutrition & Metabolic Care 16 (4), 434–439.

Akhtar, F., Lodhi, S. A. und Khan, S. S. (2015): Permaculture approach: linking ecological sustainability to businesses strategies. Management of Environmental Quality: An International Journal 26 (6), 795–809.

Akhtar-Schuster, M., Stringer, L., Erlewein, A., Metternicht, G., Minelli, S., Safriel, I. und Sommer, S. (2017): Unpacking the concept of land degradation neutrality and addressing its operation through the Rio Conventions. Journal of Environmental Management 195 (6), 4–15.

Albrecht, S., Gottschick, M., Schorling, M. und Stirn, S. (2012): Bioökonomie am Scheideweg – Industrialisierung von Biomasse oder nachhaltige Produktion? GAIA-Ecological Perspectives for Science and Society 21 (1), 33–37.

Alcalde, J., Flude, S., Wilkinson, M., Johnson, G., Edlmann, K., Bond, C. E., Scott, V., Gilfillan, S. M. V., Ogaya, X. und Haszeldine, R. S. (2018): Estimating geological $CO_2$ storage security to deliver on climate mitigation. Nature Communications 9 (1), 1–13.

Alexander, K. A., Sanderson, C. E., Marathe, M., Lewis, B. L., Rivers, C. M., Shaman, J., Drake, J. M., Lofgren, E., Dato, V. M. und Eisenberg, M. C. (2015): What factors might have led to the emergence of Ebola in West Africa? PLOS Neglected Tropical Diseases 9 (6), e0003652.

Alexander, P., Brown, C., Arneth, A., Finnigan, J., Moran, D. und Rounsevell, M. D. A. (2017): Losses, inefficiencies and waste in the global food system. Agricultural Systems 153, 190–200.

Alexandratos, N. und Bruinsma, J. (2012): World Agriculture Towards 2030/2050. The 2012 Revision. ESA Working Paper No. 12-03. Rom: Agricultural Development Economics (ESA).

Alix-Garcia, J. und Wolff, H. (2014): Payment for Ecosystem Services from Forests. Annual Review of Resource Economics 6 (1), 361–380.

Alix-Garcia, J. M., Sims, K. R. E., Orozco-Olvera, V. H., Costica, L. E., Fernández Medina, J. D. und Romo Monroy, S. (2018): Payments for environmental services supported social capital while increasing land management. Proceedings of the National Academy of Sciences 115 (27), 7016–7021.

Alix-Garcia, J. M., Sims, K. R. E., Orozco-Olvera, V. H., Costica, L. E., Fernandez Medina, J. D., Romo-Monroy, S. und Pagiola, S. (2019): Can Environmental Cash Transfers Reduce

Deforestation and Improve Social Outcomes? A Regression Discontinuity Analysis of Mexico's National Program (2011–2014). Policy Research Working Paper 8707. Washington, DC: World Bank.

Alix-Garcia, J. M., Sims, K. R. E. und Yañez-Pagans, P. (2015): Only one tree from each seed? Environmental effectiveness and poverty alleviation in Mexico's payments for Ecosystem Services Program. American Economic Journal: Economic Policy 7 (4), 1–40.

Allen, T., Murray, K. A., Zambrana-Torrelio, C., Morse, S. S., Rondinini, C., Di Marco, M., Breit, N., Olival, K. J. und Daszak, P. (2017): Global hotspots and correlates of emerging zoonotic diseases. Nature Communications 8 (1), 1–10.

Allwood, J. M. und Cullen, J. M. (2009): Steel, Aluminium and Carbon: Alternative Strategies for Meeting the 2050 Carbon Emission Targets. R'09 Twin World Congress: Resource Management and Technology for Material and Energy Efficiency, Davos, Switzerland. Cambridge: University of Cambridge, Department of Engineering.

Allwood, J. M., Cullen, J. M. und Milford, R. L. (2010): Options for achieving a 50% cut in industrial carbon emissions by 2050. Environmental Science and Technology 44, 1888–1894.

Altuna, N., Dell'Era, C., Landoni, P. und Verganti, R. (2017): Developing innovative visions through the collaboration with radical circles: slow food as a platform for envisioning new meanings. European Journal of Innovation Management 20 (2), 269–290.

Altvater, E. (2019): Prinzip Beschleunigung und Expansion. In: Canoglu, S., Ehlers, J., Pabst, Y. und Papenfuß, N. (Hrsg.): Marxismus und die Klimakrise. Wie kann der Planet gerettet werden? Berlin: aurora, 27–32.

Andersen, K. G., Rambaut, A., Lipkin, W. I., Holmes, E. C. und Garry, R. F. (2020): The proximal origin of SARS-CoV-2. Nature Medicine 26 (4), 450–452.

Anderson, K. und Peters, G. (2016): The trouble with negative emissions. Science 354 (6309), 182–183.

Andrew, R. M. (2018): Global $CO_2$ emissions from cement production. Earth System Science Data 10 (1), 195.

Ansah, I. G. K., Gardebroek, C. und Ihle, R. (2019): Resilience and household food security: a review of concepts, methodological approaches and empirical evidence. Food Security 11 (6), 1187–1203.

Anthis, J. R. (2019): US Factory Farming Estimates. Internet: https://www.sentienceinstitute.org/us-factory-farming-estimates#ftnt2. New York: Sentience Institute.

Anthony, S. J., Gilardi, K., Menachery, V. D., Goldstein, T., Ssebide, B., Mbabazi, R., Navarrete-Macias, I., Liang, E., Wells, H. und Hicks, A. (2017): Further evidence for bats as the evolutionary source of Middle East respiratory syndrome coronavirus. mBio Journal 8 (2), 1–13.

Antikainen, R., Dalhammar, C., Hildén, M., Judl, J., Jääskeläinen, T., Kautto, P., Koskela, S., Kuisma, M., Lazarevic, D. und Mäenpää, I. (2017): Renewal of forest based manufacturing towards a sustainable circular bioeconomy. Reports of the Finnish Environment Institute 13 (2017), 128.

Archer, D., Eby, M., Brovkin, V., Ridgwell, A., Cao, L., Mikolajewicz, U., Caldeira, K., Matsumoto, K., Munhoven, G. und Montenegro, A. (2009): Atmospheric lifetime of fossil fuel carbon dioxide. Annual Review of Earth And Planetary Sciences 37, 117–134.

ARGE – Arbeitsgemeinschaft für zeitgemäßes Bauen (2015): Massiv- und Holzbau bei Wohngebäuden. Vergleich von massiven Bauweisen mit Holzfertigbauten aus kostenseitiger, bautechnischer und nachhaltiger Sicht. Kiel: ARGE.

Armitage, D., Mbatha, P., Muhl, E.-K., Rice, W. und Sowman, M. (2020): Governance principles for community-centered conservation in the post-2020 global biodiversity framework. Conservation Science and Practice doi: 10.1111/csp2.160, 1–18.

Armstrong, T. (2013): An Overview of Global Cement Sector Trends. Insights from the Global Cement Report 10th Edition. Presentation at the XXX Technical Congress FICEM-APCAC. Lima: International Cement Review.

Armsworth, P. R., Acs, S., Dallimer, M., Gaston, K. J., Hanley, N. und Wilson, P. (2012): The cost of policy simplification in conservation incentive programs. Ecology Letters 15 (5), 406–414.

Artmann, M. und Sartison, K. (2018): The role of urban agriculture as a nature-based solution: A review for developing a systemic assessment framework. Sustainability 10 (6), 1937.

Arts, B., Buizer, M., Horlings, L., Ingram, V., Van Oosten, C. und Opdam, P. (2017): Landscape approaches: a state-of-the-art review. Annual Review of Environment and Resources 42, 439–463.

Asadi, S., Bouvier, N., Wexler, A. S. und Ristenpart, W. D. (2020): The coronavirus pandemic and aerosols: does COVID-19 transmit via expiratory particles? Aerosol Science and Technology 54 (6), 635–638.

Asdrubali, F., D'Alessandro, F. und Schiavoni, S. (2015): A review of unconventional sustainable building insulation materials. Sustainable Materials and Technologies 4, 1–17.

Ashraf, M. A., Maah, M. J., Yusoff, I., Wajid, A. und Mahmood, K. (2011): Sand mining effects, causes and concerns: A case study from Bestari Jaya, Selangor, Peninsular Malaysia. Scientific Research and Essays 6 (6), 1216–1231.

Ashukem, J.-C. N. (2020): The SDGs and the bio-economy: fostering land-grabbing in Africa. Review of African Political Economy doi.org/10.1080/03056244.2019.1687086, 1–16.

Askegaard, S. und Madsen, T. K. (1998): The local and the global: exploring traits of homogeneity and heterogeneity in European food cultures. International Business Review 7 (6), 549–568.

Astleithner, F. und Brunner, K.-M. (2007): Chancen und Restriktionen für nachhaltige Ernährung in Österreich. Ein Resümee. In: Brunner, K.-M., Geyer, S., Jelenko, M., Weiss, W. und Astleithner, F. (Hrsg.): Ernährungsalltag im Wandel. Wien: Springer, 209–221.

Awasthi, M. K., Sarsaiya, S., Patel, A., Juneja, A., Singh, R. P., Yan, B., Awasthi, S. K., Jain, A., Liu, T. und Duan, Y. (2020): Refining biomass residues for sustainable energy and bioproducts: An assessment of technology, its importance, and strategic applications in circular bio-economy. Renewable and Sustainable Energy Reviews 127, 109876.

Ayres, R. U. (1989): Industrial metabolism and global change. International Social Science Journal 121, 363–373.

Bacchus, J. (2017): The Case for a WTO Climate Waiver. Special Report. Internet: https://www.cigionline.org/publications/case-wto-climate-waiver. Waterloo, ON: Centre for International Governance Innovation (CIGI).

Bad Aibling (2020): Bad Aibling entdecken. Internet: https://www.bad-aibling.de/tourismus/bewegung/bad-aibling-entdecken/. Bad Aibling: AIB-KUR Gesellschaft für Kur & Tourismus.

Bailis, R., Drigo, R., Ghilardi, A. und Masera, O. (2015): The carbon footprint of traditional woodfuels. Nature Climate Change 5 (3), 266–272.

Bajželj, B., Allwood, J. M. und Cullen, J. M. (2013): Designing climate change mitigation plans that add up. Environmental Science & Technology 47, 8062–8069.

Baker, P., Friel, S., Schram, A. und Labonte, R. (2016): Trade and investment liberalization, food systems change and highly processed food consumption: a natural experiment contrasting the soft-drink markets of Peru and Bolivia. Globalization and Health 12 (1), 24.

Baldwin, R. E. (2011): 21st Century Regionalism: Filling the Gap Between 21st Century Trade and 20th Century Trade Rules. Genf: World Trade Organization (WTO).

Balmford, A., Amano, T., Bartlett, H., Chadwick, D., Collins, A., Edwards, D., Field, R., Garnsworthy, P., Green, R. und Smith, P. (2018): The environmental costs and benefits of high-yield farming. Nature Sustainability 1 (9), 477–483.

Bamberg, S. und Möser, G. (2007): Twenty years after Hines, Hungerford, and Tomera: A new meta-analysis of psycho-social determinants of pro-environmental behaviour. Journal of Environmental Psychology 27 (1), 14–25.

Banerjee, S., Cason, T. N., de Vries, F. P. und Hanley, N. (2017): Transaction costs, communication and spatial coordination in Payment for Ecosystem Services Schemes. Journal of Environmental Economics and Management 83, 68–89.

Bar-On, Y. M., Phillips, R. und Milo, R. (2018): The biomass distribution on Earth. Proceedings of the National Academy of Sciences 115 (25), 6506–6511.

Barbier, E. B. (2011): Pricing nature. Annual Review of Resource Economics 3 (1), 337–353.

Barbier, E. B. (2019): The concept of natural capital. Oxford Review of Economic Policy 35 (1), 14–36.

Barbier, E. B., Burgess, J. C. und Dean, T. J. (2018): How to pay for saving biodiversity. Can private sector involvement in a global agreement help to conserve global biodiversity? Science 360, 486–489.

Barbier, E. B., Lozano, R., Rodríguez, C. M. und Troëng, S. (2020): Adopt a carbon tax to protect tropical forests. Nature 578, 213–216.

Barkhausen, B. (2019): Nutztiere treiben $CO_2$-Fußabdruck Neuseelands in die Höhe: Das soll sich ändern. Internet: https://www.rnd.de/panorama/nutztiere-treiben-co2-fussabdruck-neuseelands-in-die-hohe-das-soll-sich-andern-HRKBH7XG4NE6ROQFL3OW62G6OI.html. Hannover: Redaktionsnetzwerk Deutschland (RND).

Barnes, M. D., Glew, L., Wyborn, C. und Craigie, I. D. (2018): Prevent perverse outcomes from global protected area policy. Nature Ecology and Evolution 2 (5), 759–762.

Barnosky, A. D., Hadly, E. A., Bascompte, J., Berlow, E. L., Brown, J. H., Fortelius, M., Getz, W. M., Harte, J., Hastings, A., Marquet, P. A., Martinez, N. D., Mooers, A., Roopnarine, P., Vermeij, G., Williams, J. W., Gillespie, R., Kitzes, J., Marshall, C., Matzke, N., Mindell, D. P., Revilla, E. und Smith, A. B. (2012): Approaching a state shift in Earth's biosphere. Nature 486, 52–58.

Barnosky, A. D., Matzke, N., Tomiya, S., Wogan, G. O. U., Swartz, B., Quenta, l. B., Marshall, C., McGuire, J. L., Lindsey, E. L., Maguire, K. C., Mersey, B. und Ferrer, E. A. (2011): Has the Earth's sixth mass extinction already arrived? Nature 471, 51–57.

Barthel, M., Jennings, S., Schreiber, W., Sheane, R., Royston, S., Fry, J., Khor, Y. und McGill, J. (2018): Study on the environmental impact of palm oil consumption and on existing sustainability standards. Luxemburg: Publications Office of the European Union.

Bartz, D., Beste, A., Brent, Z., Chemnitz, C., Dunbar, M., Ehlers, K., Feldt, H., Fuhr, L., Gerke, J., Green, A., Holdinghausen, H., Kotschi, J., Lal, R., Lymbery, P., Mathias, E., Montanarella, L., Mundy, P., Núñez Burbano de Lara, M. D., Peinl, H., Rodrigo, A., Sharma, R., Sperk, C., Tomiak, K., Weigelt, J., Wetter, K. J. und Wilson, J. (2015) (Hrsg.): Bodenatlas. Daten und Fakten über Acker, Land und Erde. Berlin: Heinrich-Böll-Stiftung.

Bastin, J.-F., Finegold, Y., Garcia, C., Mollicone, D., Rezende, M., Routh, D., Zohner, C. M. und Crowther, T. W. (2019): The global tree restoration potential. Science 365 (6448), 76–79.

Batary, P., Baldi, A., Kleijn, D. und Tscharntke, T. (2011): Landscape-moderated biodiversity effects of agri-environmental management: a meta-analysis. Proceedings of the Royal Society B: Biological Sciences 278, 1894–1902.

Batterbury, S. und Ndi, F. (2018): Land-grabbing in Africa. In: Binns, T., Lynch, K. und Nel, E. (Hrsg.): The Routledge Handbook of African Development. Routledge International Handbooks. London: Routledge, 573–582.

Baudry, J., Assmann, K. E., Touvier, M., Allès, B., Seconda, L., Latino-Martel, P., Ezzedine, K., Galan, P., Hercberg, S. und Lairon, D. (2018): Association of frequency of organic food consumption with cancer risk: findings from the NutriNet-Santé prospective cohort study. JAMA Internal Medicine 178 (12), 1597–1606.

Bauer, M., Mösle, P. und Schwarz, M. (2013): Green Building: Leitfaden für nachhaltiges Bauen. Heidelberg, Berlin: Springer.

Bauer, N., Rose, S. K., Fujimori, S., van Vuuren, D. P., Weyant, J., Wise, M., Cui, Y., Daioglou, V., Gidden, M. J. und Kato, E. (2018): Global energy sector emission reductions and bioenergy use: overview of the bioenergy demand phase of the EMF-33 model comparison. Climatic Change, 1–16.

Bauhardt, C. und Harcourt, W. (2019): Feminist Political Ecology and the Economics of Care. In Search of Economic Alternatives. London: Routledge.

Bazile, D., Le Page, C., Dembélé, S. und Abrami, G. (2005): Perspectives of modelling the farmer' seed system for „in situ" conservation of sorghum varieties in Mali. Montpellier: Cirad – Agritrop.

Bbosa, G. S. und Mwebaza, N. (2013): Global irrational antibiotics/antibacterial drugs use: a current and future health and environmental consequences. In: Mendez-Vlas, A. (Hrsg.): Microbial Pathogens and Strategies for Combating Them: Science, Technology and Education. Barcelona: Formatex Research Center, 1645–1655.

Beaufoy, G. (2009): Environmental considerations of pig production in the dehesa – are they incorporated in the PDO label „Dehesa de Extremadura"? In: Biala, K. (Hrsg.): Environmental Labelling and Certification Initiatives in the Agri-Food Sector – A Way of Marketing Agricultural Sustainability. Luxembourg: European Communities, 34–38.

Bebber, D. P. und Butt, N. (2017): Tropical protected areas reduced deforestation carbon emissions by one third from 2000–2012. Scientific Reports 7 (1), 1–7.

Bebbington, A. J., Bebbington, D. H., Sauls, L. A., Rogan, J., Agrawal, S., Gamboa, C., Imhof, A., Johnson, K., Rosa, H. und Royo, A. (2018): Resource extraction and infrastructure threaten forest cover and community rights. Proceedings of the National Academy of Sciences 115 (52), 13164–13173.

Beck, S., Castillo, A., Kinney, K., Zuniga, A., Mohammad, Z., Lacey, R. und King, M. (2019): Monitoring of pathogenic bioaerosols in beef slaughter facilities based on air sampling and airflow modeling. Applied Engineering in Agriculture 35, 1015–1036.

Bednar, J., Obersteiner, M. und Wagner, F. (2019): On the financial viability of negative emissions. Nature Communications 10 (1), 1783.

Beerling, D. J., Kantzas, E. P., Lomas, M. R., Wade, P., Eufrasio, R. M., Renforth, P., Sarkar, B., Andrews, M. G., James, R. H., Pearce, C. R., Mercure, J.-F., Pollitt, H., Holden, P. B., Edwards, N. R., Khanna, M., Koh, L., Quegan, S., Pidgeon, N. F., Janssens, I. A., Hansen, J. und Banwart, S. A. (2020): Potential for large-scale $CO_2$ removal via enhanced rock weathering with croplands. Nature 583 (7815), 242–248.

Behnsen, H., Spierling, S. und Endres, H.-J. (2018): Biobasierte Kunststoffe als Produkt der Bioökonomie. Ökologisches Wirtschaften 33 (1), 28–29.

Behr, F., Emde, F., Funk, S., Roth, S. und Schmidt, H. J. (2013): Leitfaden für die umweltverträgliche Gestaltung von Open-Air-Veranstaltungen. 2. vollständig überarbeitete Auflage. Bonn: Sounds for Nature Foundation.

Behrens, P., Kiefte-de Jong, J. C., Bosker, T., Rodrigues, J. F., De Koning, A. und Tukker, A. (2017): Evaluating the environmental impacts of dietary recommendations. Proceedings of the National Academy of Sciences 114 (51), 13412–13417.

Beketov, M. A., Kefford, B. J., Schäfer, R. B. und Liess, M. (2013): Pesticides reduce regional biodiversity of stream invertebrates. Proceedings of the National Academy of Sciences 110 (27), 11039–11043.

Belk, R. (2007): Why not share rather than own? The Annals of the American Academy of Political and Social Science 611 (1), 126–140.

Bellamy, R. und Geden, O. (2019): Govern $CO_2$ removal from the ground up. Nature Geoscience 12 (11), 874–876.

Bendandi, B. und Pauw, P. (2016): Remittances for Adaptation: An ‚Alternative Source' of International Climate Finance? In: Milan, A., Schraven, B., Warner, K. und Cascone, N. (Hrsg.): Migration, Risk Management and Climate Change: Evidence and Policy Responses. Cham: Springer, 195–211.

Bender, B., Chalmin, A., Reeg, T., Konold, W., Mastel, K. und Spiecker, H. (2009): Moderne Agroforstsysteme mit Werthölzern: Leitfaden für die Praxis. Berlin: BMBF.

Bensch, G. und Peters, J. (2019): One-off subsidies and long-run adoption – experimental evidence on improved cooking stoves in Senegal. American Journal of Agricultural Economics 102 (1), 72–90.

Berck, C. S., Berck, P. und Di Falco, S. (2018): Agricultural Adaptation to Climate Change in Africa: Food Security in a Changing Environment. New York: RFF Press.

Berge, H. F. M., Schroder, J. J., Olesen, J. E. und Giraldez Cervera, J. V. (2017): Research for AGRI Committee – Preserving Agricultural Soils in the EU. Brüssel: European Parliament, Policy Department for Structural and Cohesion Policies.

Berghöfer, A., Emerton, L., Moreno Diaz, A., Rode, J., Schröter-Schlaack, C., Wittmer, H. und van Zyl, H. (2017): Sustainable Financing for Biodiversity Conservation: A Review of Experiences in German Development Cooperation. UFZ Discussion Papers. Leipzig: Helmholtz-Zentrum für Umweltforschung (UFZ).

Bergman, K., Lövestam, E., Nowicka, P. und Eli, K. (2019): ‚A holistic approach': Incorporating Sustainability into Biopedagogies of Healthy Eating in Sweden's Dietary Guidelines. Uppsala: Universität Uppsala.

Berkes, F. (2010): Devolution of environment and resources governance: trends and future. Environmental Conservation 37 (4), 489–500.

Bernardi, D., DeJong, J. T., Montoya, B. M. und Martinez, B. C. (2014): Bio-bricks: Biologically cemented sandstone bricks. Construction and Building Materials 55, 462–469.

Berner, A., Hildermann, I., Fließbach, A., Pfiffner, L., Niggli, U. und Mäder, P. (2008): Crop yield and soil fertility response to reduced tillage under organic management. Soil and Tillage Research 101 (1), 89–96.

Berners-Lee, M., Kennelly, C., Watson, R. und Hewitt, C. N. (2018): Current global food production is sufficient to meet human nutritional needs in 2050 provided there is radical societal adaptation. Elementa Science of the Anthropocene 6, 1–14.

Bernhardt, D. (2019): Auf dem Holzweg? Die EU-Holzhandelsverordnung in der Praxis. InTer 4, 184–188.

Besseau, P., Graham, S. und Christophersen, T. (2018): Restoring Forests and Landscapes: The Key to a Sustainable Future. Wien: Global Partnership on Forest and Landscape Restoration.

Beyerlin, U. und Marauhn, T. (2011) (Hrsg.): International Environmental Law. Oxford, Portland, OR: Hart, Beck.

BfN – Bundesamt für Naturschutz (2017): Anteil der Landwirtschaftsflächen mit hohem Naturwert (High Nature Value Farmland) an der gesamten Agrarlandschaftsfläche. Internet: https://www.bfn.de/infothek/daten-fakten/nutzung-der-natur/landwirtschaft/ii-13-2-anteil-der-landwirtschaftsflaechen-mit-hohem-naturwert-an-agrarlandschaftsflaeche.html. Bonn: BfN.

BfN – Bundesamt für Naturschutz (2018): Agrarbiodiversität. Internet: https://www.bfn.de/themen/landwirtschaft/agrarbiodiversitaet.html. Bonn: BfN.

BfN – Bundesamt für Naturschutz (2020): Zonierung der UNESCO-Biosphärenreservate. Internet: https://www.bfn.de/themen/gebietsschutz-grossschutzgebiete/biosphaerenreservate/zonierung.html. Bonn: BfN.

BfN – Bundesamt für Naturschutz und BMU – Bundesministerium für Umwelt, Naturschutz und nukleare Sicherheit (2020): Neuausrichtung der GAP. Internet: http://www.eu-naturschutzfinanzierung.de/index.php/neuausrichtung-der-gap. Berlin: BfN, BMU.

BfR – Bundesinsitut für Risikobewertung (2009): Grundlagenstudie zur Erhebung der Prävalenz von MRSA in Zuchtschweinebeständen. Berlin: BfR.

BfR – Bundesinstitut für Risikobewertung, BVL – Bundesamt für Verbraucherschutz und Lebensmittelsicherheit und BMEL – Bundesministerium für Ernährung und Landwirtschaft (2018): AG Antibiotikaresistenz – Lagebild zur Antibiotikaresistenz im Bereich Tierhaltung und Lebensmittelkette. Berlin: BfR, BfVL, BMEL.

Biancalani, R. und Avagyan, A. (2014): Towards Climate-Responsible Peatlands Management. Mitigation of Climate Change in Agriculture Series (MICCA) No. 9. Rom: Food and Agriculture Organization (FAO).

Bietti, E. und Vatanparast, R. (2020): Data waste. Harvard International Law Journal Frontiers 61, 1–11.

Bindoff, N. L., Willebrand, J., Artale, V., Cazenave, A., Gregory, J., Gulev, S., Hanawa, K., Le Quéré, C., Levitus, S., Nojiri, Y., Shum, C. K., Talley, L. D. und Unnikrishnan, A. (2007): Observations: oceanic climate change and sea level. In: Solomon, S., Qin, D., Manning, M. R., Chen, Z., Marquis, M., Averyt, K. B., M., T. und Miller, H. L. (Hrsg.): Climate Change 2007: The Physical Science Basis. Contribution of Working Group I to the Fourth Assessment Report of the Intergovernmental Panel on Climate Change. Cambridge, New York: Cambridge University Press, 387–429.

Bioökonomierat (2013): Was ist Bioökonomie? Internet: https://biooekonomierat.de/biooekonomie/. Berlin: Bioökonomierat.

Bioökonomierat (2015a): Bioeconomy Policy (Part I). Synopsis and Analysis of Strategies in the G7. Berlin: Office of the Bioeconomy Council.

Bioökonomierat (2015b): Bioeconomy Policy (Part II). Synopsis of National Strategies around the World. Berlin: Bioökonomierat.

Bioökonomierat (2018a): Bioeconomy Policy (Part III). Update Report of National Strategies around the World. Berlin: Bioökonomierat.

Bioökonomierat (2018b): Future Opportunities and Developments in the Bioeconomy – a Global Expert Survey. Berlin: Bioökonomierat.

Bioökonomierat (o.J.): Global Visions for the Bioeconomy – an International Delphi-Study. Berlin: Bioökonomierat.

Biozyklisch-vegan.de (2020): Herzlich Willkommen auf der Seite des Vereins Biozyklisch-Veganer Anbau e.V. – Ökologischer Anbau in Kreislaufwirtschaft ohne landwirtschaftliche Tierhaltung. Internet: https://www.biozyklisch-vegan.de. Kandel: Biozyklisch-Veganer Anbau (BIO.VEG.AN.).

Birch, J., Weston, P., Rinaudo, T. und Francis, R. (2016): Releasing the underground forest: case studies and preconditions for human movements that restore land with the farmer-managed natural regeneration (FMNR) method. In: Chabay, I., Frick, M. und Helgeson, J. (Hrsg.): Land Restoration. Boston: Academic Press, 183–207.

Blackman, A., Corral, L., Lima, E. S. und Asner, G. P. (2017): Titling indigenous communities protects forests in the Peruvian Amazon. Proceedings of the National Academy of Sciences 114 (16), 4123–4128.

Blackman, A., Li, Z. und Liu, A. A. (2018): Efficacy of command-and-control and market-based environmental regulation in developing countries. Annual Review of Resource Economics 10 (1), 381–404.

Blackstone, N. T., El-Abbadi, N. H., McCabe, M. S., Griffin, T. S. und Nelson, M. E. (2018): Linking sustainability to the healthy eating patterns of the Dietary Guidelines for Americans: a modelling study. The Lancet Planetary Health 2 (8), e344–e352.

Blackwell, M. S. A., Darch, T. und Haslam, R. P. (2019): Phosphorus use efficiency and fertilizers: future opportunities for improvements. Frontiers of Agricultural Science and Engineering 6 (4), 332–340.

Blanc, S., Massaglia, S., Borra, D., Mosso, A. und Merlino, V. (2020): Animal welfare and gender: a nexus in awareness and preference when choosing fresh beef meat? Italian Journal of Animal Science 19 (1), 410–420.

Blicharska, M., Smithers, R. J., Mikusinski, G., Rönnbäck, P., Harrison, P. A., Nilsson, M. und Sutherland, W. J. (2019): Biodiversity's contributions to sustainable development. Nature Sustainability 2, 1083–1093.

BMBF – Bundesministerium für Bildung und Forschung (2018): Afrika-Strategie des BMBF: Perspektiven schaffen! Neue Impulse für die Kooperation mit afrikanischen Partnern in Bildung, Wissenschaft und Forschung. Berlin: BMBF.

BMBF – Bundesministerium für Bildung und Forschung (2019): Geförderte Projekte im Rahmen des Konzepts „Bioökonomie als gesellschaftlicher Wandel". Berlin: BMBF.

BMBF – Bundesministerium für Bildung und Forschung (2020a): Bekanntmachung. Richtlinie zur Förderung von Zuwendungen für „KMU-innovativ: Bioökonomie". Bundesanzeiger vom 08.05.2020. Internet: https://www.bmbf.de/foerderungen/bekanntmachung-2990.html. Berlin: BMBF.

BMBF – Bundesministerium für Bildung und Forschung (2020b): Entwicklungspolitische Ressortforschung. Internet: https://www.bmz.de/de/ministerium/wege/bilaterale_ez/zwischenstaatliche_ez/forschung/index.html. Berlin: BMBF.

BMBF – Bundesministerium für Bildung und Forschung (2020c): Nationale Bioökonomiestrategie. Kabinettversion, 15.01.2020. Berlin: BMBF.

BMEL – Bundesministerien für Ernährung und Landwirtschaft (2019): Schutz von Herkunftsangaben und traditionellen Spezialitäten. Internet: https://www.bmel.de/DE/themen/landwirtschaft/agrarmaerkte/geschuetzte-bezeichnungen.html. Berlin: BMEL.

BMEL – Bundesministerien für Ernährung und Landwirtschaft (2020): Bioökonomie im Überblick. Internet: https://www.bmel.de/DE/themen/landwirtschaft/bioeokonomie-nachwachsende-rohstoffe/ueberblick-biooekonomie.html. Berlin: BMEL.

BMEL – Bundesministerium für Ernährung und Landwirtschaft (2018a): Charta für Holz 2.0 – Statusbericht 2018. Berlin: BMEL.

BMEL – Bundesministerium für Ernährung und Landwirtschaft (2018b): Landwirtschaft verstehen – Fakten und Hintergründe. Berlin: BMEL.

BMEL – Bundesministerium für Ernährung und Landwirtschaft (2019a): BSE – Bovine Spongiforme Enzephalopathie. Internet: https://www.bmel.de/DE/themen/tiere/tiergesundheit/tierseuchen/bse.html Berlin: BMEL.

BMEL – Bundesministerium für Ernährung und Landwirtschaft (2019b): Deutschland, wie es isst. Der BMEL-Ernährungsreport 2019. Berlin: BMEL.

BMEL – Bundesministerium für Ernährung und Landwirtschaft (2019c): Zukunftsstrategie ökologischer Landbau – Impulse für mehr Nachhaltigkeit in Deutschland. Berlin: BMEL.

BMEL – Bundesministerium für Ernährung und Landwirtschaft (2020a): Deutschland, wie es isst. Der BMEL-Ernährungsreport 2020. Berlin: BMEL.

BMEL – Bundesministerium für Ernährung und Landwirtschaft (2020b): Ergebnisse der Waldzustandserhebung 2019. Berlin: BMEL.

BMEL – Bundesministerium für Ernährung und Landwirtschaft (2020c): Geoportal GDI-BMEL – Geodateninfrastruktur des Bundesministeriums für Ernährung und Landwirtschaft. Internet: https://gdi.bmel.de. Bonn: BMEL.

BMEL – Bundesministerium für Ernährung und Landwirtschaft (2020d): Mehr als 50 Millionen Euro für digitale Experimentierfelder in der Landwirtschaft. Internet: https://www.bmel.de/DE/themen/digitalisierung/digitale-experimentierfelder.html. Bonn: BMEL.

BMEL – Bundesministerium für Ernährung und Landwirtschaft (2020e): Weltweiter Handel mit Agrarprodukten – Fragen und Antworten. Internet: https://www.bmel.de/DE/Landwirtschaft/Markt-Handel-Export/_Texte/weltweiter-handel-agrarprodukte-faq-fragen-antworten.html;jsessionid=2926A0E1932BFF15ABAB6920D495176A.2_cid376#doc13459724bodyText12. Berlin: BMEL.

BMI – Bundesministerium des Innern für Bau und Heimat (2019): Leitfaden Nachhaltiges Bauen – Zukunftsfähiges Planen, Bauen und Betreiben von Gebäuden. Berlin: BMI.

BMU – Bundesministerium für Umwelt Naturschutz und nukleare Sicherheit (2020a): Bonn Challenge. Internet: https://www.bmu.de/themen/natur-biologische-vielfalt-arten/naturschutz-biologische-vielfalt/waelder/bonn-challenge/. Berlin: BMU.

BMU – Bundesministerium für Umwelt Naturschutz und nukleare Sicherheit (2020b): Die Lage der Natur in Deutschland. Berlin: BMU.

BMU – Bundesministerium für Umwelt Naturschutz und nukleare Sicherheit (2020c): Umweltfreundliche öffentliche Beschaffung. Internet: https://www.bmu.de/themen/wirtschaft-produkte-ressourcen-tourismus/produkte-und-konsum/umweltfreundliche-beschaffung/. Berlin: BMU.

BMU – Bundesministerium für Umwelt Naturschutz und nukleare Sicherheit und UBA – Umweltbundesamt (2018): Umweltbewusstsein in Deutschland 2018. Berlin, Dessau: BMU, UBA.

BMVBS – Bundesministerium für Verkehr Bau und Stadtentwicklung (2010): Bekanntmachung des Bundesministeriums für Verkehr, Bau und Stadtentwicklung über die Nutzung und die Anerkennung von Bewertungssystemen für das nachhaltige Bauen vom 15.04.2010. Berlin: BMVBS.

BMWi – Bundesministerium für Wirtschaft und Energie (2020a): Agri-Gaia. Internet: https://www.bmwi.de/Redaktion/DE/Artikel/Digitale-Welt/GAIA-X-Use-Cases/agri-gaia.html. Berlin: BMWi.

BMWi – Bundesministerium für Wirtschaft und Energie (2020b): GAIA-X: Das europäische Projekt startet in die nächste Phase. Berlin: BMWi.

BMZ – Bundesministerium für wirtschaftliche Zusammenarbeit und Entwicklung (2019): The Legacy Landscapes Fund. Safeguarding Outstanding Biodiversity for Humanity – The Next Level of Conservation. Berlin: BMZ.

BMZ – Bundesministerium für wirtschaftliche Zusammenarbeit und Entwicklung (2020a): Corona Sofortprogramm: Corona besiegen wir nur weltweit oder gar nicht. Berlin: BMZ.

BMZ – Bundesministerium für wirtschaftliche Zusammenarbeit und Entwicklung (2020b): Faire globale Liefer- und Wertschöpfungsketten. Internet: https://www.bmz.de/de/themen/lieferketten/index.html. Berlin: BMZ.

BMZ – Bundesministerium für wirtschaftliche Zusammenarbeit und Entwicklung (2020c): Globalisierung gerecht gestalten – Mehr Fairness in globalen Liefer- und Wertschöpfungsketten. Internet: https://www.bmz.de/de/themen/lieferketten/index.html. Berlin: BMZ.

BMZ – Bundesministerium für wirtschaftliche Zusammenarbeit und Entwicklung (2020d): Im Fokus – Rechte indigener Völker. Internet: https://www.bmz.de/de/themen/allgemeine_menschenrechte/hintergrund/blickpunkt_indigene.html. Berlin: BMZ.

BMZ – Bundesministerium für wirtschaftliche Zusammenarbeit und Entwicklung (2020e): Neue Partnerschaft für Entwicklung, Frieden und Zukunft: Ein Marshallplan mit Afrika. Internet: https://www.bmz.de/de/laender_regionen/marshallplan_mit_afrika/index.html. Berlin: BMZ.

Bock, B. B. (2015): Gender mainstreaming and rural development policy; the trivialisation of rural gender issues. Gender, Place & Culture 22 (5), 731–745.

Bodansky, D., Brunné, J. und Rajamani, L. (2017) (Hrsg.): International Climate Change Law. New York: Oxford University Press.

Bogdanov, D., Farfan, J., Sadovskaia, K., Aghahosseini, A., Child, M., Gulagi, A., Oyewo, A. S., de Souza Noel Simas Barbosa, L. und Breyer, C. (2019): Radical transformation pathway towards sustainable electricity via evolutionary steps. Nature Communications 10 (1), 1077.

Bokelmann, W., Ferenczi, Z. und Gevorgyan, E. (2016): Improving food and nutritional security in East Africa through African indigenous vegetables: a case study of the horticultural innovation system in Kenya. International Society for Horticultural Science Acta Horticulturae 1132, 89–96.

Boller, F., Elscher, T., Erinc, M. und Ulbrich, S. (2013): Strategien zur Umsetzung von Natura 2000 mit kooperativ strukturierten Verbänden. Das Beispiel der Bundesländer Baden-Württemberg und Schleswig-Holstein. Naturschutz und Landschaftsplanung 45 (10/11), 322–326.

BÖLW – Bund Ökologische Lebensmittelwirtschaft (2019): Zahlen – Daten – Fakten. Die Bio-Branche 2019. Berlin: BÖLW.

Bonilla-Aldana, D. K., Dhama, K. und Rodriguez-Morales, A. J. (2020): Revisiting the one health approach in the context of COVID-19: a look into the ecology of this emerging disease. Advances in Animal and Veterinary Sciences 8 (3), 234–237.

Bonjour, S., Adair-Rohani, H., Wolf, J., Bruce, N. G., Mehta, S., Prüss-Ustün, A., Lahiff, M., Rehfuess, E. A., Mishra, V. und Smith, K. R. (2013): Solid fuel use for household cooking: country and regional estimates for 1980–2010. Environmental Health Perspectives 121 (7), 784–790.

Bonn, A., Richter, A., Vohland, K., Pettibone, Brandt, Feldmann, R., Goebel, Grefe, Hecker, S., Hennen, L., Hofer, H., Kiefer, Klotz, Kluttig, Krause, Küsel, K., Liedtke, Mahla, A., Neumeier, V. A. und Ziegler, D. (2016): Grünbuch – Citizen Science Strategie 2020 für Deutschland. Berlin: Projekt „Bürger schaffen Wissen – Wissen schafft Bürger" (GEWISS).

Bonn Challenge (2020): The Bonn Challenge. Internet: https://www.bonnchallenge.org/. Gland: International Union for Conservation of Nature (IUCN).

Börner, J., Schulz, D., Wunder, S. und Pfaff, A. (2020): The effectiveness of forest conservation policies and programs. Annual Review of Resource Economics 12 (1), 1–20.

Borras Jr, S. M. und Franco, J. C. (2012): Global land grabbing and trajectories of agrarian change: a preliminary analysis. Journal of Agrarian Change 12 (1), 34–59.

Borras Jr, S. M., Hall, R., Scoones, I., White, B. und Wolford, W. (2011): Towards a better understanding of global land grabbing: an editorial introduction. The Journal of Peasant Studies 38 (2), 209–216.

Borrini-Feyerabend, G., Dudley, N., Jaeger, T., Lassen, B., Neema, P., Phillips, A. und Sandwith, T. (2013): Governance of Protected Areas: From Understanding to Action. Best Practice Protected Area Guidelines Series No. 20. Gland: IUCN.

Bosire, E. N., Stacey, N., Mukoma, G., Tugendhaft, A., Hofman, K. und Norris, S. A. (2019): Attitudes and perceptions among urban South Africans towards sugar-sweetened beverages and taxation. Public Health Nutrition 23 (2), 374–383.

Bouman, T., Verschoor, M., Albers, C. J., Böhm, G., Fisher, S. D., Poortinga, W., Whitmarsh, L. und Steg, L. (2020): When worry about climate change leads to climate action: How values, worry and personal responsibility relate to various climate actions. Global Environmental Change 62, 102061.

Bovarnick, A., Fernandez-Baca, J., Galindo, J. und Negret, H. (2010): Financial Sustainability of Protected Areas in Latin America and the Caribbean. Nairobi: UNDP.

Bove, C. F., Sobal, J. und Rauschenbach, B. S. (2003): Food choices among newly married couples: convergence, conflict, individualism, and projects. Appetite 40 (1), 25–41.

Bowerman, N. H. A., Frame, D. J., Huntingford, C., Lowe, J. A., Smith, S. M. und Allen, M. R. (2013): The role of short-lived climate pollutants in meeting temperature goals. Nature Climate Change 3, 1021–1024.

Bowyer, J., Bratkovich, S., Howe, J., Fernholz, K., Frank, M., Hanessian, S., Groot, H. und Pepke, E. (2016): Modern Tall Wood Buildings: Opportunities for Innovation. Minneapolis, MN: Dovetail Partners.

Boysen, O., Jensen, H. G. und Matthews, A. (2016): Impact of EU agricultural policy on developing countries: a Uganda case study. The Journal of International Trade & Economic Development 25 (3), 377–402.

Boysen-Urban, K., Brockmeier, M., Jensen, H. und Boysen, O. (2020): Measuring the trade restrictiveness of domestic support using the EU common agricultural policy as an example. Journal of Agricultural Economics 71 (1), 27–49.

BPB – Bundeszentrale für politische Bildung (2017): Bevölkerungsentwicklung nach Regionen. Internet: https://www.bpb.de/nachschlagen/zahlen-und-fakten/globalisierung/52702/bevoelkerung-nach-regionen. Bonn: BPB.

Brack, D. (2013): Combating Illegal Logging: Interaction With WTO Rules. EER BP No. 1. London: Chatham House.

Bramley, R. (2009): Lessons from nearly 20 years of Precision Agriculture research, development, and adoption as a guide to its appropriate application. Crop and Pasture Science 60 (3), 197–217.

Brancalion, P. H. S., de Almeida, D. R. A., Vidal, E., Molin, P. G., Sontag, V. E., Souza, S. E. X. F. und Schulze, M. D. (2018): Fake legal logging in the Brazilian Amazon. Science Advances 4 (8), 1–7.

brand eins (o.J.): Willkommen in der City of Wood. Internet: https://www.brandeins.de/corporate-publishing/b-o-city-of-wood/willkommen-in-der-city-of-wood. Hamburg: brandeins Medien.

Brandt, H. (2004): Kosten und Auswirkungen der Gemeinsamen Agrarpolitik (GAP) in Deutschland. Gutachten im Auftrag von Oxfam Deutschland. Berlin: Oxfam.

Branford, S. (2011): The great global land grab. In: Gerwin, M. (Hrsg.): Food and Democracy. Introduction to Food Sovereignty. Krakau: Polska Zielona Siec, 79–82.

Bren d'Amour, C., Wenz, L., Kalkuhl, M., Christoph Steckel, J. und Creutzig, F. (2016): Teleconnected food supply shocks. Environmental Research Letters 11 (3), 035007.

Bringezu, S. und Schütz, H. (2008): Auswirkungen eines verstärkten Anbaus nachwachsender Rohstoffe im globalen Maßstab. TATuP – Zeitschrift für Technikfolgenabschätzung in Theorie und Praxis 17 (2), 12–23.

Brooks, T. M., Pimm, S. L., Akçakaya, H. R., Buchanan, G. M., Butchart, S. H. M., Foden, W., Hilton-Taylor, C., Hoffmann, M., Jenkins, C. N. und Joppa, L. (2019): Measuring terrestrial area of habitat (AOH) and its utility for the IUCN Red List. Trends in Ecology & Evolution 34 (11), 977–986.

Brown, S. C., Wigley, T. M. L., Otto-Bliesner, B. L., Rahbek, C. und Fordham, D. A. (2020): Persistent Quaternary climate refugia are hospices for biodiversity in the Anthropocene. Nature Climate Change doi:10.1038/s41558-019-0682-7, 1–12.

Brühl, C. A. und Zaller, J. G. (2019): Biodiversity decline as a consequence of an inadequate environmental risk assessment of pesticides. Frontiers in Environmental Science 7, 177.

Brune, D. E., Schwartz, G., Eversole, A. G., Collier, J. A. und Schwedler, T. E. (2003): Intensification of pond aquaculture and high rate photosynthetic systems. Aquacultural Engineering 28 (1-2), 65–86.

Brüntrup, M. (2020): Agricultural growth corridors in sub-Saharan Africa–new hope for agricultural transformation and rural development? In: Sikora, R. A., Terry, E. R., Vlek, P. L. G. und Chitja, J. (Hrsg.): Transforming Agriculture in Southern Africa: Constraints, Technologies, Policies and Processes. Abingdon: Routledge, 258–270.

Buchholz, W. und Sandler, T. (2020): Global public goods: a survey. Journal of Economic Literature, im Erscheinen.

Buchner, B., Herve-Mignucci, M., Trabacchi, C., Wilkinson, J., Stadelmann, M., Boyd, R., Mazza, F., Falconer, A. und Micale, V. (2014): Global Landscape of Climate Finance 2015. A CPI Report. London: Climate Policy Initiative (CPI).

Buckley, R., Brough, P., Hague, L., Chauvenet, A., Fleming, C., Roche, E., Sofija, E. und Harris, N. (2019): Economic value of protected areas via visitor mental health. Nature Communications 10 (1), 1–10.

Bugge, M. M., Hansen, T. und Klitkou, A. (2016): What is the bioeconomy? A review of the literature. Sustainability 8, 1–22.

Buhaug, H., Benjaminsen, T. A., Sjaastad, E. und Magnus Theisen, O. (2015): Climate variability, food production shocks, and violent conflict in Sub-Saharan Africa. Environmental Research Letters 10 (12), 125015.

Bui, M., Adjiman, C. S., Bardow, A., Anthony, E. J., Boston, A., Brown, S., Fennell, P. S., Fuss, S., Galindo, A. und Hackett, L. A. (2018): Carbon capture and storage (CCS): the way forward. Energy & Environmental Science 11 (5), 1062–1176.

Bukari, K. N., Sow, P. und Scheffran, J. (2018): Cooperation and co-existence between farmers and herders in the midst of violent farmer-herder conflicts in Ghana. African Studies Review 61 (2), 78–102.

Bundeskartellamt (2014): Sektoruntersuchung Lebensmitteleinzelhandel: Darstellung und Analyse der Strukturen und des Beschaffungsverhaltens auf den Märkten des Lebensmitteleinzelhandels in Deutschland. Bonn: Bundeskartellamt.

Bundesregierung (2018): Deutsche Nachhaltigkeitsstrategie. Aktualisierung 2018. Berlin: Presse- und Informationsamt der Bundesregierung.

Bunning, S., Woodfine, A. C. und Vallée, D. (2016): Informing Future Interventions for Scaling-up Sustainable Land Management. Rom: FAO, World Bank, NEPAD.

Burchi, F., Fanzo, J. und Frison, E. (2011): The role of food and nutrition system approaches in tackling hidden hunger. International Journal of Environmental Research and Public Health 8 (2), 358–373.

Burchi, F. und Strupat, C. (2016): The Impact of Cash Transfers on Food Security in Sub-Saharan Africa: Evidence, Design and Implementation. Briefing Paper No. 15. Bonn: Deutsches Institut für Entwicklungspolitik (DIE).

Burney, J., Woltering, L., Burke, M., Naylor, R. und Pasternak, D. (2010): Solar-powered drip irrigation enhances food security in the Sudano-Sahel. Proceedings of the National Academy of Sciences 107 (5), 1848–1853.

Bush, A., Sollmann, R., Wilting, A., Bohmann, K., Cole, B., Balzter, H., Martius, C., Zlinszky, A., Calvignac-Spencer, S. und Cobbold, C. A. (2017): Connecting Earth observation to high-throughput biodiversity data. Nature Ecology & Evolution 1 (7), 1–9.

Busch, J. und Ferretti-Gallon, K. (2017): What drives deforestation and what stops it? A Meta-Analysis. Review of Environmental Economics and Policy 11 (1), 3–23.

Büscher, B., Fletcher, R., Brockington, D., Sandbrook, C., Adams, W. M., Campbell, L., Corson, C., Dressler, W., Duffy, R. und Gray, N. (2017): Half-Earth or Whole Earth? Radical ideas for conservation, and their implications. Oryx 51 (3), 407–410.

Butchart, S. H. M., Clarke, M., Smith, R. J., Sykes, R. E., Scharlemann, J. P. W., Harfoot, M., Buchanan, G. M., Angulo, A., Balmford, A. und Bertzky, B. (2015): Shortfalls and solutions for meeting national and global conservation area targets. Conservation Letters 8 (5), 329–337.

BZfE – Bundeszentrum für Ernährung (2020): Planetary Health Diet. Speiseplan für eine gesunde und nachhaltige Ernährung. Internet: https://www.bzfe.de/inhalt/planetary-health-diet-33656.html. Bonn: BZfE.

Cabannes, Y. (2012): Pro-poor legal and institutional frameworks for urban and peri-urban agriculture. Rom: FAO.

Calisher, C., Carroll, D., Colwell, R., Corley, R. B., Daszak, P., Drosten, C., Enjuanes, L., Farrar, J., Field, H. und Golding, J. (2020): Statement in support of the scientists, public health professionals, and medical professionals of China combatting COVID-19. The Lancet 395 (10226), e42–e43.

Cámara-Leret, R., Fortuna, M. A. und Bascompte, J. (2019): Indigenous knowledge networks in the face of global change. Proceedings of the National Academy of Sciences 116 (20), 9913–9918.

Campbell, B. M., Beare, D. J., Bennett, E. M., Hall-Spencer, J. M., Ingram, J. S. I., Jaramillo, F., Ortiz, R., Ramankutty, N., Sayer, J. A. und Shindell, D. (2017): Agriculture production as a major driver of the Earth system exceeding planetary boundaries. Ecology and Society 22 (4), 1–11.

Canfield, D. E., Glazer, A. N. und Falkowski, P. G. (2010): The evolution and future of Earth's nitrogen cycle. Science 330 (6001), 192–196.

Capano, G. und Woo, J. J. (2018): Designing policy robustness: outputs and processes. Policy and Society 37 (4), 422–440.

Capdevila-Cortada, M. (2019): Electrifying the Haber–Bosch. Nature Catalysis 2 (12), 1055–1055.

Carazo, M. P. und Klein, D. (2017): Implication for Public International Law. Initial considerations. In: Klein, D., Carazo, M. P., Doelle, M., Bulmer, J. und Higham, A. (Hrsg.): The Paris Agreement on Climate Change. Analysis and Commentary. Oxford, New York: Oxford University Press, 389–412.

Carbutt, C., Henwood, W. D. und Gilfedder, L. A. (2017): Global plight of native temperate grasslands: going, going, gone? Biodiversity and Conservation 26 (12), 2911–2932.

Carle, J. und Holmgren, P. (2008): Wood from planted forests: a global outlook 2005–2030. Forest Products Journal 58, 6–18.

Carlson, C. J. (2020): From PREDICT to prevention, one pandemic later. The Lancet Microbe 1 (1), e6–e7.

Carlson, C. J., Zipfel, C. M., Garnier, R. und Bansal, S. (2019): Global estimates of mammalian viral diversity accounting for host sharing. Nature Ecology & Evolution 3 (7), 1070–1075.

Carus, M. und Dammer, L. (2018): The circular bioeconomy—concepts, opportunities, and limitations. Industrial Biotechnology 14 (2), 83–91.

Carus, M. und Raschka, A. (2018): Erneuerbarer Kohlenstoff ist der Schlüssel zur Zukunft einer nachhaltigen Chemie. Hürth: nova-Institut.

Carus, M., Porc, M. und Chinthapalli, R. (2020): How much biomass do bio-based plastics need? An update on the „Land use" debate and facts on biomass use in general. Bioplastics MAGAZINE 15, 50–51.

Cascio, A., Bosilkovski, M., Rodriguez-Morales, A. und Pappas, G. (2011): The socio-ecology of zoonotic infections. Clinical Microbiology and Infection 17 (3), 336–342.

Cassimon, D., Prowse, M. und Essers, D. (2011): The pitfalls and potential of debt-for-nature swaps: A US-Indonesian case study. Global Environmental Change 21 (1), 93–102.

Cassini, A., Högberg, L. D., Plachouras, D., Quattrocchi, A., Hoxha, A., Simonsen, G. S., Colomb-Cotinat, M., Kretzschmar, M. E., Devleesschauwer, B., Cecchini, M., Ouakrim, D. A., Oliveira, T. C., Struelens, M. J., Suetens, C., Monnet, D.

L., Strauss, R., Mertens, K., Struyf, T., Catry, B., Latour, K., Ivanov, I. N., Dobreva, E. G., Tambic Andrašević, A., Soprek, S., Budimir, A., Paphitou, N., Žemlicková, H., Schytte Olsen, S., Wolff Sönksen, U., Märtin, P., Ivanova, M., Lyytikäinen, O., Jalava, J., Coignard, B., Eckmanns, T., Abu Sin, M., Haller, S., Daikos, G. L., Gikas, A., Tsiodras, S., Kontopidou, F., Tóth, Á., Hajdu, Á., Guólaugsson, Ó., Kristinsson, K. G., Murchan, S., Burns, K., Pezzotti, P., Gagliotti, C., Dumpis, U., Liuimiene, A., Perrin, M., Borg, M. A., de Greeff, S. C., Monen, J. C. M., Koek, M. B. G., Elstrøm, P., Zabicka, D., Deptula, A., Hryniewicz, W., Caniça, M., Nogueira, P. J., Fernandes, P. A., Manageiro, V., Popescu, G. A., Serban, R. I., Schréterová, E., Litvová, S., Štefkovicová, M., Kolman, J., Klavs, I., Korošec, A., Aracil, B., Asensio, A., Pérez-Vázquez, M., Billström, H., Larsson, S., Reilly, J. S., Johnson, A. und Hopkins, S. (2019): Attributable deaths and disability-adjusted life-years caused by infections with antibiotic-resistant bacteria in the EU and the European Economic Area in 2015: a population-level modelling analysis. The Lancet Infectious Diseases 19 (1), 56–66.

CBD – Convention on Biological Diversity (1992): Convention on Biological Diversity. Internet: https://www.cbd.int/doc/legal/cbd-en.pdf. New York: United Nations (UN).

CBD – Convention on Biological Diversity (2002): Strategic Plan for the Convention on Biological Diversity. Decision VI/26. Montreal: CBD Secretariat.

CBD – Convention on Biological Diversity (2004): Protected Areas (Articles 8 (a) to (e)) and Annex Programme of Work on Protected Areas. Decision VII/28. Montreal: CBD Secretariat.

CBD – Convention on Biological Diversity (2006): Impact Assessment: Voluntary Guidelines on Biodiversity-Inclusive Impact Assessments. Decision VIII/28. Montreal: CBD Secretariat.

CBD – Convention on Biological Diversity (2010a): The Strategic Plan for Biodiversity 2011-2020 and the Aichi Biodiversity Targets. Decision X/2. Montreal: CBD Secretariat.

CBD – Convention on Biological Diversity (2010b): Sustainable Use of Biodiversity. Decision X/32. Montreal: CBD Secretariat.

CBD – Convention on Biological Diversity (2012): Report of the High-Level Panel on Global Assessment of Resources for Implementing the Strategic Plan for Biodiversity 2011–2020. UNEP/CBD/COP/11/INF/20. Nairobi: UNEP.

CBD – Convention on Biological Diversity (2014): Resourcing the Aichi Biodiversity Targets. An Assessment of Benefits, Investments and Resource needs for Implementing the Strategic Plan for Biodiversity 2011–2020. Montreal: CBD Secretariat.

CBD – Convention on Biological Diversity (2018a): Biodiversity and Climate Change. CBD/COP/14/L.23. Sharm El-Sheik: CBD Secretariat.

CBD – Convention on Biological Diversity (2018b): Glossary of Relevant Key Terms and Concepts Within the Context of Article 8(j) and Related Provisions. Decision 14/13. Montreal: CBD Secretariat.

CBD – Convention on Biological Diversity (2018c): National Reporting Under the Convention and Its Protocols. Note by the Executive Secretary. CBD/SBI/2/12. Montreal: CBD Secretariat.

CBD – Convention on Biological Diversity (2018d): Protected Areas and Other Effective Area-based Conservation Measures. Decision 14/8. Montreal: CBD Secretariat.

CBD – Convention on Biological Diversity (2018e): Mainstreaming of Biodiversity in the Energy and Mining, Infrastructure, Manufacturing and Processing Sectors. Decision 14/3. Montreal: CBD Secretariat.

CBD – Convention on Biological Diversity (2020): Update of the Zero Draft of the Post-2020 Global Biodiversity Framework. CBD/POST2020/PREP/2/1. Montreal: CBD Secretariat.

CBD – Convention on Biological Diversity (o.J.): The CBD LifeWeb Initiative. Internet: https://www.cbd.int/undb/media/factsheets/undb-factsheet-lifeweb-en.pdf. Montreal: CBD Secretariat.

CCC – Committee on Climate Change (2018): Biomass in a low-carbon economy. London: CCC.

Ceballos, G., Ehrlich, P. R., Barnosky, A. D., Garcia, A., Pringle, R. M. und Palmer, T. M. (2015): Accelerated modern human-induced species losses: Entering the sixth mass extinction. Environmental Sciences 1:e1400253, 6.

Ceballos, G., Ehrlich, P. R. und Dirzo, R. (2017): Biological annihilation via the ongoing sixth mass extinction signaled by vertebrate population losses and declines. Proceedings of the National Academy of Sciences doi:10.1073/pnas.1704949114, 8.

Ceccherini, G., Duveiller, G., Grassi, G., Lemoine, G., Avitabile, V., Pilli, R. und Cescatti, A. (2020): Abrupt increase in harvested forest area over Europe after 2015. Nature 583 (7814), 72–77.

CEFIC – European Chemical Industry Council (2019): 2020 Facts & Figures of the European Chemical Industry. Brüssel: CEFIC.

CFS – Committee on World Food Security (2014): Principles for Responsible Investment in Agriculture and Food Systems. Internet: http://www.fao.org/3/a-au866e.pdf. Rom: CFS Secretariat.

CGIAR – Consultative Group on International Agricultural Research (2020): Glossary: Food Systems. Internet: https://a4nh.cgiar.org/2020/01/26/glossary-food-systems/. Washington, DC: International Food Policy Research Institute (IFPRI).

Chandler, M., See, L., Copas, K., Bonde, A. M. Z., López, B. C., Danielsen, F., Legind, J. K., Masinde, S., Miller-Rushing, A. J. und Newman, G. (2017): Contribution of citizen science towards international biodiversity monitoring. Biological Conservation 213, 280–294.

Chapman, M., Satterfield, T., Wittman, H. und Chan, K. M. A. (2020): A payment by any other name: Is Costa Rica's PES a payment for services or a support for stewards? World Development 129, 104900.

Chapotin, S. M. und Wolt, J. D. (2007): Genetically modified crops for the bioeconomy: meeting public and regulatory expectations. Transgenic Research 16 (6), 675–688.

Chase, M. J., Schlossberg, S., Griffin, C. R., Bouché, P. J. C., Djene, S. W., Elkan, P. W., Ferreira, S., Grossman, F., Kohi, E. M. und Landen, K. (2016): Continent-wide survey reveals massive decline in African savannah elephants. PeerJ 4, 1–24.

Chauhan, S., Darvishzadeh, R., Lu, Y., Boschetti, M. und Nelson, A. (2020): Understanding wheat lodging using multitemporal Sentinel-1 and Sentinel-2 data. Remote Sensing of Environment 243, 111804.

Chen, J. G., Crooks, R. M., Seefeldt, L. C., Bren, K. L., Bullock, R. M., Darensbourg, M. Y., Holland, P. L., Hoffman, B., Janik, M. J. und Jones, A. K. (2018): Beyond fossil fuel-driven nitrogen transformations. Science 360 (6391), eaar6611.

Cherlet, M., Hutchinson, C., Reynolds, J., Hil, l. J., Sommer, S. und von Maltitz, G. (2018). World Atlas of Desertification: Rethinking Land Degradation and Sustainable Land Management. Third Edition. Brüssel: European Commission Publication Office.

Chinthapalli, R., Skoczinski, P., Carus, M., Baltus, W., de Guzman, D., Käb, H., Raschka, A. und Ravenstijn, J. (2019): Biobased building blocks and polymers—Global capacities, production and trends, 2018–2023. Industrial Biotechnology 15 (4), 237–241.

Chiputwa, B., Spielman, D. J. und Qaim, M. (2015): Food standards, certification, and poverty among coffee farmers in Uganda. World Development 66, 400–412.

Chu, J. (2011): Gender and ‚Land Grabbing' in Sub-Saharan Africa: Women's land rights and customary land tenure. Development 54 (1), 35–39.

Chum, H., Faaij, A., Moreira, J., Berndes, G., Dhamija, P. und Dong, H. (2011): Bioenergy. In: Edenhofer, O., Pichs-Madruga, R., Sokona, Y., Seyboth, K., Matschoss, P., Kadner, S., Zwickel, T., Eickemeier, P., Hansen, G., Schlömer, S. und von Stechow, C. (Hrsg.): IPCC Special Report on Renewable Energy Sources and Climate Change Mitigation. Cambridge, New York: Cambridge University Press, 209–332.

Churkina, G. (2016): Can use of wood in future infrastructure development reduce emissions of $CO_2$? Externe Expertise für das WBGU–Politikpapier 9. Internet: http://www.wbgu.de. politikpapier-9-2016_ex01.pdf. Berlin: WBGU.

Churkina, G., Organschi, A., Reyer, C. P. O., Ruff, A., Vinke, K., Liu, Z., Reck, B. K., Graedel, T. E. und Schellnhuber, H. J. (2020): Buildings as a global carbon sink. Nature Sustainability 3 (1), 10.

CI – Conservation International (2020): How Well Protected are Protected Areas? Tracking Legal Changes to Protected Lands and Waters. PADDD – Protected Area Downgrading, Downsizing and Degazettement. Internet: https://www.conservation.org/projects/paddd-protected-area-downgrading-downsizing-and-degazettement. Arlington, VA: CI.

Ciais, P., Reichstein, M., Viovy, N., Granier, A., Ogée, J., Allard, V., Aubinet, M., Buchmann, N., Bernhofer, C. und Carrara, A. (2005): Europe-wide reduction in primary productivity caused by the heat and drought in 2003. Nature 437 (7058), 529–533.

CIFOR – Center for International Forestry Research (2018): Transforming REDD+: Lessons and New Directions. Bogor: CIFOR.

Circle Economy (2020): The Circularity Gap Report 2020. Washington, DC: Platform for Accelerating the Circular Economy (PACE), World Resources Institute (WRI).

Citizen Science Global Partnership (2020): Citizen Science Global Partnership. A Network-of-Networks that Seeks to Promote and Advance Citizen Science for a Sustainable World. Internet: http://citizenscienceglobal.org. Washington, DC, Genf: Woodrow Wilson International Center for Scholars, SDG Solution Space.

Climeworks (2020): Direct Air Capture. A Technology to Reverse Climate Change. Internet: climeworks.com/page/co2-removal. Zürich: Climeworks.

Coad, L., Watson, J. E., Geldmann, J., Burgess, N. D., Leverington, F., Hockings, M., Knights, K. und Di Marco, M. (2019): Widespread shortfalls in protected area resourcing undermine efforts to conserve biodiversity. Frontiers in Ecology and the Environment 17 (5), 259–264.

Cohen-Shacham, E., Walters, G., Janzen, C. und Maginnis, S. (2016): Nature-Based Solutions to Address Global Societal Challenges. Gland: IUCN.

Çoker, E. N. und van der Linden, S. (2020): Fleshing out the theory of planned of behavior: Meat consumption as an environmentally significant behavior. Current Psychology doi.org/10.1007/s12144-019-00593-3, 1–10.

Collas, L., Green, R. E., Ross, A., Wastell, J. H. und Balmford, A. (2017): Urban development, land sharing and land sparing: the importance of considering restoration. Journal of Applied Ecology 54 (6), 1865–1873.

Colling, F. (2009): Holzbau: Grundlagen, Bemessungshilfen. Berlin, Heidelberg: Springer.

Collins, P. H. und Bilge, S. (2016): Intersectionality. Key Concepts. Cambridge, New York: Polity Press.

Connolly, D., Mathiesen, B. V. und Ridjan, I. (2014): A comparison between renewable transport fuels that can supplement or replace biofuels in a 100% renewable energy system. Energy 73, 110–125.

Conservation Agriculture Farming Unit (2019): Conservation Agriculture Farming Unit: Home. Internet: www.conservationagriculture.org. Lusaka, Zambia: Conservation Agriculture Farming Unit Headquarters.

Cooper, K. M. (2013): Setting limits for acceptable change in sediment particle size composition: Testing a new approach to managing marine aggregate dredging. Marine Pollution Bulletin 73 (1), 86–97.

Corlett, R. T., Primack, R. B., Devictor, V., Maas, B., Goswami, V. R., Bates, A. E., Koh, L. P., Regan, T. J., Loyola, R., Pakeman, R. J., Cumming, G. S., Pidgeon, A., Johns, D. und Roth, R. (2020): Impacts of the coronavirus pandemic on biodiversity conservation. Biological Conservation 246, 1–4.

Corrado, S., Caldeira, C., Eriksson, M., Hanssen, O. J., Hauser, H.-E., van Holsteijn, F., Liu, G., Östergren, K., Parry, A., Secondi, L., Stenmarck, A. und Sala, S. (2019): Food waste accounting methodologies: challenges, opportunities, and further advancements. Global Food Security 20, 93–100.

Corrigan, C., Bingham, H., Pathak Broome, N., Hay-Edie, T., Tabanao, G. und Kingston, N. (2016): Documenting local contributions to Earth's biodiversity heritage: the global registry. Parks 22 (2), 55–68.

Cosbey, A., Droege, S., Fischer, C. und Munnings, C. (2019): Developing guidance for implementing border carbon adjustments: lessons, cautions, and research needs from the literature. Review of Environmental Economics and Policy 13 (1), 3–22.

Costanza, R., de Groot, R., Braat, L., Kubiszewski, I., Fioramonti, L., Sutton, P., Farber, S. und Grasso, M. (2017): Twenty years of ecosystem services: How far have we come and how far do we still need to go? Ecosystem Services 28, 1–16.

Costanza, R., de Groot, R., Sutton, P., van der Ploeg, S., Anderson, S. J., Kubiszewski, I., Farber, S. und Turner, R. K. (2014): Changes in the global value of ecosystem services. Global Environmental Change 26, 152–158.

Costello, M. J., May, R. M. und Stork, N. E. (2013): Can we name earth's species before they go extinct? Science 339 (6118), 413–416.

Cotula, L., Dyer, N. und Vermeulen, S. (2008): Fuelling Exclusion?: The Biofuels Boom and Poor People's Access to Land. Rom: International Institute for Environment and Development (IIED), Food and Agriculture Organization (FAO).

Couldry, N. und Mejias, U. A. (2018): Data colonialism: rethinking big data's relation to the contemporary subject. Television & New Media doi: 10.1177/1527476418796632, 1–14.

Craik, N. (2018): Environmental impact assessment. In: Krämer, L. und Emanuela, O. (Hrsg.): Principles of Environmental Law. Cheltenham, Northampton: Edward Elgar, 195–207.

Credit Suisse, WWF – World Wildlife Fund und McKinsey (2014): Conservation Finance: Moving Beyond Donor Funding Toward an Investor-Driven Approach. Zürich: Credit Suisse, WWF und McKinsey.

Creutzig, F. (2016): Economic and ecological views on climate change mitigation with bioenergy and negative emissions. GCB bioenergy 8 (1), 4–10.

Creutzig, F. (2017): Govern land as a global commons. Nature News 546 (7656), 28–29.

Criado Perez, C. (2019): Invisible Women: Exposing Data Bias in a World Designed for Men. Gütersloh: Random House.

Crolly, H. (2019): Das leise Sterben der deutschen Kleinbauern. Internet: https://www.welt.de/wirtschaft/article187003528/Landwirtschaft-Das-leise-Sterben-der-deutschen-Kleinbauern.html. Hamburg: Welt.

Crouzeilles, R., Ferreira, M. S., Chazdon, R. L., Lindenmayer, D. B., Sansevero, J. B. B., Monteiro, L., Iribarrem, A., Latawiec, A. E. und Strassburg, B. B. N. (2017): Ecological restoration success is higher for natural regeneration than for active restoration in tropical forests. Science Advances 3 (11), e1701345.

Crump, J. (2017): Smoke on Water – Countering Global Threats From Peatland Loss and Degradation. A UNEP Rapid Response Assessment. Nairobi: United Nations Environment Programme (UNEP), GRID-Arendal.

Crutzen, P. J. und Stoermer, E. F. (2000): The „Anthropocene". Global Change Newsletter 41, 17–18.

Cullen, J. M., Allwood, J. M. und Bambach, M. D. (2012): Mapping the global flow of steel: from steelmaking to end-use goods. Environmental Science & Technology 46 (24), 13048–13055.

Czinkota, B. (2018): Marktentwicklung: Rasantes Wachstum. Frankfurt/M.: Lebensmittel Zeitung der dfv Mediengruppe.

D'Amato, D., Droste, N., Allen, B., Kettunen, M., Lähtinen, K., Korhonen, J., Leskinen, P., Matthies, B. D. und Toppinen, A. (2017): Green, circular, bio economy: A comparative analysis of sustainability avenues. Journal of Cleaner Production 168, 716–734.

D'Amato, D., Veijonaho, S. und Toppinen, A. (2020): Towards sustainability? Forest-based circular bioeconomy business models in Finnish SMEs. Forest policy and economics 110, 101848.

D'Odorico, P., Davis, K. F., Rosa, L., Carr, J. A., Chiarelli, D., Dell'Angelo, J., Gephart, J., MacDonald, G. K., Seekell, D. A., Suweis, S. und Rulli, M. C. (2018): The Global Food-Energy-Water Nexus. Reviews of Geophysics 56 (3), 456–531.

da Silva, J. M. C. und Wheeler, E. (2017): Ecosystems as infrastructure. Perspectives in Ecology and Conservation 15 (1), 32–35.

Dainese, M., Martin, E. A., Aizen, M. A., Albrecht, M., Bartomeus, I., Bommarco, R., Carvalheiro, L. G., Chaplin-Kramer, R., Gagic, V., Garibaldi, L. A., Ghazoul, J., Grab, H., Jonsson, M., Karp, D. S., Kennedy, C. M., Kleijn, D., Kremen, C., Landis, D. A., Letourneau, D. K., Marini, L., Poveda, K., Rader, R., Smith, H. G., Tscharntke, T., Andersson, G. K. S., Badenhausser, I., Baensch, S., Bezerra, A. D. M., Bianchi, F. J. J. A., Boreux, V., Bretagnolle, V., Caballero-Lopez, B., Cavigliasso, P., Cetkovic, A., Chacoff, N. P., Classen, A., Cusser, S., da Silva e Silva, F. D., de Groot, G. A., Dudenhöffer, J. H., Ekroos, J., Fijen, T., Franck, P., Freitas, B. M., Garratt, M. P. D., Gratton, C., Hipólito, J., Holzschuh, A., Hunt, L., Iverson, A. L., Jha, S., Keasar, T., Kim, T. N., Kishinevsky, M., Klatt, B. K., Klein, A.-M., Krewenka, K. M., Krishnan, S., Larsen, A. E., Lavigne, C., Liere, H., Maas, B., Mallinger, R. E., Martinez Pachon, E., Martínez-Salinas, A., Meehan, T. D., Mitchell, M. G. E., Molina, G. A. R., Nesper, M., Nilsson, L., Rourke, M. E., Peters, M. K., Plecaš, M., Potts, S. G., Ramos, D. d. L., Rosenheim, J. A., Rundlöf, M., Rusch, A., Sáez, A., Scheper, J., Schleuning, M., Schmack, J. M., Sciligo, A. R., Seymour, C., Stanley, D. A., Stewart, R., Stout, J. C., Sutter, L., Takada, M. B., Taki, H., Tamburini, G., Tschumi, M., Viana, B. F., Westphal, C., Willcox, B. K., Wratten, S. D., Yoshioka, A., Zaragoza-Trello, C., Zhang, W., Zou, Y. (2019): A global synthesis reveals biodiversity-mediated benefits for crop production. Science Advances 5 (10), eaax0121.

Dalin, C. und Conway, D. (2016): Water resources transfers through southern African food trade: water efficiency and climate signals. Environmental Research Letters 11 (1), 015005.

Danielsen, F., Burgess, N. D., Coronado, I., Enghoff, M., Holt, S., Jensen, P. M., Poulsen, M. K. und Rueda, R. M. (2018): The Value of Indigenous and Local Knowledge as Citizen Science. London: UCL Press.

Darras, K., Batáry, P., Furnas, B. J., Grass, I., Mulyani, Y. A. und Tscharntke, T. (2019a): Autonomous sound recording outperforms human observation for sampling birds: a systematic map and user guide. Ecological Applications 29 (6), e01954.

Darras, K. F. A., Corre, M. D., Formaglio, G., Tjoa, A., Potapov, A., Brambach, F., Sibhatu, K. T., Grass, I., Rubiano, A. A., Buchori, D., Drescher, J., Fardiansah, R., Hölscher, D., Irawan, B., Kneib, T., Krashevska, V., Krause, A., Kreft, H., Li, K., Maraun, M., Polle, A., Ryadin, A. R., Rembold, K., Stiegler, C., Scheu, S., Tarigan, S., Valdés-Uribe, A., Yadi, S., Tscharntke, T. und Veldkamp, E. (2019b): Reducing fertilizer and avoiding herbicides in oil palm plantations—ecological and economic valuations. Frontiers in Forests and Global Change 2 (65).

Das, K., van Asselt, H., Droege, S. und Mehling, M. (2018): Making the International Trade System Work for Climate Change: Assessing the Options. London: Climate Strategies.

Das, K., van Asselt, H., Droege, S. und Mehling, M. (2019): Towards a Trade regime that works for the Paris Agreement. Economic & Political Weekly 54 (50), 25.

Dasgupta, P. (2020): The Dasgupta Review. Independent Review on the Economics of Biodiversity. Interim Report. London: HM Treasury.

Daszak, P., Cunningham, A. A. und Hyatt, A. D. (2000): Emerging infectious diseases of wildlife – threats to biodiversity and human health. Science 287 (5452), 443–449.

Dauber, J., Klimek, S., Schmidt, T., Urban, B., Kownatzki, D. und Seidling, W. (2012): Wege zu einem ziel- und bedarfsorientierten Monitoring der Biologischen Vielfalt im Agrar- und Forstbereich: Workshopbericht. Sonderheft 365. Braunschweig: Johann Heinrich von Thünen-Institut (VTI).

Davies, A. R., Edwards, F., Marovelli, B., Morrow, O., Rut, M. und Weymes, M. (2017): Making visible: Interrogating the performance of food sharing across 100 urban areas. Geoforum 86, 136–149.

Davis, S. J., Lewis, N. S., Shaner, M., Aggarwal, S., Arent, D., Azevedo, I. L., Benson, S. M., Bradley, T., Brouwer, J., Chiang, Y.-M., Clack, C. T. M., Cohen, A., Doig, S., Edmonds, J., Fennell, P., Field, C. B., Hannegan, B., Hodge, B.-M., Hoffert, M. I., Ingersoll, E., Jaramillo, P., Lackner, K. S., Mach, K. J., Mastrandrea, M., Ogden, J., Peterson, P. F., Sanchez, D. L., Sperling, D., Stagner, J., Trancik, J. E., Yang, C.-J. und Caldeira, K. (2018): Net-zero emissions energy systems. Science 360 (6396), 11.

Dawson, N. M., Mason, M., Mwayafu, D. M., Dhungana, H., Satyal, P., Fisher, J. A., Zeitoun, M. und Schroeder, H. (2018): Barriers to equity in REDD+: deficiencies in national interpretation processes constrain adaptation to context. Environmental Science & Policy 88, 1–9.

DBV – Deutscher Bauernverband (2018): Beschluss der Mitgliederversammlung beim Deutschen Bauerntag: Wiesbadener Erklärung des Deutschen Bauerntages 2018 – Kernforderungen zum EU-Finanzrahmen und zur Gemeinsamen Agrarpolitik nach 2020. Berlin: Deutscher Bauernverband.

de Boer, I. und van Ittersum, M. (2018): Circularity in Agricultural Production. Wageningen: Wageningen University & Research.

de Lorenzo, V. und Schmidt, M. (2018): Biological standards for the knowledge-based BioEconomy: what is at stake. New Biotechnology 40, 170–180.

De Vos, J. M., Joppa, L. N., Gittleman, J. L., Stephens, P. R. und Pimm, S. L. (2015): Estimating the normal background rate of species extinction. Conservation Biology 29 (2), 452–462.

Deconinck, K. (2020): Concentration in seed and biotech markets: extent, causes, and impacts. Annual Review of Resource Economics 12 (1), 1–11.

Dehue, B., Meyer, S. und Hamelinck, C. (2007): Towards a Harmonised Sustainable Biomass Certification Scheme. Utrecht: Ecofys.

Deininger, K. und Byerlee, D. (2011): Rising Global Interest in Farmland: Can it Yield Sustainable and Equitable Benefits? Washington, DC: World Bank.

Deloitte (2019): Global Powers of Construction. Madrid: Deloitte.

Demattê, J. A. M., Demattê, J. L. I., Alves, E. R., Negrão, R. und Morelli, J. L. (2014): Precision agriculture for sugarcane management: a strategy applied for brazilian conditions. Acta Scientiarum. Agronomy 36 (1), 111–117.

Dempewolf, H., Bordoni, P., Rieseberg, L. H. und Engels, J. M. M. (2010): Food security: crop species diversity. Science 328 (5975), 169.

denkhausbremen (2019): Keine gute Idee: Öko-Siegel für die Bioökonomie. Internet: https://denkhausbremen.de/keine-gute-idee-oeko-siegel-fuer-die-biooekonomie/. Bremen: denkhausbremen.

Desprez, M., Pearce, B. und Le Bot, S. (2010): The biological impact of overflowing sands around a marine aggregate extraction site: Dieppe (eastern English Channel). ICES Journal of Marine Science 67 (2), 270–277.

Deutscher Bundestag (2015): Inwertsetzung von Biodiversität. Bericht des Ausschusses für Bildung, Forschung und Technikfolgenabschätzung. Drucksache 18/3764. Berlin: Deutscher Bundestag.

Deutscher Bundestag (2019): Antrag der Fraktionen der CDU/CSU und SPD Chancen der Digitalisierung nutzen – Offener Zugang und standardisierte Datenformate für eine zukunftsfähige Landwirtschaft 4.0. Berlin: Deutscher Bundestag.

DGE – Deutsche Gesellschaft für Ernährung (2015): Weniger Fleisch auf dem Teller schont das Klima. DGE unterstützt Forderungen des WWF nach verringertem Fleischverzehr. Bonn: DGE.

Di Gessa, S., Poole, P. und Bending, T. (2008): Participatory Mapping as a Tool for Empowerment: Experiences and Lessons Learned From the ILC Network. Rom: International Land Coalition (ILC).

Di Girolami, E. und Arts, B. (2018): Environmental Impacts of Forest Certification Schemes. Qualitative Literature Review of Scientific Research on the Environmental Impacts of the Forest Stewardship Council (FSC) Certification Scheme and the Programme for the Endorsement of Forest Certification (PEFC) in the Boreal, Temperate and Tropical Biomes. Wageningen: Wageningen University and Research.

Di Marco, M., Butchart, S. H. M., Visconti, P., Buchanan, G. M., Ficetola, G. F., & Rondinini, C. (2016): Synergies and tradeoffs in achieving global biodiversity targets. Conservation Biology 20 (1), 189–195.

Di Minin, E. und Toivonen, T. (2015): Global protected area expansion: creating more than paper parks. BioScience 65 (7), 637–638.

Díaz, S., Pascual, U., Stenseke, M., Martín-López, B., Watson, R. T., Molnár, Z., Hill, R., Chan, K. M. A., Baste, I. A., Brauman, K. A., Polasky, S., Church, A., Lonsdale, M., Larigauderie, A., Leadley, P. W., van Oudenhoven, A. P. E., van der Plaat, F., Schröter, M., Lavorel, S., Aumeeruddy-Thomas, Y., Bukvareva, E., Davies, K., Demissew, S., Erpul, G., Failler, P., Guerra, C. A., Hewitt, C. L., Keune, H., Lindley, S. und Shirayama, Y. (2018): Assessing nature's contributions to people. Science 359 (6373), 270.

Díaz, S., Settele, J., Brondízio, E. S., Ngo, H. T., Agard, J., Arneth, A., Balvanera, P., Brauman, K. A., Butchart, S. H. M. und Chan, K. M. A. (2019): Pervasive human-driven decline of life on Earth points to the need for transformative change. Science 366 (6471), 1.

Diaz-Bone, R. und Weischer, C. (2015) (Hrsg.): Methoden-Lexikon für die Sozialwissenschaften. Heidelberg, Berlin: Springer.

Díaz-Reviriego, I., Turnhout, E. und Beck, S. (2019): Participation and inclusiveness in the Intergovernmental Science–Policy Platform on Biodiversity and Ecosystem Services. Nature Sustainability 2 (6), 457–464.

Didarali, Z. und Gambiza, J. (2019): Permaculture: challenges and benefits in improving rural livelihoods in South Africa and Zimbabwe. Sustainability 11 (8), 2219.

Dienel, P. C. (1997): Die Planungszelle. Eine Alternative zur Establishment-Demokratie. Opladen: Westdeutscher Verlag.

Dietz, K., Engels, B. und Pye, O. (2016): Sozial-räumliche Dynamiken der Agrartreibstoffe. PROKLA. Zeitschrift für kritische Sozialwissenschaft 46 (184), 423–440.

Dignum, V. (2019) (Hrsg.): Responsible Artificial Intelligence: How to Develop and Use AI in a Responsible Way. Wiesbaden: Springer Nature.

Dinerstein, E., Joshi, A. R., Vynne, C., Lee, A. T. L., Pharand-Deschênes, F., França, M., Fernando, S., Birch, T., Burkart, K. und Asner, G. P. (2020): A „Global Safety Net" to reverse biodiversity loss and stabilize Earth's climate. Science Advances 6 (36), eabb2824.

Dinerstein, E., Olson, D., Joshi, A., Vynne, C., Burgess, N. D., Wikramanayake, E., Hahn, N., Palminteri, S., Hedao, P. und Noss, R. (2017): An ecoregion-based approach to protecting half the terrestrial realm. BioScience 67 (6), 534–545.

Dinerstein, E., Vynne, C., Sala, E., Joshi, A. R., Fernando, S., Lovejoy, T. E., Mayorga, J., Olson, D., Asner, G. P. und Baillie, J. E. M. (2019): A global deal for nature: guiding principles, milestones, and targets. Science Advances 5 (4), eaaw2869.

Dinesh, H. und Pearce, J. M. (2016): The potential of agrivoltaic systems. Renewable and Sustainable Energy Reviews 54, 299–308.

Dirzo, R., Young, H. S., Galetti, M., Ceballos, G., Isaac, N. J. B. und Collen, B. (2014): Defaunation in the Anthropocene. Science 345, 401–406.

Dobson, A. P., Pimm, S. L., Hannah, L., Kaufman, L., Ahumada, J. A., Ando, A. W., Bernstein, A., Busch, J., Daszak, P. und Engelmann, J. (2020): Ecology and economics for pandemic prevention. Science 369 (6502), 379–381.

Dongyu, Q., Adhanom Ghebreyesus, T. und Azevedo, R. (2020): Mitigating Impacts of COVID-19 on Food Trade and Markets. Internet: http://www.fao.org/news/story/en/item/1268719/icode/. Rom: Food and Agriculture Organization (FAO).

Dorsch, M. und Flachsland, C. (2017): A polycentric approach to global climate governance. Global Environmental Politics 17 (2), 46–64.

Dougill, A. J., Whitfield, S. und Stringer, L. C. (2017): Mainstreaming conservation agriculture in Malawi: Knowledge gaps and institutional barriers. Journal of Environmental Management 195, 25–34.

Dowideit, M. (2007): Starbucks einig mit äthiopischen Kaffeebauern. Internet: https://www.welt.de/wirtschaft/article964484/Starbucks-einig-mit-aethiopischen-Kaffeebauern.html. Hamburg: Welt.

Drenckhahn, D., Arneth, A., Filser, J., Haberl, H., Hansjürgen, B., Herrmann, B., Homeier, J., Leuschner, C., Mosbrugger, V., Reusch, T., Schäffer, A., Scherer-Lorenzen, M. und Tockner, K. (2020): Globale Biodiversität in der Krise – Was können Deutschland und die EU dagegen tun? Halle: Nationale Akademie der Wissenschaften Leopoldina.

Dröge, S., van Asselt, H., Das, K. und Mehling, M. (2020): Mobilizing Trade for Climate Action under the Paris Agreement – SWP Research Paper. Berlin: SWP.

Duchelle, A. E., Seymour, F., Brockhaus, M., Angelsen, A., Larson, A. M., Moeliono, M., Wong, G. Y., Pham, T. T. und Martius, C. (2019): Forest-Based Climate Mitigation: Lessons from REDD+ Implementation. Washington, DC: World Resources Institute (WRI).

Dudley, N., Attwood, S. J., Goulson, D., Jarvis, D., Bharucha, Z. P. und Pretty, J. (2017): How should conservationists respond to pesticides as a driver of biodiversity loss in agroecosystems? Biological Conservation 209, 449–453.

Dudley, N. und Hamilton, L. (2010): Running pure: protected areas maintaining purity and quantity of urban water supplies. In: Stolton, S. und Dudley, N. (Hrsg.): Arguments for Protected Areas: Multiple Benefits for Conservation and Use. London: Earthscan, 39–52.

Dudley, N., Jonas, H., Nelson, F., Parrish, J., Pyhälä, A., Stolton, S. und Watson, J. E. M. (2018): The essential role of other effective area-based conservation measures in achieving big bold conservation targets. Global Ecology and Conservation 15, e00424.

Dudley, N. und Stolton, S. (2003): Running Pure: The Importance of Forest Protected Areas to Drinking Water. Gland: World Bank, WWF Alliance for Forest Conservation and Sustainable Use.

Dumanski, J., Peiretti, R., Benites, J., McGarry, D. und Pieri, C. (2006): The paradigm of conservation agriculture. Proceedings of the World Association of Soil and Water Conservation 1, 58–64.

Dupraz, C., Marrou, H., Talbot, G., Dufour, L., Nogier, A. und Ferard, Y. (2011): Combining solar photovoltaic panels and food crops for optimising land use: towards new agrivoltaic schemes. Renewable Energy 36 (10), 2725–2732.

Dusseldorp, M. und Sauter, A. (2011): Forschung zur Lösung des Welternährungsproblems: Ansatzpunkte, Strategien, Umsetzung. Endbericht zum TA-Projekt. Berlin: Büro für Technikfolgen-Abschätzung beim Deutschen Bundestag (TAB).

DVL – Deutscher Verband für Landschaftspflege (2020): Gemeinwohlprämie: Ein Konzept zur effektiven Honorierung landwirtschaftlicher Umwelt- und Klimaschutzleistungen innerhalb der Öko-Regelungen in der Gemeinsamen EU-Agrarpolitik (GAP) nach 2020. Ansbach: DVL.

Dyal, J. W. (2020): COVID-19 Among workers in meat and poultry processing facilities – 19 states, April 2020. MMWR. Morbidity and Mortality Weekly Report 69 (18), 557–561.

EASAC – European Academies Science Advisory Council (2019): Forest Bioenergy, Carbon Capture and Storage, and Carbon Dioxide Removal: An Update. EASAC Commentary. Halle: EASAC Secretariat.

ECLAC – Economic Commission for Latin America and the Caribbean und WFP – World Food Programme (2017): The Cost of the Double Burden of Malnutrition: Social and Economic Impact. Summary of the Pilot Study in Chile, Ecuador and Mexico. Santiago de Chile: UN Economic Commission for Latin America and the Caribbean (ECLAC).

Ecopreneur.eu (2019): EU Circular Economy Update: Overview of Circular Economy in Europe. Brüssel: Ecopreneur European Sustainable Business Federation.

Edelman, M. (2014): Food sovereignty: forgotten genealogies and future regulatory challenges. The Journal of Peasant Studies 41 (6), 959–978.

Edinburgh Process (2020): Edinburgh Declaration for Subnational Governments, Cities and Local Authorities on the Post-2020 Global Biodiversity Framework. Internet: https://www.gov.scot/publications/edinburgh-declaration-on-post-2020-biodiversity-framework/. Edinburgh: Scottish Government.

Editorial (2020a): Food insecurity will be the sting in the tail of COVID-19. The Lancet Global Health 8 (6), e737.

Editorial (2020b): New biodiversity targets cannot afford to fail. Nature 578, 337–338.

EEA – European Environment Agency (2018): The Circular Economy and the Bioeconomy. Partners in Sustainability. Luxemburg: Publications Office of the EEA.

EEA – European Environment Agency (2020): Agriculture. Internet: https://www.eea.europa.eu/themes/agriculture/intro. Paris: EEA.

EEAC – European Environment and Sustainable Development Advisory Councils (2020): Update on the European Green Deal. Secretariat Information Memo (Internal EEAC Document). The Hague: EEAC.

Effertz, T., Engel, S., Verheyen, F. und Linder, R. (2016): The costs and consequences of obesity in Germany: a new approach from a prevalence and life-cycle perspective. The European Journal of Health Economics 17 (9), 1141–1158.

EFSA – European Food Safety Authority (2009): Analysis of the baseline survey on the prevalence of methicillin-resistant Staphylococcus aureus (MRSA) in holdings with breeding pigs, in the EU, 2008-Part A: MRSA prevalence estimates. EFSA Journal 7 (11), 1376.

Egli, L., Meyer, C., Scherber, C., Kreft, H. und Tscharntke, T. (2017): Winners and losers of national and global efforts to reconcile agricultural intensification and biodiversity conservation. Global Change Biology doi: 10.1111/gcb.14076, 17.

Egli, V., Oliver, M. und Tautolo, E.-S. (2016): The development of a model of community garden benefits to wellbeing. Preventive Medicine Reports 3, 348–352.

Eichinger, L. M. (2018): Gerichte, Speisen, Mahlzeiten. Ein lexikalisches Tableau. Jahrbuch für Kulinaristik: The German Journal of Food Studies and Hospitality 2, 462–478.

Elamri, Y., Cheviron, B., Lopez, J. M., Dejean, C. und Belaud, G. (2018): Water budget and crop modelling for agrivoltaic systems: Application to irrigated lettuces. Agricultural Water Management 208, 440–453.

Elbein, S. (2019): Tree-planting Programs Can Do More Harm Than good. Internet: https://www.nationalgeographic.com/environment/2019/04/how-to-regrow-forest-right-way-minimize-fire-water-use/. München: National Geographic.

ELD – The Economics of Land Degradation und UNEP – United Nations Enviroment Programme (2015): The Economics of Land Degradation in Africa – Benefits of Action Outweigh the Costs. Bonn, Nairobi: ELD, UNEP.

Ellis, E. C. (2011): Anthropogenic transformation of the terrestrial biosphere. Philosophical Transactions of the Royal Society A: Mathematical, Physical and Engineering Sciences 369 (1938), 1010–1035.

Ellis, E. C., Pascual, U. und Mertz, O. (2019): Ecosystem services and nature's contribution to people: negotiating diverse values and trade-offs in land systems. Current Opinion in Environmental Sustainability 38, 86–94.

Elsässer, J. P. (2017): Institutional Interplay in Global Environmental Governance. An Analysis ans Assessment of the Rio Conventions' Interplay Activities. Masterthesis. Potsdam: Universität Potsdam.

Elsen, A. (2019): Wie lässt sich die Lebensmittelverschwendung in Kindertagesstätten vermeiden? Eine Status quo Abfallmessung in der Gemeinschaftsverpflegung. Bachelorarbeit. Fulda: Hochschule Fulda.

Elsen, P. R., Monahan, W. B. und Merenlender, A. M. (2018): Global patterns of protection of elevational gradients in mountain ranges. Proceedings of the National Academy of Sciences 115 (23), 6004–6009.

Emerton, L., Bishop, J. und Thomas, L. (2006): Sustainable Financing of Protected Areas. A Global Review of Challenges and Options. Gland: IUCN.

Emmerling, J., Drouet, L., van der Wijst, K.-I., van Vuuren, D., Bosetti, V. und Tavoni, M. (2019): The role of the discount rate for emission pathways and negative emissions. Environmental Research Letters 14 (10), 104008.

EPOS – European Public Open Spaces (2018): European Public Open Spaces (EPOS) – Kurzskizze 18. April 2018. o.O.: EPOS.

Erb, K.-H., Kastner, T., Plutzar, C., Bais, A. L. S., Carvalhais, N., Fetzel, T., Gingrich, S., Haberl, H., Lauk, C. und Niedertscheider, M. (2018): Unexpectedly large impact of forest management and grazing on global vegetation biomass. Nature 553 (7686), 73–76.

Ervin, J., Sekhran, N., Dinu, A., Gidda, S., Vergeichik, M. und Mee, J. (2010): Protected Areas for the 21st Century: Lessons from UNDP/GEF's Portfolio. New York, Montreal: UNDP, CBD.

ESPA – Ecosystem Services for Poverty Alleviation (2018): Wellbeing: For Whom and How? Policy and Practice Briefing. Edinburgh: ESPA.

Espinal, C. A. und Matulic, D. (2019): Recirculating aquaculture technologies. In: Goddek, S., Joyce, A., Kotzen, B., Burnell, G.

M., Goddek, S., Joyce, A., Kotzen, B. und Burnell, G. M. (Hrsg.): Aquaponics Food Production Systems: Combined Aquaculture and Hydroponic Production Technologies for the Future. Cham: Springer, 35–76.

Espinosa, R., Damian, T. und Nicolas, T. (2020): Infectious diseases and meat production. Environmental and Resource Economics 76 (4), 1019–1044.

Esquinas-Alcázar, J. (2005): Protecting crop genetic diversity for food security: political, ethical and technical challenges. Nature Reviews Genetics 6 (12), 946–953.

EU – Europäische Union (1991): Richtlinie 91/676/EWG des Rates vom 12. Dezember 1991 zum Schutz der Gewässer vor Verunreinigung durch Nitrat aus landwirtschaftlichen Quellen. OJ L 375, 31.12.1991. In der letzten konsolidierten Fassung vom 15.05.2014. Internet: https://eur-lex.europa.eu/legal-content/de/ALL/?uri=CELEX%3A31991L0676. Brüssel: EU.

EU – Europäische Union (2009a): Directive 2009/28/EC of the European Parliament and of the Council of 23 April 2009 on the Promotion of the Use of Energy From Renewable Sources and Amending and Subsequently Repealing Directives 2001/77/EC and 2003/30/EC (Text with EEA relevance). L 140/16. Brüssel: EU.

EU – Europäische Union (2009b): Paludiculture: Sustainable Productive Utilisation of Rewetted Peatlands. Brüssel: EU.

EU – Europäische Union (2010): Verordnung (EU) Nr. 995/2010 des Europäischen Parlaments und des Rates vom 20. Oktober 2010 über die Verpflichtungen von Marktteilnehmern, die Holz und Holzerzeugnisse in Verkehr bringen. Amtsblatt L 295, S.23 vom 12. November 2010. Brüssel: EU.

EU – Europäische Union (2018a): Richtlinie (EU) 2018/2001 des Europäischen Parlaments und des Rates vom 11. Dezember 2018 zur Förderung der Nutzung von Energie aus erneuerbaren Quellen (Neufassung). Brüssel: Europäische Union.

EU – Europäische Union (2018b): Verordnung (EU) 2018/841 des Europäischen Parlaments und des Rates vom 30. Mai 2018 über die Einbeziehung der Emissionen und des Abbaus von Treibhausgasen aus Landnutzung, Landnutzungsänderungen und Forstwirtschaft in den Rahmen für die Klima- und Energiepolitik bis 2030 und zur Änderung der Verordnung (EU) Nr. 525/2013 und des Beschlusses Nr. 529/2013/EU (Text von Bedeutung für den EWR). Brüssel: EU.

EU – Europäische Union (2020): Rechnungshof Stellungnahme Nr. 1/2020 (gemäß Artikel 322 Absatz 1 Buchstabe a AEUV) zu dem Vorschlag der Kommission für eine Verordnung mit Übergangsvorschriften für die Gemeinsame Agrarpolitik im Jahr 2021 (COM(2019) 581 final) (2020/C 109/01). Brüssel: EU.

EU – Europäische Union (o.J.): Fact Check on the EU Budget. Internet: https://ec.europa.eu/info/strategy/eu-budget/how-it-works/fact-check_en Brüssel: EU.

EU BON (o.J.): EU BON Biodiversity Portal: Citizen Science. Internet: http://biodiversity.eubon.eu/web/citizen-science Brüssel: EU BON Citizen Science Site.

EU-Kommission (2015a): Die Schuman-Erklärung vom 9. Mai 1950. Brüssel: EU-Kommission.

EU-Kommission (2015b): The Forest Information System for Europe (FISE). Ispra: European Commission Joint Research Centre, Institute for Environment and Sustainability Forest Resources and Climate Unit.

EU-Kommission (2015c): Mitteilung der Kommission an das Europäische Parlament, den Rat, den Europäischen Wirtschafts- und Sozialausschuss und den Ausschuss der Regionen. Den Kreislauf schließen – Ein Aktionsplan der EU für die Kreislaufwirschaft. Brüssel: EU-Kommission.

EU-Kommission (2017): Review of the 2012 European Bioeconomy Strategy. Brüssel: EU-Kommission.

EU-Kommission (2018a): Mitteilung der Kommission an das Europäische Parlament, den Rat, den Europäischen Wirtschafts- und Sozialausschuss und den Ausschuss der Regionen. Eine nachhaltige Bioökonomie für Europa. Stärkung der Verbindungen zwischen Wirtschaft, Gesellschaft und Umwelt. COM(2018) 673 final. Brüssel: EU-Kommission.

EU-Kommission (2018b): Top Emerging Bio-Based Products, Their Properties and Industrial Applications. Berlin: Ecologic Institute.

EU-Kommission (2018c): Vorschlag für eine Verordnung des Europäischen Parlaments und des Rates mit Vorschriften für die Unterstützung der von den Mitgliedstaaten im Rahmen der Gemeinsamen Agrarpolitik zu erstellenden und durch den Europäischen Garantiefonds für die Landwirtschaft (EGFL) und den Europäischen Landwirtschaftsfonds für die Entwicklung des ländlichen Raums (ELER) zu finanzierenden Strategiepläne (GAP Strategiepläne) und zur Aufhebung der Verordnung (EU) Nr. 1305/2013 des Europäischen Parlaments und des Rates sowie der Verordnung (EU) Nr. 1307/2013 des Europäischen Parlaments und des Rates. COM(2018) 392 final. Brüssel: EU-Kommission.

EU-Kommission (2018d): Vorschlag für eine Verordnung des Europäischen Parlaments und des Rates über die Finanzierung, Verwaltung und Überwachung der Gemeinsamen Agrarpolitik und zur Aufhebung der Verordnung (EU) Nr. 1306/2013. COM(2018) 393 final. Brüssel: EU-Kommission.

EU-Kommission (2018e): Vorschlag für eine Verordnung des Europäischen Parlaments und des Rates zur Änderung der Verordnungen (EU) Nr. 1308/2013 über eine gemeinsame Marktorganisation für landwirtschaftliche Erzeugnisse, (EU) Nr. 1151/2012 über Qualitätsregelungen für Agrarerzeugnisse und Lebensmittel, (EU) Nr. 251/2014 über die Begriffsbestimmung, Beschreibung, Aufmachung und Etikettierung von aromatisierten Weinerzeugnissen sowie den Schutz geografischer Angaben für aromatisierte Weinerzeugnisse, (EU) Nr. 228/2013 über Sondermaßnahmen im Bereich der Landwirtschaft zugunsten der Regionen in äußerster Randlage der Union und (EU) Nr. 229/2013 über Sondermaßnahmen im Bereich der Landwirtschaft zugunsten der kleineren Inseln des Ägäischen Meeres. COM(2018) 394 final. Brüssel: EU-Kommission.

EU-Kommission (2018f): Vorschlag für eine Verordnung des Europäischen Parlaments und des Rates zur Angleichung der Berichterstattungspflichten im Bereich der Umweltpolitik und zur Änderung der Richtlinien 86/278/EWG, 2002/49/EG, 2004/35/EG, 2007/2/EG, 2009/147/EG und 2010/63/EU, der Verordnungen (EG) Nr. 166/2006 und (EU) Nr.995/2010 sowie der Verordnungen (EG) Nr. 338/97 und (EG) Nr.2173/2005 des Rates. Brüssel: EU-Kommission.

EU-Kommission (2019a): Anhang der Mitteilung der Kommission an das Europäische Parlament, den Europäischen Rat, den Rat, den Europäischen Wirtschafts- und Sozialausschuss und den Ausschuss der Regionen. Der europäische Grüne Deal. COM(2019) 640 final ANNEX. Brüssel: EU-Kommission.

EU-Kommission (2019b): Intensivierung der EU-Maßnahmen zum Schutz und zur Wiederherstellung der Wälder in der Welt. Mitteilung der Kommission an das Europäische Parlament, den Europäischen Rat, den Rat, den Europäischen Wirtschafts- und Sozialausschuss und den Ausschuss der Regionen. COM(2019) 352 final. Brüssel: Europäische Kommission.

EU-Kommission (2019c): Mitteilung der Kommission an das Europäische Parlament, den Europäischen Rat, den Rat, den Europäischen Wirtschafts- und Sozialausschuss und den Ausschuss der Regionen. Der europäische Grüne Deal. KOM(2019) 640 endg. Brüssel: EU-Kommission.

EU-Kommission (2020a): Analysis of Links Between CAP Reform and Green Deal. Commission Staff Working Document. SWD(2020) 93 final. Brüssel: EU-Kommission.

EU-Kommission (2020b): Circular Economy Action Plan. For a Cleaner and More Competitive Europe. Brüssel: EU.

EU-Kommission (2020c): EU-Biodiversitätsstrategie für 2030 – Mehr Raum für die Natur in unserem Leben. COM(2020) 380 final. Brüssel: EU-Kommission.

EU-Kommission (2020d): From Farm to Fork: Our Food, our Health, our Planet, our Future. The European Green Deal. Brüssel: EU-Kommission.

EU-Kommission (2020e): Mitteilung der Kommission an das Europäische Parlament, den Rat, den Europäischen Wirtschafts- und Sozialausschuss und den Ausschuss der Regionen. Ein neuer Aktionsplan für die Kreislaufwirtschaft. Für ein saubereres und wettbewerbsfähigeres Europa. COM(2020) 98 final. Brüssel: EU-Kommission.

EU-Kommission (2020f): Nachhaltige Bodennutzung (Ökologisierung) – Nachhaltige Bodennutzung, wie Landwirte finanziell davon profitieren. Internet: https://ec.europa.eu/info/food-farming-fisheries/key-policies/common-agricultural-policy/income-support/greening_de. Brüssel: EU-Kommission.

EU-Kommission (2020g): Renovation Wave. Internet: https://ec.europa.eu/energy/topics/energy-efficiency/energy-efficient-buildings/renovation-wave_en. Brüssel: EU-Kommission.

EU-Kommission (2020h): Vorschlag für eine Verordnung des Europäischen Parlaments und des Rates zur Einrichtung des Fonds für einen gerechten Übergang vom 14.01.2018. COM(2020)22 final. Brüssel: EU-Kommission.

EU-Kommission (2020i): Vorschlag für eine Verordnung des Europäischen Parlaments und des Rates zur Schaffung des Rahmens für die Verwirklichung der Klimaneutralität und zur Änderung der Verordnung (EU) 2018/1999 (Europäisches Klimagesetz). COM/2020/80 final. Brüssel: EU-Kommission.

EU-Parlament (2013): Industrial Heritage and Agri/Rural Tourism in Europe. Study. Brüssel: EU-Parlament.

EUBIA – European Biomass Industry Association (2020): Wiki-Biomass – Biofertilizer. Internet: https://www.eubia.org/cms/wiki-biomass/biofertilizers/. Brüssel: EUBIA.

EUFIC – The European Food Information Council (2009): Lebensmittelorientierte Ernährungsleitlinien in Europa. EUFIC Review Nr. 10. Brüssel: EUFIC.

Euiso, C., Ragnar, E., Luiz, M., Arisbe, M., William, M., Cheryl, P., Rabindra, R., Mary, S. und Zhu, Z.-L. (2005): Nutrient management. In: MEA – Millennium Ecosystem Assessment Board (Hrsg.): Ecosystems and Human Well-Being: Policy Responses. Band 3. Washington, DC: Island Press, 295–311.

EuRH – Europäischer Rechnungshof (2017): Sonderbericht – Die Ökologisierung: eine komplexere Regelung zur Einkommensstützung, die noch nicht ökologisch wirksam ist. Brüssel: Europäische Union (EU).

EUROPARC Deutschland (2010): Richtlinien für die Anwendung der IUCN-Managementkategorien für Schutzgebiete. Deutsche Übersetzung (stellenweise gekürzt oder ergänzt). Berlin: Europarc Deutschland.

Eurostat (2019): Glossary: Fertilizer. Internet: https://ec.europa.eu/eurostat/statistics-explained/index.php/Glossary:Fertiliser. Brüssel: Eurostat.

European Bioplastics (2019): Bioplastics Facts and Figures. Berlin: European Bioplastics.

Eurostat (2020a): Africa-EU – International Trade in Goods Statistics. Internet: https://ec.europa.eu/eurostat/statistics-explained/index.php?title=Africa-EU_-_international_trade_in_goods_statistics. Brüssel: Eurostat.

Eurostat (2020b): Sales of Pesticides in the EU. Internet: https://ec.europa.eu/eurostat/web/products-eurostat-news/-/DDN-20200603-1. Brüssel: Eurostat.

Evans, T., Olson, S., Watson, J., Gruetzmacher, K., Pruvot, M., Jupiter, S., Wang, S., Clements, T. und Jung, K. (2020): Links Between Ecological Integrity, Emerging Infectious Diseases Originating from Wildlife, and Other Aspects of Human Health – An Overview of the Literature. New York: Wildlife Conservation Society.

EVU – European Vegetarian Union (2020): Statistics on Vegetarian Lifestyle and Products. Internet: https://www.euroveg.eu/public-affairs/statistics-on-vegetarian-lifestyles-and-products/. Brüssel: EVU.

FABLE – The Food, Agriculture, Biodiversity, Land-Use, and Energy Consortium (2019): Pathways to Sustainable Land-Use and Food Systems. 2019 Report of the FABLE Consortium. Laxenburg, Paris: International Institute for Applied Systems Analysis (IIASA) und Sustainable Development Solutions Network (SDSN).

Fajardy, M., Patrizio, P., Daggash, H. und Mac Dowell, N. (2019): Negative emissions: priorities for research and policy design. Frontiers in Climate 1, 1–6.

FAO – Food and Agriculture Organization (1996a): Land Husbandry – Components and Strategy. Rom: FAO.

FAO – Food and Agriculture Organization (1996b): Rome Declaration on World Food Security and World Food Summit Plan of Action. Internet: http://www.fao.org/3/w3613e/w3613e00.htm. Rom: FAO.

FAO – Food and Agriculture Organization (2007): Land Evaluation. Towards a Revised Framework. Rom: FAO.

FAO – Food and Agriculture Organization (2009): How to Feed the World in 2050. Rom: FAO.

FAO – Food and Agriculture Organization (2010a): Bioenergy and Food Security. The BEFS Analytical Framework. Rural Resources Management Series No. 16. Rom: FAO.

FAO – Food and Agriculture Organization (2010b): Final Document. Interational Scientific Symposium Biodiversity and Sustainable Diets United Against Hunger. Rom: FAO.

FAO – Food and Agriculture Organization (2010c): The Second Report on the State of the World's Plant Genetic Resources for Food and Agriculture. Rom: FAO.

FAO – Food and Agriculture Organization (2011a): Global Food Losses and Food Waste. Extent, Causes and Prevention. Rom: FAO.

FAO – Food and Agriculture Organization (2011b): State of Food and Agriculture 2010–11: Women in Agriculture – Closing the Gender Gap for Development. Rom: FAO.

FAO – Food and Agriculture Organization (2013): The Vittel Case: A Public-Private Partnership in the Mineral Water Industry. Case Study Prepared by the Project Remuneration of Positive Externalities (Rpe) / Payments for Environmental Services (Pes) in the Agriculture and Food Sectors, for the Multi-Stakeholder Dialogue 12–13 September 2013. Rom: FAO.

FAO – Food and Agriculture Organization (2015a): Agroforestry. Agrisilvicultural Systems (Trees Combined with Crops). Internet: http://www.fao.org/forestry/agroforestry/89998/en/. Rom: FAO.

FAO – Food and Agriculture Organization (2015b): Agroforestry. Definition. Internet: http://www.fao.org/forestry/agroforestry/80338/en/. Rom: FAO.

FAO – Food and Agriculture Organization (2015c): Global Forest Resources Assessment 2015. How Are the World's Forests Changing? Rom: FAO.

FAO – Food and Agriculture Organization (2015d): Status of the World's Soil Resources (SWSR)—Main Report. Rom: FAO.

FAO – Food and Agriculture Organization (2016a): Agroecology Knowledge Hub: System of Rice Intensification in Vietnam: Doing more with less. Internet: http://www.fao.org/agroecology/detail/en/c/443713/. Rom: FAO.

FAO – Food and Agriculture Organization (2016b): Forestry Production and Trade. Internet: http://www.fao.org/faostat/en/#data/FO Rom: FAO.

FAO – Food and Agriculture Organization (2016c): How Sustainability is Addressed in Official Bioeconomy Strategies at International, National and Regional Levels. An Overview. Rom: FAO.

FAO – Food and Agriculture Organization (2016d): Improving Governance of Pastoral Lands. Implementing the Voluntary Guidelines on the Responsible Governance of Tenure of Land, Fisheries and Forests in the Context of National Food Security. Rom: FAO.

FAO – Food and Agriculture Organization (2017a): Conservation Agriculture. Internet: http://www.fao.org/3/i7480en/I7480EN.pdf. Rom: FAO.

FAO – Food and Agriculture Organization (2017b): Fisheries and Aquaculture Statistics 2015. Yearbook. Rom: FAO.

FAO – Food and Agriculture Organization (2017c): Global Database of GHG Emissions Related to Feed Crops: Methodology. Version 1. Livestock Environmental Assessment and Performance Partnership. Rom: FAO.

FAO – Food and Agriculture Organization (2017d): The State of Food and Agriculture: Leveraging Food Systems for Inclusive Rural Transformation. Rom: FAO.

FAO – Food and Agriculture Organization (2018a): The 10 Elements of Agroecology. Guiding the Transition to Sustainable Food and Agricultural Systems. Internet: http://www.fao.org/documents/card/en/c/I9037EN (PDF). Rom: FAO.

FAO – Food and Agriculture Organization (2018b): Assessing the Contribution of Bioeconomy to Countries' Economy. A Brief Review of National Frameworks. Rom: FAO.

FAO – Food and Agriculture Organization (2018c): Building Climate Resilience for Food Security and Nutrition. Rom: FAO.

FAO – Food and Agriculture Organization (2018d): Committee on Agriculture: Twenty-sixth Session – Neglected and Underutilized Crops Species. Rom: FAO.

FAO – Food and Agriculture Organization (2018e): Food Outlook: Biannual Report on Global Food Markets. Rom: FAO.

FAO – Food and Agriculture Organization (2018f): The Gender Gap in Land Rights. Rom: FAO.

FAO – Food and Agriculture Organization (2018g): Poorest Countries Face Growing Burden from the Cost of Importing Food. Internet: http://www.fao.org/news/story/en/item/1144635/icode/. Rom: FAO.

FAO – Food and Agriculture Organization (2018h): The State of Agricultural Commodity Markets 2018: Agricultural Trade, Climate Change and Food Security. Rom: FAO.

FAO – Food and Agriculture Organization (2018i): The State of the World's Forests. Forest Pathways to Sustainable Development. Rom: FAO.

FAO – Food and Agriculture Organization (2019a): Africa Regional Synthesis for the State of the World's Biodiversity for Food and Agriculture. Rom: FAO.

FAO – Food and Agriculture Organization (2019b): E-Agriculture in Action: Blockchain for Agriculture – Opportunities and Challenges. Rom: FAO.

FAO – Food and Agriculture Organization (2019c): The State of Food and Agriculture 2019. Moving Forward on Food Loss and Waste Reduction. Rom: FAO.

FAO – Food and Agriculture Organization (2019d): The State of Food Security and Nutrition in the World. Safeguarding against Economic Slowdowns and Downturns. Rom: FAO.

FAO – Food and Agriculture Organization (2019e): The State of the World's Biodiversity for Food And Agriculture. Rom: FAO.

FAO – Food and Agriculture Organization (2019f): Towards Sustainable Bioeconomy Guidelines. Rom: FAO.

FAO – Food and Agriculture Organization (2019g): Voluntary Guidelines for the Conservation and Sustainable Use of Farmers' Varieties/Landraces. Rom: FAO.

FAO – Food and Agriculture Organization (2020a): Animal Production. Rom: FAO.

FAO – Food and Agriculture Organization (2020b): Climate-Smart Agriculture. Internet: http://www.fao.org/climate-smart-agriculture/en/. Rom: FAO.

FAO – Food and Agriculture Organization (2020c): Conservation Agriculture. Internet: http://www.fao.org/conservation-agriculture/en/. Rom: FAO.

FAO – Food and Agriculture Organization (2020d): Conservation Agriculture: Benefits of Conservation Agriculture. Internet: http://www.fao.org/conservation-agriculture/impact/benefits-of-ca/en/. Rom: FAO.

FAO – Food and Agriculture Organization (2020e): Family Farming Knowledge Platform. Internet: http://www.fao.org/family-farming/detail/en/c/1262607/. Rom: FAO.

FAO – Food and Agriculture Organization (2020f): Global Emergence of Infectious Diseases: Links With Wild Meat Consumption, Ecosystem Disruption, Habitat Degradation and Biodiversity Loss. Rom: FAO.

FAO – Food and Agriculture Organization (2020g). Global Forest Resources Assessment 2020: Main Report. Rom: FAO.

FAO – Food and Agriculture Organization (2020h): Global Forest Resources Assessment 2020. Key Findings. Rom: FAO.

FAO – Food and Agriculture Organization (2020i): Rice Fish Culture. Internet: http://www.fao.org/giahs/giahsaroundtheworld/designated-sites/asia-and-the-pacific/rice-fish-culture/en/. Rom: FAO.

FAO – Food and Agriculture Organization (2020j): The State of Food Security and Nutrition in the World 2020. Transforming Food Systems for Affordable Healthy Diets. Rom: FAO.

FAO – Food and Agriculture Organization (2020k): Technical Platform on the Measurement and Reduction of Food Loss and Waste. Internet: http://www.fao.org/platform-food-loss-waste/en/. Rom: FAO.

FAO – Food and Agriculture Organization, IFAD – International Fund for Agricultural Development, UNICEF – United Nations International Children's Emergency Fund, WFP – World Food Programme und WHO – World Health Organization (2020): Food Security and Nutrition Around the World in 2020: Transforming Food Systems for Affordable Healthy Diets. Rom: FAO.

FAO – Food and Agriculture Organization und UNCCD – United Nations Convention to Combat Desertification (2015): Sustainable Financing for Forest and Landscape Restoration: Opportunities, Challenges and the Way Forward. Rom: FAO, UNCCD.

FAO – Food and Agriculture Organization und WHO – World Health Organization (1998): Preparation and Use of Food-Based Dietary Guidelines. Technical Report Series 880. Genf, Rom: WHO und FAO.

FAOSTAT – Statistical Division of the Food and Agriculture Organization (2018): FAOSTAT. Food and Agriculture Organization Corporate. Statistical Database. Internet: http://www.fao.org/faostat/en/#home. Rom: FAOSTAT.

Farfan, J., Fasihi, M. und Breyer, C. (2019): Trends in the global cement industry and opportunities for long-term sustainable CCU potential for Power-to-X. Journal of Cleaner Production 217, 821–835.

Farvar, M. T., Borrini-Feyerabend, G., Campese, J., Jaeger, T., Jonas, H. und Stevens, S. (2018): Whose „Inclusive Conservation". Policy Brief of the ICCA Consortium 5, 1–16.

Faye, B., Webber, H., Naab, J. B., MacCarthy, D. S., Adam, M., Ewert, F., Lamers, J. P. A., Schleussner, C.-F., Ruane, A. und Gessner, U. (2018): Impacts of 1.5 versus 2.0 C on cereal yields in the West African Sudan Savanna. Environmental Research Letters 13 (3), 034014.

Fee, E. (2019): Implementing the Paris Agreement: risks and opportunities for sustainable land use. In: Ginzky, H., Dooley, E., Heuser, I. L., Kasimbazi, E., Markus, T. und Qin, T. (Hrsg.):

International Yearbook of Soil Law and Policy 2018. Cham: Springer, 249–270.

Feess, E. und Günther, E. (2018): Externe Kosten. Gabler Wirtschaftslexikon. Internet: https://wirtschaftslexikon.gabler.de/definition/externe-kosten-32160/version-255707. Wiesbaden: Springer Fachmedien

Felton, A., Nilsson, U., Sonesson, J., Felton, A. M., Roberge, J.-M., Ranius, T., Ahlström, M., Bergh, J., Björkman, C. und Boberg, J. (2016): Replacing monocultures with mixed-species stands: Ecosystem service implications of two production forest alternatives in Sweden. Ambio 45 (2), 124–139.

Ferguson, R. S. und Lovell, S. T. (2014): Permaculture for agroecology: design, movement, practice, and worldview. A review. Agronomy for Sustainable Development 34 (2), 251–274.

Ferguson, R. S. und Lovell, S. T. (2019): Diversification and labor productivity on US permaculture farms. Renewable Agriculture and Food Systems 34 (4), 326–337.

Ferrario, F., Beck, M. W., Storlazzi, C. D., Micheli, F., Shepard, C. C. und Airoldi, L. (2014): The effectiveness of coral reefs for coastal hazard risk reduction and adaptation. Nature Communications 5 (1), 1–9.

Ferraro, P. J. (2018): Are payments for ecosystem services benefiting ecosystems and people? In: Kareiva, P., Marvier, M. und Silliman, B. (Hrsg.): Effective Conservation Science: Data Not Dogma. Band 159–166. Oxford, New York: Oxford University Press,

FiBL – Forschungsinstitut für biologischen Landbau (2019): Alternativen zum Pflug im Biolandbau. Internet: https://www.fibl.org/de/themen/projektdatenbank/projektitem/project/1319//349/1370.html. Frick: FiBL.

Field, C. B. und March, K. J. (2017): Rightsizing carbon dioxide removal. Science 356 (6339), 706–707.

Field, R. H., Buchanan, G. M., Hughes, A., Smith, P. und Bradbury, R. B. (2020): The value of habitats of conservation importance to climate change mitigation in the UK. Biological Conservation 248, 108619.

Filgueiras, A. R., de Almeida, V. B. P., Nogueira, P. C. K., Domene, S. M. A., da Silva, C. E., Sesso, R. und Sawaya, A. L. (2019): Exploring the consumption of ultra-processed foods and its association with food addiction in overweight children. Appetite 135, 137–145.

Filho, W. und de Trincheria Gomez, J. (2018): Rainwater-smart agriculture in arid and semi-arid areas. In: Filho, W. und de Trincheria Gomez, J. (Hrsg.): Fostering the Use of Rainwater for Food Security, Poverty Alleviation, Landscape Restoration and Climate Resilience. Heidelberg, Berlin: Springer International Publishing, 1–9.

Finckh, M. (2018): Ist intensiver Ackerbau klimafreundlich? Internet: https://www.sciencemediacenter.de/alle-angebote/research-in-context/details/news/ist-intensiver-ackerbau-klimafreundlich/. Köln: Science Media Center Germany.

Findlay, G. W. (2013): Preservation of Timber in the Tropics. Band 17. Heidelberg, Berlin: Springer.

Finger, R., Böcker, T., Möhring, N. und Dalhaus, T. (2017): Lenkungsabgaben auf Pflanzenschutzmittel. Recherche Agronomique Suisse 8 (5), 176–183.

Fischedick, M., Roy, J., Abdel-Aziz, A., Acquaye, A., Allwood, J. M., Ceron, J.-P., Geng, Y., Kheshgi, H., Lanza, A., Perczyk, D., Price, L., Santalla, E., Sheinbaum, C. und Tanaka, K. (2014): Chapter 10: Industry. In: Edenhofer, O., Pichs-Madruga, R., Sokona, Y., Farahani, E., Kadner, S., Seyboth, K., Adler, A., Baum, I., Brunner, S., Eickemeier, P., Kriemann, B., Savolainen, J., Schlömer, S., von Stechow, C., Zwickel, T. und Minx, J. C. (Hrsg.): Climate Change 2014: Mitigation of Climate Change. Contribution of Working Group III to the Fifth Assessment Report of the Intergovernmental Panel on Climate Change. Cambridge, New York: Cambridge University Press, 739–811.

Fischer, C. G. und Garnett, T. (2016): Plates, Pyramids and Planets. Developments in National Healthy and Sustainable Dietary Guidelines: A State of Play Assessment. Rom, Oxford, NY: Food and Agriculture Organization (FAO), The Food Climate Research Network.

Fischer, G., Shah, M. und van Velthuizen, H. (2002): Climate Change and Agricultural Vulnerability. Laxenburg: IIASA.

Fischer, R., Hargita, Y. und Günter, S. (2016): Insights from the ground level? A content analysis review of multi-national REDD+ studies since 2010. Forest Policy and Economics 66, 47–58.

Fishman, A. und Obidzinski, K. (2014): European Union Timber Regulation: Is it legal? Review of European, Comparative & International Environmental Law 23 (2), 258–274.

Fletcher, E., Adeboye, P. T. und Duedu, K. O. (2017): Toward a sustainable bioeconomy in West Africa: A focus on biorefining. Biofuels, Bioproducts and Biorefining 11 (5), 775–783.

Flora Incognita (2019): Interaktive Pflanzenbestimmung mit dem Smartphone. Internet: https://floraincognita.com. Ilmenau: Flora Incognita Online an der Technischen Universität Ilmenau.

FNR – Fachagentur für nachwachsende Rohstoffe (2018): Holzhauskonzepte. Gülzow-Prüzen: FNR.

FOCUS (2013): Hälfte der Deutschen will Veggie-Day. Männer legen Wert auf ihre tägliche Dosis Fleisch. Internet: https://www.focus.de/politik/deutschland/haelfte-der-deutschen-will-veggie-day-maenner-legen-wert-auf-ihre-taegliche-dosis-fleisch_aid_1068426.html. München: FOCUS Online Group.

Folberth, C., Yang, H., Gaiser, T., Liu, J., Wang, X., Williams, J. und Schulin, R. (2014): Effects of ecological and conventional agricultural intensification practices on maize yields in sub-Saharan Africa under potential climate change. Environmental Research Letters 9 (4), 044004.

Folke, C., Österblom, H., Jouffray, J.-B., Lambin, E. F., Adger, W. N., Scheffer, M., Crona, B. I., Nyström, M., Levin, S. A., Carpenter, S. R., Anderies, J. M., Chapin, S., Crépin, A.-S., Dauriach, A., Galaz, V., Gordon, L. J., Kautsky, N., Walker, B. H., Watson, J. R., Wilen, J. und de Zeeuw, A. (2019): Transnational corporations and the challenge of biosphere stewardship. Nature Ecology & Evolution 3 (10), 1396–1403.

FOLU – The Food and Land Use Coalition (2019): Growing Better: Ten Critical Transitions to Transform Food and Land Use. London: FOLU.

FONAFIFO – Fondo Nacional de Financiamiento Forestal (2020a): Description of Activities and Sub-Activities of the Payment for Environmental Services Program. Internet: https://www.fonafifo.go.cr/en/servicios/actividades-y-sub-actividades/. Costa Rica: Ministry of Environment, Energy and Telecommunications.

FONAFIFO – Fondo Nacional de Financiamiento Forestal (2020b): Fundamental Pillars of the Program Payment of Environmental Services. Costa Rica: Ministry of Environment, Energy and Telecommunications.

Font, X. und Hindley, A. (2017): Understanding tourists' reactance to the threat of a loss of freedom to travel due to climate change: A new alternative approach to encouraging nuanced behavioural change. Journal of Sustainable Tourism 25 (1), 26–42.

Foodsharing (2019a): Mission. Internet: https://foodsharing.de/ueber-uns. Köln: Foodsharing e.V.

Foodsharing (2019b): Willkommen bei Foodsharing! Internet: https://foodsharing.de/#wilkommen. Köln: Foodsharing e.V.

Foodwatch (2020): Bio-Branche: Zahlen, Daten, Fakten. Internet: https://www.foodwatch.org/de/informieren/bio-landwirtschaft/zahlen-daten-fakten/. Berlin: foodwatch.

Forster, P., Forster, L., Renfrew, C. und Forster, M. (2020): Phylogenetic network analysis of SARS-CoV-2 genomes.

Proceedings of the National Academy of Sciences 117 (17), 9241–9243.

Forstner, B., Duden, C., EllßeI, R., Gocht, A., Hansen, H., Neuenfeldt, S., Offermann, F. und de Witte, T. (2018): Wirkungen von Direktzahlungen in der Landwirtschaft-ausgewählte Aspekte mit Bezug zum Strukturwandel. Thünen Working Paper Nr. 96. Braunschweig: Johann Heinrich von Thünen-Institut.

Forum Umwelt & Entwicklung (2016): Klimasmarte Landwirtschaft – nein danke! Für eine sozial-ökologische Agrarwende statt gefährlicher Scheinlösungen. Internet: https://www.forumue.de/klimasmarte-landwirtschaft-nein-danke-fuer-eine-sozial-oekologische-agrarwende-statt-gefaehrlicher-scheinloesungen/. Berlin: Forum Umwelt & Entwicklung,.

Fox, J. (2018): Progress on National Forest Monitoring Systems for REDD+: A Win-win for Forests and Climate Action. Internet: https://sdg.iisd.org/commentary/guest-articles/progress-on-national-forest-monitoring-systems-for-redd-a-win-win-for-forests-and-climate-action/. Winnipeg: International Institute for Sustainable Development (IISD) SDG Knowledge Hub.

Fox, P. und Rockström, J. (2000): Water-harvesting for supplementary irrigation of cereal crops to overcome intra-seasonal dry-spells in the Sahel. Physics and Chemistry of the Earth, Part B: Hydrology, Oceans and Atmosphere 25 (3), 289–296.

FPP – Forest Peoples Programme, IIFB – The International Indigenous Forum on Biodiversity und SCBD – Secretariat of the Convention on Biological Diversity (2016): Local Biodiversity Outlooks. Indigenous Peoples' and Local Communities' Contributions to the Implementation of the Strategic Plan for Biodiversity 2011–2020. Moreton-in-Marsh: FPP.

Franke, M. (2014): When One Country's Land Gain is Another Country's Land Loss: The Social, Ecological and Economic Dimensions of Sand Extraction in the Context of World-Systems Analysis Exemplified by Singapore's Sand Imports. Working Paper No. 36/2014. Berlin: Institute for International Political Economy.

Fraunhofer ISE – Fraunhofer-Institut für Solare Energiesysteme (2020): Agrophotovoltaik. Internet: https://www.ise.fraunhofer.de/de/leitthemen/integrierte-photovoltaik/agrophotovoltaik-apv.html. Freiburg: Fraunhofer ISE.

Fraunhofer WKI – Fraunhofer-Institut für Holzforschung, Wilhelm-Klauditz-Institut (2020): Mehr als nur Dämmung – Zusatznutzen von Dämmstoffen aus nachwachsenden Rohstoffen. Internet: https://www.wki.fraunhofer.de/de/fachbereiche/qa/forschung-und-entwicklung/forschungsprojekte/zusatznutzen-daemmstoffe-aus-nachwachsenden-rohstoffen.html. Braunschweig: Fraunhofer WKI.

Freguin-Gresh, S., Losch, B. und White, E. T. (2012): Structural transformation and rural change revisited challenges for late developing countries in a globalizing world. Washington, DC: International Bank for Reconstruction and Development, World Bank.

Friedlingstein, P., Jones, M. W., O'Sullivan, M., Andrew, R. M., Hauck, J., Peters, G. P., Peters, W., Pongratz, J., Sitch, S., Le Quéré, C., Dbakker, O. C. E., Canadell, J. G., Ciais, P., Jackson, R. B., Anthoni, P., Barbero, L., Bastos, A., Bastrikov, V., Becker, M., Bopp, L., Buitenhuis, E., Chandra, N., Chevallier, F., Chini, L. P., Currie, K. I., Feely, R. A., Gehlen, M., Gilfillan, D., Gkritzalis, T., Goll, D. S., Gruber, N., Gutekunst, S., Harris, I., Haverd, V., Houghton, R. A., Hurtt, G., Ilyina, T., Jain, A. K., Joetzjer, E., Kaplan, J. O., Kato, E., Goldewijk, K. K., Korsbakken, J. I., Landschützer, P., Lauvset, S. K., Lefèvre, N., Lenton, A., Lienert, S., Lombardozzi, D., Marland, G., McGuire, P. C., Melton, J. R., Metzl, N., Munro, D. R., Nabel, J. E. M. S., Nakaoka, S. I., Neill, C., Omar, A. M., Ono, T., Peregon, A., Pierrot, D., Poulter, B., Rehder, G., Resplandy, L., Robertson, E., Rödenbeck, C., Séférian, R., Schwinger, J., Smith, N., Tans, P. P., Tian, H., Tilbrook, B., Tubiello, F. N., Van Der Werf, G. R., Wiltshire, A. J. und Zaehle, S. (2019): Global carbon budget 2019. Earth System Science Data 11 (4), 1783–1838.

Frigerio, D., Pipek, P., Kimmig, S., Winter, S., Melzheimer, J., Diblíková, L., Wachter, B. und Richter, A. (2018): Citizen science and wildlife biology: synergies and challenges. Ethology 124 (6), 365–377.

Fritz, S., See, L., Carlson, T., Haklay, M. M., Oliver, J. L., Fraisl, D., Mondardini, R., Brocklehurst, M., Shanley, L. A. und Schade, S. (2019): Citizen science and the United Nations sustainable development goals. Nature Sustainability 2 (10), 922–930.

Fröndhoff, B. (2018): Diese 4 Unternehmen haben künftig die Macht auf dem Acker. Internet: https://www.handelsblatt.com/unternehmen/industrie/nach-bayer-monsanto-fusion-diese-4-unternehmen-haben-kuenftig-die-macht-auf-dem-acker/22611654.html. Frankfurt/M.: Handelsblatt.

FSC – Forest Stewardship Council (2018): Deutscher FSC-Standard 3-0. Freiburg: FSC Deutschland.

FSIN – Food Security Information Network (2020a): Global Report on Food Crises 2020. Joint Analysis for Better Decisions. Rom: FSIN.

FSIN – Food Security Information Network (2020b): Regional Focus on the Intergovernmental Authority on Development (IGAD) Member States. Rom: FSIN.

Fujimori, S., Hasegawa, T., Rogelj, J., Su, X., Havlik, P., Krey, V., Takahashi, K. und Riahi, K. (2018): Inclusive climate change mitigation and food security policy under 1.5°C climate goal. Environmental Research Letters 13 (7), 074033.

Furst, T., Connors, M., Bisogni, C. A., Sobal, J. und Falk, L. W. (1996): Food choice: a conceptual model of the process. Appetite 26 (3), 247–266.

Fuss, S., Canadell, J. G., Peters, G. P., Tavoni, M., Andrew, R. M., Ciais, P., Jackson, R. B., Jones, C. D., Kraxner, F. und Nakicenovic, N. (2014): Betting on negative emissions. Nature Climate Change 4 (10), 850–853.

Fuss, S., Lamb, W. F., Callaghan, M. W., Hilaire, J., Creutzig, F., Amann, T., Beringer, T., de Oliveira Garcia, W., Hartmann, J., Khanna, T., Luderer, G., Nemet, G. F., Rogelj, J., Smith, P., Vicente, J. L. V., Wilcox, J., del Mar Zamora Dominguez, M. und Minx, J. C. (2018): Negative emissions – Part 2: Costs, potentials and side effects. Environmental Research Letters 13 (6), 063002.

GAF AG (2020): Earth Observation Services for Monitoring Dynamic Forest Disturbances. München: GAF AG.

Galaty, J. G. (2013): Land grabbing in the Eastern African rangelands. In: Catley, A., Lind, J. und Scoones, I. (Hrsg.): Pastoralism and development in Africa: Dynamic change at the margins. Abingdon: Routledge, 143–153.

Galloway, J. N., Burke, M., Bradford, G. E., Naylor, R., Falcon, W., Chapagain, A. K., Gaskell, J. C., McCullough, E., Mooney, H. A. und Oleson, K. L. L. (2007): International trade in meat: The tip of the pork chop. AMBIO: A Journal of the Human Environment 36 (8), 622–629.

Galloway, J. N. und Cowling, E. B. (2002): Reactive nitrogen and the world: 200 years of change. AMBIO: A Journal of the Human Environment 31 (2), 64–71.

Gambhir, A. und Tavoni, M. (2019): Direct air carbon capture and sequestration: how it works and how it could contribute to climate-change mitigation. One Earth 1 (4), 405–409.

Gan, V. J.-L., Cheng, J. C.-P., Lo, I. M.-C. und Chan, C.-M. (2016): Developing a $CO_2$-e accounting method for quantification and analysis of embodied carbon in high-rise buildings. Journal of Cleaner Production 141, 825–836.

Gann, G. D., McDonald, T., Walder, B., Aronson, J., Nelson, C. R., Jonson, J., Hallett, J. G., Eisenberg, C., Guariguata, M. R. und Liu, J. (2019): International principles and standards for the practice of ecological restoration. Restoration Ecology 27, S1-S46.

Gans, D. (2010): Haiti and the Potential of Permaculture. Internet: https://placesjournal.org/article/haiti-and-the-potential-of-permaculture/?cn-reloaded=1&cn-reloaded=1. San Francisco, CA: Places.

Garnett, E. E., Balmford, A., Sandbrook, C., Pilling, M. A. und Marteau, T. M. (2019): Impact of increasing vegetarian availability on meal selection and sales in cafeterias. Proceedings of the National Academy of Sciences 116 (42), 20923–20929.

Garnett, S. T., Burgess, N. D., Fa, J. E., Fernández-Llamazares, Á., Molnár, Z., Robinson, C. J., Watson, J. E. M., Zander, K. K., Austin, B. und Brondizio, E. S. (2018): A spatial overview of the global importance of Indigenous lands for conservation. Nature Sustainability 1 (7), 369–374.

Garske, B., Heyl, K., Ekardt, F., Weber, L. M. und Gradzka, W. (2020): Challenges of Food Waste Governance. An Assessment of European Legislation on Food Waste and Recommendations for Improvement by Economic Instruments. Land 9 (7), 231.

Gaston, K. J. (2000): Global patterns in biodiversity. Nature 405 (6783), 220–227.

Gaston, K. J., Jackson, S. F., Cantú-Salazar, L. und Cruz-Piñón, G. (2008): The ecological performance of protected areas. Annual Review of Ecology, Evolution, and Systematics 39, 93–113.

Gaupp, F. (2020): Extreme events in a globalized food system. One Earth 2 (6), 518–521.

Gavriletea, M. D. (2017): Environmental impacts of sand exploitation. Analysis of sand market. Sustainability 9 (7), 1118.

GBIF – Global Biodiversity Information Facility (2020): Global Biodiversity Information Facility – Deutschland. Internet: http://www.gbif.de/. Berlin: GBIF.

GCP – Global Carbon Project (2019): Global Carbon Budget 2019. Powerpoint Präsentation. Canberra: GCP.

Gebbers, R. und Adamchuk, V. I. (2010): Precision agriculture and food security. Science 327, 828–832.

Geden, O. und Schenuit, F. (2020): Unkonventioneller Klimaschutz – Gezielte $CO_2$-Entnahme aus der Atmosphäre als neuer Ansatz in der EU-Klimapolitik. SWP-Studie 10. Berlin: Stiftung Wissenschaft und Politik (SWP).

Geels, F. W. und Schot, J. (2007): Typology of sociotechnical transition pathways. Research Policy 36, 399–417.

GEF – Global Environment Facility (2019): Inclusive Conservation Initiative. Washington, DC: GEF.

GEF – Global Environment Facility Council (2018): Report on the Seventh Replenishment of the GEF Trust Fund. GEF/A.6/05/Rev.01. Washington, DC: GEF.

Geiger, F., Bengtsson, J., Berendse, F., Weisser, W. W., Emmerson, M., Morales, M. B., Ceryngier, P., Liira, J., Tscharntke, T., Winqvist, C., Eggers, S., Bommarco, R., Pärt, T., Bretagnolle, V., Plantegenest, M., Clement, L. W., Dennis, C., Palmer, C., Oñate, J. J., Guerrero, I., Hawro, V., Aavik, T., Thies, C., Flohre, A., Hänke, S., Fischer, C., Goedhart, P. W. und Inchausti, P. (2010): Persistent negative effects of pesticides on biodiversity and biological control potential on European farmland. Basic and Applied Ecology 11 (2), 97–105.

Geldmann, J., Coad, L., Barnes, M. D., Craigie, I. D., Woodley, S., Balmford, A., Brooks, T. M., Hockings, M., Knights, K. und Mascia, M. B. (2018): A global analysis of management capacity and ecological outcomes in terrestrial protected areas. Conservation Letters 11 (3), e12434.

Geldmann, J., Joppa, L. N. und Burgess, N. D. (2014): Mapping change in human pressure globally on land and within protected areas. Conservation Biology 28 (6), 1604–1616.

Geldmann, J., Manica, A., Burgess, N. D., Coad, L. und Balmford, A. (2019): A global-level assessment of the effectiveness of protected areas at resisting anthropogenic pressures. Proceedings of the National Academy of Sciences 116 (46), 23209–23215.

genanet (2020): Gender, Agrarwirtschaft und Ernährung. Internet: https://www.genanet.de/themen/landwirtschaft-ernaehrung. Berlin: genanet – Leitstelle Gender, Umwelt, Nachhaltigkeit.

George, C. (2014): Environment and Regional Trade Agreements. Paris: OECD.

German, L., Schoneveld, G. C. und Pacheco, P. (2011): Local social and environmental impacts of biofuels: Global comparative assessment and implications for governance. Ecology and Society 16 (4), 29ff.

Gerten, D., Heck, V., Jägermeyr, J., Bodirsky, B. L., Fetzer, I., Jalava, M., Kummu, M., Lucht, W., Rockström, J., Schaphoff, S. und Schellnhuber, H. J. (2020): Feeding ten billion people is possible within four terrestrial planetary boundaries. Nature Sustainability doi:10.1038/s41893-019-0465-1, 1–11.

Geuder-Jilg, E. (2013): Wenn Weiden zu Äckern werden. Internet: https://www.welt-sichten.org/artikel/18352/wenn-weiden-zu-aeckern-werden. Frankfurt/M.: Welt-Sichten.

Geyer, R., Jambeck, J. R. und Law, K. L. (2017): Production, use, and fate of all plastics ever made. Science Advances 3 (7), e1700782.

Ghaly, A. und Edwards, S. (2011): Termite damage to buildings: nature of attacks and preventive construction methods. American Journal of Engineering and Applied Sciences 4 (2), 187–200.

Ghisellini, P., Cialani, C. und Ulgiati, S. (2016): A review on circular economy: the expected transition to a balanced interplay of environmental and economic systems. Journal of Cleaner Production 114, 11–32.

Giannini, V., Silvestri, N., Dragoni, F., Pistocchi, C., Sabbatini, T. und Bonari, E. (2017): Growth and nutrient uptake of perennial crops in a paludicultural approach in a drained Mediterranean peatland. Ecological Engineering 103, 478–487.

Gifford, R. und Nilsson, A. (2014): Personal and social factors that influence pro-environmental concern and behaviour: A review. International Journal of Psychology 49 (3), 141–157.

Gillespie, T. R. und Leendertz, F. H. (2020): Great-ape health in human pandemics. Nature 579 (7800), 497.

Ginzky, H. (2015): Bodenschutz weltweit – Konzeptionelle Überlegungen für ein internationales Regime. Zeitschrift für Umweltrecht (4), 199–209.

Ginzky, H. (2020): Good governance for „sustainable management of soil“ on national and international level: how to do it? In: Yahyah, H., Ginzky, H., Kasimbazi, E., Kibugi, R. und Ruppel, O. C. (Hrsg.): Legal Instruments for Sustainable Soil Management in Africa. Heidelberg, Berlin: Springer, 35–54.

Giuntella, O., Rieger, M. und Rotunno, L. (2020): Weight gains from trade in foods: Evidence from Mexico. Journal of International Economics 122, 103277.

GIZ – Deutsche Gesellschaft für internationale Zusammenarbeit (2016): Nachhaltige Entwicklung land- und forstwirtschaftlicher Wertschöpfungsketten. Internet: https://www.giz.de/de/weltweit/31371.html. Bonn: GIZ.

GIZ – Deutsche Gesellschaft für Internationale Zusammenarbeit (2019a): Blockchain: A World Without Middlemen? Promise and Practice of Distributed Governance. Eschborn: GIZ.

GIZ – Deutsche Gesellschaft für Internationale Zusammenarbeit (2019b): Land Registries on a Distributed Ledger. Concept Note. Eschborn: GIZ.

GIZ – Gesellschaft für internationale Zusammenarbeit (2020a): Energising Development – Programm für Energiezugang. Internet: https://www.giz.de/de/weltweit/40417.html.Bonn: GIZ.

GIZ – Gesellschaft für internationale Zusammenarbeit (2020b): Globale Energiewende umsetzen. Internet: https://www.giz.de/de/weltweit/74170.html. Bonn: GIZ.

GLF – Global Landscapes Forum (2020): Connect. Share. Learn. Act. Internet: https://www.globallandscapesforum.org. Washington, DC: Center for International Forestry Research (CIFOR).

Global Ecovillage Network (2020): Global Ecovillage Network. Catalyzing Communities for a Regenerative World. Internet: https://ecovillage.org/. Moray: Ecovillage Network.

Godfray, H. C. J., Beddington, J. R., Crute, I. R., Haddad, L., Lawrence, D., Muir, J. F., Pretty, J., Robinson, S., Thomas, S. M. und Toulmin, C. (2010): Food security: the challenge of feeding 9 billion people. Science 327, 812–818.

Goetzberger, A. und Zastrow, A. (1982): On the coexistence of solar-energy conversion and plant cultivation. International Journal of Solar Energy 1 (1), 55–69.

Gollnhofer, J. F., Hellwig, K. und Morhart, F. (2016): Fair is good, but what is fair? Negotiations of distributive justice in an emerging nonmonetary sharing model. Journal of the Association for Consumer Research 1 (2), 226–245.

Golub, A. A., Fuss, S., Lubowski, R., Hiller, J., Khabarov, N., Koch, N., Krasovskii, A., Kraxner, F., Laing, T., Obersteiner, M., Palmer, C., Piris-Cabezas, P., Reuter, W. H., Szolgayová, J., Taschini, L. und Wehkamp, J. (2018): Escaping the climate policy uncertainty trap: options contracts for REDD+. Climate Policy 18 (10), 1227–1234.

Gómez, M. I., Barrett, C. B., Buck, L. E., De Groote, H., Ferris, S., Gao, H. O., McCullough, E., Miller, D. D., Outhred, H., Pell, A. N., Reardon, T., Retnanestri, M., Ruben, R., Struebi, P., Swinnen, J., Touesnard, M. A., Weinberger, K., Keatinge, J. D. H., Milstein, M. B. und Yang, R. Y. (2011): Research principles for developing country food value chains. Science 332 (6034), 1154–1155.

Gomiero, T. (2016): Soil degradation, land scarcity and food security: reviewing a complex challenge. Review. Sustainability 8, 281ff.

Gonçalves, B., Marques, A., Soares, A. M. V. D. M. und Pereira, H. M. (2015): Biodiversity offsets: from current challenges to harmonized metrics. Current Opinion in Environmental Sustainability 14, 61–67.

Gorenflo, L. J., Romaine, S., Mittermeier, R. A. und Walker-Painemilla, K. (2012): Co-occurrence of linguistic and biological diversity in biodiversity hotspots and high biodiversity wilderness areas. Proceedings of the National Academy of Sciences 109 (21), 8032–8037.

Görg, C. (2007): Landscape governance: The „politics of scale" and the „natural" conditions of places. Geoforum 38 (5), 954–966.

GOS – Government Office for Science (2011): Foresight. The Future of Food and Farming—Challenges and Choices for Global Sustainability. London: The Government Office for Science.

Gosling, J., Jones, M. I., Arnell, A., Watson, J. E. M., Venter, O., Baquero, A. C. und Burgess, N. D. (2020): A global mapping template for natural and modified habitat across terrestrial Earth. Biological Conservation doi:org/10.1016/j.biocon.2020.108674, 1–9.

Götz, M., Lefebvre, J., Mörs, F., Koch, A. M.-D., Graf, F., Bajohr, S., Reimert, R. und Kolb, T. (2016): Renewable Power-to-Gas: a technological and economic review. Renewable Energy 85, 1371–1390.

Govaerts, B., Verhulst, N., Castellanos-Navarrete, A., Sayre, K. D., Dixon, J. und Dendooven, L. (2009): Conservation agriculture and soil carbon sequestration: between myth and farmer reality. Critical Reviews in Plant Science 28 (3), 97–122.

Graedel, T. E., Allwood, J., Birat, J. P., Reck, B. K., Sibley, S. F., Sonnemann, G., Buchert, M. und Hagelüken, C. (2011): Recycling Rates of Metals. A Status Report. A Report of the Working Group on the Global Metal Flows to the International Resource Panel, United Nations Environment Programme. Nairobi: UNEP.

Graham, J. P., Leibler, J. H., Price, L. B., Otte, J. M., Pfeiffer, D. U., Tiensin, T. und Silbergeld, E. K. (2008): The animal-human interface and infectious disease in industrial food animal production: rethinking biosecurity and biocontainment. Public Health Reports 123 (3), 282–299.

Graham, T. und Abrahamse, W. (2017): Communicating the climate impacts of meat consumption: the effect of values and message framing. Global Environmental Change 44, 98–108.

Green, E. J., Buchanan, G. M., Butchart, S. H. M., Chandler, G. M., Burgess, N. D., Hill, S. L. L. und Gregory, R. D. (2019): Relating characteristics of global biodiversity targets to reported progress. Conservation Biology 33 (6), 1360–1369.

Greenpeace (2018): Mängelexemplar Qualitätssiegel. Internet: https://www.greenpeace.de/themen/waelder/maengelexemplar-qualitaetssiegel. Hamburg: Greenpeace.

Greenpeace (2019): Over 71% of EU Farmland Dedicated to Meat and Dairy, New Research. Internet: https://www.greenpeace.org/eu-unit/issues/nature-food/1807/71-eu-farmland-meat-dairy/. Hamburg: Greenpeace.

Grenz, J., Vetouli, T., Tzitzikli, E. und Sauerborn, J. (2007): The ecological consequences of the global soybean economy: resource and value flows in Argentina, Brazil, and Germany. Umweltwirkungen der globalen Sojawirtschaft – Ressourcen- und Wertströme in Argentinien, Brasilien und Deutschland. GAIA – Ecological Perspectives for Science and Society 16 (3), 208–214.

Grewal, S. S. und Grewal, P. S. (2012): Can cities become self-reliant in food? Cities 29 (1), 1–11.

Grin, J. (2010): Understanding transitions from a governance perspective. In: Rotmans, J., Schot, J. und Grin, J. (Hrsg.): Transitions to Sustainable Development. New Direction in the Study of Long Term Transformative Change. London: Routledge, 223–315.

Griscom, B. W., Adams, J., Ellis, P. W., Houghton, R. A., Lomax, G., Miteva, D. A., Schlesinger, W. H., Shoch, D., Siikamäki, J. V. und Smith, P. (2017): Natural climate solutions. Proceedings of the National Academy of Sciences 114 (44), 11645–11650.

Gronau, S., Winter, E. und Grote, U. (2018): Papyrus, forest resources and rural livelihoods: A village computable general equilibrium analysis from northern Zambia. Natural Resources 9 (6), 268–296.

Grootjans, P., van Diggelen, R., Joosten, H. und Smolders, A. J. P. (2012): Restoration of mires. In: van Andel, J. und Aaronson, J. (Hrsg.): Restoration Ecology – The New Frontier. London: Wiley-Blackwell, 203–213.

Gross, R., Schoeneberger, H., Pfeifer, H. und Preuss, H.-J. (2000): The four dimensions of food and nutrition security: definitions and concepts. SCN News 20 (20), 20–25.

Grote, U. (2009): Environmental labeling, protected geographical indications and the interests of developing countries. Estey Journal of International Law and Trade Policy 10 (1), 94–110.

Grote, U., Craswell, E. T. und Vlek, P. L. G. (2008): Nutrient and virtual water flows in traded agricultural commodities. In: Braimoh, A. K. und Vlek, P. (Hrsg.): Land Use and Soil Resources. Heidelberg, Berlin: Springer, 121–143.

Gruber, K. (2017): Predicting Zoonoses. Nature Ecology & Evolution doi:10.1038/s41559-017-0098, 1–4.

Grubler, A., Wilson, C., Bento, N., Boza-Kiss, B., Krey, V., McCollum, D. L., Rao, N. D., Riahi, K., Rogelj, J. und De Stercke, S. (2018): A low energy demand scenario for meeting the 1.5 C target and sustainable development goals without negative emission technologies. Nature Energy 3 (6), 515–527.

Guerin, B. (2003): The Shifting Sands of Time—and Singapore. Internet: http://www.wildsingapore.com/news/2004/030731-1.htm. Singapore: Asia Times.

Güneralp, B., Zhou, Y., Ürge-Vorsatz, D., Gupta, M., Yu, S., Patel, P. L., Fragkias, M., Li, X. und Seto, K. C. (2017): Global scenarios of urban density and its impacts on building energy use through 2050. Proceedings of the National Academy of Sciences 114, 8945–8950.

Günther, A., Barthelmes, A., Huth, V., Joosten, H., Jurasinski, G., Koebsch, F. und Couwenberg, J. (2020): Prompt rewetting of drained peatlands reduces climate warming despite methane emissions. Nature Communications 11 (1), 1644.

Gurr, G. M., Lu, Z., Zheng, X., Xu, H., Zhu, P., Chen, G., Yao, X., Cheng, J., Zhu, Z., Catindig, J. L., Villareal, S., Van Chien, H., Cuong, L. Q., Channoo, C., Chengwattana, N., Lan, L. P., Hai, L. H., Chaiwong, J., Nicol, H. I., Perovic, D. J., Wratten, S. D. und Heong, K. L. (2016): Multi-country evidence that crop diversification promotes ecological intensification of agriculture. Nature Plants 2 (3), 16014.

Gutierrez-Wing, M. T. und Malone, R. F. (2006): Biological filters in aquaculture: trends and research directions for freshwater and marine applications. Aquacultural Engineering 34 (3), 163–171.

Gutowski, T. G., Allwood, J. M., Herrmann, C. und Sahni, S. (2013): A global assessment of manufacturing: economic development, energy use, carbon emissions, and the potential for energy efficiency and materials recycling. Annual Review of Environment and Resources 38, 81–106.

Gwozdz, W., Reisch, L. A. und Thøgersen, J. (2020): Behaviour change for sustainable consumption. Journal of Consumer Policy 43, 249–253.

Haas, J. und Schneider, C. (2020): Forstwirte in der Krise. Holz verbrennen in Kohlekraftwerken? Internet: https://www.tagesschau.de/inland/holz-kraftwerke-101.html. Köln: Tagesschau.

Hachmann, S., Frittrang, M., Sladek, A., Küspert, N., Möller, K., Kaupmann, P. und Pukrop, S. (2019): Maßnahmen zur nachhaltigen Ernährung in öffentlichen Kantinen zwischen Bevormundung und Mündigkeit. THESys Discussion Paper. Berlin: Universität Berlin.

Haffmanns, S. (2019): Hochgefährliche Pestizide im Fokus von SAICM: Über die Notwendigkeit, hochgefährliche Pestizide durch agrarökologische Maßnahmen zu ersetzen. Rundbrief Forum Umwelt und Entwicklung (4), 1–8.

Haggblade, S. und Tembo, G. (2003): Conservation Farming in Zambia. EPTD Discussion Paper No. 108. Washington, DC: International Food Policy Research Institute (IFPRI).

Haines-Young, R. und Potschin, M. B. (2018): Common International Classification of Ecosystem Services (CICES) V5.1 and Guidance on the Application of the Revised Structure. Internet: https://cices.eu/content/uploads/sites/8/2018/01/Guidance-V51-01012018.pdf. Kopenhagen: European Environment Agency (EEA).

Häkkilä, M., Le Tortorec, E., Brotons, L., Rajasärkkä, A., Tornberg, R. und Mönkkönen, M. (2017): Degradation in landscape matrix has diverse impacts on diversity in protected areas. PloS One 12 (9), e0184792.

Hallmann, C. A., Sorg, M., Jongejans, E., Siepel, H., Hofland, N., Schwan, H., Stenmans, W., Müller, A., Sumser, H. und Hörren, T. (2017): More than 75 percent decline over 27 years in total flying insect biomass in protected areas. PloS One 12 (10), 21.

Hamburger, B. und Teherani-Krönner, P. (2014) (Hrsg.): Mahlzeitenpolitik: Zur Kulturökologie von Ernährung und Gender. München: oekom.

Hammer, K. und Teklu, Y. (2008): Plant genetic resources: selected issues from genetic erosion to genetic engineering. Journal of Agriculture and Rural Development in the Tropics and Subtropics 109 (1), 15–50.

Hampicke, U. (2018): Fazit – das gesellschaftliche Kernproblem. In: Hampicke, U. (Hrsg.): Kulturlandschaft-Äcker, Wiesen, Wälder und ihre Produkte. Heidelberg, Berlin: Springer, 251–258.

Handa, I. T., Aerts, R., Berendse, F., Berg, M. P., Bruder, A., Butenschoen, O., Chauvet, E., Gessner, M. O., Jabiol, J., Makkonen, M., McKie, B. G., Malmqvist, B., Peeters, E. T., Scheu, S., Schmid, B., van Ruijven, J., Vos, V. C. und Hattenschwiler, S. (2014): Consequences of biodiversity loss for litter decomposition across biomes. Nature 509 (7499), 218–221.

Hanley, N., Banerjee, S., Lennox, G. D. und Armsworth, P. R. (2012): How should we incentivize private landowners to ‚produce' more biodiversity? Oxford Review of Economic Policy 28 (1), 93–113.

Hanley, N. und Perrings, C. (2019): The economic value of biodiversity. Annual Review of Resource Economics 11, 355–375.

Hanna, R., Duflo, E. und Greenstone, M. (2016): Up in smoke: the influence of household behavior on the long-run impact of improved cooking stoves. American Economic Journal: Economic Policy 8 (1), 80–114.

Hannah, L., Roehrdanz, P. R., Kc, K. B., Fraser, E. D. G., Donatti, C. I., Saenz, L., Wright, T. M., Hijmans, R. J., Mulligan, M. und Berg, A. (2020): The environmental consequences of climate-driven agricultural frontiers. PloS one 15 (2), e0228305.

Hansen, P. G. und Jespersen, A. M. (2017): Nudge and the manipulation of choice. European Journal of Risk Regulation 4 (1), 3–28.

Hansen, P. G., Schilling, M. und Malthesen, M. S. (2019): Nudging healthy and sustainable food choices: three randomized controlled field experiments using a vegetarian lunch-default as a normative signal. Journal of Public Health doi:org/10.1093/pubmed/fdz154, 1–6.

Hansjürgens, B. (2015): Zur Neuen Ökonomie der Natur: Kritik und Gegenkritik. Wirtschaftsdienst 95 (4), 284–291.

Hanson, C., Seymour, F., Chaturvedi, R. und Ding, H. (2019): 6 Barriers to Protecting and Restoring Forests – and Strategies to Overcome Them. Internet: https://www.wri.org/blog/2019/11/6-barriers-protecting-and-restoring-forests-and-strategies-overcome-them. Washington, DC: World Resources Institute (WRI).

Hanson, J. O., Rhodes, J. R., Butchart, S. H. M., Buchanan, G. M., Rondinini, C., Ficetola, G. F. und Fuller, R. A. (2020): Global conservation of species' niches. Nature 580, 232–234.

Harcourt, W. und Nelson, I. L. (2015): Practising Feminist Political Ecologies: Moving Beyond the ‚Green Economy'. London: Bloomsbury Academic.

Harinarayana, T. und Vasavi, K. S. V. (2014): Solar energy generation using agriculture cultivated lands. Smart Grid and Renewable Energy 5 (2), 31–42.

Harmon, M. E., Ferrell, W. K. und Franklin, J. F. (1990): Effects on carbon storage of conversion of old-growth forests to young forests. Science 247 (4943), 699–702.

Harrison, I. J., Green, P. A., Farrell, T. A., Juffe-Bignoli, D., Sáenz, L. und Vörösmarty, C. J. (2016): Protected areas and freshwater provisioning: a global assessment of freshwater provision, threats and management strategies to support human water security. Aquatic Conservation: Marine and Freshwater Ecosystems 26, 103–120.

Hartmann, C., Shi, J., Giusto, A. und Siegrist, M. (2015): The psychology of eating insects: a cross-cultural comparison between Germany and China. Food Quality and Preference 44, 148–156.

Hartwich, F. und Hedeshi, M. (2020): COVID-19 Effects in Sub-Saharan Africa and What Local Industry and Governments can do. Internet: https://www.unido.org/news/covid-19-effects-sub-saharan-africa-and-what-local-industry-and-governments-can-do. Wien: UNIDO.

Hasegawa, T., Fujimori, S., Havlík, P., Valin, H., Bodirsky, B. L., Doelman, J. C., Fellmann, T., Kyle, P., Koopman, J. F. L. und Lotze-Campen, H. (2018): Risk of increased food insecurity under stringent global climate change mitigation policy.

Nature Climate Change 8 (8), 699–703.

Hathaway, M. D. (2016): Agroecology and permaculture: addressing key ecological problems by rethinking and redesigning agricultural systems. Journal of Environmental Studies and Sciences 6 (2), 239–250.

Haubold-Rosar, M., Heinkele, T., Rademacher, A., Kern, J., Dicke, C., Funke, A., Germer, S., Karagöz, Y., Lanza, G., Libra, J., Meyer-Aurich, A., Mumme, J., Theobald, A., Reinhold, J., Neubauer, Y., Medick, J. und Teichmann, I. (2016): Chancen und Risiken des Einsatzes von Biokohle und anderer „veränderter" Biomasse als Bodenhilfsstoffe oder für die C-Sequestrierung in Böden. Dessau: Umweltbundesamt (UBA).

Hausknost, D., Schriefl, E., Lauk, C. und Kalt, G. (2017): A transition to which bioeconomy? An exploration of diverging techno-political choices. Sustainability 9 (4), 669.

Haussleiter, J. (1935): Der Vegetarismus in der Antike. Berlin: Alfred Töpelmann.

Hawbaker, T. J., Vanderhoof, M. K., Schmidt, G. L., Beal, Y.-J., Picotte, J. J., Takacs, J. D., Falgout, J. T. und Dwyer, J. L. (2020): The Landsat Burned Area algorithm and products for the conterminous United States. Remote Sensing of Environment 244, 111801.

Hawkes, C. (2007): Globalization, Food, and Nutrition Transitions. Washington, DC: IFPRI.

Haydon, D., Kao, R. und Kitching, R. (2004): The UK foot-and-mouth disease outbreak – The aftermath. Nature Reviews. Microbiology 2, 675–681.

Haywood, C., Wardell, D. A., Cordonnier-Segger, M.-C. und Holmgren, P. (2015): Legal Frameworks for Implementing REDD+ in Zambia, Mozambique and Tanzania: Opportunities for a sustainable landscapes approach. Carbon & Climate Law Review (CCLR) 9 (2), 130–142.

He, M., Luis, S., Rita, S., Ana, G., Euripedes Jr, V. und Zhang, N. (2011): Risk assessment of $CO_2$ injection processes and storage in carboniferous formations: a review. Journal of Rock Mechanics and Geotechnical Engineering 3 (1), 39-56.

Heck, V., Gerten, D., Lucht, W. und Popp, A. (2018): Biomass-based negative emissions difficult to reconcile with planetary boundaries. Nature Climate Change 8 (2), 151–155.

Hecker, S., Haklay, M., Bowser, A., Makuch, Z. und Vogel, J. (2018): Citizen Science: Innovation in Open Science, Society and Policy. London: UCL Press.

Hein, J., Guarin, A., Frommé, E. und Pauw, P. (2018): Deforestation and the Paris climate agreement: An assessment of REDD + in the national climate action plans. Forest Policy and Economics 90, 7–11.

Heinrich-Böll-Stiftung (2017): Konzernatlas – Daten und Fakten über die Agrar- und Lebensmittelindustrie. Paderborn: Heinrich-Böll-Stiftung.

Heinrich-Böll-Stiftung (2019a): Agrar-Atlas. Daten und Fakten zur EU-Landwirtschaft. Berlin: Heinrich-Böll-Stiftung.

Heinrich-Böll-Stiftung (2019b): Fleischatlas 2018 – Daten und Fakten über Tiere als Nahrungsmittel. Berlin: Heinrich-Böll-Stiftung.

Heinrich-Böll-Stiftung und BUND – Bund für Umwelt und Naturschutz Deutschland (2019): Plastikatlas: Daten und Fakten über eine Welt voller Kunststoff. Band 3. Berlin: Heinrich-Böll-Stiftung und BUND.

Heinrich-Böll-Stiftung, Institute for Advanced Sustainability Studies, BUND – Bund für Umwelt- und Naturschutz Deutschland und Le Monde diplomatique (2015): Bodenatlas 2015. Daten und Fakten über Acker, Land und Erde. Berlin: Heinrich-Böll-Stiftung.

Heintz, V. (2013): Die Vernetzung der Agrarindustrie und Agrarpolitik in Deutschland: Netzwerkbetrachtung der deutschen Agrar- und Ernährungswirtschaft und ihrer Interessenvertretung in Spitzenverbänden und in der Politik. Berlin: Bündnis 90/Die Grünen.

Helm, D. (2019): Natural capital: assets, systems, and policies. Oxford Review of Economic Policy 35 (1), 1–13.

Helm, D. und Hepburn, C. (2012): The economic analysis of biodiversity: an assessment. Oxford Review of Economic Policy 28 (1), 1–21.

Henders, S., Persson, U. M. und Kastner, T. (2015): Trading forests: land-use change and carbon emissions embodied in production and exports of forest-risk commodities. Environmental Research Letters 10 (12), 125012.

Henderson, P., Hu, J., Romoff, J., Brunskill, E., Jurafsky, D. und Pineau, J. (2020): Towards the systematic reporting of the energy and carbon footprints of machine learning. arXiv preprint, arXiv:2002.05651.

Hennenberg, H., Böttcher, H., Wiegmann, K., Reise, J. und Fehrenbach, H. (2019): Kohlenstoffspeicherung in Wald und Holzprodukten. AFZ – Der Wald 17, 36–39.

Henry, R. C., Engström, K., Olin, S., Alexander, P., Arneth, A. und Rounsevell, M. D. A. (2018): Food supply and bioenergy production within the global cropland planetary boundary. PLoS One 13 (3), 1–17.

Hepburn, C., Adlen, E., Beddington, J., Carter, E. A., Fuss, S., Mac Dowell, N., Minx, J. C., Smith, P. und Williams, C. K. (2019): The technological and economic prospects for $CO_2$ utilization and removal. Nature 575 (7781), 87–97.

Herrador, M., Cho, Y. und Park, P.-H. (2020): Latest circular economy policy and direction in the Republic of Korea: Room for enhancements. Journal of Cleaner Production doi:org/10.1016/j.jclepro.2020.122336, 122336.

Herran, D. S. und Nakata, T. (2012): Design of decentralized energy systems for rural electrification in developing countries considering regional disparity. Applied Energy 91 (1), 130–145.

Herrmann, L. und Lesueur, D. (2013): Challenges of formulation and quality of biofertilizers for successful inoculation. Applied Microbiology and Biotechnology 97 (20), 8859–8873.

Herrmann, R. T. (2016): Large-Scale Foreign Investments in African Agriculture: Evaluating Household Welfare Effects of Outgrower Schemes, Agroindustry Employment and Spillovers in Malawi and Tanzania. Dissertation. Hannover: Gottfried Wilhelm Leibniz Universität Hannover.

Herzon, I., Birge, T., Allen, B., Povellato, A., Vanni, F., Hart, K., Radley, G., Tucker, G., Keenleyside, C., Oppermann, R., Underwood, E., Poux, X., Beaufoy, G. und Pražan, J. (2018): Time to look for evidence: Results-based approach to biodiversity conservation on farmland in Europe. Land Use Policy 71, 347–354.

Hetemäki, L., Hanewinkel, M., Muys, B., Ollikainen, M., Palahí, M., Trasobares, A., Aho, E., Ruiz, C. N., Persson, G. und Potocnik, J. (2017): Leading the Way to a European Circular Bioeconomy Strategy. From Science to Policy 5. Joensuu: European Forest Institute.

Hiç, C., Pradhan, P., Rybski, D. und Kropp, J. P. (2016): Food surplus and its climate burdens. Environmental Science & Technology 50 (8), 4269–4277.

Higgs, E. S., Harris, J. A., Heger, T., Hobbs, R. J., Murphy, S. D. und Suding, K. N. (2018): Keep ecological restoration open and flexible. Nature Ecology & Evolution 2, 580.

Hilaire, J., Minx, J. C., Callaghan, M. W., Edmonds, J., Luderer, G., Nemet, G. F., Rogelj, J. und del Mar Zamora, M. (2019): Negative emissions and international climate goals – learning from and about mitigation scenarios. Climatic Change 157 (2), 189–219.

Hill, C. (2018): Biopolymers (Bio-based Plastics) – An Overview. Internet: https://www.theccc.org.uk/publication/biopolymers-bio-based-plastics-an-overview/. London: Committee on Climate Change.

Hillje, J. (2019) (Hrsg.): Plattform Europa. Warum wir schlecht über die EU reden und wie wir den Nationalismus mit einem neuen digitalen Netzwerk überwinden können. Bonn: Dietz.

Hilty, J., Worboys, G. L., Keeley, A., Woodley, S., Lausche, B., Locke, H., Carr, M., Pulsford, I., Pittock, J. und White, J. W. (2020): Guidelines for Conserving Connectivity Through Ecological Networks and Corridors. Gland: IUCN.

Hinsley, A., Entwistle, A. und Pio, D. V. (2015): Does the long-term success of REDD+ also depend on biodiversity? Oryx 49 (2), 216–221.

HLPE – High Level Panel of Experts (2013): Investing in Smallholder Agriculture for Food Security. A Report by the High Level Panel of Experts on Food Security and Nutrition of the Committee on World Food Security. Internet: Rom: FAO Committee on World Food Security.

HLPE – High Level Panel of Experts (2019): Agroecological and Other Innovative Approaches for Sustainable Agriculture and Food Systems that Enhance Food Security and Nutrition. Rom: FAO Committee on World Food Security.

Hobbs, J. E. (2020): Food supply chains during the Covid-19 pandemic. Canadian Journal of Agricultural Economics/ Revue Canadienne d'Agroeconomie 68, 171–176.

Hoegh-Guldberg, O., Jacob, D., Taylor, M., Bindi, M., Brown, S., Camilloni, I., Diedhiou, A., Djalante, R., Ebi, K. L., Engelbrecht, F., Guiot, J., Hijioka, Y., Mehrotra, S., Payne, A., Seneviratne, S. I., Thomas, A. S., Warren, R. und Zhou, G. (2018): Chapter 3: Impacts of 1.5ºC global warming on natural and human systems. In: Masson-Delmotte, V., P. Zhai, H.-O. Pörtner, D. Roberts, J. Skea, P.R. Shukla, A. Pirani, W. Moufouma-Okia, C. Péan, R. Pidcock, S. Connors, J.B.R. Matthews, Y. Chen, X., Zhou, M. I. G., E. Lonnoy, T. Maycock, M. Tignor und Waterfield, T. (Hrsg.): Global Warming of 1.5°C. An IPCC Special Report on the Impacts of Global Warming of 1.5°C Above Pre-Industrial Levels and Related Global Greenhouse Gas Emission Pathways, in the Context of Strengthening the Global Response to the Threat of Climate Change, Sustainable Development, and Efforts to Eradicate Poverty. Genf: IPCC, 175–311.

Hoekstra, A. und Water Footprint Network (2017): Product Gallery. Internet: https://www.waterfootprint.org/en/resources/interactive-tools/product-gallery/. Enschede: Water Footprint Network.

Hoekstra, A. Y. und Wiedmann, T. O. (2014): Humanity's unsustainable environmental footprint. Science 344 (6188), 1114–1117.

Hoekstra, J. M., Boucher, T. M., Ricketts, T. H. und Roberts, C. M. (2004): Confronting a biome crisis: global disparitites of habitat loss and protection. Ecology Letters 8, 23–29.

Hoffman, M., Koenig, K., Bunting, G., Costanza, J. und Williams, K. J. (2016): Biodiversity Hotspots (Version 2016.1) [Data set]. Internet: http://doi.org/10.5281/zenodo.3261807. Genf: Zenodo.

Hofmann, D., Eichhorn, D., Korbun, T. und Kristof, K. (2019): Wachstumsunabhängigkeit. Eine Herausforderung für die Forschung. Ökologisches Wirtschaften 33 (1), 28–29.

Hofmeister, S., Katz, C. und Mölders, T. (2013) (Hrsg.): Geschlechterverhältnisse und Nachhaltigkeit: Die Kategorie Geschlecht in den Nachhaltigkeitswissenschaften. Opladen: Barbara Budrich.

Holling, C. S. (1978): Adaptive Environmental Assessment and Management. Chichester: Wiley-Interscience.

Holmes, G. (2015): Douglas Tompkins: can billionaires really save nature with cold, hard cash? Internet: https://theconversation.com/douglas-tompkins-can-billionaires-really-save-nature-with-cold-hard-cash-52112. London: The Conservation.

Hönerbach, F. (1996): Verhandlungen einer Waldkonvention. Ihr Ansatz und Scheitern. Berlin: WZB.

Howlett, M., Capano, G. und Ramesh, M. (2018): Designing for robustness: surprise, agility and improvisation in policy design. Policy and Society 37 (4), 405–421.

Huang, C., Wang, Y., Li, X., Ren, L., Zhao, J., Hu, Y., Zhang, L., Fan, G., Xu, J. und Gu, X. (2020): Clinical features of patients infected with 2019 novel coronavirus in Wuhan, China. The Lancet 395 (10223), 497–506.

Huang, L., Krigsvoll, G., Johansen, F., Liu, Y. und Zhang, X. (2018): Carbon emission of global construction sector. Renewable and Sustainable Energy Reviews 81, 1906–1916.

Hudson, J. A. und Cosgrove, J. W. (2019). Understanding Building Stones and Stone Buildings. In Cleveland, OH: CRC Press.

Humphrey, L., Fraser, G. und Martin, G. (2019): The economic implications of *Robinia pseudoacacia l.* (black locust) on agricultural production in South Africa. Agrekon 58 (2), 216–228.

Hunter, D., Maxted, N., Heywood, V., Kell, S. und Borelli, T. (2012): Protected areas and the challenge of conserving crop wild relatives. Parks 18 (1), 87.

Huong, N. Q., Nga, N. T. T., Van Long, N., Luu, B. D., Latinne, A., Pruvot, M., Phuong, N. T., Van Hung, V., Lan, N. T. und Hoa, N. T. (2020): Coronavirus testing indicates transmission risk increases along wildlife supply chains for human consumption in Viet Nam, 2013-2014. PLoS One 15 (8), e0237129.

Hurlbert, M., Krishnaswamy, J., Davin, E., Johnson, F. X., Mena, C. F., Morton, J., Myeong, S., Viner, D., Warner, K., Wreford, A., Zakieldeen, S. und Zommers, Z. (2019): Chapter 7: Risk management and decision making in relation to sustainable development. In: Shukla, P. R., Skea, J., Buendia, E. C., Masson-Delmotte, V., Pörtner, H.-O., Roberts, D. C., Zhai, P., Slade, R., Connors, S., Diemen, R. v., Ferrat, M., Haughey, E., Luz, S., Neogi, S., Pathak, M., Petzold, J., Pereira, J. P., Vyas, P., Huntley, E., Kissick, K., Belkacemi, M. und Malley, J. (Hrsg.): Climate Change and Land: An IPCC Special Report on Climate Change, Desertification, Land Degradation, Sustainable Land Management, Food Security, and Greenhouse Gas Fluxes in Terrestrial Ecosystems. Cambridge, New York: Cambridge University Press, 673–800.

Hurmekoski, E., Jonsson, R. und Nord, T. (2015): Context, drivers, and future potential for wood-frame multi-story construction in Europe. Technological Forecasting and Social Change 99, 181–196.

Hutchinson, J., Christian, M. S., Evans, C. E. L., Nykjaer, C., Hancock, N. und Cade, J. E. (2015): Evaluation of the impact of school gardening interventions on children's knowledge of and attitudes towards fruit and vegetables. A cluster randomised controlled trial. Appetite 91, 405–414.

IAASTD – International Assessment of Agricultural Knowledge Science and Technology for Development (2009): Agriculture at Crossroads. Global Report. Washington, DC: IAASTD.

IAC – International Advisory Council (2018): Global Bioeconomy Summit Communiqué. Innovation in the Global Bioeconomy for Sustainable and Inclusive Transformation and Wellbeing. Berlin: IAC.

IACG – Interagency Coordination Group on Antimicrobial Resistance (2019): No Time to Wait: Securing the Future From Drug-Resistant Infections. Report to the Secretary-General of the United Nations Washington. Genf: IACG.

ICARUS-Initiative (2019): ICARUS-Initiative: International Cooperation for Animal Research Using Space. Internet: https://www.icarus.mpg.de/de. Seewiesen: MPI für Ornithologie.

ICCT – International Council on Clean Transportation (2018): Final Recast Renewable Energy Directive for 2021–2030 in the European Union. Peking, Berlin, Brüssel, San Francisco, Washington, DC: ICCT.

ICRAF – World Agroforestry Centre (2019): Monitoring and Evaluation (M&E) of Climate-Smart Agriculture (CSA). ICRAF.

ICRISAT – International Crops Research Institut for Semi-Arid Tropics (2020): Women Farmers in Eastern Niger Reclaim

Degraded Land to Grow Crops and Ensure Nutrition to the Family. Internet: https://www.icrisat.org/from-degraded-land-to-productive-farms/. Patancheru, Hyderabad, Telangana: ICRISAT.

idw – Institut der deutschen Wirtschaft und consult GmbH (2008): Wertschöpfungskette Bau. Analyse der volkswirtschaftlichen Bedeutung der Wertschöpfungskette Bau. Endbericht. Köln: idw.

IEA – International Energy Agency (2018): Bioeconomy and Biorefining Strategies in the EU Member States and Beyond. Paris: IEA.

IEA – International Energy Agency (2019): Tracking Industry. Internet: https://www.iea.org/reports/tracking-industry-2019. Paris: IEA.

IEA – International Energy Agency (2020): Direct Air Capture. Internet: https://www.iea.org/reports/direct-air-capture. Paris: IEA.

IEA – International Energy Agency, ICCA – International Council of Cemical Associations und Dechema (2013): Technology Roadmap: Energy and GHG Reductions in the Chemical Industry via Catalytic Processes. Frankfurt/M.: Dechema.

IESE – Fraunhofer-Institut für Experimentelles Software Engineering (2019a): Agricultural Data Space (ADS). Whitepaper. Kaiserslautern: IESE, Fraunhofer-Leitprojekts Cognitive Agriculture.

IESE – Fraunhofer-Institut für Experimentelles Software Engineering (2019b): Cognitive Agriculture. Kaiserslautern: IESE, Fraunhofer-Leitprojekt Cognitive Agriculture.

IFAD – International Fund for Agriculture Development (2020): How to Prevent Land Use Conflicts in Pastoral Areas. Rom: IFAD.

IGB – Leibniz-Institut für Gewässerökologie und Binnenfischerei (2014): Der Tomatenfisch – F(r)isch für uns und die Umwelt. Berlin: IGB.

IIRR – International Institute of Rural Reconstruction und ACT – African Conservation Tillage Network (2005): Conservation Agriculture: A Manual for Farmers and Extension Workers in Africa. Silang: IIRR, ACT.

IMF – International Monetary Fund (2020): Policy Responses to Covid-19 – Policy Tracker. Internet: https://www.imf.org/en/Topics/imf-and-covid19/Policy-Responses-to-COVID-19#C. Washington, DC: IMF.

Independent Group of Scientists appointed by the Secretary-General (2019): Global Sustainable Development Report 2019: The Future is Now – Science for Achieving Sustainable Development. New York: United Nations (UN).

Ingram, J. (2011): A food systems approach to researching food security and its interactions with global environmental change. Food Security 3 (4), 417–431.

Initiative Lieferkettengesetz (2020a): Faktencheck: Initiative Lieferkettengesetz widerlegt irreführende Behauptungen von Wirtschaftsverbänden zur Unternehmenshaftung – Lieferkettengesetz ohne Haftung wirkungslos. Internet: https://lieferkettengesetz.de/pressemitteilung/faktencheck-unternehmenshaftung-initiative-lieferkettengesetz-widerlegt-behauptungen-von-wirtschaftsverbanden/. Berlin: Initiative Lieferkettengesetz.

Initiative Lieferkettengesetz (2020b): Rechtsgutachten zur Ausgestaltung eines Lieferkettengesetzes. Berlin: Initiative Lieferkettengesetz.

INKOTA-netzwerk (2019): Positionspapier: Agrarökologie stärken. Für eine grundlegende Transformation der Agrar- und Ernährungssysteme. Berlin: INKOTA-netzwerk.

INKOTA-netzwerk (2020a): Marktanteile der grössten Konzerne Welt-Weit bzw. in Deutschland. Berlin: INKOTA-netzwerk.

INKOTA-netzwerk (2020b): Too Big to Fail? Nicht mit uns! Wegmarken für eine starke Fusionskontrolle. Berlin: INKOTA-netzwerk.

IOM – International Organization for Migration (2020): Impact on IDPs: Weekly Update – COVID-19 Mobility Impacts Update Series. Le Grand-Saconnex: IOM.

IPBES – Intergovernmental Science-Policy Platform on Biodiversity and Ecosystem Services (2016): The Assessment Report on Pollinators, Pollination and Food Production. Bonn: IPBES.

IPBES – Intergovernmental Science-Policy Platform on Biodiversity and Ecosystem Services (2018a): The Assessment Report on Land Degradation and Restoration. Bonn: IPBES Secretariat.

IPBES – Intergovernmental Science-Policy Platform on Biodiversity and Ecosystem Services (2018b). The IPBES Regional Assessment Report on Biodiversity and Ecosystem Services for Africa. Bonn: IPBES Secretariat.

IPBES – Intergovernmental Science-Policy Platform on Biodiversity and Ecosystem Services (2018c): The IPBES Regional Assessment Report on Biodiversity and Ecosystem Services for Asia and the Pacific. Bonn: IPBES Secretariat.

IPBES – Intergovernmental Science-Policy Platform on Biodiversity and Ecosystem Services (2018d): The IPBES Regional Assessment Report on Biodiversity and Ecosystem Services for Europe and Central Asia. Bonn: IPBES Secretariat.

IPBES – Intergovernmental Science-Policy Platform on Biodiversity and Ecosystem Services (2018e): The IPBES Regional Assessment Report on Biodiversity and Ecosystem Services for the Americas. Bonn: IPBES Secretariat.

IPBES – Intergovernmental Science-Policy Platform on Biodiversity and Ecosystem Services (2019a): The Global Assessment Report on Biodiversity and Ecosystem Services. Bonn: IPBES Secretariat.

IPBES – Intergovernmental Science-Policy Platform on Biodiversity and Ecosystem Services (2019b): The Global Assessment Report on Biodiversity and Ecosystem Services. Summary for Policymakers. Bonn: IPBES Secretariat.

IPCC – Intergovernmental Panel on Climate Change (2014a): Climate Change 2014: Mitigation of Climate Change. Contribution of Working Group III to the Fifth Assessment Report of the Intergovernmental Panel on Climate Change. Summary for Policymakers. Cambridge, New York: Cambridge University Press.

IPCC – Intergovernmental Panel on Climate Change (2014b): Climate Change 2014. Impacts, Adaptation, and Vulnerability. The Working Group II Contribution to the Fifth Assessment Report. Summary for Policymakers (copyedit pending). Cambridge, New York: Cambridge University Press.

IPCC – Intergovernmental Panel on Climate Change (2014c): Climate Change 2014. Synthesis Report. Contribution of Working Groups I, II and III to the Fifth Assessment Report of the Intergovernmental Panel on Climate Change. Genf: IPCC.

IPCC – Intergovernmental Panel on Climate Change (2018): Global Warming of 1.5°C. An IPCC Special Report on the Impacts of Global Warming of 1.5°C Above Pre-Industrial Levels and related Global Greenhouse Gas Emission Pathways, in the Context of Strengthening the Global Response to the Threat of Climate Change, Sustainable Development, and Efforts to Eradicate Poverty. Summary for Policymakers. Genf: IPCC.

IPCC – Intergovernmental Panel on Climate Change (2019a): Climate Change and Land. An IPCC Special Report on Climate Change, Desertification, Land Degradation, Sustainable Land Management, Food Security, and Greenhouse Gas Fluxes in Terrestrial Ecosystems. Genf: IPCC.

IPCC – Intergovernmental Panel on Climate Change (2019b): Climate Change and Land. An IPCC Special Report on Climate Change, Desertification, Land Degradation, Sustainable Land

Management, Food Security, and Greenhouse Gas Fluxes in Terrestrial Ecosystems. Summary for Policymakers. Genf: IPCC.

IPCC – Intergovernmental Panel on Climate Change (2019c): Special Report on the Ocean and Cryosphere in a Changing Climate. Summary for Policymakers. In: Pörtner, H.-O., Roberts, D. C., Masson-Delmotte, V., Zhai, P., Tignor, M., Poloczanska, E., Mintenbeck, K., Alegría, A., Nicolai, M., Okem, A., Petzold, J., Rama, B. und Weyer, N. M. (Hrsg.): IPCC Special Report on the Ocean and Cryosphere in a Changing Climate. Genf: IPCC, 36.

IPGarten (2020): Jeder Mensch verdient seinen eigenen Garten. Internet: https://ipgarten.de/#das-ist-der-ip-garten Berlin: IPGarten GmbH.

Irwan, J. M., Zamer, M. M. und Othman, N. (2016): A review on Interlocking Compressed Earth blocks (ICEB) with addition of bacteria. MATEC Web of Conferences 47, 1–5.

Isaac, N. J., Brotherton, P. N., Bullock, J. M., Gregory, R. D., Boehning-Gaese, K., Connor, B., Crick, H. Q., Freckleton, R. P., Gill, J. A. und Hails, R. S. (2018): Defining and delivering resilient ecological networks: nature conservation in England. Journal of Applied Ecology 55 (6), 2537–2543.

Isermeyer, F., Heidecke, C. und Osterburg, B. (2019): Einbeziehung des Agrarsektors in die $CO_2$-Bepreisung. Thünen Working Paper 136. Braunschweig: Johann Heinrich von Thünen-Institut.

IUCN – International Union for Conservation of Nature (2008): Guidelines for Applying Protected Area Management Categories. Gland: IUCN.

IUCN – International Union for Conservation of Nature (2014): A Strategy of Innovative Approaches and Recommendations to Reach Conservation Goals in the Next Decade. Submitted on 22 December 2014, Following the Deliberations of the IUCN World Parks Congress 2014. Gland: IUCN.

IUCN – International Union for Conservation of Nature (2016a): Affirmation of the Role of Indigenous Cultures in Global Conservation Efforts. WCC-2016-Res-075-EN. Gland: IUCN.

IUCN – International Union for Conservation of Nature (2016b): A Global Standard for the Identification of Key Biodiversity Areas. Version 1.0. Gland: IUCN.

IUCN – International Union for Conservation of Nature (2020): IUCN Global Standard for Nature-based Solutions. A User-Friendly Framework for the Verification, Design and Scaling up of NbS. First Edition. Gland: IUCN.

IUCN – International Union for Conservation of Nature und WCPA – World Commission on Protected Areas (2017): Guidelines for Recognising and Reporting Other Effective Area-Based Conservation Measures. Version 1. Gland: IUCN.

Jack, B. K. und Jayachandran, S. (2019): Self-selection into payments for ecosystem services programs. Proceedings of the National Academy of Sciences 116 (12), 5326–5333.

Jackson, H. und Prince, S. D. (2016): Degradation of net primary production in a semiarid rangeland. Biogeosciences 13 (16), 4721.

Jackson, R. B., Friedlingstein, P., Andrew, R. M., Canadell, J. G., Le Quéré, C. und Peters, G. P. (2019): Persistent fossil fuel growth threatens the Paris Agreement and planetary health. Environmental Research Letters 14 (12), 121001.

Jadin, I., Meyfroidt, P. und Lambin, E. F. (2016): International trade, and land use intensification and spatial reorganization explain Costa Rica's forest transition. Environmental Research Letters 11 (3), 035005.

Jaeger-Erben, M. (2010): Zwischen Routine, Reflektion und Transformation. Die Veränderung von alltäglichem Konsum durch Lebensereignisse und die Rolle von Nachhaltigkeiteine empirische Untersuchung unter Berücksichtigung praxistheoretischer Konzepte. Dissertation. Berlin: Universität Berlin.

Janko, C., Volz, H., Mitschke, J., Hentzschel-Zimmermann, A. und Wagner, C. (2016): Wildtiere in der Agrarlandschaft 14. Kulturlandschaftstag. Freising: Bayerische Landesanstalt für Landwirtschaft (LfL).

Jantke, K., Müller, J., Trapp, N. und Blanz, B. (2016): Is climate-smart conservation feasible in Europe? Spatial relations of protected areas, soil carbon, and land values. Environmental Science & Policy 57, 40–49.

Janzen, H. H. (2016): The Soil Remembers. Soil Science Society of America Journal 80 (6), 1429–1432.

Jarić, I., Correia, R. A., Brook, B. W., Buettel, J. C., Courchamp, F., Di Minin, E., Firth, J. A., Gaston, K. J., Jepson, P. und Kalinkat, G. (2020): iEcology: Harnessing Large Online Resources to Generate Ecological Insights. Trends in Ecology & Evolution 2670, 1–10.

Jarvis, A., Ramirez-Villegas, J., Campo, B. V. H. und Navarro-Racines, C. (2012): Is cassava the answer to African climate change adaptation? Tropical Plant Biology 5 (1), 9–29.

Jayachandran, S. (2013): Liquidity constraints and deforestation: the limitations of payments for ecosystem services. American Economic Review 103 (3), 309–313.

Jayaranjan, M. L. D., Van Hullebusch, E. D. und Annachhatre, A. P. (2014): Reuse options for coal fired power plant bottom ash and fly ash. Reviews in Environmental Science and Bio/Technology 13 (4), 467–486.

Jayne, T. S., Mason, N. M., Burke, W. J. und Ariga, J. (2018a): Taking stock of Africa's second-generation agricultural input subsidy programs. Food Policy 75, 1–14.

Jayne, T. S., Sitko, N. J., Mason, N. M. und Skole, D. (2018b): Input subsidy programs and climate smart agriculture: Current realities and future potential. In: Lipper, L., McCarthy, N., Zilberman, D., Asfaw, S. und Branca, G. (Hrsg.): Climate Smart Agriculture. Band 52. Cham: Springer, 251–273.

Jeffery, L., Höhne, N., Moisio, M., Day, T. und Lawless, B. (2020): Options for Supporting Carbon Dioxide Removal. Hamburg: New Climate Institute.

Jeffery, S., Verheijen, F., van der Velde, M. und Bastos, A. C. (2011): A quantitative review of the effects of biochar application to soils on crop productivity using meta-analysis. Agriculture, Ecosystems & Environment 144 (1), 175–187.

Jena, P. R., Chichaibelu, B. B., Stellmacher, T. und Grote, U. (2012): The impact of coffee certification on small-scale producers' livelihoods: a case study from the Jimma Zone, Ethiopia. Agricultural Economics 43 (4), 429–440.

Jena, P. R. und Grote, U. (2012): Impact evaluation of traditional Basmati rice cultivation in Uttarakhand State of Northern India: what implications does it hold for Geographical Indications? World Development 40 (9), 1895–1907.

Jeuland, M. A., Pattanayak, S. K. und Peters, J. (2020): Do Improved Cooking Stoves Inevitably Go Up in Smoke? Evidence from India and Senegal. Internet: https://voxdev.org/topic/energy-environment/do-improved-cooking-stoves-inevitably-go-smoke-evidence-india-and-senegal. London: VoxDev.

Ji, M. F. und Wood, W. (2007): Purchase and consumption habits: not necessarily what you intend. Journal of Consumer Psychology 17 (4), 261–276.

Jia, G., Shevliakova, E., Artaxo, P., Noblet-Ducoudré, N. D., Houghton, R., House, J., Kitajima, K., Lennard, C., Popp, A., Sirin, A., Sukumar, R. und Verchot, L. (2019): Chapter 2: Land–climate interactions. In: Shukla, P. R., Skea, J., Buendia, E. C., Masson-Delmotte, V., Pörtner, H.-O., Roberts, D. C., Zhai, P., Slade, R., Connors, S., Diemen, R. v., Ferrat, M., Haughey, E., Luz, S., Neogi, S., Pathak, M., Petzold, J., Pereira, J. P., Vyas, P., Huntley, E., Kissick, K., Belkacemi, M. und Malley, J. (Hrsg.): Climate Change and Land: An IPCC Special Report on Climate Change, Desertification, Land Degradation, Sustainable Land Management, Food Security, and Greenhouse Gas Fluxes in Terrestrial Ecosystems. Cambridge, New York: Cambridge University Press, 131–247.

JLG – Joint Liaison Group (2013): Terms of Reference and Modus Operandi for the Joint Liaison Group between the Three Rio Conventions. Bonn, Montreal: JLG.

JLG – Joint Liaison Group (2016): Fourteenth Meeting of the Joint Liaison Group of the Rio Conventions, 24 August 2016. Report of the Meeting. Bonn, Montreal: JLG.

Johann Heinrich von Thünen-Institut (2020): Hintergrund: Historische Entwicklung der GAP. Internet: https://www.thuenen.de/de/thema/langfristige-politikkonzepte/gap-nach-2020-ist-eine-grundlegende-agrarreform-moeglich/historische-entwicklung-der-gap/. Braunschweig: Johann Heinrich von Thünen-Institut.

John, E. (2009): The impacts of sand mining in Kallada river (Pathanapuram Taluk), Kerala. Journal of Basic and Applied Biology 3, 108–113.

Johnson, C. K., Hitchens, P. L., Pandit, P. S., Rushmore, J., Evans, T. S., Young, C. C. W. und Doyle, M. M. (2020): Global shifts in mammalian population trends reveal key predictors of virus spillover risk. Proceedings of the Royal Society B 287 (1924), 1–10.

Jones, B. A., Grace, D., Kock, R., Alonso, S., Rushton, J., Said, M. Y., McKeever, D., Mutua, F., Young, J. und McDermott, J. (2013): Zoonosis emergence linked to agricultural intensification and environmental change. Proceedings of the National Academy of Sciences110 (21), 8399–8404.

Jones, K. E., Patel, N. G., Levy, M. A., Storeygard, A., Balk, D., Gittleman, J. L. und Daszak, P. (2008): Global trends in emerging infectious diseases. Nature 451 (7181), 990–993.

Jones, K. R., Venter, O., Fuller, R. A., Allan, J. R., Maxwell, S. L., Negret, P. J. und Watson, J. E. M. (2018): One-third of global protected land is under intense human pressure. Science 360 (6390), 788–791.

Jones, R. A., Wham, C. A. und Burlingame, B. (2019): New Zealand's food system is unsustainable: a survey of the divergent attitudes of agriculture, environment and health sector professionals towards eating guidelines. Frontiers in Nutrition 6, 99.

Joosten, H., Tapio-Biström, M.-L. und Tol, S. (2012): Peatlands – Guidance for Climate Change Mitigation Through Conservation, Rehabilitation and Sustainable Use. Rom: FAO, Wetlands International.

Joppa, L. N., Loarie, S. R. und Pimm, S. L. (2009): On population growth near protected areas. PloS one 4 (1), e4279.

Journal of Childhood Obesity (2020): Dietary Habits. Internet: https://www.imedpub.com/scholarly/dietary-habits-journals-articles-ppts-list.php. o.O.: Journal of Childhood Obesity.

Joyce, A., Goddek, S., Kotzen, B. und Wuertz, S. (2019): Aquaponics: closing the cycle on limited water, land and nutrient resources. In: Goddek, S., Joyce, A., Kotzen, B., Burnell, G. M., Goddek, S., Joyce, A., Kotzen, B. und Burnell, G. M. (Hrsg.): Aquaponics Food Production Systems: Combined Aquaculture and Hydroponic Production Technologies for the Future. Cham: Springer, 19–34.

Junge, R., König, B., Villarroel, M., Komives, T. und Jijakli, M. H. (2017) (Hrsg.): Strategic Points in Aquaponics. Basel: Multidisciplinary Digital Publishing Institute (MDPI).

Junginger, M. (2018): Past, Present and Future of Global Bioenergy Trade. Presentation at the IEA Bioenergy Triennial Summit. San Francisco: Technology Collaboration Programme (TCP) for a Programme of Research, Development and Demonstration on Bioenergy.

Just, D. R. und Gabrielyan, G. (2018): Influencing the food choices of SNAP consumers: lessons from economics, psychology and marketing. Food Policy 79, 309–317.

Kadykalo, A. N., López-Rodriguez, M. D., Ainscough, J., Droste, N., Ryu, H., Ávila-Flores, G., Le Clec'h, S., Muñoz, M. C., Nilsson, L., Rana, S., Sarkar, P., Sevecke, K. J. und Harmáčková, Z. V. (2019): Disentangling ‚ecosystem services' and ‚nature's contributions to people'. Ecosystems and People 15 (1), 269–287.

Kagermann, H. und Wilhelm, U. (2020): European Public Sphere. Gestaltung der digitalen Souveränität Europas. Internet: https://www.acatech.de/publikation/european-public-sphere/. München: acatech – Deutsche Akademie der Technikwissenschaften.

Kalamandeen, M., Gloor, E., Johnson, I., Agard, S., Katow, M., Vanbrooke, A., Ashley, D., Batterman, S. A., Ziv, G., Holder-Collins, K., Phillips, O. L., Brondizio, E. S., Vieira, I. und Galbraith, D. (2020): Limited biomass recovery from gold mining in Amazonian forests. Journal of Applied Ecology 57, 1730–1740.

Kanter, D. R. und Brownlie, W. J. (2019): Joint nitrogen and phosphorus management for sustainable development and climate goals. Environmental Science & Policy 92, 1–8.

Kaplan, H., Thompson, R. C., Trumble, B. C., Wann, L. S., Allam, A. H., Beheim, B., Frohlich, B., Sutherland, M. L., Sutherland, J. D., Stieglitz, J., Rodriguez, D. E., Michalik, D. E., Rowan, C. J., Lombardi, G. P., Bedi, R., Garcia, A. R., Min, J. K., Narula, J., Finch, C. E., Gurven, M. und Thomas, G. S. (2017): Coronary atherosclerosis in indigenous South American Tsimane: a cross-sectional cohort study. The Lancet 389 (10080), 1730–1739.

Karesh, W. B. und Cook, R. A. (2005): The human-animal link. Foreign Affairs 84, 38.

Karesh, W. B., Dobson, A., Lloyd-Smith, J. O., Lubroth, J., Dixon, M. A., Bennett, M., Aldrich, S., Harrington, T., Formenty, P. und Loh, E. H. (2012): Ecology of zoonoses: natural and unnatural histories. The Lancet 380, 1936–1945.

Karki, S. K., Fasse, A. und Grote, U. (2016a): The role of standards in domestic food value chains in Sub-Saharan Africa: a review article. African Journal of Horticultural Science 9, 41–53.

Karki, S. K., Jena, P. R. und Grote, U. (2016b): Fair trade certification and livelihoods: A panel data analysis of coffee-growing households in India. Agricultural and Resource Economics Review 45 (3), 436–458.

Kastner, I. und Matthies, E. (2016): Investments in renewable energies by German households: A matter of economics, social influences and ecological concern? Energy Research & Social Science 17, 1–9.

Kastner, T., Erb, K.-H. und Haberl, H. (2015): Global human appropriation of net primary production for biomass consumption in the European Union, 1986–2007. Journal of Industrial Ecology 19 (5), 825–836.

Kastner, T., Rivas, M. J. I., Koch, W. und Nonhebel, S. (2012): Global changes in diets and the consequences for land requirements for food. Proceedings of the National Academy of Sciences 109 (18), 6868–6872.

Kaufmann, H. und Wolfertstetter, D. (2017): Ausstellung „Bauen mit Holz – Wege in die Zukunft" im Martin-Gropius-Bau in Berlin Ausstellungsdauer: 21.10. 2016 bis 22.01. 2017. München: TU München.

Kebede, S. W. und Bokelmann, W. (2017): African indigenous vegetables and their production practices: evidence from the HORTINLEA survey in Kenya. Agrotechnology 6 (170), 2.

Keenan, T. F. und Williams, C. A. (2018): The terrestrial carbon sink. Annual Review of Environment and Resources 43 (1), 219–243.

Keesing, F., Belden, L. K., Daszak, P., Dobson, A., Harvell, C. D., Holt, R. D., Hudson, P., Jolles, A., Jones, K. E. und Mitchell, C. E. (2010): Impacts of biodiversity on the emergence and transmission of infectious diseases. Nature 468 (7324), 647–652.

Kehoe, L., Reis, T., Virah-Sawmy, M., Balmford, A. und Kuemmerle, T. (2019): Make EU trade with Brazil sustainable. Science 364 (6438), 341.

Kerkmann, J. (2017): §§1–7 BNatSchG. In: Schlacke, S. (Hrsg.): Gemeinschaftskommentar zum Bundesnaturschutzgesetz. 2. Auflage. Köln: Carl Heymanns, 68–148.

Kerr, S. und Sweet, A. B. (2008): Inclusion of agriculture in a domestic emissions trading scheme: New Zealand's experience to date. Farm Policy Journal 5 (4), 19–29.

Kerr, S. C. (2013): The economics of international policy agreements to reduce emissions from deforestation and degradation. Review of Environmental Economics and Policy 7 (1), 47–66.

Khan, N., Zandi, P., Ali, S., Mehmood, A., Adnan Shahid, M. und Yang, J. (2018): Impact of salicylic acid and PGPR on the drought tolerance and phytoremediation potential of *Helianthus annus*. Frontiers in Microbiology 9, 2507.

Khumalo, S., Chirwa, P. W., Moyo, B. H. und Syampungani, S. (2012): The status of agrobiodiversity management and conservation in major agroecosystems of Southern Africa. Agriculture, Ecosystems & Environment 157, 17–23.

Kilpatrick, A. M. und Randolph, S. E. (2012): Drivers, dynamics, and control of emerging vector-borne zoonotic diseases. The Lancet 380 (9857), 1946–1955.

King, A. (2017): The future of agriculture. Nature 544 (7651), S21–S23.

Kircher, M., Bott, M. und Marienhagen, J. (2020): The Importance of biotechnology for the bioeconomy. In: Pietzsch, J. (Hrsg.): Bioeconomy for Beginners. Heidelberg, Berlin: Springer, 105–128.

Kirchherr, J., Reike, D. und Hekkert, M. (2017): Conceptualizing the circular economy: an analysis of 114 definitions. Resources, Conservation and Recycling 127, 221–232.

Kirkpatrick, C. und George, C. (2009): Trade Sustainability Impact Assessment (SIA) of the Association Agreement Under Negotiation Between the European Community and MERCOSUR. Manchester: Institute for Development Policy and Management, University of Manchester.

Kirkpatrick, S. I., Vanderlee, L., Dias, G. M. und Hanning, R. M. (2019): Can dietary guidelines support the transformation of food systems to foster human and planetary health? United Nations System Standing Committee on Nutrition 44, 122–128.

Kirschke, D., Odening, M., Häger, A. und Mußhoff, O. (2007): Strukturwandel im Agrarsektor. Berlin: Humboldt-Universität, Landwirtschaftlich-Gärtnerische Fakultät.

Kissoly, L., Faße, A. und Ulrike, G. (2020): Intensity of commercialization and the dimensions of food security: the case of smallholder farmers in rural Tanzania. Journal of Agribusiness in Developing and Emerging Economies (im Druck).

Kitney, R. I. und Freemont, P. S. (2017): Engineering biology: a key driver of the bio-economy. Engineering Biology 1 (1), 3–6.

Klaiber, A. H., Salhofer, K. und Thompson, S. R. (2017): Capitalisation of the SPS into agricultural land rental prices under harmonisation of payments. Journal of Agricultural Economics 68 (3), 710–726.

Kleidon, A. und Mooney, H. A. (2008): A global distribution of biodiversity inferred from climatic constraints: results from a process-based modelling study. Global Change Biology 6 (5), 507–523.

Kleijn, D., Bommarco, R., Fijen, T., Garibaldi, L., Potts, S. und Putten, W. (2018): Ecological intensification: bridging the gap between science and practice. Trends in Ecology & Evolution doi:10.1016/j.tree.2018.11.002, 1–11.

Kleinschmit, D., Lindstad, B. H., Thorsen, B. J., Toppinen, A., Roos, A. und Baardsen, S. (2014): Shades of green: a social scientific view on bioeconomy in the forest sector. Scandinavian Journal of Forest Research 29 (4), 402–410.

Klöckner, C. A. und Blöbaum, A. (2010): A comprehensive action determination model: Toward a broader understanding of ecological behaviour using the example of travel mode choice. Journal of Environmental Psychology 30 (4), 574–586.

Knickel, K., van der Ploeg, J. D. und Renting, H. (2004): Multifunktionalität der Landwirtschaft und des ländlichen Raumes: Welche Funktionen sind eigentlich gemeint und wie sind deren Einkommens-und Beschäftigungspotenziale einzuschätzen? Proceedings „Schriften der Gesellschaft für Wirtschafts-und Sozialwissenschaften des Landbaues e.V." 39 (874), 75–83.

Knott, G. J. und Doudna, J. A. (2018): CRISPR-Cas guides the future of genetic engineering. Science 361 (6405), 866–869.

Kock, R. A., Karesh, W. B., Veas, F., Velavan, T. P., Simons, D., Mboera, L. E., Dar, O., Arruda, L. B. und Zumla, A. (2020): 2019-nCoV in context: lessons learned? The Lancet Planetary Health 4 (3), e87–e88.

Köck, W. und Markus, T. (2020): Der europäische „Green Deal". Auf dem Weg zu einem EU-„Klimagesetz". Zeitschrift für Umweltrecht 2020 (5), 257–289.

Kohli, A. (2019): Pestizide und Landwirtschaft. Übers Portemonnaie lässt sich der Einsatz steuern. Schweizer Bauern profitieren beim Pestizid-Kauf von Steuerreduktionen. Dänemark macht das Gegenteil – und hat Erfolg. Internet: https://www.srf.ch/news/wirtschaft/pestizide-und-landwirtschaft-uebers-portemonnaie-laesst-sich-der-einsatz-steuern. Zürich: Schweizer Radio und Fernsehen (SRF).

Kohlrausch, B. und Zucco, A. (2020): Die Corona-Krise trifft Frauen doppelt. Weniger Erwerbseinkommen und mehr Sorgearbeit. Düsseldorf: Wirtschafts- und sozialwissenschaftliches Institut (WSI) der Hans-Böckler-Stiftung.

Kondolf, G. M. (1997): PROFILE: hungry water: effects of dams and gravel mining on river channels. Environmental Management 21 (4), 533–551.

Koppelhuber, J. (2017): Holzbau in der Bauwirtschaft – ein Paradigmenwechsel hin zum Industriellen Bauen. Tagungsband 10. Europäischer Kongress EBH 2017. Köln: Forum Holz Bau Urban.

Köthke, M. (2020): Implementation of the European Timber Regulation by German importing operators: An empirical investigation. Forest Policy and Economics 111, 102028.

Kowarsch, M., Garard, J., Riousset, P., Lenzi, D., Dorsch, M. J., Knopf, B., Harrs, J.-A. und Edenhofer, O. (2016): Scientific assessments to facilitate deliberative policy learning. Palgrave Communications 2 (1), 1–20.

KPMG (2020): Consumer Barometer 01/20 – Fokusthema: Nachhaltigkeit. Internet: https://home.kpmg/de/de/home/themen/2020/02/consumer-barometer-1-2020-nachhaltigkeit.html. Berlin: KPMG Wirtschaftsprüfungsgesellschaft.

Krafte Holland, K., Larson, L. R. und Powell, R. B. (2018): Characterizing conflict between humans and big cats *Panthera* spp: A systematic review of research trends and management opportunities. PloS One 13 (9), e0203877.

Kranert, M., Hafner, G., Barabosz, J., Schuller, H., Leverenz, D., Kölbig, A., Schneider, F., Lebersorger, S. und Scherhaufer, S. (2012): Ermittlung der weggeworfenen Lebensmittelmengen und Vorschläge zur Verminderung der Wegwerfrate bei Lebensmitteln in Deutschland. Studie der Universität Stuttgart (gefördert vom BMELV). Stuttgart: Universität Stuttgart.

Krause, H., Faße, A. und Grote, U. (2019): Welfare and food security effects of commercializing African indigenous vegetables in Kenya. Cogent Food & Agriculture 5 (1), 1700031.

Krausmann, F., Erb, K. H., Gingrich, S., Haberl, H., Bondeau, A., Gaube, V., Lauk, C., Plutzar, C. und Searchinger, T. (2013): Global human appropriation of net primary production doubled in the 20th century. Proceedings of the National Academy of Sciences doi:10.1073/pnas.1211349110, 6.

Krebs, J. und Bach, S. (2018): Permaculture—Scientific evidence of principles for the agroecological design of farming systems. Sustainability 10 (9), 3218.

Kreidenweis, U., Lautenbach, S. und Koellner, T. (2016): Regional or global? The question of low-emission food sourcing addressed with spatial optimization modelling. Environmental Modelling & Software 82, 128–141.

Kremen, C. und Merenlender, A. M. (2018): Landscapes that work for biodiversity and people. Science 362 (6412), eaau6020.

Kreyenberg, D., Bergk, F., Duennebeil, F., Heidt, C., Knörr, W., Raksha, T., Schmidt, P., Weindorf, W., Naumann, K. und Majer, S. (2015): Erneuerbare Energien im Verkehr. Potenziale und Entwicklungsperspektiven verschiedefner erneuerbarer Energieträger und Energieverbrauch der Verkehrsträger. Berlin: Deutsches Zentrum für Luft- und Raumfahrt (DLR).

Kriedte, P. (1994): Vom Großhändler zum Detaillisten. Der Handel mit „Kolonialwaren" im 17. und 18. Jahrhundert. Jahrbuch für Wirtschaftsgeschichte 35 (1), 11–36.

Krishna Bahadur, Dias, G. M., Veeramani, A., Swanton, C. J., Fraser, D., Steinke, D., Lee, E., Wittman, H., Farber, J. M. und Dunfield, K. (2018): When too much isn't enough: Does current food production meet global nutritional needs? PLoS One 13 (10), e0205683.

Kristof, K. (2010): Wege zum Wandel: Wie wir gesellschaftliche Veränderungen erfolgreicher gestalten können. München: oekom.

Królikowski, A., Loebel, J.-M. und Ullrich, S. (2017): Ausrechnen statt entscheiden – 30 Jahre IT-Innovation. In: Królikowski, A., Loebel, J.-M. und Ullrich, S. (Hrsg.): CSR und Digitalisierung. Heidelberg, Berlin: Springer, 317–328.

Kronsell, A. (2017): The contribution of feminist perspectives to climate governance. In: Buckingham, S. und Le Masson, V. (Hrsg.): Understanding Climate Change through Gender Relations. London: Routledge,

Kubota, T. (2019): Stanford Researchers Explore the Effects of Climate Change on Hunger. Internet: https://news.stanford.edu/2019/03/19/climate-change-hunger/. Stanford, CA: Stanford News.

Kuechly, H., Cozacu, A., Kodl, G., Nicolai, C. und Vallentin, C. (2020): Grundlagen der Fernerkundung. Inforeihe SAPIENS: Satellitendaten für Planung, Industrie, Energiewirtschaft und Naturschutz. Inforeihe Sapiens. Potsdam: Deutsches GeoForschungsZentrum GFZ.

Kumar, D. und Kalita, P. (2017): Reducing postharvest losses during storage of grain crops to strengthen food security in developing countries. Foods 6 (1), 8.

Kumwenda, J. D. T., Waddington, S. R., Snapp, S. S., Jones, R. B. und Blackie, M. J. (1996): Soil Fertility Management Research for the Maize Cropping Systems of Smallholders in Southern Africa: A Review. Mexiko-Stadt: International Maize and Wheat Improvement Center (CIMMYT).

Lacroix, P., Moser, F., Benvenuti, A., Piller, T., Jensen, D., Petersen, I., Planque, M. und Ray, N. (2019): MapX: An open geospatial platform to manage, analyze and visualize data on natural resources and the environment. SoftwareX 9, 77–84.

Lakner, S. (2020): Was kann die Gemeinsame Agrarpolitik der EU (GAP) zum Biodiversitätsschutz beitragen? Loccum: Loccumer Landwirtschaftstagung.

Lampkin, N., Pearce, B., Leake, A., Creissen, H., Gerrard, C., Girling, R., Lloyd, S., Padel, S., Smith, J., Smith, L., Vieweger, A. und Wolfe, M. (2015): The Role of Agroecology in Sustainable Intensification. Report for the Land Use Policy Group. Kingham: Organic Research Centre, Elm Farm and Game & Wildlife Conservation Trust.

Langenberg, J. und Theuvsen, L. (2018): Agroforstwirtschaft in Deutschland: Alley-Cropping-Systeme aus ökonomischer Perspektive. Journal für Kulturpflanzen 70 (4), 113–123.

Lassaletta, L., Billen, G., Grizzetti, B., Garnier, J., Leach, A. M. und Galloway, J. N. (2014): Food and feed trade as a driver in the global nitrogen cycle: 50-year trends. Biogeochemistry 118 (1-3), 225–241.

Latham, J. E., Trivedi, M., Amin, R. und D'Arcy, L. (2014): A Sourcebook of Biodiversity Monitoring for REDD+. London: Zoological Society of London.

Latinne, A., Hu, B., Olival, K. J., Zhu, G., Zhang, L., Li, H., Chmura, A. A., Hume, E., Zambrana-Torrelio, C. und Epstein, J. H. (2020): Origin and cross-species transmission of bat coronaviruses in China. Nature Communications 11, 1–15.

Latour, M. und Rizzano, G. (2015): Cyclic behavior and modeling of a dissipative connector for cross-laminated timber panel buildings. Journal of Earthquake Engineering 19 (1), 137–171.

Laurance, W. F., Useche, D. C., Rendeiro, J., Kalka, M., Bradshaw, C. J. A., Sloan, S. P., Laurance, S. G., Campbell, M., Abernethy, K. und Alvarez, P. (2012): Averting biodiversity collapse in tropical forest protected areas. Nature 489 (7415), 290–294.

La Via Campesina (2007): Declaration of Nyéléni. https://viacampesina.org/en/declaration-of-nyi/. Nyéléni: La Via Campesina.

Lawson, S. (2014): Consumer Goods and Deforestation. An Analysis of the Extent and Nature of Illegality in Forest Conversion for Agriculture and Timber Plantations. Forest Trends Report Series. Internet: https://www.forest-trends.org/publications/consumer-goods-and-deforestation/. Washington, DC: Forest Trends, Forest Trade and Finance.

Lazarevic, D., Kautto, P. und Antikainen, R. (2020): Finland's wood-frame multi-storey construction innovation system: Analysing motors of creative destruction. Forest Policy and Economics 110, 101861.

Le Roy, D., Weerahewa, J. und Anderson, D. (2005): Disruption in the Supply Chain for Beef and Pork: What Has Happened and What Was NAFTA Doing. North American Agrifood Market Integration Workshop II: Agrifood Regulatory and Policy Integration under Stress, May 2005. San Antonio, TX: Farm Foundation.

Leclère, D., Obersteiner, M., Barrett, M., Butchart, S. H. M., Chaudhary, A., De Palma, A., DeClerck, F. A. J., Di Marco, M., Doelman, J. C., Dürauer, M., Freeman, R., Harfoot, M., Hasegawa, T., Hellweg, S., Hilbers, J. P., Hill, S. L. L., Humpenöder, F., Jennings, N., Krisztin, T., Mace, G. M., Ohashi, H., Popp, A., Purvis, A., Schipper, A. M., Tabeau, A., Valin, H., van Meijl, H., van Zeist, W.-J., Visconti, P., Alkemade, R., Almond, R., Bunting, G., Burgess, N. D., Cornell, S. E., Di Fulvio, F., Ferrier, S., Fritz, S., Fujimori, S., Grooten, M., Harwood, T., Havlík, P., Herrero, M., Hoskins, A. J., Jung, M., Kram, T., Lotze-Campen, H., Matsui, T., Meyer, C., Nel, D., Newbold, T., Schmidt-Traub, G., Stehfest, E., Strassburg, B. B. N., van Vuuren, D. P., Ware, C., Watson, J. E. M., Wu, W. und Young, L. (2020): Bending the curve of terrestrial biodiversity needs an integrated strategy. Nature doi:10.1038/s41586-020-2705-y, 1–11.

Lee, H., Yang, S., Wi, S. und Kim, S. (2019): Thermal transfer behavior of biochar-natural inorganic clay composite for building envelope insulation. Construction and Building Materials 223, 668–678.

Legros, G., Havet, I., Bruce, N., Bonjour, S., Rijal, K., Takada, M. und Dora, C. (2009): The Energy Access Situation in Developing Countries: A Review Focusing on the Least Developed Countries and Sub-Saharan Africa. New York: United Nations Development Programme (UNDP), World Health Organization (WHO).

Lehmann, J. (2007): Bio-energy in the black. Frontiers in Ecology and the Environment 5 (7), 381–387.

Lehmann, J., Czimczik, C., Laird, D. und Sohi, S. (2009): Stability of biochar in soil. Biochar for Environmental Management: Science and Technology, 183–206.

Leibler, J. H., Otte, J., Roland-Holst, D., Pfeiffer, D. U., Magalhaes, R. S., Rushton, J., Graham, J. P. und Silbergeld, E. K. (2009): Industrial food animal production and global health risks: exploring the ecosystems and economics of avian influenza. Ecohealth 6 (1), 58–70.

Leimböck, E. (2000): Bauwirtschaft. Heidelberg, Berlin: Springer.

Leimböck, E., Iding, A. und Meinen, H. (2017): Bauwirtschaft: Grundlagen und Methoden. Heidelberg, Berlin: Springer.

Leipold, S. (2017): How to move companies to source responsibly? German implementation of the European Timber Regulation between persuasion and coercion. Forest Policy and Economics 82, 41–51.

Lennard, W. und Goddek, S. (2019): Aquaponics: the basics. In: Goddek, S., Joyce, A., Kotzen, B., Burnell, G. M., Goddek, S., Joyce, A., Kotzen, B. und Burnell, G. M. (Hrsg.): Aquaponics Food Production Systems: Combined Aquaculture and Hydroponic Production Technologies for the Future. Cham: Springer, 113–144.

Lenschow, A., Newig, J. und Challies, E. (2016): Globalization's limits to the environmental state? Integrating telecoupling into global environmental governance. Environmental Politics 25 (1), 136–159.

Lenton, T. M., Rockström, J., Gaffney, O., Rahmstorf, S., Richardson, K., Steffen, W. und Schellnhuber, H. J. (2019): Climate tipping points—too risky to bet against. Nature 575, 592–595.

Lenzen, M., Moran, D., Kanemoto, K., Foran, B., Lobefaro, L. und Geschke, A. (2012): International trade drives biodiversity threats in developing nations. Nature 486 (7401), 109–112.

Lenzi, D. (2018): The ethics of negative emissions. Global Sustainability 1, e7.

Leopoldina – Nationale Akademie der Wissenschaften, acatech – Deutsche Akademie der Technikwissenschaften und Union der deutschen Akademien der Wissenschaften (2018): Artenrückgang in der Agrarlandschaft: Was wissen wir und was können wir tun? Halle: Leopoldina.

Leopoldina – Nationale Akademie der Wissenschaften, acatech – Deutsche Akademie der Technikwissenschaften und Union der deutschen Akademien der Wissenschaften (2020): Biodiversität und Management von Agrarlandschaften – Umfassendes Handeln ist jetzt wichtig. Halle, Mainz: Leopoldina, Union der deutschen Akademien der Wissenschaften.

Lernoud, J. und Willer, H. (2018): Organic and fairtrade markets at a glance. In: Parvathi, P., Ulrike, G. und Waibel, H. (Hrsg.): Fair Trade and Organic Agriculture: A Winning Combination? Oxfordshire, Boston: CABI, 8–14.

Leroy, E. M., Kumulungui, B., Pourrut, X., Rouquet, P., Hassanin, A., Yaba, P., Délicat, A., Paweska, J. T., Gonzalez, J.-P. und Swanepoel, R. (2005): Fruit bats as reservoirs of Ebola virus. Nature 438 (7068), 575–576.

Leskinen, P., Cardellini, G., González-García, S., Hurmekoski, E., Sathre, R., Seppälä, J., Smyth, C., Stern, T. und Verkerk, P. J. (2018): Substitution Effects of Wood-Based Products in Climate Change Mitigation. From Science to Policy No. 7. Joensuu: European Forest Institute.

Lesueur, D., Deaker, R., Herrmann, L., Bräu, L. und Jansa, J. (2016): The production and potential of biofertilizers to improve crop yields. In: Balestrini, R., Arora, N. K. und Mehnaz, S. (Hrsg.): Bioformulations: for Sustainable Agriculture. Springer, 71–92.

Lever, J. und Milbourne, P. (2015): The structural invisibility of outsiders: the role of migrant labour in the meat-processing industry. Sociology 51, 306–322.

Levien, M. (2018) (Hrsg.): Dispossession without Development: Land Grabs in Neoliberal India. Modern South Asia. Oxford, New York: Oxford University Press.

Lewandowski, I. (2017): Bioeconomy: Shaping the Transition to a Sustainable, Biobased Economy. Heidelberg, Berlin: Springer.

Lewis, S. L., Wheeler, C. E., Mitchard, E. T. A. und Koch, A. (2019): Regenerate natural forests to store carbon. Nature 568 (7750), 25-28.

Li, J., Li, J. J., Xie, X., Cai, X., Huang, J., Tian, X. und Zhu, H. (2020): Game consumption and the 2019 novel coronavirus. The Lancet Infectious Diseases 20 (3), 275–276.

Libra, J. A., Ro, K. S., Kammann, C., Funke, A., Berge, N. D., Neubauer, Y., Titirici, M.-M., Fühner, C., Bens, O. und Kern, J. (2011): Hydrothermal carbonization of biomass residuals: a comparative review of the chemistry, processes and applications of wet and dry pyrolysis. Biofuels 2 (1), 71–106.

Lin, H., Gan, J., Rajendran, A., Reis, C. E. R. und Hu, B. (2015): Phosphorus removal and recovery from digestate after biogas production. In: Biernat, K. (Hrsg.): Biofuels – Status and Perspective. London: IntechOpen, 1726–1036.

Lin, Y., Liu, A., Ma, E. und Zhang, F. (2013): Impacts of future climate changes on shifting patterns of the agro-ecological zones in China. Advances in Meteorology doi:10.1155/2013/163248, 1–11.

Linders, T. E. W., Schaffner, U., Eschen, R., Abebe, A., Choge, S. K., Nigatu, L., Mbaabu, P. R., Shiferaw, H., Allan, E. und Alpert, P. (2019): Direct and indirect effects of invasive species: Biodiversity loss is a major mechanism by which an invasive tree affects ecosystem functioning. Journal of Ecology 107 (6), 2660–2672.

Lindsey, P. A., Miller, J. R. B., Petracca, L. S., Coad, L., Dickman, A. J., Fitzgerald, K. H., Flyman, M. V., Funston, P. J., Henschel, P. und Kasiki, S. (2018): More than $1 billion needed annually to secure Africa's protected areas with lions. Proceedings of the National Academy of Sciences 115 (45), E10788–E10796.

Liniger, H., Studer, R. M., Moll, P. und Zander, U. (2017): Making Sense of Research for Sustainable Land Management. Leipzig: Centre for Development and Environment (CDE), University of Bern, Switzerland, Helmholtz Centre for Environmental Research GmbH (UFZ).

Linz, M. (2017): Wie Suffizienzpolitiken gelingen: Eine Handreichung. Wuppertal Spezial 52.

Lipsett, A. (2019): Drones and Big Data: The Next Frontier in the Fight Against Wildlife Extinction. Internet: https://www.theguardian.com/education/2019/feb/18/drones-and-big-data-the-next-frontier-in-the-fight-against-wildlife-extinction. London: Guardian News & Media Limited.

Liu, X., Blackburn, T. M., Song, T., Wang, X., Huang, C. und Li, Y. (2020): Animal invaders threaten protected areas worldwide. Nature Communications 11 (1), 1–9.

Liverani, M., Waage, J., Barnett, T., Pfeiffer, D. U., Rushton, J., Rudge, J. W., Loevinsohn, M. E., Scoones, I., Smith, R. D. und Cooper, B. S. (2013): Understanding and managing zoonotic risk in the new livestock industries. Environmental Health Perspectives 121 (8), 873–877.

Loarie, S. R., Duffy, P. B., Hamilton, H., Asner, G. P., Field, C. B. und Ackerly, D. D. (2009): The velocity of climate change. Nature 462 (7276), 1052–1055.

Locher, F. (2015): Zement: Grundlagen der Herstellung und Verwendung. Erkrath: Bau+Technik.

Locke, H. (2013): Nature Needs Half: A necessary and hopeful new agenda for protected areas. Parks 19 (2), 9–18.

Lohnert, B. (2017): Migration and the Rural-Urban Transition in Sub-Saharan Africa. Berlin: Humboldt-Universität.

Loreau, M., Oteng-Yeboah, A., Arroyo, M. T. K., Babin, D., Barbault, R., Donoghue, M., Gadgil, M., Häuser, C., Heip, C., Larigauderie, A., Ma, K., Mace, G., Mooney, H. A., Perrings, C., Raven, P., Sarukhan, J., Schei, P., Scholes, R. J. und Watson, R. T. (2006): Diversity without representation. Nature 442 (7100), 245–246.

Lowder, S. K., Skoet, J. und Raney, T. (2016): The number, size, and distribution of farms, smallholder farms, and family farms worldwide. World Development 87, 16–29.

Lu, R., Zhao, X., Li, J., Niu, P., Yang, B., Wu, H., Wang, W., Song, H., Huang, B. und Zhu, N. (2020): Genomic characterisation and epidemiology of 2019 novel coronavirus:

implications for virus origins and receptor binding. The Lancet 395 (10224), 565–574.

Luckstead, J., Tsiboe, F. und Nalley, L. L. (2019): Estimating the economic incentives necessary for eliminating child labor in Ghanaian cocoa production. PloS One 14 (6), e0217230.

Luderer, G., Vrontisi, Z., Bertram, C., Edelenbosch, O. Y., Pietzcker, R. C., Rogelj, J., De Boer, H. S., Drouet, L., Emmerling, J., Fricko, O., Fujimori, S., Havlík, P., Iyer, G., Keramidas, K., Kitous, A., Pehl, M., Krey, V., Riahi, K., Saveyn, B., Tavoni, M., Van Vuuren, D. P. und Kriegler, E. (2018): Residual fossil $CO_2$ emissions in 1.5–2 °C pathways. Nature Climate Change 8 (7), 626–633.

Ludwig, G., Tronicke, C., Köck, W. und Gawel, E. (2015): Der Rechtsrahmen für die Bioökonomie in Deutschland. Die Öffentliche Verwaltung 68 (2), 41–53.

Lutterbach, H. (1999): Der Fleischverzicht im Christentum: Ein Mittel zur Therapie der Leidenschaften und zur Aktualisierung des paradiesischen Urzustandes. Saeculum 50 (2), 177–210.

Lynd, L. R. und Woods, J. (2011): Perspective: a new hope for Africa. Nature 474 (7352), S20–S21.

MA – Millennium Ecosystem Assessment (2005): Ecosystems and Human Well-Being. Synthesis. Washington, DC: Island Press.

MacDonald, G. K., Bennett, E. M., Potter, P. A. und Ramankutty, N. (2011): Agronomic phosphorus imbalances across the world's croplands. Proceedings of the National Academy of Sciences 108 (7), 3086.

Mace, G. M., Barrett, M., Burgess, N. D., Cornell, S. E., Freeman, R., Grooten, M. und Purvis, A. (2018): Aiming higher to bend the curve of biodiversity loss. Nature Sustainability 1 (9), 448–451.

Mahanty, T., Bhattacharjee, S., Goswami, M., Bhattacharyya, P., Das, B., Ghosh, A. und Tribedi, P. (2017): Biofertilizers: a potential approach for sustainable agriculture development. Environmental Science and Pollution Research 24 (4), 3315–3335.

Maidment, R. I., Allan, R. P. und Black, E. (2015): Recent observed and simulated changes in precipitation over Africa. Geophysical Research Letters 42 (19), 8155–8164.

Mallin, M. A. und Cahoon, L. B. (2003): Industrialized animal production—a major source of nutrient and microbial pollution to aquatic ecosystems. Population and Environment 24 (5), 369–385.

Malu, P. R., Sharma, U. S. und Pearce, J. M. (2017): Agrivoltaic potential on grape farms in India. Sustainable Energy Technologies and Assessments 23, 104–110.

Maniatis, D., Scriven, J., Jonckheere, I., Laughlin, J. und Todd, K. (2019): Toward REDD+ Implementation. Annual Review of Environment and Resources 44 (1), 373–398.

Manning, L., Baines, R. N. und Chadd, S. A. (2005): Deliberate contamination of the food supply chain. British Food Journal 107, 225–245.

Mansourian, S., Stanturf, J. A., Derkyi, M. A. A. und Engel, V. L. (2017): Forest Landscape Restoration: increasing the positive impacts of forest restoration or simply the area under tree cover? Restoration Ecology 25 (2), 178–183.

March, C. und Schieferdecker, I. (2020): Digitale Innovation und Technologiesouveränität. Wirtschaftsdienst – Zeitschrift für Wirtschaftspolitik 100 (13), 30–35.

Marchand, P., Carr, J. A., Dell'Angelo, J., Fader, M., Gephart, J. A., Kummu, M., Magliocca, N. R., Porkka, M., Puma, M. J., Ratajczak, Z., Rulli, M. C., Seekell, D. A., Suweis, S., Tavoni, A. und D'Odorico, P. (2016): Reserves and trade jointly determine exposure to food supply shocks. Environmental Research Letters 11 (9), 095009.

Marcus, G. und Davis, E. (2019): Rebooting AI: Building Artificial Intelligence We Can Trust. New York: Vintage.

Marques, A., Martins, I. S., Kastner, T., Plutzar, C., Theurl, M. C., Eisenmenger, N., Huijbregts, M. A. J., Wood, R., Stadler, K., Bruckner, M., Canelas, J., Hilbers, J. P., Tukker, A., Erb, K. und Pereira, H. M. (2019): Increasing impacts of land use on biodiversity and carbon sequestration driven by population and economic growth. Nature Ecology & Evolution doi:org/10.1038/s41559-019-0824-3, 1–13.

Marrou, H., Dufour, L. und Wery, J. (2013a): How does a shelter of solar panels influence water flows in a soil–crop system? European Journal of Agronomy 50, 38–51.

Marrou, H., Wéry, J., Dufour, L. und Dupraz, C. (2013b): Productivity and radiation use efficiency of lettuces grown in the partial shade of photovoltaic panels. European Journal of Agronomy 44, 54–66.

Marten, S. (2019): Studie zu Afrikas Zukunft – Geburtenrückgang für eine bessere Entwicklung nötig. Internet: https://www.faz.net/aktuell/politik/ausland/studie-zu-afrikas-zukunft-geburtenrueckgang-ist-notwendig-16233134.html. Frankfurt/M.: FAZ.

Martin, S. (2012): Examples of ‚no-regret', ‚low-regret' and ‚win-win' adaptation actions. London: Scotland's Centre of Expertise on Climate Change – ClimateXChange.

Mascia, M. B. und Pailler, S. (2011): Protected area downgrading, downsizing, and degazettement (PADDD) and its conservation implications. Conservation Letters 4, 9–20.

Mascia, M. B., Pailler, S., Krithivasan, R., Roshchanka, V., Burns, D., Mlotha, M. J., Murray, D. R. und Peng, N. (2014): Protected area downgrading, downsizing, and degazettement (PADDD) in Africa, Asia, and Latin America and the Caribbean, 1900–2010. Biological Conservation 169, 355–361.

Masera, O. R., Bailis, R., Drigo, R., Ghilardi, A. und Ruiz-Mercado, I. (2015): Environmental burden of traditional bioenergy use. Annual Review of Environment and Resources 40, 121–150.

Mateo-Sagasta, J., Zadeh, S. M. und Turral, H. (2018): More People, More Food, Worse Water?: A Global Review of Water Pollution from Agriculture. Rom: FAO International Water Management.

Mathews, J. A. und Tan, H. (2016): Circular economy: lessons from China. Nature 531 (7595), 440–442.

Mattauch, L., Siegmeier, J. Edenhofer, O. und Creutzig, F. (2018). Financing public capital when rents are back: a macroeconomic Henry George Theorem. FinanzArchiv 74 (3), 340–360.

Matthews, A. (2018): The EU's Common Agricultural Policy Post 2020: Directions of Change and Potential Trade and Market Effects. Genf: FAO, ICTSD.

Matthews, A., Salvatici, L. und Scoppola, M. (2017): Trade Impacts of Agricultural Support in the EU. IATRC Commissioned Paper. Minnesota: International Agricultural Trade Research Consortium (IATRC).

Matthews, A. und Soldi, R. (2019): Evaluation of the Impact of the Current Cap on the Agriculture of Developing Countries. Brüssel: European Union.

Mauser, W., Klepper, G., Zabel, F., Delzeit, R., Hank, T., Putzenlechner, B. und Calzadilla, A. (2015): Global biomass production potentials exceed expected future demand without the need for cropland expansion. Nature Communications 6, 8946.

Maxted, N. und Kell, S. P. (2009): Establishment of a Global Network for the In Situ Conservation of Crop Wild Relatives: Status and Needs. Rom: FAO Commission on Genetic Resources for Food and Agriculture.

Maxted, N., Kell, S., Ford-Lloyd, B., Dulloo, E. und Toledo, Á. (2012): Toward the systematic conservation of global crop wild relative diversity. Crop Science 52, 774–785.

May, R. M. (2010): Tropical arthropod species, more or less? Science 329 (5987), 41.

Maya, K., Santhosh, V., Padmalal, D. und Kumar, S. A. (2012): Impact of mining and quarrying in Muvattupuzha river basin, Kerala-An overview on its environmental effects. Bonfring International Journal of Industrial Engineering and Management Science 2 (Special Issue Special Issue on Geospatial Technology Development in Natural Resource and Disaster Management), 36–40.

Mayer, C. (2019): Valuing the invaluable: how much is the planet worth? Oxford Review of Economic Policy 35 (1), 109–119.

Mc Guinness, S. und Taylor, D. (2014): Farmers' perceptions and actions to decrease crop raiding by forest-dwelling primates around a Rwandan forest fragment. Human Dimensions of Wildlife 19 (2), 179–190.

McCarthy, D. P., Donald, P. F., Scharlemann, J. P. W., Buchanan, G. M., Balmford, A., Green, J. M. H., Bennun, L. A., Burgess, N. D., Fishpool, L. D. C. und Garnett, S. T. (2012): Financial costs of meeting global biodiversity conservation targets: current spending and unmet needs. Science 338 (6109), 946–949.

McElwee, P., Fernández-Llamazares, Á., Aumeeruddy-Thomas, Y., Babai, D., Bates, P., Galvin, K., Guèze, M., Liu, J., Molnár, Z. und Ngo, H. T. (2020): Working with Indigenous and local knowledge (ILK) in large-scale ecological assessments: reviewing the experience of the IPBES Global Assessment. Journal of Applied Ecology doi:10.1111/1365-2664.13705, 1–11.

McGrath, J. und Lobell, D. (2013): Regional disparities in the $CO_2$ fertilization effect and implications for crop yields. Environmental Research Letters 8 (1), 1–10.

McLaren, D. (2012): A comparative global assessment of potential negative emissions technologies. Process Safety and Environmental Protection 90 (6), 489–500.

McLaren, D. P., Tyfield, D. P., Willis, R., Szerszynski, B. und Markusson, N. O. (2019): Beyond „Net-Zero": A case for separate targets for emissions reduction and negative emissions. Frontiers in Climate 1 (4), 1–5.

Meier, T. (2017): Planetary boundaries of agriculture and nutrition – an anthropocene approach. In: Leinfelder, R., Hamann, A., Kirstein, J. und Schleunitz, M. (Hrsg.): Proceedings of the Symposium on Communicating and Designing the Future of Food in the Anthropocene. Berlin: Christian A. Bachmann, 67–76.

Meinzen-Dick, R., Kovarik, C. und Quisumbing, A. R. (2014): Gender and sustainability. Annual Review of Environment and Resources 39, 29–55.

Mekonnen, M. M. und Hoekstra, A. Y. (2012): A global assessment of the water footprint of farm animal products. Ecosystems 15 (3), 401–415.

Melillo, J. M., Lu, X., Kicklighter, D. W., Reilly, J. M., Cai, Y. und Sokolov, A. P. (2016): Protected areas' role in climate-change mitigation. Ambio 45 (2), 133–145.

Mennerat, A., Nilsen, F., Ebert, D. und Skorping, A. (2010): Intensive farming: evolutionary implications for parasites and pathogens. Evolutionary Biology 37 (2–3), 59–67.

Meredith, S. und Hart, K. (2019): CAP 2021-27: Using the Eco-scheme to Maximise Environmental and Climate Benefits. Brüssel: IFOAM EU.

Mertz, O. und Mertens, C. F. (2017): Land sparing and land sharing policies in developing countries – drivers and linkages to scientific debates. World Development 98, 523–535.

Messerschmidt, R. und Ulrich, S. (2020): A European Way Towards Sustainable AI. Internet: https://www.socialeurope.eu/a-european-way-towards-sustainable-ai. Falkensee: Social Europe Publishing & Consulting GmbH.

Metzner, J., Keller, P., Kretschmar, C., Krettinger, B., Liebig, N., Mäck, U. und Orlich, I. (2013): Kooperativer Naturschutz in der Praxis. Umsetzungsbeispiele der Landschaftspflegeverbände und ihre Bewertung. Naturschutz und Landschaftsplanung 45 (10/11), 315–321.

Meyer, C. (2018): Essen im Wechselspiel individueller physiologischer Notwendigkeit und Vergesellschaftungsprozessen. In: Meyer, C. (Hrsg.): Essen und Soziale Arbeit. Wiesbaden: Springer VS, 9–38.

MfN – Museum für Naturkunde Berlin (2020): Entdecke die Natur. Internet: https://naturblick.museumfuernaturkunde.berlin. Berlin: MfN.

Michelini, L., Principato, L. und Iasevoli, G. (2018): Understanding food sharing models to tackle sustainability challenges. Ecological Economics 145, 205–217.

Migration Data Portal (2020): Urbanization and Migration. Internet: https://www.migrationdataportal.com/themes/urbanisation-et-migration. Berlin: IOM's GMDAC.

Miller, D. C., Agrawal, A. und Roberts, J. T. (2013): Biodiversity, governance, and the allocation of international aid for conservation. Conservation Letters 6 (1), 12–20.

Miller, T. E., Beneyton, T., Schwander, T., Diehl, C., Girault, M., McLean, R., Chotel, T., Claus, P., Cortina, N. S. und Baret, J.-C. (2020): Light-powered $CO_2$ fixation in a chloroplast mimic with natural and synthetic parts. Science 368 (6491), 649–654.

Ministerium des Innern des Landes Nordrhein-Westfalen (2018): Bauordnung für das Land Nordrhein-Westfalen (Landesbauordnung 2018 – BauO NRW 2018). Düsseldorf: LMI.

Minka, N. S. und Ayo, J. O. (2009): Physiological responses of food animals to road transportation stress. African Journal of Biotechnology 8 (25), 1–10.

Minx, J. C., Lamb, W. F., Callaghan, M. W., Bornmann, L. und Fuss, S. (2017): Fast growing research on negative emissions. Environmental Research Letters 12 (3), 035007.

Minx, J. C., Lamb, W. F., Callaghan, M. W., Fuss, S., Hilaire, J., Creutzig, F., Amann, T., Beringer, T., de Oliveira Garcia, W. und Hartmann, J. (2018): Negative emissions – Part 1: Research landscape and synthesis. Environmental Research Letters 13 (6), 1–29.

Miteva, D. A., Pattanayak, S. K. und Ferraro, P. J. (2012): Evaluation of biodiversity policy instruments: what works and what doesn't? Oxford Review of Economic Policy 28 (1), 69–92.

Mittermeier, R. A., Myers, N., Gil, P. R. und Goettsch Mittermeier, C. (1999) (Hrsg.): Hotspots: Earth's Biologically Richest and Most Endangered Terrestrial Ecoregions. Sierra Madre: Cemex.

Möllers, J. und Glauben, T. (2011): Strukturwandel in (Ost-) Europas ländlichen Regionen. Internet: https://www.owep.de/artikel/873-strukturwandel-in-ost-europas-laendlichen-regionen. Freising: Ost-West. Europäische Perspektiven (OWEP).

Monaghan, J. M., Daccache, A., Vickers, L. H., Hess, T. M., Weatherhead, E. K., Grove, I. G. und Knox, J. W. (2013): More ‚crop per drop': constraints and opportunities for precision irrigation in European agriculture. Journal of the Science of Food and Agriculture 93 (5), 977–980.

Monopolkommission (2012): Neunzehntes Hauptgutachten der Monopolkommission 2010/2011. Baden-Baden: Nomos.

Moodley, Y., Russo, I. M., Dalton, D. L., Kotze, A., Muya, S., Haubensak, P., Balint, B., Munimanda, G. K., Deimel, C., Setzer, A., Dicks, K., Herzig-Straschil, B., Kalthoff, D. C., Siegismund, H. R., Robovsky, J., O'Donoghue, P. und Bruford, M. W. (2017): Extinctions, genetic erosion and conservation options for the black rhinoceros *(Diceros bicornis)*. Scientific Reports 7, 41417.

Mora, C., Tittensor, D. P., Adl, S., Simpson, A. G. B. und Worm, B. (2011): How many species are there on Earth and in the ocean? PLos Biology 9 (8), 8.

Moraza, C., Stöber, S., Ferenczi, Z. und Bokelmann, W. (2018): Remembering forgotten crops – Developing new value chains. Rural 21 1, 40–43.

Morgenstern, R., Lorleberg, W., Biernatzki, R., Boelhauve, M., Braun, J. und Haberlah-Korr, V. (2016): Pilotstudie „Nachhaltige Aquaponik-Erzeugung für Nordrhein-Westfalen". Soest: Fachhochschule Südwestfalen.

Movellan, J. (2013): Japan Next-Generation Farmers Cultivate Crops and Solar Energy. Internet: http://buyersguide.renewableenergyworld.com. New Hampshire, NE: Renewable Energy World.

Moynihan, M. C. und Allwood, J. M. (2012): The flow of steel into the construction sector. Resources, Conservation and Recycling 68, 88–95.

MRI – Max Rubner-Institut (2019): Entwurf des MRI für ein „Front-of-Pack"-Nährwertkennzeichnungs-Modell. Fachliche Basis. Ergänzung zum vorläufigen Bericht „Beschreibung und Bewertung ausgewählter „Front-of-Pack"-Nährwertkennzeichnungs-Modelle". Karlsruhe: Max Rubner-Institut,Bundesforschungsinstitut für Ernährung und Lebensmittel.

Mukherjee, A., Dhami, N. K., Reddy, B. V. V. und Reddy, M. S. (2013): Bacterial Calcification for Enhancing Performance of Low Embodied Energy Soil-Cement Bricks. Third International Conference on Sustainable Construction Materials and Technologies (SCMT3). Tokyo: Japan Society of Civil Engineers (JSCE).

Mulia, R. N. und Doi, H. (2019): Global simulation of insect meat production under climate change. Frontiers in Sustainable Food Systems 3, 91.

Müller, A., Schneider, U. A. und Jantke, K. (2020): Evaluating and expanding the European Union's protected-area network toward potential post-2020 coverage targets. Conservation Biology 34 (3), 654–665.

Müller, B. (2019): Kollektiver Habitat- und Artenschutz in der offenen Agrarlandschaft. Inauguraldissertation zur Erlangung des Doktorgrades (Dr. agr.) im Fachbereich Agrarwissenschaften, Ökotrophologie und Umweltmanagement. Gießen: Justus-Liebig-Universität.

Müller, D. B., Liu, G., Løvik, A. N., Modaresi, R., Pauliuk, S., Steinhoff, F. S. und Brattebø, H. (2013): Carbon emissions of infrastructure development. Environmental Science & Technology 47 (20), 11739–11746.

Murray, K. A. und Daszak, P. (2013): Human ecology in pathogenic landscapes: two hypotheses on how land use change drives viral emergence. Current Opinion in Virology 3 (1), 79–83.

Musah-Surugu Issah, J., Ahenkan, A., Bawole Justice, N. und Darkwah Samuel, A. (2018): Migrants' remittances: a complementary source of financing adaptation to climate change at the local level in Ghana. International Journal of Climate Change Strategies and Management 10 (1), 178–196.

Muscat, A., de Olde, E., de Boer, I. J. und Ripoll-Bosch, R. (2020): The battle for biomass: A systematic review of food-feed-fuel competition. Global Food Security doi:org/10.1016/j.gfs.2019.100330, 1–11.

Myers, A., Fig, D., Tugendhaft, A., Mandle, J., Myers, J. und Hofman, K. (2017): Sugar and health in South Africa: potential challenges to leveraging policy change. Global Public Health 12 (1), 98–115.

Myers, N., Mittermeier, R. A., Mittermeier, C. G., de Fonseca, G. A. B. und Kent, J. (2000): Biodiversity hotspots for conservation priorities. Nature 403, 853–858.

Myhr, A., Røyne, F., Brandtsegg, A. S., Bjerkseter, C., Throne-Holst, H., Borch, A., Wentzel, A. und Røyne, A. (2019): Towards a low $CO_2$ emission building material employing bacterial metabolism (2/2): Prospects for global warming potential reduction in the concrete industry. PLoS One 14, 1–26.

NABU – Naturschutzbund Deutschland (2019): Studie zu Verflechtungen und Interessen des Deutschen Bauernverbandes (DBV). Berlin: NABU.

NABU – Naturschutzbund Deutschland und BCG – Boston Consulting Group (2020): Wirtschaften im Einklang mit der Natur. Berlin: NABU.

Nahm, M. und Morhart, C. (2017): Multifunktionalität und Vielfalt von Agroforstwirtschaft. In: Böhm, C. (Hrsg.): Bäume in der Land (wirt) schaft – von der Theorie in die Praxis. Cottbus: Brandenburgische Technische Universität Cottbus-Senftenberg, 17–24.

Naidoo, R., Gerkey, D., Hole, D., Pfaff, A., Ellis, A. M., Golden, C. D., Herrera, D., Johnson, K., Mulligan, M. und Ricketts, T. H. (2019): Evaluating the impacts of protected areas on human well-being across the developing world. Science Advances 5 (4), eaav3006.

Nakamura, R., Mirelman, A. J., Cuadrado, C., Silva-Illanes, N., Dunstan, J. und Suhrcke, M. (2018): Evaluating the 2014 sugar-sweetened beverage tax in Chile: an observational study in urban areas. PLoS Medicine 15 (7), e1002596.

Nakashima, D., McLean, K. G., Thulstrup, H. D., Castillo, A. R. und Rubis, J. T. (2012): Weathering Uncertainty: Traditional Knowledge for Climate Change Assessment and Adaptation. New York, Darwin: UNESCSO, UNU.

Naqi, A. und Jang, J. G. (2019): Recent progress in green cement technology utilizing low-carbon emission fuels and raw materials: a review. Sustainability 11 (2), 537.

Natali, S. M., Watts, J. D., Rogers, B. M., Potter, S., Ludwig, S. M., Selbmann, A.-K., Sullivan, P. F., Abbott, B. W., Arndt, K. A. und Birch, L. (2019): Large loss of $CO_2$ in winter observed across the northern permafrost region. Nature Climate Change 9 (11), 852–857.

National Academies of Sciences, Engineering, and Medicine (2019): Negative Emissions Technologies and Reliable Sequestration: A Research Agenda (2019). Washington, DC: The National Academies Press.

Naturkapital Deutschland (2012): Der Wert der Natur für Wirtschaft und Gesellschaft – Eine Einführung. München, Leipzig, Bonn: ifuplan, Helmholtz-Zentrum für Umweltforschung, Bundesamt für Naturschutz (BfN).

Naturkapital Deutschland – TEEB DE (2018): Wert der Natur aufzeigen und in Entscheidungen integrieren. Eine Synthese. Leipzig: Helmholtz-Zentrum für Umweltforschung (UFZ).

Naylor, R., Steinfeld, H., Falcon, W., Galloway, J., Smil, V., Bradford, E., Alder, J. und Mooney, H. (2005): Losing the links between livestock and land. Science 310 (5754), 1621–1622.

Naylor, R. L., Goldburg, R. J., Primavera, J. H., Kautsky, N., Berveridge, M. C. M., Clay, J., Folke, C., Lubchenco, J., Mooney, H. und Troell, M. (2000): Effect of aquaculture on world fish supplies. Nature 405, 1017-1023.

Needham, K., de Vries, F. P., Armsworth, P. R. und Hanley, N. (2019): Designing markets for biodiversity offsets: Lessons from tradable pollution permits. Journal of Applied Ecology 56 (6), 1429–1435.

Nestle, M. (2016): Food industry funding of nutrition research: the relevance of history for current debates. JAMA Internal Medicine 176 (11), 1685–1686.

Neu, C. und Nikolic, L. (2015): Versorgung im ländlichen Raum der Zukunft: Chancen und Herausforderungen. In: Fachinger, U. und Künemund, H. (Hrsg.): Gerontologie und ländlicher Raum. Vechtaer Beiträge zur Gerontologie. Wiesbaden: Springer VS, 185–206.

Neubert, S., Kömm, M., Krumsiek, A., Schulte, A. und Tatge, N. (2011): Agricultural Development in a Changing Climate in Zambia: Increasing Resilience to Climate Change and Economic Shocks in Crop Production. DIE Studies No. 57. Bonn: Deutsches Institut für Entwicklungspolitik (DIE).

Neufert, W., Reuken, I., Weber, G., Müller, C., Palm, S., Severins, K., Graubner, C.-A., Proske, T. und Rezvani, M. (2016): Erforschung des Dreistoffgemisches Klinker, Hüttensand und Kalksteinmehl mit dem Ziel der Absenkung des Klinkeranteils im Zement zur Verminderung der $CO_2$-Emissionen in der Zementproduktion. Abschlussbericht zum Forschungsvorhaben. Darmstadt, Erwitte: Spenner Zement, VDZ, TU Darmstadt.

Neuhoff, K., Ancygier, A., Ponssard, J.-P., Quirion, P., Sabio, N., Sartor, O., Sato, M. und Schoop, A. (2015): Modernisierung und Innovation bei $CO_2$-intensiven Materialien: Lehren aus der Stahl-und Zementindustrie. DIW-Wochenbericht 82 (29/30), 667–677.

Neumann, H., Dierking, U. und Taube, F. (2017): Erprobung und Evaluierung eines neuen Verfahrens für die Bewertung und finanzielle Honorierung der Biodiversitäts-, Klima-und Wasserschutzleistungen landwirtschaftlicher Betriebe („Gemeinwohlprämie"). Berichte über Landwirtschaft-Zeitschrift für Agrarpolitik und Landwirtschaft 95 (3), 1–38.

New York Times (2010): Indonesia's Islands are Buried Treasure for Gravel Pirates. Internet: https://www.nytimes.com/2010/03/28/weekinreview/28grist.html?_r=0. New York: New York Times.

New York Times (2020): A Bridge for Tamarins. Internet: https://www.nytimes.com/2020/04/21/science/tamarins-monkeys-brazil.html. New York: New York Times.

New Zealand Ministry of Foreign Affairs and Trade (2020): New Zealand with Costa Rica, Fiji, Iceland and Norway have launched a new initiative – the Agreement on Climate Change, Trade and Sustainability (ACCTS). Internet: https://www.mfat.govt.nz/en/trade/free-trade-agreements/climate/agreement-on-climate-change-trade-and-sustainability-accts-negotiations/. Wellington: New Zealand Ministry of Foreign Affairs and Trade.

Newbold, T., Hudson, L. N., Hill, S. L. L., Contu, S., Lysenko, I., Senior, R. A., Borger, L., Bennett, D. J., Choimes, A., Collen, B., Day, J., De Palma, A., Diaz, S., Echeverria-Londono, S., Edgar, M. J., Feldman, A., Garon, M., Harrison, M. L. K., Alhusseini, T., Ingram, D. J., Itescu, Y., Kattge, J., Kemp, V., Kirkpatrick, L., Kleyer, M., Correia, D. L. P., Martin, C. D., Meiri, S., Novosolov, M., Pan, Y., Phillips, H. R. P., Purves, D. W., Robinson, A., Simpson, J., Tuck, S. L., Weiher, E., White, H. J., Ewers, R. M., Mace, G. M., Scharlemann, J. P. W. und Purvis, A. (2015): Global effects of land use on local terrestrial biodiversity. Nature 520 (7545), 45–50.

Newmark, W. D., Jenkins, C. N., Pimm, S. L., McNeally, P. B. und Halley, J. M. (2017): Targeted habitat restoration can reduce extinction rates in fragmented forests. Proceedings of the National Academy of Sciences 114 (36), 9635–9640.

Ng'ang'n, S., Bulte, E., Giller, K., McIntire, J. und Rufino, M. (2016): Migration and Self-Protection Against Climate Change: A Case Study of Samburu District, Kenya. Invited Paper Presented at the 5th International Conference of the African Association of Agricultural Economists. Addis Ababa: African Association of Agricultural Economists (AAAE).

Nguyen, T. T., Do, T. L., Parvathi, P., Wossink, A. und Grote, U. (2018): Farm production efficiency and natural forest extraction: Evidence from Cambodia. Land Use Policy 71, 480–493.

Niang, I., Ruppel, O. C., Abdrabo, M. A., Essel, A., Lennard, C., Padgham, J. und Urquhart, P. (2014): Africa. In: Barros, V. R., Field, C. B., Dokken, D. J., Mastrandrea, M. D., Mach, K. J., Bilir, T. E., Chatterjee, M., Ebi, K. L., Estrada, Y. O., Genova, R. C., Girma, B., Kissel, E. S., Levy, A. N., MacCracken, S., Mastrandrea, P. R. und White, L. L. (Hrsg.): Climate Change 2014: Impacts, Adaptation, and Vulnerability. Part B: Regional Aspects. Contribution of Working Group II to the Fifth Assessment Report of the Intergovernmental Panel on Climate Change. Cambridge, New York: Cambridge University Press, 1199–1265.

Nielsen, K. S., Clayton, S., Stern, P. C., Dietz, T., Capstick, S. und Whitmarsh, L. (2020): How psychology can help limit climate change. American Psychologist doi:10.1037/amp0000624, 1–11.

Nielsen, M. R., Meilby, H., Smith-Hall, C., Pouliot, M. und Treue, T. (2018): The importance of wild meat in the global south. Ecological Economics 146, 696–705.

Njoroge, S., Schut, A. G. T., Giller, K. E. und Zingore, S. (2019): Learning from the soil's memory: Tailoring of fertilizer application based on past manure applications increases fertilizer use efficiency and crop productivity on Kenyan smallholder farms. European Journal of Agronomy 105, 52–61.

Nkonya, E., Anderson, W., Kato, E., Koo, J., Mirzabaev, A., von Braun, J. und Meyer, S. (2016a): Global cost of land degradation. In: Nkonya, E., Mirzabaev, A. und von Braun, J. (Hrsg.): Economics of Land Degradation and Improvement – A Global Assessment for Sustainable Development. Cham: Springer International Publishing, 117–165.

Nkonya, E., Mirzabaev, A. und von Braun, J. (2016b) (Hrsg.): Economics of Land Degradation and Improvement – A Global Assessment for Sustainable Development. Heidelberg: Springer Nature.

Nkonya, E., Mirzabaev, A. und von Braun, J. (2016c): Economics of land degradation and improvement: an introduction and overview. In: Nkonya, E., Mirzabaev, A. und von Braun, J. (Hrsg.): Economics of Land Degradation and Improvement – A Global Assessment for Sustainable Development. Cham: Springer International Publishing, 1–14.

NN (2008): Soil organic matter characterization. In: Nieder, R. und Benbi, D. K. (Hrsg.): Carbon and Nitrogen in the Terrestrial Environment. Dordrecht: Springer, 81–111.

Nolte, D. (2019): Mercosur-Abkommen: Europas geoökonomische und -strategische Interessen. Issue No. 645. Berlin: Institut für Strategie – Politik – Sicherheits- und Wirtschaftsberatung (ISPSW).

Nordhaus, W. (2015): Climate Clubs: overcoming free-riding in international climate policy. American Economic Review 105 (4), 1339–1370.

Ntandou, G., Delisle, H., Agueh, V. und Fayomi, B. (2009): Abdominal obesity explains the positive rural-urban gradient in the prevalence of the metabolic syndrome in Benin, West Africa. Nutrition Research 29 (3), 180–189.

Nuwer, R. (2019): Environmental Activists Have Higher Death Rates Than Some Soldiers. Internet: https://www.scientificamerican.com/article/environmental-activists-have-higher-death-rates-than-some-soldiers/. New York: Scientific American.

NYDF Assessment Partners (2019): Progress on the New York Declaration on Forests. Protecting and Restoring Forests: A Story of Large Commitments yet Limited Progress. Five-Year Assessment Report. New York: NYDF Assessment Partners at forestdeclaration.org.

Nzuma, J. M., Waithaka, M., Kyotalimye, M. und Nelson, G. C. (2010): Strategies for Adapting to Climate Change in Rural Sub-Saharan Africa. IFPRI Discussion Paper 1013. Washington, DC: International Food Policy Research Institute (IFPRI).

Obersteiner, M., Bednar, J., Wagner, F., Gasser, T., Ciais, P., Forsell, N., Frank, S., Havlik, P., Valin, H. und Janssens, I. A. (2018): How to spend a dwindling greenhouse gas budget. Nature Climate Change 8 (1), 7–10.

Obersteiner, M., Walsh, B., Frank, S., Havlík, P., Cantele, M., Liu, J., Palazzo, A., Herrero, M., Lu, Y. und Mosnier, A. (2016): Assessing the land resource–food price nexus of the Sustainable Development Goals. Science Advances 2 (9), e1501499.

OECD – Organisation for Economic Co-operation and Development (2019): Biodiversity: Finance and the Economic and Business Case for Action. Report Prepared for the G7 Environment Ministers' Meeting, 5-6 May 2019. Paris: OECD.

OECD – Organisation for Economic Co-operation and Development (2020a): A Comprehensive Overview of Global Biodiversity Finance. Paris: OECD.

OECD – Organisation for Economic Co-operation and Development (2020b): OECD Policy Responses to Coronavirus (COVID-19) – Covid-19 and Africa: Socio-Economic Implications and Policy Responses. Internet: https://www.oecd.org/coronavirus/policy-responses/covid-19-and-africa-socio-economic-implications-and-policy-responses-96e1b282/. Paris: OECD.

OECD – Organisation for Economic Co-operation and Development (2020c): Towards Sustainable Land Use. Aligning Biodiversity, Climate and Food Policies. Policy Highlights. Paris: OECD.

OECD – Organization for Economic Cooperation and Development und FAO – Food and Agriculture Organization (2019): OECD-FAO Agricultural Outlook (Edition 2019). Paris, Rom: OECD, FAO.

ÖFIT – Kompetenzzentrum Öffentliche IT (2020): Der Staat auf dem Weg zur Plattform. Nutzungspotenziale für den öffentlichen Sektor. Berlin: ÖFIT.

OFMUN – Organisation für Mensch und Natur (2020): Über uns. Internet: https://www.ofmun.org/de/ueber-uns-of-mun-organisation-fuer-mensch-und-natur-ofmun.html. Schmiedrued: OFMUN.

Oki, T., Sato, M., Kawamura, A., Miyake, M., Kanae, S. und Musiake, K. (2003): Virtual Water Trade to Japan and in the World. Value of Water Research Report Series No.12. Delft: UNESCO-IHE.

Oldekop, J. A., Holmes, G., Harris, W. E. und Evans, K. I. (2016): A global assessment of the social and conservation outcomes of protected areas. Conservation Biology 30 (1), 133–141.

Oldeman, L. R., Hakkeling, R. T. A. und Sombroek, W. (1990): World Map of the Status of Human-Induced Soil Degradation. Explanatory Note. Wageningen: ISRIC.

Oliver, C. D., Nassar, N. T., Lippke, B. R. und McCarter, J. B. (2014): Carbon, fossil fuel, and biodiversity mitigation with wood and forests. Journal of Sustainable Forestry 33 (3), 248–275.

Olson, D. M., Dinerstein, E., Wikramanayake, E. D., Burgess, N. D., Powell, G. V. N., Underwood, E. C., D'Amico, J. A., Itoua, I., Strand, H. E., Morrison, J. C., Loucks, C. J., Allnutt, F., Ricketts, T., Kura, Y., Lamoreux, J. F., Wettengel, W. W., Hedao, P. und Kassem, K. R. (2001): Terrestrial ecoregions of the world: a new map of life on earth. BioScience 51 (11), 933–938.

Olsson, L., Barbosa, H., Bhadwal, S., Cowie, A., Delusca, K., Flores-Renteria, D., Hermans, K., Jobbagy, E., Kurz, W., Li, D., Sonwa, D. J. und Stringer, L. (2019): Chapter 4: Land degradation. In: Shukla, P. R., Skea, J., Buendia, E. C., Masson-Delmotte, V., Pörtner, H.-O., Roberts, D. C., Zhai, P., Slade, R., Connors, S., Diemen, R. v., Ferrat, M., Haughey, E., Luz, S., Neogi, S., Pathak, M., Petzold, J., Pereira, J. P., Vyas, P., Huntley, E., Kissick, K., Belkacemi, M. und Malley, J. (Hrsg.): Climate Change and Land: An IPCC Special Report on Climate Change, Desertification, Land Degradation, Sustainable Land Management, Food Security, and Greenhouse Gas Fluxes in Terrestrial Ecosystems. Cambridge, New York: Cambridge University Press, 345–436.

One World Award (2014): The Korean Hansalim Federation. One World Award Gold 2014. Internet: https://www.one-world-award.com/hansalim-korea.html?lg=e. Legau: One World Award.

Oosterveer, P., Spaargaren, G. und Kloppenburg, S. (2019): Political consumerism and the social-practice perspective. In: Boström, M., Micheletti, M. und Oosterveer, P. (Hrsg.): The Oxford Handbook of Political Consumerism. Oxford, New York: Oxford University Press, 135.

OroVerde – Tropical Forest Foundation und GNF – Global Nature Fund (2019). On the Way to Forest Landscape Restoration. Financing, Implementation and Recommendations. Bonn: GNF.

Osipova, E., Shadie, P., Zwahlen, C., Osti, M., Shi, Y., Kormos, C., Bertzky, B., Murai, M., Van Merm, R. und Badman, T. (2017): IUCN World Heritage Outlook 2: A Conservation Assessment of All Natural World Heritage Sites. Gland: IUCN.

Ostrom, E. (2000): Collective action and the evolution of social norms. Journal of Economic Perspectives 14 (3), 137–158.

Our World in Data (2019): Meat Supply Per Person, 2017. Internet: https://ourworldindata.org/grapher/meat-supply-per-person. Oxford: Oxford Martin School, University of Oxford.

Owens, B. (2014): Storm brewing over WHO sugar proposal. Nature 507 (7491), 150.

Oya, C. (2013): The Land Rush and Classic Agrarian Questions of Capital and Labour: a systematic scoping review of the socioeconomic impact of land grabs in Africa. Third World Quarterly 34 (9), 1532–1557.

Oyama, S. (2014): Farmer-herder conflict, land rehabilitation, and conflict prevention in the Sahel region of West Africa. African Study Monographs 50, 103–122.

Pade, C. und Guimaraes, M. (2007): The $CO_2$ uptake of concrete in a 100 year perspective. Cement and Concrete Research 37 (9), 1348–1356.

Padulosi, S., Phrang, R. und Rosado-May, F. (2019): Supporting Nutrition Sensitive Agriculture through Neglected and Underutilized Species: Operational Framework. Rom: Bioversity International, IFAD.

Pagiola, S., Honey-Rosés, J. und Freire-González, J. (2016): Evaluation of the permanence of land use change induced by payments for environmental services in Quindío, Colombia. PLoS One 11 (3), e0147829.

Palliwoda, J., Kowarik, I. und von der Lippe, M. (2017): Human-biodiversity interactions in urban parks: the species level matters. Landscape and Urban Planning 157, 394–406.

Palm, S., Proske, T., Rezvani, M., Hainer, S., Müller, C. und Graubner, C.-A. (2016): Cements with a high limestone content–Mechanical properties, durability and ecological characteristics of the concrete. Construction and Building Materials 119, 308–318.

Pandey, V. C. und Singh, V. (2019): Exploring the potential and opportunities of current tools for removal of hazardous materials from environments. In: Pandey, V. C. und Bauddh, K. (Hrsg.): Phytomanagement of Polluted Sites. Amsterdam: Elsevier, 501–516.

Panfil, S. N. und Harvey, C. A. (2016): REDD+ and biodiversity conservation: A review of the biodiversity goals, monitoring methods, and impacts of 80 REDD+ projects. Conservation Letters 9 (2), 143–150.

Pantzar, M. und Suljada, T. (2020): Delivering a Circular Economy Within the Planet's Boundaries. An Analysis of the New EU Circular Economy Action Plan. Stockholm: IEEP, SEI.

Parfitt, J., Barthel, M. und Macnaughton, S. (2010): Food waste within food supply chains: quantification and potential for change to 2050. Philosophical Transactions of The Royal Society B 365, 3065–3081.

Park, J.-Y., Bader, J. und Matei, D. (2016): Anthropogenic Mediterranean warming essential driver for present and future Sahel rainfall. Nature Climate Change 6 (10), 941–945.

Parker, C., Cranford, M., Oakes, N. und Leggett, M. (2012) (Hrsg.): The Little Biodiversity Finance Book. A Guide to Proactive Investment in Natural Capital (PINC). Oxford: Global Canopy Programme.

Partnerships for SDGs Platform (2020): Farmer Managed Natural Regeneration (FMNR): A Technique to Effectively Combat Poverty and Hunger Through Land and Vegetation Restoration. Internet: https://sustainabledevelopment.un.org/partnership/?p=30735. New York: United Nations (UN).

Parvathi, P., Grote, U. und Waibel, H. (2017): Fair Trade and Organic Agriculture: A Winning Combination? Delémont: CABI Publishing.

Parvathi, P. und Waibel, H. (2016): Organic agriculture and fair trade: A happy marriage? A case study of certified smallholder black pepper farmers in India. World Development 77, 206–220.

Pascual, U., Balvanera, P., Díaz, S., Pataki, G., Roth, E., Stenseke, M., Watson, R. T., Başak Dessane, E., Islar, M., Kelemen, E., Maris, V., Quaas, M., Subramanian, S. M., Wittmer, H., Adlan, A., Ahn, S., Al-Hafedh, Y. S., Amankwah, E., Asah, S. T., Berry, P., Bilgin, A., Breslow, S. J., Bullock, C., Cáceres, D., Daly-Hassen, H., Figueroa, E., Golden, C. D., Gómez-Baggethun, E., González-Jiménez, D., Houdet, J., Keune, H., Kumar, R., Ma, K., May, P. H., Mead, A., O'Farrell, P., Pandit, R., Pengue, W., Pichis-Madruga, R., Popa, F., Preston, S., Pacheco-Balanza, D., Saarikoski, H., Strassburg, B. B., van den Belt, M., Verma, M., Wickson, F. und Yagi, N. (2017): Valuing nature's contributions to people: the IPBES approach. Current Opinion in Environmental Sustainability 26-27, 7–16.

Patel, B. B., Patel, B. B. und Dave, R. S. (2011): Studies on infiltration of saline–alkali soils of several parts of Mehsana and Patan districts of north Gujarat. Journal of Applied Technology in Environmental Sanitation 1 (1), 87–92.

Patrono, L. V., Samuni, L., Corman, V. M., Nourifar, L., Röthemeier, C., Wittig, R. M., Drosten, C., Calvignac-Spencer, S. und Leendertz, F. H. (2018): Human coronavirus OC43 outbreak in wild chimpanzees, Côte d'Ivoire, 2016. Emerging Microbes & Infections 7 (1), 1–4.

Pattanayak, S. K., Jeuland, M. A., Lewis, J. J., Usmani, F., Brooks, N., Bhojvaid, V., Kar, A., Lipinski, L., Morrison, L., Patange, O., Ramanathan, N., Rehman, I. H., Thadani, R., Vora, M. und Ramanathan, V. (2019): Experimental evidence on promotion of electric and improved biomass cookstoves. Proceedings of the National Academy of Sciences 116 (27), 13282–13287.

Pattberg, P. und Widerberg, O. (2015): Global environmental governance. In: Pattberg, P. und Zelli, F. (Hrsg.): Encyclopedia of Global Environmental Governance and Politics. Cheltenham: Edward Elgar, 28–35.

Pauliuk, S., Milford, R. L., Müller, D. B. und Allwood, J. M. (2013): The steel scrap age. Environmental Science & Technology 47 (7), 3448–3454.

Pausata, F. S. R., Gaetani, M., Messori, G., Berg, A., de Souza, D. M., Sage, R. F. und deMenocal, P. B. (2020): The Greening of the Sahara: Past Changes and Future Implications. One Earth 2 (3), 235–250.

Pe'er, G., Zinngrebe, Y., Moreira, F., Sirami, C., Schindler, S., Müller, R., Bontzorlos, V., Clough, D., Bezák, P. und Bonn, A. (2019): A greener path for the EU Common Agricultural Policy. Science 365 (6452), 449–451.

Pe'er, G., Bonn, A., Bruelheide, H., Dieker, P., Eisenhauer, N., Feindt, P. H., Hagedorn, G., Hansjürgens, B., Herzon, I. und Lomba, A. (2020): Action needed for the EU common agricultural policy to address sustainability challenges. People and Nature doi:10.1002/pan3.10080, 1–12.

Pearson, R. G. (2016): Reasons to conserve nature. Trends in Ecology & Evolution 31 (5), 366–371.

PEFC – Programm für die Anerkennung von Forstzertifizierungssystemen (2014): PEFC-Standards für nachhaltige Waldbewirtschaftung. Stuttgart: PEFC Deutschland.

PEFC – Programm für die Anerkennung von Forstzertifizierungssystemen (2019): Wurzeln stärken. PEFC-Jahresbericht 2019. Stuttgart: PEFC.

Pellmann, K. (2017): Bau einer „Low-Cost" Bewässerungsanlage („Green-River-Prinzip" nach Volker Korrmann). Berlin: Landesstelle für gewerbliche Berufsförderung in Entwicklungsländern an der Peter-Lenné-Schule, SLE, Humbold Universität Berlin.

Pendrill, F., Persson, U. M., Godar, J., Kastner, T., Moran, D., Schmidt, S. und Wood, R. (2019): Agricultural and forestry trade drives large share of tropical deforestation emissions. Global Environmental Change 56, 1–10.

Peñuelas, J., Ciais, P., Canadell, J. G., Janssens, I. A., Fernández-Martínez, M., Carnicer, J., Obersteiner, M., Piao, S., Vautard, R. und Sardans, J. (2017): Shifting from a fertilization-dominated to a warming-dominated period. Nature Ecology & Evolution 1 (10), 1438–1445.

Peoples, M. B., Boyer, E. W., Goulding, K. W. T., Heffer, P., Ochwoh, V. A., Vanlauwe, B., Wood, S., Yagi, Y. und Van Cleemput, O. (2004): Pathways of nitrogen loss and their impacts on human health and the environment. In: Mosier, A. R., Syers, J. K. und Freney, J. R. (Hrsg.): Agriculture and the Nitrogen Cycle: Assessing the Impacts of Fertilizer Use on Food Production and the Environment. Washington, DC: Island Press, 53–69.

Peres, C. A., Emilio, T., Schietti, J., Desmoulière, S. J. M. und Levi, T. (2016): Dispersal limitation induces long-term biomass collapse in overhunted Amazonian forests. Proceedings of the National Academy of Sciences 113 (4), 892–897.

Perino, A., Pereira, H. M., Navarro, L. M., Fernández, N., Bullock, J. M., Ceausu, S., Cortés-Avizanda, A., van Klink, R., Kuemmerle, T. und Lomba, A. (2019): Rewilding complex ecosystems. Science 364 (6438), eaav5570.

Perrings, C. (2018): Conservation beyond protected areas: the challenge of landraces and crop wild relatives. In: Dayal, V., Duraiappah, A. und Nawn, N. (Hrsg.): Ecology, Economy and Society: Essays in Honour of Kanchan Chopra. Berlin, Heidelberg: Springer, 123–136.

Perry, G. E., Lopez, J. H., Maloney, W. F., Arias, O. und Servén, L. (2006): Poverty Reduction and Growth: Virtuous and Vicious Circles. Washington, DC: World Bank.

Persson, U. M. (2015): The impact of biofuel demand on agricultural commodity prices: a systematic review. Wiley Interdisciplinary Reviews: Energy and Environment 4 (5), 410–428.

Pesce, M., Tamai, I., Guo, D., Critto, A., Brombal, D., Wang, X., Cheng, H. und Marcomini, A. (2020): Circular Economy in China: translating principles into practice. Sustainability 12 (3), 832.

Peters, G. P., Andrew, R. M., Canadell, J. G., Friedlingstein, P., Jackson, R. B., Korsbakken, J. I., Le Quéré, C. und Peregon, A. (2020): Carbon dioxide emissions continue to grow amidst slowly emerging climate policies. Nature Climate Change 10 (1), 3–6.

Pfaff, A. und Robalino, J. (2017): Spillovers from Conservation Programs. Annual Review of Resource Economics 9 (1), 299–315.

Pfromm, P. H. (2017): Towards sustainable agriculture: Fossil-free ammonia. Journal of Renewable and Sustainable Energy 9 (3), 034702.

Phalan, B., Onial, M., Balmford, A. und Green, R. E. (2011): Reconciling food production and biodiversity conservation: land sharing and land sparing compared. Science 333 (6047), 1289–1291.

Phang, S. C., Failler, P. und Bridgewater, P. (2020): Addressing the implementation challenge of the global biodiversity framework. Biodiversity and Conservation 29 (9), 3061–3066.

Piller, I. und Lising, L. (2014): Language, employment, and settlement: temporary meat workers in Australia. Multilingua 33 (1–2), 35–59.

Pimbert, M. und Borrini-Feyerabend, G. (2019): Nourishing Life – Territories of Life & Food Sovereignty. Policy Brief of the ICCA Consortium No. 6. Tehran: ICCA Consortium, Centre for Agroecology, Water and Resilience at Coventry University and CENESTA.

Pimentel, D. und Burgess, M. (2014): Pesticides applied worldwide to combat pests. In: Peshin, R. und Pimentel, D. (Hrsg.): Integrated Pest Management. Heidelberg, Berlin: Springer, 1–12.

Pimentel, D., Wilson, C., McCullum, C., Huang, R., Dwen, P., Flack, J., Tran, Q., Saltman, T. und Cliff, B. (1997): Economic and environmental benefits of biodiversity. BioScience 47 (11), 747–757.

Pimm, S. L., Jenkins, C. N., Abell, R., Brooks, T. M., Gittleman, J. L., Joppa, L. N., Raven, P. H., Roberts, C. M. und Sexton, D. (2014): The biodiversity of species and their rates of extinction, distribution, and protection. Proceedings of the National Academy of Sciences 344, 987–998.

Pimm, S. L., Jenkins, C. N. und Li, B. V. (2018): How to protect half of Earth to ensure it protects sufficient biodiversity. Science Advances 4 (8), 1–8.

Pimm, S. L., Russell, G. J., Gittleman, J. L. und Brooks, T. M. (1995): The future of biodiversity. Science 269 (5222), 347–350.

Pindyck, R. S. (2020): What We Know and Don't Know about Climate Change, and Implications for Policy. National Bureau of Economic Research Working Paper Series No. 27304. Cambridge, MA: National Bureau of Economic Research (NBER).

Pingali, P. (2015): Agricultural policy and nutrition outcomes – getting beyond the preoccupation with staple grains. Food Security 7 (3), 583–591.

Piotrowski, S., Essel, R., Carus, M., Dammer, L. und Engel, L. (2015): Schlussbericht zum Vorhaben: Nachhaltig nutzbare Potenziale für Biokraftstoffe in Nutzungskonkurrenz zur Lebens- und Futtermittelproduktion, Bioenergie sowie zur stofflichen Nutzung in Deutschland, Europa und der Welt. Hürth: Nova-Institut.

Pittelkow, C. M., Liang, X., Linquist, B. A., van Groenigen, K. J., Lee, J., Lundy, M. E., van Gestel, N., Six, J., Venterea, R. T. und van Kessel, C. (2015): Productivity limits and potentials of the principles of conservation agriculture. Nature 517 (7534), 365–368.

Pl@ntNet (2020): One Plant, One Picture, One Species. The Pl@ntNet App. Internet: https://plantnet.org/en/. Paris: Pl@ntNet.

Place, F., Barrett, C. B., Freeman, H. A., Ramisch, J. J. und Vanlauwe, B. (2003): Prospects for integrated soil fertility management using organic and inorganic inputs: evidence from smallholder African agricultural systems. Food Policy 28 (4), 365–378.

PlasticsEurope (2019): Plastics – the Facts 2019: An Analysis of European Plastics Production, Demand and Waste Data. Brüssel: PlasticsEurope.

Platnick, N. I. (2007): Patterns of biodiversity: tropical vs temperate. Journal of Natural History 25 (5), 1083–1088.

Pocock, M. J. O., Chandler, M., Bonney, R., Thornhill, I., Albin, A., August, T., Bachman, S., Brown, P. M. J., Cunha, D. G. F. und Grez, A. (2018a): A vision for global biodiversity monitoring with citizen science. In: Bohan, D. A., Dumbrell, A. J., Woodward, G. und Jackson, M. (Hrsg.): Advances in Ecological Research. Band 59. Amsterdam: Elsevier, 169–223.

Pocock, M. J. O., Roy, H. E., August, T., Kuria, A., Barasa, F., Bett, J., Githiru, M., Kairo, J., Kimani, J. und Kinuthia, W. (2018b): Developing the global potential of citizen science: Assessing opportunities that benefit people, society and the environment in East Africa. Journal of Applied Ecology 56 (2), 274–281.

Poiani, K. A., Goldman, R. L., Hobson, J., Hoekstra, J. M. und Nelson, K. S. (2011): Redesigning biodiversity conservation projects for climate change: examples from the field. Biodiversity and Conservation 20, 185–201.

Ponitka, J. und Thrän, D. (2015): Optionen und Trends der Biomassenutzung: Perspektiven für die Bioenergie 2050. Leipzig: Deutsches Biomasseforschungszentrum gemeinnützige GmbH, Helmholtz-Zentrum für Umweltforschung (UFZ).

Poortinga, W., Fisher, S., Bohm, G., Steg, L., Whitmarsh, L. und Ogunbode, C. (2018): European Attitudes to Climate Change and Energy. Topline Results From Round 8 of the European Social Survey. ESS Topline Results Series 9. London: ESS.

Popkin, B. M., Corvalan, C. und Grummer-Strawn, L. M. (2020): Dynamics of the double burden of malnutrition and the changing nutrition reality. The Lancet 395 (10217), 65–74.

Popkin, B. M. und Gordon-Larsen, P. (2004): The nutrition transition: worldwide obesity dynamics and their determinants. International Journal of Obesity 28 (3), S2–S9.

Popp, A., Calvin, K., Fujimori, S., Havlik, P., Humpenöder, F., Stehfest, E., Bodirsky, B. L., Dietrich, J. P., Doelmann, J. C. und Gusti, M. (2017): Land-use futures in the shared socio-economic pathways. Global Environmental Change 42, 331–345.

Popp, J., Lakner, Z., Harangi-Rakos, M. und Fari, M. (2014): The effect of bioenergy expansion: Food, energy, and environment. Renewable and Sustainable Energy Reviews 32, 559–578.

Potting, J., Hekkert, M. P., Worrell, E. und Hanemaaijer, A. (2017): Circular Economy: Measuring Innovation in the Product Chain. Policy Report. The Hague: PBL Publishers.

Pozo, C., Galán-Martín, Á., Reiner, D. M., Mac Dowell, N. und Guillén-Gosálbez, G. (2020): Equity in allocating carbon dioxide removal quotas. Nature Climate Change 10 (7), 640–646.

Preidl, S., Lange, M. und Doktor, D. (2020): Introducing APiC for regionalised land cover mapping on the national scale using Sentinel-2A imagery. Remote Sensing of Environment 240, 111673.

Prieto-Sandoval, V., Jaca, C. und Ormazabal, M. (2018): Towards a consensus on the circular economy. Journal of Cleaner Production 179, 605–615.

Pringle, R. M. (2017): Upgrading protected areas to conserve wild biodiversity. Nature 546 (7656), 91–99.

Prinzessinnengarten Kollektiv Berlin (2020): Über uns. Internet: http://prinzessinnengarten-kollektiv.net/wir/. Berlin: Prinzessinnengarten Kollektiv Berlin.

Prochazka, J. (2012): Grafische Darstellungen von Ernährungsempfehlungen. Masterarbeit. Wien: Universität Wien.

Proskurina, S., Junginger, M., Heinimö, J., Tekinel, B. und Vakkilainen, E. (2019): Global biomass trade for energy – Part 2: Production and trade streams of wood pellets, liquid biofuels, charcoal, industrial roundwood and emerging energy biomass. Biofuels, Bioproducts and Biorefining 13 (2), 371–387.

Proveg International (2019): Vegan-Trend: Zahlen und Fakten zum Veggie-Markt. Internet: https://proveg.com/de/pflanzlicher-lebensstil/vegan-trend-zahlen-und-fakten-zum-veggie-markt/. Berlin: Proveg.

Pudel, V. und Westenhöfer, J. (2003): Ernährungspsychologie: Eine Einführung. Göttingen: Hogrefe.

Purkus, A., Lüdtke, J., Jochem, D., Rüter, S. und Weimar, H. (2020): Entwicklung der Rahmenbedingungen für das Bauen mit Holz in Deutschland: Eine Innovationssystemanalyse im Kontext der Evaluation der Charta für Holz 2.0. Thünen Report 78. Braunschweig: Johann-Heinrich von Thünen Institut.

Purvis, A. (2020): A single apex target for biodiversity would be bad news for both nature and people. Nature Ecology & Evolution, 1–2.

Pyšek, P., Jarošík, V., Hulme, P. E., Kühn, I., Wild, J., Arianoutsou, M., Bacher, S., Chiron, F., Didžiulis, V. und Essl, F. (2010): Disentangling the role of environmental and human pressures on biological invasions across Europe. Proceedings of the National Academy of Sciences 107 (27), 12157–12162.

Qaim, M. (2017): Globalisation of agrifood systems and sustainable nutrition. Proceedings of the Nutrition Society 76 (1), 12–21.

Qaim, M., Schader, C., Pe'er, G., Lakner, S. und Finckh, M. (2018): Ist intensiver Ackerbau klimafreundlich? Internet: https://www.sciencemediacenter.de/alle-angebote/research-in-context/details/news/ist-intensiver-ackerbau-klimafreundlich/. Köln: Science Media Center Germany – Research in Context.

Radel, C., Schmook, B., Mcevoy, J., Méndez-Medina, C. und Petrzelka, P. (2012): Labour migration and gendered agricultural relations: the feminization of agriculture in the Ejidal Sector of Calakmul, Mexico. Journal of Agrarian Change 12, 98–119.

Raev, I. (2002): Sustainable forestry management. Environmental Management in Practice: Volume 2: Compartments, Stressors and Sectors 2, 217.

Rahmann, G., Aulrich, K., Barth, K., Böhm, H., Koopmann, R., Oppermann, R., Paulsen, H. M. und Weißmann, F. (2008): Klimarelevanz des Ökologischen Landbaus – Stand des Wissens. Landbauforschung 58 (1–2), 71–89.

Rahmann, G. und Oppermann, R. (2010): „Feed less Food" als eine Möglichkeit, die zunehmende Weltbevölkerung zu ernähren. In: Rahmann, G. und Schumacher, U. (Hrsg.): Neues aus der Ökologischen Tierhaltung 2010. Westerau: von Thünen-Institut (vTI), Institut für Ökologischen Landbau, 75–84.

Rahmstorf, S. (2019): Können Bäume das Klima retten? Internet: https://scilogs.spektrum.de/klimalounge/koennen-baeume-das-klima-retten/. Heidelberg: SciLogs.

Ramirez-Contreras, N. E. und Faaij, A. (2018): A review of key international biomass and bioenergy sustainability frameworks and certification systems and their application and implications in Colombia. Renewable and Sustainable Energy Reviews 96, 460–478.

Ramirez-Villegas, J. und Thornton, P. K. (2015): Climate Change Impacts on African Crop Production. Working Paper No. 119. Kopenhagen: CGIAR Research Program on Climate Change, Agriculture and Food Security (CCAFS).

Rat der Europäischen Union (2019): Council Conclusions on the Progress in the Implementation of the EU Forest Strategy and on a New Strategic Framework for Forests. Brüssel: EU.

Rauch, T., Beckmann, G., Neubert, S. und Rettberg, S. (2016): Ländlicher Strukturwandel in Subsahara Afrika. Berlin: Albrecht Daniel Thaer-Institut für Agrar- und Gartenbauwissenschaften der HU.

Raut, S. H., Sarode, D. D. und Lele, S. S. (2014): Biocalcification using *B. pasteurii* for strengthening brick masonry civil engineering structures. World Journal of Microbiology and Biotechnology 30 (1), 191–200.

Ravi, S., Macknick, J., Lobell, D., Field, C., Ganesan, K., Jain, R., Elchinger, M. und Stoltenberg, B. (2016): Colocation opportunities for large solar infrastructures and agriculture in drylands. Applied Energy 165, 383–392.

Realmonte, G., Drouet, L., Gambhir, A., Glynn, J., Hawkes, A., Köberle, A. C. und Tavoni, M. (2019): An inter-model assessment of the role of direct air capture in deep mitigation pathways. Nature Communications 10 (1), 3277.

Reardon, T., Timmer, C. P., Barrett, C. B. und Berdegue, J. (2003): The rise of supermarkets in Africa, Asia, and Latin America. American Journal of Agricultural Economics 85 (5), 1140–1146.

Reed, J., Deakin, L. und Sunderland, T. (2015): What are ‚Integrated Landscape Approaches' and how effectively have they been implemented in the tropics: a systematic map protocol. Environmental Evidence 4 (2), 1–7.

Reed, J., Ickowitz, A., Chervier, C., Djoudi, H., Moombe, K., Ros-Tonen, M., Yanou, M., Yuliani, L. und Sunderland, T. (2020): Integrated landscape approaches in the tropics: A brief stock-take. Land Use Policy 99, 104822.

Reed, J., van Vianen, J., Barlow, J. und Sunderland, T. (2017): Have integrated landscape approaches reconciled societal and environmental issues in the tropics? Land Use Policy 63, 481–492.

Reed, J., van Vianen, J., Deakin, E. L., Barlow, J. und Sunderland, T. (2016): Integrated landscape approaches to managing social and environmental issues in the tropics: learning from the past to guide the future. Global Change Biology 22 (7), 2540–2554.

Rehak, R. (2018): Die Blockchain politisch gelesen. Vom Experiment einer Gesellschaft ohne Vertrauen. WZB Mitteilungen (161), 54–57.

Reid, W. V., Ali, M. K. und Field, C. B. (2020): The future of bioenergy. Global Change Biology 26 (1), 274–286.

Reike, D., Vermeulen, W. J. V. und Witjes, S. (2018): The circular economy: new or refurbished as CE 3.0?—exploring controversies in the conceptualization of the circular economy through a focus on history and resource value retention options. Resources, Conservation and Recycling 135, 246–264.

Reisch, L. A. (2015): Kleiner Stups, große Zukunft? Internet: https://www.zu-daily.de/daily/schulterblick/2015/05-29_reisch-ein-kleiner-stups-mit-grosser-zukunft.php. Friedrichshafen: zu Daily.

Remans, R., Wood, S. A., Saha, N., Anderman, T. L. und DeFries, R. S. (2014): Measuring nutritional diversity of national food supplies. Global Food Security 3 (3–4), 174–182.

Renzaho, A. (2020): The need for the right socio-economic and cultural fit in the Covid-19 response in Sub-Saharan Africa: examining demographic, economic political, health, and socio-cultural differentials in Covid-19 morbidity and mortality. International Journal of Environmental Research and Public Health 17 (10), 3445.

Resurrección, B. P. (2013): Persistent women and environment linkages in climate change and sustainable development agendas. Women's Studies International Forum 40, 33–43.

Rettberg, S. (2009): Das Risiko der Afar: Existenzsicherung äthiopischer Nomaden im Kontext von Hungerkrisen, Konflikten und Entwicklungsinterventionen. Bayreuth: Verlag für Entwicklungspolitik.

Revell, B., Saunders, J. und Saunders, C. (2014): Assessing the environmental impact of liberalising agricultural trade–with special reference to EU-Mercosur. 88th Annual Conference, April 9-11, 2014, AgroParisTech. Internet: https://econpapers.repec.org/paper/agsaesc14/169728.htm. Paris: Agricultural Economics Society.

Reyer, C. P. O., Bathgate, S., Blennow, K., Borges, J. G., Bugmann, H., Delzon, S., Faias, S. P., Garcia-Gonzalo, J., Gardiner, B. und Gonzalez-Olabarria, J. R. (2017): Are forest disturbances amplifying or canceling out climate change-induced productivity changes in European forests? Environmental Research Letters 12 (3), 034027.

Rickels, W., Merk, C., Honneth, J., Schwinger, J., Quaas, M. und Oschlies, A. (2019): Welche Rolle spielen negative Emissionen für die zukünftige Klimapolitik? 20 (2), 145–158.

Ricketts, T. H., Soares-Filho, B., da Fonseca, G. A. B., Nepstad, D., Pfaff, A., Petsonk, A., Anderson, A., Boucher, D., Cattaneo, A. und Conte, M. (2010): Indigenous lands, protected areas, and slowing climate change. PLoS Biology 8 (3), e1000331.

Rinaudo, T. (2001): Utilizing the underground forest. In: Pasternak, D. und Schlissel, A. (Hrsg.): Combating Desertification with Plants. Boston, MA: Springer, 325–336.

Ringel, M. und Knodt, M. (2017): Governance der Energieunion: Weiche Steuerung mit harten Zügen? Integration 40 (2), 125–140.

Ripple, W. J., Wolf, C., Newsome, T. M., Betts, M. G., Ceballos, G., Courchamp, F., Hayward, M. W., Van Valkenburgh, B., Wallach, A. D. und Worm, B. (2019): Are we eating the world's megafauna to extinction? Conservation Letters doi:10.1111/conl.12627, 1–10.

Risse, T. und Lehmkuhl, U. (2006): Governance in Räumen begrenzter Staatlichkeit: neue Formen des Regierens? Das Forschungsprogramm des Sonderforschungsbereichs 700 (SFB 700). Berlin: DFG Sonderforschungsbereich 700, Freie Universität Berlin.

Ritchie, H., Reay, D. S. und Higgins, P. (2018): The impact of global dietary guidelines on climate change. Global Environmental Change 49, 46–55.

Ritchie, H. und Roser, M. (2017): $CO_2$ and Greenhouse Gas Emissions. Internet: https://ourworldindata.org/co2-and-other-greenhouse-gas-emissions#citation. Oxford: Global Change Data Lab, Our World in Data.

Rockström, J., Gaffney, O., Rogelj, J., Meinshausen, M., Nakicenovic, N. und Schellnhuber, H. J. (2017): A roadmap for rapid decarbonization. Science 355, 1269–1272.

Rockström, J., Steffen, W., Noone, K., Paersson, A., Chapin III, F. S., Lambin, E. F., Lenton, T. M., Scheffer, M., Folke, C., Schellnhuber, H. J., Nykvist, B., de Wit, C., A., Hughes, T., van der Leeuw, S., Rodhe, H., Sörlin, S., Snyder, P. K., Costanza, R., Svedin, U., Falkenmark, M., Karlberg, L., Corell, R. W., Fabry, V. J., Hansen, J., Walker, B., Liverman, D., Richardson, K., Crutzen, P. und Foley, J. A. (2009a): A safe operating space for humanity. Nature 46, 472–475.

Rockström, J., Steffen, W., Noone, K., Persson, A., Chapin, F. S., Lambin, E. F., Lenton, T. M., Scheffer, M., Folke, C., Schellnhuber, H. J., Nykvist, B., de Witt, C. A., Hughes, T. M. C., van der Leeuw, S., Rodhe, H., Sörlim, S., Snyder, P. K., Constanza, R., Svedin, U., Falkenmark, M., Karlberg, L., Corell, R. W., Fabry, V. J., Hansen, J., Walker, B., Livermann, D., Richardson, K., Crutzen, P. J. und Foley, J. A. (2009b): Planetary boundaries: exploring the safe operating space for humanity. Ecology and Society 14 (2), 32.

Rodríguez de Francisco, J. C. und Boelens, R. (2014): Warum es bei Zahlungen für Ökosystemdienstleistungen auf Macht ankommt. Bonn: Deutsches Institut für Entwicklungspolitik (DIE).

Roe, S., Streck, C., Obersteiner, M., Frank, S., Griscom, B., Drouet, L., Fricko, O., Gusti, M., Harris, N. und Hasegawa, T. (2019): Contribution of the land sector to a 1.5° C world. Nature Climate Change 9, 817–828.

ROG – Raumordnungsgesetz (2008): Raumordnungsgesetz vom 22. Dezember 2008 (BGBl. I Nr. 65 vom 30.12.2009, S. 2986), zuletzt geändert durch Artikel 159 der Verordnung vom 19. Juni 2020 (BGBl. I Nr. 29 vom 26.06.2020, S. 1328). Berlin: Deutscher Bundestag.

Rogelj, J., Shindell, D., Jiang, K., Fifita, S., Forster, P., Ginzburg, V., Handa, C., Kheshgi, H., Kobayashi, S. und Kriegler, E. (2018): Chapter 2: Mitigation pathways compatible with 1.5 C in the context of sustainable development. In: Masson-Delmotte, V., P. Zhai, H.-O. Pörtner, D. Roberts, J. Skea, P.R. Shukla, A. Pirani, W. Moufouma-Okia, C. Péan, R. Pidcock, S. Connors, J.B.R. Matthews, Y. Chen, X., Zhou, M. I. G., E. Lonnoy, T. Maycock, M. Tignor und Waterfield, T. (Hrsg.): Global Warming of 1.5°C. An IPCC Special Report on the Impacts of Global Warming of 1.5°C Above Pre-Industrial Levels and Related Global Greenhouse Gas Emission Pathways, in the Context of Strengthening the Global Response to the Threat of Climate Change, Sustainable Development, and Efforts to Eradicate Poverty. Cambridge, New York: Cambridge University Press, 93–174.

Rogers, E. M. (2003): Diffusion of Innovations. 5th Edition. New York: Free Press.

Rohr, J. R., Barrett, C. B., Civitello, D. J., Craft, M. E., Delius, B., DeLeo, G. A., Hudson, P. J., Jouanard, N., Nguyen, K. H. und Ostfeld, R. S. (2019): Emerging human infectious diseases and the links to global food production. Nature Sustainability 2 (6), 445–456.

Röhr, U., Alber, G., Göldner, L. und Gender CC – Women for Climate Justice e.V. (2018). Gendergerechtigkeit als Beitrag zu einer erfolgreichen Klimapolitik: Forschungsreview, Analyse internationaler Vereinbarungen, Portfolioanalyse: Zwischenbericht. Dessau: Umweltbundesamt (UBA).

Röhrdanz, M., Pannemann, F., Dittrich, K., Klenke, T., Buchwald, R. und Wark, M. (2019): Erweiterung der Verwertungs-Kaskaden von Reststoff-Biomassen durch die Herstellung von HTC-Biokohle am Beispiel unterschiedlicher Güllearten. In: Marx Gómez, J., Solsbach, A., Klenke, T. und Wohlgemuth, V. (Hrsg.): Smart Cities/Smart Regions – Technische, wirtschaftliche und gesellschaftliche Innovationen. Heidelberg, Berlin: Springer, 755–763.

Rombach, M. und Bitsch, V. (2015): Food movements in Germany: slow food, food sharing, and dumpster diving. International Food and Agribusiness Management Review 18, 1–24.

Röös, E., Bajželj, B., Smith, P., Patel, M., Little, D. und Garnett, T. (2017): Greedy or needy? Land use and climate impacts of food in 2050 under different livestock futures. Global Environmental Change 47, 1–12.

Röös, E., Carlsson, G., Ferawati, F., Hefni, M., Stephan, A., Tidåker, P. und Witthöft, C. (2018): Less meat, more legumes: prospects and challenges in the transition toward sustainable diets in Sweden. Renewable Agriculture and Food Systems doi:org/10.1017/S1742170518000443, 1–14.

Rose, L., Coners, H. und Leuschner, C. (2012): Effects of fertilization and cutting frequency on the water balance of a temperate grassland. Ecohydrology 5 (1), 64–72.

Rosenfeld, D. L. und Burrow, A. L. (2017): The unified model of vegetarian identity: a conceptual framework for understanding plant-based food choices. Appetite 112, 78–95.

Roudier, P., Sultan, B., Quirion, P. und Berg, A. (2011): The impact of future climate change on West African crop yields: What does the recent literature say? Global Environmental Change 21 (3), 1073–1083.

Rounsevell, M. D. A., Harfoot, M., Harrison, P. A., Newbold, T., Gregory, R. D. und Mace, G. M. (2020): A biodiversity target based on species extinctions. Science 368 (6496), 1193–1195.

Ruben, R. und Fort, R. (2012): The impact of fair trade certification for coffee farmers in Peru. World Development 40 (3), 570–582.

Rudloff, B. und Brüntrup, M. (2018): Allen Behauptungen zum Trotz: Die Gemeinsame Agrarpolitik hat kaum Entwicklungswirkungen. Berlin: Stiftung Wissenschaft und Politik (SWP).

Rudloff, B. und Wieck, C. (2020): Nachhaltige Lieferketten im Agrarsektor: Wert schöpfen statt Zuliefern. SWP-Aktuell 70, 1–8.

Ruiz-Saenz, J., Bonilla-Aldana, K., Suárez, J. A., Franco-Paredes, C., Vilcarromero, S., Mattar, S., Gómez-Marín, J., Villamil-Gómez, W., Cardona-Ospina, J. A. und Idarraga-Bedoya, S. (2019): Brazil burning! What is the potential impact of the Amazon wildfires on vector-borne and zoonotic emerging diseases? A statement from an international experts meeting. Travel Medicine and Infectious Disease doi:10.1016/j.tmaid.2019.101474, 1–11.

Rulli, M. C., Saviori, A. und D'Odorico, P. (2013): Global land and water grabbing. Proceedings of the National Academy of Sciences 110 (3), 892–897.

Ruppert, D., Welp, M., Spies, M. und Thevs, N. (2020): Farmers' perceptions of tree shelterbelts on agricultural land in rural Kyrgyzstan. Sustainability 12 (3), 1093.

Rusman, A., de Adelhart Toorop, R., de Boer, J. und de Groot Ruiz, A. (2018): Cocoa Farmer Income: The Household Income of Cocoa Farmers in Côte D'ivoire and Strategies for Improvement. Amsterdam: True Price.

Rychlik, M. (2019): Neuseelands Landwirte sollen für Treibhausgase bezahlen. Internet: https://www.agrarheute.com/politik/neuseelands-landwirte-fuer-treibhausgase-bezahlen-555432. München: Deutscher Landwirtschaftsverlag – Agrarheute.

Sachs, J., Schmidt-Traub, G., Kroll, C., Lafortune, G. und Fuller, G. (2018): SDG Index and Dashboard Report 2018. New York: Bertelsmann Stiftung, Sustainable Development Solutions Network.

Salzman, J., Bennett, G., Carroll, N., Goldstein, A. und Jenkins, M. (2018): The global status and trends of Payments for Ecosystem Services. Nature Sustainability 1 (3), 136–144.

Sanderman, J., Hengl, T. und Fiske, G. J. (2017): Soil carbon debt of 12,000 years of human land use. Proceedings of the National Academy of Sciences 114 (36), 9575-9580.

Sanders, J. und Heß, J. (2019): Leistungen des ökologischen Landbaus für Umwelt und Gesellschaft. 2. überarbeitete und ergänzte Auflage. Braunschweig: Johann Heinrich von Thünen-Institut.

Sanderson, E. W., Walston, J. und Robinson, J. G. (2018): From bottleneck to breakthrough: urbanization and the future of biodiversity conservation. BioScience 68 (6), 412–426.

Sands, P., Peel, J., Fabra, A. und Mackenzie, R. (2018) (Hrsg.): Prinicples of International Environmental Law. Cambridge, New York: Cambridge University Press.

Sandwith, T. und Besançon, C. (2010): Making peace: protected areas contributing to conflict resolution. In: Stolton, S. und Dudley, N. (Hrsg.): Arguments for Protected Areas: Multiple Benefits for Conservation and Use. London: Earthscan, 225–238.

Sandwith, T. und Lockwood, M. (2006): Linking the landscape. In: Lockwood, M., Worboys, G. L. und Kothari, A. (Hrsg.): Managing Protected Areas: A Global Guide. London: Earthscan, 574–602.

Santpoort, R. (2020): The drivers of maize area expansion in Sub-Saharan Africa. How policies to boost maize production overlook the interests of smallholder farmers. Land 9 (3), 1–13.

Sasaki, N., Asner, G. P., Pan, Y., Knorr, W., Durst, P. B., Ma, H. O., Abe, I., Lowe, A. J., Koh, L. P. und Putz, F. E. (2016): Sustainable management of tropical forests can reduce carbon emissions and stabilize timber production. Frontiers in Environmental Science 4, 50.

Satoyama-Initiative (2020): The International Partnership for the Satoyama Initiative (IPSI). Internet: https://satoyama-initiative.org. Tokio: UNU-IAS.

Saulais, L., Massey, C., Perez-Cueto, F. J., Appleton, K. M., Dinnella, C., Monteleone, E., Depezay, L., Hartwell, H. und Giboreau, A. (2019): When are „Dish of the Day" nudges most effective to increase vegetable selection? Food Policy 85, 15–27.

Saura, S., Bertzky, B., Bastin, L., Battistella, L., Mandrici, A. und Dubois, G. (2018): Protected area connectivity: Shortfalls in global targets and country-level priorities. Biological Conservation 219, 53–67.

Saura, S., Bertzky, B., Bastin, L., Battistella, L., Mandrici, A. und Dubois, G. (2019): Global trends in protected area connectivity from 2010 to 2018. Biological Conservation 238, 8.

Saviour, M. N. (2012): Environmental impact of soil and sand mining: a review. International Journal of Science, Environment and Technology 1 (3), 125–134.

Savoie-Roskos, M. R., Wengreen, H. und Durward, C. (2017): Increasing fruit and vegetable intake among children and youth through gardening-based interventions: a systematic review. Journal of the Academy of Nutrition and Dietetics 117 (2), 240–250.

Sayer, J., Margules, C., Boedhihartono, A. K., Dale, A., Sunderland, T., Supriatna, J. und Saryanthi, R. (2015): Landscape approaches; what are the pre-conditions for success? Sustainability Science 10 (2), 345–355.

Sayer, J., Sunderland, T., Ghazoul, J., Pfund, J.-L., Sheil, D., Meijaard, E., Venter, M., Boedhihartono, A. K., Day, M. und Garcia, C. (2013): Ten principles for a landscape approach to reconciling agriculture, conservation, and other competing land uses. Proceedings of the National Academy of Sciences 110 (21), 8349–8356.

Sayer, J. A., Margules, C., Boedhihartono, A. K., Sunderland, T., Langston, J. D., Reed, J., Riggs, R., Buck, L. E., Campbell, B. M. und Kusters, K. (2017): Measuring the effectiveness of landscape approaches to conservation and development. Sustainability Science 12 (3), 465–476.

SCBD – Secretariat of the Convention on Biological Diversity (2014): Global Biodiversity Outlook 4. A Mid-Term Assessment of Progress Towards the Implementation of the Strategic Plan for Biodiversity 2011–2020. Montreal: CBD Secretariat.

SCBD – Secretariat of the Convention on Biological Diversity (2020): Global Biodiversity Outlook 5. Montreal: CBD Secretariat.

Schäffer, A., Filser, J., Frische, T., Gessner, M., Köck, W., Kratz, W., Liess, M., Nuppenau, E.-A., Roß-Nickoll, M. und Schäfer, R. (2018): Der stumme Frühling: zur Notwendigkeit eines umweltverträglichen Pflanzenschutzes. Diskussion Nr. 16. Halle (Saale): Nationale Akademie der Wissenschaften Leopoldina.

Schanes, K. und Stagl, S. (2019): Food waste fighters: What motivates people to engage in food sharing? Journal of Cleaner Production 211, 1491–1501.

Schipanski, M. E. und Bennett, E. M. (2012): The influence of agricultural trade and livestock production on the global phosphorus cycle. Ecosystems 15 (2), 256–268.

Schlacke, S. (2019): Umweltrecht. Baden-Baden: Nomos.

Schleicher, J., Peres, C. A. und Leader-Williams, N. (2019a): Conservation performance of tropical protected areas: How important is management? Conservation Letters 12 (5), e12650.

Schleicher, J., Zaehringer, J. G., Fastré, C., Vira, B., Visconti, P. und Sandbrook, C. (2019b): Protecting half of the planet could directly affect over one billion people. Nature Sustainability 2 (12), 1094–1096.

Schmidinger, K. (2020): Wie Tierproduktkonsum zu Pandemien beiträgt. Internet: https://albert-schweitzer-stiftung.de/aktuell/tierproduktkonsum-pandemien. Berlin: Albert Schweitzer Stiftung für unsere Mitwelt.

Schmidt, E., Chinowsky, P., Robinson, S. und Strzepek, K. (2017): Determinants and impact of sustainable land management (SLM) investments: A systems evaluation in the Blue Nile Basin, Ethiopia. Agricultural Economics 48 (5), 613–627.

Schmidt, K. und Matthies, E. (2018): Where to start fighting the food waste problem? Identifying most promising entry points for intervention programs to reduce household food waste and overconsumption of food. Resources, Conservation and Recycling (149), 1–14.

Schmitz, C., Biewald, A., Lotze-Campen, H., Popp, A., Dietrich, J. P., Bodirsky, B., Krause, M. und Weindl, I. (2012): Trading more food: Implications for land use, greenhouse gas emissions, and the food system. Global Environmental Change 22 (1), 189–209.

Schneidewind, U. (2018): Die große Transformation: eine Einführung in die Kunst gesellschaftlichen Wandels. Frankfurt/M.: Fischer.

Scholz, J. J. (2002): „Haben wir die Jugend, so haben wir die Zukunft": die Obstbausiedlung Eden/Oranienburg als alternatives Gesellschafts-und Erziehungsmodell (1893–1936). Berlin: Weidler.

Scholz, R., Pluschkell, W., Spitzer, K. H. und Steffen, R. (2004): Steigerung der Stoff- und Energieeffizienz sowie Minderung von $CO_2$-Emissionen in der Stahlindustrie. Chemie Ingenieur Technik 76 (9), 1318–1318.

Schön, S., Eismann, C., Wendt-Schwarzburg, H. und Ansmann, T. (2019): Nachhaltige Landnutzung managen: Akteure beteiligen – Ideen entwickeln – Konflikte lösen. Bielefeld: wbv Media.

Schöpe, M. (2005): Die veränderte Rolle der Landwirtschaft zu Beginn des 21. Jahrhunderts. ifo Schnelldienst 58 (09), 21–26.

Schopp-Guth, A. (1999): Renaturierung von Moorlandschaften: naturschutzfachliche Anforderungen aus bundesweiter Sicht. Bonn: Bundesamt für Naturschutz (BfN).

Schrijver, R. (2016): Precision Agriculture and the Future of Farming in Europe. Scientific Foresight Study. IP/G/STOA/FWC/2013-1/Lot 7/SC5. Brüssel: European Parliament.

Schrode, A., Mueller, L. M., Wilke, A., Fesenfeld, L. P. und Ernst, J. (2019): Transformation des Ernährungssystems: Grundlagen und Perspektiven. Dessau: Umweltbundesamt (UBA).

Schröder, T. (2016): Ernährungstrends im Kontext von Individualisierung und Identität. HiBiFo–Haushalt in Bildung & Forschung 5 (3), 127–136.

Schröter, M., Basak, E., Christie, M., Church, A., Keune, H., Osipova, E., Oteros-Rozas, E., Sievers-Glotzbach, S., van Oudenhoven, A. P. E., Balvanera, P., González, D., Jacobs, S., Molnár, Z., Pascual, U. und Martín-López, B. (2020): Indicators for relational values of nature's contributions to good quality of life: the IPBES approach for Europe and Central Asia. Ecosystems and People 16 (1), 50–69.

Schulmeister, A. (2015): Eating up Forests: How EU Consumption Drives Deforestation and Land Conversion: The Case of Soy from Brazil. Washington, DC: WWF International.

Schultz, P. W., Nolan, J. M., Cialdini, R. B., Goldstein, N. J. und Griskevicius, V. (2018): The constructive, destructive, and reconstructive power of social norms: Reprise. Perspectives on Psychological Science 13 (2), 249–254.

Schulze, K., Knights, K., Coad, L., Geldmann, J., Leverington, F., Eassom, A., Marr, M., Butchart, S. H. M., Hockings, M. und Burgess, N. D. (2018): An assessment of threats to terrestrial protected areas. Conservation Letters 11 (3), e12435.

Schwartzkopf-Genswein, K., Faucitano, L., Dadgar, S., Shand, P., Gonzalez, L. und Crowe, T. (2012): Road transport of cattle, swine and poultry in North America and its impact on animal welfare, carcass and meat quality: a review. Meat Science 92, 227–243.

Schwenke, T., Rüther, N. und Schwab, H. (2018): Die stoffliche Nutzung von nachwachsenden Rohstoffen als Dämmstoffe im Bauwesen – Zusatznutzen und Grenzen. In: Görlacher, R. und Sandhaas, J. (Hrsg.): Karlsruher Tage 2018 – Holzbau: Forschung für die Praxis. Karlsruhe: KIT Scientific Publishing, 27–45.

Schwerhoff, G., Edenhofer, O. und Fleurbaey, M. (2020): Taxation of economic rents. Journal of Economic Surveys 34 (2), 398–423.

Schwikowski, M. (2019): Afrikas demografisches Dilemma. Internet: https://www.dw.com/de/afrikas-demografisches-dilemma/a-49526035. Bonn: Deutsche Welle.

SDG Watch Europe (2020): Progress at a Snail's Pace. Statement Published by the SDG Watch Europe Steering Group as Eurostat Publishes 2020 SDG Monitoring Report, 22 June 2020. Brüssel: SDG Watch Europe.

Searchinger, T. D., Wirsenius, S., Beringer, T. und Dumas, P. (2018): Assessing the efficiency of changes in land use for mitigating climate change. Nature 564 (7735), 249–253.

Seddon, N., Turner, B., Berry, P., Chausson, A. und Girardin, C. A. J. (2019): Grounding nature-based climate solutions in sound biodiversity science. Nature Climate Change 9 (2), 84–87.

Seebens, H., Essl, F., Dawson, W., Fuentes, N., Moser, D., Pergl, J., Pyšek, P., van Kleunen, M., Weber, E. und Winter, M. (2015): Global trade will accelerate plant invasions in emerging economies under climate change. Global Change Biology 21 (11), 4128–4140.

Seekell, D., D'Odorico, P. und MacDonald, G. K. (2018): Food, trade, and the environment. Environmental Research Letters 13 (10), 100201.

Segerstedt, A. und Bobert, J. (2013): Revising the potential of large-scale Jatropha oil production in Tanzania: an economic land evaluation assessment. Energy Policy 57, 491–505.

Seibold, S., Gossner, M. M., Simons, N. K., Blüthgen, N., Müller, J., Ambarlı, D., Ammer, C., Bauhus, J., Fischer, M. und Habel, J. C. (2019): Arthropod decline in grasslands and forests is associated with landscape-level drivers. Nature 574 (7780), 671–674.

Seidl, R., Schelhaas, M.-J., Rammer, W. und Verkerk, P. J. (2014): Increasing forest disturbances in Europe and their impact on carbon storage. Nature Climate Change 4 (9), 806–810.

Seidl, R., Thom, D., Kautz, M., Martin-Benito, D., Peltoniemi, M., Vacchiano, G., Wild, J., Ascoli, D., Petr, M. und Honkaniemi, J. (2017): Forest disturbances under climate change. Nature Climate Change 7 (6), 395–402.

Seidler, P., Kolling, P. und Hampshire, M. (2016): terra0 – Can an augmented forest own and utilize itself. Artists Re: Thinking the Blockchain. Torque editions, UK, 63–72.

Seitz, B., Carrard, E., Burgos, S., Tatti, D., Herzog, F., Jäger, M. und Sereke, F. (2017): Erhöhte Humusvorräte in einem siebenjährigen Agroforstsystem in der Zentralschweiz. Agrarforschung Schweiz 8 (7–8), 318–323.

Sellers, S. (2016): Gender and Climate Change: A Closer Look at Existing Evidence. Brooklyn, NY: Global Gender and Climate Alliance (GGCA).

Seufert, V., Ramankutty, N. und Foley, J. A. (2012): Comparing the yields of organic and conventional agriculture. Nature 485 (7397), 229–232.

Shackleton, R. T., Foxcroft, L. C., Pyšek, P., Wood, L. E. und Richardson, D. M. (2020): Assessing biological invasions in protected areas after 30 years: Revisiting nature reserves targeted by the 1980s SCOPE programme. Biological Conservation 243, 108424.

Shafer, C. L. (2015): Cautionary thoughts on IUCN protected area management categories V–VI. Global Ecology and Conservation 3, 331–348.

Sharma, B., Gatoo, A., Bock, M., Mulligan, H. und Ramage, M. (2015): Engineered bamboo: state of the art. Proceedings of the Institution of Civil Engineers-Construction Materials 168 (2), 57–67.

Sharp, P. M. und Hahn, B. H. (2011): Origins of HIV and the AIDS pandemic. Cold Spring Harbor Perspectives in Medicine 1 (1), a006841.

Shen, L., Yang, J., Zhang, R., Shao, C. und Song, X. (2019): The benefits and barriers for promoting bamboo as a green building material in China – An integrative analysis. Sustainability 11 (9), 2493.

Shepherd, R. und Raats, M. (2006): The Psychology of Food Choice. Frontiers in Nutritional Science Band 3. Guildford: Food, Consumer Behaviour and Health Research Centre.

Shettima, A. G. und Tar, U. A. (2008): Farmer-pastoralist conflict in West Africa: Exploring the causes and consequences. Information, Society and Justice Journal 1 (2), 163–184.

Shukla, P. R., Skea, J., Slade, R., van Diemen, R., Haughey, E., Malley, J., Pathak, M. und Portugal Pereira, J. (2019): Technical summary. In: Shukla, P. R., Skea, J., Calvo Buendia, E., Masson-Delmotte, V., Pörtner, H.-O., Roberts, D., Zhai, C. P., Slade, R., S. Connors, van Diemen, R., Ferrat, M., Haughey, E., Luz, S., Neogi, S., Pathak, M., Petzold, J., Portugal Pereira, J., Vyas, P., Huntley, E., Kissick, K., Belkacemi, M. und Malley, J. (Hrsg.): Climate Change and Land: An IPCC Special Report on Climate Change, Desertification, Land Degradation, Sustainable Land Management, Food Security, and Greenhouse Gas Fluxes in Terrestrial Ecosystems. Oxford, New York: Oxford University Press, 37–74.

Shulla, K., Leal Filho, W., Sommer, J. H., Salvia, A. L. und Borgemeister, C. (2020): Channels of collaboration for citizen science and the sustainable development goals. Journal of Cleaner Production, 121735.

Sieveking, A. (2014): Die EU-Holzhandelsverordnung. Natur und Recht 36 (8), 542–548.

Simon, E. (2017): Green Ammonia Refuel Kick Off Meeting. Denver: Siemens AG.

Simon-Delso, N., Amaral-Rogers, V., Belzunces, L. P., Bonmatin, J. M., Chagnon, M., Downs, C., Furlan, L., Gibbons, D. W., Giorio, C., Girolami, V., Goulson, D., Kreutzweiser, D. P., Krupke, C. H., Liess, M., Long, E., McField, M., Mineau, P., Mitchell, E. A. D., Morrissey, C. A., Noome, D. A., Pisa, L., Settele, J., Stark, J. D., Tapparo, A., Van Dyck, H., Van Praagh, J., Van der Sluijs, J. P., Whitehorn, P. R. und Wiemers, M. (2015): Systemic insecticides (neonicotinoids and fipronil): trends, uses, mode of action and metabolites. Environmental Science and Pollution Research 22 (1), 5–34.

Simoncini, R., Ring, I., Sandström, C., Albert, C., Kasymov, U. und Arlettaz, R. (2019): Constraints and opportunities for mainstreaming biodiversity and ecosystem services in the EU's Common Agricultural Policy: Insights from the IPBES assessment for Europe and Central Asia. Land Use Policy 88, 104099.

Simons, J., Lenders, D. und Hartmann, M. (2020): Die Bedeutung der Strategien des Lebensmitteleinzelhandels in Deutschland für die Landwirtschaft. Schriftenreihe der Landwirtschaftlichen Rentenbank 36, 7–35.

Sims, K. R. E. und Alix-Garcia, J. M. (2017): Parks versus PES: Evaluating direct and incentive-based land conservation in Mexico. Journal of Environmental Economics and Management 86, 8–28.

Sippel, L., Kiziak, T., Woellert, F. und Klingholz, R. (2011): Afrikas demografische Herausforderung: wie eine junge Bevölkerung Entwicklung ermöglichen kann. Berlin: Berlin-Institut für Bevölkerung und Entwicklung.

Skidmore, A., Wang, T., de Bie, K. und Pilesjö, P. (2019): Comment on „The global tree restoration potential". Science 366, 1–4.

Skullestad, J. L., Bohne, R. A. und Lohne, J. (2016): High-rise timber buildings as a climate change mitigation measure – a comparative LCA of structural system alternatives. Energy Procedia 96, 112–123.

Sloan, S., Jenkins, C. N., Joppa, L. N., Gaveau, D. L. A. und Laurance, W. F. (2014): Remaining natural vegetation in the global biodiversity hotspots. Biological Conservation 177, 12–24.

Smil, V. (2014) (Hrsg.): Making the Modern World. Materials and Dematerialization. Chichester: Wiley.

Smith, K. F., Goldberg, M., Rosenthal, S., Carlson, L., Chen, J., Chen, C. und Ramachandran, S. (2014a): Global rise in human infectious disease outbreaks. Journal of the Royal Society Interface 11, 1–6.

Smith, K. R., Bruce, N., Balakrishnan, K., Adair-Rohani, H., Balmes, J., Chafe, Z., Dherani, M., Hosgood, H. D., Mehta, S. und Pope, D. (2014b): Millions dead: how do we know and what does it mean? Methods used in the comparative risk assessment of household air pollution. Annual Review of Public Health 35, 185–206.

Smith, P. (2018): Managing the global land resource. Proceedings of the Royal Society B 285, 1–9.

Smith, P., Davis, S. J., Creutzig, F., Fuss, S., Minx, J., Gabrielle, B., Kato, E., Jackson, R. B., Cowie, A., Kriegler, E., van Vuuren, D. P., Rogelj, J., Ciais, P., Milne, J., Canadell, J. G., McCollum, D., Peters, G., Andrew, R., Krey, V., Shrestha, G., Friedlingstein, P., Gasser, T., Grübler, A., Heidug, W. K., Jonas, M., Jones, C. D., Kraxner, F., Littleton, E., Lowe, J., Moreira, J. R., Nakicenovic, N., Obersteiner, M., Patwardhan, A., Rogner, M., Rubin, E., Sharifi, A., Torvanger, A., Yamagata, Y., Edmonds, J. und Yongsung, C. (2016): Biophysical and economic limits to negative $CO_2$ emissions. Nature Climate Change 6 (1), 42–50.

Smith, P., Adams, J., Beerling, D. J., Beringer, T., Calvin, K. V., Fuss, S., Griscom, B., Hagemann, N., Kammann, C., Kraxner, F., Minx, J. C., Popp, A., Renforth, P., Vicente, J. L. V. und Keesstra, S. (2019a): Land-management options for greenhouse gas removal and their impacts on ecosystem services and the Sustainable Development Goals. Annual Review of Environment and Resources 44 (1), 255–286.

Smith, P., Nkem, J., Calvin, K., Campbell, D., Cherubini, F., Grassi, G., Korotkov, V., Hoang, A. L., Lwasa, S., McElwee, P., Nkonya, E., Saigusa, N., Soussana, J.-F. und Taboada, M. A. (2019b): Chapter 6: Interlinkages between desertification, land degradation, food security and greenhouse gas fluxes: synergies, trade-offs and integrated response options. In: Shukla, P. R., Skea, J., Buendia, E. C., Masson-Delmotte, V., Pörtner, H.-O., Roberts, D. C., Zhai, P., Slade, R., Connors, S., Diemen, R. v., Ferrat, M., Haughey, E., Luz, S., Neogi, S., Pathak, M., Petzold, J., Pereira, J. P., Vyas, P., Huntley, E., Kissick, K., Belkacemi, M. und Malley, J. (Hrsg.): Climate Change and Land: An IPCC Special Report on Climate Change, Desertification, Land Degradation, Sustainable Land Management, Food Security, and Greenhouse Gas Fluxes in Terrestrial Ecosystems. Cambridge, New York: Cambridge University Press, 551–672.

Snaddon, J., Petrokofsky, G., Jepson, P. und Willis, K. J. (2013): Biodiversity technologies: tools as change agents. Biology Letters doi.org/10.1098/rsbl.2012.1029, 1–3.

Snilsveit, B., Stevenson, J., Langer, L., Tannous, N., Ravat, Z., Nduku, P., Polanin, J., Shemilt, I., Eyers, J. und Ferraro, P. J. (2019): Incentives for climate mitigation in the land use sector – the effects of payment for environmental services on environmental and socioeconomic outcomes in low- and middle-income countries: a mixed-methods systematic review. Campbell Systematic Reviews 15 (3), e1045.

Soares, M. G. M., Menezes, N. A. und Junk, W. J. (2006): Adaptations of fish species to oxygen depletion in a central Amazonian floodplain lake. Hydrobiologia 568 (1), 353–367.

Sobal, J., Bisogni, C. A., Devine, C. M. und Jastran, M. (2006): A conceptual model of the food choice process over the life course. Frontiers in Nutritional Science 3 (1), 1–18.

Soga, M., Gaston, K. J. und Yamaura, Y. (2017): Gardening is beneficial for health: a meta-analysis. Preventive medicine reports 5, 92–99.

Sohngen, B. (2020): Climate change and forests. Annual Review of Resource Economics 12, 23–43.

Sonak, S., Pangam, P., Sonak, M. und Mayekar, D. (2006): Impact of Sand Mining on Local Ecology in „Multiple Dimensions of Global Environmental Change". New Delhi: The Energy and Resources Institute.

Soroudi, A. und Jakubowicz, I. (2013): Recycling of bioplastics, their blends and biocomposites: a review. European Polymer Journal 49 (10), 2839–2858.

Sovacool, B. K. und Scarpaci, J. (2016): Energy justice and the contested petroleum politics of stranded assets: Policy insights from the Yasuní-ITT Initiative in Ecuador. Energy Policy 95, 158–171.

Spangenberg, J. H. und Settele, J. (2016): Value pluralism and economic valuation – defendable if well done. Ecosystem Services 18, 100–109.

Speck, M., Bienge, K., Wagner, L., Engelmann, T., Schuster, S., Teitscheid, P. und Langen, N. (2020): Creating sustainable meals supported by the NAHGAST online tool-approach and effects on GHG emissions and use of natural resources. Sustainability 12 (3), 1136.

Spektrum.de (o.J.): Lexikon der Geowissenschaften: Leguminosen. Internet: https://www.spektrum.de/lexikon/geowissenschaften/leguminosen/9452. Heidelberg: Spektrum der Wissenschaft.

Spiecker, H., Brix, M., Bender, B., Chalmin, A., Möndel, A., Mastel, K., Vetter, R., Unseld, R., Kretschmer, U. und Reeg, T. (2009): Neue Optionen für eine nachhaltige Landnutzung: Schlussbericht des Projektes agroforst. Berlin: BMBF.

Spires, M., Delobelle, P., Sanders, D., Puoane, T., Hoelzel, P. und Swart, R. (2016): Diet-related non-communicable diseases in South Africa: determinants and policy responses. South African Health Review 2016 (1), 35–42.

Springmann, M., Godfray, H. C. J., Rayner, M. und Scarborough, P. (2016): Analysis and valuation of the health and climate change cobenefits of dietary change. Proceedings of the National Academy of Sciences 113 (15), 4146–4151.

Springmann, M., Spajic, L., Clark, M. A., Poore, J., Herforth, A., Webb, P., Rayner, M. und Scarborough, P. (2020): The healthiness and sustainability of national and global food based dietary guidelines: modelling study. British Medical Journal 370, 2322.

SRI International Network and Resources Center (2015): SRI Methodologies. Internet: http://sri.ciifad.cornell.edu/about sri/methods/index.html. Washington, D.C., Tokio: SRI.

Srnka, K. J. und Schweitzer, F. M. (2000): Macht, Verantwortung und Information: der Konsument als Souverän? Theoretische Reflexion und praktische Ansätze am Beispiel ökologisch verantwortlichen Kaufverhaltens. Zeitschrift für Wirtschafts-und Unternehmensethik 1 (2), 192–205.

SRU – Sachverständigenrat für Umweltfragen (2012): Verantwortung in einer begrenzten Welt. Umweltgutachten 2012. Berlin: SRU.

SRU – Sachverständigenrat für Umweltfragen (2017): Umsteuern erforderlich: Klimaschutz im Verkehrssektor. Sondergutachten. Berlin: SRU.

SRU – Sachverständigenrat für Umweltfragen (2020): Für eine entschlossene Umweltpolitik in Deutschland und Europa. Umweltgutachten 2020. Berlin: SRU.

SRU – Sachverständigenrat für Umweltfragen und WBBGR – Wissenschaftlicher Beirat für Biodiversität und Genetische Ressourcen (2018): Für einen flächenwirksamen Insektenschutz. Stellungnahme. Berlin: SRU, WBBGR.

Staab, P. (2019): Digitaler Kapitalismus. Markt und Herrschaft in der Ökonomie der Unknappheit. Berlin: Suhrkamp.

Statista (2020): Anteil von Bio-Lebensmitteln am Lebensmittelumsatz in Deutschland in den Jahren 2010 bis 2019. Internet: https://de.statista.com/statistik/daten/studie/360581/umfrage/marktanteil-von-biolebensmitteln-in-deutschland/. Berlin: Statista.

Steenblik, R. P. und Droege, S. (2019): Time to ACCTS? Five Countries Announce New Initiative on Trade and Climate Change. Internet: https://www.iisd.org/blog/time-accts-five-countries-announce-new-initiative-trade-and-climate-change. Genf, Toronto: International Institute for Sustainable Development (IISD).

Steffen, W., Richardson, K., Rockström, J., Cornell, S. E., Fetzer, I., Bennett, E. M., Biggs, R., Carpenter, S. R., de Vries, W., de Wit, C., A., Folke, C., Gerten, D., Heinke, J., Mace, G. M., Persson, L. M., Ramanathan, V., Reyers, B. und Sörlin, S. (2015): Planetary boundaries: guiding human development on a changing planet. Science 347, 1259855.

Steffen, W., Rockström, J., Richardson, K., Lenton, T. M., Folke, C., Liverman, D., Summerhayes, C. P., Barnosky, A. D., Cornell, S. E., Crucifix, M., Donges, J. F., Fetzer, I., Lade, S. J., Scheffer, M., Winkelmann, R. und Schellnhuber, H. J. (2018): Trajectories of the Earth System in the Anthropocene. Proceedings of the National Academy of Sciences doi:10.1073/pnas.1810141115, 1–8.

Steg, L. und Nordlund, A. (2018): Theories to explain environmental behaviour. In: Steg, L. und de Groot, J. I. M. (Hrsg.): Environmental Psychology: An Introduction. Second Edition. Hoboken: Wiley, 217–222.

Stegmann, P., Londo, M. und Junginger, M. (2020): The Circular Bioeconomy: Its elements and role in European bioeconomy clusters. Resources, Conservation & Recycling: X, 6, 1–17.

Stein-Bachinger, K., Gottwald, F. und Haub, A. (2020): Mehr Artenvielfalt durch ökologische Landwirtschaft. Anliegen Natur 42 (2), 61–64.

Steinbrink, M. (2017): Translokale Livelihoods und ländlicher Strukturwandel in Subsahara-Afrika. SLE-Discussion Paper Serie 01. Berlin: Humboldt Universität, Seminar für Ländliche Entwicklung.

Steinbrink, M. und Niedenführ, H. (2017): Afrika in Bewegung: Translokale Lebenswirklichkeiten und ländliche Entwicklung in Subsahara-Afrika. Bielefeld: Transcript.

Steinfeld, H., Gerber, P., Wassenaar, T., V., C., Rosales, M. und de Haan, C. (2006): Livestock's Long Shadow. Environmental Issues and Options. Rom: Food and Agriculture Organization (FAO), Livestock Environment and Development (LEAD) Initiative.

Stern (2013): Der Veggie Day teilt das Land. Internet: https://www.stern.de/politik/deutschland/stern-umfrage-der-veggie-day-teilt-das-land-3910850.html. Hamburg: Stern.de.

Stern, P. C. (2000): New environmental theories: toward a coherent theory of environmentally significant behavior. Journal of Social Issues 56 (3), 407–424.

Sterner, T. und Robinson, E. J. Z. (2018): Selection and design of environmental policy instruments. In: Dasgupta, P., Pattanayak, S. K. und Smith, V. K. (Hrsg.): Handbook of Environmental Economics. Band 4. Amsterdam: Elsevier, 231–284.

Stiglitz, J. E. (2015): The origins of inequality, and policies to contain it. National Tax Journal 68 (2), 425–448.

Stöber, S., Chepkoech, W., Neubert, S., Kurgat, B., Bett, H. und Lotze-Campen, H. (2017): Adaptation pathways for African indigenous vegetables' value chains. In: Leal Filho, W., Belay, S., Kalangu, J., Menas, W., Munishi, P. und Musiyiwa, K. (Hrsg.): Climate Change Adaptation in Africa. Cham: Springer, 413–433.

Stoeckli, S., Birrer, S., Zellweger-Fischer, J., Balmer, O., Jenny, M. und Pfiffner, L. (2017): Quantifying the extent to which farmers can influence biodiversity on their farms. Agriculture, Ecosystems & Environment 237, 224–233.

Stoll-Kleemann, S. und O'Riordan, T. (2018): Biosphere reserves in the Anthropocene. In: DellaSala, D. A. und Goldstein, M. I. (Hrsg.): The Encyclopedia of the Anthropocene. Oxford: Elsevier, 347–353.

Stolton, S. und Dudley, N. (2010) (Hrsg.): Arguments for Protected Areas. Multiple Benefits for Conservation and Use. London: Earthscan.

Stolton, S., Maxted, N., Ford-Lloyd, B., Kell, S. und Dudley, N. (2006): Food Stores: Using Protected Areas to Secure Crop Genetic Diversity. Arguments for Protection. Gland, Birmingham: World Wide Fund for Nature (WWF), University of Birmingham.

Struve, F. und Stehr, C. (2017): CSR-Produkte und Preisbereitschaft – die Van-Westendorp-Methode am Beispiel von nachhaltigem Kaffee. In: Stehr, C. und Struve, F. (Hrsg.): CSR und Marketing. Management-Reihe Corporate Social Responsibility. Heidelberg, Berlin: Springer, 133–141.

Stupak, N., Sanders, J. und Heinrich, B. (2019): The Role of Farmers' Understanding of Nature in Shaping their Uptake of Nature Protection Measures. Ecological Economics 157, 301–311.

Sugiura, S. H., Marchant, D. D., Kelsey, K., Wiggins, T. und Ferraris, R. P. (2006): Effluent profile of commercially used low-phosphorus fish feeds. Environmental Pollution 140 (1), 95–101.

Suhl, J., Dannehl, D., Kloas, W., Baganz, D., Jobs, S., Scheibe, G. und Schmidt, U. (2016): Advanced aquaponics: Evaluation of intensive tomato production in aquaponics vs. conventional hydroponics. Agricultural Water Management 178, 335–344.

Sultan, B. und Gaetani, M. (2016): Agriculture in West Africa in the Twenty-First Century: Climate Change and Impacts Scenarios, and Potential for Adaptation. Frontiers in Plant Science 7 (1262), 1–20.

Sultan, B., Roudier, P., Quirion, P., Alhassane, A., Muller, B., Dingkuhn, M., Ciais, P., Guimberteau, M., Traore, S. und Baron, C. (2013): Assessing climate change impacts on sorghum and millet yields in the Sudanian and Sahelian savannas of West Africa. Environmental Research Letters 8 (1), 014040.

Sunstein, C. R., Reisch, L. A. und Kaiser, M. (2019): Trusting nudges? Lessons from an international survey. Journal of European Public Policy 26 (10), 1417–1443.

Sutton, M. A., Howard, C. M., Erisman, J. W., Billen, G., Bleeker, A., Grennfelt, P., Van Grinsven, H. und Grizzetti, B. (2011): The European nitrogen assessment: sources, effects and policy perspectives. Cambridge, New York: Cambridge University Press.

Svenning, J.-C., Pedersen, P. B. M., Donlan, C. J., Ejrnæs, R., Faurby, S., Galetti, M., Hansen, D. M., Sandel, B., Sandom, C. J. und Terborgh, J. W. (2016): Science for a wilder Anthropocene: Synthesis and future directions for trophic rewilding research. Proceedings of the National Academy of Sciences (PNAS) 113 (4), 898–906.

Swinburn, B. A., Kraak, V. I., Allender, S., Atkins, V. J., Baker, P. I., Bogard, J. R., Brinsden, H., Calvillo, A., De Schutter, O. und Devarajan, R. (2019): The global syndemic of obesity, undernutrition, and climate change: the Lancet Commission report. The Lancet 393 (10173), 791–846.

Tadele, Z. (2017): Raising crop productivity in Africa through intensification. Agronomy 7 (1), 22.

Tam, V. W. Y., Senaratne, S., Le, K. N., Shen, L.-Y., Perica, J. und Illankoon, I. M. C. S. (2017): Life-cycle cost analysis of green-building implementation using timber applications. Journal of Cleaner Production 147, 458–469.

Tan, Z. und Lagerkvist, A. (2011): Phosphorus recovery from the biomass ash: a review. Renewable and Sustainable Energy Reviews 15 (8), 3588–3602.

Targulian, V. und Bronnikova, M. (2019): Soil Memory: theoretical basics of the concept, its current state, and prospects for development. Eurasian Soil Science 52, 229–243.

Tauli-Corpuz, V. (2016): Rights of Indigenous Peoples. Seventy-First Session Item 66 (a) of the Provisional Agenda. A/71/229. New York: United Nations (UN).

Tauli-Corpuz, V., Alcorn, J. und Molnar, A. (2018): Cornered by Protected Areas: Replacing ‚Fortress' Conservation With Rights-Based Approaches Helps Bring Justice for Indigenous Peoples and Local Communities, Reduces Conflict, and Enables Cost-Effective Conservation and Climate Action. Washington, DC: Rights and Resources Initiative.

TEEB – The Economics of Ecosystems and Biodiversity (2010): The Economics of Ecosystems and Biodiversity Ecological and Economic Foundations. London, Washington, DC: TEEB.

Teichmann, I. (2014): Klimaschutz durch Biokohle in der deutschen Landwirtschaft: Potentiale und Kosten. DIW-Wochenbericht 81 (1/2), 3–13.

Temmes, A. und Peck, P. (2020): Do forest biorefineries fit with working principles of a circular bioeconomy? A case of Finnish and Swedish initiatives. Forest Policy and Economics 110, 101896.

Tendall, D. M., Joerin, J., Kopainsky, B., Edwards, P., Shreck, A., Le, Q. B., Kruetli, P., Grant, M. und Six, J. (2015): Food system resilience: Defining the concept. Global Food Security 6, 17–23.

Terazono, E. und Schipani, A. (2020): How slaughterhouses became breeding grounds for coronavirus. Internet: https://www.ft.com/content/de2ca3f6-cd63-486a-a727-069762ca4a2a. London, São Paulo: Financial Times.

Terborgh, J. und Peres, C. A. (2017): Do community-managed forests work? A biodiversity perspective. Land 6 (2), 22.

terra1 (o.J.): Über das Projekt. Internet: https://www.terra1.org/ueber-das-projekt. Berlin: terra1.

Terra Verde Förderverein (2020): PATECORE. Internet: https://www.terra-verde.de/de/01/inhalt01_patecore.htm. Kirchheim/Teck: Terra Verde Förderverin e.V.

Terwan, P., Deelen, J. G., Mulders, A. und Peeters, E. (2016): The Cooperative Approach Under the New Dutch Agrienvironment-Climate Scheme. Background, Procedures and Legal and Institutional Implications. The Hague: Dutch Ministry of Economic Affairs.

Tesfaw, A. T., Pfaff, A., Golden Kroner, R. E., Qin, S., Medeiros, R. und Mascia, M. B. (2018): Land-use and land-cover change shape the sustainability and impacts of protected areas. Proceedings of the National Academy of Sciences 115 (9), 2084–2089.

Teuteberg, H. J. (1994): Zur Sozialgeschichte des Vegetarismus. VSWG: Vierteljahrschrift für Sozial-und Wirtschaftsgeschichte 81 (H.1), 33–65.

Teytelboym, A. (2019): Natural capital market design. Oxford Review of Economic Policy 35 (1), 138–161.

The African Union Commission (2020): Activities. Internet: https://au.int/en/agenda2063. Addis Abbeba: African Union.

The Land Matrix (2020a): Africa Regional Focal Point. Internet: https://landmatrix.org/region/africa/. Bern: Land Matrix.

The Land Matrix (2020b): Africa: All Deals. Internet: https://landmatrix.org/data/?region=2. Bern: Land Matrix.

The Royal Society (2018): Greenhouse Gas Removal. London: The Royal Society.

The Royal Society (2019): Sustainable Synthetic Carbon Based Fuels for Transport. Internet: https://royalsociety.org/topics-policy/projects/low-carbon-energy-programme/sustainable-synthetic-carbon-based-fuels-for-transport/. London: The Royal Society.

Thøgersen, J. (2010): Country differences in sustainable consumption: the case of organic food. Journal of Macromarketing 30 (2), 171–185.

Thorenz, A., Wietschel, L., Stindt, D. und Tuma, A. (2018): Assessment of agroforestry residue potentials for the bioeconomy in the European Union. Journal of Cleaner Production 176, 348–359.

Thornton, E. B., Sallenger, A., Sesto, J. C., Egley, L., McGee, T. und Parsons, R. (2006): Sand mining impacts on long-term dune erosion in southern Monterey Bay. Marine Geology 229 (1–2), 45–58.

Tian, X. und Yu, X. (2019): Crop yield gap and yield convergence in African countries. Food Security 11 (6), 1305–1319.

Tilman, D., Balzer, C., Hill, J. und Befort, B. L. (2011): Global food demand and the sustainable intensification of agriculture. Proceedings of the National Academy of Sciences 108 (50), 20260–20264.

Tittensor, D. P., Walpole, M., Hill, S. L. L., Boyce, D. G., Britten, G. L., Burgess, N. D., Butchart, S. H. M., Leadley, P. W., Regan, E. C. und Alkemade, R. (2014): A mid-term analysis of progress toward international biodiversity targets. Science 346 (6206), 241–244.

Tittonell, P., Klerkx, L., Baudron, F., Félix, G. F., Ruggia, A., van Apeldoorn, D., Dogliotti, S., Mapfumo, P. und Rossing, W. A. (2016): Ecological intensification: local innovation to address global challenges. In: Lichtfouse, E. (Hrsg.): Sustainable Agriculture Reviews. Band 19. Cham: Springer, 1–34.

Tompkins Conservation (2020): Website. Internet: https://www.tompkinsconservation.org. San Francisco, CA: Tompkins Conservation.

Toppinen, A., Autio, M., Sauru, M. und Berghäll, S. (2018): Sustainability-driven new business models in wood construction towards 2030. In: Filho, W. L., Pociovalisteanu, D. M., Borges de Brito, P. R. und Borges de Lima, I. (Hrsg.): Towards a Sustainable Bioeconomy: Principles, Challenges and Perspectives. Cham: Springer VS, 499–516.

Torres, A., Brandt, J., Lear, K. und Liu, J. (2017): A looming tragedy of the sand commons. Science 357 (6355), 970–971.

Tougiani, A., Guero, C. und Rinaudo, T. (2008): Community mobilisation for improved livelihoods through tree crop management in Niger. GeoJournal 74 (5), 377.

Tran, T. C., Ban, N. C. und Bhattacharyya, J. (2019): A review of successes, challenges, and lessons from Indigenous protected and conserved areas. Biological Conservation doi:10.1016/j.biocon.2019.108271, 22.

Transparency International Deutschland (2020): CPI 2019: Tabellarische Rangliste. Internet: https://www.transparency.de/cpi/cpi-2019/cpi-2019-tabellarische-rangliste/. Berlin: Transparency International Deutschland.

Transport & Environment (2020): REDII National Implementation: How Member States Can Deliver Sustainable Advanced Transport Fuels. Briefing. Brüssel: Transport & Environment.

Tscharntke, T., Clough, Y., Bhagwat, S. A., Buchori, D., Faust, H., Hertel, D., Hölscher, D., Juhrbandt, J., Kessler, M. und Perfecto, I. (2011): Multifunctional shade-tree management in tropical agroforestry landscapes – a review. Journal of Applied Ecology 48 (3), 619–629.

Tscharntke, T., Klein, A. M., Kruess, A., Steffan-Dewenter, I. und Thies, C. (2005): Landscape perspectives on agricultural intensification and biodiversity – ecosystem service management. Ecology Letters 8 (8), 857–874.

Tscharntke, T., Tylianakis, J., Rand, T., Didham, R., Fahrig, L., Batary, P., Bengtsson, J., Clough, Y., Crist, T., Dormann, C., Ewers, R., Fründ, J., Holt, R., Holzschuh, A., Klein, A., Kleijn, D., Kremen, C., Landis, D., Laurance, W., Lindenmayer, D., Scherber, C., Sodhi, N., Steffan-Dewenter, I., Thies, C., van der Putten, W. und Westphal, C. (2012): Landscape moderation of biodiversity patterns and processes – eight hypotheses. Biological Reviews 87, 661–685.

TU Chemnitz (2019): App erkennt Vogelstimmen – UPDATE: Video verfügbar. Forscher der TU Chemnitz entwickelten KI-gestützte App zur Vogelstimmen-Erkennung Internet: https://www.tu-chemnitz.de/tu/pressestelle/aktuell/9562. Chemnitz: Technische Universität (TU) Chemnitz.

Turner, M. D. (2004): Political ecology and the moral dimensions of „resource conflicts": the case of farmer–herder conflicts in the Sahel. Political Geography 23 (7), 863–889.

Turner, P. A., Mach, K. J., Lobell, D. B., Benson, S. M., Baik, E., Sanchez, D. L. und Field, C. B. (2018): The global overlap of bioenergy and carbon sequestration potential. Climatic Change 148 (1–2), 1–10.

Turner, W. (2014): Sensing biodiversity. Science 346, 301–302.

Turney, C., Ausseil, A.-G. und Broadhurst, L. (2020): Urgent need for an integrated policy framework for biodiversity loss and climate change. Nature Ecology & Evolution doi:org/10.1038/s41559-020-1242-2, 1.

UBA – Umweltbundesamt (2006): Klimagefahr durch tauenden Permafrost? UBA Hintergrundpapier. Dessau: UBA.

UBA – Umweltbundesamt (2017a): Biomassekaskaden. Mehr Ressourceneffizienz durch Kaskadennutzung von Biomasse – von der Theorie zur Praxis. Endbericht. Dessau: UBA.

UBA – Umweltbundesamt (2017b): Grüne Produkte in Deutschland 2017 – Marktbeobachtungen für die Umweltpolitik. Dessau: UBA.

UBA – Umweltbundesamt (2018a): Implementing SDG Target 15.3 on „Land Degradation Neutrality". Development of an Indicator Based on Land Use Changes and Soil Values. UBA-Texte Nr. 16. Dessau: UBA.

UBA – Umweltbundesamt (2018b): Umwelt und Landwirtschaft. Daten zur Umwelt. UBA Texte 15. Dessau: UBA.

UBA – Umweltbundesamt (2019a): Biolebensmittel. Internet: https://www.umweltbundesamt.de/umwelttipps-fuer-den-alltag/essen-trinken/biolebensmittel#hintergrund. Dessau: UBA.

UBA – Umweltbundesamt (2019b): Bioökonomiekonzepte und Diskursanalyse: Teilbericht (AP1) des Projekts „Nachhaltige Ressourcennutzung-Anforderungen an eine nachhaltige Bioökonomie aus der Agenda 2030/SDG-Umsetzung". Dessau: UBA.

UBA – Umweltbundesamt (2019c): Flächensparend Wohnen. Energieeinsparung durch Suffizienzpolitiken im Handlungsfeld „Wohnfläche". Dessau: UBA.

UBA – Umweltbundesamt (2019d): Nährstoffeinträge aus der Landwirtschaft und Stickstoffüberschuss. Internet: https://www.umweltbundesamt.de/daten/land-forstwirtschaft/naehrstoffeintraege-aus-der-landwirtschaft#stickstoffuberschuss-der-landwirtschaft. Dessau: UBA.

UBA – Umweltbundesamt (2019e): Stickstoff. Internet: https://www.umweltbundesamt.de/themen/boden-landwirtschaft/umweltbelastungen-der-landwirtschaft/stickstoff#einfuhrung. Dessau: UBA.

UBA – Umweltbundesamt (2020): FAQs zu Nitrat im Grund- und Trinkwasser. Internet: https://www.umweltbundesamt.de/themen/wasser/grundwasser/nutzung-belastungen/faqs-zu-nitrat-im-grund-trinkwasser#was-ist-der-unterschied-zwischen-trinkwasser-rohwasser-und-grundwasser. Dessau: UBA.

UN – United Nations (1994): United Nations Convention to Combat Desertification in those Countries Experiencing Serious Drought and/or Desertification, particularly in Africa – UNCCD. New York: UN.

UN – United Nations (2007): United Nations Declaration on the Rights of Indigenous Peoples. Resolution 61/295 Adopted by the General Assembly on 13 September 2007. New York: UN.

UN DESA – United Nations Department of Economic and Social Affairs (2018): 2018 Revision of World Urbanization Prospects. Internet: https://www.un.org/development/desa/publications/2018-revision-of-world-urbanization-prospects.html New York: UN-DESA.

UN DESA – United Nations Department of Economic and Social Affairs (2019): World Population Prospects 2019: Highlights: Ten Key Findings. New York: UN DESA.

UN Environment (2019): Global Environment Outlook – GEO-6: Healthy Planet, Healthy People. Cambridge, New York: Cambridge University Press.

UN Environment und IUCN – International Union for Conservation of Nature (2018): Gender and Environment Statistics: Unlocking Information for Action and Measuring the SDGs. Nairobi: UN Environment.

UN ESCAP – United Nations Economic and Social Commission for Asia and the Pacific (2020): Towards a Post-COVID19 New Development Paradigm: The Planetary Health Solution. Internet: https://www.unescap.org/blog/towards-post-covid19. Bangkok: UN ESCAP.

UN Women (2019): Progress on the Sustainable Development Goals. The Gender Snapshot 2019. New York: UN Women.

UNCCD – United Nations Convention to Combat Desertification (2015): Integration of the Sustainable Development Goals and Targets into the Implementation of the United Nations Convention to Combat Desertification and the Intergovernmental Working Group Report on Land Degradation Neutrality. Decision 3/COP12. ICCD/COP (12)/20/Add. 1. Bonn: UNCCD Secretariat.

UNCCD – United Nations Convention to Combat Desertification (2017a): The Future Strategic Framework of the Convention. Draft Decision Submitted by the Chair of the Committee of the Whole. ICCD/COP(13)/L.18. Bonn: UNCCD Secretariat.

UNCCD – United Nations Convention to Combat Desertification (2017b): Global Land Outlook. First Edition. Bonn: UNCCD Secretariat.

UNCCD – United Nations Convention to Combat Desertification (2019): Promotion and Strengthening of Relationships With Other Relevant Conventions and International Organizations, Institutions and Agencies. Note by the Secretariat. ICCD/COP(14)/5. Bonn: UNCCD Secretariat.

UNCCD – United Nations Convention to Combat Desertification (2020): The Great Green Wall Implementation Status and Way Ahead to 2030. Bonn: UNCCD Secretariat.

UNCTAD – United Nations Conference on Trade and Development (2013): Wake up Before it is Too Late. Trade and Environment Report 2013. Genf: UNCTAD.

UNDP – United Nations Development Programme (2011): Human Development Report 2011. Sustainability and Equity: A Better Future for All. Nairobi: UNDP.

UNDP – United Nations Development Programme (2017): Debt for Nature Swaps. Nairobi: UNDP.

UNECE – United Nations Economic Commission for Europe (2016): Forest Products Annual Market Review 2015–2016. Genf: UNECE.

UNECE – United Nations Economic Commission for Europe (2017): Convention on Environmental Impact Assessment in a Transboundary Context (Espoo Convention), ECE/MP.EIA/21/Amend.1. New York, Genf: UNECE.

UNECE – United Nations Economic Commission for Europe (2019): Forest Products Annual Market Review 2018–2019. Genf: UNECE.

UNEP – United Nations Environment Programme (1999) (Hrsg.): Cultural and Spiritual Values of Biodiversity. Genf: UNEP.

UNEP – United Nations Environment Programme (2014): Sand, Rarer Than One Thinks. Nairobi: UNEP.

UNEP – United Nations Environment Programme (2016): Global Gender and Environment Outlook. Nairobi: UN Environment.

UNEP – United Nations Environment Programme (2018): Assessing Environmental Impacts – A Global Review of Legislation. Nairobi: UNEP.

UNEP – United Nations Environment Programme (2019): Frontiers 2018/19: Emerging Issues of Environmental Concern. Internet: https://wedocs.unep.org/handle/20.500.11822/27538. Nairobi: UNEP.

UNEP – United Nations Environment Programme (2020): Preventing the Next Pandemic. Zoonotic Diseases and How to Break the Chain of Transmission. Internet: https://wedocs.unep.org/bitstream/handle/20.500.11822/32316/ZP.pdf?sequence=1&isAllowed=y. Nairobi: UNEP.

UNEP – United Nations Environment Programme, Scrivener, K. L., John, V. M. und Gartner, E. M. (2018): Eco-efficient cements: Potential economically viable solutions for a low-$CO_2$ cement-based materials industry. Cement and Concrete Research 114, 2–26.

UNEP-WCMC – United Nations Environment Programme – World Conservation Monitoring Centre (2016a): Global Databases to Support ICCAs: a Manual for Indigenous Peoples and Local Communities. Cambridge, New York: UNEP-WCMC.

UNEP-WCMC – United Nations Environment Programme – World Conservation Monitoring Centre (2016b): The State of Biodiversity in Africa: A Mid-Term Review of Progress Towards the Aichi Biodiversity Targets. New York: UNEP-WCMC.

UNEP-WCMC – United Nations Environment Programme – World Conservation Monitoring Centre (2020): EUTR Analysis 2019: Background Analysis of the 2017–2019 National Biennial Reports on the Implementation of the European Union's Timber Regulation (Regulation EU No 995/2010). Cambridge: UNEP-WCMC.

UNEP-WCMC – United Nations Environment Programme – World Conservation Monitoring Centre, IUCN – The World Conservation Centre und NGS – National Geographic Society (2018): Protected Planet Report 2018. Tracking Progress Towards Global Targets for Protected Areas. Cambridge, Gland, Washington, DC: UNEP.

UNEP-WCMC – United Nations Environment Programme – World Conservation Monitoring Centre und UNSD – United Nations Statistics Division (2019): Assessing the Linkages between Global Indicator Initiatives, SEEA Modules and the SDG Targets. Working Document. Cambridge, New York: UNEP-WCMC.

UNEP-WCMC – United Nations Environment Programme – World Conservation Monitoring Centre, IUCN – International Union for Conservation of Nature und NGS – National Geographic Society (2020): Protected Planet Live Report 2020. Internet: https://livereport.protectedplanet.net. Cambridge, Gland, Washington, DC: UNEP-WCMC, IUCN, NGS.

UNESCO – United Nations Educational Scientific and Cultural Organization (2018): Rainwater Harvesting as Adaptation Strategy for Africa. Internet: http://www.unesco.org/new/en/member-states/single-view/news/rainwater_harvesting_as_adaptation_strategy_for_africa/. Paris: UNESCO.

UNESCO-MAB (2020): Zoning Schemes. Internet: http://www.unesco.org/new/en/natural-sciences/environment/ecological-sciences/biosphere-reserves/main-characteristics/zoning-schemes/. Paris: UNESCO.

UNFCCC – United Nations Framework Convention on Climate Change (2010): Dec. 1/CP.16. The Cancun Agreements: Outcome of the Work of the Ad Hoc Working Group on Long-Term Cooperative Action under the Convention. FCCC/CP/2010/7/Add.1. Bonn: UNFCCC.

UNFCCC – United Nations Framework Convention on Climate Change (2015): Paris Agreement. New York, Genf: UNFCCC.

UNFCCC Presidencies of COP 22 and COP 23 (2017): Talanoa Dialogue. Approach. Annex II to 1/CP.23. Bonn: UNFCCC.

UNGA – United Nations General Assembly (2015): Transforming our World: The 2030 Agenda for Sustainable Development. Resolution A/RES/70/1. New York: UNGA.

UNSTATS – United Nations Statistics Division (2020): Tier Reclassification: Review or Reclassification between Tier I and II Based on Data Availability. Presentation on Agenda Item 7 at the 10th Meeting of the Inter-Agency and Expert Group on the Sustainable Development Goal Indicators, 22–24 October 2019 in Addis Ababa. New York: United Nations (UN).

Urban, K., Jensen, H. G. und Brockmeier, M. (2016): How decoupled is the Single Farm Payment and does it matter for international trade? Food Policy 59, 126–138.

Urban, M. C. (2015): Accelerating extinction risk from climate change. Science 348 (6234), 571–573.

Vaccari, D. A. (2009): Phosphorus: a looming crisis. Scientific American 300 (6), 54–59.

Vaissière, A.-C., Quétier, F., Calvet, C., Levrel, H. und Wunder, S. (2020): Biodiversity offsets and payments for environmental services: clarifying the family ties. Ecological Economics 169, 106428.

Valin, H., Peters, D., van den Berg, M., Frank, S., Havlík, P., Forsell, N. und Hamelinck, C. (2015). The land use change impact of biofuels consumed in the EU: Quantification of area and greenhouse gas impacts. Study by Ecofys, International Institute for Applied Systems Analysis (IIASA) and E4tech, commissioned by the European Commission. Utrecht: Ecofys.

Valle, B., Simonneau, T., Sourd, F., Pechier, P., Hamard, P., Frisson, T., Ryckewaert, M. und Christophe, A. (2017): Increasing the total productivity of a land by combining mobile photovoltaic panels and food crops. Applied Energy 206, 1495–1507.

Van Boeckel, T. P., Glennon, E. E., Chen, D., Gilbert, M., Robinson, T. P., Grenfell, B. T., Levin, S. A., Bonhoeffer, S. und Laxminarayan, R. (2017): Reducing antimicrobial use in food animals. Science 357 (6358), 1350–1352.

van Dam, J., Junginger, M., Faaij, A., Jürgens, I., Best, G. und Fritsche, U. (2008): Overview of recent developments in sustainable biomass certification. Biomass and Bioenergy 32, 749–780.

van de Wouw, M., Kik, C., van Hintum, T., van Treuren, R. und Visser, B. (2010): Genetic erosion in crops: concept, research results and challenges. Plant Genetic Resources 8 (1), 1–15.

van der Heijden, J. (2018): City and subnational governance: high ambitions, innovative instruments and polycentric collaborations? In: Jordan, A., Huitema, D., van Asselt, H. und Forster, J. (Hrsg.): Governing Climate Change: Polycentricity in Action. Cambridge, New York: Cambridge University Press, 81–96.

van der Hilst, F., van Eijck, J., Verstegen, J., Diogo, V., Batidzirai, B. und Faaij, A. (2013): Impacts of Scale up of biofuel production case studies: Mozambique, Argentina and Ukraine. Global Assessments and Guidelines for Sustainable Liquid Biofuel Production in Developing Countries. Utrecht: Copernicus Institute of Sustainable Development, Utrecht University.

van der Voet, E., Salminen, R., Eckelman, M., Mudd, G., Norgate, T. und Hischier, R. (2013): Environmental Risks and Challenges of Anthropogenic Metals Flows and Cycles. A Report of the Working Group on the Global Metal Flows to the International Resource Panel. Nairobi: United Nations Environment Programme (UNEP).

van Diemen, R. (2019): Annex I: Glossary. In: Shukla, P. R., Skea, J., Calvo Buendia, E., Masson-Delmotte, V., Pörtner, H.-O., Roberts, D. C., Zhai, P., Slade, R., Connors, S., van Diemen, R., Ferrat, M., Haughey, E., Luz, S., Neogi, S., Pathak, M., Petzold, J., Portugal Pereira, J., Vyas, P., Huntley, E., Kissick, K., Belkacemi, M. und Malley, J. (Hrsg.): Climate Change and Land: An IPCC Special Report on Climate Change, Desertification, Land Degradation, Sustainable Land Management, Food Security, and Greenhouse Gas Fluxes in Terrestrial Ecosystems. Cambridge, New York: Cambridge University Press, 803–829.

van Ittersum, M. K., van Bussel, L. G. J., Wolf, J., Grassini, P., van Wart, J., Guilpart, N., Claessens, L., de Groot, H., Wiebe, K. und Mason-D'Croz, D. (2016): Can sub-Saharan Africa feed itself? Proceedings of the National Academy of Sciences 113 (52), 14964–14969.

van Kleef, E., van Trijp, H. C. und Luning, P. (2005): Functional foods: health claim-food product compatibility and the impact of health claim framing on consumer evaluation. Appetite 44 (3), 299–308.

van Lier, L. E., Utter, J., Denny, S., Lucassen, M., Dyson, B. und Clark, T. (2017): Home gardening and the health and well-being of adolescents. Health Promotion Practice 18 (1), 34–43.

van Ruijven, B. J., van Vuuren, D. P., Boskaljon, W., Neelis, M. L., Saygin, D. und Patel, M. K. (2016): Long-term model-based projections of energy use and $CO_2$ emissions from the global steel and cement industries. Resources, Conservation and Recycling 112, 15–36.

van Swaay, C., Dennis, E., Schmucki, R., Sevilleja, C., Balalaikins, M., Botham, M., Bourn, N., Brereton, T., Cancela, J. und Carlisle, B. (2019): The EU Butterfly Indicator for Grassland Species: 1990–2017: Technical Report. Wageningen: Butterfly Conservation Europe.

van Vuuren, D. P., Stehfest, E., Gernaat, D. E. H. J., Van Den Berg, M., Bijl, D. L., De Boer, H. S., Daioglou, V., Doelman, J. C., Edelenbosch, O. Y. und Harmsen, M. (2018): Alternative pathways to the 1.5 C target reduce the need for negative emission technologies. Nature Climate Change 8 (5), 391–397.

van Woensel, L., Archer, G., Panades-Estruch, L. und Vrscaj, D. (2015): Ten Technologies which Could Change our Lives: Potential Impacts and Policy Implications. Depth Analysis. Brüssel: European Union.

Vanlauwe, B., Diels, J., Sanginga, N. und Merckx, R. (2002): Integrated Plant Nutrient Management in Sub-Saharan Africa: From Concept to Practice. New York: CABI.

Vecchio, R. und Cavallo, C. (2019): Increasing healthy food choices through nudges: a systematic review. Food Quality and Preference 78, 103714.

Veldman, J. W., Aleman, J. C., Alvarado, S. T., Anderson, T. M., Archibald, S., Bond, W. J., Boutton, T. W., Buchmann, N., Buisson, E. und Canadell, J. G. (2019): Comment on „The global tree restoration potential". Science 366 (6463), eaay7976.

Venables, T., Barlow, J. und Gann, D. (2004): Manufacturing Excellence. London: UK Capacity in Offsite Manufacturing, Housing Forum.

Venter, O., Magrach, A., Outram, N., Klein, C. J., Possingham, H. P., Di Marco, M. und Watson, J. E. M. (2018): Bias in protected-area location and its effects on long-term aspirations of biodiversity conventions. Conservation Biology 32 (1), 127–134.

Verbeke, W. (2015): Profiling consumers who are ready to adopt insects as a meat substitute in a Western society. Food Quality and Preference 39, 147–155.

Verhagen, J., Akker, J., Blok, C., Diemont, H., Joosten, H., Schouten, M., Schrijver, R. A. M., den Uyl, R. M., Verweij, P. J. F. M. und Wösten, H. (2009): Climate Change Scientific Assessment and Policy Analysis: Peatlands and Carbon Flows: Outlook and Importance for the Netherlands. Bilthoven: Netherlands Environmental Assessment Agency.

Vessey, J. K. (2003): Plant growth promoting rhizobacteria as biofertilizers. Plant and Soil 255 (2), 571–586.

Victor, D. G., Zhou, D., Ahmed, E. H. M., Dadhich, P. K., Olivier, J. G. J., Rogner, H.-H., Sheikho, K. und Yamaguchi, M. (2014): Introductory chapter. In: Edenhofer, O., Pichs-Madruga, R., Sokona, Y., Farahani, E., Kadner, S., Seyboth, K., Adler, A., Baum, I., Brunner, S., Eickemeier, P., Kriemann, B., Savolainen, J., Schlömer, S., von Stechow, C., Zwickel, T. und Minx, J. C. (Hrsg.): Climate Change 2014: Mitigation of Climate Change. Contribution of Working Group III to the Fifth Assessment Report of the Intergovernmental Panel on Climate Change. Cambridge, New York: Cambridge University Press, 113–150.

Vijay, V., Pimm, S. L., Jenkins, C. N. und Smith, S. J. (2016): The impacts of oil palm on recent deforestation and biodiversity loss. PloS One 11 (7), e0159668.

Villalobos, L., Coria, J. und Nordén, A. (2018): Has forest certification reduced forest degradation in Sweden? Land Economics 94 (2), 220–238.

Vincent, H., Amri, A., Castañeda-Álvarez, N. P., Dempewolf, H., Dulloo, E., Guarino, L., Hole, D., Mba, C., Toledo, A. und Maxted, N. (2019): Modeling of crop wild relative species identifies areas globally for in situ conservation. Communications Biology 2 (1), 136–143.

Virchow, D., Beuchelt, T. D., Kuhn, A. und Denich, M. (2017): Biomass-based value webs: a novel perspective for emerging bioeconomies in Sub-Saharan Africa. In: Gatzweiler, F. W. und von Braun, J. (Hrsg.): Technological and Institutional Innovations for Marginalized Smallholders in Agricultural Development. Heidelberg, Berlin: Springer, 225–241.

Viszlai, I., Barredo, J. I. und San-Miguel-Ayanz, J. (2016): Payments for Forest Ecosystem Services – SWOT Analysis and Possibilities for Implementation. JRC Technical Reports. Brüssel: Joint Research Centre (JRC) Science Hub.

Vitousek, P. M., Mooney, H. A., Lubchenco, J. und Melillo, J. M. (1997): Human domination of Earth's ecosystems. Science 277 (5325), 494.

Vlek, P. L. G. (2005): Nothing Begets Nothing. The Creeping Disaster of Land Degradation. Bonn: UNU-EHS.

Voigt, C. (2019): An Implementation Mechanism for the Post 2020 Global Biodiversity Framework – Inspirations from the UN Paris Agreement. Policy Brief. Oslo: University of Oslo, Law Department.

Voldsund, M., Gardarsdottir, S. O., De Lena, E., Pérez-Calvo, J.-F., Jamali, A., Berstad, D., Fu, C., Romano, M., Roussanaly, S. und Anantharaman, R. (2019): Comparison of Technologies for $CO_2$ Capture from Cement Production – Part 1: Technical Evaluation. Energies 12 (3), 559f.

Volhard, F. (2016). Bauen mit Leichtlehm: Handbuch für das Bauen mit Holz und Lehm. Basel: Birkhäuser.

von Ahlefeld, P. J. W. (2019): Rebound Effekte in der Präzisionslandwirtschaft – Ein Kommentar. Berichte über Landwirtschaft-Zeitschrift für Agrarpolitik und Landwirtschaft 97 (3), 1–22.

von der Leyen, U. (2019): A Union that Strives for More. My Agenda for Europe. Internet: https://ec.europa.eu/commission/node/9546. Brüssel: Europäische Kommission.

von der Leyen, U. (2020): Building the World we Want to Live in: A Union of Vitality in a World of Fragility. State of the Union Address by President von der Leyen at the European Parliament Plenary, 16 September 2020. Internet: https://ec.europa.eu/commission/presscorner/detail/ov/SPEECH_20_1655. Brüssel: Europäische Kommission.

von Grebmer, K., Headey, D., Bene, C., Haddad, L., Olofinbiyi, T., Wiesmann, D., Fritschel, H., Yin, S., Yohannes, Y. und Foley, C. (2013): 2013 Global Hunger Index: The Challenge of Hunger: Building Resilience to Achieve Food and Nutrition Security. Washington, DC: The International Food Policy Research Institute (IFPRI).

von Haaren, C., Lovett, A. A. und Albert, C. (2019) (Hrsg.): Landscape Planning with Ecosystem Services – Theories and Methods for Application in Europe. Dordrecht: Springer Science+Business Media.

von Massow, M. (2019): We are Reaching Label Fatigue. Internet: https://www.foodfocusguelph.ca/post/we-are-reaching-label-fatigue. Guelph: foodFOCUS.

Vou, A. (2019): Europas vegetarische Revolution. Internet: https://www.europeandatajournalism.eu/ger/Nachrichten/Daten-Nachrichten/Europas-vegetarische-Revolution. Trento: European Data Journalism Network.

vzbv – Verbraucherzentrale Bundesverband (2020): Gesündere Lebensmittel auf einen Blick erkennen. Faktenblatt zum Nutri-Score (Stand Juli 2020). Berlin: vzbv.

Walberg, D. (2016): Solid and timber construction in residential buildings. Massiv- und Holzbau bei Wohngebäuden. Mauerwerk 20 (1), 16–31.

Waldron, A., Adams, V., Allan, J., Arnell, A., Asner, G., Atkinson, S., Baccin, A., Baillie, J. E., Balmford, A., Beau, J. A., Brander, L., Brondizio, E., Bruner, A., Burgess, N., Burkart, K., Butchart, S., Button, R., Carrasco, R., Cheung, W. W. L., Christensen, V., Clements, A., Coll, M., di Marco, M., Deguigne, M., Dinerstein, E., Ellis, E., Eppink, F., Ervin, J., Escobedo, A., Fa, J., Fernandes-Llamazares, A., Fernando, S., Fujimori, S., Fulton, B., Garnett, S., Gerber, J., Gill, D., Gopalakrishna, T., Hahn, N., Halpern, B., Hasegawa, T., Havlik, P., Heikinheimo, V., Heneghan, R., Henry, E., Humpenoder, F., Jonas, H., Jones, K., Joppa, L., Joshi, A. R., Jung, M., Kingston, N., Klein, C., Krisztin, T., Lam, V., Leclere, D., Lindsey, P., Locke, H., Lovejoy, T., Madgwick, P., Malhi, Y., Malmer, P., Maron, M., Mayorga, J., van Meij, H., Miller, D., Molnar, Z., Mueller, N., Mukherjee, N., Naidoo, R., Nakamura, K., Nepal, P., Noss, R., O'Leary, B., Olson, D., Palcios Abrantes, J., Paxton, M., Popp, A., Possingham, H., Prestemon, J., Reside, A., Robinson, C., Robinson, J., Sala, E., Scherrer, K., Spalding, M., Spenceley, A., Steenbeck, J., Stehfest, E., Strassborg, B., Sumaila, R., Swinnerton, K., Sze, J., Tittensor, D., Toivonen, T., Toledo, A., Negret Torres, P., van Zeist, W.-J., Vause, J., Venter, O. (2020): Protecting 30% of the planet for nature: costs, benefits and economic implications. Working paper analysing the economic implications of the proposed 30% target for areal protection in the draft post-2020 Global Biodiversity Framework. Cambridge, UK: Conservation Science Group.

Waldron, A., Miller, D. C., Redding, D., Mooers, A., Kuhn, T. S., Nibbelink, N., Roberts, J. T., Tobias, J. A. und Gittleman, J. L. (2017): Reductions in global biodiversity loss predicted from conservation spending. Nature 551 (7680), 364–367.

Waldron, A., Mooers, A. O., Miller, D. C., Nibbelink, N., Redding, D., Kuhn, T. S., Roberts, J. T. und Gittleman, J. L. (2013): Targeting global conservation funding to limit immediate biodiversity declines. Proceedings of the National Academy of Sciences 110 (29), 12144–12148.

Walker, W. S., Gorelik, S. R., Baccini, A., Aragon-Osejo, J. L., Josse, C., Meyer, C., Macedo, M. N., Augusto, C., Rios, S. und Katan, T. (2020): The role of forest conversion, degradation, and disturbance in the carbon dynamics of Amazon indigenous territories and protected areas. Proceedings of the National Academy of Sciences doi:10.1073/pnas.1913321117, 1–11.

Walls, H., Smith, R., Cuevas, S. und Hanefeld, J. (2019): International trade and investment: still the foundation for tackling nutrition related non-communicable diseases in the era of Trump? BMJ 365, l2217.

Walston, J., Robinson, J. G., Bennett, E. L., Breitenmoser, U., da Fonseca, G. A. B., Goodrich, J., Gumal, M., Hunter, L., Johnson, A. und Karanth, K. U. (2010): Bringing the tiger back from the brink—the six percent solution. PLoS Biology 8 (9), 1–4.

Walter, A., Finger, R., Huber, R. und Buchmann, N. (2017): Opinion: Smart farming is key to developing sustainable agriculture. Proceedings of the National Academy of Sciences 114 (24), 6148–6150.

Walzer, C. (2020): Covid-19 and the curse of piecemeal perspectives. Frontiers in Veterinary Science 7, 720.

Wang, L. F. und Eaton, B. T. (2007): Bats, civets and the emergence of SARS. In: Richt, J. A., Mackenzie, J. S. und Childs, J. E. (Hrsg.): Wildlife and Emerging Zoonotic Diseases: The Biology, Circumstances and Consequences of Cross-Species Transmission. Heidelberg, Berlin: Springer, 325–344.

Wanger, T. C., DeClerck, F., Garibaldi, L. A., Ghazoul, J., Kleijn, D., Klein, A.-M., Kremen, C., Mooney, H., Perfecto, I., Powell, L. L., Settele, J., Solé, M., Tscharntke, T. und Weisser, W. (2020): Integrating agroecological production in a robust post-2020 Global Biodiversity Framework. Nature Ecology & Evolution doi.org/10.1038/s41559-020-1262-y, 1–3.

Wangpakapattanawong, P., Finlayson, R., Öborn, I., Roshetko, J. M., Sinclair, F., Shono, K., Borelli, S., Hillbrand, A. und Conigliaro, M. (2017): Agroforestry in Rice-Production Landscapes in Southeast Asia: A Practical Manual. Rom: FAO Regional Office for Asia and the Pacific.

Ward, M., Saura, S., Williams, B., Ramírez-Delgado, J. P., Arafeh-Dalmau, N., Allan, J. R., Venter, O., Dubois, G. und Watson, J. E. M. (2020): Just ten percent of the global terrestrial protected area network is structurally connected via intact land. Nature Communications 11 (4563), 1–10.

Ward, M. H., Jones, R. R., Brender, J. D., De Kok, T. M., Weyer, P. J., Nolan, B. T., Villanueva, C. M. und van Breda, S. G. (2018): Drinking water nitrate and human health: an updated review. International Journal of Environmental Research and Public Health 15 (7), 1557.

Warman, R. D. (2014): Global wood production from natural forests has peaked. Biodiversity and Conservation 23 (5), 1063–1078.

Waskow, F. und Niepagenkemper, L. (2019): Erste Ergebnisse: Ausschreibungen und Kriterien für eine abfallarme, nachhaltige Schulverpflegung – Ergebnisse der bundesweiten Befragung von Schulträgern und Verpflegungsanbietern. Düsseldorf: Verbraucherzentrale NRW.

Watson, J. E. M., Dudley, N., Segan, D. B. und Hockings, M. (2014): The performance and potential of protected areas. Nature 515 (7525), 67–73.

Watson, J. E. M., Jones, K. R., Fuller, R. A., Marco, M. D., Segan, D. B., Butchart, S. H. M., Allan, J. R., McDonald-Madden, E. und Venter, O. (2016a): Persistent disparities between recent rates of habitat conversion and protection and implications for future global conservation targets. Conservation Letters 9 (6), 413–421.

Watson, J. E. M., Shanahan, D. F., Di Marco, M., Allan, J., Laurance, W. F., Sanderson, E. W., Mackey, B. und Venter, O. (2016b): Catastrophic declines in wilderness areas undermine global environment targets. Current Biology 26 (21), 2929–2934.

Watson, J. E. M., Keith, D. A., Strassburg, B. B. N., Venter, O., Williams, B. und Nicholson, E. (2020): Set a global target for ecosystems. Nature 578, 360–362.

Wätzold, F., Mewes, M., van Apeldoorn, R., Varjopuro, R., Chmielewski, T. J., Veeneklaas, F. und Kosola, M.-L. (2010): Cost-effectiveness of managing Natura 2000 sites: an exploratory study for Finland, Germany, the Netherlands and Poland. Biodiversity and Conservation 19 (7), 2053–2069.

WBA – World Bioenergy Association (2019): Global Bioenergy Statistics 2019. Stockholm: WBA.

WBAE – Wissenschaftlicher Beirat für Agrarpolitik Ernährung und gesundheitlichen Verbraucherschutz (2019): Zur effektiven Gestaltung der Agrarumwelt- und Klimaschutzpolitik im Rahmen der Gemeinsamen Agrarpolitik der EU nach 2020. Stellungnahme. Berlin: WBAE.

WBAE – Wissenschaftlicher Beirat für Agrarpolitik Ernährung und gesundheitlichen Verbraucherschutz (2020): Politik für eine nachhaltigere Ernährung. Eine integrierte Ernährungspolitik entwickeln und faire Ernährungsumgebungen gestalten. Gutachten. Berlin: WBAE.

WBAE – Wissenschaftlicher Beirat für Agrarpolitik Ernährung und gesundheitlichen Verbraucherschutz und WBW – Wissenschaftlicher Beirat für Waldpolitik (2016): Klimaschutz in der Land- und Forstwirtschaft sowie den nachgelagerten Bereichen Ernährung und Holzverwendung. Berlin: WBAE, WBW, BMEL.

WBGU – Wissenschaftlicher Beirat der Bundesregierung Globale Umweltveränderungen (1994): Welt im Wandel: Die Gefährdung der Böden. Hauptgutachten. Bonn: Economica.

WBGU – Wissenschaftlicher Beirat der Bundesregierung Globale Umweltveränderungen (1995): Szenario zur Ableitung globaler $CO_2$–Reduktionsziele und Umsetzungsstrategien. Stellungnahme zur ersten Vertragsstaatenkonferenz der Klimarahmenkonvention in Berlin. Sondergutachten. Berlin: WBGU.

WBGU – Wissenschaftlicher Beirat der Bundesregierung Globale Umweltveränderungen (1997): Ziele für den Klimaschutz 1997. Stellungnahme zur dritten Vertragsstaatenkonferenz der Klimarahmenkonvention in Kyoto. Sondergutachten. Berlin: WBGU.

WBGU – Wissenschaftlicher Beirat der Bundesregierung Globale Umweltveränderungen (1999): Welt im Wandel: Umwelt und Ethik. Sondergutachten. Marburg: Metropolis Verlag.

WBGU – Wissenschaftlicher Beirat der Bundesregierung Globale Umweltveränderungen (2000): Welt im Wandel: Erhaltung und nachhaltige Nutzung der Biosphäre. Hauptgutachten. Berlin, Heidelberg: Springer.

WBGU – Wissenschaftlicher Beirat der Bundesregierung Globale Umweltveränderungen (2005): Welt im Wandel: Armutsbekämpfung durch Umweltpolitik. Hauptgutachten. Berlin, Heidelberg, New York: Springer.

WBGU – Wissenschaftlicher Beirat der Bundesregierung Globale Umweltveränderungen (2006): Die Zukunft der Meere – zu warm, zu hoch, zu sauer. Sondergutachten. Berlin: WBGU.

WBGU – Wissenschaftlicher Beirat der Bundesregierung Globale Umweltveränderungen (2009): Welt im Wandel: Zukunftsfähige Bioenergie und nachhaltige Landnutzung. Hauptgutachten. Berlin: WBGU.

WBGU – Wissenschaftlicher Beirat der Bundesregierung Globale Umweltveränderungen (2011): Welt im Wandel: Gesellschaftsvertrag für eine Große Transformation. Hauptgutachten. Berlin: WBGU.

WBGU – Wissenschaftlicher Beirat der Bundesregierung Globale Umweltveränderungen (2013) (Hrsg.): Welt im Wandel: Menschheitserbe Meer. Hauptgutachten. Berlin: WBGU.

WBGU – Wissenschaftlicher Beirat der Bundesregierung Globale Umweltveränderungen (2014): Zivilisatorischer Fortschritt innerhalb planetarischer Leitplanken – Ein Beitrag zur SDG-Debatte. Politikpapier 8. Berlin: WBGU.

WBGU – Wissenschaftlicher Beirat der Bundesregierung Globale Umweltveränderungen (2016a): Der Umzug der Menschheit: Die transformative Kraft der Städte. Hauptgutachten. Berlin: WBGU.

WBGU – Wissenschaftlicher Beirat der Bundesregierung Globale Umweltveränderungen (2016b): Entwicklung und Gerechtigkeit durch Transformation: Die vier großen I – Ein Beitrag zur deutschen G20-Präsidentschaft 2017. Sondergutachten 2016. Berlin: WBGU.

WBGU – Wissenschaftlicher Beirat der Bundesregierung Globale Umweltveränderungen (2018): Zeit-gerechte Klimapolitik. Vier Initiativen für Fairness. Politikpapier 9. Berlin: Wissenschaftlicher Beirat der Bundesregierung Globale Umweltveränderungen.

WBGU – Wissenschaftlicher Beirat der Bundesregierung Globale Umweltveränderungen (2019a): Ein europäischer Weg in unsere gemeinsame digitale Zukunft. Politikpapier 11. Berlin: WBGU.

WBGU – Wissenschaftlicher Beirat der Bundesregierung Globale Umweltveränderungen (2019b): Unsere gemeinsame digitale Zukunft. Hauptgutachten. Berlin: WBGU.

Weber-Blaschke, G. (2019): Nachhaltige Forst-und Holzwirtschaft als Basis der Bioökonomie. Ökologie und Bioökonomie 48, 31–46.

WEF – World Economic Forum (2019): The Global Risks Report 2019. 14th Edition. Genf: WEF.

WEF – World Economic Forum (2020): COVID-19 is exacerbating food shortages in Africa. Internet: https://www.weforum.org/agenda/2020/04/africa-coronavirus-covid19-imports-exports-food-supply-chains. Genf: WEF.

WEF – World Economic Forum und PwC – PricewaterhouseCoopers (2020): Nature Risk Rising: Why the Crisis Engulfing Nature Matters for Business and the Economy. Genf: WEF.

WEHLING Projekt GmbH (2005): Home. Internet: http://www.wehlingprojekt.de/. Oschersleben: Wehling.

Weinand, Y. (2009): Innovative timber constructions. Journal of the International Association for Shell and Spatial Structures 50 (2), 111–120.

Weisse, M. und Goldman, L. (2017): Global Tree Cover Loss Rose 51 Percent in 2016. Global Forest Watch. Internet: https://blog.globalforestwatch.org/data/global-tree-cover-loss-rose-51-percent-in-2016. Berlin: Germanwatch.

Welthungerhilfe (2019) (Hrsg.): Welthunger-Index 2019. Wie der Klimawandel den Hunger verschärft. Dublin, Bonn: Hevetas.

Weselek, A., Ehmann, A., Zikeli, S., Lewandowski, I., Schindele, S. und Högy, P. (2019): Agrophotovoltaic systems: applications, challenges, and opportunities. A review. Agronomy for Sustainable Development 39 (4), 35.

Westhoek, H. J., Rood, G. A., van den Berg, M., Janse, J. H., Nijdam, D. S., Reudink, M. A. und Stehfest, E. E. (2011): The protein puzzle: the consumption and production of meat, dairy and fish in the European Union. European Journal of Nutrition & Food Safety 1 (3), 123–144.

WGBC – World Green Building Council (2019): Bringing embodied carbon upfront. Built Environment Economist: Australia and New Zealand (Dec 2019–Jan 2020), 1–38.

WHO – World Health Organization (2015): Fiscal Policies for Diet and Prevention of Noncommunicable Diseases. Genf: WHO.

WHO – World Health Organization (2016): South Africa. Diabetes Country Profiles. Internet: https://www.who.int/diabetes/country-profiles/zaf_en.pdf?ua=1. Genf: WHO.

WHO – World Health Organization (2020): Obesity and Overweight. Internet: https://www.who.int/news-room/fact-sheets/detail/obesity-and-overweight. Genf: WHO.

Wichmann, S. (2017): Commercial viability of paludiculture: A comparison of harvesting reeds for biogas production, direct combustion, and thatching. Ecological Engineering 103, 497–505.

Wiersma, Y. F., Sleep, D. J. H. und Edwards, K. A. (2017): Scientific evidence for fifty percent? BioScience 67 (9), 781–782.

Wiesmeier, M., Mayer, S., Paul, C., Helming, K., Don, A., Franko, U., Steffens, M. und Kögel-Knabner, I. (2020): $CO_2$-Zertifikate für die Festlegung atmosphärischen Kohlenstoffs in Böden: Methoden, Maßnahmen und Grenzen. BonaRes Series 1, 1–24.

Wietek, B. (2017) (Hrsg.): Faserbeton: im Bauwesen. Heidelberg, Berlin: Springer.

Wilkie, D. S., Bennett, E. L., Peres, C. A. und Cunningham, A. A. (2011): The empty forest revisited. Annals of the New York Academy of Sciences 1223, 120–128.

Wilkinson, M. D., Dumontier, M., Aalbersberg, I. J., Appleton, G., Axton, M., Baak, A., Blomberg, N., Boiten, J.-W., da Silva Santos, L. B. und Bourne, P. E. (2016): The FAIR Guiding Principles for scientific data management and stewardship. Scientific Data 3 (1), 1–9.

Willemen, L., Barger, N. N., ten Brink, B., Cantele, M., Erasmus, B. F. N., Fisher, J. L., Gardner, T., Holland, T. G., Kohler, F. und Kotiaho, J. S. (2020): How to halt the global decline of lands. Nature Sustainability 3 (3), 164–166.

Willett, W., Rockström, J., Loken, B., Springmann, M., Lang, T., Vermeulen, S., Jonell, M., Clark, M., Gordon, L. J., Fanzo, J., Hawkes, C., Zurayk, R., Rivera, J. A., De Vries, W., Sibanda, L. M., Afshin, A., Chaudhary, A., Herrero, M., Agustina, R., Branca, F., Lartey, A., Fan, S., Crona, B., Fox, E., Bignet, V., Troell, M., Lindahl, T., Singh, S., Cornell, S. E., Reddy, K. S., Narain, S., Nishtar, S. und L., M. C. J. (2019): Food in the Anthropocene: the EAT–Lancet Commission on healthy diets from sustainable food systems. The Lancet 393, 447–492.

Willmann, J., Knauss, M., Bonwetsch, T., Apolinarska, A. A., Gramazio, F. und Kohler, M. (2016): Robotic timber construction – expanding additive fabrication to new dimensions. Automation in Construction 61, 16–23.

Wilson, E. O. (2016): Half-Earth. Our Planet's Fight for Life. New York, London: Norton.

Wilting, H. C., Schipper, A. M., Bakkenes, M., Meijer, J. R. und Huijbregts, M. A. (2017): Quantifying biodiversity losses due to human consumption: a global-scale footprint analysis. Environmental Science & Technology 51 (6), 3298–3306.

Winter, E., Gronau, S. und Grote, U. (2018): Sustaining rural livelihoods through an integrated landscape approach. Biodiversity and Ecology 6, 288–294.

Wintle, B. A., Kujala, H., Whitehead, A., Cameron, A., Veloz, S., Kukkala, A., Moilanen, A., Gordon, A., Lentini, P. E. und Cadenhead, N. C. R. (2019): Global synthesis of conservation studies reveals the importance of small habitat patches for biodiversity. Proceedings of the National Academy of Sciences 116 (3), 909–914.

Wir haben es satt! (2019): Über uns. Internet: https://www.wir-haben-es-satt.de/ueber-uns/. Berlin: Wir haben es satt!

Wise, T. A. (2020): Failing Africa's Farmers: An Impact Assessment of the Alliance for a Green Revolution in Africa. Medford: Global Development and Environment Institute, Tufts University.

Wissenschaftlicher Beirat des Nationalen Aktionsplans zur nachhaltigen Anwendung von Pflanzenschutzmitteln (NAP) des BMEL (2019): Pflanzenschutz und Biodiversität in Agrarökosystemen. Stellungnahme. Berlin: NAP.

WMBW – Ministerium für Wirtschaft, Arbeit und Wohnungsbau (2019): Triple Wood – Nachhaltige Holzbaukultur im Alpenraum. Stuttgart: WMBW.

WMO – World Meteorological Organization (2018): WMO Greenhouse Gas Bulletin. Genf: WMO.

WMO – World Meteorological Organization (2019): WMO Provisional Statement on the State of the Global Climate in 2019. Genf: WMO.

Wolf, C. (2020): Corona in Schlachtbetrieben: "Deprimierende Zustände". Internet: https://www1.wdr.de/nachrichten/themen/coronavirus/corona-schlachtbetriebe-fleischindustrie-100.html. Köln: Westdeutscher Rundfunk.

Wolford, W., Borras Jr, S. M., Hall, R., Scoones, I. und White, B. (2013): Governing global land deals: The role of the state in the rush for land. Development and Change 44 (2), 189–210.

Wolske, K. S., Stern, P. C. und Dietz, T. (2017): Explaining interest in adopting residential solar photovoltaic systems in the United States: Toward an integration of behavioral theories. Energy Research & Social Science 25, 134–151.

Woodley, S., Locke, H., Laffoley, D., MacKinnon, K., Sandwith, T. und Smart, J. (2019): A review of evidence for area-based conservation targets for the post-2020 Global Biodiversity Framework. Parks 25, 31–46.

Worboys, G. L., Winkler, C. und Lockwood, M. (2006): Threats to Protected Areas. In: Lockwood, M., Worboys, G. L. und Kothari, A. (Hrsg.): Managing Protected Areas: A Global Guide. London: Earthscan, 223–261.

World Bank (2017a): The Potential Role of Enhanced Bond Structures in Forest Climate Finance. Washington, DC: World Bank.

World Bank (2017b): Poverty & Equity Data Portal. Internet: http://povertydata.worldbank.org/poverty/home/. Washington, DC: World Bank.

World Bank (2019): Record High Remittances Sent Globally in 2018. Internet: https://www.worldbank.org/en/news/press-release/2019/04/08/record-high-remittances-sent-globally-in-2018. Washington, DC: World Bank.

World Bank (2020a): For Sub-Saharan Africa, Coronavirus Crisis Calls for Policies for Greater Resilience. Internet: https://www.worldbank.org/en/region/afr/publication/for-sub-saharan-africa-coronavirus-crisis-calls-for-policies-for-greater-resilience. Washington, DC: World Bank.

World Bank (2020b): How do you Define Remittances? Internet: https://datahelpdesk.worldbank.org/knowledgebase/articles/114950-how-do-you-define-remittances. Washington, DC: World Bank.

World Bank (2020c): Net Official Development Assistance and Official Aid Received (Current US$). Internet: https://data.worldbank.org/indicator/DT.ODA.ALLD.CD. Washington, DC: World Bank.

Worm, B. (2016): Averting a global fisheries disaster. Proceedings of the National Academy of Sciences 113 (18), 4895–4897.

Worster, D. (1987): „Dust Bowl". Dürre und Winderosion im amerikanischen Südwesten. In: Sieferle, R. P. (Hrsg.): Fortschritte der Naturzerstörung. Frankfurt/M.: Suhrkamp, 118–158.

WTO – World Trade Organization (2018): World Trade Statistical Review 2018. Genf: World Trade Organization (WTO).

Wunder, S. (2015): Revisiting the concept of payments for environmental services. Ecological Economics 117, 234–243.

Wunder, S., Börner, J., Ezzine-de-Blas, D., Feder, S. und Pagiola, S. (2020): Payments for environmental services: past performance and pending potentials. Annual Review of Resource Economics 12 (1), 23.21–23.26.

Wunder, S., Brouwer, R., Engel, S., Ezzine-de-Blas, D., Muradian, R., Pascual, U. und Pinto, R. (2018a): From principles to practice in paying for nature's services. Nature Sustainability 1 (3), 145–150.

Wunder, S., Kaphengst, T., Frelih-Larsen, A., McFarland, K. und Albrecht, S. (2018b): Land Degradation Neutrality. Handlungsempfehlungen zur Implementierung des SDG-Ziels 15.3 und Entwicklung eines bodenbezogenen Indikators. Dessau: Umweltbundesamt (UBA).

WWF International (2015): Project Finance for Permanence: Key Outcomes and Lessons Learned. Gland: WWF.

WWF International (2018): Living Planet Report 2018: Aiming Higher. Gland: WWF.

WWF International (2019): Klimaschutz in der Beton- und Zementindustrie. Hintergrund und Handlungsoptionen. Gland: WWF.

WWF International (2020a): Living Planet Report 2020. Bending the Curve of Biodiversity Loss. Gland: WWF.

WWF International (2020b): The Loss of Nature and the Rise of Pandemics. Protecting Human and Planetary Health. Gland: WWF.

Wynants, M., Kelly, C., Mtei, K., Munishi, L., Patrick, A., Rabinovich, A., Nasseri, M., Gilvear, D., Roberts, N., Boeckx, P., Wilson, G., Blake, W. H. und Ndakidemi, P. (2019): Drivers of increased soil erosion in East Africa's agro-pastoral systems: changing interactions between the social, economic and natural domains. Regional Environmental Change 19 (7), 1909–1921.

Xie, H., Zhang, Y., Zeng, X. und He, Y. (2020): Sustainable land use and management research: a scientometric review. Landscape Ecology doi:10.1007/s10980-020-01002-y, 1–10.

Xu, R., Tian, H., Pan, S., Prior, S. A., Feng, Y., Batchelor, W. D., Chen, J. und Yang, J. (2019): Global ammonia emissions from synthetic nitrogen fertilizer applications in agricultural systems: empirical and process-based estimates and uncertainty. Global Change Biology 25 (1), 314–326.

Yang, H., Lupi, F., Zhang, J., Chen, X. und Liu, J. (2018): Feedback of telecoupling: the case of a payments for ecosystem services program. Ecology and Society 23 (2),

Ye, L., Zhao, X., Bao, E., Li, J., Zou, Z. und Cao, K. (2020): Bio-organic fertilizer with reduced rates of chemical fertilization improves soil fertility and enhances tomato yield and quality. Nature Scientific Reports 177 (10), 1–11.

Yellishetty, M., Ranjith, P. G. und Tharumarajah, A. (2010): Iron ore and steel production trends and material flows in the world: Is this really sustainable? Resources, Conservation and Recycling 54 (12), 1084–1094.

Youmatter (2020): Agro-Ecology Definition: History and Examples. Internet: https://youmatter.world/en/definition/definitions-agro-ecology/. Weinheim: Youmatter.

Yousefpour, R., Nabel, J. E. und Pongratz, J. (2019): Simulating growth-based harvest adaptive to future climate change. Biogeosciences 16, 241–254.

Yu, D., Tan, H. und Ruan, Y. (2011): A future bamboo-structure residential building prototype in China: life cycle assessment of energy use and carbon emission. Energy and Buildings 43 (10), 2638–2646.

Zafra-Calvo, N., Balvanera, P., Pascual, U., Merçon, J., Martín-López, B., van Noordwijk, M., Mwampamba, T. H., Lele, S., Ifejika Speranza, C., Arias-Arévalo, P., Cabrol, D., Cáceres, D. M., O'Farrell, P., Subramanian, S. M., Devy, S., Krishnan, S., Carmenta, R., Guibrunet, L., Kraus-Elsin, Y., Moersberger, H., Cariño, J. und Díaz, S. (2020): Plural valuation of nature for equity and sustainability: Insights from the Global South. Global Environmental Change 63, 1–12.

ZDH – Zentralverbund des deutschen Handwerks (2020): Werte erschaffen. Werte bewahren. Zukunft gestalten. Nachhaltigkeit im deutschen Handwerk. Berlin: ZDH.

zebralog (o.J.): Forest Lab. Internet: https://www.forest-lab.terra1.org/. Berlin: Zebralog.

ZEIT Online (2013): Der Fleischkonsum steigt mit dem Einkommen. Internet: https://www.zeit.de/lebensart/essen-trinken/2013-08/umfrage-fleischkonsum-veggie-day. Hamburg: ZEIT Online GmbH.

Zeng, Y., Maxwell, S., Runting, R. K., Venter, O., Watson, J. E. M. und Carrasco, L. R. (2020): Environmental destruction not avoided with the Sustainable Development Goals. Nature Sustainability doi.org/10.1038/s41893-020-0555-0, 1–9.

Zengerling, C. (2020): Stärkung von Klimaschutz und Entwicklung durch internationales Handelsrecht. Expertise für das WBGU-Gutachten „Landwende im Anthropozän: Von der Konkurrenz zur Integration". Internet: http://www.wbgu.de/hauptgutachten/hg2020/hg-2020-expertisen/. Berlin: WBGU.

Zhang, G., Song, J., Yang, J. und Liu, X. (2006): Performance of mortar and concrete made with a fine aggregate of desert sand. Building and Environment 41 (11), 1478–1481.

Zhang, N., Duan, H., Miller, T. R., Tam, V. W. Y., Liu, G. und Zuo, J. (2020): Mitigation of carbon dioxide by accelerated sequestration in concrete debris. Renewable and Sustainable Energy Reviews 117, 1–11.

Zheng, J. und Suh, S. (2019): Strategies to reduce the global carbon footprint of plastics. Nature Climate Change 9 (5), 374–378.

Zhu, J., Fan, C., Shi, H. und Shi, L. (2019): Efforts for a circular economy in China: A comprehensive review of policies. Journal of Industrial Ecology 23 (1), 110-118.

Zink, T. und Geyer, R. (2017): Circular economy rebound. Journal of Industrial Ecology 21 (3), 593–602.

Ziraba, A. K., Fotso, J. C. und Ochako, R. (2009): Overweight and obesity in urban Africa: a problem of the rich or the poor? BMC Public Health 9 (1), 465.

Zohdy, S., Schwartz, T. S. und Oaks, J. R. (2019): The coevolution effect as a driver of spillover. Trends in Parasitology 35 (6), 399–408.

ZVG – Zentralverband Gartenbau (2019): Interesse an bienenfreundlichen Pflanzen nimmt zu. Internet: https://www.g-net.de/aktuelle_meldung/interesse-an-bienenfreundlichen-pflanzen-nimmt-zu.html. Berlin: ZVG.

Zweifel, L., Meusburger, K. und Alewell, C. (2019): Spatio-temporal pattern of soil degradation in a Swiss Alpine grassland catchment. Remote Sensing of Environment 235, 111441.

# Glossar

# 7

### Agenda 2030 für nachhaltige Entwicklung

wurde auf der UN-Generalversammlung 2015 einstimmig verabschiedet. Mit der Agenda 2030 hat sich die Weltgemeinschaft 17 Ziele (→ Sustainable Development Goals, SDGs) für eine sozial, wirtschaftlich und ökologisch nachhaltige Entwicklung gesetzt. Die 17 Ziele gelten für alle Länder gleichermaßen. Sie reichen von der Beseitigung des weltweiten Hungers über die Stärkung von nachhaltigem Konsum und nachhaltiger Produktion bis hin zu Maßnahmen für den Klimaschutz. Die Agenda 2030 ist völkerrechtlich unverbindlich.

### Agrarökologie

verknüpft traditionell-lokales Erfahrungswissen mit wissenschaftlichen Erkenntnissen. Ziel der Agrarökologie ist eine sozial-ökologische Transformation des → Ernährungssystems von der Produktion bis zum Konsum. Als Gegenbild zur industriellen Landwirtschaft zielt Agrarökologie auf kleinbäuerliche, diversifizierte Landwirtschaftssysteme und setzt auf eine Optimierung der Nährstoffkreisläufe, Stärkung der → Ökosystemleistungen und Resilienz (IAASTD, 2009).

### Agrobiodiversität

ist die → biologische Vielfalt, die elementare Funktionen, Strukturen und Prozesse der landwirtschaftlichen → Ökosysteme aufrechterhält. Sie beinhaltet die Vielzahl und Variabilität von Tieren, Pflanzen und Mikroorganismen auf der Ebene der Gene, der Arten und der → Ökosysteme.

### Agroforstwirtschaft

umfasst sowohl traditionelle als auch moderne Landnutzungssysteme, bei denen Bäume zusammen mit Nutzpflanzen und/oder Tierproduktionssystemen in landwirtschaftlichen Umgebungen bewirtschaftet werden (FAO, 2015a).

### Anthropozän

bedeutet das Zeitalter des Menschen und lehnt sich namentlich an geologische Zeitalter (etwa das Paläozän oder das Holozän) an. Der Begriff wurde von Nobelpreisträger Paul Crutzen gemeinsam mit Eugene Stoermer im Jahr 2000 geprägt und bezeichnet ein Erdzeitalter, in dem die Einwirkungen menschlicher Aktivitäten auf die Umwelt eine globale Dimension erreicht haben. Dies führt zu teilweise erheblichen Veränderungen der → Ökosysteme bis hin zu deren Zerstörung. Zu den weiteren wichtigen Veränderungen durch den Menschen zählen der Klimawandel oder auch das antarktische Ozonloch (Crutzen und Stoermer, 2000).

### Aufforstung

ist die Umwandlung einer Landfläche in Wald, die vorher kein Wald war.

### Biodiversität

→ biologische Vielfalt.

### Biologische Vielfalt

bedeutet die Variabilität unter lebenden Organismen jeglicher Herkunft, darunter unter anderem Land-, Meeres- und sonstige aquatische → Ökosysteme und die ökologischen Komplexe, zu denen sie gehören; dies umfasst die Vielfalt innerhalb der Arten und zwischen den Arten und die Vielfalt der → Ökosysteme (CBD, 1992: Art. 2).

### Biomasse

bezeichnet die Masse an nicht versteinertem und biologisch abbaubarem organischen Material, das von Pflanzen, Tieren und Mikroorganismen in einem bestimmten Gebiet oder Volumen stammt (IPBES, 2018a).

### Bioökonomie

ist die Erzeugung, Erschließung, Nutzung und Erhaltung biologischer Ressourcen, Prozesse, Prinzipien und Systeme, um Produkte, Dienstleistungen, Verfahren und Wissen in allen wirtschaftlichen Sektoren bereitzustellen. Eine nachhaltige Bioökonomie setzt einen verantwortungsvollen Umgang mit der Gesamtheit der global genutzten und ungenutzten terrestrischen und marinen → Ökosysteme innerhalb → planetarischer Leitplanken voraus, der die natürlichen Lebensgrundlagen, die gesellschaftliche Teilhabe aller Menschen, Eigenart und Vielfalt und somit die Würde des Menschen erhält und schützt.

**Bodendegradation**
ist die dauerhafte oder irreversible Veränderung der Struktur und der Funktionen von Böden, die durch physikalische und chemische oder biotische Belastungen entsteht und die Belastbarkeit der jeweiligen Systeme überschreitet. Die am weitesten verbreitete Art der Bodendegradation ist die Bodenerosion, d.h. die Abtragung von Böden durch Wasser und Wind oder Bodenbearbeitung.

**Bonn Challenge**
ist eine 2011 von der Weltnaturschutzunion (IUCN) und Deutschland initiierte und später durch die New York Declaration on Forests erweiterte globale Initiative, um bis 2030 350 Mio. ha der weltweit abgeholzten und degradierten Flächen zu renaturieren. In eine ersten Phase sollten bis 2020 150 Mio. ha degradierter Waldflächen renaturiert werden (Bonn Challenge, 2020).

**Carbon Capture and Storage (CCS)**
bezeichnet technische Verfahren, um aus Abgasströmen fossil- oder biomassebasierter Energieerzeugung oder industrieller Prozesse $CO_2$ abzuscheiden und in geologischen Formationen einzulagern.

**Citizen Science**
„umfasst die aktive Beteiligung von Bürgerinnen und Bürgern in verschiedenen Phasen des Forschungsprozesses in den Geistes-, Natur- und Sozialwissenschaften. Die Beteiligung reicht von der Generierung von Fragestellungen, der Entwicklung eines Forschungsprojekts über Datenerhebung und wissenschaftliche Auswertung bis hin zur Kommunikation der Forschungsergebnisse" (Bonn et al, 2016).

**Covid-19**
ist eine Infektionskrankheit, die vom Coronavirus „SARS-CoV-2" ausgelöst werden kann. Sie wurde erstmals 2019 in Wuhan (China) beschrieben und hat sich im Jahr 2020 zu einer Pandemie entwickelt. Covid-19 ist eine Abkürzung für „Coronavirus-Krankheit 2019".

**Dekarbonisierung**
beschreibt den Prozess des Übergangs von kohlenstoffreichen Energiequellen (Kohle) zu weniger kohlenstoffintensiven (Erdöl und Erdgas) und zunehmend zu einer $CO_2$-emissionsfreien Energieerzeugung (Solarenergie, Windkraft, Wasserkraft).

**Desertifikation**
ist → Landdegradation in ariden, semiariden und trockenen subhumiden Gebieten.

**Digitalisierung**
bezeichnet die Entwicklung und Anwendung digitaler sowie digitalisierter Techniken, die sich mit allen anderen zivilisatorischen Techniken und Methoden verzahnt und diese erweitert.

**Diversifizierte Landwirtschaftssysteme**
umfassen landwirtschaftliche Produktionsmethoden, die durch eine erhöhte Anzahl an Kulturarten in Form räumlicher Mischung oder zeitlich aufeinanderfolgenden Fruchtfolgen das Produktionsrisiko minimieren, die Anpassung an den Klimawandel erhöhen, → Ökosystemleistungen stärken, genetische Vielfalt bewahren, die Pflanzenproduktion mit der Nutztierhaltung wiederverkoppeln und damit auch eine vielseitige Ernährung begünstigen.

**Ernährungssicherheit**
ist eine Situation in der alle Menschen zu jeder Zeit physischen, sozialen und wirtschaftlichen Zugang zu ausreichender, sicherer und nahrhafter Nahrung haben, die ihren Ernährungsbedürfnissen und -vorlieben für ein aktives und gesundes Leben entspricht (CGIAR, 2020).

**Ernährungsstile**
sind die gewohnheitsmäßigen Entscheidungen, die ein Individuum oder eine Kultur bei der Wahl der Lebensmittel trifft. In jeder Kultur und bei jedem Menschen gibt es Nahrungsmittelpräferenzen oder -tabus. Dies kann auf persönlichen Geschmack oder ethische Gründe (z.B. Nachhaltigkeit, Tierwohl) zurückzuführen sein. Ernährungsgewohnheiten und -entscheidungen spielen eine bedeutende Rolle für die Lebensqualität, Gesundheit und Lebenserwartung (Journal of Childhood Obesity, 2020).

**Ernährungssystem**
umfasst die Gesamtheit an Aktivitäten von der Produktion bis zum Konsum von Nahrungsmitteln. Hierzu zählen auch die Leistungen aus den vor- und nachgelagerten Bereichen der Landwirtschaft sowie die Auswirkungen dieser Aktivitäten auf Umwelt,

Gesellschaft und Wirtschaft. Klima- und Biodiversitätskrisen werden zum großen Teil durch das Ernährungssystem beeinflusst – oder beeinflussen das System selbst.

**Externe Kosten**
sind Kosten, die außerhalb eines betrachteten Systems anfallen (Feess und Günther, 2018), z. B. soziale oder ökologische Kosten, die durch das Handeln eines Akteurs entstehen, von diesem aber nicht direkt getragen werden müssen und die bei dessen Entscheidungen unberücksichtigt bleiben.

**Fernwirkung**
oder Telecoupling bezieht sich auf sozioökonomische und ökologische Interaktionen über größere Entfernungen hinweg. Sie umfasst den Fernaustausch von Informationen, Energie und Materie (z. B. Menschen, Güter, Produkte, Kapital) auf verschiedenen räumlichen, zeitlichen und organisatorischen Ebenen. In der Landwirtschaft beispielsweise wird die hohe Nachfrage in der EU nach Sojabohnen oder Palmöl durch den mit hohen Umweltkosten verbundenen Anbau in den Erzeugerländern Brasilien und Indonesien gedeckt. Die Agrarproduktion führt dort aufgrund der unzureichenden Durchsetzung von Umweltvorschriften zu hohen Umweltschäden.

**Gestaltender Staat**
soll Rahmenbedingungen schaffen, die Innovation für nachhaltige Entwicklung umfassend fördern und eine Verantwortungsübernahme aller Akteure einfordern und unterstützen. Dabei sollte er seine Funktion so wahrnehmen, dass Mitsprache, Mitbestimmungs- und Mitwirkungsmöglichkeiten der Zivilgesellschaft gefördert werden.

**Global Governance**
umfasst das Gesamtsystem von Institutionen, öffentlichen wie privaten Akteuren, formellen wie informellen Steuerungsprozessen sowie verbindliche und freiwillige Regelungsinstrumente zum Umgang mit globalen Nachhaltigkeitsproblemen (Pattberg und Widerberg, 2015).

**Große Transformation zur Nachhaltigkeit**
ist nach WBGU (2011) ein umfassender gesellschaftlicher Wandel in Richtung Nachhaltigkeit, der einen Umbau der nationalen Ökonomien und der Weltwirtschaft innerhalb → planetarischer Leitplanken vorsieht, um irreversible Schädigungen des Erdsystems und von → Ökosystemen sowie deren Auswirkungen auf die Menschheit zu vermeiden.

**Humus**
bezeichnet die Gesamtheit der fein zersetzten organischen Substanz eines Bodens. Die lebende organische Substanz besteht aus Pflanzenwurzeln, Bodentieren und mikrobieller Biomasse, während die tote organische Substanz durch chemische und biologische Zersetzung organischer Rückstände gebildet wird (NN, 2008).

**Industrielle Landwirtschaft**
ist durch den großskaligen, hochmechanisierten (digitalisierten) intensiven Anbau von Hochertragssorten in engen Fruchtfolgen, die Massentierhaltung und den Einsatz großer Mengen betriebsexterner, also vom Betrieb entkoppelter Inputs (→ Mineraldünger, Gülle, Pestizide) gekennzeichnet. Im Rahmen von Wertschöpfungsketten ist sie auf die Verarbeitung, den Verkauf sowie Export ausgerichtet. Ein hoher Kapitaleinsatz, Spezialisierung sowie Standardisierung sind weitere Eigenschaften dieser Form von Landwirtschaft.

**Kaskadennutzung**
bezeichnet Mehrfachnutzungen eines Rohstoffs oder Produkts, bei der ein „Rohstoff zu einem Endprodukt verarbeitet und dieses Endprodukt mindestens ein weiteres Mal stofflich oder energetisch genutzt wird" (UBA, 2017a). Indem derselbe Rohstoff mehrere Nutzungsphasen und unterschiedliche Funktionen durchläuft und umfassend verwertet wird, kann die Rohstoff- und damit in der Regel die Umweltintensität der Wertschöpfung verbessert werden.

**Kleinbäuerliche Landwirtschaft**
umfasst Ackerbau, Viehzucht, Forstwirtschaft und Fischerei und ist typischerweise familienbasiert, mit überwiegend familiären Arbeitskräften, die aus dieser Arbeit einen großen, aber variablen Anteil ihres Einkommens beziehen. Die Ackerstücke sind kleinräumiger, die Fruchtfolgen typischerweise weiter (diversifiziert), da teilweise betriebseigene Futtermittel verwendet werden (HLPE, 2013).

**Kohlendioxidabscheidung und -speicherung**
→ Carbon Capture and Storage (CCS)

**Kohlenstoffsenke**
bezeichnet ein Reservoir, das zeitweilig oder dauerhaft Kohlenstoff aufnimmt und speichert. Der Begriff ist nicht mit dem des Kohlenstoffspeichers zu verwechseln. Während ein Speicher (oder Vorrat) auch statisch sein kann, also eine gewisse Menge an Kohlenstoff enthält, sind die Senken dynamisch, sie sind also Speicher, deren gespeicherte Kohlenstoffmenge wächst, z.B. junge Wälder.

**Kohlenstoffspeicher**
→ Kohlenstoffsenke

**Landdegradation**
bezeichnet die Verschlechterung des Zustandes von Landökosystemen, verursacht durch direkte oder indirekte, vom Menschen verursachte Prozesse, einschließlich anthropogener Klimaänderungen. Landdegradation ist umfassender als → Bodendegradation, da sie alle negativen Veränderungen in der Kapazität des → Ökosystems zur Bereitstellung von Gütern und Dienstleistungen (z. B. biologischer, wasser- und landbezogener, sozialer) umfasst (van Diemen et al., 2019).

**Land Degradation Neutrality (LDN)**
„ist ein Zustand, in dem die Menge und Qualität der Landressourcen, die zur Unterstützung der → Ökosystemfunktionen und -dienstleistungen und zur Verbesserung der → Ernährungssicherung notwendig sind, innerhalb bestimmter zeitlicher und räumlicher Skalen und → Ökosysteme stabil bleiben oder zunehmen" (UNCCD, 2015). LDN wurde 2015 in den Katalog der → Sustainable Development Goals (SDG 15.3) aufgenommen.

**Landmanagement, nachhaltiges**
ist die Nutzung von Landressourcen – einschließlich Böden, Wasser, Tieren und Pflanzen – für die Produktion von Gütern zur Deckung menschlicher Bedürfnisse bei gleichzeitiger Gewährleistung des langfristigen Produktionspotenzials dieser Ressourcen und der Aufrechterhaltung ihrer Umweltfunktionen (FAO, 2020).

**Landrente**
ist eine ökonomische Rente, die für das knappe Gut Land erzielt wird. Eine ökonomische Rente liegt vor, wenn für ein Gut mehr bezahlt wird, als für dessen Bereitstellung mindestens nötig wäre. Land als biologisches System ist von sich aus produktiv (auch wenn die Produktivität durch den Menschen z. T. gesteigert werden kann) bzw. steht allein lageabhängig als Bauland bereit; ökonomisch z. B. für Landwirtschaft oder Bauen nutzbare Landfläche ist aber begrenzt (geographisch, administrativ oder langfristig ökologisch). Daher lassen sich mit der Nutzung von Land, nach Abzug weiterer Kosten für Arbeit und Kapital, bzw. dessen Verpachtung Knappheitsrenten erzielen, die man als Landrenten bezeichnet. Die Höhe privater, häufig stark konzentrierter Landrenten wird erheblich von öffentlichem Handeln beeinflusst (z. B. Infrastruktur, Raumplanung). Ihre Besteuerung wird oft als besonders effizient betrachtet (Stiglitz, 2015; Mattauch et al., 2018; Schwerhoff et al., 2020), da sie das Gesamtangebot an Land kaum ändert.

**Landschaftsansatz, integrierter**
ist ein Gestaltungskonzept, das ökologische, raumplanerische und auf Governance ausgerichtete Aspekte umfasst. Im Kern geht es um die Vereinbarkeit konkurrierender Landnutzungsformen sowie der Interessen und teils kulturell geprägten Werte von Stakeholdern im ökologischen und kulturellen Kontext der Landschaft.

**Landwende, globale**
bezeichnet nach WBGU die notwendige weltweite Transformation des Umgangs mit Land bzw. Landökosystemen in Richtung Nachhaltigkeit.

**Mehrgewinnstrategien**
sind vom WBGU exemplarisch vorgeschlagene Strategien, die im Kontext der Landnutzung auf mehrere Begleitnutzen abzielen und zur Entschärfung von Flächennutzungskonkurrenzen beitragen können.

**Mineraldünger**
oft auch Kunstdünger genannt, ist eine unter Einsatz von fossilen Energieträgern, chemisch-synthetisch (Ammoniak Synthese mit dem Haber-Bosch-Verfahren) hergestellte Substanz zur Ausbringung auf die Äcker und Pflanzenbestände. Mineraldünger bestehen in der Regel aus Stickstoff, Phosphor und/oder Kalium. Ihre Anwendung auf dem Feld soll die Wachstumsrate und die Produktivität von Pflanzen erhöhen. Mineraldünger enthalten keinen Kohlenstoff (Eurostat, 2019).

**Monokultur**
ist der Anbau der immer gleichen Kulturart in Reinkultur, d.h. ohne zeitgleiche Mischung mit anderen Kulturarten und ohne einen zeitlich gestaffelten Fruchtwechsel.

**Negative Emissionen**
bezeichnet die gezielte Entfernung von $CO_2$ oder gegebenenfalls anderen Treibhausgasen aus der Atmosphäre durch menschliche Aktivitäten, d.h. zusätzlich zu der Entfernung, die durch natürliche Kohlenstoffkreislaufprozesse erfolgt.

**Nettoprimärproduktion**
beschreibt die Menge an Kohlenstoff, die → Ökosysteme durch Photosynthese akkumulieren, abzüglich des Kohlenstoffs, der durch die Pflanzenatmung wieder abgegeben wird.

**Ökolandbau**
ist eine Systemalternative zur konventionellen und zur → industriellen Landwirtschaft. Zentral ist die Schließung von Nährstoffkreisläufen durch die Verwendung

hofeigener Dünge- und Futtermittel, durch Flächenbindung der Tierhaltung sowie durch die Einhaltung von Fruchtfolgen. → Mineraldünger und chemisch-synthetische Pestizide werden im Ökolandbau nicht genutzt und die Erträge sind je nach Kulturart, Standort und Management um 5–25 % geringer als im konventionellen Landbau. Die höheren Produktpreise sind hierdurch und durch den höheren Arbeitsaufwand begründet.

### Ökologische Intensivierung
zielt auf möglichst hohe Produktivität ab, bei Stärkung und möglichst hoher Ausnutzung der → Ökosystemleistungen.

### Ökosystem
bedeutet einen dynamischen Komplex von Gemeinschaften aus Pflanzen, Tieren und Mikroorganismen sowie deren nicht lebender Umwelt, die als funktionelle Einheit in Wechselwirkung stehen (CBD, 1992: Art. 2).

### Ökosystemleistungen
bezeichnen den Nutzen, den die Menschen aus → Ökosystemen ziehen. Es gibt 18 Ökosystemleistungen, die in die Kategorien regulierend, materiell, nicht materiell eingeteilt werden (Tab. 2.1-1). In diesem Gutachten werden die Begriffe Ökosystemleistungen und „Beiträge der Natur für den Menschen" (nature's contributions to people, NCP) weitgehend synonym verwendet.

### Payments for Ecosystem Services (PES)
sollen die Förderung oder Erhaltung von → Ökosystemleistungen finanziell entlohnen, entsprechend der Vorteile und Nutzen, die Dritte oder die Allgemeinheit daraus ziehen. Ihr Anwendungsbereich ist entsprechend breit und umfasst sowohl die Erhaltung, die → Renaturierung als auch die nachhaltige Nutzung von → Ökosystemen.

### Pestizide
sind chemische Stoffe, die giftig sind für unerwünschte Organismen wie z. B. Insekten (Insektizide), Nagetiere (Rodentizide), Pilze (Fungizide) oder Pflanzen (Herbizide).

### Planetary Health Diet (PHD)
ist ein von der EAT-Lancet-Kommission (Willet et al., 2019) entwickeltes Ernährungsportfolio, das im Einklang mit der Erhaltung der natürlichen Lebensgrundlagen und menschlicher Gesundheit steht. Die Planetary Health Diet ist flexibel, indem sie Richtlinien für verschiedene Lebensmittelgruppen bereitstellt, die zusammen eine optimale Ernährung für die menschliche Gesundheit und die ökologische Nachhaltigkeit darstellen. Sie besteht weitgehend aus Gemüse, Obst, Vollkornerzeugnissen, Hülsenfrüchten, Nüssen und ungesättigten Ölen, enthält eine geringe bis mittlere Menge an Fisch und Geflügel und enthält kein oder nur eine geringe Menge an rotem Fleisch, verarbeitetem Fleisch, zugesetztem Zucker, raffiniertem Getreide und stärkehaltigem Gemüse.

### Planetarische Leitplanken
sind quantitativ definierte Schadensgrenzen, deren Überschreitung nicht tolerierbare oder gar katastrophale Folgen hätte. Sie sind wissenschaftlich abgeleitet, enthalten aber immer eine bewertende Komponente. Ein Beispiel ist die Klimaschutzleitplanke, nach der eine Erhöhung der global gemittelten Temperatur um mehr als 2 °C gegenüber dem vorindustriellen Wert verhindert werden soll. Nachhaltige Entwicklungspfade verlaufen innerhalb des durch die planetarischen Leitplanken eingegrenzten Bereichs. Dahinter steht die Einsicht, dass es kaum möglich ist, eine wünschenswerte, nachhaltige Zukunft im Sinne eines zu erreichenden Zustands zu definieren. Man kann sich aber auf die Abgrenzung eines Bereichs einigen, der als inakzeptabel anerkannt wird und den die Gesellschaft vermeiden will. Die Einhaltung der Leitplanken ist ein notwendiges, aber nicht hinreichendes Kriterium für Nachhaltigkeit.

### Reducing Emissions from Deforestation and Forest Degradation (REDD+)
ist das Waldschutz- und Aufforstungsprogramm unter der Klimarahmenkonvention. REDD+ zielt auf die Reduzierung der Emissionen aus Entwaldung und Waldschädigung und soll den Waldschutz, die nachhaltige Waldbewirtschaftung und den Ausbau des Kohlenstoffspeichers Wald in Entwicklungsländern fördern.

### Renaturierung
ist eine Maßnahme zur substanziellen Erholung bzw. Wiederherstellung eines ursprünglich vorhandenen → Ökosystems, das degradiert oder zerstört worden ist. Mit Renaturierung ist keine Rückkehr zu einem wie auch immer gearteten Ur- oder Idealzustand gemeint. Vielmehr geht es darum, den Umgang mit terrestrischen → Ökosystemen sinnvoll auszugestalten und in nachhaltigen Grenzen zu halten sowie gleichzeitig einen Beitrag zum Klimaschutz und Klimaanpassung zu leisten. Beispiele für Renaturierung sind → Wiederaufforstung, Wiedervernässung von Mooren und Rehabilitation von Graslandökosystemen.

### Schutzgebiet
„ist ein klar definierter geographischer Raum, der aufgrund rechtlicher oder anderer wirksamer Mittel aner-

kannt und gemanagt wird und dem Erreichen eines langfristigen Schutzes und Erhalts der Natur sowie der darauf beruhenden → Ökosystemleistungen und kulturellen Werte dient" (IUCN, 2008; Übersetzung nach EUROPARC Deutschland, 2010).

**Schutzgebietssystem**
ist ein aus → Schutzgebieten zusammengesetztes System und soll laut Aichi-Ziel 11 der Biodiversitätskonvention folgende Kriterien erfüllen: (1) effektiv und gerecht gemanagt, (2) ökologisch repräsentativ, (3) gut vernetzt, (4) in die umgebende Landschaft integriert.

**Sustainable Development Goals (SDGs)**
→ Agenda 2030

**Sustainable Land Management (SLM)**
→ Landnutzung, nachhaltige

**Telecoupling**
→ Fernwirkung

**Trilemma der Landnutzung**
bezieht sich nach WBGU auf Landnutzungskonkurrenzen, die zwischen Klimaschutz, Ernährungssicherung und Erhaltung → biologischer Vielfalt entstehen. Das Trilemma entsteht, wenn eine der drei Krisen nur auf Kosten der anderen beiden bewältigt werden kann. → Landdegradation wirkt sich auf alle drei Aspekte kurz- oder langfristig negativ aus. Die Umkehr der Trends der zunehmenden Zerstörung terrestrischer → Ökosysteme und der Landdegradation ist daher ein *sine qua non* für die Entschärfung des Trilemmas der Landnutzung.

**Wiederaufforstung**
ist die Umwandlung einer Landfläche in Wald, die früher bewaldet war.

**Zahlungen für Ökosystemleistungen**
→ Payments for Ecosystem Services

**Zoonosen**
sind Krankheiten, die von Tieren auf den Menschen übertragen werden.